능동적 순종교리

이단인가?

정 태 홍

RPTMINISTRIES
http://www.esesang91.com

목 차

VII. 성경적 근거

머리말

　나는 근자에 일어난 능동적 순종교리에 관해 목회자로서 정확한 견해를 정립할 필요를 절실히 느끼고 이 글을 쓰게 되었다. 능동적 순종, 수동적 순종은 개혁신학에서 지금까지 알고 확신해 온 것이고 당연히 그렇다고 여겨온 것이기 때문에 그렇게 예민하게 생각하지 않았던 논제다.

　그리스도의 능동적 순종의 전가(Imputation of Active Obedience of Christ, IAOC)[1]가 이단이라는 말을 들었을 때부터, '누구의 말이 옳은 것인가?'라는 고민을 하기 시작했다. 그렇다고 '그냥 믿으면 그만이다'라고 생각할 수는 없었다. 그리스도의 순종교리에 대하여 목회자가 먼저 올바르게 정립하고 있지 않으면 안 될 일이라고 생각했다. 그런 정립의 차원에서 이 책을 쓰게 되었다.

　물론 나의 이 글은 국내외 학자들의 책과 논문과 글에 너무나도 큰 신세를 지고 있다. 나는 그분들의 탁월한 자료들을 통해 지금까지 개혁신학의 풍성함을 유지해 갈 수 있음을 감사한다. 또한 앞으로도 더 많은 은혜와 복을 누려가기를 소망한다.

　'능동적 순종교리는 이단이다', '능동적 순종은 사변이다'라고 주장하는 분들의 말이 맞는다면 우리가 지금까지 배웠고 가르치고 있는 교리를 전면 개정해야 하고 폐기해야 할 것들이 많다. 이것은 개혁신학이라 자부하는 모든 신학자와 목회자와 성도에게 심각한 일이다. 이 일은 참으로 사소한 일이 아니다.

　그러면, 우리 믿음의 선조들이 IAOC를 반대하는 분들에 비해 무지했던 분들인가? 우리에게 개혁신학을 전수해 주었던 신학자들과 목회자들이 그들보다 연구가 부족하고 실력이 그렇게 미천했을까? 그 정도로 면밀하게 다루지 않고 교리 문답서를 만들고 그 정도로 정밀하게 파고들지도 않고 성경을 가르쳤단 말인가? 그렇다면 분서갱유(焚書坑儒) 해야 할 일이 아닌가? 과연 그래야 한단 말인가?

---

1) 이하 IAOC.

이런 심각함 때문에, '나는 무엇이 성경적인가?'를 고민하면서 성경과 교회사를 통해 살펴보려고 했다. 이 문제로 인해 수많은 신학자와 목회자와 성도가 충격에 휩싸이고 고민에 빠졌기 때문이다. 우리는 언제라도 하나님의 은혜를 구하고 지혜를 구하면서 서로를 정죄하지 않고 성경적인 해답을 찾기 위해 노력해야 할 것이다. 신학은 우리의 지적 유희도 지적 자랑도 아니며 교회와 성도를 세우고 하나님의 나라를 확장하며 하나님께 영광을 돌리는 수단이기 때문이다.

성경과 교리와 신앙고백서를 통해 살펴보면, '우리가 지금 어떤 자리에 서 있는가?'를 알 수 있다. 지금 일어나고 있는 능동적 순종교리 문제도 마찬가지다. 능동적 순종교리를 반대하는 분들 역시 지나간 교회사에 있었던 오류 중 하나에 불과하다. 중요한 것은 '왜 그런 오류에 빠졌는가?'를 아는 것이다. '능동적 순종이 옳으냐?', '수동적 순종만이 옳으냐?'로 논쟁하는 것만으로는 부족하다. '그렇게 주장하는 근본적인 근거가 무엇인가?'를 알아야 지나간 시대의 오류를 반복하지 않는다.

나는 그런 오류가 일어나지 않기를 바라면서 이 책을 쓰게 되었다. 이런 일을 통해 예수 그리스도의 구원의 은혜를 더 알게 하신 하나님께 감사 영광을 돌린다. 이 책의 부족한 부분을 널리 이해해 주기를 바라며, 이후로 더 연구하며 수정해 나가도록 하겠다.

정태홍 목사

1

c·h·a·p·t·e·r

서 론

Ⅰ. 서 론

1. 멘탈리티의 핵심 키워드

신학 작업을 하든지 삶을 살아가든지 멘탈리티(mentality)의 5가지 키워드를 반드시 알아야 한다. 멘탈리티의 5가지는 '신성한 내면아이', '구상화', '의미', '통일성', '도약'이다. 5가지 핵심 키워드는 나의 책 『성경적 상담 시리즈』(12권) 중에서 제1권 『의미와 통일성』, 『내적치유와 내면아이』, 『내적치유와 구상화』, 『시내산 언약과 도약』 을 참고하기 바란다. '의미와 통일성을 누구로부터 받는가?' 이것이 모든 것을 좌우한다.

IAOC 문제는 전가교리의 문제이며 전가교리의 문제는 우리 존재의 문제다. 칭의론은 존재론이다. IAOC는 '우리 존재의 변화가 어떻게 일어나는가?' 를 말한다. 그런 까닭에, 그리스도의 능동적 순종(obedientia activa Christi)과 수동적 순종(obedientia passiva Christi)을 말할 때도 멘탈리티의 5가지 키워드는 필수적이다.

2. 잘못된 시작: 능동적 순종교리의 근본적인 두 가지 문제

지금 일어나고 있는 IAOC(그리스도의 능동적 순종의 전가) 문제는 근본적으로 두 가지를 알아야만 한다. 첫 번째는, 인간론의 문제이며, 두 번째는, 신학적 문제다. 김병훈 교수는 IAOC를 부정하는 분들의 핵심 이유이자 요체를 "죄 사함과 영생의 권리"에 대한 문제로 말했다.[2] 김병훈 교수의 지적도 타당하다. 그러나, 지금 우리가 당면한 IAOC 논쟁은 보다 구체적인 것으로 접근하고 판단해야 한다. 그렇게 접근하고 논지를 펼쳐가야 능동적 순종교리

---

2) 김병훈·박상봉·안상혁·이남규·이승구, **그리스도의 순종과 의의 전가** (수원: 합동신학대학원출판부, 2022), 38-40; "의의 전가와 관련하여 능동적 순종을 찬성하는 견해는 그리스도의 수동적 순종과 능동적 순종이 하나의 비분리적 순종, 곧 '모든 순종'(the whole obediene)이라는 이해 안에서 죄 사함과 영생의 권리에 대해 말한다. 곧 수동적 순종과 능동적 순종을 분리하지 않은 채, 고난을 통하여 죄 사함을 이루고 율법의 의의 온전히 성취를 통하여 영생을 얻게 되는 원리를 말한다. 수동적 순종이란 하나님의 뜻에 온전히 순종함으로 고난을 당하시는 순종이며, 능동적 순종은 율법의 의를 이루어 영생을 얻음과 동시에 고난의 순종을 위한 무흠한 희생제물의 자격을 증언한다. 이러한 주장은 영생이 하나님의 자녀로 입양된 자녀로서의 권리임을 부인하지 않는다. 하지만 여기서 하나님의 이해와 관련하여 구별이 필요하다. 심판자이신 하나님 앞에서는 율법의 의를 성취함으로써 영생이 주어지는 반면에, 의롭게 된 자의 아버지이신 하나님 앞에서는 양자의 지위를 따라 영생이 기업으로 주어진다. 그러나 수동적 순종만을 주장하는 견해는 영생이 그리스도이든 우리이든 누구에 의해서도 율법의 성취를 통해 주어지는 것이 아니라고 주장한다. 이들 생각에 죄인에게 전가된 의가 율법을 성취함으로 주어지는 것이 아니라 그리스도의 수동적 순종에 의하여 주어지는 것이기 때문에, 영생은 율법의 성취와 아무런 관련이 없다는 것이다. 이들에 의하면 그리스도의 수동적 순종에 의하여 죄 사함을 받은 자는 하나님의 자녀로 입양을 받는다. 그리고 영생은 바로 입양된 자녀로 받는 기업이지, 율법의 성취로 인한 공로가 아니다. 이 질문의 답이 능동적 순종의 의의 전가를 부정하는 자들의 핵심 이유이며 주장의 요체이다."

에 대한 성경적인 결과에 이를 수 있다.

능동적 순종교리의 근본적인 두 가지 문제
① 인간론 문제 ② 신학적 문제

첫 번째는, 인간론의 문제다. 정이철 목사의 인간론이 잘못되었기 때문에, '수동적 순종만이 성경적이다'라는 주장은 잘못되었다. IAOC 문제는 인간론의 문제다! 새관점 학파는 '인간이 율법을 지킬 능력이 충분히 있다'고 본다. 그 이유는 인간의 전적 부패와 무능력을 부정하기 때문이다. 존재적 관점이 비성경적이기 때문에 신학적 문제가 발생한다.

정이철 목사는 다음과 같이 말했다.[3]

> 아담에게 영생이 없었다고 주장하고 아담에게 영생이 있었다는 말이 성경에 어디에 나오느냐고 억지를 부렸습니다. 정답은 에덴동산에 있었던 생명나무입니다. 생명나무는 하나님의 자녀로 창조되고 하나님 섬기기로 언약한 아담이 영원히 언약백성으로 살면 이미 주어진 영원한 생명이 영원히 보장된다는 언약의 담보물이었습니다. 아담이 매일 아침 생명나무 가지를 잘라서 고아 먹으면 그것으로 영생이 얻어지는 것이 아니었습니다. 이미 주어진 영생과 하나님의 모든 은혜가 하나님과의 언약에 충실한 삶을 사는 한 영원히 보장된다는 하나님의 언약의 상징물이었습니다. 그리스도의 피로 우리에게 이미 영원한 생명이 주어진 것을 확인하는 차원에서 성찬을 받는 것과 같은 이치였습니다. 그래서 칼빈과 모든 개혁주의자들은 생명나무가 성례전적인 것이었다고 해석했습니다. 이것이 정상적인 성경해석입니다.[4]

정이철 목사는 아담에게 영생이 있다고 확신했으며, 그 정답은 에덴동산의 생명나무라고 말했다. 그런데 왜 "언약백성으로 살면"이라는 조건이 있을까? 아담에게 영생이 있다는 것은 아담이라는 존재가 이미 본성적으로 영원하다는 것이다. 이미 영생이 있는데 "언약의 담보물"이 왜 필요한가? 영생이란 존재의 영원성(eternity)이 이미 주어진 상태. 정이철 목사의 인간론은 "아담에게 영생이 있었다"는 것이다.

그렇다면, 에덴동산의 생명나무가 "이미 주어진 영원한 생명이 영원히 보장된다는 언약의 담보물"라는 것을 말하는 명시적인 성경 구절이 있는가? 없다!!! 그것은 오로지 정이철 목사의 상상의 산물이다. 서철원 교수의 표현대로 말하자면, 그것은 사변이다!!! 없는 것에 근거를 두고 '맞다'고 주장하기

---

3) 정이철 목사는 총신 신대원을 졸업한 합동측 목사이며 미국 앤아버반석장로교회 목사이고 '바른믿음' 대표다.
4) http://www.good-faith.net/news/articleView.html?idxno=2351 정이철, '아담이 영생 안에서 창조되었다는 증거는 에덴동산의 생명나무입니다,'(2021.8.5.)

때문에 사변이다. 자신의 생각으로 옳고 그름을 말하는 것이 사변이다. 정이철 목사 자신이 말했듯이, 성경에서 "단 한 구절도 찾을 수 없다는 것은 인간의 무익한 사변의 산물임을 의미한다."[5] 사변(思辨)이 사변(事變)을 낳았다.

정이철 목사가 "아담이 영원히 언약백성으로 살면"이라고 말한 것은 정이철 목사 스스로 아담이 시험의 과정을 통과해야 하는 존재라는 것을 시인한 것이다. 정이철 목사는 "능동순종 교리의 배경에는 아담이 하나님의 자녀도 아니고 영생도 없고 그렇다고 죄인도 아닌 인간으로 창조되었다는 이론이 깔려있습니다."라고 말했다.[6] 서철원 교수나 정이철 목사는 근본적으로 인간론이 잘못되었기 때문에 논란을 낳고 사변을 일으켰다.

칼빈(John Calvin, 1509-1564)은 "생명나무로부터 취하여 먹는 이상 영생을 소망하게 하는 약속과 한 번 선악을 알게 하는 나무를 맛보게 되면 죽음이 닥친다는 무서운 위협이 아담의 믿음을 시험하고 훈련하는 작용을 하였다"라고 말했다.[7] 칼빈에 의하면, 이미 주신 영생이 아니라 생명나무로부터 취하여 먹어야 영생을 소유할 수 있는 약속이 주어졌다. 동시에 선악을 알게 하는 나무를 맛보면 죽음이 닥친다는 무서운 위협이 아담에게 상존했다. 덤브렐은 "처음부터 실패하고 말았던 인간의 손에 주어졌던 것은 미래처럼 (구속의 완성이 필요한) 일시적이고 순간적인 것들이었다"라고 말했다.[8]

IAOC의 모든 문제는 인간론에서 시작한다. 시작이 잘못되었기 때문에 모든 것이 잘못되었다. 이미 영생을 가진 아담에게 언약을 맺고 "아담이 영원히 언약백성으로 살면 이미 주어진 영원한 생명이 영원히 보장된다"는 것은 논

---

5) http://www.good-faith.net/news/articleView.html?idxno=1440/ 정이철, '칼빈과 구원론이 다르면 칼빈주의라 말하지 않아야 예의,'(2019.3.22.) accessed 2019.3.22.; "(예수께서 율법을 준수하여 하나님 백성의 자격(의)을 얻으시고, 피 흘리시어 죄 용서(구속)를 이루셨다는 초기 청교도신학에서 유래한 구원론은 그리스도의 복음을 왜곡하는 그릇된 사상이다. 성경에서 예수께서 율법을 지켜 하나님 백성의 권리와 자격(의)를 얻었다는 말씀을 하나도 찾을 수 없다. 단 한 구절도 찾을 수 없다는 것은 인간의 무익한 사변의 산물임을 의미한다."
6) http://www.good-faith.net/news/articleView.html?idxno=2636/ 정이철, '바른믿음 문 닫게 해 보실 분 또는 후원으로 힘이 되어 주실 분을 찾습니다,'(2022.6.18.); "우르시누스가 1562년 자신의 대요리문답 36항에서 말한 비성경적 '창조언약'(율법언약, 자연언약, 행위언약) 개념입니다. 쉽게 말하자면, 하나님이 의인도 아니고 죄인도 아니고 영생도 없는 아담을 그 본성과 자연을 통해 계시되는 율법과 함께, 율법 안에서 창조하셨다는 것입니다. 바로 그 이론이 발전하여 오늘날 이 사단이 벌어졌습니다. 그 창조 사상에 의하면 그리스도가 구세주가 되기 위해 반드시 아담 대신 율법을 완전하게 지키심으로 그 창조언약(행위언약)을 성취하셔야만 우리에게 영생을 주실 수 있기 때문입니다. 능동순종 거짓 교리는 그런 배경에서 등장했습니다."
7) 존 칼빈, 기독교강요2, 문병호 역 (서울: 생명의말씀사, 2020), 30; 기독교강요 2.1.4.
8) 윌리엄 J. 덤브렐, 언약신학과 종말론, 장세훈 역 (서울: CLC, 2003), 18; 덤브렐은 '좋았다'라는 히브리어 '토브'를 '완벽한 상태'가 아니라 '최종적 완성 개념'으로 말한다. 덤브렐은 "창세기 1장의 창조 기사가 강조하는 바는 하나님의 목적을 성취하는 데 적합했던 온 우주 만물과 하나님의 목적 사이에 완전한 일치가 있었다는 점이다."(Ibid., 30.)

리적이지 않다. 영생은 술래잡기가 아니다. 영생은 보물찾기가 아니다. 왜 논리적이어야만 하는가? 개별자는 의미와 통일성을 가져야 하기 때문이다. 의미와 통일성이 없는 개별자는 반드시 도약을 감행한다.

영생은 존재에 '영원성'(eternity)이 주어진 것이다. 영생은 존재가 영원성만 가지는 것으로 영생이라 하지 않고 하나님과의 관계 속에서 영원성을 받는 것이다. 하나님과의 관계적 관점을 유지하지 않은 영원성은 지옥이다. 천국은 하나님과의 관계적 관점을 영원히 유지하는 영원성이다. 그런 까닭에, 천국에서는 도약이 없다. 천국에서는 하나님으로부터 영원한 의미와 통일성을 받고 살아가기 때문이다.

정이철 목사는 '하나님께서 아담을 영생의 상태로 창조하셨다'는 성경 구절을 제시할 수 없다. 왜 그런가? 그런 말은 성경에 없기 때문이다. 정이철 목사는 인간의 존재에 대한 확정적인 상태, 곧 영생을 소유한 상태를 말하는 명시적인 성경 구절을 제시할 수 없다. 신학논쟁의 근본은 존재론에 있고 인간론에 있다. 정이철 목사는 IAOC를 주장하는 사람들에게 늘 '사변'이라고 주장했다. 그러나 근거 없는 주장을 하는 정이철 목사의 인간론이 '사변'이다. 왜 사변인가? 명시적으로 '하나님께서 아담을 영생의 상태로 창조하셨다'고 말하는 성경 구절이 없기 때문이다.

두 번째는 신학적 문제다. 서철원 교수의 신학적 문제에서도 첫째 오류는, 인간론의 문제다. 이것은 '그러면 능동적 순종의 문제는 어디에서 파생되었는가?'라는 질문에 대한 답이다. 둘째 오류는, 그와 같은 인간론의 문제는 서철원 교수의 매개신학에 대한 우려에서 나왔다. 셋째 오류는, 17세기 개혁신학의 스콜라주의에 대한 오해에서 발생했다.[9]

서철원 교수는 바르티안과 로마 가톨릭의 칼 라너를 비롯한 20세기 신학계가 그리스도의 성육신과 죄를 무관하게 보는 것을 문제시하며, "그리스도의 오심의 목적은 죄에서의 구속과 그로 인해 하나님과의 교제의 회복이 아니라 인간의 앙양이라는 주장이다"라고 비판했다.[10] 서철원 교수는 로마 가톨릭과 현대신학에 대한 우려, 특히 칼 바르트의 '존재의 앙양'에 대한 우려가 너무 강했다. 그로 인해 언약에 대한 반발이 생겼으며, 개혁신학의 언약

---

9) https://www.kidok.com/news/articleView.html?idxno=210639/
   서철원, '능동적 순종, 개혁신학적인가?,'(2021.4.7.)
10) 서철원, **신앙과 학문** (서울: 기독교문서선교회, 1988), 146.

사상에 이의를 제기하고 부정했다. 바르트의 '존재의 앙양'이란 다음과 같다.

> 하나님은 사랑이시기 때문에 인간을 창조하셔서 그와 사랑의 교제를 나누시고 그 교제 후 자기가 사랑임을 증명해 보이시기 위해 그를 자기와 연합시켜 하나님의 자기 존재까지 앙양하시기를 작정하셨다. 이 앙양을 위해 하나님께서 처음 창조를 임시적으로 만드시고 인간 예수 그리스도를 신인(神人)의 연합이 되게 하여 인간을 하나님에게로까지 앙양하시기로 작정하셨다는 것이다. 따라서 하나님의 모든 창조 사역은 하나님의 언약의 동반자인 인간의 출현과 그 거주 장소 마련이다.[11]

바르트는 왜 이렇게 말했을까? 바르트에게는 하나의 주체만 존재하며, 성부 하나님만이 한 주체다. 바르트의 하나님은 영원한 교제와 사랑이 가능한 삼위일체가 아니라 단일한 인격의 하나님이기 때문에 사랑의 대상을 필요로 한다. 하나님이라 하면서도 하나님 자신의 사랑을 나타낼 대상이 필요한 신이다. 이것을 바르트는 '영원 전 작정'이라 하며, 바르트의 신개념은 "그의 백성 없이는 존재하기를 원하지도 않았고 존재할 수도 없는"(KD, II/2, 83.) 존재다. 바르트의 한 하나님 개념은 성부와 성자의 약정은 신화에 불과하며, 성부와 성자의 사랑의 교제는 있을 수 없는 일이기 때문에 삼위 하나님의 구속 언약은 인정할 수 없으며, 아담과의 행위언약 또한 인정할 수 없다.

바르트에게 선택이란 하나님께서 피조물을 언약 상대자로 만들어 신 존재에 동참시키는 것이다. 하나님께서 인간을 위해 일함으로써 인간 존재를 앙양하는 것이다. "인간을 위한 하나님의 자기 헌신",[12] 곧 하나님께서 인간에게 자기 사랑을 나타내고 자기 존재를 주어서 존재를 앙양시키는 것, 곧 '피조물의 신화'가 선택의 핵심이다. 바르트의 선택은 하나님이라는 신적인 존재가 인간이라는 피조물, 곧 타자에게 스스로를 주는 것이다.[13] 이것이 오늘날 '환대'라는 이름으로 불리는 근본이다.[14] 칼 바르트는 이것을 '은혜'라고

---

11) https://m.blog.naver.com/gu4332/222049347281/ '창조의 목표'

12) 칼 바르트, **교회교의학** II/2, 황정욱 역 (서울: 대한기독교서회, 2016), 179.

13) Ibid., 186; "그러나 하나님은 저 원결정에서 자기 자신을 선택할뿐더러, 그가 자신을 선택함으로써 동시에 이 타자, 인간을 선택한다. 그래서 인간은 신적 영광의 넘쳐흐름의 외적 동기요 대상이 된다. 하나님의 선함과 선행은 그를 향해 있다. 하나님은 이 운동에서 그 자신 외에 제2의 신을 선택, 의지한 것이 아니라, 그와는 다른 존재를 선택, 의지했으되, 이 존재를 그의 피조물, 대상으로 선택, 의지했고, 그와는 전혀 다른 이 존재를 그의 영광에 참여하도록 정했다. 이 존재는 그 영광에 그 기원을 두게 된다. 하나님은 이 존재로 하여금 그 영광의 광채 안에서 그 광채를 지는 자로서 존재하도록 정했다. 즉 그의 전적 타자성 안에서 하나님의 선을 계시 받고 전달받도록 정했다. 이것이 하나님의 원결정 안에서 인간을 위해 부여되고 정해진 것이다. 하나님은 인간을 복락에 도달하도록 의지했고, 선택했다. 인간의 복락은 그의 창조자의 넘쳐흐르는 영광을 증언할 수 있음에 있다. 하나님은 영원한 삶의 약속과 더불어 인간을 의지했고, 선택했다. 인간의 영원한 삶은 하나님의 넘쳐흐르는 영광의 증인으로 사는 데 있다. 이런 규정 안에서 인간은 태초에 하나님의 결정 안에서 하나님 자신과 함께 존재한다."

말한다.

　결국, 바르트에게는 하나님께서 인간을 신적인 존재로 앙양해가니 행위언약이 있을 필요가 없으며 오직 단일한 은혜 언약만이 존재한다. 무엇보다도 바르트는 아담의 역사성을 인정하지 않는다. 바르트의 신학 체계는 근본적으로 아담의 대표성 상실, 죄의 전가 교리의 부재이며 그 결과로 두 번째 아담으로서의 예수 그리스도의 대표성과 그리스도의 의의 전가 개념 등이 약화되거나 배제될 수밖에 없는 구조를 가지고 있다.[15]

　서철원 교수는 다음과 같이 말했다.

바르트는 개혁신학의 행위언약의 근본 취지에 근거해서 인간의 앙양을 극대화한 언약개념을 창출하였다. 행위언약에 의하면 사람은 처음 창조되었을 때 임시적이고 잠정적이어서 완전하지 못하였다. 그래서 완전한 상태로 올리기 위해서 계명을 준수하면 영생하고 완전한 행복을 누리도록 하기 위해서 언약을 체결하였다. 이 전통적인 행위언약사상에 근거해서 바르트는 언약을 하나님과 교제라고 정의한다. 그리고 이 교제를 위해서 하나님이 창조를 이루셨다고 주장한다. 창조하시므로 교제를 실현하기로 하셨다(Kirchliche Dogmatik, III/1, 2, 104-105). 하나님이 피조물과 교제를 갖는 것을 바르트는 언약이라고 정의한다. 교제를 위해서 창조가 이루어졌으므로 창조가 언약의 외적 근거라는 것이다(KD III/1, 2, 104-105). 그러나 하나님은 사랑이셔서 사람을 창조하시고 교제하시는 것으로 만족하신 것이 아니고 교제의 대상자에게 사랑을 베풀어 하나님의 존재에 동참하도록 작정하셨다. 이 일을 위해서 하나님은 자기의 생을 사시고 존재하신다(KD III/1, 2, 104-105).[16]

---

14) 김진혁, '환대와 선택: 환대의 신학을 위한 예정론의 재해석,' **장신논단** 53(1) (2021): 117-118(995-125); "결론적으로 말하자면, 예수 그리스도의 선택은 하나님을 인류를 환대하시는 주님으로 계시하고, 교회를 신적 환대를 역사에서 현실화하는 공동체로 빚어낸다. 성서에서 주인과 손님의 위치 교환이 암울한 일상에 신비로운 환대의 시공간을 열었듯, 선택하시는 하나님이 선택받은 인간이 되신 그리스도 사건을 통해 영원부터 인간과 함께하려던 하나님의 급진적 환영이 역사에서 현실화한다. 이러한 신적 환대는 종말론적 희망을 품은 선택된 공동체를 통해 시공간적 한계 안에서 실현되어 간다. 여기서 또한 눈여겨볼 점은 하나님의 영원한 선택에서 한 유대인의 역사가 가진 중요성, 하나님의 선택된 공동체로서 이스라엘과 교회의 연대 등을 강조한 바르트의 예정론이 나치의 유대인 박해가 날로 심각해지던 1930년대 후반-40년대 초반의 정치적 상황에 나왔다는 사실이다. 이는 예정론으로부터 나온 환대에 관한 신학적 탐구가 폭력적 현실에 대한 저항이 될 수 있음을 보여주는 중요한 실제 사례이기도 하다."

15) https://byfaithalone.tistory.com/entry/"창조-타락-구속"-기독교-세계관에-대한-비판적-고찰

16) http://www.cion.kr/ 서철원, '언약사상에 대한 새로운 접근.'; "개혁신학만이 언약사상체계를 갖고 있다. 그러나 신학은 언약개념을 성경대로 이해하지 못하였다. 그 언약체계는 성경의 제시와 정반대된다. 개혁신학은 첫 언약을 행위언약으로 규정하였고 그리스도의 구속사역에 기초하여 은혜언약을 세웠다. 행위언약은 선약과 계명과 모세의 율법을 결합하여 공식화되었다. 선약과 계명을 지키면 피조물 수준의 상태에서 더 상승하고 영생에 이른다고 공식화하였다. 계명을 지킨 공로로 사람은 영생에 이르러 상태가 앙양된다. 그리하여 모세의 율법을 지켜도 동일한 결과를 얻는 것으로 공식화하였다. 이런 언약의 이해는 20세기에 이르러 카알 바르트에 의해서 인간의 앙양 곧 하나님의 존재에 동참을 위해서 인간을 창조하셨다고 하는 신학에 이르는 기초를 놓았다(KD III/1, Die Schöpfung als äusserer Grund des Bundes; 3, der Bund als innerer Grund der Schöpfung). 하나님이 인간과 언약을 체결하시므로 뜻하신 것이 무엇인지를 바르게 이해하지 못하므로 생겨난 그릇된 신학 작업이었다. 그러므로 개혁신학이 제시하고 공식화한 언약개념에 대해서 근본적인 재검토를 해야 한다. 행위언약과 은혜언약의 체계를 하나님의 창조경륜과 성경적 제시에 근거하여 근본적으로 수정해야 한다. 이 재검토로 첫 언약과 새

서철원 교수는 바르트가 개혁신학이 말하는 행위언약의 근본 취지, 곧 하나님께서 인간을 완전한 상태로 창조하지 않고 계명을 준수하면 영생을 주고 완전한 행복을 누리도록 하셨다는 것에 근거하여 언약체계를 세웠다고 주장했다. 서철원 교수는 바르트의 신학 구조 속에서 행위언약과 존재의 앙양, 피조물의 신화를 보기 때문에,17) 행위언약으로 존재의 앙양이 일어난다고 여기고 행위언약을 반대했다.

바르트의 존재의 앙양은 인간이 하나님과 같이 되는 것이다. 그러나 개혁신학의 언약사상은 신인합일을 말하지 않는다. 개혁신학은 바르트의 선택과 언약을 말하지 않는다. 칼빈의 그리스도와의 연합은 신비주의의 신인합일론과는 정반대개념이다. 신비주의나 로마 가톨릭은 개별자의 '신성한 내면아이'를 기초로 하기 때문이다. 로마 가톨릭의 렉시오 디비나(lectio divina)는 결국 신인합일을 말하기 때문에 개혁신학이 거부했다. 관상기도가 개혁신학과 일치할 수 없는 이유는 관상기도가 '보편종교적인 영성'을 추구하기 때문이다.18)

루터의 신학함의 방법은 'Oratio, Meditatio, Tentatio'인데, 기존의 렉시오 디비나의 '관상'이 빠지고 '영적 시련'을 의미하는 'Tentatio'로 바꾸었다. 루터는 렉시오 디비나를 중세의 '상승의 영성'으로 연결하지 않았으며, 성령의 조명으로 주어지는 '하강의 영성'으로 말했다. 이것은 중세의 렉시오 디비나는 존재론적 신인합일을 추구했으나, 종교개혁은 성령의 거듭남으로 그리스도와 연합을 이루는 성경적 원리에 충실했다는 것을 의미한다. 이것은 인간의 존재론과 직접 연관된다. 루터는 인간을 전적으로 타락한 죄인으로 보았으며 루터의 신학함의 첫걸음이 기도였다.19)

언약의 근본 의미를 성경적으로 정립해야 한다."

17) 서철원, **신앙과 학문** (서울: 기독교문서선교회, 1988), 206; "하나님의 창조 목표는 인간과 맺으실 언약관계이다. 따라서 언약이 창조를 필연적이게 했다. 따라서 바르트는 창조를 언약의 외적 근거요, 언약을 창조의 내적 근거라고 한다. 이렇게 창조하심은 하나님은 사랑이시기 때문에 그 사랑을 증명해 보이기 위해서이다. 이에서 나아가 바르트는 전개하기를 하나님은 사랑이시기 때문에 인간을 위해 그의 생을 사시기를 원하신다. 하나님은 처음부터 인간을 만드시고 그를 위해 온갖 역사를 다 하신 후 그를 앙양시켜 자기 존재에 동참하도록 하심으로 그의 생을 다 한다."

18) 이승구, '관상기도의 문제점,' **신학정론**(29) (2011): 152-153(121-155); 〈더 나아가서 최대한으로(최악의 형태에서는) 보면 그런 사상을 넘어서서 보편 종교적인 영성을 추구하고 있는 것이라고 결론 내릴 수 있을 것이다. 그러므로 관상기도는 그 최소한의 모습에서라도 "오직 성경"의 원리(the principle of 'sola scriptura')에 근거하여 신앙생활을 하려는 개신교인들이 따라갈 수 있는 것이 아님이 아주 분명한 것이다.〉

19) 정태홍, **고신의 변질 관상기도** (거창: RPTMINISTRIES, 2021), 178-194.

칼빈은 그리스도와 연합을 강조했으며 루터파 신학자 오시안더(Andreas Osiander; 1498-1552)의 신인합일 사상을 비판했다. 왜냐하면, 그리스도의 본질과 우리의 본질이 하나가 될 수 없기 때문이다.[20] 그러나, 서철원 교수는 매개신학의 관점에서 언약을 이해했기 때문에 개혁신학의 언약사상을 곡해했다. 로마 가톨릭이나 매개신학의 신인합일은 존재의 도약이다. 그러나 개혁신학은 성경의 언약을 말하기 때문에 도약을 감행하지 않는다. 개혁신학은 로마 가톨릭처럼 아리스토텔레스의 사상에 근거하지 않으며, 공로사상과 화체설과 관상기도를 비롯한 신화의 방식을 버렸다.

서철원 교수의 셋째 오류는, 17세기 개혁신학의 스콜라주의에 대한 오해에서 발생한 것이다. 리처드 멀러(Richard A. Muller, 1948-)는 개혁파 정통주의에서 차용한 스콜라주의에 대해 다음과 같이 말했다.

> 개신교 정통주의가 어떤 형태의 고전적인 후기 기독교적(대체로 그렇지만 그렇다고 배타적으로 기독교적 성격만을 가진 것은 아닌) 아리스토텔레스 철학을 폭넓게 수용한 것은 사실이다. 철학 자체는 중세와 16세기를 걸쳐 다양한 방면에서 수정되어 왔기 때문에 아리스토텔레스 자신도 그렇게 변경된 자신의 철학을 보았다면 수차례 의혹의 눈을 깜빡여도 자신의 것인지를 알아볼 수 없었을 정도다. 그러나 정통주의 신학의 체계화를 위해서는 유용한 것으로 여겨졌다. 데카르트 혹은 스피노자 철학과 같이 회의적이고 합리주의적인 철학들과 대조해 볼 때에, 수정된 아리스토텔레스 철학 혹은 수정된 토마스주의는 정통 개혁주의 학자들에게 유용한 것으로 여겨졌고 결국 신학에 대한 보조적인 역할을 수행할 수 있었다.[21]
> '개혁파 스콜라주의는 교실에서 흔히 발견되는 방법이며 종교개혁 신학의 신앙고백적인 개혁주의 진영에서 정통주의 시대에 발전시킨 더 세밀한 신학의 체계를 특징짓는 방법론을 일컫는 말이다.[22]

20) http://www.amennews.com/news/articlePrint.html?idxno=11682/ 이승진 교수, '현대 신비주의 운동에 대한 설교학적 진단과 대응방안: 한국설교학회 제14회 학술대회 '이단 사상에 대응하는 설교론',(2011.11.25.); 〈칼빈이 그리스도와의 연합을 강조하면서 특별히 경계했던 신인합일 사상은, 신자의 인성과 그리스도(혹은 하나님)의 신성과의 존재론적인 혼합을 주장했던 루터파 신학자 Andrea Osiander였다. 칼빈은 Osiander의 신인합일 사상을 비판하면서 말하기를 "그리스도께서는 우리와 하나이시며, 우리가 그와 하나인 것은 증명할 필요가 없는 사실이다. 그러나 그리스도의 본질과 우리의 본질이 혼합된다고 하는 것에는 반대한다."라고 하면서 존재론적인 혼합으로서의 신인합일을 엄격히 배격하였다. 김은수의 지적과 같이 칼빈이 신자와 그리스도와의 신비적인 연합을 말하면서도 Osiander의 존재론적 혼합을 배격할 때, 그의 기독론에서 그리스도의 인성과 신성의 위격적인 연합(unio hypostatica, hypostatic union)을 설명하면서 사용한 칼케돈 원칙(Chalcedonian axiom)-그리스도의 인성과 신성은 반드시 서로 구별되어야 하지만 혼합되지도 않고 또한 나누어지지도 않는다-이 적용되고 있음을 알 수 있다. 즉 예수 그리스도의 신성과 인성의 위격적인 연합이 서로 존재론적으로 혼합되지 않은 신비한 연합인 것처럼, 그리스도와 신자의 연합 역시 분명 실제 일어나는 연합이지만 양자가 서로 혼합되지 않고 반드시 구분되어야 하는 신비한 연합이라는 것이다.〉
21) 리처드 멀러, 칼빈 이후 개혁신학, 한병수 역 (서울: 부흥과개혁사, 2011), 86.
22) Ibid., 88.

멀러에 의하면, 개신교 정통주의는 수정된 아리스토텔레스 철학 혹은 수정된 토마스주의를 받아들였다. 개혁신학이 수용한 스콜라주의는 스콜라 신학의 내용이 아니라 방법론이었다. 멀러는 "방법론은 교리적 입장을 정교하게 만들고 그것을 방어하는 수단일 뿐이다"라고 말했다.23) "스콜라적 방법론"을 따를 때 '스콜라적'이라고 부른다. 멀러는 "개신교 스콜라주의는 신학 방법론에 있어서 종교개혁자들과 그들을 계승한 신학자들 사이의 구별을 나타내는 것이기 때문이다"라고 말했다.24) 그러나 서철원 교수는 방법론이 아니라 신학 내용의 변질로 보고 있기 때문에 능동적 순종과 행위언약을 반대했다.

인간론 문제, 신학적 문제, 이 두 가지가 지금 일어나고 있는 IAOC 논쟁을 제대로 알 수 있는 핵심이다. 이 두 가지를 모르면 논쟁의 핵심을 모르고 말만 무성하게 많아진다. 이 두 번째 문제는 "Ⅱ. 탄약고 서철원 교수"에서 서철원 교수의 저술들을 다루면서 말할 것이다.

마이클 호튼(Michael S. Horton, 1964-)은 "최상의 조직신학은 결코 성경에 조직을 부여하지 않고, 대신 성경의 주요 교훈을 성경 자체로부터 끌어낸다"고 말했다.25) IAOC 논쟁만이 아니라 어떤 신학적인 논쟁도 최상의 조직신학이어야 하고, 그 최상의 조직신학은 성경 자체로부터 끌어낸 것이어야만 한다. 그 시작은 존재론이어야 한다. 성경적인 존재론이라야 성경적인 신학이 된다.

3. 그리스도의 순종과 칭의

IAOC의 핵심 질문은 '그리스도의 완전한 순종이 우리의 영생을 위해 필요한 것인가? 필요하다면 그 이유는 무엇인가?'이다.26) 그 이유는 칭의로 구원과 영생을 얻기 때문이다. 이것은 '칭의는 인간론의 문제'라는 뜻이다. 칭의는 우리 존재의 변화를 말한다! 능동적 순종과 수동적 순종의 논쟁은 결국 '인간론의 문제'다. 칭의는 '인간이라는 존재의 변화가 어떻게 일어나는가?'를 말하는 것이다.

기독교 신앙이 무능력하게 된 것 중 하나는 '구원론은 존재론이다'를 말하지 않았기 때문이다. 'IAOC가 나와 무슨 상관인가?'를 말하지 않으면 신학

---

23) Ibid., 89.
24) Ibid., 181.
25) 마이클 호튼, **언약신학**, 백금산 역 (서울: 부흥과개혁사, 2009), 111.
26) 브랜던 크로, **그리스도의 능동적 순종과 수동적 순종**, 정광규 역 (서울: 부흥과개혁사, 2022), 19.

자들의 말싸움밖에 안 된다. 'IAOC는 우리 존재의 변화가 어떻게 일어나는 가?'를 말하는 것이다. 그래서 치열하게 논쟁해야 하는 주제다. 지금 우리의 논쟁이 '그리스도의 능동적 순종의 전가'이기 때문에 단어의 개념부터 아는 것이 중요하다.

전가는 무엇인가? 우리 정서에 전가라는 말은 별로 느낌이 안 좋다. 왜냐하면, '전가하다'란 '잘못이나 책임을 다른 사람에게 넘겨 씌운다'는 뜻이기 때문이다. 전가는 '남 탓', 혹은 '떠넘기기'로 이해하는 경우가 많다. '떠넘긴다' 하니 기분이 안 좋을 수도 있지만, '무엇을 떠넘기느냐?'에 따라 다르다. 전가는 저 사람의 것이 내 것이 되는 것이다. 역으로 내 것이 저 사람의 것이 되는 것이다. 왜 전가라는 말을 알아야 하는가? 예수님의 의가 우리의 의가 되어야 하기 때문이다. 예수님의 의가 우리에게 전가되어야 한다. 인간이라는 존재는 이미 죄로 부패하고 오염되었기 때문에, 의는 우리 밖에서 와야 한다. 그 전가는 믿음으로, 믿음을 수단으로, 믿음이라는 방법으로 받는다.

예수님을 믿으면 알아야 할 것도 많다. 알아야 할 것이 많아도 기본적인 것부터 알아야 더 알아가는 지식이 우리에게 더욱 의미와 통일성을 제공한다. 모르면 손해다. 사람들은 '목사님, 우리는 그런 거 몰라도 천국 갑니다'라고 말하기도 한다. '내가 무엇을 믿고 어떻게 살아야 하는가?'는 반드시 알아야 한다. 의미와 통일성에 대해 알면 알수록 좋다. 존재와 삶에 대해 모르면 모를수록 손해다.

왜 이렇게 말해야 하는가? 우리 존재의 변화는 우리 스스로 만들어 낼 수 없기 때문이다. 우리 존재의 변화는 우리 밖에서 와야만 한다. 구원론은 존재론이다. 구원은 우리 존재의 변화에 대해 말하는 것이다. 예수님을 믿는다는 것은 예수님을 그리스도로 믿는 것이다. 예수님을 믿는다는 것은 무엇인가? 우리 존재의 변화가 우리 밖에서 주어진다는 뜻이다. 성령 하나님께서 우리를 거듭나게 하심으로 우리의 존재를 변화시킨다는 것이다. 하나님 은혜의 선물로 우리의 존재가 변화된다.[27] 그런 까닭에, 성경은 예수 그리스도의 유일성을 선포한다. 예수 그리스도만이 우리 구원의 유일한 구주시다!!! 이것이 기독교 신앙이다! 우리 존재의 변화가 인간의 기여가 있다고 말하는 것은 기독교 신앙이 아니다. 우리 존재의 변화에 자유의지의 선택과 결단이 있어야

---

27) 너희가 그 은혜를 인하여 믿음으로 말미암아 구원을 얻었나니 이것이 너희에게서 난 것이 아니요 하나님의 선물이라(엡 2:8)

한다고 말하는 것은 세상의 영성이고 인문학이다. 세상의 영성과 인문학은 수양론이다. 세상은 '수양'을 말하나 기독교 신앙은 '믿음'을 말한다. 지나간 기독교 역사에서나 지금이나 '수양과 믿음'을 혼합한 사람들이 유명세를 떨쳤다. 그 결과로 기독교는 변질이 되고 예수 그리스도의 유일성이 사라진다.

그리스도는 무엇인가? '기름부음을 받은 자'라는 뜻이다. 히브리어 '메시아'를 헬라어로 번역한 말이 '그리스도'다. 그리스도는 하나님께서 우리를 죄에서 구원하시려고 보내신 우리의 구세주요 주님이시라는 뜻이다. 그러면 예수 그리스도를 믿는다는 것은 무엇인가? 우리가 예수님을 믿는다는 것은 예수님의 의를 전가 받는 것이다. 예수님의 의는 그리스도의 순종의 결과다. 그리스도의 순종은 그리스도께서 율법에 순종하신 것(능동적 순종)과 십자가에 피 흘려 죽으심으로 우리를 대신하여 형벌 받으신 속죄의 순종(수동적 순종)이다.

그렇다면 칭의는 무엇인가? 의롭다 함을 받는 것이다. 칭의는 두 가지 부분이 있다. 하나는, 죄의 사면이며, 또 하나는 의의 전가가 있어야 한다. 벽에 더러운 것을 긁어낸다고 해서 흰색 벽이 되지 않는다. 흰색 벽이 되려면 흰색 페인트를 칠해야 한다.[28] 죄가 없어졌다는 것으로 전부가 아니다. 의로워져야 한다. 죄인이 의인이 되어야 한다. 수동적 순종은 능동적 순종의 정점이다. 능동적 순종과 수동적 순종이 분리된 것이 아니다.

스테판 차녹(Stephen Charnock, 1628-1680)은 칭의와 거듭남을 관계적 변화와 실제적 변화로 말했다. 실제적 변화는 존재적 관점이다. 칭의는 먼저 관계적인(relative) 변화다. 칭의로 인해 죄책의 상태에서 의의 상태로 옮겨진다. 노예의 상태에서 자유의 상태로, 행위언약의 의무를 진 상태에서 은혜 언약의 특권을 누리는 상태로, 진노의 자식에서 약속의 상속자로 옮겨진다. 또한, 거듭남은 실제적인(physical) 변화요 존재적 변화다. 실제적인 변화란 죽었던 사람이 사망에서 생명으로 옮겨지는 것과 같은 실제의 변화다. 그것은 영혼을 새로운 본성으로 채우는 것이다.[29] 칭의는 우리 밖에서 우리에게 주어지고 법정적 신분적 변화이며, 거듭남은 우리 내부, 곧 우리 존재의 성향이 변화되는 것이다(의지의 변화). 그런 까닭에, 차녹은 "칭의는 상태(state)의 변화라면, 거듭남은 기질(disposition)의 변화입니다"라고 말했다.[30] 칭의가

---

28) 자카리아스 우르시누스, **하이델베르크 요리문답해설**, 원광연 역 (고양: 크리스챤다이제스트, 2006), 535-538.
29) 스테판 차녹, **거듭남의 본질**, 손성은 역 (서울: 지평서원, 2009), 47-48.

인간론, 곧 '존재적 관점'인 이유가 여기에 있다.

그렇다면, 교리는 우리 존재에 대해, 곧 우리 존재의 변화에 대해 무엇이라고 말하는가? 교리는 칭의로 말한다. 칭의는 우리 존재의 변화를 말한다.

칭의 = 존재의 변화

왜 수양이 아니라 칭의인가?
웨스트민스터 소교리문답은 다음과 같이 말한다.

> 제33문 칭의는 무엇입니까?(대70)
> 답: 칭의는 하나님의 값없는 은혜의 행위인데, 그것으로 우리의 모든 죄를 용서하시고, 그분의 목전에서 우리를 의로운 자로 받아 주시되, 그리스도의 의 때문에 그렇게 하십니다. 이 의는 오직 믿음으로 받아들여지며 우리에게 전가됩니다.

웨스트민스터 소교리문답은 칭의를 말함에 주저함이 없다. 죄인이 의로움을 받을 수 있는 것은 오직 예수 그리스도의 대속의 은혜다.[31] 죄인이란 하나님 앞에 범죄한 자요 모든 인간이 죄의 오염으로 부패하고 타락한 상태라는 것을 말한다. 죄인은 자기 존재를 자기 스스로 변화시킬 수 없는 존재라는 것을 말한다. 그러나 세상의 종교와 철학은 '신성한 내면아이'(divine innerchild)를 기초로 하기 때문에 스스로 노력하여 자기 존재를 변화시킬 수 있다고 주장한다. 그것은 수양론이며 수양론은 도약을 감행한다.

칭의는 참된 기독교 신앙의 진수다. 칼빈은 "우리는 종교가 축을 삼아 돌아가는 주요한 문지도리가 칭의라는 사실을 견지하고 더 많은 주의와 관심을 여기에 쏟아야 한다고" 말했다.[32] 왜 그러한가? 칭의는 우리 존재의 변화를 말하기 때문이다. 의미와 통일성의 관점으로 보면, 칭의는 '존재적 관점'을 성화는 '사명적 관점'을 말한다. 구원론이 삶을 지배하기 때문이다. 칭의는

---

30) Ibid., 47; "어떤 사람이 공무원이 되면 그 사람의 관계(relation)에 있어서 변화가 생깁니다. 종이나 노예가 자유인이 되면 그 사람의 상태에 있어서 변화가 있습니다. 그러나 공무원이 되었다는 것, 혹은 자유인이 되었다는 것 자체가 그 사람의 마음에 새로운 원리들을 채워 넣거나 그의 본성에 새로운 뼈대를 세워주는 것은 아닙니다. … 칭의는 우리가 죄책(guilt)으로부터 자유케 되어서 생명을 누릴 권리(title)가 주어진 것이라면, 거듭남은 죄의 오염(filth)으로부터 자유케 되어서 우리 속에서 부분적으로 회복된 하나님의 형상의 순수함을 갖게 되는 것입니다(Ames)."
31) 그리스도 예수 안에 있는 구속으로 말미암아 하나님의 은혜로 값없이 의롭다 하심을 얻은 자 되었느니라(롬 3:24)
32) 존 칼빈, **기독교강요3**, 문병호 역 (서울: 생명의말씀사, 2020), 341; **기독교강요** 3.11.1.

첫째로, 죄인 된 자신의 행위에 근거하지 않고 오직 예수 그리스도의 '완전한 의'를 통해서만 구원받는다는 뜻이다.[33] 이 의는 그리스도의 본질적 의가 아니라 우리에게 전가되는 순종의 의다.[34] 이 구원은 오직 믿음으로만 주어진다. 로마 가톨릭은 아리스토텔레스의 존재론에 근거하기 때문에 '내재된 의', '본질적인 의'로 갈 수밖에 없다. 그것은 구상화로 가며 수양론으로 간다. 아르미니우스주의에게 칭의는 타락 전 아담의 위치로 돌리는 것이다. 칭의는 아르미니우스주의식으로 자유의지의 산물도 아니며 자기 결단의 결과물도 아니다. 죄인은 칭의에 1도 기여할 수 없다. 칭의는 전적으로 하나님 은혜의 선물이다.[35] 이것은 존재의 변화는 인간 스스로는 불가하다는 뜻이다.

두 번째로, 칭의는 '예수 그리스도의 의의 전가'다. 우리 존재의 변화는 오직 예수 그리스도의 의로만 일어난다. 하나님께서 법적으로 지옥 형벌에 처해진 죄인들에게 그리스도의 의를 전가하심으로 죄를 사하고 의롭다 하신 것이다. 이것은 변화의 원인을 말한다. 세 번째로, 칭의는 '하나님과의 새로운 관계 회복'이다. 칭의를 통하여 이제 언약으로 들어오게 되었다. 이제는 하나님의 아들로서 교제를 누리며 산다. 이것은 변화의 결과와 실제를 말한다.

네 번째로, 칭의는 '성령님의 역사와 내주하심'으로 이루어진다. 그리스도의 대속의 죽음을 죄인들에게 효력 있게 하시는 분은 성령님이시다. 우리의

---

33) 하이델베르크 교리문답 제60문: 당신이 어떻게 하나님 앞에서 의롭게 됩니까? 답: 오직 예수 그리스도를 믿는 참된 믿음을 통해서 그렇게 됩니다. 비록 내 양심이 내가 슬프게도 하나님의 모든 계명에 거슬러 심각하게 죄를 범하였고, 그 모든 계명 중에 어느 하나도 결코 지키지 못했고, 아직도 모든 악으로 향하는 경향으로 기울어져 있다고 고소할지라도, 나의 어떤 공로도 없이, 오직 은혜로 하나님께서 그리스도의 완전한 속죄와 의와 거룩을 나에게 전가시켜 주셨습니다. 그래서 만일 내가 믿는 마음으로 이 선물을 받아들이기만 한다면, 하나님께서는 내가 결코 어떤 죄도 범하지 않은 것처럼, 그리고 그리스도께서 나를 위하여 이루어 주신 모든 순종을 내 자신이 성취한 것처럼 인정해 주십니다.

제61문: 왜 당신은 당신이 오직 믿음으로만 의롭게 된다고 말합니까? 답: 나는 나의 믿음의 가치 때문에 하나님께 받아들여지는 것이 아니라, 오직 그리스도의 속죄와 의와 거룩 때문에 하나님께 받아들여지고, 오직 믿음에 의해서만이 그리스도의 의를 받아서 나의 것으로 만들 수 있기 때문입니다.

34) Turretin, *Inst.*, 16.3.14(2:650-651); 브랜던 크로, **그리스도의 능동적 순종과 수동적 순종**, 정광규 역 (서울: 부흥과개혁사, 2022), 207에서 재인용; "여기서 우리는 그리스도의 의를 우리 안에 거하시는 '하나님의 본질적인 의'라고 이해하지 않는다 … 그 의는 하나님의 본질적인 속성으로 우리 역시 신이 되지 않고는 우리에게 개인적이며 공식적으로 전달될 수 없다. 또한 성경 모든 곳에서 우리에게 전가되는 그리스도의 의는, 그리스도가 율법의 요구에 응하시고 완전히 성취하신, 그리스도의 삶의 순종과 죽음의 고난을 가리킨다 … 그리스도가 [여호와] 우리의 의가 되시고, 아버지가 그리스도를 우리에게 의가 되게 하신다면, 이것은 그리스도의 본질적인 의가 아니라 의를 위해 우리에게 전가되는 순종을 가리키는 것이다. 이것을 하나님의 의라고 부르는 이유는 그것이 하나님의 사람에게 속하기 때문이며, 따라서 무한한 가치가 있으며 하나님이 매우 기뻐하시고 열납하시기 때문이다. 그러므로 우리는 이 의를 그리스도의 전체 순종, 즉 그리스도의 죽음뿐 아니라 삶을 통한 순종, 수동적일 뿐 아니라 능동적인 순종으로 이해한다."

35) 너희가 그 은혜를 인하여 믿음으로 말미암아 구원을 얻었나니 이것이 너희에게서 난 것이 아니요 하나님의 선물이라(엡 2:8)

믿음은 우리의 수양의 결과로 성취한 것이 아니다. 성령 하나님의 역사가 없으면 복음을 이해하지 못하며 그리스도를 영접할 수도 없다.

브랜던 크로(Brandon D. Crowe)는 칭의와 성화를 말하면서 다음과 같이 말했다.

> 셋째, 우리의 칭의의 기초나 근거는 그리스도의 의다. 여기서 그리스도의 의는 그리스도의 순종을 말하는 또 다른 방식으로 사용된다. 이 말은 우리가 그리스도의 완전한 순종 또는 그리스도의 완전한 의에 근거하여 의롭다 함을 받는다는 의미다. 그리스도의 순종은 그리스도의 십자가 죽음보다 광범위하며, 인류에 대한 하나님의 의로우신 요구를 실현하기 위해 그리스도가 행하신 모든 일을 포함한다. 이것이 칭의의 토대나 기초, 근거다.[36)]

크로에 의하면, 죄인이 칭의를 받는 것은 그리스도의 완전한 순종에 근거한다. 그리스도의 완전한 순종이 그리스도의 완전한 의를 낳는다. 그리스도의 순종은 십자가의 죽음만이 아니다. 그리스도의 순종은 하나님께서 요구하시는 의를 실현하시는 것이므로 십자가의 죽음보다 더 넓은 범위, 곧 그리스도께서 지상에서 행하신 모든 사역을 말한다.

크로는 그 성경적 증거로 롬 5:9, 18을 말했다.[37)] 분명히 신약성경은 우리의 구원에 있어서 십자가 중심성을 강조한다. 또한 예수님의 순종은 십자가에 이르기까지 행하신 사역들이 다 포함된다. 광야의 시험에서 대제사장 앞에 증언하는 순간까지도 그리스도의 순종이 있다. 메이첸은 "그의 생애의 모든 사건은 그가 죗값을 치르는 것의 일부였고, 그의 생애의 모든 사건은 하나님의 율법을 영광스럽게 지킴으로써 그의 백성을 위해 영생의 상을 얻은 것의 일부였다"고 말했다.[38)]

존재와 사역은 분리되지 않는다. 존재와 사역이 분리되지 않아야 분열이 일어나지 않는다. 존재와 사역이 하나가 되어야 영광스럽다.[39)] 칼빈은 요 1:14 주석에서, "이 구절의 요지는 그리스도께서 자신 안에 보다 위대하고 숭고한 것을 보여준 사람으로 인식되었다는 것이다"라고 말했다.[40)] 그로 인

---

36) 브랜던 크로, **그리스도의 능동적 순종과 수동적 순종**, 정광규 역 (서울: 부흥과개혁사, 2022), 34.

37) 그러면 이제 우리가 그 피를 인하여 의롭다 하심을 얻었은즉 더욱 그로 말미암아 진노하심에서 구원을 얻을 것이니(롬 5:9) 그런즉 한 범죄로 많은 사람이 정죄에 이른 것 같이 의의 한 행동으로 말미암아 많은 사람이 의롭다 하심을 받아 생명에 이르렀느니라(롬 5:18)

38) J. Gresham Machen, *The Active Obedience of Christ, in God Transcendent* (Edinburgh: Banner of Truth, 1982), 191.

39) 말씀이 육신이 되어 우리 가운데 거하시매 우리가 그 영광을 보니 아버지의 독생자의 영광이요 은혜와 진리가 충만하더라(요 1:14)

40) 존 칼빈, **신약성서주석 3** (서울: 성서교재간행사, 1982), 41.

해 "우리가 다 그의 충만한 데서 받으니 은혜 위에 은혜러라"(요 1:16)라고 찬송하게 된다.

4. 칭의의 두 가지 유익

칭의의 유익은 무엇인가? 그것은 죄 사함과 영생이다. 칭의의 유익이란 '우리 존재 변화의 실제가 무엇인가?', '그 내용이 무엇인가?'를 말한다. 칭의는 뜬구름이 아니다. 죄 사함과 영생, 이 두 가지는 그리스도의 순종의 두 측면과도 연관된다. 연관된다는 것은 '순종의 내용이 무엇인가?'를 말한다.

그리스도의 능동적 순종: 영생의 권리
그리스도의 수동적 순종: 죄 사함

첫째로, 죄 사함은 율법을 어긴 범죄에 대한 형벌을 받아야만 가능하다. 그리스도의 수동적 순종으로 우리의 죄가 사해졌다. 둘째로, 죄인이 의롭다 함을 받으려면 그에 합당한 조건이 충족되어야만 한다. 죄 사함이 부정적인 요소의 제거라면, 칭의는 긍정적 요건의 충족이다. 불순종에 대한 용서가 끝이 아니라 영생을 위한 긍정적인 요건이 충족되려면 '완전한 순종'이 있어야만 한다.

크로는 헤르만 바빙크(Herman Bavinck, 1854-1921)와 하이델베르크 교리문답 37문을 인용하면서 다음과 같이 말했다.

> 영생은 하나님의 율법에 대한 완전한 순종을 요구한다. … 완전한 순종이 영생을 위해 필요함을 인식하는 것은 신약에서 칭의의 본질을 이해하는 기초이며, 신약이 그토록 자주 예수님을 온전히 순종하는 분으로 묘사하는 이유를 알게 해 준다.[41]

---

41) 브랜던 크로, 그리스도의 능동적 순종과 수동적 순종, 정광규 역 (서울: 부흥과개혁사, 2022), 43-44; 〈헤르만 바빙크는 설득력 있게 이렇게 주장한다. "믿음으로 말미암은 칭의 이후에 이루어내는 일들은 칭의를 위한 고려 사항이 될 수 없다. 그렇게 되면 구속의 순서가 뒤바뀌고, 칭의가 성화에 의존하게 될 것이기 때문이다. 또한 그런 선행은 죄 때문에 여전히 불완전하고 오염되어 있어서, 하나님의 율법의 온전한 요구에 부합하지 않기 때문이다(마 23:37; 갈 3:10; 약 2:10). 신실하고 참되신 하나님은 완전하지 않은 것을 완전하다고 보실 수 없다. 의롭고 거룩하신 분인 하나님은 율법의 요구를 포기하실 수도 없고, 근본적으로 전혀 의가 아닌 반쪽 의로 만족하실 수도 없다"(Bavinck, RD., 4:209; 참고, Turretin. Inst., 16.3.3.(2:647). "하이델베르크 교리문답 37문: 예수님의 평생 고난에 대해: 문. "고난을 받으사"라는 말에서 당신은 무엇을 이해하십니까? 답. 그리스도가 땅에서 사시는 온 생애 동안, 그러나 특별히 생애의 마지막에, 온 인류의 죄에 대한 하나님의 진노를 몸과 영혼에 짊어지셨다는 것입니다. 그리스도는 유일한 대속 제물로서, 고난을 받으심으로 영원한 정죄에서 우리의 몸과 영혼을 자유롭게 하시고, 우리를 위해 하나님의 은혜와 의와 영생을 얻으시려고 이 일을 행하셨습니다."〉

크로에 의하면, 신약에서 말하는 칭의는 죄 사함과 영생의 권리를 다 포함한다. 그리스도의 능동적 순종과 수동적 순종이 우리에게 칭의를 제공한다. 수동적 순종으로만 우리에게 칭의가 주어지는 것이 아니라 능동적 순종으로 영생의 요건을 이루심으로 주어졌다.

이것은 아담과 그리스도의 유비를 통해 알 수 있다. 칭의는 아담으로부터 시작한다. 이 말은 '아담에게 요구된 것은 우리에게도 요구된다'는 뜻이다. 아담에게 존재의 변화가 필요했듯이 우리에게도 존재의 변화가 필요하다. 물론 타락 전 아담과 지금 우리와는 존재의 차이가 있다. **존재에 요구되는 규범은 동일하다!** 타락 전 아담은 무흠의 상태였으나 우리는 타락으로 본성이 부패하고 오염된 상태다. 그러나 근본적으로 요구되는 것은 같았다. 존재에 요구되는 규범은 동일하다! 아담은 완전한 순종을 조건으로 영생을 약속받았다. 수동적 순종만 주장하는 분들은 이것을 강력하게 부정하면서, '아담은 영생의 상태로 창조되었다'고 말한다. 결국 존재론에서 갈라진다.

아담은 불순종했고 실패했다. 아담에게 요구된 완전한 순종은 사라지지 않았다. 완전한 순종은 영생을 얻는 조건으로 장착되어 있다. 완전한 순종이라야 의가 주어지기 때문이다. 그러나 아무도 완전한 순종으로 하나님의 기준에 합당한 의를 이루지 못한다. 오직 예수 그리스도만 완전한 순종을 이루시고 의를 이루셨다. 우리 존재의 변화는 우리 밖에서부터 와야 한다는 뜻이다. 우리 존재의 변화가 우리 내부에서 이루어진다고 말하는 것은 기독교 신앙이 아니다. 내부로부터의 변화는 인간 안에 신성한 내면아이를 부여한다.

자유의지를 부르짖는 것은 전적타락을 부정하는 것이며 인간의 변화가 인간 내부에 있다는 것을 말하기 때문에 비성경적이다. 존재가 삶을 지배한다. 구원론은 존재론이다. 왜 기독교 신앙은 구원론이라 말하는가? 인간이라는 존재가 죄에서 구원을 받아야 하기 때문에 구원론이라 말한다. 그 구원, 그 존재의 변화가 인간 밖에서 주어져야 하기 때문이다. 그래서 '오직 은혜'라 한다.

그렇다면 그리스도의 완전한 순종으로 이룬 의가 어떻게 우리의 의가 되는가? 그것은 전가의 방식으로 이루어진다. 우리 존재의 변화가 그리스도의 의로 변화된다는 뜻이다. 전가는 그리스도의 의의 옷이 우리에게 입혀진 것이다. 성령님의 역사로 우리가 예수 그리스도를 믿을 때 예수 그리스도께서 성취한 의를 우리에게 주셔서 우리를 의로운 자로 선언하신다.

전가는 인간의 전적타락을 전제한다. 전적타락은 완전한 순종에 실패한 결과다. 언약의 수혜자가 언약의 시혜자인 주께서 요구하는 규범을 버리고 주체가 된 것이다. 존재에 요구하는 규범을 거부하는 것은 반란이다. 전적타락이 아니면 전가의 방식이 아니라 주입의 방식이 된다. 전가는 '오직 예수', '오직 믿음'을 말하나, 주입은 '신인협력'을 말한다.42) 전가는 그리스도의 의가 유일하고 절대적이나, 주입은 인간의 공로가 터줏대감이다. 신인협력은 인간의 자유의지를 내세우며 인간의 가능성을 말한다. 그것은 수양론이다. 기독교가 수양론으로 가는 이유는 칭의와 성화를 혼동하기 때문이다.

전가는 완전한 순종으로 전적 타락을 전적 의로 만드는 것이다. 그리스도의 의를 성령님께서 우리에게 적용함으로 우리는 의롭다 함을 받는다. 칭의의 두 가지 유익은 죄 사함과 영생이며, 칭의는 우리 존재의 변화가 그리스도의 의의 전가로 일어난다는 것이다. 수양이 아니라 믿음으로 가려면 언약에 신실해야 한다. 우리의 믿음은 그리스도의 능동적 순종과 수동적 순종으로 이룬 의를 성령님의 역사로 전가 받는 것이다.

왜 개혁신학이어야 하는가? 여기에 대한 대답에 칭의론이 답한다. '의가 우리 밖에서 주어지는가?', '우리 안에서 이루어지는가?'를 보면 길은 정해진다. 이 모든 것은 '존재의 변화가 우리 밖에서 주어지는가?' 아니면, '우리 안에서 주어지는가?'를 말한다.

---

42) 스테판 차녹, **거듭남의 본질**, 손성은 역 (서울: 지평서원, 2009), 48-49; 그러면, 기독교는 무엇이라고 말하는가? 차녹이 다음과 같이 말했다. 〈칭의는 그리스도의 보혈의 직접적인 열매입니다. "우리가 그 피를 인하여 의롭다 하심을 얻었은즉"(롬 5:9). 반면, 거듭남은 성령의 직접적인 역사하심에 의한 것입니다. 그래서 그것을 "성령의 새롭게 하심"(딛 3:5)이라고 부릅니다. 칭의의 질료(matter)는 우리들 밖에 있는 그리스도의 의이지만, 거듭남의 질료는 우리들 내부에 있는 은혜로 말미암은 습관입니다. 칭의의 형상(form)은 '전가하는'(imputing) 것이고, 거듭남의 형상은 '주입하는'(infusing) 것, 혹은 우리들 안에 '들여 넣어지는'(putting into) 것입니다.〉

2

chapter

탄약고
서철원 교수

II. 탄약고 서철원 교수

1. 논쟁의 재점화

과거에 일어났던 그리스도의 능동적 순종의 전가에 대한 논쟁이 다시 점화되었다. 종교개혁 이후의 보수적인 개신교 신학자들은 대부분 '그리스도의 수동적 순종'의 전가는 인정한다. 그러나 IAOC(그리스도의 능동적 순종의 전가)에 대해서는 의견이 달라서 논쟁이 일어나는 경우가 있었다. 주로 개혁파 정통주의 학자들은 그리스도의 능동적 순종의 전가를 수동적 전가와 함께 인정한다. 반면에 아르미니우스 계열의 학자들과 일부 개혁파 학자들은 능동적 순종의 전가를 부인한다. 능동적 순종을 부정하는 분들은 행위언약도 부정한다. 김재성 교수는 다음과 같이 말했다.

> 개혁신학자들은 그리스도의 능동적 순종의 전가교리는 하나님께서 아담과 맺은 행위언약을 성취하신 것이라고 해석했다. 후기 개혁주의 정통신학에서 언약사상에 대한 활발한 연구가 이뤄졌는데, 이같은 성경연구를 통해서 복음의 본질을 더 잘 설명할 수 있었다. 17세기에는 행위언약의 개념을 매우 중요한 부분으로 다루었는데, 일부 신학자들은 "자연언약", "생명언약", "에덴언약" 등으로 풀이하기도 했다. 최근에 행위언약의 개념을 "아담적 시행"으로 바꿔서 부르는 것을 제안한 머레이 교수도 그 언약이 바로 능동적 순종의 전가를 통해서 성취되었음을 강조하였다. … 행위언약의 개념을 거부하는 일부 신학자들은 그리스도의 능동적 순종에 대해서도 반대하는 것을 알 수 있다.[43]

김재성 교수에 의하면, 정통 개혁주의 신학에서는 능동적 순종과 행위언약을 고수해왔다. 김재성 교수는 "신약성경 전체에서 최종 결론은 온전한 순종이다"라고 말했다.[44] 그리스도의 능동적 순종의 전가교리는 하나님께서 아담과 맺은 행위언약을 성취하신 것이다. 그러나, 능동적 순종교리를 부정하는 분들은 행위언약도 부정한다. IAOC를 부정하는 것은 정통 개혁신학에서의 이탈을 의미한다. 오류의 반복은 관점의 반복이다. 자신들은 독특한 관점이라고 여기나 실제로는 지나간 오류의 반복이다.

근래에 일어난 그리스도의 능동적 순종의 전가에 대한 논쟁은 아르미니우스주의자가 아닌데도 발생했다. '바른믿음'에서 정이철 목사는 능동적 순종에 대한 논쟁에 불을 붙였다. 정이철 목사는 "그리스도의 능동 순종의 근거가 되는 성경의 말씀을 한 절이라도 찾아"주면 바른믿음의 문을 닫고 남은 인생을

---

43) 김재성, 그리스도의 능동적 순종 (고양: 언약, 2021), 60-61.
44) 김재성, '아담 안에서 사망과 그리스도 안에서 생명 – 기독교 신앙의 두 가지 기본구도,' 국제신학 20(2018): 91(77-105).

자숙하며 살겠다면서 다음과 같이 말했다.

1) 메시야가 완전한 율법준수를 통해 '율법의 의'를 획득하여 자신과 자기를 믿는 죄인들의 영생의 자격이 되게 할 것이라는 구약 성경의 예언을 찾아주시면 「바른믿음」의 문을 즉시 닫겠습니다.

2) 능동순종교리는 그리스도께서 십자가의 고난으로 우리를 지옥 형벌에서 건져주셨고, 모세의 율법준수로 우리에게 칭의를 주어 천국 영생을 누리게 했다는 신학입니다. 그러므로 다음에 대한 성경적 해답 하나만이라도 주시는 분이 있으면 「바른믿음」의 문을 즉시 닫겠습니다.

하나⟩ 그리스도의 십자가의 죽으심이 우리에게 죄용서(지옥구원), 그리스도의 완전한 율법준수 생활이 우리를 의인(칭의)으로 만들어 천국 영생을 누리게 한다고 가르치거나 암시하는 성경의 내용 한 줄만 찾아주시면 「바른믿음」의 문을 즉시 닫겠습니다.

제가 가지고 있는 오래된 성경에는 우리가 지옥 형벌에서 벗어나고 천국 영생을 누리게 만드는 원인은 단 하나, 오직 거룩하신 그리스도께서 자기를 우리의 죗값으로 하나님께 드리셨기 때문이라고 말합니다. "우리가 그 피를 인하여 의롭다 하심을 얻었은즉 더욱 그로 말미암아 진노하심에서 구원을 얻을 것이니."(롬 5:9) 혹 그사이에 새로운 성경이 나왔습니까? 그 속에 그리스도께서 '고난으로는 지옥구원, 그리고 '율법으로 천국영생을 주셨다는 내용이 있다면 알려주십시오.

둘⟩ 능동순종교리의 배경에는 아담이 하나님의 자녀도 아니고 영생도 없고 그렇다고 죄인도 아닌 인간으로 창조되었다는 이론이 깔려있습니다. 우르시누스가 1562년 자신의 대요리문답 36항에서 말한 비성경적 '창조언약(율법언약, 자연언약, 행위언약) 개념입니다. 쉽게 말하자면, 하나님이 의인도 아니고 죄인도 아니고 영생도 없는 아담을 그 본성과 자연을 통해 계시되는 율법과 함께, 율법 안에서 창조하셨다는 것입니다. 바로 그 이론이 발전하여 오늘날 이 사단이 벌어졌습니다. 그 창조 사상에 의하면 그리스도가 구세주가 되기 위해 반드시 아담 대신 율법을 완전하게 지키심으로 그 창조언약(행위언약)을 성취하셔야만 우리에게 영생을 주실 수 있기 때문입니다. 능동순종 거짓 교리는 그런 배경에서 등장했습니다.

다음은 능동순종교리를 주장하는 분들에게는 매우 중요한 것이고, 결코 양보할 수 없는 내용들입니다. 다음의 저의 질문들 가운데 하나만이라도 성경에 근거하여 대답하시는 분이 있으면 「바른믿음」의 문을 즉시 닫겠습니다.

A) 율법이 율법을 지키는 자에게 영생을 선물하는 기능이 있다는 성경의 증거

B) 아담이 영생을 주는 율법 안에서 창조되었다는 성경적 증거

C) 그 율법이 아담의 본성을 통해, 또한 자연을 통해 아담에게 주어졌다는 증거

D) 그 율법이 훗날 시내산에서 십계명으로 돌판에 기록되어 이스라엘 백성들에게 주어졌다는 성경적 증거[45]

---

45) http://www.good-faith.net/news/articleView.html?idxno=2636/ 정이철, '바른믿음 문 닫게 해 보실 분 또는 후원으로 힘이 되어 주실 분을 찾습니다,'(2022.6.18.); ⟨제가 아는 구약성경에는 피조물에게서 찾을 수 없는 하나님의 거룩을 그대로 유지하는 사람으로 성육신하여 죄인들이 받아야 할 저주를 완전하게 대신 받으심으로 죄에서 해방시키신 후 자기의 본래의 의(하나님의 거룩)를 죄인들에게 전가하심으로 구원을 주신다고 예언되어 있습니다. "그가 찔림은 우리의 허물을 인함이요 그가 상함은 우리의 죄악을 인함이라 그가 징계를 받음으로 우리가 평화를 누리고 그가 채찍에 맞음으로 우리가 나음을 입었도다. 우리는 다 양 같아서 그릇 행하여 각기 제 길로 갔거늘 여호와께서는 우리 무리의 죄악을 그에게 담당시키셨도다"(사 53:506). "그의 날에 유다는 구원을 얻겠고 이스라엘은 평안히 거할 것이며 그 이름은 여호와 우리의 의라 일컬음을 받으리라"(렘 23:6). 제가 가진 성경에는 이렇게 예수님의 구원의 방식이 예언되어 있습니다. 하나님의 인격을 가진 거룩한 사람이신 예수 그리스도는 절대로 자기에게 없는 어떤 의를 지상에서 획득하셔야 우리의 구원자가 되시는 석가모니 같은 분이 아닙니다. 태어나신 그날부터 거룩하신 자기의 몸과 영혼으로 우리의 죄를 배상하심으로 우리에게 구원을 주시기에 충분하신 메시야였습니다. 구약성경은 예수 그리스도가 우리 죄인들이 받아야 할 하나님의 저주, 즉 율법이 요구

정이철 목사의 제의 혹은 부탁을 누가 들어줄 수 있을까? 정이철 목사의 말대로 능동적 순종교리는 거짓 교리이며 이단 교리인가?[46] 정이철 목사는 능동적 순종교리를 말하는 분들을 이단이라 말했다. 그러나 웨스트민스터 총회는 능동적 순종에 의한 의의 전가를 포함하는 그리스도의 '모든 순종'(the whole obedience)를 지지하면서, 수동적 순종의 의만을 주장하는 견해에 대해 "결코 이단으로 몰아가지 않았"다.[47]

IAOC를 강력하게 반대하는 정이철 목사에게 탄약을 제공한 분은 서철원 교수다. 서철원 교수의 신학적 변질에 대해 어떤 사람들은 『서철원 박사 교의신학』 시리즈(2018년) 이후로 나타나며 『하이델베르크 요리문답 해설』(2019년)에서도 능동적 순종을 부정했으며, 2018년부터 후기 저작으로 본다. 그러나 이런 구분이 사실상 의미가 없다. 서철원 교수의 책들을 살펴보면 알 수 있다. 다만 좀 더 확정적으로 나타났다는 것뿐이다. 서철원 교수의 신학적 변질은 탁월한 개혁신학자로서 한국 신학계에 충격을 준 일이다.

서철원 교수는 능동적 순종과 수동적 순종에 대해 무엇이라고 말하는가? 서철원 교수는 그리스도의 능동 순종을 가르치면 '새관점 학파'(new perspective on Paul)라고 비난했다. 서철원 교수는 "능동적 순종은 신약적 근거 없는 사변의 산물일 뿐이다"라고 말하며, "신약 핵심은 예수를 믿는 믿음으로 영생에 이르는 것", "율법을 성취하셔서 구원에 이른다는 주장은 거짓 신학"이라고 말했다.[48]

하는 죄의 삯을 대신 받으심으로 우리에게 구원을 주신다고 예언되어 있습니다. 구약성경에서 메시아가 아담과 사람들이 지키지 못한 모세의 율법 조항들을 완전하게 지켜 영생의 자격을 획득하셔서 믿는 자들에게 칭의를 주신다는 예언을 찾을 수가 없습니다. 만일 그런 내용을 한 줄이라도 찾아주시면 즉시 「바른믿음」을 폐쇄하여 그동안 저로 인해 심적 고충을 당하신 모든 교수님들과 목사님들에게 사죄하겠습니다.〉

46) https://www.kscoramdeo.com/news/articleView.html?idxno=21466/ 신요한, '합동측 일부 목사, 웨스트민스터 신앙고백서 내용에 문제제기?'(2022.2.25.); 〈이어서 김 교수는 "율법을 통해 죄를 깨닫는 것이 필요하다는 말씀도 하셔서 회심준비론과 맥락이 비슷해 보이는데 이런 교리를 주장하는 것이 이단으로 제소가 되는 것이 옳다고 생각하시는가?"라고 질문하자 정 목사는 망설임 없이 "Yes"라고 대답했다. 정 목사는 "적어도 능동순종은 이단이다"라고 강조하며, "오직 십자가를 외치는 사도들과는 완전히 다른 것"이라고 주장했다. 정 목사는 "신약성경 어디에 십자가를 우리를 지옥에서 건져내기만 하고 천국 가게 만드는 것이 그리스도의 율법준수의 공로라고 가르치는 게 있는가?"라며 "이건 재론의 여지가 없다"고 못 박았다. 그러자 김 교수는 "능동적 순종이 이단적 사상이라면 개혁파 신학자 중에 이단이 아닌 사람을 말해달라"고 질문하자 정 목사는 "그렇게 중요한 구원의 원리가 어떻게 성경에서 그림자도 찾을 수 없는가?"라고 반문하며, "그것(능동순종)을 주장하지 않은 신학자는 초대교회 때부터 1500년대까지 모든 신학자들이다"라고 단언했다.〉

47) 김병훈·박상봉·안상혁·이남규·이승구, 그리스도의 순종과 의의 전가 (수원: 합동신학대학원출판부, 2022), 43.

48) https://www.kidok.com/news/articleView.html?idxno=210639/ 서철원, '능동적 순종, 개혁신학적인가?,'(2021.4.7.)

서철원 교수의 '능동적 순종, 개혁신학적인가?'라는 특별기고문을 보면, 능동적 순종에 관한 서철원 교수의 기본적인 주장을 알 수 있다.

1. 능동적 순종: 그리스도가 율법준수로 얻은 의를 전가하여 택자들에게 영생을 수여한다는 주장
17세기 때부터 개혁파 신학에서 그리스도의 구원사역을 2가지로 구분하여 전개하였다. 그리스도가 하나님 아버지의 작정을 순종하여 십자가에 죽어 피 흘리심으로 백성들의 죄를 용서한 것과 그리스도가 입법자로서 율법순종의 의무가 없는데도 자원하여 율법을 지켜 의를 이루었다는 것이다. 율법을 준수하여 의를 이룩하였으므로 그 의를 백성들에게 전가하여 백성들이 영생에 이르게 되었다는 것이다. 이것은 그리스도가 율법을 지킬 의무가 없는데도 자원하여 지켰으므로 이것이 능동적 순종이라는 것이다. 그리스도의 십자가에서 죽어 피 흘리심으로 백성들의 죄를 값아 죄 용서를 받게 하였으므로 이것이 수동적 순종이라는 것이다. 율법을 지킬 의무가 없는 그리스도가 율법을 준수하여 의를 획득하였으므로 이것이 능동적 순종이라는 것이다. 이 신학적 논의에 의하면 그리스도가 십자가상에서 피 흘려 죽으심으로 죗값을 다 값아 그를 믿는 자들을 의롭게 하여 영생에 이르게 한 것이 아니다. 그리스도는 그의 피 흘리심으로 죄용서만 이룩하였을 뿐이고 그를 믿는 자들로 영생에 이르게 하지 못하기 때문에 그 자신 율법을 지켜 영생을 획득해야 했다. 이것은 신약의 가르침에 전적으로 배치된다. 또 이런 구원 도리는 그리스도의 십자가를 옆으로 밀어치는 결과를 가져온다. 그러나 능동적 순종을 주장하는 자들은 여기서 그치는 것이 아니고 그리스도가 율법을 지켜 얻은 의는 그리스도의 의가 되었다는 것이다.
2. 능동적 순종: 그리스도의 율법준수로 얻은 의는 그리스도 자신의 의가 되게 했다는 것
능동적 순종을 주장하는 자들은 그리스도가 능동적 순종으로 율법을 준수하여 획득한 의를 백성들에게 전가하여 백성들로 영생에 이르게 되었다는 주장에서 그치지 않는다. 그리스도가 율법을 준수하여 이룩한 의는 자기의 의가 되게 했다는 것이다. 이것은 그리스도를 성육신하신 하나님이 아니라 그냥 한낱 인간일 뿐이고 구원 얻어야 할 죄인으로 만드는 반기독교적인 사설 (허위주장)이다.
3. 능동적 순종 논의: 17세기 개신교 스콜라주의 때 시작: 능동적 순종 논의는 종교개혁자들에게서 시작한 것이 아니고 17세기 소위 개신교 스콜라주의 시대 혹은 개신교 정통주의 시대 때 시작하였다. 칼빈이나 루터는 그리스도가 율법을 준수하여 의를 획득하였으므로 그것이 의가 되었다는 것을 전혀 알지 못하였다. 더구나 그리스도가 율법준수로 얻은 의를 백성에 전가하므로 백성들이 영생에 이르렀다는 주장은 청천벽력과 같은 기상천외한 것이다. 또 그리스도가 율법을 준수하여 얻은 의를 자기 의로 삼았다는 주장은 가공할 사항이었다. 종교개혁을 근본에서 완전히 허는 주장이었다.
17세기에 이르러 종교개혁교회인 루터교회와 개혁교회가 다 같이 이신칭의 교리에 근거해서 신학을 정립하려고 하였다. 신학을 체계화하려면 신학을 표현할 언어가 있어야 한다. 당시 신학자들은 다 같이 아리스토텔레스의 형이상학의 용어들을 사용하기로 하였다. 17세기에 근세 철학을 연 데카르트의 철학은 신학체계를 표현할 수 있는 언어가 못되었다. 그래서 종교개혁교회 신학자들도 중세 스콜라 신학이 했던 것처럼 아리스토텔레스의 형이상학의 언어를 사용하기로 하므로 사변이 많이 일어나게 되었다. 능동적 순종 논의도 17세기 사변적으로 신학하기로 함으로 생겨난 사변적 논의일 뿐이다. 17세기 영국의 청교도 신학의 황태자로 알려진 존 오원이 능동적 순종의 논의를 시발하였다고 알려졌다. 그리스도가 십자가에 죽어 속죄하므로 구속 사역을 다 하였다면 그렇게 오래 사실 필요가 없었다. 33년이나 오래 산 것은 율법을 준수하기 위해서라는 것이다. 그래서 그리스도가 율법준수를 시작했다는 것이다, 그리스도는 본래 율법 수여자로서 율법을 지킬 의무가 없지만 율법을 준수하기 시작하였다. 율법준수로 의를 이루어 그 의를 백성들에게 전가하므로 백성들이 영생을 얻게 되었다는 것이다. 그런데 최근에 우리나라에서 능동적 순종 논의를 적극적으로 선전하고 있다. 아마도 미국 칼빈신학교의 교회사 교수였던 리차드 멀러에게서 박사학위를 받은 분들이 가르치는 신학교에서 이런 논의를 활발하게

하고 있는 것으로 보인다.

4. 능동적 순종 논의: 신약에 아무런 근거가 없다.: 종교개혁의 모토 중 하나가 오직 성경으로 이다. 그러므로 신학은 칼빈이 주장하고 가르친 대로 하나님의 말씀이 가는 데까지 가고 멈추는 곳에서 멈추는 것이다. 따라서 성경의 가르침을 벗어난 신학은 바른 신학이 아니다. 성경대로 구성된 신학이 개혁신학이다. 신약의 가르침의 핵심은 죄를 속량하기 위해서 십자가에 달린 예수 그리스도를 믿는 믿음으로 죄용서 받아 영생에 이른다. 신약은 그리스도의 율법준수로 의를 얻어 우리에게 전가했다는 주장을 전혀 알지 못한다. 그에 대한 시사도 없다, 능동적 순종은 신약에 근거해서 구성된 것이 아니고 전적으로 사변에서 나온 사변의 산물일 뿐이다. 모든 신학은 성경에 근거하고 성경의 승인을 받을 때만 정당한 신학이 된다. 종교개혁의 이신칭의 교리는 종교개혁자들이 만들어낸 것이 아니고 전적으로 신약의 가르침의 공식화일 뿐이다. 종교개혁자들이 이신칭의 교리를 만들었다면 그들이 로마교회의 핍박을 어떻게 감당할 수 있었겠는가? 로마교회가 살해위협으로 협박하였다. 그런데 성경에 있지도 않은 교리를 가지고 어떻게 로마교회의 살해위협을 이겨내며 교황주의자들의 신학적 논의를 어떻게 극복할 수 있었겠는가? 신약에 가장 명확하게 가르치기 때문에 종교개혁자들이 로마교회의 가르침에 대항해서 담대히 진리를 개진하고 로마교회가 하나님의 말씀을 버렸다고 반박하였다.

능동적 순종으로 그리스도가 율법을 다 지켜 의를 성취하여 신자들에게 전가하여 그들로 영생에 이르게 하였다는 주장은 신약적 근거가 전혀 없다. 그 주장이 어떤 개혁신학자에 의해 나왔다고 하여도 성경적 승인을 받지 못하면 성립할 수 없다. 신약은 하박국 2장 4절 "그러나 의인은 그 믿음으로 말미암아 살리라"를 롬 1:17; 갈 3:11; 히 10:38에 인용하였다. 그런데 "의인은 믿음으로 살리라"고한 우리 성경 번역은 본문대로 바로 번역할 필요가 있다. 하박국 2:4도 "믿음 안에" 혹은 "믿음에 근거한 의인이 살리라"라고 해야 하고, 신약의 인용들도 "믿음으로 말미암아 의로운 자" 혹은 "믿음으로 의로운 자가 살리라"라고 번역해야 한다. 의인 된 것은 오직 믿음으로 된 것이다. 어떻게 의인이 되어서 살기는 믿음으로 사는 것이 아니다. "믿음으로 믿음에서 의로운 자가 살리라"이다. 의인이 되어가지고 믿음으로 사는 것이 아니고 믿음으로 사는 자가 살고 영생한다.

그리스도 자신이 자기를 믿음으로 의롭게 되고 그로써 영생한다고 명시하셨다. "하나님이 세상을 이처럼 사랑하사 독생자를 주셨으니 누구든지 저를 믿으면 멸망하지 않고 영생을 얻으리라"(요 3:16)고 분명하게 밝히셨다. 그리스도는 그다음에 세상을 속량하기 위해 대속물로 왔음을 밝히셨다. "인자의 온 것은 섬김을 받으려 함이 아니라 도리어 섬기려 하고 자기 목숨을 많은 사람의 대속물로 주려 함이니라"(막 10:45). 여기서도 그리스도가 십자가에서 대신 죽으심으로 세상을 구원하심만 있지 율법을 지킴은 전혀 자리가 없다, 또 요한도 그리스도가 대신 속죄제사의 죽음으로 세상을 구원하심만 알고 있다. "이튿날 요한이 예수께서 자기에 나아오심을 보고 가로되 보라 세상 죄를 지고 가는 하나님의 어린양이로다"(요 1:29). 이어서 "보라 하나님의 어린양이로다"(요 1:36). 두 절이 다 세상 죄를 지고 죽으실 하나님의 어린양이라고 선포하고 있다. 그리스도가 율법을 지켜 의를 이루어 사람들로 영생에 이르게 한다는 주장은 신약에 없다. 그런 논의와 주장은 성경에 근거하지 않고 사변으로 만들어낸 신학일 뿐이다.

"인자도 들려야 하리니 이는 저를 믿는 자마다 영생을 얻게 하려 하심이라"(요 3:14~15). 죄를 속량하기 위해 십자가에 달리신 예수 그리스도를 믿음으로 영생을 얻지 그리스도가 율법을 지켜 영생을 주신다는 시사나 암시가 전혀 없다. "아들을 믿는 자는 영생이 있고"(요 3:36). 하나님의 아들을 믿는 믿음으로만 영생을 얻는다. 그 믿음으로 죄를 용서받았기 때문이다. "하나님의 보내신 자를 믿는 것이 하나님의 일이니라"(요 6:29). 하나님의 아들을 믿음으로 죄를 용서받으므로 영생에 이른다. 그리스도의 율법준수로 영생을 얻는 것은 성경에 전혀 자리가 없다. 성경에 근거하지 않는 신학은 바른 신학이 아니다. 요한복음 6장 29-40절은 "하늘에서 내려온 하나님의 아들을 믿음으로 영생을 얻는다"고 강조한다. 요한복음 7장 37-39절은 "예수 그리스도를 믿는 자가 생수의 강이 그 안에서 흘러넘치므로 영생한다"고 가르친다. 요한복음 11장 25-27절은 "하나님의 아들 예수 그리스도를 믿음으로 영생한다"고 그리스도 자신이 널리 밝혔고 내가 율법을 지켜 너희들에게 영생을 주시겠다는 말씀이 없다. 요한복음 19장 30절에서 예수 그리스도께서 십자가에서 숨을 거두기 직전에 "다 이루었다"고 말씀하셨는데 그것은 그의 죽음으로 세상을 구원하는 일을 다 이루셨다고 하신 것이다. 십자가의 구속사역 외에 다른 구원사역을 성경은 알지 못한다. 요한복음 20장 31절은 "예수를 믿음으로 그의 이름으로 영생 얻는다"고 선언한다.

이제 바울의 주 저서 중 하나인 갈라디아서에서 바울이 복음과 율법에 관해서 무엇이라고 말했는지를 살펴보자. 우리를 죄에서 구원하셔서 영생에 이르게 하시려고 그리스도께서 자기 몸을 제물로 바치셨다(갈 1:4). 예수 그리스도의 복음은 그가 우리를 죄와 죽음에서 구원하기 위해 십자가에 죽으셨다. 이 복음에다가 율법준수를 더 하면 저주를 받는다고 하였다(갈 1:7-9). 사람이 의롭게 되어 영생하게 되는 것은 대신 속죄 죽음으로 나를 구원하신 예수 그리스도를 믿는 믿음으로만 된다(갈 2:16-21). 예수 믿어 성령을 받는데 성령을 받은 것은 구원과 영생을 받았다는 확증이다(갈 3:1-8). 율법준수로 구원에 이르려 하는 것은 저주 아래 있는 것이어서 멸망에 이를 뿐이다(갈 3:9-14). 예수 그리스도를 믿음으로 하나님의 자녀들이 되었다(갈 3:16-26). 그리스도께서 십자가에 죽어 죗값을 다 갚아 죄와 죽음에서 구원하사 하나님의 자녀들이 되고 영생에 이르렀는데 왜 그리스도께서 자기의 구속사역을 무시하고 율법준수로 영생을 주시려고 하셨다는 것이 말이나 되는 것인가? 율법을 주신 것은 사람이 율법을 지켜 구원에 이를 수 없고 주 예수를 믿는 믿음으로만 구원에 이른다는 것을 알리기 위해서이다.

5. 성경이 신학의 최종 심판관이다.: 성경이 신지식의 원천이다. 성경에서만 바른 하나님 지식을 얻는다. 또 성경은 신학의 규범이다. 신학은 성경의 가르침에 따라 구성해야 하고 성경의 가르침과 배치되면 당장 그런 신학을 버려야 한다. 혹은 반문하기를 우리가 율법을 지켜 구원에 이른다고 하면 이신칭의 교리에 어긋나지만, 그리스도께서 율법을 성취하셔서 영생을 주신다고 하는 것은 바른 신학이라고 주장할지 모르지만 성경 어디에 그런 가르침이 있는가? 그것은 거짓 신학이다. 모든 신학을 판정하는 것은 성경이 한다. 아무리 아름답게 잘 구성된 신학이라고 하더라도 성경의 근거가 없으면 그 신학은 바르지 못하는 신학이라고 하여 배척하고 폐기처분한다. 능동적 순종 주장은 아무런 성경적 근거와 지지가 없다. 그러므로 능동적 순종 주장은 폐기처분해야 한다.[49)]

서철원 교수는 능동적 순종은 "신약에 아무런 근거가 없다"면서 부정했으며, "그리스도의 율법준수로 영생을 얻는 것은 성경에 전혀 자리가 없다. 성경에 근거하지 않는 신학은 바른 신학이 아니다."라고 말했다. 서철원 교수는 오직 수동적 순종만을 주장했으며, 능동적 순종은 성경의 근거가 없으며, "거짓신학"이라고 말했다.

서철원 교수에 의하면, "모든 신학은 성경에 근거하고 성경의 승인을 받을 때만 정당한 신학이 된다." 그렇다면 성경을 근거로 말하지 아니하고, 왜 로마 가톨릭과 칼 바르트를 비롯한 매개 신학의 관점으로 개혁신학의 언약사상을 비판했을까? 조직신학 전집은 왜 필요한가? 성경만 말하면 안 되는가? 개혁신학자들이 "아리스토텔레스의 형이상학의 용어들을 사용"했다면서 "사변"이라고 말한 것은 개혁신학의 용어를 오해한 것이다. 그 무엇보다도 서철원

---

49) 같은 사이트에서.

교수가 오해한 것은 '율법주의'와 '율법준수'를 동일한 맥락으로 본 것이다. 능동적 순종은 율법주의를 말하지 않는다. 율법주의는 수양론이다. 율법주의는 자기 의를 말한다. 율법주의, 자기 의는 로마 가톨릭을 비롯하여 존재의 변화가 인간 내면에서 일어난다는 것이다. 율법준수는 언약의 주께 대한 순종이며 존재의 규범이다. 존재가 규범을 버리면 분열이 일어나고 도약을 감행한다.

이와 같이 개혁신학에서 이탈한 서철원 교수의 기본적인 관점은 정이철 목사에게 실탄(實彈)을 제공했고, 오늘날과 같이 IAOC를 부정하고 행위언약을 부정하면서 한국 신학계를 혼란에 몰아넣었다. 서철원 교수의 말처럼, 성경이 기준이고 성경이 규범이기 때문에 성경에 맞지 않는 신학은 버려야 마땅하다. 그렇다면 서철원 교수의 신학은 오직 성경에 근거한 것일까?

서철원 교수가 처음부터 능동적 순종을 반대한 것이 아니었다. 능동적 순종을 반대하기 이전의 서철원 교수는 어떻게 가르쳤을까? 서철원 교수는 다음과 같이 말했다.

고난의 생이 그리스도의 비하의 두 번째 단계입니다. 그리스도의 비하는 성육신 자체와 고난의 생과 십자가의 죽음과 지옥 강하로 이루어집니다. 이 비하의 상태에서 한 그의 사역은 인류 구원을 이루었습니다. 고난의 생은 출생부터 죽음까지 계속되었습니다. 출생도 보통 인간이 당할 수 없는 상태로 굴욕적인 출생이었습니다. 또 그의 모든 생은 죄악의 세력과 영적 세력들의 공격과 백성들의 배척과 지도자들의 증오와 시기에 의해 무고하게 고통 당하되 연속적으로 당했습니다. 그러나 고난의 생은 고난으로 연속된 것에만 의의가 있는 것이 아니라 그의 고난의 생은 의의 성취로 우리의 의가 되었습니다. 그의 의의 성취는 십자가의 죽음에까지 이어지는 것이나 그의 생은 율법을 성취한 능동적 순종이었습니다. 그러므로 고난의 생도 우리의 구원 사역으로 합당하게 다루어야 합니다. 인성이 만날 수 있는 모든 환경을 다 겪었습니다. … 출생 후에 예수님은 할례를 받음으로 언약 백성의 표를 받아 율법을 다 담당하셨습니다. 그러므로 그의 모든 생은 다 율법준수의 생이었습니다. 곧 율법의 성취자로서 율법의 요구를 지셨습니다. 그래서 율법 아래 있는 자들을 속량하셨습니다. 또 세례를 받음으로 자기를 죄인과 일치시키고 율법을 지켜야 살 수 있는 길을 열게 하셨습니다. 불의를 속상하는 길은 율법을 지키는 것임을 분명히 했습니다. 새 인류의 대표로 율법준수의 의무를 지게 되었습니다.
의는 하나님의 법을 다 지킴입니다. 의는 하나님 앞에 살 수 있는 생존권을 말합니다. 하나님의 법을 지키면 의가 세워집니다. 하나님의 법을 지킬 때에만 하나님의 백성으로 생존이 허락됩니다. 법을 어기면 사망입니다. 첫 인류는 먹지 말라는 하나님의 계명을 범하여 죄인이 되고 생존이 박탈되어 죽고 말았습니다. 하나님의 법에 의하면 하나님의 백성이 법을 순종하므로 생존권이 허락되었습니다. 이 생존권을 예수님이 하나님의 법을 지키므로 획득했고 백성들에게 전가할 의가 되었습니다. 예수님은 입법자로서 율법을 지킬 의무가 없는 데도 율법을 인류의 대표로서 다 지켰습니다. 자원하여 지켰습니다. 그러므로 그의 율법준수가 의를 이루었습니다. 전통적 신학에서는 이를 능동적 순종이라고 칭하고 십자가에서의 죽음을 피동적 순종이라고 합니다. 그리스도의 순종은 율법만 아니라 십자가에까지 이르는 순종입니다. 이 순종에 의해 예수님이 저주 아래 죽음으로 우리가 구원되었습니다. 이 죽음이 대리적 죽음이어서 우리 모두가

죽은 것이 되었습니다. 또 이 죽음이 하나님의 작정으로 이루어졌기에 우리의 구원입니다.[50]

서철원 교수는 분명히 '능동적 순종'과 '수동적 순종'(피동적 순종)을 말했다. 그리스도의 생애는 율법준수의 삶이었으며, 하나님의 법을 다 지켜 의를 획득하여 자기 백성에게 그 의를 전가시켜 주셨다고 말했다. 그러나, 서철원 교수는 전병을 뒤집었다. 합동 이대위 전문위원인 서철원 박사는 "능동 순종 신학은 성경적 근거 없는 폐기 처분해야 할 거짓 신학"이라고 주장했다. 서철원 교수는 그리스도께서 율법에 순종하신 것을 율법의 요구를 충족하여 율법의 속박에서 백성들을 해방한 것이라고 말했다.[51] 서철원 교수는 율법에 순종하여 의를 이룬 것은 사라져 버리고 오직 속박에서 해방한 것으로만 말했다.

지난 2월에 열린 합동 이대위 세미나에서 서철원 박사는 "헤르만 바빙크가 능동적 순종의 주장을 아무런 반성 없이 자기 신학에 받아들였다", "박형룡 박사 또한 아무런 반성도 없이 그대로 벌코프의 조직신학 책을 번역해서 가르치므로 능동적 순종 주장과 그리스도의 율법준수로 의를 획득한 것이 정통신학인 것처럼 착각하게 만들었다"고 주장했다.[52]

서철원 교수의 말대로 율법준수로 의를 획득하는 것이 아니라면 언약은 왜 필요한가? 의를 요구하는 것이 성경적인가? 의를 요구하지 않는 것이 성경적인가? 의를 요구하는 것이 성경적이다. 왜 그런가? 의는 존재의 본성이기 때문이다. 하나님께서 존재에 의를 요구하는 것이 성경적이다.

2. 전기 저술

서철원 교수의 저술을 통해 ' 서철원 교수의 신학적 오류가 구체적으로 어떻게 진행되어 왔는가?'를 살펴볼 수 있다. 이런 면밀한 작업을 통해 우리는 신학과 성경에 대한 올바른 관점을 가질 수 있다. 우리는 근거 없이 비평할 수 없다. 서철원 교수의 저술을 통해 서철원 교수의 신학을 정확히 살펴서 IAOC 논쟁에 대해 올바른 판단을 해야 한다.

---

50) http://www.reformednews.co.kr/2872/ 서철원, '개혁주의 기독론(6),'(2013.9.15.). accessed 2021.10.9.
51) 서철원, 서철원 박사의 교의신학4 그리스도론 (서울: 쿰란출판사, 2018), 166-167.
52) http://www.kscoramdeo.com/news/articleView.html?idxno=20918/ 신요한, '합동 이대위, 장로교 정통교리 '능동순종' "성경적 근거 잘못" 논란,'(2021.10.6.).

1) 『복음의 개요: 로마서 강해설교1』(1985년)

서철원 교수는 '율법의 길로는 구원이 불가능하고 하나님의 은혜로 구원을 얻는다'는 것을 말하면서 다음과 같이 말했다.

> 그런데 그가 그리스도를 만나자 그는 이 괴로운 질곡을 벗고 아무 수고 없이 단번에 그로부터, 그로 말미암아 하나님의 값없는 은혜를 입어 죄를 용서함 받았습니다. 그리스도께서 사람이 되시고 수난받으시고 부활하사 주님이 되셨으니 은혜, 곧 죄의 용서를 받게 된 것입니다. 그것이 '디 후 엘라뽀멘 하 카란'으로 표현한 바울이 말하려는 진리입니다. 인간의 공로 없이 하나님께서 이 일을 이루심이 바로 은혜입니다. 인간의 개입 없이 하나님 그리스도만의 공로, 그것이 기독교이고 복음입니다. 그리스도만의 공로 그것이 기독교 복음입니다.53)

서철원 교수에 의하면, 우리가 죄 용서함을 받은 것은 하나님의 값없는 은혜이며, 인간의 공로가 아니라 그리스도의 공로다. 이것이 기독교이고 복음이다. 서철원 교수가 말하는 그리스도의 공로는 무엇인가? 그것은 "그리스도께서 사람이 되시고 수난받으시고 부활하사 주님이 되"신 것이다. 이것은 그리스도의 능동적 순종과 수동적 순종이 다 포함된 공로를 말한다.

2) 『신앙과 학문』(1988년)

서철원 교수의 적(敵)은 서철원 교수다. 그 이유는 무엇일까? 서철원 교수는 과거의 이단과 신정통주의와 로마 가톨릭 신학자의 오류와 잘못을 반복하고 있기 때문이다. 서철원 교수는 칼 바르트와 중세의 이단을 비판하면서 다음과 같이 말했다.

> 이들 신학자들은 성육신과 구속과의 분리불가한 연관을 분해하므로 신약 전체의 자기 주장에 합당한 존경과 주의를 주지하지 못했다. 그들은 세계 완성과 만유 통일을 강조하므로 그리스도의 오심이 죄에서 구속이라는 성경의 주장을 무시하였다. 그러나 특별히 빌립보서 2:6-11에 의하면 그리스도의 오심은 죄와 결코 분리될 수 없다. 또 요한계시록에 의하면 신천신지에서는 항상 창조와 구속 때문에 하나님께 찬양이 그치지 않는다(계 4:11; 5:9 이하; 21:3-4). 더우기 미래세계는 영광의 세계여도 양양의 제사는 없고, 신인의 교제가 완성됨을 볼 수 있다(계 21:3-4). 특히 창조주의 마지막 선언 "내가 만물을 새롭게 하노라"(계 21:5)가 더욱 이 진리를 분명히 한다. 사변에서만 그리스도의 성육신과 구속이 분리될 뿐, 교회의 신앙고백에서는 늘 둘은 하나로 연관된다. 그러기에 성탄절의 기쁨은 그리스도의 골고다 십자가를 떼놓고 생각할 수가 없다. 베들레헴 구유는 곧 갈보리 십자가와 연관되어 있다. 십자가에서의 죽음에 이르는 고난의 길을 위하여 하나님의 아들은 "육체 안에 나타나신 하나님"이 되셨다. 온 세상이야 뭐라고 하든 우리는 이 성탄절에 천사의 수태시 전언을 그대로 받고 즐거워한다. "아들을 낳으리니 이름을 예수라 하라 이는 그가 자기 백성을 죄에서 구원할 자이심이라 하니라"(마 1:21) 이 선

---

53) 서철원, 복음의 개요: 로마서 강해설교1 (서울, 기독교문서선교회, 1985), 82.

언이 인류에게 유일한 소망이다. 고백자의 수에 무관하게 성탄절의 기쁨은 죄에서 우리를 구속하기 위해 하나님의 아들이 오셨다는데 성립한다. 바로 죽임을 당하기 위해 어린 양으로 오신 분에게(계 5:12) 오직 우리의 기쁨이 있다.[54]

서철원 교수에 의하면, 중세 이단이나 칼 바르트의 치명적인 결함은 그리스도의 성육신과 그리스도의 구속의 연관성을 분리한 것이다. 후기의 서철원 교수는, 능동적 순종을 "종교개혁을 근본에서 완전히 허는 주장이었다", "신약적 근거가 전혀 없다", "성경에 근거하지 않고 사변으로 만들어낸 신학일 뿐이다"라고 말했다.[55] 서철원 교수의 논리로 보면, 서철원 교수는 중세 이단과 칼 바르트의 오류를 반복하고 있다. 그 이유는 무엇인가?

서철원 교수는 다음과 같이 말했다.

그러면 20세기 신학계는 어떠한가? 칼 바르트는 그리스도의 오신 목적을 회복에서 양양의 선으로 바꾼 신학자로 공인된다(칼 바르트의 견해에 대한 자세한 내용을 위해 The Creation Mediatorship, 66-73 참조). 바르트에 의하면 하나님은 사랑이셔서 자기 사랑의 대상으로서 인간을 창조하시고 그와 언약관계를 맺으신 후, 자기 사랑의 주권성을 확증하기 위해 마침내 그를 자기에 연합시켜 자기의 존재에로까지 인양하신다는 것이다. 이 신인의 연합을 그리스도를 통해 이루시고 또 이로 인해 인간을 자기의 존재에로까지 양양하신다는 것이다. 그러니 그리스도의 성육신은 필연적이다. 그러면 죄는 언약관계 때문에 신인연합으로 가는 길에 발생한 하나의 에피소드일 뿐이다. 그러니 그리스도의 성육신은 죄와 무관하게 발생할 필연적 사건이다. 그리스도 사건이 바르트에게서도 19세기 매개 신학자들의 경우처럼 세계 완성의 필연적 단계이다. 현금의 바르트주의자들이 이 견해를 다 신실히 추종하되, 로마교회의 라아너(Karl Rahner)까지 그렇게 한다. 따라서 20세기 신학계에서 그리스도의 성육신은 죄와 무관한 것으로 거의 보편적으로 수납되어 있다. 그리스도의 오심의 목적은 죄에서의 구속과 그로 인해 하나님과의 교제의 회복이 아니라 인간의 양양이라는 주장이다.[56]

---

54) 서철원, **신앙과 학문** (서울: 기독교문서선교회, 1988), 146-147.

55) https://www.kidok.com/news/articleView.html?idxno=210639/ 서철원, '[특별기고] 능동적 순종, 개혁신학적인가?'(2021.4.7.)

56) 서철원, **신앙과 학문** (서울: 기독교문서선교회, 1988), 145-146; "종교개혁 당시 루터교회 목사인 오시안더(Osiander)도 죄와 무관한 성육신을 주장하였다. 아담은 오실 그리스도의 모형을 따라 형성되었으므로, 아담이 그 본래의 견실한 상태에서 타락하지 않았어도 그리스도는 장차 사람이 되었을 것이라는 괴변을 전개하여(참고, O.S, 443f), 칼빈의 격렬한 논박을 유발하였다. 그 후대 이단인 소시누스(Faustus Socinus)도 죄와 무관한 성육신을 주장하였다. 헤겔의 진화론적 철학의 영향을 크게 받아 신학과 철학을 조화·종합을 시도한 19세기 매개신학은 주장하기를 신인이 합일하는 것은 한 동일 생명의 발전과 계시의 필연적 귀결이므로 이 일을 위해 하나님의 사람되심(mensworing)은 필연적이라고 하였다. 즉, 세계의 완성은 인류 종족과 하나님이 연합하므로 이루어지니, 죄가 개입되지 않아도 그리스도는 꼭 오셨을 것이라고 주장하였다(참고, Kuyper, *De Vleesch wordings* 10, 12, 14, 18, 19, 21, et passim; Chul Won Suh, *The Creation-Mediatorship of Jesus Christ*, 174ff; G. C. Berkouwer, *Het Werk van Christus*, 1953, 22ff). 이들의 주장에 의하면 하나님의 사람되심 같은 크고 놀라운 일이 인간의 우발적인 사건 곧 죄에로의 타락에 대한 한낱 반응으로 왔다고 할 수 없다는 것이다. 특히 성육신이 하나님의 영원한 경륜 속에 든다고 할 때에 이 우주적인 큰 사건이 인간의 실수에 대한 반작용일 수 없고, 하나님의 주권적 행동이라는 것이다. 이 경우 그리스도의 성육신은 죄에서의 구속보다 더 큰 것을 목표한다는 것이다. 그것은 결국 세계 완성을 위해 하나님의 성육신이 필요하였다고 결론한다. 스코투스도 오시안더도 19세기 매

서철원 교수에 의하면, 그리스도의 성육신과 구속의 연속성을 부정하면 성육신은 다만 세계 완성의 과정에 필요한 "에피소드"에 불과하다. 그뿐만 아니라 "인간의 앙양"이라는 바르트 본래의 목적으로 간다. 만일 서철원 교수의 주장대로 그리스도의 능동적 순종이 신학적 근거가 없다면, 그리스도의 성육신이 죄와 무관하고 하나의 에피소드에 불과하다는 매개신학과 다를 것이 무엇인가?57)

서철원 교수는 "아담은 피조물을 성별하여 하나님께 제사드리는 사명을 부여받았다. 이 사명의 계속을 위해 하나님은 인간과 언약을 맺으셨다."라고 말했다.58) 칼 바르트처럼 '존재의 앙양'으로 가지 않으려면 하나님의 영광을 현시하는 언약에 충성하며 살아야 한다. 언약을 벗어난 존재는 탈주를 감행한다. 인간의 탈주는 하나님을 인간의 앙양을 위한 수단으로 사용한다. 그것이 칼 바르트의 신정통주의다. 존재와 삶이 분리되듯이, 성육신과 구속이 분리되면 언약을 벗어나 탈주를 감행한다.

3) 『복음의 권세: 로마서 강해설교2』(1989년)

서철원 교수는 로마 가톨릭의 공로사상을 비판하면서, "오직 예수 그리스도만이 하나님 앞에 공로를 세웠습니다. 그러기에 하나님은 예수 그리스도만을 기뻐하시고 그의 이름과 공로로 호소해서 비는 기도를 열납하십니다"라고 말했다.59) 서철원 교수는 하나님의 신실성과 하나님의 구원사역에 대해 말하면서 다음과 같이 말했다.

> 하나님이 이스라엘과 언약을 맺으신 후 백성들은 늘 그 언약을 배반하므로 하나님의 신실성을 무너지게 하였지만 하나님은 상대방의 무신실성에도 불구하고, 즉 도저히 자기의 약속을 지켜

개 신학자들의 주장에 일치한다."

57) 서철원, **기독교문화관** (서울: 총신대학교출판부, 1992), 34; 서철원 교수가 말하는 '매개신학'이란 철학과 신학이 종합된 신학을 말한다; "슐라이어막허 이후 헤에겔 철학의 영향 아래 신학을 변용해 넣는 일이 신학의 바른 작업으로 확정되었다."

58) Ibid., 207; "하나님의 창조목표는 인간과 맺으실 언약관계이다. 따라서 언약이 창조를 필연적이게 하였다. 따라서 바르트는 창조를 언약의 외적 근거요, 언약을 창조의 내적 근거라고 한다. 이렇게 창조하심은 하나님은 사랑이시기 때문에 그 사랑을 증명해 보이기 위해서이다. 이에서 나아가 바르트는 전개하기를 하나님은 사랑이시기 때문에 인간을 위해 그의 생을 사시기를 원하신다. 하나님은 처음부터 인간을 만드시고 그를 위해 온갖 역사를 다하신 후 그를 앙양시켜 자기 존재에 동참하도록 하심으로 그의 생을 다 한다. 이상은 완전히 인본주의적 사고의 전개이다."

59) 서철원, **복음의 권세: 로마서 강해설교2** (서울, 기독교문서선교회, 1989), 15-16.

줄 수 없는 상황, 자기의 약속을 받을 수 없도록 배도해 버려도, 하나님은 자기의 신실성 때문에 자기가 백성과 한 약속들을 지키지 않으실 수 없었습니다. 언약 백성들의 그 배도와 무신실 때문에 하나님의 언약은 파기될 수밖에 없음에도 불구하고, 하나님은 자기의 약속을 이루실 길을 내시고 그 언약을 성취하시도록 역사하시며 마침내 그 언약을 성취하셨습니다. 언약의 상대자의 배반과 그 무신실함에도 불구하고 하나님은 자신을 부인할 수 없었기 때문에 자기의 약속을 지키실 수밖에 없었습니다. 하나님은 자신을 부인하실 수 없는 그 신실성 때문에 하나님은 약속을 이루십니다. 바로 하나님의 이 신실성에서 바울은 하나님을 자기의 증인으로 삼았습니다. 자신을 부인하실 수 없기 때문에 하나님은 자기의 증거를 자기와 일치시켜 자기의 증거를 신실되게 하십니다.[60]

서철원 교수에 의하면, 하나님께서는 이스라엘 백성의 무신실성에도 불구하고 언약의 신실함을 지키셨다. 그것은 하나님의 신실성 때문이었다. 서철원 교수는 자기 백성들이 언약을 지켜내지 못해 언약이 파기될 수밖에 없었으나, 그럼에도 불구하고, 하나님께서는 자기를 부인하실 수 없는 까닭에 언약을 성취하셔서 하나님 자신을 증인으로 삼으셨다고 말했다. 이것은 하나님께서 자기 백성을 구원하심이 언약의 성취, 곧 율법준수를 통해 의를 이루심으로 자기 백성을 구원하신다는 것이다.

서철원 교수는 기도에 대해 말하면서 다음과 같이 말했다.

왜냐하면 기도는 하나님과의 교제이기 때문입니다. 하나님과의 교제는 기도로 이루어집니다. 하나님과 사귀는 것은 기도이고, 그와의 사귐이 깊어지는 것도 기도입니다. 하나님과의 교제라고 하면 쌍방 간에 교환이 이루어지고 거래가 이루어져 쌍방을 만족시키는 행위로 생각할 수가 있습니다. 왜냐하면 현대 사회는 다 상업적 계산의 시대이고 그래서 쌍방의 거래는 늘 당사자 간에 이익을 초래함을 목적하고 또 그런 결과에 이릅니다. 그러나 우리가 하나님과 기도로 이루어지는 교제는 쌍방이 다 이익에 이르는 쌍무적 관계가 아닙니다. 왜냐하면 우리의 기도는 주로 하나님께 요구하는 것뿐이요, 달라는 간구뿐입니다. 또 남을 위해서 하는 기도도 결국은 그에게 은혜와 복을 내리시기를 비는 것이어서 기도나 도고의 경우나 다 마찬가지입니다. 결국 하나님과의 교제는 일방 통행적입니다. 기도하는 것은 결국 하나님께 달라고 비는 것 외에 다른 것이 아닙니다. 주십시오, 주십시오 하는 것이 우리의 기도의 중심이고 대부분입니다. 우리가 하나님께 기도하면 할 말이 결국 입을 벌려 주시옵소서 하는 것뿐입니다. 일방적으로 달라는 것뿐이요, 우리가 드리는 것은 없어도 하나님은 그 기도를 교제라고 하십니다. 우리의 기도는 당장 먹어야 할 저녁밥부터 자기의 출세와 소원 성취뿐 아니라, 영적 투쟁에 있어서 기도하는 것도 힘을 주시고 은혜 베푸시고 인도해 주시라는 요구일 뿐입니다. 그런데 하나님은 이런 일방적으로 달라는 요구를 자기와의 교제라고 정의하십니다. 단지 달라는 그 요구들을 하나님은 자기가 기뻐하시는 교제라고 하십니다.[61]

60) Ibid., 50-51.
61) Ibid., 56-57.

서철원 교수에 의하면, 기도는 쌍무적인 것이 아니라 일방적인 것이다. 서철원 교수는 하나님과 기도로 교제하나 쌍무적 관계가 아니라 일방적으로 구하는 것으로만 말했다. 서철원 교수의 이런 기도 이해는 서철원 교수의 언약 이해와 관련된다. 서철원 교수는 언약을 일방적인 언약이라고 주장했다.

하나님께서 아담과 맺은 언약의 쌍무적 관계가 상업적 관계인가? 쌍무적 관계를 상업적 관계라 하니 하늘이 노랗다. 하나님께서 아담에게 '우리 동업해볼까?'라고 말씀하셨는가? 쌍무적이란 상업적 계약이 아니라 주종관계에서 언약의 책임을 다하는 것이다. 하나님과 인간은 대등한 존재가 아니다. 하나님께서는 창조주 하나님이시다. 인간은 하나님의 피조물이다. 언약이 일방적이라는 것은 하나님께서 인간에게 먼저 시작하셨다는 것이다. 우리의 요청에 의해 이루어진 것이 아니라 하나님께서 주권적으로 시행하신 것이기 때문에 일방적이다.

쌍무적 관계는 상업적 관계라는 의미가 아니라 언약의 수혜자인 인간이 하나님 앞에 자기 책임을 감당해 가야 한다는 것이다. 그 책임을 감당하도록 주신 것이 언약의 율법이다. 율법준수가 언약 당사자의 책임이다. 시내산 아래에서 널브러져 있는 것이 언약이 아니다. 언약은 자동적이지 않고 인격적이다.

서철원 교수는 칼 바르트를 비롯한 매개신학이 말하는 '하나님과의 교제'를 통한 존재의 앙양을 우려했기 때문에 언약의 쌍무적 성격을 버리고 일방적 성격만 강조했다. 결국 서철원 교수는 "하나님의 책에 없는 진리"라고 말하면서, "하나님께 매어달림이 하나님의 법이고 사람의 생명입니다"라고 말했으며, "하나님은 이렇게 일방적인 청구를 자기와의 교제라고 하시고, 그런 청구를 자기를 섬김이라고 정하셨습니다"라고 말했다.[62] 서철원 교수는 일방적인 것만 좋아하는 신사가 되었다. 매달리기만 하면 되고 청구하기만 하면 되는 것이 일방적이니 인간의 종교적 열심으로 하나님을 조종하고 우상으로 만든다.

한편으로 서철원 교수는 교제를 하나님의 언약을 순종하는 것이라고 말했으며, "그 순종을 통해 영생을 주시기로 약속하셨다"고 말했다.[63]

---

62) Ibid., 59.
63) Ibid., 171-172; "하나님께서 첫 인류와 언약을 맺으시고 그에게 순종을 요구하셨습니다. 그러나 첫 사람은 그 순종의 요구에 응해 드릴 수가 없었습니다. 순종 대신 거역을 감행했습니다. 순종은 피조물이 조물주에 대해 의당 나타내야 할 바른 자세요 태도이지만, 하나님은 자기가 지으신 인간에게 순종을 요구하셨고, 그 순종을 통

서철원 교수는 다음과 같이 말했다.

그런데 하나님께서 죽음을 해결하심에 있어서 죽음의 원인인 죄를 먼저 해결하심으로 죽음을 제거하셨습니다. 하나님에 대한 반역을 하나님께서 돌이키시고 고치시기로 하셨습니다. 하나님을 반역하여 그의 영광을 훼손한 죄과를 제거하셨습니다. 하나님께서 자기 아들로 이 죄과를 해결하는 화목제물로 삼으셨습니다. 자기 아들을 친히 화목제물로 삼으시므로 원수되었던 세상과 자신을 화해시키셨습니다. 우리가 지은 죄과를 하나님이 친히 제하셨습니다. 그러므로 이 죄과의 제거가 성경이 전파하는 복음입니다. 우리의 죄과를 제거하시기 위해 하나님께서 사람이 되사 십자가에 죽으셨습니다. 인생으로는 아무도 우리에게서 죄가를 제거할 수 없으므로 하나님께서 제거하시기로 하신 것입니다. 이 제거를 위해 하나님께서 사람이 되셨습니다. 그리고 우리가 범죄한 그 본성에서 하나님께 속죄가 이루어지게 하셨습니다. 그것이 하나님의 법이기 때문입니다. 죄는 인간이 지었고 그 벌로 죽게 된 자도 인간이기 때문에 죄가 그 인간 본성에서 속상되고, 죽음이 그 인성에서 처리되어야 하기 때문에, 하나님이 죄와 죽음을 해결하기 위해서 사람이 되셨습니다. 그러므로 하나님께서 사람이 되심이 복음입니다. 그의 성육신은 죄와 사망을 해결하기 위해서 이루어졌기 때문입니다. 그리고 아담이 죄를 구성한 것은 하나님의 순종의 요구를 거부한데 성립하였습니다. 한번 불순종하여 범죄하고 죽음을 도입한 아담과 그 후손은 더 이상 순종할 길이 없습니다. 그러므로 인간이 할 수 없는 이 순종을 하나님께서 사람을 위해서 사람 자리에서 이루시기로 하셨습니다. 이 일을 위해서 하나님께서 사람이 되셨습니다. 그리고 친히 그가 하나님이 요구하신 모든 순종을 이루어 드리셨습니다. 하나님께서 친히 사람이 해야 할 순종을 해드렸습니다. 그러므로 하나님께서 처음에 순종에 대한 약속으로 주시기로 하신 영생을 또 주시기로 하셨습니다. 우리 위하여 하나님께서 모든 순종을 다 하고 처음 약속하신 영생과 영광을 가져오셨습니다. 이것이 복음입니다. 이 일을 하나님이 이루셨기 때문에 하나님의 의입니다. 의는 우리가 하나님 앞에 살 권리를 인정받음인데 하나님께서 이 의를 우리 위해 이루어 주셨습니다. 그러므로 이 의는 바로 하나님의 의입니다.64)

<hr/>

해 영생을 주시기로 약속하셨습니다. 그 요구된 순종은 곧 하나님과 교제를 계속하는 일인데, 사람은 이 사랑의 교제를 거부하였습니다. 하나님은 이 교제를 통하여 영생에로 사람을 인양하려고 하는 선한 의지를 나타내셨는데 이 하나님의 선한 의지에 대해 배반하였습니다. 하나님께서 인간에게 영생과 무한 복들과 영광을 허락하시기로 하셨는데 이 선한 의지를 배반하였습니다."

64) Ibid., 184-185; "하나님은 이 의를 복음 안에서 이루셨습니다. 우리의 죄를 제하시고, 사망을 멸하시사, 우리로 영생에 이르게 하는 모든 일을 그의 복음 안에서 이루셨습니다. 복음은 바로 하나님의 아들의 성육신이신 예수 그리스도입니다. 그가 우리 죄과를 제거하시고 우리와 하나님과를 화해시키는 화목제물이 되셨고, 그리하여 우리에게서 죽음을 축출하셨으며, 우리로 영생할 수 있게 하기 위하여 그가 모든 순종을 이루셨습니다. 그러므로 그리스도는 우리가 죽지 않고 영생할 우리의 의입니다. 그리스도가 우리로 하나님 앞에 설 수 있게 해 주신 우리의 의입니다. 주 예수 그리스도께서 우리 사람들의 자리에서 이루셨으니 바로 그가 우리의 의입니다. 그러나 이의는 하나님께서 계획하시고 경륜하시고, 하나님께서 시간 내에서 성취하신 하나님의 의입니다. 우리가 이룰 수 없는 의를 하나님 자신이 친히 이루신 의여서 하나님의 의입니다. 우리가 이룰 수 없기 때문에 하나님께서 친히 성취하신 의입니다. 이것이 오늘 우리의 본문이 하나님의 의가 복음 안에서 나타났다는 뜻입니다. 복음은 우리가 할 수 없는 것을 하나님이 친히 이룩하신 사건입니다. 그러므로 이 일이 바로 하나님의 의입니다. 이 하나님의 의는 복음 안에서 이루어졌습니다. 아들의 성육신으로 시작되었고, 그의 순종으로 성취되고 획득되었으며, 죽음에까지 이른 순종이어서 그 죽음은 우리 죄과를 속량하고, 우리의 죽음을 해결하였습니다. 이것이 복음이요, 이것이 하나님의 의입니다. 그러므로 예수 그리스도와 그의 전 사역이 복음이고 하나님의 의입니다. 우리를 살리시고, 죽지 않게 하시며 영생을 주시며, 영광 중에서 하나님과 교제하게 하기 위하여 이같이 하나님께서 일을 이루셨습니다. 그러므로 예수 그리스도 하나님의 아들이 하나님의 의요 권세이며, 지혜입니다. 뿐만 아니라, 하나님은 자기의 복음에 자기의 의를 계시하시므로 우리의 영생과 영광만이 아니라, 자기의 영광이 되게 하셨습니다."

서철원 교수에 의하면, 아담이 죄를 구성한 것은 하나님의 순종 요구를 거부한 결과로 성립되었기 때문에 인간이 할 수 없는 순종을 하나님께서 친히 사람이 되셔서 모든 순종을 이루어 드리셨다. 이것은 서철원 교수가 그렇게도 우려하는 신화와 존재의 앙양(KD III/1, 2), 하나님께서 인간을 위해 일함이라는 것과는 너무나 반대되는 관점이다. 하나님께서는 인간을 위해 일하셔도 안 되고 인간이 노력해서 존재의 앙양과 신화로 가서도 안 된다는 것이다. 그런데도, 서철원 교수는 "하나님의 영광에 동참케 하심이 하나님의 영광이고"라고 말했다.65)

서철원 교수는 "아들의 성육신으로 시작되었고, 그의 순종으로 성취되고 획득되었으며, 죽음에까지 이른 순종이어서 그 죽음은 우리 죄과를 속량하고, 우리의 죽음을 해결하였습니다. 이것이 복음이요, 이것이 하나님의 의입니다."라고 말함으로써 그리스도의 능동적 순종과 수동적 순종을 함께 말하면서 개혁신학의 언약에 충실했다. 서철원 교수는 롬 1:9 "그의 아들의 복음 안에서"에 대해 다음과 같이 말했다.

바울의 강조가 그리스도의 십자가상의 죽음에 놓인다는 말은 그리스도의 사역의 중심을 그의 화해 사역에 두었다는 뜻입니다. 그리스도의 일생이 십자가상의 죽음에 집중되고 목표되었다는 말은 그가 십자가에 죽으심으로 세상과 하나님을 화해시켰다는 진리입니다. 그러면 그리스도의 죽으심은 하나님께 드린 제사요 희생물이어서 세상을 구속할 뿐 아니라, 하나님께서 받으시는 경배가 어떤 것임을 잘 보여준다고 할 것입니다. 그의 제사 됨 혹은 경배는 그의 몸과 영혼 전부를 다 바쳐 드렸습니다. 그 바쳐 드림이 강제에 의해서나 체념에 의해서가 아니라 하나님의 뜻에 순종해 드림으로 이루어졌습니다. 하나님은 세상을 구속하시기로 작정하셨고 세상 구원을 뜻하셨습니다. 그런데 그 구속을 아들의 제물 됨으로 이루시기를 원하셨습니다. 이 일에 아들은 동의하셨고 그의 뜻을 이루어 드리기로 하셨습니다. 그러니 아들의 죽으심은 하나님의 뜻에의 순종입니다. 바로 이 하나님 아버지의 뜻에 순종해서 드려진 그의 희생이 하나님께 열납되었습니다. 하나님은 그의 아들의 순종에 의한 죽음에서 모든 것을 만족하셨습니다. 그 순종은 하나님의 모든 공의를 다 만족해 드리셨습니다. 하나님께서 그리스도의 희생을 기뻐하시고 만족하셨습니다. 그의 공의가 만족되었으므로 세상 죄를 사하실 수 있게 되었습니다. 자기 공의에 대한 훼손을 보상하실 수 있게 되었습니다. 하나님은 그리스도의 순종의 제사에서 모든 것을 다 보상받으셨습니다. 아담 이후 계속된 모든 희생 제사가 그 한 제사에서 다 만족되었고 그

<hr/>

65) Ibid., 186-187; "이처럼 하나님께서 창조를 다시 회복하여 존속을 허락하시고 하나님의 영광에 동참케 하심이 하나님의 영광이고, 창조주로서 자기 권리회복입니다. 그러므로 이 조치가 하나님의 의입니다. 다시 반복하거니와 하나님의 창조회복이 창조주로서 하나님의 권리주장이고 그 권리회복과 확립이니, 그것이 하나님의 의입니다. 이와같이 창조가 하나님의 구속에 이름이 하나님의 영광입니다. 왜냐하면 하나님이 만유 안에서 만유가 되시사 영광을 받으시기 때문입니다. 그러므로 구속은 하나님의 영광과 결코 분리되지 않습니다. 하나님은 피조물들의 찬송 속에 거하시고, 피조물은 하나님의 영광을 바라보게 되었으니, 피조물의 그 존재 목적에 이르러 갔습니다. 하나님은 이처럼 창조를 다시 창조되게 하셨고, 하나님은 충만한 영광에 거하시게 되었습니다. 즉 창조주와 창조가 다 그 본래 위치에로 되돌아갔습니다. 이것이 하나님이 이루신 구원 사역이고, 하나님의 의입니다."

가치를 인정받았습니다. 그 이전의 제사들이 헛되지 않았습니다. 모든 제사들이 다 그 완전한 제사에서 그 목표에 도달했기 때문입니다. 모든 제사들의 목표는 하나님과의 화해였습니다. 그런데 십자가 이전의 제사들, 아담의 제사, 아벨의 제사, 그 후 셋의 제사, 노아의 제사, 아브라함의 제사, 이삭과 야곱의 제사들 그리고 모세에 의해서 시작되고 계승된 아론의 제사들이 다 하나님과의 화해를 목표하였으나 그것을 완전히 이루지 못하고 완전한 화해 곧 그리스도의 희생의 준비였는데 그 준비가 다 목적에 이르게 되었습니다. 그리스도께서 자기 몸을 희생으로 바쳐 드림이 하나님께 열납 된 제사가 됨은 그가 자기의 뜻을 버리고 하나님의 뜻을 순종해서 자기를 바쳤기 때문입니다. 자기의 모든 재산은 최악의 경우에 다 날릴 수 있어도 자기 생명은 다른 것과 바꿀 것이 없습니다. 그런데 그리스도는 자기 생명을 포기하여 하나님의 뜻을 이루어 드리셨습니다. 하나님의 뜻에의 순종을 자기 생명에 우선하였습니다. 하나님이 제일 기뻐하시는 것은 바로 이 겸손한 순종입니다. 그리고 제일 싫어하고 혐오하며 거절하시는 것은 그의 뜻을 거역함이었습니다. 하나님은 아담에게 순종을 요구하시고 그 순종에 생명을 약속하셨습니다. 그러나 아담은 순종에 실패하였고, 하나님은 그에게 영생을 선사하실 수 없게 되었습니다. 그 불순종에는 사망만이 따를 뿐이었습니다. 그 후 그 어느 누구도 하나님이 만족해하실 순종을 해 드릴 수가 없게 되었습니다. 사람 중에 순종이 없는 한 생명은 불가능일 뿐입니다. 누가 이 순종을 하나님께 바쳐 드릴 수가 있겠습니까? 아담의 후손 중에는 없게 되었습니다. 그러면 누가 세상 구속을 이룰 수가 있겠습니까? 하나님의 아들 그리스도께서 하나님의 뜻에 순종해 드림으로 이 일을 이루기로 자원하였습니다. 그러기에 요한계시록은 다윗의 뿌리가 이기었다고 하였습니다. 그의 순종이 세상 구속을 이루어냈습니다. 하나님께서 받으시는 제사는 혹은 예배는 그의 뜻에의 순종입니다. 혹은 그가 지시하신 대로 드리는 예배입니다. 그러므로 하나님께서는 자기가 받으실 예배 세칙을 친히 다 정하셨습니다. 우리의 예배는 하나님의 말씀이 정한 대로 드려야 하고 우리가 임의로 제정하면 안 될 것입니다. 하나님께 열납되는 예배는 순종의 예배입니다.[66]

서철원 교수에 의하면, 하나님께서는 아들의 제물 됨으로 세상을 구속하셨으며, 아들의 죽으심은 하나님의 뜻에의 순종이었다. 서철원 교수는 속죄의 제사에 집중하는 듯하면서도, "겸손한 순종"을 말했으며, 아담은 순종에 실패했으나 아들이신 그리스도께서는 하나님의 뜻에 순종함으로 구속을 이루셨다고 말했다.[67] 그러나 서철원 교수의 의도는 속죄의 제사에 있다. 서철원 교수는 초기부터 그리스도의 능동적 순종에 대한 부정이 내포되어 있었다.

4) 『그리스도의 구속사역』(1990년)

『그리스도의 구속사역』은 "그리스도의 구속 사역의 이해를" 위한 설교

---

66) Ibid., 70-71.
67) Ibid., 79; "하나님의 상대자가 해야 할 일은 하나님이 제시하신 표준에 부착 곧 그 계시하신 말씀과 규례에 순종하는 것입니다. 순종이 생명이고 순종이 말씀을 지킴입니다. 하나님께서 첫 사람에게 내리신 명령도 순종이 그 전부였습니다. 하나님께서 제일 기뻐하시는 일은 순종입니다. 순종이 하나님이 내신 사람의 생명의 길입니다. 그런데 첫 사람 아담은 하나님의 말씀의 요구에 실패하였습니다. 그의 불순종이 자기를 죽음에 이르게 했고 자기의 후손들을 다 죽음에로 작정하였습니다. 하나님께 불순종은 다 죽음이고, 하나님께 순종만이 생명입니다. 아담은 자기의 불순종으로 자기의 후손을 다 죽음에로 인도하였지만, 그리스도는 순종의 한 행동으로 많은 사람을 의에 이르게 하고 생명에로 인도하였습니다. 이 창조 내에 있는 생명의 법은 하나님의 뜻에 순종하는 길뿐입니다."

집이다. 서철원 교수의 초기 저술에는 행위언약이 나타난다. 하나님께서 인간을 창조하시고 약정을 맺었다고 말했다.

> 첫 사람 부부는 이렇게 하나님을 섬기는 일을 위해 창조되었지만, 이 섬기는 일을 자발적으로 자의적으로 하도록 하나님과 약정을 맺었습니다. 이 약정에 있어서 하나님은 법적 조건들을 내시고, 그 조건들을 이행하면 상을 주시기로 약속하셨습니다. 그 조건은 하나님의 말씀을 좇아 살며 그 말씀을 순종하는 것이었습니다. 이 순종의 표를 선악과로 정하셨습니다. 이 선악의 과실을 먹지 않고 하나님의 말씀을 그 말씀의 권위대로 믿고, 그 말씀을 순종하면 영생을 주시기로 약속하셨습니다. 그리하여 하나님의 영광에 동참하여 하나님을 모시고 영원히 살게 하셨습니다. 하나님은 이처럼 큰 호의와 사랑을 가지시고, 더 큰 축복을 베푸시려고 자기의 피조물인 인간과 약정 곧 언약을 맺으셨습니다.68)

서철원 교수에 의하면, 하나님께서는 아담과 하와에게 언약을 맺으시고 그 언약의 조건들을 이행하면 상을 주시기로 약속하셨다. 그 상이란 영생이다. 이것을 우리는 행위언약이라고 말한다. 그러나 인간은 실패하고 범죄했다. 그 해결책은 무엇인가? 서철원 교수는 다음과 같이 말했다.

> 그러므로 하나님은 처음 약속과 둘째 번 약속을 이루시는 길은 하나님께서 인간의 자리에 오사 인간을 위해 인간으로서 순종을 성취하는 길밖에 없었습니다. 그리하여 자신이 이루신 순종을 인간의 것으로 치부하여 불순종을 제거하고 영생을 선사하시기로 하셨습니다. 이것이 바로 창세기 3장 15절의 희미한 약속이고, 이 실현이 하나님의 성육신입니다.69)

서철원 교수에 의하면, 인간에게 영생을 주는 유일한 길은 그리스도께서 성육신하셔서 인간의 불순종을 순종으로 성취하여 영생을 선사하는 것이다. 그리스도의 성육신이 일어나기 전까지 계시 역사가 진행되었다. 하나님께서는 "우리 구원을 위해 인류 역사에 모든 일을 이루신 주 하나님"이시기 때문에 "찬송을 받으셔야" 한다.70) 놀랍게도 서철원 교수는 이것을 "이스라엘의 선택과 소명"으로 말했다.71) 서철원 교수는 '하나님의 구원 역사가 얼마나 치밀하게 준비되고 진행되었는가?'를 말했다. 그러나 서철원 교수는 튜레틴이 말한 "사망으로부터 도망치는 것"과 "생명으로 들어가는 것"을 충분히 나타내지 못했다.72) 서철원 교수는 그리스도의 성육신이 갖는 의미에 대해 다

---

68) 서철원, 그리스도의 구속사역 (서울: 한국로고스연구원, 1990), 10-11.
69) Ibid., 13-14.
70) Ibid., 18-19.
71) Ibid., 34; "에덴동산에서부터 인류의 구원을 위한 모든 준비를 다 해오신 하나님은 특히 이스라엘의 선택과 소명에서 그 준비를 본격화하시고 구세주가 오시기 위한 모든 통로를 예배하셨고, 특히 메시아의 출생에 필요한 혈통과 계보를 마련하셨습니다."

음과 같이 말했다.

> 그러므로 하나님께서 사람들의 마음을 고치고 죄의 세력을 멸하여, 인류를 다시 하나님 창조주께로 돌리시려고 성육신을 이루셨습니다. 성육신을 통하여 죄과를 자기가 지고 그 죄과를 지불하는 화목제물이 되시어 죄의 세력을 멸하여, 사람들을 살리고 하나님께로 돌이키기 위해서 성육신이 이루어졌습니다. 죄를 멸하고 하나님과 사람을 다시 화해시키기 위해서 성육신이 이루어졌습니다. 인간이 저지른 죄과를 하나님이 자기의 책임사항으로 하고 고치기 위해서 사람이 되셨습니다. 본래 인간이 해 드리고 이루어야 할 순종의 요구를 사람의 자리에서 하나님이 이루시며, 죗값을 해결할 사람이 없으므로 그 죗값을 하나님이 친히 해결하시기 위해 그가 사람이 되시사, 대속물이 되시고 화목제물이 되셨습니다. 그러므로 전적으로 은혜입니다. 하나님의 사랑이 만들어 낸 이적입니다. 인간은 아무도 자기의 죄과를 해결할 수 없고, 영원한 자기의 운명을 바꿀 자가 없습니다. 그러므로 하나님께서 이 모든 문제를 자기 것으로 맡으시고 해결하기 위해서 세상에 오셨습니다. 그러므로 크리스마스의 이적은 은혜입니다. 그러므로 하나님의 성육신이 구원입니다. 따라서 크리스마스는 십자가와 부활절과 함께 연결되어 있습니다.[73]

서철원 교수에 의하면, 그리스도의 성육신은 "본래 인간이 해 드리고 이루어야 할 순종의 요구를 … 하나님이 친히 해결하시기 위해" 사람이 되시고 대속물이 되시고 화목제물이 되신 것이다. 서철원 교수는 "인간은 아무도 자기의 죄과를 해결할 수 없"다고 말했다. 서철원 교수가 말하는 "자기의 죄과"는 하나님께서 인간에게 요구하시는 순종이다. 이것은 그리스도의 능동적 순종에 대한 것이다. 물론 서철원 교수는 그리스도의 수동적 순종에 대해서도 말했다.[74] 그러나 그 수동적 순종을 말하면서도 성육신을 포함하여 "그러므로 처음부터 그의 오심은 남을 위한 죽음의 목적이었습니다. 그러므로 예수 그리스도의 출생은 십자가와 그냥 연결되어 있고, 죽음과 바로 결합되어 있었습니다"라고 말함으로써 능동적 순종도 말했다.[75]

서철원 교수는 그리스도를 제2 아담으로 말했다.

> 그런데 오늘 우리의 본문 누가복음 22장 39절에서 46절을 보면, 주 예수는 그냥 세상의 구주로서보다 새 인류를 일으킬 대표로, 혹은 새 인류의 조상으로 혹은 제2 아담으로서 지금 순종

---

72) Turretin, *Institutes of Elenctic Theology*, 2448; "영원한 생명을 얻지 않고서는 그 누구도 죄의 사면을 확보할 수 없도록, 그리스도의 순종으로부터 흘러나오는 이 두 가지 유익이 은혜 언약을 통해서 서로 불가분리적으로 연결되어 있다 하더라도 그런 이유로 마치 이것들이 서로 하나이며 동일한 것인 양 혼합되는 것은 아니다. 오히려 이것들은 서로 구별되어야만 한다. 왜냐하면, 사망으로부터 도망치는 것과 생명으로 들어가는 것은 서로 별개의 것이기 때문이다."; 신호섭, **개혁주의 전가교리** (서울: 지평서원, 2016), 182에서 재인용.
73) 서철원, **그리스도의 구속사역** (서울: 한국로고스연구원, 1990), 54.
74) Ibid., 63; "그가 실제로 십자가에 죽으심으로 죗값이 지불되고 그러므로 죄의 세력이 상실되어, 사망에서 인류가 해방되게 되었습니다. … 하나님께서 예수 그리스도의 생명과 피를 사람들을 사는 속전으로 정하셨습니다. 하나님의 이 작정에 예수 그리스도는 전적으로 순종하심으로 그가 세상의 구주가 되셨습니다."
75) Ibid., 64.

의 결단을 한 것임을 잘 보여주고 있습니다. 지금 겟세마네 동산에서 기도하고 있는 예수가 제 2 아담으로서, 혹은 마지막 사람으로서 새 인류의 조상으로서 기도하고 있음을 보이기 위해 첫 아담의 상황과 그의 거소, 그의 시험과 대조하면서 선명하게 기술하고 있습니다. 누가는 지금 겟세마네 동산 곧 감람산에서 밤을 새며 기도하며 하나님의 뜻에의 순종을 위해 몸부림치고 있는 이가 에덴동산에 거하였던 첫 아담에 상응하는 존재임을 상기시키고 있습니다. 그것을 누가의 묘사가 분명히 합니다. 지금 예수께서 기도하러 들어가신 곳을 감람산이라고 하였고, 마태 마가복음처럼 겟세마네라고 하지 안했습니다. 감람산이나 히브리어 형인 겟세마네나 다 기름의 동산이어서 뜻은 동일하나, 겟세마네라고 할 때는 이미 고유명사화하여, 이미 이것은 일정 지역을 지시하고 있습니다. 감람산이라고 한 희랍어 단어도 동일하게 기름의 동산을 표시하지만 겟세마네라고 한 것과 감람산이라고 한 것 간에는 큰 거리를 나타냅니다. 겟세마네는 예루살렘에 있는 특정한 지역 즉 올리브를 식목한 특수지역을 지칭하지마는 감람산이라고 할 때는 겟세마네가 갖는 뜻도 지니면서, 기름이 나는 기름지고 풍성한 동산임을 암시하고자 하는 의도가 강하게 깔려있습니다.[76)

서철원 교수에 의하면, 그리스도께서는 제2 아담으로 순종하셨다. 그리스도께서는 자발적으로 순종하셨다. 서철원 교수는 그리스도께서 습관을 좇아 동산에서 기도하신 것을 "첫 아담과의 유사점과 대비를 잘 밝히고" 있다면서, 그리스도께서 제2 아담으로 기도하신 것은 "하나님과 교제하는 가장 중요한 종교적 행위였습니다"라고 말했다. 이것은 그리스도의 수동적 순종과 능동적 순종이 결코 분리되지 않는다는 것을 함의한다. 그리스도의 기도는 매달리고 청구만 하신 것이 아니라 그리스도께서 감당하셔야 할 것을 위한 기도였다. 제2 아담을 말한다는 것은 아담의 율법준수 실패를 그리스도께서 성취했다는 것을 말하기 때문이다.

서철원 교수는 첫 사람 아담과 제2 아담의 기도를 말하면서, "아담에게나 그리스도에게나 동산은 하나님을 섬기며 교제하는 성전과 성소이었습니다"라고 말했다.[77) 서철원 교수는 이 성전과 성소를 하나님의 뜻과 말씀에 순종하는 것으로 설명했다. 그 이유는 무엇인가? 오직 제2 아담만이 구원을 주시기 때문이다. 서철원 교수는 그리스도께서는 "아담의 불순종을 속상하"셨다고 말했다.[78) 우리는 그리스도의 능동적 순종과 수동적 순종으로 하나님의

76) Ibid., 86.
77) Ibid., 89.
78) Ibid., 93: "이 모든 일은 주 예수께서 제2 아담으로 자기 목숨을 버려 하나님의 뜻을 순종키로 한 결정에 있습니다. 동산에서의 순종 결정으로 아담의 불순종을 속상하므로 세상이 구원되고 하나님께서 영광에 이르시게 되었습니다. 그리스도의 순종만이 아담의 불순종을 해결하여 세상을 구원하였습니다. 그러므로 그리스도가 합당히 제2 아담이 되고, 우리는 새 인류가 되게 되었습니다. 그리하여 그리스도가 인류 역사를 모두 바꾸고, 역사를 주재하여 집행하고 심판하게 되었습니다. 그리스도의 순종은 창조를 하나님의 나라가 되게 하고 하나님께서 영광을 받으시게 하였습니다. 이제 그리스도의 순종은 우리의 순종이 되어 하나님의 구원에 이르게 되었습니다. 이제 남은 것은 우리를 구원하신 그리스도의 순종을 우리의 생활에서 반복하여 하나님을 섬기며, 그에게 영광이 되

구원에 이르게 되었다.

5) 『기독교 문화관』(1992년)

서철원 교수는 다음과 같이 말했다.

> 또 아담은 하나님의 긍정적 계명을 받았으므로, 그 계명을 이해하고 실현하여, 하나님의 나라를 이루는 일을 하도록 작정되었다. … 하나님은 아담을 창조하시고 그에게 명령을 내리사, 하나님의 창조가 자연 상태 혹은 처음 창조된 대로 있게 하신 것이 아니고, 하나님의 창조의 복사물이 이루어지게 하셨다.[79]

서철원 교수에 의하면, 아담은 하나님으로부터 계명을 받았으며 그 계명을 순종하여 하나님의 나라를 이루는 존재였다. 아담은 하나님의 형상으로 창조되었기 때문에 동물적 본능으로 살아가는 존재가 아니라 창조적 활동을 하는 존재였다. 아담은 하나님의 인격을 반사하는 존재였으며, 그 반사는 아담의 활동이 하나님을 섬기는 종교적 활동으로 나타났으며, 하나님께서 아담에게 주신 계명에 순종함으로 나타났다. 그 계명이 무엇인가? 우리는 행위언약이라고 말한다.

그러나 서철원 교수는 행위언약에 이의를 제기하며 다음과 같이 말했다.

> 2. 나라를 이루기 위해 하나님은 인류와 언약을 맺어, 하나님을 섬기는 백성이 되게 하셨다. 이 첫 언약을 통상 개혁신학에서는 행위언약이라고 불리운다. 행위언약을 통하여 순종의 요구를 이루며, 영생을 주시기 위해 아담과 언약을 체결하셨다고 통상 가르쳐 왔다. 이 언약의 내용대로라면 사람에게 영생을 주시기 위해 하나님께서 처음부터 알하신 것이 된다. 오히려 영생은 하나님을 섬김에 대한 보상이라고 해야 바르다. 행위언약은 성경 전체의 가르침에 잘 합하지 않는다. 성경에서 언약을 말하고 체결할 때는 늘 백성의 회복, 혹은 하나님의 백성 됨이다. 첫 언약도 하나님의 백성 됨을 목표한다. 하나님의 백성은 하나님의 계명을 그 법으로 삼고 사는 자들을 말한다. 하나님의 법을 삶의 법으로 삼고 살 때 그들은 하나님의 백성이 된다. 아담과 그 후손을 하나님의 백성이 되게 하기 위하여 하나님께서 계명을 내리시되 선악과 계명을 내리셨다. 그 계명에 전적으로 매이고 순종하면, 그들은 하나님의 백성이 되어, 영생에 이른다. 인류로 하나님의 백성이 되어 하나님을 섬기게 하시려고 언약을 맺으셨다. 이 언약을 통하여 하나님은 인류 위에 자기의 통치를 확립하셨다. 인류의 통치가 자기의 권리가 된 것이다. 이렇게 언약 체결을 통하여 하나님의 백성이 된 아담과 그 후손으로 하여금 하나님을 섬길 뿐 아니라 그 섬김의 방식으로 하나님의 창조 작업을 모방하게 하셨다. 왜냐하면 나라는 백성들로 구성될 뿐 아니라 백성들의 활동으로 문화 업적을 생산해냄으로 나라가 되고 유지되기 때문이다.[80]

게 해야 할 것입니다. 이것이 고난주간에 그리스도의 순종을 생각하며 해야 할 결심입니다. 아멘."
79) 서철원, **기독교문화관** (서울: 총신대학교출판부, 1992), 17.
80) Ibid., 22.

서철원 교수에 의하면, 개혁신학은 통상적으로 행위언약을 가르쳤다. 서철원 교수는 '행위언약을 부정하면 어떤 결과를 초래하는가?'를 잘 말해주었다. 행위언약을 부정하면 지금 서철원 교수가 계명을 지켜 영생에 이른다고 말한 것을 부정하는 것이고 개혁신학을 부정하는 것이다. 서철원 교수는 행위언약에 대해 반감을 보였다. 그 이유는 무엇인가? 인간을 위한 하나님은 아니라는 것이다. 서철원 교수는 영생 얻음에 대해 두 가지로 본다.

① 하나님께서 사람에게 영생을 주시기 위해 일하신다
② 사람이 하나님의 계명을 순종하고 살 때 하나님의 백성이 되고 영생에 이른다

영생이 하나님을 섬김에 대한 보상이고 하나님의 계명을 법으로 삼고 사는 것이고 그리하여 영생에 이른다면, 결국 계명, 곧 율법을 지켜 영생에 이른다고 말한 것이다. 서철원 교수가 이런 두 가지 구도를 말한 것은 칼 바르트가 말하는 존재의 앙양에 대한 거부가 강하다고 여겨진다. ①은 하나님께서 인간을 위해 일하시니 부정된다. 순전히 서철원 교수의 생각이다. ②는 인간이 하나님께 순종할 때 그 보상으로 얻는 영생이니, 하나님을 섬긴 것에 대한 보상으로 영생이 주어진다는 것이다.

그런데, 서철원 교수가 말하는 '하나님의 백성 됨'이란 무엇인가? 그것은 존재에 주어진 규범(율법)대로 사는 것이다. 그것이 행위언약이다. 계명에 순종한 결과로 영생에 이른다. 이것이 '하나님의 통치방식'이다. 하나님의 통치방식은 행위언약으로 나타났다. 행위언약이 부정되면 하나님의 통치방식이 무너진다. 그것이 바로 에덴동산의 타락이다. 하나님의 행위언약 대신에 도약을 감행함으로 영생을 얻는 것이다. 언약의 트랙을 벗어나면 도약을 감행한다. 이것이 사탄의 방식이다.

하나님께서 창조한 인간이 도약함으로 사탄의 방식으로 흘러가서 멸망하지 않도록 주신 것이 언약이다. 서철원 교수는 다음과 같이 말했다.

모든 인간은 출생과 함께 인간으로서 살 권리를 지닌다. 왜냐하면 창조주께서 그들을 인간사회의 일원으로 보내셨기 때문이다. 출생된 인간이 생존권을 갖는 것은 출생을 선행하는 더 근본적인 원리를 갖는다. 그것은 하나님께서 첫 인간을 지으시고 그와 언약을 체결하시되, 아담을 인류의 머리와 조상으로 삼아 그와 언약을 체결하사 하나님의 백성을 삼으셨다. 언약체결로 하나님의 백성이 되게 하셨으므로 모든 인간은 그 출생으로 생존권을 갖는다.[81]

---

81) Ibid., 102.

서철원 교수에 의하면, 하나님께서는 아담과 언약을 체결하여 하나님의 백성이 되게 하셨다. 피보다 진한 것은 언약이다. 출생보다 언약이 더 근본적인 원리이기 때문이다. 언약이 없으면 하나님의 백성도 없다. 언약의 하나님이 우리 하나님이시기 때문이다. 서철원 교수는 언약이 인간의 궁극적 생존권이라는 것을 말했다. 그런 까닭에, 관계가 존재를 지배한다.

6) 『하나님의 나라』(1993년)

서철원 교수는 다음과 같이 말했다.

> 이 모든 일은 다 예수 그리스도께서 메시아 곧 하나님 나라의 왕으로서 하신 일이고 또 하실 일이었다. 그러므로 하나님의 나라는 예수 그리스도의 오심과 함께 도래하였고, 그의 구속 사역으로 확립되었다. 그러므로 예수 그리스도는 하나님의 나라를 선포하고 가르치셨다.[82]

서철원 교수에 의하면, 하나님의 나라는 예수 그리스도의 오심으로 도래했으며 그리스도의 구속 사역으로 확립되었다. 이것은 그리스도의 생애 전체의 순종을 함의한다. 그리스도의 성육신으로부터 그리스도의 구속까지 모든 사역은 분리될 수 없는 것이다. 서철원 교수는 "아담은 창조가 하나님의 나라가 되는 일에 잘 수종들었다"고 말했다.[83] 첫 아담이 한 일은 실패했으나 예수 그리스도께서는 "세상의 모든 죄와 거기에 연결된 모든 문제를 해결하는 구속주"가 되셨다.[84] 서철원 교수는 다음과 같이 말했다.

> 마침내 때가 차매 하나님께서 그의 아들을 세상에 보내사 여인에게서 낳게 하시고, 이스라엘을 지배한 율법 아래 나게 하셨다. 율법 아래 나게 하심으로 모든 율법의 요구들을 다 성취해 드리게 하시고, 그 율법의 요구를 따라 죗값을 치르기 위하여 피 흘려 죽으심으로 그가 세상의 구속주가 되셨다.[85]

서철원 교수에 의하면, 그리스도께서 구속주가 되신 것은 율법 아래 나셔서 율법의 모든 요구를 다 성취하셨기 때문이다. 이것은 그리스도의 능동적 순종을 의미한다. 그리스도께서는 출생과 더불어 십자가로 직행하신 것이 아니라 율법 아래 나시고 율법의 모든 요구를 성취하심으로 구속주가 되셨다.

---

82) 서철원, 하나님의 나라 (서울: 총신대학교출판부, 1993), 8-9.
83) Ibid., 18.
84) Ibid., 25.
85) Ibid., 50.

서철원 교수는 다음과 같이 말했다.

하나님께서 인류와 맺은 첫 약속 곧 언약을 생각해 보자. … 이런 특별 조물에게 하나님은 더 큰 호의를 허락하시기로 작정하시고 언약을 맺으사 하나님께 순종하며 살게 하셨다. 이 순종에 머무르면 아담으로 영생에 이르며 하나님의 영광에 동참하도록 하셨다.[86]

서철원 교수에 의하면, 하나님의 "더 큰 호의"로 인간에게 언약이 주어졌다. 순종은 하나님의 "더 큰 호의"에 대한 반응이었다. 불순종은 "더 큰 호의"를 저버린 것이었다. 서철원 교수는 아담이 하나님의 "더 큰 호의"인 언약에 순종할 때 영생에 이르며 하나님의 영광에 동참하는 존재라고 말했다. 서철원 교수는 왜 "이 순종에 머무르면"이라고 조건적인 영생을 말했을까??? 칼빈은 "아담의 타락 이전에는 인간의 생명이 단지 '세상적인' 것으로서 확고하고 안정된 일관성이 없는 것에 지나지 않았다."고 말했다.[87] 인간은 영생의 상태로 창조된 존재가 아니었다! 서철원 교수는 인간론이 잘못되었기 때문에 신학의 변질이 일어났다. 인간론이 모든 것을 지배한다.

7) 『복음적 설교』(1995년)

서철원 교수는 다음과 같이 말했다.

그리스도의 사전 모형 됨으로 구약의 제사는 그 사명과 직임을 다 수행하였다. 그러므로 구약의 제사가 그리스도 제사의 준비와 사전 표상으로 제시되면 복음의 도에 서게 된다. 율법은 이것을 행하라 그리하면 너희가 살리라는 명령으로 주어졌다. 그러므로 이스라엘은 율법을 지켜 온전해지면 구원에 이를 줄 믿었다. 율법을 지킴으로 의에 이르는 것이 율법 준수자들의 목표이었다. 그러나 그들이 율법을 지키기 위해서 노력하면 할수록 범법만 더 많아지게 되었다. 범법 후에는 율법을 지키려고 하면 지켜지는 것이 아니라 도리어 자동적으로 범하게 되고 지키려고 노력한 만큼 더 범하고 걸려 넘어지게 되었다. 그들은 율법을 지켜야 살 수 있게 되어 있었지만 전혀 지킬 수 없었으므로 절망과 좌절만 맛보게 되었다. 그러나 그와는 정반대로 율법을 지킬 수 없기 때문에 마음이 완악해져서 율법을 무시하고 악만 행하면 멸망에 이를 뿐이었다. 이스라엘은 민족적 멸망에 이르러 결국은 국가가 사라지고 또 포로가 되었다. 그래서 율법을 잘 지키기로 작정한 자들은 사력을 다해 율법을 지키려고 노력할수록 율법을 지킬 수 있는 것이 아니라 지킬 수 없고 오히려 범함만 더 하는 것을 깨닫게 되었다. 그 결과로 율법을 지키지 못해 멸망뿐이었다. 두 경우 다 멸망뿐이니 결국은 자기들 이 율법을 지킬 수 없고 율법의 완성자가 와서 율법을 완전히 지켜 자기들을 구원해 주기를 바라는 것밖에 다른 길이 없었다. 이처럼 율법은 구원을 독촉하기 위해서 도입되었다. 타락한 인류가 율법을 지켜 의에 이를 수 있는 길은 처음부터 없었다. 구원은 은혜로 이루어지며 율법의 완성자를 믿는 길밖에 없다. 율법은

---

86) Ibid., 99.

87) 존 칼빈, **구약성서주석 1** (서울: 성서교재간행사, 1982), 86; "whereas before the fall of Adams man's life was only earthly, seeing it had no firm and settled constancy." *Calvin Commentary on Genesis* 2:7.

예수 믿는 믿음을 독촉하고 빨리 그 믿음이 오도록 재촉하고 절규하게 한 것밖에 없다. 예수 그리스도만이 율법을 지킬 수 있었다. 율법준수에 의가 성립하지만 인간은 결코 율법을 지킬 수 없다. 율법을 지켜 구원에 이르게 할 자는 예수 그리스도뿐이고 그 율법 준수자를 믿는 것이 구원의 길이다. 이처럼 율법은 구원의 독촉과 복음의 예비단계로 주어졌다. 율법준수는 이루어져야 하지만 그 준수는 예수 그리스도 한 사람에 의해서만 성취되었다. 이렇게 율법이 복음의 예비단계로 제시되면 율법 완성자를 지시하므로 율법도 복음의 도에 들게 된다. 율법 자체가 복음이라는 말이 아니고, 복음의 예비단계이기 때문에 율법 설교가 은혜를 가져온다.[88]

서철원 교수에 의하면, "율법은 이것을 행하라 그리하면 너희가 살리라는 명령으로 주어졌다." 의는 율법준수로 성립한다. 그러나, 율법을 지킬 자는 아무도 없었다. 율법을 지켜 구원에 이르게 할 자는 누구인가? 오직 예수 그리스도밖에 없다! 그리스도께서는 율법의 완성자시다. 율법준수자이신 예수 그리스도를 믿는 것이 구원이다. 이것이 바로 그리스도의 능동적 순종이다.

서철원 교수는 자신이 말한 것으로부터 왜 벗어나게 되었는가? 그것은 매개신학에 대한 우려가 부작용을 낳았기 때문이다. 서철원 교수는 "근세 성경 해석은 해석의 문맥을 성경 밖 곧 철학에다 두었다"고 말했다.[89] 결국 자유주의가 되었다. 서철원 교수는 매개신학을 비판하고 근세와 현대신학을 비판했다. 서철원 교수가 비판한 변질된 신학들은 '지평의 융합'을 도입했기 때문이다. 서철원 교수가 그리스도의 능동적 순종을 버리고 '사변'이라 주장하는 것은 서철원 교수 스스로 자멸하는 길이다. 그 이유는 무엇인가? 변질된 신학은 "성경해석은 성경에 의해서 이루어져야 한다"는 종교개혁의 해석원리를 벗어났기 때문이다.[90] 행위언약을 부정하는 것은 개혁신학을 떠나는 것이기 때문이다.

8) 『성령신학』(1995년)
서철원 교수는 다음과 같이 말했다.

구원에 이르는 것은 의롭게 선언 받음을 뜻한다. 이 의롭게 되는 것이 율법을 완전히 지킴으로 되는 것이 하나님의 법이지만 율법을 지켜 의에 이를 수 없으므로 하나님께서 예수 그리스도의 의를 세우사 그 의를 믿게 하셨다. 그것은 바로 예수 그리스도의 의를 단지 내 것으로 받아들이는 것이 믿음이다. 그러므로 이렇게 믿기만 하는 자를 하나님께서 의롭다고 하신다.[91]

---

88) 서철원, **복음적 설교** (서울: 총신대학교출판부, 1995), 50-51.
89) Ibid., 66.
90) Ibid., 68; "학문은 이성에 의해 탐구되고 체계화된 지식체계이지만, 이성의 범주로 해석되지 않는 성경과 신학은 지성을 희생함(dacrificium intellectus)이라고 한다. 그리하여 해석자는 성경을 자연 이상이 받을 수 있는 범주로 해석하는 일을 반복하여 기독교의 근본을 부인하였다."(Ibid., 80.)

서철원 교수에 의하면, 구원은 의롭게 선언되는 것이며, 의롭게 되는 것은 율법을 완전히 지키는 것이다. 이것이 하나님의 법이다. 그러나 아무도 율법을 지켜 의에 이를 수 없다. 믿음은 그리스도의 의를 내 것으로 받아들이게 하는 것이다. 그래서 믿음으로 의롭게 된다. 서철원 교수는 그리스도께서 율법을 지켜 의롭게 되셨고 그것을 믿음이라는 수단을 통해 우리에게 주셨다고 말했다. 구원에 이르기 위해서는 형벌을 받는 것으로 끝나는 것이 아니라 의가 주어져야 한다. 서철원 교수는 『하나님의 구속경륜』을 참고하라면서 다음과 같이 말했다.

> 또 언약을 체결하심으로 하나님은 언약 당사자인 인간이 백성으로 남아 하나님을 모시고 섬김에 대한 보상으로 영생을 주시고, 하나님을 모시고 섬기는 것을 거부할 경우 사망으로 벌하시기로 하셨다.[92)]

서철원 교수에 의하면, 영생은 언약 당사자인 아담이 하나님을 모시고 섬김, 곧 언약에 순종한 보상으로 얻는 것이었다. 하나님께서는 "인류를 조성하시고 언약을 체결하사 그들을 자기의 백성으로 삼으셨으므로 그들 가운데 오사 거하시기로 하셨"기 때문에 언약이 깨지면 사망의 벌을 받아야 했다. 서철원 교수는 행위언약을 말했다. 서철원 교수는 "첫 인류는 하나님의 백성으로 남는 한 영생에 이르게 작정되었다"고 말함으로써 행위언약에 충실했다.[93)] 그런데도 행위언약은 부정했다.

9) 『하나님의 구속 경륜』(1996년)

서철원 교수는 다음과 같이 말했다.

> 하나님은 이 경륜을 아브라함에게 분명히 하신 후, 세상 구속을 이루기 위하여 아브라함의 아들로 한 민족을 이루게 하시고, 그들에게 율법과 제사 제도를 허락하사, 하나님의 백성으로 살며 하나님의 법을 지키게 하시고, 하나님의 계명들을 범하였을 때는 속죄 제사를 드리므로 죄과를 용서받고 하나님과 화해되어 다시 하나님의 백성으로 남아 살게 하셨다. 그러나 이스라엘의 역사가 가르치고 증명하는 것은 사는 길은 하나님의 법을 지킴에 있고, 또 범죄하였을 때 속

---

91) 서철원, **성령신학** (서울: 총신대학교출판부, 1995), 149.
92) Ibid., 166; "하나님은 백성과 함께 거하시기 원하셔서 언약을 체결하시고 백성의 하나님 되셨다. 여호와 하나님은 곧 주 하나님이 되셨다. 백성의 하나님은 백성과 함께 하시고, 그들 가운데 거하시는 하나님이시다."(Ibid., 169.)
93) Ibid., 168.

죄 제사를 통하여 죄과를 용서받게 하셨지만, 사람들이 자기들의 힘으로는 율법을 지켜 의를 획득하여 하나님의 백성으로 살 수 없고, 또 범죄를 인하여 드리는 희생의 속죄 제사로도 그 죄 과를 완전히 해결하지 못한다는 진리이다. 사는 길 곧 의를 얻는 길은, 하나님의 법을 지키는 것이지만, 인간은 율법을 지킬 수 없다는 것을 이스라엘이 깨닫게 하시는 것이다. 그러므로 사는 길은 율법의 성취에 있으므로, 율법 성취를 이룰 자를 바라고 기대하게 하시는 것이었다. 또 완 전한 속죄를 이루어 죄와 사망에서 구원해 줄 구원자를 바라고 고대함이 이스라엘의 사명이었 다. 이 진리를 깨닫고 바라게 하시려고 이스라엘로 고난의 역사를 통과하며 존속하게 하셨다.[94]

서철원 교수에 의하면, 하나님께서 이스라엘에 가르쳐 주신 것은 하나님의 율법을 지켜 의로워지며 하나님의 율법을 범했을 때는 속죄 제사를 드림으로 용서를 받는 것이었다. 의를 얻는 길은 하나님의 법을 지키는 것이었다. 하나 님께서는 아무도 율법을 완전히 지킬 자가 없다는 것을 알게 하시고 율법 성 취를 완전히 이룰 자를 바라고 기대하게 하셨다. 이것은 능동적 순종과 수동 적 순종이 다 포함되어 있는 진술이다.

서철원 교수는 인간에게 "하나님의 뜻 혹은 그의 말씀을 삶의 법칙으로 삼 고 살아 하나님의 백성이 되게 하셨다"면서 "이 일을 위하여 하나님께서 언 약을 체결하셨다"고 말했다.[95] 이 언약은 하나님과 사람과의 관계가 "자발적 이고 인격적인 관계가 되기 위"한 것이었다.[96] 그것은 언약의 계명을 준수해 야 가능하다. 언약의 관계는 무법천지가 아니라 법을 지킴으로 유지되는 관 계이기 때문이다. 언약은 무주공산(無主空山)이 아니다.

그러나, 『기독교 문화관』에서 말한 것처럼,[97] 『하나님의 구속 경륜』에 도, 서철원 교수의 언약관은 전통적 언약관과 다른 변형이 보인다.

첫 언약의 실패 후 체결된 언약들은 다 언약 체결의 목적이 언약을 체결 받은 당사자가 하나님 의 백성 됨, 하나님의 백성으로 복귀하는 것이다. 이 진리를 후속되는 언약 체결들이 분명히 한 다. 그러므로 구약과 신약에 체결된 언약들의 목표가 하나님의 백성됨이었음을 살피려고 한다. 첫 언약은 명시하지 안 했어도 후속 언약 체결들이 언약 체결의 목적이 하나님의 백성 됨이라 고 가르치면, 첫 언약의 체결 목적이 아담의 후손으로 하나님의 백성되게 하는 작정임을 분명 히 알 수 있다. 그러면 전통적으로 개혁신학에서 가르쳐 온 아담과 그 후손에게 영생을 주시기 위한 목적으로 하나님께서 아담과 언약을 체결하셨다고 하는 것은 성경의 가르침에 바로 접근 했다고 할 수 없다. 통상 언약 사상에 의하면 아담은 완성을 필요로 하는 불완전한 존재로 창조 되었고, 언약을 통해 하늘의 영생에 이르게 작정하셨다고 한다. 아담은 아직 천상의 그리스도 가 아니고, 영적인 존재가 아니다. 여기에 이르러가야 하는데, 하나님께서 언약을 체결하심으로 이 영생에 이르는 길을 내셨다고 한다. 그러나 성경적 가르침에 더욱 충실하고, 성경의 계시를

94) 서철원, 하나님의 구속 경륜 (서울: 총신대학출판부, 1996), 11-12.
95) Ibid., 18.
96) Ibid., 21.
97) 서철원, 기독교문화관 (서울: 총신대학교출판부, 1992), 22.

바로 이해하면 처음 언약 체결의 목적은 아담과 그 후손이 하나님의 백성 되기로 한 협정임을 바로 알 수 있다. 그리고 영생은 하나님의 백성으로서 하나님을 섬김에 대한 보상이라고 해야 바르다. 이제 첫 언약 파기 후, 하나님께서 인류와 계속적으로 언약을 체결하시면서 그 언약체결들이 자기 백성을 가지실려고 하심이었음을 알 수 있다.[98]

서철원 교수에 의하면, 신구약 성경의 언약들의 목표는 하나님의 백성되게 하는 작정이다. 그렇다면 서철원 교수의 오류는 무엇인가? 타락 전 상태와 타락 후 상태를 동일시 한 것이다. 서철원 교수는 "처음 언약 체결의 목적은 아담과 그 후손이 하나님의 백성 되기로 한 협정"이라고 말했다. 아담과 그 후손은 아담과 동일한 본성을 지닌 존재가 아니다. 무흠한 상태에서 맺은 언약과 타락한 죄성을 지닌 상태에서 맺은 언약은 다르다. 전자는 행위언약이나 후자는 은혜언약이다.

아담 이후에도 언약이 체결되었다는 것은 무슨 의미인가? "첫 언약은 명시하지 안 했어도 후속 언약 체결들의 목표가 하나님의 백성 됨"이라는 말을 보면, 하나님께서는 여전히 율법준수를 통해 의를 이루고 살도록 요구했다는 것을 의미한다. 하나님께서 존재에 요구하시는 규범은 변하지 않는다.

그 규범을 제시하는 것이 언약이다. 언약은 하나님의 백성과 맺는 협정이다. 타락 후 인간의 본성은 죄로 부패하고 오염되었기 때문에 아담이 하나님의 백성이 되는 것과 영생을 얻는 것과는 다르다. 아담은 무흠한 상태에서 언약을 맺었으나 아담이 타락한 후에는 모든 인간이 본성적으로 죄인이다.

서철원 교수는 "영생은 하나님의 백성으로서 하나님을 섬김에 대한 보상이라고 해야 바르다"라고 말했으나 전통적 언약신학과 같은 맥락은 아니다. 서철원 교수가 말하는 영생은 완전한 영생인데, '영생은 하나님을 섬김에 대한 보상이다'라고 말하는 것은 불합리하다. 서철원 교수는 언약체결이 "하나님의 백성되기로 한 협정"이라고 이해했기 때문에 바빙크가 말하는 그런 전통적 언약 관점에서 멀어져 갔다. 율법 성취로 의를 이루고 영생을 얻는다는 것에 대한 반발이 엿보인다. 이것이 인간론의 오류와 함께 맞물려서 능동적 순종을 부인하게 된 것으로 생각된다.

서철원 교수의 개혁신학의 언약에 대한 반대 견해는 다음 글에서도 나타난다.

---

98) 서철원, **하나님의 구속 경륜** (서울: 총신대학출판부, 1996), 24-25.

개혁 신학자인 헤르만 바빙크도 그의 신학적 논의를 전개할 때 인간이 임시적으로 창조되어 완전한 상태에 이르지 못하기 때문에 영생을 주시기 위해 언약을 체결하셨다고 가르치므로 발트 신학에 귀결하도록 개진하였다. 이런 신학적 귀결들은 행위언약의 잘못된 설정에 기인한다. 우리는 역사적 계시의 개진에 의해 행위언약에 대한 이해를 바꿔, 첫 언약은 인류가 하나님의 백성이 되고, 하나님께서 백성의 하나님이 되시기로 한 약정으로 이해하는 것이 바르다는 결론이다.[99]

서철원 교수에 의하면, 헤르만 바빙크의 언약개념은 영생을 주시기 위해 언약을 체결했다는 것이므로 바르트 신학에 귀결된다. 서철원 교수는 반 칼바르트로 신학의 방향을 정했다. 그 결과로 하나님께서 아담에게 영생을 주시기로 언약한 것이 아니라 완전한 의의 상태로 창조하시고 영생을 주셔서 하나님을 섬기며 살아가는 존재로 만들었다. 이것이 우리가 지금 살피고 있는 능동적 순종을 부정하는 결정적인 계기로 작용한다. 존재적 관점이 사명적 관점을 지배한다. 서철원 교수는 다음과 같이 말했다.

4. 첫 언약 : 하나님의 백성 되기로 한 약정

구원은 첫 언약의 성취여서 인류가 하나님의 백성에로 되돌아감이다. 이것이 신구약이 가르치는 중심 주제이므로 첫 언약을 행위언약이라는 전통적 개혁신학의 이해를 바꾸는 것이 바르다는 것이 저자의 논의의 중심점의 하나이다. 특히 첫 언약 이후에 체결된 모든 언약들은 다 하나님의 백성 됨을 목표하고 발생하였다. 그러므로 첫 언약도 영생 수여를 목적으로 체결되었다고 보는 전통적 가르침을 바꾸어야 할 것이다. 첫 언약은 백성이 하나님의 백성되고, 하나님은 백성의 하나님 되시기로 한 약정으로 보아야 합당하다. 또 하나님의 백성으로 살고 남는 길은 하나님께서 언약체결에서 내리신 계명을 준수함으로 이루어진다. 하나님께서 하나님의 계명을 죽고 사는 법으로 정하셨으므로, 그 계명을 지킴이 선이어서 하나님의 백성으로 존속할 수 있고, 그 계명을 범하면 그것이 악이 되어 사망에 이른다. 그러므로 첫 인류가 하나님의 계명을 범하므로 사망이 선고되고 죽음에 이르게 되었다.

그러므로 인간이 완성에 도달한 존재가 아니고, 자기가 도달해야 할 길의 시작에서 있는 불완전하고 임시적인 존재로 창조되었으므로, 행위언약을 체결하여 하늘의 그리스도에게로 인양하려고 하셨다고 이해하는 전통적 언약 사상은 성경 계시에 대한 바른 이해가 아니다. 영생을 주시기 위해 언약을 체결하신 것이 아니고 영생은 하나님의 백성으로서 그의 법대로 사는 것에 대한 보상이라고 보아야 옳기 때문이다. 왜냐하면 하나님은 인류를 창조하시므로 자기의 나라를 세우시려고 하셨기 때문이다. 하나님이 백성의 왕이 되셔서 그들을 다스리시며 그들의 봉사를 받으시려고 하셨기 때문이다. 이 일을 위하여 하나님께서 아담을 특별 조물로 곧 하나님의 복사물이 되게 지으셨다.

만일 이렇게 성경이 가르치는 교훈을 존중하지 아니하고 전통적인 신학적 이해인 행위언약에 매이면 발트 신학에 귀결하는 것이 필연적 사항이라고 할 것이다. 발트의 신학에 의하면 하나님은 사랑이시기 때문에 교제의 대상자를 갖기 위해서 사람을 지으시고, 그와 교제하신 후, 그를 자기의 존재에까지 끌어올려 자기의 존재에 동참하게 하신다. 이것이 바로 화해이고 구원인데, 하나님은 사람의 이 구원을 위해 자기의 전생을 사신다. 하나님은 이런 완성된 인간 존재를 가지시기 위해 처음 창조 시 그를 파편적이고 임시적으로 지으셨다. 이 임시성의 제거를 위해 하나님은 그리스도의 성육신을 이루시고 그 성육신을 통하여 신인 합일을 성취하신다. 죄와 문

99) Ibid., 14-15.

제는 이 신인합일에로 가는 길에 발생한 하나의 삽화적 사건일 뿐이다.[100)

서철원 교수에 의하면, 바르트의 관점에서 율법을 지켜 영생에 이르는 언약개념이 되면 하나님과 교제하면서 인간이 앙양되어 하나님의 존재에 동참하게 하신다. 그런 까닭에, 서철원 교수는 행위언약을 부정할 수밖에 없다. 서철원 교수가 행위언약을 부정하는 근본적인 이유는 칼 바르트에 대한 반작용이다. 이로 인해, 서철원 교수의 신학이 개혁신학으로부터 멀어져 갔다. 참고로, 바르트는 창 1-3장을 역사적 사실로 믿지 않는다. 바르트에게 창조와 타락은 '원역사'(Urgeschichte)에 불과하다. 원역사는 '믿거나 말거나'다.

서철원 교수는 다음과 같이 말했다.

> 그러므로 선악과는 그 자체로 선악을 알게 해 주는 것이 아니다. 선악과는 하나님의 말씀을 액면 그대로 인정하고 그 권위를 그대로 받으면 그것이 선이고, 하나님의 말씀을 그대로 인정하지 않고 넘어서고 범하면 그것이 곧 악이다. 그러므로 선악은 물리적으로 결정되는 것이 아니고 윤리적으로 결정된다. 하나님의 말씀에의 순종 여부가 선과 악이다. 이 순종 여부를 하나님은 한 나무에 결부시키셨다. 그 나무에 결부된 하나님의 명령을 순종하면, 사람은 하나님의 명령 전부를 순종하는 것이고, 그러므로 그는 살 수 있는 권리 곧 의를 획득하는 것이다. 아담의 생명은 자연적이고 자생적인 것이 아니라, 하나님에 의해 주어지고 허락되는 것이다. 하나님의 말씀에 매여 살 때만이 생명이 허락된다. 사람의 생명은 하나님에 의해 허락된 생명이다. 그 경우만이 그가 하나님의 피조물로 사는 것이다.[101)

서철원 교수에 의하면, 아담은 하나님의 명령 전부를 순종하여 의를 획득함으로 생명의 권리, 곧 '의'를 허락받았다. 서철원 교수는 "아담의 생명은 자연적이고 자생적인 것이 아니라, 하나님에 의해 주어지고 허락되는 것이다"라고 말함으로써 『인간론』에서 아담은 "적극적인 의의 상태로 창조되었다"고 말하는 관점과 다르다.[102) 행위언약을 부정하면서 하나님의 명령 전부를

---

100) Ibid., 15-16.
101) Ibid., 38.
102) 서철원, **서철원 박사의 교의신학3 인간론** (서울: 쿰란출판사, 2018), 99; "2.8.3. 적극적 의와 선과 거룩의 상태로 창조되었다: 아담의 원시상태는 소극적인 상태도 아니고 미숙한 상태도 아니었다 적극적인 의와 선과 거룩의 상태로 창조되었다. 그러므로 아담의 처음 상태는 불완전함에서 완전으로 나아가야 하는 중간상태로 창조된 것이 아니다. 그의 삶은 하나님의 뜻에 완전히 일치하였고 그의 법대로만 살았으므로 완전한 의의 상태였다 아직 미숙하고 어린아이와 같은 상태가 아니었다. 그의 판단력도 완전하여 하나님의 뜻과 정하신 법의 표준에 맞게 결정하였다. 곧 적극적인 의의 상태로 창조되었다. 자라서 연습을 통하여 결정하고 하나님의 뜻에 맞게 살수 있게 된 것이 아니다. 처음의 판단과 결정도 완전하고 흠잡을 수 없었다. 아담은 하나님의 뜻만을 기뻐하였다. 하나님이 좋아하고 바라는 것을 아담도 바라고 좋아하였다 아담의 욕망과 바람은 다 하나님의 뜻을 따랐으므로 선하였다 그는 처음부터 선의 상태로 존재하였다. 아담은 하나님의 완전하심을 따라 행동하고 그에 상응해서 선택하고 결정하며 그의 뜻에 일치하기를 바랐다. 즉 그는 거룩함의 상태로 창조되었고 거룩의 삶을 살았다."

순종하여 의를 획득한다고 말한 것은 서철원 교수의 신학이 표류하고 있었다는 것을 증거 한다. 서철원 교수는 하나님께서 선악과 옆에 생명과를 두신 이유는 "하나님의 말씀에의 순종을 통하여 영생에 도달할 수 있음을 분명히 하기 위해서 그렇게 하셨다"라고 말함으로써 행위언약을 반대했다가 다시 행위언약으로 마무리한다.103)

서철원 교수는 언약의 회복을 말하면서 다음과 같이 말했다.

> a. 언약의 바른 이해: 전통적인 개혁신학에 의하면 첫 언약 곧 하나님께서 아담과 창조 직후에 맺은 언약을 행위언약(foedus operum)이라고 한다. 이 언약에서는 영생에 이르는 조건으로 순종을 강조하여 영생에 도달하기 위해 사람이 순종을 친히 해야 하므로 행위언약이라고 한다. 그런데 타락 후 인간을 구원하시기 위해서 순종을 하나님께서 대신하시고, 그 순종으로 영생을 우리에게 선사하시므로, 우리는 아무 행함의 공적 없이 영생을 받는다. 이것을 은혜 언약(foedus gratiae)이라고 부르는데, 대개는 행위언약과 은혜 언약을 별개인 것처럼 생각하는 경향을 갖는다. 그러나 그렇게 생각해서는 바르지 못하다. 은혜 언약 곧 신약이 말하는 새언약은 첫 행위언약의 회복과 성취로 보아야 합당하다. 그러나 신약에는 은혜 언약은 없고 새언약만 있다. 이 새언약은 그리스도께서 새 인류의 대표인 제자들과 체결하사 구속을 확실하게 이루셨다. 그러므로 이후로 은혜 언약은 새언약으로 이해되어야 한다. 이 새언약이 첫 언약의 성취로 체결되었기 때문이다. 첫 언약 체결이 영생 성사의 목적으로 체결했다기보다 하나님의 백성 됨의 체결이므로 행위언약이란 명칭도 바르고 합당하게 구성되었다고 보기는 어렵다고 할 것이다. 은혜 언약 혹은 새언약은 하나님의 언약 당사자가 하나님의 계명을 지켜 하나님의 백성으로 남지 못하였으므로, 백성을 다시 하나님의 백성으로 회복하는 언약이므로, 하나님의 백성 됨의 근본인 하나님의 계명을 하나님께서 사람을 위하여 대신 지켜, 의(義, justitia) 곧 생존의 권리를 선사하심으로 이해해야 바르다.104)

서철원 교수는 은혜언약을 새언약으로 말하나, 새언약은 옛언약과 관련하여 말해야 하고 은혜언약은 행위언약과 관련하여 말해야 한다. 무엇보다도, 서철원 교수에 의하면, 행위언약은 하나님의 백성 됨의 체결이기 때문에 명칭부터가 잘못되었다. 놀랍게도 서철원 교수는 칼 바르트의 존재 양양을 반대하면서도, "하나님의 계명을 하나님께서 사람을 위하여 대신 지켜, '의' 곧 생존의 권리를 선사하심으로 이해해야 바르다"고 말했다. 혹을 떼려면 확실하게 떼야지 여기서는 떼고 저기서는 붙이면 안 된다.

서철원 교수는 계속해서 언약의 성취에 대해 말했다.

> 이제 첫 언약이 성립하는 길은 인간에게 부과된 순종의 요구를 하나님이 이루시는 길밖에 없다. … 그런데 하나님은 계명에의 순종을 아담에게 요구하셨다. 그러므로 계명 순종은 인간이 해야

---

103) 서철원, **하나님의 구속 경륜** (서울: 총신대학출판부, 1996), 43.
104) Ibid., 87-88.

한다. 그렇게 하여 하나님과 사람 간의 언약이 쌍방 간의 언약이 되어야 하기 때문이다. 그런데 인간은 계명 준수, 곧 백성으로서 하나님의 말씀에의 순종을 언약의 주께 바쳐 드릴 수가 없다. 그러므로 언약이 성립하려면, 하나님께서 그 순종을 이루셔야 하되 인간의 자리에서 인간으로서 순종의 요구를 성취해 드리는 것이다. 그리고 그것을 인간에게 인간 자신의 것으로 선사하시는 것이다.105)

서철원 교수에 의하면, 아담이 하나님의 계명에 순종하지 못한 것을 하나님께서 순종을 이루고 성취하여 인간에게 인간 자신의 것으로 선사하셨다. 이것은 행위언약의 실패를 말하고 그리스도의 능동적 순종교리를 그대로 말한 것이다. 이렇게 말하면 칼 바르트의 존재 양양으로 간다고 서철원 교수 자신이 비판했다. 서철원 교수가 언약을 어떤 형태로 말해도 바르트는 웃고 있다. 서철원 교수는 다음과 같이 말했다.

> 하나님의 계명을 순종하여 생존을 허락받으면, 하나님 앞에 완전히 설 수 있는 것도 계명을 지킴으로 온다. 즉 영생하여 하나님의 영광에 동참하는 길은 하나님의 모든 계명을 완전히 순종하는 데 있다.106)
> 결국 율법 성취자 곧 구원자의 오심을 바라게 하셨다. 하나님께서 이스라엘에게 율법을 허락하사 가르치신 진리는 율법은 마땅히 성취되어야 하나 사람은 지킬 수 없다는 것이다. 그러므로 율법 성취자가 와서 율법을 성취하므로 이스라엘에게 생명의 길 곧 구원을 제시하는 것을 바라는 것이 이스라엘 전 역사의 결론이다. 그 길 외에는 달리 사는 길이 없고 멸망뿐이기 때문이다.107)

서철원 교수에 의하면, "영생하여 하나님의 영광에 동참하는 길은 하나님의 모든 계명을 완전히 순종하는" 것이다. 그러나 사람은 지킬 수 없다. 해결책은 무엇인가? 율법 성취자가 와야 한다. 그 성취자가 와서 율법을 성취하여 생명의 길, 구원의 길을 제시하는 것이다. 서철원 교수는 그리스도의 능동

---

105) Ibid., 90-91; 〈〈순종을 이루심〉 그리고 이 인자가 아담과 그 후손들의 자리에 서서 하나님의 법이 요구한 모든 순종을 다 이루시기로 하셨다. 그러므로 그가 순종을 요구하는 율법 아래 출생하시게 되었다. 그러므로 그 율법을 다 지켜 드리므로 순종을 이루어 우리를 그 순종의 자리에 세우게 하신 것이다. 이처럼 하나님께서 순종을 이루시고 그것을 우리의 것으로 선사하신다. 이렇게 하여 첫 언약의 순종의 요구가 성취된다. 이것이 은혜 언약 혹은 첫 언약의 성취이다. "때가 차매 하나님이 그 아들을 보내사 여자에게서 나게 하시고 율법 아래 나게 하신 것은 율법 아래 있는 자들을 속량하시고 우리로 아들의 명분을 얻게 하려 하심이라"(갈 4:4-5). 이 율법이 요구한 순종은 죽음에까지 이른 순종이었다. "자기를 낮추시고 죽기까지 복종하셨으니 곧 십자가에 죽으심이라"(빌 2:8하)〉(Ibid., 93-94.), 〈f. 그 순종 곧 의를 인간에게 선사: 하나님은 자기가 이룩한 이 순종을 사람들에게 선사하려고 작정하셨다. 그리하여 그 순종을 사람 자신이 이룬 순종으로 치부하시기로 하셨다. 그리하여 그들이 다시 하나님의 백성이 되고 하나님의 선물인 영생을 허락하시기로 하셨다. 하나님 자신이 순종을 이루시고 그것을 인간 자신의 것으로 주시고, 치부하신다. 허락받게 된다. 이것이 바로 의(義)이다. 이 의(義) 혹은 순종이 완전하므로 하나님께서 이 순종을 자기 것으로 받아들인 사람들에게 처음에 약속하신 영생을 허락하시고 선사하신다. "이는 죄가 사망 안에서 왕노릇한 것 같이 은혜도 또한 의로 말미암아 왕노릇하여 우리 주 예수 그리스도로 말미암아 영생에 이르게 하려 함이니라"(롬 5:21).〉(Ibid., 94.)
106) Ibid., 142-143.
107) Ibid., 146-147.

적 순종의 당위성을 "이스라엘 전 역사의 결론"으로 말했다.

10) 『신학서론』(2000년)

서철원 교수는 다음과 같이 말했다.

> 사람이 누릴 영생은 하나님 섬김에 대한 보상이다. 하나님의 백성이 되어 하나님을 섬기도록 인간이 창조되었으므로 그 본래의 목적대로 하나님을 섬기면 영생에 이른다. 그러므로 이 생명에의 길에 하나님 지식은 필수적이다. 이처럼 신지식이 하나님을 섬기고 구원에 이르는 데 필수적이다.[108]

서철원 교수에 의하면, 영생은 하나님을 섬긴 보상이다. 서철원 교수의 이런 영생 개념은 칼 바르트의 존재 앙양과 반대되는 개념에서 나온 것이다.[109] 그러나 하나님을 섬긴 보상으로 영생을 얻는다면 해 아래 어느 누가 영생을 얻을 수 있는가? 서철원 교수는 다음과 같이 말했다.

> 특별계시는 율법과 복음의 형태로 왔다. 둘 다 구원의 길로 제시되었다. 율법은 "모든 명령을 지켜 행하라. 그러면 살리라"(신 4:1; 5:29-33; 6:1-3; 8:1)의 형태로 주어졌다. 그러므로 구약 교회가 율법을 지키기 위해 노력하였고 이로써 구원에 이르기를 바랐다. 그러나 복음은 죄의 용서와 영생의 약속으로 왔다. 율법을 행함으로 구원에 이르는 길은 그리스도의 출생과 십자가와 부활로 종결되었다. 예수 그리스도께서 그의 삶과 십자가로 율법의 요구를 다 성취하셨기 때문이다. 그러므로 그리스도가 오신 이후에는 율법은 구원의 길로서 폐지되었다. 이제 구원의 길은 예수 그리스도를 믿는 것뿐이다. 더 이상 구원의 길에 율법이 개입하지 않는다. 회개하고 예수 믿는 믿음은 복음의 선포로만 이루어지고 율법이 예비 과정으로 개입하는 것이 아니다.[110]

서철원 교수에 의하면, 그리스도께서 오신 이후로 율법은 구원의 길이 아니다. 그러나 율법을 행함으로 의를 이루어 구원을 받아야 하는 원리가 사라진 것이 아니다. 서철원 교수는 "이제 구원의 길은 예수 그리스도를 믿는 것뿐"이라고 말하기 전에, "율법을 행함으로 구원에 이르는 길은 그리스도의 출생과 십자가와 부활로 종결되었다. 예수 그리스도께서 그의 삶과 십자가로 율법의 요구를 다 성취하셨기 때문이다."라고 말했다.

그럼에도 불구하고, 서철원 교수는 의의 전가는 십자가의 죽으심 뿐이라고 말한다. 그러나 서철원 교수의 이런 말은 '예수 그리스도께서 생애 전체의 순종으로 의를 이루어 우리에게 전가된다'는 것을 말한 것이다. 왜냐하면, "율법의

---

108) 서철원, **신학서론** (서울: 총신대학교출판부, 2000), 113-114.
109) Ibid., 110.
110) Ibid., 164.

요구를 다 성취하셨"다는 것은 율법을 순종하여 의를 이루었다는 뜻이기 때문이다.

11) 『기독론』(2000년)

서철원 교수는 F. 슐라이어마허로부터 시작하여 리츨, 브룬너, 칼 바르트, 틸리히, 불트만, H. 벌코프, 칼 라너가 말하는 '상승 기독론'이 아니라 '하강 기독론'이 되어야 한다고 말했다.111) 서철원 교수는 다음과 같이 말했다.

> 성육신은 인류를 구원하시기 위해 이루어져야 했다. 그러나 구원의 역사는 하나님의 법의 성취를 통해서 이루게 하셨다. 그러므로 성육신이 구원에 필수적이다 … 그런데 인간이 언약을 파기하여 하나님의 백성이 되는 것을 거부하였다. 그러나 하나님은 언약을 지키시고 성취하기 위하여 언약준수의 책임을 자신에게 지우셨다. 언약의 법적 제약을 자신에게 지우셨으므로, 언약 당사자의 파기에도 불구하고 언약을 성취하셔야 했다. 그리하여 하나님이 처음 경륜을 이루실려고 하셨다. 이 언약의 회복은 하나님께서 인간의 자리에 오셔서 인간으로서 인간이 지켜야 할 언약의 법을 지킴으로 되었다. 인간이 파기한 법을 하나님이 인간으로서 다시 지켜시므로 언약을 회복하여 언약을 성취한다. 그러므로 그 성취는 은혜의 방식 곧 새 언약의 방식으로 이루어졌다. 인간이 지켜야 할 언약의 법들을 하나님이 지키고 순종한다. 인간 대신 인간의 자리에서 하나님이 친히 법을 지키고 순종함으로 인간의 죄를 속량하여, 인류를 다시 하나님의 백성으로 회복한다. 이것이 구원이다. 그러므로 성육신이 필수적이다.112)

서철원 교수에 의하면, 구원에 성육신이 필수적인 이유는 인간이 파기한 법을 하나님이 인간으로서 언약의 법들을 지키고 순종함으로 인간의 죄를 속량하셔야만 하기 때문이다. 서철원 교수는 매개신학에 반대하여 인간을 위한 하나님이 되어서는 안 된다고 말하지만, 하나님께서 성육신하셔야 하고 언약의 법을 지켜야 하고 속죄를 이루셔야 한다고 말했다. 서철원 교수의 구원론은 개혁신학이 말하는 언약론을 벗어날 수 없다. 서철원 교수는 행위언약을 부정하면서도 행위언약을 말하고 능동적 순종을 부정하면서도 능동적 순종을 인정해야만 하는 위기의 신학, 불안의 신학을 말한다. 매개신학을 비판하는 서철원 교수가 성육신하신 그리스도의 율법 순종을 부정하면 자기 스스로 매개신학에 빠진다는 것을 가장 확실하게 보여주고 있다. 그런데 지금 와서 행위언약과 능동적 순종을 부정하는 것은 자멸이다.

서철원 교수는 다음과 같이 말했다.

---

111) 서철원, 기독론 (서울: 총신대학교출판부, 2000), 1-18.
112) Ibid., 27-28.

하나님은 첫 아담의 실패로 새 인류를 만들기 위해 예수 그리스도 제2 아담이 되게 하셨다. 그러므로 복음서는 예수를 제2 아담으로서 첫 아담에 상응하는 것을 명시하였다(막 14:26; 눅 22:39-43; 마 4:1-5; 막 1:13). 첫 아담이 동산에 살면서 짐승과 함께 지내고 시험받음을 그리스도에게 그대로 적용하였다.[113]

서철원 교수에 의하면, 그리스도는 제2 아담이며 첫 아담은 실패했으나 그리스도께서는 순종하고 승리하셨다. 뿐만 아니라 그리스도께서는 이스라엘이 바란 그 메시아의 예언 성취였으며 성육신하신 아들로서 사역하고 가르치셨다.[114] 하나님의 아들께서 인성을 입으셨다는 것은 하나님의 법에 종속되는 것이었다. 서철원 교수는 "하나님은 창조주로서 법을 제정하여 모든 피조물의 존재 방식이 되게 하였다"고 말하면서 그리스도의 비하는 존재 자체는 변하지 않아도 존재 방식의 변화가 이루어졌다고 말했다.[115] 이것은 그리스도께서 인성을 취하심으로 철저하게 하나님의 법과 존재 방식을 따르셨으며 능동적 순종을 이루어내셨다는 것을 의미한다.

놀랍게도 서철원 교수는 그리스도의 고난을 의의 성취라고 말했다.

그러나 고난의 생은 고난으로 연속된 것에만 의의가 있는 것이 아니라, 그의 고난의 생은 의의 성취여서 우리의 의가 되었다. 그의 의의 성취는 십자가의 죽음에까지 이어지는 것이지만 그의 생은 율법을 성취한 능동적 순종이었다. 그러므로 고난의 생도 우리의 구원 사역으로 합당하게 다루어야 한다.[116]

서철원 교수에 의하면, 그리스도의 생의 고난은 의의 성취이며 우리의 의가 되었다. 또한, 그리스도께서는 율법을 성취하심으로 능동적 순종을 이루었다. 서철원 교수는 생애 전체의 순종을 말하며 고난의 생도 구원 사역으로 합당하다고 말했으며, "능동적 순종이었다"라고 명시적으로 말했다. 이어지는 글에서 서철원 교수는 생애의 고난을 구체적으로 말했다. 서철원 교수는 시험에서 이기고 율법의 모든 요구를 성취하신 것을 "새 인류의 대표로서 율법준수의 의무를 지게 되었다", "율법을 다 지키심으로 의를 이루었다"고 말했다.[117] 서철원 교수는 그리스도의 능동적 순종과 수동적 순종을 다음과

---

113) Ibid., 72.
114) Ibid., 74-75.
115) Ibid., 90-91.
116) Ibid., 94.
117) Ibid., 110-111; "4. 율법의 성취 1) 예수는 모든 율법의 요구에 자기를 종속시켰다. … 또 세례 받음으로 예수는 자기를 죄인과 일치시키고, 율법을 지켜야 살 수 있는 길이 열림을 분명히 하였다. 죄 곧 불의를 속상하는 길은 율법을 지켜야만 되는 것임을 분명히 하였다. 새 인류의 대표로서 율법준수의 의무를 지게 되었다. 2) 율법

같이 말했다.

예수 그리스도는 입법자이므로 율법을 지킬 필요가 전혀 없음에도 그가 율법을 인류의 대표로서 다 지켰다. 자원하여 지켰다. 그러므로 그의 율법준수가 의를 이루었다. 전통적 신학에서 예수의 자원적 율법준수를 능동적 순종(oboedientia activa)이라고 칭하였고, 십자가에서의 죽음을 피동적 순종(oboedientia passiva)라고 하였다. 왜냐하면 십자가 죽음은 하나님의 경륜과 작정에 의해서 이루어졌고, 그 작정에 순종함이었기 때문이다. 그리스도의 순종은 모든 율법만이 아니라 십자가에까지 이른 순종이었다(빌 2:8). 죗값이 사망이므로 속죄와 함께 죗값대로 죽음에까지 이르렀다. 하나님의 법이 정한 것은 하나님의 법을 범함 곧 죄는 사망이기 때문이다(롬 6:23; 창 2:17). 따라서 하나님의 법이 정한 대로 죗값을 따라 죽음에까지 이른 순종이었다. 그러므로 예수의 순종 곧 율법준수는 완전한 순종이었다. 따라서 그 의는 완전하여 죄를 속량하고 생명을 이룬다(롬 5:8-21). 이 순종에 의해 예수가 저주 아래 죽음으로(갈 3:13) 우리가 구원되었다. 이 죽음이 대리적 죽음이어서 우리 모두가 죽은 것이 되었다(고후 5:14-15). 또 이 죽음이 하나님의 작정으로 이루어졌으므로(고전 15:3) 우리의 구원이다.[118]

서철원 교수에 의하면, 그리스도의 순종은 능동적 순종과 수동적 순종을 다 포함한다. 그 순종의 의가 죄를 속량하고 생명을 준다. 그러면서도, '새언약을 체결했다'고 말하면서, "이 언약은 인류 역사의 시작에 하나님이 아담과 맺어 인류를 자기의 백성으로 삼기로 하신 언약의 성취이다"라고 말했으며,[119] 개혁신학의 언약 이해가 사변적이라고 비판했다.[120] 사변은 누가 하고 있는가? 사변은 서철원 교수가 하고 있다. 서철원 교수는 매개 신학에 대한 강력한 반대 성향으로 인해 개혁신학의 언약관도 매도해버렸다. 서철원 교수가 이 능동적 순종을 부정하면 아들께서 성육신하신 이유를 부정하는 것이며, 아들께서 주시는 구원을 부정하는 것이다.

12) 『복음과 율법과의 관계』(2000년)

서철원 교수는 율법은 그리스도께로 인도하는 몽학 선생으로의 기능만 있

을 다 지키심으로 의를 이루었다. 의는 하나님의 법을 다 지킴이다. 따라서 의는 하나님 앞에 살 수 있는 생존권을 말한다. 하나님의 법을 지키면 의가 세워진다(롬 2:13). 백성은 하나님의 법을 지킬 때에만 하나님의 백성으로서 생존이 허락된다. 법을 범하면 사망이다(창 2:17). 첫 인류는 먹지 말라는 하나님의 계명을 범하므로 죄인이 되어 생존이 박탈당하여 죽게 되었다. 국가에서도 시민이 국법을 지킴으로 생존권이 보장되어 자유로운 삶을 살 수 있다. 법을 범하면 생존권이 제한되고 박탈되어 정상적인 생을 살 수가 없다. 하나님의 법에 의하면 하나님의 백성이 하나님의 법을 지킴 곧 순종하므로 생존권이 허락된다. 이 생존권을 주 예수가 하나님의 법을 지키므로 획득하였다. 이 생존권을 획득하므로 백성들에게 전가할 의가 되었다."

118) Ibid., 111-112.
119) Ibid., 114.
120) Ibid., 123: "7. 그런데도 그리스도께서 체결하신 언약이 실제 언약인데도 개혁신학에서 선입주견에 의해 이 언약을 무시하고, 전혀 바로 이해하지 못하였다. 성경의 명백한 가르침은 배척하고, 언약체결을 영원으로 소급하여 사변적이 되게 하였다. 신학은 성경에 의존해서 해야 하고, 교리는 성경에만 근거해야 한다."

지 구원의 길로는 종결되었다고 주장하였다.121) 율법은 구원받은 신자에게는 삶의 규범으로 존재하고, 영으로 따라 사는 자들에게 율법의 요구는 이루어졌다고 하였다.122) 그리스도 안에 있는 자들에게 결코 정죄함이 없는 것은 "그리스도의 순종 곧 그의 의를 자기들의 것으로 믿고 받아들였기 때문"이다.123) 서철원 교수는 다음과 같이 말했다.

6. 그리스도의 십자가 = 구원의 길로서 율법의 기능 종결: 하나님이 내신 의의 길은, 육신이 연약하여 지킬 수 없는 율법을 아들로 다 지키게 하심으로 이루어졌다(롬 8:1-3; 갈 4:4-5). 그러므로 그리스도를 믿는 자들 곧 그리스도 안에 있는 자들에게는 결코 정죄함이 없다(롬 8:2). 왜냐하면 그리스도의 순종 곧 그의 의를 자기들의 것으로 믿고 받아들였기 때문이다. 왜냐하면 그리스도의 십자가가 죄와 사망의 법에서 백성을 해방하였기 때문이다(롬 8:2). 이제는 율법을 다 지키심으로 그것을 성취하신 예수 그리스도를 믿을 뿐이다. 믿음만이 하나님이 내신 의를 받아들이는 것이다. 즉 믿음은 그리스도께서 이룬 계명들의 성취, 곧 의를 자기의 것으로 삼는 것이기 때문이다. 그러므로 율법의 요구가 미치지 않는다. 그리스도께서 모든 율법을 다 지키셨다. 예수 그리스도가 십자가에서 율법의 저주를 지고 죽으므로(갈 3:13) 율법의 요구가 다 성취되었다. 율법이 요구한 것, 곧 지키지 못하면 받아야 할 형벌을 지고 그 형벌대로 죽었기 때문이다. 그러므로 예수 그리스도는 십자가에서 모든 율법의 요구를 다 이루셨다(요 19:30). 그러므로 더 이상 율법이 백성들에게 그 준수를 요구할 수 없게 되었다. 율법이 성취되었다. 그 준수를 성취 받은 율법은 더 이상 요구할 것이 없어져 버렸다. 십자가 이후에는 구원의 길로서 율법의 기능은 종결되었다. 그리스도는 자기를 믿는 자들에게 의를 주기 위하여 율법의 마침이 되셨다(롬 10:4). 하나님께서 율법을 통하여 요구하신 모든 순종을 그가 다 이루셨기 때문이다. 그러므로 성취된 율법은 더 이상 요구할 것이 없어지게 되어 발언권을 잃고 전적으로 침묵하게 되었다. 유대인들은 물론 바울 당시 유대주의 그리스도인들도 그리스도께서 곧 그의 십자가가 구원의 길로서 율법의 종결이었다는 것을 잘 이해하지 못하였다. 마치 지금 우리 한국 그리스도인들 중 율법으로 구원이 가능한데 그리스도를 믿음으로서 더 쉽게 구원 얻는다고 생각하는 것과 흡사하다고 할 것이다.124)

서철원 교수에 의하면, 그리스도께서는 율법준수의 요구를 다 성취하심으로 의를 이루시고 그 의를 믿음을 수단으로 우리에게 주셨다. 그런 까닭에, 그리스도께서는 율법의 마침이 되셨다. "그리스도께서 이룬 계명들의 성취, 곧 의를 자기의 것으로 삼는 것"을 의의 전가라 한다. 그리스도께서 능동적 순종으로 의를 이루신 것을 우리에게 주시는 것이다. 그런 까닭에, 그 의는 능동적 순종과 수동적 순종을 포함한다.125) 서철원 교수는 IAOC를 분명하

---

121) 서철원, **복음과 율법과의 관계** (서울: 총신대학출판부, 2000), 12.

122) Ibid., 13.

123) Ibid., 47.

124) 서철원, **복음과 율법과의 관계** (서울: 총신대학출판부, 2000), 47-48.

125) 문병호, '그리스도의 의의 전가에 따른 성도의 그리스도와의 연합: 『기독교강요』에 개진된 칼빈의 이해의 고유성,' **개혁논총** 39 (2016): 34-36(27-56); 〈복음은 믿음으로 그리스도의 의를 전가받아 영생을 누리는 복된 소식이므로 "믿음의 말씀"이라고 증거된다(롬 10:8). 믿음은 값없이 은총을 베푸시는 하나님의 언약에 서 있다.

게 말했다. 서철원 교수가 IAOC를 부정하면 그리스도께서 율법의 마침이 되셨다는 것을 전면 부정하는 것이다. 참고로, 피스카토르는 베자의 롬 8:2 주해에 반대하면서 그리스도의 수동적 순종만이 전가된 의라고 주장했으며 능동적 순종을 포함하는 그리스도의 순종 모두가 전가된다는 것을 반대했다.126) 서철원 교수는 다음과 같이 말했다.

> 옛 언약의 율법과 제사 의식은 그리스도께서 다 지키시고 완성하였으므로 그리스도 이후의 그리스도의 백성에게는 구원의 길로, 구원의 방편으로는 아무 세력이 없다.127)

서철원 교수에 의하면, 그리스도께서는 율법과 제사 의식을 다 지켜 완성하셨다. 서철원 교수는 "일치공식"(Formula Conordiae, 1576년)을 말하면서 "2항에서 우리가 죄를 용서받는 것은 순전한 은혜요, 우리 공로가 아니며 그리스도의 순종의 의를 전가한 것이라고 가르치고"라고 말했다. 서철원 교수가 능동적 순종을 부정하면 일치공식을 깨뜨리는 것이다. 서철원 교수는 헬베틱 신앙고백서를 말하며, "율법은 지킬 수 없고, 그리스도가 율법을 다 지켜 그 완성이 되었으니 믿음으로 의와 순종이 전가된다"고 말했다.128)

서철원 교수는 다음과 같이 말했다.

> 하나님의 구원의 길은 오직 사람이 되사 율법의 요구대로 율법을 지키시고 고난당하사 죽으신 그리스도를 믿는 길뿐이다. 구약이 증거하고 신약이 그 성취를 말하는 그리스도가 하나님의 구원이다. 이 길 곧 예수 그리스도를 믿음만이 구원이다. 율법의 준수로가 결코 아니다.129)

이러한 은혜언약에는 조건에 필히 부수하는 약속이 있는 바, 그 약속이 믿음의 "기초(fundamentum)"가 된다. … 믿음은 이러한 약속에 대한 우리 심령의 "견고한 감화(solida persuasio)"로서, 하나님 아버지의 인애와 긍휼과 자비에 대한 약속을 우리 안에 받아들여 새기는 확실성(certitudo)과 확신(fiducia)을 함의한다. 이 약속에 대한 계시와 실체가 이 땅에 오신 아들이다. 아버지는 아들을 주심으로 그를 믿는 자마다 값없이 구원을 받게 하신다. 곧 그리스도가 "믿음이 소유하는 바(quem possidet fides)"이다. 오직 믿음으로 우리는 그리스도 "그 자신뿐만 아니라 그에게 속한 모든 선한 것들의 동참자(non modo suorum omnium bonorum participes faciat, sed sui quoque ipsius)"가 된다. 이는 우리가 죄에 대하여 죽고 그리스도의 영으로 말미암아 그의 "의(iustitia)"에 대하여 살게 되기 때문이다(롬 8:10). 그리스도가 우리 밖에 계실 뿐만 아니라 우리 안에 내주하심으로 우리와 하나가 되어 우리가 그와 한 "몸(corpus)"으로서 한 "연합체(societas)"를 이루는 것은 그가 다 이루신 의로 말미암는다. 그 의는 주님이 이 땅에 오셔서 이루신 모든 당하신 순종(obedientia passiva)과 행하신 순종(obedientia activa)을 포함한다. 곧 그리스도가 우리를 형벌을 대속하심으로써 우리의 죄책을 다 사하셨을 뿐만 아니라 우리를 거룩하게 하시고 우리의 행실을 받으실만한 것으로 삼으셨다. 오직 홀로 그만이 우리를 위한 제물이자 속죄이자 무름이 되었다("solus oblatio, solus expiatio, solus satisfactio")〉

126) 김병훈·박상봉·안상혁·이남규·이승구, **그리스도의 순종과 의의 전가** (수원: 합동신학대학원출판부, 2022), 16.

127) 서철원, **복음과 율법과의 관계** (서울: 총신대학출판부, 2000), 63.

128) Ibid., 79.

129) Ibid., 100.

서철원 교수는 성경과 신앙고백서가 동일하게 그리스도의 율법 성취와 고난당하여 죽으신 것을 우리의 구원이라고 말한다고 강력하게 말했다. 서철원 교수는 바울의 논증에서 "옛 언약의 모든 약속과 증거가 예수 그리스도 안에서 성취가 되고 실현되었다"고 말했다.130) 그리스도의 오심은 존재의 앙양이 아니라 "옛 언약의 종말론적 성취와 해소"였다.131) 서철원 교수가 그리스도의 능동적 순종을 부정하면 "옛 언약의 종말론적 성취와 해소"는 어디로 가야 하는가? 서철원 교수는 결론에서 다음과 같이 말했다.

> 루터의 이 복음 이해에 의하면 율법은 아직도 구원의 길로써 작용한다. 율법이 그 준수를 명하고 준수를 이루지 못할 때 정죄하고 사망을 선포한다. 즉 "너는 율법을 지키라 그리하면 살리라 그러나 지키지 못하면 죽으리라"는 법칙이 타당하다. 율법이 아직도 구원의 길로서 타당하다. 그런데 이 율법을 지키지 못하여 율법의 사망 선고 아래 서는 자들을 복음에로 불러내야 한다.132)

　　서철원 교수는 루터의 복음 이해에 대해 말했다. 루터는 율법이 구원의 길이라고 보았다. 그러나 사람은 율법을 지키지 못하여 사망선고를 받았다. 율법은 그 사망선고를 받은 자를 복음으로 불러낸다.
　　이어서 서철원 교수는 다음과 같이 말했다.

> 즉 그리스도인은 그리스도인이 되기 전에 먼저 유대교도로서 율법 아래 사는 과정을 지낸 다음에 복음에로 불러내어 구원에 이른다. 이것은 바울이 가르친 구원사적-종말론적인 그리스도의 구원사건을 바로 이해하지 못한데서 연유하였다. 그리스도의 강생과 십자가와 부활 이후에는 율법이 구원의 길로서 종결되어 더 이상 이방인에게 구원의 길로서 준수를 요구할 수 없게 되었다. 처음부터 복음의 선포만으로, 그리고 그 복음선포를 듣고 믿어 순종함만이 구원의 길이다. 복음 선포에 율법이 개입하지 않는다. 율법은 단지 구원 얻은 백성에게 생활 규범으로 역사한다. 루터의 이해를 따라 종교개혁 교회가 율법과 상관하되 율법의 사망 선고가 미치지 않는 범위까지는 율법준수가 구원에 필수적인 것으로 생각하게 된 통속적 관념에 이르게 되었다. 이것은 믿음과 율법이 구원의 길이라는 갈라디아 교회의 견해인데, 바울은 믿음과 율법 준수를 구원의 길로 보는 것에 목숨을 걸고 싸웠고, 그럴 경우 그리스도는 헛되이 죽으셨다고 통박하였다(갈 2:21). 믿음에 율법준수가 추가되어야 한다면 하나님의 은혜를 폐한다.133)

---

130) Ibid., 144.
131) Ibid., 145.
132) Ibid., 169.
133) Ibid., 169; "믿음으로 구원에 이른다는 진리를 받으면서도 율법준수를 구원의 방편으로써 당연한 것으로 보는 견해는 종교개혁의 발생 배경에서도 찾을 수 있다. 유대교의 율법준수의 주장에 대항하여 예수 믿음만을 구원의 길이란 진리로 기독교가 발생한 것과 일면 유사성을 갖는다. 유대교와 로마교회가 율법준수 곧 인간의 공로에 의한 구원의 길을 가르친 것에 대하여 종교개혁은 믿음만을 강조하였으나, 종교 개혁교회의 의식(意識) 속에는 율법준수의 당위성이 무의식적으로 침잠하게 되었다고 할 것이다. 특히 어머니 교회라는 로마 교회가 천여 년

서철원 교수는 루터가 그리스도의 구원 사건을 잘못 이해했다면서, "그리스도의 강생과 십자가와 부활 이후에는 율법이 구원의 길로서 종결"되었고, "더 이상 이방인에게 구원의 길로서 준수를 요구할 수 없게 되었다"고 말했다. 그것이 타당하다고 말하기 위해, 갈라디아 교회가 믿음과 율법준수를 구원의 길이라고 말했으나 사도 바울은 그것과 싸웠다고 말했다.

칼빈은 갈 2:19 주석에서 다음과 같이 말했다.

이것이 둘째 대답인데, 이것은 직접적인 것이다. 말하자면 마땅히 율법의 일로 돌려야 할 것을 그리스도에게서 기인한 것처럼 그리스도에게 돌릴 수 없다는 말이다. 그리스도가 율법의 의를 폐기해야 할 필요가 없는 것이다. 왜냐하면, 율법 자체가 율법의 제자들을 죽이고 있기 때문이다. 그가 말하려는 것은, '너희는 가련한 사람을 거짓된 허구로 속이고 저들이 율법에 의하여 살지 않으면 안 되는 것처럼 말하며, 그런 구실을 빙자하여 저들을 율법 아래 가두어 놓은 것이다. 그리고 반면에 너희는 복음이 우리가 율법으로 말미암아 얻은 의를 무(無)로 돌리고 있는 것처럼 말하면서 복음을 미워하도록 선동하고 있다. 그러나 실은 율법을 향하여 죽도록 강조하고 있는 것은 율법 자체인 것이다. 율법은 영원한 멸망으로써 우리를 위협하기 때문에 그로 인해 율법은 우리로 하여금 율법을 신뢰하지 못하게 하고 있다.'[134]

칼빈에 의하면, 갈라디아 교회의 문제는 복음은 이미 율법의 의를 소유하고 있다고 가르치는데, 거짓 선생들의 선동으로 그것을 무(無)로 돌리면서 복음을 미워하고 있는 것이었다. 칼빈은 그리스도가 율법의 의를 폐기하는 것이라고 말하지 않았다. 갈라디아 교회의 문제는 율법을 지켜 얻으려는 것이었다. 그것은 율법주의였다. 갈라디아 교회는 칭의에 대한 성경적인 관점에서 벗어나 있었다.

칼빈은 "바울이 상대한 자들은 그리스도의 은혜를 전적 부인한 자들이 아니고 구원의 절반을 행위에 돌리는 사람들이었다는 것을 우리는 안다"고 말

그 길을 걸어왔기 때문이다. 이신득의 교리는 '믿음과 선행'교리의 부정이라기보다 반동으로 보는 경향을 일으켰다고 할 것이다. 왜냐하면 종교개혁 후에도 로마 교회는 그들의 교리를 수정함 없이 계속해 왔기 때문이다. 또 율법준수를 구원에 당연한 것으로 보게 된 데는 종교심리의 작용도 있다. 너무 과분한 것을 값없이 받을 때 조금이라도 갚아 보상하기 바라는 심리가 율법준수를 의당하게 여기게 하였다고 할 것이다. 이것도 하나님의 은혜를 은혜되지 못하게 하는 인간의 죄성의 발로이다. 구원은 전적으로 은혜 곧 값없이 주신 선물이므로 인간의 공로가 개입할 수 없다. 인간의 공로가 조금이라도 개입하면 하나님의 은혜가 은혜되지 못해 하나님의 은혜의 주권성이 파괴된다. 율법은 결코 구원의 길이 아니고 예수 믿음만이 구원의 길이다. 율법은 구원의 길이 아니고 생활 규범이다. 언약 백성의 율법준수를 구원의 길로 강요하는 것은 기독교를 그 기반에서 허는 행동이요 이것이 기독의 적이요, 이단이다. 그리스도 안에서 나타내신 하나님의 은혜를 은혜되지 못하게 함이요, 그리스도의 죽음을 헛되이 하는 것이다. 율법준수 곧 인간의 공로로는 구원 얻을 수 없기 때문에 예수 그리스도 안에서 값없는 구원을 이루시므로 자기의 은혜를 은혜되게 하셨다."(Ibid., 170-171.)

134) 존 칼빈, **신약성서주석 8** (서울: 성서교재간행사, 1982), 551.

했다.135) 거짓 선생들은 죄인이 의롭게 함을 받기 위해서는 그리스도를 믿는 믿음만이 아니라 율법의 다른 행위들을 지켜야 한다고 말했다. 갈라디아 교회의 거짓 선생들은 '믿음'+'행위'를 가르쳤다. 거짓 선생들은 "그리스도의 복음을 왜곡시키려" 하였으며(갈 1:7), 갈라디아 교인들을 "가로막아서, 진리를 따르지 못하게" 하고(5:7), "할례를 받으라고 강요"했으며(6:12), "날과 달과 계절과 해"와 같은 유대의 절기법을 지키도록 설득했다(4:10).

거짓 선생들이 가르친 것은 바울이 갈라디아 교회들에 전한 그리스도의 복음과는 "다른 복음"이었다(갈 1:6).136) 칼빈은 갈 4:4 주석에서,137) "그리스도께서 우리에게 해방을 주시려고 친히 율법준수의 책임을 지신 것이다"라고 말했다. 매튜 풀은 갈 4:5 주석에서, "그리스도께서는 율법의 저주를 받으셔야 했을 뿐만 아니라 율법의 계명들도 지키셔야 했다는 것을 분명하게 보여준다"고 말했다.138) 사도 바울은 그리스도께서 그렇게 하신 이유로 "우리로 아들의 명분을 얻게 하려 하심이라"고 말했다.

서철원 교수의 주장은 "너는 율법을 지키라 그리하며 살리라 그러나 지키지 못하면 죽으리라"는 법칙이 더 이상 유효하지 않다는 것이다.139) 그 이유는 무엇인가? 서철원 교수는 루터가 그리스도의 구원 사건을 잘못 이해하고 종교개혁이 통속적인 관념을 따른 결과라고 보았다. 서철원 교수는 그리스도께서 "율법을 다 지키심으로" 성취하셨기 때문에 그리스도를 믿으면 그 의를 받아들이기 때문이라고 말했다.140) 그렇다면, 인간에게 율법의 요구, 곧 의를 이루어야 한다는 법이 더 이상 유효하지 않는데, 왜 그리스도께서 율법의 요구를 이루시고 그 의를 우리에게 주셔야만 하는가??? 루터나 칼빈을 비롯한 종교 개혁가들이나 개혁신학은 "이를 행하면 살리라"(레 18:5)가 지금도 유효하다고 믿는다. 그렇기 때문에 그리스도의 능동적 순종교리를 말한다.

---

135) Ibid., 552.

136) 이우경, '바울, 그의 반대자들, 그리고 그들의 박해자들 - 갈라디아서 5:11; 6:12-13을 중심으로,' **신학논단** 101 (2020): 209(209-246).

137) 때가 차매 하나님이 그 아들을 보내사 여자에게서 나게 하시고 율법 아래에 나게 하신 것은 율법 아래에 있는 자들을 속량하시고 우리로 아들의 명분을 얻게 하려 하심이라(갈 4:4-5)

138) 매튜 풀, **청교도 성경주석 18**, 박문재 역 (파주: 크리스챤다이제스트, 2015), 527.

139) 서철원, **복음과 율법과의 관계** (서울: 총신대학출판부, 2000), 168.

140) Ibid., 47; "왜냐하면 그리스도의 십자가가 죄와 사망의 법에서 백성을 해방하엿기 때문이다(롬 8:2). 이제는 율법을 다 지키심으로 그것을 성취하신 예수 그리스도를 믿을 뿐이다. 믿음만이 하나님이 내신 의를 받아들이는 것이다. 즉 믿음은 그리스도께서 이룬 계명들의 성취, 곧 의를 자기의 것으로 삼는 것이기 때문이다. 그러므로 율법의 요구가 미치지 않는다. 그리스도께서 모든 율법을 다 지키셨다. 예수 그리스도가 십자가에서 율법의 저주를 지고 죽음으로(갈 3:13) 율법의 요구가 다 성취되었다."(Ibid., 47-48.)

개혁신학은 다 틀렸고 서철원 교수만 맞는가? 정이철 목사는 "그리스도의 능동순종이란 율법주의 구원론을 기독교 신앙의 진리로 전제하는 이단사상입니다"라고 말했다.[141]

또한, 개혁신학이 능동적 순종을 말한다고 해서, 저 갈라디아 교회의 거짓 선생들처럼 '믿음'+'행위'를 가르치는가? 결코 아니다. 우리가 의로워지기 위해서는 죄의 사면만으로는 안 되고 의를 전가받아야 한다는 것이다. 이 두 가지를 그리스도의 전 생애를 통하여 이루셔서 우리에게 주셨다는 것이다. 능동적 순종을 말한다고 해서 율법주의를 가르치는 것이 아니다.

서철원 교수는 "종교개혁의 의식 속에는 율법준수의 당위성이 무의식적으로 침잠하게 되었다"고 말했으나, 칼빈은 "교황파를 논박하기 위해 바울의 논거를 우리가 채용하는 것은 결코 부당하지 않다"고 말했다.[142] 이것은 종교개혁자들의 무의식에 율법준수의 당위성이 있다고 말하는 서철원 교수의 말이 부당하다는 것을 증명한다.

13) 『그리스도께서 내 안에 계심』(2000년)
서철원 교수는 다음과 같이 말했다.

> 사람은 율법을 지킬 수 없기 때문에 예수 그리스도가 율법의 모든 정죄를 지고 십자가에 죽으셨습니다. 그리하여 율법을 다 성취하셨습니다. 그러므로 다시 율법을 지킬 필요가 없습니다. 율법이 다 성취되었기 때문입니다. 아무도 지킬 수 없는 율법을 주 예수가 다 지켜서 율법의 요구를 충족시켰습니다. 그러므로 율법을 다시 지켜서 구원에 이르는 것이 아닙니다.[143]

---

141) https://www.good-faith.net/news/articleView.html?idxno=2645/ 정이철, '율법주의 이단신앙 버리고 성경적 진리를 붙드시기 바랍니다,'(2022.7.9.); 〈이승구–김재성 교수님께! 그리스도의 능동순종이란 율법주의 구원론을 기독교 신앙의 진리로 전제하는 이단사상입니다. 아시다시피, 율법주의 신앙이란 구원을 위해 율법을 지켜야 한다는 것입니다. 또한 구원의 유지를 위해 율법을 계속 지켜야 한다는 것입니다. 사도 바울이 자기 목숨을 걸고 막았던 바로 그 이단사상입니다. 그리스도를 믿으면서도 율법주의를 버리지 않는 사람들이 많았습니다. 대표적인 성경적 사례는 사도 바울이 개척한 갈라디아 교회에 침투하여 활동했던 이단들입니다. 그들은 그리스도를 믿으면서 동시에 율법을 지켜야 한다고 가르쳤습니다. 사도 바울은 그들을 이렇게 저주했습니다. "하늘로부터 온 천사라도 우리가 너희에게 전한 복음 외에 다른 복음을 전하면 저주를 받을찌어다"(갈 1:9). 그리스도를 믿으면서 율법까지 부지런히 지키면 좋을 것이 아닌가요? 왜 사도 바울은 그것을 막기 위해 몸부림 쳤을까요? 그리스도를 믿으면서 율법을 지켜야 한다는 가르침은 결국 그리스도의 십자가 구속을 허물기 때문입니다. 죄용서, 칭의, 하나님의 자녀됨 등 기독교 신앙의 모든 것이 그리스도의 십자가에서 나옵니다. 그리스도를 믿어야 하고 동시에 율법을 지켜야 정상적이고 온전한 성도의 신앙이라고 가르치는 주의는 결국 기독교를 그리스도가 십자가에서 떠나게 만들어 버립니다. 그리스도의 십자가와 율법을 지키는 신자의 수고의 연합으로 구원이 이루어지는 것으로 진리를 변개합니다. '십자가 only'에서 벗어나면 더 이상 기독교가 아닙니다. 그런 기독교에는 구원의 복음이 없습니다.〉
142) 존 칼빈, **신약성서주석 8** (서울: 성서교재간행사, 1982), 552.
143) 서철원, **그리스도께서 내 안에 계심** (서울: 그리심, 2000), 71.

서철원 교수에 의하면, 아무도 지킬 수 없는 율법준수를 그리스도께서 다 지켜서 구원을 주셨다. 그리스도께서 율법의 요구를 다 충족시켰다는 것은 행위언약이 없으면 소용 없다. 서철원 교수가 IAOC를 부정하면, 하나님께서 정하신 율법의 요구는 사라진다. '율법을 지켜 의에 이르러야 한다'는 하나님의 규범이 사라지면 무율법주의가 된다. 의가 필요 없는 구원이란 성경이 말하는 구원이 아니다. 그럼에도 불구하고, 서철원 교수는 다음과 같이 말했다.

> 그러므로, 첫 언약은 '행위언약'이 아니고 하나님의 백성되기로 한 '약정입니다. 하나님은 첫 사람들과 언약을 맺으심으로 만족하셨습니다. 왜냐하면 하나님의 창조경륜을 이루셨기 때문입니다.144)

서철원 교수에 의하면, 첫 언약은 행위언약이 아니라 하나님의 백성이 되기로 한 약정이다. 이 말은 무슨 뜻인가? 서철원 교수는 언약을 맺고 하나님의 백성이 되어 하나님만 섬기는 의무를 지닌다고 말했다. 같은 책에서, 행위언약을 인정했다가 다시 행위언약을 부정했다. 언약을 맺고 하나님의 백성되어 산다는 것은 얼마나 복된 일인가! 그러나 하나님의 백성된다는 것은 하나님께서 주신 율법에 복종하는 것이다. 율법준수가 없는 언약은 부도수표다.

서철원 교수는 다시 다음과 같이 말했다.

> 율법이 생명의 길이고 구원의 확실한 길이었습니다. 왜냐하면 이 율법은 하나님이 주셨고 이 율법을 생명의 길로 주셨기 때문입니다. … 생명은 율법을 지키는 데 있고, 가나안 땅에서 장구하게 살 수 있는 것도 이 율법을 지키는 것뿐이었습니다. 모든 생명과 땅 위에서 사는 날의 형통도 다 율법에 달렸습니다. 이 율법은 천지를 창조하신 하나님께서 주신 사는 길로 정하셨습니다. … 구원자 하나님이 이 율법을 생명의 길로 확정하였습니다.145)

서철원 교수에 의하면, 율법이 생명의 길이다. 그것을 행위언약이라 한다. 행위언약은 결코 존재의 양양이 아니다. 행위언약은 언약의 주께 대한 존재의 반응이다. 왜 존재가 반응해야 하는가? 언약의 주께로부터 받은 은혜가 너무나 크고 많기 때문이다. 언약은 이미 관계가 존재를 지배한다는 것을 공적으로 선언한 것이다. 인간이 율법을 지키는 것은 언약의 주께 충성하는 것이다. 언약의 주를 위해 사는 것이 속국 왕의 기쁨이며 명예다. 우리 하나님

---

144) Ibid., 169.
145) Ibid., 204.

은 칼 바르트의 '전적인 타자'가 아니시다. 행위언약은 전적인 타자로서는 불가하다. 서철원 교수는 다음과 같이 말했다.

> 주 예수는 십자가에 못 박히기 전에 성만찬을 설립하셨습니다. 그 성만찬은 단지 식사가 아니라 언약으로 세우신 것입니다. 그 언약은 새 언약으로서 처음 아담과 세운 언약을 회복하기 위해서 설립하셨습니다. 첫 언약은 하나님이 아담과 맺어 피조물들을 자기의 백성으로 삼아 하나님만을 섬기며 그의 법도를 지키며 살게 하셨습니다. 그러나 첫 인류가 창조주를 하나님으로 섬기기를 거부하는 반역이 일어남으로 인류가 범죄하게 되고 저주가 임하여 영원한 죽음에 처하게 되었습니다. 그래도 하나님은 반역한 인류를 다시 돌이켜 자기의 백성으로 삼고 그들 가운데 거하시며 그들의 찬송과 섬김을 받으시기를 바라셨습니다. 그러나 백성을 삼는 일에는 창조주라도 그냥 명령하신 것이 아니고 언약을 맺어 백성으로서 하나님을 섬기도록 하셨으니 첫 언약을 회복하셔야 했습니다. 첫 언약을 회복하심으로 처음 창조에서 뜻하셨던 자기의 백성을 만드는 일을 하셔야 했습니다. 즉 첫 언약을 다시 회복하는 일이 먼저 이루어져야 했습니다. 이 백성의 회복을 위해, 언약을 성취하기 위해, 하나님이 사람의 자리에 오사 사람이 지켜야 할 언약의 법을 지키시기로 하셨습니다. 그러기 위해 하나님은 사람이 되사 그 법을 지키는 길을 택하셨습니다. 하나님이 예수 그리스도가 되어 오셨습니다. 그리고 언약의 법과 모세의 율법의 모든 계명들을 다 지키셨습니다. 그리고 하나님의 법이 요구한 대로 죗값은 사망이요 계명을 범하면 정녕 죽게 작정하셨으므로 그 법대로 죽으심으로 구원을 이루어 반역한 인류를 회복하여 다시 자기의 백성으로 삼기로 하셨습니다.[146]

서철원 교수에 의하면, 그리스도께서는 첫 사람 아담과 맺은 언약의 법을 성취하셔서 자기 백성으로 만드셨다. 서철원 교수는 행위언약은 아니라고 말하면서도 행위언약이 말하는 내용은 그대로 말했다. 왜 꼭 이렇게 말해야만 하는가? 그리스도의 구속이 언약의 성취가 아니면 구속자로서의 의미가 없기 때문이다. 그 구속자가 존재의 앙양이 아니라 죄인을 하나님의 백성으로 삼는 것으로만 사역을 하셔야 하기 때문에 행위언약을 부정하면서도 행위언약의 방식과 내용을 외면할 수 없다. 서철원 교수는 '행위언약이지만 존재의 앙양이 아니다'라고 말했더라면 문제가 발생하지 않았다. 의가 요구되지 않는 언약이야말로 존재의 앙양으로 간다. 그것이 수양론이다.

14) 『창세기 1』(2001년)
서철원 교수는 다음과 같이 말했다.

> 10. 하나님의 계명을 순종하면 생명을 얻는다: 하나님을 섬기는 것은 바로 하나님의 계명을 지키는 것이다. 하나님의 계명을 지켜 하나님을 섬기면 하나님이 그에게 생명을 주사 영원히 살게 하신다. 하나님이 사람에게 주시기로 한 영생은 하나님의 백성으로서 하나님을 섬긴 것에

---

146) Ibid., 482-483.

대한 보상이다. 하나님을 섬긴 자들만이 하나님의 생명을 얻고 따라서 영생에 이른다. 사람이 얻을 영생은 하나님 섬김에 대한 보상이다.[147]

서철원 교수에 의하면, "하나님의 계명을 순종하며 생명을 얻는다", 영생은 하나님의 계명을 지키고 하나님을 섬김에 대한 보상이다. 서철원 교수가 '하나님을 섬김'이라고 말하는 이유는 바르트의 존재 양양에 반대하여 인간을 위한 하나님이 아니라는 것을 강조하기 위함이다.

15) 『인간, 하나님의 형상』(2007년)

서철원 교수는 『인간, 하나님의 형상』에서 더욱 확실하게 행위언약을 반대했다. 서철원 교수가 행위언약을 반대하는 이유는 개혁신학이 말하는 아담 인간론에 반대하기 때문이다. 서철원 교수는 다음과 같이 말했다.

> 개혁신학은 언약 사상을 갖는다. 언약사상은 행위언약과 은혜언약으로 표현되었다. 하나님은 불완전하게 인간을 창조하시고 영생과 완전에 도달하도록 하기 위하여 인간과 언약을 체결하셨다. 이 체결로 아담에게 의무를 지우고 그 의무와 계명을 준수하여 자격을 갖추면 영생에 이르도록 하신다는 것이 행위언약이다. 사람이 하나님의 계명을 지켜 자격을 갖추면 영생에 이르도록 하신다는 것은 전혀 하나님의 창조경륜에 맞지 않다.[148]

서철원 교수에 의하면, 개혁신학은 아담을 불완전한 상태의 존재로 보며, 하나님께서는 아담이 영생과 완전에 도달하도록 행위언약을 체결했다. 서철원 교수만이 아니라 개혁신학도 존재론과 언약론은 직결되어 있다.

서철원 교수는 아담의 원시상태에 대해 다음과 같이 말했다.

> 1.7.3. 적극적 의와 선과 거룩의 상태로 창조되었다
> 아담의 원시상태는 소극적인 상태도 아니고 미숙한 상태도 아니었다. 적극적인 의와 선과 거룩의 상태로 창조되었다. 그러므로 아담의 처음 상태는 불완전함에서 완전에로 나아가는 중간상태로 창조된 것이 아니다. 그의 삶은 하나님의 뜻에 완전히 일치하였고 하나님의 법대로만 살았으므로 완전한 의의 상태로 살았다. 아직 미숙하고 어린아이와 같은 상태가 아니었다. 그의 판단력도 완전하여 하나님의 뜻에 따라서 하고 하나님의 정하신 법의 표준에 맞게 결정하였다. 즉 적극적인 의의 상태로 창조되었다. 즉 자라서 연습을 통하여 바로 결정하고 하나님의 뜻에 맞게 살 수 있게 된 것이 아니다. 처음의 판단과 결정도 완전하고 흠잡을 수 없었다.[149]

서철원 교수에 의하면, 첫 사람 아담은 완전한 의의 상태로 창조되었다. 아

---

147) 서철원, **창세기1** (서울: 그리심, 2001), 112.
148) 서철원, **인간, 하나님의 형상** (서울: 총신대학교출판부, 2007), 31-32.
149) Ibid., 99-100.

담은 불완전함에서 완전으로 나아가야 하는 중간상태가 아니었다. 서철원 교수가 말하는 완전이란 영생이다.[150] 서철원 교수는 행위언약을 말하는 바빙크를 맹렬히 비판했으며, "언약개념을 잘못 설정했기 때문에 생긴 오류이다"라고 말했다.[151]

서철원 교수는 아담의 판단력이 "완전하여 하나님의 뜻에 따라서 하고 하나님의 정하신 법의 표준에 맞게 결정하였다"고 말했으나, "그런데 하나님의 백성으로서 하나님을 섬기는 것을 거부하기로 하였다"고 말했다.[152] 이렇게 말하면 어느 장단에 춤을 추어야 하는가? 서철원 교수는 "행위언약은 잘못 설정된 언약개념이다"라고 말했으나,[153] 영생을 소유한 아담의 판단력이 저렇게 오락가락하면 누가 잘못하고 있는 것인가?

서철원 교수는 다음과 같이 말했다.

> 3.1.6. 행위언약의 본성: 행위언약은 하나님이 처음 사람을 창조하신 후 체결한 언약인데, 창조주이신 하나님이 합리적인 존재인 사람과 한 약정을 맺었다. 이 언약은 계명을 주어 이 계명을 성취하면 영생에 이르도록 하신 약정이라고 한다. 즉 하나님이 사람을 자기의 형상으로 만들므로 서로 교제할 수 있는 존재로 만들고 하나님의 계명을 지켜 성취하면 그 행위의 공로로 영생을 얻게 하신다는 것이다. 그러면 처음 하나님이 인간을 영생하도록 창조하신 것이 아니게 된다. 영생에 이르도록 완전해지는 것은 사람이 자기 손으로 이루도록 만드셨다는 것이 된다. 그러면 처음부터 사람은 타락 가능성을 가지고 만들어져서 범죄하는 것은 정해진 일이 된다. 그러므로 이 행위언약을 체결하도록 된 데는 하나님이 처음부터 인간을 불완전하고 잠정적으로 만드셨다는 것이 된다. 바빙크가 이런 주장을 잘 전개한다. 즉 하나님은 인간을 임시적이고 잠정적이고 파편적으로 창조하신 후, 영생을 주어 완성에 이르게 하셨다. 이것이 바빙크의 전개이다. 그러면 영생은 하나님의 은혜로 받는 것이 아니라 계명 순종이라는 조건 이행으로 획득해야 할 것이다.

서철원 교수에 의하면, 행위언약은 인간의 공로로 영생을 얻는 것이다. 또한, 서철원 교수는 율법준수로 영생을 얻는 것은 아담이 영생을 소유한 존재라는 것을 인정하지 않는 것이라고 말했다. 언약은 언약의 주께 충성을 요구한다. 왜 충성을 요구하는가? 언약의 주가 구원하고 보호해 주기 때문이다. 언약 시혜자는 언약 수혜자가 언약을 지키는 것을 기뻐하고 인정해 준다. 언약을 지키는 것이 언약 당사자의 의가 된다. 언약에 충성하면 우리는 담대함을 얻는다.[154]

---

150) Ibid., 204; "그러면 처음 하나님이 인간을 영생하도록 창조하신 것이 아니게 된다."
151) Ibid., 232-233.
152) Ibid., 264.
153) Ibid., 204.
154) 사랑하는 자들아 만일 우리 마음이 우리를 책망할 것이 없으면 하나님 앞에서 담대함을 얻고(요일 3:21)

서철원 교수와 같은 이런 오류에 대하여 빌헬무스 아 브라켈(Wilhelmus à Brakel, 1635-1711)은 다음과 같이 말했다.

> 행위언약을 부인하거나 오해하는 이들은 그리스도가 자신의 능동적 순종으로 말미암아 택자들을 위해 영생의 권리를 얻어내셨다는 사실을 거리낌 없이 거부할 것이다. 은혜 언약을 오해해서 행위언약을 부정하는 여러 무리에게서도 동일한 모습을 볼 수 있다. 역으로 행위언약을 부인하는 사람은 누구든지 그 사람의 은혜 언약 이해에 오류가 있으리라 의심받아 마땅하다.[155]

브라켈에 의하면, 행위언약을 부인하거나 오해하는 이들은 그리스도께서 능동적 순종으로 택자들을 위해 영생의 권리를 얻어내셨다는 것을 거부한다. 이런 오해가 발생하는 이유는 서철원 교수처럼 공로 사상에 대한 거부감이 너무 강력하여 그리스도의 율법준수로 얻은 공로마저도 무효화해 버리기 때문이다. 그러나 율법을 성취함으로 얻은 의는 영생을 얻는 권리가 된다. 브라켈은 그리스도께서 능동적 순종을 통해 자기 백성을 대신하여 율법을 성취하심으로 영생을 얻을 수 있도록 권리를 이루셨다고 말했다.[156]

서철원 교수에 의하면, 개혁신학의 행위언약으로 가면, 아담은 "타락 가능성을 가지고 만들어져서 범죄하는 것은 정해진 일이 된다." 그러면, 서철원 교수는 아담이 영생과 완전한 상태로 만들어졌다고 말하는데, 왜 범죄하고 타락했는가? 아담의 타락에 대해 서철원 교수는 무엇이라고 말하는가?

서철원 교수는 다음과 같이 말했다.

그를 향하여 우리의 가진 바 담대한 것이 이것이니 그의 뜻대로 무엇을 구하면 들으심이라(요일 5:14)

155) Wilhelmus a Brakel, *The Christians Reasonable Service*, 1:355; https://lewisnoh.tistory.com/entry/행위언약의-오류는-은혜-언약의-오류다에서 재인용. accessed 2022.6.7.

156) 빌헬무스 아 브라켈, **그리스도인의 합당한 예배1**, 김효남·서명수·장호준 역 (서울: 지평서원, 2019), 1060-1061; "지금까지 우리는 그리스도의 낮아지심의 첫 번째 측면에 대해 논의했습니다. 그것은 주 예수 그리스도께서 고난을 당하신 것인데, 그분은 이를 통해 택자들의 죄를 위한 만족을 이루셨습니다. 그분의 낮아지심의 두 번째 측면은, 자신을 율법 아래 복종시키신 것입니다. 이는 다음과 같은 질문을 불러일으킵니다. 그리스도의 능동적이고도 실제적인 순종, 곧 그분이 율법에 복종하고 그 율법을 완전히 성취하신 것이 택자들에게 전가되어 그들을 칭의와 성화에 이르게 하는가? 우리는 이에 대해 긍정적으로 대답합니다. 그분이 중보자가 되시기 위해서는 자신을 율법 아래 복종시키고 그 율법을 성취하시는 그리스도의 능동적인 순종이 반드시 요구됩니다(이 모든 것이 그리스도에게 해당되는 사항입니다). 뿐만 아니라 그리스도께 속한 이 능동적 의는 자신의 백성들을 위한 만족의 일부입니다. 그리스도는 자신의 수난을 통하여 백성들을 형벌에서 구원하셨듯이, 능동적인 순종을 통해 그들을 대신하여 율법을 성취하심으로써 그들로 영원한 생명을 얻을 수 있도록 하는 권리를 이루셨습니다. 이 두 측면은 그리스도 안에서 하나이며 서로 분리되지 않고, 분리될 수도 없습니다. 다시 말해, 그리스도는 속죄를 통해 구원을 획득하셨고, 그 공로로 말미암아 속량을 이루셨습니다. 이처럼 택자는 죄책과 형벌에서 구원받는 가운데 영원한 생명에 대한 권리를 얻으며, 또한 그 권리를 얻을 때 죄책과 형벌에서 구원을 받습니다. 그러나 그리스도의 낮아지심에 속한 이 두 측면, 곧 죄와 형벌에 대한 속죄와 영원한 생명의 자격을 갖추는 것은 본질상 서로 다릅니다. 택자의 유익을 위하여 그리스도의 능동적인 순종과 수동적인 순종은 모두 필요합니다."

5.8.7. 인류의 반역이 하나님의 경륜과 무관하게 일어났다고 할 수 없지만 규명은 하지 못한다. 인류의 반역을 하나님의 경륜과 연결하는 것도 불가능하다. 그러나 하나님의 경륜과 무관하게 발생했다고도 말할 수 없다. 즉 백성의 반역과 하나님의 작정을 연결하여 설명하는 것은 불가능하다. 계속하여 이 길을 추적하고 해명하려는 것은 사변에 이르고 출구가 없는 미로에 도달한다. 우리의 머리로는 해명할 수 없다. 더구나 인류의 반역과 하나님의 경륜을 연결하는 암시나 현시가 없다. 죄를 그렇게도 미워하시는 하나님이시다. 이 하나님의 경륜에 인류의 범죄를 하나님의 작정으로 넣는 것은 도저히 허용되지 못한다.[157]

서철원 교수에 의하면, 아담의 반역을 하나님의 경륜과 연결하는 것은 불가능하다. 서철원 교수는 아담의 반역을 "우리의 머리로는 해명할 수 없다"고 말했다. 인간의 머리로 해명이 안 되는 것이 하나님의 경륜이다! 서철원 교수는 근대철학과 매개신학을 반대하면서도 지금 아담의 반역을 하나님의 경륜으로 연결할 수 없다고 말함으로써 근대철학과 매개신학의 전철을 그대로 밟고 있다.

서철원 교수는 다음과 같이 말했다.

1.7.7. 아담은 그의 신형상의 완성에는 도달하지 못하였다. 아담은 완전하게 창조되었다. 그는 의와 거룩과 선으로 창조되었다. 그러나 아담은 선과 악을 선택할 자유를 가졌다. 선에만 머무르는 것이 아니라 악에로 나아갈 수 있었고 그렇게 선택할 수 있었다. 그는 하나님의 말씀에만 매이는 데서 하나님의 법을 어기고 범할 수 있는 자유를 가졌다. 그러므로 범죄의 가능성이 배제되지 못하였다. 즉 아담은 그 순정성의 상태에서는 불변성의 은사가 아직 주어지지 못하였다.[158]

서철원 교수에 의하면, 인간은 완전하게 창조되었으며 의와 거룩과 선으로 창조되었다. 그러나 불변성이 없다!!! 그러면, 서철원 교수가 말하는 영생은 어느 나라 영생인가??? 서철원 교수의 시니피앙(signifiant)과 시니피에(signifié)는 무엇인가?

서철원 교수는 개혁신학의 인간론과 언약론이 칼 바르트의 '존재의 앙양'으로 직행한다고 여기기 때문에 반대한다. 서철원 교수는 다음과 같이 말했다.

제6절 발트의 언약사상: 발트는 개혁신학의 언약사상을 잘 소화하여 자기의 신학의 전제로 삼았다. 특히 행위언약과 19세기 앙양신학을 잘 조화하여 인간의 앙양을 자기 신학의 목표로 삼

---

157) 서철원, **인간, 하나님의 형상** (서울: 총신대학교출판부, 2007), 324.
158) Ibid., 102.

았다. 즉 인간의 앙양은 하나님의 존재에 동참을 말한다. 인간이 하나님의 존재에 동참하여 피조물의 한계선을 벗어난다. 그러면 직접적으로 그렇게 진술하지는 않았지만 사람이 신이 되는 것이 발트신학의 목표라고 할 수 있지 않겠는가? 발트는 언약개념을 전통적인 개념보다는 하나님과의 교제로 바꾼다. 이 교제 후에 하나님은 사람에게 하나님의 존재에의 동참을 허락하기로 하셨다. 그는 사람이 하나님의 존재에 동참하는 것을 구원 혹은 화해라고 한다.159)

서철원 교수에 의하면, 바르트는 "행위언약과 19세기 앙양신학을 잘 조화하여 인간의 앙양을 자기 신학의 목표로 삼았다." 이 진술은 매우 중요하다! 서철원 교수는 바르트의 이런 언약사상을 너무 과도하게 우려하고 반대하면서 개혁신학의 언약사상을 바르트의 언약사상이라도 되는 것처럼 오해하고 파괴했다. 서철원 교수는 하나님의 존재 동참은 안 된다면서 "하나님은 자기 형상으로 지음받은 존재와 교제하기를 원하셨다"고 말했다. 바빙크가 말하면 비성경적이고 서철원 교수 자신이 말하면 성경적인가? 우리가 분명히 알아야 할 것은 개혁신학의 언약사상에는 "19세기 앙양신학"이 없다는 것이다!! 없는 것을 있는 것처럼 부풀려서 개혁신학의 언약사상을 무너뜨리는 것은 잘못된 것이다.

16) 『교리사』(2018년)

서철원 교수는 "율법과 제사 제도는 구원 얻는 방식이 하나님의 법을 지킴으로이지만 율법을 지킬 수 없다는 것을 판명하였다"고 말했다.160) 이로써 서철원 교수는 율법준수가 구원 얻는 방식이라는 것을 분명하게 말했다.

서철원 교수는 다음과 같이 말했다.

> 이신칭의: 신약의 중심교리 삼음: 이처럼 이신득의가 신약의 중심이다. 유대교에는 전혀 새로운 것이나, 구약에서 이미 예언된 것이 이제 실현되었다고 합 2:4을 인용하여 신약의 믿음에 의해 구원에 이른다는 신약의 교리를 확립하였다.161)

서철원 교수에 의하면, 신약의 중심은 '이신득의'다. 이신득의는 칭의론이다. 칭의론은 존재의 변화를 말한다. 서철원 교수는 회복이라 말하는데, "이 회복은 율법준수로 이루어진다는 유대교의 확신과 달리 믿음에서 원상에로의 회복이 주어진다"고 말했다.162) 그리고, "예수 그리스도의 구원은 예수

---

159) Ibid., 233.
160) 서철원, 교리사 (서울: 총신대학교출판부, 2003), 42.
161) Ibid., 76.
162) Ibid., 77-78.

그리스도의 피로 죄가 제거되므로 영생에 이른다. 죄가 용서되고 제거되었으므로 예수 그리스도는 평안을 주셨다(요 14:27)"고 말했다.[163]

3. 후기저술

서철원 교수의 신학은 『서철원 박사 교의신학』 시리즈로 집약되어 출판되었다. 소위 후기 신학 저술로 시작되는 『서철원 박사 교의신학』 시리즈에는 'IAOC와 관련하여 어떻게 말했는가?'를 살펴보자.

1) 『신학서론』(2018년)

서철원 교수는 '믿음으로 신학함'을 말한다. 이것은 인간의 이성으로 탐구하는 신학이 아니라 믿음으로 계시 의존으로 하나님을 아는 지식을 얻는 것이다. 서철원 교수는 "신학은 전적으로 믿음으로 한다"고 말했으며,[164] 근세철학과 현대신학을 비판했다.[165] 그러면 개혁신학은 무엇인가? 서철원 교수는 다음과 같이 말했다.

> 종교개혁은 모든 믿음의 내용들을 성경에 근거시켰다. 따라서 개혁신학은 성경을 신학함의 원리와 근거로 삼는다. 성경은 하나님의 입에서 나온 말씀이므로 성경의 권위를 신적 권위로 받는다. 신학 함을 성경의 가르침에 따라서 하고 믿음의 내용도 다 성경에서 도출하고 성경대로 구성한다. 그리하여 성경을 신학의 원천과 원리로 고수한다. 언제나 하나님의 말씀에 매이는 것을 바른 신학함의 원리로 삼는다. 개혁신학은 하나님의 주권을 강조한다. 하나님은 창조주이시므로 모든 일을 자기의 작정대로 이루셨다. 그리고 자기의 경륜대로 구원을 이루신다. 다른 신학체계들이 별로 관심하지 않는 예정 교리를 합당한 교리로 받는다. 예정 교리는 실은 은혜의 주권성의 다른 표현일 뿐이다. 예정 교리는 주 예수의 복음을 믿어 구원되도록 작정하심으로 이해해야 하고, 예정된 자들은 예정됨만으로 구원 얻는다는 가르침이 아니다. 개혁신학은 다른 신학체계가 전혀 고려하지 않는 언약사상을 중요한 교리로 삼는다. 하나님은 구원협약 때 삼위 간에 협약하셨다 하나님은 창조 시에 언약을 체결하셨는데, 언약은 사람을 하나님의 백성으로 삼으시는 약정이다. 따라서 언약 교리를 개혁신학의 기본으로 삼는다. 언약은 행위언약과 은혜언약으로 이해할 것이 아니라 하나님의 백성 됨의 약정으로 이해해야 한다. 이것이 바른 성경적 진리이다.[166]

서철원 교수에 의하면, 개혁신학은 하나님의 주권을 강조하며 언약사상을 중요한 교리로 삼는다. 문제는 서철원 교수가 이 언약을 "하나님의 백성으로 삼으시는 약정이다"라고 말하며, 행위언약과 은혜언약 구도로 보는 것을 부

---

163) Ibid., 83.
164) 서철원, 서철원 박사의 교의신학1 신학서론 (서울: 쿰란출판사, 2018), 39.
165) Ibid., 42-47.
166) Ibid., 30.

정했다는 것이다. 앞서 말했듯이, 서철원 교수의 이런 진술은 칼 바르트를 비롯한 매개신학에 대한 반작용이 반영된 것이다. 언약을 "하나님의 백성 됨의 약정"으로 말하는 것은 타락 전 아담을 완전한 의의 상태, 곧 영생을 받은 존재라고 전제하는 것과 맞물려 있다. 서철원 교수는 "영생을 위해서 언약을 체결했다는 것은 처음 창조가 불완전하여 보충이 필요하였음을 말한다"고 말했다.167)

이와 같은 서철원 교수의 주장에 의하면, 아담은 이미 영생을 얻은 존재이고 언약은 하나님을 섬기는 것을 의무로 받은 약정이었다. 서철원 교수는 『인간론』(2018)에서 인간은 "완전한 의의 상태였다"고 말했으나, 그것을 증거 하는 성경 구절은 하나도 없다!!! 서철원 교수의 인간론이 무너지면 모든 것이 끝난다. 서철원 교수는 『신학서론』에서 "신학의 바른 방법은 성경을 하나님의 말씀으로 믿고 거기서 신지식을 구하는 방식인 믿음으로 신학하는 방식이다"라고 말했다.168) 그러나 인간이 영생을 얻은 의의 상태로 창조되었다는 주장을 뒷받침하는 성경은 하나도 없다. 다른 학자들의 각주도 전혀 없다. 우리는 무엇을 믿고 서철원 교수의 주장을 받아들일 수 있는가?

서철원 교수는 다음과 같이 말했다.

> 그리스도가 율법을 성취하셨다는 것은 율법을 다 지켜서 의를 얻어 우리에게 전가하셨다는 것이 아니다. 사람이 범하였으므로 율법은 죗값을 갚으라는 요구를 한 것이다. 그리스도께서 피 흘려 죗값을 갚으시므로 율법의 요구를 다 성취하셨다. 이로써 그리스도는 율법을 완수하셨다. 계명을 범한 죗값을 갚으라는 요구를 피로 갚으셨으므로 율법의 요구를 다 성취하셨다. 그리고 그 피로써 이루신 죄용서 곧 의를 우리에게 선사하셨다. 우리는 죄 용서 곧 의를 믿음으로 받았다. 따라서 율법준수의 요구가 믿는 자에게서 다 성취되었다. 율법이 계명을 범한 죗값을 다 받았으므로 주 예수를 믿는 자에게 요구할 것이 더 이상 없게 되었다. 율법은 완전히 성취되었다.169)

서철원 교수에 의하면, 그리스도의 율법 성취는 범죄에 대한 죗값을 그리스도께서 그 피로 갚으신 것이다. 그리스도의 율법 성취가 이런 뜻인가?

김병훈 교수는 다음과 같이 말했다.

> 능동적 순종에 의한 의의 전가를 주장하는 자는 전가의 의를 두 가지 측면에서 설명한다. 하나는 죄 사함이다. 곧 그리스도께서 그의 수동적 순종을 통해 죗값을 치르시어 죄책이 없다는 (insontes) 선언을 얻게 되는 의미에서의 의이다. 다른 하나는 그리스도께서 우리를 대신하여

---

167) 서철원, **서철원 박사의 교의신학3 인간론** (서울: 쿰란출판사, 2018), 171.
168) 서철원, **서철원 박사의 교의신학1 신학서론** (서울: 쿰란출판사, 2018), 20.
169) Ibid., 201-202.

율법을 성취하신 능동적 순종에 의한 의로써 의롭다는(iusti) 선언을 얻게 되는 의미에서의 의이다. 전자는 범법으로 인한 죄책을 면케 하는 소극적 측면인 반면에, 후자는 의로운 행위를 통해 주어지는 적극적인 측면이다.[170]

　　김병훈 교수에 의하면, 의의 전가란 두 가지 측면이며 죄 사함과 의롭게 되는 선언이다. 전자는 그리스도께서 십자가에 피 흘려 죽으심으로 우리의 죗값을 치르시는 것이며, 후자는 그리스도께서 우리를 대신하여 율법을 성취하셔서 의를 이루시는 것이다. 왜 이렇게 말해야 하는가? 우리 존재가 무죄가 되는 것만이 아니라 의로워져야 하기 때문이다. 죄의 사면만으로 만족되는 것이 아니라 죄인이 의로운 존재가 되어야 하기 때문이다. 청교도는 전자를 수동적 순종으로 후자를 능동적 순종으로 말했으나 분리하지 않았다.
　　신호섭 교수는 칼빈의 『기독교강요』 2.16.5.를 인용하여 "틀림없이 죽은 그 자체에서도 그리스도의 능동적 순종은 매우 중요한 요소이다"라고 번역했으나, "그리스도의 능동적 순종"이라고 번역한 것은 과한 해석이라고 생각된다.[171] 문병호 교수는 "과연 죽음 자체에서도 그의 자발적인 순종은 첫 번째 자리를 차지한다"라고 번역했다.[172] 서철원 교수가 수동적 순종만 강조하는 이유는 행위언약과 능동적 순종이 바르트 신학이 말하는 '존재의 양양'으로 가기 때문이다.

2) 『하나님론』(2018년)

서철원 교수는 다음과 같이 말했다.

3.2.6. 하나님의 의(iustitia Dei): 하나님의 의는 하나님이 자기의 본성의 법대로 일하심이다. 하나님은 자기가 자기에게 법이 되므로 그의 본성이 바로 의이다. 그러므로 자기 자신을 부인하실 수 없고 자기 완전성의 법칙에 일치해서 일하신다. 그래서 자기 법에 규정하는 것을 원하시고 승인하시며 실제로 이루신다 이 법질서에 어긋나는 것을 원하지 않으실 뿐 아니라 미워하신다. 하나님이 자기 본성대로 일하심이 의이고 곧 신실함이다. 의는 하나님의 거룩의 다른 면이다. 의와 신실성이 거룩에 속한다. 하나님의 의는 모든 피조물로 하여금 처음 주신 그 존재대로 있게 하시는 그의 덕이다. 하나님은 모든 피조물을 지으시고 본성과 법칙을 부여하시고 그대로 있게 하셨다 하나님은 자기의 본성의 법에 맞게 일하시므로 항상 공의가 만족되는 방식으로 일하신다. 곧 죄는 벌하시고 죄과는 속량되게 하신다. 하나님은 사람과 언약을 체결하셔서 일하신다. 그런데 사람이 언약을 파기하므로 죄인은 하나님 앞에 설 수 없게 되었다. 죄인은 그 존재가 인정받지 못하게 되므로 멸망에 이르게 되고, 사람은 하나님의 법을 보상할 길이 없게

---

170) http://repress.kr/25029/ 김병훈, '[특별기고] 그리스도의 순종과 의의 전가_김병훈 교수,'(2021.5.20.)
171) 신호섭, **개혁주의 전가교리** (서울: 지평서원, 2016), 182.
172) 존 칼빈, **기독교강요2**, 문병호 역 (서울: 생명의말씀사, 2020), 464; **기독교강요** 2.16.5.

되었다. 그러나 하나님은 죄에도 불구하고 죄인이 다시 하나님 앞에 설 수 있도록 은혜를 베푸셨다. 인간 당사자의 반역에도 불구하고 언약을 지켜내심으로 마침내 구원에 이르게 하신다. 하나님 자신이 죗값을 지불하시면서 구원을 이루어내신다. 하나님이 사람이 되어 오셔서 우리가 이루어야 할 순종의 요구를 대신 이루시어 그 본성에서 죄가 속량되게 하셨다. 죄의 대가를 자기의 법대로 하나님 자신이 갚으심으로 공의가 만족되게 하셨다. 하나님이 자기 본성과 약속에 부착하시면서 의를 이루셨다. 이렇게 이룩하신 의를 우리에게 전가하시어 우리를 의롭다고 하신다. 이것이 바로 칭의 곧 의롭다 하심이다. 죄인이 의롭다 함을 얻으므로 하나님 앞에 다시 설 수 있는 권리를 허락받았다. 이 권리 허락으로 영생에 이르게 하셨다 이것이 바로 하나님의 의이고 은혜이다. 하나님은 사랑이시지만 공의를 빼놓고는 사랑을 생각할 수 없다. 하나님이 공의로우시기 때문에 사랑이 가능하다. 하나님은 자기 본성의 법대로 일하시기 때문에 공의를 만족시키는 방식으로 속죄하신다. 곧 죄과(罪過)를 하나님 자신이 갚으시면서 인류를 구원해내신다.[173]

서철원 교수에 의하면, 하나님께서는 의로우시며 그 의로운 본성대로 공의가 만족되는 방식으로 일하신다. 그런데, 서철원 교수는 "죄는 벌하시고 죄과는 속량되게 하신다"고 말하면서 죄에 대한 벌과 속량만 말하고 율법준수를 통해 공의가 세워지는 것에 대해서는 말하지 않았다. 공의는 반드시 언약의 율법을 순종함으로 주어진다. 서철원 교수는 범죄에 대한 속량만 말하고 인간이 수행해야 할 율법의 순종을 말하지 않았다.

서철원 교수는 "칸트의 인식론이 철저하게 발트의 신학을 지배하고 있다"고 말했다.[174] 바르트에게 "하나님의 존재는 행동이고 사건이다"[175] 행동 배후에 존재하는 하나님을 붙잡을 수 있는 계기가 없다. 하나님은 전적인 타자이시기 때문이다. 서철원 교수가 지금 무슨 이야기를 하는가? 바르트에게 하나님은 사건이고 행동이다. 주체와 행동의 구분이 없고 일치한다. 그러면 바르트에게 공의가 있는가? 바르트는 교환설에서 사법적, 법정적 공의 만족 요소를 약화시켰다. 서철원 교수는 "바르트에게 예수 그리스도는 죄를 철저히 회개한 죄인"이라고 말했다.[176] 바르트는 예수 그리스도 안에서의 화해를 말했다. 바르트도 하나님의 심판을 말하나 그 심판은 인간의 고양을 겨냥한다. 바르트의 심판은 인간의 앙양과 신인합일의 열심이다. 서철원 교수가 진정으로 바르트를 매개 신학자라고 비판하며 행위언약과 IAOC가 바르트로 함몰된다고 말하려면 하나님의 의에 대해서 분명하게 말해야 한다.

173) 서철원, **서철원 박사의 교의신학2 하나님론** (서울: 쿰란출판사, 2018), 71–72.
174) Ibid., 182.
175) Ibid., 181.
176) Ibid., 189.

3) 『인간론』(2018년)

서철원 교수는 다음과 같이 말했다.

> 인간론은 하나님이 자기의 창조 경륜을 이루시기 위해 사람을 하나님의 형상으로 창조하시고 남자와 여자로 지으셔서 언약을 체결하여 창조주만을 하나님으로 섬기는 언약 백성으로 삼으신 것과 반역한 백성을 그리스도의 피로 다시 돌이키시는 사역의 준비과정을 다루는 신학이다.
> 1.2. 창조 경륜 : 하나님은 창조 경륜을 이루시기 위하여 우주 만물을 창조하셨다. 창조 경륜은 하나님이 자기의 백성을 가지시고 그 백성 가운데 거하시며 찬양과 경배를 받으시는 것이다. 이 목적을 위하여 창조주는 사람을 하나님의 형상으로 지으시고 남자와 여자로 지으셔서 백성이 되게 하셨다.177)

서철원 교수는 하나님께서는 창조경륜의 의지를 가지고 아담과 언약을 체결하시고 인간이 하나님을 섬기는 책임을 가지고 의존하여 살도록 "생활의 규범"을 주셨다고 말했다.178) 규범은 의를 요구한다. 규범은 존재의 합당한 반응이다. 규범은 존재의 본성을 나타낸 것이다. 언약의 규범으로 율법을 주신 것은 율법준수로 의를 이루어 하나님의 존재와 본성에 일치된 삶을 살아서 하나님의 영광을 나타내도록 하신 것이다.

서철원 교수는 다음과 같이 말했다.

> 성경 전체의 제시에 의하면 하나님은 창조경륜에서 자기의 백성을 가지실 것을 작정하셨다 이 작정에 의해 자기의 백성을 가지시려고 아담과 언약을 체결하셨다. 백성은 창조주를 자기의 하나님으로 섬기는 책임을 갖는다. 이 책임이 언약체결로 주어졌다 하나님은 언약을 체결하면 언제든지 백성들이 의존해서 살 생활의 규범을 주셨다. 이 규범에 의해서 하나님만을 섬기도록 하기 위해서 선악과 계명을 주셨다. 첫 언약에 상응해서 새 언약이 신약에 제시되었다(눅 22:20; 고전 11:28; 고후 3:6; 히 8:8). 전통적인 개혁파 신학자들은 행위언약과 은혜 언약 도식으로 사고함으로 새 언약을 완전히 도외시하였다 첫 언약은 행위언약이 아니고 하나님의 백성 되기로 한 약정이다. 새 언약은 첫 언약의 성취이다. 두 언약을 통해서 하나님은 자기의 백성을 가지시는 경륜을 온전하게 이루신다. 언약체결로 하나님은 그의 백성 된 아담과 하와와 함께 하심으로 그들을 자기의 백성 삼으신 것을 명백히 하셨다. 이 성경적 언약개념으로 행위언약과 은혜언약 체계를 바꾸어야 한다.179)

서철원 교수에 의하면, 하나님께서는 아담과 언약을 체결하셨으며, 아담은 하나님을 섬기는 책임을 가졌다. 서철원 교수는 개혁파 신학자들이 "새언약을 완전히 도외시하였다"고 말했다. 개혁파 신학자 중 어느 신학자가 "새언약을 완전히 도외시하였"을까? 서철원 교수는 실명을 밝혀야 옳다.

---

177) 서철원, 서철원 박사의 교의신학3 인간론 (서울: 쿰란출판사, 2018), 28.
178) Ibid., 30.
179) Ibid.,

새언약이 무엇을 말하는가?

31 나 여호와가 말하노라 보라 날이 이르리니 내가 이스라엘 집과 유다 집에 새 언약을 세우리라 32 나 여호와가 말하노라 이 언약은 내가 그들의 열조의 손을 잡고 애굽 땅에서 인도하여 내던 날에 세운 것과 같지 아니할 것은 내가 그들의 남편이 되었어도 그들이 내 언약을 파하였음이니라 33 나 여호와가 말하노라 그러나 그날 후에 내가 이스라엘 집에 세울 언약은 이러하니 곧 내가 나의 법을 그들의 속에 두며 그 마음에 기록하여 나는 그들의 하나님이 되고 그들은 내 백성이 될 것이라(렘 31:31-33)

이 말씀에 대해, 칼빈은 다음과 같이 말했다.

예레미야 선지자는 이제 율법과 복음의 차이를 보여준다. 이는 복음이 거듭남의 은혜를 동반하게 마련인데, 그 교훈은 결과적으로 문자적인 것이 아니며, 따라서 마음에 호소하여 모든 내면적 기능을 재형성하여 의로우신 하나님께 순종하게 만들기 때문이다. … 하나님께서는 여기에서 '내가 또 하나의 다른 법을 주리'고 말씀하시지 않고 다만 '내가 나의 법을 기록하리'고 말씀하신다. 다시 말해서 전에 그들의 조상에게 주셨던 바로 그 율법을 기록하리라고 말씀하신다. 따라서 하나님께서는 교훈의 본질에 있어서는 결코 다른 어떤 것을 약속하시지 않으며 다만 형식에 있어서만 차이가 있게 하리라고 말씀하신다. 오히려 하나님께서는 똑같은 것을 두 가지 면으로 언급하면서, 자신의 '율법을 그들 속에 두리'고 하시며, 또 그것을 '그들의 마음에 기록하리'고 말씀하신다. … 율법을 '그 마음에 기록한다'는 것은 그것을 새김으로써 율법이 지배케 함이며, 그 교훈과 일치하지 못하거나 화합하지 못하는 감정이 다시는 마음속에서 일어나지 못하게 하리라는 뜻이다. 따라서 그 누구도 성령에 의해 거듭남을 입지 않는 한 돌이킴 받고 율법에 복종하도록 될 수 없다는 것이 충분히 드러난다. 그렇다. 하나님께서 은혜로써 마음을 예비하지 않으시는 한 사람 속에 바르게 행하려는 의향이 생길 수 없다. 한마디로 말해서 그분의 성령을 통해 생기 있게 하지 않는 한, 언제까지나 죽은 것으로 존재한다.[180]

칼빈에 의하면, 새언약이란 하나님께서 성령님의 역사로 사람을 거듭나게 하여 율법에 복종하도록 하시는 것이다. 이 말에 이의를 제기하고 "새언약을 완전히 도외시"한 개혁신학자가 있는가??? 새언약은 바르트의 위세에 눌린 서철원 교수의 언약 개념이 아니라 하나님께서 성령님의 역사로 예수 그리스도 안에서 이루시는 것이다.

서철원 교수는 『인간론』의 내용 개요에서 다음과 같이 말했다.

언약체결이 하나님의 백성이 되는 약정이고, 행위언약이 아니라는 근거를 제시하였다. 행위언약이 부당한 공식화임을 밝힘으로 발트의 언약개념이 왜 잘못되었는지를 제시하였다.[181]

---

180) 존 칼빈, **구약성서주석 19** (서울: 성서교재간행사, 1983), 146-149.
181) 서철원, **서철원 박사의 교의신학3 인간론** (서울: 쿰란출판사, 2018), 34.

서철원 교수의 『인간론』을 지배하는 것은 반(反) 바르트의 신학이다. 서철원 교수는 그런 의도성을 가지고 행위언약이 부당하다고 말했다. 행위언약이 바르트의 존재의 고양으로 간다고 보기 때문이다. 성경이 말하는 언약에서 벗어난 사람들의 관점으로 개혁신학의 언약사상이 잘못되었다고 말하는 것은 서철원 교수의 오류다. IAOC 논쟁의 결정적인 요소 중 하나가 인간론이다.

서철원 교수가 말하는 첫 사람 아담의 인간론은 다음과 같다.

> 2.8.3. 적극적 의와 선과 거룩의 상태로 창조되었다: 아담의 원시 상태는 소극적인 상태도 아니고 미숙한 상태도 아니었다 적극적인 의와 선과 거룩의 상태로 창조되었다. 그러므로 아담의 처음 상태는 불완전함에서 완전으로 나아가야 하는 중간상태로 창조된 것이 아니다. 그의 삶은 하나님의 뜻에 완전히 일치하였고 그의 법대로만 살았으므로 완전한 의의 상태였다 아직 미숙하고 어린아이와 같은 상태가 아니었다. 그의 판단력도 완전하여 하나님의 뜻과 정하신 법의 표준에 맞게 결정하였다. 곧 적극적인 의의 상태로 창조되었다 자라서 연습을 통하여 결정하고 하나님의 뜻에 맞게 살 수 있게 된 것이 아니다. 처음의 판단과 결정도 완전하고 흠잡을 수 없었다. 아담은 하나님의 뜻만을 기뻐하였다. 하나님이 좋아하고 바라는 것을 아담도 바라고 좋아하였다. 아담의 욕망과 바람은 다 하나님의 뜻을 따랐으므로 선하였다. 그는 처음부터 선의 상태로 존재하였다. 아담은 하나님의 완전하심을 따라 행동하고 그에 상응해서 선택하고 결정하며 그의 뜻에 일치하기를 바랐다. 즉 그는 거룩함의 상태로 창조되었고 거룩의 삶을 살았다.182)

서철원 교수에 의하면, 하나님께서는 인간을 완전한 의의 상태로 창조하셨다. 서철원 교수는 아담을 영생의 상태로 본다. 여기에 대한 근거가 있는가? 없다!!! 근거가 없는데도 이런 혼란을 가져왔다. 서철원 교수에게 율법은 행위언약이 아니라 "하나님 섬김과 삶의 규범으로 주신 것이다."183) 서철원 교수는 바르트에 대한 반발로 인해 존재의 고양으로 가서는 안 된다고 보았으나, 이미 "완전한 의의 상태"이고 영생을 지닌 존재로 보면 언약이 무슨 필요가 있으며 타락은 왜 일어나는가? 완전과 영생이란 가변적인 존재가 아니라 확정적이고 완료적인 상태를 말한다. 개별자가 완벽하게 의미와 통일성을 부여받고 있는 상태가 완전한 의의 상태이고 영생의 상태다. 개별자에게 완전과 영생이 있는데 타락이 일어났다는 것은 불가하다. 완전과 영생을 지닌 개별자가 타락한다는 것은 개별자의 책임인가? 아니면 보편자의 책임인가? 첫 사람이 완전과 영생이 있었는데 타락했다고 말하면 수양론으로 가고 도약을 감행한다. 율법준수를 존재의 고양으로 보면, 하나님도 모르고 성경도 모르

---

182) Ibid., 181.
183) Ibid., 171.

는 것이다. 서철원 교수는 다음과 같이 행위언약을 부정했다.

4.1.5. 행위언약은 잘못 설정된 언약개념이다: 행위언약은 위의 언약체결 논의에서 살폈듯이 잘못 설정된 언약개념이다. 처음 창조 시 아담을 불완전하게 창조하셔서 계명을 지키면 영생에 이르도록 하겠다는 조건으로 언약을 체결했다는 것은 하나님의 창조경륜에 전적으로 어긋난다. 성경 어디에도 그런 시사는 없다. 단지 이스라엘 백성에게 주신 율법과 그 준수 강조를 행위언약으로 바꾼 것이다. 이스라엘에게 주신 계명과 율법은 행위언약의 조건으로 주신 것이 아니고 하나님 섬김과 삶의 규범으로 주신 것이다. 성경의 근본 뜻을 모르므로, 사람이 계명을 잘 지키면 영생과 완전함에 이르게 하겠다고 약속한 것으로 오해하여 행위언약을 공식화하였다 이스라엘과 맺은 언약은 행위언약이 아니라 하나님의 백성 되기로 한 약정이다. 하나님의 언약 백성이 되었으므로 창조주 하나님만을 잘 섬기도록 하려고 계명들을 주셨다.

4.1.6. 행위언약의 본성: 행위언약은 하나님이 처음 사람을 창조하신 후 체결한 언약인데, 창조주 하나님이 합리적인 존재인 사람과 한 약정을 맺으셨다. 이 언약은 주신 계명을 성취하면 영생에 이르도록 하신 약정이라고 한다. 곧 하나님이 사람을 자기의 형상으로 만들어 서로 교제할 수 있게 하시고 하나님의 계명을 지켜 성취하면 그 행위의 공로로 영생을 얻게 하신다는 것이다. 그렇다면 처음부터 하나님이 인간을 영생하도록 창조하신 것이 아니라는 것이 된다. 영생에 이르도록 완전해지는 것은 사람이 자기 손으로 이루도록 만드셨다는 것이다. 그러면 처음부터 사람은 타락 가능성을 가지고 만들어져서 범죄하는 것은 정해진 일이 된다. 그러므로 행위언약을 체결하도록 된 것은 하나님이 인간을 불 완전하고 잠정적으로 만드셨다는 것이 된다. 바빙크는 하나님은 인간을 임시적이고 잠정적이고 파편적으로 창조하신 후 영생을 주어 완성에 이르게 하셨다고 주장한다(H. Bavinck, *Gereformeerde Dogmatiek, II*, § 38. de Bestemming van den Mensch, 526). 그러면 영생은 하나님의 은혜로 받는 것이 아니라 계명 순종이라는 조건 이행으로 획득해야 할 것이다. 계명 순종을 이루어 영생을 획득하도록 언약을 체결하였으니 행위언약이라는 것이다.[184]

서철원 교수에 의하면, 행위언약, 곧 율법을 지켜 영생에 이른다는 것은 하나님의 창조경륜에 어긋나며, 하나님께서 주신 언약은 하나님의 백성되기로 한 약정이다. 서철원 교수는 인간을 "임시적이고 잠정적이고 파편적으로 창조하신" 것이고 "그 후에 영생을 주어 완성에 이르게 하셨다"고 말하면, 영생은 은혜로 받는 것이 아니라 조건 이행의 획득이라고 주장했다.

그러면, 아담이 그렇게 영생을 지니고 있었고 완성에 이른 존재라면, 왜 범죄하고 타락했는가? 또한, 이스라엘 백성은 이미 타락한 본성을 가지고 태어난 자들인데, 그 이스라엘과 타락전 아담의 상태를 동일시할 수 있는가? 이스라엘에 주신 언약과 아담에게 주신 언약이 하나님의 백성되기로 한 약정이라면, "너희는 나의 규례와 법도를 지키라 사람이 이를 행하면 그로 인하여 살리라 나는 여호와니라(레 18:5)"는 말씀은 무엇인가?

---

184) Ibid., 171-172.

칼빈은 다음과 같이 말했다.

그러나 성경이 인간의 행위에 의해서 의롭게 된다는 점을 부정하는 것은 율법 자체가 불완전하거나 그것이 완전한 의에 대한 교훈을 담고 있지 않아서라기보다는 이 약속이 우리의 타락과 죄로 말미암아 무효하게 되기 때문이다. 그러므로 바울은, 앞에서도 언급했지만, 우리는 믿음을 통해 그리스도의 은혜에서 의를 찾도록 해야 한다는 점을 가르치면서(롬 10:4) 아무도 율법의 명령하는 바를 성취하지 않고서 의롭게 되지 않는다는 논리로써 그의 말을 입증하고 있다.185)

칼빈에 의하면, 아무도 율법의 명령을 성취하지 않으면 의롭게 될 수 없다. 성경은 왜 인간의 행위로 의롭게 되지 않는다고 말하는가? 그것은 율법 자체가 불완전하기 때문이 아니라 우리의 타락과 죄로 인해 율법으로 의를 얻는 것이 무효화되었기 때문이다. 문제는 율법이 아니라 죄로 타락한 우리 존재가 문제라는 것이다. 그런 까닭에, 서철원 교수가 행위언약을 부정하는 것은 율법으로 말미암은 의에 관한 잘못된 해석을 했기 때문이며, 칼 바르트의 존재 앙양을 과도하게 우려하여 행위언약을 오해했기 때문이다.

4) 『그리스도론』(2018년)

서철원 교수는 기독론을 "하나님의 성육신과 그의 구원 사역을 다루는 신학이다"라고 말하면서 기독론을 시작했다.186) 서철원 교수는 기독론 초기부터 '상승 기독론'을 비판했다. 이 비판이 서철원 교수의 기독론에서만이 아니라 신학 전반에 영향을 준다.

서철원 교수는 "19세기 헤겔 철학의 영향으로 발생한 매개신학은 죄에서의 구속 곧 회복 때문이 아니라 인류의 앙양을 위해서 성육신이 발생했다고 주장하였다"고 말했으며, 이것이 "20세기에도 계속되어 신학계의 주류사상이 되었다"고 말했다.187) 반면에 서철원 교수는 "원상회복"을 위해 성육신이 이루어졌다고 말했다.188)

서철원 교수는 다음과 같이 말했다.

예수 그리스도는 옛 율법의 주장을 폐기하지 않고 자신을 율법의 완성자로 밝히셨다. 그는 자신을 새 율법의 선포자로 아니고 옛 하나님의 말씀의 참뜻을 밝히는 하나님의 보내신 자로 나타내셨다.189)

---

185) 존 칼빈, **구약성서주석 6** (서울: 성서교재간행사, 1981), 193.
186) 서철원, **서철원 박사의 교의신학4 그리스도론** (서울: 쿰란출판사, 2018), 26.
187) Ibid., 49.
188) Ibid., 53.

서철원 교수에 의하면 예수 그리스도는 율법의 완성자시다. 그 완성이란 무엇인가? 서철원 교수는 다음과 같이 말했다.

그러나 고난의 삶은 고난으로 이어진 것에만 의의가 있는 것이 아니다 그의 고난의 삶은 의의 성취에 이르게 되었다 곧 그의 의의 성취는 십자가의 죽음으로 이루어졌다 그리스도가 십자가에 죽으심으로 피 흘려 죗값을 갚아서 모든 죄를 용서하시는 것이 의의 성취이다. 그리스도가 율법을 준수하여 율법을 성취함으로 의를 얻는 것이 아니다. 그리스도의 율법 성취는 율법의 성취 요구 곧 율법을 범함으로 죗값을 갚으라는 요구를 그의 죽음으로 갚았다. 그리스도께서 그의 죽음으로 죗값을 갚으므로 죄의 용서를 가져왔다. 곧 그가 의를 이루셨다. 그리스도가 그의 삶에서 율법의 요구를 충족시킨 것은 율법을 다 지켜 의를 가져오는 그런 능동적 순종이 아니다. 전통적 신학이 제시하는 능동적 순종과 피동적 순종은 전적으로 그릇된 사변적 산물이다. 능동적 순종은 율법을 지킬 의무가 없는 그리스도가 스스로 지켰으므로 능동적 순종이고 하나님의 작정을 따라 죽으셨으므로 십자가의 죽음은 피동적 순종이라고 구분하였다. 이런 것은 성경에 맞지 않고 그리스도의 구속 사역에 전혀 맞지 않다. 그리스도는 율법을 다 지키므로 의를 얻어 그것을 우리에게 전가하신 것이 아니다. 율법의 요구 곧 범죄하므로 그 죗값을 갚으라는 요구를 따라 피 흘림으로 죗값을 갚아 죄용서를 가져오셨다 이 죗값을 갚아 죄 용서를 이루신 것이 의이다. 이 의 곧 죄 용서를 우리에게 전가하신 것이다. 율법의 성취는 죗값을 갚으므로 율법을 성취해야 한다는 요구가 더 이상 없도록 한 것이다. 그 면에서 율법을 완성한 것이다.190)

서철원 교수에 의하면, 그리스도께서는 고난의 삶으로 의의 성취를 이루셨다. 서철원 교수가 말하는 율법의 성취와 의의 성취는 십자가의 피로 죗값을 갚아 죄를 용서한 것이다. 이렇게 말하면서 서철원 교수는 능동적 순종과 수동적 순종을 부정했다. 율법의 성취로 의를 얻는 것이 아니며, 그리스도의 구속사역에 전혀 맞지 않다면 성육신과 생애의 고난은 왜 필요한가? 서철원 교수는 "이 굴욕의 상태에서 그리스도는 구원 사역을 이루었다"고 말했으며, "구원은 그리스도의 낮아지심과 고난으로 이루어졌다", "성육신 자체가 낮아지심이다"고 말했다.191) 서철원 교수는 "하나님은 창조주로 법을 제정하여 모든 피조물의 방식이 되게 하셨다"면서 그리스도께서 그 법에 종속했다고 말했다.192) 그렇다면 율법의 성취가 십자가의 죽으심만이라고 말하는 것은 과연 올바른 것인가? 서철원 교수는 다음과 같이 말했다.

요한은 예수의 신분이 자기와는 전적으로 다름을 잘 알아 그를 이스라엘의 왕으로 선포하였다. "곧 내 뒤에 오시는 그이라 나는 그의 신들메 풀기도 감당치 못하겠노라"고 선언하였다(요

---

189) Ibid., 129.
190) Ibid., 147.
191) Ibid., 140-141.
192) Ibid., 143.

87 II.3. 후기 저술 4) 『그리스도론』

1:27). 그리고 예수를 하나님의 아들로 알았다 "내가 보고 그가 하나님의 아들이심을 증거하였 노라"(요 1:34)고 선언하였다 예수를 하나님의 성육신으로 알았기 때문이다. 예수를 하나님의 어린양으로 선포한 것은 요한이 예수를 세례 준 후의 증거로 보아야 타당하다. 왜냐하면 예수 가 하나님의 어린양이란 선포에 성령이 주 예수에게 비둘기처럼 임했다는 선포가 뒤따랐기 때 문이다. 세례로 죄과를 넘겨받은 후에 한 선포이다 "요한이 또 증거 하여 가로되 내가 보매 성 령이 비둘기같이 하늘에서 내려와서 그의 위에 머물렀더라"(요 1:33). '내가 보매가 현재 완료형 으로 쓰여 세례 줄 때 발생한 사건을 회상하고 있다. 세례 요한의 증거를 종합해 볼 때 예수 그 리스도가 구속주로서 세상 죄를 전가 받은 시기가 세례식 때였음을 잘 알 수 있다. 그러나 죄의 전가는 그리스도를 죄인으로 만들지 않는다. 죄의 전가는 죄에 대하여 법적으로 책임을 지는 것 이다. 곧 예수 그리스도가 죄를 지시므로 죗값을 지불하여 죄를 무효화하도록 하는 책임을 지신 것을 말한다. 세상 죄를 그리스도에게 전가함은 이사야의 예언의 성취이다(사 53:5-6).[193]

서철원 교수에 의하면, 예수님께서는 하나님의 아들이시며, 세례를 받으심 으로 구속주로서 세상 죄를 전가 받았다. 서철원 교수는 예수님의 세례를 예 수님의 낮아지심 속에서 말했다. 그런데 서철원 교수는 예수님의 세례를 이 렇게 길게 말하면서도, "예수께서 대답하여 가라사대 이제 허락하라 우리가 이와 같이 하여 모든 의를 이루는 것이 합당하니라 하신대 이에 요한이 허락 하는지라"(마 3:15)라는 말씀은 말하지 않았다. 그 이유는 무엇인가? "모든 의를 이루는 것이 합당하니라"라는 말이 능동적 순종을 의미하기 때문인가? 서철원 교수는 "죄의 전가는 죄에 대하여 법적으로 책임을 지는 것"이라고만 말한다. 죄의 전가만 말하고 왜 의의 전가에 대해서는 말하지 않는가?

서철원 교수는 능동적 순종에 대해 다음과 같이 말했다.

그리스도가 율법의 수여자로서 율법의 요구를 충족시켜 율법의 속박에서 백성들을 해방하셨다. 그리스도가 율법을 완성하신 것은 율법의 요구를 충족하므로 율법을 지켜야 한다는 율법의 속 박에서 사람들을 해방하기 위해서 하신 것이다(마 5:17-20; 11:28-30). 이렇게 하여 율법준수 의 요구가 더 이상 타당하지 않게 되었다. 이로써 율법준수의 속박에서 백성들을 해방하신 것이 다. 곧 그리스도는 율법준수의 의무를 사람들에게서 완전히 벗기셨다. 전통적 신학에서 예 수의 율법준수를 능동적 순종(oboedientia activa), 십자가에서의 죽음을 피동적 순종 (oboedientia passiva)이라고 한 구분과 가르침은 전적으로 잘못되었다. 그리스도가 율법준수 로 의를 획득하여 우리에게 전가한 것이 아니고, 피 흘려 죗값을 다 치르시므로 죄 용서를 이루 신 것이 의다. 이 의를 우리가 받아 영생하게 되었다. 그리스도는 십자가의 죽음에까지 순종 하여(빌 2:8) 속죄를 이루셨다. 하나님의 법이 정한 대로 죗값을 갚기 위해 죽기까지 순종하셨 다(롬 6:23; 창 2:17). 그리스도가 그의 피로 죗값을 다 지불하므로 율법의 요구를 다 이루셨 다. 주 예수는 율법 성취의 요구를 이루시기 위하여 저주 아래 죽으셔서(갈 3:13) 우리를 구원 하셨다. 예수의 죽음이 대리적 죽음이어서 우리 모두가 죽은 것이 되었다(고후 5:14-15). 죗값 대로 모든 사람들이 다 죽어야 하는데 그리스도가 우리의 대표로 대신 죽으시므로 우리 모두가 죽은 것이 되었고 우리의 죗값을 다 지불하신 것이다. 그리스도의 죽음이 우리의 구원이다(고

193) Ibid., 158-159.

전 15:3).194)

서철원 교수에 의하면, 그리스도께서 율법의 요구를 충족하셨으나 능동적 순종을 이룬 것이 아니었다. 율법의 요구를 이루는 것이 십자가의 죽으심만 이라면 성육신으로부터 생애에 순종하신 것들은 왜 필요했는가? 단지 율법의 속박에서 해방하는 것이 전부라면 언약의 율법은 왜 필요한가? "새 인류의 대표로서 그렇게 하셨다"는 것은 첫 대표의 실패와 불순종을 새 대표로서 순종하셨다는 것이 아닌가?195) 서철원 교수는 칼 바르트의 '신 존재 동참'을 거부하며 존재의 앙양과 신화를 반대하다가 언약의 본질을 무너뜨렸다.196) 언약이 하나님과의 교제를 말하나 존재론적 합일을 말하지 않는다.

피터 A. 릴백은 칼빈의 언약에 대해 말하면서 다음과 같이 말했다.

> 두 번째 아담으로서 그리스도 순종은 아담의 죄로 성취되지 못한 율법을 성취시키기 위해 필요했다. 아담-그리스도 유사에 대한 이 주장을 비추어 볼 때, 칼빈이 전가로 인한 칭의를 승인하고 있는 것은 매우 중요하다. 그는 『평화를 주는 진정한 방법』(*The True Method of Giving Peace*)에서 이렇게 말한다. "그러므로 그리스도의 의로움이 우리에게 전가되었기 때문에 우리는 믿음으로 의롭게 되었다고 말한다."197)

릴백에 의하면, 칼빈은 율법 성취로 얻은 전가를 칭의로 말했다. 그리스도의 의로움이 우리에게 전가되어 우리가 의롭게 되었다. 칼빈은 롬 10:4과 고후 3:6, 17의 의미를 말하면서 다음과 같이 말했다.

> 앞의 말씀이 뜻하는 바는, 그리스도가 값없이 의를 전가해 주시고 중생의 영으로 그것을 부여하실 때까지는 계명으로 의를 가르치는 것은 헛되다는 사실이다. 그리하여 그리스도가 율법의 완성 혹은 마침이라고 합당하게 칭해진다.198)

---

194) Ibid., 166-167.
195) Ibid., 166.
196) Ibid., 212; "8.6.3. 발트의 주장: 신존재 동참: 칼 발트 (Karl Barth, 1886-1968)는 그리스도의 구속 사역을 그리스도 자신 안에서 이루어진 신인연합을 통하여 피조물을 하나님의 존재에 동참시키는 것으로 보았다 (*Kirchliche Dogmatik*, IV/1, 7-74). 발트에 의하면 구원은 죄에서의 회복이 아니고 하나님의 존재에 동참하여 피조물의 한계를 넘어서는 것이다. 하나님은 사랑이시고 또 인간을 교제의 대상으로 지으셨으므로, 사람의 죄에도 불구하고 자기의 존재에 동참하도록 하신다. 이것이 화해라는 것이다. 발트의 견해도 성경적 근거가 없으므로 배척된다. 성경에 의하면 피조물이 하나님의 존재에 동참하여 신화(神化)하는 것은 원죄로 정죄되었다. 성경의 명백한 가르침과 정면 배치된다."
197) 피터 A. 릴백, **칼빈의 언약사상**, 원종천 역 (서울: CLC, 2012), 437.
198) 존 칼빈, **기독교강요2**, 문병호 역 (서울: 생명의말씀사, 2020), 202; **기독강요** 2.7.2.

칼빈에 의하면, 그리스도께서 값없이 의를 전가해 주셨기 때문에 그리스도 께서 율법의 완성이요 마침이 되신다. 왜 그러한가? 이것이 문제에 대한 근 본적인 해결책이기 때문이다. 문제에 대한 해결은 없고 문제로 발생한 결과 만 해결하는 것은 존재의 문제를 해결한 것이 아니다.

5) 『구원론』(2018년)

서철원 교수는 "우리도 율법을 지킴 없이 오직 주 예수를 믿는 믿음으로 의롭게 된다"고 말했다.[199] 서철원 교수는 다음과 같이 IAOC를 반대했다.

> 그리스도의 의는 그가 피 흘려 이룬 죄 용서를 말한다. 의의 전가를 그리스도가 율법준수로 획 득한 의를 전가함이라고 하면, 그리스도의 피 흘리심으로 죄용서 하심 곧 의롭다 하심이 무효 가 된다. 의롭다 하심을 얻는 것은 오직 그리스도의 구속으로만 된다(롬 3:24). 그리스도는 율 법수여자로서 율법을 완성하셨다. 그리스도는 율법의 요구 곧 율법을 범한 죗값을 갚으라는 요 구를 성취하셔서 율법을 완성하셨다. 의문에 속한 계명의 율법을 자기 육체로 폐하셨다는 것은 율법을 지켜야 할 의무를 우리에게서 제거함을 말한다(엡 2:15). 우리를 거스리고 우리를 대적 하는 의문에 쓴 증서를 도말 하시고 제하여 버리사 십자가에 못 박으신 것(골 2:14)도 동일한 것을 말하고 있다. 율법을 지켜야 의를 얻는다는 의무를 우리에게서 제함을 뜻한다. 그리스도 의 율법준수는 율법의 준수 요구 곧 죗값을 갚으라는 요구를 성취하시므로 율법을 완성하신 것 이다. 율법 수여자만이 율법을 완수하시기 때문이다. 그리스도에 의해서 율법준수가 이루어지 지 않았으면 율법준수의 요구가 늘 계속될 것이다. 그리스도는 자기의 의를 얻기 위해서 율법 준수를 이루신 것이 아니다. 의는 생존권을 뜻하는데 그리스도가 율법을 다 지켜서 의를 획득 했다고 하면 그를 죄인으로 만드는 것과 같다. 도덕적 칭의는 의롭다 함을 받을 자격을 갖추어 서 의를 획득하는 것이다. 곧 고행과 선행을 행하여 의롭게 되어 의를 얻는 것이다. 이것은 율 법준수로 의를 획득하는 것과 본질적으로 같다. 이런 일은 결코 할 수 없는 일이다(행 15:10). 그리스도가 율법을 완전히 준수하여 의를 얻었으므로, 그 의를 우리에게 전가한다고 하는 가르 침은 로마 교회가 구성한 도덕적 칭의를 개신교식으로 각색한 것에 불과하다. 이 가르침을 계 속하면 그리스도를 믿는 믿음으로 의롭게 된다는 구속의 도리와 전적으로 배치된다. 그리하여 자기 공로를 세워야 한다는 데로 돌아가게 된다. 오직 그리스도의 구속 사역의 적용으로 의롭 게 되는 것만 성립한다.[200]

서철원 교수에 의하면, 그리스도의 율법준수는 의를 이룸과 무관하며, IAOC는 로마 가톨릭의 도덕적 칭의를 개신교식으로 각색한 것에 불과하다. 과연 그러한가? 그렇다면 왜 하나님께서는 "너희는 나의 규례와 법도를 지키 라 사람이 이를 행하면 그로 인하여 살리라 나는 여호와니라"(레 18:5)고 말 씀하셨는가? 하나님은 로마 가톨릭의 도덕적 칭의론을 말씀하셨는가? 왜 이 런 문제가 발생하는가? 서철원 교수의 신학에는 칼 바르트 신학의 망령이 배

---

199) 서철원, **서철원 박사의 교의신학5 구원론** (서울: 쿰란출판사, 2018), 85.
200) Ibid., 114-116.

회하고 있기 때문이다. 거기에 로마 가톨릭의 도덕적 칭의론까지 동석하고 있으니 존재 앙양에 대한 강박적 경향성 때문에 성경의 언약까지 파괴했다.

서철원 교수는 "그리스도가 율법을 다 지켜서 의를 획득했다고 하면 그를 죄인으로 만드는 것과 같다"라고 말했는데, 그렇다면, 그리스도께서 세례를 받으심으로 죄인이 되셨는가? 서철원 교수는 그리스도께서 세례를 받으시고 죄가 전가되어도, "그러나 죄의 전가는 그리스도를 죄인으로 만들지 않는다. 죄의 전가는 죄에 대하여 법적으로 책임을 지는 것이다."라고 말했다.[201] 서철원 교수는 죄과를 넘겨받아도 "전적으로 무죄하"다고 말했으며, "구속 중 보자로서 그리스도는 공식적으로 죄과를 넘겨받아 구원을 위해 일하도록 작정되었다"고 말했다.[202] 그런 까닭에, 그리스도께서 율법을 성취하셨다고 해서 죄인이 되는 것이 아니라 구속 중보자로서 율법을 성취하신 것이다.

서철원 교수는 다음과 같이 말했다.

> 죄인을 의롭다고 하는 선언은 법정적인 행동이며 본성적인 행동이 아니다. 칭의는 하나님의 의를 사람 안으로 주입해 넣는 것이 아니다.[203]

서철원 교수에 의하면, 칭의는 의의 주입이 아니다. 의의 주입이라고 말하면 로마 가톨릭의 칭의다. 서철원 교수의 문제는 무엇인가? 칭의와 거듭남을 구분하지 못한 것이다. 차녹이 말했듯이, "칭의는 상태(state)의 변화라면, 거듭남은 기질(disposition)의 변화"이다.[204] 서철원 교수는 외적 변화와 내적 변화에 대해 올바르게 말하지 않았다. 그런 까닭에, 서철원 교수는 의롭다 하심을 죄책의 제거로만 본다.

서철원 교수는 "죄책 혹은 죄과의 제거는 죄인을 의인으로 확정하는 것이다"라고 말했으며, "죄과가 제거되면 의인이어서 영생에 이른다"고 말했다.[205] 이로써 서철원 교수는 "주 예수를 믿음으로만 의롭게 된다"고 말했

201) 서철원, **서철원 박사의 교의신학4 그리스도론** (서울: 쿰란출판사, 2018), 158.
202) Ibidl, 156.
203) 서철원, **서철원 박사의 교의신학5 구원론** (서울: 쿰란출판사, 2018), .
204) 스테판 차녹, **거듭남의 본질**, 손성은 역 (서울: 지평서원, 2009), 47; "어떤 사람이 공무원이 되면 그 사람의 관계(relation)에 있어서 변화가 생깁니다. 종이나 노예가 자유인이 되면 그 사람의 상태에 있어서 변화가 있습니다. 그러나 공무원이 되었다는 것, 혹은 자유인이 되었다는 것 자체가 그 사람의 마음에 새로운 원리들을 채워 넣거나 그의 본성에 새로운 뼈대를 세워 주는 것은 아닙니다. … 칭의는 우리가 죄책(guilt)으로부터 자유케 되어서 생명을 누릴 권리(title)가 주어진 것이라면, 거듭남은 죄의 오염(filth)으로부터 자유케 되어서 우리 속에서 부분적으로 회복된 하나님의 형상의 순수함을 갖게 되는 것입니다(Ames)."
205) 서철원, **서철원 박사의 교의신학5 구원론** (서울: 쿰란출판사, 2018), 124, 125.

다.206) 믿음 외에 율법을 성취하여 의의 전가를 말하면 칼 바르트의 존재 앙양이 되고 로마 가톨릭의 도덕적 칭의가 된다고 여기기 때문이다. 어떤 형태로든 공로가 개입되면 안 된다는 강박적 경향성이 강하다. 서철원 교수의 신학으로 칼빈을 보면, 칼빈이 말하는 의의 전가는 "로마 교회가 구성한 도덕적 칭의를 개신교식으로 각색한 것에 불과하다." 칼빈은 서철원 교수에게 무엇이라고 대답할까?

6) 『교회론』(2018년)

서철원 교수는 다음과 같이 말했다.

> 10.1.1. 율법과 복음 Lex et Evangelium: 종교개혁 이래 통상 하나님의 말씀을 율법과 복음으로 나누었다. 율법은 하나님의 구원 은혜를 가져오는 것이 아닌 것으로 판정하였다. 바울은 율법으로 죄를 아는 지식을 얻는다고 하였다(롬 7:7). 아우구스티누스도 바울을 따라 율법으로 죄를 아는 지식을 얻는다고 하였다(de Civitate Dei, XX, 4). 율법은 죄를 깨닫게 하고 하나님의 진노를 이루고 심판을 가져온다(롬 3:19; 4:15). 그러므로 율법은 의를 이룰 수가 없다(롬 3:20). 그러면 믿음이 온 후에는 율법을 폐하는 것인가? 그렇지 않다 오히려 율법은 믿음을 굳게 세운다(롬 3:31). 믿음은 율법을 구원의 길로 굳게 세우는 것이 아니고 삶의 규범으로 굳게 세운다. 율법은 죄를 지적하고 알게 하기 위해서 선포된다. 구원의 방편으로 선포하는 것이 아니다.207)

서철원 교수에 의하면, 율법은 의를 이룰 수 없으며, 율법은 구원의 방편으로 선포되는 것이 아니며, 율법은 믿음을 굳게 세운다.

칼빈은 다음과 같이 말했다.

> "율법으로는 죄를 깨달음이니라": 바울은 역으로 논증을 펴나간다. 생명과 죽음이 한 원천에서 나오지는 않는다. 즉, 율법은 우리에게 죄를 깨닫게 해 주고 우리를 정죄하기 때문에, 거기에서 우리가 의롭다 함을 얻지는 않는다는 것이다. 율법의 반대 작용을 언급함으로써 율법이 우리에게 의를 줄 수는 없음을 입증한 그의 논법은 다음과 같은 주장이 첨가되어야만 그 효력을 발휘한다. 즉, 인간에게 그의 죄를 보여줌으로써 구원의 소망을 단절시켜 버리는 것은 율법에서 분리해낼 수 없는 불변하는 사실이라는 점이다. 율법은 의가 무엇인지 우리에게 가르쳐주기 때문에, 율법 그 자체는 사실 구원에 이르는 길이다. 그러나 우리의 부패와 타락 때문에, 우리는 이 면에서 율법으로부터 아무 유익을 얻지 못한다.208)

---

206) Ibid., 125.
207) 서철원, 서철원 박사의 교의신학6 교회론 (서울: 쿰란출판사, 2018), 97.
208) 존 칼빈, 로마서, 민소란 역 (서울: 규장, 2013), 119; "한 가지 더 덧붙여야 할 것은, 죄인임이 드러난 사람은 어느 누구든 의를 박탈당한다는 점이다. 궤변론자들이 하는 것처럼, 반쪽짜리 의(half-righteousness)라는 개념을 만들어내서 행위가 부분적으로 인간을 의롭게 할 수 있도록 하는 것은 경솔한 짓이다. 인간의 타락 때문에 이런 일은 전혀 있을 수가 없다."

칼빈에 의하면, 율법으로 의롭다 함을 받지 못하는 이유는 율법이 우리의 죄를 깨닫게 하고 정죄하기 때문이다. 칼빈은 "율법은 의가 무엇인지 우리에게 가르쳐주기 때문에, 율법 그 자체는 사실 구원에 이르는 길이다"라고 말했다. 또한, 칼빈은 "율법은 율법이 명하는 것을 행하는 자들에게 생명을 약속하기 때문이다"라고 말했으며,209) "율법의 약속과 경고들에서 분명하게 알 수 있듯이, 하나님 앞에서는 오직 율법에 대한 완벽하고 절대적인 복종만이 의로 간주된다"고 말했다.210) 칼빈은 "홀로 의로우신 그리스도께서 그분 자신의 의를 우리에게 전가시켜 주심으로써 우리를 의롭게 하실 수 있기 때문이다"라고 말했다.211) 그리고 칼빈은 다음과 같이 말했다.

> '피'만 언급했다고 해서 그가 구속의 다른 부분들을 배제시키려 한 것은 아니다. 오히려 그는 구속의 모든 부분을 이 한 단어에 포함시키려 했다. 그리스도의 피로 우리가 씻음을 받았기 때문에 그는 '피'라는 단어를 언급한 것이다. 이렇듯 그는 전체를 대표하는 한 부분을 택함으로써 우리 속죄의 전 과정을 나타낸다. 하나님께서 그리스도 안에서 우리와 화목하게 되셨다고 방금 언급하고 나서, 그는 이제 이 화목이 믿음으로 말미암아 성취된다고 덧붙인다. 동시에 우리의 믿음이 그리스도 안에서 무엇을 주로 바라보아야 하는지도 언급한다. 즉, 그분의 피가 바로 우리 믿음의 주요 대상이다.212)

칼빈에 의하면, 그리스도의 피로 우리 죄가 씻음을 받았다는 것은 우리 믿음의 주요 대상이라는 뜻이며, 그 '피'는 "속죄의 전 과정을 나타낸다." 이 말이 의미하는 것은 무엇인가? 그리스도께서는 생애 전체의 순종으로 의를 이루셨으며 그 의를 우리에게 전가했다는 것이다. 생애 전체의 순종은 율법을 성취함과 십자가의 구속이다.

7) 『종말론』(2018년)
서철원 교수는 다음과 같이 말했다.

> 지금은 구원 사건과 역사의 마침의 중간시대이다. 이 중간시대를 오히려 종말시대라고 해야 타당하다. 하나님 자신이 구원을 이루셨으므로 이 구원은 완전한 구원이 다 완전한 죄 용서를 주시고 백성들 안에 성령이 내주하게 하심으로 완전한 영생을 약속하셨다. 그리고 실제로 영생을 소유하게 하셨다. 종말 세계의 생명이 그리스도의 구속사역으로 사람들에게 지금 주어졌다. 곧 종말 세계가 현 세계에 도입된 것이다.213)

---

209) Ibid., 121.
210) Ibid., 124.
211) Ibid., 125.
212) Ibid., 129-130.

서철원 교수에 의하면, 하나님께서 우리에게 주신 구원은 "완전한 영생"이다. 그러면 아담에게 주어진 영생은 무엇인가? 서철원 교수는 "그(그리스도)에게 접붙여진 하나님의 백성들이 구원에서의 탈락은 전적으로 불가능하다"고 말했으며, 탈락이 불가한 이유는 그리스도에게 접붙여졌기 때문이며, 성령으로 인쳐졌기 때문이며, 믿는 사람들이 창조 경륜에 합당하기 때문이라고 말했다. 그리고, "그러므로 그리스도의 피로 구속받은 백성은 결코 상실되지 않는다. 이것이 견인의 은혜이다"라고 말했다.[214]

그러면, 서철원 교수가 아담은 "완전한 의의 상태", "적극적인 의의 상태"로 창조되었다고 말한 것은 무슨 의미인가? 타락 전 아담의 영생과 타락 후 성도의 영생은 무엇이라고 말해야 하는가? 완전한 의의 상태이고 영생을 가진 존재로 창조된 아담이 범죄하고 타락했다는 것은 아담의 상태가 불완전했다는 것이다. 서철원 교수의 신학은 무슨 의미가 있는가?

8) 『하이델베르크 요리문답해설』(2019년)

서철원 교수는 "주 예수 그리스도는 내 구주이시다. 그가 피 흘리심으로 내 영원한 생명을 획득하셨다"고 말했다.[215]

서철원 교수는 다음과 같이 말했다.

3. 하나님의 공의를 어겼으니 공의를 만족시켜야 할 것을 강조하고 있다. 하나님은 그의 공의를 영원한 법으로 세우셨으니 하나님의 법은 반드시 지켜지고 완성되어야 한다. 즉 하나님의 법은 반드시 지켜지고 성취되어야 한다. 하나님의 법을 어겼어도 하나님의 공의는 성취되고 충족되어야 한다. 하나님의 법은 창조주의 법이므로 반드시 충족되어야 하고 성취되어야 한다. 하나님의 법을 어겼을 때는 그에 대한 대가 지불이 있어야 한다.
* 하나님의 공의의 법을 완전히 충족해야 함
4. 의의 충족은 당사자가 해야 하지만 그렇지 못할 경우 다른 사람이나 다른 당사자가 충족해야 한다. 하나님이 요구하고 정하신 의는 반드시 충족되어야 한다. 즉 하나님이 세우신 법은 반드시 지켜져야 한다. 그렇지 않으면 하나님이 창조주로서의 엄위와 영광을 잃으신다. 즉 하나님의 인격이 하나님으로서 세워지고 인정되지 못하는 것이 된다 그런 일은 전혀 가능하지도 않고 용납될 수도 없다.
* 언약 체결자가 언약을 성취하심으로 언약을 회복
5. 하나님은 자기의 언약을 반드시 지키시기 위해 체결하셨으므로 사람이 범한 언약의 조건들을 하나님 자신이 지키심으로 언약을 완전히 성취하실 것이다.[216]

213) 서철원, 서철원 박사의 교의신학7 종말론 (서울: 쿰란출판사, 2018), 55.
214) 서철원, 서철원 박사의 교의신학5 구원론 (서울: 쿰란출판사, 2018), 234-236..
215) 서철원, 하이델베르크 요리문답 해설 (서울: 쿰란출판사, 2019), 39.
216) Ibid., 92-93.

서철원 교수에 의하면, 하나님께서 언약을 체결하셨기 때문에 하나님의 공의를 이루기 위해 하나님 자신이 지켜 언약을 완전히 성취하신다. 하나님께서는 "우리의 구속주가 되기 위해 성육신"하셨다.[217] 서철원 교수는 "이 죄용서를 사람에게 전가하셔서 믿는 사람을 의롭다고 하셨다"고 말했다.[218] 서철원 교수가 말하는 칭의는 수동적 순종이다. 서철원 교수가 말하는 의는 "하나님 앞에 사는 권리"이며 생존권이다.[219] 서철원 교수에게 "죄를 용서받는 것은 구원받아 영생을 보장 받는 것이다." 서철원 교수는 아담이 모든 사람의 조상이며 언약 당사자요 언약의 머리라고 말하면서 그리스도가 새 인류의 조상이며 구원의 중보자라고 말했다.[220]

그렇다면, 과연 죄 용서만으로 의롭게 되는가? 우르시누스는 다음과 같이 말했다.

> 의는 율법에 일치하는 것이며, 혹은 율법을 성취하는 것이요, 혹은 우리로 하여금 하나님 앞에서 의롭다 하심을 얻게 하는 그것이다. 반면에 칭의(혹은, 의롭다 하심)는 누구에게든 이 의를 적용하는 것을 뜻한다. … 의롭다하심도 의와 마찬가지로 율법적인 칭의와 복음적인 칭의로 나뉘어진다. 율법적 칭의는 하나님과 율법에 일치하는 일이 우리에게서 일어나는 데에 있다. 이것은 우리가 성령으로 말미암아 중생할 때에 우리에게서 시작된다. 복음적 칭의는 복음적 의를 적용하는 것이다. 혹은 다른 이의 의를 적용하는 것인데, 곧 우리 바깥에 그리스도 안에서 이루어지는 것이다. 혹은 그리스도께서 그의 십자가의 죽으심과 또한 그의 부활로 말미암아 우리를 위해 이루신 의를 전가시키고 적용하는 것이다. 이것은 의나 혹은 의의 특질들을 주입시키는 것이 아니라, 다른 이의 의를 근거로 하여 우리를 사면하는 것이요 혹은 우리가 하나님의 판단에서 죄로부터 자유하다는 것을 선포하는 것이다. 그러므로 칭의와 죄 사함은 동일한 것이다. 의롭다 하는 것은 곧 하나님께서 죄를 우리에게 전가시키지 않으시고 우리를 받아들이시고 또한 우리를 의롭다고 선포하시는 것이기 때문이다. 혹은 의롭다 하는 것은 하나님께서 그리스도께서 우리에게 전가시키신 그리스도의 의를 근거로 우리를 의롭다고 선포하시는 것이다.[221]

우르시누스에 의하면, 칭의는 우리 밖에서 그리스도께서 이루신 의를 우리에게 전가시키고 적용하는 것이다. 그것은 로마 가톨릭처럼 의의 특질을 주입하는 것이 아니다. 칭의는 우리 밖에서 주어지는 것이다. 그리스도께서 행하신 것이 무엇인가? 우르시누스는 다음과 같이 말했다.

---

217) Ibid., 101.
218) Ibid., 108.
219) Ibid., 112, 152.
220) Ibid., 118.
221) 자카리아스 우르시누스, **하이델베르크 요리문답해설**, 원광연 역 (고양: 크리스챤다이제스트, 2006), 532-533.

그리스도께서는 그의 인성의 거룩하심으로써, 또한 십자가에서 죽기까지 하신 그의 순종으로써 율법을 성취하셨다. 그의 인성의 거룩하심은 그의 순종에 필수적이었다. 우리의 중보자께서 그 스스로 거룩하시고 의로우신 것이 합당하며, 그래야만 우리를 위해 순종을 행하시고 보상을 이루실 수가 있게 되는 것이다(히 7:28). 그런데 이제 이 순종이 우리의 의가 되며, 바로 이것을 근거로 하나님께서 우리를 기뻐 받으신다. 또한 그리스도의 피가, 하나님께서 우리를 향하여 사랑을 베푸시는 근거가 되는 보상이 되는 것이다. 그리하여 "그 아들 예수의 피가 우리를 모든 죄에서"-작위(作爲)의 죄와 부작위(不作爲)의 죄를 다 포함하여-"깨끗하게 하신다"고 말씀하는 것이다. 그의 피 흘리심이 그의 보상의 일부요, 그렇기 때문에 그것을 우리의 의라 부르는 것이다.222)

우르시누스에 의하면, 그리스도께서는 "그의 인성의 거룩하심으로써", 곧 율법을 순종하고 성취하셔서, 그리고 "십자가에서 죽기까지" 순종하심으로써 우리의 의가 되게 하셨다. 그리스도의 율법 성취는 인성의 거룩하심과 십자가에 죽으심까지 생애 전체의 순종이다. 이렇게 의와 칭의를 보면, 칭의는 반드시 우리 밖에서 그리스도께서 행하신 것이 십자가의 죽으심만이 아니라 인성의 거룩하심으로, 곧 율법을 성취하심으로 이루신 그 의를 우리에게 전가하는 것이다.

그런 까닭에, 칭의는 서철원 교수가 말하는 것처럼 죄 용서만이 아니다. 서철원 교수는 그리스도께서 "십자가를 지시기 전에도 그리스도는 몸과 영혼으로 외로움과 부끄러움과 배척과 욕먹음 등을 다 당하셨다"고 말하며,223) 십자가의 피 흘리심을 믿는 것이 "죄 용서를 받는 것이고, 영생을 얻는 것이다"라고 말했다.224) 그러나 칭의는 반드시 의의 전가가 있어야 한다. 서철원 교수가 말하듯이, 하나님 앞에 생존하려면, 죄를 용서해 주는 것만이 아니라 의

---

222) Ibid., 534-535; 〈이성적 피조물이 어떻게 하나님 앞에서 의로울 수 있는가? 죄인인 사람이 어떻게 하나님 앞에서 의로울 수 있는가? 이성적 피조물이 과연 하나님 앞에서 뭔가 공로를 세울 수 있겠는가? 이런 질문들은 서로 구별되는 것들이다 첫 번째 질문에 대해서는, 이성적 피조물은 천사들의 경우처럼 율법에 본래적으로 일치함으로써 하나님 앞에서 의로울 수 있다고 답할 수 있다. 두 번째 질문에 대해서는, 사람은 죄인이므로 오직 그리스도의 공로를 전가 받는 것을 근거로 해서만 의롭다고 인정받을 수 있다고 답할 수 있는데, 이에 대해서는 칭의에 대해 다룰 때에 논하게 될 것이다. 사람이 자기의 행위를 근거로 해서는 의롭다고 선언 받을 수 없다는 것은, 칭의를 받기 전에는 사람의 행위들이 거룩하지 못하며, 또한 칭의를 받은 후에도 그 행위들이 불완전하며, 내생에 가서야 비로소 완전해지며, 그때에 가서 완전해진다 해도 그 행위들이 과거의 죄와 지금 우리를 짓누르는 죄에 대해서 보상해줄 수가 없다는 사실에서 분명히 드러난다. 세 번째 질문에 대해서는, 사람은 하나님께 아무런 공로도 세울 수가 없다고 답변할 것이다. "이와 같이 너희도 명령 받은 것을 다 행한 후에 이르기를 우리는 무익한 종이라. 우리가 하여야 할 일을 한 것뿐이라 할지니라"(눅 17:10)라고 말씀하기 때문이다. 또한 그리스도의 순종하심도 하나님께 뭔가를 첨가시킨다는 뜻에서는 공로를 세우는 것이라 할 수 없다. 그러나 그것을 공로를 세우는 것이라 하는 것은 그리스도의 위엄 때문이다. 고난 당하신 분이 바로 하나님의 아들이시기 때문인 것이다.〉
223) 서철원, **하이델베르크 요리문답 해설** (서울: 쿰란출판사, 2019), 233.
224) Ibid., 234.

로워져야 하기 때문이다. 그러나 서철원 교수는 하나님의 아들이 "하나님의 공의대로 죗값을 치러야" 한다고만 말했다.225) 서철원 교수에게는 죄의 무효화만 있고 의의 전가, 곧 칭의는 없다. 더러워진 벽을 긁어내는 것만으로는 흰색의 벽이 안 되고 흰 페인트를 벽에 발라야 흰 색깔의 벽이 된다.226)

서철원 교수는 다음과 같이 말했다.

> 7. 하나님이 나에게 그리스도의 의를 선물하셨으므로 나는 의인이 되었다. 죄의 유혹과 욕망과 그 뿌리가 없어져서 의인이 아니라 그리스도의 의를 덧입었기 때문에 의인이 되었다. 내가 의인 된 것은 순전히 그리스도의 의, 곧 죄 용서를 덧입어서이다. 그것은 오직 주 예수 그리스도의 피 흘리심을 내 죄의 용서로 받음으로 이루어졌다.227)

서철원 교수에 의하면, 그리스도의 의는 죄 용서를 덧입은 것이다. 죄 용서가 의인이 되는 것이다. 과연 그러한가? 우르시누스는 죄 사함을 다음과 같이 말했다.

---

225) Ibid., 247-248.

226) 자카리아스 우르시누스, **하이델베르크 요리문답해설**, 원광연 역 (고양: 크리스챤다이제스트, 2006), 536; ⟨5. 그리스도의 보상이 우리 외부의 것인데, 그것이 어떻게 우리의 의가 되는가? 언뜻 보면, 우리가 우리 외부의 것으로나 다른 이에게 속한 것으로 의롭다 하심을 받는다는 것이 터무니없는 것처럼 여겨진다. 그러므로 그리스도의 보상 혹은 순종이 어떻게 해서 우리의 것이 되는지를 더 상세하게 설명할 필요가 있을 것이다. 그것이 우리의 것이 되고 우리에게 적용되지 않는다면, 우리가 그것으로 의롭다 함을 받을 수가 없기 때문이다. 이는 흰 페인트를 벽에다 바르지 않으면 벽이 흰 색깔이 될 수가 없는 것과 같은 이치다 그리스도의 보상이 우리의 것이 되는 방식은 두 가지가 있다. 1. 하나님께서 친히 그 보상을 우리에게 적용시키시는 것이다. 즉, 그리스도의 의를 우리의 것으로 만드시고, 마치 그 의가 우리의 것인 것처럼 그것을 근거로 우리를 의로운 자로 받아들이시는 것이다. 2. 우리가 믿음으로 그리스도의 의를 받아들여서 그 의를 우리 자신에게 적용시키는 것이다. 즉, 하나님께서 우리에게 그리스도의 의를 주시며 그것을 근거로 우리를 의롭다고 인정해 주시며 우리를 모든 죄책에서 해방시키시리라는 것을 우리가 확신하는 것이다. 전자는 그리스도의 의의 전가(imputation)인데, 하나님께서 그리스도께서 이루신 그 의를 받아들이시고 우리를 대신하여 소용이 되도록 하시며, 그것을 근거로 마치 우리가 전혀 죄를 범하지 않은 것처럼, 혹은 최소한 우리의 죄가 완전히 보상된 것처럼 우리를 의로운 자로 간주하시는 것이다. 우리와 관계되는 이 다른 쪽의 적용은 믿는 행위 그 자체인데, 우리는 이 믿는 행위로써 그리스도의 의가 우리에게 전가되고 주어진다는 것을 확신하게 되는 것이다. 우리의 칭의에서 이 적용의 양면이 함께 일치하여야 한다. 하나님께서는 우리가 믿음으로 그리스도의 의를 우리에게 적용시킨다는 것을 조건으로 하여 그 의를 우리에게 적용시키시는 것이기 때문이다. 어떤 사람이 다른 사람에게 유익을 베풀고자 하여도, 받는 사람 편에서 그것을 받아들이지 않으면, 그 유익이 그에게 적용되지 않으며 따라서 그의 것이 되지 않기 때문이다. 그러므로 이 후자의 적용이 없으면 전자는 아무 소용이 없는 것이다. 그런데 그리스도의 의를 우리 편에서 적용시키는 일은 하나님으로부터 말미암는 것이다. 왜냐하면 그가 먼저 그 의를 우리에게 전가시키시고 그다음에 우리 속에 믿음을 일으키사 우리가 그 전가된 의를 그 믿음을 통하여 우리 자신에게 적용하게 되기 때문이다. 이로 보건대, 하나님의 적용하심이 믿음을 통한 우리의 적용보다 선행하며 그 원인이 된다 할 것이다. 그리스도께서 하신 말씀처럼 "너희가 나를 택한 것이 아니요 내가 너희를 택하여 세웠다"(요 15:16)⟩

227) 서철원, **하이델베르크 요리문답 해설** (서울: 쿰란출판사, 2019), 341.

죄 사함은 믿는 자들의 죄를 그리스도의 보상으로 인하여 형벌하지 않으시는 하나님의 목적에 있다. 혹은, 죄 사함은 받아 마땅한 형벌의 사면이요 또한 그리스도의 의를 베푸심과 전가하심 이다. 이를 좀 더 충실히 정의하면 다음과 같다. 죄 사함이란, 우리의 중보자이신 예수 그리스도의 공로와 간구를 생각하사 택함 받은 믿는 자에게 그 어떠한 죄도 전가시키지 않으시고, 죄책과 죄의 형벌을 면하게 하시고, 마치 그들이 죄를 범하지 않은 것처럼 그들을 사랑하시며, 죄의 모든 형벌에서 그들을 구하시고, 그들에게 값없이 영생을 베푸시는 하나님의 뜻이다. 그러나 하나님께서 아들의 공로를 보시고 우리 죄를 사면하시지만, 금생에서 여전히 우리에게 어려움을 가하신다. 그러나 이것은 우리를 벌하시기 위해서가 아니고 아버지로서 우리를 징계하시기 위함이다.228)

우르시누스에 의하면, 죄 사함은 형벌의 사면과 그리스도의 의를 베푸심과 전가하심이다. 그러나 서철원 교수에게는 죄용서, 곧 형벌의 사면만 있다. 서철원 교수는 "그리스도의 의를 선물하셨으므로 나는 의인이 되었다"고 말하나, 서철원 교수에게 그리스도의 의는 죄 용서를 덧입는 것뿐이다.229) 그것은 "형벌의 면제"다.230) 그러나 죗값을 치르고 형벌을 면제받으면 의롭게 되는 것이 아니라 의가 전가되어야 의롭게 된다. 칭의는 하나님의 자녀 된 신분의 권리를 회복시키는 것이다. 칭의는 법적 지위로의 회복이다. '죄 없다'로만 끝이 아니라 법적 지위를 회복해 주어야 한다.

종교개혁은 로마 가톨릭의 공로주의를 제거하기 위해서 죄책과 오염을 구분했으며 칭의와 성화를 구분했다. 죄책이란 죄의 책임이며 인간의 부패한 본성에 대한 설명이다. 우리 존재의 근본적인 문제에 대한 설명이다. 죄책은 "율법 또는 도덕적 요구를 어긴 행위에 대해서 처벌 또는 정죄를 받는 상태"다.231) 이것이 인간이 가지는 '생득적 자질'이다. 우리 존재가 근본적으로 잘못되어 있다는 성경적 관점이다. 죄책은 두 가지 의미가 있다. 첫째는 죄의 책임(reatus culpae)이며, 둘째는, 형벌적 책임(reatus poenae)이다. 이 형벌적 책임이 통상적으로 말하는 죄책이다.

죄책 = ① 죄의 책임 ② 형벌적 책임

죄책이란 율법을 범한 것에 대해 하나님의 의를 충족시켜야 할 의무를 말한다. 죄책은 죄의 본질이 아니라 "율법의 법적제재와의 관계"를 말한다.232)

---

228) 자카리아스 우르시누스, **하이델베르크 요리문답해설**, 원광연 역 (고양: 크리스챤다이제스트, 2006), 501.
229) 서철원, **하이델베르크 요리문답 해설** (서울: 쿰란출판사, 2019), 341.
230) Ibid., "죗값을 갚으면 죄에 대한 형벌이 면제된다."
231) 루이스 벌코프, **벌코프조직신학(상)**, 권수경·이상원 역 (서울: 크리스챤다이제스트, 1993), 449.
232) Ibid., 464.

죄책을 해결하려면 공의가 만족되어야만 한다. 하나님의 법에 대한 법적 책임을 져야 하기 때문에 칭의는 법정적이라 한다. 이것을 반대하는 사람이 반(半)펠라기우스주의자들과 아르미니우스주의자들이다. 죄의 책임은 "먹지 말라 네가 먹는 날에는 반드시 죽으리라"에서 먹는 행위이며, 형벌적 책임은 "반드시 죽으리라"에 해당한다. 이것이 아담의 최초의 죄이며 이 죄가 우리에게 행위언약을 매개로 전가된 원죄다.[233]

우리 존재의 본성적인 문제, 곧 죄책이 있다고 말하는 것이 행위언약이다. 우리 존재의 문제를 말한다. 그러나 '죄책의 제거'가 '오염의 제거'는 아니다. 죄의 오염으로 인한 죄의 책임이 해결되어야 한다. 그 해결이 그리스도의 능동적 순종이다. 그리스도께서는 십자가의 죽으심을 통해 모든 형벌적 책임을 담당하심으로 수동적 순종을 이루시고 율법의 모든 요구를 성취하심으로 능동적 순종을 이루셨다. 그리스도께서는 우리의 죄의 책임만 제거하신 것이 아니라 우리의 자범죄로 인한 형벌적 책임도 능동적 순종으로 해결하셨다.

반면에, 로마 가톨릭은 그런 능동적 순종이 필요 없고 인간의 문제를 다만 '원의 상실'로만 보기 때문에 '의의 주입'을 말한다. 의의 주입은 개혁신학이 말하는 의의 전가와 반대된다. 결국 인간론에서 모든 것이 시작된다. 로마 가톨릭은 인간의 자유의지와 가능성을 말하나, 개혁신학은 인간의 전적 타락과 비참함을 말한다. 왜 다르게 말하는가? 인간론이 다르기 때문이다. 존재적 관점이 다르기 때문에 신학이 다르다.

서철원 교수는 다음과 같이 말했다.

> 하나님 공의의 법에 따르면 죗값은 죄를 범한 사람이 갚아야 한다. 그러나 범죄자들은 다 파산 선고를 받은 사람들이어서 자기 죗값을 갚을 길이 없다. 죗값을 갚아야 죄를 용서받고 다시 살게 된다. 죄를 용서받아 다시 살게 되는 것이 하나님의 의이다. 하나님께서는 창조 경륜을 이루시기 위해 죗값을 하나님 자신이 갚기로 하셨다. 죗값을 갚기 위해 죄를 범한 본성을 입기로 하셨다. 그리해 사람의 자리에 오셨다.[234]

서철원 교수에 의하면, 범죄자는 자신이 죗값을 갚을 수 없는 파산선고를 받은 사람이다. 서철원 교수는 하나님의 공의의 법을 범한 사람을 "파산 선고를 받은 사람들"이라고 말했다. 이런 표현은 부적절하다. 왜냐하면 성경은 "허물과 죄로 죽었던"(엡 2:1), "죗값은 사망"(롬 6:23f)의 상태로 선고하기

233) https://lewisnoh.tistory.com/1594/ 노승수, '죄책과 오염, 칭의와 성화의 교회사적 변곡점,'(2019.2.9.)
234) 서철원, **하이델베르크 요리문답 해설** (서울: 쿰란출판사, 2019), 360.

때문이다. 성경이 말하는 그대로 명확한 인간론이라야 한다.

신학의 명료성을 위해서 서철원 교수는 '범죄자는 파산선고를 받았다'라고 말할 것이 아니라 '범죄자의 죗값은 사망이다'라고 말했어야 했다. 범죄자를 파산선고 받은 사람으로 보기 때문에 수동적 순종만 자리 잡게 된다. 그리스도께서는 단지 죗값을 갚아주신 것만이 아니라 그리스도의 의를 우리에게 전가해 주심으로 새언약의 백성으로 하나님의 나라와 의를 구하며 살게 하셨다. 그것이 능동적 순종이다. 언약의 관점에서 범죄자는 자기 죄로 저주를 받아 죽어야 죗값을 갚는 것이다. 율법의 엄중함은 어느 누구도 피해갈 수 없다. 서철원 교수는 다음과 같이 말했다.

4. 그리스도가 율법을 다 지켜 완전한 의를 이루었다는 주장은 그리스도를 죄인으로 만드는 것이다. 능동적 순종을 주장하는 사람들은 더 새로운 주장을 한다. 그리스도가 율법을 다 지켜 완전한 의를 얻었다는 주장으로 그리스도가 그 의로 자기도 구원 받았다고 주장한다. 이 말은 그리스도가 본래 죄인이었는데 율법을 잘 지켜 의를 얻어 자기를 구원하게 되었다는 것이다. 이것은 그리스도가 구원받아야 할 죄인이라고 정죄하는 것이다. 그가 율법을 다 지켜 의를 얻었으면 구약 백성들이 율법을 잘 지킴으로 의롭게 되려고 한 것과 무엇이 다른가?
능동적 순종 주장은 17세기에 나온 새로운 주장이다. 비록 존 오웬이 이런 주장을 했어도 뒤따라오는 신학자들이 이 주장을 수정하거나 논박하였으면 우리에게 이런 피해가 없었을 것이다. 그런데 19세기 신학자인 헤르만 바빙크가 능동적 순종의 주장을 아무런 반성 없이 자기 신학에 받아들이므로 20세기 화란계 미국인 루이스 벌코프(lewis Berkhof)가 그대로 자기 신학에 받아들였다. 박형룡 박사 또한 아무런 반성도 없이 그대로 벌코프의 조직신학 책을 번역해서 우리에게 가르치므로 능동적 순종 주장과 그리스도의 율법준수로 의를 획득한 것이 정통신학인 것처럼 착각하게 만들었다. 17세기에 생긴 그릇된 신학을 21세기 한국에서 고치려고 함으로 이런 어려움과 논란이 생겨나게 되었다. 그러나 성경대로 우리는 그리스도가 자기 피로 죄 용서를 이루시므로 의를 완전하게 세우신 것만 바른 진리로 받는다. 그리스도가 율법을 완전히 지켜 의를 이루시고 우리에게 그것을 전가해서 영생에 이르게 되었다는 이단적 주장을 단호히 배격한다.
5. 율법의 성취는 율법의 요구 곧 범죄하였으므로 죗값을 갚으라는 요구를 성취하신 것을 말한다. 에스라의 가르침에 의하면 이스라엘과 유다가 망한 것은 이스라엘과 유다가 율법을 범하였기 때문이라고 한다. 이런 가르침은 구약 전체의 가르침에 전적으로 배치된다. 모세 5경과 모든 선지자들이 이스라엘과 유다가 멸망한 것은 그들과 언약을 맺어 자기 백성 삼으신 여호와 하나님 섬김을 버리고 우상들과 이방신들인 귀신들을 섬겼기 때문이라고 주장하였다. 그런데 에스라가 율법주의 유대교를 세우므로 율법을 범함이 이스라엘과 유다가 망한 근본 원인이 되었다. 에스라 이후에 누가 율법을 다 지켰는가? 또 누가 율법을 다 지킬 수 있었는가? 에스라 이후에 율법 중 가장 큰 계명을 범한 것은 바로 안식일 성수를 범한 것이다.
그리스도가 율법을 완전히 준수하므로 의를 얻어서 그 의의 전가로 우리가 영생하게 되었다고 주장하는 사람들이 생각해야 할 조목이 있다. 그리스도가 율법 조항들을 다 지켜서 의를 얻었는가? 그리스도는 안식일에 병자를 세 사람이나 고쳤다. 안식일 계명을 범했기 때문에 바리새파와 사두개파들이 예수를 죽이려고 했다. 율법을 완벽하게 준수한 그리스도가 어찌 안식일을 범하여 안식일에 세 명의 병자를 고칠 수 있었는가? 그리스도가 율법을 성취한 것은 율법의 조항들을 다 지킨 것이 아니다. 그는 율법의 요구를 성취하셨다. 범죄하였으므로 죗값을 갚으라는 것이 율법의 요구이다. 그리스도가 피 흘려 우리가 범죄함으로 얻은 죄벌을 완전히 해결하셨다. 그리스도는 그의 흘린 피로 우리가 범한 죄의 값을 다 갚으셨다. 그러므로 우리는 율법을 지킬 모든 의무가 면제되었다.

칼빈은 율법을 생활의 규범으로 강조하였다. 그러나 이에서 나아가 율법에 구원 기능을 부가하였다. 율법이 그리스도 밖에서는 죽이고 망하게 하지만 그리스도 안에서 혹은 그리스도와 함께는 구원하는 기능을 행사한다고 하였다. 이것은 후기 유대교의 주장과 같다. 아무도 율법을 지켜서 구원에 이를 수 없다. 그리스도도 자기의 구원을 위해서 율법을 지켰다면 그도 죄인으로 율법을 지킨 것이므로 결코 율법을 지킬 수 없었다고 해야 맞다. 율법의 성취는 율법의 요구 곧 범죄하였으므로 죗값을 갚으라는 요구를 성취한 것을 말한다. 그리스도는 피 흘려 죗값을 갚으므로 율법의 요구를 완전히 성취하셨다. 이것이 율법의 성취이다. 그리스도가 피 흘려 죗값을 갚으므로 율법을 성취하셨다. 그러므로 우리 믿는 자들은 율법을 지킬 의무가 완전히 면제되었다. 율법을 지켜야 구원 얻는 것은 성경에 아무런 자리가 없다. 우리는 자기의 피로 율법의 요구를 다 충족하신 그리스도를 믿는다. 이 믿음으로 우리는 죄사함 받아 하나님의 자녀가 되고 영생을 받았다. 우리가 영생을 받은 표가 성령의 내주이다. 성령의 임재는 방언으로 시작하고 이루어지는 것이 아니다. 믿을 때부터 하나님을 아버지라고 불러 기도하는 것이 성령 받았다는 가장 확실한 증거이다.[235]

서철원 교수는 "그리스도가 율법을 성취한 것은 율법의 조항들을 다 지킨 것이 아니다"라고 말하면서 그리스도께서 율법을 성취하신 것이 아니라고 말한다. 혹자는 "하나도 빠짐없이"라는 말에 이의를 제기한다.

존 머리(John Murray, 1898-1975)는 다음과 같이 말했다.

그리스도의 희생은 레위기에서 말하는 모형들을 따라 이해해야 한다. 하나같이 그리스도께서 드린 산 제사를 본뜬 것이기 때문이다. 하지만 동시에 원형인 그리스도의 희생의 완전함과 대비되는 모형으로서 그것들이 갖는 한계 역시 인식해야 한다. 레위기의 희생제사가 그리스도의 희생에서 문자적으로 세세하게 성취되는 것을 기대할 수도 찾을 수도 없는 이유는, 바로 그것들이 갖는 이러한 모형으로서의 한계 때문이다. 구약의 제사에는, 제물을 드리는 사람과 드려지는 제물 사이의 괴리가 있었고, 제물을 드리는 사람의 죄책과 그것으로 인해 드려지는 제물 사이의 불균형이 상존했다. 그리스도께서 자신을 희생제물로 드리신 경우에서는 이런 모든 괴리가 사라져야 했다. 자신을 드린 그리스도의 희생제사의 고유하고 초월적인 성격과는 도무지 비교될 수 없는 레위기 제사들이 말하는 세세한 규례들을 그리스도의 희생에서 찾아볼 수 없는 것 역시, 하나님 아들의 희생제사에서 구약의 희생제사가 갖는 이런 불균형이 사라진 것과 관계가 있다.[236]

머리에 의하면, "하나도 빠짐없이"는 문자적으로 세세히 성취된 것을 기대할 수도 찾을 수도 없는 이유는 "모형으로서의 한계" 때문이다. 모형보다 실체가 더 포괄적이다. 모형이 실체를 아우르는 것이 아니라 실체가 모형을 아

235) http://www.newspower.co.kr/48711/ 서철원, '[서철원 박사] 능동적 순종과 관련된 문제점들,'(2021.2.22.). accessed 2021.10.9.
236) 존 머레이, **구속**, 장호준 역 (서울: 복있는사람, 2013), 49-50.

우른다. 그런 까닭에, '그리스도께서 율법을 하나도 빠짐없이 완전하게 순종하셨다'는 것은 그리스도께서 옛언약의 세세한 규례들을 다 행한 것이 아니라 모형을 성취하시고 더 낮고 완전한 성취를 이루셨다는 뜻이다.

서철원 교수는 다음과 같이 말했다.

> 그리스도는 십자가의 죽음에까지 순종하여(빌 2:8) 속죄를 이루셨다. 하나님의 법이 정한 대로 죗값을 갚기 위해 죽기까지 순종하셨다(롬 6:23; 창 2:17). 그리스도가 그의 피로 죗값을 다 지불하므로 율법의 요구를 다 이루셨다. 주 예수는 율법성취의 요구를 이루시기 위하여 저주 아래 죽으셔서(갈 3:13) 우리를 구원하셨다. 예수의 죽음이 대리적 죽음이어서 우리 모두가 죽은 것이 되었다(고후 5:14-15). 죗값대로 모든 사람들이 다 죽어야 하는데 그리스도가 우리의 대표로 대신 죽으시므로 우리 모두가 죽은 것이 되었고 우리의 죗값을 다 지불하신 것이다. 그리스도의 죽음이 우리의 구원이다(고전 15:3).[237]

서철원 교수에 의하면, 그리스도께서 십자가의 죽음에까지 순종함으로 속죄를 이루시고 율법 성취의 요구를 이루어 죗값을 지불함으로 우리에게 구원을 주셨다. 서철원 교수는 율법의 요구는 죽음이므로, 그리스도께서는 십자가의 죽으심으로 죗값을 다 지불하셨다고 말했다. 하지만 우리가 의로워지려면 그리스도께서 율법의 요구인 죽음을 해결하기 위해 죗값을 지불해 주신 것만이 아니라 그리스도의 의가 우리에게 전가되어야 한다. 칭의는 두 가지, 곧 죄의 사면과 의의 전가를 말한다.

서철원 교수가 "종교개혁교회 신학자들도 중세 스콜라 신학이 했던 것처럼 아리스토텔레스의 형이상학의 언어를 사용하기로 하므로 사변이 많이 일어나게 되었다"라고 말하면서 능동적 순종을 사변이라고 말하는 것은 스콜라적 논증 방식과 스콜라 신학을 오해한 결과다. 서철원 교수의 이런 후기 신학적 관점은 '의의 전가'를 새관점 신학처럼 개혁교회의 정통교리인 '그리스도께서 능동 순종으로 얻으신 의와 그 의의 전가' 교리를 부정하는 신학이다. 서철원 교수는 다음과 같이 말했다.

> 주 예수께서는 출생 후 할례를 받으심으로 언약 백성의 표를 받아 율법의 요구를 다 담당하셨다. 그러므로 그분 삶은 다 율법준수의 삶이었다. 모든 구약백성이 바란 율법준수자 곧 율법 성취자로서 율법의 요구를 짊어지셨다. 그리하여 율법 아래 있는 자들을 속량하려고 하셨다(갈 4:4-5).[238]

---

237) 서철원, **서철원 박사의 교의신학4 그리스도론** (서울: 쿰란출판사, 2018), 165-166.
238) Ibid., 165.

서철원 교수의 이러한 진술은 그리스도께서 생애 동안에 능동적 순종과 수동적 순종을 다 이루어 죗값을 치렀다는 것을 의미한다. 그러나, 서철원은 "전통적 신학에서 예수의 율법준수를 능동적 순종, 십자가에서의 죽음을 피동적 순종이라고 한 구분과 가르침은 전적으로 잘못되었다"고 말했다.[239] 서철원 교수는 그리스도께서 피 흘려 죄 용서하신 것을 우리의 의로 여기고 전가하셨다고 말했다.[240] 서철원 교수는 오직 수동적 순종으로만 죄용서와 영생을 주셨다고 주장했다.[241] 서철원 교수에게 능동적 순종은 개혁신학이 복음을 제대로 이해하지 못한 것이며 "율법주의적 관점에서 나온 사변"이다.[242]

9) 『갈라디아서』(2020년)

서철원 교수는 다음과 같이 말했다.

> 한 사람이 모든 율법의 요구대로 죽음으로 그 요구를 다 이루었다. 그리스도의 십자가의 죽음은 모든 율법의 요구를 다 이룬 것이므로 모든 율법을 다 지킨 것이다. 십자가의 죽음은 율법의 요구대로 율법을 범한 값 곧 범죄함에 대한 값을 지불함이어서 율법의 요구가 다 성취되었다. 그러므로 그리스도의 죽음 이후에 다시 율법을 지킨다는 것은 십자가의 죽음을 무효화시키는 일이었다. 다시 율법을 지키는 것은 율법의 요구가 아직 충족되지 않았다고 판정하는 것이고, 준수를 이루지 못하였으니 마땅히 치러야 할 죗값을 치르지 않았으므로 그대로 그 빚이 남아 있다는 것을 뜻한다. 율법이 성취되었는데 아직 성취되지 않은 것으로 확정한 것이기 때문이다. 그러므로 갈 3:1에 십자가가 눈에 밝히 보인다고 바울이 강조한 것이다. 그리스도의 십자가 이후에는 더 이상 율법을 지켜 구원에 이르는 것은 불가능하게 되었다.[243]

서철원 교수에 의하면, 십자가의 죽으심은 율법의 요구대로 율법을 범한 값의 지불이다. 그런데 여기서 주의할 것은, 그것이 "율법의 요구가 다 성취되었다"라고 말한 것이다. 문맥상으로 볼 때, "다시 율법을 지키는 것은"이란 갈라디아 교회의 성도들이 율법을 지켜 믿음 외에 추가적인 의를 이루려고 했다는 것이다. 그렇다면 율법의 성취란 그리스도께서 십자가에 죽으심만이 아니라 갈라디아 교회의 성도들이 율법을 지키려고 하는 그것을 그리스도께

---

239) Ibid., 167.
240) 서철원, 하이델베르크 요리문답 해설 (서울: 쿰란출판사, 2019), 367.
241) Ibid., 384; "사람이 그리스도의 피로 죄를 용서받으면 의인이 된다. 죄 없다고 무죄선언을 받았기 때문이다."(Ibid., 396.)
242) Ibid., 615; "6. 율법준수로 의를 받을 수 있다고 한 설정부터 잘못된 논리다. 계명을 지켜 의를 얻을 수 있다고 제시한 율법주의적 관점에서 나온 사변이다. 개혁자들이 복음의 이해에 아직 온전하게 이르러가지 못했다."
243) 서철원, 갈라디아서 (서울: 쿰란출판사, 2020), 44-45.

서 다 성취하셨다고 말해야 올바르다.

서철원 교수는 "율법을 지키려고 노력하지 않아서가 아니다. 아무리 노력해도 율법을 지킬 수 없어서 저주와 정죄만이 언제나 선포되었다."고 말했다.[244] 서철원 교수는 유대인의 잘못된 구원론을 비판했다.[245] 그러나 서철원 교수는 행위에 의한 의를 추구한 유대교의 오류만 말하고 언약의 율법이 요구하는 의에 대해서는 말하지 않았다. 서철원 교수에게 "십자가가 율법의 요구의 성취"이며, "십자가를 믿음이 모든 율법의 요구의 성취"다.[246] 이제 행위언약은 문전박대를 당하고 십자가의 구속만이 율법의 성취라고 깃발을 달았다. 십자가 구속이 율법 성취의 전부라면, 마태는 왜 "애굽으로부터 내 아들을 불렀다 함을 이루려 하심이라"(마 3:15)고 말했을까?

10) 『에베소서』(2021년)
서철원 교수는 다음과 같이 말했다.

> 율법만이 전부일 때는 이방인들은 전혀 구원을 바랄 수도 없었고, 하나님을 알 수도 없었다. 그런데 이제 예수 그리스도께서 십자가에서 피 흘리심으로 율법에 의한 구원의 길을 종식시키셨다. 그리고 그 피를 믿기만 하면 구원에 이르므로 이방인도 쉽게 구원을 얻을 수 있게 되었다. 유대인도 더 이상 율법을 지킴으로 구원을 바라는 것이 아니다. 그들도 율법 대신 그리스도의 피를 믿고 의지해야 한다.[247]

서철원 교수에 의하면, 그리스도의 피 흘리심은 율법에 의한 구원의 길을 종식시켰다. 그러나 서철원 교수는 "율법이 전부일 때는"이라고 말함으로써, 옛언약 시대에는 "율법에 의한 구원의 길"이었다는 것을 말했다. 개혁신학은 그것을 행위언약이라 한다. "율법에 의한 구원의 길"이란 율법을 지켜 의를 이루어 구원에 이르는 것이다. 이 원리는 인간이 이룰 수 없었다. 오직 예수 그리스도만 율법을 완전히 성취하시고 의를 이루셨다.

11) 『빌립보서』(2022년)
서철원 교수는 다음과 같이 말했다.

---

244) Ibid., 48.
245) Ibid., 43; "율법을 지켜야 완전한 믿음이고 완전한 구원에 이르러 성령을 충만하게 받을 줄로 믿었다. 율법을 완전히 지킴으로써 획득한 의에 근거해서 성령을 청구할 수 있다고 믿었다. 이것이 바로 유대교의 근본 가르침이다."
246) Ibid., 200, 201.
247) 서철원, 에베소서 (서울: 쿰란출판사, 2021), 103.

의롭게 되는 것은 율법준수로는 불가능하다. 오직 그리스도를 믿는 믿음으로만 된다. 그 믿음은 그리스도를 믿는 믿음이다. 그리스도를 믿음으로 그리스도와 연합되어 그와 하나가 되고, 그의 백성이 된다.248)

서철원 교수에 의하면, 율법준수로는 의롭게 되지 못하고 오직 그리스도를 믿음으로 의롭게 된다. 서철원 교수는 그리스도를 믿는 믿음의 내용에 대해서는 진술하지 않았다. 그리스도와 연합된다는 것은 그리스도와 존재론적 하나가 아니라 그리스도와 언약적 연합이다. 그 연합으로 그리스도께서 율법에 순종하시고 십자가에 죽으심으로 이루신 의를 우리에게 주셨다.

RPTMINISTRIES
http://www.esesang91.com

---

248) 서철원, **빌립보서** (서울: 쿰란출판사, 2022), .149

3

chapter

정이철 목사
능동적 순종은 없다

Ⅲ. 정이철 목사 '능동적 순종은 없다'
1. 정이철 목사의 주장은 논리적 근거가 없다

서철원 교수로부터 탄약을 받은 정이철 목사는 행위언약과 능동적 순종을 부정했다. 그리고 행위언약과 능동적 순종을 말하는 교수들과 목사들을 이단으로 정죄했다. 정이철 목사는 서철원 교수의 주장을 그대로 수용하여 인간론의 문제와 신학적 문제를 그대로 드러냈다. 이 두 가지는 앞에서 다루었기 때문에 재론할 가치가 없으나, IAOC 부정과 관련되어 있기 때문에 더 확인해 보려고 한다. 존 오웬과 「사보이 선언」, 퍼킨스와 행위언약 문제는 이어지는 글에서 다루게 될 것이다. 정이철 목사는 서철원 교수의 복사판이기 때문에 서철원 교수의 문제는 정이철 목사의 문제다. 서철원 교수의 적(敵)은 서철원 교수이고, 정이철 목사의 적(敵)은 정이철 목사다.

IAOC에 대한 정이철 목사의 주장은 세 가지로 말할 수 있다.

첫 번째로, 정이철 목사는 '성경에 그리스도의 율법준수의 전가란 용어가 하나도 나오지 않는다'고 말했다. 이 점에 대해 이의를 제기할 사람은 없다. 그러나 그리스도께서는 하나님의 모든 명령에 순종하셨다. 예를 들어, 세례를 받으심, 할례를 받으심, 아버지께서 하라고 하신 말과 행동만 하심 등이다. 그런 까닭에, 그리스도께서 일평생 하나님의 명령을 순종했음이 분명하다. 성경에 용어가 없다고 해서 그 의미도 없다고 말하는 것은 무리다.

두 번째로, 정이철 목사는 칼빈에게 능동적 순종 사상이 있다는 것을 부정했다. 특히, "기독교강요 2.16.5에서 능동순종 사상이 나온다는 것은 거짓말입니다"라고 말했다. 정이철 목사가 인용한 『기독교강요』 2.16.5.는 두 가지를 말한다.[249] 첫째는, 죄책을 제거하여 하나님과 화목하게 된 것, 둘째는, 복종하는 모든 과정을 통해 의를 얻어서 하나님께서 성도들에게 자비와 친절을 베푸시게 한 것이다. 이 두 가지는, 수동적 순종의 전가(첫째)로, 그리스도의 능동적 순종의 전가(둘째)로 볼 수 있다. 『기독교강요』 2.16.5.는 그리스도의 능동적 전가 교리의 지지 근거가 될 수 있다.

세 번째로, 정이철 목사는 그리스도의 평생의 순종을 부정했다.[250] 정이철

---

249) https://www.good-faith.net/news/articleView.html?idxno=2227/ 정이철, '기독교강요 2.16.5에서 능동순종 사상이 나온다는 것은 거짓말입니다.'(2021.3.5.); "합신의 신학연구위원회에서도 〈기독교강요〉의 그 부분을 인용하면서 칼빈도 능동순종 사상을 가진 사람이었다고 했습니다. 〈기독교강요〉 2.16.5에서 칼빈이 능동순종을 지지했다는 것은 사실이 아닙니다. 칼빈은 자신의 주장의 근거되는 성경 구절을 반드시 인용합니다. 〈기독교강요〉 2.16.5에서 칼빈이 인용한 모든 성경 구절들은 모았습니다. 각각의 구절들이 과연 그리스도의 능동순종과 관련되어지는지 살펴보겠습니다. 그리스도가 율법을 지켜서 의를 얻으셨다는 내용의 성경 구절은 없습니다."

목사는 칼빈의 롬 5:19 주석을 인용하며, "그리스도의 능동순종 거짓 신학을 단방에 무너뜨리는 내용"이라고 말했다. 정이철 목사가 논한 롬 5:19에 대한 칼빈의 주석은 율법에 대한 그리스도의 순종이 믿음으로 우리에게 전가되었다고 보아야 한다.[251] 이 구절은 칼빈이 그리스도의 율법준수가 신자에게 전가되었다고 주장하는 가장 강력한 근거다.[252] 참고로, 피스카토르나 파레우스가 능동적 순종을 비판한 성경 구절이 롬 5:19이었다.

문제의 핵심은 존재적 관점, 곧 '창조 당시 아담은 하나님 백성이었는가? 아니었는가?', '창조 당시 아담은 하나님의 모든 은혜와 영생을 소유했었는가? 아니었는가?'에 있다. 이 핵심 질문에 대한 정이철 목사의 주장은 무엇인가?

> 하나님은 사람에게 노력하여 영생의 자격을 얻으라고 명령하셨는가? 아니면 하나님께서 창조된 아담에게 영생과 모든 은혜를 다 주시고 아담이 영원히 하나님 백성으로 살고 하나님 자신도 영원히 아담의 하나님으로 남기로 언약하셨는가? 정답은 후자이다. 만일 곧 다시 죽을 아담에게 노력하여 영생을 얻으라고 명하셨다면, 생명나무의 의미가 사라진다. 어차피 죽을 아담에게 "정녕 죽으리라!"라고 경고하신 것도 어색해진다. 하나님이 불순종한 아담이 그대로 죽게 버려두고 다른 사람을 창조하여 백성 삼으시지 않고, 아담의 언약 파기의 죗값을 대신 친히 지불하심으로 언약을 복원하고 다시 아담과 그 후손들을 자기 백성 삼으시는 것도 어색해진다. 청교도들은 기독교의 향방을 가르는 이 중요한 문제에서 성경의 가르침과 칼빈의 가르침에서 벗어났다. 율법 순종을 강조함으로 사람들을 경성하게 하는 효과를 얻기는 했으나 구원에 관한 성경의 진리에서 이탈하였다. 그리고 청교도 혁명 시대에 작성된 웨신서까지 아무 비판 없이 이런 내용이 수록되었고, 지금 우리도 역시 아무 비판 없이 그대로 맹종하고 있으므로 성경의 진리가 매우 심각하게 왜곡되었다.[253]

정이철 목사의 주장은 논리적 근거가 없다. 정이철 목사의 상상력에 근거한 주장이다. 하나님께서 아담에게 "노력하여 영생을 얻으라고 명령하셨는

---

250) http://www.reformednews.co.kr/9471/ 유창형, '[신학연재4] 그리스도의 능동적 순종의 전가에 대한 논쟁 (4) 정이철 목사의 견해,'(2021.3.12.).

251) 존 칼빈, 기독교강요(상), 원광연 역 (고양: 크리스챤다이제스트, 2003), 622-623; 기독교강요 2.16.5. 그리스도께서 죽기까지 순종하심으로 우리를 구속하셨음.

252) http://www.reformednews.co.kr/9471/ 유창형, '[신학연재4] 그리스도의 능동적 순종의 전가에 대한 논쟁 (4) 정이철 목사의 견해,'(2021.3.12.); 〈정이철의 세 번째 주장에서, 논자가 로마서 5장 19절에서, qualitatem이나 proprium은 "고유한, 특징적인"이라고 해석하는 것이 '본질로서'라고 해석하는 것보다 합당하므로, "그리스도에게 특징적으로(혹은 자산으로) 속한 의"라고 해야 옳다. 왜냐하면, 율법의 완전한 복종은 오직 그리스도만이 이룰 수 있기 때문이다. 만약 신호섭과 정이철의 주장처럼, 그리스도께 본질로 속한 의가 우리에게 전가된다면 그리스도가 평생 한 순종은 별로 의미가 없을 것이다. 왜냐하면, 그는 의롭게 태어났고, 살아있을 동안에 항상 의로웠기 때문에 아무 때라도 그의 본질적인 의로 속죄 제물을 드려서 우리를 무죄하게 만들고 의롭다고 선언 받도록 하실 수 있기 때문이다. 그렇다면 무엇 때문에 많은 생애 동안 순종하신 후에 장성한 상태에서 속죄 제사를 드렸는가 하는 의문이 따른다.〉

253) http://www.good-faith.net/news/articleView.html?idxno=2006/ '웨신서의 행위언약 사상은 사도들과 칼빈의 신학이 아닙니다,'(2020.8.12.).

가?"라는 정이철 목사의 주장은 언약적 이해가 부족하다는 것을 보여준다.
정이철 목사는 다음과 같이 말했다.

> 칼빈과 정통 개혁주의자들은 창조 당시 아담이 하나님의 불완전하지 않은 온전한 백성이었고 영생과 모든 하나님의 은혜를 넘치도록 가진 사람이었다 가르쳤다. 하나님이 아담의 완전한 순종을 조건으로 영생을 주기로 했고, 아담의 마음에 영생의 기준인 율법이 기록된 상태로 창조되었다는 청교도 신학의 가르침은 매우 생소한 기독교 사상이다.[254]

정이철 목사에 의하면, 칼빈과 정통 개혁주의자들이 말하는 창조 시의 아담은 "불완전하지 않은 온전한 백성이었고 영생"을 지닌 존재였다. 정이철 목사는 그 근거로 칼빈의 『기독교강요』를 인용했다.

> 그러므로 아담이 어떤 방법으로 하나님의 진노를 유발하여 벌을 받았는가 하는 것을 생각하기란 그다지 어렵지 않다. 참으로 교만이 모든 악의 처음이었다는 어거스틴의 단정은 옳다. 사람이 자기의 처지에 만족하고 바른 한계를 넘으려고 하지 않았더라면, 태초의 상태에 머무를 수 있었을 것이다(2.1.4).
> 그러나 그 후로 야심과 교만이 배은망덕과 함께 생겨났으니, 아담은 받은 것 이상을 원함으로써 하나님께서 아낌없이 주신 그 위대하고 풍성한 은혜를 파렴치하게 경멸했기 때문이다. 흙의 아들이 하나님의 형상대로 지음을 받고도 또한 하나님과 동등하게 되지 않는 것을 사소한 일로 보았으니 이 얼마나 해괴하고 흉악한 태도였는가!(2.1.4)
> 성례는 우리의 믿음을 더욱더 강화시키는 것이기 때문에, 주께서는 어떤 때에는 성례로 약속하신 일을 우리가 믿지 못하도록 하시기 위해서 성례 자체를 우리에게서 빼앗으신다. 아담에게서 영생의 은사를 빼앗고 주지 않으셨을 때에 주께서는 '그가 그 손을 들어 생명나무 실과도 따먹고 영생할까 하노라고 하셨다(창 3:22). 이것은 무슨 뜻인가? 아담이 잃어버린 불멸성을 그 과실이 회복할 수 있었을까? 결코 그런 것이 아니다. 여호와의 이 말씀을 다른 말로 옮긴다면, "나의 약속의 상징에 집착하여 헛된 확신을 즐기지 못하도록 불멸에 대한 소망을 그에게 줄 수 있는 것을 그에게서 빼앗으리라"는 말이 될 것이다(4.14.12).[255]

칼빈의 이 말들은 아담이 '불완전하지 않은 온전한 백성이었고 영생을 지닌 존재였다'는 증거가 될 수 없다. 정이철 목사가 인용한 『기독교강요』에는 '아담은 영생을 지닌 존재였다'고 말하는 어떤 명시적인 것도 없다.

우리는 칼빈의 다른 글을 대조하며 칼빈의 의도를 살펴보아야 한다. 칼빈의 창 2:7 주석에서 보았듯이, 칼빈은 아담은 완전한 존재가 아니며 단지 '세상적인' 것이라고 말했다.[256] 칼빈은 아담을 영생을 소유한 상태로 말하지 않았다. 정이철 목사는 서철원 교수의 말도 인용했다.

---

254) 같은 사이트에서.
255) 같은 사이트에서.
256) 존 칼빈, **구약성서주석 1** (서울: 성서교재간행사, 1982), 863.

인류의 원죄는 하나님 밑에서 왕 되는 것을 거부하고 직접 하나님같이 되려는 데서 성립한다. (서철원, 「서철원 박사의 교의신학 4: 그리스도론」,(쿰란, 2018), 163.)
첫 인류는 먹지 말라는 하나님의 계명을 범하므로 곧 하나님 섬김을 거부하므로 죄인이 되어 생존권을 박탈당하여 죽게 되었다(창 2:17).(서철원, 「서철원 박사의 교의신학 4: 그리스도론」 (쿰란, 2018),166)
사람이 하나님의 형상으로 창조되어 창조주를 하나님으로 섬겨야 할 존재인데 하나님을 반역하므로 영원한 멸망과 죽음에 종속하였다.(서철원, 그리스도론, 253)
첫 인류는 창조주 하나님을 반역하여(창 3:1-19) 하나님 백성 되기를 거부하므로 죽음에 이르게 되었다(창 2:17; 3:19).(서철원, 그리스도론, 264)
그리고 언약을 체결하시어 사람을 하나님 백성으로 삼아 창조주 하나님만을 섬기게 정하셨다. … 이렇게 큰 호의를 입어 하나님의 백성 된 자가 하나님처럼 되겠다고 손을 들어 하나님을 대적하였다. 이렇게 하나님은 그의 인격과 엄위와 영광을 짓밟힘 당하고 무시당하셨다. 사람이 반역하여 하나님을 섬기지 않기로 결행하므로 그의 인격과 엄위를 무시하였다. 하나님 섬김의 명령을 어기어 창조주 하나님의 위엄과 엄위를 무시하였다. 언약백성이 하나님을 섬기지 않고 자주자가 되기로 하였다.(서철원, 그리스도론, 195)[257]

서철원 교수는 인간이 영생의 상태로 창조되었으며 완전한 의의 상태라고 말했으나,[258] 죄를 지어 죽게 되었다고 말했다. 영생의 상태이고 완전한 의의 상태인데 죄를 지어 죽게 된다는 것은 과연 일관성 있는 주장인가?

청교도 신학자 토마스 보스톤(Thomas Boston, 1676-1732)은 『인간 본성의 4중 상태』(*Human Nature in Its Fourfold State*)에서 아담과 하와의 상태를 '무죄 상태'(the state of innocence)라고 묘사했다. 보스톤은 하나님께서 사람을 지으셨을 때는 무죄 상태라고 보았다(전 7:29; 창 5:1-2).[259]

보스톤은 증거 구절로 말한, "하나님이 사람을 정직하게 지으셨"다는 말씀을 통해(전 7:29).[260] "이는 사람이 지음받았을 때 순응해야 할 법이 있음을

257) 같은 사이트에서.
258) 서철원, 서철원 박사의 교의신학3 인간론 (서울: 쿰란출판사, 2018), 99.
259) 토마스 보스톤, 인간본성의 4중상태, 스데반 황 역 (서울: 부흥과개혁사, 2015), 21-22; 〈죄를 지을 수 있는 상태(posse peccare), 죄를 지을 수밖에 없는 상태(non posse non peccare), 죄를 짓지 않을 수 있는 상태 (posse non peccare), 죄를 지을 수 없는 상태(non posse peccare)가 그것이다. 이 네 개의 범주는 웨스트민스터 신앙고백에 나타나 있는데, 거기서 이 범주들은 "무죄의 상태", "죄인의 상태", "은혜의 상태", "영광의 상태"로 분류되고 있다.〉(Ibid., 15.)
260) Ibid., 24; 〈본문은 "하나님은 사람을 정직하게 지으셨다"고 말한다. 이는 사람이 지음받았을 때 순응해야 할 법이 있음을 전제한다. 무엇이든 규칙적이거나 규칙이 있다는 것은 반드시 법을 전제로 한다. 따라서 우리가 알 수 있는 것은 이 법은 영원하며 없어서는 안 될 의의 법으로서, 사람의 육적인 지각(知覺. mind)은 거절한 법이지만 둘째 아담은 모든 사항을 완전히 준행하신 법이라는 사실이다. 이교도들에게도 이 법에 대한 부분적인 의식이 여전히 남아 있기 때문에 그들은 "율법이 없어도 자기가 자기에게 율법이 된다"(롬 2:14). 즉, 이 법은 우리가 도덕법이라고 부르는 십계명으로 요약되어 나중에 시내산에서 이스라엘 백성에게 선포되었다. 사람의 의는 이 율법 또는 규칙에 순응하는 데 있었다.〉

전제한다"고 말했다. 이어서 보스톤은 다음과 같이 말했다.

좀 더 구체적으로 말하면, 사람에게는 두 가지의 순응이 필요하다. 하나는 율법에 그의 영혼의 능력이 순응하는 것으로 특유의 의라고 불리고, 다른 하나는 사람의 모든 행동이 그 법에 순응하는 것으로 실제적인 의라고 불린다. 자, 하나님은 사람을 지으실 때 특유의 의를 지닌 존재로 지으셨다. 이에 사람은 스스로 의롭게 행동해야 했다. 특유의 의는 하나님이 사람의 손에 쥐어 준 자본이었다. 사람은 특유의 의를 사용하고 발전시켜서 실제적인 의를 만들어내야 했다. 필자가 말한 것을 요약하면, 사람이 지음받았을 때 지녔던 의는 그의 영혼의 모든 기능과 능력이 도덕법에 순응하는 의였다. 우리는 사람이 지음받았을 때 맨 처음 부여받은 이 의를 본래의 의(Original Righteousness)라고 부른다.261)

보스톤에 의하면, 하나님께서는 특유의 의를 주셨으나 하나님의 법에 순응하여 실제적인 의를 만들어내야 했다. 결론적으로, 보스톤은 "성경에서 설명된 본래의 의는 보편적이며 자연적이었다는 사실과 그럼에도 변할 수 있었다는 사실이다"라고 말했다.

이로 보건대, 정이철 목사가 '하나님께서 인간을 영생의 상태로 창조했다'고 주장하는 것은 성경적 근거가 없으며, 칼빈이나 보스톤의 견해에도 일치하지 않는다. 정이철 목사는 존재의 양양을 주장하는 서철원 교수의 주장을 답습하기 때문에 서철원 교수의 오류를 반복할 수밖에 없다. 정이철 목사는 인간에 대한 존재적 관점이 성경적이지 않기 때문에 능동적 순종을 부정하는 그 어떤 주장도 타당성을 인정받을 수 없다.

2. 성경에는 율법준수의 전가가 없다?

정이철 목사는 성경에는 그리스도의 율법준수의 전가란 용어가 하나도 나오지 않는다고 말했다. 성경에 없는 말이라는 것은 누구나 안다. '삼위일체'라는 말도 '조직신학'이라는 말도 성경에 없다. 단순히 '성경에는 그런 용어가 없다'라고 말하는 것으로는 논증이 성립되지 않는다. 그러나 예수님께서는 하나님의 모든 율법에 순종하셨다. 예를 들어, 세례와 할례를 받으시고 십자가에 죽으시기까지 하나님을 사랑하고 이웃을 사랑하는 본을 보이셨다. 그리스도께서는 일평생 하나님의 명령을 순종하셨다. 그리스도께서 일평생 순종하신 모든 것은 우리의 죄를 사하며 우리를 의롭게 하기 위한 것이다.

정이철 목사는 율법을 통해 영생을 얻는 것이 불가하다고 주장했다.

---

261) 토마스 보스톤, **인간본성의 4중상태**, 스데반 황 역 (서울: 부흥과개혁사, 2015), 25.

성경은 다음과 같이 누구도 율법을 통해 영생의 의를 얻는 것이 불가능하다고 한다(갈 3:11, 21; 히 7:19; 롬 5:13; 롬 5:20). 왜 개혁신학자들은 성경과 다른 길을 가는가? 왜 모세의 율법을 지켜서 영생의 의를 얻는 것이 가능하다고 하는가? 왜 개혁신학자들은 그리스도가 모세의 율법을 완전하게 지켜서 우리를 위해 영생의 의를 얻었다고 하는가? 왜 개혁신학자들은 죄 없고 거룩한 순종의 삶으로 하나님을 기쁘게 한 그리스도가 자기의 피로 우리의 죗값을 갚으심으로 우리에게 죄 용서를 주심으로 우리를 구원했다는 성경의 가르침에 발길질하는가? 왜 개혁신자들은 성경과 다른 내용의 구원론을 말하는가?[262]

정이철 목사의 주장대로, 개혁신학자들은 성경과 다른 길을 가고 있는 것인가? 성경은 우리 스스로가 율법을 지켜야 영생을 얻는다고 말하지 않는다. 그러나 우리가 얻은 의는 우리가 율법을 지켜 만들어 낸 의가 아니라 예수 그리스도께서 주신 의다. 이것은 우리 존재의 변화를 말한다. 우리 존재는 예수 그리스도로부터 면책과 의의 전가를 받음으로 변화된다.

정이철 목사는 그리스도의 능동적, 수동적 의의 전가를 주장하는 청교도 신학자들과 이들을 인용한 사람들을 자신의 홈페이지 '바른믿음'에서 신랄하게 비판했다. 정이철 목사의 비판 근거는 칼빈의 글과 서철원 교수의 주장이다. 정이철 목사는 베자가 그리스도의 능동적 수동적 순종의 전가를 말했으며, "베자는 칼빈의 제자였으나 칼빈의 종교개혁신학을 바르게 습득하지 못했다고 평가받고 있다"고 말했다.[263] 정이철 목사는 다음과 같이 말했다.

필자는 역사신학을 전공하지 않았으나 그리스도의 능동순종 개념이 언제부터 등장했는지 안다. 1600년대 영국과 유럽의 개신교 속에서 처음으로 등장했다. 1600년대 이전에 능동순종 개념이 교회에 등장하여 뿌리내리지 않았다. 1500년대의 종교개혁의 핵심을 유럽의 개신교회들 속에 뿌리내리게 만드는 작업이 진행되었던 1600년대에 능동순종이 등장했다. … 공교회의 종교회의에서 율법준수로 칭의를 얻고 십자가의 피로 죄 용서를 받는다고 가르치는 능동순종 신학에 대해 논의한 적이 있는가? 그리스도가 율법준수하여 영생의 의를 얻었다는 것이 기독교 신앙의 중요한 요소라면 공교회의 종교회의에서 한 번도 다루어지지 않을 수 있었을까? 칼빈의 〈기독교강요〉에서 그리스도가 율법준수를 통해 칭의의 근거를 장만했다는 가르침이 있는가? 종교개혁의 핵심은 구원이 이루어지는 하나님의 방법에 대한 교회의 이해(믿음)를 다시 성경대로 회복하는 것이었다. 능동순종이 성경적 진리인데 종교개혁자들에게서 언급되지 않을 수가 있었을까? 능동순종교리를 처음으로 전파한 신학자들은 모두 1600년대 이후 사람들이고 모두 청교도 신학자들이다. 능동순종 개념을 연구한 신호섭 교수의 학위논문에 등장하는 능동순종을 주장했던 청교도 신학자들의 이름들은 다음과 같다. 모두 1600년대에 출생했거나, 1500년대에 출생했을지라도 1600년대에 신학 활동했던 사람들이다.[264]

262) http://www.good-faith.net/news/articleView.html?idxno=2424/ 정이철, '김효남 교수가 어서 어둠의 늪에서 헤어 나오기를 축원한다.'(2021.10.11.). accessed 2021.10.12.

263) http://www.good-faith.net/news/articleView.html?idxno=1730/ 정이철, '존 칼빈을 퍼킨스, 에임스, 오웬과 묶어 도매금으로 넘기지 마십시오.' accessed 2021.10.25.

264) https://archive.ph/2t94v#selection-3185.0-3185.33/ 정이철, '역사신학 교수 답게 능동순종의 역사적 근

정이철 목사는 능동 순종교리를 처음으로 전파한 신학자들이 모두 1600년 대 이후 사람들이고 모두 청교도 신학자들이라고 말했다. 과연 이것이 옳은 말인가? 그리스도의 순종교리는 종교개혁자들의 칭의론에서 나왔으며, 기독교의 칭의론은 로마 가톨릭과 수많은 이단을 대적하면서 성경적인 칭의론을 세운 결과다.[265] 그리스도의 삶과 죽음에 나타난 순종교리는 루터와 칼빈을 이어 개혁주의 신학의 전통이 되었다. 칼빈은 "만일 의가 율법을 지키는 것에 있다면, 그리스도께서 친히 그 짐을 지시고 우리를 하나님과 화목 시키셔서 마치 우리가 율법을 지킨 것처럼 만드셨으니, 그리스도께서 그의 공로로 우리를 위하여 자비를 얻으셨다는 것을 과연 누가 부인하겠는가?"라고 말했다.[266]

그리스도의 능동적 순종 없이 오직 수동적 순종으로만 사람이 구원받는다고 말하면 무엇이 문제가 되는가? 그것은 그리스도께서 죄인을 구원하는 방법과 하나님께서 죄인에게 영생을 위해 요구하는 방법이 다르게 된다. 성경에서 말하는 죄인의 구원은 어떻게 이루어지는가? 하나님께서는 죄인들이 율법을 다 지켜내고 자신의 죗값을 다 치르면 구원을 주고 영생을 주시겠다고 말씀하지 않으셨다. 왜 그런가? 죄인은 그럴 능력이 없기 때문이다. 물론 죄인에게는 율법을 지켜낼 것과 죗값을 치를 것을 요구한다. 그 두 가지는 오직 구원자이신 예수 그리스도만 행할 능력이 있으시다.

만일 그리스도의 속죄만 구원에 필요하다고 말하면, 죄인에게 율법을 행할 의무를 요구할 필요가 없다. 죄인은 율법의 정죄를 자신이 감당할 수 없기 때문에 그리스도의 구원을 요청할 수밖에 없다. 수동적 순종만 필요하다고 말하면, 하나님께서 요구하지도 않은 것을 위해 그리스도께서 십자가에 죽으신 것이 된다. '그리스도께서 왜 십자가에 죽으셨는가?'라는 질문에 대한 근본적인 요구가 없다. 하나님께서는 죄인에게 율법의 순종과 죗값을 치를 것을 요

거를 말하면 끝납니다.'(2021.10.13.). accessed 2021.10.27.
265) 신호섭, **개혁주의 전가교리** (서울: 지평서원, 2016), 22-23; 〈역사적으로 보면, 종교개혁자들 칭의에 관한 이해에서, 그리스도의 삶과 죽음에 나타난 순종의 전가 교리는 하나님께서 죄인을 의롭다고 칭해 주시는 칭의 교리의 중대한 토대가 돼 왔다. 16세기 종교개혁자 루터와 칼빈이 이를 주창했고, 그 이후 이것이 개혁주의 신학의 전통이 돼 왔다. 우리는 이러한 개혁주의 전통을 프랑스의 존 칼빈과 데오도르 베자, 영국의 토마스 크렌머, 그리고 휴 라티머와 윌리엄 에임스, 윌리엄 퍼킨스, 존 오웬 등과 같은 청교도 신학자들에게서 발견할 수 있다. 따라서 금세기의 훌륭한 신학학자인 도널드 카슨은 "오늘날 많은 개신교도에게 전가 교리는 칭의 교리에 관한 정통주의를 판별하는 중대한 시금석이 돼 왔다."고 올바르게 평가한다.〉
266) 존 칼빈, **기독교강요(상)**, 원광연 역 (고양: 크리스찬다이제스트, 2003), 652-653; **기독교강요** 2.17.5.

구하시나 그리스도께서 수동적 순종으로 죄인의 죗값만 치르셨으니 죄인에게는 여전히 율법의 순종이 남아 있다.

이 문제를 회피하기 위해 성도는 성령님의 역사로 그리스도와 연합하여 성령님을 따라 율법의 정신까지도 지킨다고 말하지만, 이런 주장은 그리스도와 성령님을 분리하는 오류를 일으킨다. 그리스도의 사역과 성령님의 사역은 언제나 연합되어 있다. 그리스도께서 율법을 지킨 의를 죄인에게 주지도 않았는데, 성령님께서 구원을 받은 성도들에게 율법을 지키도록 한다면 그리스도께서 행한 사역보다 성령님께서 행하는 사역이 더 큰 사역이 되는 우를 범하게 된다.[267] 그리스도께서 주지 않은 것은 성령님께서 줄 수 없다.[268] 성령님께서는 "또 다른 보혜사"이시다.[269]

3. 능동적 순종교리를 주장하면 이단인가?

서철원 교수나 정이철 목사는 능동적 순종을 주장하면 이단적인 교리라고 말한다. R. C. 스프로울은 다음과 같이 말했다.

그리스도의 중보 사역에 첫 번째 언급해야 할 것은 그의 완전한 순종이다. 그리스도인들은 종종 그리스도의 구속 사역이 오로지 십자가 위에서 제물로서 죽으신 것을 통해서 성취되었다고 생각하는 경향이 있다. 그러나 예수님의 삶은 그의 죽음만큼이나 우리 구원에 중요하다. 예수님은 두 번째 아담으로 태어났고 모든 점에서 자신을 율법에 복종시켰다. 그리스도는 우리의 대표자로서 우리를 위해 죽으실 의무뿐만 아니라 우리를 위해서 살아야 할 의무도 가지고 계셨다. 그리스도는 완전한 순종의 삶을 이루심으로써 구약 언약의 모든 조건들을 성취하셨다. 조건들이 율법의 방식으로 언약 속에 부과되었다. 언약의 이중적 제재에는 복과 저주 양자 모두가 포함되어 있다. 하나님의 복은 언약의 조건들을 순종하는 모든 사람들에게 약속된다. 그러나 하나님의 저주는 언약의 조건을 지키는 데 실패한 모든 사람들에게 선고된다. 예수님만이 언약의 조건들을 완전히 항상 지킨 유일한 분이셨다. 다른 모든 사람들은 하나님의 저주를 받는 것이 합당했다. 그리스도는 자기의 죽음으로 언약 파기자들에게 합당한 저주를 스스로 떠맡으셨다. 그뿐만 아니라 예수님은 자신의 완전한 순종의 삶으로 말미암아, 언약 조건을 지킨 사람에게 약속된 복을 획득하셨다.[270]

---

267) https://blog.naver.com/truthh/221479099667/ '능동적 순종의 전가 없이 예수님의 속죄만으로 사람이 구원받는다면 생기는 문제.'(2019.3.3.)

268) 내가 아버지께로서 너희에게 보낼 보혜사 곧 아버지께로서 나오시는 진리의 성령이 오실 때에 그가 나를 증거 하실 것이요.(요 15:26)

269) 내가 아버지께 구하겠으니 그가 또 다른 보혜사를 너희에게 주사 영원토록 너희와 함께 있게 하시리니(요 14:16)

270) R. C. 스프로울, 웨스트민스터신앙고백해설1, 이상웅·김찬영 역 (서울: 부흥과개혁사, 2011), 357-358; "우리는 그리스도의 능동적 순종과 수동적 순종 사이를 구별한다. 능동적 순종은 하나님의 율법에 완전히 순종한 그의 생애를 지칭한다. 그리스도는 이것에 의해서 자기 자신과 그가 대표하는 모든 사람들을 위한 하나님의 복을 얻게 되었다. 우리가 믿음으로 의롭게 된다고 말할 때, 그것이 의미하는 바는 우리의 믿음이 우리를 예수님과 그의 의에 우리를 연결시킨다는 것이다. 우리의 칭의의 근거는 그리스도의 의, 즉 그분의 공로다. 그리스도가 완전

스프로울에 의하면, 그리스도께서는 두 번째 아담으로 태어나셔서 완전한 순종의 삶을 사심으로 언약의 모든 조건을 성취하셨으며, 십자가에 죽으심으로 언약 파기자들의 저주를 담당하셨다. 그리스도께서는 이 순종을 중보자로서 담당하셨다. 그런 까닭에, 스프로울은 "그리스도의 중보 사역에 첫 번째 언급해야 할 것은 그의 완전한 순종이다"라고 말했다.

메이첸은 임종 시에 머리(John Murray)에게 "나는 그리스도의 능동적 순종에 너무나 감사합니다. 그것이 없었다면 내게는 아무런 희망이 없었을 것입니다"라는 유명한 말을 남겼다. 메이첸은 그리스도의 순종을 아담의 불순종과 대비하면서 그리스도의 능동적 순종에 대하여 설명했다.

우리가 어떻게 그리스도의 능동적 순종을 그의 수동적 순종으로부터 구분할 수 있겠습니까? 우리는 그가 자신의 능동적 순종을 자신의 삶으로 이루셨으며, 자신의 수동적 순종을 자신의 죽음으로서 이루셨다고 말해야만 합니까? 아니요, 전혀 그렇지가 않습니다. 그리스도께서는 땅에서 사시는 모든 순간 동안에 자신의 수동적 순종에 관여하셨습니다. 이것은 모두 그분에게는 굴욕이었습니다. 그렇지 않습니까? 이것은 모두 고통이었습니다. 이것은 그분이 죄에 대한 형벌을 치르신 모든 것이었습니다. 다른 한편으로, 우리는 그의 죽으심이 능동적 순종이 아닌 수동적 순종이었다고 말할 수는 없습니다. 이와는 반대로, 그의 죽으심은 그분의 능동적 순종의 왕관이었습니다. 이(죽으심)는 하나님의 법에 대한 순종의 왕관이었으며, 이로 인해서 그는 자신이 구원하게 된 이들의 영생에 대한 공로가 되셨습니다. 그렇다면 이제 여러분은 (그리스도의) 사역의 실상이 무엇인지 보이지 않습니까? 그리스도의 능동적 순종과 그의 수동적 순종은 그의 사역을 두 가지로 나누는 분기점이 아니며, 그의 지상에서의 삶 가운데 일부 일들은 그의 능동적 순종이 될 수 있으며, 그의 삶의 다른 일들은 그의 수동적 순종이 될 수 있지만, 그의 삶의 모든 일들이 능동적 순종이면서 동시에 수동적 순종이었습니다. 그의 삶의 모든 일들은 죄의 형벌에 대하여 치르시는 값의 일부분이며, 그의 삶에서의 모든 일들은, 자신의 백성을 위해서 영생의 상급을 얻으려고 하나님의 법을 영광스럽게 지키시는 일부분입니다. 달리 표현하자면, 그의 행위의 두 가지면은 서로 불가피하게 뒤얽혀있다는 것입니다. 어떠한 것도 서로 분리되어서 실행되지는 않았습니다. 이것들은 모두 우리의 구속자이신 그리스도에 의해서, 우리를 위해서 기록되어진 놀랍고 완전한 구원을 구성하고 있습니다. 우리가 간단명료하게 말할 수

한 순종의 삶을 사셨을 때, 그는 우리를 위해서 그것을 하셨다. 그것이 바로 우리가 언약을 볼 때, 행위언약과 은혜 언약을 구별한 이유이다. 처음에 하나님은 아담과 하와와 행위에 근거한 언약을 맺으셨고 그들은 그 시험을 실패했고 복락을 상실했다. 그러나 하나님은 인류를 멸망시키는 대신에, 우리가 구원받을 수 있는 기회를 주셨다. 우리는 그것을 은혜 언약이라고 부른다. 왜냐하면 우리는 어떤 다른 이가 우리를 위해 행한 것에 근거하여, 하나님의 은혜로 구원받기 때문이다. 그것은 우리가 구원을 얻을 어떤 자격이 있기 때문이 아니다. 그럼에도 불구하고, 우리 구원의 근거는 항상 선한 행위이다. 사람이 구원을 얻는 유일한 방법은 행위에 의해서다. 그러나 그 행위는 그리스도의 선한 행위이지 우리의 행위가 아니다. 우리가 믿음으로 의롭게 된다고 말할 때, 우리 믿음이 하나님의 율법의 요구를 만족시킬 만큼 의롭다는 의미가 결코 아니다. 우리가 믿음으로 말미암아 의롭게 될 때, 하나님이 우리를 의롭다고 선언하시는 데 반드시 필요한 선행을 행한 분과 우리는 결합된다. 간단히 말해 이것이 바로 복음이다. 우리는 다른 어떤 이의 의로운 행위와 공로에 의해서 의롭다 함을 받는다. 그분은 우리의 중보자로 행하신 분이고 우리의 옹호자이며 하나님 앞에서 우리의 대리자이시다."

있는 것은, 그리스도께서 하나님의 법에 관해서 우리를 대신하시고 계시다는 것입니다. 그는 우리를 위해서 율법의 형벌을 받으셨고, 그는 우리를 위해서 율법의 계명들에 순종하셨습니다. 그는 우리를 지옥에서 구하셨으며, 그는 우리들이 천국에 들어갈 수 있는 자격을 대신 얻어주셨습니다. 그러므로 우리가 가지고 있는 모든 것은 그에게 빚진 것입니다. 우리가 이 세상에서나 다음 세상에서 그리스도께 감사하지 않아도 되는 축복은 아무것도 없습니다.[271]

메이첸에 의하면, 그리스도의 능동적 순종과 수동적 순종은 나눌 수 없다. 두 가지는 서로 연결되어 있다. 그리스도께서 행하신 모든 일이 능동적이면서도 수동적인 순종이었다. 그리스도의 죽으심은 능동적 순종의 왕관이었다. 그리스도께서 삶에서 행하신 모든 일이 능동적 순종이면서 수동적 순종이었다. 그리스도께서 받으신 형벌은 우리를 대신한 율법의 형벌이며, 그리스도께서는 우리를 대신하여 율법의 계명들에 순종하셨다.

전가 교리는 개혁주의 신학의 핵심이다. 전가 교리, 곧 칭의론은 성경적인 존재론을 말하기 때문이다. 개혁신학의 전가 교리는 '존재의 변화가 저 로마 가톨릭을 비롯한 수많은 이단과 무엇이 다른가?'를 말한다. 개혁주의 전가 교리의 내용은 그리스도의 능동적 순종과 수동적 순종이다.

지금 우리 시대에 전가 교리를 부정하는 자들은 새 관점주의자들이다. 그 핵심에는 톰 라이트(Nicholas Thomas Wright, 1948-) 성공회 주교가 있다. 톰 라이트는 "하나님은 하나의 목적을 위해 사람을 만드셨다. 사람은 하나님의 세계를 다스리는 대리 통치자가 돼, 그들 자신의 예배와 찬양을 통해 세계 전체의 예배와 찬양을 집약해야 했다. 이것은 '행위언약'이 아니라 '소명'언약(covenant of vocation)이다."라고 말했다.[272]

라이트는 역사적 개혁주의와는 다른 전가 교리를 말했다. 라이트의 전가 교리에는 '능동적 순종'이 없다. 능동적 순종이 없다는 것은 인간론이 다르다는 것을 의미한다. 라이트의 인간론이 다르기 때문에 라이트의 구원론이 다르다. 존재적 관점이 다르기 때문에 구원론이 다르다. 새관점 학파가 행위언약을 부정하는 것만 논할 것이 아니라 새관점 학파의 인간론을 더 주시해야 한다. 전가교리는 인간론에서 시작한다. 인간론에 대한 성경적인 조명이 없이 칭의론만 비판하는 것은 출발점이 잘못된 것이다. 언제나 시작은 존재론이어야 한다. 칭의론은 우리 존재를 말하며 우리 존재의 변화에 대해 말하기

271) https://www.the-highway.com/atone2_Machen.html/ J Gresham Machen, 'The Active Obedience of Christ,' accessed 2021.10.9.; https://byfaithalone.tistory.com/m/119에서 재인용.
272) 톰 라이트, **칭의를 말하다**, 최현만 역 (서울: 에클레시아북스, 2016), 22.

때문이다. 존재론은 구원론이다. 존재론이 삶을 지배한다.

존 파이퍼(John Piper)는 다음과 같은 구도로 말했다.

전통적 개혁주의의 해석
믿음/세례 〉그리스도와의 연합 〉그리스도의 죽음과 순종과 부활의 전가 〉 마지막 변화의 확신
라이트의 해석
믿음/세례 〉그리스도와의 연합 〉그리스도의 죽음과 _과 부활의 전가 〉 마지막 변화의 확신[273]

파이퍼는 톰 라이트의 이런 구도에 대해 다음과 같이 말했다.

"전가된 의"에 대한 역사적 개신교의 이해와의 공통 근거를 찾기 위한 라이트의 노력이 분명하지 않은 것은 그리스도와의 연합에 대한 그의 견해가 새로운 지위의 전가를 새로운 본성의 분배와 합병시키는 경향이 있는 듯해 보이는 것입니다. 말하자면, 라이트가 그리스도와의 연합이 예수께서 성취하신 모든 것이 우리의 것으로 간주되며, 그에게 사실인 것이 우리에게도 사실인 것을 의미한다고 말할 때, 과연 그는 "예수께서 성취하신 모든 것"과 "그에게 사실인 것" 안에 변호되어진 그의 법적인 신분의 전가만이 아니라 성령으로 말미암는 그의 참되신 특질까지도 포함하고 있는 것입니까? 달리 말하면, 우리가 의미하는 "전가된 의"에 대한 라이트의 생각 안에 과연 우리의 도덕적 변화까지도 포함되어 있느냐는 말입니다.[274]

파이퍼의 질문에 속해 있지만, 라이트의 전가 개념은 결국 인간론에 문제가 있다는 것이다. 라이트에게 그리스도와의 연합이라는 개념이 법정적이지 않다면 라이트의 전가 개념에서 능동적 순종이 자리 잡을 여지가 없다. 그러니 본성의 분배와 합병의 경향성이 보이는 것이다.

톰 라이트의 칭의는 사람이 하나님의 언약 백성의 일원이 되는 것으로 시작하며 그 칭의의 완성은 궁극적으로 완성되는 완전한 극치의 날에 하나님의 백성으로 여김을 받는다는 종말론적 개념이다. 톰 라이트에 의하면, 한 개인이 칭의를 받는 것이 아니라 공동체적인 성격으로 규정되며, 의의 전가 없이 백성의 일원으로서 율법을 지켜 언약 백성의 상태를 최종적으로 유지하면 종말에 칭의가 주어진다는 것이다. 정통 개혁신학은 그리스도의 의의 전가를 필수적이라고 말하나, 톰 라이트는 하나님의 은혜가 이미 아브라함 언약을 통해 이 땅에 실현되고 있기 때문에 예수님의 역할은 아브라함 언약을 통해 하나님의 은혜를 보조해 주는 수단으로 전락해 버린다.[275]

---

273) 존 파이퍼, 칭의논쟁, 신호섭 역 (서울: 부흥과개혁사, 2009), 197.
274) Ibid., 198-199.
275) https://byfaithalone.tistory.com/entry/칭의-속성에-관한-칼빈과-톰-라이트의-해석의-차이점/
    김원호, '칭의의 속성에 관한 칼빈과 톰 라이트의 해석의 차이점.'(2014.9.26.)

칼빈과 톰 라이트의 결정적인 차이는 인간론에서 비롯된다. 칼빈은 그리스도를 믿기 이전의 사람들은 다 죄인이며 의인이 아니라고 말하나, 톰 라이트는 아브라함과 맺은 언약으로 아담의 문제가 해결되었다고 주장한다. 언약백성으로 있는 그 자체로 의로운 상태이며 그 의로운 상태를 종말까지 유지함으로 칭의를 받는다고 말한다. 존재가 삶을 지배한다.

그렇다면 성경적인 이신칭의 교리는 무엇인가?

박재은 교수는 다음과 같이 말했다.

> 우선 우리는 어느 한 극단에 서는 것을 피해야 합니다. 전가 개념에 근거한 "법정적" 칭의 이해와 그리스도 안에 있음이라는 "참여적" 칭의 이해는 서로 배타적이지 않습니다. 둘 중에 하나만을 취해야 하는 양자택일의 문제가 아닙니다. 이 두 가지 관점은 서로의 해석학적인 부족함을 채워줄 수 있습니다. 그러나 논리적으로 볼 때, 그리스도 안에 거하기 위해서는 한 개인의 죄 문제가 해결되는 사건인 칭의가 먼저 경험되어야 합니다. 그러므로 칭의의 법정적 측면이 참여적 측면보다 논리적으로 앞섭니다. 그럼에도 불구하고 이신칭의(죄 문제 해결), 그리스도와 하나 됨(죄 문제가 해결된 후의 상태), 그리스도 안에 있음(의롭게 된 자의 자리)은 사실 동시에 일어나는 구원 사건입니다. 이것은 마치 구원의 서정(ordo salutis)의 부분들을 시간적 차이가 있는 기계적 구분으로 이해하지 않고, 오히려 하나의 구원 사건에 대한 다양한 국면 혹은 순서를 논리적으로 구분한 것으로 이해해야 함과 같은 이치입니다. 라이트의 주장에 있는 약점은 이신칭의(그리스도의 의의 전가로 인한 죄 문제 해결), 그리스도와 하나 됨, 그리스도 안에 있음(죄 문제가 해결된 이후의 상태)의 동시성과 각각의 유의미한 독특성을 간과한 것이라고 볼 수 있습니다.[276]

박재은 교수에 의하면, 성경적인 칭의론은 법정적 칭의와 참여적 칭의가 동시에 주어지는 것으로 이해한다. 그러나 논리상으로 볼 때 그리스도와 연합되기 이전에 우리의 존재가 먼저 변화되어야 하기 때문에 칭의가 선행한다. 기독교 신앙의 탁월한 점이 여기에 있다. 존재의 변화가 개인의 수양으로 일어나지 않으며 존재의 변화만으로 끝나는 것이 아니라 그리스도와 연합되는 새로운 관계가 된다는 것이다. 그 결과로 그리스도 안에서 참되고 영원한 의미와 통일성을 받아 누리며 존재의 허함이 없이 충만한 삶을 살아갈 수 있다.

이것은 우리의 신앙이 그리스도의 능동적 순종과 수동적 순종을 통해 그 의가 전가 된다는 명확한 신학의 특성이 정립되지 않으면, 개혁주의 진영은 일시에 무너질 수밖에 없다는 것을 보여준다.

능동적 순종을 거부하는 부류 중 하나는 '페더럴 비전의 신학'이다. 물론 교회사에서 능동적 순종 개념을 거부한 신학자들이 있었다. 패더럴 비전이

---

276) 박재은, **칭의 균형있게 이해하기** (서울: 부흥과개혁사, 2016), 90-91.

능동적 순종을 거부하는 이유는 패더럴 비전이 언약의 일방적 성격을 강조하기 때문이다. 그 결과 쌍방의 언약개념인 행위언약이 경시된다.[277]

　　노만 셰퍼드(Norman Shepherd)는 그리스도의 능동적 순종과 행위언약을 동일선상에서 이해했다.[278] 그 이유는 '율법에 대한 그리스도의 완전한 순종이 공로가 되어서 죄인에게 전가되는 능동적 순종 전가 개념이 근본적으로 은혜 언약보다는 행위언약과 닮았다'고 보기 때문이다. 또한, 러스크(Rich Lusk)도 그리스도가 33년간 온전히 율법을 지키셨다는 사실이 전가된다는 것은 신학적으로 "문제"가 있다고 주장했다. 그러나 쉐퍼드는 "믿음, 회개, 선행과 관련된 칭의에 대한 34개 논제"(1973.11.18.)에서 '칭의를 위해 인간의 선행이 필요하다'는 오해를 불러일으켰다. 이런 이유로 페더럴 비전은 신율법주의적이라고 불린다.[279]

---

277) 웨스 브레 덴호프·황준호, '페더럴 비전: 캐나다개혁교회 관점,' **진리와학문의세계** 25(2012): 138(113-152); 〈캐나다개혁교회 관점 앞에서 다룬 부분과 관련된 것으로 일부 FV 옹호자들은 그리스도의 능동적 순종의 전가교리를 부인하거나 최소화한다는 점이 있다. 이는 그리스도께서 우리의 위치에서 율법을 지키셨고 그분의 공로적인 율법 지킴이 칭의 때에 우리의 계좌에 전가(이체 credit)된다는 가르침을 말한다. 이 교리에 대해서 릭 러스크(Rich Lusk)는 "그리스도의 33년간의 토라 지킴이 나에게 전가된다는 개념은 문제가 있다."라고 썼다. 제임스 조르 단(James Jordan)도 비슷하게 주장하기를: "… 공로 신학은 종종 그리스도의 이 땅에서의 행위와 공로가 어떻게든 우리에게 주어진다는 것을 가정한다, 하나 이것은 아무 근거 없는 개념이다." 그는 더 나아가 "'공로' 신학은 성경에 없다."고 주장했다. 러스크와 조르단이 노골적으로 이 교리를 부인하는 반면에, 공동 FV 선언문은 그것의 중요함을 최소화시킨다. 그 선언문은 "복음에 충실하기 위해서는 '그리스도의 능동적 순종의 전가'를 교리적으로 공식화해야만 한다"는 것을 부인한다. 분명 이 선언문이 그리스도의 죄 없으신 완전한 삶이 우리에게 전가된다고 이야기는 하지만 최소한 이 점에서 모호하게 불편한 점이 있다.〉

278) Ibid., 131; 〈노만 셰퍼드Norman Shepherd)는 FV 진영에서 영향력 있는 인물로 널리 인식된다. 한편에서 그는 오직 믿음에 의한 칭의를 확언한다. 하지만 그는 또한 선행이 칭의에 필요하다고 주장한다. 그의 "믿음, 회개, 선행과 관련한 칭의에 대한 34개 논지(Thirty-Four Theses on Justification in Relation to Faith, Repentance and Good Works) 중 23 논지는 다음과 같다: "순종하는 믿음이 아닌 믿음은 죽은 믿음이며, 회개가 칭의가 포함하는 죄 사함에 필요하기에, 그리고 그분의 계명들을 지킴으로 그리스도 안에 거하는 것이(요 15:5, 10; 요일 3:13, 24) 계속하여 칭의의 상태 안에 있는데 필요하므로, 참된 믿음으로부터, 하나님의 율법을 따라, 그분의 영광을 위하여 행해진 행위들인 선행, 그리스도와 연합된 신자의 삶에서 성령님께서 주시는 새로운 순종은, 비록 그 사람이 칭의를 얻는 근거는 아니더라도 영원한 정죄로부터의 구원을 위해서 그리고 따라서 칭의를 위해 필요하다(롬 6:16, 22; 갈 6:7-9);

http://www . hornes. org/theologia/norman-shepherd/the-34-theses

279) 박재은, **칭의 균형있게 이해하기** (서울: 부흥과개혁사, 2016), 70-71; 〈그러나 문제는 "순종하는 믿음"입니다. 셰퍼드는 바로 이 순종하는 믿음을 통해서 죄인이 의롭게 된다고 가르칩니다. 사실 언뜻 보면 큰 문제가 없는 것처럼 보이기도 합니다. 우리가 이미 주재권 구원 논쟁에서 살펴보았듯이. 믿음과 순종은 불가분의 관계이기 때문입니다. 참된 믿음은 늘 참된 순종을 영적 열매로 낳아야 합니다. 그러나 셰퍼드가 말하는 "순종하는 믿음"은 그것과 성격이 다릅니다. 믿음과 순종의 바른 인과관계에서는 참된 믿음이 먼저여야 합니다. 참된 믿음의 "당연한 결과"로 참된 순종이 수반되는 것입니다. 그러나 셰퍼드의 "순종하는 믿음"에서 순종은 의롭게 되는 참된 믿음의 결과라기보다는 의로운 상태를 유지하는 조건으로 이해됩니다. 이는 칭의를 위해 인간의 선행이 필요하다는 오해를 불러일으킵니다. 이런 가르침이 문제가 되어 셰퍼드는 필라델피아 웨스트민스터 조직신학 교수직을 박탈당하게 됩니다.〉

「벨기에 신앙고백서」 22장은 "그리스도는 그분의 모든 공로와 그분이 우리를 위하여 그리고 우리를 대신하여 행하신 많은 거룩한 일들을 우리에게 돌리신다"라고 말한다. 이 "거룩한 일들"은 그리스도의 속죄 사역과 그리스도께서 지상 사역에서 행한 율법에 대한 모든 순종도 포함한다.

페더럴 비전의 칭의론이 비판을 받는 이유는 무엇인가? '오직 믿음으로 의롭다 함을 받는다'는 정통신학이 이해하는 칭의를 '순종하는 믿음'으로 말하기 때문이다. 페더럴 비전의 이런 칭의 개념은 과거 교회사에 있었던 아르미니우스주의와 신율법주의 칭의론과 맥락을 같이 한다. 이런 칭의론에는 인간의 행함이 어떤 형태로든지 칭의의 조건으로 작용하는 경향성이 있기 때문이다. 여기서도 인간론이 문제다. 그로 인해, 하나님의 주권은 약화되고 인간의 역할과 책임이 강화된다. 이런 페더럴 비전의 칭의론은 현대의 새관점 학파의 칭의론과 유사하다. 톰 라이트는 칭의는 전가되는 것이 아니라고 말한다. 톰 라이트는 "그리스도 안에서의 공동연대(corporate solidarity) 혹은 그리스도와의 연합을 통해 새로운 본성이 나누어짐(혹은 분여, impartation)으로써 주어진다"고 주장한다.[280] 레인 G. 팁튼(Lane G. Tipton)은 라이트의 주장은 종교개혁 이후 루터파의 주장과 정반대의 오류에 해당한다면서, "우리는 '분리할 수 없다'는 점을 지나치게 강조하여 의미 있는 구별을 무시해서도 안 되고(새관점 학파의 극단), 의미 있는 구별을 지나치게 강조하여 둘 사이를 분리시켜서도 안 된다(루터파 교리의 극단)"고 말했다.[281]

박재은 교수는 다음과 같이 말했다.

페더럴 비전의 칭의론에서는 그리스도의 능동적 순종이라는 개념이 거부됩니다. 사실 교회 역사 가운데서도 그리스도의 능동적 순종 개념을 거부한 신학자가 있었습니다. 대표적으로 독일 개신교 신학자인 요하네스 피스카토르(Johannes Piscator)를 꼽을 수 있습니다. 이후에 아르미니우스주의 신학자인 리처드 왓슨(Richard Watson), 오턴 윌리(H. Orton Wiley) 등도 그리스도의 능동적 순종 개념을 거부합니다. 페더럴 비전의 칭의론은 왜 그리스도의 능동적 순종 개념을 거부할까요? 앞에서 잠시 살펴본 것처럼 페더럴 비전의 신학은 언약의 쌍방적 성격보다 일방적/객관적 성격을 더 강조합니다. 그 결과로 하나님과 인간 쌍방의 언약 개념인 "행위언약"이 경시됩니다. 셰퍼드는 그리스도의 능동적 순종과 행위언약을 동일선상에서 이해합니다. 셰

---

280) 박재은, 칭의 균형있게 이해하기 (서울: 부흥과개혁사, 2016), 90; 〈이신칭의를 의의 전가 개념 아래서 법정적으로 이해하지 않고 "그리스도 안에 있음"(being-in-Christ)으로 이해하려는 시도는 사실 라이트가 처음이 아닙니다. 이미 1930년에 알버트 슈바이처(albert Schweitzer)는 바울신학의 핵심을 전통적인 법정적 용어인 이신칭의가 아니라 참여적 용어인 "그리스도 안에 있음"으로 보고, 이를 "그리스도 신비"(Christusmystik)라고 불렀습니다.〉

281) K. 스코트 올리핀트 편집, 그리스도의 칭의론, 조영천 역 (서울: 기독교문서선교회, 2017), 129.

퍼드는 율법에 대한 그리스도의 완전한 순종이 공로가 되어서 죄인에게 전가되는 능동적 순종 전가 개념이 근본적으로 은혜 언약보다는 행위언약과 닮았기 때문에 능동적 순종의 개념을 꺼려하는 듯 보입니다. 페더럴 비전의 신학자 러스크는 그리스도가 33년간 온전히 율법을 지키셨다는 사실이 나에게 전가된다는 것은 신학적으로 "문제"가 있다고 주장하면서 그리스도의 능동적 순종을 비판합니다.[282]

박재은 교수에 의하면, 페더럴 비전은 언약의 쌍방적 성격보다 일방적/ 객관적 성격을 더 강조하며, 쌍방언약 개념인 행위언약을 경시한다. 페더럴 비전도 능동적 순종교리가 행위언약처럼 인간의 공로사상이 개입될까 봐 우려한다. 그리스도의 공로가 없이 그리스도의 의가 만들어질 수 없다. 페더럴 비전은 개혁주의 신학에서 출발하였으나 행위언약과 그리스도의 능동적 순종 개념을 거부하면서 결과적으로는 새 관점 신학과 유사한 형태의 신학으로 변질되었다. 그렇다고 페더럴 비전과 새 관점 학파가 동일한 것은 아니다. 새 관점 학파는 전가 교리 자체를 부정하며, 페더럴 비전은 오직 수동적 순종의 의의 전가를 인정한다. 이 두 부류의 근본적인 문제점은 인간론에 있다. 존재적 관점이 비성경적이기 때문에 문제가 발생한다. '문제의 원인이 어디에서 시작하는가?'를 모르면 논쟁은 의미가 없다.

우리는 왜 능동적 순종을 말해야 하는가? 단지 적들의 공격에 방어하기 위해서인가? 결코, 그렇지 않다. 성경이 가르치는 믿음을 지키기 위해서다. 성경은 그리스도의 완전한 순종이 우리의 구원을 위해 필요하다고 가르치며,[283] 개혁신학은 성경의 원리에 충실하다. '우리 존재의 변화가 어떻게 일어났는가?'를 성경적으로 믿고 고백하기 위해 능동적 순종을 말해야 한다. 왜 기독교 신앙인가? 왜 예수 그리스도뿐인가? 이것을 올바르게 믿고 고백하는 것이 칭의론이고, 그 칭의론에 능동적 순종과 수동적 순종이 있다.

칭의는 언약적이다. 율법을 지켜 의를 이루어야 하기 때문이다. 첫 아담은 하나님께서 명령하신 선악과 금령을 어기고 범죄하고 타락했다. 아담은 의에 이르지 못했다. 아담은 범죄로 행위언약을 깨뜨렸고 통치 명령(창 1:28)도 무너졌다. 아담의 범죄는 율법의 저주로 이어졌다.

---

282) 박재은, **칭의 균형있게 이해하기** (서울: 부흥과개혁사, 2016), 66.

283) 브랜던 크로, **그리스도의 능동적 순종과 수동적 순종**, 정광규 역 (서울: 부흥과개혁사, 2022), 21; "성경은 참으로 완전한 순종이 구원을 위해 필요하다고 가르친다. 이 핵심 요점을 놓친다면 우리는 그리스도가 우리를 구원하기 위해 행하신 일을 빈약하게 이해할 것이다. 완전한 순종이 구원을 위해 필요하다는 개념을 경시하거나 무시한다면, 우리는 신약의 핵심 강조 하나를 놓치게 되며, 따라서 우리를 위한 그리스도의 행위의 필요성 및 그 이점의 많은 부분을 놓치게 될 것이다. 이 요점을 놓친다면, 우리는 우리 자신의 행위를 작동 불가능한 신학적 위치에 올려놓게 될 것이다."

율법의 요구는 언약 관계 속에 주어지며 언약 관계는 행위언약을 근간으로 하는 하나님 나라의 성취와 직결된다. 언약 관계는 규범의 실행으로 의를 이룬다. 의는 언약의 규범인 율법을 순종함으로 주어진다. 그것이 능동적 순종으로 주어지는 의다. 예수님께서 산상설교에서 "너희는 먼저 그의 나라와 그의 의를 구하라 그리하면 이 모든 것을 너희에게 더하시리라"(마 6:33)고 말씀하셨듯이, 능동적 순종은 하나님의 나라와 맞물려 있다. 첫 아담은 실패했고 마지막 아담이신 예수 그리스도께서는 능동적 순종으로 의를 이루시고 하나님 나라를 임하게 하셨다.

사도 바울은 롬 5:1에서 믿음의 의를 말하고 12절부터 첫 아담과 마지막 아담을 대비하면서 "그런즉 한 범죄로 많은 사람이 정죄에 이른 것 같이 의의 한 행동으로 말미암아 많은 사람이 의롭다 하심을 받아 생명에 이르렀느니라 한 사람의 순종치 아니함으로 많은 사람이 죄인 된 것 같이 한 사람의 순종하심으로 많은 사람이 의인이 되리라"(롬 5:18-19)고 말했다. 첫 아담과 마지막 아담의 대비가 없는 의가 없고 하나님 나라도 없다(고전 15:45-49). 마지막 아담이 없는 하나님의 나라는 새 관점주의자들이 말하는 하나님의 나라다. 성경은 모든 인류의 죄는 처음 아담의 범죄 안에서 말한다. 새 관점주의자들은 마지막 아담을 제거하고 인간의 죄를 다만 가나안에서의 유대 이스라엘의 범죄로 국한시켜 버렸다. 인간에 대한 존재적 관점이 비성경적이기 때문에 존재의 변화에 대해 비성경적으로 말한다.

메이첸이 예를 들어 설명하는 도덕 감화론은 오늘날 톰 라이트의 새 관점에 그대로 적용해 볼 수 있는 좋은 예라고 할 수 있다. 브랜던 크로는 다음과 같이 말했다.

> 당신이 **완전한** 순종이 구원을 위해 필요하다고 믿는다면, 일부 새 관점 지지자들이 주장하듯이, 우리가 마지막 날에 우리 삶 전체에 근거해 의롭다 함을 받는다고 말하는 것은 소용이 없을 것이다. 하나님이 온전한 순종을 요구하신다면, 우리의 최선의 순종조차도 영생을 위한 하나님의 요구를 **충족시키기에 충분하지 않다**.[284]

크로에 의하면, 성경은 우리의 구원을 위해 완전한 순종이 필요하다고 가르친다. 우리로서는 그런 완전한 순종을 이룰 수 없다. 우리를 대신하여 율법을 완전히 준수하신 그리스도의 의를 전가받아야만 우리가 의로워질 수 있

---

284) Ibid., 20.

다. 마지막 날에 의롭다 함을 받는 톰 라이트의 새 관점은 존재의 불안을 야기한다. 그 불안을 이기는 방식은 관상기도(lectio divina)다.[285] 존재의 불안은 도약을 감행하도록 부채질한다.

서철원 교수는 무엇을 잘못 보고 있는가?

서철원 교수의 말을 더 들어보자.

바빙크도 완전한 신학일 수 없다. 그렇게 이해하라고, 그렇게 말하니까. 내가 더 이상 할 말이 없어져서 말았습니다. 그러나 나는 바빙크를 그때부터 좋아하지 않게 되었습니다. 바른 신학 전개를 하지 못하는 사람이구나, 그 외에도, 끝까지 그 논의를 전개하면 이단으로 정죄 될 그런 가능성들이 바빙크에게 상당히 있습니다. 그러면 17세기에 능동적 순종이 나왔어도 바빙크가 개혁신학의 완성자로서 정당한 신학인지를 반성을 해 가지고 자기 조직신학에, 아니면 그게 아니라고 못 하더라도 시비는 하고 자기 개혁교의학에 올렸어야 될 텐데 그렇게 못하고 아무 반성 없이 그걸 실어 놓았어요. 그 바빙크를 요약한 사람이 루이스 벌코프입니다. 루이스 벌코프는 화란계 미국 사람으로 저 미시간에 있는 칼빈 신학교에 있는 교장을 오래 하신 분이죠. 이분은 M.Div 학위밖에 없는 분이에요. 이분이 이걸 그대로 옮겼어요. 이걸 옮겨가지고, 옮겨 놓으니까 우리가 신학을 배울 때 우리 박형룡 박사님께 신학을 배울 때 박형룡 박사님이 벌코프의 조직신학 책을 그대로 베꼈습니다. 번역을… 그래 가지고 우리를 가르쳤어요. 그러니까 능동적 순종은 합당하고 정당한 것으로 이해하게 되었습니다. 이렇게 말씀하면 여러분들이 좀 기분 상해하실 수도 있겠습니다. 박 박사님께 직접 배우신 분들이 여기 앉아 계십니까? 손 한 번 들어 보시죠. 몇 분이나 계시는지 볼라고, 한 분밖에 안 계십니까?

제가 3년 내내 박형룡 박사님에게 조직신학을 배웠습니다. 그런데 그분은 교실에서 학생이 질문해도 한 번도 대답을 해 주시지 않죠. 이렇게 교과서, 자기 창호지 문종이에다가 써온 그것을 펴서 이렇게 읽으시고 질문을 하면 고개를 들었다가 빨개졌다가 가만히 있다가 또 읽어요. 그러면 아무 말도 안 해요. 학생들이 아~ 왜 교수님 박사님 답을 안 해 주십니까, 그랄 텐데 답을 해 주시는 법이 없어요. 이의도 제기하는 분도 없더라구요. 그때 내가 학교 다니면서 그 후에 느끼는 것은 박형룡 박사님의 권위가 성경보다 더 높다. 그렇게 이해했습니다. 또 그렇게 만든 분이 있죠? 정규오 목사님.

통합측과 합동측이 나뉘었습니다. 통합측이 우리 보고 뭐라 했습니까? 무식하고 못난 것들만 모였다고 했습니다. 이런 교회를, 교단을 지켜서 허기 위하여 이렇게 기둥이 있어야 하지 않겠습니까? 깃발이… 그래서 박형룡 박사님을 우상적 존재로까지 끌어 올렸어요. 그게 정규오 목사님께서 하신 일이요. 그리고 소강석 총회장이 총회장이 돼가지고 그 두 분의 공을 아주 높이 높이 치하하는 다큐멘터리를 만드셨어요 …

자, 그래서 우리는 성경하고 배치되는 것인지 생각을 못하게 되었습니다. 능동적 순종은 우리는 우리가 배우기는 그리스도께서 율법을 다 성취하심으로 의를 얻어 가지고 우리를 의를 우리에게 전가해서 우리가 영생에 이르게 되었다. 이렇게 이해하고 있어요

내가 조직신학을 다시 쓰면서 반성을 해 보았습니다. 만일에 능동적 순종을 그대로 받는다면

---

285) https://ntwrightpage.com/2016/04/25/the-fourfold-amor-dei-and-the-word-of-god/
"intervention by the Rt Revd N. T. Wright, Bishop of Durham (Church of England) Synod of Bishops, 14 October 2008; … To get the balance right, I propose a fourfold reading of scripture. We are to love God with heart, soul, mind and strength. 1. The heart: Lectio Divina, private meditation and prayer, and above all the readings in the eucharist. 2. The mind: historical study of the text and its original contextual meaning. 3. The soul: the ongoing life of the church, its tradition and teaching office. 4. The strength: the mission of the church, the work of God's kingdom."

그리스도의 구속이 필요가 없게 된다. 십자가의 구속 사역이 필요가 없게 된다.

질문: 그럼 존 오웬이 큰 착각을 했네요.

서철원 교수: 그러니까 웨스트민스터 신앙고백서를 만들 때 청교도가 주종이었습니다. 그 때문에 행위언약이 웨스트민스터 신앙고백서에 들어와 있어요.

자, 그런데 우리에게 의를 전가해서 우리가 의롭게 되었다는 그 수준만이 아닙니다. 능동적 순종을 주장하는 사람들이 그리스도께서 의를 성취하심으로 자기를 의롭게 되도록 했다. 결국 그 말은 그리스도도 죄인이라는 말이에요. 거기에 도달합니다. 우리가 이걸 용납할 수 있습니까? 성경 어디에도 신약 어디에도, 그리스도께서 십자가에 피 흘리심으로 죗값을 갚아서 우리를 구원에 이르게 하심을 얻게 하시고, 영생에 이르게 하는 거는 그리스도가 율법을 지켜서 의를 얻었으므로 그 의를 우리에게 전가해서 우리가 영생하게 되었다. 그런 내용은 아무 데도 없습니다. 그럼 있을 리가 없어요.

신학의 힘이 얼마나 큰 것인지, 존 오웬이 알미니안주의에 대해서 많이 논박을 하고 바로 했기 때문에 존 오웬의 가르침은 다 좋은 것인 줄로 생각을 하고 착각을 했습니다. 그런데 존 오웬의 글이 잘 퍼진 이유는 대륙의 17세기 신학자들은 라틴어로 글을 썼습니다. 구라파 사람들이 희랍어와 라틴어를 6년간 중고등학교에서 배웠지만은 그러나 라틴어로 쓰인 것은 잘 읽는다 할 수 없어요.

1618년-19년 돌트에서 개혁파 총회를 열었을 때 백 명의 총대가 모였습니다. 그중에 98명이 목사고 장로는 두 명이었어요. 장로교 법에 의하면 장로와 목사가 동수로 모이게 되어 있지 않습니까? 그런데 장로는 두 명 모이고, 목사는 구십팔 명 모였어요. 그때 회의를 라틴어로만 진행을 했습니다. 그래서 참가할 수 있는 자격자가 라틴어를 마음대로 발표하고 말할 수 있는 사람이었습니다. 장로는 두 명 왔고, 목사가 구십팔 명 모여서 총회를 진행을 했습니다. 라틴어를 다 썼어요. 그러니까 이해가 더딘 것입니다. 존 오웬은 영어로 썼어요. 주로 영어로 다 썼어요. 그러니 보급이 빠르고 이해가 빠른 거에요. 그러니까 개혁파 신학자고 그러니까 바른 걸로만 생각을 했습니다. 그래서 능동적 순종이 바르다고 이해를, 착각을 했습니다.

그리스도께서 우리를 위하여 죗값을 갚으셔, 피 흘려 죗값을 갚으심으로 믿는 자에게 모든 죄를 면제해 주셨습니다. 그러므로 우리로 하나님의 백성이 되고, 하나님의 자녀가 될 뿐만 아니라 영생에 이르게 하셨습니다. 죄 용서 받아서, 죄 용서 받은 게 의입니다. 성경에는 죄 용서 받은 것이 의이지 다른 의는 없습니다.

많은 사람이 루터파 아니 저 유대주의 영향을 많이 입은 사람을 소위 새관점 학파, 후제서(?) 톰 라이트가 저 얼마 전에 영국 교회 주교를 하다가 세인트 앤드루스 대학에 가서 도로 신약을 가르쳐요. 옥스퍼드에서 신약을 가르치다가. E. P 샌더스 다음으로 가르치다가 이게 주교가 됐다가 2년 주교하고 같은 대학에 돌아가는 것이 쉬운 일이 아니겠죠. 그래서 앤드루스 대학에 가서 가르쳐요. 세인트 앤드루스는 완전히 후기 유대교 율법주의입니다. 세인트 앤드루스 아니 저 톰 라이트가 글을 써 가지고 그 핵심이 무엇이냐면 예수 그리스도가 모든 죗값을 지불하셨음으로 우리가 그를 믿기만 하면 의롭게 된다가 아니라 그거는 바울에 폭력을 가하는 것이고 바울을 거꾸로 읽는 것이다. 바울에게는 그런 글이 없다.

아니, 희랍어는 좀 잘하겠죠. 어디에서 그런 요망한 말을 끌어내냐면 톰 라이트가… 그래서 저는 톰 라이트를 이단으로 정죄했습니다. 이신칭의를 부정하고 그따위 소리를 하니까. 이 사람은 완전히 후기 유대교 사상으로 기본으로 삼고 정죄해요. 하나님이 이스라엘과 맺은 언약에 신실하시사 예수 그리스도를 메시아로 세워가지고 그로 하여금 이스라엘이 섬기는 하나님이 참 하나님이심을 알게 했다. 그래서 아브라함과 이삭과 야곱. 특히 아브라함의 후손으로 예수 믿는 사람들을 그의 가족으로 돌린다. 하나님이 이스라엘과 맺은 언약에 끝까지 신실하시사 예수 그리스도를 통해서까지 그 언약을 다 이루어 주셨다. 그러니까 그 언약에 신실하신 하나님이 의롭다고 하시는 것이지 우리가 예수 그리스도를 믿어서 의롭게 되는 것이 아니다. 이것이 톰 라이트의 핵심이에요.[286]

서철원 교수는 '바빙크도 잘못되었다', '바빙크를 요약한 벌코프도 잘못되었다', '그 벌코프를 그대로 가르친 박형룡 박사도 잘못되었다'고 말했다. 그리고 '존 오웬도 잘못되었다', '도르트 총회도 잘못되었다'고 말했다. 마지막으로 새 관점 학파의 아이콘인 톰 라이트를 언급하며 유대교 율법주의자라고 말하면서 그리스도의 능동적 순종은 잘못되었다고 말했다. 톰 라이트의 새 관점은 당연히 개혁신학에서 거부되어야 한다. 그러나, 서철원 교수의 주장대로라면 지금까지의 모든 개혁신학은 다 폐기처분 해야만 한다. 과연 그래야 할까? 김재성 교수는 다음과 같이 말했다.

> 다만, 우리가 이런 용어들을 사용할 때에, 결단코 그리스도의 온전한 순종을 두 가지로 분리시키려는 것이 아니라, 그리스도 지상생활의 전체가 다 하나의 순종하는 삶이었는데, 더욱 더 정점에 이르러서 처절한 희생이 개입되어 있는 부분을 강조하려는 의미가 담겨 있다. 찰스 핫지 교수는 이 두 가지의 형용사를 붙여서 설명하고자 한 바는 그가 인간으로 잉태되는 순간부터 부활하기까지 그리스도의 사역의 전체를 의미하는 것이라고 했다.287)

김재성 교수에 의하면, 개혁신학이 그리스도의 능동적 순종과 수동적 순종을 말할지라도 그 두 가지를 분리하려는 것이 아니라 그리스도의 지상생활 전체가 다 하나의 순종이며 그 정점에 십자가의 희생이 있다는 것을 강조하는 것이다. 개혁신학이 능동적 순종을 말하나 그 어디에도 유대교 율법주의를 개입시키지 않는다.

정이철 목사는 다음과 같이 말했다.

> 능동순종교리를 수백 년 동안 정통교회들이 믿었다고 해도 성경의 근거가 없으면 이제 버려야 한다는 것입니다. 혹시 어떤 공의회에서 믿어야 한다고 결정했다고 해도 성경의 근거가 없으면 이제 버려야 합니다. 물론 어떤 공의회에서 능동순종을 믿어야 한다고 결정한 적도 없습니다. … 만일에 어떤 유명한 학자가 또는 어떤 교단이 능동순종을 믿어야 한다고 주장한다고 해도 성경의 근거가 없으면, 아무 효력이 없습니다. 늦게 버릴수록 하나님의 은혜와 멀어질 뿐입니다. 다시 한번 청교도 능동순종 사상이 수용될 수 없는 성경적 이유를 설명하겠습니다.
> 1) 그리스도가 율법을 지켜서 자신의 영생의 권리를 취득하였고 그것이 믿는 우리에게 전가되었다는 능동순종교리의 출발은 웨민고백 19장에도 나와 있는 행위언약 신학입니다. 하나님께서 완전한 영생이 없는 부실한 생명으로 창조한 아담이 스스로의 노력으로 생명의 도약을 얻을 자격(율법의 선행)을 만들었어야 했는데, 못하여 영원히 죽게 되었다는 것이 청교도들의 원죄론을 내포하는 행위언약 개념입니다. 성경 어디에도 이러한 주장의 근거가 없습니다. 하나님께

---

286) https://youtu.be/xQxenjDc1so/ [CFC강좌] 서철원 박사, "능동적 순종과 관련된 문제점들"(총회 이대위 특강4)(2021.3.21.). accessed 2021.10.9.

287) https://www.christiantoday.co.kr/news/339724/
김재성, '왜 능동적 순종을 믿어야 하는가?(6),'(2021.5.2.)

서 아담을 자기의 형상을 따라 영생 안에서 자기 백성으로 창조하시고, 선악과와 생명나무를 담보하여 영원히 아담의 하나님 되고 영원히 하나님의 백성되기로 언약하셨습니다. 그러나 아담이 스스로 하나님 자리에 앉고자 하나님을 배반했습니다. 아담이 하나님의 신실하신 언약과 인격을 배반하고 훼손하였으므로 영원한 형벌을 받고 죽었습니다. 죄로 인해 하나님이 자기를 찬송하게 하려고 지은 백성이 사라졌습니다. 인간의 원죄를 이렇게 이해해야 성경적 기독교가 세워집니다.

2) 그리스도가 아담 대신 율법을 지켜서 영생을 취득했다는 능동순종교리는 그리스도를 믿으면 그리스도가 율법을 지켜서 얻으신 영생의 자격에 동참한다는 청교도들의 은혜언약의 사상으로 연결됩니다. 맞는 말 같으나 심각한 거짓 사상입니다. 우리가 그리스도를 믿으면 영생을 얻은 이유는 하나님의 인격을 가진 사람으로 성육신하신 그리스도 그분이 우리의 구원, 우리의 의이기 때문입니다. "예수는 하나님으로부터 나와서 우리에게 지혜와 의로움과 거룩함과 구원함이 되셨으니"(고전 1:30) 성경의 이 진리와 아담 대신 율법을 다 지키신 그리스도가 우리의 구원, 우리의 의라는 청교도 신학의 주장은 전적으로 다릅니다. 우리의 의가 되시고자 하나님(성자 예수 그리스도)이 친히 하나님의 인격을 가진 흠 없는 사람으로 오셨습니다. 그분이 우리의 죗값을 하나님께 지불하여 죄인과 하나님 사이의 장벽을 허무셨습니다. 그리고 믿음과 성령 안에서 믿는 자들을 자신에게로 받아주시어 자기 자신(하나님의 인격을 가진 사람)의 의를 전가받게 하셨습니다. 그리하여 우리가 구원을 얻은 것입니다. 결코 그리스도가 지키신 율법으로부터 우리의 의가 나온 것이 아닙니다.[288]

정이철 목사는 '능동적 순종교리는 성경적 근거가 없으며 이제는 버려야 한다'면서 "심각한 거짓사상"이라고 주장했다. 그 이유는 능동적 순종교리가 '영생 자체이신 그리스도께서 율법을 지켜 영생을 취득(획득)하셨다'고 말하기 때문이라고 말했다. 오해를 일으키는 것은 '취득(획득)'이라는 말이다. 이에 대해, 김병훈 교수는 "그리스도께서 인성을 가지고 계시므로 한 개인 인간으로서는 자신의 영생을 위하여 율법을 지켜야 한다는 것에 대하여 지지하지 않는다"고 말했다.[289]

---

288) https://archive.vn/bvRb5/ 정이철, '우리 교수님은 정통교회가 가르친 능동순종을 영구진리로 받아야 한다고 합니다.'(2020.11.10.). accessed 2021.10.9.; 정이철 목사가 인용한 서철원 교수의 글 〈"공회의가 항상 바른 교리를 세우는 것이 아니고 성경에 없는 것들을 교리화한 경우가 많다. 가령 연옥 교리, 성도의 중보기도, 입으로 죄를 고백하는 일 등은 공회의에서 정해졌어도 전혀 성경적 근거가 없다. 그러므로 공회의는 성경에 없는 새 교리들을 만들 권세를 받지 않았다."(신학서론, 282.) "칼빈에 의하면 공회의의 성경해석이 항상 바르고 확실한 것은 아니다 (Institutio, IV, 9, 13-14.). 성경에 매여 성령의 인도를 받을 때만 공회의가 바른 해석을 하는 것이고, 공회의로 모였다고 해서 바른 교리를 산출하는 것이 결코 아니다. 오히려 사람들의 덕에 하나님의 말씀을 종속시키는 것이다. 교회만이 성경의 해석권을 가진 것으로 주장하는 것은 전문가들의 의견에 성경을 종속시킴을 뜻한다."(신학서론, 282.)〉
289) 김병훈·박상봉·안상혁·이남규·이승구, **그리스도의 순종과 의의 전가** (수원: 합동신학대학원출판부, 2022), 31; 〈의의 전가와 관련하여 능동적 순종을 포함하여 '모든 순종'을 지지하는 거의 모든 견해는 그리스도께서 인성을 가지고 계시므로 한 개인 인간으로서는 자신의 영생을 위하여 율법을 지켜야 한다는 것에 대하여 지지하지 않는다. 그리스도께서는 인성을 위격적 연합에 의하여 취하신 제 2위격 성자 하나님이시므로 이미 스스로 거룩하신 분이시다. 그렇기 때문에 신-인이신 그리스도께서 인성을 취하고 계시지만 피조물인 사람이 영생을 위하여 율법을 지켜야 하듯이 자신의 영생을 위하여 율법을 지켜야 하는 분이 결코 아니다. 율법의 의무는 인성이 아니라 인격에 지워지는데, 신-인이신 그리스도의 위격은 이미 거룩하신 하나님이시기 때문에, 율법의 의무에서 자유

127 Ⅲ.3. 능동적 순종교리를 주장하면 이단인가?

정이철 목사가 "생명의 도약"을 말한 것은 과연 도약의 개념을 알고 말한 것일까? 개혁신학의 언약사상 안에서는 도약이 일어날 수가 없다. "생명의 도약"이라는 개념은 베르그송의 『창조적 진화』에서 말하는 '엘랑비탈'이다. 베르그송은 '창조란 생명이 진화하는 가운데 발생하는 질적 비약을 의미한다'고 말했다. 그런 질적 비약의 창조는 '생명 종들이 동일한 근원을 가지며 이 근원은 하나의 폭발적 힘, 즉 엘랑비탈로 가능하다'는 것이다. 베르그송이 이렇게 주장한 이유는 인간 스스로 삶의 역량을 증대시킬 수 있다고 생각했기 때문이다.[290] 그렇게 역량의 증대가 가능한 것은 생명의 근원적 약동이 내재해 있기 때문이다. 베르그송이 말하는 생명의 약동, 곧 생명의 도약이란 "인간의 본능에 잠재적으로 남아 있는 본래적인 생명의 온전하고도 창조적인 원리"다.[291]

개혁신학이 말하는 능동적 순종교리는 영생 자체이신 성자 하나님께서 지상의 온 생애 동안 하나님의 율법을 온전히 순종하심으로 '이를 행하면 살리라'는 율법의 복과 영생을 획득하셨다는 뜻으로 가르쳤다. 영생은 율법을 완전히 지켰을 때 주는 복이요 결과다. 첫 아담은 실패했고 마지막 아담은 완전히 순종하셨다. 성경이 말하는 영생은 율법에 순종한 결과라는 것을 잊어서는 안 된다. 만일 율법에 불순종하면 죽음이다.

로우시며, 따라서 자신의 영생을 위하여 율법을 지키실 이유가 없다. 그리스도께서 율법을 지켜 율법의 의를 이루신 것은 자신의 영생을 위한 것이 아니라, 바로 우리를 위한 일이신 것이다. 매우 흥미롭게도 정작 수동적 순종에 의한 의의 전가의 대표적 주창자인 피스카토르는 빌립보서 2:9을 주해하면서 "그리스도께서 우리를 위해서뿐만 아니라 자신을 위해서도 또한 영생과 하늘의 지복을 얻을 공로를 세우셨다"는 "교회의 옛 박사들"의 주장에 대해 동의한다고 밝힌다. 피스카토르는 이 진술에서 그리스도의 순종이 자신을 위해서 영생과 하늘의 지복을 얻을 공로를 세우셨다고 말하면서, 또한 그 공로가 우리를 위한 것이라고 말하고 있다. 이것은 피스카토르의 의도가 어떠하든지 그리스도의 능동적 순종이 우리를 위한 영생의 공로를 세운다는 의미를 전하고 있어 흥미롭다. 물론 피스카토르가 그리스도께서 자신의 순종으로 자신을 위해 영생과 하늘의 지복을 얻을 공로를 세우셨다고 말하는 것은 마치 우리가 죄 사함이나 성령을 받기 위하여 공로를 필요로 하는 것처럼 그리스도께서도 또한 그러하다고 생각하여 하는 말은 아니다. 그리스도께서는 죄가 없으시고, 또한 수태되셨을 때에 성령에 의해 기름부음을 받으셨기 때문이다. 그럼에도 매우 흥미롭게 하늘의 복과 영생을 위하여서는 성부 하나님께 '모든 순종'(tota obedientia)을 드림으로 공로를 획득하셨다고 주장한다.)(Ibid., 31-33.)

290) 차건희, '베르그송과 스피노자,' **철학** 126 (2016): 73(51-76); "스피노자와 베르그송에게 있어서 철학의 궁극적 목표는 세계를 이해하고 해석하는 것이 아니라 삶의 역량을 증대시키는 것이다. 자신에 의해서 자기를 창조하고 거의 아무것도 없는 곳에서 많은 것을 끌어내고 세계를 지속적으로 풍부하게 하려는 노력으로 인격을 증대시키려고 하는 것은 베르그송주의이며 동시에 스피노자주의이기도 하다."

291) 송영진, '베르그송의 생의 약동과 윤리,' **범한철학** 13 (1996): 159(137-162); "베르그송에 따르면 생명을 무기물과 무차별적으로 동일화할 수는 없는 일이며 생명은 생명 나름의 고유한 목적과 질서와 의미를 지니고 있다. 이 원리가 생명의 근원적 약동이다. 이 생의 약동은 본능에 갇힌 폐쇄적인 의식이 아니라 본능에 잠재적으로 남아 있는 본래적인 생명의 온전하고도 창조적인 원리이다. 이 때문에 베르그송은 지능을 통하여 이를 온전히 자각하고 해방시킴으로써 생명의 원리에 충실하고자 하는 것이다."

반면에 서철원 교수는 다음과 같이 말했다.

13. 율법을 주신 것은 사람이 자기의 힘으로 자기를 구원할 수 없다는 것을 가르치시기 위해서 주셨다. 하나님이 율법을 이스라엘에게 주신 것은 율법을 지켜 의를 얻어 구원 얻는다는 것을 가르치시는 것이 아니다. 아무도 율법을 지켜 의를 얻을 수 없다. 아무도 율법을 지켜 의를 얻어 영생하는 것이 아니다. 그러면 왜 지킬 수 없는 율법을 주시고 율법을 지키라고 명령하셨는가? 그것은 사람이 율법을 지켜 구원에 이를 수 없다는 것을 깨닫게 하기 위해서 주셨다. 사람이 율법 지키는 것을 더욱 힘쓰고 열심을 내면 율법을 지키는 것이 아니라 범함에 이르게 된다. 율법을 잘 지키려고 힘쓰면 결국 자기는 자기의 힘으로 율법을 지킬 수 없다는 것을 깨닫게 된다. 그것이 율법의 사명이다. 율법은 아무리 잘 지키려고 해도 결국 지킬 수 없고 범함만 많아짐을 깨닫게 된다. 그것이 율법의 소임이다. 율법을 지키라는 명령에 열심을 다해 지키려고 애쓰다가 결국 자기는 율법을 지킬 수 없으므로 절망하는 길밖에 없다. 그래서 어서 율법의 완수자를 보내주시옵소서 하는 절규를 하는 것이다. 이로써 율법은 자기 사명을 다한 것이다. 이렇게 절규할 때가 그리스도께서 오시는 때가 찼다는 뜻이다.[292]

서철원 교수에 의하면, 하나님께서 "율법을 주신 것은 사람이 자기의 힘으로 자기를 구원할 수 없다는 것을 가르치시기 위"함이다. 서철원 교수가 이렇게 말한 의도는 능동적 순종을 부정하기 위함이다.

정이철 목사는 그리스도의 능동적 순종의 전가가 정통 개혁파의 주장이 아니며 존 오웬의 주장에서 비롯된 것이라면서 다음과 같이 주장했다.

존 오웬에게서도 똑같은 모습이 나타났다. 오웬은 그리스도가 십자가의 피로 우리에게 '칭의'와 '죄용서'를 동시에 주실 수 있었다면 더 일찍 죽으셨을 것인데, 십자가만으로 불가능하였으므로 하나님의 율법에 적극적으로 순종하는 시간을 가지시기 위해 더 오래 사셨다고 했다. 청교도 신학의 '이중전가'(Double Imputation), 즉 십자가로 죄 용서를, 율법준수로 의를 이중적으로 전가하시기 위해 그리스도께서는 일찍 죽으시지 않고 지상에서 오래 사셨다고 주장했던 사람이 모두가 칭송하고 존경하는 존 오웬이다.[293]

정이철 목사는 "테오도르 베자, 토마스 크랜머, 휴 라티머, 윌리엄 퍼킨스,

292) http://www.newspower.co.kr/48711/ 서철원, '[서철원 박사] 능동적 순종과 관련된 문제점들,'(2021.2.22.). accessed 2021.10.9.; "3. 율법준수로 얻은 의를 전가하여 영생에 이르렀다는 주장은 신약이 전혀 가르치지 않는 것이고, 그리스도의 십자가상의 구속을 완전히 허는 반기독교적인 이단사상이다. … 이런 주장을 하는 이단들은 그리스도가 율법을 지켜 새로운 의를 획득해야 우리가 영생을 얻는다고 한다. 이런 주장은 결국 그리스도의 십자가의 구속사역을 무효화 하는 것에 이른다. 하나님은 그리스도께서 하나님의 어린양으로서 피 흘려 사람들의 죄과를 제기하고 믿는 자에게 모든 죄를 용서하시므로 의 곧 완전한 구원을 얻게 하셨다. 믿는 자가 율법을 잘 시켜 의를 얻어야 한다고 하는 이단적 주장이나 그리스도가 율법을 잘 지켜 새로운 의를 추가해야 한다고 하는 이단적 주장이나 다 그리스도의 십자가의 구속사역을 무효화 하는데 이른다. 율법을 지켜 의를 얻는다면 율법을 지켜 의를 얻을 수 있는데 굳이 그리스도가 십자가에서 피 흘려 죽으므로 죗값을 치르는 일을 할 필요가 있는가? 이것은 결국 그리스도의 구속사역을 무효화 하는 것이다."
293) http://www.good-faith.net/news/articleView.html?idxno=1730/ 정이철, '존 칼빈을 퍼킨스, 에임스, 오웬 등과 묶어 도매금으로 넘기지 마십시오.'(2019.12.19.). Accessed. 2021.10.06.

윌리엄 에임스, 존 오웬의 공통적인 특징은 성경과 종교개혁의 핵심 신앙, '그리스도의 십자가 Only' 위에 서지 못했다는 것이다. 그러나 성경은 '그리스도의 십자가 Only' 신앙을 가르친다. 신약의 사도들은 모두 '그리스도의 십자가 Only' 신앙을 부여잡았다."고 말했다. 그러나 개혁신학자들도 동일하게 '그리스도의 십자가 Only' 신앙을 말했다.

정이철 목사는 청교도 중에서도 회중주의를 신랄하게 비판한다. 그런 까닭에, 존 오웬을 곱게 봐줄 리가 없다. 정이철은 존 오웬은 장로회주의자가 아니고 회중주의자이므로 개혁파의 정통 노선이 아니고 청교도 노선이라고 주장했다. 무엇보다 정이철 목사는 오웬이 스코틀랜드 언약신학자들과 함께 만든 웨스트민스터 신앙고백서를 버리고 「사보이 선언」으로 회중주의자들을 위한 별도의 신앙고백서를 만들었다고 주장했다.294) 정이철 목사의 주된 논점은 "회중파 청교도는 함께 만들어 낸 웨민고백서를 버렸고 자신들만의 '사보이 신앙고백'(Savoy Declaration, 1658)을 별도로 만들었으며, 그 속에다 자신들의 그릇된 원죄 사상과 구원론(능동순종)을 버젓하게 기술하였다"는 것이다.295)

정이철 목사는 그리스도의 능동적 순종의 전가를 극렬히 반대하고 수동적 순종의 전가만이 개혁파의 정통 노선이라 주장한다. 정이철은 "칼빈은 칭의의 원인을 그리스도의 율법준수로 설명했던 적이 없다. 칼빈은 언제나 그리스도의 보혈로 죄 용서 받음이 곧 의로워지는 것이라고 가르쳤다."고 말하면서, 능동적 순종을 거부했다.296) 서철원 교수의 관점으로 보면, 칼빈을 비롯하여 청교도 신학자들도 조나단 에드워즈도, 헤르만 바빙크, 벌코프도 다 틀렸다. 서철원 교수는 그리스도의 능동 순종을 가르치는 개혁파와 '새 관점 학파'를 동일선상에 둔다.297) 우리가 익히 알듯이 새 관점 학파는 그리스도의 능동적 순종과 전가 교리를 거부하는 신학을 추구한다.298) 그런데 능동적 순

---

294) http://www.good-faith.net/news/articleView.html?idxno=1729/ 정이철, '한국 장로교 뿌리는 영.미 청교도 아니고 스코틀랜드 언약(장로교),'(2019.12.16.).
295) 같은 사이트에서.,
296) http://www.good-faith.net/news/articleView.html?idxno=1730/ 정이철, '존 칼빈을 퍼킨스, 에임스, 오웬 등과 묶어 도매금으로 넘기지 마십시오,'(2019.12.19.).
297) http://www.good-faith.net/news/articleView.html?idxno=2456/ '우리는 기필코 행위언약 사상과 율법준수 구원론을 물리쳐야 한다'(2021.11.28.) accessed 2021.11.29.; "율법준수를 그리스도가 다 이루므로 구원 얻는다는 주장은 로마 교회의 가르침대로 행위 구원에 이르고 유대교의 율법준수로 구원 얻는 것에 이른다. 이 일을 새관점 학파가 잘 개진하였다."
298) https://byfaithalone.tistory.com/entry/톰-라이트의-새관점이-말하는-율법의-요구/ "새관점에서 말하는 의의 근거는 그리스도에게 있지 않고 성부 하나님께만 있다. … 새관점에서 보는 율법은 선악과 금지 명령의 재

종을 말하는 개혁신학을 새 관점 학파와 연결하는 것은 매우 부적절하다.

게할더스 보스(Geerhardus Johannes Vos, 1862-1949)는 '속죄 제물의 대리성'을 말하면서 율법에서 발견되는 '대리성'(vacariousness)에 대해 다음과 같이 말했다.

대개 세 가지 가능성이 있을 수 있다. 본문이 하나님의 역사로 인하여 제사드리는 자의 온전한 (빠진 것이 없는) 생명이 또 다른 온전한 생명, 즉 짐승의 생명으로 대치된다는 것을 가르친다고 말할 수도 있다. 그러나 이런 견해는 대리성의 원리를 그대로 유지하면서도 대리적 죽음, 대리적 고통의 관념은 전적으로 배제하는 것임을 보게 된다. 원형의 차원에서 말하면, 이는 곧 우리의 생명을 거룩히 구별하여 하나님께 적극적으로 드려야 하는데, 이것을 우리가 하지 못했기 때문에 그리스도께서 대리의 방식을 통해서 하나님께 그의 생명을 드리사 우리를 위하여 하나님께 보상하셨으나, 하나님께서는 그저 성별하여 드리는 것을 받으시는 데에만 관심을 가지셨고 우리가 범한 범죄에 대해 고난을 통해서 값을 지불하는 일에는 전혀 관심을 갖지 않으셨으므로 그리스도의 고난은 이 부분에서 아무런 역할도 하지 못했다고 말하는 것과도 같은 것이다. 다시 말하면, 여기서 하나님의 공의하심이 전적으로 배제되며, 그리스도는 오로지 그의 능동적 순종에 있어서만 우리의 대리자가 되신다는 것이 되는 것이다. 또한, 하나님께서 분명 죄 문제를 정리하시지만, 그 죄들에 대해서 형벌을 요구하신다는 의미는 아니며, 그가 죄 문제를 해결하시는 유일한 방식은 그에게 저질러진 상해를 보상할 하나의 적극적인 헌물을 요구하시는 방식이라고 말할 수도 있을 것이다. 이는 곧 그리스도의 능동적인 순종으로 말미암아 하나님께서는 그리스도께서 행하신 그 풍성한 순종을 보시고서 우리의 죄들을 벌하시는 문제를 간과하시게 되었다는 말과도 같다. 여기서도 오로지 그리스도의 능동적 순종이 유일한 역할을 담당한다. 그러나 이 견해로 보면 그가 우리가 범한 죄를 최소한 조금이나마 염두에 두고, 어떻게 해서는 좋게 만들어야 되는 것으로 보시고서 순종을 행하시는 것이 되는 것이다.[299]

보스에 의하면, 대치의 방식이나 보상의 방식은 결국 그리스도의 능동적 순종만이 하나님께서 죄에 대한 형벌을 간과하는 유일한 역할이 된다. 그러면 무엇이라고 말해야 하는가? 보스는 다음과 같이 말했다.

혹은 마지막으로, 희생제물로 드려지는 짐승이 죽음으로써 제물 드리는 자에게 합당한 죽음을 대신하는 것이라고 말할 수도 있을 것이다. 이는 형벌을 형벌로 대신한다는 것이다. 그리스도께서는 그의 능동적인 순종에서만이 아니라 그의 고난과 죽으심을 통해서 우리의 죄의 비정상적인 상태를 대신하셨다고 보며, 그가 하나님의 공의를 만족시켰다고 보는 것이다. 우리는 첫 번째와 두 번째 해석은 레위기 17:11에서 완전히 배제되지는 않으나, 속죄에 관한 성경의 가르침의 전반적인 흐름에 견주어 볼 때에 설득력이 없다고 본다.[300]

연Republication도 아니며 이스라엘의 범죄는 아담의 죄와는 관계가 없는 것으로 취급한다. … 새관점에서 보는 율법은 은혜 안에 머물기 위한 수단으로서의 율법을 마치 자녀가 부모의 훈계를 생각하는 수준과 비슷하게 보고 있다. … 새관점에서 보는 율법은 완전한 순종을 요구하지 않는다. 이는 새관점이 율법을 언약 안에 머물기 위한 수단, 즉 명령이 아닌 교훈과 훈계의 차원으로 보고 있기 때문이다. 새관점에서는 이스라엘을 이미 하나님의 은혜 안에 세워진 하나님 나라로 보고 있다. 이들에게 율법은 단지 하나님의 백성으로 살아가기 위한 수단에 불과하다. 새관점이 이스라엘 백성을 하나님 나라의 백성이라고 보는 근거는 출애굽에 있다."

299) 게할더스 보스, 성경신학, 원광연 역 (파주: CH북스, 2020), 230-231.

보스에 의하면, 성경이 가르치는 속죄는 '형벌은 형벌로 대신한다'는 것이다. 그렇게 형벌을 대신하려면 레 17:11대로 합당한 죽음을 대신하는 것이라야 한다.301) 어떻게 합당한 죽음을 대신할 수 있는가? 그것은 고난과 죽으심을 통해서다. 그런 까닭에, 능동적 순종만 강조한다거나 수동적 순종만 강조하는 것은 성경이 가르치는 '속죄 제물의 대리성'에 어긋난다.

브랜던 크로는 다음과 같이 말했다.

> 예수님의 순종을 묘사하기 위해 흔히 사용하는 용어가 그리스도의 능동적 순종과 수동적 순종이다. 이 용어들은 올바로 이해해야 한다. 어떤 이들은 그리스도의 수동적 순종이 예수님의 죽음을 가리키는 데 반해, 능동적 순종은 예수님의 삶을 가리킨다고 주장한다. 또한 일반적으로 수동적 순종은 칭의를 위해 필요하지만. 능동적 순종은 오히려 신약과 맞지 않는다고 말한다. 그러나 여기서 조심해야 한다. 어떤 식으로든 예수님의 나누는 것은 신학적으로나 해석학적으로나 부적절하다. 수동적 순종이 오로지 예수님의 죽음을 가리키는 데 반해, 능동적 순종은 오로지 예수님의 삶의 순종을 가리킨다고 이해하는 것은 올바르지 않다. 사실 나는 이 용어들에 대한 오해가 그리스도의 순종에 대해서뿐 아니라, 칭의 및 영생에 필수적인 것에 대해서도 부당한 혼란을 낳았다고 믿는다. 그러므로 우리는 예수님의 순종 전체를 묘사하는 이 용어들에 대한 명확한 정의를 필요로 하며, 예수님의 순종 전체가 칭의를 위해 필요한 이유를 이해할 필요가 있다.302)

능동적 순종을 비판하는 분들은 능동적 순종과 수동적 순종을 분리하면서 능동적 순종은 '이단 교리'라고 강력하게 반발한다. 그리스도의 순종은 능동적 순종과 수동적 순종으로 이분화할 수 있는 것이 아니며 성육신으로부터 십자가에서 죽으시기까지 그리스도께서 행하신 순종 전체를 다 포함한다. 십자가의 죽으심은 전체 순종의 극적인 것이다. 그리스도께서 흠 없는 제물(요 1:29)이 되시려면 하나님의 율법을 지켜 의를 이루셔야 한다.303) 존재에 합당한 의가 있어야만 한다(참고. 레 22:22; 말 1:8). 존재적 관점과 사명적 관점은 분리되지 않는다.

이것은 그리스도의 중보자 직분과 관련되어 있다. 칼빈은 그리스도를 "순결하고 흠 없으신 중보자"라고 말했다.304) 우르시누스는 그리스도의 중보자

---

300) Ibid., 231.
301) 육체의 생명은 피에 있음이라 내가 이 피를 너희에게 주어 단에 뿌려 너희의 생명을 위하여 속하게 하였나니 생명이 피에 있으므로 피가 죄를 속하느니라(레 17:11)
302) 브랜던 크로, **그리스도의 능동적 순종과 수동적 순종**, 정광규 역 (서울: 부흥과개혁사, 2022), 36.
303) Ibid., 39-40.
304) 존 칼빈, **기독교강요(상)**, 원광연 역 (고양: 크리스챤다이제스트, 2003), 615; **기독교강요** 2.15.6. 그리스도의 제사장직.

되심에 대해 말하면서 다음과 같이 말했다.

그는 우리의 의로움이시다. 즉, 우리를 의롭다 하시는 분이시다. 우리의 의는 그의 안에 있으며, 그 자신이 그의 공로와 효력으로 말미암아 우리에게 주시는 것이다.305)

중보자의 공로와 효력이란 무엇인가? 우르시누스는 제16문 해설에서, 다음과 같이 말했다.

사람이신 그리스도께서 어떤 점에서 완전히 의로우셨으며 율법을 이루셨다. 1. 그 스스로 의로우셨으므로, 그리스도께서만이 홀로 율법이 요구하는 대로 완전한 순종을 이행하셨다. 2. 우리의 죄를 대신하기에 충족한 형벌을 당하셨으므로, 율법의 이중적인 성취가 반드시 그리스도께 있어야 했다. 그의 의가 충만하고 완전하지 않았다면, 다른 이들의 죄를 보상할 수가 없었을 것이며, 또한 앞에서 설명한 그런 형벌을 당하지 않으셨다면, 그로써 우리를 영원한 형벌에서 구원하실 수가 없었을 것이다. 전자를 가리켜 순종을 통하여 율법을 이루신 것이라 부르며, 후자를 가리켜 형벌을 통하여 율법을 이루신 것이라 부른다. 그가 우리를 위하여 고난을 당하심으로써 우리가 영원한 정죄 아래 있지 않도록 하신 것이다.306)

크로는 다음과 같이 정리했다.

능동적 순종과 수동적 순종은 순종의 서로 다른 두 단계가 아니라, 예수님이 중보자로서 하나님의 율법에 순종하신 단일한 순종의 상호 연관된 두 측면이다.307)

크로에 의하면, 예수님의 순종을 능동적 순종과 수동적 순종으로 말하는 것은 순종의 두 단계가 아니라 두 측면이다. 왜 두 측면이어야 하는가? 수동적이라는 의미가 단순히 고난을 당하셨다는 뜻만이 아니라 자발적 순종이기 때문이다. 예수 그리스도의 십자가 피 흘림은 자발적 순종이었다. 그것은 또한 능동적 고난이었다. 그리스도의 모든 사역은 그리스도의 능동적 순종이었다. 율법을 지키는 것만 능동적 순종이 아니라 고난을 받고 십자가에 죽으심도 능동적 순종이었다. 그리스도의 사역에는 어떤 강요와 억압이 없었다.

물론 용어의 개념상 능동적 순종이란 율법준수의 순종(law-keeping obedience), 그리스도께서 이 땅을 사시면서 하나님의 율법을 완전하게 지키셨다는 것이다.308) 능동적 순종을 말하는 근본적인 의미는 그리스도가 전 생

---

305) 자카리아스 우르시누스, **하이델베르크 요리문답해설**, 원광연 역 (고양: 크리스챤다이제스트, 2006), 182.
306) Ibid., 170.
307) 브랜던 크로, **그리스도의 능동적 순종과 수동적 순종**, 정광규 역 (서울: 부흥과개혁사, 2022), 37.
308) 박재은, **칭의 균형있게 이해하기** (서울: 부흥과개혁사, 2016), 66.

애 동안 온전히 율법에 순종하신 의가 우리에게 전가 되어서 실제로 우리 구원에서 우리의 공로로 주장할 것이 아무것도 없다는 것을 말하려는 것이다.

두 단계가 아니라 두 측면이라고 말하는 의미는 무엇인가? 두 단계는 시간적 순서를 말하나 두 측면은 논리적 구분을 의미하는 것이다. 능동적 순종과 수동적 순종은 그리스도께서 십자가를 지시기 이전의 사역은 능동적 순종이고, 십자가 고난과 죽음은 수동적 순종이라는 시간적 순서를 말하지 않는다. 두 측면이란 그리스도의 지상 사역의 모든 순종에 나타난 논리적 구분을 말한다. 논리적 구분이란 더 구체적으로 무엇인가? 크로는 다음과 같이 말했다.

> 그리스도의 수동적 순종이 예수님의 삶 전체에 대한 것이라면, 이는 그리스도의 능동적 순종도 죽음의 순종을 포함하여 예수님의 삶 전체에 대한 것이라는 의미다. 예수님의 죽음이 능동적 순종에 해당하지 않는다고 생각하는 것은 잘못이다. 왜냐하면 참으로 우리는 그리스도의 죽음에서 그리스도의 순종을 가장 극적으로 보기 때문이다. 세상 죄를 지고 가는 하나님의 어린양이라는 예수님의 역할(요 1:29; 고전 5:7)은 예수님이 완전히 죄가 없으실 것을 요구한다. 예수님이 흠 없는 제물이 되시려면, 긍정적으로 하나님이 요구하시는 모든 것을 행하셔야 했다. 하나님의 율법은 단순히 특정한 행위를 금지하는 것만이 아니라, 특정한 행위를 요구하기도 한다.[309]

크로는 그리스도의 순종을 그리스도의 삶 전체로 말했다. 크로의 진술은 개념적 혼란을 불러올 수 있지만, 그럼에도 불구하고 그리스도의 모든 순종하심에는 수동적 순종과 능동적 순종이 분리되지 않고 두 측면이 다 포함되어 있다. 이 문제를 나중에도 살펴보겠지만, 그리스도께서 수동적 순종을 이루신다는 것은 그 순종에 이르기까지 그 이전의 사역이 분리되지 않는다. 그 이유는 무엇인가? 그리스도의 존재와 사역이 분리될 수 없기 때문이다.

그리스도의 사역은 십자가 죽으심의 사역만이 아니었다. 그리스도의 지상 사역은 성육신하심으로부터 시작되었다. 왜 동정녀 탄생이어야만 하셨는가? 그리스도의 대속하심이 있기 위해서는 죄 없는 인간으로 탄생하셔야만 했기 때문이다. 그런 까닭에, 그리스도의 순종을 성육신 없이 십자가 죽으심만 말할 수 없다. 그렇게 성육신 하심으로부터 십자가에 죽으심에 이르기까지 그리스도께서 행하신 모든 사역은 하나님께서 요구하시는 모든 것을 행하시는 사역이었다. 그리스도의 비하로부터 그리스도의 승귀에 이르기까지 그리스도께서 행하신 모든 사역이 그리스도의 순종하심이다.

제임스 뷰캐넌(James Buchanan, 1804-1870)은 다음과 같이 말했다.

---

309) 브랜던 크로, 그리스도의 능동적 순종과 수동적 순종, 정광규 역 (서울: 부흥과개혁사, 2022), 39-40.

신학자들은 줄곧 그리스도의 능동적 순종과 수동적 순종이라고 불리는 것들을 구분해 왔다. 이러한 구분은 그것이 올바르게 이해되고 사법적으로 적용될 때 합법한 것이며 유익한 것이기도 하다. 그러나 이것이 마치 그의 수동적 순종은 단순히 고난을 의미하며, 그의 능동적 순종은 단순히 그의 사역을 의미하는 것으로 해석되어서는 절대로 안 된다. 왜냐하면 그리스도의 수동적 순종과 능동적 순종은 고난과 사역 모두에 대한 순종이며, 또한 그 순종이 고난을 배제하지 않기 때문이다. 또한 수동적 순종과 능동적 순종이 마치 서로 분리되어 있어서, 단순히 그리스도께서 받으신 고난만 우리에게 전가되고, 그의 순종은 전혀 전가되지 않음을 인정하는 것으로 해석되어져서는 더더욱 안 된다. 왜냐하면 만일 그리스도의 죽음이 우리 모두의 것으로 전가되었다면, 그것은 그리스도께서 죽음을 결정지으실 때 그가 견디신 고난들과 그가 내리신 순종 모두를 반드시 포함하고 있는 것이기 때문이다.[310]

뷰캐넌에 의하면, 그리스도의 순종은 고난과 사역 모두에 대한 순종이다. 그리스도의 순종은 그리스도의 고난을 배제하지 않는다. 그리스도의 사역도 그리스도의 고난과 함께한다. 십자가의 죽으심은 순종의 절정이다.

능동적 순종교리를 거부한다는 것은 그리스도의 인성을 거부하는 결과를 초래한다. 이런 오류가 정통 기독교에서 이탈하는 이유는 그런 무리들이 그리스도의 인성을 거부하는 일에 휘말리게 되고, 결국 그들 전체 신학에 총체적 균열과 함께 그리스도의 계시에 대한 인식에 심각한 결함이 발생하기 때문이다.

수동적 순종만을 말하는 것은 첫 아담과 마지막 아담의 존재와 사명에 대한 이해가 부족한 것이며 개혁파 정통노선으로부터 이탈한 것이다. 성경과 교리를 살펴보면 우리 믿음의 선조들, 곧 개혁신학자들이 가르친 대로 능동적 순종과 수동적 순종을 함께 믿고 고백하고 가르쳐야 함이 마땅하다.

---

310) 제임스 뷰캐넌, **칭의 교리의 진수**, 신호섭 역 (서울: 지평서원, 2002), 333; "그러나 만일 이러한 구분이 그것들 사이에 존재하는 불가분리의 연합을 파괴하지 않고서, 단순히 그리스도의 하나의 사역으로부터 다른 하나의 사역을 분별하는 의미로 사용되고, 그것이 하나님의 계명의 형벌적이며 교훈적인 요구들을 잘 증거하려는 관계를 의미하고 표현할 때 사용된다면 그것은 합당한 일이 될 것이다. 이 율법은 죄의 형벌을 요구했고, 우리는 그리스도의 고난과 죽음 안에서 그 죄의 값이 성취되어지는 것을 목격한 것이다. 이 계명은 또한 완전한 순종을 요구했으며, 특별히 그리스도의 순종의 절정이었던 그의 죽음 안에서 우리는 그 요구가 성취되어지는 것을 목격한 것이다. 그러므로 죄에 따른 악한 형벌에 관계한 그리스도의 형벌적 고난들과 율법이 요구하는 의와 관계한 그리스도의 대속적 순종 사이의 필수적 연관성을 통해서, 우리는 비로소 고난과 순종 모두에 대한 필요성과 하나님의 용인을 받기 위해 제공되어진 이 희생제물로서의 그리스도의 적절성과 완전성을 이해할 수 있게 되는 것이다."

4

c·h·a·p·t·e·r

능동적 순종과
수동적 순종

IV. 능동적 순종과 수동적 수동

1. 왜 능동적 순종, 수동적 순종이라는 말을 사용했는가?

능동 순종(active obedience)과 수동 순종(passive obedience)이라는 단어는 칼빈의 후계자인 베자 목사가 말했다. 물론 수많은 개혁신학자가 이 용어를 사용했다. 존 오웬, 조나단 에드워즈, 게할더스 보스, 존 머리, 안토니 후크마를 비롯해서 국내외의 많은 신학자와 목사가 사용했다.

김재성 교수는 다음과 같이 말했다.

> 베자에서부터 우르시누스, 올레비아누스, 무스쿨루스, 잔키우스, 토마스 카트라잍, 퍼킨스, 더들리 펜너, 로버트 롤록, 로버트 하위, 삐에르 두 물랭, 크레이그, 월터 트래버스, 그리고 17세기 개혁주의 정통 신학자들로는 웨스트민스터 신앙고백서를 작성했던 신학자들 대부분과 폴라누스, 볼레비우스, 뛰르땡, 보에티우스, 코케이우스, 사무엘 러더포드, 존 오웬, 토마스 굳윈, 챠르녹, 암브로스, 존 번연, 토마스 보스톤 등이 이중전가의 교리를 지키면서, 역사적 상황의 변화와 새로운 신학적 쟁점들에 대처해야만 했었다.[311]

이렇게 많은 신학자가 능동적 순종을 인정하고 가르쳤다. 능동적 순종을 인정하고 가르친 사람들은 존 오웬을 비롯하여 웨스트민스터 신앙고백서를 작성한 신학자들과 목회자들이다. 김재성 교수에 의하면, 칼빈주의 정통신학자들에게서 영향을 받은 뉴잉글랜드 청교도들, 18세기 초반에 미국에 세워진 하버드 대학교, 예일 대학교에서는 조나단 에드워즈가, 프린스턴 신학교에서는 아치발드 알렉산더 등이 능동적 순종을 가르쳤다. 찰스 핫지, 벤자민 워필드, 게할더스 보스 등은 능동적 순종과 수동적 순종의 교리를 확고하게 가르쳤다. 이것을 그대로 수용한 독일 개혁신학자 하인리히 헤페(Heinrich Heppe, 1820-1879)도 동일한 안목으로 정리했다.[312] 16-17세기 대다수의 개혁파 신학자들은 성경적 근거 위에 그리스도의 능동적 순종교리를 인정했다.[313] 루더포드는 그리스도의 순종은 최고의 율법적 순종이었으며 가장 온전한 순종이었다고 말했다.[314]

---

311) 김재성, 그리스도의 능동적 순종 (고양: 언약, 2021), 17.

312) Ibid., 51; "다른 한편으로는 그들이 율법을 범한 데 대한 형벌에 자신을 전적으로 복속시켜서 제사장으로서 만족함을 드렸다. 그리스도의 완전한 율법의 성취를 능동적 순종이라고 하고, 율법을 범한 데 대한 온전한 형벌로서 십자가를 지심을 수동적 순종이라고 하는데, 세상을 위해서 자신을 바친 자발적 순종에 근거한다."

313) https://www.christiantoday.co.kr/news/338884/ '출생부터 수난까지, 죄없이 순종하신 예수,'(2021.3.21.); "이러한 합의는 지금까지도 계속되고 있다. 찰스 하지, 헤르만 바빙크, 벤자민 워필드, 그레스햄 메이첸, J. 판 헨더런, W. H. 펠레이마, 제임스 패커, 리처드 멀러, 조엘 비키, 마이클 호튼, 더글라스 켈리, 로버트 레담 등 현대의 중요한 개혁신학자들은 모두 이 교리를 성경적인 것으로 보며 지지하고 있다."

314) 김병훈·박상봉·안상혁·이남규·이승구, 그리스도의 순종과 의의 전가 (수원: 합동신학대학원출판부, 2022),

왜 이렇게 많은 사람이 말해야 했는가? 우리 존재의 변화는 성경대로 이루어지며 그것을 믿고 고백해야 했기 때문이다. 그것이 구원론이고 칭의론이다. 왜 프로테스탄트인가? 왜 로마 가톨릭이 아닌가? 왜 이단들이 생겨났는가? 인간 존재의 변화에 대한 관점이 다르기 때문이다.

로마 가톨릭과 개신교는 인간론이 다르기 때문이다. 존재론이 다르고 존재에 대한 이해가 다르다. 인간론의 다름은 '원의'의 상태에 대한 해석의 다름으로 나타났다. 원의의 상태에 대한 해석이 다르기 때문에 구원론이 달라진다. 구원론은 인간의 변화에 대해 말하는 것이다. 구원론이 다르다는 것은 인간의 변화에 대한 관점, 존재의 변화에 대한 관점이 다르다는 것이다.

로마 가톨릭은 원의의 주입을 말하나 개혁신학은 의로움의 전가를 말한다. 로마 가톨릭은 '원의'(original righteousness)를 말한다.[315] 인간의 창조는 육신과 영혼으로 구성되었다. 그런데, 육신에 있는 육욕이 영혼의 이성과 양심을 거스르는 상태였기 때문에 영혼이 육신의 야수성을 지배할 수 있도록 주신 초자연적인 은사가 있었으며, 이것을 '원의', '자연적인 의'라 한다.[316]

257; 〈그리스도의 순종은 최고의 율법적 순종이었다. 또한 가장 온전한 순종이었다. 왜냐하면 그리스도는 자기 안에 있는 모든 것을 다해 순종했기 때문이다. 그는 순전히 자신의 의지로 순종했고(요 10:18; 마 26:39, 42, 44), 또한 자신의 피를 가지고 순종했다(히 9:14; 계 1:5). 마태복음 26장 28절에서 그는 "나의 피"라고 말씀하셨다. 그리스도는 자신의 생명을 대속물로 주셨다(마 20:28). "자기 목숨을 많은 사람의 대속물로 주려 함이니라."〉

315) 위키피디아에서; "능동적 순종이란 율법준수의 순종(law-keeping obedience), 그리스도께서 이 땅을 사시면서 하나님의 율법을 완전하게 지키심이며(박재은, **칭의 균형있게 이해하기**, 66), 이 말의 의미는 그리스도가 전 생애 동안 온전히 율법에 순종하신 의가 우리에게 전가 되어서 실제 우리 구원에서 우리가 공로로 주장할 것이 없음을 나타내는 개념입니다. 뿐만 아니라 그리스도의 능동적인 순종은 초기 종교개혁부터 핵심 교리의 일부분이었습니다. 우르시누스(Zacharias Ursinus)가 1561년에 작성한 대요리 문답을 통해서 하이델베르크 요리문답을 작성할 당시에 그리스도의 능동적 순종의 전가를 고수했다는 사실을 확인할 수 있습니다(Lyle D. Bierma, *An Introduction to the Heidelberg Catechism* (Grand Rapids: Baker Academic, 2005), 163-223). 우르시누스뿐만 아니라 올레비아누스(Casper Olevianus)도 그리스도의 능동적 순종의 교리를 고수했다는 사실을 확인할 수 있습니다(Caspar Olevianus, In epistolam d. pauli apostoli ad galatas notae... (Geneva: *Eustathium Vignon*, 1578), 57; See also his In epistolam d. pauli apostoli ad romanos notae... (Geneva, 1579), 196, 197, 205, 206, 209, 210.)." "의로움의 전가(Imputed righteouness)는 '그리스도의 의로움'이 신자에게 전가된다는 기독교의 교리이다. 이 교리는 로마 가톨릭교회의 의로움의 주입 교리와 대조되는 것으로 신자의 의로움이 그들의 선행 등의 행위에 근거하지 않고, 외적인 의로움 즉, 그리스도의 의로움이 전가되어야만 한다는 이신칭의의 핵심적 내용이다. 이 교리는 칼뱅주의와 루터란의 대표적인 교리이며, 이것은 의롭다 함과 은혜라는 핵심용어를 규정짓는 기초가 된다. 의로움의 주입(infused righteousness)는 로마 가톨릭교회의 칭의교리이다. 이 교리는 토마스 아퀴나스의 신학에 기초한다. 이 교리는 그리스도의 명령에 따르고, 고백성사와 성례를 통하여 하나님의 은혜와 의로움이 신자에게 점진적으로 주입되어, 그들 자신의 육체에 있는 의로움이 하나님의 의로 놓이게 된다는 의미이다. 이에 대하여 칼뱅주의는 의로움의 전가를 주장하였다. 즉, 의로움이 오직 그리스도의 의가 신자에게 전가되어야만 한다는 것이다."

316) 루이스 벌코프, **벌코프조직신학(상)**, 권수경·이상원 역 (서울: 크리스챤다이제스트, 1993), 418; "하나님은 인간의 자연적인 능력을 서로 적응시켜서 하등한 능력이 고등한 능력에 순복하도록 만드신다. 이렇게 해서 이룩

아퀴나스는 아담의 타락을 '원의의 결여' 혹은 '원의의 부재'라는 개념으로 말했다. 아퀴나스에게 타락은 원의를 상실한 상태였다. 그러면 구원은 어떻게 이루어지는가? 인간이 회개하고 믿음을 가지게 되면 이 원의가 주입되고, 다시 타락 전 아담의 상태와 유사해져서 그 주입된 원의로 인간이 순종하면 구원을 얻어 천국에 간다는 것이다. 반대로 불순종하면 심판을 받아 지옥에 간다. 이런 구원론은 인간의 공로로 구원이 가능하다는 것이다. 이것이 펠라기우스의 구원론이다.

그러나 원의는 인간의 영적인 국면을 말하며,317) 인간이 의와 거룩의 상태로 창조된 것을 말한다. 그렇다고 이 의와 거룩의 상태가 완전한 상태를 의미하지 않는다. 그리스도께서 전가하는 의는 타락 전 아담의 의와 거룩의 상태가 아니다. 인간은 예비적이고 잠정적인 상태였으며 순종을 통해 더 높은 상태로, 곧 완전성으로 나아가야 하는 존재였다.318)

문제는 무엇인가? 죄의 결과로 죽음의 형벌은 그리스도의 십자가로 해결되었으나 인간 안에 원의가 주입된 상태일지라도 아담의 불순종 문제는 해결할 길이 없는 것이다. 그로 인해 불안에서 벗어나지 못하고 인간의 행위와 공로로 대치하려는 계기가 발생한다. 종교개혁자들과 개혁신학자들은 무엇을 말하는가? 아담의 불순종 문제를 해결한 것이 '그리스도의 능동적 순종'이라

된 조화를 의(justitia), 곧 자연적 의라고 부른다. 그러나 이 경우에 있어서도 인간 안에는 하등한 탐욕과 정욕이 이성과 양심이라는 고등한 능력에 반역하는 자연적인 경향이 남아 있는 것이다. 육욕이라고 불리는 이 경향은 그 자체가 죄는 아니다. 그러나 그것이 의지의 동의를 얻어 자발적인 행위로 바뀌면 죄가 된다. 인간이 하급 욕망을 절제할 수 있도록 하기 위해서 하나님은 자연적인 은사(dona naturalia)에다 초자연적 은사(dona supernaturalia)를 첨가했다. 이 초자연적인 은사들에는 원의라는 첨가된 은사(dona superadditum)가 포함되는데, 이것은 원래의 인간의 구성으로 볼 때는 낯선 의라고 할 수 있는 것으로서, 창조된 직후 즉각 또는 창조 이후 어느 때인가 자연적인 재능을 적절히 사용할 때에 후천적으로 주어지는 것이다. 원의라는 첨가된 은사를 포함하는 이 초자연적인 은사들은 죄로 인하여 상실되었으나, 그렇다고 해서 인간의 본질적 특성이 파괴된 것은 아니다."

317) 로이드 존스, **로이드 존스 성경교리강해시리즈 1 성부하나님 성자하나님**, 강철성 역 (서울: 기독교문서선교회, 2000), 236.

318) 루이스 벌코프, **벌코프조직신학(상)**, 권수경·이상원 역 (서울: 크리스챤다이제스트, 1993), 419; "개신교는 인간이 상대적으로 완전한 상태, 곧 의와 거룩의 상태로 창조되었다고 가르친다. 그러나 이것은 인간이 인식 가능한 최고의 탁월한 상태에 이미 도달했다는 의미는 아니다. 일반적으로 그는 순종을 통해서 더 높은 수준의 완전성에 도달하도록 창조되었다고 말한다. 인간은 각 부분에 있어서는 완전하나, 정도에 있어서는 아직 완전하지 않다는 것이다. 그의 상태는 예비적이고 잠정적인 상태로서, 더 큰 완전성과 영광에 이를 수도 있고, 타락으로 치달을 수도 있다. 인간은 선천적으로 하나님의 형상의 면류관이라고 할 수 있는 원의를 부여받았는데, 그러므로 인간은 적극적인 거룩한 삶을 살 수 있는 것이다. 이 의의 상실은 이상적인 상태에 있는 인간의 본질 그 자체에 속한 어떤 것을 상실했음을 뜻한다. 인간은 그것을 상실하고도 여전히 인간으로 남는다. 그러나 이상적인 의미에 있어서의 형상은 상실될 수 없다. 그것이 상실되면 인간으로 남을 수 없기 때문이다. 바꾸어 말해서 그 형상의 상실은 인간 본성의 타락과 손상을 의미한다. 더욱이 인간은 불멸의 존재로 창조되었다. 이 사실은 영혼에만 해당하는 것이 아니라 전인에 해당한다."

는 것이다. 이것이 「사보이 선언」(Savoy Declaration, 1658)에 가장 명시적으로 표현되었고, 「침례교 신앙고백서」(1677)에도 분명하게 말하고 있다.

종교개혁자들은 '능동적 순종'과 '수동적 순종'이라는 개념으로 논리적 구분을 하지 않았다. 종교개혁자들은 그리스도의 순종을 하나님의 뜻에 대한 '온전한 순종'(tota obedientia)으로 이해했다. 전통적으로 이해해왔듯이, 그리스도의 온전한 순종을 그리스도의 대속 사역에 대한 완전성과 직결시켜 죄인이 구원을 얻는 데 전혀 부족함이 없는 순종으로 확신했다.

박상봉 교수는 다음과 같이 말했다.

> 종교개혁자들이 그리스도의 순종을 "능동적 순종"과 "수동적 순종"으로 구분하는 것은 큰 의미가 없었다. 그들은 그리스도 순종을 두 가지 측면으로 구분하는 것에 별다른 관심을 갖지 않았다. 종교개혁자들은 그리스도의 의를 능동적 순종과 수동적 순종으로 구별한 그리스도의 순종에 근거한다고 이해하지 않고, 오히려 그리스도의 구속 사역에 대한 완전성에 근거하여 이해했기 때문이다. 그들은 그리스도의 순종은 서로 다른 두 가지 순종이 있는 것이 아니라, 한 순종 안에 본질적으로 분리되지 않지만 두 가지 특성을 가지고 있을 뿐이라고 보았다. 하나님의 만족을 이룬 그리스도의 순종은 인간이 율법을 범한 것에 대한 저주를 해결하기 위해 그리스도께서 율법을 온전히 순종하신 것과 십자가에서 자신을 희생제물로 드리신 것을 다 포함한다. 16세기 말에 피스카토르의 논쟁 이래로 그리스도의 순종이 두 측면으로 부각 된 것이 사실이지만, 의심의 여지 없이 그리스도의 의를 전가하는 원인으로서 그리스도의 순종은 종교개혁자들의 입장에 근거해 율법의 순종과 관련된 능동적 순종과 십자가 죽음과 관련된 수동적 순종으로 더욱 체계화되어 개혁신학의 전통으로 편입되었다.[319]

종교개혁자들은 그 시대의 사명을 완수했다. 종교개혁자들은 로마 가톨릭의 칭의론과 싸워야 했다. '칭의의 근거가 무엇인가?', '죄인이 어떻게 법적으로 의롭게 될 수 있는가?'라는 쟁점을 감당해야 했다. 종교개혁자들만이 아니라 지난 1,500년 동안 그리스도께서 우리의 구원을 위해 하나님 앞에 온전한 순종을 담당하셨다고 믿어왔다. 우리 믿음의 선조들은 그리스도의 성육신으

---

319) 박상봉, '그리스도의 능동적 순종과 의의 전가에 대한 종교개혁자들의 견해: 루터, 츠빙글리, 칼빈을 중심으로,' 신학정론 39(2) (2021):158-160(105-164); "일반적으로, 그리스도께서 율법에 순종을 하셔야 하는 이유는 율법의 저주를 무효화시키기 위해 반드시 필요한 사역이었고, 그리스도께서 십자가 죽음을 죽으셔야 하는 이유는 구원의 공로를 얻기 위해 반드시 필요한 사역이었다. 다르게 표현하면, 그리스도의 능동적 순종은 율법을 순종하는 자에게 약속하신 생명을 공로적으로 받게 하는 율법의 순종과 관련되어 있다. 그리고 그리스도의 수동적 순종은 인간의 죄에 대한 형벌은 반드시 규정대로 심판을 받아야 한다고 요구하는 하나님의 법적 판결을 충족시키는 십자가 죽음과 관련되어 있다. 즉, 죄인을 죄책과 형벌로부터 면죄시키기 위해 필요한 것이다. 결론적으로, 이렇게 구분된 신학적 개념이 종교개혁자들에게서 확인되는 건 아니지만, 분명히 이 개념에 대한 전체 내용은 종교개혁자들의 입장에 근거하고 있음이 분명하다. 종교개혁은 내용적으로 수동적 순종과 함께 능동적 순종도 그리스도의 대속사역으로 이해한 것이다."

141 IV.1. 왜 능동적 순종, 수동적 순종이라는 말을 사용했는가?

로부터 십자가에 죽으시기까지 낮아지시고 높아지심의 모든 사역이 하나님께서 요구하신 온전한 순종으로 이해했다.

후대에 와서 종교개혁자들이 그리스도의 순종교리를 다루지 않아서 두 개념을 명백히 다루지 않은 것으로 인해 논란의 빌미를 제공했다. 우리는 그리스도의 순종을 어떻게 이해해야 하는가? 16세기의 종교개혁자들이 17세기 신학자들처럼 두 순종으로 명확하게 구분하여 설명하지는 않았다고 해서 수동적 순종만 유효하다고 가르쳐야 하는가?

김병훈 교수는 능동적 순종은 '그리스도께서 율법의 의를 성취하셨다'는 것을 말하며, '율법을 지켜 행하셨다'는 '실행'의 측면을 반영한다고 말했다.[320] 그리스도의 수동적 순종은 그리스도께서 율법의 계명을 순종하실 때, 수동적이었기 때문에 수동적 순종이라 말하지 않는다. 수동적 순종은 passive obedience라 하며, passive는 passion, 곧 그리스도의 수난과 관련 있다. 그런 까닭에, 로버트 레이몬드(Robert L. Reymond)는 자신의 『최신 조직신학』(*A New systematic Theology of The Christian Faith*)에서는 이와 같은 개념의 혼란을 피하기 위해 다음과 같이 말했다.

> "능동적인"과 "수동적인"이란 용어보다는 "교훈적"(preceptive)인 것과 "형벌적"(penal)인 것이라는 용어가 더 낫다. 전자는 하나님의 율법의 모든 규례들에 대한 그리스도의 온전한 순종을 말하며, 후자는 사람들의 범죄에 대하여 율법이 정한 모든 형벌을 친히 받으신 그리스도의 자발적인 순종을 말한다.[321]

레이몬드는 'passive obedience'라는 말 대신에 'penal obedience', 곧 '형벌 받는 순종'이라고 말했다. 머리(John Murray)는 『구속』(*Redemption Accomplished and Applied*) 제2장 속죄의 본질에서 "소극적 순종은 그리스도는 원치 않았지만 자기에게 부과된 순종의 의무 때문에 어쩔 수 없이 순종

---

320) 김병훈·박상봉·안상혁·이남규·이승구, **그리스도의 순종과 의의 전가** (수원: 합동신학대학원출판부, 2022), 27; "그리스도의 능동적 순종이란 그리스도께서 그리스도 안에서 택함을 받은 자들을 구원하기 위하여 율법 아래 오셔서 율법의 의를 행하신 일의 측면을 말한다. 여기서 '능동적'(activa)라는 표현은 그리스도께서 스스로 원하여 능동적으로 행하셨다는 것을 말하고자 함이 아니다. 이러한 의미에서의 '능동성'은 앞서 말한 '수동적 순종'에서도 반영되고 있는 것이다. 그리스도께서 율법의 의를 성취하시는 일을 '능동적 순종'이라 하는 것은 '율법을 지켜 행하셨다'는 '실행'의 측면을 반영한다. 성자 하나님으로서 신성에 따라 율법을 명하신 입법자이시며 율법을 따라 심판하시는 심판자이신 그리스도께서는 자신을 위하여 율법을 지켜 행하여야 할 어떤 의무도 없으시다. 그럼에도 성자 하나님이신 그리스도께서는 자신의 백성을 구원하시기 위하여 인성을 따라 율법 아래 나서서 율법을 지켜 행하셨다. 이러한 그리스도의 능동적 순종은 자기 백성을 위하여 겪으셔야 하는 수동적 성격을 반영한다. 이런 의미에서 '능동적 순종'은 수동적 실행(acttio passive)라는 특성을 갖는다."(Ibid., 26-27.)

321) 로버트 L. 레이몬드, **최신조직신학**, 나용화·손주철·안명준·조영천 역 (서울: 기독교문서선교회, 2004), 801.

했다는 말이 아니다."라고 말했다.322) '소극적'이라고 해서, 그리스도께서 자원하여 기꺼이 받지 않으시고 '소극적으로 받았다'고 생각할 수 있으나, '소극적'(passive)이라는 단어에 해당하는 라틴어가 영어의 'passion'의 의미이므로 '수난'의 뜻이다. 루이스 벌코프는 "칭의에는, 좀 더 구체적으로는 그리스도의 능동적 순종에 근거한 적극적인 요소가 있다"라고 말했다.323)

우리 신앙의 선조들은 왜 능동적 순종, 수동적 순종이라는 말을 사용했을까? 그것은 칭의론과 전가 교리를 효과적으로 가르치고 변증하기 위함이었다. 김재성 교수는 다음과 같이 말했다.

> 이들 후기 개혁주의 신학자들은 칭의론과 전가교리를 더욱 정교하게 체계화하기 위해서, 예수 그리스도의 온전한 순종을 기초로 하는 의로움의 전가교리를 구성하기에 이르렀다. 루터와 칼빈의 시대에는 사용하지 않았던 "능동적 순종"과 "수동적 순종"이라는 개념을 내세우게 된 것은 그것이 칭의교리의 왜곡과 회의론자들의 의구심을 해소하는 데 유익했기 때문이다. 칭의론과 의로움의 전가교리를 확고히 정립하는데 더 확고한 근거가 필요했다. 만일 개혁주의 정통신학이 무너지게 된다면, 교회는 혼란과 변질 된 상태에서 벗어날 길이 없었다. 17세기 개혁주의 교회와 신학자들은 온갖 정치적인 압박 속에서 분투하고 노력했다. 한편으로는 로마 가톨릭 측의 반종교개혁 운동에서 나오는 비난과 거듭되는 논쟁에 대응해야만 했고, 다른 한편에서는 개혁주의 진영 내부에서 올라오는 반율법주의, 신율법주의, 알미니안주의, 아미랄디안주의, 소시니안주의를 주장했던 자들과 논쟁했다. 능동적 순종의 개념을 반대한 자들은 피스카토르, 파레우스, 아미로, 루베르투스, 존 굳윈, 백스터, 플레카에우스 등이다.324)

김재성 교수에 의하면, 능동적 순종, 수동적 순종이라는 말은 로마 가톨릭의 반종교개혁 운동과 개혁주의 진영 내부의 일탈로 인해 칭의 교리의 왜곡과 회의론자들의 의구심을 해소하는 데 유익했기 때문이다. 핵심은 칭의론과 전가 교리였다. 능동적 순종을 거부한 진영은 아미랄디안주의, 피스카토르, 아르미니우스주의다. 로마 가톨릭은 1547년 트렌트 공의회 선언문에서 종교개혁자들의 칭의 교리와 전가 교리를 정죄했다. 로마 가톨릭은 아리스토텔레

---

322) 존 머레이, **구속**, 장호준 역 (서울: 복있는사람, 2013), 41; "The term 'passive obedience' does not mean that in anything Christ did was he passive, the involuntary victim of obedience imposed upon him."
323) 루이스 벌코프, **벌코프조직신학**, 이상원·권수경 역 (서울: 크리스챤다이제스트, 2020), 801; 〈물론 피스카토(Piscator)나 알미니우스주의자들과 같이 그리스도의 능동적 의가 죄인에게 전가된다는 것을 부인하는 사람들은 칭의의 적극적 요소도 부인하게 된다. 이들에 의하면, 칭의란 인간 편에서 영생에 대해서는 아무런 주장도 하지 못하도록 하며, 인간을 단순히 타락 이전의 아담의 지위로 만드는 것에 불과하다. 또 알미니우스주의자들은 인간을 상이한 법 즉 복음적 순종의 법 아래 두고 인간이 신앙과 순종으로써 하나님께 열납되고 영생에 합당하게 된다고 주장한다. 하지만 칭의가 단순한 용서 이상이라는 것은 성경에서 명백히 알 수 있다. 이스라엘을 대표하여 하나님 앞에서 더러운 옷을 입고 있는 대제사장 여호수아에게 여호와는 "내가 네 죄과를 제하여 버렸으니(소극적 요소) 네게 아름다운 옷을 입히리라(적극적 요소)(슥 3:4)고 말했다. 행 26:18에 의하면 우리는 신앙으로 "죄사함과 거룩케 된 무리 가운데서 기업을 얻게 된다."〉
324) 김재성, **그리스도의 능동적 순종** (고양: 언약, 2021), 17-18.

스의 철학에 근거한 이행득의 사상과 신인협력설을 견지하기 때문이다.

개혁신학은 '신율법주의자'(neonomianism)의 등장으로 새로운 논쟁을 시작하게 되었다. 대표적인 신율법주의자인 리처드 백스터는 루터와 칼빈의 칭의론을 거부하고 '이중적 칭의'를 말했다. 백스터는 후기 청교도 역사를 선도하였던 존 오웬의 전통적인 제한 속죄론에 반기를 들고 보편 속죄론을 주장했다.[325] 첫 번째 의는 예수 그리스도의 복음으로, 두 번째 의는 죄인의 믿음과 회개로 이중 칭의를 말했다. 이런 백스터의 칭의론은 거의 로마 가톨릭과 비슷한 구조였다. 백스터는 반 종교개혁운동의 선동가들로부터 영향을 받았다. 이남규 교수는 다음과 같이 말했다.

> 둘째, 그리스도의 율법 성취와 관련해서: 종교개혁자들이 율법의 형벌적 요구에 대한 그리스도의 성취(수동적 순종)를 강조한 이유는 로마 가톨릭의 공로 사상에 반대하기 위한 것이었으므로 그런 표현과 강조를 능동적 순종의 전가에 대한 부인으로 해석해선 안 된다. 논쟁 이전에도 개혁신학자들은 그리스도의 생애의 율법의 성취를 인정했을 뿐 아니라, 그리스도의 앞선 율법 성취가 우리에게 전가되었다고 진술하기도 한다(우르시누스). 피스카토르의 부인 이후에는 그리스도의 능동적 순종의 전가는 명시적으로 인정되며 변증된다. 능동적 순종이란 표현을 좋아하지 않았던 파레우스까지도 그리스도의 생애의 율법 성취가 우리에게 전가된 공로라고 인정한다. 아담의 실패와 그리스도의 율법의 성취는 피스카토르 이전에도 있었으며, 이후에는 그리스도의 율법 성취에 능동적 순종의 전가를 분명하게 포함시킨다. 아담의 실패에 대응하는 그리스도의 성취의 목적이 단순히 죄 없는 상태 즉 타락전 아담의 상태로의 회복이 아니기 때문이다. 실패에 대응하는 단어는 성공이다. 아담의 불순종에 대응하는 그리스도의 순종(롬 5:19)은 수동적 순종 외에도 능동적 순종을 포함해야만 한다(토사누스와 폴라누스). 이것이 그리스도가 율법의 마침이 되시는 의미다(부카누스). 율법 일부분의 마침이 되신 것이 아니라 율법 전체의 마침이 되신다(폴라누스).[326]

이남규 교수에 의하면, "종교개혁자들이 율법의 형벌적 요구에 대한 그리스도의 성취(수동적 순종)를 강조한 이유는 로마 가톨릭의 공로 사상에 반대하기 위한 것이었"기 때문이다. 그렇다고 해서 능동적 순종교리가 부정된 것이 아니다. 능동적 순종교리는 피스카토르가 부정하기 이전에도 있었다. 아담의 실패와 그리스도의 율법 성취는 논쟁이 되어서야 부각 된 새로운 신학이나 교리가 아니라 성경이 그리스도의 칭의에 대해 이미 가르치고 있는 내

---

325) 윤종훈, '리차드 박스터(Richard Baxter,1615-1691)의 "보편속죄론(Universal Atonement)"에 관한 고찰,' **개혁논총** 31 (2014): 156(123-157); "전통적인 개혁주의 노선에 입각한 청교도 신학의 속죄론은 그리스도의 속죄의 충분성과 유효성을 구분하여 그 유효성은 오직 하나님의 주권적인 의지에 입각하여 실행됨을 주장하였지만, 박스터는 이 속죄를 유효하게 하는 충분성의 결정 요인을 하나님의 주권적인 의지보다는 사람의 회개와 믿음이라는 조건에 달려 있음을 강조한 것이다."

326) 이남규, '그리스도의 능동적 순종 전가 부인에 대한 개혁신학자들의 견해와 교회의 결정,' **신학정론** 39(2) (2021): 224-225(165-226).

용이었다.

개혁신학을 추구하는 우리는 '그리스도의 능동적 순종을 배제하는 자들이 누구인가?', '왜 그들은 그리스도의 능동적 순종을 거부하는가?'를 명확히 알아야만 한다. 그리스도의 능동적 순종을 배제하는 자들은 공로주의와 자유의지를 고수하는 자들이며, 그들이 그리스도의 능동적 순종을 거부하는 이유는 인간에 대한 존재적 관점이 비성경적이기 때문이다. 왜 비성경적인가? 인간의 원죄와 전적인 타락을 믿지 않기 때문이다. 원죄는 인간의 도덕적 상태를 가리키는 말이다.327)

칭의는 그리스도의 의를 전가받는 것이다. 그리스도의 의는 그리스도의 온전한 순종에 근거한다. 그리스도의 온전한 순종은 능동적 순종과 수동적 순종으로 구별된다. 능동적 순종을 '긍정적 순종'(positive obedience)으로, 수동적 순종을 '교훈적 순종'(preceptive obedience)이라고 말하기도 한다. 수동적 순종을 '당하신 순종'으로 말하기도 한다.

김재성 교수는 다음과 같이 말했다.

수동적 순종의 내용으로 개혁주의 신학자들이 설명한 부분은 그리스도의 속죄론이다. 우리는 수동적 순종이라는 용어가 출현하게 된 논의들에 대해서 살펴보아야 한다. 하나는 중세시대 말기까지 스콜라주의 신학자들은 그리스도의 보혈과 피 흘리심에 대해서 여러 가지 혼란스러운 해설들을 내놓았다: 1) 오리겐이 개발한 사탄에게 값을 지불한다는 속전설, 2) 안셈의 배상설, 3) 이레니우스의 재발생설. 4) 아벨라르드와 리츨의 도덕감화설, 5) 휴고 그로티우스의 통치설, 6) 동방교회와 루터가 주장한 그리스도의 승리자설 등이다. 그러나 개혁주의 신학자들은 "대속적 형벌설"과 "의로움의 전가교리"만을 강조하였고, 이를 위해서 그리스도의 두 가지 순종을 보다 자세히 설명하게 된 것이다. 교리의 발달사를 살펴보자면, 또 다른 정황을 발견하게 된다. 종교개혁자들이 성경을 깊이 연구하면서 발견하게 된 것인데. 성자 예수님의 죽음과 희생을 단지 성부 하나님의 뜻을 성취하는 것으로만 보아서는 부족하다는 인식이다. 속죄론에서 새롭게 대두된 신학 이론 중 중세시대에 대세를 이뤘던 것 중 하나가 성부 하나님을 위주로 십자가의 고난을 해석하려는 경향이다. 이런 입장에서 그리스도의 십자가와 희생을 조망하면, 성부가 고난을 당했다는 소위 "성부 수난설"(patripassianism)이 나오게 되는데, 이것은 이단으로 정죄되었다. 20세기까지도 이런 속죄론의 논쟁적 성향이 지속되었는데, 몰트만의 "십자가에 달리신 하나님"이라는 개념이 나오게 되고, 이와 아주 유사하게 바르트는 "신 성부 애통설"(Neo-theopaschitism)을 선호하기도 했다. 그러나 성경 어디에도 성부 하나님의 순종이나 희생을 언급한 곳은 없다.328)

---

327) R. C. 스프로울, 웨스트민스터신앙고백해설1, 이상응·김찬영 역 (서울: 부흥과개혁사, 2011), 263; "원죄는 우리의 도덕적 상태를 가리킨다. 성경은 단지 우리가 죄를 범하기 때문이 아니라 우리가 본성적으로 죄인-죄를 짓는 경향이나 기질을 가지고 있는-이기 때문에 죄인이라고 말한다."
328) 김재성, 그리스도의 능동적 순종 (고양: 언약, 2021), 169-170.

김재성 교수에 의하면, 스콜라 신학자들이 그리스도의 보혈과 피 흘리심에 대해 여러 학설로 혼란스럽게 만들어 놓았기 때문에, 개혁주의 신학자들은 "대속적 형벌설"과 "의로움의 전가교리"만을 강조하였으며 그리스도의 두 가지 순종을 보다 자세히 설명했다. 또한 그 이면에는 '성부 수난설'에 대한 대응이 있었다. 김재성 교수는 다음과 같이 말했다.

능동적 순종을 거부한 자들은 다음과 같이 크게 세 부류로 정리될 수 있다. 첫째는 그리스도의 순종이 우리의 구원을 위해서는 단지 죄의 용서를 받기 위한 죽음으로 그쳤다는 주장이다. 피스카토르와 그를 따르는 자들이 그리스도의 전 생애 동안의 순종은 결코 우리에게 전가되지 않는다고 주장했다. 둘째는 그리스도가 인간적인 본성을 가졌으므로, 그의 순종이 우리의 죄를 위해서 필수적이지는 않다는 주장이다. 주로 소시니안들이 주장한 바 있다. 셋째로는 알미니안주의자들과 반율법주의자들로서 그리스도의 순종으로 모든 율법의 요구를 다 성취했다면, 우리가 계명을 지키면서 노력해야 할 동력이 상실된다고 주장하였다.
이러한 반대자들의 이론에 맞서, 우리는 성경이 증거 하는 바에 따라서 그리스도의 능동적 순종이 없었다면, 하나님은 스스로 불의한 분임을 드러내는 것일 뿐이라고 비판한다. 그러나 하나님께서 사람에게 계명을 지키도록 순종을 요구하셨고, 그렇게 할 때 하나님의 정의가 세워지는 것이다. 그런데 우리는 순종을 하지도 않을 뿐만 아니라, 영생을 얻는 데 있어서 가장 중요한 근거가 되는 순종을 싫어한다. 오직 이 한 가지 이유만으로도 그리스도의 능동적 순종만이 우리의 의로움의 근거가 되기 때문에, 절대적으로 필요하다. 그리스도의 능동적 순종과 수동적 순종은 우리의 구원을 위해서 필수적이다.
또한 그리스도가 우리를 대신하여 순종하셨기에, 우리는 제 멋대로 살아도 되는가? 로마서 8장에서 증거 하는 것처럼, 구원을 얻은 성도가 죄에 대해서 무관심하다거나, 적당히 죄에 대해 변명하는 방식으로 살아갈 수는 없다. 그리스도가 우리를 위해서 고난을 당하셨으므로, 우리는 고난과 상관이 없는가? 결코 그렇지 않다. 그리스도의 능동적 순종으로 우리가 의롭다 함을 받았을지라도, 모든 그리스도인들은 순종해야만 한다. 우리의 순종은 하나님의 영광을 위하여 선한 목적들을 이루어나가는 것이기 때문이다. 마지막으로, 하나님의 모든 뜻을 이루어나감에 있어서, 그리스도의 전 생애와 죽으심 가운데 능동적 순종과 수동적 순종이 연결되어져 있다. 개혁주의 정통신학자들은 그리스도의 순종을 두 가지 개념으로 나눠서 이해하면서도, 통합적인 인식을 결코 소홀히 하지 않았음에 유의해야 한다. 다시 강조하자면, 그리스도의 능동적 순종과 수동적 순종, 이 두 가지 측면들을 분리시키거나, 상호 관계가 없이 각기 따로 떨어진 것처럼 생각해서는 안 된다.329)

김재성 교수에 의하면, 능동적 순종을 부정하면 하나님께서 스스로 불의한 자임을 드러내는 것이 된다. 하나님께서는 계명을 지켜 의를 이루시기 때문이다. 하나님의 의가 우리의 존재와 삶을 지배하기 때문에 구원을 받은 이후라도 우리는 계명에 순종해야 한다.

정이철 목사는 김재성 교수의 책을 읽고 다음과 같이 말했다.

---

329) Ibid., 207-208.

성경의 핵심을 해치는 괴이한 소리를 김재성 박사가 말했다. 김재성 박사의 "그리스도의 의로움이란 그의 온전하신 순종에서 나오는 것이다"라는 주장은 기독교의 기둥을 무너뜨리는 도끼질이다. 하나님의 성육신의 이유와 목적을 부정하는 이단사상이다. 아하! 이를 어쩌면 좋을까? 김재성 박사의 주장은 그리스도가 순종하지 않았으면 의로운 분이 되지 못했다는 것이다. 기독교 신학에서 순종의 척도는 율법이다. 그리스도가 율법에 대한 완전한 순종을 실천하시어 의로운 분으로 인정되었다는 것이 김재성 박사의 주장이다. 김재성 박사가 단호히 지지하는 그리스도의 능동적 순종 개념은 그리스도가 율법을 완전하게 실천하시어 천국에 들어갈 '자격, 의로움을 얻었다는 주장이다. 그리스도의 (율법에 대한) 순종으로부터 그리스도의 의로움이 나왔다는 김재성 박사의 주장은 예수 그리스도를 '석가 그리스도로 변하게 한다. 석가가 선을 행함으로 구원의 진리를 자기의 것으로 만들어 갔던 것처럼, 그리스도께서도 율법에 대한 완전한 순종으로 천국에 들어갈 자격, 의로움을 얻었다는 것이 김재성 박사의 핵심 사상이다. 아하! 참으로 큰일났다. 김재성 박사에게 앞으로 밀어닥칠 이단시비 고난을 어찌할 것인가? 창조주 하나님이 친히 우리의 의로움이 되시기 위해 일어난 성육신을 어쩌자고 건드린단 말인가? 김재성 박사가 성육신의 목적을 훼방했으니, 살길이 있어 보이지 않는다. 인생이 무너지는 충격을 왜 말년에 자초하시는가? 그리스도의 (율법에 대한) 순종하심이 그리스도의 의로움이고, 그것이 우리에게 전가되었다는 김재성 박사의 주장은 성경을 향한 곡괭이질이다.[330]

정이철 목사는 김재성 교수의 능동적 순종 주장에 대해, "기독교의 기둥을 무너뜨리는 도끼질", "성경을 향한 곡괭이질"이라고 말했으며, 결론으로 "성경은 그리스도께서 순종하심과 자기 피와 목숨으로 우리의 죗값을 지불하심으로 일어난 죄 용서 때문에 칭의와 구원이 일어났다고 가르친다. 그리스도가 율법에 순종하심에서 우리의 의로움이 유래했다고 성경은 말하지 않는다."라고 말했다.[331]

정이철 목사가 그리스도의 율법준수 순종을 말하면서 "예수 그리스도를 '석가 그리스도'로 변하게 한다"고 말한 것은 신성한 예수 그리스도를 피조물이요 죄인으로 전락시킴으로써 예수 그리스도와 기독교를 모독한 것이다. 또한, 정이철 목사가 "석가가 선을 행함으로 구원의 진리를 자기 것으로 만들어 갔던 것처럼"이라고 말함으로써 특별계시를 수양론으로 전락시켰다.

17세기 개혁주의 정통신학자들은 능동적 칭의와 수동적 칭의로 전가 교리를 설명했다. 초기의 신학자로는 네덜란드 라이덴 대학 교수인 트렐카티우스 (Lucas Trelcatius, 1573-1607)가 능동적 칭의와 수동적 칭의 개념을 사용했으며, 케커만과 트위스도 사용했다. 마코비우스(Johannes Macovius, 1588-1644) 역시 능동적 칭의는 하나님께서 하시는 것으로, 수동적 칭의는 인간이 성취하는 것으로 말했다.

---

330) http://www.good-faith.net/news/articleView.html?idxno=2322/ 정이철, '김재성 박사의 신간 그리스도의 능동적 순종을 설레는 마음으로 읽었습니다.'(2021.6.20.). accessed 2021.10.9.
331) 같은 사이트에서.,

스위스 개혁신학자 볼레비우스(Johannes Wollebius, 1589-1629)는 『기독교 신학총론』(*Christinae Theologiae Compendium*, 1626)에서 트렐카티우스와 같은 입장에 서서 두 가지 용서를 사용했다. 볼레비우스는 로마 가톨릭의 칭의 교리를 비판하면서 칭의에 관한 두 개념을 사용했다. 능동적 요소는 그리스도의 전체 속죄가 전가되는 것이며, 수동적 요소는 죄로 인하여 비참한 인간이 하나님의 택함을 받아 믿음을 부여받는 것이라고 말했다.332)

볼레비우스는 이중적인 전가를 받는 것이 우리가 영원한 사망에서 구속함을 얻고, 우리의 의로움을 회복하는 유일한 방법이며 이 두 가지가 상호연합되어 있다고 말하면서 다음과 같이 말했다.

> 우리는 능동적 순종과 수동적 순종이 그리 다르다고 생각하지 않으며, 따라서 형벌의 대가를 완전히 지불한 것이 수동적 순종 만이라고 보지 않는다. 그것들은 시간적으로도 다르지 않다. 둘 다 성육신의 시작부터 죽음까지 계속되었다. 그뿐 아니라, 실체에 있어서도 다르지 않다. 동일한 순종이 다른 측면에서 볼 때에 능동적이기도 하고, 수동적이기도 하다. 그래서 그리스도의 순종은 수동적 행위(actio passiva)으로 능동적 수난(passio activa) 존재한다. 형벌의 고난을 받는 것이라서 수동적 순종이라고 불리며, 그것이 극도의 사랑을 증거 하기 때문에, 능동적 순종이라 이름하였다. 능동적 순종과 수동적 순종의 구별은 결코 각 부분들의 분리가 아니다. 그것은 단지 목적, 즉 형벌과 영생을 위한 이중적 만족을 고려한 구별일 뿐이다. 범죄자에게 부과한 저주의 위협은 신명기 27장 26절(이 율법의 모든 말씀을 실행치 아니하는 자는 저주를 받을 것이라)을 요구하고, 완전한 순종과 의로움을 조건으로 하는 생명의 약속은 레위기 18장 5절(너희는 나의 규례와 법도를 지키라. 사람이 이를 행하면 그로 인하여 살리라)을 요구한다. 그러므로 우리는 유비적으로 이렇게 말할 수 있다. 독특하고 가장 완전한 그리스도의 만족을 통하여, 형벌에서 해방된 것은 그가 우리를 대신하여 형벌을 받았기 때문이며, 영생의 권리가 주어진 것은 그가 우리 대신 율법을 완수하셨기 때문이다.333)

볼레비우스에 의하면, 그리스도의 두 가지 순종은 한 분 그리스도 안에서 상호결합되어 있다. 능동적 순종과 수동적 순종이 다른 것도 아니며 분리된 것도 아니다. 동일한 순종을 '어떤 순종의 관점에서 바라보느냐?'의 차이일 뿐이다. 김재성 교수는 다음과 같이 말했다.

> 따라서, 두 가지 순종 모두를 믿는 자들에게 무엇보다도 중요한 의로움의 전가가 주어지게 된다는 확고한 근거가 성립된다. 첫째, 하나님께서는 "그리스도 안에" 있는 자들을 향해서, 그리스도와 연합된 자들이기에, 의인이라고 선언 하신다(고후 5:21). 누구든지 그리스도 안에 있으면 새로운 피조물이다. 그런데 예수 그리스도는 전 생애를 걸쳐서 완벽한 순종을 성취했고, 마지막으로 최후의 대속적인 피 흘림과 죽음으로 순종하였다. 그리스도는 단순히 수동적으로 순종하신

---

332) 김재성, 그리스도의 능동적 순종 (고양: 언약, 2021), 160-161.
333) Wollebius, *Compendium Theologiae Christianae*, 99; 김재성, 그리스도의 능동적 순종 (고양: 언약, 2021), 210에서 재인용.

것이 아니라, 전혀 죄가 없음에도 불구하고 우리 죄인들을 구출하고자 순종하신 것이다.

둘째, 예수 그리스도의 완벽한 생애는 자신의 대속적 피 흘림을 위해서 필수적이었다. 구약시대에 바쳐진 희생제물은 흠이 없어야만 했듯이(출 12:5), 전혀 흠도 없고 결함이 없는 어린 양이 되셔야만 했기 때문이다(벧전 1:9). 셋째, 우리 성도와 그리스도의 연합은 죽으심과 부활까지도 확장되어져 있다. 그리스도가 죄에 대하여 죽으실 때에, 우리 성도들도 죄에 대해서는 죽어야만 했다. 그리스도가 다시 살아나셔서 부활의 생명을 누리고 있으므로, 성도들도 영생을 누리며 지속되는 삶을 영위하게 된다.[334]

김재성 교수에 의하면, 성도는 '그리스도 안에서' 그리고 '그리스도와 연합된 자'이기 때문에 그리스도의 전 생애를 통해 순종하심으로 이루신 의가 전가된다. 십자가에 피 흘려 죽으신 수동적 순종만이 아니라 전 생애에 완벽한 순종을 하신 능동적 순종도 함께 의를 이루고 우리에게 전가된다.

'다섯 솔라'(Five Solas)는 종교개혁의 핵심이다. 로마 가톨릭의 가르침에 반대하는 개신교 신앙의 기본적인 믿음 체계를 말한다. Sola Scriptura(오직 성경), Solus Christus(오직 그리스도), Sola Gratia(오직 은혜), Sola Fide(오직 믿음), Soli Deo Gloria(오직 하나님께 영광)이다. 칼빈의 『기독교강요』는 이 다섯 솔라를 가르친다. 이 중에서, Solus Christus(오직 그리스도), Sola Gratia(오직 은혜), Sola Fide(오직 믿음)는 칭의론을 말한다. 칭의는 하나님 앞에서 성도들이 의롭다 함을 받는 법정적 선언이다.[335] 죄인에게 주어지는 하나님의 칭의는 확정적이다. 칭의는 과정이 아니라 단번에 완성된다. 칭의는 단회적이다. 반면에 로마 가톨릭의 칭의는 칭의를 얻기 위한 도덕적 변화의 과정이 있어야 한다. 최종적 칭의를 확신할 수 없다.

제임스 뷰캐넌은 다음과 같이 말했다.

> 명제 19: 그의 중보적 사역의 공로로 간주되는 그리스도의 의는 부분적으로 전가되는 것이 아니라 완전히 전가되는 것이며, 그의 이름을 믿는 자들에게 완전한 의를 제공해 주는 유효적인 것이다. 어떤 이들은 그리스도의 공로의 완전한 전가를 반대하기 위해 부분적인 전가 교리를 주장했다. 그들은 죄인의 즉각적인 사죄의 근거로서의 그리스도의 고난들과 죽음을 인정했지만, 영원한 생명의 기업의 후사가 되게 하고 하나님의 용인을 확보하게 하는 그리스도의 능동적 순종의 전가는 반대했다. 그러나 '그리스도는 분리되지 않는 분이시고 그분의 의도 역시 분리될 수 없으며, 한 부분이 전가되면 다른 한 부분도 전가되는 의인 것이다. 그러하기에 진노로부터의 죄인의 구원과 하나님의 면전에서 의로운 자로 받아주시는 하나님의 용인을 포함하는

---

334) 김재성, **그리스도의 능동적 순종** (고양: 언약, 2021), 211.
335) 루이스 벌코프, 벌코프조직신학(하), 권수경·이상원 역 (서울: 크리스챤다이제스트, 1993), 766; "칭의는 하나님의 법정에서 죄인의 외부에서 일어나며 하나님의 판결이 주관적으로 적용되지만, 내적인 생활을 변화시키지는 않는다. 반면 성화는 인간의 내면적 삶에서 일어나고, 점차 전 존재에 영향을 미친다."

완전한 축복으로서의 칭의를 제외한 그 어떤 칭의도 수여되지 않는 것이다. 이는 철저하게 적법하지만, 특별한 목적에서, 서로 합쳐 그리스도의 온전한 의를 구성하는 그의 능동적 순종과 수동적 순종을 구분하는 것과 서로 합쳐 하나의 완전한 칭의의 특권을 구성하는 죄인의 사면과 죄인의 용인을 구분하는 것은 유익한 일이 될 것이다. 그리스도의 의를 구성하고 있는 요소들의 관계를 설명하기 위한 목적으로, 그리고 하나님의 율법의 형벌적이며 명령적인 요구들을 각각 표시해 주는 우리의 칭의를 설명하는 목적에 한해서는 이러한 구분을 유익하게 사용할 수 있을 것이다. 그러나 사상적으로 구분될 수 있는 이 두 가지가 사실적으로는 절대로 분리될 수 없다는 사실을 항상 기억해야 할 것이다.336)

뷰캐넌에 의하면, 개혁신학자들이 능동적 순종과 수동적 순종을 말한 이유는 어떤 사람들이 "그리스도의 공로의 완전한 전가를 반대하기 위해 부분적인 전가 교리를 주장했"기 때문이다. 그들은 그리스도의 고난과 죽음은 인정했으나 그리스도의 능동적 순종은 반대했다. 그리스도께서 분리되지 않으시기 때문에, 능동적 순종으로 이루신 의와 수동적 순종으로 이루신 의가 함께 우리에게 전가된다.

토마스 카트라이트(Thomas Cartwright, 1535-1603)는 다음과 같이 말했다.

제33장 특별한 그리스도의 왕직의 탁월성에 대해서
문 : 의롭다 하심은 어떤 부분으로 이루어져 있는가?
답 : 두 가지이다. 우리의 죄를 용서하는 것, 또는 죄를 돌리지 않는 것이다. 그리고 그리스도의 의의 전가이다. 이 두 가지는 그의 제사장직에 의해서 획득된 것이다(롬 4:6-8; 빌 3:9; 롬 5:19, 고후 5:21; 슥 3:4; 요일 1:7)
문 : 우리의 죄가 고난의 공로에 의해서 용서되었다면, 그분의 의가 우리에게 전가되어야 할 필요성이 있는가?
답 : 아주 크다. 왜냐하면 우리가 의롭게 되지 않고는, 하늘나라에 들어갈 수 없으며, 하나님의 복된 존전을 누릴 수도 없기 때문이다. 파산자가 자신의 빚을 다 갚았다고 하더라도, 재산이 없으면 도시에서 시민이 되지 못하고, 시민이 되기에 적합한 자격을 갖추지도 못한다. 또한 초라한 몰골의 죄수가 자유를 얻었다고 하더라도 옷을 잘 차려입지 않았다면, 왕을 섬기기에 적합하지 않다(창 41:14).

---

336) 제임스 뷰캐넌, 칭의 교리의 진수, 신호섭 역 (서울: 지평서원, 2002), 359; 〈하나는 전가되고 또 다른 하나는 전가되지 않는다는 잘못된 사상을 지지하기 위해 그리스도의 속죄 사역을 그분의 거룩한 순종으로부터 분리하는 것은 절대로 불가능한 일이다. 왜냐하면 그리스도의 죽음은 그리스도의 순종의 더할 나위 없는 최상의 행동이었기 때문이다. "사람의 모양으로 나타나셨으매 자기를 낮추시고 죽기까지 복종하셨으니, 곧 십자가에 죽으심이라"(빌 2:8). 만일 그리스도의 '십자가를 참으신 그 인내'와 관계되었던 순종이 우리에게 전가되는 것이라면 그리스도께서 '율법을 높이고 성취하신 표현'이었던 그리스도의 순종의 다른 모든 행위들이 전가되지 않을 이유가 있는가? 만일 서로 적대적인 양자의 대답할 수 없는 반박을 시도하는 사람들을 폭로하지 않았다면, 그리스도의 수동적 순종의 전가를 변호하고 그리스도의 온전한 전체적 의를 거부하는 것은 불가능했을 것이다. 실제로, 죄를 위한 대속적 만족을 인정하면서도 의의 전가 교리를 대적했던 대부분의 반대들은 로마 가톨릭주의와 소시니안주의로부터 연원되었으며, 옛날의 벨라민(Bellamine)과 크렐리우스(Crellius)의 그것과 놀랍게도 유사하다.〉(Ibid., 400.)

문 : 어떻게 그리스도께서 우리의 의를 획득하셨는가?
답 : 율법을 성취하심으로서이다. 그리스도께서는 모든 계명 안에서 행하셨고, 의무들, 즉 하나님께 대한 경배와 예배, 그리고 인간을 향한 모든 의무를 범하지 않으셨다. 그것에 의해서 우리는 하나님 보시기에 충분하고, 온전하게 의롭게 되었다.[337]

카트라이트에 의하면, 파산자가 빚을 갚는 것으로 도시의 시민이 되지 못하고 시민이 되기에 적합한 자격을 갖추어야 하듯이, 의롭다 하심에는 죄 용서와 의의 전가가 있어야만 한다. 하나님의 나라는 무죄 상태로 들어가는 것이 아니라 의로워야 들어갈 수 있다. 하나님께서 의로우시기 때문에 하나님의 아들 예수 그리스도의 의로 우리를 의롭게 하시어 하나님의 나라에 들어가게 하신다.

2. 능동적 순종과 수동적 순종은 무엇인가?

능동적 순종이란 무엇이고 수동적 순종이란 무엇인가? 개혁신학은 능동적 순종과 수동적 순종을 분리하지 않고 구별한다.

능동적 순종	수동적 순종
그리스도께서 일평생 하나님의 율법에 순종하여 율법의 요구를 완전히 충족시킨 것	그리스도께서 십자가에서 고난과 저주를 받아 피 흘려 죽기까지 순종하신 것

그리스도의 수동적 순종(obedientia passiva Christi)은 그리스도께서 수난 가운데 그 어떤 저항도 없이 고통과 십자가를 감내하심으로 죗값을 치르신 것이다. 수동적 순종은 그리스도께서 율법 아래 나시고 고난을 받으시고 십자가에서 돌아가심으로써 "죗값은 사망이다"라는 '율법의 정죄'를 받으신 것이다. 그리스도께서는 십자가에 피 흘려 죽으심으로 택자들의 죗값을 대신 치르셨다.[338]

그리스도의 능동적 순종(obedientia activa Christi)은 그리스도께서 성육신으로부터 십자가의 수난에 이르기까지 죄 없이 하나님의 율법(뜻)에 순종하신 것이다.[339] 그리스도의 순종은 언약의 대표로서 순종하셨다.[340] 메이

337) 토마스 카트라이트, **기독교 총론**, 김지훈 역 (서울: 신반포중앙교회출판부, 2017), 222-223.
338) 예수는 우리 범죄함을 위하여 내어줌이 되고 또한 우리를 의롭다 하심을 위하여 살아나셨느니라(롬 4:25)
339) Richard A. Muller, *Dictionary of Latin and Greek Theological Terms* (Grand Rapids: Baker, 1985), 205; "능동적 순종(obedientia activa)은 그리스도의 탄생에서 죽으심까지, 특별히 그의 공적인 사역 기간 동안에, 죄를 범하지 않았으며, 하나님의 뜻에 완벽하게 순종하였음을 설명하는 것이다. 수동적 순종(obedientia passiva)은 그리스도의 죽으심에 대한 것인데, 그가 그 어떤 저항을 하지 않으면서, 죗값을 치르기 위해서 고난과 십자가를 수동적으로 받아들인 것을 말한다."; 김재성, **그리스도의 능동적 순종** (고양: 언약, 2021), 46-47에서

챈은 예수님께서 자신을 위해 율법에 종속되지 않았으며 예수님께서는 만유의 주시기 때문에 그 자신을 위해서는 율법에 순종할 필요가 없었다고 말했다.341)

그리스도의 능동적 순종은 그리스도께서 택자들을 구원하기 위해 율법 아래로 오셔서 율법을 준수하심으로 의를 이루신 것이다.

김병훈 교수는 '능동적'과 '수동적'이라는 말을 오해하지 않도록 잘 설명했다. 능동적이란 '그리스도께서 스스로 원하여 능동적으로 행하셨다'는 뜻이 아니라, '그리스도께서 율법을 지켜 행하셨다'는 '실행의 측면'을 반영한다. 능동적 순종은 그리스도께서 자기 백성을 위해 겪으셔야 하는 수동적 성격이다. 그런 까닭에, 능동적 순종은 '수동적 실행'의 특성이 있다. 수동적 순종에서 '수동적'이란 '고난을 당하다'라는 의미를 반영하는 것이지, '원하지 않음에도 당하여야 하는'이라는 의미가 아니다.342) 문병호 교수는 그리스도의 수동적 순종을 '당하신 순종'으로, 능동적 순종을 '행하신 순종'이라고 말했다.

박재은 교수는 다음과 같이 말했다.

> 우리가 의롭게 되는 이유는 그리스도의 "의"가 우리에게 전가되기 때문입니다. 즉, 그리스도의 의는 우리의 의가 됩니다. 그리스도의 완전한 의로 말미암아 우리는 의롭다 칭함을 받는 것입니다. 개혁신학은 그리스도의 완전한 의가 두 가지의 "순종"에 의해 이루어진다고 가르칩니다. 첫째는 "고난받는 순종"(suffering obedience)입니다. 하나님의 어린 양이셨던 그리스도는 인류의 죄를 위해 십자가에서 고난과 형벌을 받습니다. 이렇게 십자가에서 죄인들 대신 형벌과 고난을 당하신 그리스도의 순종을 "수동적 순종"(passive obedience)이라고 부릅니다. 둘째는 "율법준수의 순종"(lawkeeping obedience)입니다. 그리스도는 이 땅에 사시면서 하나님의 율법을 완전하게 지키셨습니다. 이 순종을 "능동적 순종"(active obedience)이라고 부릅니다. 그리스도는 죄인인 우리 대신에 능동적 순종(율법준수)과 수동적 순종(고난받음)을 하나님 앞에서 완벽하게 하셨습니다. 그리고 이 순종이 그리스도의 의가 되었고, 그 의가 우리에게 전가되었습니다. 비록 죄인인 우리는 그리스도처럼 고난을 받지 않았고 율법을 완벽히 지키지도 못했지만, 하나님은

재인용.

340) 앤드류 로이크로프트, **그리스도의 능동적 순종**, 박태현 역 (진리의 깃발, 161호); 〈그리스도의 순종은 단순히 사적이거나 주관적으로 내면적인 문제가 아니었다. 마지막 아담으로서, 예수는 첫 번째 아담이 실패했던 모든 것을 성취하였다. 그리스도는 본래 그들의 것도 아니며 또한 아담 안에서 그들의 것도 될 수 없는 의로움을 성취함으로써 대리적으로 그리고 자신이 와서 구원할 자들을 대신하여 효과적으로 순종하였다. 오웬(Owen)이 언급하듯이, 그리스도는 '자신을 위해서가 아니라, 완전하게 순종해야 하지만 할 수 없었던 교회를 위해' 율법에 복종했다. 이 진리는 로마서 5:19절에 나타난 바울의 중추적 진술을 뒷받침한다. "한 사람이 순종하지 아니함으로 많은 사람이 죄인 된 것같이 한 사람이 순종하심으로 많은 사람이 의인이 되리라." 너무도 많은 사람이 살았던 인류의 역사는 진실로 깨어진 대표성과 아름다운 대표성을 지닌 두 사람으로 각각 귀결된다.〉

341) J. Gresham Machen, *The Active Obedience of Christ, in God Transcendent* (Edinburgh: Banner of Truth, 1982), 189.

342) 김병훈·박상봉·안상혁·이남규·이승구, **그리스도의 순종과 의의 전가** (수원: 합동신학대학원출판부, 2022), 26.

우리에게 전가된 그리스도의 의를 보시고 우리를 의롭다고 인정해 주시는 것입니다. 그러므로 죄인이 의인이 된 모든 공로는 그리스도에게 돌려져야 합니다. 그리스도가 능동적 수동적 순종으로 공로를 확득하셨고, 죄인은 그 공로에 의지할 때만 의롭게 될 수 있기 때문입니다.[343]

박재은 교수에 의하면 그리스도의 의가 우리에게 전가되는 것은 두 가지 순종, 곧 율법준수의 순종과 고난받는 순종이다.

능동적 순종	수동적 순종
율법준수의 순종	고난 받음의 순종

이런 설명을 종합하면, 그리스도의 십자가 고난은 능동(율법준수) 순종의 극치다. 그리스도의 십자가에서 하나님의 공의와 사랑이 나타났다. 그리스도께서 십자가에 피 흘려 죽으심으로 우리의 죗값을 치르시고(공의), 율법의 대강령인 하나님 사랑과 이웃 사랑이 성취되었다(사랑). 벌코프는 "은혜 언약을 소개하기 위해서 그리스도는 자신의 능동적이고 동시에 수동적인 순종을 통하여, 행위언약이 규정한 조건들을 충족시켜야 했고 실제로 충족시키셨다"고 말했다.[344]

조나단 에드워즈는 다음과 같이 말했다.

성경은 그리스도께서 자신의 목숨을 내어주신 일을 일컬어 순종의 가장 중요한 행위라고 말합니다. … 그리스도께서 그토록 영광스런 상을 하나님께로부터 받으신 까닭은 주로 이런 순종의 행위 때문이었습니다. 빌립보서 2장 8절·9절 말씀은 그것을 입증합니다. … 그리스도께서 자기 자신을 죽음에 내어주신 일은 우리의 구원을 확득한 유일한 순종행위가 아니었습니다. 그리스도께서는 전 생애를 통해 한순간도 빠짐없이 우리 구원의 공로가 되는 순종행위를 이행하셨기 때문입니다. 따라서 그리스도께서 자기 자신을 죽음에 내어주신 일은 화목을 이루는 유일한 고난이 아니었습니다. 그리스도께서 전 생애에 걸쳐 한순간도 빠짐없이 당하신 모든 고난이 화목을 이루는 고난이었기 때문입니다. 실로 이것이야말로 그리스도께서 당하신 가장 주된 고난이었습니다. 뿐만 아니라, 그리스도께서 전 생애에 걸쳐 한순간도 빠짐없이 행하신 모든 순종행위는 구원의 공로가 됐습니다. 실로 이것이야말로 그리스도께서 행하신 가장 중요한 순종행위였습니다.[345]

에드워즈에 의하면, 그리스도께서는 전 생애를 통해 우리의 구원의 공로가 되는 순종행위를 하셨다. 십자가에 죽으시는 것만이 유일한 순종이 아니었다. 십자가의 죽으심은 그리스도의 가장 주된 고난이었다. 그리스도의 전 생애의 모든 순종행위는 우리의 구원을 위한 순종이었다.

343) 박재은, 칭의 균형있게 이해하기 (서울: 부흥과개혁사, 2016), 66-67.
344) 루이스 벌코프, 벌코프조직신학(상), 권수경·이상원 역 (서울: 크리스챤다이제스트, 1993), 504.
345) 조나단 에드워즈, 기독교 중심: 이신칭의와 은혜론, 이태복 역 (서울: 개혁된신앙사, 2002), 170-172.

저스틴 테일러(Justin Tayor)는 "예수님의 능동적 순종을 '죄 없는 삶'으로, 수동적 순종을 '속죄하는 죽음'으로 착각하는 것"이라고 말했다. 역사적으로 개혁주의적 이해는 그리스도의 수동적 순종과 능동적 순종이 모두 그리스도의 사역 전체를 가리킨다고 이해한다. 여기서부터 여기까지는 수동적 순종이고 여기서부터 여기까지는 능동적 순종이라고 말하는 것이 아니라 그리스도께서 행하신 사역의 여러 측면을 말하는 것이다. 테일러는 "예수님의 수동적 순종과 적극적 순종은 율법의 요구를 이행하고 형벌을 받으며 십자가에서 절정에 달한 평생의 노력이었다"고 말했다.346) 고난과 죽음으로 형벌을 받으시는 것만으로는 안 되고 율법에 순종하는 거룩한 삶이 있어야 한다.347)

정이철 목사는 다음과 같이 말했다.

> 그러나 칼빈의 신학에서 그리스도의 능동적 순종의 의의 획득, 전가 사상은 찾을 수 없다. 하나의 단적인 예를 들어보자. 그리스도가 율법을 준수하여 의를 획득하여 전가했다는 이론을 추종하는 사람들은 그리스도가 실제 죄인이 되었다고 본다. 그리스도가 첫 아담처럼 율법을 준수하지 못했다면 그 자신도 죽었을 것이라고 가정하고, 그리스도가 자신을 위해서도 율법에 순종했다고 한다.348)

---

346) https://www.thegospelcoalition.org/blogs/justin-taylor/what-is-the-difference-between-the-active-and-the-passive-obedience-of-christ/ Justin Taylor, 'What Is the Difference between the "Active" and the "Passive" Obedience of Christ?,'(2012.6.19.) accessed 2022.8.2.

347) Engelder, Theodore. *Concordia Theological Monthly*, 1(2) (1930): 810(810-817); "The vicarious satisfaction rendered by Christ includes, besides His suffering and death, His fulfilment of the divine Law given to man in place of man(*loco hominum*). In other words, in order to satisfy the divine justice, Christ not only bore the penalty of man'B disobedience of the Law, but also rendered in His holy life that obedience to the Law which man is obligated to render, but does not render (active obedience of Christ, *obedientia Christi activa*)."

348) http://m.good-faith.net/news/articleView.html?idxno=1432/ 정이철, '존 칼빈의 신학에는 그리스도의 율법순종의 의 사상이 전혀 없다,'(2019.3.16.) accessed 2021.10.9.; 〈그리스도의 능동적 순종의 의 교리를 비판하는 서철원 박사님도 이 점을 분명하게 지적하였다. "그리스도는 자기의 의를 얻기 위해 율법준수를 이루신 것이 아니다. 의는 생존권을 뜻하는데 그리스도가 율법을 다 지켜서 의를 획득했다고 하면 그를 죄인으로 만드는 것과 같다."(서철원 박사, **교의신학전집 4: 구원론**, 115) 놀랍게도 벌코프, 바빙크 등의 저명한 개혁신학자들의 글에서도 성육신하신 그리스도의 율법 순종과 고난이 그 자신까지 구원하는 듯한 내용이 나타난다. 심지어 그리스도가 부활하심으로 칭의를 받았다고 말하는 신학자들도 있다. 칼빈과 서철원 박사의 신학에서는 그런 내용이 감히 얼씬거리지 않는다. 칼빈은 다음과 같이 말했다. "그리고 누군가 나를 반대하여 생명과 구원이 하나님께로부터 그리스도께로 주입되었다고 말하는 사람이 있어서는 안 된다. 왜냐하면 우리는 그리스도를 구원받은 분이 아니라 바로 구원 자체라고 말하기 때문이다."(존 칼빈, **기독교강요**, 1.13.11) "롬바드(Lombard)와 스콜라학자들(the Schoolmen)처럼 그리스도가 자신을 위해 어떤 공적을 쌓았다고 생각하는 것은 아무 무모하고 어리석은 일입니다 … 대체 유일하신 하나님의 아들에게 자신을 위해 자신을 위해 필요한 새로운 것을 얻기 위해 지상에 내려오셔야 할 이유가 무엇이란 말입니까?"(존 칼빈, **기독교강요**, 2.17.6) 그리스도에게 구원이 필요하지 않았고, 그리스도는 오직 죄로 죽어버린 자기 백성들을 살리기 위해 대신 피 흘리려 속죄하기 위해 오셨다고 보는 존 칼빈에게 그리스도가 자신과 우리를 위한 의를 얻기 위해 율법을 준수하셨다는 능동적 순종의 의 교리가 자리할 수 있는 공간은 보이지 않았다.〉

정이철 목사가 이렇게 주장하는 이유는 그리스도의 순종의 성격을 올바르게 이해하지 못하기 때문이다. 정이철 목사는 오직 수동적 순종만으로 의를 얻는다고 말하나, 존 머리는 그리스도의 순종을 네 가지, 곧 '순종의 내면성(inwardness)', '순종의 점진성(progressiveness)', '순종의 절정(climax)', '순종의 동력(dynamic)'으로 말했다.[349)

레이몬드는 다음과 같이 요약하여 말했다.

순종의 내면성이라는 말을 통해 머레이가 의도한 바는 그리스도의 순종이 아버지의 뜻과 율법에 대하여 자발적이고도 기쁜 복종으로서 마음에서부터 나온 것임을 설명하려는 것이었다. 순종의 점진성은 "하나님과 사람에게 더 사랑스러워 가시더라"(눅 2:52, "온전하게 되었은즉"(히 2:10; 5:9), "순종함을 배워서"(히 5:8)라는 성경 구절에서 유추하였다. 우리 주님은 언제나 도덕적으로 순결하셨기 때문에 그리스도의 이런 온전해지고 배우신 과정을 마치 그리스도인들이 성화의 과정을 거치며 불순종의 상태에서 순종의 상태로 옮기는 것처럼 순종을 배웠다는 의미로 해석되어서는 안 된다. 그보다 그리스도의 전 생애에 걸쳐 하나의 시험에서 또 다른 시험을 거칠 때마다 하나님의 뜻을 온전히 순종하신 모습 그대로 순종의 의지가 점점 더 결연해지셨고, 시험이 점점 거세고 혹독해질수록 아버지의 뜻을 이루리라는 결심은 더욱 더 굳어지셨다는 의미로 해석되어야 한다. 이러한 과정은 마지막 십자가의 시련을 맞이하기 위해 꼭 필요한 것이었다. 순종의 절정이란 말을 통해 머레이는 성경이 나타내고 있는 바, 그리스도께서 겟세마네에서(마 26:36-46; 막 14:32-42; 눅 22:39-44), 그리고 마지막으로 십자가에서 받으신 전례 없는 시험을 정당하게 평하려고 하였다. 마지막으로 순종의 동력이라는 말을 통해 머레이가 의도한 것은 하나님께서 계획하신 방법을 통하여 우리 주님께서 메시아의 사명을 온전히 행하는 데 필수적인 순종-말하자면 고난(히 2:10; 5:8)을 배우셨다는 사실을 강조하려는 것이었다. 주님의 시련, 시험, 궁핍, 그리고 육체적인 모든 고통은 그리스도를 구원의 주체자로 "온전하게 한" 하나님의 도구들이었다. 이로 말미암아 그리스도는 마땅히 되셔야 할 존재가 되실 수 있었고, 많은 아들들을 영광으로 이끌기 위하여 참아야 했던 모든 고통을 참을 수 있으셨다.[350)

레이몬드에 의하면, 그리스도의 전 생애에 받으신 시험은 하나님의 뜻을 온전히 순종하신 것이며 마지막 십자가의 시련을 맞이하기 위해 꼭 필요한 것이었으며, 이 모든 과정을 통해 그리스도께서는 구원의 주체자로 온전하게 되셨다. 만일 정이철 목사가 머리가 말하는 이런 순종의 네 국면을 이해했더라면 오직 수동적 순종만이 우리에게 전가된 의라고 말하지 않았을 것이다.

칼빈은 『기독교강요』에서 다음과 같이 말했다.

---

349) John Murray. "The Obedience of Christ." in *Collected Writings of John Murray* (Edinburgh: Banner of Truth, 1977), 2:151-57; 로버트 L. 레이몬드, **최신조직신학**, 나용화·손주철·안명준·조영천 역 (서울: 기독교문서선교회, 2004), 800에서 재인용.
350) 로버트 L. 레이몬드, **최신조직신학**, 나용화·손주철·안명준·조영천 역 (서울: 기독교문서선교회, 2004), 800-801.

우리가 하나님과 화목하기 위한 두 번째 요건은 이것이었다. 곧, 사람이 불순종으로 인하여 잃어버린 상태가 되었으므로 순종으로 그것을 시정하고, 하나님의 심판을 만족시키고, 죄에 대하여 형벌을 치러야 한다는 것이 그것이었다. 그리하여 우리 주님이 참 사람으로 오셔서 아담의 인격과 이름을 취하셔서 아담을 대신하여 아버지께 순종을 이루시며, 우리의 육체를 대표하셔서 하나님의 의로우신 심판을 만족시키시는 값으로 내어놓으시고, 그 육체로써 우리가 치러야 할 형벌을 값으로 치르신 것이다(2.12.3.).351)

칼빈은 중보자의 필요성(2.12.1.)과 자격 요건(2.12.2.)을 말하면서, 우리의 구속자는 참 하나님이시면서 참 사람이셔야만 했다고 말했다. 그리고 이어서 '구속자의 사명'을 말하면서, 아담을 대신하여 순종을 이루셨으며, 육체로써 형벌로 값을 치르셨다고 말했다. 칼빈은 다음과 같이 말했다.

그런데 어떤 사람은 묻기를, 그리스도께서는 과연 어떻게 해서 죄를 제거하셨고, 우리와 하나님 사이의 분리된 상태를 없애셨으며, 또한 의를 얻으셔서 하나님으로 하여금 우리를 향하여 자비와 친절을 베푸시게 만드셨느냐고 한다. 이에 대한 우리의 일반적인 답변은 곧, 그의 복종의 전 과정을 통해서 우리를 위해 의를 이루셨다는 것이다. 이것은 바울의 증언으로 증명된다: "한 사람이 순종하지 아니함으로 많은 사람이 죄인 된 것 같이 한 사람이 순종하심으로 많은 사람이 의인이 되리라"(롬 5:19). 또 다른 구절에서 바울은 율법의 저주에서 우리를 자유케 한 그 용서의 근거를 그리스도의 전 생애에까지 확대시키고 있다: "때가 차매 하나님이 그 아들을 보내사 여자에게서 나게 하시고 율법 아래에 나게 하신 것은 율법 아래에 있는 자들을 속량하시려 하심이라"(갈 4:4-5). 그리하여 그리스도께서는 그의 세례 시에도 자신이 아버지의 명령을 순종으로 시행함으로써 의의 한 부분을 이루셨다고 단언하셨다(마 3:15). 요컨대, 종의 형체를 취하신 때로부터, 그는 우리를 구속하시기 위하여 해방의 대가를 치르기 시작하신 것이다.

그러나 구원의 길을 좀 더 정확하게 규명하기 위해서, 성경은 그것이 특별히 그리스도의 죽으심으로 말미암아 이루어졌음을 말씀하고 있다. 그리스도께서는 친히 "인자가 온 것은 … 자기 목숨을 많은 사람의 대속물로 주려 함이니라"(마 20:28)고 선언하신다. 바울은 "예수는 우리가 범죄한 것 때문에 내줌이 되셨다"(롬 4:25)고 가르치며, 세례 요한은 그를 가리켜 "세상 죄를 지고 가는 하나님의 어린양"이라고 선언하였다(요 1:29). 다른 구절에서 바울은 우리가 "그리스도 예수 안에 있는 속량으로 말미암아 하나님의 은혜로 값없이 의롭다 하심을 얻은 자 되었느니라 이 예수를 하나님이 그의 피로써 믿음으로 말미암는 화목제물로 세우셨으니"(롬 3:24-25)라고 가르치며. 또한 "우리가 그의 피로 말미암아 의롭다 하심을 받았으니 … 그 아들의 죽으심으로 말미암아 하나님과 화목하게 되었은즉"(롬 5:9-10)이라고도 말씀하며, 또한 "하나님이 죄를 알지도 못하신 자로 우리를 대신하여 죄로 삼으신 것은 우리로 하여금 그 안에서 하나님의 의가 되게 하려 하심이라"(고후 5:21)고도 말씀하는 것이다. 모든 구절을 다 열거하

---

351) 존 칼빈, **기독교강요(상)**, 원광연 역 (고양: 크리스챤다이제스트, 2003), 572-573; "요컨대, 하나님만으로는 죽음을 느끼실 수가 없고, 사람만으로는 죽음을 이기실 수가 없었으므로, 그는 신성과 인성을 동시에 취하셔서, 속죄를 위하여 자신의 인성의 연약함을 죽음에 굴복시키고 또한 신성의 권능으로 죽음과 싸우셔서 우리를 위하여 승리를 얻고자 하신 것이다. 그러므로 그리스도의 신성이나 인성 가운데 어느 하나라도 탈취해 버리는 사람들이 있다면, 그들은 그의 위엄과 영광을 약화시키며, 그의 선하심을 흐리게 만드는 자들인 것이다 뿐만 아니라 그들은 사람들의 믿음도 약하게 만들고 뒤집어엎어서 그들에게 굉장한 해악을 끼치게 된다. 이러한 토대 위에 서 있지 않으면, 그 믿음이 올바로 설 수가 없기 때문이다.": **기독교강요** 2.12.3.

자면 끝이 없을 것이므로 더 이상 열거하지 않겠다. 그리고 여러 구절들은 그때그때 필요한 대로 제시하게 될 것이다. 그렇기 때문에, 이른바 "사도신경"이 그리스도의 탄생에서부터 그의 죽으심과 부활에 이르기까지를 -완전한 구원의 모든 것이 거기에 있다. 단번에 가장 적절한 순서대로 다루고 있다 하겠다. 그러나 물론 그가 그의 생애에서 드러내 보이신 순종의 나머지 부분도 간과해서는 안 될 것이다. 바울은 그 시초부터 마지막까지 모든 것을 포괄하여 이렇게 말씀하고 있다: "자기를 비워 종의 형체를 가지사 사람들과 같이 되셨고 사람의 모양으로 나타나사 자기를 낮추시고 죽기까지 복종하셨으니 곧 십자가에 죽으심이라"(빌 2:7-8)(2.16.5.).[352]

그다음에는 죽은 자 가운데서 부활하신 일이 이어지는데, 이 부활이 없이는 지금까지 논의한 모든 것이 불완전해지고 만다. 그리스도의 십자가와 죽으심과 장사되심에서 오로지 연약함만이 나타나므로, 믿음이 그 충만한 힘에 이르기 위해서는 이 모든 것들 위로 뛰어올라야만 하는 것이다. 그리스도의 죽으심에서 구원이 완전히 성취되었다. 왜냐하면 그것을 통해서 우리가 하나님과 화목되었고, 그의 의로우신 심판이 보상되었고, 저주가 제거되었고, 형벌이 완전히 값을 치른 것이기 때문이다. 그럼에도 불구하고, 우리는 그리스도의 죽으심을 통해서가 아니라, "예수 그리스도를 죽은 자 가운데서 부활하게 하심으로 말미암아 우리를…산 소망이 있게 하셨다"[353](벧전 1:3)고 말씀하고 있다. 그가 다시 사심으로써 죽음을 이기신 자로 나타나심과 같이, 우리의 믿음이 죽음을 이기는 것이 오직 그의 부활에 있기 때문인 것이다(2.16.13.).

그리고 바울의 다음과 같은 말씀도 매우 중요하다: "만일 의롭게 되는 것이 율법으로 말미암으면 그리스도께서 헛되이 죽으셨느니라"(갈 2:21). 이를 근거로 우리는, 누구든지 율법을 지키는 자에게 주어질 그것을 그리스도께 구해야 한다고, 혹은 - 결국 같은 것이지만 - 하나님께서 우리의 행위에 대하여 율법에서 약속하신 바를 - "사람이 이를 행하면 그로 말미암아 살리라"(레 18:5) - 우리가 그리스도의 은혜를 통하여 얻는다고 생각하게 되는 것이다. 또한 안디옥에서 행한 설교에서도 이 사실이 분명하게 확증되고 있다. 그리스도를 믿음으로 말미암아 "모세의 율법으로 … 얻지 못하던 모든 일에도 … 의롭다 하심을 얻"는다는 것이다(행 13:39). 만일 의가 율법을 지키는 것에 있다면, 그리스도께서 친히 그 짐을 지시고 우리를 하나님과 화목시키셔서 마치 우리가 율법을 지킨 것처럼 만드셨으니, 그리스도께서 그의 공로로 우리를 위하여 자비를 얻으셨다는 것을 과연 누가 부인하겠는가? 갈라디아서에서 가르치는 내용도 같은 목적을 지닌다: "하나님이 그 아들을 보내사 … 율법 아래에 나게 하신 것은 율법 아래에 있는 자들을 속량하시…려 하심이라…"(갈 4:4-5). 우리가 지불할 수 없는 것을 친히 지불하셔서 우리를 위하여 의를 얻으시기 위함이 아니라면, 그리스도께서 율법 아래에 계신 목적이 과연 무엇이었단 말인가? 그리하여 행위로 말미암지 않는 의의 전가에 대한 논의가 이어지는 것이다(롬 4장).[354]

칼빈에 의하면, 그리스도께서 의를 얻으신 것은 그리스도의 탄생으로부터 부활에 이르기까지 그리스도께서 행하신 모든 것을 포괄한다. 그리스도께서 모든 생애에 행하신 일들이 그리스도의 순종에 다 포함된다. 칼빈은 또한 "우리가 그의 피로 말미암아 의롭다 하심을 받았으니"라는 말씀도 다만 속죄만

---

352) Ibid., 622-623; 기독교강요 2.16.5.

353) Ibid., 637; 기독교강요 2.16.13.

354) Ibid., 653-654; 〈그리스도 안에 있는 의가 우리의 것으로 간주되기 때문이다. 그리스도의 살을 가리켜 "참된 양식"(요 6:55)이라고 부르는 유일한 이유는 그리스도 안에 생명의 본질이 있기 때문이다. 그런데 그 능력은 오로지 하나님의 아들께서 우리의 의의 대가로 십자가에 못 박히신 사실에서 생겨나는 것이다. 바울이 말하듯이, "그리스도께서 … 우리를 위하여 자신을 버리사 향기로운 제물과 희생제물로 하나님께 드리셨느니라"(엡 5:2). 다른 곳에서도, "예수는 우리가 범죄한 것 때문에 내줌이 되고 또한 우리를 의롭다 하시기 위하여 살아나셨느니라"(롬 4:25).〉; 기독교강요 2.17.5.

으로 의롭게 되었다는 것만이 아니라 그리스도의 그 피로 대표되는 모든 생애에 걸친 전체 순종이 다 포함된다고 말했다.[355]

데렉 W. 토마스(Derek W. H. Thomas)는 다음과 같이 말했다.

그리스도의 순종의 삶은 그의 구원 사역인 그의 죽음과 부활의 주요 부분을 위한 준비이다. 순종이 그의 죽음에서 차지하는 역할은 중요하다. "참으로 죽으심 자체에 있어서도 그의 자원하는 순종이 중요한 요소인 것은 자원하여 드려지지 않은 희생은 결코 의를 이룰 수 없었을 것이기 때문이다." 여기서 칼빈은 그리스도가 갈등과 연약함과 두려움을 통해서 우리를 구원하셨다는 성경의 여덟 구절을 인용하여 가르치는 가운데 그리스도의 순전한 인간성을 강조하였다. 놀랍게도 본디오 빌라도에게서 예수님이 정죄 받으신 것을 그의 구원 사역에 칼빈은 포함시켰다. 비록 우리가 하나님의 저주 아래 있었지만 "그것으로부터 우리를 구원하기 위하여 그리스도는 필멸의(mortal) 인간, 심지어 사악한 이교도 앞에서도 자신이 정죄당하는 것을 허락하셨다." 예수님께서는 십자가에 못 박혀 죽지 않고서는 우리를 구원하실 수 없었는가? 이에 대하여 칼빈은 힘주어 대답했다. "우리의 정죄를 제거하기 위해서는 그리스도가 아무 종류의 죽음을 당하는 것으로 충분하지 아니했다. 우리의 속량을 대속하기 위해서는 그분이 우리가 받는 정죄를 자신에게 전가하고 또 우리의 죄책을 자신이 지심으로써 우리를 자유케 할 수 있는 그러한 종류의 죽음을 받으셔야 했다."[356]

토마스는 『기독교강요』 2.16.5.에서 칼빈이 '그리스도가 어떻게 우리를 위해 구원을 성취하셨는가?'를 논하였다고 말했다. 칼빈은 "요약하면 그가 종의 형태를 취하셨던 바로 그때부터 우리를 속량하기 위하여 구원의 값을 지불하기 시작하셨다"고 말했다. 토마스는 "그리스도의 성육신과 죄 없는 삶이 우리의 구원을 위해 필수적이라고 주장한다고 해서 칼빈은 십자가를 결코 훼손하지 않았다"고 말했다. 칼빈은 "구원의 방법을 좀 더 정확하게 정의하면, 성경은 특별히 그리스도의 죽음에 기인한 것으로 돌리고 있다"고 말했다. 토마스에 의하면, 칼빈은 그리스도의 생애 전체의 순종으로 우리 구원을 성취하셨다는 것이다. 토마스는 칼빈이 『기독교강요』를 서술한 방식이 사도신경의 순서대로 그리스도의 탄생으로부터 죽으심과 부활로 이어져 있다고 말했다. 토마스는 이것을 그리스도의 순종의 삶이 "그리스도의 죽음과 부활의 주요 부분을 위한 준비"라고 말했다. 토마스의 이런 설명은 그리스도의 삶과 죽음이 분리될 수 없고 두 가지가 다 우리 구원을 위한 그리스도의 성취라는 것을 말한다.[357] 칼빈은 다음과 같이 말했다.

---

355) Ibid., 622; 기독교강요 2.16.5.
356) 데이비드 W. 홀·피터 A. 릴백, 칼빈의 기독교강요 신학, 나용화 외 (서울: 기독교문서선교회, 2009), 300-301.
357) Ibid., 299-301.

그렇기 때문에 우리는 칭의를, 하나님이 우리를 의로운 자들이라 여기시고 맞아 주셔서 자기의 은혜 속에 거하게 하시는 그 받아들이심이라고 단순하게 설명하고, 죄 사함과 그리스도의 의의 전가로 이루어진다고 말한다.358)

크리스챤다이제스트의 『기독교강요』 번역은 다음과 같다.

또한, 칭의는 죄를 씻는 일(the remission fo sins)과 그리스도의 의를 우리에게 전가시키는 일 (the imputation of Christ's righteousness)에 있다고 말할 수 있다.359)

칼빈에 의하면, 칭의는 죄 씻음과 그리스도의 의를 우리에게 전가시키는 것이다. 하나님 앞에 의로운 자가 되는 것은 이 두 가지가 다 함께 우리에게 전가되기 때문이다. 그리스도의 능동적 순종은 하이델베르크 교리문답 제60 문에 명시되어 있다.

제60문: 당신은 어떻게 하나님 앞에 의롭게 됩니까?
답 : 그것은 오직 예수 그리스도에 대한 진실한 믿음으로만 되는 것인데, 비록 모든 하나님의 계명에 대하여 죄를 지었고, 그 계명을 결코 다 수행하지 못했으며 항상 모든 악한 것에 이끌려 지는 나를 나의 양심이 고발한다 할지라도 그리고 모든 나의 노력이 없을지라도 하나님은 순수한 은혜로 나에게 완전한 속죄와 의와 그리스도의 영광을 선물로 주십니다. 만일 내가 그러한 복을 오직 믿는 마음으로 받아들인다면 나는 결코 죄를 짓지 아니한 예수 그리스도가 나를 위하여 행하신 그 모든 순종을 스스로 완수한 것과 같은 셈이 됩니다(요 3:18; 롬 3:9, 21-25, 28, 7:23; 고후 5:19-21; 갈 2:16).

우르시누스는 일반적 의를 먼저 말하고 율법을 성취함으로 이루어지는 의 가 우리를 의롭게 하는 의라고 말했다.360) 하나님 앞에서의 우리의 의는 우

---

358) 존 칼빈, **기독교강요3**, 문병호 역 (서울: 생명의말씀사, 2020), 343; **기독교강요** 3.11.2.
359) 존 칼빈, **기독교강요(중)**, 원광연 역 (고양: 크리스챤다이제스트, 2003), 251; 〈이와 마찬가지로, 죄인들의 무리에서 벗어나서. 하나님을 자기의 의를 입증해 주는 확인자요 증인으로 삼는 사람은 하나님 앞에서 의롭다 하심을 받는 것이다. 또한 마찬가지로, 하나님의 보좌에서 의로 인정받기에 합당할 만큼 삶이 순결하고 거룩한 사람이 있다면, 혹은 하나님의 공의를 만족시킬 수 있을 만큼 행위가 완전한 사람이 있다면, 그 사람은 "행위로 말미암아 의롭다 하심을 받는다"고 말할 수 있을 것이다. 그러나 이와 반대로 행위로는 의가 없으나 믿음으로 말미암아 그리스도의 의를 붙잡고 그 의로 옷 입어서 하나님 보시기에 죄인이 아니라 의인으로 나타나는 사람은 "믿음으로 말미암아 의롭다 하심을 받는 것"이다. 그러므로, 칭의란 한마디로 말해서, 하나님께서 우리를 의인으로 인정하사 그의 사랑 속으로 받아들이시는 것이라고 말할 수 있다.〉; **기독교강요** 3.11.2.
360) 자카리아스 우르시누스, **하이델베르크 요리문답해설**, 원광연 역 (고양: 크리스챤다이제스트, 2006), 530; 〈영어의 "righteousness"(의)는 "right"(의로운)에서 파생되었는데, 마치 죄 혹은 불의가 법을 범하는 것인 것처럼, 이 의는 법이며 또한 법에 일치하는 것이다. 이는 일반적인 의미로 하나님과 또한 신적인 법과 일치하는 데 있다고 정의할 수 있을 것이다. 그러나 하나님과 피조물 모두에 적절할 만큼 포괄적인 정의는 제시할 수 없을 것임은 물론이다. 창조되지 않은 의는 하나님 자신이요, 이는 모든 의의 토대요 규범 혹은 패턴이다. 창조된 의는

리 스스로에게서 나오는 것이 아니라 그리스도께서 우리를 위해 행하신 것, 곧 성육신으로부터 영광을 입으시기까지 그리스도의 낮아지심 전체로 이루신 의가 우리에게 전가된 의다. 이것은 '그리스도의 온전한 순종이 미치는 결과가 무엇인가?'에 대한 대답이다. 하나님께서는 그리스도의 온전한 순종으로 믿는 자들을 전혀 죄를 범하지 않은 자로 인정하신다. 그 이유는 무엇인가? 그리스도의 의가 성도의 의로 전가되었기 때문이다. 의는 무엇이고 칭의는 무엇인가? 우르시누스는 다음과 같이 말했다.

> 의는 율법에 일치하는 것이며, 혹은 율법을 성취하는 것이요, 혹은 우리로 하여금 하나님 앞에서 의롭다 하심을 얻게 하는 그것이다. 반면에 칭의 혹은, 의롭다 하심은 누구에게든 이 의를 적용하는 것을 뜻한다. 그러므로 형체와 그것을 어떤 대상물에게 적용시키는 것이 서로 다르듯이, 혹은 흰색과 희게 하는 것이 서로 다르듯이, 이 둘도 그렇게 서로 다르다.361)

그리스도께서는 죄인을 대신하여 하나님의 진노의 잔을 마셨으며(수동적 순종), 지상의 삶에서 율법의 모든 요구를 적극적으로 순종하심으로(능동적 순종) 죄인들을 구원하셨다. 루터는 능동적 의로움, 수동적 의로움이라고 말했다. 루터에게 능동적 칭의는 그리스도의 의로움의 객관적인 전가로서 외부적이며, 수동적 칭의는 개인이 주관적으로 수용하는 것을 의미했다.362) 워필드 박사는 예수 그리스도의 완벽한 생애를 능동적 순종으로, 고난을 당하시고 십자가에 못 박혀 죽으신 것을 '수동적 순종'으로 말했다.363)

창조되지 않은 혹은 신적인 의가 이성적인 피조물들 속에 내는 하나의 효과다. 그러므로 일반적인 의미에서 의란, 피조물에 관한 한, 이성적 피조물들에 관련된 법들을 성취하는 데 있다 하겠다. 아니면 의란 이성적 피조물들의 편에서 그들에 관한 법들에 순응하는 것이라 할 수 있을 것이다. 마지막으로, 의는 법의 성취요 또한 법에 순응하는 것이야말로 의 그 자체다. 이 사실을 직시하고 든든히 붙들어야 한다. 왜냐하면 우리의 의롭다 하심은 오로지 율법을 성취함으로써만 이루어질 수 있는 것이기 때문이다. 복음적 의는 법의 성취요, 조금도 법에 저촉되지 않는 것이다. 복음은 율법을 폐지하는 것이 아니라 그것을 세우는 것이다.〉

361) Ibid., 532; "의롭다하심도 의와 마찬가지로 율법적인 칭의와 복음적인 칭의로 나뉘어진다. 율법적 칭의는 하나님과 율법에 일치하는 일이 우리에게서 일어나는 데에 있다. 이것은 우리가 성령으로 말미암아 중생할 때에 우리에게서 시작된다. 복음적 칭의는 복음적 의를 적용하는 것이다. 혹은 다른 이의 의를 적용하는 것인데, 곧 우리 바깥에 그리스도 안에서 이루어지는 것이다. 혹은 그리스도께서 그의 십자가의 죽으심과 또한 그의 부활로 말미암아 우리를 위해 이루신 의를 전가시키고 적용하는 것이다. 이것은 의나 혹은 의의 특질들을 주입 시키는 것이 아니라, 다른 이의 의를 근거로 하여 우리를 사면하는 것이요 혹은 우리가 하나님의 판단에서 죄로부터 자유하다는 것을 선포하는 것이다. 그러므로 칭의와 죄 사함은 동일한 것이다. 의롭다 하는 것은 곧 하나님께서 죄를 우리에게 전가시키지 않으시고 우리를 받아들이시고 또한 우리를 의롭다고 선포하시는 것이기 때문이다. 혹은 의롭다 하는 것은 하나님께서 그리스도께서 우리에게 전가시키신 그리스도의 의를 근거로 우리를 의롭다고 선포하시는 것이다."(Ibid., 532-533.)

362) 김재성, **그리스도의 능동적 순종** (고양: 언약, 2021), 49.

363) Ibid., 47.

그리스도의 수동적 순종은 하이델베르크 교리문답 제37문에 명시되어 있다.

37문: "고난을 받으사"라는 말로 당신은 무엇을 고백합니까?
답: 그리스도는 이 세상에 사셨던 모든 기간에, 특히 생의 마지막 시기에 모든 인류의 죄에 대한 하나님의 진노를 자신의 몸과 영혼에 짊어지셨습니다. 그분은 유일한 화목제물로 고난을 당함으로써 우리의 몸과 영혼을 영원한 저주로부터 구원하셨고, 우리를 위해 하나님의 은혜와 의와 영원한 생명을 얻으셨습니다.

이것을 우르시누스는 다음과 같이 말했다.

고난(passion)이라는 용어는 그리스도의 낮아지심 전체, 혹은 그의 낮아지심 전체의 순종으로 이해해야 하며, 여기에는 그의 출생의 순간부터 그의 죽으심의 순간까지 그가 우리를 위하여 육체와 영혼으로 당하신 모든 비참, 연약함, 괴로움, 고통, 치욕 등이 다 포함된다. 그의 슬픔과 고뇌의 주요 부분은 영혼의 고통들이었다. 이로써 그는 모든 인류의 죄를 대적하여 내리시는 하나님의 진노를 느끼셨고 감내하신 것이다. 그러나 우리는 고난이라는 용어를 특히 그리스도의 생애의 마지막 장, 즉 그가 우리 죄 때문에 육체와 영혼의 극심한 고통을 당하신 그 마지막 국면을 뜻하는 것으로 이해해야 할 것이다.364)

우르시누스에 의하면, '그리스도의 모든(온전한) 순종'으로서 ① 능동적 순종과 ② 수동적 순종을 구별할 수는 있으나 분리할 수는 없다. 그리스도께서 당하신 고난은 낮아지심 전체의 순종이었다. 그리스도의 고난은 우리 죄 때문에 당하신 마지막 국면이었다.

안셀무스는 '그리스도께서 율법준수 순종으로 이루신 의'는 인정했으나 '그 의의 전가'는 인정하지 않았다. 안셀무스는 행위 구원론을 주장한 중세 로마 가톨릭 스콜라 신학의 대표적인 신학자였다. 이런 안셀무스의 신학을 이어받은 것이 아르미니우스주의 신학이었다. 20세기에 와서 아르미니우스주의 신학을 따르는 새 관점 학파는 '그리스도께서 율법준수 순종으로 이루신 의'까지 부정한다.

서철원 교수는 후기 신학의 대표적인 책인 『서철원 박사의 교의신학 4 그리스도론』에서 "주 예수께서는 출생 후 할례를 받으심으로 언약 백성의 표를 받아 율법의 요구를 다 담당하셨다. 그러므로 그분 삶은 다 율법준수의 삶이었다. 모든 구약 백성이 바란 율법준수자 곧 율법 성취자로서 율법의 요구

---

364) 자카리아스 우르시누스, **하이델베르크 요리문답해설**, 원광연 역 (고양: 크리스찬다이제스트, 2006), 361-362.

를 짊어지셨다. 그리하여 율법 아래 있는 자들을 속량하려고 하셨다(갈 4:4-5)"고 말했다.[365] 이 말에서 먼저 생각해야 하는 것은 "율법준수의 삶" 이란 율법의 요구를 담당하는 삶이라는 것이다. "율법준수의 삶"이라는 말은 "그분 삶은 다 율법의 요구를 순종하신 삶이었다"라고 더 정확하게 기술되어 야만 한다. 서철원 교수의 오류는 그리스도께서 율법을 준수하여 율법을 다 이루시고 율법준수의 의무에서 사람들을 해방했다는 것으로 끝이며, 의의 전 가는 오직 십자가의 죽으심 뿐이라고 말한다. 그런 생각 속에서 서철원 교수 는 능동적 순종을 부정하고 수동적 순종만 맞다고 주장한다.

서철원 교수는 다음과 같이 말했다.

> 그리스도가 율법의 수여자로서 율법의 요구를 충족시켜 율법의 속박에서 백성들을 해방하셨다. 그리스도가 율법을 완성하신 것은 율법의 요구를 충족하므로 율법을 다 지켜야 한다는 율법의 속박에서 사람들을 해방하기 위해서 하신 것이다(마 5:17-20, 11:28-30). 이렇게 하여 율법준 수의 요구가 더 이상 타당하지 않게 되었다. 이로써 율법준수의 속박에서 백성들을 해방하신 것이다. 곧 그리스도는 율법준수의 의무를 사람들에게서 완전히 벗기셨다. 전통적 신학에서 예 수의 율법준수를 능동적 순종(oboedientia activa), 십자가에서의 죽음을 피동적 순종이라 (oboedientia passiva)이라고 한 구분과 가르침은 전적으로 잘못되었다. 그리스도가 율법준수 로 의를 획득하여 우리에게 전가한 것이 아니고, 피 흘려 죗값을 다 치르시므로 죄 용서를 이루 신 것이 의이다. 이 의를 우리가 받아 영생하게 되었다. 그리스도는 십자가의 죽음에까지 순종 하여(빌 2:8) 속죄를 이루셨다. 하나님의 법이 정한 대로 죗값을 갚기 위해 죽기까지 순종하셨 다(롬 6:23; 창 2:17). 그리스도가 그의 피로 죗값을 다 지불하므로 율법의 요구를 다 이루셨 다. 주 예수는 율법성취의 요구를 이루시기 위하여 저주 아래 죽으셔서(갈 3:13). 우리를 구원 하셨다. 예수의 죽음이 대리적 죽음이어서 우리 모두가 죽은 것이 되었다(고후 5:14-15). 죗값 대로 모든 사람들이 다 죽어야 하는데 그리스도가 우리의 대표로 대신 죽으시므로 우리 모두가 죽은 것이 되었고 우리의 죗값을 다 지불하신 것이다. 그리스도의 죽음이 우리의 구원이다(고 전 15:3).[366]

서철원 교수에 의하면, 십자가에 피 흘려 죗값을 치름으로 죄 용서를 이루 어 의를 받아 영생을 이루었기 때문에 전통적 신학의 능동적 순종과 수동적 순종의 구분과 가르침은 잘못되었다. 그러나 죗값을 치른다는 것은 죄의 형 벌을 받는 것이며, 죄의 형벌을 받는 것만으로 하나님 앞에 의인이 될 수 없 다. 첫 아담에게 주어진 하나님의 계명에 대한 완전한 순종이 있어야만 한다. 그러나 어떤 인간도 완전한 순종에 이를 수 없다. 오직 예수 그리스도만 완전 한 순종을 이루시고 그 순종의 의를 우리에게 주실 수 있다. 하나님 앞에 의 인이 되려면 '죄에 대한 형벌'과 '완전한 순종', 이 두 가지 조건이 충족되어

---

365) 서철원, **서철원 박사의 교의신학4 그리스도론** (서울: 쿰란출판사, 2018), 165.
366) Ibid., 166-167.

야만 한다. 능동적 순종교리는 인간의 전적타락으로 부패한 인간이 율법의 요구를 완전히 이룰 수 없다는 존재적 관점을 인정하는 것이다. 능동적 순종 교리는 인간이 타락한 존재이기 때문에 완전한 순종이 불가하고 그 완전한 순종을 그리스도께서 이루어 우리에게 전가해 주신다는 것이다.

이남규 교수는 전체 순종에 대해 다음과 같이 요약했다.

> 셋째, '전체 그리스도'(totus Christo)와 관련해서: 능동적 순종의 전가 부인은 전체 그리스도 와 모순된다. '전체 그리스도'가 우리의 의라는 점은 피스카토르 논쟁 이전에도 발견된다. 그리 스도께서 육체와 영혼으로 행하신 것들은 신자들의 이름으로 행하신 것이며(올레비아누스), 행 하시고 고난 당하신 모든 것이 신자들에게 전가된 의이며 그리스도의 비하 전체가 하나님 앞에 서 우리의 의다(우르시누스). 파레우스의 지적대로 그리스도의 능동적 순종의 전가 부인의 약 점은 전가된 공로에서 그리스도 생애 전체를 배제하고 죽음 앞에 있었던 순종을 배제하는 것이 다. '전체 그리스도'의 관점에서 보자면 능동적 순종과 수동적 순종의 구분 자체를 반대했던 파 레우스 자신이 피스카토르의 반대자라고 불릴 수도 있다. 그리스도는 자원하여 자신을 희생제 물로 드렸으며 이 일이 아버지의 뜻에 따른 순종이었으므로 이 두 순종은 분리될 수 없다(토사 누스). 능동적 순종의 전가 부인을 정죄하는 프랑스 개혁교회 총회 결정문에서 '전체 순종'에 대 한 고집이 그 중심에 있다(1607년 총회, 1612년 총회).367)

이남규 교수에 의하면, "능동적 순종의 전가 부인은 전체 그리스도와 모순 된다." 능동적 순종을 부정하면 그리스도의 생애 전체를 배제하며 죽음 앞에 서 행하신 순종도 배제된다. 그리스도의 비하 전체는 아버지의 뜻에 순종하 는 일이었기 때문에 그리스도의 의의 전가에서 두 순종이 분리될 수 없고 전 체 순종이 강조될 수밖에 없다.

김재성 교수는 다음과 같이 말했다.

> 개혁신학자들이 사용한 "능동적 순종"은 인간의 몸을 입고 살아가신 전생애 기간 동안에 성자 예수 그리스도께서 모든 하나님의 율법을 온전히 지켜냈음을 의미한다. "수동적 순종"이란 그 리스도의 생애가 마지막에 이르게 되면서 "하나님의 진노"를 감당하여 고난을 당하시고 십자가 에서 죽으시는 최종적인 복종이다. 겟세마네에서 "할 수만 있거든 이 잔을 옮겨주시옵소서"라 고 땀방울이 피가 되도록 진통을 겪으셨기에, "수동적 순종", "소극적 순종"(passive obedience)이라고 규정했다. 그리스도의 "수동적 순종"이라 함은 하기 싫은 것을 억지로 끌려 가듯이 해서 결국에는 마지못해서 복종한다는 뜻이 아니라, "고난과 수난을 당하면서도" 처참 한 처지에 던져지기까지 자원하는 마음으로 복종한다는 뜻이다. 필자는 "희생적" 순종이라고 한다면, 두 개념 사이의 차별화가 훨씬 쉬울 것으로 본다.368)

---

367) 이남규, '그리스도의 능동적 순종 전가 부인에 대한 개혁신학자들의 견해와 교회의 결정,' **신학정론** 39(2) (2021): 225(165–226).
368) 김재성, **그리스도의 능동적 순종** (고양: 언약, 2021), 48, 56.

김재성 교수에 의하면, 능동적 순종은 전 생애 동안 예수 그리스도께서 하나님의 율법을 온전히 지켜내신 것이며, 수동적 순종은 그리스도의 최종적 복종이었다. 여기에는 큰 의미가 있다. 죽음의 형벌은 율법에 불순종하고 범죄한 결과다.369) 서철원 교수의 말 대로, "그리스도가 율법의 수여자로서 율법의 요구를 충족시켜 율법의 속박에서 백성들을 해방하셨다"라면, 그리스도께서 십자가에 죽으신 것도 율법에 순종하신 것이다. 그렇게 율법대로 십자가에 피 흘려 죽으시는 것이 율법의 의요 언약적 의다.

존 프레임은 다음과 같이 말했다.

신학자들은 예수님의 완전한 삶을 **능동적 순종**(active obedience)으로 부릅니다. 우리가 그리스도를 믿을 때, 하나님은 우리를 그리스도 안에서 의롭다 여기십니다. 말하자면 하나님은 그리스도의 능동적 순종을 우리에게 전가시키십니다(imputes). 하나님은 예수님처럼 의롭고 거룩하게 우리를 보시고 여기시고 생각하시고 선언하십니다. 바울은 고린도후서 5:21에서 "하나님이 죄를 알지도 못하신 이를 우리를 대신하여 죄로 삼으신 것은 우리로 하여금 그 안에서 하나님의 의가 되게 하려 하심이라"고 말합니다. 하나님은 우리의 죄를 그리스도에게 전가시키시고, 그의 의를 우리에게 전가시키셨습니다. 하나님은 우리의 죄를 그리스도 안에서 판단하십니다. 그리고 우리를 그리스도 안에서 의로운 자로 여기십니다. 이는 우리의 죄를 그리스도에게, 그의 의를 우리에게 전가한다는 뜻의 **이중전가**(double imputation)로 불립니다. 그래서 하나님은 우리의 죄를 용서하실 뿐만 아니라 우리에게 그리스도의 의를 주십니다. 우리는 무죄하게 될 뿐만 아니라 긍정적으로 선이 됩니다. 예수님의 십자가에서의 죽음을 그의 **수동적 순종**(passive obedience)이라고 부릅니다. 예수님은 자신을 희생제물로 드리시는 데 매우 능동적이셨기 때문에 수동적이라는 표현이 적절하지 않을 수도 있습니다. 그는 희생제사를 드리는 제사장이십니다. 예수님은 그의 생명을 내려놓으십니다. 요한복음 10:18에서 예수님은 "이를 내게서 빼앗는 자가 있는 것이 아니라 내가 스스로 버리노라 나는 버릴 권세도 있고 다시 얻을 권세도 있으니 이 계명은 내 아버지에게서 받았노라 하시니라"라고 말씀하십니다. 그러나 수동적이라는 말은 '고난'(suffering)을 의미하는 헬라어와 라틴어 단어와 연관이 있습니다. 그래서 우리는 이러한 의미에서 수동적 순종이라는 표현을 수용할 수 있습니다.370)

---

369) 죄의 삯은 사망이요 하나님의 은사는 그리스도 예수 우리 주 안에 있는 영생이니라(롬 6:23)
370) 존 M. 프레임, **조직신학개론**, 김용준 역 (서울: R&R, 2011), 218-221; 〈예수님의 수동적 순종은 속죄하는 희생입니다. 그의 희생은 많은 것을 성취하십니다. 첫째, 보상(expiation)입니다. 이는 예수께서 우리의 죄를 지시고 자신에게로 취하시고 그것을 폐지하셨다는 의미입니다(사 53:6, 12; 요 1:29; 히 9:28; 벧전 2:24). 앞서 고린도후서 5:21에서 보았던 것처럼 그는 우리를 위해 "죄로 삼으심(made sin)"이 되셨습니다. 그는 우리의 대속물(substitute)이 되셨습니다. 그는 우리가 하나님에게 빚졌던 완전한 형벌, 즉 죽음의 형벌을 취하셨습니다. 예수님은 속죄로 우리를 백지장처럼 씻으셨습니다. 이제 우리는 더 이상 하나님으로부터 두려운 것이 없습니다. 동이 서에서 먼 것처럼 우리로부터 죄를 제거하신 하나님은 우리의 죄를 전적이고 완전하게 용서하십니다. 둘째, 속죄(propitiation)입니다. 이는 예수께서 우리의 죄로 인한 하나님의 진노와 화를 짊어지셨다는 것을 의미합니다(롬 3:35; 히 2:17; 요일 2:2; 4:10). 신비한 방법으로 예수님은 우리의 죄를 대신 지시고, 심지어 십자가에서 그의 아버지로부터 멀어지게 되었습니다. 시편 22편을 인용하여 그는 "나의 하나님, 나의 하나님 어찌하여 나를 버리셨나이까?"라고 외치셨습니다(마 27:46). 어떤 신학자들은 속죄를 보상과 같은 개념으로 보고 성경에서 속죄의 주제를 제거하려 했습니다. 죄 때문에 하나님이 사람들에게 화가 나셨다는 견해를 좋아하지 않았기 때문입니다. 하지만 이는 잘못된 주장입니다. 우리 하나님은 옳고 그름에 상관하십니다. "하나님은 의로운 재판장이심이여 매일 분노하시는 하나님이시로다"라고 시편 7:11은 우리에게 말하고 있습니다. 하나님은 악한 자들에게 분

칭의의 근거: 칭의의 근거는 우리가 의롭다 함을 받는 기초를 말한다. 그것은 다음 질문에 답한다. 왜 하나님은 나를 의롭다고 선언해야 하는가? 그 답은 단순하게 말해서 그리스도다. 십자가에 달린 그리스도의 사역에서 그의 백성은 그리스도와 연합되고, 하나님은 우리를 그리스도 안에서 의로운 것으로 보신다. 우리는 종종 칭의가 "믿음으로" 이루어진다고 말하지만, 믿음은 칭의의 근거가 아니다. 믿음은 내가 뒤에서 언급할 또 다른 역할을 가진다. 하나님은 우리의 믿음 때문에 우리를 의롭다고 선언하시는 것이 아니다. 우리의 믿음은 항상 불결하고 불완전하다. 오직 그리스도만이 완전하고 완벽하게 의로우시다. 신학자들은 종종 그리스도의 능동적 순종과 수동적 순종 사이를 구별했다(참고. 38장). 그리스도의 수동적 순종은 우리를 위한 그분의 고난과 죽음이다. 그리스도의 능동적 순종은 그분의 완전한 삶이다. 따라서 종종 신학자들이 칭의에 대해 논의할 때. 그들은 그리스도의 수동적 순종이 우리에게 죄의 용서를 가져온다고 말한다. 반면에 그리스도의 능동적 순종은 하나님이 우리를 긍정적으로 의롭다고 선언하기 위한 기초다. 왜냐하면 하나님은 그리스도의 의를 우리에게 전가하시고, 우리를 그리스도 안에서 의롭게 하시기 때문이다.371)

존 프레임에 의하면, 그리스도의 능동적 순종은 하나님께서 우리를 긍정적으로 의롭다고 선언하기 위한 기초이며, 그리스도의 수동적 순종이 죄 용서를 준다. 그리스도의 능동적 순종과 수동적 순종을 구별하여 설명할지라도 분리하지 않는다. 우리의 믿음 때문에 우리가 의로워지는 것이 아니라 그리스도께서 순종하심으로 이룬 그 의를 우리에게 전가하셨기 때문에 우리는 그리스도 안에서 의롭다.

로버트 맥체인은 로마서 설교 중 '천사들을 놀라게 만든 그리스도의 순종'에서 다음과 같이 말했다.

예수님께서는 하나님의 거룩한 율법에 순종하셨습니다. 사탄은 온 인류가 하나님의 율법을 혐오하고 거부하고 거역하게 만들었습니다. 그때 자기가 하나님의 율법을 영원히 욕보였다고 생

노하십니다. 그리고 십자가에서 예수님은 그의 백성으로부터 하나님의 화를 돌리셨습니다. 셋째, 영어단어가 의미하는 것처럼 속죄(atonement)는 화목(reconciliation) 입니다. 우리가 하나님의 눈에 의롭게 되었기 때문에, 화목케 된 것입니다. 더 이상은 적이 아닙니다(고후 5:18-19). 어떤 학자들은 속죄가 우리에 대한 하나님의 적의를 제거하는 것이 아니라, 하나님에 대한 우리의 적의를 제거한다고 말함으로 이러한 개념을 경감시키려 합니다. 다시금 그들은 하나님이 죄인들에 대해 어떤 적의가 없다고 생각합니다. 그러나 이것은 성경에 근거하여 잘못된 것입니다. 죄 안에서 사람은 하나님의 적이고 그 역도 그러합니다. 그리스도 안에서 예수님은 우리를 함께 데려오십니다. 그래서 우리는 영원히 복된 교제 안에서 하나님과 함께 살 것입니다. 우리는 성찬식에서도 이러한 교제에 참여합니다. 성찬식 안에서 우리는 하나님과의 식탁교제를 합니다. 결론적으로 속죄는 구속(redemption)입니다. 구속은 문자적으로 '무엇인가를 되찾는 것'을 의미합니다. 구약성경에서 어떤 사람이 자신의 재산을 팔고 심지어 자신을 종으로 팔아도 빚을 지고 있을 때, 친척이 재산과 그 사람의 자유를 되찾아 올 수 있었습니다. 이 친척을 고엘(친족 구원자, kinsman redeemer)이라고 불렀고 레위기 25장에 기술되어 있습니다. 룻기에서 보아스는 룻과 결혼해서 룻과 그의 시모를 가난으로부터 구원합니다. 마가복음 10:45에서 예수님은 하나님의 잃어버린 재산을 되찾음으로 많은 사람들을 위한 속죄(ransom)로 생명을 주시기 위해서 오셨다고 말합니다. 십자가에서의 희생은 위대한 가치의 행위입니다. 그리고 이는 자신의 소유된 백성들을 사신 것입니다. 그래서 우리는 창조와 구속을 통해 모두 하나님께 속한 것입니다.〉

371) 존 프레임, **존 프레임의 조직신학**, 김진운 역 (서울: 부흥과개혁사, 2017), 987.

각했습니다. 그러나 바로 여기서 사탄은 절망을 맛봤습니다. 하나님의 아드님이 오셔서 하나님의 율법에 순종하셨습니다. 이 한 사람의 순종이 세상이 했을 순종보다 하나님을 더욱 영화롭게 했고, 천사들을 더욱 놀라게 했습니다. 그분께서는 율법을 크고 존귀하게 하셨습니다. 거룩하고 의롭고 선한 율법으로 그 어느 때보다 더 빛나게 하셨습니다.

맥체인에 의하면, 그리스도께서 하나님의 거룩한 율법에 순종하신 것은 하나님을 영화롭게 한 일이었다. 하나님의 아들이 하나님의 율법에 순종하심으로 세상이 순종했을 때보다 하나님을 더욱 영화롭게 하셨다. 그리스도의 율법 성취는 하나님의 하나님 되심을 나타낸 놀랍고 위대한 구원의 역사였다.

능동적 순종교리에 대한 반론은 '그리스도께서 율법에 순종하심으로 택자들에게 의를 덧입혀 주셨다면, 그리스도는 의로운 분이 아니시다'라는 것이다. 이런 반론은 주전제를 오해하므로 발생한다. 사람들은 주전제를 보고, '아니, 그러면 그리스도께서는 의롭지 않으셨던 분이란 말인가?'라고 반론을 제기한다.

게할더스 보스는 제단에서 희생 제사의 제물을 태우는 것이 여호와께서 기뻐하시는 향기로운 냄새를 발하는 것이라고 말하면서 다음과 같이 말했다.

성경이 하나님의 정의가 죄의 형벌을 요구하는 것으로 가르치지만, 죄의 형벌이 하나님께 기쁨을 준다는 식으로 말씀한 경우는 한 번도 없다. 오히려 그 반대로, 여호와께 기쁨을 드리는 것으로 묘사되는 것은 바로 사람의 생명을 순종으로 성별하여 하나님께 내어놓는 것이다. 그러므로 단에서 태우는 행위를 이런 의미로 이해해야 할 것이다.
그러나 여기서 질문이 제기될 수도 있다. 곧, 이러한 성별이 제사 드리는 자를 대신하는 그 짐승이 대리로 하나님께 드리는 성별인가, 아니면 제사 드리는 자가 자신을 드리는 성별인가? 하는 것이다. 만일 후자가 옳다면, 희생 제사의 상징적 대리적 의미가 이 시점에서 끝나고, 순전히 상징적인 의미로 대치된다고 말해야 할 것이다. 그러나 그렇게 되면 제사 의식에 무언가 애매함과 혼동스런 요소가 생기고 말 것이다. 게다가 대리성과 성별을 서로 모순을 일으키는 것으로 볼 필요도 없다. 속죄는 사람 자신이 행할 수가 없는 것이고, 반면에 성별은 하나님의 은혜로 말미암아 사람의 삶 속에서 얼마든지 주관적으로 일어날 수 있는 것이지만, 죄인들을 대신하여 그리스도께서 하나님께 자신을 성별하여 능동적으로 순종을 드린 사실이 있는 것이다. 우리 주께서는 "그들을 위하여(즉, 그의 죽으심의 고난을 위하여) 내가 나를 거룩하게 하오니"라고 말씀하시는데, 이는 제사 의식을 시사하는 언어인 것이다(요 17:19). 또한 바울도 그리스도의 능동적인 순종에 대해 말씀하면서 똑같이 제사 의식을 시사하는 용어를 사용하고 있다: "그리스도께서 너희를 사랑하신 것 같이 너희도 사랑 가운데서 행하라 그는 우리를 위하여 자신을 버리사 향기로운 제물과 생축으로 하나님께 드리셨느니라"(엡 5:2)[372]

---

372) 게할더스 보스, **성경신학**, 원광연 역 (파주: CH북스, 2020), 235-236; "불에 태우는 것을 묘사하는 동사는 **힉타르**다. 그런데 이 동사는 불에 완전히 태워버리는 것을 묘사하는 것이 아니라, 불에 태워서 순화시키는 과정-어떤 사물을 좀 더 정제된 것으로 변화시키기 위해 사용하는 하나의 과정-을 묘사하는 것이다. 불에 태워서 파괴시킨다는 의미의 동사는 **싸라프**인데, 이는 진 바깥에서 짐승의 부위들을 태우는 일에 사용되었으나, 제단에서 태우는 일에 대해서는 한 번도 사용되지 않는다. 더욱이, 율법은 단에서 태우는 것이 여호와께서 기뻐하시는

보스에 의하면, 성경이 말하는 희생제사에서 성별은 제사 드리는 자가 자신을 성별하여 하나님께 드리는 것이 아니라 제사 드리는 자를 대신하는 짐승이 대리로 하나님께 드리는 것이다. 속죄는 제사 드리는 자가 스스로 행할 수 없으며, 성별도 제사 드리는 자가 만들어 낼 수 있는 것이 아니다. 그리스도께서는 죄인들을 대신하여 하나님께 자신을 성별하여 드림으로 능동적 순종을 드렸으며 십자가에 피 흘려 죽으심으로써 죄인들을 위한 속죄를 이루셨다. 보스가 엡 5:2을 통해 그리스도의 능동적 순종을 제사 의식으로 말한 것은 속죄와 성별이 분리될 수 없기 때문이다. 보스가 말하는 향기로운 제물과 희생제물이란 "사람의 생명을 순종으로 성별하여 하나님께 내어놓는 것"이기 때문이다.

17세기 이후로 주류 개혁파 신학자들은 '그리스도의 수동적 순종과 능동적 순종으로 이룬 의가 성도에게 전가된다'고 믿었으며, 두 가지 순종은 결코 분리될 수 없다고 가르쳤다. 대개 그리스도의 수동적 순종으로 의롭게 되었다고 가르치지만 사실 그리스도의 능동적 순종교리는 개신교의 칭의론에 대한 논의와 함께 유기적으로 발전했다. 능동적 순종교리는 칭의론과 행위언약론, 구속언약론, 성화론, 기독론 등과 직결되어 있다.[373] 이 말이 무슨 말인가? 우리는 이런 말들을 너무 신학적으로만 말하기 때문에 신학적 논의가 비현실적인 말씀인 것처럼 들린다. 이것은 '그리스도의 수동적 순종과 능동적 순종교리는 인간론과 직결되어 있다'는 뜻이다.

향기로운 냄새를 발하는 것으로 말씀하기까지 한다."
373) https://www.kidok.com/news/articleView.html?idxno=210447/ 우병훈, '[한국장로교신학회 학술발표회 (요약)] ① 우병훈 교수 '교회사 속에 나타난 능동적 순종교리','(2021.3.30.).

5

c·h·a·p·t·e·r

문제는
인간론이다

V. 문제는 인간론이다

그리스도의 능동적 순종을 부정하는 사람과 신학과 학파를 보면 비성경적인 관점을 가진 부류라는 것을 확인할 수 있다. 비성경적인 관점이란 인간론, 곧 인간에 대한 존재적 관점이 잘못되었기 때문에 발생한다. 구원론은 인간론이고 인간론은 존재론이다. 구원론이 삶을 지배하고 존재론이 삶을 지배한다.

논쟁의 가장 핵심은 '아담의 상태'에 대한 규정이다. 정이철 목사는 인간이 영생으로 창조되었다고 주장한다. 성경에 명시적으로 아담이 영생을 가진 상태라고 말하는 구절은 없다!

1. 인간은 영생의 상태로 창조되었는가?

개혁신학은 아담이 완전하게 창조되었으나 조건적이고 가변적인 상태로 창조되었다는 것을 믿는다. 참된 개혁신앙은 아담의 역사성을 믿는다. 그러나 칼 바르트는 아담을 역사적인 인물이 아니라 '모형적인 사람'이라고 말했다.[374]

모든 문제는 서철원 교수의 잘못된 신학, 곧 매개 신학에 대한 우려 때문에 발생했으며, 잘못된 인간론 때문에 발생했다. 앞서 살펴본 대로, 서철원 교수는 개혁신학의 행위언약으로 가면 칼 바르트로 귀결된다고 판단했다. 모든 것은 칼 바르트와 반대로 가야 했다.[375] 서철원 교수는 존재의 앙양에 대한 과도한 우려로 언약신학을 파괴했다. 서철원 교수는 아담이 영생을 가진 존재로 보기 때문에 문제가 발생했다. 문병호 교수는 다음과 같이 말했다.

> 인류는 순수하고 완전하게 지음을 받아 순전성을 지녔으나, 그 자체로 아직 목표에 도달하지 못하였다. 죽지 않는 불사의 존재였으나 하나님의 자녀로서 영원히 사는 영생에는 이르지 못하였다. 지식과 의와 거룩을 지녔으나(엡 4:24) 완전히 그렇게 고착되지는 못하였다. 인류의 목표는 영생이며, 영생은 "둘째 사람"이신 그리스도의 형상 곧 "하늘에 속한 이의 형상을 입는" 것(고전 15:49), "그 아들의 형상을 본받는" 것(롬 8:29)을 의미한다.[376]

문병호 교수에 의하면, 인류는 순수하고 완전하게 지음을 받았으나 영생에 이른 존재는 아니었다. 영생은 인간이 만들어 낼 수 있는 것이 아니라 그리스

---

374) Barth, *Christ and Adam*, 29-30; 로버트 L. 레이먼드, **최신조직신학**, 나용화·손주철·안명준·조영천 역 (서울: 기독교문서선교회, 2004), 546에서 재인용.
375) 서철원, **하나님의 구속 경륜** (서울: 총신대학출판부, 1996), 14-15.
376) 문병호, **기독론** (서울: 생명의말씀사, 2016), 266.

도로부터 주어져야 하는 것이다. 영생은 우리 밖에서 주어지기 때문에 은혜라 한다.

서철원 교수는 18세기 이후의 현대신학은 신화를 추구하는 '상승 기독론'이라고 비판하면서 '하강 기독론'이 되어야 한다고 말했다.[377] 서철원 교수가 말하는 '상승 기독론'과 '하강 기독론'이라는 개념은 안더스 니그렌 (Anders Nygren)의 『아가페와 에로스』(Agape and Eros: The Christian Idea of Love)에서 더 잘 설명하고 있다.[378]

그러면 서철원 교수가 간과한 것은 무엇인가? 인간에게 이미 영생이 있고 언약이 있으면 수양론이다. 철학은 하늘의 본성이 인간 안에 있다고 말하며 수양론으로 간다. 수양론은 구상화로 간다. 이것이 아리스토텔레스 철학에 기초한 토마스의 자연신학이고 로마 가톨릭의 신학이다. 펠라기우스나 아르미니우스주의자나 인간 안에 신성한 내면아이를 부여한다. 영생이 있고 언약이 있으면 죄를 물을 수 없다. 영생이 있는데 죄를 물으면 반역이 일어난다. 존재는 본성에 어긋난 일을 할 수 없다.

개혁신학의 근간은 삼위 하나님 안에 있는 인간론이다. 개혁신학의 존재적 관점은 완전한 상태가 아니다. 타락 이후의 인간은 전적으로 타락한 상태다. 개혁신학은 개별자에 자율성을 부과하지 않는다. 로마 가톨릭을 비롯해 인간의 자율성을 주장하는 것이 자유의지다. IAOC 문제는 인간론의 문제다.

개혁신학은 '인간의 본질을 성경대로 말하고 그 본질의 변화가 어떻게 일어나는가?'를 말한다. 김재성 교수는 다음과 같이 말했다.

> 기독교가 모든 인간에게 가장 정확한 진리와 판단력을 제시하고 있는 것은 바로 인간의 본질에 대한 교훈이다. 종교개혁은 하나님의 말씀을 통해서 적나라한 인간성의 부패와 타락 후 왜곡된 본성을 재발견하였다. 인간은 의롭지 못하다는 진실한 양심의 목소리와 성경의 가르침을 겸허하게 받아들였다. 오직 은혜로우신 하나님이 그리스도 안에서 의롭다고 선포하시는 바를 믿음으로 소중하게 받아들였다.[379]

김재성 교수에 의하면, 종교개혁은 "하나님의 말씀을 통해" 인간의 본질을 말했다. 인간의 본성은 부패했고 타락으로 왜곡되었다. 개혁신학은 '인간은 의롭지 못하다'고 명백하게 말했다. 개혁신학은 부패하고 타락한 인간의 본

377) 서철원, **기독론** (서울: 총신대학교출판부, 2000), 12-18.
378) 안더스 니그렌, **아가페와 에로스**, 고구경 역 (고양: 크리스챤다이제스트, 2013).
379) 김재성, **종교개혁의 신학사상** (서울: 기독교문서선교회, 2017), 85.

성이 의롭게 변하는 것은 로마 가톨릭처럼 반펠라기우스의 신인협력설이 아니라 전적으로 인간 밖에서 주어지는 외래적인 의를 말했다. 펠라기우스가 원죄를 부정한 이유는 신플라톤주의 인간론을 가지고 있었기 때문이다. 인간론이 잘못되면 신학이 잘못된다.

피터 릴백은 칼빈의 행위언약을 말하면서 다음과 같이 말했다.

> 창세기 주석에 나타난 아담의 타락 전 상태에 대한 취급 또한 아담이 언약하에 있었던 것으로 칼빈이 생각했다는 것을 보여준다. 그 언약은 하나님 앞에서 완전하게 되도록 율법에 순종을 요구했던 것이다. 칼빈은 행위언약이 완전한 해결인 것으로 취급하여 문제를 제시한다. 즉 칼빈은 아담을 지상의 순수함을 가진 일시적 시기에 있었던 것으로 묘사한다. 그 지상의 순수함은 영적 완전함보다 못한 것이었다. "… 하나님의 형상은 인간이 완전에 도달할 때까지 인간에게 오직 그림자로 나타났다." 그는 다시 기록한다. "인간의 상태는 아담의 인격체 안에 완전하지 않았고," 그리고 아담 타락 전에 "인간의 삶은 단지 지상적이었으며, 견고하고 안정된 지속성을 가지고 있지 않았다."380)

릴백에 의하면, 칼빈은 인간이 영생을 소유한 존재가 아니다. 아담의 상태는 "영적 완전함보다 못한 것"이었다. 칼빈은 창 2:7 주석에서 다음과 같이 말했다.

> 그는 인간의 상태가 아담의 인격 안에서 완전하지 못했지만, 우리가 거듭나서 하늘나라의 생명을 얻을 수 있도록 고유한 은혜가 그리스도에 의해서 주어졌다는 사실을 가르치기 위해 언급한 것뿐이다. 아담의 타락 이전에는 인간의 생명이 단지 '세상적인' 것으로서 확고하고 안정된 일관성이 없는 것에 지나지 않았다.381)

칼빈에 의하면, 타락 전의 아담은 완전하지 못했다! 칼빈의 주석은 영생은 자연상태로 주어지는 것이 아니라 그리스도의 은혜로 주어진다는 것을 말한다. 타락전 아담은 '세상적인'(only earthly) 존재에 불과했다.382)

서철원 교수는 타락 전 아담에 대해 무엇이라고 말했는가?
서철원 교수는 다음과 같이 말했다.

---

380) 피터 A. 릴백, **칼빈의 언약사상**, 원종천 역, (서울: CLC, 2012), 441-442.
381) 존 칼빈, **구약성서주석 1** (서울: 성서교재간행사, 1982), 863.
382) https://ccel.org/ccel/calvin/calcom01/calcom01.viii.i.html; "for no other purpose than to teach us that the state of man was not perfected in the person of Adam; but it is a peculiar benefit conferred by Christ, that we may be renewed to a life which is celestial, whereas before the fall of Adams man's life was only earthly, seeing it had no firm and settled constancy."

아담은 하나님의 거룩하신 뜻을 수행함에 있어서, 원하면 죄짓지 않을 수 있음(posse non peccare si vellet)을 가졌다. 즉 죄짓는 것을 원하고 결정할 수 있는 능력도 가졌다. 아담은 자유 인격이므로 선택은 자유였다. 그러므로 죄짓는 것을 원하지 않는 한에 있어서 아담은 죄짓지 않을 수 있었다. 그는 하나님의 뜻에 매여 있고 하나님의 뜻만을 따르기로 할 때에는 범죄할 수가 없었다. 곧 아담의 타락은 그의 자유 결정(Libertum arbitrium)으로 선과 악을 결정할 수 있었으므로 가능했다. 아담이 자기의 의지로 악을 행하지 않기로 작정하고 그 결정에 부착하였으면 타락할 수가 없었다.[383]

서철원 교수에 의하면, 타락 전 아담은 "죄짓지 않을 수 있음"의 상태였다. 서철원 교수는 제목 자체를 "2.6.5.6. 아담은 죄짓지 않을 수 있음을 받았음"이라고 말했다. 서철원 교수가 라틴어로 표기한 "posse non peccare si vellet"은 분명히 어거스틴의 인간론이다. 이것은 "죄를 안 지을 수 있는 상태"다.

그러면서도 서철원 교수가 '아담에게 영생이 주어졌다'고 주장하는 것은 사변이다. 서철원 교수가 말하는 영생은 '완벽한'(perfecta) 영생이기 때문이다. 서철원 교수는 아리스토텔레스적 인간론을 말하고 있다. 개별자 안에 영생을 부여함으로써 서철원 교수는 개별자의 자율성을 확보하고 있다. 영생이란 존재의 문제다. 영생이 주어졌는데, 영생이 상실된다는 것은 존재가 파괴된다는 것이다. 사변은 인간론의 이탈에서 시작한다. 서철원 교수의 인간론이 비성경적이기 때문에 사변이다.

타락 전 아담에게 영생이 주어졌는데, 범죄로 인해 그 영생을 상실한다면 교리적인 문제가 발생한다. 본성적으로 영생이 주어졌는데 영생이 상실된다면 견인교리는 설 수 없다. 이것은 칼빈주의 5대 교리가 무너질 위기에 처할 수 있다. 영생이 본성적으로 주어졌는데 타락했다는 것은 우리가 얻을 장래의 영생도 상실될 수 있다는 것인가? 그렇다면 존재의 불안이 상존하게 된다. 성경이 말하는 영생은 존재의 안전이 상실될 위기가 없는 하나님과 완전한 관계 속에 주어지는 존재의 완전한 안전이 보장되는 것이다. 그래서 천국이다.

서철원 교수는 "2.6.4. 원시상태"를 말하면서 "2.6.5.7. 새언약에 의해 선에 부착함이 주어져 탈락이 불가능함"이라고 제목을 붙이고 다음과 같이 말했다.

---

383) 서철원, *서철원 박사의 교의신학3 인간론* (서울: 쿰란출판사, 2018), 91.

선에 끝까지 머물음(堅忍)은 새 언약에서 주어져 탈락이 불가능하게 된다. 처음 창조에서 인간의 의지는 하나님의 의지에서 돌이킬 수 있었다. 자유의지가 주어져 있었기 때문이다. 자기가 원하는 바를 결정하고 행동할 수 있는 것이 자유의지인데, 이 자유를 가졌으므로 하나님의 뜻과 법에서 돌이켜 하나님이 금하신 것을 선택하고 결정할 수 있었다. 아담은 범죄와 타락의 가능성을 가졌다. 곧 선악의 선택이 자기의 능력에 속해 있었다. 새언약에서 사람은 구속의 은혜로 하나님의 뜻만을 원하도록 작정되었다. 이 일은 마지막 종말세계에서 이루어지고 진행될 것이다.384)

서철원 교수에 의하면, 타락 전 아담은 영생을 가진 존재이나 "범죄와 타락의 가능성을 가졌다." 영생을 가진 존재이며 견인이 확실한 존재인데, 타락이 가능한 존재는 불가하다. 영생을 소유한 존재인데도 자유의지 때문에 타락이 가능하다면, 그 영생은 어느 나라 영생인가? 특히, 원시상태를 말하며 "새언약"을 말한다는 것은 서철원 교수가 이미 아담의 범죄와 타락을 전제하고 있다는 것이다. 서철원 교수는 스스로 결함이 있는 영생을 인정한 것이다. 이것은 곧 아담은 결함이 있는 존재라는 것을 확증해 준 것이다.

이것은 "2.6.5.6. 아담은 죄짓지 않을 수 있음을 받았음"과 논리적으로 부당하다. 영생을 소유한 존재, 탈락이 불가능한 존재가 "posse non peccare si vellet"(원하면 죄짓지 않을 수 있음)를 외칠 수 없다. 아담이 "posse non peccare si vellet"를 외치면 분열이 일어난 것이다. 불안과 분열을 감수하는 영생은 없다. 그런 아담이었다면, 하와는 아담에게 선악과 열매를 줄 필요도 없다. 서철원 교수나 정이철 목사는 무엇이라고 말할 것인가?

서철원 교수는 "2.6.6. 육체적 불사의 능력"에서 다음과 같이 말했다.

사람의 육체는 죄의 상해가 가해지지 않는 한 죽지 않게 창조되었다. 육체는 죄짓지 않을 경우만 죽지 않게 창조되었다. 그러므로 죄짓지 않았으면 영혼과 함께 영원히 살 수 있었다.385)

서철원 교수에 의하면, "육체는 죄짓지 않을 경우만 죽지 않게 창조되었다." 그러나 아담은 죄를 지었기 때문에 죽었다! 서철원 교수는 "그러므로 죄짓지 않았으면 영혼과 함께 영원히 살 수 있었다."라고 말했지만 아담은 죄를 지었고 영원히 살 수 없었다! 서철원 교수는 아담의 영생 없음을 확인하고 또 확인해 주었다.

서철원 교수는 다음과 같이 말했다.

384) Ibid., 91-92.
385) Ibid., 92.

2.8.3. 적극적 의와 선과 거룩의 상태로 창조되었다

아담의 원시 상태는 소극적인 상태도 아니고 미숙한 상태도 아니었다. 적극적인 의와 선과 거룩의 상태로 창조되었다. 그러므로 아담의 처음 상태는 불완전함에서 완전으로 나아가야 하는 중간상태로 창조된 것이 아니다. 그의 삶은 하나님의 뜻에 완전히 일치하였고 그의 법대로만 살았으므로 완전한 의의 상태였다. 아직 미숙하고 어린아이와 같은 상태가 아니었다. 그의 판단력도 완전하여 하나님의 뜻과 정하신 법의 표준에 맞게 결정하였다. 곧 적극적인 의의 상태로 창조되었다 자라서 연습을 통하여 결정하고 하나님의 뜻에 맞게 살 수 있게 된 것이 아니다. 처음의 판단과 결정도 완전하고 흠잡을 수 없었다. 아담은 하나님의 뜻만을 기뻐하였다. 하나님이 좋아하고 바라는 것을 아담도 바라고 좋아하였다. 아담의 욕망과 바람은 다 하나님의 뜻을 따랐으므로 선하였다. 그는 처음부터 선의 상태로 존재하였다. 아담은 하나님의 완전하심을 따라 행동하고 그에 상응해서 선택하고 결정하며 그의 뜻에 일치하기를 바랐다. 즉 그는 거룩함의 상태로 창조되었고 거룩한 삶을 살았다.386)

서철원 교수에 의하면, "아담의 처음 상태는 불완전함에서 완전으로 나아가야 하는 중간상태로 창조된 것이 아니"었다. 서철원 교수는 앞에서 무엇이라고 말했는가? 서철원 교수는 "아담은 범죄와 타락의 가능성을 가졌다."고 말했다. 그렇다면 서철원 교수가 말하는 "완전"이란 무엇인가? 서철원 교수는 "2.6.8. 낙원에서 완전한 행복을 누림"을 라틴어로 "beatititudo perfecta in paradiso"라고 표기했다.387) "perfecta"의 뜻이 무엇인가? perfecta의 뜻은 'perfection'(완벽), 'completion'(완성)이다. perfection이란 'the quality or state of being perfect'라는 뜻이다. 존재의 상태가 완벽하다는 뜻이다. 완벽이란 '결함(缺陷)이 없이 완전(完全)하다'는 뜻이다. 결함이 없이 완전한 상태가 perfecta다. 그런데 서철원 교수가 말하는 perfecta는 범죄와 타락의 가능성을 가진 perfecta다. 서철원 교수가 말하는 이런 아담은 에덴동산의 아담인가? 아니면, 에덴의 동쪽에 있는 아담인가? 존재론을 주의 깊게 살펴야 하는 이유가 여기에 있다.

게할더스 보스는 타락 이전의 특별계시에 대해 말하면서 다음과 같이 말했다.

종교란 하나님과 사람 사이의 인격적인 교류(intercourse)를 의미한다. 그러므로, 하나님께서는 간접적인 접촉에 근거한 친분으로는 만족하지 않으실 것이고, 또한 사람도 그것을 만족하도록 허용하지 않을 것이며, 마치 친구가 친구와 직접 만나서 우애를 나누듯이 직접 대면하는 교제를 세우셔서 종교의 과정을 높이실 것이라는 식의 선험적인(a priori) 기대를 가질 수도 있을 것이다. 하나님께서 이 초자연 계시의 최초의 형태에 대해서 가지셨던 구체적인 목적에서도 동일한 결론을 도출할 수 있을 것이다. 이것은 사람이 창조된 그 상태와 관련된 것이며, 사람은 그 상태

---

386) 서철원, 서철원 박사의 교의신학3 인간론 (서울: 쿰란출판사, 2018), 99.
387) Ibid., 172.

로부터 더 높은 상태로 진보하게 될 것이었다. 사람은 도덕적인 의미에서 완전히 선하게 창조되었다. 그러나 어떤 의미에서 그는 그보다 더 높은 완전의 수준으로 높여질 수 있었다.[388]

보스에 의하면, 성경이 말하는 계시와 신앙은 창조된 상태로 머무르는 것이 아니라 하나님과 인간이 대면하여 교제를 누리면서 더 높은 상태로 나아가는 것이다. 그렇다고 그것이 존재의 고양을 말하거나 존재의 신성화를 의미하는 것이 아니다. 사람이 도덕적으로는 완전히 선하게 창조되었다 할지라도 그 상태가 사람의 목적이 아니다. 그렇게 창조된 상태는 자기를 창조한 하나님과 교제를 누리는 준비 작업이다. 그것이 하나님의 형상을 따라 창조된 인간의 인격성이다.

루이스 벌코프는 행위언약을 말하면서 다음과 같이 말했다.

어떤 학자들은 그와 같은 약속에 대한 성경상의 증거가 없지 않느냐고 반문한다. 물론 그와 같은 약속이 명백히 문자적으로 명시되어 있는 것은 아니다. 그러나 그 약속은 불순종의 결과가 죽음이라는 사실에 명백히 암시되어 있다. 죽음이 찾아오리라는 경고는 순종할 경우에는 죽음이 찾아오지 않는다는 것이요, 생명이 지속되리라는 것을 뜻한다. 여기서 다시, 이 말씀이 의미하는 바는 아담의 자연적인 생명이 지속된다는 뜻일 뿐, 성경이 말하는 영원한 생명을 의미하는 것은 아니라는 반론이 제기될 수 있다. 그러나 이와 같은 반론에 대하여 성경이 말하는 생명은 하나님과 교제하는 생명이요, 아담이 소유한 생명도 바로 이 생명이었다는 반박이 가해질 수 있다. 그러나 여기서 말하는 생명은 실수할 수 있는 생명이다. 만일에 아담이 시험을 통과했다면, 이 생명은 그대로 보존되었을 뿐만 아니라 실수할 수 없는 더 고차적인 단계로 올라섰을 것이다. 바울은 롬 7:10에서, 계명 즉 율법은 생명에 이르게 하는 것이라고 명백히 말한다. 하지(Hodge)는 이 절에 대하여 주석하면서 이렇게 말한다. "율법은 원래 생명을 확보하기 위하여 고안되었고 번안(飜案)되었다" 이 점은 롬 10:5; 갈 3:13에서도 명백히 표현되었다. 불멸의 생명에 대한 이 영광스러운 약속은 아담과 하나님과의 자연적 관계에는 전혀 암시되어 있지 않다. 이 자연적 관계는 다른 기초 위에 서 있다. 그러나 여기서 어떤 적극적인 것, 곧 하나님의 특별한 겸비함이 있다는 사실을 인정하는 것은 언약의 원리를 받아들이는 것이다. "행위언약"이라는 용어가 적절한 용어인가에 대해서는 의심의 여지가 있을 수 있다. 그러나 언약개념 그 자체에 대해서는 어떤 설득력 있는 반론도 제기될 수 없다.[389]

벌코프에 의하면, 첫 사람 아담이 하나님과 교제를 누리며 생명을 소유하고 있었으나, 시험을 통과하여 더 고차적인 단계로 올라서야 하는 존재였다. 불멸은 자연상태의 관계에서는 주어진 것이 아니었다. 벌코프가 불순종의 결과가 죽음이라는 것을 통해 순종하면 생명의 상태가 지속될 수 있었다고 말하는 것은 지극히 합리적이다. 아담에게 주어진 생명이란 영생이 아니라 하나님과 교제하는 생명이다.

---

388) 게할더스 보스, **성경신학**, 원광연 역 (파주: CH북스, 2020), 36.
389) 루이스 벌코프, **벌코프조직신학**, 이상원·권수경 역 (서울: 크리스챤다이제스트, 2020), 450.

이어서 벌코프는 다음과 같이 말했다.

2. 언약의 약속: 행위언약에 의하여 주어지는 위대한 약속은 영생의 약속이다. 행위언약을 부인하는 자들은 일반적으로 부인의 근거를 성경에 그 같은 약속이 없다는 사실에서 찾는다. 성경에 아담에게 영생이 약속되었음을 보여주는 명시적인 기록이 없는 것은 사실이다. 그러나 형벌의 경고가 주어졌다는 사실은 그 약속도 있었음을 암시해 준다. "네가 먹는 날에는 정녕 죽으리라"는 주의 말씀은, 아담이 먹는 것을 억제했다면 죽지 않고 죽음의 가능성을 넘어서 끌어올림을 받게 되리라는 것을 암시해 주고 있다. 여기서 암시된 약속의 의미는, 순종할 경우에 아담에게 그 이전과 같이 평범한 자연적인 삶을 계속해서 영위할 수 있도록 허용할 것이라는 의미는 분명히 아닐 것이다. 그 이유는 그런 삶은 이미 창조 시에 주어진 것으로서, 순종에 대한 보상으로 간주될 수 없는 것이기 때문이다. 여기 주어진 약속은 최고의 상태에까지 발전된 영구적인 복락과 영광이다. 사실상 아담은 적극적인 거룩한 상태로 창조되었으며, 죽음의 법칙에 종속되지 않는다는 의미에서 불멸하는 존재이다. 그러나 그는 이제 겨우 자신의 삶의 과정을 시작하는 단계에 있을 뿐이다. 그는 그를 위해 예비 된 최고의 특권을 아직 소유하지 못하고 있는 상태에 있다. 그는 아직 실수하고 범죄하고 죽을 가능성을 넘어서지 못하고 있는 상태에 있다. 그는 아직 가장 높은 수준의 거룩함을 소유하지 못하고 있으며, 삶을 완전히 향유하지도 못하고 있다. 인간 안에 있는 하나님의 형상은 여전히, 인간이 하나님께 대하여 범죄할 수 있는 가능성과, 선에서 악으로 이행할 수 있는 가능성, 그리고 죽음의 법칙에 복종할 수 있는 가능성에 의해 제약받고 있다. 행위언약 안에 있는 생명의 약속은 아담을 제약하고 있던 모든 생명의 제약을 제거해주시겠다는 약속이요, 그의 삶을 최고의 완전성에까지 끌어올리겠다는 약속이다. 롬 7:10에서 계명은 생명에 이르게 하는 것이라고 바울이 말했을 때, 여기서 말하는 생명은 완전한 의미에 있어서의 생명을 의미한다. 행위언약의 원리는, 이 일들을 행하는 자는 그로 인하여 산다는 것이다. 이 원리는 성경에 여러 번 반복된다(레 18:5; 겔 20:11, 13, 20; 눅 10:28; 롬 10:5; 갈 3:12).[390]

벌코프에 의하면, 행위언약을 부인하는 자들은 '성경에 그런 약속이 없다'고 말하지만, 아담에게 "형벌의 경고가 주어졌다는 사실"은 '행위언약에 의해 아담에게 영생이 약속되었다'는 것을 암시해 준다. 아담이 받은 형벌의 경고는 아담이 순종했을 경우 죽음의 가능성을 넘어서는 존재가 될 것이라는 암시를 준다. 그것은 자연 상태의 지속이 아니라 영구적인 복락과 영광이었다. 자연 상태의 연장이라면 선악과는 왜 필요했을까? 아담은 여전히 범죄할 가능성을 가지고 있었으며 악을 행하고 죽음으로 추락할 수 있는 존재였다. 그러나 순종할 경우 최고의 완전성의 상태가 될 수 있었다. 그것은 영생이었다. 사도 바울이 롬 7:10에서 말하는 생명은 완전한 생명을 의미한다.

390) Ibid., 452-453.

2. 죄 없는 무흠의 상태

그리스도의 순종교리를 논할 때, 죄 없는 무흠의 상태와 영생을 받은 의로운 상태를 구별해야 한다. 마이클 호튼은 다음과 같이 말했다.

> 이 언약이 '무흠한 상태의 아담과 더불어 체결되었다는 요점이 결정적이다. 타락 이전, 아담 안에 있는 인간성은 죄성도 없었고 의롭다고 확정되지도 않은 상태였다. 아담은 시험 중에 있었다: 아담이 자신의 언약의 주인이 일하고 쉬며, 정복하고 다스리는 패턴을 따를 것인가? 아니면 자신의 길을 가며 하나님의 말씀을 어기고 자신의 유익을 추구할 것인가? 순종하도록 창조되었기 때문에, 아담은 전적으로 무흠한 상태를 유지할 수 있었다.[391]

호튼에 의하면, 아담은 무흠한 상태였으나 의로운 상태로 확정된 존재가 아니었다. 아담은 시험을 이기고 순종의 상태를 이어갈 때 자신의 무흠한 상태를 이어갈 수 있었다. 아담은 영생을 받은 의로운 상태로 창조된 존재가 아니다. 아담은 죄 없는 무흠의 상태로 창조되었다. 선악과는 아담의 존재와 미래의 영광에 대해 알게 해 준다.

> 16 여호와 하나님이 그 사람에게 명하여 가라사대 동산 각종 나무의 실과는 네가 임의로 먹되 17 선악을 알게 하는 나무의 실과는 먹지 말라 네가 먹는 날에는 정녕 죽으리라 하시니라(창 2:16-17) 여호와 하나님이 가라사대 보라 이 사람이 선악을 아는 일에 우리 중 하나같이 되었으니 그가 그 손을 들어 생명나무 실과도 따 먹고 영생할까 하노라 하시고(창 3:22)

여호와 하나님께서는 아담에게 선악을 알게 하는 나무를 금하셨다. 그러나 아담은 여호와의 금령을 어기고 범죄하여 타락했다. 여호와 하나님께서는 아담의 타락 이후에 아담이 "생명나무 실과도 따 먹고 영생할까 하노라"고 말씀하셨다. 만일 아담이 영생을 소유하고 있었다면 여호와 하나님께서는 아담이 생명나무의 실과를 먹고 영생할까 우려하실 필요가 없다. 영생은 아담이 창조 시에 누리고 있었던 무흠의 상태가 아니라 종말에 주어질 영화롭고 영광스러운 상태다.

또한 아담이 그렇게 영화로운 상태의 영생을 누리고 있다면 완전한 의를 누리고 있는 상태다. 그런데 선악을 알게 하는 나무를 먹고 범죄했다는 것은 아담의 존재가 영생의 상태가 아니라는 것을 증거 한다. 영생하면서 죄를 짓는다는 것은 존재의 모순이며 논리의 모순이다. 에덴의 영생과 천국의 영생

---

391) 마이클 호튼, **언약신학**, 백금산 역 (서울: 부흥과개혁사, 2009), 119; "그러므로 칼 바르트와 최근 많은 신학자들이 하는 것처럼 태초에 창조와 언약의 기초로서 은혜 또는 자비를 요구하는 것은 시대착오적인 것이다."

은 다른 것인가? 에덴에서 자유의지로 타락했으면 천국에서도 자유의지로 타락이 가능한가?

자연 상태의 지속이나 연장이 아니라는 것을 안식일에서 발견할 수 있다. 하나님께서는 제칠 일에 안식하셨다. 이 안식의 법이 십계명에도 포함되었다. 안식하는 법은 자연법이다. 안식일은 노동 후 휴식이 아니라 하나님의 일하심을 즐거워하고 누리며 하나님의 영원한 안식을 소망하고 살아가야 한다는 것이다. 지상의 삶에서 영생을 누리는 존재였다면 안식이 왜 필요한가? 영생하는 존재에게 안식이 있다는 것도 존재의 모순이며 논리의 모순이다.

브랜던 크로는 아담의 상태와 목표에 대해 다음과 같이 말했다.

> 아담 앞에는 목표가 있었다. 아담은 죄 없이 창조되었지만(참고. 전 7:29), 영광스러운 영생의 충만함을 아직 경험하지 못하고 있었다. 하나님의 언약적 안배에 근거한 영구하고 영광스러운 생명이라는 목표에 도달하는 수단은 아담의 완전한 순종이었다. 분명히 이 순종은 아담이 어떤 것을 얻게 해 주지 않았을 것이다. 사실 그럴 수 없었다. 아담은 본질적으로 하나님에게 순종해야 하는 피조물이었다. 엄밀히 말하면, 완전한 순종조차도 영생을 얻을 공로가 되지 못했을 것이다. 모든 사람은 창조주에게 순종해야 한다. 아담의 순종이 영생을 낳을 수 있었던 유일한 이유는 하나님이 자발적으로 자신을 낮추시며 (즉 자신을 인류에게 맞추시고), 주권적으로 아담과 언약 관계의 조건을 정하시고, 아담이 온전히 순종할 경우 영광스러운 생명을 주시겠다고 약속하신 것이다. 이 경륜이 아담과의 언약으로 가장 잘 설명되는지는 논란의 여지가 있지만, 언약의 기본 요소 (언약 당사자, 규정, 복과 저주)가 나타나며, 호세아 6장 7절은 아담과의 언약에 대한 언급일 가능성이 가장 크다.[392]

크로에 의하면, 아담은 영생의 충만한 상태로 존재하지 않았다. 오히려 영광스러운 생명이라는 목표로 나아가야 하는 존재였다. 그 수단이 언약 안에서의 순종이었다. 언약 자체가 하나님의 낮추심으로 주어진 은혜. 그러나 계시 역사를 보면 아담은 완전한 순종으로 나아갈 존재가 아니었다. 영생은 아담 스스로가 얻는 것이 아니라 하나님께서 주셔야 누릴 수 있다.

그러면 사람은 무엇을 향해 나아가며, 그 진보란 무엇인가? 보스는 이어서 다음과 같이 말했다.

> 그 진보는 확증되지 않은 선과 복락으로부터 확증된 선과 복락으로 나아가는 진보였다. 선과 복락이라는 소유물들이 더 이상 상실될 수 없다는 것이 확증된 상태에로 나아가는 것이었고, 사람이 더 이상 죄를 지을 수 없고 그리하여 더 이상 죄의 결과들에 종속될 수 없는 그런 상태로 나아가는 진보였던 것이다. 인간의 원시 상태는 불명확한 시험의 상태(a state of

---

392) 브랜던 크로, 『그리스도의 능동적 순종과 수동적 순종』, 정광규 역 (서울: 부흥과개혁사, 2022), 58-59.

indefinite probation)였다. 그가 죄를 범하지 않는 이상 그 자신이 지닌 것들을 그대로 소유하는 상태였다. 그러나 그 상태는 그의 종교적·도덕적 지위를 계속 유지하는 것을 보장받을 수 있는 그런 상태는 아니었다. 그 시험에서 본 상태를 그대로 유지하면, 그 시험을 당할 당시의 지위가 영원히 뒤로 남겨질 것이다. 사람에게 이러한 새롭고 더 높은 상태에 대한 기대(prospect)를 베푸신 일은 하나님께서 자신을 낮추시고 사람을 높이 아끼셔서 행하신 일이었다.393)

보스에 의하면, 하나님께서 인간에게 원하시는 진보는 선과 복락이 확증된 상태로 나아가는 것이었다. 그 진보는 서철원 교수가 우려하는 칼 바르트의 존재의 앙양이 아니다. 창조된 상태로는 그 선과 복락이 확증된 상태가 아니었다. 인간은 시험의 과정을 지나야 그 선과 복락을 소유할 수 있었다. 인간은 불명확성에서 명확성으로 나아가야 하는 존재였다.

보스는 '제3장 구속 이전의 특별계시의 내용'에서 '불멸성'을 다음과 같이 말했다.

> "불멸성"(immortality)이란 철학의 언어로는 영혼의 지속성을 표현하는 것이라 하겠다. 곧, 육체가 분해된 이후에도 여전히 그 개별적 존재의 정체성을 그대로 보유하는 상태를 가리킨다는 것이다. 이런 의미로 보면 인간은 누구나가 어떤 상황 아래서든 "불멸하다." 우리의 첫 조상도 그렇게 창조되었고, 타락 이후에도 그런 상태였다. 그다음으로, 신학적인 용어로는 "불멸성"이 사람이 자기 속에 죽음을 초래할 요인을 전혀 갖지 않은 상태를 지칭한다. 물론 우발적인 죽음이 갑자기 사람에게 드리울 수 있는 가능성이 얼마든지 있다. 즉, 어떤 원인에 의해서 어떤 식으로 죽음이 사람에게 밀려올 가능성이 존재한다는 말이다. 그러나 사람의 속에는 그 가능성이 하나도 존재하지 않는 것이다. 이는 마치 어떤 사람이 어떤 질병의 침입을 당할 가능성이 있다고 말하지만 그렇다고 해서 그 사람이 그 질병에 걸렸다고 선언할 수 없는 것과 마찬가지다.394)

보스는 철학적 의미와 신학적 의미로 말했다. 철학적 의미에서 불멸성이란 영혼의 지속성이다. 불멸성이란 죽음 이후에도 개별적 존재의 정체성이 보존되는 것이다.395) 성경은 존재의 무화(無化)를 말하지 않는다. 아담이 그런 철학적 의미에서의 불멸성을 가졌다고 할지라도, 비기독교 세계에서 말하는

---

393) 게할더스 보스, **성경신학**, 원광연 역 (파주: CH북스, 2020), 36-37.
394) Ibid., 58.
395) 루이스 벌코프, **벌코프조직신학**, 이상원·권수경 역 (서울: 크리스챤다이제스트, 2020), 979; 〈3. 또한 "불멸성"이라는 용어가 신학 용어로 쓰일 때는 부패와 죽음으로부터 완전히 자유한 인간의 상태를 지칭한다. 이런 의미에서 인간은 타락 전에는 불멸성을 가진 존재였다. 이러한 상태는 분명 인간이 죽음에 종속될 수 있는 가능성이 배제된 상태는 아니다. 무죄 상태의 인간은 죄에 종속되지는 않았지만, 종속될 가능성은 지니고 있었다. 죄를 통해 인간이 죽음의 법칙에 종속될 가능성은 매우 높았고, 또 실제로 인간은 죽음의 희생물이 되고 말았다. 4. 마지막으로, "불멸성"이라는 단어는, 특히 종말론적인 용법에서는 죽음과 무관하며, 죽음의 제물이 될 가능성도 없는 인간의 상태를 가리킨다. 인간은 피조물이므로, 그가 비록 하나님의 형상을 가지고 있다고 해도 이런 최상적 의미의 불멸성은 갖고 있지 않다. 아담이 행위언약의 조건들에 순종했다면 이런 불멸의 상태가 이루어졌을지 모르지만, 그러나 이제 이런 불멸성은 구속의 사역을 통해서만 이루어지고, 구속의 완성 시에 완전해지게끔 되었다.〉

이런 철학적 의미의 불멸성은 인간이라는 존재에 대해 근본적으로 문제를 제기하지 않기 때문이다. 그 근저에는 인간의 내면에 신성이 존재한다는 전제가 있다.

신학적 의미에서 불멸성이란 보스가 규정한 대로, "사람이 자기 속에 죽음을 초래할 요인을 전혀 갖지 않은 상태"다. 하나님께서 창조한 사람은 하나님의 형상을 따라 창조된 존재이기 때문이다. 인간은 창조된 상태로는 죽음을 결과할 어떤 조건이 없는 존재였다. 그러나 그 상태는 영원히 유지될 수 있는 상태, 곧 불멸성이 확증된 상태가 아니었다. 어떤 원인으로 인해 죽음이 발생할 수 있는 상태였다. 그 원인이란 범죄로 인한 타락이다.

보스는 계속해서 다음과 같이 말했다.

> 이런 의미에서 보면, 사람은 "불멸하게" 창조되었으나 타락 이후에는 그렇지 못하다고 말하는 것이 합당할 것이다. 죄의 행위를 통하여 죽음의 원리가 사람 속에 들어와서, 과거에는 특정한 어떤 상황들 아래서만 죽을 수 있었으나 이제는 필연적으로 죽어야만 하는 처지가 되었기 때문이다. 첫 번째 의미에서의 불멸성이 상실되어 버린 것이다. 또한, 종말론적 언어로는 "불멸성"이 사람이 죄를 면하였기 때문에 죽음도 면한 그런 상태를 지칭할 수도 있다.396)

보스에 의하면, 사람은 분명 불멸하게 창조되었다. 그 불멸은 완전한 영생의 상태가 아니며, 벌코프가 말하듯이 "최상적인 의미의 불멸성"이 아니었다.397) 아담이 범죄하고 타락한 이후에는 인간이 처음 창조된 상태를 파괴해 버렸기 때문에 그 불멸성이 유지될 수 없는 존재가 되었다. 타락한 인간은 필연적으로 죽어야만 하는 상태가 되었다.

그렇다면, 그 해결책은 무엇인가? 그 해결책은 오직 예수 그리스도의 십자가 구속이다. 보스는 다음과 같이 말했다.

> 이런 최고의 의미에서 사람이 불멸한 것은 창조의 덕분이 아니라, 종말론적인 역사가 수반되는 구속의 결과인 것이다. 그런 "불멸성"은 누구보다도 우선, 본성적으로 그것을 지니고 계신 하나님의 소유이며, 그다음은 그리스도의 영광을 입으신 인성의 소유이며(그는 그의 부활로 인하여 그것을 소유하신다). 그다음은 중생자들의 소유다. 그들은 이 땅에서도 원리적으로 이미 소유하고 있으며(요 11:26), 또한 후에 천상의 상태에서는 물론 그것을 소유하게 될 것이다.398)

죄로 타락한 인간은 스스로 불멸성으로 갈 수 없는 존재다. 인간의 불멸성

---

396) 게할더스 보스, **성경신학**, 원광연 역 (파주: CH북스, 2020), 58.
397) 루이스 벌코프, **벌코프조직신학**, 이상원·권수경 역 (서울: 크리스챤다이제스트, 2020), 979.
398) 게할더스 보스, **성경신학**, 원광연 역 (파주: CH북스, 2020), 58-59.

은 창조된 상태에서 확증된 것이 아니라 구속의 결과다. 성령 하나님의 역사로 중생한 자들만 불멸성을 소유할 수 있다. 존재의 변화는 인간 스스로 만들어 낼 수 없다. 구원론은 인간론이다. 보스에 의하면, 인간의 불멸성은 확증된 상태가 아니라 시험의 과정을 지나 확증된 상태가 되어야만 했다. 그러나 인간은 범죄로 실패했고 타락했다. 하나님께서는 예수 그리스도의 십자가 구속과 성령님의 중생케 하심으로 확증된 불멸성을 주셨다. 보스의 말대로, 불멸성은 "종말론적인 역사가 수반되는 구속의 결과"다. 핵심 포인트는 무엇인가? 확증된 불멸성이 예수 그리스도로부터 주어지느냐? 창조 시에 주어졌느냐? 이 둘 중 하나다. 개혁신학은 전자를 말하나, 서철원 교수는 후자를 말한다. 어느 것이 성경적인가?

또한 우리가 놓치지 말아야 할 것은 옛언약의 관점으로 성경을 이해하는 것이 아니라 새언약의 관점으로 성경을 이해해야 한다는 것이다. 그리스도 중심적인 해석이어야 한다. 프로톨로지는 에스카톨로지를 예표하며 에스카톨로지는 프로톨로지를 완성한다. 창세기는 에스카톨로지를 예표한다. 창세기는 '예수 그리스도를 통한 은혜의 구원'을 예표한다. '성경은 존재의 변화를 어떻게 말하는가?'를 보아야 한다. 우리 존재의 변화를 예수 그리스도라는 주제로 정확하게 말한다. 창세기는 우주와 역사의 시작을 말하며, 옛언약의 이스라엘과 새언약의 영적인 이스라엘에게 태초부터 종말까지 전 시대에 이어진 하나님의 창조 경륜과 구원과 언약의 성취를 보여준다.

3. 잘못된 인간론이 문제다

그리스도의 수동적 순종과 능동적 순종교리를 재점화시킨 정이철 목사와 서철원 목사의 핵심은 인간론에 있다. 서철원 교수에게 전적으로 의존하고 있는 정이철 목사는 다음과 같이 서철원 교수의 관점을 말했다.

1. 원죄 해석의 차이: 서철원 박사는 아담의 원죄의 본질을 단지 선악과를 먹지 말라는 하나님의 계명을 위반한 것으로 보지 않는다. 아담이 처음부터 영생하는 자로서 영원토록 하나님을 즐거이 경외하고 찬송해야 하나님 백성으로 지어졌다고 본다. 그러나 아담이 유혹을 당하여 더 이상 하나님을 경외하기를 싫어하는 마음에 포로되었고, 결국 하나님 섬기기를 중단하기로 작정한 것이 아담의 원죄의 본질이라고 해석한다. 서철원 박사는 아담이 뱀의 유혹을 좋아하여 선악과를 범한 것은 단지 하나님의 계명에 불순종한 것이 아니고, 하나님 백성의 위치에서 벗어나 하나님과 같은 존재, 즉 하나님을 대리하는 지상의 왕이 아닌 하나님과 맞먹는 '하나님 같은 존재가 되고자 의도했기 때문이라고 본다. "인류의 원죄는 하나님 밑에서 왕 되는 것을 거부하고 직접 하나님같이 되려는 데서 성립한다."(서철원, 「서철원 박사의 교의신학 5: 그리스도

론』(쿰란, 2018), 163.) "첫 인류는 먹지 말라는 하나님의 계명을 범하므로 곧 하나님 섬김을 거부하므로 죄인이 되어 생존권을 박탈당하여 죽게 되었다(창 2:17)."(Ibid., 166.)[399]

이어서 정이철 목사는 다음과 같이 벌코프의 관점을 말했다.

벌코프는 적극적인 영생을 가지지 못하고 완전하지 못한 상태에 있던 아담에게 하나님 백성의 완전한 신분과 영광스러운 영생을 얻을 수 있는 조건으로 선악과를 범하지 말라는 계명이 주어졌다고 본다. 만일 아담이 선악과를 먹지 않고 유혹을 이겼다면 가변적이고 임시적인 존재의 상태의 아담이 영구적인 복락과 영생의 상태로 격상되었을 것이라고 본다.
"그는 순종할 경우에 영생을 누리게 된다는 보장을 받았다. 동시에 하나님의 은혜로운 배려에 의거하여 일정한 조건적인 권리를 획득했다(했을 것이다). 이 계약에 근거하여 아담은 자신과 자신의 후손들을 위하여 순종의 방법을 통한 영생을 얻었다(얻었을 것이다)."(벌코프, 『조직신학』(권수경, 이상원 역)(크리스챤다이제스트, 2007), 427.)
"네가 먹는 날에는 정녕 죽으리라는 주의 말씀은 아담이 먹는 것을 억제했다면 죽지 않고 죽음의 가능성을 넘어서 끌어올림을 받게 되리라는 것을 암시해 주고 있다 … 여기서 주어진 약속은 최고 상태에까지 발전된 영구적인 복락과 영광이다. 사실상 아담은 적극적인 거룩한 상태로 창조되었으며, 죽음의 법칙에 종속되지 않는다는 의미에서 불멸하는 존재이다(였다). 그러나 그는 이제 겨우 자신의 삶의 과정을 시작하는 단계에 있었을 뿐이다. 그는 그를 위하여 예비 된 최고의 특권을 아직 소유하지 못하고 있는 상태에 있다(있었다)."(벌코프, 427)
서철원 박사에 의하면 하나님 백성이었고 영생을 소유했던 아담이 하나님 백성으로 사는 것에 만족하지 않고, 하나님처럼 되고자 죄악 된 욕망을 추구했으므로 저주받은 것이다. 벌코프에 의하면 아직 완전한 영생을 소유하지 못한 아담이 영생을 위한 계명을 준수하지 못하여 영원히 죽게 된 것이다.

정이철 목사에 의하면, 인간이 창조되었을 때 영생을 소유했다. 그러면, 인간이 받은 저주는 무엇인가? 하나님처럼 되려는 죄악 된 욕망을 추구한 것이다. 영생을 소유한 상태에서 하나님처럼 되려고 한다면 천국에서도 하나님처럼 되려고 반란을 일으킬 수 있는가? 영생을 소유한 상태에서 반란을 일으켰다는 것은 아담이 자연상태의 무흠한 존재이지만 영원한 생명을 소유한 완전한 존재는 아니라는 것을 말한다.

벌코프 교수에 의하면, 창조된 인간은 완전한 영생을 소유하지 못한 존재다. 그러면, 인간이 받은 저주는 무엇인가? 아담이 영생을 얻기 위한 계명을 준수하지 못한 결과다. 이 두 가지 견해가 말하는 것은 인간론이다. '인간에 대한 존재적 관점이 무엇인가?'를 말한다. 이점을 간과하면 그리스도의 수동적 순종과 능동적 순종에 대한 종지부를 찍을 수 없다!

---

399) http://www.good-faith.net/news/articleView.html?idxno=1381/ 정이철, '서철원-벌코프의 능동순종에 대한 공통점과 차이점,'(2019.2.14.).

정이철 목사, 서철원 교수	벌코프 교수
창조된 인간은 영생을 소유했다	창조된 인간은 영생을 소유하지 못했다

'하나님께서 아담을 지으시고 보시기에 심히 좋았다고 하셨으므로 아담의 상태는 영생의 상태였다'고 주장하는 것이 과연 옳은가?[400] 하나님께서 보시기에 좋았다는 것은 아담이 영생을 소유했다는 뜻인가? 그런 논리라면 인간만이 아니라 세상의 모든 피조물이 영원히 존속하는 것인가? '하나님의 보시기에 심히 좋았다'는 말씀은 인간이라는 존재가 영생을 소유한 존재라는 의미가 아니다. 이 말씀은 하나님께서 창조하신 모든 것이 하나님의 작정과 하나님의 드러난 의지(voluntas signi 혹은 voluntas revelata)에 완전하게 순종하며 하나님의 하나님 되심을 드러냈다는 뜻이다. 영생은 인간이 존재함으로부터 보장된 것이 아니라, '하나님께서 주신 언약의 율법을 준수하느냐? 않느냐?'로 결정되는 것이었다.

정이철 목사가 자기주장의 근거로 삼는 서철원 교수의 『조직신학』과 창세기 주석에서도 다음과 같이 말했다.

> 하나님께서 아담의 마음 판에 계명을 기록하신 것은 사실이다(인간론, p. 178.).
> 선악과 금령은 생명과 죽음 법이다(인간론, p. 227.).
> 아담은 원하면 죄를 짓지 않을 수 있는 능력, 원하면 죄를 지을 수 있는 능력, 자유의지를 가졌다(인간론, p. 91.).
> 처음 창조 시 아담이 범죄하지 않았으면, 어거스틴이 가르친 대로 자연적인 몸이 영적 몸으로 변화됐을 것이다. … 처음 창조된 몸이 영적 몸으로 변화되는 것은 자연적 과정이 전혀 아니다. 그것은 창조주께서 은혜를 베푸셔서 영생에 이르도록 영적 몸으로 변화케 하시는 것이다(종말론, p. 128.).
> 하나님께서는 동산 가운데 생명나무를 두셨을 뿐 아니라 선악을 아는 나무도 두셨다. 그 나무도 동산 중앙에 두셨다. 그것은 하나님의 계명을 지킴으로 하나님을 섬겨야 생명을 얻고 영생에 이름을 알게 하기 위해서이다(창세기 주석 ①, p. 98.).

서철원 교수에 의하면, 하나님께서는 아담의 마음 판에 계명을 기록하셨고, 선악과 금령에 따라 생명과 죽음이 판가름 나며, 아담이 계명을 어기지 않고 범죄하지 않았더라면 영생을 누렸을 것이다. 서철원 교수 자신도 언약

---

400) http://www.good-faith.net/news/articleView.html?idxno=1663/ 정이철, '고경태 목사가 기독교 신앙을 왜곡하니 부득이 바른믿음에서 제외합니다.'(2019.10.11.); 〈지으신 만물과 인간에 대해 "보시기에 심히 좋았더라"라며 하나님께서 기뻐하셨다는 것은 무슨 의미일까? 처음에 원하신 대로 하나님을 섬기는 하나님 백성을 가지셨다는 것이다. 하나님께서 천한 땅의 티끌로 지으신 아담에게 영생, 하나님의 형상, 모든 피조물을 통치할 수 있는 능력 등을 다 주셨다는 의미이다. 영생 없는 인간을 지으셨다면 결코 하나님의 창조의 목적, 즉 즐거이 하나님을 섬기는 하나님 백성을 가지시게 되었다고 할 수가 없다.〉

적으로 아담을 말했다.

정이철 목사는 다음과 같이 칼빈의 『기독교강요』를 인용했다.

"그러므로 아담이 어떤 방법으로 하나님의 진노를 유발하여 벌을 받았는가 하는 것을 생각하기란 그다지 어렵지 않다. 참으로 교만이 모든 악의 처음이었다는 어거스틴의 단정은 옳다. 사람이 자기의 처지에 만족하고 바른 한계를 넘으려고 하지 않았더라면, 태초의 상태에 머무를 수 있었을 것이다."(존 칼빈, 기독교강요, 2.1.4)
"그러나 그 후로 야심과 교만이 배은망덕과 함께 생겨났으니, 아담은 받은 것 이상을 원함으로써 하나님께서 아낌없이 주신 그 위대하고 풍성한 은혜를 파렴치하게 경멸했기 때문이다. 흙의 아들이 하나님의 형상대로 지음을 받고도 또한 하나님과 동등하게 되지 않는 것을 사소한 일로 보았으니 이 얼마나 해괴하고 흉악한 태도였는가!"(기독교강요, 2.1.4)
"아담이 그의 창조주와 연결되어 있던 것이 그에게 영적 생명이 되었던 것과 같이, 창조주에게서 멀어진 것은 곧 영혼의 죽음을 말한다. 아담이 하늘과 땅의 전체적인 자연 질서에 위배했을 때, 그 반역으로 인해서 인류를 파멸에 다다르게 한 것은 조금도 이상한 일이 아니다."(기독교강요, 2.1.5)
"그러나 인간은 하나님의 은총을 풍성하게 받았을 때에 그 은혜를 감사하지 못했으며, 받은 축복을 인정하고 하나님께 영광을 돌리지도 않았다. 그러므로 모든 영광을 잃어버린 지금 인간이 할 수 있는 일은, 그 하나님을 인정하며 적어도 자기의 부족함을 고백함으로써 하나님께 영광을 돌리는 것 외에는 아무것도 없는 것이다."(존 칼빈, 기독교강요, 2.2.1)
"성례는 우리의 믿음을 더욱더 강화시키는 것이기 때문에, 주께서는 어떤 때에는 성례로 약속하신 일을 우리가 믿지 못하도록 하시기 위해서 성례 자체를 우리에게서 빼앗으신다. 아담에게서 영생의 은사를 빼앗아 주지 않으셨을 때에 주께서는 '그가 그 손을 들어 생명나무 실과도 따먹고 영생할까 하노라고 하셨다(창 3:22). 이것은 무슨 뜻인가? 아담이 잃어버린 불멸성을 그 과실이 회복할 수 있었을까? 결코 그런 것이 아니다. 여호와의 이 말씀을 다른 말로 옮긴다면, '나의 약속의 상징에 집착해서 헛된 확신을 즐기지 못하도록 불멸에 대한 소망을 그에게 줄 수 있는 것을 그에게서 빼앗으리라는 말이 될 것이다."(기독교강요, 4.14.12)
칼빈이 했던 다른 많은 말들을 보면, 칼빈에게 아담이 처음부터 부실하고 잠정적이고 임시적인 생명 안에서 창조되었고, 이후 살면서 스스로의 노력으로 생명의 도약을 이루었어야 했다는 이상한 사상은 칼빈과 거리가 멀다고 결론을 내릴 수 있습니다. 혹시 태초의 인간의 생명에 관하여 성경이 말하지 않는 사변이 칼빈에게 있었다면, 그냥 간단하게 칼빈을 무시하고 성경으로 돌아가면 됩니다. 그것이 개혁신학의 근본입니다.[401]

정이철 목사에 의하면, 어거스틴이나 칼빈이나 아담의 태초의 상태는 영적 생명을 소유하고 있었다. 이것은 어거스틴이나 칼빈이 말하는 의미를 충분히 살피지 않고 말하는 것이다. 뿐만 아니라 영생이라고 명시적으로 말한 성경 구절이 없다. 영적 생명이 영생은 아니다. 정이철 목사는 칼빈이 "아담이 잃어버린 불멸성"이라는 말에서 근거를 확보할 수 있겠지만, 보스가 말했듯이 아담이 가진 불멸성이란 "사람이 자기 속에 죽음을 초래할 요인을 전혀 갖지

---

401) https://archive.vn/bvRb5/ 정이철, '우리 교수님은 정통교회가 가르친 능동순종을 영구진리로 받아야 한다고 합니다.'(2020.11.10.). accessed 2021.10.9.

않은 상태"다. 그 이유는 무엇인가? 하나님께서 창조한 첫 사람 아담은 하나님의 형상을 따라 창조된 존재이기 때문이다.

모든 문제는 바로 이 영생, 곧 존재적 관점에 있다. 정이철 목사는 개혁교회의 정통교리인 행위언약 교리를 이단시하면서 "아담은 영생을 가진 상태로 지음을 받았다"고 주장했으며, 특히 누가복음 3장의 예수님의 족보에 근거하여 다음과 같이 주장했다.

> 누가복음 3장을 보십시오. 예수님의 족보상의 아버지와 조상들을 예수님으로부터 위로 거슬러 올라갑니다. 맨 나중에 아담이 나오는데 하나님이 아담의 아버지로 나옵니다. 아담은 자기를 찬송하는 백성 가지시기 원하신 하나님께서 자기의 아들(백성)로 창조하신 사람입니다.[402]

정이철 목사는 하나님께서 아담을 "자기의 아들(백성)로 창조하신 사람"이라고 말했다. 과연 이것이 사실일까? 서철원 교수는 다음과 같이 말했다.

> 제4절 아들들이 됨: 아담은 창조된 피조물이었으므로 하나님을 섬길 종으로 세워졌다. 그리고 언약을 맺으므로 하나님을 섬기는 백성으로 세워졌다. 이스라엘도 완전히 구속되지 못하였으나 하나님과 언약을 맺은 백성이 되었으므로 그들도 하나님을 섬기는 종과 백성으로 세워졌다. 그러나 하나님께서는 반역한 백성을 그리스도의 구속 때문에 종과 백성이 아니라 아들들로 삼기로 하셨다(요1:12). 그것은 전적으로 그리스도 구속의 공로 때문이다. 그리스도를 믿는 자들을 그 믿음 때문에 아들들로 삼으셨다(갈 4:4-5). 예수 그리스도의 피로 구속된 자들을 타락 전 아담보다 더 귀하게 보시고 사랑하시므로 백성보다 월등한 하나님의 아들들로 삼으셨다. 그들은 예수 그리스도의 피로 구속되었기 때문이다. 그분 피의 공효가 이렇게 크다. 백성만 되어도 과분한데 타락한 백성을 양아들들로 삼으셨다(롬 8:15; 갈 4:4-6; 히 2:13-15). 그리고 하나님께서는 믿는 자들에게 아들의 영을 보내셨다. 아들이 된 표가 바로 아들의 영 곧 성령을 받은 것이다. 그리하여 하나님을 마음 놓고 아빠 아버지라고 부르게 되었다(롬 8:15; 갈 4:6). 그리스도인들에게 성령을 보내심이 바로 믿는 자들을 아들로 삼은 입양식이다. 그러므로 그리스도인들은 언제든지 아들의 영에 의해 하나님을 자기 아버지로 부르게 되었다. 아들이 되면 아버지의 상속자가 된다. 본래, 하나님께서는 예수 그리스도, 하나님의 아들로 천지를 창조하시고 그를 만물의 상속자로 삼으셨다(히 1:2). 그 표가 "만물의 처음 난 쟈"라는 호칭이다(골 1:5). 창조 중보자가 모든 창조의 상속자이다. 그러므로 만물은 다 그리스도의 것이고 그의 소유이다.[403]

서철원 교수에 의하면, 하나님과 아담은 언약을 맺었다. 예수 그리스도의 오심은 무엇인가? 언약을 반역한 백성을 구속하시기 위함이다. 언약을 말하고 구속을 말한다는 것은 무엇을 의미하는가? 그리스도 안에서 구속을 받아야 하나님의 아들로 입양된다는 것이다. 그리스도의 공효가 없으면 무효다.

---

402) https://archive.ph/nLOnB#selection-3719.1-3719.147/ 정이철, '하나님께서 아담의 타락을 미리 아시고 처음부터 그리스도 안에서 창조하셨습니다.'(2021.9.30.). accessed 2021.10.27.
403) 서철원, **서철원 박사의 교의신학4 그리스도론** (서울: 쿰란출판사, 2018), 269-270.

입양은 그리스도의 공로로 이루어진 은혜의 선물이다. 정이철 목사는 첫 사람 아담을 하나님의 아들이라고 말했으나, 서철원 교수는 첫 사람 아담은 하나님을 섬기는 백성이었고 하나님께서는 반역한 백성들을 그리스도의 구속으로 하나님의 아들로 삼았다고 말했다.

4. 아담에게 주어진 규범

창세기 2장에는 규범적 관점이 존재한다. 창세기 2장이 창세기 3장을 지배한다. 하나님께서 아담에게 주신 규범적 관점은 무엇인가?

> 16 여호와 하나님이 그 사람에게 명하여 가라사대 동산 각종 나무의 실과는 네가 임의로 먹되 17 선악을 알게 하는 나무의 실과는 먹지 말라 네가 먹는 날에는 정녕 죽으리라 하시니라(창 2:16-17)

이것이 하나님의 규범이다. 이 하나님의 규범이 에덴을 지배한다. 하나님의 규범이 왜 에덴을 지배해야 하는가? 아담은 하나님의 대리자, 곧 대리 통치자이기 때문이다. 대리 통치자는 대리의 권한을 준 주께 충성해야 한다. 주께 충성함은 주의 법에 곧 주의 율법에 복종하는 것으로 나타난다. 그리하여 주의 영광을 나타낸다. 그것이 하나님의 형상이라는 뜻이다.

레이몬드는 하나님의 형상에 대해 다음과 같이 말했다.

> 하나님의 형상은 본질뿐 아니라 관계 면에서 정의되어야 한다. 하나님은 사람을 자기 형상으로 만드시되, 하나님을 아는 참된 지식과 이웃에 대한 공의와(이 덕목은 하와에 대한 아담의 관계에서 최초로 나타났다) 하나님께 대한 경건(언약적 신실함)을 부여하였다. 따라서, 아담이 타락했을 때 그는 비록 형식상으로는 형상을 유지하고 있었으나, 이웃에 대한 공의와 하나님께 대한 언약적 신실함(곧 경건)을 통해서 "반영"했어야 하는 실질적 형상은 그와 그의 후손 모두에게 심하게 훼손되고 말았던 것이다. 이 실질적 형상은 "하나님의 형상"의 원형이자 이상인 그리스도 안에서 성취된 구원을 통해서만 원칙적으로 회복된다.404)

레이몬드에 의하면, 하나님의 형상은 본질과 관계로 정의되어야 하며, 관계가 요구하는 것은 공의와 경건이다. 이것이 실질적인 하나님의 형상이다. 아담의 타락은 공의와 경건의 훼손이다. 공의와 경건의 회복은 오직 예수 그리스도의 구원을 통해서만 이루어진다.

칼빈은 다음과 같이 말했다.

---

404) 로버트 L. 레이몬드, **최신조직신학**, 나용화·손주철·안명준·조영천 역 (서울: 기독교문서선교회, 2004), 548.

이제 모세는 인간이 하나님께 순종해야 한다는 사실과 함께 인간이 이 세상의 통치자라는 것을 가르친다. 율법은 인간의 복종의 표시로 부여된 것이다. 왜냐하면 인간이 어느 과실이든지 마음대로 먹었다 해도 하나님에게는 전혀 차이가 없었을 것이기 때문이다. 그러므로 금단의 나무는 순종을 시험하는 것이다. 또한 하나님께서는 이러한 방법으로 모든 사람이 태초로부터 하나님의 신성을 경외하는 일에 익숙하도록 계획하셨다.405)

칼빈에 의하면, 하나님께서는 인간에게 율법을 주셔서 하나님께 순종하게 하셨으며, 하나님의 율법에 복종함으로써 이 세상을 통치해야 했다. 그것이 하나님을 경외하는 하나님의 방법이었다. 공의와 경건은 율법을 지켜 하나님의 통치에 복종하는 것이다. 우리는 칼빈이 "율법"이라고 말하는 부분을 주의해서 보아야 한다. 이후의 주석에서도 칼빈은 계속 "율법", "순종", "통치"를 말했다. 이어지는 칼빈의 주석은 우리의 주목을 받기에 충분하다.

그러나 하나님이 여기에서 의미하시는 것이 어떤 유의 죽음인가 하는 문제가 야기된다. 나는 이 죽음의 정의가 반대편으로부터 추구되어야 한다고 본다. 말하자면 우리는 인간이 어떤 유의 생명을 받았는지를 먼저 기억해야 한다는 것이다. 인간은 모든 면에서 행복했다. 그러므로 그의 생명은 육체와 정신에 연관된 유사성에 있다. 그의 영혼에는 올바른 판단력과 감정을 다스리는 고유한 통제력이 자리 잡았으므로 거기에는 생명도 위세를 떨쳤다. 한편 그의 신체에도 전혀 결함이 없었으므로 죽음을 완전히 벗어났다. 그의 지상 생활은 정말로 일시적인 것일 수도 있었으며, 죽지도 상처를 받지도 않고 하늘로 올라갈 수 있었을지도 모른다. 그러나 지금 우리에게는 죽음이 공포의 대상이다. 왜냐하면 육신과 관련된 일종의 파멸이 존재하며 영혼도 하나님의 저주를 느끼기 때문이다. 그러나 우리는 죽음의 원인, 곧 하나님과의 결별이 무엇 때문인지를 알아야 한다. 따라서 이와 같은 죽음이라는 이름 아래 아담이 자신의 잘못으로 인해서 자초한 모든 불행이 포함된다고 추론할 수 있다. 다시 말해서 그가 생명의 근원이신 하나님을 배반하자마자 이전의 상태에서 쫓겨났는데, 그것은 하나님이 없는 인간의 생활이 얼마나 비참하고 곤고한지를 느끼게 하고, 결국 그가 죽음의 상태와 다름없는 지경에 이른다는 사실을 알도록 하려는 의도였다. 그러므로 인간이 죄를 지은 후에 생명의 상실, 즉 죽음의 상태에 빠진다는 것은 적절한 표현이다. 인간이 살아가는 동안 영혼과 육체의 처참함과 불행으로 끊임없이 고통을 겪는다면 그것은 죽음에 이르게 하는 일종의 문턱과 같다. 왜냐하면 죽음은 결국 인간을 완전히 사로잡기 때문이다. 성경에도 죄악과 사단의 폭정으로 압제를 받는 사람들이 오직 멸망될 때만을 기다리므로 죽은 것과 같은 자라고 설명되어 있다. 그러므로 지금까지 오랫동안 징벌을 연기하신 하나님께서 어떻게 아담에게 그 실과를 만지는 날에는 죽게 되리라고 위협하셨는지에 대한 질문은 불필요하다. 충만한 은총으로 구제가 되기까지는 아담이 죽을 수밖에 없는 처지가 되어 죽음이 그를 다스리기 시작했기 때문이다.406)

칼빈의 주석을 보면, 칼빈은 정이철 목사와 서철원 목사를 지지하고 있는 듯 하다. 칼빈은 인간이 죽음을 완전히 벗어났으며, "죽지도 상처를 받지도 않고 하늘로 올라갈 수 있었을" 존재로 말했기 때문이다. 개혁신학은 이제 두

405) 존 칼빈, **구약성서주석 1** (서울: 성서교재간행사, 1982), 97.
406) Ibid., 98-99.

사람 앞에 무릎을 꿇어야만 한단 말인가?

그러나, 칼빈의 말을 잘 보라. 칼빈은 "이다"라고 단정적 서술을 하지 않았다. 칼빈은 "수도 있었으며", "있었을지도 모른다"고 말했다.[407] 칼빈은 확정적으로 "아담이 범죄하지 않았다면, … 그는 그에게 제시된 영생에 이를 수 있었을 것입니다."라고 말했다.[408] 서철원 교수와 정이철 목사는 '아담은 영생으로 창조되었다'고 말하나 칼빈은 그렇지 않다고 말했다.

정이철 목사는 다음과 같이 말했다.

> 우리는 칼빈의 말이라도 성경에서 벗어나면 가벼이 버려야 마땅합니다. 칼빈의 말들 가운데도 의구심을 가지게 만드는 것들이 종종 있습니다. 다음의 칼빈 말을 보십시오. "그가 무흠하게 머물렀더라면 첫 사람은 더 나은 생명으로 넘어갔을 것이다."(고린도주석 23:77) 아담이 하나님께 반역하지 않고 하나님이 주신 순정의 상태에 머물렀다면, 언젠가 더 고상하고 수준 높은 생명(영생)으로 도약하고 상승하였을 것이라는 의미입니다. 사실 칼빈의 그 말 앞뒤를 자세하게 봐야 무슨 뜻으로 한 말인지 오해하지 않고 바르게 알 수 있을 것입니다. 그러나 단지 이 한 문장으로만 보면, 칼빈이 바르트와 유사한 신학을 가졌던 것으로 보입니다. 바르트는 하나님이 처음에 인간을 부실하게 만들었고, 그래서 인간에게는 필연적으로 존재의 상승(완성)이 필요했다고 했습니다.[409]

정이철 목사에 의하면, 칼빈의 말이라도 성경을 벗어나면 가벼이 버려야 마땅하다. 정이철 목사가 이렇게 말하는 이유가 무엇인가? 칼빈 주석은 정이철 목사의 편을 들어주지 않기 때문이다. 놀랍게도 정이철 목사는 서철원 교수와 동일하게 바르트의 존재의 상승(완성)을 말했다. 두 분의 논리대로 보면, 하나님께서 타락 후에 언약의 율법을 주시고 "너희는 나의 규례와 법도를 지키라 사람이 이를 행하면 그로 인하여 살리라 나는 여호와니라"(레 18:5)고 말씀하신 것도 존재의 상승인가? 정이철 목사도 바르트의 존재의 앙양에 대한 과도한 우려로 성경이 말하는 율법준수의 의를 오해했다.

헤르만 바빙크는 아담의 상태에 대해 다음과 같이 말했다.

---

407) https://www.studylight.org/commentaries/eng/cal/genesis-2.html/ "He was, in every respect, happy; his life, therefore, had alike respect to his body and his soul, since in his soul a right judgment and a proper government of the affections prevailed, there also life reigned; in his body there was no defect, wherefore he was wholly free from death. His earthly life truly would have been temporal; yet he would have passed into heaven without death, and without injury."

408) 존 칼빈, **창세기 설교 1**, 박건택 역 (안산: 크리스천르네상스, 2019) 158-159.

409) https://archive.vn/bvRb5/ 정이철, '우리 교수님은 정통교회가 가르친 능동순종을 영구진리로 받아야 한다고 합니다.'(2020.11.10.). accessed 2021.10.9.

그럼에도 인간의 종국은 그들의 창조와는 구별된다는 사실이 7일 동안의 주일 제정보다는 이런 시련의 명령에서 더 분명하게 됐다. … 그는 낙원에 있었지만 아직 하늘에는 있지 않았다. 그가 마지막 목적에 도달하기 전까지는 그에게 긴 행로가 있었다. 행할 것과 금할 것을 통해 그는 영생을 얻어야 한다. 한마디로 말해서 최초 인간이 창조됐던 무죄의 상태와 그가 마지막에 얻게 될 영광의 상태 사이에는 큰 차이가 있다는 것이다. 이 차이가 무엇인지는 추후 계시에서 우리에게 좀 더 분명히 밝혀지게 된다. … 첫 사람 아담은 땅으로부터 나서 땅에 속해 자연의 몸을 입고 산 영이 됐지만, 신자들은 부활 때에 신령한 몸을 입고 하늘에 속한 인간의 형상, 그리스도의 형상, 하늘에서 나신 주님의 형상을 입을 것이다(고전 15:45~49). 아담은 그가 잘못해 죄를 지을 수도 있고 타락해 죽을 수 있도록 창조됐지만, 원리 면에서 신자들은 이 땅에서도 그 모든 것을 넘어 올라간다. … 따라서 우리가 첫 사람을 볼 때 두 가지 독특성을 주의해야 한다. 먼저 우리는 성경에 근거해 아담이 직접 하나님의 형상과 모양대로 참된 지식과 의와 거룩으로 창조됐다고 주장해야 한다. 즉, 아담은 스스로 발달해야 할 천진한 어린아이가 아니었다. … 다른 한편으로는 첫 인간은 기독교 교리와 설교에서 가끔 일어나듯이 지나치게 영화로운 상태가 아니었다. 하나님께서 아담을 아무리 높이 올려놓으셨을지라도 아직은 가장 높지 않다. 그는 죄를 짓지 않을 수 있는 상태였지만 죄를 지을 수 없는 상태는 아니었다. 그는 부패할 수 없고 죽을 수 없는 영생은 아직 소유하지 않았지만, 그 대신 그 존속에 어떤 조건의 성취에 달려 있었던 과도기적 불멸성을 받았다.[410]

바빙크에 의하면, 창조된 상태는 무죄의 상태이며 영광의 상태는 마지막에 주어질 것이었다. 아담은 천진한 어린아이도 아니였지만 그렇다고 지나치게 영화로운 상태도 아니었다. 아담은 죄로부터 완전히 자유한 그런 상태가 아니었다. 아담이라는 존재는 부패할 수 없고 죽을 수 없는 영생을 소유한 것이 아니며 조건적 성취에 달려 있는 과도기적 불멸성을 가지고 있었다.

5. 완전한 제물이신 그리스도

이렇게 하나님의 규범과 인간의 존재를 생각한다는 것은 무엇을 말하는가? 하나님의 창조와 에덴의 삶이 지극히 언약적이라는 뜻이다. 아담은 언약적 존재였다. 언약을 벗어난 인간은 죽음이다. 언약을 벗어나 탈주가 일어나는 것이 죄요 타락이다. 안타깝게도 아담과 하와는 탈주를 감행함으로 범죄하고 타락했다. 그것으로 끝인가? 결코 아니다. 하나님께서는 여자의 후손을 약속하시고 역사는 오실 메시아를 향해 달려갔다.

그렇다고 모든 사람이 구속의 역사를 열망한 것이 아니다. 반역은 계속되었고 구속도 계속되었다. 개혁신학은 구속이 그리스도의 칭의와 전가로 이루어진다고 말한다. 구속, 칭의란 무엇인가? 존재의 변화다. 우리 스스로 존재

---

410) 헤르만 바빙크, 하나님의 큰일, 김영규 역 (서울: 기독교문서선교회, 1999), 208-210.

의 변화를 만들어내는 것이 아니라 성령님의 거듭나게 하심으로만 된다. 성령님께서는 그리스도의 구속을 우리에게 효력 있게 적용하신다. 그 효력 있는 적용이란 무엇인가? 성령님께서는 하나님의 백성으로 만드신다. 그러면 그리스도의 구속 사역이란 무엇인가? 개혁신학의 대답은 '그리스도의 능동적 순종과 수동적 순종으로 의를 이루시고 우리에게 그 의를 전가하셨다'라고 대답한다. 이것이 우리 존재의 변화와 지지를 제공하기 때문에 인격과 삶이 변화된다.411)

왜 그래야만 하는가? 하나님의 의는 율법에 대한 완전한 순종을 요구하기 때문이다. 왜 능동적 순종이어야 하는가? 세례 요한은 예수님께서 자기에게 나아오심을 보고 "보라 세상 죄를 지고 가는 하나님의 어린 양이로다"(요 1:29)고 말했다. 예수님께서는 십자가에 죽으실 때만 세상 죄를 지신 것이 아니라 사역 전체로 세상 죄를 지시고 하나님의 율법을 이루심으로 흠 없는 제물이 되셨다.412)

김재성 교수는 "하나님의 의로움은 그의 율법에 대해서 하나도 빠짐없이 완전한 순종을 요구한다는 것이 기본 바탕에 있다"고 말했다.413) 오신 그리스도께서는 아담의 실패를 번복하지 않으셨다. 율법을 어기고 범죄한 메시아가 십자가에 달려 죽으신 것이 아니다. 성경이 무엇이라고 말하는가?

> 우리에게 있는 대제사장은 우리 연약함을 체휼하지 아니하는 자가 아니요 모든 일에 우리와 한결같이 시험을 받은 자로되 죄는 없으시니라(히 4:15)

그리스도께서는 우리의 대제사장이시다. 칼빈은 그리스도의 대제사장직에 대해 무엇이라고 말했을까? 칼빈은 다음과 같이 말했다.

---

411) 앤드류 로이크로프트, **그리스도의 능동적 순종**, 박태현 역 (진리의 깃발 161호); "그리스도의 능동적 순종의 실제적 결과: 칭의 가운데 우리에게 전가된 의로움은 그리스도의 능동적 순종의 의로움이며, 우리를 대신하여 율법의 엄격함에 대하여 그가 영원히 완전하게 실현한 의로움이다. 그의 의로움은 말 그대로 우리의 모든 의로움이며, 그의 모든 의로움은 우리의 것이다. 우리가 이것을 그를 믿어 얻은 유익의 일부로서 인식하는 것은 우리의 복음적 사고와 복음적 삶을 변화시킬 능력을 제공한다. 만일 우리가 오웬(Owen)과 더불어 '그가 우리에게 태어났고 우리에게 주어졌으며, 우리를 위해 살았으며, 우리를 위해 죽었고, 우리를 위해 순종했고, 우리를 위해 고난을 당했다'는 사실을 온전히 이해한다면, 우리의 경건과 열정의 온도, 그리고 우리 교회의 온도도 기하급수적으로 올라갈 것이다. 구세주가 그의 지상 생애 가운데 능동적으로 순종했다는 것은 놀랍고 영광스러운 것으로서 우리의 이해를 뛰어넘고 그 모든 아름다움을 보기 위해 다가오는 자들을 위한 제자도의 길을 변화시킬 진리이다."
412) 브랜던 크로, **그리스도의 능동적 순종과 수동적 순종**, 정광규 역 (서울: 부흥과개혁사, 2022), 39-40.
413) 김재성, **그리스도의 능동적 순종** (고양: 언약, 2021), 54.

6. 그리스도의 제사장직: 이제는 그리스도의 제사장직의 목적과 용도에 대해서 간략하게 논의하고자 한다. 이는 곧, 그리스도께서 순결하고 흠 없으신 중보자로서 그의 거룩하심으로 말미암아 우리를 하나님과 화목시키고자 하는 것이다. 그러나 하나님의 의로우신 저주로 인하여 우리가 그에게로 나아갈 수가 없으며, 또한 하나님께서는 심판주로서 우리에 대하여 진노를 발하고 계시다. 그러므로 그리스도께서 제사장으로서 우리를 위하여 하나님의 자비하심을 얻고 그의 진노를 누그러뜨리기 위해서는 반드시 속죄(贖罪)가 중간에 개입해야만 한다. 그리하여, 그리스도께서 이 직분을 담당하시기 위해서는 희생 제물과 더불어 나서시지 않을 수 없었던 것이다. 율법 아래에서도, 피가 없는 제사장이 성소에 들어갈 수가 없었는데(히 9:7), 이는 제사장이 그들의 대리자로서 하나님과 그들 사이에 서 있다 할지라도 그들의 죄가 속해지지 않는 한 하나님의 진노를 누그러뜨릴 수가 없다는 것을 알게 하기 위함이었다(레 16:2-3). 사도는 히브리서 7장에서부터 10장 거의 끝부분까지를 할애하여 이 점에 대해서 길게 다루고 있다. 그의 논지를 정리하자면 다음과 같다. 곧, 제사장직은 오직 그리스도께만 속하는 것이다. 왜냐하면 그의 죽으심의 제사를 통해서 그가 우리 자신의 죄책을 제거하셨고 우리 죄를 대신 만족시키셨기 때문이다(히 9:22).[414)

칼빈에 의하면, 그리스도께서는 "순결하고 흠 없으신 중보자"이셨다. "순결하고 흠 없으신 중보자"이셨다는 것은 대제사장으로의 자격을 말한다. "순결하고 흠 없으신 중보자"이셨기 때문에 십자가에 피 흘려 죽으심으로 하나님의 진노를 담당하셨다. 그리스도께서는 죽으심의 제사로 우리의 죄책을 제거하고 우리 죄를 대신 만족시키셨다. 레이몬드는 '희생으로서 그리스도의 죽으심의 의미'를 말하면서, 다음과 같이 말했다.

구약의 제사제도가 희생이라고 말한 신약의 기록은 분명히 다음과 같은 내용을 전제로 한다. ① 죄 없으신 그리스도의 완전이다. 왜냐하면 하나님께서 받으실만한 제물은 "흠이 없어야" 했기 때문이다(출 12:5; 벧전 1:19).[415)

레이몬드에 의하면, 그리스도의 죽으심은 십자가에 죽으시는 것만으로 대속의 제사를 드린 것이 아니라 "죄 없으신 그리스도"로서 죽으신 것이다. 속죄의 희생으로 자신을 드린 그리스도의 존재적 관점은 흠이 없어야 했다. 이것은 수동적 순종과 능동적 순종이 하나로 연결된 전체적 순종이라는 것을 말한다. 존재다움은 수동적 순종에 반드시 필수적이다. 여기에서 무흠을 말할 때, 그리스도께서 율법에 순종하신 그 결과로 우리를 위한 무흠한 희생제물이 되신 것이 아니다. 그리스도께서 행하신 순종은 성령님의 충만한 역사하심 가운데 무흠한 희생제물로 완전하신 분이시라는 것을 증거 하신 것이었

414) 존 칼빈, **기독교교요(상)**, 원광연 역 (고양: 크리스챤다이제스트, 2003), 615; **기독교교요** 2.15.6. 그리스도의 제사장직.
415) 로버트 L. 레이몬드, **최신조직신학**, 나용화·손주철·안명준·조영천 역 (서울: 기독교문서선교회, 2004), 805.

다.416)

이것은 또한 '그리스도께서 율법을 준수하여 의를 이루신 것이 자신의 영생을 위해 의를 이루신 것이 아닌가?'라는 질문에 대한 반대이기도 하다. 그리스도께서는 자신의 영생을 위해 율법을 준수하셔야 할 분이 아니시다. 그리스도께서는 제2위격의 성자 하나님이시기 때문이다. 그리스도께서 율법을 준수하여 의를 이루신 것은 아버지의 택하신 자들인 우리를 위한 것이다.417) 칼빈은 "그의 복종의 전 과정을 통해서 우리를 위해 의를 이루셨다는 것이다"라고 말했다.418)

존 프레임(John M. Frame, 1939-)은 다음과 같이 말했다.

> 예수님의 속죄하시는 희생은 구약의 황소, 염소, 양, 비둘기, 곡물, 포도주, 기름의 희생제사를 완성합니다. 구약에서 하나님은 사람들에게 예수님 이후에 이루실 일을 가르치시기 위해 이러한 희생제사를 사용하셨습니다. 그래서 우리는 그러한 희생제사로부터 예수님의 속죄의 의미를 배울 수 있습니다. 우선 희생제물은 완벽하고, 점 없고, 흠 없어야 합니다(출 12:5, 29:1; 레 1:3; 등). 이스라엘 민족은 값싸고 가치 없는 것을 하나님께 제물로 드리지 않았습니다. 그들은 진정으로 가치 있거나 완전하거나 자신을 위해 소장할 만한 귀한 것을 드려야만 했습니다. 마찬가지로 예수님은 자기 자신을 하나님의 죄 없는 어린양으로서 드렸습니다. 10장에서 우리가 보았던 것처럼 예수님은 죄가 없으십니다. 그의 친구들도, 그의 적들도 그 안에 죄가 있음을 발견할 수 없었습니다. 그는 어느 누구도 할 수 없는 사랑을 하셨습니다(요 15:3-4; 요일 1:16). 심지어 사탄들도 그가 하나님의 거룩한 자이심을 인정했습니다(눅 1:35; 4:34; 행 3:14; 7:52).419)

존 프레임에 의하면, 예수님께서는 자신을 하나님의 죄 없는 어린양으로 드렸다. 그 이유는 "희생제물은 완벽하고, 점 없고, 흠 없어야" 하기 때문이다. 구약의 이런 희생제물은 예수님께서 메시아로 오셔서 완전한 희생제물이 되시는 그림자였다.

이에 반해 칼 바르트는 '존재'와 '사역'의 구분을 없앴다.420) 바르트가 "그

---

416) 김병훈·박상봉·안상혁·이남규·이승구, **그리스도의 순종과 의의 전가** (수원: 합동신학대학원출판부, 2022), 29.

417) 김병훈·박상봉·안상혁·이남규·이승구, **그리스도의 순종과 의의 전가** (수원: 합동신학대학원출판부, 2022), 31-34; 〈능동적 순종을 찬성하는 견해에 따르면 그리스도의 율법에 대한 순종은 "행하면 살리라"는 율법 규정에 따라 율법을 우리 대신하여 성취하시어 우리에게 생명을 주시기 위한 것이며, 이 결과 우리로 하여금 생명을 얻기 위하여 율법 규정에 따라 율법을 지켜야 할 의무에서 자유롭게 한다.〉

418) 존 칼빈, **기독교강요(상)**, 원광연 역 (고양: 크리스챤다이제스트, 2003), 622; **기독교강요** 2.16.5.

419) 존 M. 프레임, **조직신학개론**, 김용준 역 (서울: R&R, 2011), 218.

420) 로버트 L. 레이몬드, **최신조직신학**, 나용화·손주철·안명준·조영천 역 (서울: 기독교문서선교회, 2004), 798; 〈그리스도께서 십자가에서 이루신 구속에 대한 이와 같이 한결같은 강조는 칼 바르트가 얼마나 잘못되었는가를 분명하게 보여준다. 칼 바르트는 그리스도의 인격과 그리스도의 사역을 구분하는 성경의 증명을 거절하며. 그리스도의 인격이 곧 그의 사역이며 그리스도의 사역이 곧 그의 인격이라고 주장한다. "예수 그리스도께서 하나님이신 동시에 인간이심은 독특한 사실이자 독특한 모습입니다. 그는 하나님-인간(神人)로서 일하신다. 즉, 서로 다르

의 역사가 그의 존재이다"라고 말할 때, 역사를 'geschichte'로 말했다는 것은 결국 그리스도는 바람 같은 존재에 불과하다는 뜻이다. 바르트가 말하는 'geschichte'는 "전설적인 이야기"다.[421] 'geschichte'는 역사(historie)가 아니고 신화(mythe)도 아니다. 바르트에게 'geschichte'는 서술문이 아니라 시와 소설 같은 '서정문'이었다. 그런 까닭에, 바르트는 "탄젠트가 원을 터치하듯, 그것을 터치하지 않으면서 터치한다"라고 말할 수밖에 없다.[422] 칼 바르트가 존재와 사역의 구분을 없앴다면, 서철원 교수나 정이철 목사는 존재와 사역의 전체성(totality)을 없애버렸다.

브랜던 크로는 그리스도의 존재와 사역에 대해 다음과 같이 말했다.

> 율법은 긍정적으로 우리가 하나님과 이웃을 사랑할 것을 요구한다(마 22:37-40 및 평행구절; 참고 레 19:18; 신 6:5). 또는 마태가 자신의 복음서에서 두 번이나 말하듯이, 주님은 긍휼과 제사를 둘 다 요구하신다(마 9:13; 12:7; 참고 호 6:6). 그러나 우리는 한 걸음 더 나아갈 수 있다. 율법은 외적인 행위를 명령할 뿐 아니라, 내적인 순종까지도 요구하기 때문이다. 누가 이런 것들에 충분한 자격이 있는가? 예수님은 우리에게 이런 것들을 가르치셨을 뿐 아니라 그렇게 사셨다. 간단히 말해, 예수님이 하나님의 모든 요구를 완수하지 못하셨다면, 즉 하나님과 이웃을 온전히 사랑하지 못하셨다면, 예수님은 무죄하지 않으셨을 것이며, 따라서 완전한 제물이 되실 자격이 없으셨을 것이다. 칭의는 우리 구주의 전체적이고 완전한 순종에 달려 있다.[423]

크로에 의하면, 그리스도께서는 하나님의 요구를 완수하셨기 때문에 완전한 제물이 되실 자격을 갖추셨다. 이렇게 말한다고 해서 아리우스주의자들처럼 존재의 상승을 말하는 것이 결코 아니다. 그리스도께서는 참 하나님이시

지 않은 하나이신 분이라는 사실 가운데 일하신다. 그리스도의 이 하나 된 존재가 곧 그의 역사(geschichte)이며, 그의 역사(geschichte)가 곧 그의 존재이다."(Church Dogmatics, trans Geoffrey W. Bromiley〈Edinburgh: T&T. Clark, 1961〉, IV/I, 128) 예수 그리스도를 "사건"으로 해석하기 위하여 성육신을 진행 중인 과정으로 "사실화함"으로써 바르트는 다음과 같이 잘못된 결론을 내린다. … 예수 그리스도의 존재. 곧 살아계신 하나님과 이 살아있는 인간 존재의 연합체는 인간의 구체적 존재의 사건 속에서 생겨난다. 이는 역사(geschichte) 속에 있는 한 존재 외의 존재다. 은혜로우신 하나님이 이 역사 속에 계시며. 그래서 인간과 화목하며. 따라서 두 존재가 연합한다. 이 역사 가운데서 일어나는 것. 곧 이러한 예수 그리스도의 존재 가운데서 일어나는 것이 구속이다. 예수 그리스도. 곧 하나님이며 인간이신 하나님-인간은 그 존재 외의 다른 것, 곧 구속을 작정하고 행하고 성취하기 위해 존재하는 것이 아니다. 하지만 하나님이시자 인간. 곧 하나님=인간인 그의 존재 속에 인간과 하나님의 화목이라는 완성된 행위가 포함되어 있는 것이다(Church Dogmatics, IV/I, 126-7). 바르트에게 예수 그리스도는 화목의 행위 자체이다. 하지만 성경에 보면, 말씀이 육신이 되신 것은 화목하는 죽으심을 죽기 위함이었다. 그리고 갈보리에서 그의 구속의 중보적 사역이 역사 속에서 단번에(에파팍스) 이루어졌으며, 이제 완성된 사역으로서 지금도 하나님의 택하신 백성들에게 적용되고 있다. 이 문제에 대한 바르트의 사고를 보다 충분하고 자세하게 설명하고 분석한 것을 보려면 본인의 전공 논문인 Barth's Soteriology를 보라(Philadelphia, Presbyterian and Reformed, 1967.)〉

421) 한종희, 정통주의 신학에서 본 칼 바르트 신학 (서울: 대한예수교장로회총회, 2002), 163, 179.
422) 김용주, 신정통주의 신학이란 무엇인가? (서울: 좋은씨앗, 2019), 13.
423) 브랜던 크로, 그리스도의 능동적 순종과 수동적 순종, 정광규 역 (서울: 부흥과개혁사, 2022), 40.

고 참 인간이시다. 그리스도께서 하나님의 요구에 순종하시고 의를 이루심으로 우리에게 의를 주셨다. 구원은 에덴으로의 회복, 곧 무죄상태가 아니라 의로운 상태가 되어야만 한다. 그 의는 능동적이고 수동적인 그리스도의 전체 순종으로 주어진 것이다.

수동적 순종만을 고수하는 분들은 '자격을 갖추셨다'는 말을 극도로 오해하여 그리스도의 순종을 수양론으로 만드는 것은 극히 경솔한 처사다. 그리스도께서 십자가에 죽으시는 것만이 그리스도의 순종이라면 "그리스도는 모든 믿는 자에게 의를 이루기 위하여 율법의 마침이 되시니라"(롬 10:4)고 말할 필요도 없다.

칼빈은 제16장에서 "그리스도께서는 우리의 구원을 이루는 구속자의 기능을 어떻게 행하셨는가?"를 말하면서, 그리스도의 죽으심과 부활과 승천에 관해 논의하면서 다음과 같이 말했다.

(그리스도의 순종과 죽으심의 효과)
5. 그리스도께서 죽기까지 순종하심으로 우리를 구속하셨음: 그런데 어떤 사람은 묻기를, 그리스도께서는 과연 어떻게 해서 죄를 제거하셨고, 우리와 하나님 사이의 분리된 상태를 없애셨으며, 또한 의를 얻으셔서 하나님으로 하여금 우리를 향하여 자비와 친절을 베푸시게 만드셨느냐고 한다. 이에 대한 우리의 일반적인 답변은 곧, 그의 복종의 전 과정을 통해서 우리를 위해 의를 이루셨다는 것이다. 이것은 바울의 증언으로 증명된다: "한 사람이 순종하지 아니함으로 많은 사람이 죄인 된 것 같이 한 사람이 순종하심으로 많은 사람이 의인이 되리라"(롬 5:19). 다른 구절에서 바울은 율법의 저주에서 우리를 자유케 한 그 용서의 근거를 그리스도의 전 생애에까지 확대시키고 있다: "때가 차매 하나님이 그 아들을 보내사 여자에게서 나게 하시고 율법 아래에 나게 하신 것은 율법 아래에 있는 자들을 속량하시 … 려 하심이라"(갈 4:4-5). 그리하여 그리스도께서는 그의 세례 사이에도 자신이 아버지의 명령을 순종으로 시행함으로써 의의 한 부분을 이루셨다고 단언하셨다(마 3:15). 요컨대, 종의 형체를 취하신 때로부터, 그는 우리를 구속하시기 위하여 해방의 대가를 치르기 시작하신 것이다.
그러나 구원의 길을 좀 더 정확하게 규명하기 위해서, 성경은 그것이 특별히 그리스도의 죽으심으로 말미암아 이루어졌음을 말씀하고 있다. 그리스도께서는 친히 "인자가 온 것은 … 자기 목숨을 많은 사람의 대속물로 주려 함이니라"(마 20:28)고 선언하신다. 바울은 "예수는 우리가 범죄한 것 때문에 내줌이 되셨다"(롬 4:25)고 가르치며, 세례 요한은 그를 가리켜 "세상 죄를 지고 가는 하나님의 어린양"이라고 선언하였다(요 1:29). 다른 구절에서 바울은 우리가 "그리스도 예수 안에 있는 속량으로 말미암아 하나님의 은혜로 값없이 의롭다 하심을 얻은 자 되었느니라 이 예수를 하나님이 그의 피로써 믿음으로 말미암는 화목제물로 세우셨으니"(롬 3:24-25)라고 가르치며, 또한 "우리가 그의 피로 말미암아 의롭다 하심을 받았으니 … 그 아들의 죽으심으로 말미암아 하나님과 화목하게 되었은즉"(롬 5:9-10)이라고도 말씀하며, 또한 "하나님이 죄를 알지도 못하신 자로 우리를 대신하여 죄로 삼으신 것은 우리로 하여금 그 안에서 하나님의 의가 되게 하려 하심이라"(고후 5:21)고도 말씀하는 것이다. 모든 구절을 다 열거하자면 끝이 없을 것이므로 더 이상 열거하지 않겠다. 그리고 여러 구절들은 그때그때 필요한 대로 제시하게 될 것이다.[424]

칼빈이 무엇이라고 말했는가? 칼빈은 '그리스도께서 어떻게 의를 얻으시고 하나님과 화목되게 하셨는가?'를 말했다. 그 대답은 무엇인가? "우리의 일반적인 답변은 곧, 그의 복종의 전 과정을 통해서 우리를 위해 의를 이루셨다"는 것이다. 메이첸 박사는 "그리스도의 전 생애 동안 벌어진 일은 죄의 값을 지불하려는 것이었다. 그의 생애의 모든 순간들은 하나님의 율법을 영광스럽게 준수하는 일부분들로 구성되어졌고, 그로 인해서 자기 백성들에게 영생을 선물로 가져다 줄 수 있었다."고 말했다.425) 리차드 개핀은 부활을 말하면서 그리스도와 성도가 유기적으로 연합되어 있다고 말했다.426)

6. 전체적이고 완전한 순종

칼빈의 글을 다시 보자.

---

424) 존 칼빈, **기독교강요(상)**, 원광연 역 (고양: 크리스챤다이제스트, 2003), 615; **기독교강요** 2.16.5. 그리스도께서 죽기까지 순종하심으로 우리를 구속하셨음.
425) J. Gresham Machen, 'The Active Obedience of christ' in *God Transcendednt and Other Selected Sermons* (Grand Rapids: Eerdmans, 1949), 191; 김재성, **그리스도의 능동적 순종** (고양: 언약, 2021), 58에서 재인용.
426) 리차드 B 개핀, **부활과 구속**, 손종국 역 (서울: 도서출판 엠마오, 1985), 5-10; 〈2. 성도의 구원에서 부활의 중요성: 그리스도 죽음과 부활은 결코 분리할 수 없는 사건이다. 죽음이 없으면 부활이 있을 수 없고 부활이 없으면 죽음의 의미가 상실되는 것이다. 그러므로 성도들 구원에서 그리스도 부활은 죽음 못지않게 중요한 역할을 차지하고 있다. "예수는 우리 범죄 때문에 내어줌이 되고, 또한 우리를 의롭다 하시려고 살아나셨느니라."(롬 4:25) 그런데 서방 교회에서는 성도들 구원 문제를 논할 때 예수님의 죽음을 그분 부활보다 더 강조해 다뤘다. 예수님의 죽음을 속죄(atonement)의 성취로 강조해 생각하는 태도 때문에 예수님의 부활은 큰 관심의 대상이 되지 못한 것이다. 물론, 예수님의 죽음을 아무리 강조해도 잘못이 없는 것이다. 그러나 바울 서신에는 부활에 대한 강조가 명백하게 나타나 있다. 바울에게서 예수님의 부활은 구속의 완성, 구속의 종결로서 이해할 수 있는 것이다. 예수님의 죽음보다도 예수님의 부활에서 구속의 성취를 찾을 수 있는 것이다. 예수님의 죽음과 부활을 대칭시켜서는 안 된다. 그러나 구속의 완성은 그리스도의 부활을 통해 더 결정적으로 성취된 것이다. Gaffin 박사는 〔부활과 구속〕에서 그리스도 부활과 성도들 부활의 연합을 강조한다. 고린도전서 15장 20절 "첫 열매" 개념이나 골로새서 1장 18절 "먼저 나신 자" 같은 표현 속에 그리스도 부활과 성도들 부활의 연합이 명백하게 나타나 있다. 바울은 이 연합 개념을 근거로 미래에 있을 성도들 육체 부활을 설명하는 것이다. Gaffin 박사는 과거에 발생한 그리스도 역사적 부활을 명백히 하면서도 에베소서 2장 5절-6절과 골로새서 2장 12절-13절, 3장 1절과 로마서 6장 3절 이하 구절은 성도들 현재 경험, 즉 그리스도와 성도들 실존의 관계를 설명하고 있음을 천명한다. 이것이 가능한 것은 그리스도와 성도들이 부활에서 유기적으로 연합됐기 때문이다. 그리스도와 성도들 유기적 연합은 무덤에서 예수님의 부활과 성도들 최초 중생 경험, 그리고 성도들 미래 육체 부활의 전반적인 관계에서 나타나고 있는 것이다. 바울 사도는 그리스도와 성도들 연합을 강조하기 위해 그리스도의 부활에서 그리스도 자신의 역할을 수동으로 묘사한다. 복음서는 예수님이 자신의 부활에서 능동의 역할을 했다고 더 강조한다(요 2:19, 10:17-18). 그러나 바울 사도는 그리스도가 그의 부활에서 수동의 역할을 한 것으로 묘사한다. 그러면 왜 복음서는 예수님의 능동 역할을, 바울 서신은 수동의 역할을 강조해 같은 부활 사건을 묘사하는가? 우리는 여기서 바울의 심오한 부활신학을 접할 수 있다. 바울 사도는 그리스도 부활을 묘사하는 가운데 그리스도 신성과 능력을 강조하지 않고 오히려 그리스도와 성도들 밀접한 연합을 강조하기 원한 것이다. 바울 사도는 그리스도 부활과 성도들 부활 사이의 차이점에 관심을 두지 않고 오히려 그 두 사이의 공통점에 관심을 쏟은 것이다. 여기서 우리는 죽기까지 복종하신 그리스도 수난과 영광의 부활이 모두 그에게 딸린 성도들을 위한 것임을 명백히 볼 수 있다.〉

5. 전 생애의 순종을 통한 대속: 빌라도 아래에서 징계받으심

그런데 어떤 사람은 묻기를, 어떻게 그리스도가 죄를 물리치신 후에 우리와 하나님 사이의 반목을 걷어 내셨는지, 그리고 어떻게 의를 획득하셔서 하나님을 우리에게 호의를 베푸시고 자비로우신 분이 되게 하셨느냐고 한다. 이에 대해 우리는 그가 자신의 순종의 역정(歷程)을 통해 (obedientiae suae cursu) 우리를 위하여 이 일을 성취하셨다는 일반적인 대답을 할 수 있다. 이것은 바울의 증언에 의해서 확정된다. "한 사람이 순종하지 아니함으로 많은 사람이 죄인 된 것같이 한 사람이 순종하심으로 많은 사람이 의인이 되리라"(롬 5:19). 과연 다른 곳에서 사도는 우리를 율법의 저주로부터 구출해 내는 은총의 원인이 그리스도의 전체 삶에 미치는 것으로 여긴다. "때가 차매 하나님이 그 아들을 보내사 여자에게서 나게 하시고 율법 아래에 나게 하신 것은 율법 아래에 있는 자들을 속량하려 하심이라"(적용. 갈 4:4-5). 이와 마찬가지로 또한 세례를 받으실 때 그리스도는 자기가 순종하는 마음으로 아버지의 명령을 수행하심으로써 의의 한 부분을 성취하셨다고 선포하셨다(마 3:15). 요컨대 종의 신분을 입으신 때로부터 그리스도는 우리를 구속하시려고 해방의 값을 치르기 시작하셨다.[427]

칼빈은 '그리스도께서 어떻게 죄를 물리치고 하나님과 우리 사이의 반목을 걷어 내시고 어떻게 의를 획득하여 하나님께서 우리에게 호의를 베푸시고 자비로운 분이 되셨는가?'라고 질문할 때, 그리스도의 "순종의 역정(歷程)을 통해", 그리고 "그리스도의 전체 삶"을 통해 의를 획득하셨기 때문이라고 말했다. 칼빈에 의하면, 그리스도의 생애는 순종의 생애였다. 바울의 증거와 함께 보면, 그리스도의 전 생애의 순종으로 의를 획득하시고 우리를 율법의 저주에서 구출하셨다. 칼빈은 율법의 저주에서 구출하는 은총의 원인은 "그리스도의 전체 삶에 미치는 것"이라고 말했다.

브랜던 크로는 다음과 같이 말했다.

영생의 요건을 충족시키는 것은 예수님의 전체 순종이다. 예수님의 순종의 어떤 측면이 다른 측면보다 더 필수적인 듯이, 이 전체 부분으로 나누는 것은 적절하지 않다. 그리스도의 순종은 그리스도의 삶과 분리된 것이 아니라, 성육신을 통한 전체 순종의 최고의 성취다. 바울이 여러 본문에서 그리스도의 죽음을 강조하는 것은 그리스도의 통합된 순종이 언제나 능동적이자 수동적이신 그리스도에게 적합한 것이다. 그리스도의 순종의 이 두 측면은 죽음에 대한 그리스도의 순종이라는 절정 행위의 강조를 통해 부각된다. 앞 장의 논의와 일치하게, 로마서 5장 12-21절에서 바울은 칭의가 죄 사함과 영생의 권리로 이루어진다고 가르친다. 바울이 보기에, 칭의의 근거를 제공하는 것은 그리스도의 전체적이고 완전한 순종이다. 그렇지 않은 것은 어떤 것도 충분하지 않을 것이다.[428]

크로에 의하면, 영생의 조건을 충족시키는 것은 그리스도의 전체 순종이며

---

427) 존 칼빈, **기독교강요2**, 문병호 역 (서울: 생명의말씀사, 2020), 462-463; **기독교강요** 2.16.5.
428) 브랜던 크로, **그리스도의 능동적 순종과 수동적 순종**, 정광규 역 (서울: 부흥과개혁사, 2022), 83.

그 결과로 죄 사함과 영생을 얻는다. 능동적 순종과 수동적 순종은 개별적이지 않다. 그리스도의 죽으심은 그리스도의 순종의 '절정행위'였다. 칭의는 죄 사함과 영생의 권리이기 때문에 그 칭의의 근거를 그리스도의 능동적 순종과 수동적 순종이 제공한다. 그리스도의 순종은 분리되지 않고 전체적이며 완전한 순종이다.

레이몬드는 '그리스도의 순종의 목적'에 대해 다음과 같이 말했다.

> 개혁주의 신학자들은 그리스도의 순종의 삶과 사역 배후에 있는 목적에 많은 관심을 보였다. 왜냐하면 하나님의 메시아요 구세주로서 그리고 마지막 아담으로서 메시아직을 수행할 권세, 그리고 그가 구원하려고 오신 사람들의 구원 모두가 하나님의 율법에 대한 그리스도 자신의 온전하고도 끊임없는 순종에 달려있다는 것을 그들이 알았기 때문이다. 이를 명확하게 밝히기 위하여 그들은 습관적으로 그리스도의 능동적인 순종과 수동적인 순종을 구분하였다. 하지만, 그리스도께서 행하신 어떠한 일도 수동적인 것이 아니었다. 즉, 온전히 자원하지 않고 마지못해 순종하신 것이 아니었다. 그리스도께서 수동적으로 드리신 바 되신 것(히 9:28, 〈프로스네크쎄이스〉)도 사실이지만 아울러 능동적으로 자기를 드리신 것(히 7:27, 〈헤 아우톤 아네넹카스〉, 9:14〈헤아우톤 프로세넹켄〉, 참고. 요 10:18) 또한 사실이다. 따라서 이러한 표현들은 만족스럽지 못하다. "능동적인"과 "수동적인"이란 용어보다는 "교훈적"(preceptive)인 것과 "형벌적"(penal)인 것이라는 용어가 더 낫다. 전자는 하나님의 율법의 모든 규례들에 대한 그리스도의 온전한 순종을 말하며, 후자는 사람들의 범죄에 대하여 율법이 정한 모든 형벌을 친히 받으신 그리스도의 자발적인 순종을 말한다. 전자, 곧 교훈적인 순종으로써 그리스도는 그를 믿는 자들에게 율법이 적용되기 전에 완전한 의를 효력 있게 만들었다. 후자, 곧 형벌적인 순종으로써 그리스도는 자신의 백성들이 죄 때문에 마땅히 받아야 할 형벌을 자신에게 돌려 대신 받으셨다. 그러므로 그리스도의 교훈적인 순종과 형벌적인 순종, 특히 십자가 사역에서 드러난 후자는 하나님께서 죄인들을 의롭다 하시는 칭의의 근거가 된다(참고. 롬 5:9). 이 거룩한 순종으로 말미암아 죄인들이 용서받고(죄인들에 대한 율법의 형벌을 온유하게 받으신 그리스도에게 그들의 죄가 전가되었기 때문임), 하나님 보시기에 의롭다 함을 받는다(그리스도의 교훈적인 순종 혹은 완전한 의가 믿음으로 말미암아 그들에게 전가되었기 때문임). 그러므로 감사의 찬송으로 그리스도인은 아버지의 뜻과 율법을 순종하신 데 대하여 구세주를 경배한다. 그리스도의 순종이 없으면 구원은 없었을 것이다![429]

서철원 교수는 '능동적 순종은 합당한 신학이 아니다'라고 말하나,[430] 레이몬드에 의하면, 개혁신학이 능동적 순종과 수동적 순종을 구분하여 말한 것은 우리의 구원이 "하나님의 율법에 대한 그리스도 자신의 온전하고도 끊

---

429) 로버트 L. 레이몬드, **최신조직신학**, 나용화·손주철·안명준·조영천 역 (서울: 기독교문서선교회, 2004), 801-802.

430) 서철원, **서철원 박사의 교의신학5 구원론** (서울: 쿰란출판사, 2018), 114-115; "그리스도의 의의 전가라고 할 때 그리스도가 율법을 다 지켜서 얻은 의를 전가한 것으로 말해왔다. 그러나 이것은 합당한 신학이 아니다. 만일 그리스도가 율법을 다 지켜 의를 이루었다고 하면, 그리스도인들도 율법을 다 지켜야 의롭다 함을 얻는다는 데 이르게 된다. 그리스도의 의를 율법의 완수에서 온 의로 말함은 합당하지 않다. 의의 전가라고 할 때 그리스도가 율법준수로 이룬 의를 우리에게 전가하시는 것으로 이해하기 때문이다. 그리스도의 의는 그가 피 흘려 이룬 죄 용서를 말한다. 의의 전가를 그리스도가 율법준수로 획득한 의를 전가함이라고 하면, 그리스도의 피 흘리심으로 죄용서 하심 곧 의롭다 하심이 무효가 된다. 의롭다 하심을 얻는 것은 오직 그리스도의 구속으로만 된다."

임없는 순종에 달려있다"는 것을 알았기 때문이다. 레이몬드는 "능동적인"과 "수동적인"이라는 용어가 부적절하다고 보고, "교훈적"(preceptive)인 것과 "형벌적"(penal) 것으로 말하며 교훈적 순종(율법의 모든 규례에 대한 순종), 형벌적 순종(죄 때문에 받아야 하는 형벌의 순종)으로 말했다. 레이몬드에 의하면, 그리스도의 이 두 가지 순종이 없으면 구원은 없다.

반전은 더 있다. 놀랍게도 성경은 십자가 구속 사건이 끝이 아니라 부활도 말한다! 만일 두 분의 논리대로, '십자가 보혈이 곧 우리 칭의의 완성이자 영생을 얻게 한 구속 사역'이라면, '십자가에서 구속을 이룬 그리스도께서 부활하실 필요가 없다'로 귀결되어야 한다. 그러나 성경은 십자가로 끝이 아니라 부활하신 그리스도, 승귀하신 그리스도로까지 말한다. 그리스도의 부활이 없으면 우리의 중생도 없다.[431] 칼빈은 십자가와 부활로 주어지는 의(이중은혜)에 대해 말했다.[432] 물론 이전의 서철원 교수는 십자가와 부활에서 그리스도께서 얻으신 두 가지 의를 말했다.[433]

성경은 "예수는 우리 범죄함을 위하여 내어줌이 되고 또한 우리를 의롭다 하심을 위하여 살아나셨느니라"(롬 4:25), "크도다 경건의 비밀이여 그렇지 않다 하는 이 없도다 그는 육신으로 나타난 바 되시고 영으로 의롭다 하심을

---

431) 김홍전, **부활절 강설** (서울: 성약출판사, 2000), 103-106.
432) 존 칼빈, **신약성서주석 8** (서울: 성서교재간행사, 1982), 426; 〈"우리 죄를 위해"라는 것은 말하자면, 우리를 죄악으로부터 구원하기 위해 주님께서 친히 저주를 담당하신 것이다. 그분께서 속죄의 형벌을 받으심으로 우리가 하나님과 화목하게 됐고, 한 사람이 정죄를 받음으로 우리 무죄 석방이 이뤄지지 않았는가? 바울은 이와 비슷한 말을 로마서 4장 25절에서도 역시 말하고 있다. 그러나 한편 그 구절에서는 부활이 다른 효력을 낳는데, 바로 주님의 부활이 우리에게 의를 가져다 준다고 말하고 있다. 왜냐하면 죄가 그리스도 죽음으로 소멸하듯이 그분 부활로 또한 의가 나타나는 것이기 때문이다. 우리가 그리스도 죽음으로부터 무엇을 기대하게 되는가를 알고 또한 그분 부활로부터 무엇을 기대하게 될 것인가를 알기 위해 우리는 이 구별을 주의 깊게 살펴봐야 한다. 마지막으로, 성경의 다른 구절들이 그리스도 죽음만을 언급할 때 우리는 그런 실례들에서 그분 부활이 그분 죽음에 내포돼 있다는 사실을 깨달아야 한다. 그리고 죽음과 부활이 따로따로 언급돼 있을 때는 우리가 여기서 보는 대로 우리는 '우리 구원의 시작(initium)이 그분 죽음에 있으며 그 완성(complementum)이 그분 부활에 있음'을 안다.〉
433) 서철원, **로마서 강해설교 제1권: 복음의 개요** (서울: 기독교문서선교회, 1985), 69-70; 〈바울이 전개하는 복음의 다음 조항은 죽은 자 가운데서 부활하심, 곧 십자가에서 돌아가시고 부활하심으로 구속 사역을 완성하셨다는 것입니다. 바울에게서 십자가와 부활은 결코 분리해서 생각할 수가 없었습니다. 왜냐하면 부활 없는 십자가는 한 인간의 비극일 뿐이기 때문입니다. 십자가에 부활이 연속됨으로만이 구속 사역은 완성되기 때문입니다. 그러므로 바울이 부활만 말해도 그에게는 늘 십자가가 전제돼 있었고, 십자가만을 말할 때도 그에게는 부활은 당연한 귀결이었습니다. 바울은 부활 없는 십자가, 부활로 진행하지 않는 십자가가 사건은 생각할 수 없었고, 또 십자가만으로 그친 그리스도의 사건은 생각할 수 없었습니다. … 여러분, 여러분은 이 죽음과 이 부활을 얼마나 알고 계십니까? 우리는 흔히 안다고 할 때 서양적인 사고, 헬라적인 사고가 상당히 많은 까닭으로 안다고 하는 말은 지적 기능의 대상으로 아는 것으로 생각합니다. 그러나 바울에게서, 그리고 히브리인들에게서 안다고 하는 것은 능력을 체험하는 것을 뜻합니다. 여러분, 여러분들은 그리스도 십자가의 권세를 체험하고 싶고 알고 싶어 하십니까? 이런 처참한 죽음으로 하나님은 나를 구속하시고, 용서하실 뿐만 아니라 아들을 부활케 하심으로 나를 의롭게 하셨다는 진리에 바울은 늘 가슴이 벅찼습니다. 그러기에 바울은 그리스도 죽음과 부활에서 구속을 바로 봤습니다.〉

입으시고 천사들에게 보이시고 만국에서 전파되시고 세상에서 믿은 바 되시고 영광 가운데서 올리우셨음이니라"(딤전 3:16)고 말한다. 하이델베르크 교리문답 제45문은 예수님의 부활은 그리스도의 죽으심으로 얻은 의에 참여케 한다고 말한다.[434] 사도 바울은 "성결의 영으로는 죽은 가운데서 부활하여 능력으로 하나님의 아들로 인정되셨으니 곧 우리 주 예수 그리스도시니라"(롬 1:4)고 말했다.

예수 그리스도의 십자가 피 흘리심과 부활은 하나로 연결되어 있으며 우리의 칭의에 대한 완전한 근거를 제공한다. 성부 하나님께서는 부활로 말미암아 그리스도께서 의로우시며 그리스도께서 드린 십자가의 희생 제사가 의롭다는 것을 선언하셨다. 만일 수동적 순종만이 전부라면 왜 성경이 이렇게 부활로 의롭다 하심을 얻었다고 말하겠는가? 아니면, 부활도 존재의 앙양인가?

존 프레임은 다음과 같이 말했다.

> 그리스도의 능동적 순종이 우리에게 전가되는 것에 대해서 개신교 진영 안에, 심지어 그리스도의 수동적 순종 곧 그리스도의 죽음을 받아들이는 신학자들 가운데서도 일부 논쟁이 있다. 우리에게는 이런 논쟁을 자세히 다룰 공간이 없다. 하지만 나에게 다음 사항은 분명한 것 같다. (1) 하나님은 "그리스도 안에서", 즉 그리스도와의 연합으로 우리를 의롭다고 선언하신다(고후 5:21). 예수님은 자신의 완전한 삶과 구속적 죽음으로 그가 하신 모든 것에서 그의 의로운 성품을 표현하신다. 그런 의로운 성품. 그런 죄 없음은 단지 수동적인 표현이 아니라 그리스도와의 연합을 통해 우리의 것이 된다. (2) 예수님의 완전한 삶은 그분이 이루신 구속의 필수적인 측면이다. 구약 성경에서 희생 동물은 "흠이 없어야" 했다(출 12:5). 신약성경은 종종 예수님을 어린 양으로 언급한다. 희생제물로서 예수님 또한 흠이 없어야 했는데, 그것은 사람 안에 죄가 없음을 암시한다. 베드로전서 1장 19절은 예수님을 "흠 없고 점 없는 어린양"으로 언급한다(참고. 히 9:14). 예수님의 속죄는 대속적이므로, 하나님은 전체로서 예수님의 삶의 죄 없음을 우리에게 전가하신다. (3) 그리스도와 우리의 연합은 그의 죽음과 부활에서의 연합이다. 예수님이 우리를 위해 죽으셨을 때 우리는 죄에 대해 죽었고, 예수님이 죽은 자들 가운데서 부활하셨을 때 우리는 그분과 함께 새 생명으로 부활했다(롬 6:1-14). 그리스도의 부활 생명은(다른 많은 것 가운데) 그리스도가 이 땅에서 사셨던 죄 없는 삶의 연속이고 완성이다.[435]

존 프레임에 의하면, 예수 그리스도의 속죄는 대속적이기 때문에 예수님의 삶은 죄가 없어야 한다. 대속 제물의 죄 없음은 신구약 성경이 증거 한다. 무엇보다도 "그리스도와 우리의 연합은 그의 죽음과 부활에서의 연합이다"는

---

434) 하이델베르크 교리문답 제45문: 그리스도의 "부활"은 우리에게 어떤 유익을 줍니까? 답: 첫째, 그리스도는 부활로써 죽음을 이기셨으며, 죽으심으로써 얻으신 의에 우리로 참여하게 하십니다. 둘째, 그의 능력으로 말미암아 우리도 이제 새로운 생명으로 다시 살아났습니다. 셋째, 그리스도의 부활은 우리의 영광스런 부활에 대한 확실한 보증입니다.
435) 존 프레임, **존 프레임의 조직신학**, 김진운 역 (서울: 부흥과개혁사, 2017), 987.

사실이 중요하다. 우리는 그리스도께서 십자가에 죽으신 것에만 연합된 것이 아니라 부활까지도 연합되어 있다. 하나님께서는 그리스도와의 연합으로 우리를 의롭다고 선언하신다. 존 프레임에 의하면, 그리스도의 능동적 순종이 파괴되면 그리스도의 대속적 존재로서의 근거가 상실된다. 존재와 사역은 분리될 수 없다. 존재와 사역이 분리되면 무율법주의로 직행한다. 존재만 오롯이 구원받으면 되기 때문이다.

7. 능동적 순종과 무흠하신 그리스도

스프로울 목사는 다음과 같이 말했다.

> 그리스도의 수동적 순종이란 아버지께서 가하시는 고통에 복종하시는 그분의 자발성을 의미한다. 능동적 순종이란 하나님의 법에 순종하는 그분의 삶 전체를 의미하는데 그로 인해 그분께서는 구원자로서의 자격을 갖추신 것입니다. 그분께서는 흠 없는 어린 양으로서의 자격을 갖추신 것입니다. 그분께서는 "죽임을 당하신 어린 양은 합당하도다"의 찬양을 받을 자격을 갖추신 것입니다. 그분의 완전한 의를 통해서 말입니다. … 만약 그분께서 이 완전한 순종의 삶을 살지 않으셨다면 그 의를 소유하지 못하셨을 겁니다. 우리의 구원을 위해 그분의 완전한 순종은 십자가 위에서의 그분의 완전한 속죄만큼이나 필수적이라는 것입니다.436)

스프로울에 의하면, 그리스도께서는 삶 전체로 하나님의 법에 순종하여 구원자로서 자격을 갖추시고 의를 소유하셨다. 완전한 순종의 삶이 없으면 완전한 속죄가 없다는 것이다. 이것은 무엇을 말하는가? 그리스도의 존재적 관점을 말한다. 그리스도께서는 본성적으로 의로우신 분이시다. 그러나 우리의 의와 구속을 위해 율법에 순종하시고 의를 획득하셨다. 그리스도께서 흠 없는 존재이시므로 십자가의 대속을 이루셨다. 존재와 사명이 분리될 수 없다. 그런 까닭에, 능동적 순종과 수동적 순종을 분리할 수 없다. 속죄를 위한 존재의 무흠은 필수적이다. 서철원 교수는 다음과 같이 말했다.

> 속죄제사의 제물은 흠 없는 몸이어야 한다. 흠 없는 피로 제사하여 죄를 속량하기 위하여 하나님께서 성육신하셔야 했다(히 9:11-15, 26; 10:5-6, 10-12; 8:3-14). 범죄한 인성은 자기를 속량할 수 없기 때문이다.437)

436) https://youtu.be/-AHiqeqne40/ R.C. 스프로울 - 예수님께서 우리의 의(義)가 되십니다(Jesus Is Our Righteousness)(2018.10.31.), accessed 2021.10.9.
437) 서철원, 기독론 (서울: 총신대학교출판부, 2000), 29.

서철원 교수의 말대로, "흠 없는 몸이어야 한다"는 것은 그리스도께서 율법을 준수하여 의를 이루어야 한다는 것을 의미한다. 성육신은 죄인을 원상 회복하기 위해 필요했으며, 그 속죄 제사의 제물은 하나님의 법에 순종하여 흠이 없어야만 했다. 김재성 교수는 다음과 같이 말했다.

> 스위스 바젤의 개혁주의 정통신학자 볼레비우스(Johannes Wollebius, 1589-1629)가 정교한 논지로 두 가지 순종을 강조하였다. 그리스도가 한편으로는 선택받은 자를 위하여 성부의 뜻에 따라서 만족을 드리기 위해서 율법을 완성하였고, 또한 세상의 죄를 위해서 속전을 갚아주는 만족함을 드림으로써 중보자의 사역을 완성하였음을 강조했다. 볼레비우스는 그리스도의 수동적 순종인 "고난 당하심이 속죄를 위해서 필요한 것처럼, 그의 능동적 순종과 의로움도 영생을 얻는 데 필요하다"고 강조했다.438)

볼레비우스에 의하면, 능동적 순종은 성부의 만족을 위해 율법을 완성하신 것이며 수동적 순종은 속죄를 위해 필요한 것이다. 이 두 가지 다 우리의 의를 위해 필요한 것이다. 이것이 헤르만 바빙크와 루이스 벌코프가 우리에게 전해 준 칭의의 내용이다. 능동적 순종에 대해 누구보다 열정적으로 가르친 사람이 메이첸 박사다.439) 김재성 교수는 다음과 같이 말했다.

> 하나님의 인류 구속의 역사를 전체적으로 바라보는 큰 전망과 넓은 구도에서 생각하여보자 만일 그리스도가 모든 율법의 요구를 충족시키는 능동적인 순종을 하지 않았다면, 죄 없으신 어린 양이라고 할 수 없게 된다. 성도들에게 그리스도의 의로움을 전가 시켜 줄 아무런 근거도 없어지게 되는 것이다. 그리스도의 능동적 순종이 없다면, 결코 믿음으로 인하여 주어지는 칭의가 성사될 수도 없으며, 상상조차 할 수 없게 되는 것이다. 이처럼 그리스도의 능동적 순종은 칭의와 의로움의 전가 교리에서 본질적인 구성 요소이다.440)

김재성 교수에 의하면, 그리스도께서 모든 율법의 요구를 충족시키는 능동적 순종을 하셨기 때문에 죄 없으신 어린양이 되셨다. 결국 그리스도의 능동적 순종이 없으면 칭의가 불가하다. 능동적 순종이 있기 때문에 수동적 순종이 있다. 유대인들이 왜 바라바를 요구했는가? 바라바는 강도였으나 자신들

---

438) 김재성, 그리스도의 능동적 순종 (고양: 언약, 2021), 50.
439) Ibid., 52; 〈"그리스도가 단지 우리를 위해서 죄의 형벌을 대신해서 지불하였을 뿐이라고 한다면, 그리고 특히 아담이 행위언약 아래에 놓인 자신을 발견하고 지켜야만 할 것을 하지 않았듯이 그러한 상태에서 우리가 해야만 할 사항들을 전혀 성취하지 않으셨다면, 하나님의 율법에 대해서 완벽한 순종에 근거하여 영생을 우리가 얻을 수 없을 것이다."라고 강조했다. 그리스도는 "죗값을 지불함에서 있어서나, 율법을 지키는 면에서 있어서나 우리의 대표자이며, 자신을 통해서 구원을 얻은 자들을 위해서 하나님의 율법에 대해서 완벽한 순종을 함으로써 보상을 받게 해 주셨다." 메이첸은 마지막 죽음의 순간에도, "그리스도의 능동적 순종이 없다면, 내가 구원을 받는다는 그 어떤 희망도 가질 수 없다"라고 고백했다.〉
440) 김재성, 그리스도의 능동적 순종 (고양: 언약, 2021), 45.

의 욕망을 위해 싸운 투사였기 때문이다. 죄 없는 그리스도가 아니면 강도 바라바라도 아무 문제가 없다. 그러나 그리스도는 인간의 욕망과 이상을 실현해 주는 자가 아니라 인간의 죄를 사하고 의롭다 하실 분이시다.

그런 까닭에 그리스도는 죄 없으신 어린양이 되셨다. 우리의 의가 되신 그리스도는 무흠하신 그리스도시다. 바라바 강도가 십자가에 피 흘려 죽음으로 대속한 것이 아니다. 인간의 욕망과 이상을 원하면 강도를 택하나, 죄로부터 구원을 받고 하나님의 백성으로 살기를 원하는 자는 무흠하신 그리스도를 택한다. 모든 율법에 순종하여 의를 이루신 그리스도가 아니면 우리의 죄를 위해 대속하신 그리스도가 아니다.

토마스 R. 슈라이너는 다음과 같이 말했다.

제사장들은 계속해서 매일 제사를 드렸다. 이것은 최종적 용서가 아직 성취되지 않았음을 뜻한다. 그러나 예수님은 한 번의 제사로 완전하고 최종적인 죄 용서를 확보하셨다(히 10:14). 예수님의 제사는 새 언약에서 약속된 것 즉 완전한 죄 사함을 성취하셨다(렘 31:34). 히브리서에 의하면 예수님은 아담의 죄로 인해 실패했던 인간이 피조물을 지배하는 것을 성취하셨다. 그러나 이 승리를 이룩하기 위해 하나님의 제사장-왕이신 예수님 자신이 인간이 되셔야만 했다. 인간은 혈과 육이므로 예수님은 동일한 것을 가지셔야만 했다(2:14, 17). 예수님은 인간을 괴롭히는 모든 시험을 경험하셨고 그러므로 인간의 상태를 동정하신다(2:18, 4:15). 예수님이 온전하게 되셨다는 개념은 예수님의 불완전함을 암시하는데 이것은 히브리서에 나타나고 있는 예수님을 높이 보는 태도를 고려해 볼 때 다소 이상하게 보인다. 예수님은 죄에 오염되었다는 의미에서 불완전한 것이 아니었다. 히브리서는 예수님이 온전하고 죄 없는 제물이심을 분명히 가르치고 있다(4:15, 7:26). 히브리서는 조심스럽게 살펴보면 예수님의 "온전함"은 인간으로서 고난받으심을 통해서 성취된다는 것을 보여준다. 그러나 이러한 온전함은 미셸(Michel, 1966: 224)이 말하듯이, "시험당할 때 자신을 증명하심, 제사장적 요구조건을 충족하심, 천상 세계의 구속자로서 높아지심"을 포함한다.[441]

슈라이너에 의하면, 그리스도께서는 완전한 죄 사함을 성취하셨다. 그리스도께서 성취하신 것은 아담이 그 죄로 실패한 것에 대한 승리다. 그리스도께서는 그 승리를 위해 온전하셔야 했으며 그 온전함은 인간이 되셔서 인간이 경험해야 하는 모든 시험을 경험하고 동정하심으로 인간으로서 고난을 받음으로 성취되었다. 미셸이 말했듯이, 그리스도께서는 그와 같은 시험을 받으심으로 속죄의 정당성과 합당성을 이루셨다. 그리스도 되심을 증명하시고, 제사장적 요구 조건을 충족하셨으며 천상 세계의 구속자로 높아지셨다.

그리스도께서 시험을 받아 온전케 되셨다는 말은 독자들에게 다소간 의아

---

441) 토마스 R. 슈라이너, **간추린 신약신학**, 김현광 역 (서울: CLC, 2019), 200-201.

스러울 수 있다. 우리는 시험과 온전함을 말하면, 그리스도께서 존재 그 자체로 부족함이 있는 것으로 생각하기 때문이다. 그러나 히브리서는 그런 관점으로 말하지 않는다. 그리스도께서 온전해지심은 죄에 오염된 존재에서 자기 수양으로 새로운 존재가 되었다는 뜻이 결코 아니다. 그리스도께서는 본성적으로 죄가 없으셨으나 시험을 받으셨다. 그런 과정이 그리스도의 구속에 대한 정당성과 합당성을 만들기 때문이다.

슈라이너는 계속해서 다음과 같이 말했다.

> 실험적으로 생각을 해 보면 히브리서의 신학을 이해하는 데 도움이 될 것이다. 예수님은 10세 된 소년으로서 우리의 죄를 대속할 수 있었을 것인가? 당연히 이것은 히브리서에서 구체적으로 던져지지 않은 질문이다. 그러나 그 대답은 아니라는 것이 분명해 보인다. 예수님은 그렇게 미숙한 나이에는 그의 백성들을 위한 고난받을 인간으로서의 성숙함과 경험이 부족했을 것이다. 예수님은 대속 제물로서의 자격을 갖추기 위해서 모든 종류의 시험을 경험하고 죄의 유혹에 대항해야만 했다(4:15). 인간 실존에 있는 고통의 심연이 그의 것이 되어야만 했는데 "심한 통곡과 눈물로 간구와 소원"을 올리는 것이 무엇인지를 알 수 있기 위해서였다(5:7). 더욱이 다른 사람들의 죄를 대속할 수 있는 자의 자격을 갖추기 위해 예수님은 모든 고통스러운 상황에서 그의 아버지에게 순종하실 필요가 있었다. 예수님이 어린아이로서 전혀 죄를 짓지 않으셨다는 것은 충분하지 않다. 예수님은 고난의 도가니에서 시험받을 때 그가 하나님께 충성하셨음을 보여주는 것도 역시 필요했다. 예수님은 십자가를 참지 않고서는 온전한 제물이 될 수 없으셨다(12:2). 하나님께 대한 예수님의 순종은 죄인들이 무자비한 적대감으로 예수님을 대할 때에도 드러났다(12:3).[442]

슈라이너에 의하면, 그리스도께서는 어린 소년으로 고난과 시험을 받으시고 우리의 죄를 대속하지 않으셨다. 그 이유는 무엇인가? 그리스도께서는 인간이 경험하는 모든 종류의 시험과 죄의 유혹을 대항하심으로 대속 제물로서의 자격을 갖추셔야 했기 때문이다. 그리스도께서 온전한 제물이 되시기 위해서는 십자가를 참으셔야만 했다. 예수 그리스도께서는 하나님의 구원 목적을 성취하기 위해 신성과 인성이 모두 필요하셨다. 그런 까닭에, 슈라이너는 "예수님의 인성과 신성은 예수님이 드린 제사의 유효성과 예수님 이전에 왔던 모든 것보다 예수님이 우월하심을 가리킨다"고 말했다.[443]

그러나, 정이철 목사와 서철원 교수는 무엇이라고 말하는가?

2. 아담의 실패를 복구하는 방법: 서철원 박사는 그리스도가 아담의 원죄를 해결하신 방법은

---

442) 토마스 R. 슈라이너, **간추린 신약신학**, 김현광 역 (서울: CLC, 2019), 201.
443) Ibid., 203; "그러므로 히브리서는 독자들에게 예수님을 모세보다 위대한 선지자, 다윗보다 위대한 왕, 멜기세덱의 반차를 좇은 제사장, 그리고 참 사람이시며 참 하나님으로 확신할 것을 요구한다."

피 흘릴 수 있는 인성으로 성육신하시어 아담을 대신하여 십자가에 달리심이라고 본다. 언약을 파기하여 저주를 받고 죄과로 오염된 아담과 그 후손들 속에서는 죄를 해결할 사람이 나올 수 없으므로, 성자 하나님이 죄 없는 인성을 취하시어 사람이 되셨고, 친히 십자가에 달려 피 흘리심으로 죗값을 지불하심으로 타락한 자들을 죄 없는 것처럼 만들었다고 본다.

그리스도께서 우리를 구원하시는 과정의 중요한 개념인 '율법의 성취(완성)'에 대해 서철원 박사는 그리스도가 모든 율법 조항을 일일이 찾아서 지키심으로 율법을 완성했다고 설명하는 것은 타당하지 않다고 본다. 율법 수여자이신 그리스도 자신이 죄인들을 향한 율법의 요구, 즉 죗값을 갚으라는 율법의 명령대로 자신의 목숨을 대속물로 십자가에 내어놓으심으로 죄인들이 율법준수의 의무로부터 벗어나게 하심이 율법의 완성이라고 본다. "하나님이 주신 율법은 완전한 지킴을 요구한다. 그러나 범죄한 인류는 아무도 율법을 요구대로 지킬 수 없다. 그러므로 율법 수여자가 율법의 요구 곧 율법을 범하므로 온 죗값을 갚으라는 요구를 다 이루셨다. 곧 피 흘려 죗값을 갚으므로 율법준수의 의무에서 사람들을 해방하셨다."(서철원, 166.) "그리스도가 율법의 수여자로서 율법의 요구를 충족시켜 율법의 속박에서 백성들을 해방하셨다. 그리스도가 율법을 완성하신 것은 율법의 요구를 충족하므로 율법을 다 지켜야 한다는 율법의 속박에서 사람들을 해방하기 위해서 하신 것이다(마 5:17-20, 11:28-30). 이렇게 하여 율법준수의 요구가 더 이상 타당하지 않게 되었다."(Ibid) "그리스도는 율법을 다 지키므로 의를 얻어 그것을 우리에게 전가하신 것이 아니다. 율법의 요구 곧 범죄하므로 그 죗값을 갚으라는 요구를 따라 피 흘림으로 죗값을 갚아 용서를 가져오셨다 … 그 면에서 율법을 완성한 것이다."(Ibid., 147)[444]

정이철 목사와 서철원 교수는 오로지 수동적 순종만 말한다. 정이철 목사와 서철원 교수는 왜 수동적 순종만 말하는가? 아니, 왜 수동적 순종만 말해야 하는가? 그리스도의 수동적 순종이 율법의 요구를 다 이룬다고 믿기 때문이다. 서철원 교수가 말하는 율법의 요구는 "죗값을 갚으라"는 율법의 명령이며, 그로 인해 예수님께서 십자가에서 대속물로 죽으셨다. 그 결과로, "죄인들이 율법준수의 의무로부터 벗어나게 하심이 율법의 완성"이다.

성경이 말하는 율법의 요구는 무엇인가?

3 율법이 육신으로 말미암아 연약하여 할 수 없는 그것을 하나님은 하시나니 곧 죄를 인하여 자기 아들을 죄 있는 육신의 모양으로 보내어 육신에 죄를 정하사 4 육신을 좇지 않고 그 영을 좇아 행하는 우리에게 율법의 요구를 이루어지게 하려 하심이니라(롬 8:3-4)

"율법의 요구"를 NIV는 "the righteous requirements of the law"으로 번역했고, 칼빈은 "the justification of the law"이라고 번역했다.

칼빈은 "율법의 요구"에 대해 다음과 같이 말했다.

4절. 율법의 요구를 이루어지게 하려 하심이니라. 어떤 주석가들은 그리스도의 영에 의하여 거듭난 사람들의 경우 율법을 그들이 이루고 있는 것으로 이해하고 있는데, 그 주석가들은 바울

444) http://www.good-faith.net/news/articleView.html?idxno=1381/ 정이철, '서철원-벌코프의 능동순종에 대한 공통점과 차이점,'(2019.2.14.).

이 의미하고 있는 것과는 전혀 다른 그릇된 해석을 보여 주고 있는 것이다. 신자들은 그들이 이 세상에서 나그네로 사는 동안에는, 율법의 의가 자기들에게서 완성될 만큼 믿음의 진보를 할 수가 없다. 그러므로 우리는 이 구절의 말씀을 죄 용서에 적용하여 이해해야 하는 것이다. 왜냐 하면 그리스도의 순종이 우리에게 전가됨으로써 율법이 충족되고, 그리하여 우리가 의롭다고 여김을 받게 되기 때문이다. 율법이 요구하는 완전(perfection)이 이로 말미암아 육체에 나타 났으며, 그래서 율법의 엄격한 요구가 더 이상 우리를 정죄할 힘을 갖지 못하게 되는 것이다. 그러나 그리스도께서는 그의 의를 그가 그의 영의 매는 줄로 자신에게 연합되게 한 사람들에게 만 전가시켜 주기 때문에, 그리스도께서 죄의 사역자로 오해 받지 않도록 하기 위해서, 바울은 중생을 거듭 언급하고 있다. 하나님의 부성적인 면죄 교리를 악용하여 육신의 정욕에 빠지는 것이 일반적인 경향이다. 한편 다른 이들은 그 교리가 의로운 삶을 추구하려는 마음에 찬물을 끼얹기라도 한 것처럼, 이 교리를 악의를 가지고 비방한다.[445)

칼빈에 의하면, 율법의 요구, 곧 율법의 의는 우리로서는 이룰 수 없고, 그 리스도의 순종이 우리에게 전가되어야 율법이 충족되고 우리가 의롭다 함을 받는다. 율법이 요구하는 완전, 곧 의가 그리스도의 순종으로 이루어졌으며 그 의가 우리에게 전가되었다. "율법이 육신으로 말미암아 연약하여 할 수 없 는 그것을" 그리스도께서 순종하심으로 이루셨다.[446)

개혁신학은 무엇을 말하는가? 개혁신학은 '그리스도께서 율법에 순종하심 으로 의를 이루시고 십자가에 피 흘려 죽으심으로 율법의 요구를 이루셨다' 고 말한다. 옛언약은 새언약의 그림자다. 희생 제사로 드리는 어린 양은 흠이 없어야 했다. 왜 흠 없는 어린 양인가? 왜 세례 요한은 "보라 세상 죄를 지고 가는 하나님의 어린 양이로다"(요 1:29)라고 말했는가? 매튜 풀은 세례 요한 이 그리스도를 "하나님의 어린 양"이라 부른 것은 "그리스도가 그들의 모든 제사의 참된 실체라는 것을 그들에게 상기시켜 주기 위한 것"이라고 말했 다.[447)

로이크로프트(Andrew Roycroft)는 다음과 같이 말했다.

445) 존 칼빈, **신약성서주석 7** (서울: 성서교재간행사, 1982), 238.
446) Ibid., 235; "율법이 육신으로 말미암아 연약하여 할 수 없는 그것을: 바울은 율법을 그 연약성을 인하여 불경하게 자기가 비난하고 있는 것으로 아무도 오해하지 않도록 하고, 또한 율법을 의식상의 규례에 국한시켜 아 무도 생각지 않도록 하기 위해서, 그는 밝히 말하기를, 이러한 연약성은 율법 안에 있는 어떤 흠결 때문이 아니 라, 우리 육신의 부패 때문이라고 했다. 만일 누구든지 하나님의 율법을 완전하게 이행할 수만 있다고 하면, 그는 하나님 앞에서 의롭다고 인정되어야 할 것이다. 그러므로, 바울은 교훈에 관한 율법이 우리를 의롭게 하기에 충분하다는 것을 부인하지 않는다. 이는 율법이 의의 완전한 법칙을 포함하고 있기 때문이다. 그러나 우리의 육 신이 그 의에 이르지 못하기 때문에, 율법의 전 능력이 무산되어 버리는 것이다. 이로써 의식법의 경우에만 의롭 게 하는 능력이 없다고 바울이 말한 것으로 생각하는 자들의 오류와 망상이 논박되는 것이다. 왜냐하면 바울은 우리 자신들에게 책임이 있다고 주장하고 있고, 율법의 교훈에는 아무런 흠결도 없다고 하고 있기 때문이다."
447) 매튜 풀, **청교도 성경주석 16**, 박문재 역 (파주: 크리스챤다이제스트, 2015), 30.

그리스도의 능동적 순종과 수동적 순종을 '통으로 짠 옷'으로 여기는 것은 전가된 의로움의 본질을 보다 온전하게 맛보는 것이다. 칭의란 단순히 '마치 내가 전혀 죄를 짓지 않은 것처럼'의 의미로 축소될 수 있다는 대중적 견해는 우리에게 전가된 의로움을 더 많이 배움으로써 전적으로 극복될 수 있다.448)

로이크로프트가 그리스도의 두 가지 순종을 튜레틴의 말을 인용하여 '통으로 짠 옷'이라고 표현한 것은 능동적 순종과 수동적 순종을 떼어놓을 수 없다는 멋진 말이다. 능동적 순종과 수동적 순종은 죄짓지 않은 정도로만이 아니라 우리에게 의가 전가된 것이다. 로이크로프트는 이어서 다음과 같이 말했다.

헤르만 바빙크(Herman Bavinck)가 『개혁 교의학』(*Reformed Dogmatics*)의 제3권을 저술할 때, 구세주의 지상 순종의 수동적 측면이 "경건한 성찰의 대상이 되었"음을 언급하면서, 순종의 능동적 측면과 수동적 측면이 비성경적으로 분리되었음을 탄식하였다. 이 탄식은 실제로 우리 시대에 반복될 수 있고, 아마 심화할 수도 있다. 현대 교회에서 설교를 위한 많은 것들은 십자가 형태는 고사하고, 종종 주 예수에 대한 숙고가 지속되는 곳에서조차 그의 가르침, 기적들, 혹은 더 강조하자면 그의 고난들에 있을 뿐 거의 그리스도 중심적이 아니다. 이것은 단지 사변 신학이 갖는 하나의 허점만 아니라, 주 예수 그리스도께서 신자들을 위해 성취하신 것과 관련하여 신자들의 이해에 있어서 하나의 빈틈이다. 앤드류 풀러(Andrew Fuller)의 관찰은 그의 시대에, 더 나아가 우리 시대에 이 중요한 교리를 소홀히 하는 슬픈 경향을 요약하고 있다: 최근에 내가 충격적으로 깨달은 것은 그리스도의 죄 없는 생애가 복음주의 체계에서 그 중요성에 비례하여 우리의 설교와 신학 체계 가운데 주장되지 않았던 주제라는 사실이다. 이 소논문에서 우리는 일반적으로 그리스도의 순종이 지닌 어떤 윤곽을 추적할 것이며, 특히 그의 능동적 순종의 핵심을 살필 것인데, 이 교리의 성경적, 교의적 근원들과 결과들을 제시할 것이다. 신자를 위한 그리스도의 순종의 실천적이고 목회적인 암시들 또한 결론을 통해 검토될 것이다. 그리스도의 순종의 통일성: 그리스도의 능동적 순종을 특정한 방식으로 말하는 데 내재 된 위험들 가운데 하나는 그리스도의 능동적 순종이 어떤 점에서는 그의 수동적 순종과 별개라는 비성경적 개념을 강화한다는 점이다. 단일 교리에 대한 묘사는 쉽게 두 개의 개별적 교의들 사이의 차별로 오인될 수 있으며, 이것은 우리가 주도면밀하게 피해야 할 오해이다. 그리스도의 사역은 성육하신 하나님의 아들로서 그에게 요구되었던 모든 것에 대한 한 부분, 단 하나의 성취이다. 이것은 그리스도의 '순종'과 '속죄'(satisfaction)의 긴밀한 연결에 관한 웨스트민스터 신앙고백서의 신중한 주장 가운데 반영된 사실이다. 구세주의 능동적 순종을 격려함으로써 우리는 그것을 우리 구원의 별개 요소로 만드는 것이 아니라 그리스도의 구원 사역에 통일된 초점을 맞춘 부분으로 밝게 빛나도록 허용하는 것이다. 능동적 순종은 구세주가 십자가에서 자신의 수동적 순종 가운데 성취한 것의 본질적 요소, 즉 존 오웬(John Owen)이 아름답게 혼합하여 묘사한 진리였다.449)

---

448) 앤드류 로이크로프트, 그리스도의 능동적 순종, 박태현 역 (진리의 깃발 161호); 〈프란시스 튜레틴(Francis Turretin)은 우리의 칭의를 위한 그리스도의 능동적 순종의 필연성을 다루는 가운데 다음과 같이 촉구하였다. "그리스도 전부, 즉 그리스도가 행한 것과 고난 당한 것 모두가 우리에게 수용되어야 한다. 이것은 더 큰 그리스도의 영광과 더 풍성한 우리의 위로가 되는 경향이 있는데, 우리 구원의 값에서 가장 완벽한 그의 의로움과 순종의 일부를 훼손함으로써 통으로 짠 그의 옷을 찢는 사람들은 그 영광과 그 위로를 적잖이 모호하게 하며 축소시킨다."〉

로이크로프트에 의하면, 놀랍게도 "그리스도의 죄 없는 생애"에 대해 설교와 신학의 주제가 되어 있지 않았다는 사실이다. 수동적 순종은 "그리스도의 죄 없는 생애"와 긴밀하게 연결되어 있으며, 능동적 순종은 수동적 순종과 별개로 분리될 수 없다. 이 두 가지는 "통"으로 되어 있는 것이다. 존 오웬이 묘사한 대로, "능동적 순종은 구세주가 십자가에서 자신의 수동적 순종 가운데 성취한 것의 본질적 요소"다.

김재성 교수는 다음과 같이 말했다.

> 예수 그리스도가 죄 없는 분이라는 것은 두 가지 내용으로, 자범죄와 유전죄가 없다는 것을 의미한다. 첫째, 그리스도가 스스로 죄를 범하지 않았기에, 용서를 받으려고 기도할 필요가 없다. 그리스도는 생각이나 말에서나 행동에서나 하나님의 뜻을 따랐고, 모든 의로움을 성취하셨다(마 3:15). 둘째로 그리스도는 저주를 받은 자들에게 내려오는 내재적 죄와도 상관이 없다. 고린도후서 5장 21절에, "죄를 알지도 못하신다"고 하였다. 아담과 그리스도의 차이가 완전히 다르게 드러나는 부분은 바로 능동적 순종과 수동적 순종이라는 개념으로만 설명되어질 수 있다. 아담에게는 자신에게 주어진 명령에 대해서만 능동적으로 순종할 것을 요구하셨다. 그러나 그리스도에게는 모든 율법을 지켜야 하는 능동적 순종과 함께, 아담의 원죄와 택함 받은 자들의 자범죄를 대신하여서 율법의 죗값을 당해야만 하는 수동적 순종도 부과되어졌다. 단순히 아담의 불순종과 그리스도의 순종이 대조되는 것만이 아니라, 그 내용에서도 중요한 차이가 있음에 주목해야만 한다. 그리스도는 택함 받은 자들의 구속함을 확보하기 위해서 하나님께 능동적 순종과 수동적 순종 모두를 드려야만 했다. 성도들은 그리스도의 능동적 순종과 수동적 순종 중에서 어느 한쪽에서 나오는 혜택만을 받는 것이 아니다. 이 두 가지 순종은 구별은 하지만, 결코 완전히 분리시킬 수는 없다. 그리스도가 세상의 모든 죄를 짊어지고 가는 흠 없는 어린 양이 되기 위해서는 능동적인 순종을 통해서 그 조건을 충족시키지 않으면 안 되었다. 그 결과로 새 언약의 중보자가 될 수 있었다. 그리스도는 메시아이면서도, 마지막 아담으로 오셨다. 성도들로 하여금 율법의 저주로부터 자유함을 얻게 하고, 종말에서도 결함이 없는 신분을 확보하기 위해서는 그리스도의 능동적 순종과 수동적 순종이 반드시 필요하다. 그리스도가 성취한 율법에 대한 능동적 순종은 율법의 죄책을 감당하고자 고난을 당하는 수동적 순종과 함께 필수적이다.[450]

김재성 교수에 의하면, 그리스도께서는 능동적 순종을 통해 흠 없는 어린 양이 되셨다. 그 이유는 무엇인가? 그리스도께서는 모든 율법을 지켜 의를 이루는 능동적 순종과 함께 율법의 죗값을 당하여 수동적 순종도 이루셔야 했기 때문이다.

히브리서는 다음과 같이 말한다.

---

449) Ibid.
450) 김재성, 그리스도의 능동적 순종 (고양: 언약, 2021), 103-104.

그러므로 저가 범사에 형제들과 같이 되심이 마땅하도다 이는 하나님의 일에 자비하고 충성된 대제사장이 되어 백성의 죄를 구속하려 하심이라(히 2:17)

그리스도께서는 "범사에" 형제들과 같이 되셨다. 그러나 죄는 없으셨다(히 4:15). 우리는 '그리스도께서는 참 하나님이시고 참 인간이시다.'라고 고백한다. 우리의 고백은 죄 없으신 그리스도를 믿는 것이다. 이 지상의 사역에서 죄 없으신 그리스도께서 십자가를 지시고 구속을 이루셨다. 찰스 핫지 교수가 "그가 인간으로 잉태된 순간부터 부활하기까지의 전체가 그리스도로서의 사역을 의미한다"고 말한 것은 타당하다.451) 루이스 벌코프(1873-1957)도 "만일 그가 율법의 원초적 요구를 충족시키지 못한 채 단지 죗값만 치르셨다면, 그는 인간의 타락 전 아담의 입장에 처하게 하셨을 것이며, 인간은 여전히 순종으로서 영생을 얻어야 하는 문제에 직면했을 것이다."라고 말했다.452)

8. 능동적 순종 결사반대

서철원 교수와 정이철 목사는 능동적 순종을 결사반대한다.

정이철 목사는 다음과 같이 말했다.

서철원 박사의 그리스도의 자발적인 율법에 대한 순종, 즉 능동적 순종의 의가 전가되었다는 사상에 대해 가장 강력하고 결사적으로 반대한다. "전통적 신학에서 예수의 율법준수를 능동적 순종(obedientia activa), 십자가의 죽음을 피동적 순종(obedientia passiva)이라고 한 구분과 가르침은 전적으로 잘못되었다. 그리스도가 율법준수로 의를 획득하여 우리에게 전가한 것이 아니고, 피 흘려 죗값을 다 치르므로 죄 용서를 이루신 것이 의다. 이 의를 받아 우리가 영생하게 되었다."(서철원, 167.)

"전통적 신학이 제시하는 능동적 순종과 피동적 순종은 전적으로 그릇된 사변적 산물이다 … 이런 것은 성경에 맞지 않고 그리스도의 구속사역에 전혀 맞지 않는다. 그리스도는 율법을 다 지키므로 의를 얻어 그것을 우리에게 전가하신 것이 아니다. 율법의 요구 곧 범죄하므로 그 죗값을 갚으라는 요구를 따라 피 흘림으로 죗값을 갚아 용서를 가져오셨다 … 그 면에서 율법을 완성한 것이다."(Ibid., 147)

놀랍게도 벌코프의 가르침 속에서도 능동적 순종의 의에 전가에 대한 말을 찾을 수 없었다. 서철원 박사와 벌코프는 완전히 다른 각도에서 신학을 전개하였다. 서 박사는 그리스도가 우리를 대신하여 율법대로 죽으심이 율법의 완성(성취)라고 보고 있으나, 벌코프는 그리스도가 실제로 율법을 지키신 것에 강조를 두었다. 그렇다고 벌코프가 그리스도의 능동적 순종의 의를 인정한 것은 전혀 아니다. 벌코프는 그리스도의 율법 순종의 의미를 그리스도의 십자가 제사를 하나님이 받으시게 만드는 중요한 요건이라고 보았다. "그리스도의 능동적 순종은 그의 수동적 순종

451) Charles Hodges, *Systematic Theology* (N. Y.: Scribner, 1873), 3:143; 김재성, **그리스도의 능동적 순종** (고양: 언약, 2021), 57에서 재인용.

452) 루이스 벌코프, **벌코프조직신학(하)**, 권수경·이상원 역 (서울: 크리스챤다이제스트, 1993), 622.

이 하나님께 받음직하게 되도록, 곧 하나님의 열납 대상이 되게 하기 위해서 필요했다 … 그리스도가 능동적 순종을 하시지 않았다면, 그의 인성은 하나님의 공의로운 요구에 미달되었을 것이며, 그는 타인을 위해 속죄하실 수 없었을 것이다."(벌코프, 621)

정이철 목사는 서철원 박사가 그리스도의 능동적 순종의 의가 전가 되었다는 것을 "결사 반대한다"고 말했다. 그 이유는 무엇인가? 그리스도께서 율법의 준수로 의를 이루었다는 것은 그리스도의 구속 사역에 전혀 맞지 않다고 믿기 때문이다. 서철원 교수는 율법의 완성을 율법을 어긴 범죄에 대한 값으로만 본다. 서철원 교수의 주장이 맞다면 우리는 당장 모든 교리를 뜯어고쳐야 한다. 서철원 교수의 주장대로라면 개혁신학의 교리들이 "전적으로 잘못되었다"에 해당하기 때문이다.

그러나 서철원 교수는 그리스도께서 이루신 한 면만 보고 있다. "능동적 순종과 피동적 순종은 전적으로 그릇된 사변적 산물"이라면 그리스도께서는 왜 율법 아래에 나셨는가?[453] 그리스도께서 천상에 계시다가 어느 날 갑자기 십자가에 피 흘려 죽으심으로 의를 이루시지 않으셨는가?

이남규 교수는 다음과 같이 말했다.

첫째, 언약과 관련해서: 피스카토르의 등장 이전에 우르시누스의 대요리문답서가 보여주듯이 본성언약과 은혜언약의 구도가 있으며, 여기에 아담의 실패와 그리스도를 통한 율법의 성취가 있음을 확인했다. 그러나 능동적 순종이 아직 두 언약의 고리로 나타나지 않는다. 피스카토르가 능동적 순종의 전가를 부인하자, 이에 반대하면서 죄가 없는 타락전 아담의 상태와 그리스도의 의의 전가를 받은 자들의 상태의 비교가 등장했다(폴라누스). 그럼에도 폴라누스의 행위언약과 은혜언약의 구도에서 능동적 순종이 아직 두 언약의 고리의 연결로서는 뚜렷하게 드러나지 않는다. 이후의 개혁신학자들의 교리체계 안에서 행위언약과 은혜언약의 구도와 그리스도를 통한 율법의 성취(우르시누스)에 타락전 아담의 의보다 우월한 전가된 그리스도의 의(폴라누스)가 연결되는 일은 성경에 근거한 자연스러운 일이다. 이제 두 언약의 연결 고리 중 하나로 그리스도의 능동적 순종을 포함하는 일은 17세기 중반에 개혁신학에서 흔히 발견된다. 따라서 17세기의 사변적 교리체계 안에서 행위언약과 은혜언약의 견고한 구도를 끌어내기 위해 이전에 없었던 능동적 순종의 전가 이론을 만들어냈다는 주장은 역사적 사실과 맞지 않는 오류다. 이미 16세기 말의 개혁신학자들에게 그리스도의 능동적 순종의 전가를 위한 풍성한 변증이 발견되며, 개혁교회의 총회들의 결정문은 일찍이 능동적 순종의 전가를 인정하거나(1588년 스위스 개혁교회 총회) 능동적 순종의 전가 부인을 정죄한다(1603년 프랑스 개혁교회 총회).[454]

―――――――――――――――

453) https://www.kidok.com/news/articleView.html?idxno=210639/ 서철원, '능동적 순종, 개혁신학적인가?'(2021.4.7.); "능동적 순종 논의도 17세기 사변적으로 신학하기로 함으로 생겨난 사변적 논의일 뿐이다. 17세기 영국의 청교도 신학의 황태자로 알려진 존 오윈이 능동적 순종의 논의를 시발하였다고 알려졌다. 그리스도가 십자가에 죽어 속죄하므로 구속사역을 다 하였다면 그렇게 오래 사실 필요가 없었다. 33년이나 오래 산 것은 율법을 준수하기 위해서라는 것이다. 그래서 그리스도가 율법준수를 시작했다는 것이다. 그리스도는 본래 율법수여자로서 율법을 지킬 의무가 없지만 율법을 준수하기 시작하였다. 율법준수로 의를 이루어 그 의를 백성들에게 전가하므로 백성들이 영생을 얻게 되었다는 것이다."

이남규 교수에 의하면, 능동적 순종은 사변의 결과물이 아니라, 본성언약과 은혜언약의 구도 속에서 있었고, 피스카토르의 주장에 반대하여 타락 전 아담의 상태와 그리스도의 의의 전가를 받은 상태를 대조하면서 나타났다.

칼빈은 다음과 같이 말했다.

바울은 주 예수 그리스도께서 여자에게 나셨으며 율법 아래 나신 것은 율법 아래 있는 자들을 속량하시기 위해서라고 말했습니다. 바울이 제일 강조한 것은 그리스도께서 인간 육신을 입고 계셨다는 사실입니다. 왜냐하면 그리스도께서 그렇게 하시는 것이 우리를 대신해 하나님께 순종함으로써 우리를 해방해 줄 수 있는 유일한 방법이었기 때문입니다. 그리스도께서 여자에게서 낳게 되셨다고 한 바울 말에는 예수님께서 초자연의 방법으로 잉태돼 이 세상에 태어나셨다는 뜻이 있습니다. 예수님께서는 다윗 집안 후손이셨지만, 우리가 알고 있는 바와 같이 예수님 잉태는 성령의 보이지 않은 능력으로 이뤄졌습니다.

주 예수 그리스도께서는 우리를 위해 하나님을 향한 순종의 삶을 살기 위해 우리의 속성을 입으셨습니다. 따라서 바울이 말한 예수님의 율법 복종은 압박 때문이 아니고 자발로 이뤄졌습니다. 우리가 알고 있는 바와 같이 주 예수 그리스도께서는 모든 사람의 주님이시며 절대 권능을 가지고 계십니다. 모든 천사들과 천사장들이 그 앞에서는 무릎을 꿇어 경의를 표해야 합니다. 예수님으로 하여금 율법에 복종하게 한다는 것은 실제로 예수님을 종으로 삼는 것이니, 예수님이 어떻게 그렇게 되실 수 있겠습니까? 하지만 그렇게 됐다고 해서 어떤 방법으로든지 하나님의 아들 권위가 추락하지는 않습니다. 왜냐하면 예수님께서는 자진해서 우리 수준까지 자신을 낮추셨기 때문입니다. 예수님께서 하나님과 동등함을 취할 것으로 여기지 않으셨다는 빌립보서 2장 6절 말씀에는 모순이 전혀 없습니다. 예수님께서는 스스로 마음을 비우셨습니다. 따라서 예수님께서 순수하고 아낌없이 주는 선하심으로 겸손해지셨기 때문에 바울이 표현한 대로 예수님께서 비록 사람들 앞에서는 종의 형체로 나타나셨지만 당신의 영광스런 지위를 유지하셨습니다.

그러므로 예수님은 하늘과 땅의 주님이셨지만 우리를 해방해 주기 위해서 종의 직분을 감당하셨다는 사실을 알아둡시다. 우리가 아는 대로 예수님께서는 할례를 받으셨으며 성인이 돼서는 모세 율법이 명령한 것들을 모두 철저하게 지키셨습니다. 예수님께서 그렇게 하신 것은 그렇게 해야만 했기 때문이 아니고 노예와도 같은 우리 상태를 폐하시기 위해서였습니다. 따라서 바울이 여기서 한 것처럼 성경 말씀이 우리 자유를 언급할 때마다 우리는 예수님 자발 순종은 헛되지 않았다는 것을 깨닫고 주 예수 그리스도께 초점을 맞춰야 합니다.[455]

정이철 목사는 벌코프의 "능동적 순종의 의에 전가에 대한 말을 찾을 수 없었다"고 말했으나, 정이철 목사가 인용한 동일한 그 페이지에서 "만일 그리스도가 능동적 순종을 하시지 않았더라면, 그의 인성은 하나님의 공의로운 요구에 미달되었을 것이며, 그는 타인을 위해 속죄하실 수 없었을 것이다. 끝으로, 만일 그리스도가 오직 인간에게 부과된 형벌만을 받으셨다면, 그의 사

454) 이남규, '그리스도의 능동적 순종 전가 부인에 대한 개혁신학자들의 견해와 교회의 결정,' **신학정론** 39(2) (2021): 223-224(165-226).
455) 존 칼빈, **갈라디아서 강해(하)**, 김동민 역 (서울: 서로 사랑, 2013), 77-78.

역의 열매에 참여하는 사람들은 타락 전 아담의 위치에 남았을 것이다. 그리스도는 죄인들을 위하여 죄 용서 이상의 공로를 쌓으셨다."라고 말했다.[456] 벌코프는 "하나님의 공의"의 관점으로 능동적 순종을 말했다. 뿐만 아니라 벌코프는 제목 자체를 "3. 속죄는 그리스도의 능동적·수동적 순종을 포함한다"고 말했다. 왜 이런 오류가 발생하는가? 서철원 교수의 신학에 오염되었기 때문이다. 능동적 순종은 사변이고 오류라는 관점으로 보기 때문이다.

정이철 목사는 다음과 같이 말했다.

> 두 사람의 차이의 원인을 설명하자면 다음과 같다. 서 박사는 원죄의 본질을 아담이 하나님 섬기기를 거부한 것으로 보기 때문에 타락 후 율법의 정죄를 받은 아담과 그의 후손들을 대신하여 그리스도께서 죗값을 치르는 것을 중시한 결과이다. 그러나 벌코프는 아담이 영생으로 나아가기 위한 하나님의 계명을 지키지 않은 것을 원죄의 본질로 이해하였으므로 그리스도가 아담이 실패한 계명 준수를 회복하는 것에 더 강조점을 둔 결과이다.[457]

얼핏 보면, 정이철 목사나 서철원 교수나 벌코프나 다른 말이 아닌 것처럼 보인다. 서철원 교수가 "원죄의 본질을 아담이 하나님 섬기기를 거부한 것"으로 보는 것이나, 벌코프 교수가 "아담이 영생으로 나아가기 위한 하나님의 계명을 지키지 않은 것"이나 유사해 보인다. 그러나, 아담이 영생을 소유한 존재적 관점에서 "서 박사는 원죄의 본질을 아담이 하나님 섬기기를 거부한 것"이다. 완전한 영생을 소유한 존재가 하나님 섬기기를 거부하는 일이 발생할 수 있는가?

정이철 목사는 "능동적-수동적 순종으로 분리하는 것에 대해" 다음과 같이 말했다.

> 두 사람은 공히 그리스도의 순종을 능동적, 수동적 순종을 날카롭게 구분하는 것을 반대한다. 서철원 박사는 그리스도께서 항상 하나님의 뜻에 즐거이 순종하셨고, 심지어 우리를 위해 십자가의 죽음으로 나아가시는 일도 스스로 결정했음을 강조한다. 서 박사는 십자가를 지신 그리스도의 순종을 수동적(피동적) 순종이라고 정의하는 것을 강하게 반대한다. "그리스도는 친히 죽음으로 나아가기로 결정하므로 많은 인류를 살리셨다. 그는 죽기까지 순종하므로 아담의 불순종을 속상하여 많은 사람들을 의롭게 만들었다(롬 5:17-19). 그의 순종으로 말미암아 사람들이 사망에서 돌이켜 생명 곧 영생에 이르렀다(롬 5:21). 하나님의 뜻을 순종함이 의이기 때문이다."(서철원, 165.) "예수는 제2 아담 곧 새 인류의 조상으로서 하나님의 뜻을 순종하였으므로, 첫 아담의 불순종으로 말미암아 온 죽음을 폐하여 그의 의로 많은 인류를 살게 하였다."(Ibid.)

---

456) 루이스 벌코프, **벌코프조직신학(하)**, 권수경·이상원 역 (서울: 크리스챤다이제스트, 1993), 621.
457) http://www.good-faith.net/news/articleView.html?idxno=1381/ 정이철, '서철원-벌코프의 능동순종에 대한 공통점과 차이점,'(2019.2.14.).

"그리스도는 십자가의 죽음에까지 순종하여(빌 2:8) 속죄를 이루셨다. 하나님의 법이 정한 대로 죗값을 위해 죽기까지 순종하셨다."(Ibid., 167.) 놀랍게도 벌코프도 서철원 박사와 같이 능동적, 수동적 순종이라고 불리울지라도 그리스도의 순종은 결코 분리되지 않는다고 강조했다. "그리스도의 순종은 통례상 능동적, 수동적 순종으로 구별된다. 그러나 양자를 구분함에 있어서 분명하게 알 것은 양자는 분리될 수 없다는 사실이다. 양자는 구세주의 일생의 모든 시기마다 동반적으로 나타난다. 양자는 부단히 상호침투하고 있다 … 그리스도의 능동적이고 수동적인 순종은 유기체적 전체의 상호 보완적인 부분들로 간주되어야 한다"(벌코프, 620.)

정이철 목사는 무엇이라고 말했는가? 서철원 교수는 '그리스도의 십자가의 순종을 수동적 순종이라고 정의하는 것을 강하게 반대하며, 그리스도께서 죽기까지 순종하여 많은 사람을 의롭게 했다'고 말했다는 것이다.458) 서철원 교수가 벌코프처럼 그리스도의 순종을 분리하지 않는다고 강조했으나, 앞에서 살펴보았듯이, 서철원 교수는 능동적 순종을 극렬히 반대한다.

서철원 교수는 율법의 요구, 곧 "율법을 범하므로 온 죗값을 갚으라"는 이 요구를 십자가에 피 흘려 죗값을 다 치루신 것이 의이며 그 의로 우리가 영생하게 되었다고 말했다.459) 서철원 교수의 의도는 그리스도께서 십자가의 죽으심으로 우리를 의롭게 하셨기 때문에 전통적 신학에서 말하는 것처럼 능동적 순종, 수동적 순종이라고 말할 필요가 없고,460) 십자가에 피 흘려 죽으심으로 다 해결되었기 때문에 능동적 순종, 수동적 순종으로 분리될 수 없다는 것이다.

서철원 교수도 그리스도의 생애를 율법준수의 삶이라고 말하면서 전 생애적 순종을 말하나 오직 수동적 순종으로 이룬 의만 전가된다고 말하며 그런 관점에서 능동적 순종, 수동적 순종으로 분리될 수 없다는 것이다. 그러나 개혁신학은 능동적 순종과 수동적 순종을 생애 전체의 순종으로 보며 능동적 순종으로 이룬 의와 수동적 순종으로 이룬 의가 다 전가된다고 믿기 때문에 능동적 순종과 수동적 순종이 분리되지 않는다고 말한다.

또한, 서철원 교수는 "그리스도께서 항상 하나님의 뜻에 즐거이 순종하셨

---

458) 서철원, **서철원 박사의 교의신학4 그리스도론** (서울: 쿰란출판사, 2018), 165; "6.2.4. 율법의 성취 6.2.4.1. 주 예수는 모든 율법의 요구에 자기를 종속시켰다: 주 예수는 출생 후 할례 받음으로 언약백성의 표를 받아 율법의 요구를 다 담당하셨다. 그러므로 그의 삶은 다 율법준수의 삶이었다. 모든 구약백성이 바란 율법순자 곧 율법성취자로서 율법의 요구를 짊어지셨다. 그리하여 율법 아래 있는 자들을 속량하려고 하셨다(갈 4:4-5. 또 세례 받음으로 주 예수는 율법성취의 요구를 자신에게 지우셨다. 율법수여자 자신이 율법성취의 요구 곧 죗값을 갚으라는 요구를 성취하므로 율법을 다 이루셨다. 그리하여 율법준수의 의무에서 사람들을 해방하셨다. 새 인류의 대표로서 그렇게 하셨다."
459) Ibid., 166-167; 6.2.4. 율법의 성취 6.2.4.2.
460) Ibid., 167.

고", "하나님의 뜻을 순종함이 의"라고 말해 놓고도 '첫 아담의 범죄로 발생한 죽음을 폐한 것이 의'라고 말했다. 전자는 능동적 순종을 후자는 수동적 순종을 의미하는 것이 아닌가? 예수님께서 십자가에 죽으시고 난 후에도 요 19:36-37에서 "성경을 응하게 하려 함이라"고 말한 것은 무엇인가?

　칼빈을 비롯한 대부분 개혁신학자는 그리스도의 전체 순종을 능동적 순종과 수동적 순종으로 가르쳤다. 개혁신학은 서철원 교수가 인용한 롬 5:17-19, 롬 5:21을 그리스도의 능동적 순동이라고 가르쳤다. 칼빈은 그리스도께서 획득한 '의'를 "율법 전체의 순종"으로 말했다.[461] 벌코프가 그리스도의 능동적 순종과 수동적 순종을 "유기체적 전체의 상호 보완적인 부분들"이라고 말했으나, 벌코프는 "그리스도의 능동적 순종은 그의 수동적 순종이 하나님께 받음직하게 되도록, 곧 하나님의 열납 대상이 되게 하기 위해서 필요했다"고 말하면서 율법준수가 능동적 순종의 성립요건이라고 말했다.[462]

---

461) 존 칼빈, **신약성서주석 7 로마서 빌립보서** (서울: 성서교재간행사, 1982), 179-180.
462) 루이스 벌코프, **벌코프조직신학**, 이상원·권수경 역 (서울: 크리스챤다이제스트, 2020), 644.

6

c·h·a·p·t·e·r

행 위 언 약

VI. 행위언약

1. 행위언약이란?

행위언약이란 무엇인가? 하나님께서 아담에게 주신 처음 명령을 행위언약이라 말한다. 완전한 순종을 조건으로 하기 때문에 행위언약이라 하며, 이 순종을 조건으로 생명을 약속하기 때문에 생명언약이라 하며, 하나님의 총애를 받는 조건으로 도덕법의 요구를 충족시켜야 하기 때문에 법적언약이라 한다.[463] 지금 행위언약을 말하는 것이 우리 존재의 변화와 직결된다는 것을 기억해야만 한다. 행위언약이 뜬구름 잡는 소리가 아니다. 행위언약은 우리 존재와 삶을 말하는 성경의 방식이다.

웨스트민스터 신앙고백서 제7장 2항은, "사람과 맺으신 하나님의 첫 번째 언약은 행위언약이었는데, 그 언약에서 아담 자신의 완전한 순종을 조건으로 그와 그 안에서 그의 후손들에게 생명이 약속되었다"라고 말한다. 언약은 행위언약과 은혜언약으로 주어졌다. 행위언약은 창 2장까지이며 창 3장부터 이어지는 성경 전체가 은혜언약이다.

행위언약이라는 용어는 어거스틴까지 소급된다.[464] 어거스틴은 『하나님의 도성』(De Civitate Dei)에서 하나님과 아담과의 관계를 '언약'이라고 말했다.[465] 행위언약이라는 말은 성경에 없다. 행위언약의 원리는 '이 일들을 행하는 자는 그로 인하여 산다'는 것이다. 성경에는 행위언약이라고 명시적으로 나오지 않으나 행위언약의 원리를 명확하게 말한다(레 18:5; 겔 20:11, 13, 20; 눅 10:28; 롬 10:5; 갈 3:12). 우리는 창 2:16-17을 통해 행위언약의 실체를 확인할 수 있다. 하나님께서는 아담에게 계명을 주셨으며, 아담은 하나님의 계명을 지켜 순종하여야 할 의무 아래에 있게 되었다. 하나님께서는 만일 아담이 불순종하게 되면 벌을 내리실 것이라고 경고하셨다.

왜 이 첫 명령을 '행위언약'이라고 부르는가? 그것은 여호와의 명령이 언

---

463) 정도열, "언약의 통일성과 다양성 : 개혁주의 언약신학과 웨스트민스터 신앙고백서 언약사상 연구" (박사학위논문, 국제신학대학원대학교, 2014): 68.

464) Augustine, City of God (bk, 16, chap.28), ed. David Knowles, trans, Henry Bettenson (New York: Penuin Books, 1972), 688-89; 〈창조언약(행위언약)의 기본적인 요소들은 다음과 같은 아우구스티누스의 진술 속에서도 발견된다. "첫 번째 언약은 이것인데, 아담에게 이렇게 말씀하셨다. '네가 먹는 날에는 반드시 죽으리라', 그리고 이것이 왜 아담의 모든 후손들이 하나님이 낙원에서 아담과 함께 맺은 언약을 어긴 자기 되었는가에 대한 이유를 설명해 준다." 이레나우스 역시 이 점에 대해 언약 신학자들의 전제를 예기하며, '율법 언약'과 '은혜 언약' 사이의 차이점을 분명하게 인식했다.〉; 마이클 호튼, **언약신학**, 백금산 역 (서울: 부흥과개혁사, 2009), 120에서 재인용.

465) 루이스 벌코프, **벌코프조직신학**, 이상원·권수경 역 (서울: 크리스챤다이제스트, 2020), 447.

약의 요소들을 지니고 있기 때문이다. 첫 명령에는 언약의 두 당사자, 언약의 조건, 언약의 내용, 언약의 벌칙 등이 나타나 있다. 언약의 조건은 순종이었다. 그 순종은 하나님의 뜻에 대한 완전하고 무조건적인 순종이어야 하였다. 언약의 내용은 영원한 생명이다. 이 원리는 구약의 도덕법에서 다시 강조되었고 신약에서도 다시 확증되었다. 팔머 로버트슨은 시 50:16-21을 인용하면서, "시편 기자들에게 더 중요한 핵심은 도덕법이었고, 특히 십계명으로 요약되는 도덕법이었습니다"라고 말했다.[466]

언약의 벌칙은 하나님께서 아담에게 "네가 먹는 날에는 정녕 죽으리라"(창 2:17)라는 말씀이며, 이 말씀의 논리적 역은 '순종하면 영생한다'는 것을 말한다. '순종하면 영생한다'는 것은 '의'를 이루어야 영생한다는 뜻을 내포하고 있다. 아담은 영생을 소유한 존재가 아니었으며, 시험 기간에 금하신 열매를 먹지 않았다면 영생을 소유할 수 있었을 것이다. 이것은 하나님께서 성경을 통해 하나의 통일된 경륜을 가지고 계신다는 것을 말한다. 모든 인류는 믿음으로 의롭게 된다.

행위언약에서 행위란 언약에 대한 순종을 말한다.[467] 하나님께서는 선악과를 먹지 말라고 하셨으나 아담은 사탄의 유혹에 넘어가 범죄하고 타락했다. 범죄하고 실패한 그 행위언약을 회복하는 것이 은혜언약이다. 일반적으로 행위언약이란 계명에 순종하면 생명이 주어지고 불순종하면 죽음의 형벌이 내려지는 언약이라 한다. 언약 당사자의 행위에 따라 상과 벌이 주어지는 언약이다. 반면에 은혜언약은 예수 그리스도의 구속의 공로를 전가 받기 위한 믿음의 언약이라 한다. 이런 정의에 의하면, 행위언약은 순종함으로 언약

---

466) 팔머 로버트슨, **시편의 흐름**, 김현수·양태진 역 (서울: 성약출판사, 2019), 93.
467) http://rpress.or.kr/xe/363337/ 김병훈 교수, 행위언약; 〈… 행위언약의 존재를 드러내 주는 성경의 증거구절로 호세아 6장 7절, "그들은 아담처럼 언약을 어기고 거기에서 나를 반역하였느니라"는 말씀이 종종 언급이 됩니다. 여기서 "아담처럼"이라는 표현은 포괄적으로 사람들 일반을 가리키는 말로 해석될 수 있습니다. 즉 사람들이란 본래 거짓되고 부패하여 언약을 맺어도 늘 깨기 마련이듯이 이스라엘도 하나님과의 언약을 깨고 반역을 하였다는 뜻을 나타냅니다. 하지만 최초의 사람인 아담이 언약을 불순종한 것을 가리키는 것으로 해석을 해서 문제가 될 것이 없습니다. 또한 욥기 31장 33절, "내가 언제 다른 사람처럼 내 악행을 숨긴 일이 있거나 나의 죄악을 나의 품에 감추었으며"의 말씀에서 "다른 사람처럼"은 "아담처럼"으로 번역이 가능합니다. 이것은 앞서 호세아서와는 반대의 경우입니다만 설명은 동일한 경우를 보여줍니다. 욥 자신은 사람들이 자신들의 죄악을 감추듯이 하지 않았음을 말하는 구절인데, 이것은 아담이 자신의 죄를 감춘 것처럼 하지 않았다고 해석을 해도 무방합니다. 요컨대 호세아서와 욥의 해당 구절들은 아담이라는 단어가 최초의 인간을 가리키는 이름이면서 또한 사람 일반을 가리키는 보통명사이기도 하므로 두 가지 해석이 다 가능합니다. 따라서 아담과 맺으신 하나님의 행위언약을 직접적으로 입증하는 구절로 제한성을 갖는다고 할 수 있습니다. 그러나 아담을 가리키는 해석이 또한 여전히 가능한 만큼 행위언약의 입증하는 참조 구절로 충분한 효력을 갖습니다.〉

의 약속과 복을 누리나 은혜언약은 그리스도를 믿는 그 믿음으로 약속과 복을 누리는 언약이다.468)

2. 왜 행위언약인가?

행위언약이어야 하는 이유는 하나님께서 인간과 언약을 맺으셨기 때문이다. 행위언약은 존재의 도약이 아니라 하나님께서 원하시는 완성에 이르도록 하는 하나님의 방식이었다. 문병호 교수는 다음과 같이 말했다.

첫 언약은 "첫 사람"이(고전 15:47) 완전하게 창조되지 못하였기 때문에 더 높은 수준으로 끌어올리고자 하심이 아니었다. 행위언약은 불완전한 사람이 완전하게 되는 약속이 아니라 순전함 가운데 지어진 사람이 그 순전함 가운데 완성에 이르도록 베푸신 약속이다.469)

---

468) 원종천, **청교도 언약사상: 개혁운동의 힘** (서울: 대한기독교서회, 2002), 42-44; 〈청교도들은 칼빈주의 신학을 기반으로 하고 있다. 하나님의 주권과 은혜 중심의 신학과 예정론은 이들 신학의 징표였다. 정치적 언약 사상을 배제한 언약신학은 개인 구원의 언약사상으로 하나님과 개인의 영적 관계를 다루는 것이었다. 이런 상황에서 청교도들에게 주어져 있었던 언약사상은 앞에서 본 츠빙글리-불링거 계통의 언약사상과 칼빈의 언약사상이었다. 전자는 청교도 난민들에게 영향을 준 불링거의 쌍무적 성격을 강조한 언약사상이고 후자는 칼빈의 하나님 주권과 은혜를 강조하는 일방적 성격을 강조한 언약사상이었다. 원래 불링거의 영향을 많이 받았던 청교도들은 1560년대에 와서 칼빈과 칼빈주의의 영향을 더 많이 받기 시작했다. 그들은 불링거의 단일예정보다는 칼빈과 발전된 칼빈주의의 이중예정의 입장을 따랐다. 그러나 앞에서 본 대로 칼빈의 언약사상은 하나님의 주권과 은혜에 강조를 두고 있었고, 이것만을 가지고 사람들에게 경건을 추구하기 위한 도전과 영적 개혁을 위한 틀을 제공하기에는 힘이 약했다. 경건에서 성경적으로 인간의 책임을 강조하고 인간의 노력을 요구하는 부분을 부각시키기 위하여는 그 이상의 것이 필요했다. 그렇다고 불링거 쪽으로 완전히 넘어가는 것은 곤란했다. 여기에서 나타난 것이 1560년대에 유럽 하이델베르크에서 우르시누스에 의하여 나타난 '자연언약'(Natural covenant) 또는 '율법언약'(Legal covenant)의 개념이었다. 그 이전에 종교개혁자들에 의하여 개발된 언약사상은 주로 구약과 신약의 연속성을 증명하기 위한 노력으로 구약의 아브라함과 신약 성도들과의 연속 관계를 설명하는 것이었다. 이것은 재세례파와의 투쟁에서 유아세례의 정당성을 구약의 할례에 근거하려는 노력의 일환이었던 것이다. 그러나 1162년 우르시누스는 이것에서 더 나아가서 하나님과 인간의 언약관계를 인류의 시작인 아담부터로 정의했다. 원래 언약은 하나님께서 인간의 시작부터 맺은 관계이고 그것은 모든 인류를 포함하는 '자연언약' 또는 '율법언약'이라는 것이었다. 그리고 이것을 '은혜언약'과 구분하였다. 1580년 말과 1190년 초에 청교도들은 우르시누스의 사상을 성경적으로 받아들이고 이것을 도입했다. 더들리 페너, 토마스 카트라이트, 윌리엄 퍼킨스, 로버트 롤락 등과 그 후의 모든 청교도들은 이것을 받아들이고, 이 사상을 구원받은 자들이 하나님과 맺고 있는 '은혜언약'과 구분하여 '행위언약'으로 간주하고 '은혜언약'에 속하지 않은 모든 사람들을 '행위언약'에 포함시켰다. 영적 개혁과 경건에의 도전을 추구하고 있는 청교도들에게 십계명을 통하여 대표적으로 나타나는 '행위언약'은 중요한 역할을 하기 시작했다. '은혜언약'은 거듭난 자들과의 관계만을 위한 것이고, 이 사람들은 구약의 이스라엘에서 보듯이 항상 소수다. 영국교회에도 모든 사람들이 들어와 있지만 그 중 거듭난 자들은 소수고, 이 사람들만이 하나님과의 언약관계인 '은혜언약'에 속하는 것으로 보았다. 그러나 지금 벌어지고 있는 청교도 개혁운동은 소수만을 대상으로 할 수는 없었다. 이것은 영국 국민 모두를 포함하는 영적 각성운동이고 개혁운동이 되어야 했다. 여기서 행위언약은 중요한 역할을 했다. 행위언약은 영국국민 전체를 대상으로 적용될 수 있었고, 이것은 영국 전체를 하나님과의 언약관계로 끌어들이는 것이었다. 은혜언약에 속하지 않은 사람들은 '행위언약'을 통하여 깨닫고 회개하여 은혜언약으로 가도록 도전을 받고 각성하는 것이었고, 은혜언약에 속한 사람은 행위언약의 율법을 통하여 자신의 경건과 윤리를 더욱 온전케 하여 은혜언약에 속한 사실을 확신할 수 있는 것이었다.〉

문병호 교수에 의하면, 인간은 불완전한 상태에서 더 높은 수준으로 나아가야 하는 존재가 아니라 순전하게 창조된 그 상태를 유지하면서 완성에 이르도록 행위언약을 지켜야 하는 존재였다. 행위언약은 무당의 푸닥거리가 아니다. '존재의 변화가 어떻게 일어나는가?'를 성경적으로 이해하지 못하면 행위언약을 오해한다.

성경이 말하는 행위언약은 무엇인가? 마이클 호튼은 다음과 같이 말했다.

창조 자체에 기초하고 있으며 하나님과 하나님의 부왕으로 임명된 인간 사이에 처음 맺은 언약은 창조, 자연, 율법, 행위언약들로 다양하게 불려져 왔다. 이 모든 용어들은 잘 어울린다. 이 언약은 한 의롭고 거룩한 인간 종이 전적으로 하나님의 율법의 언약조항들을 지킬 수 있음을 전제한다. 이것인 순종에 근거한 복과 불순종에 근거한 저주를 약속한다. 이것은 은혜의 상태가 아닌 무흠한 자연 상태에 있는 인간성에 관계한다.[470]

호튼에 의하면, 아담은 하나님의 부왕이었으며, 하나님께서는 그 부왕과 언약을 맺으셨다. 부왕은 언약의 율법 조항들에 순종할 때 복을 받고 불순종할 때 저주를 받아야 했다. 행위언약은 '하나님과 인간을 어떤 대상으로 규정하는가?'를 먼저 말한다. 인간은 우연히 발생하게 된 존재가 아니라 하나님의 주도면밀한 계획 속에 종말의 영광을 겨냥하여 창조된 존재다. 하나님께서는 인간을 하나님의 대리 통치자로 세우셔서 언약의 율법을 지켜 하나님의 영광을 나타내는 존재로 삼으셨다. 여기에 서철원 교수가 우려하는 존재의 앙양이 있는가? 호튼의 관점에서 보면, 존재의 앙양은 언약의 주께 대한 반란이다.

클라인은 왜 '행위의 원리'를 고집했을까?

안상혁 교수는 다음과 같이 말했다.

그것은 "아담-그리스도 기독론"에서 행위언약이 차지하는 고유한 기능과 관련이 있다. 성경은 예수 그리스도를 제2의 아담으로 선포한다. 주지하다시피 그리스도 안에서 택자가 의롭다함을 입은 것은 예수 그리스도의 "공로적(meritorious) 의"가 그들에게 "전가"(imputation)되었기 때문이다. 만일 아담과 (제2의 아담인) 그리스도 모두 "언약의 대표"이고, 아담의 죄와 그리스도의 공로적 의 각각이 대표하는 모든 구성원에게 법적으로 전가된 것이 사실이라면, 그리스도뿐 아니라 첫 사람 아담 역시 "행위원칙"의 지배하에 있었다는 것이 틀림없다고 클라인은 주장한다.[471]

469) 문병호, **기독론** (서울: 생명의말씀사, 2016), 267.
470) 마이클 호튼, **언약신학**, 백금산 역 (서울: 부흥과개혁사, 2009), 118.

안상혁 교수에 의하면, 성경은 아담-그리스도 기독론에서 예수 그리스도의 공로적 의가 전가되었다고 말하기 때문에 클라인은 행위의 원칙이 확실하다고 주장했다. 클라인의 입장에서 아담의 행위원칙과 그 공로적 의를 박탈하는 것은 곧 그리스도의 공로적 근거를 박탈하는 것이었다. 그렇게 되면, 택자들이 받는 칭의의 공로적 근거와 하나님 나라의 상속권이 송두리째 빼앗기게 될 것이라고 경고했다.[472]

이와 같은 클라인의 주장에 대해 팔머 로벗슨(O. Palmer Robertson)은 반대하며 마이클 호튼(Michael Horton)은 찬성한다. 로벗슨은 약속 언약에 비해 율법언약을 지나치게 강조하여 하나님과 아담과의 관계를 엄격한 율법적 관계로만 규정했다고 보았다. 율법적 관계를 강조하니 은혜가 부족하다는 것이다. 로벗슨은 하나님께서 율법을 수여하신 것 자체가 하나님의 은혜를 나타낸 것이라고 말했다. 너무 그렇게 경직되고 억압된 관계로 여기지 말라는 것이다. 그래도 은혜는 은혜이고 공의는 공의다. 은혜가 은혜 되는 것은 공의가 있기 때문에 은혜다. 공의 없는 은혜만 말하는 것은 하나님을 만홀히 여기는 것이다.

호튼은 죄의 상태를 전제하기 때문에 은혜가 있는 것이라고 말하는 클라인의 주장을 지지했다. 아담이 무죄하면 둘째 아담이신 그리스도의 은혜는 무의미하기 때문이다. 머리나 클라인도 은혜의 복음을 훼손할 의도는 없다. 다만 머리의 주된 강조점은 은혜 언약이고 클라인도 마찬가지다. 결국 강조되어야 할 것은 그리스도와 그리스도의 복음이기 때문이다.[473]

3. 왜 행위언약을 말해야 하는가?

왜 우리가 행위언약을 말해야 하는가? 우리 존재의 존재다움과 존재의 변화에 대해 성경적으로 올바르게 알아야 하기 때문이다. 능동적 순종은 우리 존재의 변화가 우리 밖에서 주어진다는 것이며, 행위언약은 언약의 수혜자로

---

471) 안상혁, **언약신학 쟁점으로 읽는다** (수원: 영음사, 2016), 51.
472) Kline, *Kingdom Prologue*, 116-117; "그뿐 아니라 행위의 원리는 은혜의 복음에 토대를 제공하기도 한다. 두 번째 아담이신 예수의 행위가 공로적인 것이 아니었다면 칭의-승인의 근거로 하나님의 백성에게 전가될 어떤 공로도 없게 될 것이다. 그러면 복음은 신기로에 지나지 않을 것이다 … 이처럼 행위 원리는 복음의 기초이기 때문에 그 원리를 부정하는 것 (특히 아버지의 사랑과 공로 행위의 양립 가능성을 부정하는 입장)은 복음을 뒤집는 행위로 간주되어 마땅하다. 공로적 행위의 부정으로 시작한 것이 나중에는 구원 은혜의 성경 진리를 (무의식적이지만) 공격하는 것이 된다."; 안상혁, **언약신학 쟁점으로 읽는다** (수원: 영음사, 2016), 51-52에서 재인용.
473) 안상혁, **언약신학 쟁점으로 읽는다** (수원: 영음사, 2016), 53-54.

서 언약의 충성을 다하며 살아갈 때, 곧 하나님과 우리의 관계가 의롭게 유지될 때 우리 존재가 존속되며 하나님께서 의도하신 완성에 이르는 하나님의 방식이다. 그러나 첫 사람 아담은 실패했다. 행위언약이 부정되면 능동적 순종도 부정된다. 실제로 그렇게 부정하고 있다. 서철원 교수와 정이철 목사는 행위언약을 맹렬히 비난하며 부정한다.

김재성 교수는 다음과 같이 말했다.

『웨스트민스터 신앙고백서』에는 언약신학에 대한 해석들이 가장 중심적인 부분을 차지한다. 하나님께서 자기 백성들과의 유기적 관계를 맺으시고, 그 통일성과 발전성을 통해서 구원하시는데. 구속언약, 행위언약, 은혜언약이라는 개념으로 정리하였다. 특히 그리스도의 능동적 순종을 통해서 그리스도가 성취하신 의로움을 믿는 자들이 전가받는다는 것은 아담과 맺은 행위언약의 개념을 기초로 하고 있다. 그리스도의 능동적 순종을 부인하려면, 반드시 행위언약을 부인해야만 한다. 왜냐하면 행위언약은 아담이 최초에 순종을 조건으로 생명을 약속 받았음을 설정한 것이기 때문이다. 그러므로 그리스도를 둘째 아담이자 마지막 아담으로 언급할 때에는 그리스도가 행하신 측면과 당하신 측면 모두 다 포함되어 있는 것이다. 물론 "행위언약"이라는 신학용어 역시 논쟁을 낳고 있지만, 『웨스트민스터 신앙고백서』에서 정확하게 규정해 놓았으므로, 대부분의 개혁교회와 장로교회에서 받아들이고 있다.[474]

김재성 교수에 의하면, 그리스도의 능동적 순종을 통해 그리스도의 의를 전가받는다는 것은 행위언약에 기초한다. 그런 까닭에, 능동적 순종을 부정하는 사람들은 반드시 행위언약을 비판하고 부인한다.

서철원 교수는 다음과 같이 말했다.

하나님은 아담과 선악과 계명으로 언약을 체결하셨다. 선악 계명은 창조주를 하나님으로 섬기면 그것이 선이어서 생명에 이르게 하고, 하나님 섬김을 거부하면 그것이 악이어서 죽음에 이르게 하는 계명이다. 성경 전체의 제시에 의하면 하나님은 창조 경륜에서 자기의 백성을 가지실 것을 작정하셨다. 이 작정에 의해 자기의 백성을 가지시려고 아담과 언약을 체결하셨다. 백성은 창조주를 자기의 하나님으로 섬기는 책임을 갖는다. 이 책임이 언약체결로 주어졌다. 하나님은 언약을 체결하면 언제든지 백성들이 의존해서 살 생활의 규범을 주셨다. 이 규범에 의해서 하나님만을 섬기도록 하기 위해서 선악과 계명을 주셨다. 첫 언약에 상응해서 새 언약이 신약에 제시되었다(눅 22:20; 고전 11:25; 고후 3:6; 히 8:8). 전통적인 개혁파 신학자들은 행위언약과 은혜 언약 도식으로 사고함으로 새 언약을 완전히 도외시하였다. 첫 언약은 행위언약이 아니고 하나님의 백성 되기로 한 약정이다. 새 언약은 첫 언약의 성취이다. 두 언약을 통해서 하나님은 자기의 백성을 가지시는 경륜을 온전하게 이루신다. 언약체결로 하나님은 그의 백성 된 아담과 하와와 함께 하심으로 그들을 자기의 백성 삼으신 것을 명백히 하셨다. 이 성경적 언약개념으로 행위언약과 은혜 언약체계를 바꾸어야 한다.[475]

474) 김재성, 그리스도의 능동적 순종 (고양: 언약, 2021), 192.
475) 서철원, 서철원 박사의 교의신학3 인간론 (서울: 쿰란출판사, 2018), 30.

서철원 교수의 이런 주장은 역사적 개혁파 신학으로부터 멀어져 있다. 서철원 교수도 언약을 말하나 그 언약을 주도면밀하게 살펴보면 언약에서 요구하는 공의가 빠져 있다. 그 이유가 무엇인가? 서철원 교수는 언약의 공의를 행함으로 공로가 되고 보상을 요구하고 존재의 앙양으로 간다고 생각하기 때문이다. 그런 까닭에, 서철원 교수는 공로와 보상이 배제되려면 처음부터 인간에게 영생이 있었다고 말하게 된다. 결국 인간론의 문제로 돌아오게 된다.

정이철 목사는 다음과 같이 말했다.

> 그리스도가 모세의 율법을 지켜서 영생의 자격(의로움)을 획득했다는 주장은 1) 율법에게는 죄를 지적하는 기능 외에 의로움을 주는 기능이 없다는 성경의 가르침, 2) 하나님 자신이 우리의 의가 되어주시려고 친히 죄와 무관한 의로운 사람이 되어 오신 하나님의 성육신, 3) 그리스도가 우리의 죗값을 자기의 생명으로 대신 지불하심으로 이루어진 죄용서가 곧 칭의의 근거라는 성경의 핵심적 가르침에 정면으로 위배되는 내용이다.[476]

정이철 목사는 칭의의 단면만 말했다. 정이철 목사는 "아담이 선악과를 범한 것은 하나님을 섬기기로 한 언약 백성의 신분을 떠나 하나님을 배반하고 스스로 하나님 자리에 앉기로 결정한 후 그 의사를 행동으로 옮겼음을 의미합니다"라고 말했다. 정이철 목사의 말은 인간이 언약의 주 하나님께 반란을 일으켰다는 뜻이다. 정이철 목사는 선악과 금령을 십계명의 제1계명으로 해석하고 있다. 1계명은 "너는 나 외에는 다른 신들을 네게 두지 말라"는 것이다. 아담은 "스스로 하나님 자리에 앉기로 결정"함으로 제1계명을 어겼다. 정이철 목사는 아담이 영원한 저주를 받게 된 것은, 1계명을 어겼기 때문이라고 말한 셈이다.

IAOC의 문제는 인간론이다. IAOC의 문제는 '아담이 영생을 소유한 상태로 창조되었는가?', 아니면 '언약의 조항을 지켜 영생을 얻어야 하는 존재인가?'에 걸려 있다. 개혁신학은 아담이 창조 시에 받은 것은 '영생'이 아니라, '조건적 영생'이라고 가르친다. '어떤 조건을 지키면, 영원히 살 수 있다'는 것이다. 이것을 어거스틴은 '죽지 않을 수 있는 상태'(조건적 영생)라고 말했다. 이것은 '죽을 수 없는 상태'(영생)와는 다른 것이다. 정이철 목사는 이 두 가지를 명확하게 구분하지 못하고 있다. 타락 전 인류는 '죄를 지을 수도 짓지 않을 수도 있는'(posse peccare sive non peccare, able to sin or not to

476) https://archive.ph/LYd0b/ 정이철, '합동, 합신측의 능동순종 신학 성경적 근거 없다고 판단.'(2021.9.24.). accessed 2021.10.9.

sin) 가변적인 상태에 있었으며, '죄를 지을 수 없는 상태'(non posse peccare), '영광의 상태'가 아니었다.

정이철 목사는 "이미 주어진 영생과 하나님의 모든 은혜가 '하나님과의 언약에 충실한 삶을 사는 한' 영원히 보장된다"고 말했다. 이것은 '아담이 하나님과 맺은 언약에 충실한 삶을 사는 한(조건)', 영생을 누릴 수 있다고 주장하는 것이다. 정이철 목사가 이 두 가지를 명확하게 구분을 못함으로 인해, 아담이 '조건적 영생' 상태에 있는 것을, '영생'의 상태에 있다고 주장하는 오류에 빠지게 되었다. 뿐만 아니라, 정이철 목사의 "아담이 영원히 언약 백성으로 살면 이미 주어진 영원한 생명이 영원히 보장된다"는 말에 의하면, 아담은 영원히 '조건적 영생'의 상태에 있었다는 것이다.

4. 행위언약을 부정하는 이유

서철원 교수가 행위언약을 부정하는 이유는 무엇인가? 그 이유는 서철원 교수가 칼 바르트를 비롯한 매개신학이 추구하는 '존재의 앙양' 혹은 '신화사상'에 적극적으로 반대하기 때문이다.[477] 서철원 교수는 행위언약이 인간의 자기 공로로 존재의 앙양으로 간다고 여기기 때문에 행위언약을 극렬히 반대한다. 이 사실을 모르고 능동적 순종과 행위언약을 말하면 논쟁의 핵심을 벗어난다. '논쟁의 본질이 어디에 있는가?'를 알아야 이 논쟁을 올바르게 파악하고 개혁신학의 언약사상에 대해 올바르게 말할 수 있다.

행위언약과 IAOC와 관련한 우려는 첫째로 공로사상이며, 둘째로, 신화사상이다. 공로사상은 우리 선조들로부터 계속된 우려이며, 신화사상은 이전에도 있었으나 특히 현대신학으로 생겨난 우려이다. 이것이 중요한 이유는 서철원 교수의 변화된 신학에 매개신학의 존재의 앙양, 신화에 대한 반작용이 너무 큰 영향을 주었기 때문이다. 우려가 더 큰 우려를 낳았다.

김재성 교수는 다음과 같이 말했다.

보스는 자연적인 관계성과 언약적 관계성의 차이는 논리적이며 심판적인 것이고, 임시적인 성격은 아니라고 보았다. 아담은 행위언약을 벗어나서 한순간도 존재할 수 없었다. 아담이 행위언약의 조건들을 충족한다면, 영생에 이르는 권리를 부여받는다는 것이 바로 이 언약의 내용이다. 행위언약이 그 목적을 성취했을 때에, 그 어떤 조건들 속에서도 자연적인 관계성이 강하게 유지될 수 있다. 보스는 누구보다도 행위언약의 성경적 정당성을 옹호했는데, 특히 루터파에서 이 언약개념을 거부하고 있기 때문이다. 보스는 여기에서 둘째 아담으로 오신 예수 그리스도의

---

477) 서철원, **하나님의 구속경륜** (광주: 성문당, 1989), 16-18.

사역이 단지 첫 번째 아담이 잃어버린 것을 그저 회복하는 것으로 그치지 않았다는 것을 강조한다. 둘째 아담 안에서 유업으로 주어지는 것은 만일 첫 아담이 타락하지 않고 원래의 상태를 확고하게 유지했더라면 그가 그의 후손들을 위해서 성취했었을 수도 있었던 것들을 완전하게 실현하는 것이기 때문이다.[478]

김재성 교수에 의하면, 보스는 존재와 관계, 곧 자연적인 관계성과 언약적 관계성으로 행위언약의 정당성을 말했다. 그리스도의 사역은 아담의 회복만이 아니라 아담의 자연적인 관계성과 언약적 관계성을 성취하는 것이었다. 결국 보스의 주장은 행위언약이 그리스도의 능동적 순종과 수동적 순종으로 성취되었다는 것이다. 김재성 교수는 아르미니우스가 그리스도의 능동적 순종과 전가교리를 알고 있었다고 본다. 그 이유는 아르미니우스가 『변호』(1609)라는 책에서 주로 믿음에 대한 해명에 주력했기 때문이다.

이승구 교수는 다음과 같이 말했다.

> 개혁신학은 창세기 2장(그러므로 창세기 1:28부터의 정황이 모두 이에 포함된다)부터 3장 인간의 타락 사건 이제까지를 "행위언약의 시기"로 이해해 왔다. … 그러므로 아담과 처음 맺으셨던 행위언약을 부인하면 성경을 해석할 수 있는 여러 길을 막고, 많은 문제를 양상하게 된다. 행위언약을 바르게 이해하고 수립해야 그 토대 위에서 은혜 언약도 바르게 이해할 수 있게 된다.[479]

이승구 교수는 행위언약을 부인하면 많은 문제를 양산하게 된다고 말했다. 실상은 문제를 양산하는 정도 이상이다. 만일 행위언약을 부인하면 개혁신학이 무너진다. 그 이유는 무엇인가? 개혁신학은 하나님께서 사람을 창조하시고 다루시는 방법은 언약(계약)의 방법이라고 보며, 성경을 구약과 신약이라 부르며 성경을 언약의 책으로 보기 때문이다. 개혁신학은 성경에 계시 된 하나님의 언약은 두 가지며, 행위언약과 은혜언약이라고 믿기 때문이다.

5. 창 3장의 역사성과 행위언약

칼 바르트를 비롯한 현대 신학자들이 신학적 논의를 할 때 특이한 점은 창세기 3장의 사건을 실제 역사로 믿지 않고 민담이나 사화 혹은 신화로 보면서 신학적 체계를 구성한다는 것이다. 이것은 신론의 변질이며 동시에 인간에 대한 존재적 관점이 심각하게 변질된 것을 의미한다. 의미와 통일성이 성

---

478) 김재성, 그리스도의 능동적 순종 (고양: 언약, 2021), 203-204.
479) http://htsn.kr/?page_id=4670&wr_id=309/ 이승구, '행위언약의 중요성', 합신은 말한다 (Vol. 32.4). 2018.4.30. accessed 2021.11.5.

경적이라야 성경적인 해결책으로 간다. 아담이 역사적 인물이 아니라고 주장하기 때문에 아담의 범죄와 실패를 회복한 예수 그리스도의 속죄와 구속이 성경적이지 않다. 결국 칭의론과 전가교리가 무너진다. 존재론의 문제다.

하나님께서 아담에게 명령하셨던 것은 무엇인가? 그 명령은 이렇다.

16 여호와 하나님이 그 사람에게 명하여 가라사대 동산 각종 나무의 실과는 네가 임의로 먹되 17 선악을 알게 하는 나무의 실과는 먹지 말라 네가 먹는 날에는 정녕 죽으리라 하시니라(창 2:16-17)

하나님께서 아담과 하와에게 명령하신 원리는 "사람이 이를 행하면 그로 인하여 살리라", '하나님께서는 각 사람에게 행한 대로 갚아주신다'는 것이었다. 이것은 지극히 언약적인 것이었다. '여호와 하나님', 곧 여호와 엘로힘은 하나님과 인간이 언약을 맺을 때 사용하는 이름이다. 하나님의 명령은 언약의 명령이었다. 언약의 내용은 무엇인가? 언약 주님이신 여호와 하나님을 사랑하고 그 말씀에 순종하는 것이다. 그렇게 언약의 규범에 순종함으로 '나는 너의 하나님이 되고 너는 내 백성이 되리라'는 언약 공식이 유지된다.

아담은 단순한 피조물이 아니라 여호와 하나님의 영광을 시위하는 창조물이다. 아담은 하나님의 형상을 따라 창조되었다. 이것이 인간의 존재적 관점이다. 그러면, 인간의 사명, 곧 인간의 사명적 관점은 무엇인가? 인간의 사명적 관점은 하나님의 통치권을 행사하는 것이다. 아담은 하나님의 영광을 반사하는 존재였다. 자기 스스로 빛을 내는 존재가 아니라 빛을 반사하는 존재였다. 아담은 반사적 영광을 나타내는 존재였다. 아담의 존재와 사명은 언약의 지배를 받는 존재와 사명이었다.

그런 까닭에, 아담의 존재와 사명은 창조주 하나님의 존재와 속성에 어울리는 도덕적 연관성이 있어야만 했다. 아담에게 주어진 지혜와 능력은 자기 멋대로 사용할 수 있는 것이 아니라 하나님 의존적인 존재였다. 그렇게 아담이 하나님 의존적이라는 것을 자나 깨나 확인하도록 한 것이 선악과였다. 존재는 관계의 지배를 받아야만 한다. 아담이라는 존재는 하나님과의 관계의 지배를 받아야 한다. 관계의 지배는 어디에서 오는가? 규범의 지배에서 온다. 하나님의 규범의 지배를 받아야 관계의 지배가 실효적이다. 그것이 선악과 금령이다.

그러나, 아담은 범죄하고 실패했다. 아담은 사탄과 함께 언약의 트랙에서 탈주를 시도했고 궤도를 완전히 이탈하여 하나님의 규범을 깨트리고 관계의 지배에서 벗어났다. 그것으로 끝이었을까? 결코 끝이 아니었다! 탈주에 성공했다고 생각했지만 탈주는 일어나지 않았고, 나만의 고원을 만들었다고 생각했지만 여전히 하나님의 세계에 있었다. 아담과 하와는 다시 하나님 앞에 대면했다. 아담과 하와는 하나님께서 주신 에덴동산으로부터 추방을 당했다.

그것으로 끝이었을까? 결코 아니었다! 하나님께서는 이미 인간을 죄로부터 구원하기 위해 계획을 짜놓으셨다. 그 구원은 여자의 후손으로 오시는 메시아였다. 그것이 '원시복음'이다.[480] 왜 메시아는 '여자의 후손'으로 오셔야 했는가? 오시는 메시아가 하늘을 가르고 나타나 개벽을 일으키는 존재가 아니셨는가? 그 이유는 무엇인가? 그 이유는 오실 메시아가 아담의 실패와 범죄를 완전히 회복하는 자이셔야 했기 때문이다. 메시아는 우리와 같은 성정을 지닌 메시아로 오시기 위해 성육신하셨다. 우리와 같이 시험을 받으셨으나, 그러나 죄는 없으셨다.

롬 1:18-2:16은 우리에게 유의미한 것을 가르친다. 하나님께서는 아담의 타락 이전부터 인간에게 순종을 요구하셨다. 성경은 무엇이라고 말하는가?

> 18 하나님의 진노가 불의로 진리를 막는 사람들의 모든 경건치 않음과 불의에 대하여 하늘로 좇아 나타나나니 19 이는 하나님을 알 만한 것이 저희 속에 보임이라 하나님께서 이를 저희에게 보이셨느니라(롬 1:18-19)

사도 바울은 이미 17절에서 "오직 의인은 믿음으로 말미암아 살리라"라는 대명제를 말했다. 사도는 계속해서 '사람은 하나님의 의로 말미암아 의롭다 하심을 받아야만 한다'를 이어갔다. 왜 그래야 하는가? 사람에게는 아무런 의가 없기 때문이다. 사람은 전적으로 불의한 존재이기 때문이다.

사도 바울은 이 분명한 사실을 이방인과 유대인 모두를 통해 증명했다. 사도는 먼저 이방인으로부터 시작했다. 사도는 롬 1:18로부터 2:17까지 이방인들을 통해 '인간은 불의한 존재다'는 것을 증명했다. 사도는 계속해서 2:18에서 3:31까지 '유대인도 불의한 존재다'라고 증명했다. 왜 인간이 불의한 존재인가? 하나님께서는 하나님의 속성과 존재를 나타내셔서 의를 행하도록 하셨으나,[481] 인간이 의를 행하지 않았기 때문이다. 인간의 불의란 무엇인가? 그

---

480) 내가 너로 여자와 원수가 되게 하고 너의 후손도 여자의 후손과 원수가 되게 하리니 여자의 후손은 네 머리를 상하게 할 것이요 너는 그의 발꿈치를 상하게 할 것이니라 하시고(창 3:15)
481) 창세로부터 그의 보이지 아니하는 것들 곧 그의 영원하신 능력과 신성이 그 만드신 만물에 분명히 보여 알게 되나니 그러므로 저희가 핑계치 못할지니라(롬 1:20)

것은 하나님께서 각 사람의 양심에 새겨놓은 법을 어긴 것이다.

김재성 교수는 다음과 같이 말했다.

> 모든 인류는 동일한 한 가지 법 아래에서 살아가고 있다. 양심에 새겨진 법은 그 누구도 부정할 수 없다. 다른 사람을 살인해서는 안 된다는 보편진리가 모든 사람의 마음 속에 있다. 하지만, 제대로 실행이 되지 않고 있기에, "살인하지 말라"는 여섯 번째 계명이 다시 특별계시로 주어진 것이다. 로마서 2장 12절과 13절에 보면. 모세의 율법이 제정된 이후에는 사람의 양심에 기록된 바에 따라서 양심 심판을 하는 것이 아니라, 율법을 행하는 자가 의롭다는 판정을 받는다. 바울 사도는 "율법을 행하는 사람은 그것으로 살리라"(롬 10:5)고 하였는데, 이 구절은 레위기 18장 5절을 인용한 것이다. 로마서에서 일관되게 설명한 요지는 하나님 앞에서 율법을 듣는 자가 의롭다 함을 얻는 것이 아니라, 율법을 실행하는 자가 의롭다 함을 받는다는 것이다(롬 2:13), 하지만 바울 사도는 로마서에서 율법과 복음의 대조적 제시를 통해서, 오직 예수 그리스도를 믿음으로 의롭다 함을 얻는다는 것을 강조한다. 아담처럼. 모든 인간은 완전하게 율법의 기준을 지킬 수 없고. 예수 그리스도를 믿음으로만 의롭다 하심을 얻을 수 있다는 것이다.482)

김재성 교수에 의하면, 인간에게는 양심이 있고 그 양심에는 법이 있다. 그 양심의 법에는 보편적인 진리가 있다. 그렇다고 그 보편적인 진리라는 말이 인간의 신성함을 의미하는 것이 아니라 '살인하지 말아야 한다'는 법이 있다. 그로 인해 '나는 율법을 모릅니다'라고 핑계할 수 없다.

그러나, 그런 일반계시로 하나님의 구속 계획이 유지되지 않았다. 하나님께서는 이스라엘 백성을 애굽에서 구원하시고 시내산에서 언약을 맺으시면서 율법을 주셨다. 이제는 하나님의 명확한 율법을 따라 의와 불의가 판정을 받는 시대가 되었다. 세상이 변한 것이 아니라 하나님의 계시 역사가 변했다. 그리고 때가 차매 하나님의 아들이신 예수 그리스도께서 오셨다. 이제 의롭다 함을 받으려면 예수 그리스도를 믿어야만 한다.

이제 사도 바울이 말하려는 것은 무엇인가? 둘째 아담이신 예수 그리스도의 순종이다. 아니, 이것이 무슨 말인가? 사도는 롬 3장과 4장에서 믿음과 아브라함의 믿음에 대해 말했다. 그러면 사도는 왜 우리에게 '그러므로 우리는 예수 그리스도를 믿자'라고 곧바로 청구서를 내밀지 않았는가? 그렇게 되어야 능동적 순종을 거부하는 자들이 '내가 뭐랬어? 십자가로 곧장 가는 거야. 사도 바울이 내가 하고 싶은 말을 정확하게 말했다니까'라고 말했을 것이다. 그 옆에 있던 동조자는 '내 말이'라고 말하면서 기립박수를 쳤을 것이다.

김재성 교수는 다음과 같이 말했다.

---

482) 김재성, 그리스도의 능동적 순종 (고양: 언약, 2021), 85.

이어지는 로마서 5장에서는 논리적인 발전이 있음을 보게 된다. 특히 5장 12절에서 21절까지, 아담의 불순종과 그리스도의 순종이 대조를 이룬다. 아담은 형벌과 죽음을 가져왔고, 그리스도는 순종을 통해서 은혜와 영생을 가져왔다. 영생은 하나님의 작정이나, 선언으로 끝나는 것이 아니라, 이들 두 사람의 역사적 행동과 순종이 관계된 일이다. 무엇보다도 그리스도의 순종을 마지막 골고다의 고난과 죽음으로만 기술하지 않았다. 아담의 불순종이 그의 전 생애에 걸쳐서 이뤄진 것처럼, 그리스도의 순종도 역시 전생애의 온전한 순종이었다. 누구든지 아브라함처럼 그리스도를 고백하는 자들은 하나님의 심판대 앞에서 의롭다 하심을 얻는다. 하나님께서는 그들의 죄악을 그냥 없애버리는 것이 아니라, 그리스도가 순종의 사역을 통해서 지불하도록 하셨다. 바울 사도는 고린도후서 5장 17절로부터 21절까지, 하나님의 신실하심과 의로우심을 기술한다. 그리스도 안에서, 우리는 하나님의 의로움이 되었다. 고린도후서 5장의 배경이 되는 말씀이 이사야 43장 18-19절과 65장 17절이다. 예수 그리스도 안에서 하나님께서 세상과 화목을 이루셨다. 이것은 그리스도의 능동적 순종과 관련되는 본문인데, 성도들은 그리스도의 대속적 고난과 대표적 순종에 의해서 의롭다 하심을 얻는다. 바울 사도는 자신이 율법을 지켜서 의롭게 된 것이 아니라. 그리스도의 대표적인 율법준수를 통해서 성취된 의로움을 믿음으로 전가 받는다고 강조했다.[483]

김재성 교수에 의하면, 사도 바울이 로마서 5장에서 아담과 그리스도의 순종 대비는 두 사람의 역사적 행동과 순종이 관계된 일이다. 또한 고후 5장의 배경인 사 43장과 65장은 그리스도의 능동적 순종과 관련되어 있다. 이로써 사도 바울이 의도한 것은 그리스도께서 율법준수와 십자가의 죽으심으로 이루신 의를 우리가 믿음으로 전가 받아 의롭게 된다는 것이다.

능동적 순종을 거부하는 분들의 기대와 달리 사도 바울은 롬 5:12-21에서 아담의 불순종과 그리스도의 순종을 말했다. 사도는 '예수님께서는 십자가를 지심으로 율법의 요구를 끝냈다', 그것이 전부라고 말하지 않았다. 심지어 사도는 부활을 설명하면서도 "첫 사람 아담은 산 영이 되었다 함과 같이 마지막 아담은 살려주는 영이 되었나니"(고전 15:45)라고 말했다. IAOC를 부정하는 사람들에게 부활은 치명적이다(고전 15:13-19).

첫 아담은 유한한 존재였으나 마지막 아담은 신성한 존재 곧 하나님의 아들이시다. 구원, 곧 우리 존재의 변화는 성령님의 거듭나게 하심으로 그리스도의 구속과 부활을 우리에게 적용하여 우리의 실제가 되게 하시는 것이다. 사도는 아담과 달리 그리스도께서는 모든 율법을 적극적으로 순종하여 의를 이루셨다고 말했다. 이것이 그리스도의 능동적 순종이다.

김재성 교수는 다음과 같이 말했다.

---

483) 김재성, 그리스도의 능동적 순종 (고양: 언약, 2021), 131-132.

후기 종교개혁자들은 예수님의 능동적 순종과 수동적 순종은 "행위언약"을 성취하신 것으로 이해했다. 17세기 개혁주의 신학자들은 아담에게 주어진 명령과 조건을 하나님과의 "행위언약"이라는 개념으로 정리하였는데, 예수님께서 둘째 아담이자 마지막 아담으로서 온전히 순종하신 것은 아담의 실패를 완전히 역전시키는 일이었다. 그리스도의 능동적 순종과 수동적 순종은 행위언약의 정당한 요구를 만족시킨 것이다. 모세와의 언약에서는 율법의 요구와 명령이 자세하게 드러났다. 모세가 제시한 율법의 특성에 대해서 정통 개혁주의 신학자들이 언약으로 규정한 이유는 옛 언약 시행에 있어서의 독특한 수단이었기 때문이다. 정통 개혁주의 신학자들은 모세 언약을 "타락 후 아담과 맺어진 은혜언약의 점진적인 표현과 실현에 일치하는 행위언약 협정이라는 관점에서 이해하려고 했던 것이다. 16세기와 17세기 언약신학들이 모세 언약 속에서 은혜언약의 요소와 행위언약의 요소가 동시에 담겨 있었음을 명확하게 표현하지 못했지만, 이미 두 언약의 모든 본질적이고 필연적인 요소들이 그들의 사상 속에 존재했었음이 틀림없다.[484]

김재성 교수에 의하면, 개혁신학은 하나님께서 아담에게 주신 명령을 행위언약 개념으로 정리했다. 그리스도께서는 능동적 순종과 수동적 순종으로 행위언약을 성취하셨다. 행위언약의 요구는 아담은 실패했으나 그리스도께서는 완전히 순종하심으로 의를 이루셨다.

중요한 키(key)는 개혁신학에 있어서 모세언약의 위치다. 개혁신학에서 모세 언약은 "타락 후 아담과 맺어진 은혜언약의 점진적인 표현과 실현에 일치하는 행위언약 협정"이다. 모세언약은 은혜언약을 시행하는 것이며 아담과 맺은 언약을 재설정하는 것이다. 언약을 벗어나 탈주를 일으키거나 도약을 감행하는 것이 아니라, 오히려 하나님께서는 통일성을 가지시고 인류를 구원해 가시려는 구속 계획을 이루어 가시는 것이다. 구속 계획이 더 구체적이고 더 확실해진 것이다. 그런 까닭에, 언약의 규범인 율법에 순종하는 것이 이스라엘의 명예요 복이다.

6. 하나님의 형상과 행위언약

클라인은 "인간이 하나님의 형상으로 창조되었다는 사실은 세계의 창조가 언약 체결 과정의 일부였음을 의미한다. 언약적 성격이 없는 순수 자연이란 존재하지 않았다."고 말했다.[485] 존재가 스스로 자기 존재의 의미와 통일성

484) Ibid., 95.
485) 메레데스 G. 클라인, **하나님 나라의 서막**, 김구원 역 (서울: 개혁주의신학사, 2007), 134-135; "다시 말해 언약과 별도로 창조된 자연 위에 나중에 언약이 덧씌워진 것이 아니다. 창조주의 언약 약속은 인간-피조물에 신 형상의 옷을 입히는 행위에서 주어진 것이다. 그리고 그 약속은 종말론적이다(즉 완성을 향해 나아간다). 처음부터 인간의 미래는 창조의 최초 축복 상태가 변함없이 지속될 것으로 여겨지지 않았다. 왜냐하면 인간을 자신의 형상으로 만드신 그 하나님은 안식의 완성자 하나님이기 때문이다. 하나님 형상의 이런 안식일적 측면은 인간에게 주신 그분의 형상에도 존재하였고 안식일 규례에 포함된 완성의 약속을 통해 표현되었다. 따라서 인간의 최초 영광의 완성을 약속하는 축복 규약은 하나님 형상이라는 인간의 본질 속에 각인되었다. 그 종말론적 측면은 창조

을 부여하지 않기 때문이다. 우주는 자율적이지 않고 하나님의 창조로 존재케 된 하나님의 피조물이다. 하나님만이 의미와 통일성을 부여하신다. 하나님께서는 그 의미와 통일성을 언약으로 주신다.

클라인은 하나님의 형상에 대해 다음과 같이 말했다.

> 하나님과의 유사성은 하나님 형상과 하나님의 아들이라는 개념 속에 포함되어 있다. 인간이 하나님과 닮았다는 사실은 곧 하나님처럼 되어야 한다는 요구를 포함한다. 여기에서 평서문은 명령문의 효과를 가진다. 하나님의 형상으로 지음 받은 인간은 일종의 하나님에 대한 직관을 가지기 때문에 단지 하나님이 존재함(롬 1:19ff.)을 인정하는 것에 머물지 않고 그분이 어떤 분이시라는 지식에까지 이른다. 그리고 하나님이 어떤 분이신가에 대한 지식은 곧 그를 닮은 인간이 어떤 인간이 되어야 하는지에 대한 (윤리적) 지식으로 연결된다. 하나님에 대한 직관과 함께 그것의 명령 모드인 양심이 찾아온다. 이와 같이 하나님을 닮아야 한다는 기본적이고 일반적인 언약의 규범은 인간의 마음 판에 기록되었다(롬 1:32; 2:14f.). 따라서 우리는 이 궁극적 규범이 (구속 이전의 계시와 구속적 계시를 통해 다양한 방법으로 반복되어지며) 인간 행위의 항존적인 규율로 지속될 것이라는 것을 알게 된다. 예를 들어 레위기 11:44 이하와 마태복음 5:44-48을 보라 특히 마태복음 구절에서는 45절에 나오는 하나님의 자녀와 하나님의 형상 사이의 관계에 대해 주목하라. 또한 에베소서 4:24, 32과 5:1-2에서 하나님을 본받으라는 명령이 "하나님의 사랑하는 자녀"인 기독교인들에게 주어진 사실에 주목하라. 하나님을 본받을 의무는 그의 형상을 지닌 하나님의 자녀에게 주어진 의무이다. 그것은 복잡한 언약 세칙들을 통합하고 종합하는 원리이자 표준이다.[486]

되면서 인간 안에 장착된 것이다. 다시 말해 그것은 하나님의 형상을 가진 인간의 마음속에 심겨진 열망이다. 그렇다면 최초의 행복 상태에 머물도록 인간을 가두는 것은 인간에게 있어 축복이 아니라 저주였을 것이다. 그것은 하나님 형상자로서 인간이 가진 잠재성을 좌절시키는 일이었을 것이다. 그것은 창조주의 안식에 들어갈 그의 희망을 꺾고 인간의 형상(모형)이 영광-영의 원형(paradigm)에 온전히 가깝게 될 소망을 없애는 것이다. 그러므로 축복 규약은 언약에 인공적으로 첨가된 것이 아니라 이미 인간의 본성의 일부로 자리 잡은 것이었다. 그리고 그 축복은 인간에게 주어진 하나님 형상의 종말론적-안식일적 성격이 온전히 완성되는 것을 그 내용으로 한다. 이마고 데이(Imago Dei)의 종말론적(완성적) 측면은 인간 사역이 추구해야 할 안식일적 목적을 세움으로써 인간에게 주어진 왕국 명령을 구체화시키기 때문에 언약의 축복 규약은 언약 법 안에 이미 전제된 것이었다. 다시 말해 언약 축복 규약은 시험에 관한 특별 계명 이전에 주어진 언약에 관한 일반 규정들 가운데 이미 포함되어 있었다. 따라서 축복 규약은 이마고 데이 자체가 약속하는 바, 즉 이마고 데이의 잠재성의 실현으로 간주될 수 있다. 다시 말해 축복 규약은 이 땅을 채우고 정복하라는 인간의 역사적 사명의 성공적인 완성으로도 간주될 수 있다(인간의 역사적 사명을 통해 이마고 데이는 보다 큰 영광으로 완성되어 나아간다). 이 관점에서도 인간의 최초축복상태가 영속화되는 것이 인간에게 저주일 뿐 절대로 축복은 될 수 없었다는 것이 분명해진다. 왜냐하면 그렇게 되면 생육하고 번성하여 하나님 나라를 확장하라는 그분의 명령을 실천하지 못하는 것이기 때문이다. 이마고 데이를 완성하는 것은 왕국 사명에 명시된 하나님 성전 건축이라는 안식일적 목표를 달성하는 것과 일치한다(제3장을 참조하라). 이 안식일적 성전 건축과 축복 규약을 같은 것으로 간주하면 우리는 다시 한번 그 축복 규약이 창조와 더불어 주어졌다는 사실을 확인하게 된다. 왜냐하면 안식일적 성전은 에덴에 있던 하나님의 성산에 계시 된 지시(divine pattern)를 따라 건축되는 것이기 때문이다. 영광-영-성전은 성전의 원형(archetype)이며 나아가 인간의 안식일-성전의 신적 모형(母型)이다. 이런 관점에서도 창조언약의 축복 규약이 가지는 종말론적 성격이 (태초부터) 인간의 성전-형상의 알파-원형되시는 분의 가시적 임재에서부터(창 1:2 참조) 계시되었다는 것이 분명해진다."

486) 메리데스 G. 클라인, **하나님 나라의 서막**, 김구원 역 (서울: 개혁주의신학사, 2007), 97-98.

클라인에 의하면, 인간이 하나님의 형상으로 지음받았다는 것은 하나님의 존재에 대한 인정과 그 하나님을 닮아가도록 '어떤 인간이 되어야 하는가?' 라는 윤리적 지식이 주어지고 명령 모드인 양심이 주어졌다는 뜻이다. 하나님을 닮아가도록 주신 규범이 언약의 규범이다. 이 언약의 규범이 인간의 마음 판에 기록되었다. '하나님을 닮았다'라는 평서문은 명령문의 효과를 가진다. 의미와 통일성의 관점에서 사명적 관점, 상황적 관점을 말한다.[487]

이것을 버지스는 '모세 율법과 일치하는 자연법이 하나님의 형상을 따라 지으심을 받았다는 점에서 피조 된 아담의 체질 속에 나타난다'고 말했다. 아담의 체질 속에 신적인 것들과 완전한 의에 대한 정확한 지식을 기록했는데, 형상을 가진다는 것은 마음에 기록된 법을 가진다는 것으로 이해했다. 버지스는 자연의 빛을 "남아 있는 하나님의 형상"이라고 말했다.[488] 존재는 그 본성에 합당한 규범을 가진다.

서철원 교수는 "아담이 직관적으로 그 본성을 바로 앎으로 생물들을 자기의 권위와 통치 아래 두어 어거하기가 아주 쉬웠을 것이며, 또 그 본성을 알고 다스리므로 사람과 생물들 간에 무슨 부조화 같은 것이 전혀 있을 수 없었다."라고 말했다.[489] 서철원 교수는 아담을 하나님의 대리 통치자라고 말했으며,[490] "창조는 성전의 구조를 갖는다"고 말했다.[491] 서철원 교수는 "하나님은 이런 자동적이고 기계적인 영광의 현시 이상을 바라셨다. 하나님은 이 우주의 찬송과 영광 반사를 알고 의식하면서 이 영광을 증거 해 주는 자를 바라셨다"고 말했다.[492] 이것은 하나님의 세계를 의식적으로 알아 인격적이고 자발적인 영광의 증인을 원하셨다는 뜻이다. 서철원 교수는 "하나님의 창조 목표는 인간과 맺으실 언약관계이다. 따라서 언약이 창조의 필연적이게 하였다"라고 말했다.[493] 서철원 교수의 이러한 진술들은 하나님과 인간은 근

---

487) 토마스 R. 슈라이너, **바울신학**, 엄성옥 역 (서울: 은성, 2015), 374-375; "명령법은 신자들에게 하나님께 영광을 돌리는 방식으로 살라고 촉구하는 데 반해, 직설법은 하나님께서 그리스도 안에서 신자들을 위해 행하신 것을 언급한다."

488) 스티븐 J. 카셀리, **웨스트민스터 총회의 율법과 복음**, 황의무 역 (서울: 기독교문서선교회, 2018), 120-103.

489) 서철원, **신앙과 학문** (서울: 기독교문서선교회, 1988), 42.

490) Ibid., 44.

491) Ibid., 41.

492) Ibid., 38; "하나님의 지혜와 지식의 부요함이 얼마나 큰지를 실제로 창조된 피조물을 탐구하여 봄으로써 그 탐구에서 하나님의 지혜와 지식의 풍성을 감탄하고 찬송할 수 있기를 바라셨다. 즉, 하나님의 영광의 증인을 갖기를 바라셨다."

493) Ibid., 205.

본적으로 언약 관계일 수밖에 없다는 것을 말한다.

서철원 교수는 다음과 같이 말했다.

4. 첫 언약: 하나님의 백성 되기로 한 약정

구원은 첫 언약(행위언약)의 성취여서 인류가 하나님의 백성으로 되돌아감이다. 이것이 신구약이 가르치는 중심 주제이므로 첫 언약을 행위언약이라는 전통적 개혁신학의 이해를 바꾸는 것이 바르다는 것이 내 논의의 중심점의 하나다. … 그러므로 인간이 완성에 도달한 존재가 아니고, 자기가 도달해야 할 길의 시작에 서 있는 불완전하고 임시적인 존재로 창조됐음으로 행위언약을 체결해 하늘의 그리스도에게로 인양하려고 하셨다고 이해하는 전통적 언약 사상은 성경 계시에 대한 바른 이해가 아니다. 영생을 주기 위해 언약을 체결하신 것이 아니고 영생은 하나님의 백성으로서 그분 법대로 사는 것에 대한 보상이라고 봐야 옳기 때문이다. … 만일 이렇게 성경이 가르치는 교훈을 존중하지 아니하고 전통적인 신학적 이해인 행위언약에 매이면 발트 신학에 귀결하는 것이 필연적 사항이라고 할 것이다. … 개혁신학자인 헤르만 바빙크도 그의 신학적 논리를 전개할 때 인간이 임시로 창조돼 완전한 상태에 이르지 못하기 때문에 영생을 주시기 위해 언약을 체결하셨다고 가르치므로 발트 신학에 귀결하도록 개진했다. 이런 신학적 귀결들은 행위언약의 잘못된 설정에 기인한다. … 우리는 역사적 계시의 개진에 의해 행위언약에 대한 이해를 바꿔, 첫 언약은 인류가 하나님의 백성이 되고, 하나님께서 백성의 하나님이 되기로 한 약정으로 이해하는 것이 바르다는 결론이다. 이 하나님의 경륜이 역사의 끝에서 성취돼 인류는 하나님의 백성이 되고 하나님은 저들의 하나님 되사 그들과 함께 거하시므로 만유 안에 만유가 되신다(계 21:3). 만일 이 책이 한 공헌이 있다면 이 언약개념의 바른 이해라고 할 수 있을 것이다. 하나님의 모든 구원 경륜이 다 자기 백성 회복이기 때문이다.494)

서철원 교수는 '발트 신학'과 연관 지어 '전통 개혁교회의 행위언약 개념 수정'을 말했다. 이런 서철원 교수의 주장에는 근거가 없다! '행위언약과 바빙크의 신학이 바르트 신학에 귀결되는가?'에 대한 근거가 없다! 정통적 신학 이해를 전복하려면 전복을 가능케 하는 명확한 근거가 있어야만 한다. 그러나 서철원 교수에게는 그런 명확성이 없다. 명확성이 없다는 것은 의미 없는 소리라는 뜻이다. 서철원 교수는 그 어떤 분명한 근거도 없이 정통 개혁교회의 행위언약 개념을 말한 헤르만 바빙크의 행위언약 개념을 왜곡했다.

바빙크는 다음과 같이 말했다.

성경은 교회가 그리스도의 신부이며 성령의 전殿, 하나님의 거처, 모든 나라의 영광이 집결되는 새 예루살렘이라고 말함으로써 이 모든 것을 명확하게 가르친다. 이것이 과연 이제 죄를 거쳐 도달하게 될 영광의 상태status gloriae에 대한 그림이다. 하지만 종교, 도덕법, 궁극의 목적은 행위언약과 은혜언약에서 본질적으로 똑같다. 이 두 언약의 목적은 하나님께서 만유의 주로서 만유 안에 계시는(고전 15:28) 하나님 나라, 거룩한 인류를 만드시는 것이다.495)

---

494) 서철원, **하나님의 구속경륜** (광주: 성문당, 1989), 16-18.
495) 헤르만 바빙크, **개혁교의학2**, 박태현 역 (서울: 부흥과개혁사, 2011), 721; "마찬가지로 하나님의 형상 imago Dei은 오로지 연속적으로 그리고 나란히 존재하는 인류 안에서만 전체적으로 그려질 수 있다. 하지만 온

바빙크의 글을 잘 보면, 바빙크가 "이 두 언약의 목적은 하나님께서 만유의 주로서 만유 안에 계시는 하나님 나라, 거룩한 인류를 만드시는 것이다."라고 말한 것을 서철원 교수는 "하나님의 모든 구원 경륜이 다 자기 백성 회복"이라고 말했다. 서철원 교수도 바빙크를 따라 행위언약이나 은혜언약이나 본질적인 면에서는 동일하다는 말을 반복하고 있을 뿐이다. 행위언약을 반대하는 것 같으나 실질적인 면에서는 같다. 바빙크는 이 목적을 하나님의 형상과 연관지어 말했다. 아무런 근거도 없이, 바빙크가 말하면 바르트의 신학에 귀결되는 것이고 서철원 교수가 말하면 하나님을 섬기는 것이 된다고 말하면 아무런 이유도 없이 바빙크가 싫다는 것이고 개혁신학이 싫다는 것밖에 안된다.

7. 도덕법과 행위언약

정이철 목사는 "'행위언약-은혜언약'은 '첫 언약-새 언약'으로 바뀌어야 한다"고 주장하면서 다음과 같이 말했다.

> 모세 이전에는 율법이 존재하지 않았다고 보는 것이 상식에 맞고 성경적이다. 아담이 훗날 모세를 통해 주어진 율법과 십계명을 지키지 않아 죽음에 처해졌다는 기존의 행위언약 사상은 성경의 가르침을 살려내지 못한다. 혹시 아담에게 영생을 얻기 위한 계명이 주어졌을지라도 훗날 죄의 종이 되어 죄를 짓기만하고 하나님과 영생을 위한 선을 행할 수 없는 전적으로 타락하고 무능한 이스라엘 백성들을 위해 주어진 율법과 같은 것을 받았을 수가 없다. 왜냐하면 아담은 하나님과 영생을 위해 선을 행할 수 있는 능력과 완전한 자유의지를 가졌고, 영혼과 육체 사이에 갈등이 없는 순정상태의 사람이었기 때문이다. 성경적 근거도 없는 아담이 지켰어야 할 율법을 상정하고, 그것을 십계명과 모세의 율법들과 동일시하고, 성육신하신 예수님이 아담을 대신하여 십계명과 모세의 율법들을 준수하여 의를 획득하고 전가하셨다는 교리는 성경적으로 불

우주가 통일되고 인간을 그 머리와 주主로 받는 것처럼, 온 세상에 흩어진 하나님의 흔적들이 인간 내부의 하나님의 형상 가운데 요약되고 거기로 들어 올려지듯이, 마찬가지로 차례로 그 인류 역시 바로 그 자체로, 비로소 완전히 전개된 하나님의 형상인 하나의 유기체로 여겨질 수 있다. 일대 一帶의 토지 위에 있는 수많은 영혼들이나 분리된 개인들의 집합으로서가 아니라 한 핏줄, 한 가정, 한 가족에서 창조된 인류는 하나님의 형상과 모양이다. 인류의 발전, 역사, 지속적으로 확대되는 땅에 대한 통치, 지식과 예술에서의 진전, 모든 피조물들에 대한 정복이 또한 이 인류에 속한다. 이 모든 것은 또한 인간이 창조되었던 하나님의 형상과 모양의 전개展開다. 하나님이 창조 시에 자신을 단번에 계시한 것이 아니라 그 계시를 매일 그리고 세기를 거쳐 진전시키고 증대시킨 것처럼, 마찬가지로 하나님의 형상 역시 불변하는 실체가 아니라 시공간의 형태로 확대되고 전개된다. 하나님의 형상은 선물 Gabe인 동시에 사명 Aufgabe이다. 그 형상은 이미 창조 시에 첫 번째 인간에게 즉각적으로 부여된 과분한 은혜의 선물인 반면, 동시에 풍성하고 영광스런 발전 전체의 원리와 근원이다. 완전한 단일 유기체로서 단 하나의 머리 아래 요약되고 온 땅에 퍼지며, 선지자로서 하나님의 진리를 선포하고, 제사장으로서 하나님께 헌신하고, 왕으로서 땅과 온 피조계를 통치하는 온 인류만이 완전히 완성된 하나님의 형상, 가장 뚜렷하고 가장 현저한 하나님의 모양이다."(Ibid., 720-721.)

가하다. 이러한 이유들로 인해 서철원 박사는 기존의 행위언약-은혜언약 사상에 문제가 심각하다고 주장한다. 서철원 박사는 "A New Thought on Covenant Doctrine", Studies Reformed Theology (Journal in Netherlands, 1996)을 발표하여 개혁신학의 언약 이해인 '행위언약과 은혜언약 구도에 대해서 '첫언약과 새언약으로 구분하여 성경에 더 합당한 언약개념을 제안했다. 서 박사는 선악과를 영생 얻기 위한 조건적 율법으로 보는 것에서 그리스도의 십자가 구속이 약화되기 시작했다고 지적한다. 서 박사는 선악과를 아담이 하나님의 백성 될 것을 약정하는 '첫 언약, 그리고 실패한 첫 언약을 회복하는 중보자 예수 그리스도의 피로서 맺어진 신약의 '새 언약으로 바뀌어야 한다고 주장한다. "백성은 창조주를 자기의 하나님으로 섬기는 책임을 갖는다. 이 책임이 언약체결로 주어졌다. 하나님은 언약을 체결하면 언제든지 백성들이 의존해서 살 생활의 규범을 주셨다. 이 규범에 의해서 하나님만을 섬기도록 하기 위해서 선악과 계명을 주셨다. 첫 언약에 상응해서 새 언약이 신약에 제시되었다(눅 22:20; 고전 11:25; 고후 3:6; 히 8:8). 전통적 개혁파 신학자들은 행위언약과 은혜언약 도식으로 사고함으로 새 언약을 완전히 도외시하였다. 첫 언약은 행위언약이 아니고 하나님 백성 되기로 한 약정이다. 새 언약은 첫 언약의 성취이다. 두 언약을 통해서 하나님은 자기의 백성을 가지시는 경륜을 온전하게 이루신다. 언약 체결로 하나님은 그의 백성 된 아담과 하와와 함께 하심으로 그들을 자기의 백성 삼으신 것을 명백히 하셨다. 이 성경적 언약개념으로 행위언약과 은혜언약 체계를 바꾸어야 한다."(서철원, 교의신학전집 3(인간론), 30.)

서철원 박사 외에도 기존의 행위언약-은혜언약 사상을 바꾸어야 한다고 주장하는 학자들이 없는 것은 아니다. 마이클 호튼은 메러디스 클라인의 언약 이해를 따라서 '창조언약과 은혜언약으로 바꾸어야 한다고 주장했고, 톰 라이트는 언약신학을 아브라함 언약을 계승하는 것으로 주장했고, 칼 바르트는 은혜언약 하나만으로 성경을 설명해야 한다고 주장했다.[496]

정이철 목사가 서철원 교수를 인용하면서, "기존의 행위언약-은혜언약 사상을 바꾸어야 한다"고 말하고, 톰 라이트와 칼 바르트를 말한 것은 서철원 교수를 개혁신학에서 제거하는 것이나 마찬가지다. 마이클 호튼이나 메러디스 클라인이 말하는 언약 이해는 서철원 교수나 톰 라이트, 칼 바르트와는 너무나 다르다. 서철원 교수나 정이철 목사는 인간론에 있어서 주관적인 해석을 가지고 접근하면서 '행위언약-은혜언약 체계'를 바꾸어야 한다는 것은 근본적으로 문제가 있다.

정이철 목사는 언약을 어떻게 이해하고 있을까?

정이철 목사는 다음과 같이 말했다.

성경은 분명히 하나님과 사람의 언약에 대해 말하고 있다. 언약이란 하나님이 자기를 찬송하는 자기 백성을 확실하게 가지기 위해 백성으로 부르신 자들에게 자기의 인격을 걸고 주시는 영원한 구원의 약속이다. 택하신 자기 백성의 영원한 하나님으로 남고자 하나님이 자기의 인격을 걸고 스스로에게 맹세하는 형식이기도 하다. 하나님께서 은혜로 택하시고 구원하신 자기 백성에게 자기의 인격을 걸고 언약을 주시니 그 백성에게는 하나님의 신실하심으로 말미암아 영원한 구원이 보장되는 것이다. 심지어 그 백성이 그 언약에 대해 신실하지 못할지라도 하나님이

496) http://www.good-faith.net/news/articleView.html?idxno=1414/ 정이철, '행위언약-은혜언약'은 '첫 언약-새 언약'으로 바뀌어야 한다(2019.3.5.). accessed 2021.11.5.

자기의 인격을 걸고 그의 영원한 하나님이 되시기로 약속하셨으므로 하나님과 그 백성의 관계는 영원할 수밖에 없다(서철원, 하나님의 구속경륜, 89.). 하나님께서는 첫 사람 아담에게 주신 언약은 '첫 언약'이다. 첫 언약을 통해 하나님은 자기 백성으로 영생과 함께 창조하신 아담을 영원히 자기 백성으로 삼으셨다. 하나님께서도 영원히 변치 않는 아담의 하나님이 되시기로 정하셨다(앞의 책, 23.) 아담이 선악과를 범함으로 하나님을 배반하여 첫 언약이 파괴되었고, 아담은 언약을 파기한 죄로 회개가 소용없는 영원한 죽음에 처해지게 되었다. 그러나 하나님은 범죄한 아담을 화복하여 자기 백성으로 삼아야 할 책임을 스스로 지시기로 작정하셨다. 왜냐하면 이미 자기의 인격을 걸고 스스로 자신이 아담의 영원한 하나님이 되신다는 언약을 주셨기 때문이다. 그래서 하나님은 스스로 아담의 죗값을 지불하시기 위해 사람이 되시었다. 예수 그리스도의 피로 아담의 죄를 해결하였고, 그 피를 증거 삼아 자기 백성과 영원한 새 언약(렘 31:31; 눅 22:20)을 체결하심으로 파손된 아담과의 첫 언약을 회복하셨다(앞의 책, 4.). 개혁신학의 기초를 구성한 종교개혁자 칼빈도 성경의 언약에 대해서 모르지 않았다. 굳이 칼빈의 실수를 말한다면, 성경의 언약을 신학적으로 자세하게 체계화하지 않아 이후 개혁신학자들이 따라야 할 선명하게 안내할 길을 제공받지 못했다는 것이다(서철원, 인간론, 169.). 칼빈이 성경의 언약개념을 바르게 이해하였다는 것은 분명한 사실이다. 칼빈은 언제나 하나님의 은혜와 주권 안에서 언약을 설명하였다.

오늘날 개혁신학에서 정설로 여겨지고 있는 하나님과 사람의 구원에 관한 쌍방적 역할, 조건, 의무에 관한 언약개념은 완전히 비성경적이고, 개혁신학의 아버지 칼빈의 언약 이해에서 벗어난 것이다. 전통적인 개혁신학이 정설로 가르치고 있는 언약신학에 의하면 아담은 구원받기 위해 창조되었고, 구원을 얻기 위한 자격을 스스로 준비했어야 하였다. 전통적 개혁신학에서 중요한 위치에 있는 헤르만 바빙크(Herman Bavinck, 1854-1921)도 그렇게 이해하고 가르쳤다. 바빙크는 아담이 처음부터 영생을 가진 하나님의 자녀로 창조되지 않았고 자기의 노력으로 영생을 얻어야 할 사람으로 창조되었다고 다음과 같이 가르쳤다. "하나님은 타락 전에 맺어진 첫 번째 언약 안에서 인간에게 완전한 순종을 요구하셨고, 이 명령을 완전하게 성취한 후에 비로소 영생과 하늘의 구원을 주시리라 약속하셨습니다."(헤르만 바빙크, 찬송의 제사, 26.) 바빙크에 의하면 영생과 무관하게 창조된 아담은 스스로의 노력으로 영생의 구원을 청구해야 했다. 그 스스로 준비한 자격과 조건에 기초하여 그에게 영생을 주셔야만 하였다. 그렇다면 성경의 하나님은 사람이 스스로 하나님의 구원 계획에 능동적으로 참여하여 구원을 만들기를 원하시는 하나님이시다. 신인협력 구원론이 기독교 정통 신앙이 되어버리는 것이다.

성경 어디에도 하나님이 아담을 영생과 무관한 임시적인 생명을 가진 사람으로 창조하시었다고 볼 내용이 없다. 하나님이 아담에게 영생을 누릴 자격을 준비하면 그에게 영생을 주겠다는 조건부 언약을 체결했다고 볼 근거가 성경에 없다. 성경은 처음부터 아담이 영생을 누리는 하나님 백성으로 창조되었으나 교만하고 패역한 마음을 가졌고 자유의지를 악용하여 하나님께 반역함으로 영생을 잃고 하나님의 저주와 심판에 처해졌다. 칼빈도 창조할 때 아담의 상태와 원죄를 그렇게 가르쳤다. "그러므로 아담이 어떤 방법으로 하나님의 진노를 유발하여 벌을 받는가 하는 것을 생각하기란 그다지 어렵지 않다. 참으로 교만이 모든 악의 처음이었다는 어거스틴의 단정은 옳다. 사람이 자기의 처지에 만족하고 바른 한계를 넘으려고 하지 않았더라면, 태초의 상태에 머무를 수 있었을 것이다.[497]

정이철 목사는 행위언약을 부정하며, 언약의 쌍방적 역할을 비성경적이라고 말하고, 칼빈을 말하면서 정당화했다. 그러나 칼빈은 "이제 모세는 인간이 하나님께 순종해야 한다는 사실과 함께 인간이 이 세상의 통치자라는 것을

---

497) 정이철, 한눈에 들어오는 청교도 개혁운동 (서울: 다음, 2021), 89.

가르친다. 율법은 인간의 복종의 표시로 부여된 것이다"라고 말함으로써 언약의 율법에 대한 순종을 말했으며,[498] 아담이 완전한 영생을 가진 존재라고 말하지 않았다.[499] 칼빈의 언약에 대해 조금이라도 아는 사람이라면, 칼빈의 언약사상에는 일방적인 면과 쌍방적인 면이 있다는 것을 모르는 사람이 없다.[500] 칼빈의 언약사상에는 "하나님의 주권적 은혜와 인간의 의무가 함께 묶여져" 있기 때문이다.[501] 그것을 리처드 멀러와 피터 릴백이 잘 말해 주고 있다. 릴백은 "칼빈은 행위언약이 완전한 해결인 것으로 취급하여 문제를 제시한다"고 말했다.[502] 칼빈의 언약사상에 대해 일방적으로 이해하는 분들이 있고 쌍무적으로 이해하는 분들이 있다.[503]

정이철 목사의 언약론은 서철원 교수의 언약론을 그대로 따르고 있다. 서철원 교수의 언약론은 서철원 교수의 인간론이 비성경적이기 때문에 비성경적이다. 그런 까닭에, 정이철 목사의 인간론은 비성경적인 인간론이고 정이철 목사의 언약론은 비성경적인 언약론이다.

우리는 이 문제를 해결하기 위해 하나님께서 아담에게 주신 법이 무엇인지 정확하게 이해해야 한다. 여기에 대해 앤서니 버지스의 주석은 탁월하다. 버지스는 아담에게 주신 법을 '자연법'과 '실정법'으로 말했다. 자연법은 아담에게 새겨진 법이며, 실정법은 '선악을 알게 하는 나무의 열매를 먹지 말라'는 구체적인 금지 명령이다.[504] 버지스는 아담의 '마음에 새겨진 법'은 하나님

---

498) 존 칼빈, **구약성서주석 1** (서울: 성서교재간행사, 1982), 97.
499) Ibid., 99; "그의 지상생활은 정말로 일시적인 것일 수도 있었으며, 죽지도 상처를 받지도 않고 하늘로 올라갈 수 있었을지도 모른다."
500) 원종천, '칼빈 언약사상의 본질적 개념과 신학적 위치,' **역사신학논총** 13: 176; "우리는 칼빈이 성경 본문을 통하여 이해한 언약을 다음과 같이 요약할 수 있다. 언약은 하나님께서 아담과 노아로부터 시작하여 인간과 관계를 맺으신 방법으로 하나님의 축복의 약속과 인간의 순종의 반응을 그 내용으로 하고 있으며, 하나님께서는 이 언약에 대한 확증을 위하여 아담에게는 생명나무를 노아에게는 무지개를 언약의 징표로 만드셨다.", "인간의 반응에 입각하여 하나님께서는 축복을 주신다. 언약에 입각한 하나님 축복의 약속도 엄숙한 약속으로 인간에게 순종의 책임이 있는 것처럼 하나님에게도 축복의 약속을 이행하시는 책임적 성격이 있다."(Ibid., 184.)
501) 박희석, '칼빈과 언약신학,' **總神大論叢** 21 (2002): 63(60-82).
502) 피터 A. 릴백, **칼빈의 언약사상**, 원종천 역, (서울: CLC, 2012), 441.
503) 양신혜, '칼빈의 언약 사상에 나타난 믿음과 행위의 관계에 대한 이해: 아브라함의 언약을 중심으로,' **한국개혁신학** 34 (2012): 164-165(162-192); "믿음과 행위의 관계는 언약 사상과 밀접하게 연결되어 있으며, 칼빈과 칼빈주의자의 연속성과 불연속성의 문제로도 이어지기 때문에 주요한 연구과제로 다루어져왔다. 트린터루드(Leonard J. Trinterud)에 따르면 칼빈과 제네바 신학자들은 언약을 하나님의 절대적 주권 아래서 '일방적'으로 이루어진 '무조건적' 약속으로 이해한 반면, 쯔빙글리, 불링거 그리고 독일 개혁신학자들은 하나님의 언약을 '쌍방적'이고 조건적 약속이라고 간주한다. 이와 달리 에니겐베르그(Elton M. Eenigenburg), 후크마(Anthony Hoekema), 비르마(Lyle D. Bierma), 릴백(Peter A. Lillback) 등은 칼빈의 언약 사상에는 하나님의 '조건적' 약속과 인간의 반응을 요구하는 '쌍무적' 언약의 특징이 내재해 있음을 논증하였다. 특히, 비르마와 릴백은 칼빈의 성경 주석 창세기 17장을 근거로 언약의 조건성과 쌍무적 특성을 논증하였다."

께서 주신 법이라고 말했다. 이것이 자연법이다. 이 자연법은 법의 두 가지 핵심 요소인 명령과 의무를 내포한다. 버지스는 이 자연법이 십계명을 통해 성문화되었다고 말했다.505) 죄는 그 하나님께서 주신 법을 어기고 불순종한 것이다.506)

이런 추론은 버지스만의 생각이 아니다. 초기 개혁신학자들은 자연법과 모세 율법을 동일시했다. 루터는 "자연법은 시내산에서 명확하고 정확하게 요약되었다"고 주장했다.507) 칼빈은 도덕법에 대한 해설에서 다음과 같이 말했다.

부연하자면 우리가 위에서 말한 바 있는 모든 사람의 마음속에 기록되고 마치 새겨진 것 같은 내적인 법은 우리가 두 판으로부터 배워야 할 바 그 자체를 어떤 식으로든 우리에게 일러준다. 왜냐하면 우리의 양심은 우리가 의식 없이 영구적인 잠을 자도록 내버려 두지 아니하고 하나님께 진 우리의 빚이 무엇인지 알려주는 내부적 증인과 충고자가 되어 선과 악의 차이를 우리 앞에 제시하고 우리의 의무가 이행되지 않을 때 우리를 정죄하기 때문이다. 그러나 사람은 오류의 어둠에 휩싸여서 이러한 자연법을 통해서는 무엇이 하나님께 받아들여지는 예배인지 거의 알아볼 수 없게 된다. … 따라서 우리의 무기력과 우리의 오만 이 둘 모두로 인한 필요 때문에 주님은 우리를 위하여 성문법을 제정하셔서 자연법에 있어서는 지극히 희미했던 것을 한층 분명하게 증언하심으로써, 우리의 무관심이 떨쳐졌을 때, 우리의 마음과 기억을 더욱 생생하게 자극시키고자 하셨다.508)

---

504) 위키피디아 사전; 자연법(自然法, 영어: natural law, the law of nature, 라틴어: lex naturalis)은 인위적인 그 가치에 대칭되는 것으로 자연히 존재하는 언제, 어디서나 유효한 보편적 불변적 법칙이다.
웨스트민스터 대요리문답 91문: 하나님께서 사람에게 요구하시는 의무는 무엇입니까? 답: 하나님께서 사람에게 요구하시는 의무는 그의 계시 된 뜻에 순종하는 것입니다. 92문 하나님께서 사람에게 그의 순종의 규범으로 제일 처음 무엇을 계시하셨습니까? 답: 무죄한 상태에 있던 아담과 그 안에 있는 모든 인류에게 계시하신 순종의 규범은 선과 악을 알게 하는 나무의 실과를 먹지 말라고 하신 특별한 명령과 함께 도덕법이었습니다.
93문 도덕법은 무엇입니까? 답: 도덕법은 인류에게 선포된 하나님의 뜻입니다. 이것은 영혼과 몸의 전인의 모습과 경향에 있어서, 또한 하나님과 사람에게 마땅히 해야만 하는 거룩함과 의로움의 모든 의무를 이행함에 있어서, 각자가 인격적으로, 완전히, 그리고 지속적으로 이 법을 따르고 순종하도록 지시하고 명령하신 하나님의 뜻입니다. 그리고 이 명령을 지키면 생명을 주기로 약속하셨지만, 그것을 위반하면 죽는다고 위협하셨습니다.
505) Burgess, *Vindiciae Legis*, 61; 스티븐 J. 카셀리, **웨스트민스터 총회의 율법과 복음**, 황의무 역 (서울: 기독교문서선교회, 2018), 97에서 재인용.
506) 홍인택, **웨스트민스터 총회의 율법과 성화** (서울: 개혁주의신학사, 2021), 190; "'소교리문답'은 '죄를 하나님의 율법에 대한 순종의 결여이거나 그것에 대한 범죄'라고 천명한다. '대교리문답'에서는 이와 동일한 설명에 '율법은 이성적인 피조물들에게 법칙으로 주어진' 것이라는 내용이 첨가되어 있다. 하지만 그에 앞서 '대교리문답'은 죄에 대해 설명하기 전에 창조 상태의 인간의 '마음에는 하나님의 율법이 기록되어 있었다'고 설명한다. 즉, 사람을 창조하셨을 때에, 하나님은 처음부터 하나님의 법을 새겨 두셨다는 것이다. 따라서 죄는 그 하나님의 법에 대해 범과함으로 불순종하는 것이다."
507) Paul Althaus, *The Theology of Marin Luther* (Philadelphia: Fortress Press, 1966), 252; 스티븐 J. 카셀리, **웨스트민스터 총회의 율법과 복음**, 황의무 역 (서울: 기독교문서선교회, 2018), 98에서 재인용.
508) 존 칼빈, **기독교강요2**, 문병호 역 (서울: 생명의말씀사, 2020), 231-232; **기독교강요** 2.8.1.

칼빈에 의하면, 자연법은 모든 사람의 마음속에 기록된 내적인 법이며, 그 자연법이 성문법, 곧 십계명으로 제정되었다. 이런 칼빈의 진술에 대해 서철원 교수와 정이철 목사는 무엇이라고 말할 것인가? 두 사람은 '칼빈도 잘못되었다'고 부정할 것인가? 우르시누스는 다음과 같이 말했다.

> 반론 4 : 율법과 선지자는 요한의 때까지였다(마 11:13). 그러므로 만일 그리스도께서 육체로 오신 그때에 율법이 정죄와 관련하여 처음 폐지되었다면, 그리스도의 오심 이전에 살았던 자들은 필히 정죄 아래 있었던 것이 될 것이다.
>
> 답변 : 율법은 정죄에 있어서는 신약의 신자에 못지않게 구약의 신자에게도 폐지되었다. 구약의 신자들에게는 그 효력과 힘에서 폐지되었고, 신약의 신자들에게는 그 성취와 현현에서 폐지되었다. 그러나 도덕법 혹은 십계명은 그것에 대한 복종에 관한 한 폐지되지 않았다. 하나님께서는 과거에 못지않게 지금도 중생자와 비중생자 모두에게 그의 법에 순종할 것을 요구하시는 것이다. 이 사실은 다음의 증거들을 통하여 입증할 수 있다. 1. 그리스도께서 우리를 율법의 저주로부터 구속하신 목적에서, 우리를 죄와 율법의 저주로부터 구원하신 것은 우리로 하여금 계속해서 죄 가운데서 하나님을 미워하도록 하기 위함이 아니라 우리를 하나님의 성전으로 만드시기 위함이었다. 2. 하나님께서 우리에게 베푸신 은덕의 수효와 규모만큼 우리가 하나님께 순종과 감사를 드려야 마땅하다. 그런데 믿음으로 그리스도와 연합된 자들은 다른 모든 사람들보다 하나님으로부터 더 많고 큰 은덕을 받는다. 다른 사람들과 똑같이 창조와 보존의 은덕을 누리지만, 더 나아가서 중생과 칭의의 은혜를 누리기 때문이다. 그러므로 우리는 다른 사람들보다 더욱더 하나님의 법에 순종해야 할 처지이며, 중생과 칭의를 얻은 이후에는 그 이전보다 더 욱더 그래야 하는 것이다. 3. 성경의 증언에서: "내가 율법이나 선지자를 폐하러 온 줄로 생각하지 말라 폐하러 온 것이 아니요 완전하게 하려 함이라"(마 5:17) 이는 율법 전체에 대한 말씀이지만 특별히 도덕법에 관한 것이다.[509]

우르시누스에 의하면, "도덕법 혹은 십계명은 그것에 대한 복종에 관한 한 폐지되지 않았다." 그 증거는 그리스도께서 우리를 죄와 율법의 저주로부터 구속하셨기 때문이며, 주를 믿은 성도들은 더욱 하나님의 법에 순종해야 하며, 그리스도께서 율법과 선지자를 폐하러 오신 것이 아니라 완전케 하러 오셨다고 말씀하셨기 때문이다.

피터 릴백은 '칼빈의 신학에 행위언약이 없다'는 주장은 네 부류로 구분된다고 말했다.

> 1. 타락 전 언약은 칼빈 신학이 율법/복음의 구별과 자연법과 윤리법의 연합을 주장하는 멜랑히톤적 견해에 의해 변질 된 후 우르시누스가 표현했다.
> 2. 후기 계약신학자들이 귀중하게 여기는 칼빈의 성경 본문 주석은 계약체계에 반대된다.
> 3. 행위언약 발전이 칼빈의 특징인 은총론(particularism) 입장을 취하지 않은 칼빈 후계자들에 의한 보편적 성향의 표현이다.

---

509) 자카리아스 우르시누스, 하이델베르크 요리문답해설, 원광연 역 (고양: 크리스챤다이제스트, 2006), 783-784.

4. 행위, 율법, 공로 사상이 창조, 은혜에 대한 칼빈의 이해와의 불일치다.510)

릴백은 이런 반대 주장을 살피면서, 칼빈이 행위언약이라는 용어를 명시적
으로 사용하지는 않았으나 동일한 개념을 가지고 있었다고 말했다. 그 근거
는 무엇인가? 릴백이 어거스틴과 『기독교강요』를 언급하며 설명했지만 더
욱 중요한 것은 '칼빈이 성경을 어떻게 해석했는가?'이다. 릴백은 칼빈이 타
락전 아담의 상태를 말하면서, 하나님께서 아담과 맺은 언약은 "하나님 앞에
완전하게 되도록 율법에 순종을 요구했던 것이다"라고 말했다.

릴백은 다음과 같이 말했다.

> 궁극적으로, 아담은 자신의 순종에 대한 대가로 생명을 얻었을 것이다. "그가 올바르게 남았었
> 더라면, 진정으로 첫 인간은 더 나은 삶으로 넘어갔었을 것이다. 영혼이 육체에서 분리되지 않
> 았을 것이다. 부패도, 어떤 종류의 파도, 간단히 말해, 어떤 과격한 변화도 없었을 것이다."
> 그러므로 칼빈은 행위언약과 조화를 이루는 언어로 아담의 타락 전 경험을 발전시킨다. 검증,
> 금지, 율법, 순종, 하나님의 관대함 그리고 순수함이 궁극적 완전과 생명을 목표로 하고 있는
> 것이다.511)

릴백에 의하면, 칼빈이 말하는 아담은 행위언약에 대한 순종의 결과로 영
생을 얻어야 하는 존재였다. 릴백은 칼빈이 어거스틴을 따라 생명나무를 성
례로, 곧 그리스도의 상징으로 보았다고 말하며 행위언약의 증거로 말했다.
릴백은 "이 언약이 율법에 대한 순종의 근거 위에 세워졌기 때문에, 타락 전
언약을 행위언약으로 묘사하는 것은 확실한 것으로 보인다"라고 말했다.512)

또한, 릴백은 칼빈이 『기독교강요』에서 하나님께서 아담과 맺은 관계를
언약이라 부른 것을 말했다. 이어서 릴백은 칼빈이 아담과 노아의 언약을 통
해 주어진 성례전적 징표를 통해 언약으로 설명했다.513) 릴백은 칼빈이 타락
전 언약과 성례의 논의가 1536년에 출판된 『기독교강요』 첫판으로 거슬러
올라간다면서, "칼빈의 신학 저술은 타락 전 언약개념으로 시작했다!"고 말
했다.

안토니 T. 셀바지오(Anthony T. Selvaggio)는 "칼빈은 구속언약, 대표적
언약설, 행위언약의 본질을 가르쳤다. 이런 언약 신학의 요소들 외에도, 칼빈
은 언약의 본질을 가르쳤다"고 말하면서, 『기독교강요』에 나타난 칼빈의

---

510) 피터 A. 릴백, **칼빈의 언약사상**, 원종천 역, (서울: CLC, 2012), 423.
511) Ibid., 443.
512) Ibid., 445.
513) Ibid., 445-446.

언약개념을 말했다. 칼빈은 다음과 같이 말했다.

> 모든 족장과 맺은 언약은 실체 그리고 그 자체에 있어서 우리와 맺은 언약과 아무것도 다르지 않고 전적으로 하나이며 동일하다. 그렇지만 경륜에 있어서는 다르다. … 그들(유대인들)은 그리스도를 중보자로 여겼고 그렇게 알고 있었다. 그들은 그리스도를 통하여 하나님과 결합되었으며 하나님의 약속에 동참하는 자들이 되었다.[514]
> 같은 논법으로부터 구약은 하나님의 값없는 자비를 근거로 세워졌으며 그리스도의 중재에 의해 확정되었다는 사실이 귀결된다. 왜냐하면 복음적 설교도 죄인들이 의롭다 함을 얻는 것이 그들 자신의 공로가 아니라 하나님의 부성적인 관대하심으로 말미암는다고 선언하기 때문이며, 그것의 전체 요체가 그리스도 안에서 요약되기 때문이다. 그러므로 누가 감히 유대인들을 그리스도로부터 분리시키려 할 것인가? 우리는 그리스도가 유일한 근본이 되시는 복음의 언약이 그들과 체결되었다고 듣고 있지 않는가? 우리가 듣는 바대로 경륜상 믿음의 의 교리가 적용된 그들을 누가 감히 값없는 구원의 선물로부터 소외시키려고 하는가?[515]

칼빈은 『기독교강요』 2.10.2.에서 '육신적 언약'에 반대하여 '영적 언약'을 주장하면서 하나의 영적 언약에 우리가 취해야 하는 세 가지 입장을 말했다. 첫째, 구약의 계시가 선포되었고 택함 받은 유대인들은 지상의 부(富)만이 아니라 "불멸의 소망"을 열망했다. 둘째, 언약은 인간의 공로가 아니라 하나님의 "자비"로 "오직" 된 것이다. 셋째, 믿는 유대인들은 "그리스도를 중보자로 알았으므로 그를 통해 하나님과 연합하고 그의 약속에 참여하게 되었다".[516]

이와 같이, 칼빈의 『기독교강요』는 언약의 본질에 대해 분명하게 말했다. 셀바지오는 릴백의 글을 인용하며 칼빈이 참으로 행위언약의 신학을 표현했다고 결론지었다.[517] 칼빈은 『기독교강요』 2.10.4.에서 요 8:46과 히 13:8을 인용하면서 그리스도께서 언약의 약속을 성취하기 위해 오셨다고 말했다. 릴백이 칼빈에게 행위언약 개념이 있었다고 주장하는 가장 흥미로운 근거는 성례와 언약 간의 관계에 대한 칼빈의 이해.

칼빈은 『기독교강요』 4.14.18.에서 다음과 같이 말했다.

---

514) 존 칼빈, **기독교강요2**, 문병호 역 (서울: 생명의말씀사, 2020), 330-331; **기독교강요** 2.10.2.

515) Ibid., 333; **기독교강요** 2.10.4.

516) https://cprc.co.uk/articles/calvinscovenanttheology1/ Rev. Angus Stewart, 'John Calvin's Integrated Covenant Theology (1): The Nature of the Covenant,' Protestant Reformed Theological Journal.

517) 안토니오 T. 셀바지오, **웨스트민스터 총회의 유산: 단번에 주신 믿음**, 김은득 역 (서울: 개혁주의신학사, 2014), 384; 〈"그러므로 칼빈은 아담의 타락 전 경험을 시험, 금지, 율법, 순종, 거룩한 자유와 무죄, 궁극적 완벽과 생명을 향한 목표와 같이 행위언약과 일치하는 언어로 표현했다.", "그러므로 개혁파 신학에 행위언약의 존재를 위한 근본적 기초는 위대한 제네바 개혁자에 의해 세워진다."(Peter A. Lillback, *The Binding of God: Calvin's Role in the Development of covenant Theology* (Grand Rapids: Baker, 2001)〉

일반적으로 '성례'라는 말은, 지금까지 그 이치에 대해서 논의해 온 바와 같이, 하나님이 자기 약속에 대한 실제를 더욱 확실하고 분명하게 제시하시려고 사람들에게 친히 명령하신 모든 표징을 포함한다. 하나님은 때로는 자연적인 것들 가운데 표징들이 존재하게 하시고, 때로는 기적들 가운데 표징들이 제시되게 하신다. 첫 번째 종류에 속한 예들이 다음에 있다. 하나님은 아담과 하와에게 생명나무를 불멸성의 보증으로서 주셔서 그들이 그 나무의 열매를 먹을 동안에는 흔들림 없이 그것에 대해서 확신할 수 있게끔 하셨다(창 2:9; 3:22). 또한 노아와 그의 후손에게 이후로는 자기가 홍수로 땅을 소멸시키지 않을 것이라고 말씀하시고 그 기념비로서 하늘의 무지개를 세우셨다(창 9:13-16). 아담과 노아는 이것들을 성례라고 여겼다. 이는 나무가 그것 자체에도 줄 수 없었던 불멸성을 그들에게 줄 수 있었기 때문도 아니고, 단지 태양 광선이 맞은편 구름에 반사되어 비취는 무지개가 물을 제지하는 데 효과가 있었기 때문이 아니라, 생명나무와 무지개 위에 하나님의 말씀에 의해 새겨진 표지가 있었기 때문이다. 그리하여 그것들이 그의 언약의 증거와 인장이 되었다. 실로 이전에는 나무는 나무였으며, 무지개는 무지개였다. 하나님의 말씀에 의해서 그것들이 새겨진 곳에 새로운 형상이 옷 입혀졌다. 그리하여 그것들은 이전에 그것들이 아니었던 것으로서 존재하기 시작했다. 무지개는 오늘날 그 누구라도 이러한 말씀이 헛되다고 판단하지 않게 하시려고 주님이 우리에게 세워 주신, 자기가 노아와 맺은 언약의 증인이다. 그리하여 우리는 무지개를 바라볼 때마다 땅이 결코 홍수로 멸망하지 않을 것이라는 하나님의 이 약속을 읽게 된다.[518]

칼빈에 의하면, 생명나무는 아담과 하와에게 불멸성의 보증이었으며, 무지개는 노아와 그 후손들에게 성례였다. 생명나무와 무지개는 언약의 증인이었다. 칼빈의 이런 성례에 대한 견해에 대해, 릴백은 칼빈 신학에서 성례와 언약은 동전의 양면이라고 주장했다. 릴백은 칼빈이 창세기 주석에서 생명나무를 성례로 언급했다는 점을 들어서 칼빈 신학이 타락 전 율법언약으로 논리적으로 진행한다고 추정했다.[519]

셀바지오는 칼빈 신학에서 언약에 대한 결론을 다음과 같이 말했다.

분명히 칼빈의 신학은 하나님이 창세기 3:15에 처음 계시 된 택함 받은 자들과 은혜언약을 맺으실 뿐 아니라 그 개념을 구약에서 점진적으로 드러내고 결국은 그리스도와 새 언약에서 그것의 정점에 도달하게 한다는 개념을 포함한다. 요약하면, 모든 칼빈 작품에 대한 자세한 연구는 비록 초기형태일지라도, 고전적으로 개혁파 언약 신학의 필수적 요소들을 주장했다는 것을 드러낸다. 칼빈의 신학은 구속언약, 대표자적 머리설, 행위언약, 은혜언약의 본질들을 포함한다. 그러므로 충분한 근거를 가지고 우리는 칼빈이 언약 신학자였다고 확고하게 주장할 수 있다.[520]

셀바지오에 의하면, 칼빈의 신학은 개혁파 언약 신학의 필수적인 요소를 주장했다. 그 형태가 초기형태일지라도 칼빈은 언약 신학의 본질들을 충분히 말했다.

---

518) 존 칼빈, **기독교강요4**, 문병호 역 (서울: 생명의말씀사, 2020), 510-511; **기독교강요** 4.14.18.
519) 안토니오 T. 셀바지오, **웨스트민스터 총회의 유산: 단번에 주신 믿음**, 김은득 역 (서울: 개혁주의신학사, 2014), 382-383.
520) Ibid., 386.

그렇다면, 칼빈의 신학저술이 왜 그렇게 타락 전 언약개념으로 시작했을까? 행위언약이 존재의 상태를 결정하고 말해 주기 때문이다. 그 무엇보다도 칼빈의 『기독교강요』 가 그것을 증명한다. 『기독교강요』의 시작은 '하나님을 아는 지식과 우리를 아는 지식은 함께 주어짐'이다. 칼빈은 다음과 같이 말했다.[521]

마치 사람 안에 모든 비참함이 담긴 무슨 세상이라도 있는 양, 사람이 하나님의 옷을 빼앗긴 이래 그의 수치스러운 벌거벗음이 무한한 망신더미를 드러낸다. 그리하여 그는 자기의 불행을 의식하고 양심에 찔림을 받아서, 하나님을 아는 최소한의 어떤 지식을 지니지 않을 수 없게 된다. 이와 같이 우리는 우리 각자의 무지, 공허, 무능, 연약함, 요컨대 타락과 부패를 지각하면서 지혜의 참 빛, 한결같은 능력, 온갖 선한 것들의 완전한 부요함, 의의 순수함이 다름 아닌 여호와께만 있다는 사실을 인식하게 될 뿐만 아니라 우리의 악행들로 말미암아 하나님의 선한 것들을 헤아리도록 자극을 받게 된다. 더욱이 우리는 우리 자신에 대해서 실망하기 전까지는 하나님을 진지하게 갈망할 수도 없다. 사람들 중에 자기 자신에 안주하는 일을 기꺼워하지 않는 자가 어디 있겠는가? 자기 자신에 대해서 무지에 빠져 있는 한, 즉 자기의 재능들에 만족하고 자기의 비참함을 알지 못하거나 기억하지 못하는 한, 누가 자기 자신을 의지하지 않겠는가? 그러므로 사람은 각자 자기 자신을 아는 지식이 있어야 하나님을 찾도록 자극을 받을 뿐만 아니라 마치 손에 끌려가듯이 하나님을 발견하게 된다.[522]

칼빈의 신학에 행위언약의 증거가 있다는 것을 말하는 것도 중요하지만, '칼빈이 행위언약을 함의하며 말한 이유가 무엇인가?'를 말하는 것이 더욱 중요하다. 그 이유는 바로 인간론이 성경적이어야 신학의 모든 것이 올바르게 정립되기 때문이다. 칼빈은 원죄론으로 시작한다. 지금 우리가 IAOC를 말하는 것도 인간론이 잘못되어 있기 때문에 발생하는 것이다. 인간론은 존재론이며 구원론이다. 시작은 언제나 존재론이다. 존재론이 삶을 지배한다. 구원론이 삶을 지배한다. 행위언약을 수백 번, 수천수만 번 말할지라도 IAOC를 아무리 말할지라도 인간론, 존재론, 구원론으로 연결되지 않으면 신학을 위한 신학, 논쟁을 위한 논쟁으로 끝나고 만다.

그러나, 정이철 목사는 다음과 같이 말했다.

그러면 성경 어디에서 아담이 영생 얻기 위해 지켜야 할 율법과 함께 창조되었다는 말씀을 찾을 수 있을까요? 전혀 없습니다. 창세기 어디에도 아담이 영생을 얻기 위해 지켜야 할 율법과 함께 창조되었다는 내용이 없습니다. 그들은 성경에서 근거를 전혀 찾을 수 없는 사변을 만들면서 기독교 신앙을 추론에 근거하여 재구성한 것입니다. 그들은 아담이 영생을 얻기 위해 지켰어야 할 율법이 처음부터 아담의 마음에 심겨져 있었다고 가르칩니다. 그들의 영향으로 웨민

---

521) 존 칼빈, **기독교강요2**, 문병호 역 (서울: 생명의말씀사, 2020), 333; **기독교강요** 2.10.4.
522) 존 칼빈, **기독교강요1**, 문병호 역 (서울: 생명의말씀사, 2020), 165-166; **기독교강요** 1.1.1.

고백서에도 아담이 영생 얻기 위해 지켜야 할 율법과 함께 아담이 창조되었고, 그 내용이 나중에 모세를 통하여 기록으로 주어졌다고 합니다.

"사람은 하나님의 형상으로 창조되었으며 그것은 율법이 마음에 새겨졌다는 것을 뜻합니다." (프롱크, 도르트신조강해, 257.) "하나님께서는 사람을 지으실 때 율법을 마음에 새겨주셨습니다."(프롱크, 257.)

"1. 아담에게 주신 법: 하나님께서는 아담에게 행위언약으로서 한 법을 주셔서 그것에 의해 그와 그의 모든 후손들을 인격적인, 완전한, 정확한, 그리고 영속적인 순종의 의무 아래 두셨고; 그것의 실행에 근거한 생명을 약속하셨으며, 그것의 위반에 근거하여 죽음을 경고하셨고; 그것을 지킬 힘과 재능을 그에게 부여하셨다.

2. 도덕법(Moral Law): 이 법은 그의 타락 후에도 계속 의(義)의 완전한 규칙이었고; 시내산에서 하나님에 의해 십계명에 그렇게 선언되었으며 두 돌판들에 기록되었는데; 처음 네 계명들은 하나님께 대한 우리의 의무를, 그리고 그 나머지 여섯은 사람에 대한 우리의 의무를, 담고 있다."(WCF 19장 1, 2항)

이런 내용은 너무도 무리한 성경해석입니다. 하나님의 자녀로 지어졌고, 하나님 섬김의 사명을 안에서 피조물들의 왕으로 지어진 아담이 하나님의 은혜에 감사하지 않고, 하나님과 같아지기 위해 반역함으로써 창조주로부터 저주받고 영원히 죽게 된 것으로 원죄를 해석해야 합니다. 그러면 모든 것이 자연스럽고 이후 전개되는 성경의 역사와 그리스도의 오심과 죽으심이 자연스럽게 연결됩니다. 그런데 사변으로 성경을 해석하여 창세기에 있지도 않은 율법을 가정하고, 아담이 그 율법을 지키지 않아 하나님의 저주를 받았다고 이해함으로, 성경과 기독교를 심하게 비틀어 버렸습니다. 능동순종교리를 믿으면, 필연적으로 신앙의 기형이 초래됩니다. 능동순종교리가 거짓이기 때문입니다. 가장 심각한 신앙의 기형은 오직 그리스도의 십자가를 높이는 사도 바울과 신앙과는 달리 그리스도의 율법준수를 찬양하는 이상한 현상입니다.[523]

정이철 목사는 자연법과 모세 율법을 동일시하는 관점을 극렬히 반대하나, 자연법과 모세 율법을 동일시하는 관점은 종교개혁자들의 공통된 입장이었다. 이런 관점은 이탈리아의 개혁자 피터 버미글리(Peter Martyr Vermigli, 1499-1562)의 롬 2:14 주석과 『예정과 칭의』에 나타난다.[524] 윌리엄 퍼킨스(William Perkins, 1558-1602)는 "창조 시에 아담에게 새겨진 법"은 "도덕법"으로서 "십계명에 잘 요약되어 있다"고 주장했다. 웨스트민스터 신앙고백서 19장은 "하나님이 아담에게 한 법을 주셨다"(God gave to Adam a law)라는 진술로 시작한다.

카셀리는 스코틀랜드 신학자 데이빗 딕슨, 버지스의 동료이며 런던의 목회자인 아더 잭슨, 율법폐기론자를 논박한 평신도 토마스 베이크웰, 원체스터

---

523) http://www.good-faith.net/news/articleView.html?idxno=1512/ 정이철, '능동순종과 웨민(WCF)의 무엇이 문제인지 다시 설명해 주세요.'(2019.4.30.)

524) Peter M. Vermigli, *Predestination and Justification*, ed. trans. Frank A, James Ⅲ (Kirksville: Truman State University Press, 2003), 100; "이를 통해 우리는 우리가 의롭다 함을 받는다고 알려진 그 의가 우리의 마음에서 나오는 것이 아니라 하나님에 의해 전가되는 것일 뿐만 아니라, 행위에서 말미암는 것이 아니라 오직 하나님의 자비하심으로 구성된 전가라는 사실을 추론할 수 있다."; 신호섭, **개혁주의 전가교리** (서울: 지평서원, 2016), 77에서 재인용.

의 주교 윌리엄 데이 역시 자연법이 시내산에 공포된 십계명과 본질상 같으며 보편적인 구속력을 가진다고 말했다.[525] 뿐만 아니라 영국의 저비스 바빙톤, 존 화이트, 장로교의 아더 잭슨, 토마스 카트라이트, 분리주의자인 헨리 에인스워스, 스코틀랜드의 제임스 퍼거슨, 로버트 롤록, 루터파의 존 게하르트를 비롯한 수많은 사람이 자연법이 모세 율법에 나타난다고 말했다.

버지스가 아담의 마음에 도덕법이 기록되어 있고 아담에게서 하나님의 형상을 찾을 수 있다고 말하는 것이 중요한 이유는 무엇인가? 그것은 아담의 마음에 새겨진 그 도덕법에 대한 순종의 여부에 따라 아담의 행복과 거룩함에 결정적인 요소라고 말하기 때문이다. 이 자연법은 '자연이 만든 법'이 아니라 '자연을 결정하는 법'이다. 하나님께서는 자연법을 아담의 마음에 새겼으며, 그 자연법에 덧붙여 실정법(positive law)도 주셨다(창 2:17). 실정법은 아담에 대한 시험이었다.

여기에는 두 가지 관점이 있다. 첫째로, 시험을 위한 실정법을 "드러난 법"이라는 관점에서 접근하면 하나님께서 절대 주권자로 나타난다. 둘째로, 언약의 관점에서 접근하면 하나님께서는 은혜로운 아버지로 계시된다. 이 두 가지 관점 속에서 아담은 자신에게 부과된 의무를 지켜야 한다. 버지스는 "하나님이 아담의 마음에 자연법을 새겼을 뿐만 아니라 그의 순종을 시험하기 위해 실정법을 주셨다"고 분명히 말했다. 그 시험이란 법 수여자의 주권에 대한 순종의 여부였다. 이렇게 실정법이 순종을 시험하기 위해 주어졌다고 말하는 것은 종교개혁 선구자들에게 공통적인 것이었다.

칼빈도 창 2:16 주석에서 다음과 같이 말했다.

> 이제 모세는 인간이 하나님께 순종해야 한다는 사실과 함께 인간이 이 세상의 통치자라는 것을 가르친다. 율법은 인간의 복종의 표시로 부과된 것이다. 왜냐하면 인간이 어느 과실이든지 마음대로 먹었다 해도 하나님에게는 전혀 차이가 없었을 것이기 때문이다. 그러므로 금단의 나무는 순종을 시험하는 것이었다. … 우리가 하나님의 보편적인 의도로써 명심해야 할 것은 하나님께서 인간을 자신의 권위에 종속시키려 하셨다는 것이다.[526]

---

525) 스티븐 J. 카셀리, **웨스트민스터 총회의 율법과 복음**, 황의무 역 (서울: 기독교문서선교회, 2018), 99-100, 104; 〈아담에게 심겨진 자연법은 시내산에서 받은 율법과 일치하지만 "양자 사이에는 큰 차이가 있다"라는 것이 그의 설명이다. 다음은 버지스가 제시하는 목록 가운데 일부이다. ① 시내산에서 받은 도덕법에는 아담이 받은 자연법에 포함되지 않는 실정법적 명령(즉, 안식일 명령)이 들어있다. ② 실정법은 자연법과 일치하지만 더욱 큰 책임이 따르기 때문에 실정법을 범하는 자는 이교도보다 "악한" 죄를 범하는 것이다. ③ 시내산에서 받은 도덕법은 아담에게 요구하지 않았던 믿음과 회개를 요구한다.〉(Burgess, *Vindiciae Legis*, 148-49.)
526) 존 칼빈, **구약성서주석 1** (서울: 성서교재간행사, 1982), 97.

칼빈에 의하면, 순종의 시험이란 하나님의 권위에 종속된 존재라는 것을 나타내는 것이다. 실정법은 아담에게 법을 수여하신 하나님의 주권에 대한 순종을 시험하기 위해 주어진 것이다.

8. 언약사상의 시작

16세기 말, 아만두스 폴라누스는 타락 전 언약의 존재를 인정하고 행위언약이라 했다. 17세기에 들어오면서 행위언약이라는 용어가 신학자들 사이에 널리 확산되었다. 행위언약[527]과 은혜언약은 하이델베르크 교리문답을 작성한 두 사람 중 한 사람인 자카리우스 우르시누스(Azcharius Ursinus, 1534-1583)는 '자연언약'이라고 불렀다.[528] 또 한 사람의 하이델베르크 교리문답 작성자였던 캐스퍼 올레비아누스(Caspar Olevianus, 1536-1587)는 '창조언약'이라 불렀다. 청교도 목사 존 다우네임(George Downame,

527) 헤르만 바빙크, **개혁교의학2**, 박태현 역 (서울: 부흥과개혁사, 2011), 707-708; "신자들이 그리스도를 통해 갖는 하나님께 대한 관계는 성경에서 자주 '언약'이라는 이름으로 사용되었다. 이미 츠빙글리와 불링거는 재세례파에 대항하여 구약과 신약의 통일성을 변호하기 위해 성경 안에 있는 이 사상을 붙들었다. 그래서 기독종교가 성경의 예를 따라 언약으로 제시되었을 때, 바울은 아담과 그리스도와의 대비를 통해 완전한 상태 역시 신학자들로 하여금 하나의 언약으로 생각하게 만들었다. 그래서 이것은 은혜언약과 구별하여 자연언약 또는 행위언약이라고 불렀다. '자연언약'이라고 불렸던 것은, 그것이 하나님의 본성 또는 인간의 본성에서 자동적으로, 그리고 자연스런 방식으로 흘러나왔기 때문이 아니다. 그렇게 불렸던 까닭은, 그 언약이 기초한 토대, 즉 도덕법은 인간에게 자연적으로 알려져 있었기 때문이고, 그 언약은 본래 상태의 인간과 수립되었고, 인간은 창조 시에 자신에게 주어진 힘으로, 초자연적 은혜 없이, 그 언약을 지킬 수 있었기 때문이다. 나중에 그 명칭이 오해를 불러일으키자, 그것은 오히려 '행위언약'이라는 명칭으로 대체되었다. 그리고 그것이 이 명칭을 지녔던 까닭은, 이 언약에서 영생은 오직 행위, 즉 하나님의 계명을 준수함으로써 획득할 수 있었기 때문이었다. 그래서 개혁파 신학자들은 이 언약을 '은혜언약'의 대비로서 특별히 애호하여 가르치고 발전시켰다."

528) 원종천, **청교도 언약사상: 개혁운동의 힘** (서울: 대한기독교서회, 2002), 33; 〈틴데일의 저서와 불링거의 영향을 받은 존 후퍼의 저서에서 언약사상이 나타나기는 했지만, 1558년 엘리자베스 여왕의 통치가 시작되어 이삼십 년이 지나기 전까지는 영국에 언약사상이 확산되지 않았다. 영국에 언약사상이 조직적인 체계를 가지고 나타나기 시작한 것은 1580년대에 케임브리지 대학 출신 청교도인 더들리 페너(Dudly fenner)와 토마스 카트라이트(Thomas cartwright)를 통해서이다. 페너는 영국 사람으로서는 처음으로 은혜언약과 행위언약을 구분하여 소개했다. 그러나 하나님과 인간 사이의 언약개념에 행위언약을 첨부하여 언약을 은혜언약/행위언약으로 구분하여 정리한 첫 번째 사람은 하이델베르크 교리문답(Heidelberg Catechism)을 작성한 두 사람 중 하나인 자카리우스 우르사이누스(Zacharius Ursinus, 1534-1583)였다. 1520년대에 언약개념을 처음 소개한 츠빙글리나 그것을 바로 발전시킨 불링거에게 타락 전에 하나님과의 언약관계를 언급하는 '행위언약'의 내용과 은혜언약/행위언약의 구분은 없었다. 칼빈에게도 이러한 개념은 없었는데, 그는 언약을 타락부터 그리스도까지의 구 언약(Od covenant)과 그리스도로부터 마지막 날까지의 신 언약(New covenant)으로 나누었고 신·구약의 연속성과 불연속성에 관심을 두었다. 1562년에 와서 우르사이누스는 처음으로 타락 전의 아담과 하나님과의 언약을 소개했고 그것을 행위언약으로 간주했다. 이것은 그 후 20년 동안 별로 크게 발전하지 못하다가 1584-1590년 사이에 피터 라무스(Peteraamus)의 이분론적 논리의 영향을 받은 페너와 같은 사람들에 의하여 다시 발전되었다. 1590년 이후 이 구분은 유럽 대륙과 영국의 개혁주의 신학자들에 의하여 보편적으로 받아들여졌다.〉

1571-1652)은 '생명언약'이라고 말했다. 그 외에도 '율법언약'과 '교제언약'으로 말하기도 하며, 최근에는 '시작 언약' 등의 여러 명칭이 있다. 행위언약이라는 용어는 「아일랜드 종교문항」(1615), 「웨스트민스터 신앙고백서」(1647)에 나오며, 존 머리(John Murray)는 행위언약이라는 용어를 거부하면서 '아담적인 경륜'(the Adamic Administration)이라 표현했으며 찰스 핫지(Charles Hodge)는 조직신학 2권에서 매우 강도 있게 다루었다. 행위언약을 다른 말로 '율법언약', '교제언약', '시작언약'이라는 용어로 불렸다.

존 페스코는 다음과 같이 말했다.

> 행위언약에 대한 주장은 교회 초창기 때 아우구스티누스의 창세기 2장 16절-17절에 대한 설명과 함께 처음 등장했지만, 중세 시대 내내 별로 거론되지 않았다. 종교개혁 이후가 되어서야 행위언약 교리가 개혁주의 신학의 표준이 되었다. 웨스트민스터 신앙고백서(1646)에 행위언약 교리가 표기되어 있다(wcf 7.2.).529)

페스코에 의하면, 행위언약이라는 말은 어거스틴의 창세기 설명에 등장했으나 중세 시대는 거의 거론되지 않았으며 종교개혁 시대가 되어서 개혁신학의 표준이 되고 신앙고백서에 자리 잡았다.

언약사상은 츠빙글리(Ulrich Zwingli, 1484-1531)가 시작하였으나 그 후계자인 불링거(Heinrich Bullinger, 1504-1575)는 언약을 쌍무적 관계로 말했다. 불링거에 의해 언약사상이 영국의 개혁자들에게 알려졌으며, 웨스트민스터 신앙고백서 제7장에 도입되었다(1647년). 웨스트민스터 신앙고백서는 완전한 순종을 조건으로 아담에게 영생을 약속하셨으며 그것이 행위언약이라고 말했다. 그리고 아담의 불순종과 타락으로 생명에 이르지 못함으로 은혜언약을 세웠다고 말했다.530)

---

529) 존 페스코, **태초의 첫째 아담에서 종말의 둘째 아담 그리스도까지**, 김희정 역 (서울: 부흥과개혁사, 2012), 12.
530) 웨스트민스터 신앙고백서 제7장 1항. 하나님과 피조물 사이의 간격이 너무 크기 때문에, 비록 이성적인 피조물에게는 하나님을 그들의 창조주로 순종해야 할 의무가 있지만 그들은 하나님에게서 무슨 축복이나 상급을 결코 보수로서 얻을 수가 없고 하나님 편에서 자원하여 겸손히 낮추심으로써 가능하였다. 그런데 그 은혜를 하나님께서는 언약을 수단으로 하여 나타내시기를 기뻐하셨다. 2항. 인간과 맺은 첫 번째 언약은 행위언약이었다. 그 안에서 생명이 아담 그리고 그 아담 안에서 그의 후손에게 약속되었다. 그 언약의 조건은 완전하고 개별적인 순종이었다. 3항. 인간은 타락함으로 말미암아 행위언약에 의해 자기 스스로 생명을 얻을 수가 없었기 때문에, 주께서 일반적으로 은혜 언약이라 불리는 두 번째 언약을 맺으시기를 기뻐하셨다. 그 언약에 의하여 주님은 죄인들에게 예수 그리스도로 말미암아 생명과 구원을 값없이 주셨다. 그들이 구원받기 위해서 그리스도를 믿는 신앙을 그들에게 요구하시고 영생에 이르도록 작정되어 있는 모든 자들에게 기꺼이 믿을 수 있도록 그의 성령을 주시기로 약속하셨다.

그렇다면 츠빙글리는 언약사상을 어떻게 말했을까?

서철원 교수는 다음과 같이 말했다.

> 제2절 츠빙글리는 언약체결을 다음과 같이 전개한다. 이스라엘 백성은 하나님의 백성이다. 하나님은 그 백성과 언약을 체결하여 자기의 특수한 소유로 삼으셨다. 그리고 그 백성에게 언약의 표시를 주셨다. 작은 자나 큰 자가 다 같은 백성 혹은 교회에 속하기 때문에 그들에게 언약 표시인 할례가 주어졌다. 어린아이들은 하나님의 계명을 이해하지 못하였어도 언약의 표시가 주어졌다. 하나님이 말씀하실 때는 모든 백성에게 말씀하시기 때문에 어린아이들도 배제되지 않는다고 하였다.531)

서철원 교수에 의하면, 츠빙글리가 말하는 언약에는 계명을 순종함으로 영생을 받는 행위언약 개념이 없다.532) 츠빙글리가 이렇게 말한 이유는 재세례파와의 신학적 논쟁 속에서 "유아세례가 하나님과 인간 사이에 맺은 언약관계의 외적 징표"라고 말했으며, "유아세례는 언약의 징표로서 부모가 하나님과의 언약관계가 형성됨으로써 자녀들에게 주어지는 특권"이라고 말했다.533) 츠빙글리가 언약을 말할 때, 행위언약을 지킴으로 "인간 존재의 양양"을 염두해 두었을까? 릴백은 "츠빙글리에게 '테스타멘툼'은 조건(stipulation)이 동반되는 언약을 의미한다"고 말했다.534)

무엇보다도 츠빙글리가 말한 것은 "구원이란 인간이 의무조건인 믿음을 갖춤으로 되는 것이 아니고, 하나님께서 선택된 자들에게 믿음을 은혜로 주심으로 이루어지는 것"이었다. 츠빙글리에게 믿음은 재세례파와 같은 사람들처럼 구원을 위한 언약의 조건이 아니라는 것이다.535)

서철원 교수의 관점에서 언약은 하나님의 백성으로 삼기 위해 체결한 것이며, 하나님께서는 하나님의 백성 된 자와 언약을 맺으셨으며 영생은 행위에 대한 보상이 아니다.

피터 골딩은 츠빙글리의 언약에 대해 다음과 같이 말했다.

---

531) 서철원, 서철원 박사의 교의신학3 인간론 (서울: 쿰란출판사, 2018), 173.
532) Ibid., 172-173; "츠빙글리((Ulrich Zwingli, 1484-1531)는 종교개혁 과정에서 처음으로 언약사상을 제출하였다 그런데 후기에 작성된 행위언약처럼 인간 존재의 양양과 영생을 목표하고 언약체결이 이루어진 것이 아니라 하나님의 백성이 되도록 언약을 체결하였다는 것을 제시하였다. 이로써 그는 교회 역사에서 처음으로 바른 언약개념과 언약관계를 설정하였다. 츠빙글리는 재세례파가 유아세례를 부정한 것을 반박하고, 언약사상에 근거하여 유아세례를 주장하였다."
533) 원종천, 청교도 언약사상: 개혁운동의 힘 (서울: 대한기독교서회, 2002), 16.
534) 피터 A. 릴백, 칼빈의 언약사상, 원종천 역, (서울: CLC, 2012), 121.
535) 원종천, 청교도 언약사상: 개혁운동의 힘 (서울: 대한기독교서회, 2002), 16-17.

그의 교리적 체계의 기저가 되는 주제들 중에 하나는 아담의 대표적 머리의 지위에 관한 로마서 5장 안에 있는 바울의 가르침이었다. 이것은, 근본적인 조직적이고 역사적 관점을 나타내는 것으로서, 매우 중요하였다. 쯔빙글리는, 아담 안에서 그의 모든 후손들이 죄에 대한 책임이 있는 것으로 여겨졌다고 가르친다. 그러나 그의 범죄로 인해 첫 아담 안에서 상실된 것이, 하나님의 율법에 대한 그분의 완전하고 완벽한 순종에 의해, 예수 그리스도, 둘째 아담 안에서 회복된다. 그것은 이러한 순종, 즉 법정적 칭의의 근거로서 신자에게 전가되는 그리스도의 의이다.536)

골딩에 의하면, 츠빙글리는, 서철원 교수의 주장과 달리, 행위언약을 가르치고 그리스도의 순종을 통한 의의 전가를 가르쳤다. 또한, 츠빙글리는 재세례파를 겨냥하여 '믿음이 구원의 조건이 되어서는 안 된다'고 말했다. 또한 "성례는 언약 징표이기 때문에, 그것이 믿음을 확인하도록 의도된 것"이 아니라고 말했다.537) 츠빙글리는 교회의 독립권과 자치권을 확보하기 위해 언약을 말했다.538) 츠빙글리는 신·구약 성경에 하나님의 뜻을 계시하신 성령님의 사역의 통일성에서 성경의 메시지의 통일성도 강조하기 위해 언약을 말했다.539) 서철원 교수는 다음과 같이 말했다.

> 행위언약은 위의 언약체결 논의에서 살폈듯이 잘못 설정된 언약개념이다. 처음 창조 시 아담을 불완전하게 창조하셔서 계명을 지키면 영생에 이르도록 하겠다는 조건으로 언약을 체결했다는 것은 하나님의 창조경륜에 전적으로 어긋난다. 성경 어디에도 그런 시사는 없다.540)

---

536) 피터 골딩, **현대인을 위한 언약신학**, 박동근 역 (김포: 그나라, 2015), 40.
537) 피터 A. 릴백, **칼빈의 언약사상**, 원종천 역, (서울: CLC, 2012), 137; "대신에 언약 개념의 전체적인 힘이 강조되어야 한다는 말이다. 하나님은 그것을 '계약' 또는 '언약'이란 단어로 나타내신다."
538) https://www.christiantoday.co.kr/news/326303/ 김재성, '츠빙글리의 성경관과 스위스 종교개혁의 특징들(3),'(2019.10.27.) accessed 2022.7.30.; "츠빙글리는 하나님의 말씀이 가장 중요한 역할을 감당한다는 확신을 가졌는데, 말씀에 신실한 자들을 통해서 눈에 보이는 교회를 창조하고 보전하기 때문이다. 츠빙글리는 교회의 기초가 하나님께서 택한 백성과 맺으신 언약이라고 확신했다. 각 지역의 교회들이 연합하여 우주적인 교회가 형성된다."
539) 원종천, '실천적 종교개혁자 울리히 츠빙글리,' **월드뷰** (2016); "하나님이 아브라함과 맺으신 언약이 구약뿐 아니라 신약에서도 유효하며, 그 언약의 중재자는 예수 그리스도로서 이 언약의 보증자라는 것이었다. 이것은 구약과 신약을 유기적으로 연결하고 성경 전체를 하나로 묶는 매우 중요한 발견이었다. 이것은 츠빙글리의 대단한 공헌으로 개혁주의의 핵심인 언약신학의 시발점을 장식했다. … 츠빙글리에 의한 언약신학의 출발은 그의 성경 사랑에서 나온 것이었다. 츠빙글리는 진리에 대한 확신으로 가득 찼고 그것은 행동으로 나타났다. 복음에 위배되는 어떤 가르침이나 관습도 잘못된 것이라는 확신이 생긴 것이다. 우리는 성경을 정확하게 파악하고 심도 있는 깨달음을 얻어야 한다. 츠빙글리의 정확한 성경해석을 통한 진리의 확신은 교회 개혁을 위한 강한 의지로 발전되었다. 성경의 진리를 기준으로 보았을 때 당시 로마 가톨릭교회의 수많은 관습과 제도 그리고 가르침은 개혁의 대상이었다. 성도들의 삶을 피폐하게 만들고 그리스도인의 자유를 빼앗아 갔다. 성도들을 복음으로부터 멀어지게 하고 자신의 행위와 관습을 통해 구원을 얻으려는 습성을 교회가 키워 놓은 것이다. 복음의 진리는 이것을 허용하지 않는다고 츠빙글리는 생각했다. 복음은 사람을 죄와 하나님의 진노로부터 자유케 하고 잘못된 인간의 관습과 제도를 타파하며 선하고 아름다운 길로 인도한다고 믿었다. 그러나 중세 로마 가톨릭교회는 복음을 잃어버린 채 사람들을 오도하고 있었다. 츠빙글리의 교회사랑은 이것을 용납할 수 없었다."
540) 서철원, **서철원 박사의 교의신학3 인간론** (서울: 쿰란출판사, 2018), 171; "이스라엘에게 주신 계명과 율법

창조 경륜이란 "하나님이 자기 백성을 가지시고 그 백성 가운데 거하시며 찬양과 경배를 받으시는 것이다."541) 서철원 교수에 의하면, 창조주 하나님께서는 하나님만 섬기고 살아가도록 하나님의 형상대로 인간을 창조하시고 언약을 체결하셨다. 문제는 무엇인가? 서철원 교수는 아담이 '처음부터 영생하는 자'로서 영원토록 하나님을 즐거이 경외하고 찬송하는 하나님 백성으로 지어졌다고 주장했다는 것이다. 그래야만 언약을 지켜 존재의 앙양으로 가지 않기 때문이다.

더 심각한 문제는 서철원 교수는 아담의 원죄 본질을 '선악과를 먹지 말라'는 하나님의 계명을 위반한 것으로 보지 않는다는 것이다. 서철원 교수는 원죄의 본질은 아담이 유혹을 당하여 더 이상 하나님 경외하기를 싫어하는 마음의 포로가 되었으며, 결국 하나님 섬기기를 중단하기로 작정한 것이라고 말한다.542)

반면에, 지금까지 일반적으로 배운 대로, 벌코프는 적극적인 영생을 가지지 못하고 완전하지 못한 상태에 있던 아담에게 하나님 백성의 완전한 신분과 영광스러운 영생을 얻을 수 있는 조건으로 '선악과를 범하지 말라'는 계명이 주어졌다고 말했다. 그 조건이란, '아담이 선악과를 먹지 않고 사탄의 유혹을 이겼더라면 가변적이고 임시적인 존재의 상태에서 영구적인 복락과 영생의 상태로 격상되었을 것이다'를 말한다.543)

은 행위언약의 조건으로 주신 것이 아니고 하나님 섬김과 삶의 규범으로 주신 것이다. 성경의 근본 뜻도 모르므로, 삶이 계명을 잘 지키면 영생과 완전함에 이르게 하겠다고 약속한 것으로 오해하여 행위언약을 공식화하였다. 이스라엘과 맺은 언약은 행위언약이 아니라 하나님의 백성이 되기로 한 약정이다. 하나님의 언약백성이 되었으므로 창조주 하나님만을 잘 섬기도록 하려고 계명들을 주셨다."

541) Ibid., 28.

542) http://www.good-faith.net/news/articleView.html?idxno=1381/ '서철원-벌코프의 능동순종에 대한 공통점과 차이점,'; 〈서철원 박사는 아담이 뱀의 유혹을 좋아하여 선악과를 범한 것은 단지 하나님의 계명에 불순종한 것이 아니고, 하나님 백성의 위치에서 벗어나 하나님과 같은 존재, 즉 하나님을 대리하는 지상의 왕이 아닌 하나님과 맞먹는 '하나님 같은 존재'가 되고자 의도했기 때문이라고 본다. "인류의 원죄는 하나님 밑에서 왕 되는 것을 거부하고 직접 하나님같이 되려는 데서 성립한다."(서철원, 서철원 박사의 교의신학 5:그리스도론 (서울: 쿰란, 2018), 163.) "첫 인류는 먹지 말라는 하나님의 계명을 범하므로 곧 하나님 섬김을 거부하므로 죄인이 되어 생존권을 박탈당하여 죽게 되었다(창 2:17)."(Ibid., 166.)

543) http://www.good-faith.net/news/articleView.html?idxno=1381/ 정이철, '서철원-벌코프의 능동순종에 대한 공통점과 차이점,'(2019.2.14.); "그는 순종할 경우에 영생을 누리게 된다는 보장을 받았다. 동시에 하나님의 은혜로운 베려에 의거하여 일정한 조건적인 권리를 획득했다(했을 것이다). 이 계약에 근거하여 아담은 자신과 자신의 후손들을 위하여 순종의 방법을 통한 영생을 얻었다(얻었을 것이다)."(벌코프, 조직신학, 권수경·이상원 역 (서울: 크리스챤 다이제스트, 2007), 427.) "'네가 먹는 날에는 정녕 죽으리라'는 주의 말씀은 아담이 먹는 것을 억제했다면 죽지 않고 죽음의 가능성을 넘어서 끌어올림을 받게 되리라는 것을 암시해 주고 있다 … 여기서 주어진 약속은 최고 상태에까지 발전된 영구적인 복락과 영광이다. 사실상 아담은 적극적인 거룩한 상태로 창조

정리하면, 서철원 박사는 '하나님 백성이었고 영생을 소유했던 아담이 하나님 백성으로 사는 것에 만족하지 않고, 하나님처럼 되고자 죄악 된 욕망을 추구했으므로 저주를 받았다'는 것이고, 벌코프는 '아직 완전한 영생을 소유하지 못한 아담이 영생을 위한 계명을 준수하지 못하여 영원히 죽게 된 것이다' 그러면, 해결책이 무엇인가?

> 서철원 박사는 그리스도가 아담의 원죄를 해결하신 방법은 피 흘릴 수 있는 인성으로 성육신하시어 아담을 대신하여 십자가에 달리심이라고 본다. 언약을 파기하여 저주를 받고 죄과로 오염된 아담과 그 후손들 속에서는 죄를 해결할 사람이 나올 수 없으므로, 성자 하나님이 죄 없는 인성을 취하시어 사람이 되셨고, 친히 십자가에 달려 피 흘리심으로 죗값을 지불하심으로 타락한 자들을 죄 없는 것처럼 만들었다고 본다.544)

서철원 박사에 의하면, 그리스도의 십자가 구속만이 아담의 원죄를 해결할 유일한 방법이다. 그런 까닭에, 서철원 박사는 그리스도가 모든 율법의 조항을 지켜 율법을 완성하여 의를 이루시고 그 의를 전가했다는 능동적 순종을 거부했다.545) 반면에, 벌코프는 다음과 같이 말했다.

> 만일 그가 율법의 원초적 요구를 충족시키지 못한 채 단지 죗값만 치르셨다면, 그는 인간의 타락 전 아담의 입장에 처하게 하셨을 것이며, 인간은 여전히 순종으로서 영생을 얻어야 하는 문제에 직면했을 것이다."546)

벌코프는 아담이 영생으로 나아가기 위한 하나님의 계명을 지키지 않은 것을 원죄의 본질로 이해했기 때문에 그리스도께서 아담이 실패한 계명 준수를 이루심으로 회복된다고 말했다. 반면에, 서철원 교수는 아담이 하나님 섬기

되었으며, 죽음의 법칙에 종속되지 않는다는 의미에서 불멸하는 존재이다(였다). 그러나 그는 이제 겨우 자신의 삶의 과정을 시작하는 단계에 있었을 뿐이다. 그는 그를 위하여 예비된 최고의 특권을 아직 소유하지 못하고 있는 상태에 있다(있었다)."(벌코프, 427.)〉

544) 같은 사이트에서.,

545) 같은 사이트에서.,; "하나님이 주신 율법은 완전한 지킴을 요구한다. 그러나 범죄한 인류는 아무도 율법을 요구대로 지킬 수 없다. 그러므로 율법 수여자가 율법의 요구 곧 율법을 범하므로 온 죗값을 갚으라는 요구를 다 이루셨다. 곧 피 흘려 죗값을 갚으므로 율법준수의 의무에서 사람들을 해방하셨다."(서철원, 166.) "그리스도가 율법의 수여자로서 율법의 요구를 충족시켜 율법의 속박에서 백성들을 해방하셨다. 그리스도가 율법을 완성하신 것은 율법의 요구를 충족하므로 율법을 다 지켜야 한다는 율법의 속박에서 사람들을 해방하기 위해서 하신 것이다(마 5:17-20, 11:28-30). 이렇게 하여 율법준수의 요구가 더 이상 타당하지 않게 되었다."(Ibid.) "그리스도는 율법을 다 지키므로 의를 얻어 그것을 우리에게 전가하신 것이 아니다. 율법의 요구 곧 범죄하므로 그 죗값을 갚으라는 요구를 따라 피 흘림으로 죗값을 갚아 용서를 가져오셨다. … 그 면에서 율법을 완성한 것이다."(Ibid., 147.)

546) 벌코프, **조직신학**, 권수경·이상원 역 (서울: 크리스챤 다이제스트, 2007), 622.

기를 거부한 것을 원죄의 본질로 보았기 때문에 타락 후 율법의 정죄를 받은 아담과 그의 후손들을 대신하여 그리스도께서 죗값을 치르는 것을 중시했다. 그렇다고 서철원 교수가 능동적 순종, 수동적 순종을 분리시켜 말하기를 원하지 않는다.547) 그러나 서철원 교수는 그리스도의 자발적인 율법에 대한 순종, 즉 능동적 순종의 의가 전가되었다는 사상에 대해 강력하게 결사적으로 반대한다.

> 전통적 신학에서 예수의 율법준수를 능동적 순종(obedientia activa), 십자가의 죽음을 피동적 순종(obedientia passiva)이라고 한 구분과 가르침은 전적으로 잘못되었다. 그리스도가 율법준수로 의를 획득하여 우리에게 전가한 것이 아니고, 피 흘려 죗값을 다 치르므로 죄 용서를 이루신 것이 의다. 이 의를 받아 우리가 영생하게 되었다.548)
> 전통적 신학이 제시하는 능동적 순종과 피동적 순종은 전적으로 그릇된 사변적 산물이다. … 이런 것은 성경에 맞지 않고 그리스도의 구속사역에 전혀 맞지 않는다. 그리스도는 율법을 다 지키므로 의를 얻어 그것을 우리에게 전가하신 것이 아니다. 율법의 요구 곧 범죄하므로 그 죗값을 갚으라는 요구를 따라 피 흘림으로 죗값을 갚아 용서를 가져오셨다. … 그 면에서 율법을 완성한 것이다.549)

서철원 교수는 '그리스도가 우리를 대신하여 율법대로 죽으심이 율법의 완성(성취)이다'라고 보면서 IAOC를 부정하고, 벌코프는 '그리스도가 실제로 율법을 지키심으로 의를 이루셨다'는 것을 십자가의 구속과 함께 강조를 두었다.550) 행위언약을 전제하지 않으면 능동적 순종/ 수동적 순종은 불가하다. 서철원 교수는 '행위언약과 은혜언약' 구도 대신에 인간의 공로를 배제하는 의미에서 '첫언약과 새언약'으로 구분하는 언약개념을 제안했다.551)

---

547) http://www.good-faith.net/news/articleView.html?idxno=1381/ 정이철, '서철원-벌코프의 능동순종에 대한 공통점과 차이점,'(2019.2.14.); "그리스도는 친히 죽음으로 나아가기로 결정하므로 많은 인류를 살리셨다. 그는 죽기까지 순종하므로 아담의 불순종을 속상하여 많은 사람들을 의롭게 만들었다(롬 5:17-19). 그의 순종으러 말미암아 사람들이 사망에서 돌이켜 생명 곧 영생에 이르렀다(롬 5:21). 하나님의 뜻을 순종함이 의이기 때문이다."(서철원, 165.) "예수는 제2 아담 곧 새 인류의 조상으로서 하나님의 뜻을 순종하였으므로, 첫 아담의 불순종으로 말미암아 온 죽음을 폐하여 그의 의로 많은 인류를 살게 하였다."(Ibid.) "그리스도는 십자가의 죽음에까지 순종하여(빌 2:8) 속죄를 이루셨다. 하나님의 법이 정한 대로 죗값을 위해 죽기까지 순종하셨다."(Ibid., 167.) "그리스도의 순종은 통례상 능동적, 수동적 순종으로 구별된다. 그러나 양자를 구분함에 있어서 분명하게 알 것은 양자는 분리될 수 없다는 사실이다. 양자는 구세주의 일생의 모든 시기마다 동반적으로 나타난다. 양자는 부단히 상호침투하고 있다. … 그리스도의 능동적이고 수동적인 순종은 유기체적 전체의 상호 보완적인 부분들로 간주되어야 한다"(벌코프, 620.)
548) 서철원, **서철원 박사의 교의신학 5:그리스도론** (서울: 쿰란출판사, 2018), 167.
549) Ibid., 147.
550) 벌코프, **조직신학(하)**, 권수경·이상원 역 (서울: 크리스챤 다이제스트, 1993), 621; "그리스도의 능동적 순종은 그의 수동적 순종이 하나님께 받음직하게 되도록, 곧 하나님의 열납 대상이 되게 하기 위해서 필요했다. … 그리스도가 능동적 순종을 하시지 않았다면, 그의 인성은 하나님의 공의로운 요구에 미달되었을 것이며, 그는 타인을 위해 속죄하실 수 없었을 것이다."

정이철 목사는 다음과 같이 말했다.

서철원 박사 외에도 기존의 행위언약-은혜언약 사상을 바꾸어야 한다고 주장하는 학자들이 없는 것은 아니다. 마이클 호튼은 메러디스 클라인의 언약 이해를 따라서 '창조언약과 은혜언약으로 바꾸어야 한다고 주장했고, 톰 라이트는 언약신학을 아브라함 언약을 계승하는 것으로 주장했고, 칼 바르트는 은혜언약 하나만으로 성경을 설명해야 한다고 주장했다.552)

정이철 목사의 글을 보면, '행위언약을 거부하는 흐름이 누구에게 나타나는가?'를 알 수 있다. 바른신학을 추구한다면서 톰 라이트와 칼 바르트를 가져와서 능동순종과 행위언약을 부정하는 데 이용하면 적과 아군을 구분하지 못하는 것이다. 마이클 호튼이나 메러디스 클라인이 행위언약에 대해 어떤 이름을 새롭게 말했어도 서철원 교수나 정이철 목사처럼 말하지 않았다.

톰 라이트의 새 관점과 칼 바르트의 신정통주의는 정통신학과 지극히 반대되는 신학이다. 바르트에게 칭의는 "칭의는 항상 인간이 자신의 삶을 건설했던 신념과 가치에 대해 전적으로 절망하는 시점에 이를 때마다 새롭게 일어난다"553) 정이철 목사는 마이클 호튼(Michael S. Horton)과 메러디스 클라인의 언약을 무엇이라고 말할까?

9. 일반적인 언약사상 이해

서철원 교수는 언약 사상은 코케이우스(Johannes Coccejus, 1603-1669)와 헤르만 빗치우스(Herman Witsius, 1636-1708)에 의해 변질이 되었으며, 헤르만 바빙크(Herman Bavinck, 1854-1921) 역시 행위언약을 그대로 받아들였다고 주장했다.554) 서철원 교수는 헤르만 바빙크가 "하나님은 인간을 임시적이고 잠정적이고 파편적으로 창조하신 후 영생을 주어 완성에 이르게 하셨다"고 주장했다면서, "영생은 은혜로 받는 것이 아니라 계명 순종이라는 조건 이행으로 획득해야 할 것이다. 계명 순종을 이루어 영생을 획득하도록

---

551) 'A New Thought on Covenant Doctrine,', *Studies Reformed Theology* (Journal in Netherlands, 1996).
552) http://www.good-faith.net/news/articleView.html?idxno=1414/ 정이철, '행위언약-은혜언약'은 '첫 언약-새 언약'으로 바뀌어야 한다(2019.3.5.). accessed 2021.11.5.
553) 루이스 벌코프, **벌코프조직신학**, 이상원·권수경 역 (서울: 크리스챤다이제스트, 2020), 812; "바르트는 칭의를, 순간적인 행위 혹은 단번에 성취되어 그 이후에는 성화가 수반되는 행위로 이해하지 않는다. 그에 의하면 칭의와 성화는 항상 동행한다. 파욱(Pauck)은, 바르트에 의하면 칭의는 성장 혹은 윤리적인 발전이 아니라고 말한다. 칭의는 항상 인간이 자신의 삶을 건설했던 신념과 가치에 대해 전적으로 절망하는 시점에 이를 때마다 새롭게 일어난다. 투르나이젠 역시 칭의가 단번에 일어난다는 견해를 거부하고, 이러한 견해를 경건주의적 견해라고 부르며, 이는 종교개혁의 교리에 치명적인 해를 준다고 주장한다."
554) 서철원, **서철원 박사의 교의신학3 인간론** (서울: 쿰란출판사, 2018), 174-198.

언약을 체결하였으니 행위언약이라는 것이다."라고 말했다.555) 서철원 교수는 영생을 소유한 인간에게 주어진 언약이라 보기 때문에 계명 순종으로 의를 이루어 영생을 획득한다는 것은 존재의 앙양으로 보며 강력하게 반대한다.

바빙크는 은혜언약을 선택의 관점으로 이해해야 한다고 말했다. 은혜언약과 선택에 대하여 헤르만 바빙크는 다음과 같이 말했다.

무엇보다 은혜언약이 선택으로부터 분리되었을 때, 그 자체는 은혜언약이 되지 않고 다시 행위언약이 된다. 그런데도 선택은 하나님께서 인간에게 그가 박탈당했고, 다시 그 자신의 힘으로서는 도저히 성취할 수 없는 구원을 값없이 은혜로 주셨다는 의미를 갖는다. 그러나 이런 구원이 순전한 은혜의 선물이 아니라, 어떤 식에 있어서 인간의 행위에 의존한다면, 은혜언약은 행위언약으로 바뀌어진다. 즉 그때 인간은 영생의 몫을 얻기 위해서 어떤 조건을 만족시켜야 한다. 여기에서 은혜와 행위는 서로 대치하고 상호 배타적이다. 구원의 은혜로 말미암았으면 더 이상 행위로부터가 아니니, 그렇지 않으면 은혜가 은혜 되지 못한다. 그리고 구원이 행위로부터라면 더 이상 은혜가 아니니, 그렇지 않으면 행위가 더 이상 행위가 되지 않기 때문이다(롬 11:6). 기독교는 이런 독특한 성격을 가졌는데, 곧 구원의 종교요 순전한 은혜요 순수한 종교다. 그러나 그것이 하나님의 경륜으로부터만 나온 값없으신 선물일 때만 그것은 그와 같이 인식되고 주장될 수 있다. 선택과 은혜언약은 그와 같이 조금도 모순되지 않고 오히려 선택이 은혜언약의 기초요 보증이며, 심장이요 핵심이다. 그리고 이런 밀접한 관계를 확고하게 하는 것이 아주 중요하다. 왜냐하면 그것에 대한 약화는 구원의 성취와 적용에 있어서 바른 통찰을 빼앗아 가는 것일 뿐만 아니라, 신자들의 영적 생활의 실천에 있어서 유일하고 확실한 위로를 빼앗아 가는 것이기 때문이다. 은혜언약이 선택과 전 구원의 경륜의 문맥에서 보여질 때 이 관계에 대한 좀 더 풍부한 빛을 비춰 준다. 선택이란 구원의 전 경륜은 아니지만, 그것의 일부이며 첫째요 원리적인 부분이다. 그런 경륜 안에는 역시 이런 선택이 현실화되는 방식인 구원의 성취와 적용이 내포되어 있고 세워져 있다. 선택은 그리스도 안에서 이루어지고 하나님의 경륜은 성부의 사역일 뿐만 아니라, 성자와 성령의 사역, 즉 전 성삼위일체 하나님의 사역이다. 구원의 경륜 그 자체가 언약의 다른 명칭이다. 즉 언약 안에서 삼위가 각자 자신의 일을 받아 자신의 사역을 수행한다. 그리고 때가 되면 세대를 통하여 계속 세워지고 전가될 은혜언약은 영원한 분 안에서 고정되어 있는 그 언약의 결과요 이상에 불과하다. 하나님의 성정에서와 똑같이 역사 선상에서도 삼위가 각각 개입하여 일하신다. 성부는 우리 구원의 근원이시요, 성자는 그것의 성취자시요, 성령은 그것을 적용하시는 분이시다. 따라서 각자가 시간상에 영원한 기초를 밀어내고 역사를 은혜롭고 전능하신 신적 의지에서 분리하였을 때, 그는 직접적이고 같은 정도에서 성부, 성자, 성령의 사역에 부당한 취급을 행하는 것이다.556)

하나님께서 죄인들에게 은혜언약을 베풀어 주신 것은 하나님께서 삼위 간에 영원한 구속의 의논을 하셨기 때문에 주어졌다. 그 의논이란 우리의 구원이 전적으로 하나님의 선택으로 주어진 것이다. 그렇게 하나님의 선택으로

---

555) H. Bavinck, *Gereformeerde Dogmatiek*, Ⅱ, §38, de Bestemming vand den Mensch, 526; 서철원, **서철원 박사의 교의신학3 인간론** (서울: 쿰란출판사, 2018), 172에서 재인용.
556) 헤르만 바빙크, **하나님의 큰일**, 김영규 역 (서울: CLC, 2007), 261-262.

주어진 구원이 은혜언약으로 말미암아 우리에게 구원이 주어졌다. 그러므로 바빙크의 말대로, "선택이 은혜언약의 기초요 보증이며, 심장이요 핵심이다"라고 말해야만 언약에 대한 올바른 선포다. 그렇게 선포되어져야만 은혜언약이 우리 구원의 영원한 기초가 된다.

우르시누스는 언약을 다음과 같이 말했다.

> 언약이란 일반적으로 두 당사자 상호 간의 약정(約定), 혹은 계약(契約)으로서, 한 당사자가 스스로 상대방에게 특정한 조건 하에서 뭔가를 주거나 받는 등의 어떤 일을 이행하기로 약속하는 것인데, 이때 그 약속을 엄숙하게 인준하고 또한 그것을 깨지 않고 반드시 준수할 것을 확증하기 위하여 특정한 외형적인 표징들과 상징물들이 거기에 수반된다. 언약에 대한 이런 일반적인 정의를 볼 때에, 하나님과 사람 사이의 상호 간의 약속과 약정이라 정의할 수 있는 성경의 언약을 어떻게 이해해야 할지를 쉽게 가늠할 수 있을 것이다. 이 언약에서 하나님께서는 사람들에게 그들에게 자비를 베푸시며 그들의 죄를 씻으시며, 그의 아들이신 우리의 중보자로 말미암아 그들에게 새로운 의와 성령과 영생을 주실 것이라는 확신을 주신다. 그리고 이 언약에서 사람은 회개와 믿음을 발휘할 것임을 약속하며, 하나님께서 베푸시는 이 큰 은택을 참된 믿음으로 받아 하나님께서 받으실만한 순종을 드릴 것을 약속하는 것이다. 하나님과 사람 상호 간의 이 약정은 성례라 부르는 외형적인 표징들을 통해서 확증되는데, 성례는 거룩한 표징들로서 하나님의 선하신 뜻과, 우리의 감사함과 순종을 우리에게 선포하며 인치는 것이다.
> 유언(a testament)은 유언자가 마지막 남기는 말인데, 이것을 통해서 유언자는 자신이 사망 시에 자기의 재산이나 소유물의 처리와 관련하여 자신이 바라는 바를 선포하는 것이다. 성경에서는 언약과 유언이라는 용어들이 하나님의 이 언약이라는 사상을 더 풍성하고도 명확히 설명하기 위하여 동일한 의미로 사용되고 있다. 두 용어 모두 하나님과의 화목이나 혹은 하나님과 사람 상호 간의 약정을 지칭하기 때문이다. 이 약정, 혹은 화목을 가리켜 언약이라 부르는 것은, 하나님께서 우리에게 특정한 복들을 약속하시고, 또한 그 대신 우리에게서 순종을 요구하시며, 특정한 의식들을 통해서 확증하시기 때문이다. 이것을 가리켜 유언이라 부르는 것은, 이 화목이 유언자(testator)이신 그리스도의 죽음의 개입으로 말미암아 이루어졌기 때문이다. 혹은 그리스도께서 그의 죽으심으로 말미암아 이 화목을 얻으셨고, 그리하여 마치 부모가 죽으면서 자기들의 소유들을 자녀들에게 남겨주듯이 그것을 우리에게 남겨주셨기 때문이다.[557]

언약이란 히브리어로 '베리트'로 '동의'(agreement)의 개념이다. 구약 성경에서 언약이 관계 수립이나 승인을 나타낼 때 의무의 뜻이다.[558] 언약은 양 당사자 간에 권리와 특권, 위탁과 의무의 관계를 법적 계약으로 맺어 놓은 것이다. 그 언약의 핵심은 "나는 너의 하나님이 되고 너는 내 백성이 되리라"이다.[559] 언약하신 하나님은 만유의 주가 되시기에 언약을 받게 된 이스라엘은

---

557) 자카리아스 우르시누스, **하이델베르크 요리문답해설**, 원광연 역 (고양: 크리스챤다이제스트, 2006), 185-186.

558) W. J. 둠브렐, **언약과 창조**, 최우성 역 (서울: 크리스챤서적, 1994), 2; 베리트의 어원에 대한 규정을 할 때 중기 앗수르어 명사 '비라투'를 말한다. '비라투'는 '차꼬' 혹은 '족쇄'라는 뜻이다.

559) 내가 내 언약을 나와 너와 네 대대 후손의 사이에 세워서 영원한 언약을 삼고 너와 네 후손의 하나님이 되리라(창 17:7)

언약을 통하여 하나님의 복을 받게 된 자들이다. 그것은 언약수혜자가 명예 롭게 되는 일이다.560)

윌리엄 퍼킨스(William Perkins, 1558-1602)는 언약을 행위언약과 은혜언 약으로 나누면서 다음과 같이 말했다.

> 행위언약은 완전 순종의 조건으로 만들어진 하나님의 언약이고, 이 조건은 윤리법으로 표현된다. 윤리법은 인간에게 그의 본질과 행동에서 완전한 순종을 명령하는 하나님 말씀의 부분이고, 그 이외에는 어떤 것도 금한다 … 율법은 두 부분으로 되어 있다. 그것은 순종을 요구하는 법과 그 리고 순종과 결합되어 있는 조건이다. 그 조건은 율법을 완성하는 자들에게는 영생이고, 율법을 범하는 자들에게는 영원한 죽음이다. 십계명은 모든 율법의 축소판이요 행위언약이다.561)

퍼킨스가 언약사상을 이렇게 말한 것은 성도들로 하여금 인간의 능동적인 참여를 강하게 유발시키려고 했기 때문이다. 이것은 영국의 청교도가 반체제 운동(classis movement)으로부터 전환되어 개인 경건을 도모하는 새로운 개 혁방법이었다. 예정론의 부작용으로 나타날 수 있는 인간의 수동성과 운명론 으로 인한 무기력증을 타파하고, 언약사상을 통하여 인간의 책임과 의무를 강조함으로써 그리스도인들이 하나님 앞에서 윤리와 경건을 위한 최선의 노 력을 촉구하려고 했다.

리처드 십스(Richard Sibbes, 1577-1635)는 성도들의 모든 것이 하나님 의 은혜라고 말하면서 은혜언약에 대해 다음과 같이 말했다.

---

560) http.//www.christiantoday.co.kr/articles/284174/20150624/언약-이란-무엇인가-1-언약의-어원적-의미.htm/ "'언약'이란 무엇인가? (1). 언약의 어원적 의미. 언약과 관련한 하나님의 일방성은 특별한 의미를 지닌다. 그것은 언약을 주도하신 하나님께서 천지 만물을 창조하신 만유의 주이시기 때문이다. 그에 비하여 언약의 상대역인 이 스라엘은 하나님의 하찮은 피조물에 불과하다. 그런 점에서 이스라엘은 결코 하나님과 동등한 위치에 서 있을 수 있는 존재가 아니다. 그런데도 하나님께서 이스라엘을 언약 당사자로 삼으신 것은 전적으로 하나님의 은혜이다. 곧 창조주이신 하나님께서 피조물인 이스라엘에게로 자신을 스스로 낮추신 것이다. 그리고 이스라엘을 언약의 동반자로 삼으셨다. 이스라엘은 자신의 능력이나 업적으로 하나님의 언약 당사자가 된 것이 결코 아니다. 그것은 하나님께서 이스라엘을 선택하셨기 때문에 가능한 일이고, 이스라엘의 선택은 전적으로 하나님의 사랑에 근거 하고 있다(신 7:7-8). 그런 점에서 언약은 구원받은 이스라엘에게 하나님께서 베풀어 주신 가장 큰 은혜요 복이 다. 요셉이 애굽의 총리로 발탁됨으로, 그동안 누적되었던 여타의 모든 문제가 일시에 해결되었다. 그렇듯이 신 분의 상승은 모든 것을 일시에 바꾸어 놓을 수 있는, 복 중에 가장 큰 복이다. 시내산 언약을 통하여 이스라엘은 하나님의 백성이라는 새로운 신분을 얻게 되었다. 그것은 이스라엘이 구원의 결과로 얻은 복 가운데 가장 크고 우선한다. 그리스도 안에서 하나님의 자녀가 된 우리에게도, 하나님께서 주시는 복을 당당하게 누릴 새로운 신 분과 권리가 주어졌다. 그것이 곧 우리들이 항상 기뻐하고 쉬지 말고 기도하며 범사에 감사해야 할 이유와 근거 이다(살전 5:16-18)."
561) 원종천, **청교도 언약사상: 개혁운동의 힘** (서울: 대한기독교서회, 2002), 48.

왜 이것이 은혜언약인가? 약속된 것이 은혜로 되어서만이 아니고, 우리 존재 자체가 은혜로 인한 것이기 때문이다. 우리는 은혜로 말미암아 믿고, 은혜로 말미암아 거룩하게 산다. 모든 좋은 생각들이 은혜로 말미암음이다. 새 언약에서는 모든 것이 은혜이고 오로지 은혜이다. 하나님께서는 우리 힘에 의한 답을 요구하지 않으신다. 그러면 하나님은 암흑에서 광명을 죽음에서 생명을 요구하셔야 하기 때문이다. 우리에게는 선한 것이 전혀 없다. 하나님은 순종을 요구하시고 또 요구하실 때에 그것을 이루신다. 은혜언약에서 당신의 명령들이 작동하고 역사하기 때문이다. 하나님께서 우리를 믿고 순종하라고 명령하실 때에, 당신은 우리에게 믿고 순종할 수 있는 은혜를 주신다. 물론 반응을 보이는 것은 우리다. 그러나 그것이 우리 스스로에게서 나오는 것이 아니고 은혜로 말미암은 것이다.562)

십스는 모든 것이 하나님께서 하시는 것이며 인간이 스스로 하는 것이 아니라고 말했다. 우리가 하나님의 계명에 순종할 수 있는 것도 하나님께서 성령님을 통하여 우리 마음을 여시고 움직이시며 언약관계로 이끄셨기 때문이다. 언약관계에 들어간 후에도 성도가 거룩한 삶을 유지하는 것 역시 성령님이 역사하셨기 때문이다. 성령님께서는 언약 안에서도 성도들을 거룩한 삶으로 성화의 과정으로 인도하신다고 말했다. 그렇게 하나님의 주권과 역사를 말하면서도 인간의 동의와 책임을 말했다. 십스는 다음과 같이 말했다.

> 비록 하나님의 은혜가 다 하시는 것이지만, 그럼에도 불구하고 우리는 우리의 승락을 주어야 한다. 왕과 반항하여 떨어져 나간 백성들 사이에 화합이 이루어지자면, 용서와 새로운 순종의 약속이 받아들여져야 한다. 그와 마찬가지로 만일 하나님이 우리의 하나님이 되자면, 하나님을 우리의 하나님으로 받아들일 수 있는 은혜가 있어야 하고 그를 왕으로 모실 수 있는 경외심이 있어야 하고, 그를 우리의 배우자로 맞이할 수 있는 동의가 있어야 한다.563)

리차드 십스는 하나님과의 언약 안에서 우리는 하나님의 성향과 일치되어져서 친구 관계가 되며 그 언약에 대한 책임과 참여와 역할을 감당하게 된다고 말했다. 하나님의 주권과 은혜로 언약을 맺으나 인간 편에서는 믿음과 회개를 이루어야 한다고 말했다. 여기에서 리차드 십스는 자발주의(voluntarism)를 말했다.

> 우리가 성부 하나님을 바라보면 우리는 '주심(donation)에 의하여 그리스도의 것이요, 우리가 그리스도 자신을 바라보면 우리는 '사심(purchase)'에 의하여 그분의 것이 되고, 우리 자신을 바라보면 우리는 은혜언약을 자발적으로 받아들이고 그분과 우리 사이에 맺어진 계약에 의하여 그분 것이 되는 것이다.564)

---

562) Ibid., 74-75.
563) Ibid., 76.
564) Ibid., 84.

하나님의 주권과 은혜는 하나님의 관점으로 하나님과 인간 사이를 볼 때 나타나는 것이며, 인간의 역할과 책임은 우리가 우리 자신을 보았을 때 나타나는 내용이라고 말했다. 이것이 리차드 십스의 자발주의다.

그레샴 메이첸(John Gresham Machen, 1881-1937)은 "그리스도가 속죄만 하였다면 우리는 행위언약 아래의 아담의 상태가 된다"(if Christ had merely paid the penalty of sin for us and done nothing more we should be at best back in the situation in which Adam found himself when God placed him under the covenant of works.)고 말했다. 사도 바울은 히브리서에서 '유언'이라고 말했다.565) 그 의미에 대하여 웨스트민스터 신앙고백서 제7장 4항에서는 유언을 이렇게 말한다.

이 은혜언약은 성경에 종종 유언이라는 이름으로 진술되어 있다. 이것은 유언자이신 예수 그리스도의 죽음, 그리고 영원한 기업과 그것으로 유증이 되는, 그것에 속한 모든 것들과 관련한 것이다.

이 고백은 하나님의 은혜언약이 성경에서 유언이라고 불리고 있는 것을 언급한다. 그것은 은혜언약이란 예수 그리스도를 믿는 죄인들에게 영원한 생명을 주시기 때문이며, 그것은 그리스도의 대속과 부활로 말미암아 성취가 되기 때문이다. 김병훈 교수는 언약을 유언으로 말하는 이유에 대하여 다음과 같이 말했다.

사실 '디아세케'(διαθήκη)의 본래적인 의미는 '언약'이 아니었습니다. 그것의 중심 뜻은 '처분' 또는 '유언'이었으며, '언약'을 뜻하는 그리스어는 '순세케'(ουνθήκη)이었습니다. 바빙크(Hermann Bavinck, Reformed Dogmatics, vol. 3)의 인용에 따르면, 본래 '디아세케'(διαθήκη)는 언약이라는 개념을 내포한 적이 없으며, 오직 '유언'을 의미하는 단어이었습니다. 그런데 70인 역이 '언약'을 '순세케'(ουνθήκη)가 아니라 '디아세케'(διαθήκη)로 번역을 하였으며, 그 결과 '디아세케'(διαθήκη)에 '언약'이라는 의미가 부여되었습니다. 그러니까 70인역은 '유언'을 의미하는 '디아세케'(διαθήκη)라는 단어를 사용하여 성경의 '언약'을 가리키는 단어로 번역을 한 것입니다. 70인역이 어떤 이유로 언약을 뜻하는 그리스어로가 아니라 '디아세케'(διαθήκη)를 택하여 사용했는지에 대한 이유는 몇 가지 추론이 되고 있습니다. 벌코프(Louis Berkhof, Systematic Theology)에 따르면, 성경의 언약개념의 특수성 때문이라고 추론이 됩니다. 성경의 언약은 언약 당사자들이 서로 쌍방 간에 대등한 가운데 세워진 것이 아니며, 또한 언약의 성취가 근본적으로 하나님께서 행하시는 일을 기반으로 이루어집니다. 언약을 이루는 주도권이 하나님께 있다는 사실과, 언약 당사자인 하나님과 인간이 수평적인 동등의 관계가 아니라는 언약의 성격을 반영하는 데에 있어서, '디아세케'(διαθήκη)가 '순세케'(ουνθήκη)보다도 더욱 타당하기 때문에

---

565) 15 이를 인하여 그는 새 언약의 중보니 이는 첫 언약 때에 범한 죄를 속하려고 죽으사 부르심을 입은 자로 하여금 영원한 기업의 약속을 얻게 하려 하심이니라 16 유언은 유언한 자가 죽어야 되나니 17 유언은 그 사람이 죽은 후에야 견고한즉 유언한 자가 살았을 때에는 언제든지 효력이 없느니라(히 9:15-17)

'언약'을 '디아세케'(διαθήκη)로 번역을 하였으리라 판단이 됩니다.566)

윌리엄 퍼킨스는 은혜언약이 유언자의 죽음으로 확정되기 때문에 유언이라고 불릴 수 있다면서 다음과 같이 말했다.

> 은혜언약은 하나님께서 그리스도와 그의 유익을 인간에게 값없이 약속하시는 것으로 인간은 믿음으로 그리스도를 받아들이고 그의 죄들을 회개함으로 언약이 체결되는 것이다 … 이 언약은 또한 유언으로 만들어졌다. 이것은 유언적 본질과 특성을 가지고 있다. 왜냐하면 이것은 유언자의 죽음으로 확증되기 때문이다 … 둘째로, 이 언약에서 우리는 하나님에게 무엇을 제공한다든지 또는 중대한 어떤 것을 약속하는 것이 아니고, 단지 받는 것이다. 이것은 마치 사람의 마지막 유언이 유언자를 위한 것이 아니고 상속자를 위한 것과 마찬가지이다.567)

퍼킨스에 의하면, 은혜 언약이 유언이 될 수 있는 이유는 언약이 유언자의 죽음으로 만들어지고 죽음으로 확증되었기 때문이다. 또한 그 유언이 유언자를 위한 것이 아니라 상속자를 위한 것이고 우리는 다만 하나님으로부터 받기 때문에 유언이라 불린다.

바빙크는 성경에 나타난 언약의 특수성으로 설명했다. 언약이란 하나님께서 하나님의 백성들에게 영원한 생명을 주시려고 하나님께서 스스로 맹세하신 것으로 인간의 능력이나 공로가 아니라 하나님의 긍휼에 의한 것이다. 언약을 유언이라고 한 것은 언약의 주도권이 하나님께 있으며 하나님과 인간이 수평적으로 동등한 관계가 아니기 때문이다.

10. 17세기 언약신학자들과 행위언약

안상혁 교수에 의하면, 대다수 언약신학자는 성경의 언약을 행위언약과 은

---

566) http.//repress.kr/archives/1814/ 김병훈, '웨신해설 48 언약과 유언.'; "이와 관련해 벌코프는 이처럼 구약에서는 언약으로, 신약에서는 유언으로 해석하는 일반적인 처리보다도, 미국개정판 성경(American Revised Bible)처럼 히브리서 9:16-17의 구절만을 '유언'으로 번역하고, 다른 구절들은 '언약'으로 번역한 것이 올바른 방향이라고 말합니다. 이상의 내용을 정리하면, 벌코프가 요약하고 있듯이, 히브리어로는 언약을 분명하게 가리키는 '베리트'(ברית)가 그리스어로 번역이 됨에 있어서 '언약'이 아니라 '유언'의 의미를 가진 '디아세케'(διαθήκη)가 사용이 된 것과, 그것으로 인하여 성경이 은혜언약을 '유언'으로 진술하고 있다는 해석과 번역이 나타나고 있는 이유가 세 가지로 제시됩니다. 하나는 언약에 있어서 하나님의 주도권을 특징적으로 드러내는 단어로 본래 언약을 나타내는 그리스어인 '쉰세케'(συνθήκη)보다 '디아세케'(διαθήκη)가 더 타당했다는 것이며, 다른 하나는 신약성경의 '디아세케'(διαθήκη)의 경우들을 '유언'의 의미가 분명한 히브리서 9:16, 17의 '디아세케'(διαθήκη)와 일치시키고자 하는 노력에서 비롯됐다는 것이고, 마지막 하나는 라틴어 성경이 항상 '디아세케'(διαθήκη)를 '유언'을 뜻하는 '테스타멘툼'(Testamentum)으로 번역한 것에 대한 반영이라는 것입니다."
567) 원종천, **청교도 언약사상: 개혁운동의 힘** (서울: 대한기독교서회, 2002), 51.

혜언약으로 보는 것에 동의한다. 이런 방식을 부인하는 입장을 대변하는 사람은 존 머리이며, 긍정하는 입장은 메러디스 클라인이다.[568] 16세기 말에 아만두스 폴라누스(Amandus Polanus)는 타락 전 언약의 존재를 인정하고, '행위언약'이라고 불렀다. 이것이 17세기 신학자들 사이에 광범위하게 확산되었으며, 17세기 중엽 영국 웨스트민스터 회의에 참석한 신학자들은 웨스트민스터 신앙고백서 7장에 행위언약을 명시적으로 포함시켰다.[569] 이후로 다양한 표현들이 등장했다. 우르시누스는 '자연언약'으로, 올리비아누스는 '창조언약'으로, 존 다우네임은 '생명언약'으로 불렀으며, 그 외에도 '율법언약', '교제언약', '시작언약' 등으로 말했다. 안상혁 교수는 행위언약을 언급한 주요 인물과 대표 저작들의 목록을 제시함으로 연구자들에게는 유익하다.[570]

17세기 중엽의 언약신학자들이 말하는 행위언약에 대해, 안상혁 교수는 다음과 같이 정리했다.

첫째, 언약의 당사자들: 하나님과 사람(아담)
하나님은 스스로 낮아지심을 통해 사람과 언약 관계를 체결하셨다. 아담은 인류를 대표하는 언약적 수장(federal head)이다.
둘째, 언약의 조건: "행하라, 그리하면 살리라."
셋째, 언약에서 약속된 것: 영원한 생명
넷째, 언약 파기에 따른 형벌: 죽음
다섯째, 언약의 인증들: 생명나무 혹은 선악수, 혹은 둘 다[571]

이 행위언약에 대한 논쟁의 대상은 두 번째와 세 번째 항목이며, 그 질문은 '아담이 순종한 결과로 받는 영생이 과연 아담의 공로에 대한 정당한 보상으로 간주할 수 있는가?'라는 것이다. 부정적인 입장은 사무엘 루더포드이며, 긍정적인 입장은 토마스 후커다. 루더포드는 아담이 행위언약의 조건을 수행하여 영생을 얻었다고 가정할지라도 그것은 공로적 보상이 아니라 하나님의 은혜로 간주해야 한다고 말했으나, 후커는 공로의 대가로 인정해야 하며, "자신의 공로에 기초하여 하나님께 담대하게 나아가 영생을 요구할 수 있었을 것"이라고 확신했다.[572]

---

568) Ibid., 38.
569) Ibid., 39.
570) Ibid., 41-45.
571) 안상혁, **언약신학 쟁점으로 읽는다** (수원: 영음사, 2016), 46.
572) Ibid., 47

안상혁 교수는 러더포드와 후커의 이런 입장이 현대에는 머리와 클라인의 논쟁이 있다고 말했다. 머리는 공로개념을 반대했기 때문에 행위언약이라는 명칭을 반대했다. 머리는 하나님께서 아담을 다루시는 방식은 '공의'가 아닌 '은혜'에 기초한 것이라고 말했다.[573] 페스코는 다음과 같이 말했다.

> 아담이 하나님과의 관계에 있어서 하나님의 은혜에 의지했다는 믿음이 에덴동산안의 인간의 상태에 대한 머리의 생각을 이해하는 열쇠다. 아담이 하나님의 은혜에 의지했기 때문에, 아담은 공의에 근거하여서는 시험 기간을 통과할 수 없었다는 것이다.[574]

머리는 아담에게 주어질 종말론적 영광은 자신의 공로의 대가가 아니라 "하나님의 '은혜의 약속'과 그 약속을 지키시는 하나님의 신실함"에 근거한다고 보았다.[575] 반면에 클라인은 개혁파 신학이 말하는 행위언약 개념을 옹호하며 타락 전 아담의 상태에 대해 은혜의 개념을 도입해서는 안 된다고 말했다. 그 이유는 무엇인가? 은혜란 과실과 범죄를 뜻하는 '반(叛)공로'에 대한 대응 개념이기 때문이다. 그런 이유로 인해, 클라인은 '하나님의 선하심' 혹은 '자비하심'의 개념으로 이해해야 한다고 제안했다.[576] 두 사람 다 '하나님의 선하심'을 말하기 때문에, '하나님의 선하심이 무엇이냐?'가 중요하다. 페스코는 하나님께서 아담과 협정을 맺으셨기 때문에 (1) 하나님이 인가한 언약 조항들의 성취와 (2) 언약에 입각한 공로 측정으로 행위언약에 대한 보상 혹은 공로를 말해야 한다고 주장했다.[577]

---

573) 존 페스코, **태초의 첫째 아담에서 종말의 둘째 아담 그리스도까지**, 김희정 역 (서울: 부흥과개혁사, 2012), 125.

574) Murray, *Collected Writings*, vol. 2, 55-56; 또한 Henry Morris, *The Genesis Record- A Scientific & Devotional Commentary on the Book of Beginnings* (Grand Rapids: Baker, 1976), 94; 〈머리는 이렇게 말한다. "생명의 약속과 관련해서는 여태까지 빈번히 그래 왔던 것처럼 어떤 구절들에(레 18:5; 롬 10:5; 갈 3:12. '이것을 하라. 그러면 살 것이라') 나와 있는 원칙 하나에 호소하는 것은 정당해 보이지 않는다. 이 구절들 안에서 주장된 원칙은 의에는 항상 의에 상응하는 상급이 따른다는 공정성의 원칙이다. 우리는 하나님이 아담에게 주신 약속으로부터 공로에 기초한 상급의 모든 개념을 분리해야 한다. 온전하게 될 것이고 복을 받게 될 것이라는 약속은 아담이 하나님께 빚진 순종을 드림으로써 그에 대해 추가적으로 주어지는 것이었고, 따라서 은혜의 약속이었던 것이다. 공정성을 기반으로 해서 아담이 요구할 수 있었던 것은 아담이 완벽하게 순종을 하는 한, 의로움과 생명뿐이지, 타락 불가한 상태를 보증해 주는 확증은 아니었다. 따라서 만약 시험 기간을 잘 통과했다면, 아담은 약속의 성취를 요구할 수 있었겠지만, 공의에 기초해서가 아닌 오직 하나님의 신실하심에 기초해서만 그렇게 할 수 있었을 것이다.〉; 존 페스코, **태초의 첫째 아담에서 종말의 둘째 아담 그리스도까지**, 김희정 역 (서울: 부흥과개혁사, 2012), 125-126에서 재인용.

575) 안상혁, **언약신학 쟁점으로 읽는다** (수원: 영음사, 2016), 49.

576) Ibid., 50.

577) 존 페스코, **태초의 첫째 아담에서 종말의 둘째 아담 그리스도까지**, 김희정 역 (서울: 부흥과개혁사, 2012), 127-128; "머리가 행위언약을 비판하면서 다루지 않은 점 하나는 아담과 그리스도 사이의 평행관계다(롬 5:12-19). 앞서 주장했듯이, 아담은 그리스도의 모형이다."

정이철 목사는 페스코의 "에덴동산의 아담의 상태는 하늘의 상태를 준비하는 것이었다"는 말을 비판하면서 '존재의 상승', '존재의 도약', '하늘의 영적인 생명으로의 도약의 준비 단계'라는 말을 하면서 "성경에서 전혀 찾을 수 없는 아담 창조에 대한 사악한 사변"이라고 말했다.578) 정이철 목사는 '도약'이라는 말의 의미를 알고 말했을까? '존재의 상승', '존재의 도약'은 언약이 필요 없다. 이 기사에서도 정이철 목사는 "아담은 비록 흙으로 지어졌으나 죽음이 없는 육체, 즉 불멸의 상태로 창조되었다", "죄가 없었다면 아담과 우리 모두는 죽음이 없는 처음의 육체 안에서 영생을 누리고 있을 것이다"라고 말했다.579) 그러나 정이철 목사의 주장에는 아무런 근거도 없다. 정이철 목사의 주관적인 추측과 상상에 근거한 주장이다.

능동적 순종 논쟁의 주요한 핵심 중 하나가 행위언약이다. 왜냐하면 능동적 순종의 전가 교리가 "하나님께서 아담과 맺은 행위언약이라는 기초 위에서 세워졌"기 때문이다.580) 그리스도의 의로움의 전가교리는 행위언약의 개념과 직결된다. 행위언약은 은혜언약과 무관하지 않다. 마지막 아담이신 예수 그리스도께서는 행위언약을 회복하셨다. 그것이 바로 은혜언약이다. 문제는 무엇인가? 서철원 교수나 정이철 목사는 이 행위언약을 칼 바르트의 존재의 앙양 개념으로 바라보는 것이다.

11. 서철원 교수와 행위언약

서철원 교수는 행위언약을 말하면서 다음과 같이 말했다.

그러나 행위언약과 은혜언약은 칼빈에게서 비롯된 것이 아니고 17세기 개혁파 신학자들에 의해서 공식화되었다. 칼빈은 언약에 대해서 말은 많이 하였지만, 언약으로 무엇을 뜻하는지를 한 번도 밝히지 못하였다. 그의 후계자들이 언약의 바른 뜻을 잘 이해하지 못하여 행위언약과 은혜언약으로 공식화하였다. 이 언약 사상이 17세기 중반에 체계화되어 널리 퍼지고 개혁신학의 중심적인 사상이 되었다. 그 후 거의 소실되었다가 20세기 초에 다시 살아났다. 한국교회에

---

578) http://www.good-faith.net/news/articleView.html?idxno=2654/ 정이철, '리폼드의 페스코 교수, 하나님의 아담 창조를 비트는 사악하고 어리석은 이단,'(2022.7.25.) accessed. 2022.7.30.

579) 같은 사이트에서.,

580) https://www.christiantoday.co.kr/news/339724/ 김재성, '왜 능동적 순종을 믿어야하는가?(6),'(2021.5.2.); 〈후기 개혁주의 정통신학에서 언약사상에 대해서 활발한 연구가 이뤄졌고, 성경연구를 통해서 복음의 본질을 잘 설명할 수 있었다. 17세기에는 행위언약의 개념을 매우 중요한 부분으로 다루었는데, 일부 신학자들은 "자연언약", "생명언약", "에덴언약"등으로 풀이하기도 했다. 최근에 행위언약의 개념을 "아담적 시행"으로 바꿔서 부르는 것을 제안한 머레이 교수는 능동적 순종의 전가 교리를 강조하는 신학자이다. 앞으로도 논의를 하겠지만, 필자가 분석한 바로는 행위언약의 개념을 거부하는 일부 신학자들은 능동적 순종에도 반대하는 것을 알 수 있다.〉

서 은혜언약 사상은 대단한 환영을 받았다. 하나님이 친히 구원을 이루셨으니 믿기만 하면 은혜로 거저 구원받는다는 사상은 참 개혁신학으로 인정되었다. 언약체계는 한국백성들에게 열렬히 수납되었다. 선행과 공로로 구원 얻는 것이 아니고 구원은 전적으로 은혜라고 하는 가르침은 성경적 진리여서 열렬히 수납되었다. 구원은 전적으로 믿음만으로 이루어진다. 선행이나 공로로 구원 얻을 수 없고, 전적으로 구원은 은혜로 곧 선물로 받는다고 하는 교리는 종교개혁의 핵심 교리로 인정되었다. 한국장로교회에서 구원은 은혜의 선물이므로 믿음으로 받는 것이 성경적인 바른 진리로 인식되어 널리 수납되었다. 그러나 한국에서 신학교육이 진행되면서 은혜언약과 행위언약을 같이 가르쳤다. 그 결과로 설교에서도 행위언약과 은혜언약이 전해지고 가르쳐졌다. 이런 과정에서 새로운 경향성이 생겼다. 구약 백성들은 율법을 지켜 구원에 이르렀으면 지금도 율법을 지키고 행함으로 구원 얻음이 가능하다는 생각이 많은 장로교도들의 가슴에 일어났다. 그래서 율법을 지킴과 행함이 합당한 구원의 길이라는 생각이 암암리에 퍼지기 시작하였다. 구원은 오직 예수 그리스도를 믿음으로만 얻는다는 교리에 반하여, 율법을 지킴과 행함도 합당한 구원의 길이라고 여기게 되었다. 그래서 예수 그리스도가 유일한 구주라는 생각이 흐려지게 되었다. 따라서 율법을 지킨 유대인들도 다 구원받았고 신약시대 그리스도인들은 예수 믿음으로 구원받지만, 믿음에 율법 지킴을 곧 선행을 더하면 확실한 구원을 얻을 수 있다고 여기게 되었다. 이런 생각은 하나님의 구원경륜을 전적으로 허는 것이다. 하나님은 예수 그리스도로만 세상을 구원하신다. 구약의 역사는 다 예수 그리스도로 이루실 구원을 준비하는 과정이었다. 구약의 족장들과 선지자들도 다 예수 그리스도를 믿음으로 구원에 이르렀다.[581]

서철원 교수에 의하면, 칼빈이 언약을 똑바로 말하지 못했고, 칼빈의 후계자들도 언약의 바른 뜻을 이해하지 못한 결과로 행위언약과 은혜언약을 공식화시켰다. 서철원 교수는 그 언약 사상이 17세기 중반에 체계화되어 퍼졌다가 소실되었는데, 20세기 초에 다시 살아났고 한국교회에서도 환영을 받았다고 말했다.

그러나, 피터 릴백은 칼빈의 언약신학에 대한 오해들을 말하면서 가장 첫 번째로 '언약신학은 칼빈의 신학에 존재하지 않는다'는 주장에 대해 반박했다. 이런 주장을 하는 대표적인 사람이 패리 밀러(Perry Miller)와 세대주의자인 프렛 링컨(Fred Lincoln)과 찰스 라이리(Charles Ryrie)다.[582] 릴백은 칼빈의 『기독교강요』를 비롯한 다른 저술들에 나타난 언약을 언급하면서 "칼빈은 그의 신학 체계에서 언약을 무시하지 않았을 뿐만 아니라, 언약을 그의 사상의 빠질 수 없는 필수적 특징으로 삼았다"고 말했으며, 칼빈은 자신의 신학 사상의 발전과 수호를 위해 언약개념을 사용했다고 말했다.[583]

서철원 교수는 한국교회가 "율법을 지킴과 행함도 합당한 구원의 길이라고 여기게 되었다"고 말하는 것은 과도하고 부적절한 주장이다. 혹 그리 생각

---

581) http://www.good-faith.net/news/articleView.html?idxno=265/ 서철원, '언약은 자기 삼으시려는 약정.'(2015.5.25.).
582) 피터 A. 릴백, 칼빈의 언약사상, 원종천 역 (서울: CLC, 2012), 18-19.
583) Ibid., 211.

하는 이들도 있겠지만 개혁주의 장로교인이라면 이신칭의를 부정할 리가 없고, 칭의론이 면책과 의의 전가라는 것을 거부하는 사람도 없다. 한국교회가 행위언약을 가르쳤다고 해서 믿음에 율법을 지켜 그 선행을 더하면 확실한 구원을 얻을 수 있다고 여기게 되었다는 것은 능동적 순종과 행위언약을 반대하기 위한 억지스러운 주장이다.

서철원 교수가 말하는 언약과 회복은 무엇인가?

> 하나님은 아담과 언약을 체결하셨다. 창조주만을 하나님으로 섬기는 백성으로 삼으시려고 아담에게 언약을 주셨다. 그러나 아담과 하와는 언약을 범하여 창조주만을 하나님으로 섬기는 거룩한 직임을 거부하고 자주자가 되기로 하였다. 이 때문에 하나님의 저주와 죽음이 인류에 철칙으로 세워졌다. 그래도 하나님은 언약을 회복하셔서 범죄한 인류를 다시 자기의 백성으로 삼으시기로 하셨다. 그런데 범죄한 백성을 다시 하나님의 백성으로 회복하려면 반역죄를 무효화해야 했다. 그러나 아담의 후손은 아무도 죗값을 갚아 죄를 무효화 할 수 없었다. 따라서 하나님이 친히 죗값을 갚으시고 백성을 회복하기로 작정하시고 일하셨다. 구약은 하나님의 구원사역을 준비하는 역사였다. 때가 차매 하나님 자신이 곧 하나님의 아들이 사람이 되셔서 인류의 죗값을 갚아 범죄한 백성을 구원하기 위해서 피 흘리셨다. 언약은 하나님의 백성 되기로 한 약정이다. 이 성경적인 진리로 모든 신학 활동이 돌아가야 한다. 성경적인 언약개념을 바르게 이해하는 길만이 사변을 없애고 바른 성경적인 신학을 전개할 수 있다. 언약은 행위언약이나 은혜언약이 아니라 하나님의 백성 되기로 한 약정임을 이해해야 한다. 그때만 신구약 전체를 바르게 이해할 수 있다. 그리고 하나님의 모든 사역도 바르게 이해할 수 있다.[584]

서철원 교수에 의하면, "언약은 하나님의 백성 되기로 한 약정"이고, 범죄한 아담의 반역죄를 무효화 하는 길은 그리스도께서 십자가에 피 흘려 죽으시는 것이다. 오직 수동적 순종의 의만 주장하는 서철원 교수는 형벌의 면죄만이 의라고 주장한다. 서철원 교수는 죗값을 갚음으로 하나님의 백성을 회복하셨다고 말하며, 이것이 성경적인 언약개념이라고 주장한다.

그러나, 클라인은 "베리트(언약)라고 불리는 이 법률적 행위는 하나님의 상벌 규약을 전제로 한 맹세 언약이다"라고 말했으며,[585] 에덴동산의 언약관계는 하나님의 주권적 베품이 아니라 행위의 원칙이라고 말했다.[586] 왜냐하면, 에덴의 언약 백성은 하나님의 감찰 아래 있는 섭정국이었기 때문이다. 하나님께서 주신 언약에는 만일 속국 왕이 언약을 어기면 종주 왕의 심판과 저주를 받는다는 상벌의 규정이 포함되어 있다.[587]

---

584) 같은 사이트에서.
585) 메리데스 G. 클라인, **하나님 나라의 서막**, 김구원 역 (서울: 개혁주의신학사, 2007), 20.
586) Ibid., 24.
587) Ibid., 85-86.

서철원 교수가 행위언약을 부정하는 근본적인 이유는 인간의 공로를 배제하고 존재의 앙양과 신화사상을 배제하기 위함이며, 그러기 위해서는 영생이 주어진 아담이라야 하고 언약은 하나님을 섬기는 약정이 된다. 만일 그리스도께서 죗값을 치르는 것이 전부였다면, 성육신으로부터 십자가에 이르기까지 전체 생애의 고난은 의미가 없다. 그리스도께서는 출생으로부터 십자가에 죽으시고 부활하시기까지 선지자의 예언대로 "… 이루려 하심이라"라는 말씀대로 성취하셨다.

덤브렐은 "피조 된 존재로서 인류가 조건적인 영생을 부여"받았으며, "성경이 궁극적으로 지향하는 영생은 창조의 여명이 동터오던 에덴동산에 거하던 한 쌍의 부부에게 부여된 그 영생보다 훨씬 더 진전된 것"이라고 말했다.588) 덤브렐이 이렇게 말한 이유는 인간을 하나님의 대리 통치자로 보며, 인간을 비롯한 피조 세계가 완벽한 존재가 아니라 하나님의 목적을 성취하는데 적합한 존재이기 때문이다.589) 아담에게 주어진 영생은 궁극적으로 주어질 영생이 아니라 언약의 성취에 따라 결과되는 조건적인 영생이었다.

서철원 교수와 정이철 목사는 창조 시의 아담은 하나님의 백성이었고 영생을 주셨다고 주장한다. 정이철 목사는 이것을 부정하는 시각을 본격적으로 신학에 도입한 사람이 회중교회 청교도 운동의 아버지 윌리엄 퍼킨스이고 그것이 웨스트민스터 신앙고백서와 별다른 차이가 없다고 말했다.590) 정이철 목사는 엘리자베스 여왕 재위 시 국교회에 장로교회 제도를 도입하려는 시도가 위태로워지는 현실을 보면서 퍼킨스가 개인의 경건과 헌신을 장려하는 새로운 전략을 구사하면서 그에 합당한 신학을 만들었는데, 그것이 언약신학이

---

588) 윌리엄 J. 덤브렐, **언약신학과 종말론**, 장세훈 역 (서울: CLC, 2003), 37.

589) Ibid., 28, 30.

590) http://www.good-faith.net/news/articleView.html?idxno=2006/ '웨신서의 행위언약 사상은 사도들과 칼빈의 신학이 아닙니다.'(2020.8.12.).; '하나님의 언약은 어떤 조건 하에서 영생을 얻는 것에 관한 인간과의 계약이다. 이 언약은 두 부분으로 이루어져 있는데, 하나님의 인간을 향한 약속과 인간의 하나님을 향한 약속이다. 하나님께서 인간에게 하시는 약속은 인간이 어떤 조건을 이행하면 당신은 그의 하나님이 되시겠다고 맹세하시는 것이다. 인간이 하나님에게 하는 약속은 그가 하나님께 충성을 서약하고 그들 사이의 조건을 이행하겠다고 맹세하는 것이다."(William Perkins, *A Golden Chain: The Works, vol 1*, 32. 원종천, **청교도 언약사상: 개혁운동의 힘**, 47.) "행위언약은 완전 순종을 조건으로 만들어진 언약이고, 이 조건은 윤리법으로 표현된다. 윤리법은 인간에게 그의 본질과 행동에서 완전한 순종을 명령하는 하나님 말씀의 부분이고, 그 외에는 어떤 것도 금한다 … 율법은 두 부분으로 되어 있다. 그것은 순종을 요구하는 법과 그리고 순종과 결합되어 있는 조건이다. 그 조건은 율법을 완성하는 자들에게는 영생이고, 율법을 범하는 자들에게는 영원한 죽음이다. 십계명은 율법의 축소판이요 행위언약이다."(William Perkins, *A Golden Chain: The Works*, vol 1, 32. 원종천, **청교도 언약사상: 개혁운동의 힘**, 48.)

라고 말했다. 그 내용이 행위언약과 은혜언약이라는 것이다.

그러면, 서철원 교수는 능동적 순종을 완전히 부인했을까?[591] 서철원 교수는 『복음과 율법과의 관계』에서, '율법은 그리스도께로 인도하는 몽학선생으로의 기능만 있고 구원의 길로는 종결되었다'고 주장하였다.[592] 서철원 교수는 '율법은 구원받은 신자에게는 삶의 규범으로 존재하고, 영으로 따라 사는 자들에게 율법의 요구는 이루어진다'고 말했다.[593] 그리스도 안에 있는 자들에게 결코 정죄함이 없는 것은 "그리스도의 순종 곧 그의 의를 자기들의 것으로 믿고 받아들였기 때문"이다.[594]

서철원 교수는 "율법을 다 지키심으로 그것을 성취하신 그리스도를 믿음"이 구원을 제공하며, "믿음은 그리스도께 이룬 계명들의 성취, 곧 의를 자기의 것으로 삼는 것"이고, "그리스도께서 모든 율법을 다 지키셨다. 예수 그리스도가 십자가에서 율법의 저주를 지고 죽으므로 율법의 요구가 다 성취되었다."고 말했다.[595] 서철원 교수가 "그리스도의 순종이 그의 의", "그리스도가 율법을 다 지키셨고", "율법의 요구가 다 성취되었고"라고 표현한 것은 능동적 순종의 전가와 무관하다고 볼 수 없다. 물론 서철원 교수는 "그리스도가 십자가에서 모든 율법의 요구를 다 이루셨다"(요 19:30)고 말함으로써 그리스도의 수동적 순종이 율법의 저주를 십자가에서 감당했다고 강조했다. 서철원 교수의 책 『복음과 율법과의 관계』의 전반적인 초점은 수동적 순종의 전가, 곧 그리스도의 대리적 속죄 제사에 있다.

서철원 교수는 『하나님의 구속 경륜』에서 그리스도의 의의 전가, 즉 능동적 순종의 전가와 유사한 내용을 말했다. 서철원 교수는 하나님은 백성이 하나님의 백성으로 돌아오고, 또 그렇게 살 수 있도록 그들이 해야 할 계명 준수를 구속주로 대신 수행하게 하므로, 그 계명 준수 곧 의를 획득하여 백성들에게 그 의를 선사하게 하는 방식을 취하였다고 말했다.[596] 이것은 하이델베르크 교리문답에서, "복음적 의는 우리가 아니라 우리를 대신하여 다른 분이 율법을 성취하고 이행하며, 하나님께서 그것을 믿음으로 우리에게 전가시

591) http://m.reformednews.co.kr/9430/ 이 부분은 유창형 교수가 '리폼드뉴스'에 게재한 글을 정리한 것이다 (2021.2.23.).
592) 서철원, **복음과 율법과의 관계** (서울: 총신대학출판부, 2000), 12.
593) Ibid., 13.
594) Ibid., 47.
595) Ibid., 47-48.
596) 서철원, **하나님의 구속 경륜** (서울: 총신대학출판부, 1996), 12.

키신 것을 의미한다."와 유사하다.597)

서철원 교수는 계명 준수를 의로 해석하면서, '구속주가 계명을 대신 준수하여 획득한 의를 자기 백성들에게 선사하는 방식을 취하셨다'고 말했다. 서철원 교수는 다음과 같이 말했다.

> 율법은 기필코 성취되어야 한다. 그 길이 생명의 길 곧 구원이기 때문이다. 그러나 이스라엘의 역사가 생산한 결론은 인간은 율법을 지킬 수 없다는 진리이다. 그러나 율법은 그 성취 요구를 계속한다. … 결국 율법 성취자 곧 구원자의 오심을 바라게 하셨다. … 그러므로 율법 성취자가 와서 율법을 성취하므로 이스라엘에게 생명의 길 곧 구원을 제시하는 것을 바라는 것이 이스라엘 전 역사의 결론이다. 그 길 외에는 달리 사는 길이 없고 멸망뿐이기 때문이다.598)

서철원 교수에 의하면, '율법성취가 생명의 길이요 구원의 길이기 때문에 율법 성취자가 와서 구원을 제시하는 것 외에는 살길이 없다.' 또한, 서철원 교수는 "그리스도의 몸으로 드린 제사가 완전한 속죄를 이룬다"고 말했다.599) 이것은 대리적 계명 준수와 대리적 속죄를 인정하는 것이다.

서철원 교수는 『그리스도론』에서, 능동적 순종, 수동적 순종이란 말을 사용하지 않았으나, 낮아지심의 시작은 성육신이며, 성육신은 종의 형상을 입은 것이며 율법에 종속되신 것이므로 낮아지심이라고 말했다.600) 물론 서철원 교수는 능동적 순종을 부정한다.601) 그러면서, 그리스도께서 율법의 요구를 충족시킨 것은 율법의 속박에서 사람들을 해방하기 위한 것이라고 말했다.602) 서철원 교수는 『구원론』에서 다음과 같이 말했다.

> 단지 주 예수 그리스도를 믿는 믿음 때문에(롬 3:21-22) 그들을 그리스도에게 연합된 자들로 보신다. 그리스도에게 연합된 자들이므로, 그가 당한 모든 고난과 행한 것을 부름 받은 자들이 당한 것으로 보고 그리스도와 일치시켜서 의롭다고 하시는 것이다. 곧 그리스도의 피 흘리심으로 이루신 죄 용서를 죄인들에게 적용하여 그들을 의롭다고 하신다.603)

---

597) 자카리아스 우르시누스, **하이델베르크 요리문답해설**, 원광연 역 (고양: 크리스챤다이제스트, 2006), 531.
598) 서철원, **하나님의 구속 경륜** (서울: 총신대학출판부, 1996), 146-147.
599) Ibid., 155.
600) 서철원, **서철원 박사의 교의신학4 그리스도론** (서울: 쿰란출판사, 2018), 141-143.
601) Ibid., 167; "전통적 신학에서 예수의 율법준수를 능동적 순종, 십자가에서의 죽음을 피동적 순종이라고 한 구분과 가르침은 전적으로 잘못되었다. 그리스도가 율법준수로 의를 획득하여 우리에게 전가한 것이 아니고, 피 흘려 죗값을 치르시므로 죄 용서를 이루신 것이 의이다. 이 의를 우리가 받아 영생하게 되었다."
602) Ibid., 166-167; "그리스도가 율법의 수여자로서 율법의 요구를 충족시켜 율법의 속박에서 백성들을 해방하셨다. 그리스도가 율법을 완성하신 것은 율법의 요구를 충족하므로 율법을 다 지켜야 한다는 율법의 속박에서 사람들을 해방하기 위해서 하신 것이다(마 5:17-20; 11:28-30). 이렇게 하여 율법준수의 요구가 더 이상 타당하지 않게 되었다. 이로써 율법준수의 속박에서 백성들을 해방하신 것이다. 곧 그리스도는 율법준수의 의무를 사람들에게서 완전히 벗기셨다."

서철원 교수는 죄를 완전히 제거한 상태를 죄짓지 않은 상태로 보았다. 이것은 칭의를 죄 사함과 의의 전가로 나누는 방식과 다르다. 서철원 교수는 칭의를 '죄 사함 이상으로' 생각하지 않았다. '죄 사함'='의로운 상태'다. 이런 칭의 개념에는 율법을 완전히 지킨 그리스도의 능동적 순종의 전가 개념은 없다. 서철원 교수는 "그리스도의 의의 전가라고 할 때 그리스도가 율법을 다 지켜서 얻은 의를 전가한 것으로 말하는 것"은 합당한 신학이 아니라고 말했다.[604] 결론적으로, 서철원 교수는 죄 사함은 곧 의라고 보며, 그리스도의 율법준수가 성도에게 전가되어 신자가 율법을 지킨 것으로 간주되어 의인이 되는 것이 아니라고 말한다. 서철원 교수는 그리스도의 수동적 의의 전가만 인정하고, 능동적 순종의 전가를 인정하지 않는다.

---

603) 서철원, **서철원 박사의 교의신학5 구원론** (서울: 쿰란출판사, 2018), 113.

604) Ibid., 114-116; 〈6,1,2,1. 그리스도의 피 흘리심을 적용하여 의롭다 하심: 죄인은 의를 행할 수 없다. 죄인은 전혀 율법을 지킬 수가 없다(행 13:39; 롬 3:10-18, 20). 예수 그리스도가 피 흘리심으로 완전한 죄 용서를 성취하셨다. 곧 그리스도는 피 흘리심으로 세상의 모든 죄를 다 속량하셨다(엡 1:7). 그리하여 완전한 의를 이루셨다. 그의 피로 죄를 완전히 제거함이 의이기 때문이다(롬 5:9). 곧 죄를 완전히 제거한 것은 죄짓지 않은 상태와 같다. 3.1.2.2. 그리스도가 율법준수로 이룬 의를 전가한 것이 아님: 그리스도의 의의 전가라고 할 때 그리스도가 율법을 다 지켜서 얻은 의를 전가한 것으로 말해왔다. 그러나 이것은 합당한 신학이 아니다. 만일 그리스도가 율법을 다 지켜 의를 이루셨다고 하면, 그리스도인들도 율법을 다 지켜야 의롭다 함을 얻는다는 데 이르게 된다. 그리스도의 의를 율법의 완수에서 온 의로 말함은 합당하지 않다. 의의 전가라고 할 때 그리스도가 율법준수로 이룬 의를 우리에게 전가하시는 것으로 이해하기 때문이다. 그리스도의 의는 그가 피 흘려 이룬 죄 용서를 말한다. 의의 전가를 그리스도가 율법준수로 획득한 의를 전가함이라고 하면, 그리스도의 피 흘리심으로 죄용서 하심 곧 의롭다 하심이 무효가 된다. 의롭다 하심을 얻는 것은 오직 그리스도의 구속으로만 된다(롬 3:24). 그리스도는 율법수여자로서 율법을 완성하셨다. 그리스도는 율법의 요구, 곧 율법을 범한 죗값을 갚으라는 요구를 성취하셔서 율법을 완성하셨다. 의문에 속한 계명의 율법을 자기 육체로 폐하셨다는 것은 율법을 지켜야 할 의무를 우리에게서 제거함을 말한다(엡 2:15). 우리를 거스리고 우리를 대적하는 의문에 쓴 증서를 도말하시고 제하여 버리사 십자가에 못 박으신 것(골 2:14)도 동일한 것을 말하고 있다. 율법을 지켜야 의를 얻는다는 의무를 우리에게서 제함을 뜻한다. 그리스도의 율법준수는 율법의 준수 요구, 곧 죗값을 갚으라는 요구를 성취하시므로 율법을 완성하신 것이다. 율법수여자만이 율법을 완수하시기 때문이다. 그리스도에 의해서 율법준수가 이루어지지 않았으면 율법준수의 요구가 늘 계속될 것이다. 그리스도는 자기의 의를 얻기 위해서 율법준수를 이루신 것이 아니다. 의는 생존권을 뜻하는데 그리스도가 율법을 다 지켜서 의를 획득했다고 하면 그를 죄인으로 만드는 것과 같다. 도덕적 칭의는 의롭다 함을 받을 자격을 갖추어서 의를 획득하는 것이다. 곧 고행과 선행을 행하여 의롭게 되어 의를 얻는 것이다. 이것은 율법준수로 의를 획득하는 것과 본질적으로 같다. 이런 일은 결코 할 수 없는 일이다 땐 15:10). 그리스도가 율법을 완전히 준수하여 의를 얻었으므로, 그 의를 우리에게 전가한다고 하는 가르침은 로마교회가 구성한 도덕적 칭의를 개신교식으로 각색한 것에 불과하다. 이 가르침을 계속하면 그리스도를 믿는 믿음으로 의롭게 된다는 구속의 도리와 전적으로 배치된다. 그리하여 자기공로를 세워야 한다는 데로 돌아가게 된다. 오직 그리스도의 구속사역의 적용으로 의롭게 되는 것만 성립한다.〉

12. 정이철 목사의 "~까요?" 신학

서철원 교수와 정이철 목사는 행위언약을 부정한다.

서철원 교수는 다음과 같이 말했다.

4.1.5. 행위언약은 잘못 설정된 언약개념이다

행위언약은 위의 언약체결 논의에서 살폈듯이 잘못 설정된 언약개념이다. 처음 창조 시 아담을 불완전하게 창조해서 계명을 지키면 영생에 이르도록 하겠다는 조건으로 언약을 체결했다는 것은 하나님의 창조경륜에 전적으로 어긋난다. 성경 그 어디에도 그런 시사는 없다. 단지 이스라엘 백성에게 주신 율법과 그 준수 강조를 행위언약으로 바꾼 것이다. 이스라엘에게 주신 율법과 그 준수 강조를 행위언약의 조건으로 주신 것이 아니고 하나님 섬김과 삶의 규범으로 주신 것이다. 성경의 근본 뜻을 모르므로, 사람이 계명을 잘 지키면 영생과 완전함에 이르게 하겠다고 약속한 것으로 오해하여 행위언약을 공식화하였다. 이스라엘과 맺은 언약은 행위언약이 아니라 하나님 백성 되기로 한 약정이다. 하나님의 언약 백성이 되었으므로 창조주 하나님만을 잘 섬기도록 하려고 계명을 주셨다.605)

서철원 교수는 "성경 그 어디에도 그런 시사는 없다"고 말했다. 과연 그러한가? 그런 시사는 널려 있다. "하나님 섬김과 삶의 규범"은 아무런 법도 없는가? 그 법을 인간이 정하고 인간이 판단하는가? 서철원 교수는 "성경의 근본 뜻을 모르므로"라고 말했다. 그러면 영생도 얻고 완전함에도 이르렀고 하나님의 백성이 되었는데, 왜 범죄하고 타락했는가? 그 영생, 그 완전함은 언제든지 상실될 수 있는 유효하지 않은 성질인가? 서철원 교수에게 영생은 어떤 개념이며, 완전함은 어떤 개념인가?

정이철 목사는 다음과 같이 말했다.

행함과 믿음이 함께 역사하여 구원을 얻는다는 의미 안에서 "행함이 있는 믿음으로 구원을 얻는다"는 신학을 가진 분들은 아담과 하나님 사이의 행위언약을 지지하게 되어 있습니다. 아담이 구원을 위해 행함으로 자격을 보였어야 했는데, 그리하지 못하여 구원을 얻지 못했다는 신학 구도를 따르게 되어 있습니다. 창조 당시 아담이 하나님의 자녀도 아니었고, 영생과 하나님의 모든 은혜를 누리는 상태가 아니었다는 주장은 다음과 같은 면에서 기독교 신앙이 아닙니다.
1> 영생도 주시지 않고 자기 자녀(백성)도 아닌 사람에게, 즉 장래가 어찌될지 모르는 지나가는 나그네 같은 사람에게 하나님께서 자기의 왕국을 건설하고 발전시키라는 사명을 주셨을까요? "하나님이 그들에게 복을 주시며 하나님이 그들에게 이르시되 생육하고 번성하여 땅에 충만하라, 땅을 정복하라, 바다의 물고기와 하늘의 새와 땅에 움직이는 모든 생물을 다스리라 하시니라."(창 1:28) 자기 백성도 아니고 영생도 없는 곧 죽을 사람에게 무슨 복을 주셨다는 것인가요? 하나님 백성도 아닌 사람에게 왜 하나님을 대리하여 하나님의 피조 세계를 다스리라고 하셨을까요?
2> 하나님께서는 아담을 자기의 형상대로 창조하셨다고 합니다. "하나님이 자기 형상 곧 하나님의 형상대로 사람을 창조하시되 남자와 여자를 창조하시고"(창 1:27) 하나님의 형상이 무엇

---

605) 서철원, *서철원 박사의 교의신학3 인간론* (서울: 쿰란출판사, 2018), 171.

인지 지난 세월 동안 신학자들이 논의했으나 속 시원한 결론은 나오지 않았습니다. 그러나 우리의 인격이 하나님의 형상과 가장 밀접한 연관이 있다고 일반적으로 여겨지고 있습니다. 하나님이 자기의 인격을 닮은 사람으로 아담을 지었는데, 거기에 영생이나 하나님 백성(자녀)의 특권은 빠졌을까요? 스스로 노력하여 영생과 하나님 백성의 신분을 얻어야 할 불쌍하고 위태로운 사람을 만드시고 나서 자기의 형상으로 존귀한 자기 백성을 창조하셨다고 성경에 쓰셨을까요?

3〉 하나님께서 아담을 아들로 창조하신 후 하나님께서는 영원히 그의 하나님이 되시고 아담도 영원히 하나님을 섬기는 백성으로 살자는 언약을 맺지 않았다면, 무슨 이유로 범죄하여 죽은 아담을 버리고 다시 흙으로 다른 사람을 만드시지 않고 기어이 아담을 살려서 자기 백성으로 회복하시려고 하셨을까요? 아담이 하나님의 자녀가 아니었다면 성자 하나님이 성육신하시어 아담 대신 죽으시고 그를 살리시는 이유가 설명되지 않습니다. 하나님께서 즐거이 창조하신 자기 백성과 영원한 언약을 맺으시지 않았다면 설명이 되지 않습니다. 비록 아담은 배반했으나 하나님께서는 자기의 인격을 걸고 언약하신 것을 스스로 이루어내신 것입니다.

4〉 하나님이 아담에게 처음부터 영생을 주셨다면 아담이 그대로 영생을 이어갔어야만 칼빈의 예정 사상에 맞는 것은 억지스럽습니다. 하나님께서는 자기 백성을 자유의지와 함께 창조하실 때 이미 그가 얼마 못 가서 하나님을 배반하여 저주받을 것임을 아셨습니다. 그러나 자기를 찬송하는 백성 가지시기 위해 사람을 창조하고 그 사람이 살아가면서 하나님을 찬송하는 무대가 되도록 자연과 우주를 창조하신 하나님이 자기의 창조 목적을 스스로 이루시려고 이미 창조 전부터 작정하신 것입니다. 아담이 타락할 것을 아담을 지으실 때 이미 아셨으므로 그를 그리스도 예수 안에서 창조하신 것입니다. 하나님 백성인 아담의 타락은 하나님이 작정하신 것이 아니고 그의 자유의지의 결과로서의 범죄입니다. 하나님은 그것을 처음부터 아셨으므로 그리스도를 통해 그를 살려 기어이 자기 백성으로 삼아 창조의 목적을 끝내 이루시려고 하신 것입니다.

5〉 누가복음 3장을 보십시오. 예수님의 족보상의 아버지와 조상들을 예수님으로부터 위로 거슬러 올라갑니다. 맨 나중에 아담이 나오는데 하나님이 아담의 아버지로 나옵니다. 아담은 자기를 찬송하는 백성 가지시기 원하신 하나님께서 자기의 아들(백성)로 창조하신 사람입니다.

6〉 하나님 자녀로, 하나님을 섬기는 백성으로 창조된 아담에게 처음부터 영생이 주어지지 않았다면, 에덴동산의 생명나무는 왜 있었을까요? 생명나무를 뽑아서 고아 먹으면 영생이 생기는 것이었을까요? 아닙니다. 하나님 백성인 아담이 하나님 섬김을 즐거워하며 살면 그 영생의 상태가 영원할 것임을 약속하는 언약의 담보물이었습니다. 반대로 선악과는 아담이 스스로 하나님이 되려고 언약을 파기하면 멸망 당할 것임을 경고하는 언약의 상징이었습니다.

행위언약은 이러한 진리를 들을 부정하므로 결과적으로 기독교 신앙을 파괴하는 능동순종, 회심준비 등의 거짓 복음을 낳았습니다. 행위언약 사상은 하나님이 자기 백성으로 창조한 아담에게 영원히 하나님으로 남고, 아담도 영원히 하나님을 섬기는 백성으로 살겠다는 언약으로, 즉 성경대로 '옛 언약으로 고쳐야 합니다. 아담의 범죄로 파기된 옛 언약을 그리스도의 피 흘리심으로 다시 복구하였습니다. 그것을 성경은 새 언약이라고 합니다.

"여호와의 말씀이니라 보라 날이 이르리니 내가 이스라엘 집과 유다 집에 새 언약을 맺으리라"(렘 31:31) "저녁 먹은 후에 잔도 그와 같이 하여 이르시되 이 잔은 내 피로 세우는 새 언약이니 곧 너희를 위하여 붓는 것이라"(눅 22:20) 청교도들에게서 시작된 행위언약·은혜언약은 성경을 바르게 설명하는 언약 신학이 아닙니다.[606]

정이철 목사는 앞서 살펴본 대로 인간론이 잘못되어 있기 때문에 행위언약

606) http://www.good-faith.net/news/articleView.html?idxno=2411/ 정이철, '하나님께서 아담의 타락을 미리 아시고 처음부터 그리스도 안에서 창조하셨습니다.'(2021.9.30.)

에 대한 견해 역시 잘못된 주장을 하게 되었다. 서철원 교수나 정이철 목사의 주장에는 확실성이 없다. 이것이 가장 큰 문제다. 다만 주관적인 추측에 불과하다. "~까요?", "~까요?", "~까요?"는 신뢰성을 주지 못한다. "~까요?"로 능동적 순종을 부정한다??? "~까요?"로 신학계를 혼란에 빠트릴 수 있는가? 논거를 제시하지 못하는 비논리적인 "~까요?"로 개혁신학의 능동적 순종교리를 사변으로 몰아가며, '거짓 복음을 낳았다'고 말하는 것은 부적절하다.

정이철 목사가 "에덴동산의 생명나무는 왜 있었을까요?"라고 질문하면, '에덴동산의 선악과나무는 왜 있었을까요?'라는 질문이 자동적으로 나온다. 영생이 주어졌는데 왜 선악과나무가 필요한가? 영생이 주어졌으면 왜 죄를 짓고 타락하는가? 자유의지가 있어서??? 인간의 자유의지로 영생을 파괴할 수 있으면 인간이 하나님보다 더 강하다는 말인가? 결국, IAOC 논쟁의 핵심은, 의미와 통일성의 관점에서, '존재가 삶을 지배한다'는 것을 알 수 있다.

13. 웨스트민스터 신앙고백서와 행위언약

정이철 목사는 웨스트민스터 신앙고백서에 능동적 순종이라는 말이 기록되지 않은 것을 매우 큰 무기로 삼는다. 그렇다면 웨스트민스터 신앙고백서가 행위언약을 말하는 것은 왜 큰 무기가 되지 않는가? 웨스트민스터 신앙고백서가 행위언약을 부정한다면 정이철 목사나 서철원 교수가 주장하는 것들이 정당성을 확보하겠지만, 아쉽게도 웨스트민스터 신앙고백서는 행위언약을 말한다.

웨스트민스터 신앙고백서 제7장 2항은 "인간과 맺으신 첫 번째 언약은 행위언약이었다. 그것 안에서, 완전한 순종을 직접 행한다는 조건을 전제로 생명이 아담에게 그리고 그 안에 있는 그의 후손들에게 주어질 것이 약속되었다."라고 말한다. 이것은 ① 하나님께서 인간과 교제하시며 복을 주시기 위하여 맺으신 첫 번째 언약이 무엇인지, ② 그것을 통해 아담과 그의 후손에게 약속된 것은 무엇인지, 그리고 ③ 약속된 생명을 받기 위한 언약의 조건은 무엇인지에 대해 교훈을 준다.[607]

웨스트민스터 대교리문답은 행위언약의 순종조건에 대해 웨스트민스터 신앙고백서의 표현에 '영속적인'(perpetual)이라는 표현을 추가하여 그 의미를 강화했다.[608] 이어서, 웨스트민스터 신앙고백서 8장은 '중보자 그리스도'에

---

607) http://repress.kr/1561/ 김병훈, '웨신해설 45, 행위언약,'(2014.11.4.).

대해 고백한다. 8장은 무엇이라고 고백하는가? 웨스트민스터 신앙고백서 8장은 중보자 그리스도께서, "이 직분을 이행하기 위하여, 그는 율법 아래 태어나셨고, 율법을 온전히 성취하셨으며"라고 분명하게 말한다. 서철원 교수와 정이철 목사는 무엇이라고 항변할 것인가? 7장을 부정하면 8장을 부정해야 하고 8장을 부정하면 9장의 자유의지를 인정해야 한다. 회심준비론 토론에서, 한 참석자가 "목사님께서 '웨민'을 부정하는 것이 다 녹화가 됐다. …"라고 말하자, 정이철 목사는 "웨민 안에 몇 줄, 행위언약을 반대한다는 것이지 웨민을 내가 왜 부정한다는 것인가?"라고 반박했다.[609]

웨스트민스터 신앙고백서의 어느 한 부분을 부정하면 다른 수많은 조항이 부정되거나 삭제되어야 한다. 왜 그렇게 되는가? 그것은 신앙고백서가 '통일성'을 이루고 있기 때문이다. 이 통일성은 웨스트민스터 신앙고백서만의 독특성이 아니라 개혁주의 신앙고백서의 독특성이다.

정이철 목사는 웨스트민스터 신앙고백서에 기술되어 있는 행위언약 개념을 최초로 조직화하여 도입한 사람이 잉글랜드 청교도 윌리엄 퍼킨스라고 말했다.[610] 이어서 정이철 목사는 퍼킨스의 행위언약과 웨스트민스터 신앙고백서의 행위언약이 유사하다고 주장했다.

> 행위언약은 완전한 순종을 조건으로 만들어진 언약이고 … 그 조건은 율법을 완성하는 자들에게는 영생이고, 율법을 범하는 자들에게는 영원한 죽음이다. 십계명은 율법의 축소판이요 행위언약이다(Perkins 1592, 32; 원종천 2018, 48.).
> 2. 행위언약: 사람과 맺으신 첫 언약은 행위언약이었는데, 거기에서 완전한 개인적 순종을 조건으로 아담과 그 안에서 그의 후손들에게 생명이 약속되었다(웨스트민스터 신앙고백 7:2).

정이철 목사는 퍼킨스가 최초로 조직화하여 도입한 행위언약 개념이 웨스트민스터 신앙고백서에 수록되었다는 것은 분명한 사실이라고 말했다. 정이철 목사에 의하면, 행위언약 사상은 국교회나 장로교회 사상을 추구하지 않은 윌리엄 퍼킨스가 국교회 신자들의 삶과 신앙 자세를 내부적으로 변화시키

---

608) 홍인택, **웨스트민스터 총회의 율법과 성화** (서울: 개혁주의신학사, 2021), 162; "'소교리문답'은 언약에 대해 '생명언약'(12번)과 '은혜언약'(20번)의 두 언약으로 각각 하나의 질문과 대답으로 진술되었는데 생명이 언약에서의 인간의 책임에 대해 '신앙고백'과 '대교리문답'의 내용을 축약하여 '완전한 순종을 조건으로 하여'라고 간략하게 설명하였다."(Ibid., 163.)

609) http://www.kportalnews.co.kr/news/articleView.html?idxno=20790/ '정이철 목사, 웨민 부정하는 것 다 녹화가 됐다!' (2021.12.6.)

610) http://www.good-faith.net/news/articleView.html?idxno=2418/ 정이철, '웨신서의 거짓된 행위언약 퍼킨스가 최초로 조직화하여 도입한 것 맞습니다.' (2021.10.6.).

기 위해 도입한 전략이었다.611)

정이철 목사의 말대로, 퍼킨스가 과연 "하나님의 구원 계획에 대해 사람이 적극적인 자세로 동참하고 헌신함으로, 즉 하나님이 제시하는 조건에 합당하게 자신을 준비하는 사람에게 구원이 주어진다"고 말했을까? 그것이 과연 "칼빈의 하나님의 일방적 은혜와 주권을 강조하는 신학"과 상반되는 것이었을까? 정이철 목사의 주장에는 정확한 논거가 없다. 정확한 논거 없이 주장을 펼치니, '아니면 말고'가 되어 버린다. 문제는 그런 논거 없는 주장을 말해 놓고 자신의 주장과 맞지 않으면 '이단'이라고 말하는 것이다.

14. 우르시누스와 행위언약

개혁신학이 말하는 행위언약 개념은 칼빈의 창세기 주석에서 출발하며 생명나무를 성례와 언약으로 말한 것에서 시작되었다. 우르시누스가 칼빈의 이런 사상을 '자연언약'으로 받았다. 우르시누스는 '하나님께서 인간의 마음에 심어 놓으신 언약은 완벽한 순종을 요구하신다'라면서 '자연언약'을 말했으며, 이 자연언약을 따라 하나님께서 완벽한 순종을 조건으로 영생을 약속하셨다는 언약사상이 하이델베르크 교리문답에 반영되었다. 또한, 우르시누스의 동료였던 올레비아누스에 의해서 행위언약이 사용되었다.

릴백은 우르시누스가 『신학대전』에서 타락 전 상태를 언급하기 위해 "창조언약"(혹은 "자연언약")이라는 용어를 구체적으로 사용했다고 말했다. 이것이 중요한 이유는 웨스트민스터 신앙고백의 체계로 사용된 두 언약구조로 언약신학을 조직화한 최초의 대표적인 신학자 중 한 사람이 우르시누스이기 때문이다.612) 릴백은 우르시누스의 행위언약의 기원을 칼빈에게 돌렸다. 셀바지오는 다음과 같이 말했다.

> 피터 릴백(Peter Lillback) 역시 칼빈이 행위언약을 가르쳤다고 주장한다. 릴백은 자카리아스 우르시누스(Zacharias Ursinus)의 행위언약의 기원을 칼빈에게 돌린다. "창조언약"(foedus creationis)이라는 명칭은 우르시누스의 것일지라도, 그 개념의 본질은 우르시누스가 칼빈에게 빚지고 있다는 것이 확실하다.613)

---

611) 정이철, **한눈에 들어오는 청교도 개혁운동** (서울: 다음, 2021), 162-125.
612) 안토니오 T. 셀바지오, **웨스트민스터 총회의 유산: 단번에 주신 믿음**, 김은득 역 (서울: 개혁주의신학사, 2014), 391; 〈릴백은 언약신학의 성숙에 대한 우르시누스의 명백한 기여를 다음과 같이 요약한다. "우르시누스가 은혜언약에 대칭하여 창조언약 혹은 자연언약을 언급하고, 언약의 목적을 완벽한 순종을 통한 삶으로 서술한 것에서 알 수 있듯이, 그는 이 언약개념에 대한 후기 언약 신학자들의 토론을 위한 토대를 마련했다."〉
613) Ibid., 382.

우르시누스의 행위언약 개념이 영국 청교도들에게 전해져서 카트라이트 (Thomas Cartwright, 1535-1603)가 행위언약을 사용했으며, 존 볼 등의 저작에 의해서 웨스트민스터 신앙고백서에 반영되었다.

셀바지오는 다음과 같이 말했다.

불링거와 우르시누스로 대표되는 취리히 신학은 언약 신학의 의미심장한 발달을 드러낸다. 칼빈에게서 발견되는 언약 신학이 취리히에서 더 잘 정리되었다. 이 발달의 주요한 공헌은 재세례파의 오류에 대항하여 명백한 비판을 제공해야 할 취리히 개혁자들의 필요성 때문이었다고 말할 수 있다. 언약 신학의 발달의 다음 단계와 연결 고리로 우르시누스는 영국 제도에 언약 신학을 제공함으로 이 발달을 도왔다. 스캇 클락(R. Scott Clark)과 조엘 비키(Joel Beeke)는 우르시누스의 칼빈주의와 언약 신학은 "16세기 말, 대륙 개혁파 신학이 잉글랜드로 유입되는 거대한 흐름의 중요한 부분이며, 웨스트민스터 총회에서 각각의 자리를 차지할 젊은 칼빈주의자들을 키우는" 것으로 사용되었다고 언급한다. 우르시누스를 통하여 언약 신학이 영국해협을 건너갔으며, 그는 웨스트민스터 신학에 직접적으로 기여할 신학자들의 사고와 토론에 영향을 끼쳤다.614)

셀바지오에 의하면, 칼빈의 언약신학은 취리히 신학에서 더욱 발달했으며, 특히 우르시누스의 칼빈주의와 언약신학이 잉글랜드에 유입되고 웨스트민스터 신학에 직접적으로 영향을 주었다.

영국에서는 윌리엄 틴데일(Willaim Tyndale, 1494-1536)이 언약신학을 토론했다. 셀바지오는 "많은 학자가 틴데일을 언약개념을 표현한 첫 번째 영국의 신학자로 간주한다"고 말했다.615) 정이철 목사는 퍼킨스 이전에 더들리 패너(Dudley Fenner, 1558-1587)가 행위언약 용어를 처음으로 도입했다고 말했다.616) 셀바지오는 웨스트민스터 총회 이전에 영국에서 언약신학을 말한 사람이 많으나 그중에서 가장 중요한 세 명은 잉글랜드의 윌리엄 퍼킨스 (Willam Perkins, 1558-1602), 스코틀랜드의 로버트 롤락(Robert Rollock, 1555-1599), 아일랜드의 제임스 어셔(James Ussher, 1581-1656)라고 말했다.617)

---

614) Ibid., 392.
615) Ibid., 393.
616) 정이철, **한눈에 들어오는 청교도 개혁운동** (서울: 다움, 2021), 90.
617) 안토니오 T. 셀바지오, **웨스트민스터 총회의 유산: 단변에 주신 믿음**, 김은득 역 (서울: 개혁주의신학사, 2014), 393.

15. 퍼킨스와 행위언약

퍼킨스는 행위언약을 명시적으로 다음과 같이 말했다.

> 행위언약은 완벽한 순종을 조건으로 맺어진 하나님의 언약이며 도덕법에서 표현된다 … 그 법은 두 부분, 순종을 명하는 명령과 순종과 연결된 조건을 가진다. 율법을 지키는 경우에 영생을 주고, 율법을 어기는 자에게는 영원한 죽음을 준다는 것이다. 십계명은 율법 전체와 행위언약의 요약이다.[618]

셀바지오는 퍼킨스가 이렇게 행위언약을 말했을지라도 "그가 이 개념을 아담의 타락 전 언약에 직접적으로 적용하지 않았다는 것을 인정해야 한다"고 말했으며, "이런 면에서, 퍼킨스의 작품들은 후대의 롤락, 어셔 그리고 웨스트민스터 신앙고백과 비교했을 때, 발달의 초기 상태로 여겨져야 한다"고 말했다. 셀바지오의 이런 진술은 IAOC 논쟁에서 매우 중요하다. 그 이유는 무엇인가? 정이철 목사는 퍼킨스의 행위언약에 대해 다음과 같이 말하기 때문이다.

> 잉글랜드 회중파 청교도 조상 윌리엄 퍼킨스가 1580년대 말부터 본격적으로 도입한 행위언약은 영국 국민들 대부분이 유명무실한 신앙에 빠져있었고, 그 원인 중의 하나가 예정된 자가 하나님의 은혜로 힘들이지 않고 구원을 받는다는 칼빈의 종교개혁 신학 때문이라고 보는 관점에서 비롯되었다. 퍼킨스는 영국 국민들 각자가 스스로 자기의 구원을 위해 노력하고 몸부림치게 만들어야 한다고 생각했다. 그래서 나온 새로운 신학적 패러다임이 행위언약이었다. 퍼킨스의 이러한 새 신학적 전략은 엘리자베스 여왕의 국교회 중심 정책으로 인해 잉글랜드 회중파 청교교들이 설 자리를 잃게 되었던 당시의 상황에서 비롯되었다. 잉글랜드 회중파 청교도들은 더 이상 여왕의 도움을 기대하지 않아야만 했고, 또한 방해도 받지 않을 새로운 종교개혁 전략을 수립해야만 했다. 그것은 일반 백성들이 스스로 자기의 구원을 위해 근심하면서 믿음을 붙들게 하고, 자신들의 구원을 위해 부단히 노력하게 만드는 것이었다. 그들의 새로운 종교개혁 전략으로서 등장한 것이 행위언약이었고, 또한 사람이 영적으로 각성되어 스스로 자기의 구원을 위해 근심하면서 예배, 기도, 회개, 율법준수에 주력하면서, 동시에 하나님이 그리스도의 은혜를 통해 자신을 구원해 달라고 요청하면서 구원을 준비하고 기다려야 한다는 회심준비론이 탄생했다.[619]

정이철 목사에 의하면, 퍼킨스에게 행위언약은 유명무실한 신앙에 빠진 영국 국민들에게 자기의 구원을 위해 노력하고 몸부림치게 만들기 위한 새로운 신학적 패러다임이었다. 정이철 목사는 다음과 같이 말했다.

---

618) William Perkins, *The Works of Williams Perkins*, ed. Ian Breward (Appleford, Berkshire: Sutton Courtenay Press, 1970), 211; 안토니오 T. 셀바지오, **웨스트민스터 총회의 유산: 단번에 주신 믿음**, 김은득 역 (서울: 개혁주의신학사, 2014), 393-394에서 재인용.

619) http://www.good-faith.net/news/articleView.html?idxno=1797/ 정이철, '칼빈에게 청교도 신학의 행위언약 개념이 있었다는 것은 억지입니다.'(2020.2.9.)

퍼킨스와 국교회 청교도들의 새로운 개혁운동을 위해서는 새로운 신학적 패러다임이 필요하였다. 칼빈의 하나님의 일방적 은혜와 주권을 강조하는 신학으로는 어렵다고 판단하였다. 퍼킨스는 하나님의 구원 계획에 대해 사람이 적극적인 자세로 동참하고 헌신함으로, 즉 하나님이 제시하는 조건에 합당하게 자신을 준비하는 사람에게 구원이 주어진다는 쌍방적 개념의 언약 신학인 행위언약 개념을 도입하였다. 1591년에 퍼킨스는 자신의 책 『황금사슬』에서 공식적으로 행위언약을 청교도 운동 속으로 도입하였다. 하나님이 구원을 주기 위해 사람에게 헌신과 충성과 조건과 의무와 역할을 요구하였다는 행위언약 개념은 그렇게 영국의 청교도 개혁운동 속으로 들어섰다. 하나님이 곧 죽을 사람을 창조하시고, 사람에게 율법을 잘 지키면 그 공로를 따라 구원을 주신다는 행위언약 사상은 국교회 신자들의 신앙과 삶에 급진적인 변화를 일으키기 시작하였다. 태어나면서 자동적으로 국교회 신자가 되어 자동적으로 구원을 얻는 줄 알고 살았던 사람들이었는데, 행위언약 사상으로 각성되니 달라져 버렸다. 잉글랜드 국민들의 신앙의 자세와 의식에 혁명적인 변화가 일어났다. 행위언약 신앙으로 깨어난 사람들에 의해 1640년대에 청교도혁명이 일어났고, 웨스트민스터 신앙고백도 만들어졌다고 보아야 한다. 행위언약 개념을 지지하는 많은 청교도주의 신학자들은 스코틀랜드 장로교회 신학자들과 잉글랜드 장로교회파 청교도들이 함께 동조했으므로 그릇된 행위언약 사상이 웨스트민스터 신앙고백에 들어갔다는 사실을 강조한다. 장로교회 조상들이 지지하고 동조했으니 장로교회의 신앙이라는 것이다. 그러나 그렇게 생각할 일이 전혀 아니다. 1591년 행위언약 개념을 청교도 개혁운동의 신학적 패러다임으로 만든 퍼킨스의 대표작 『황금사슬』이 퍼킨스의 제자들로 하여금 더욱 더 연구하고 앞을 다투어서 비슷한 책들을 출판하게 만들었다. 그들은 그 사상으로 설교하고 그 사상을 전파하는 책으로 저술하는 데 일생을 바쳤다. 대략 50년이 지나고 웨스트민스터 총회가 열렸을 때는 이미 행위언약 사상이 전체 영국의 개신교 지도자들에게 널리 퍼진 상태이었다. 우리의 스코틀랜드 장로교회 선조들이 칼빈주의와 퍼킨스의 청교도주의를 혼동하게 되었다. 그래서 웨스트민스터 신앙고백에 행위언약 사실이 기술되었고, 행위언약 개념이 있는 곳에 반드시 따르는 그리스도의 능동적 순종교리도 격렬하게 토론되었고 모호하게 기술되었다. 우리는 이제라도 이 점을 잘 이해하여 행위언약 사상이 장로교회와 장로교회의 신학교들에서 더 이상 가르쳐지지 않도록 노력하여야 할 것이다.[620]

정이철 목사에 의하면, 퍼킨스의 행위언약 개념은 잉글랜드 국민의 의식을 혁명적으로 변화시킨 것이다. 정이철 목사는 퍼킨스의 행위언약 사상으로 인해 자동적 구원 개념에서 "하나님이 제시하는 조건에 합당하게 자신을 준비하는 사람에게 구원이 주어진다는 쌍방적 개념"으로 전환되었다고 주장했다. 그러나 셀바지오의 진술은 정이철 목사의 이런 "혁명적 변화"와는 매우 상이하다.

정이철 목사는 원종천 교수의 책 『청교도 언약사상: 개혁운동의 힘』 35, 40페이지를 인용하며 자신의 논거를 말했다. 그러면, 원종천 교수는 무엇이라고 말했을까? 원종천 교수는 다음과 같이 말했다.

---

620) 정이철, 한눈에 들어오는 청교도 개혁운동 (서울: 다움, 2021), 162-165.

영국에서 언약사상을 전체 신학적 체계 아래 정리하여 보편화 하기 시작한 사람은 윌리엄 퍼킨스(William Perkins, 1558-1602)였다. 청교도주의의 아버지라고 불리우는 퍼킨스는 1592년에 출판된 『금사슬』(Goldens Chaine)에서 언약사상을 다루었다. 여기서 흥미로운 것은 언약사상이 비록 그전에도 청교도들 사이에 존재하고는 있었지만, 왜 1580년대와 90년대 초에 와서 청교들에 의하여 다시 조직적이고 더 높은 강도를 가지고 보급되기 시작했는가 하는 것이다. 기억할 것은 이 언약사상의 내용이 155년 메리 여왕의 통치 시대에 대륙으로 피난하여 대륙의 정치적 언약사상을 기초로 왕정을 무너뜨리는 혁명을 부르짖는 크리스토퍼 굿맨(Christopher Goodman)의 언약사상과는 전혀 다르다는 것이다. 퍼킨스의 언약신학은 정치적이거나 체제반항적인 요소가 전혀 없다. 청교도들은 1558년 엘리자베스 여왕 즉위 직후에 예배형식을 중심으로 개혁을 시도했다. 약 10년이 지난 후인 1569년 토마스 카트라이트를 중심으로 시작된 교회정치 체제를 개혁하고자 하는 시도는 여러 번의 노력에도 불구하고 결국 실패하고 무산되었다. 이 시도는 엘리자베스 여왕에게는 더 심각하게 도전이 되는 문제였다. 이 사건으로 엘리자베스와 청교도들 사이에는 깊은 골이 생기기 시작했다. 청교도들은 이 상황에서 그 후 20년 동안 이러한 반 체제운동의 방법으로 엘리자베스 여왕과 성공회파와의 두꺼운 벽을 깨뜨리지 못했던 것이다. 언약사상은 그런 후에 다시 청교도들 사이에 고개를 쳐들기 시작했다. 이것은 청교도의 영성 전환의 과정에서 16세기 말과 17세기 초에 절정을 이루었던 청교도들의 윤리적 강조와 깊은 연관이 있는 것으로 보였다. 어떻게 그렇게 되었는가? 1580년대부터 영국교회는 위트기프트(Whitgift)와 뱅크로프트(Bandcroft) 감독을 통하여 청교도들에게 새로운 탄압을 가하기 시작했다. 심한 탄압 아래 청교도들의 교회정치 체제에 대한 반발(classic movement)은 실패의 색채가 완연했다. 의회나 청교도들도 기력을 상실했고, 긍정적인 반응을 보이지 않았다. 윌리엄 퍼킨스도 지하 반 교회정치 체제운동에 가담했으나 이제는 방법을 바꾸었다. 영적 설교, 개인 윤리의 촉구 그리고 가족 종교의 강조로 방향을 전환했던 것이다. 그 이후 1640년까지 반 교회정치 체제운동은 영국에서 일어나지 못했고 청교도 운동은 내면적 영성과 개인 윤리 강조로 일관했다.[621]

이런 상황에서, 바로 이 시기에 언약사상이 사회적이나 또는 정치적 관점이 아니고 하나님과 인간의 개인적 측면에서 다시 강하게 나타난 것은 우연이 아니다. 하나님과 그의 자녀 사이의 언약관계를 통하여 개인의 영성을 촉구하고 윤리를 강조하는 새로운 방법이 청교도들 사이에 대두되었던 것이다.[622]

원종천 교수에 의하면, 청교도의 반체제운동은 성공회를 깨뜨리지 못했기 때문에 퍼킨스는 방법을 바꾸어 하나님과 인간의 개인적인 측면을 언약관계로 말하면서 개인의 영성을 촉구하고 윤리를 강조했다.

정이철 목사는 원종천 교수의 책 35, 40페이지를 논거로 말했으나, 원종천 교수가 말하는 그 "내면적 영성과 개인 윤리 강조"는 36페이지에서 다음과 같이 말했다.

1590년부터 1603년 엘리자베스 여왕이 죽을 때까지, 그리고 그 후 30년 동안 청교도 운동에는 중요한 변화가 일어났다. 그전에는 청교도 운동이 권력체제에 의하여 쉽게 눈에 띄고 제재 당하기 쉬운 외적 체제에 대한 저항운동이었으나, 이제는 정부에 의하여 검사와 저지를 받을

---

621) 원종천, 청교도 언약사상: 개혁운동의 힘 (서울: 대한기독교서회, 2002), 34-35.
622) Ibid., 40.

수 없는 개인적, 내적 영성의 개혁으로 탈바꿈하기 시작했던 것이다. 교회정치 체제를 놓고 투쟁하던 것에서 이제는 주일 성수, 개인적 헌신, 실천적 신학의 강조 그리고 가장을 목회자로 삼고 가족의 영성을 책임 지우는 가정종교의 확산 등으로 바뀌었다. 겉으로 보기에는 행동의 부재로 보였지만, 실제로는 더 강한 내적 영성을 유발시키는 다른 방법으로의 전환이었던 것이다. 1590년대의 주일성수 강조는 청교도 경건의 대표적인 예를 이루고 있다. 청교도 니콜라스 바운드(Nicholas Bownde)는 주일성수를 엄하게 요구했다. 제4계명을 통하여 주일날 노동이나 스포츠는 거룩한 주일을 범하는 것이라고 강조했다. 이것은 영국 주일 성수 개념의 새로운 출발이었다. 이 주일성수 개념은 영국 청교도 운동의 새로운 출발과 함께 일어나는 것이었고, 청교도 운동이 새로운 국면으로 돌입한다는 것을 말해 주는 것이었다.[623]

원종천 교수에 의하면, 청교도 운동의 새로운 전환은 개인적, 내적 영성의 개혁으로 탈바꿈하기 시작한 것이며, "주일 성수, 개인적 헌신, 실천적 신학의 강조 그리고 가장을 목회자로 삼고 가족의 영성을 책임 지우는 가정종교의 확산 등으로 바뀌었다". 그러나 정이철 목사는 이런 내용에 대해 언급하지 않고 행위언약, 회심 준비론을 공격의 목표로 삼았다.

문제가 되는 것은 퍼킨스의 회심 단계다. 피터 마스터스는 퍼킨스의 『황금사슬』이 말하는 회심단계를 다음과 같이 요약했다.

1단계: 말씀의 사역과 함께 아마도 내적으로나 외적으로 얼마간의 '십자가'나 위기를 겪게 됨. 그 결과 죄인의 고집스런 본성이 깨뜨려지고 하나님의 뜻에 순종할 수 있게 됨.
2단계: 하나님께서 죄인으로 하여금 단신의 거룩하신 율법에 대해 생각하게 하심.
3단계: 하나님께서 죄인으로 하여금 자기 자신의 죄와 자신이 어떻게 하나님께 죄를 지었는가를 깨닫게 하심.
4단계: 하나님께서 죄인의 마음을 심판과 지옥에 대한 두려움으로 치시고 또한 자기 자신의 공로나 선행으로는 구원을 얻을 수 없다는 것에 절망하게 하심.
5단계: 죄인의 마음이 자극을 받아 복음에 진술되어 있는 구원의 약속을 진지하게 고려하게 됨.
6단계: 하나님께서 믿음이나 믿고자 하는 의지나 열망의 씨앗을 심으시거나 그 불꽃을 지피시고 또한 의심과 절망에 대해 씨름하고자 하는 은혜를 허락하심.
7단계: 6단계에서 믿음이 심겨지면 전투가 일어나는데, 그 전투에서 어느 정도의 믿음이 의심, 절망 그리고 불신과 더불어 싸우게 됨. 이 전투에서 죄인이 열심히, 지속적으로 그리고 진지하게 용서해 달라고 하나님께 구함. 이런 소망이 지배함.
8단계: 하나님께서 당신의 자비하심 가운데서 양심을 진정시키고 더욱 구원을 확실히 느낄 수 있도록 안정시키심. 영혼이 영생의 약속에 대해 믿고 안식함.
9단계: 이렇게 자비하시고 사랑이 넘치신 하나님께 죄를 지은 것에 대해 참된 슬픔을 갖고 진실로 회개하게 됨. 자신의 모든 존재, 곧 생명, 사랑 그리고 행동까지도 하나님께 복종시킴.
10단계: 이제 새로운 복종을 나타내 보임. 하나님의 명령에 대해서 의식적으로 복종하며 생명의 새로워짐 가운데서 행하게 됨.[624]

623) Ibid., 36.
624) 피터 마스터스, **영혼의 의사**, 손성은 역 (서울: 부흥과개혁사, 2005), 316-317.

피터 마스터스는 존 머리의 책 『구속의 성취와 적용』에서 개진하는 견해와 대조하면서 연속적 중생론의 독점적 위치를 말하기 위해 퍼킨스의 중생론을 논거로 말했다. 퍼킨스는 처음 다섯 단계는 아직 구원에 이르지 않은 사람들에게도 일어날 수 있다고 보았다. 예를 들어, 바울의 말을 듣고 벨릭스가 두려워하는 것이나 아그립바 왕이 거의 설득되었을 때이다. 그러나 선택받은 자는 성령님께서 매우 강하게 역사하셔서 첫 다섯 단계가 택자를 겸손하게 만들고 중생을 위한 준비를 시킨다고 말했다.

마스터스는 다음과 같이 말했다.

> 다른 개혁주의 교사들은 선택받은 사람들의 경우에 중생이 아주 초기의 과정서 일어난다고 말할 것입니다. 그리고 퍼킨스가 죄인들을 겸손케 하셔서 준비 시키시는 성령님의 사역으로 제안한 것은 사실상 초기 중생의 사역이라고 말할 것입니다. 이런 논쟁이 어느 쪽이 옳은가를 떠나서, 처음 다섯 단계들에는 다소간 시간이 걸리게 됩니다. 그러므로 퍼킨스는 그리고 그를 잇는 청교도들은 회심에 있어서 하나의 과정이 있음을 분명히 구분하였습니다. 그들은 연속적인 중생의 관점을 가졌습니다. 그 연속된 시간이 기술적인 면에서 중생의 이후가 아니라 이전에 놓여져 있더라도 말입니다. 그러나 이것이 전부는 아닙니다. 퍼킨스와 그를 따르는 사람들은, 회심의 과정 또한 연속성이 있다고 생각했습니다. 6단계에서 무슨 일이 일어나는지를 주목하십시오. 6단계에 이르기까지 퍼킨스가 중생에 대해 말하고 있는 것이 분명합니다. 왜냐하면 이제는 믿음에 불이 붙었고 믿음이 마음속에 심겨졌으며, 의지도 하나님께 복종하도록 감동을 받을 수 있기 때문입니다. 하지만 여전히 의심하고 절망하며 전투하는 때가 있습니다(7단계). 길든지 짧든지 얼마간의 시간이 흐르는 이 기간에, 믿음이 퍼킨스의 이론체계 안에서 의심과 싸우게 됩니다. 용서를 구하는 열정적인 기도가 우세하게 되기까지 말입니다. 하나님께서는 8단계에 이르러서야 비로소 그 자비하심을 따라 씨름하는 영혼에게 온전한 믿음을 허락하시고 또한 회개하게 하십니다. 이 단계들은, 초기 청교도들 가운데 가장 큰 영향력을 끼쳤던 사람이 주장했던 바입니다. 다시 말하자면, 성령의 (초기) 중생케 하시는 역사로 말미암아 믿음과 열망의 씨앗이 심겨지고, 오직 구원 얻는 믿음과 회개와 하나님께 향한 굴복함을 통해서만 끝날 수 있는 씨름을 하게 하신다는 견해입니다. 그때까지는 생명의 새로워짐이 온전히 드러나지 않습니다. 한 사람을 지적으로 의식적으로 확신시키는 과정은 믿음이나 회개가 온전히 행사되기에 앞서 먼저 의심과 절망 때문에 씨름하는 과정에서 함께 이루어집니다. 그리고는 마침내 평화를 얻게 됩니다. 이것은 (이중적인 연속성을 갖고 있긴 하지만) 연속적인 중생에 대한 견해입니다. 순간적인 중생이 결코 아닙니다. 설득하는 설교사역은 이중적으로 중요합니다. 청교도들이 매우 설득적인 복음전도자들이었다는 것은 너무나 당연한 일입니다.625)

마스터스는 6단계부터 복음 전도자의 설득하는 사역이 이루어지기 때문에 퍼킨스의 중생론은 '연속적 중생론'이라고 주장했다. 그러면 우리는 연속적 중생론을 따라야 하는가? 퍼킨스의 중생론에 대한 해결책은 무엇인가? 그것은 시대적 상황을 고려하고 퍼킨스의 중생론을 이해하는 것이다. 회심준비론

---

625) 피터 마스터스, 영혼의 의사, 손성은 역 (서울: 부흥과개혁사, 2005), 317-319.

을 이해하기 위해서는 회심준비론이 탄생하게 된 시대적 배경을 알아야 한다. 그 당시 교회의 성도들은 천 년 동안 로마 가톨릭이 지배해 왔고 국가교회 체제 속에서 출생과 더불어 세례를 받으면서 교회의 회원이 되었기 때문에 참된 구원에 이른 자들보다 형식적인 교인들이 가득했다. 그런 시대적 상황 속에 교회가 처해 있었기 때문에 "하나님의 율법에 미치지 못하는 인간 본성을 자각하며 죄인임을 깨닫도록" 하는 사역이 필요했다. 17세기 영국의 상황을 고려하지 않고 21세기의 한국교회의 관점으로 17세기의 중생론을 논하면 오해와 불신을 낳을 수밖에 없다. 지금의 우리와는 시대적 차이가 있다. 그것을 우리 시대에 여과 없이 그대로 적용하는 것도 무리한 일이 될 수도 있다. 윌리엄 퍼킨스는 쌍무 계약적인 형태로 언약을 아래와 같이 정의했다.

> 하나님의 언약은 어떤 조건 하에 영생을 얻는 것에 관한 인간과의 계약이다. 이 언약은 두 부분으로 이루어져 있는데 하나님의 인간을 향한 약속과 인간의 하나님을 향한 약속이다. 하나님께서 인간에게 하시는 약속은 인간이 어떤 조건을 이행하면 당신은 그의 하나님이 되시겠다고 맹세하시는 것이다. 인간이 하나님에게 하는 약속은 그가 하나님에게 충성을 서약하고 그들 사이의 조건을 이행하겠다고 맹세하는 것이다.626)

언약에 대한 쌍무적 이해가 잘못되었다고 말할 수 없다. 서철원 교수가 언약의 쌍무적 형태를 비판하는 이유가 무엇인가? 서철원 교수는 다음과 같이 말했다.

> 2.6.2. 원시의 fiustitia orginalis: 원시의는 아담이 하나님을 언약의 법대로 잘 섬기기 때문에 입은 하나님의 호의 곧 하나님의 기뻐하심을 말한다. 의지가 하나님의 호의를 입어 올바르므로 (iustitia originalis erat eavoluntatis rectitudo) 하나님 섬기는 일을 잘하였다. 아담이 받은 원시의는 언약체결의 법대로 하나님의 뜻에 맞게 하나님을 섬김에 성립한다. 원시의는 언약의 법대로 하나님을 찬양하고 경배하며 그의 뜻을 따라 행하는 것이다. 따라서 원시의는 추가적 은사가 아니고 창조와 동시적이며 자연적 은사이다. 로마교회에서는 원시의는 육체가 영혼에 순종하도록 창조 후에 추가적으로 주어졌다고 말한다. 영혼과 육체는 본성상 서로 조화할 수 없었으므로 이 조화를 위하여 원시의가 추가되었다고 주장한다. 따라서 원시의는 추후적이고 추가적인 선물(donum superadditum)이라는 것이다.627)

서철원 교수에 의하면, 아담은 "하나님의 언약의 법대로" 살아가는 존재였다. 그것이 원시의의 상태였다. 서철원 교수가 말하는 "하나님의 언약의 법"

---

626) William Perkins, *a Golden Chain: or the Description of Theologie : Containing the Order of the Causes of Salutation and Damnation, according to Gods Works*, Vol. I, 32;
https://lewisnoh.tistory.com/entry/퍼킨스의-쌍무적-언약-이해?category=425857에서 재인용.
627) 서철원, **서철원 박사의 교의신학3 인간론** (서울: 쿰란출판사, 2018), 86.

이란 무엇인가? 서철원 교수는 다음과 같이 말했다.

> 3.1.3. 언약을 체결함[창 2:15-17]: 창조경륜을 성취하기 위하여 하나님은 아담과 언약을 체결
> 하셨다. 언약체결로 창조주는 아담과 그의 후손을 자기의 백성으로 삼으셨다. 하나님은 그 백
> 성 가운데 충만히 거주하기로 하셨기 때문이다. 창조주는 선악계명으로 아담과 언약을 맺으셨
> 다. 선악계명은 창조주 하나님을 섬기는 것이 선이고 섬김을 거부하는 것이 악이 됨을 뜻한다
> (창 2:17). 하나님을 섬기면 선이므로 생명에 이르고 섬김을 거부하는 것은 악이어서 죽음에
> 이른다. 하나님만을 잘 섬기도록 하려고 선악계명을 한 나무에다 매셨다. 아담과 언약을 체결
> 하실 때 창조주는 명령의 방식으로 하셨다. "선악을 알게 하는 나무의 실과는 먹지 말라"(창
> 2:17). 선악과 계명은 창조주만을 하나님으로 섬겨야 한다는 명령이고 백성의 생활의 규범이었
> 다. 명령만 하셔도 쌍방 간의 언약이다. 피조물은 창조주의 명령을 받아들임으로 하나님의 백
> 성 되는 것임을 잘 인지하였다. 언약체결로 하나님은 자기 백성을 가지게 되었다. 하나님은
> 언약 백성 가운데 거주하셨다. 하나님의 거주하심은 영의 임재로 이루어졌다(창 6:3). 창조주는
> 언약백성 가운데 거주하시므로 찬양과 경배를 받으셨다. 백성은 창조주의 지혜와 권능을 인하
> 여 끊임없이 하나님을 찬양하고 경배하였다. 더구나 아담과 하와는 하나님의 언약백성 됨을 인
> 해 감사하고 찬양하였다. 언약체결로 하나님은 창조경륜을 이루셨다. 언약 후 백성은 창조주를
> 날마다 찬양하고 경배하는 삶을 살았다. 하나님 찬양과 경배가 그들의 삶의 본분이고 전부였다.
> 창조를 탐구할 때도 언약백성은 창조주의 지혜와 권능과 호의를 인해 끊임없이 감사하고 찬송
> 하며 경배하였다.628)

서철원 교수에 의하면, 하나님께서는 창조주로서 선악계명으로 아담과 언
약을 맺으셨다. 서철원 교수가 말하는 언약은 "쌍방 간의 언약"이다. 이것은
지금 우리가 IAOC를 말하고 있기 때문에 매우 중요하다. 쌍방언약이란 하나
님께서 율법을 주실 때 축복과 저주가 언약 당사자의 행위 여부에 달려 있다
는 것이다. 서철원 교수는 츠빙글리가 말하는 언약에는 계명을 순종함으로
존재의 앙양과 영생을 받는 행위언약 개념이 없다고 말했다.629) 쌍방 간의

---

628) Ibid., 146-148; "첫 언약체결이 밝힌 진리는 다음과 같다. 언약은 사람을 하나님의 백성으로 삼는 약정임
이 잘 드러났다. 그리고 언약체결의 근본 목적이 창조주만을 하나님으로 섬기는 것임을 천명한 것이다. 또 언약
을 체결하면 언약의 주이신 하나님이 반드시 그의 백성 가운데 임재하신다는 것을 밝혔다. 이 언약체결의 법이
언약 파기 후 첫 언약을 회복하려고 하신 조치들에 그대로 적용되었다. 시내산에서 하나님은 이스라엘 백성으로
창조주 하나님 곧 여호와만을 섬기도록 하려고 언약을 맺으셨다(출 19:5-6; 20:2-5). 언약의 주는 그 백성 가운
데 임재하셨다 출 25:8; 대하 7:2-14). 또 십계명과 율법을 주셔서 그 계명대로 하나님을 섬기게 하셨다(출
20:2-17; 20:24-24:8). 예수 그리스도는 삼위 하나님을 대표하여 새 인류의 대표인 제자들과 새 언약을 체결하
셨다(마 26:26-28; 막 14:22-25; 눅 22:16-20; 히 8:6, 8, 10, 13). 새 언약의 목적도 타락한 인류가 하나님에
게로 돌아가 창조주 하나님만 섬기는 것이다(히 8:10; 마 22:37; 고후 6:16). 새 언약에서는 백성들이 그리스도
의 피로 구속받았으므로 이스라엘의 경우와는 달리 성령이 믿는 사람들 각자 안에 내주하셨다(눅 24:49; 요
7:37-39; 행 1:5, 8; 갈 4:6; 롬 8:15-16; 고전 3:16; 6:19; 12:13; 고후 6:16; 엡 1:13; 2:18; 4:30; 살전
4:8)."

629) Ibid., 172-173; "츠빙글리(Ulrich Zwingli, 1484-1531)는 종교개혁 과정에서 처음으로 언약사상을 제출
하였다 그런데 후기에 작성된 행위언약처럼 인간 존재의 앙양과 영생을 목표하고 언약체결이 이루어진 것이 아
니라 하나님의 백성이 되도록 언약을 체결하였다는 것을 제시하였다. 이로써 그는 교회 역사에서 처음으로 바른
언약개념과 언약관계를 설정하였다. 츠빙글리는 재세례파가 유아세례를 부정한 것을 반박하고, 언약사상에 근거

언약을 말하면서 행위언약이 없다고 말하는 것은 논리적이지 않다. 서철원 교수는 '아담의 존재는 아담의 순종여부에 달려 있다'고 말한 것이기 때문이다. 서철원 교수는 "3.1.9. 언약의 상급"에서 "언약백성이 받을 상급은 영원한 생명이다(창 2:9)"라고 말했다.[630] 놀라운 진술이다!!! 이것이 행위언약이다. 서철원 교수는, 칼 바르트를 비판하면서,[631] 행위언약을 준수하여 영생 얻는 것을 존재의 앙양으로 보았다.[632] 그런데, 『인간론』에서 언약을 지킨 결과로 영생을 주신다고 말한 것은 행위언약을 진술한 것이다.

서철원 교수는 "아담의 처음 상태는 불완전함에서 완전으로 나아가야 하는 중간상태로 창조된 것이 아니"었다고 말했으며,[633] 『인간론』 "2.6.8. 낙원에서 완전한 행복을 누림"을 라틴어로 "beatitudo perfecta in paradiso"라고 표기했다.[634] 서철원 교수는 첫 사람 아담을 영생을 소유한 완전한 상태의 인간이라고 말했다. 그런데, "언약백성이 받을 상급은 영원한 생명이다

하여 유아세례를 주장하였다."

630) Ibid., 152-153; "언약백성이 받을 상급은 영원한 생명이다(창 2:9). 이 상급 곧 영원한 생명은 하나님을 섬김으로 받는다 언약체결의 근본 목적은 백성이 하나님을 섬기도록 하는 것이기 때문이다. 그러므로 창조주를 하나님으로 섬긴 자들에게 영생을 주신다. 하나님이 동산 가운데 생명나무와 선악과나무를 함께 두신 것(창 2:9)은 언약을 지켜 하나님 섬김을 잘하면 영원한 생명을 주실 것임을 표시한 것이다. 영원한 생명의 약속이 새 언약으로 말미암아 종말에서 성취된다(계 22:1-5). 생명이 하나님과 어린양의 보좌에서 흘러넘쳐 길 가운데로 흐른다(계 22:1-2). 또 생명수의 강가에 있는 생명나무는 만국을 소성케 하기 위하여 있다고 하였다(계 22:2). 새 백성은 영원한 생명을 받아서 세세에 왕노릇 한다(계 22:5). 생명이 하나님에게서 나와 온 인류에게 편만함을 길 가운데로 흐른다고 표현하였다. 이것은 하나님이 낙원에서 인류에게 생명수와 생명나무로 영원한 생명을 약속하셨기 때문이다(창 2:8-14)."

631) http://www.cion.kr/ 서철원, '언약사상에 대한 새로운 접근,'; "개혁신학만이 언약사상 체계를 갖고 있다. 그러나 신학은 언약개념을 성경대로 이해하지 못하였다. 그 언약체계는 성경의 제시와 정반대된다. 개혁신학은 첫 언약을 행위언약으로 규정하였고 그리스도의 구속사역에 기초하여 은혜언약을 세웠다. 행위언약은 선악과 계명과 모세의 율법을 결합하여 공식화되었다. 선악과 계명을 지키면 피조물 수준의 상태에서 더 상승하고 영생에 이른다고 공식화하였다. 계명을 지킨 공로로 사람은 영생에 이르며 상태가 앙양된다. 그리하여 모세의 율법을 지켜도 동일한 결과를 얻는 것으로 공식화하였다. 이런 언약의 이해는 20세기에 이르러 카알 발트에 의해서 인간의 앙양 곧 하나님의 존재에 동참을 위해서 인간을 창조하셨다고 하는 신학에 이르는 기초를 놓았다(KD III/1, 2, Die Schöpfung als äusserer Grund des Bundes; 3, der Bund als innerer Grund der Schöpfung). 하나님이 인간과 언약을 체결하시므로 뜻하신 것이 무엇인지를 바르게 이해하지 못하므로 생겨난 그릇된 신학 작업이었다. 그러므로 개혁신학이 제시하고 공식화한 언약개념에 대해서 근본적인 재검토를 해야 한다. 행위언약과 은혜언약의 체계를 하나님의 창조경륜과 성경적 제시에 근거하여 근본적으로 수정해야 한다. 이 재검토로 첫 언약과 새 언약의 근본 의미를 성경적으로 정립해야 한다."

632) 서철원, **신앙과 학문** (서울: 기독교문서선교회, 1988), 206; "하나님의 창조 목표는 인간과 맺으실 언약관계이다. 따라서 언약이 창조를 필연적이게 했다. 따라서 바르트는 창조를 언약의 외적 근거요, 언약을 창조의 내적 근거라고 한다. 이렇게 창조하심은 하나님은 사랑이시기 때문에 그 사랑을 증명해 보이기 위해서이다. 이에서 나아가 바르트는 전개하기를 하나님은 사랑이시기 때문에 인간을 위해 그의 생을 사시기를 원하신다. 하나님은 처음부터 인간을 만드시고 그를 위해 온갖 역사를 다 하신 후 그를 앙양시켜 자기 존재에 동참하도록 하심으로 그의 생을 다 한다."

633) 서철원, **서철원 박사의 교의신학3 인간론** (서울: 쿰란출판사, 2018), 99.

634) Ibid., 172.

(창 2:9)"라고 말하는 것은 일관성이 없는 주장이다. 창조 시의 완전한 영생은 무엇이며, 언약을 지켜 얻는 완전한 영생은 무엇인가? 서철원 교수가 말하는 영생은 개혁신학이 말하는 영생과 다른 것인가?

정이철 목사는 무엇이라고 말할 것인가?

> 정리해 보겠습니다. 1) 청교도 신학의 행위언약을 믿으면, 2) 자동적으로 그리스도의 능동순종 이단 사상을 믿어야 하고, 3) 또한 그리스도의 은혜의 복음보다 먼저 행위언약을 체험시키는 율법의 저주 선포를 경험하게 만드는 회심준비론 목회를 해야만 되는 것입니다. 청교도 신학은 이와 같이 거대한 이단사상 체계입니다. 이단사상 체계라는 말이 과하다면 적어도 올바른 신앙은 아니라고 분명하게 말해야 합니다.635)
> 그러면 성경 어디에서 아담이 영생 얻기 위해 지켜야 할 율법과 함께 창조되었다는 말씀을 찾을 수 있을까요? 전혀 없습니다. 창세기 어디에도 아담이 영생을 얻기 위해 지켜야 할 율법과 함께 창조되었다는 내용이 없습니다. 그들은 성경에서 근거를 전혀 찾을 수 없는 사변을 만들면서 기독교 신앙을 추론에 근거하여 재구성한 것입니다. 그들은 아담이 영생을 얻기 위해 지켰어야 할 율법이 처음부터 아담의 마음에 심겨져 있었다고 가르칩니다. 그들의 영향으로 웨민 고백서에도 아담이 영생 얻기 위해 지켜야 할 율법과 함께 아담이 창조되었고, 그 내용이 나중에 모세를 통하여 기록으로 주어졌다고 합니다.636)

정이철 목사는 행위언약과 능동적 순종을 말하는 청교도 신학은 "거대한 이단사상 체계"라고 말했다. 그러면, 그 행위언약을 말하는 사람이 누구인가? 서철원 교수가 행위언약을 말하고 있다. 정이철 목사는 "그러면 성경 어디에서 아담이 영생 얻기 위해 지켜야 할 율법과 함께 창조되었다는 말씀을 찾을 수 있을까요? 전혀 없습니다."라고 말하지만, 그 말을 지금 서철원 교수가 정확하게 말하고 있다. 정이철 목사는 지금 적과 아군을 구분하지 못하고 있다.

이남규 교수는 퍼킨스의 『황금사슬』과 능동적 순종을 말하면서, "1591년 판에서는 율법을 행위언약과 교호적 용어로서 취급해서, 율법 해설을 마친 후에 행위언약에 대해서 다루었다고 말한다."라고 말했다. 1590년은 능동적 순종 초기였고, 『황금사슬』은 1590년에 출판되었다. 초판에서는 아직 행위언약과 은혜언약이란 용어를 사용하지 않았으며, 다만 율법과 복음의 구도만 설명했다. 퍼킨스는 '율법과 복음은 하나님의 말씀의 두 부분이며, 율법이 성취될 때 영생이고 그렇지 않을 때 저주가 있다'고 초판에서 말했다.637)

---

635) http://www.good-faith.net/news/articleView.html?idxno=2396/ 정이철, '행위언약 믿는 청교도 개혁주의는 거짓의 길로 빠지기 쉽습니다,'(2021.9.15.)

636) http://www.good-faith.net/news/articleView.html?idxno=1512/ 정이철, '능동순종과 웨민(WCF)의 무엇이 문제인지 다시 설명해 주세요,'(2019.4.30.)

637) 이남규, '그리스도의 능동적 순종 전가 부인에 대한 개혁신학자들의 견해와 교회의 결정,' 신학정론 39(2)(2021): (165-226). 211.

이남규 교수의 설명에 의하면, 정이철 목사의 주장을 그대로 받아들일 수 없다는 것을 확인할 수 있다.

16. 카트라이트와 행위언약

카트라이트는 처음으로 하나님의 언약을 행위언약과 은혜언약으로 구분했다.[638] 여기서 한 가지 알아야 할 것은, 카트라이트는 회중주의자가 아니라 대표적인 장로교주의자였다는 것이다. 카트라이트는 『기독교 신학 총론』에서 그리스도의 능동적 순종의 전가를 그리스도의 삼중직과 관련해서 강조했다.

카트라이트는 『A Treatise of Christian Religion』에서 하나님의 언약을 '행위언약'(the covenant of works)과 '은혜언약'(the covenant of grace)으로 구분했다. 카트라이트는 행위언약을 구체적으로 도덕법으로 말했으며, 이 도덕법은 복음(은혜언약) 이전에 아담에게 주어졌다고 말했다. 카트라이트는 "도덕법을 통하여 우리가 해야 할 것을 알려주며, 우리의 죄와 죄에 대한 심판을 알게 하는 것"이라고 말다. 이 도덕법은 처음부터 아담의 마음에 새겨진 법이다.[639] 카트라이트는 "우리는 하나님과 화목할 수 없으며 영원한 생명을 얻을 수 없다. 우리의 부패와 육신의 연약함 때문이다. 우리가 행위언약을 깨뜨렸으며, 하나님께서 행위언약으로 우리를 의롭다 할 수 없다. 결과적으로 행위언약을 통해서 우리가 구원 받을 수 없다."고 말했다.[640]

카트라이트의 행위언약이 웨스트민스터 신앙고백서 작성 직전에 존 볼의 저작에 의해서 확산되었다. 퍼킨스(William Perkins, 1558-1602)의 『신학의 정수』가 확산되면서 영국과 스코틀랜드 장로교회에서 보편적 개념으로 자리 잡았으며, 이것이 웨스트민스터 신앙고백서 7장에 반영되었다.[641]

17. 사보이 선언(Savoy Declaration)과 행위언약

정이철 목사는 다음과 같이 말했다.

---

638) 김홍만, '웨스트민스터신앙고백서 7장의 언약신학,' 국제신학대학원대학교, 언약신학과 구속사적 성경해석 세미나(2014, 봄), 1; https://lewisnoh.tistory.com/entry/자연언약과-행위언약에서 재인용.

639) Thomas Cartwright, *A Treatise of Christian Religion* (London: Felix Kingsto, 1616), 86.

640) Cartwright, *A Treatise of Christian Religion*, 165; https://lewisnoh.tistory.com/entry/영국에서의-첫-행위-언약-이해?category=425857에서 재인용.

641) https://lewisnoh.tistory.com/행위-언약-개념은-정리?category=425857/

1649년 1월 30일 찰스 1세는 '독재자', '반역자', '살인자', '공공의 적'이라는 죄목 하에 단두대에서 처형되었다. 이때부터 1658년 크롬웰이 사망할 때까지 영국에서 존 오웬, 리차드 백스터 등으로 대표되는 회중 교회파 청교도들의 시대가 전개되었다. 영국에 하나의 통합된 청교도 운동교회를 세우려는 목적으로 만들어진 웨스트민스터 신앙고백은 아무 소용없는 것이 되어버렸다. 웨스트민스터 신앙고백은 사실상 휴지가 되었고, 크롬웰의 후원을 입어 강력한 세력을 형성하게 된 회중교회파 청교도들은 자신들의 '사보이 선언(Savoy Declaration, 1658)을 따로 채택하여 장로교회와 선명하게 차별되는 회중교회의 길을 분명히 정하였다. 회중교회파들의 사보이 선언에는 웨스트민스터 신앙고백이 명확하게 기술하지 않고 모호하게 진술한 그리스도의 능동적 순종의 교리를 분명하게 기술하였다. 회중교회파 청교도들의 신학의 중요한 출발점은 행위언약 개념이다. 행위언약 개념이 있는 곳에는 반드시 그리스도가 아담 대신 모든 율법을 지켰다는 이론이 대두된다. 행위언약 사상이 자리 잡으면 그리스도를 아담이 완성하지 못한 행위언약의 성취자로 만드는 신학이 반드시 따라온다. 그것이 바로 그리스도의 능동순종 개념이다.[642]

정이철 목사는 회중교회파를 말하면서, 리차드 백스터와 존 오웬을 한 묶음으로 말했으나 칭의 논쟁에서 백스터는 적장(敵將)이었다. 오웬은 백스터가 쓴 『칭의 경구』(*Aphorisms of Justification*)에 대해 논쟁을 벌였다.

정이철 목사가 주장하는 그대로 「사보이 선언」(1658년)이 이루어졌을까? 정이철 목사가 "회중교회파들의 사보이 선언에는 「웨스트민스터 신앙고백」이 명확하게 기술하지 않고 모호하게 진술한 그리스도의 능동적 순종의 교리를 분명하게 기술하였다."라고 말한 것이 사실일까?

「사보이 선언」 제20장 1항은 '행위언약'을 말한다.

제20장 복음과 그 은혜의 범위에 관하여: 1. 행위 계약이 죄로 말미암아 파기되어 사람에게 이롭지 못하게 되었으므로, 하나님께서는 택하신 자들을 부르시고 그들에게 믿음과 회개하는 마음을 갖도록 하기 위한 방편으로 여자의 후손인 그리스도에 대한 약속을 주시기를 기뻐하셨다. 이 약속 가운데 복음이 계시되었다. 복음은 이 약속의 본질로서 죄인에게 회심을 불러일으키고 구원을 주는 효능을 가졌다.[643]

제7장 '인간과 맺은 하나님의 언약에 대하여'(Of God's Covenant with Man) 2항에서는 "사람과 맺은 첫 언약은 행위의 언약으로 아담과 아담 안에서 그의 후손에게 완전하고 개인적인 순종의 조건으로 생명이 약속되었다"고

---

642) 정이철, 한눈에 들어오는 청교도 개혁운동 (서울: 다움, 2021), 172-173.
643) 김영재, 기독교신앙고백: 사도신경에서 로잔협약까지 (수원: 영음사, 2011), 754-755; "1. The covenant of works being broken by sin, and made unprofitable unto life, God was pleased to give unto the elect the promise of Christ, the seed of the woman, as the means of calling them, and begetting in them faith and repentance: in this promise the gospel, as to the substance of it, was revealed, and was therein effectual for the conversion and salvation of sinners."

말한다. 제8장 '중보자 그리스도에 대하여'(Of Christ the Mediator) 5항에서는, "주 예수께서는 자기의 완전한 순종과 자기 희생으로 말미암아 영원하신 성령으로 말미암아 단번에 하나님께 드린 바 되사 아버지께서 자기에게 주신 자들을 위해 하나님의 공의를 온전히 만족시키사 화목하게 할 뿐 아니라 천국에서 영원한 기업을 사셨다."고 말한다. 그리고 제11장 '칭의에 대하여'(of Justification) 1항에서 '그리스도의 능동적 순종'을 명시적으로 말한다. 하나님께서 영원히 부른 자에게 주어지는 의는 온 율법에 순종한 "그리스도의 능동적 순종"(Christ's active obedience)과 그들의 온전하고 유일한 의를 위해 죽으신 그리스도의 "수동적 순종"(passive obedience)의 전가에 의한 것이라고 말한다.

선언문을 보면 제20장 1항에서 그리스도의 능동적 순종의 교리가 "분명하게 기술"된 것은 사실이다. 「사보이 선언」에는 분명하게 진술된 능동적 순종교리가 「웨스트민스터 신앙고백」에는 왜 모호하게 진술되었을까? 그것은 휘트니 G. 갬블(Whitney G. Gamble)의 『웨스트민스터 총회의 반율법주의 논쟁: 그리스도와 율법』에서 확인할 수 있다. 갬블은 능동적 순종교리가 반율법주의와의 싸움 가운데서 일어난 일이라는 것을 말해 주며, 행위언약과 직결된다는 것을 알려준다.[644]

또한, 우리는 「사보이 선언」이 만들어진 시대적 배경을 아는 것이 유익하다. 아더 A. 라우너(Arthur A. Rounse, Jr)는 다음과 같이 말했다.

이들 장로교회파 청교도들은 영국 국교회에 대해 가능한 청교도의 의식과 교리를 주입시키기를 원했으며, 이러한 개혁을 완성하기 위한 정부가 출현하기를 기다렸다. 그들은 영국 국교회로부터 완전히 분리하는 것에는 반대하였다. 그러나 "지체할 마음의 준비가 되어 있지 못했던 청교도 집단이 나타나기 시작하였다. 그들은 어쩔 수 없이 한 세대나 또는 그 이상이 지나가기를 기다렸지만, 그렇다고 즉각적으로 교회가 개혁되기를 원치는 않았다. 그들은 분리를 성취하기 위해서는 어떠한 수난도 당하겠다는 각오가 되어 있었다. 이들은 분리주의자들이라고 불리워졌으며, "회중교회의 신앙노선"에 따라서 살게 된 최초의 사람들이었다. 그들에게는 교회는 오직 자발적인 서약에 의해서 함께 모여 하나님과 더불어 하나되신 그리스도를 믿는 신도들의 작은 집단을 의미하였다. 그들의 꿈은 그리스도가 각 교회의 머리시며, 어떤 교회도 다른 교회에 대해서 권위를 행사할 수 없으며 다만 각 교회는 이웃 교회와의 형제교회로서의 협조와 애정을 나누어 가지는 것이라고 했다. 그러나 1583년에 기도서와 규정된 성직복의 사용 요구는 물론이고 모든 사적인 종교회의를 금지한 법 조항들이 통과되었다. 그리하여 그때부터 계속해서 청교도들과 분리주의자들은 다같이 '엘리자베드' 여왕과 주교들의 엄한 통치하에서 날이 갈수록 탄압을 당하지 않으면 안 되었다. 아주 자연적인 이유로서 청교도들과 분리주의자들에 대한 탄압

644) 휘트니 G. 갬블, 웨스트민스터 총회의 반율법주의 논쟁: 그리스도와 율법, 류길선 역 (서울: 개혁주의신학사, 2021), 165.

은 점점 더해가고 있었다. 교회조직에 대한 신의 권위를 주장하는 이러한 국교에 반대하는 집단들로 말미암아 고(高)교회(High Church, 영국 성공회)파까지도 탄압에 가담하리라는 것이 예상되어질 수 있었다. 1604년까지 칸터베리 대주교는 어떤 성경의 유지 때문이라기보다는 그 합리성 때문에 더욱 감독제도를 찬성해 왔던 사람이었다. 그러나 '리차드 밴크로프트'의 계승과 함께 해 당년도 및 심지어 수년 전부터 영국 교회파의 교도들 사이에서는 그들의 조직에 대한 신의 권리를 주장하는 진정한 운동이 성장하였다. 1592년까지 고등 판무관의 법정은 국교 반대자들에 대한 매우 효과적인 무기가 되었던 것이었다. 그것은 보통의 법적 절차에 의해 제약을 받지 않는 특별법정으로서 교회의 사건을 다루기 위해 정부에 의해서 개설되었다. 누구나 기소되었을 때에는 유죄가 추정되었으며 죄인에게 필요한 증거의 성격이 결코 분명하게 한정되지 않았다. 그 법정은 영국 전역에서 조사하고 투옥 시킬 권한을 가졌으며, 따라서 감독의 권위에 복종을 강요하는 데 있어서 으뜸가는 무기가 되었다. 1603년 3월 24일에 '엘리자베드' 여왕의 통치는 여전히 소요 속에 있던 권위와 교회법규의 문제들과 함께 끝이났다.[645]

라우너에 의하면, 회중파는 영국 국교회로부터 완전히 분리되기를 원했으며, 분리를 이루기 위해 어떤 수난도 당하겠다는 각오가 서 있었다. 21세기의 우리가 이 탄압을 가볍게 여겨서는 안 된다. 국교회는 더 많은 법령을 만들어 장로교와 청교도들을 탄압했으며, 그 탄압은 갈수록 그 수위가 높아져 갔다. 제임스 1세는 더 강력하게 탄압했으며 청교도의 분노를 불러일으켰다.

제임스 1세가 죽은 후, 그 아들 찰스 1세의 통치하에서 켄터베리의 주교 윌리엄 로드는 칼빈주의를 극단적으로 반대했으며 오만하고 독단적이었다. 청교도를 가장 극심하게 탄압한 시대였다. 찰스 1세는 로드 대주교의 선동으로 1637년에 스코틀랜드의 모든 교회에 영국 국교회의 예배 의식문과 사실상 동일한 의식문을 사용하도록 명령했다. 7월 23일 에딘버러에서 이 의식문이 사용되자 폭동이 일어났으며, 스코틀랜드는 반란에 휩싸였다. 12월에 스코틀랜드 의회는 주교들을 면직시키고 1597년 이래 자기들에게 고통을 주고 학대했던 모든 교회조직에 반대했다. 찰스 1세는 스코틀랜드와 싸우기 위해 군대를 일으켰으며, 군비를 조달하기 위해 1640년에 다시 의회의 개회를 강요했다. 1640년에 의회가 해산된 후에 많은 일로 인해 왕은 궁지에 몰렸다.

스코틀랜드의 침입을 받은 왕은 타협에 강요를 받고 의회를 소집하지 않을 수 없었다. 이때 장로교회파 청교도는 통제상태에 있었으며 로드 대주교는 투옥되었다. 하늘 높은 줄 몰랐던 고등순회재판은 철폐되었다. 1642년 왕은 5명의 의회 국사법을 기도하고 그들을 체포하려고 했다. 왕권에 맞서 내란이 발생했으며 의회와 청교도 군대들이 왕과 그의 군대들에 대항하여 싸웠다. 내란의 초기 단계인 1634년에 의회는 교회의 새로운 교리와 정치에 의견

---

645) 아더 A. 라우너, **청교도의 후예**, 류성렬 역 (서울: 들소리, 1983), 26-28.

이 일치되어야 한다고 결정했다. 이 결정에 따라 121명의 목사와 30명의 성도로 구성된 집회를 웨스트민스터에 초청했다. 구성원의 대부분은 장로교파였으며 회중파와 감독교회파는 소수였다. 스코틀랜드 사람들은 막강한 영향력을 행사했다. 의회는 장로교회파의 형태를 포함한 예배 규칙서(1646), 웨스트민스터 신앙고백서(1648), 대소교리문답(1648)를 인가했다.[646]

「사보이 선언」은 신앙과 예배와 교회 구조에 있어서 장로제와 감독제와 다르기를 원한 사람들의 결정판이었다. 그들은 무엇보다도 속박된 교회 구조를 원하지 않았다. 참된 교회를 열망하는 사람들은 '스크루비'의 낡은 저택에서 만났다. 모임의 서한은 크롬웰이 죽기 전에 보내졌다. 회중파의 모토는 '자유'였다. 라우너는 그 자유에 대해 다음과 같이 말했다.

> 스크루비 저택에 모였던 성도들의 대회나, 그 후 사보이 대회의 성도들은 믿음에 대해서 아무런 기준도 없는 자유를 요구하고 있지는 않았다. 그들은 단지 무엇이든지 믿을 수 있다고 하는 그런 자유를 원한 것이 아니었다. 그들은 교회조직에 대한 자유, 즉 교구를 조직하고 그 안에서 생활하는 자유를 요구하고 있었다. 하나님과 그리스도와 성령과, 그리고 기고와 구원에 대한 그들의 실제적인 신학이나 그들의 신앙노선은 사실상 장로교인들과 꼭 같았으며 심지어 영국 국교회의 교인들과도 별로 다르지 않았다. 「사보이」 선언은 이들 회중교인들이 자신들을 아주 정통파라고 생각하였으며 적어도 자기들의 장로교회 친구들에 의해 믿음의 똑같은 신념을 나누는 형제 기독교인들로서 인정받기를 원했다는 것을 아주 명백히 하고 있다. 다만 그들이 이의를 제기하고 있었던 것은 영국 국교회 신도들과 심지어 장로교인들까지도 그 신앙노선에서 신약에 대하여 성실히 부응하지 않는, 그러므로 적합하지 않는 교회생활의 조직과 정치에 관한 결론들을 끄집어내고 있다는 것이다. 그들의 논쟁은 교회교리에 대한 것이다.[647]

라우너에 의하면, 회중파가 원했던 그 자유는 교회조직에 대한 자유였으며, 본질적으로는 교회교리에 관한 것이었다. 라우너는 회중교회의 자유에 대해 다시 다음과 같이 말했다.

> 그러나 이러한 자유가 회중사상에서 어떻게 나타났으며 특히 어떤 면에서 우리는 자유로운가? 회중교회에 있어서 교회정치는 교회의 주인이신 그리스도로부터 각 교회에 이르기까지 직접적인 권위가 있다. 그리스도와 신도들 사이에 성직 단이라든가 주교들의 사도승전 또는 장로들이 필요없다. 회중 교회의 양식은 주님으로부터 모든 신도들에 이르는 권위의 직접적인 선 때문에, "독립교회제"로서 알려져 있다. 회중교회들은 다른 교회들과 교파의 공회에 비해서 "독립적"이며 개 교회 중심으로 되어 있어 또한 "조합교회제"라고 불리워진다. 회중교회의 정치의 자유는 각각의 회중교회가 성령에 의해서 인도되며, 교회 자체의 생활을 지시하는 하나님 앞에서 자유롭다는 것을 뜻한다. 교파의 강령이 개체 교회에게 바람직한 것 같지 않다면, 개 교회는 그것을 받아들일 어떠한 의무도 없다. 물론 성령께서 보다 폭넓은 단체를 통해서 개체 교회를 가르치

---

646) Ibid., 28-32.
647) Ibid., 104-105.

고 인도하시고자 하는 것을 인식할 경우에는 교파의 집행부의 요구가 받아들여진다. 교파의 집행부와 개체 교회들이 협조하며 토의하는 중에 그들은 성도의 안목을 높여줄 수도 있기 때문이다. 회중교회 내의 성령의 역사에 있어서 위대한 사실은 교회의 성패가 성도들의 전적인 헌신에 달려있다는 것이다.648)

라우너에 의하면, 회중교회는 독립적이고 개교회적이다. 회중교회는 성령의 인도, 하나님 앞에 자유로운 교회생활을 원했다. 이런 일은 전적으로 성도의 헌신에 달려 있었다. 이것이 회중교회의 한계다. 인간의 헌신에 달려 있는 교회는 불안할 수밖에 없다. '스크루비'의 낡은 저택에 모인 사람들의 자유는 현대 회중파의 자유와는 다르다.

김광채 교수의 다음과 같은 글은 그 시대의 상황을 말해 준다.

국내보다는 화란이나 미국에 더 많이 가 있었으나 1641년 5월 스트래포드 백작이 처형된 다음부터 영국 국내에서도 점차 세력을 확장하게 되었다. 독립파는 장기의회에서 소수파에 속했으나 크롬웰과 크롬웰의 군대가 전공을 세움에 따라, 또 영국 국민들 가운데 독립파의 교회에 출석하는 사람 수가 증가함에 따라 그 세력을 증대시켜 갔다. 그런데 장기의회가 1641년 말 영국교회의 주교제도를 폐지한 다음 영국교회의 제도를 확정 짓기 위해 1643년 7월 런던 교외에 위치한 웨스트민스터(Westminster)로 웨스트민스터 교회 회의(the Westminster Assembly)를 소집했을 때 독립파는 겨우 몇 명의 대표밖에 참석시킬 수 없었다. 웨스트민스터 회의에 참석한 사람은 121명의 성직자, 10명의 상원의원과 20명의 하원의원 등 도합 151명으로 구성되어 있었는데 그 대부분이 장로파에 속하는 사람들이었다. 장기의회는 왕군과 싸움에 있어 스코틀랜드의 협력을 필요로 했기 때문에 1643년 9월 스코틀랜드와 "엄숙동맹 계약"(Solemn League and Covenant)을 체결하고 웨스트민스터 회의에 스코틀랜드 대표도 8명 참석시켰다. 스코틀랜드 대표들은 비록 표결권은 없었으나 회의의 진행과정에 막대한 영향력을 행사하였다. 이 회의에서는 1544년 "웨스트민스터 예배모범"(Westminster Directory of worship)과 영국교회의 제도를 장로제도로 하자는 결의안을 의회에 제출하였으며 의회는 1645년 1월 예배모범을 승인하고 그때까지 사용되어 오던 "공동기도서"(Book of common prayer)는 폐지하기로 결정하였으나 영국교회의 제도를 장로제도로 하자는, 다시 말해 영국교회를 스코틀랜드 장로교회와 같은 국민교회로 하자는 결의안은 독립파 소속 의원들의 반대로 쉽게 통과되지 않았다. 독립파의 입장에서는 국민교회 체제 역시 국가교회 체제나 마찬가지로 국가가 교회의 자율성을 침해할 수 있다는 것이며 어떤 한 지교회가 다른 지교회를 지배하거나 간섭할 가능성을 완전히 배제할 수 없다는 것이었다. 비록 여러 지교회가 모여 노회를 결성하고 여러 노회가 모여 총회를 결성할 수 있다 해도 노회나 총회가 지교회의 독립성을 해쳐서도 안 된다는 것이었다. 그리고 모든 지교회는 진정한 신도, 즉 자발적으로 복음으로 믿기로 작정한 사람들이 함께 모여 이루어져야 하며 거기에 어떠한 형태의 강제도 개입되어서는 안 된다는 것이며 그러기 위해서 완전한 양심의 자유와 종교의 자유가 보장되어야 한다는 것이었다. 독립파는 또 성직자와 평신도를 계급적으로 구분하는 것도 반대하였다. 웨스트민스터회의에서도 영국 의회에서나 마찬가지로 독립파와 장로파의 논쟁은 끝이 없었으며 결국 1645년 말 유명한 "웨스트민스터 신앙고백"(Westminste Confession)을 장로파의 안에 따라 확정 짓고 의회에 제출하게 되었다. 영국의회에서는 독립파와 장로파의 논쟁 때문에 통과가 지연되는 사이 스코

648) 아더 A. 라우너, **청교도의 후예**, 류성렬 역 (서울: 들소리, 1983), 238-239.

틀란드 의회는 1647년 8월 이 신앙고백을 받아들이기로 하여 종전의 "스코틀랜드 신앙고백"(Confessio Scotica, 1550)에 대치시켰다. 영국 의회가 웨스트민스터 신앙고백을 받아들인 것은 1648년 6월의 일이지만 1060년 왕정이 복고 된 후 영국에서는 이 신앙고백서가 효력을 상실하고 미국의 장로교회가 이를 받아들여 미국 장로교회의 강한 영향을 받고 있는 오늘날 한국 장로교회도 이 신앙고백서를 채택하고 있다. 웨스트민스터회의는 1647년 대소 두 가지의 신앙요리문답서를 만들었는데 이것은 1048년 영국과 스코틀랜드 양국 의회가 모두 채택하였고 후에 미국 장로교회에 의해서도 채택되었다. 독립파는 1658년 런던 사보이궁(Savoy palace)에 모여 웨스트민스터신앙고백을 기초로 한, 그러나 교회제도는 장로제도가 아니라 회중교회제도를 인정한 "사보이선언"(Savoy Declaration)을 채택하였다. 사보이 선언 역시 웨스트민스터 신앙고백이나 마찬가지로 영국에서는 영향력을 잃었으나 미국의 회중교회에는 많은 영향을 미쳤다.649)

김광채 교수에 의하면, 독립파, 곧 화중파가 장로교회를 국민교회로 하지 않은 이유는 국가가 교회의 자율성을 침해할 수 있기 때문에 어떤 형태로든지 강제성이 개입되어서는 안 된다고 생각했기 때문이다. 독립파는 완전한 양심의 자유와 종교의 자유가 보장되어야 한다고 요구했다. 논쟁이 계속되었지만 '장로파의 안'이 확정되고 의회에 제출되었다. 독립파는 1658년 사보이 궁에서 「사보이 선언」을 채택했다. 김광채 교수에 의하면, 독립파가 「사보이 선언」을 채택한 근본적인 원인은 교회의 자율성이며, 양심의 자유와 종교의 자유가 보장되어야 한다고 생각했기 때문이다. 토마스 굿윈(Thomas Goodwin)은 「사보이 선언」을 "최신 및 최고"의 웨스트민스터 신앙고백의 개정판으로 보았다.650)

「사보이 선언」은 능동적 순종을 왜 명시적으로 말해야 했는가? 휘트니 G. 캠블은 다음과 같이 말했다.

웨스트민스터 총회와 반율법주의 신학자들은 대륙 종교개혁의 심장에 놓인 질문에 관해 씨름했고, 영국 토양 위에서 극적인 토론과 맹렬한 소논문 공방으로 다투었다. … 17세기 초 수십 년 동안 영국에서 이러한 질문들이 아르미니우스주의의 발흥과 그것의 궁극적인 승리라는 배경 속에서 논의되었다. 이러한 승리에 대한 반응으로, 반율법주의는 처음에 개혁파 진영 내에서 발생한 극단적인 반아르미니우스 운동이었다. 하지만 1643년 웨스트민스터 총회가 영국에 종교개혁을 일으키기 위한 임무를 부여받았을 때, 총회는 아르미니우스주의가 아니라 반율법주의를 영국의 가장 위험한 신학적 위협으로 지목했다. 총회는 반율법주의 신학자들이 위에 언급한 질문들에 답했던 방식에 경악했고, 결국 반율법주의 신학자들이 성경적 정통의 경계 밖에 있다고 결론지었다.651)

---

649) 김광채, 근세·현대교회사 (서울: 기독교문서선교회, 2012), 131-133.
650) Mercurius Politicus 438 (1658), 924.
651) 휘트니 G. 캠블, 웨스트민스터 총회의 반율법주의 논쟁: 그리스도와 율법, 류길선 역 (서울: 개혁주의신학사, 2021), 24-26; "신학자들은 집요한 질문들, 가령 다음과 같은 질문에 답하기를 시도했다. 구약성경에서 구속의 본질은 무엇인가? 구약과 신약은 구속에 대한 하나의 통일된 또는 분리된 그림을 소개하는가? 하나님이 칭

갬블에 의하면, 반율법주의 문제는 웨스트민스터 총회가 "영국의 가장 위험한 신학적 위협"으로 지목한 것이었다. 반율법주의는 "구약과 신약을 이분화하고, 칭의와 성화를 혼합하고, 칭의하는 믿음의 본질을 혼동하며, 죄에 대한 형벌을 부인했다."[652] 출범 몇 주 후, 총회는 '반율법주의의 위험성의 본질이 무엇인가?'를 확인하기 위해 조사했으며 이로 인해 격렬한 토론이 발생했다. 우리가 능동적 순종교리를 올바르게 이해하려면 이런 사실들을 간과해서는 안 된다. 「사보이 선언」은 단지 능동적 순종교리 그 자체만을 회중파의 교리로 만들어 회중교회 세상을 만들기 위한 작업이 아니라 반율법주의에 대응하고 올바른 칭의교리와 구원론을 확립하기 위한 개혁신학자들 모두의 노력이었다. 오늘날 회중교회의 현상을 보고 존 오웬을 비롯한 그 당시의 회중파를 이단시하는 것은 부적절한 처사다. 회중파 후손들의 오류와 실패를 회중파 초기의 오류와 실패라고 말하는 것은 판단 오류다.

여기에 대해 마이클 브라운(Michael Brown) 목사의 글은 오웬이 말하는 그리스도의 능동적 순종의 전가에 대한 통찰력을 제공한다.[653] 그 당시 옥스퍼드대학 부총장이며, 회중 교회 목사였던 오웬은 아르미니우스주의, 소시안주의, 로마 가톨릭주의에 대항하여 칭의에 관한 개신교 고백 교리를 변론하였다. 오웬은 특히 소시니안주의를 거부했다. 오웬의 칭의론은 『그리스도의 의의 전가를 통한 믿음에 의한 칭의 교리; 설명되어졌고, 확고부동하며, 그리고 입증된 개신교 칭의 교리』(The Doctrine of Justification by Faith through the Imputation of the Righteousness of Christ; Explained, Confirmed, and Vindicated, 1677)라는 책으로 출판되었다. 이 당시에 개신교 칭의 교리는 여전히 치열한 논쟁 중이었다. 17세기 개신교도들의 칭의론

의를 수여하시는 기초는 무엇인가? 죄인들에게 전가되는 것은 믿음인가 아니면 그리스도의 의인가? 믿음과 의의 본질은 무엇인가? 칭의가 믿음을 만들어내는가, 아니면 믿음이 칭의를 만들어내는가? 믿음의 훈련은 은혜 언약을 위한 필수 "조건"인가? 칭의 된 이후 신자 안에 남아 있는 죄가 있는가? 만일 그렇다면, 죄가 정신과 마음을 부패시킬 때, 어떻게 신자는 하나님의 면전(coram Deo)에서 진실로 의롭게 될 수 있는가? 신자가 자신의 죄로 인해 하나님의 징계를 받는 것이 가능한가? 하나님의 율법은 신자의 삶을 정죄할 권세를 쥐고 있는가? 율법은 신자들을 회심으로 이끌기 위한 도구로 사용될 수 있는가? 칭의 후 실행된 신자의 행위는 그리스도 안에서 무결한가, 아니면 행위가 여전히 죄악 된 상태로 남아있는가? 무엇이 신자들로 하여금 천국 입성을 승인하는가, 의의 전가인가 아니면 양자됨인가?

652) 휘트니 G. 갬블, 웨스트민스터 총회의 반율법주의 논쟁: 그리스도와 율법, 류길선 역 (서울: 개혁주의신학사, 2021), 28.

653) www.reformedfellowship.net/john-owen-the-imputation-of-christs-active-obedience/ Rev. Michael Brown, 'JOHN OWEN: THE IMPUTATION OF CHRIST'S ACTIVE OBEDIENCE,'

은 일반적으로 '신자의 칭의의 공식적 근거는 그리스도의 의의 전가가 되어야 한다'고 동의했다. 그러나 여기에 동의하지 않는 이들이 있었다.

휘트니 G. 갬블을 통해 알 수 있듯이,[654] 웨스트민스터 총회(1643-1649)에서 대다수 회원은 그리스도의 전가된 의에 그리스도의 능동적 순종과 수동적 순종이 포함되어있다고 믿었다. 능동적 순종을 거부하고 오로지 수동적 순종만이 전가된 의라고 주장한 사람은 소수에 불과했다. 이것을 보면, 웨스트민스터 신앙고백서에 능동적 순종이 명시적으로 기록되지 않은 채 결정되었을 때, 회중파가 「사보이 선언」을 채택한 것은 웨스트민스터 총회를 무시한 독단이 아니었다는 것을 알 수 있다. 오히려 「사보이 선언」은 웨스트민스터 총회 결정을 선명하게 하고 개선한 것이었다.

「사보이 선언」은 칭의에 관한 「웨스트민스터 신앙고백」의 용어를 필수적으로 채용하고 있었다. 「사보이 선언」은 「웨스트민스터 신앙고백」(41)에서 "그리스도의 순종과 충족을 그들에게 전가시킴으로서"라고 말하는 것을 "그러나 율법 전체에 대한 그리스도의 적극적 순종과 그들의 완전하고 유일한 의를 위한 그의 죽으심 안에서의 수동적 순종의 전가에 의해서"라는 말로 바꾸었다.[655] 오웬은 왜 이렇게 표현해야만 했을까?

마이클 브라운 목사는 다음과 같이 말했다.

> 오웬에게는, 그리스도의 능동적 순종의 전가는 칭의 교리에 있어서 필수적 요소였으며, 앞의 웨스트민스터 신앙고백에서 제공되었던 것보다도 좀 더 특별한 용어를 사용할 가치가 있었다. 자신의 시대에 개혁교회 안에 있었던 논쟁들을 의식하면서, 그는 이 교리로부터 분리되어있던 자신의 청교도 동료들이, 성경으로부터 떠났을 뿐만 아니라, "영국교회의 예전의 교리"로부터도 떠났다고 믿었다.[656]

오웬은 아르미니우스주의, 소시안주의, 로마 가톨릭주의가 개혁교회를 위협하고 있으며, 청교도 동료들이 성경으로부터 떠나고 "영국교회의 예전의 교리"(the ancient doctrine of the church of England)로부터도 떠나는 것을

---

654) 휘트니 G. 갬블, 웨스트민스터 총회의 반율법주의 논쟁: 그리스도와 율법, 류길선 역 (서울: 개혁주의신학사, 2021). 제4장 그리스도의 인격과 사역에 관한 논쟁.
655) https://byfaithalone.tistory.com/m/120/ 김원호, '존 오웬이 말하는 그리스도의 능동적 순종의 전가,'(2019.4.10.)
656) www.reformedfellowship.net/john-owen-the-imputation-of-christs-active-obedience/ Rev. Michael Brown, 'JOHN OWEN: THE IMPUTATION OF CHRIST'S ACTIVE OBEDIENCE,';
https://byfaithalone.tistory.com/m/120/ 김원호, '존 오웬이 말하는 그리스도의 능동적 순종의 전가,'(2019.4.10.)에서 재인용.

목격하고 강력한 역사적 소명을 가졌다.

　오웬의 이런 열망은 소시니안들을 대항하며 복음을 변론하는 1655년 작품에 나타나며, 구속 언약을 "성부와 성자 사이에 있었던, 그리스도의 중재에 의한 우리들의 구속을 위한 사역의 수행을 위해서, 하나님의 영광스러운 은혜를 찬양하는 협약, 언약, 조약, 혹은 협정"으로 말했다. 오웬은 다섯 가지 주된 요소로 말했으며,[657] '구속 언약이 구속사의 근간이며 추구하는 목적이 되어야 한다'고 말했다.

　오웬의 입장에서, 교회가 이것을 불분명하게 진술한다는 것은 있을 수 없는 일이었다. '구속언약은 분명하게 용어로 나타내야 한다'는 그 열망이 「사보이 선언」으로 나타난 것이다. 예를 들어, 웨스트민스터 신앙고백 8.1에서는 "하나님께서는 그의 영원한 목적 안에서, 그의 독생자이신 주 예수가, 하나님과 사람 사이에 중보자가 되도록 선택하시고 임명하시기를 기뻐하셨다"고 말하나, 「사보이 선언」 8.1.에서는 "하나님께서는 그의 영원한 목적 안에서, 그의 독생자이신 주 예수가, 두 분 사이에 맺어진 언약을 따라서, 하나님과 사람 사이에 중보자가 되도록 선택하시고 임명하시기를 기뻐하셨다"고 진술했다.

　오웬에게 구속 언약은 삼위 하나님 안에서의 언약이었으며, 이는 성부께서 자기에게 주신 이들을 위해서, 처음 아담의 행위언약에 대한 범죄의 재앙적 결과들을 극복하고, 은혜 언약에 근거한 구속의 유익의 공로가 되신 둘째 아담이시며 언약적 대표로서의 그리스도의 역할을 분명히 한 것이다. 오웬은 은혜 언약 안에서의 보증자로서의 그리스도의 중재는 신자에게 전가된 의를 제공해준다고 말하면서, 믿음에 의한 칭의 교리의 여덟 번째 장에서 오웬은,

---

657) www.reformedfellowship.net/john-owen-the-imputation-of-christs-active-obedience/ Rev. Michael Brown, 'JOHN OWEN: THE IMPUTATION OF CHRIST'S ACTIVE OBEDIENCE,'; 〈1. 성부는 약속자로서, 성자는 보증자로서, "하나님의 영광과 택한 자의 구원"이라 불리우는 보편적인 목적을 달성하기 위해서 함께 총회에서 자의적으로 동의하셨다. 2. 성부께서는 이러한 언약의 조건들을 규정하셨는데, 이는 성자께서 인성을 취하시고, 택함 받은 자들을 대신해서 하나님의 공의를 만족시키고, 그들을 위해서 자신의 순종으로 율법의 요구를 충족시키시며, 하나님의 정의로운 심판으로 고난을 받으시는 것으로 구성되어 있다. 3. 언약의 약속들은 두 가지로 구성되어 있는데: 첫 번째는, 성부는 성자가 자신의 구속 사역을 완수하는데 있어서 지속적으로 그에게 나타나셔서 그가 자신의 지상의 삶에서의 고통과 시험을 극복하도록 도와주시는 것이며, 두 번째로는, 만약에 성자께서 자신에게 요구되었던 것을 성취하셨다면, 그 사역 자체는 그가 위하여 순종하고 고통을 받았던 이들의 구원과 영화를 가져옴으로서 변성할 것이다. 이러한 약속들은 성부께서 맹세로 확고히 하신 것이다. 4. 성자는 자의적으로 조건들을 수용하셨으며, 언약의 보증자로서 사역을 담당하셨다. 5. 성부는 성자의 행하심을 인정하셨고 받아들이셨으며, 성자 마찬가지로 언약에서 주어진 약속들을 요구하셨다.〉; https://byfaithalone.tistory.com/m/120/ 김원호, '존 오웬이 말하는 그리스도의 능동적 순종의 전가,'(2019.4.10.)에서 재인용.

보증은 "자발적으로 자신을 다른 것의 원인과 조건으로 삼는 것이며, 책임을 져야할 것이나 실행되어지는 것에 대한 답이 되거나 담당하거나 갚는 것으로서, 이로 인해서 자신이 정당하게 법률적으로 실행한 것에 대하여 책임지는 것이다"라고 설명했다. 오웬이 말하는 '보증자로서의 그리스도'는, 보증자가 없었던 곳에서, 깨어진 행위언약으로 인해서, 우리의 구원을 위한 필연이 되는 것이다.[658]

마이클 브라운 목사는 다음과 같이 말했다.

> 오웬은 알미니안주의자인 Grotius(1583-1645), 소시니안주의자인 Schlichtingius(1592-1661), 그리고 17세기 영국 성공회 신학자이며 주교인 Hammond (1605-1660)등, 그리스도께서 우리를 위하기보다는 하나님을 후원하거나 하나님을 위한 보증이었다고 주장하는, 대적자라고 분명하게 불려지는 모든 이들을 대항하여, 이러한 용어를 사용하면서 논쟁하였다. (대적자들의) 이러한 주장들과는 반대로, 오웬은 그리스도의 후원과 보증은, 구속 언약에 명시되고 은혜 언약에 적용되었던 것과 같이, 죄인을 위해 하나님께 향하여 있는 것이지, 하나님을 위해서 죄인을 향하여 있는 것이 아니라고 주장한다. 오웬에게 있어서, 보증자로서의 그리스도의 역할은 그의 제사장직과 분리될 수 없었다: "그는 제사장으로서 보증자가 되셨으며, 이러한 직책을 충실히 이행함으로서, 우리를 위해서 하나님과 함께 하신 것이다." 이러한 것은, 그리스도께서 (십자가에서의 자신의 죽음을 포함하여) 자신의 사역을 자기 자신과 자신의 이익을 위해서 성취하셨기 때문에, 칭의에서 그리스도의 능동적 순종과 수동적 순종의 전가는 불가능한 것이라는 소시니안의 주장에 대항하는 오웬의 입장에서 중요한 것이었다. 오웬은 성육신의 모든 의미들이 구속 언약의 요구 조건들을 충족시키는 것과 죄인들을 위해서 구원을 얻는 것이었다는 설명을 함으로써, (대적자들의) 이러한 주장에 대항하였다.[659]

마이클 브라운 목사에 의하면, 오웬이 구속언약을 말하면서, 보증자로서의 그리스도의 역할을 제사장직과 관련하여 말한 것은 소시니안주의자들이 "칭의에서 그리스도의 능동적 순종과 수동적 순종의 전가는 불가능한 것"이라고 주장했기 때문이다. 그 전가는 어떻게 이루어지는가?

오웬은 다음과 같이 말했다.

---

658) 같은 사이트에서,; 〈아담과 맺어진 첫번째 언약에서는 보증자가 없었지만, 하나님과 사람은 언약의 직접적인 당사자였으며; 우리는 그 당시 모든 언약의 요구 조건들을 실행하고 응답할 수 있는 상태와 조건에 있었지만, 언약은 이미 깨어지고 무효화되었다 … 실패하고 언약을 깨뜨린 이는 사람뿐이었다: 이러한 까닭에 새언약을 만들 필요가 생겼으며 … 우리는 우리를 위한 보증자와 실행자가 있어야만 했다. 아담은 행위언약 안에서 하나님께 완벽하고, 완전하고, 개인적인 순종을 드리는데 실패하였기 때문에, 인류는 하나님께서 주시고자 했던 종말론적 삶과 목표를 얻지를 못하였다. 이와같이 … 하나님께서는 그리스도를 "우리를 위해서 보증자와 실행자"로 보내주셨다.〉; https://byfaithalone.tistory.com/m/120/ 김원호, '존 오웬이 말하는 그리스도의 능동적 순종의 전가,'(2019.4.10.)에서 재인용.
659) 같은 사이트에서; https://byfaithalone.tistory.com/m/120/ 김원호, '존 오웬이 말하는 그리스도의 능동적 순종의 전가,'(2019.4.10.)에서 재인용.

우리가 이 전가의 기초로서 직접적으로 고려하고 있는 것은 주 그리스도와 신자들이 실제로 연합되어 하나의 신비적인 몸을 이루는 것이다. 이것은 성령으로 말미암아 교회의 머리로서 그 안에 완전히 충만하게 거하는 것이며, 그가 모든 신자 안에서 그들의 정도 따라 거하시는 것이며, 그로 말미암아 그들은 그의 신비적인 몸의 지체가 되는 것이다. 그리스도와 신자들 사이에 그런 연합이 있다는 것은 보편적 교회의 신앙이며 모든 시대에 걸쳐 그래왔다.[660]

오웬은 성령님께서 그리스도와 신자들을 신비한 인격으로 연합되도록 하기 때문에 의의 전가가 이루어진다고 말했다. 서철원 교수나 정이철 목사는 오웬과 다르게 말할 것인가? 오웬은 모든 시대의 교회가 말한 이런 연합을 무시하는 자들에 대해 다음과 같이 말했다.

오늘날 그것을 거부하거나 그것에 의문을 제기하는 것처럼 보이는 사람들은 자신들이 무슨 말을 하고 있는지 모르거나, 자신들의 생각이 아들과 성령의 신적인 위격을 부인하는 자신들의 교회에 의해 영향을 받고 있는 것이다.[661]

그리스도의 의의 전가를 부인하는 것은 오웬 시대로 말하자면, 아르미니우스주의, 소시안주의, 로마 가톨릭주의의 전철을 따르는 것이다.
마이클 브라운 목사는 결론적으로 다음과 같이 말했다.

오웬에게 있어서, 신자에게 전가된 그리스도의 수동적 순종으로는 하나님 앞에 의롭게 서기에 충분하지 않았다. 그는 "그리스도의 율법에 대한 순종과 이것이 우리에게 전가된 것이, 같은 목적에서, 하나님 앞에서의 우리의 의의를 위해서 자신이 받으신 율법의 형벌의 고통과 이것이 우리에게 전가된 것보다도 결코 덜 필요한 것은 아니다"고 말한다. "이것을 행하라 그러면 살리라"는 하나님의 계명의 율법으로 인해서, 오웬은 "우리는 그리스도의 단순한 고통 이상의 것이 필요하며, 이것에 의해서 우리는 하나님 앞에서 의롭게 될 수 있는 것이다"라고 믿었다. 단순한 용서와 무죄 선고만으로는 충분하지 않다. 오직 완전한 의만이 하나님께 인정을 받을 만하다. 오웬은 구속 언약으로 인해서, 하나님께서 그리스도와 연합되어 하나의 신비적 인격체가 된 신자에게, 그리스도의 이와 같은 능동적 의를 전가시키셨다고 믿었다. 그리스도와 그의 택한 자의 이러한 신비적 연합을 이해함으로서, 오웬은 결코 칭의와 성화의 연대적 순서와 구분을 혼합시키지도 않았을 뿐만 아니라, 오직 믿음이라는 고백과 개혁주의 공식으로부터도 일탈하지도 않았다.[662]

마이클 브라운 목사에 의하면, 오웬은 하나님 앞에서의 우리의 칭의를 위해서는 그리스도께서 받으신 율법의 형벌의 고통만이 아니라 그리스도의 율법에 대한 순종으로 전가된 것도 필요하다. 능동적 순종은 "이것을 행하라 그

---

660) 존 오웬, **칭의론**, 박홍규 역 (서울: 처음과나중, 2020), 367.
661) Ibid.
662) 같은 사이트에서.,; https://byfaithalone.tistory.com/m/120/ 김원호, '존 오웬이 말하는 그리스도의 능동적 순종의 전가,'(2019.4.10.)에서 재인용.

러면 살리라"는 하나님의 계명의 율법으로 인해 발생하며, 성령님께서는 그 신비적 연합으로 그리스도의 능동적 순종과 수동적 순종의 의를 우리에게 전가시킨다.

18. 튜레틴과 행위언약

튜레틴과 행위언약을 말할 때, 튜레틴에게도 중요한 것은 '인간에 관한 존재적 관점이 무엇인가?'이다. 튜레틴은 "의와 생명 간에 필연적인 연결 관계가 존재하기 때문에, 아담이 의로웠다면 불멸했을 수밖에 없다"라고 말했다.[663] 그 이유는 무엇인가? "인간 안에 있는 형상은 그리스도의 경우와는 달리 본질적이지도 않고 모든 면에서 동등하지도 않으며 단지 유비적으로 어떤 점에서 비슷할 뿐이어서 하나님의 불멸성과는 거리가 멀기 때문이다"[664]

무엇보다도 튜레틴은 로마 가톨릭의 '내재적인 의', '분석적 칭의'를 반대했다. '내재적인 의'는 로마 가톨릭의 내면아이 때문에 발생한다. 스프로울은 로마 가톨릭의 "분석적 칭의와 종교개혁의 종합적 칭의 간의 차이는 하늘과 땅의 차이다"라고 말했다.[665] 스프로울은 "주입과 전가의 차이는 단지 표현상의 차이도 아니고, 찻잔 속의 태풍도 아니며, 용어들을 둘러싼 간단한 논쟁도 아니다. 그것은 체계 전체의 차이다. 로마 가톨릭의 구원 체계 전체는 성경적인 복음과 절대로 양립할 수 없다."고 말했다.[666]

튜레틴은 행위언약 개념을 '자연언약'(the covenant of nature)라고 말하기도 했다. 그 이유는 하나님에 의해서 처음 피조 된 인간의 본성에 기초한 것이기 때문이다. 튜레틴은 행위언약을 '자연적 관계'라고 부르고자 했다. 창조 상태의 아담과 하와는 순결하고 자유로운 상태이므로 중보자가 필요 없었다. 이러한 자연스러운 관계라고 해서 무법한 관계가 아니라 법적인 관계였다. 하나님께서 그들 내부에 새겨진 본성의 법을 준수해야만 하는 조건 속에서 살고 하나님에게 보답해야만 하는 순종에 의존하는 관계였다. 아담은 창 2:16-17 말씀대로 금령을 지켜 하나님께 복종해야 하는 관계였다. 튜레틴은 이것을 '시험의 성례'(a sacrament of trial)라고 말했다.

---

663) 프란키스쿠스 투레티누스, **변증신학강요1**, 박문재·한병수 역 (서울: 부흥과개혁사, 2017), 714.
664) Ibid.
665) 프란시스 투레틴, **칭의**, 박문재 역 (서울: 솔로몬, 2018), 30; "일단 의가 어떤 사람 안에 진정으로 내재하게 되면, 그 사람이 의롭다는 하나님의 판단은 분석적이다. … 종합적 진술들에서는 주어에 있지 않은 어떤 것이 술어에서 더해진다. 술어에는 새롭게 더해진 어떤 것이 포함되어 있다."(Ibid., 29-30.)
666) Ibid., 34.

튜레틴은 이 행위언약의 관계성에 기초해 능동적 순종과 수동적 순종의 내용을 율법의 두 가지 측면과 연결했다. 한가지 측면은 의무를 설명하는 교훈들(precepts)이다. 또 다른 측면은 제재 조항들(sanctions)이며 불순종하는 자에게는 형벌이 주어지며 순종하는 자에게는 상급이 주어진다. 전자는 존재적 관점에서 주어지는 도덕적 의무이며, 후자는 관계적 관점에서 주어지는 규범적 의무다. 도덕적 의무 역시 규범적 의무를 내포하나 규범적 의무는 창 2:16-17로 명시되었다. 전자는 본성적이나 후자는 언약적이다. 본성적으로 주어진 도덕적 의무와 언약적으로 주어진 법적인 의무를 지켜야만 한다. 튜레틴은 그리스도께서 우리를 대신하여 완전하고도 유효한 만족을 드릴 수 있었다고 말했다.667) 튜레틴은 "그리스도는 우리를 율법의 정죄로부터 해방시키고 우리 안에서 영생의 조건을 성취하는 방식으로 우리로 하여금 의롭다 함을 얻게 한다"고 말했다.668)

이와 같은 튜레틴의 행위언약의 개념을 그대로 채용한 신학자 중 한 사람이 게할더스 보스(1862-1949)다. 보스는 "개혁주의 신학이 바울의 교리에서 이러한 더 깊은 동기를 인식하고 행위언약 개념 속에서 이를 공식적으로 인정한 것은 참으로 잘한 일이다. 개혁주의 신학이 그렇게 할 수 있었던 것은 그 근본적인 입장을 하나님 영광의 지존하심 속에 두고 하나님 중심으로 나갔기 때문이다."라고 말했다.669) 보스 역시 행위언약의 근거를 하나님과의 관계적 관점에 둔다. 이 관계적 관점으로 인해, 다시 말해서, 아담이 하나님과의 자연스러운 관계를 맺고 살았기 때문에 하나님께서는 행위언약을 주셨다는 것이다.

---

667) Francis Turretin, *Institutes of Elenctic Theology*, 14-15; 김재성, **그리스도의 능동적 순종** (고양: 언약, 2021), 203에서 재인용; "대가가 합법적으로 그리고 아무런 부정 없이 인정되기 위하여 여러 가지 조건이 후원자에게 요구되는데, 그리스도에게는 그 모든 조건이 완벽하게 만족 된다: (1) 죄로 말미암아 타락한 인간의 본성에 대해서 징벌을 당하기 위해서는 사람의 본성을 공유해야만 한다. (2) 아무도 강요하지 않고, 자유로 그리고 자발적으로 그 짐을 자기에게 부과하는 의지적 동의. (3) 그가 자기의 권리로서 자기에 대하여 결정할 수 있는 자신에 대한 통제력, (4) 친히 우리에게 지워진 모든 형벌을 짊어지고, 해결할 수 있는 능력, 만일 그런 능력이 없다면 그가 죽을 수 있다 하더라도 아무 죄도 해결할 수 없다. 그는 하나님의 아들로서 우리의 죄책을 짊어지고 그것을 해결할 수 있었다. (5) 그는 아무 죄도 없고, 거룩하였으므로 자신을 위해 속죄할 필요가 없었다. 이 모든 조건을 만족하기 때문에, 의로운 그리스도가 불의한 우리를 위하여 대치하는 것은 전혀 불의하지 않다."
668) 프란시스 투레틴, **칭의**, 박문재 역 (서울: 솔로몬, 2018), 105.
669) 게할더스 보스, **구속사와 성경 해석**, 이길호·원광연 역 (서울: 크리스챤 다이제스트, 1998), 527.

19. 메르디스 G. 클라인과 행위언약

왜 행위언약을 말해야 하는가? 아담과 인류와의 관계에 기초하여 아담의 죄가 인류의 죄가 되었기 때문이다.[670] 클라인은 행위언약에 대해 다음과 같이 말했다.

결론적으로 말하면, 창세기 1-3장은 에덴 왕국의 언약적 성격에 대한 증거로 가득하다. 아울러 중요한 사실은 태초 창조 세계의 언약적 성격은 세계의 창조와 동시에 생겨났다는 점이다. 좀 더 구체적으로는 피조 세계의 수장인 인간이 하나님의 형상으로 창조되는 시점에 언약이 형성되었다. 창조 언약은 따라서 "창조주의 아담과의 행위언약"이라고 명명될 것이다. "행위"라는 말을 이 명칭에 보존한 이유는 (구속 언약을 지칭하는) "은혜언약"과 대조되는 "행위언약"이라는 전통적인 명칭이 가지는 유익(율법·복음의 근본적인 대조를 부각시키는 장점)을 그대로 보존하기 위해서이다. 그리고 우리가 전통적 명칭에 부가한 표현들, 즉 "창조주의"와 "아담과의"는 우리가 "아버지와 아들의 행위언약"이라고 부를 것과의 유사성을 부각시키는 유익이 있을 것이다. 다시 말해 행위언약의 조건 아래 언약적 대표성을 가지는 두 아담 사이의 유사성이 부각될 것이다. 아래에서 하나님 나라의 언약적 실현 과정을 설명할 때 좀 더 분명해지겠지만, 하나님의 나라의 언약적 실현은 하나님 나라를 거룩한 하나님의 백성에 수여하는 것으로 끝나지 않는다. 그것은 창조 때 주어진 왕국을 영광스런 저 세계에서 영원히 소유하게 하는 비전도 포함한다. 창세기 저작 당시의 일반적인 국제 조약문서의 형식으로 기록된 아담과의 태초 언약은 자연스럽게 종주국-속국의 조약의 형식을 띠게 되었다. 물론 창세기 언약에는 속국이 충성했을 경우 얻게 될 특별 선물이 첨가된 것은 이미 주지의 사실일 것이다. 성경에는 십계명과 같은 조약문서들이 발견된다. 이 조약문서들은 언약 비준의 일부로 제작되었으며 동시대의 국제 조약문서의 (법-문학적) 형식을 취하고 있다. 그리고 이런 조약 형식의 몇 가지 기본 요소들은 창조 언약을 분석하는 유용한 기준을 제공한다.[671]

---

670) http://repress.kr/1561/ 김병훈, '행위언약(제7장 2항)(2014.11.4.); 〈3. 아담이 후손들을 대표하는 원리는 두 가지 방식으로 설명이 됩니다. 하나는 자연적인 연대(unio naturalis)입니다. 아담은 자신에게서 태어날 후손들에게 출생의 뿌리(radix)이며 또한 종자적 기원(principium seminale)입니다(행 17:26). 뿐만 아니라 아담이 모든 후손들을 대표하여 행위언약의 대상자로 하나님과 언약을 맺게 되는 지위는 단지 그가 후손들의 자연적 뿌리이며 기원이라는 자연적 유대에 있는 것만이 아닙니다. 그것은 행위언약의 대상자인 아담이 또한 자신 안에 있는 후손들의 법적인 머리(caput forense)이기 때문입니다. 아담이 자신의 후손들에 대한 법적인 대표자가 되는 것은 하나님께서 그의 지혜로운 경륜과 섭리에 따라 아담을 그렇게 삼으셨기 때문입니다. 그리하여 아담에 의하여 좋은 것들이 아담 개인에만 적용되지 않고 그의 모든 후손들에게 전달되도록 하셨으며, 또한 마찬가지로 나쁜 것들도 아담 개인을 넘어 모든 후손들에게 적용이 되도록 하셨습니다. 아담이 행위언약의 대상자로서 모든 후손들의 대표자라는 사실은 아담과 그리스도와의 관계를 통해서도 확인이 됩니다. 성경의 두 구절을 대표적으로 살피면, "그러나 아담으로부터 모세까지 아담의 범죄와 같은 죄를 범하지 아니한 자들까지도 사망이 왕노릇 하였나니 아담은 오실 자의 모형이라"(롬 5:14)는 말씀과 "기록된 바 첫 사람 아담은 생령이 되었다 함과 같이 마지막 아담은 살려 주는 영이 되었나니 … 첫 사람은 땅에서 났으니 흙에 속한 자이거니와 둘째 사람은 하늘에서 나셨느니라"(고전 15:45, 47)는 말씀들입니다. 이 말씀들은 아담은 온 인류에 대한 행위언약의 머리이며, 또한 오실 그리스도의 모형이며, 역으로 그리스도는 마지막 아담이며 또한 둘째 아담으로서 아담이 행위언약의 머리이듯이 은혜언약의 머리이심을 교훈합니다. 아담은 흙에서 난 자이며 그로 인하여 사망이 왔고, 반면에 그리스도는 하늘에서 나신 분으로 살려 주는 영이시니 그로 인하여 생명이 온다는 사실을 밝히고 있습니다. 이러한 아담과 그리스도와의 유비는 아담이 행위언약의 대상자로서 모든 후손들의 언약적 머리임을 확고하게 지지합니다.〉
671) 메리데스 G. 클라인, 하나님 나라의 서막, 김구원 역 (서울: 개혁주의신학사, 2007), 44-45; "이와 같이 고대 조약문서를 사용하여 창세기를 설명한다 해서 창세기 1-3장이 조약문서의 문학적 형식을 취하고 있다고 오해해서는 안 된다. 다만 분명한 것은 그 조약문서가 창세기 1-3장의 핵심을 설명하는 데 유용한 분석을 제공한다

클라인에 의하면, 행위언약이라고 말한 이유는 은혜언약과 대조하여 율법과 복음의 근본적인 대조를 부각시키는 장점이 있기 때문이다. 태초의 아담이 받은 언약은 자신의 행위에 대한 검증이 이루어져서 그 공로에 의한 보상으로 영생을 얻는 체계였다. 언약은 속국의 충성에 따라 선물을 보상한다. 정이철 목사는 고대 근동의 조약문서를 철저히 연구한 결과로 말한 클라인의 논지가 회중파 청교도 오웬의 영향을 입은 것이라고 말할 것인가? 서철원 교수는 클라인의 주장을 사변이라고 말할 것인가? 클라인의 언약 분석이 사변이라면 우리는 언약 신학을 버리고 관상의 영성으로 돌진하는 것이 금상첨화다. 클라인은 행위언약에 대한 공격에 대해 다음과 같이 말했다.

창조 언약의 축복 규약이 약속하는 완성된 왕국의 달성 여부를 결정하는 것은 행위 원라-"행하면 살리라"-였다. 천국은 성취하는 것이었다. 창조주가 정한 규례에 따르면 인간이 안식일적 안식에 들어갈 자격을 획득하기 위해서는 시험 검증이라는 행위를 성공적으로 완수해야 했다. 아담이 시험 나무가 상징한 과제를 순종적으로 수행하였다면 그는 생명나무가 상징하는 축복을 받았을 것이다. 그리고 이때의 원리는 (뿌린 대로 거둔다는) 순수한 정의(justice)의 원리이다. 다시 말해 성공적인 시험은 아담의 공덕이었을 것이다. 따라서 언약 신학자들이 이런 언약 관계를 행위언약이라고 부르고 은혜 언약과 대조시키는 것은 납득할 만한 일이다. 율법과 복음의 첨예한 대조를 기본 골격으로 한 언약에 대한 이런 표준적 개혁주의 입장은 최근 넓은 범위의 개혁주의 공동체를 포함하여 여러 신학 진영으로부터 공격받고 있다. 심지어 하나님 나라의 축복을 부여함에 있어 하나님은 한 번도 율법의 원리(즉 은혜의 원리가 아닌 행위 원리)로 인간과 계약하시지 않았다는 주장도 제기되었다. 이런 주장의 논리는 다음과 같다. 아버지의 사랑이 하나님과 인간 사이의 모든 관계의 기본을 형성한다. 따라서 아버지의 은혜 원리와 양립할 수 없는 율법적-거래적 원리인 공로적(merit) 원리와 공정(justice) 원리는 하나님과 인간의 언약 관계의 특징이 될 수 없다 이런 주장을 지지하는 또 하나의 논거는 인간이 하나님 선물의 청지기로서 맡은 사명을 모두 완수했다 하더라도 피조물인 인간은 여전히 무익한 종이라는 사실에 있다. 이것은 뒤집어서 말하면 하나님은 영원히 영광스런 분이시기 때문에 인간이 여호와의 풍성한 영광에 더할 수 있는 것은 하나도 없다는 것이다. 만물은 창조주의 것이다. 그러므로 얻어지는 결론은 언약 관계에서 우리는 언제나 "은혜"의 원리를 찾아야 한다. 공로적(merit) 원리를 말해서는 안 된다. 이런 주장은 때때로 극단적인 형태를 띤다. 이런 극단적 입장에 따르면, (죄 없는) 인간의 순종이 약속된 왕국 축복을 위한 공로적 근거가 될 수 있다고 주장하는 사람을 사탄의 교만에 찬 사람이라든가 최고 악질의 죄를 범하는 사람으로 여기기도 한다. 언약 신학의 총체적인 구조를 고려할 때, 일단 최초 아담의 언약을 은혜 언약이라고 간주하면, 타락 이전의 언약과 타락 이후의 구속적 언약은 인간에게 하나님 나라를 부여하는 운영원리에 있어 어떤 차이도 가지지 않게 된다. 대신 그 두 언약 사이에 일종의 연장 관계(continuum)가 성립되게 된다. (보통 은혜 언약만의 특징으로 간주되던) 요구-약속의 통합 원리가 모든 언약 관계를 하나로 묶는 새로운 공통분모로서의 역할을 하게 된다(고전적 율법~복음 대조 구조에서 과격하게 이탈한 언약 이론에 대한 아래의 설명은 나의 다른 논문 "행위와 은혜에 관하여"와 "공격받는 언약 신학"을 요약한 것이다. 특히 후자는 다니엘 풀러(Daniel P Fuller)-존 파이퍼(John

는 사실은 창조 세계 질서가 언약적 성격을 가진다는 우리의 주장을 확실하게 지지한다는 것이다."

Piper)-노만 세퍼드(Norman Shepherd) 학파의 가르침을 비판한다).672)

클라인의 설명을 보면, 오늘날에 일어나고 있는 능동적 순종교리 논쟁도 이전 세대의 복사판이라는 것을 알 수 있다. 시대에 따라 약간의 상황과 용어적 이해가 다를 뿐이다. 이어서 클라인은 다음과 같이 말했다.

모든 하나님의 언약에서 행위 원리의 작동을 전면 부인하는 입장과 반대로 성경의 증거는 하나님이 실제로 행위 원리를 사용하셨다는 사실을 깨닫게 한다. 뿐만 아니라 행위의 원리는 은혜의 복음에 토대를 제공하기도 한다. 두 번째 아담이신 예수의 행위가 공로적인 것이 아니었다면 칭의승인의 근거로 하나님의 백성에게 전가될 어떤 공로도 없게 될 것이다. 그러면 복음은 신기루에 지나지 않을 것이다. 예수를 믿는 우리는 여전히 죄의 저주 아래 살고 있을 것이다. 그러나 복음의 진리라는 것은 그리스도가 단 한 번의 의를 행하시고 그리스도 한 사람의 순종으로 말미암아 많은 사람들이 의롭게 되었다는 사실이다(롬 5:18-19). 그 구원자는 시험적인 순종을 통해 선택자들의 몫으로 전가될 공로를 획득하셨다. 은혜의 언약에서 신자들의 구원을 위한 그리스도의 중보 사역의 저변에 있는 것이 공로적 순종을 통하여 그리스도가 이 땅에서 이루실 아버지와의 영원 행위언약이다. 이처럼 행위 원리는 복음의 기초이기 때문에, 그 원리를 부정하는 것(특히 아버지의 사랑과 공로 행위의 양립 가능성을 부정하는 입장)은 복음을 뒤집는 행위로 비난받아 마땅하다 공로적 행위의 부정으로 시작한 것이 나중에는 구원 은혜의 성경 진리를 (무의식적이지만) 공격하는 것이 된다. 뿐만 아니라 의로운 행위를 통해 왕국 영광을 보상으로 받는 가능성을 열어두는 사람을 사탄처럼 교만한 사람이라고 비난하는 사람은 예수님의 종교적 온전성을 감히 공격하는 것이다. 두 번째 아담이신 예수님은 자신의 행위를 공로적인 것으로 간주하셨다. 그분은 자신이 아버지를 영화롭게 하였기 때문에 아버지의 영광을 얻을 자격이 있다고 말씀하셨다(요 17:4-5; 빌 2:8-9). 이와 같이 예수님과 아버지와의 관계에서(여기에서 우리는 오염되지 않은 참 종교를 만나게 된다) 하나님 자신이 행위 원리의 거룩한 효력을 인정함을 알 수 있다.673)

---

672) 메리데스 G. 클라인, **하나님 나라의 서막**, 김구원 역 (서울: 개혁주의신학사, 2007), 153-155.
673) 메리데스 G. 클라인, **하나님 나라의 서막**, 김구원 역 (서울: 개혁주의신학사, 2007), 155-156; "또한 행위 원리가 하나님과 인간 사이의 언약의 원리로 사용된 적이 없다는 주장은 너무나 명확한 성경의 증거와 모순된다. 예를 들어 모세와의 언약은 비록 개인의 구원과 관계된 근본적인 차원에서 은혜의 언약이라고 말할 수 있지만 현세적인 유형 왕국의 차원에서는 행위의 원리가 작용하고 있었다. 따라 서로마서 10:4 이하에서와 갈라디아서 3:10 이하에서(롬 9:32 참조) 사도 바울은 율법의 옛질서와 은혜와 믿음의 새 질서를 대조하면서 옛 언약을 속박, 저주, 죽음의 언약이라고 말했다(고후 3:6-9; 갈 4:24-26). 그 옛 언약은 율법이고, 은혜-믿음의 정반대 개념이다. 타락 이후의 세계에서 율법언약은 곧 저주의 언약으로 나타나는데, 그 이유는 이스라엘의 범죄함으로 말미암아 그 언약의 필요조건인 공로적 순종에 실패했기 때문이다. 그리스도의 주권적 은혜에 옛 유형 왕국이 보존되더라면 이스라엘은 선택된 백성으로의 지위를 잃지 않았을 것이다. 이스라엘 민족의 실패에 대한 만족스런 설명은 은혜 원리가 아니라 행위 원리가 언약의 운영원리였다는 사실을 통해서 가능하다(보다 자세한 논의는 아래를 보라). 성경의 분명하고 풍성한 증거에 따르면 구속사의 언약들에서도 하나님은 행위 원리에 근거하여 인간과 계약하셨다. 그리고 동시에 아버지 하나님과 아들 하나님, 그리고 아들들인 이스라엘과 관계는 최고의 아버지 사랑에 대한 표현이었다. 분명히 아버지의 사랑과 행위 원리라는 법 정의는 서로 배타적이지 않고 전적으로 양립 가능하다. 하나님의 사랑 원리를 유지하려면 인간의 공로원리를 거부해야 한다고 주장하는 사람들이 느끼는 (하나님-인간관계의) 행위 원리에 대한 반감은 성경의 정신과 가르침에 위배된다. 특히 성경의 십자가 신학에 적대적이다. 성경의 증거로 볼 때 우리는 행위와 정의(justice)를 언약관계에 대한 모델로 법적-거래(Legal-Transactional) 모델과 가족-아버지 모델을 동시에 사용할 수 있도록 정의해야 한다. 마찬가지로 하나님이 이스라엘과 맺은 옛 언약을 행위언약으로 간주하면 창조 언약의 성격에 대한 힌트를 얻을 수 있다. 여기서 우

클라인에 의하면, 그리스도의 행위가 공로적인 것이 아니라면 하나님께서 자기 백성을 의롭다고 승인할 '칭의-승인'의 근거가 없다. 그리스도의 순종으로 의롭게 된다는 사실은 전가될 공로를 획득하신 것이기 때문에 가능하다. 이것이 행위언약이다. 그리스도의 공로를 부정하면 "나중에는 구원 은혜의 성경 진리를 공격"하게 된다. 그리스도의 행위가 공로적인 것은 그리스도께서 아버지를 영화롭게 하심으로 아버지의 영광을 얻을 자격이 있다고 말씀하셨기 때문이다.

게할더스 보스는 십계명의 안식일을 말하면서 다음과 같이 말했다.

> 안식일은 이처럼 역사가 종말론적 구조를 지닌다는 원리를 상징과 모형을 사용하는 방식으로 사람들의 마음에 새겨주는 것이다. 매주 엿새 동안의 노동과 그다음에 하루의 안식이 이어지는 패턴이 규칙적으로 지속되는 것을 통해서 교훈을 주며, 이렇게 해서 사람들은 인생이 목적 없이 그냥 존재하는 것이 아니고 그 너머에 하나의 목표가 있다는 것을 상기하게 되는 것이다. 구속 이전에도 그랬다. 종말론적인 면이 구원론적인 면보다 계시에 더 오랜 요소인 것이다. 소위 "행위언약"(covenant of works)은 바로 이 안식의 원리가 구체화 된 것이다. 만일 그 언약에 의한 "시험"이 성공을 거두었더라면, 성례적인 안식일이 모형으로 예표한 그 실체가 실현되었을 것이요 또한 그 이후의 인류 역사 전체가 완전히 달라졌을 것이고, 지금 우리가 이 세상의 종말에 있을 것으로 기대하는 그런 상태가 세상의 역사 과정의 시초가 되었을 것이다.[674]

보스에 의하면, 안식일은 매주 엿새의 노동과 하루의 안식이라는 규칙적인 패턴을 통해 인생에게 교훈을 준다. 그 교훈이란 무엇인가? 인생은 목적이 있으며 그 목적을 향해 나아가고 있다는 것이다. 그 목적은 종말론적인 목적

리는 성경 증거가 보증하는 결론만을 언급할 수 있다. 그러나 중요한 사실은 이스라엘과의 옛 언약이 (비록 최초 언약과 동일한 것은 아니지만) 태초 인류의 시험, 그리고 타락(실패)이라는 과정을 반복한다는 것이다. 그리스도는 율법 아래에서 태어난 진정한 이스라엘이요 두 번째 아담이었다. 이것은 첫 번째 아담과의 언약이 은혜-약속-믿음의 원리와 상반되는 율법의 언약, 즉 행위언약이었음을 의미한다.

앞서 우리는 인간-이 공로를 가질 수 없게 만들고 우리로 하여금 모든 인간 축복을 하나님의 은혜로 돌리도록 강요하는 몇 가지 요소에 대해 언급하였다. 물론 이 요소들은 행위언약의 개념을 부정하는 자들이 주장하는 내용들이었다. 언급된 요소들 가운데 몇몇은 인간 존재의 태고로부터 존재한 것들이거나 혹은 인간 존재 이전부터 있었던 것들이다. 예를 들어 무한히 영광스럽고 무한히 권세 있는 영원한 창조자 하나님의 본질이 그 요소들 중 하나이다. 어떤 외적 존재가 그런 하나님의 풍성함에 무엇인가를 기여할 수 있다는 것은 전혀 있을 수 없는 일이다. 여기서 따라 나오는 결론은 피조물로서의 인간, 무익한 종으로서의 인간은 아무리 최선을 다한다 해도 하나님께 드릴 봉사가 하나도 없다는 것이다. 이 요소는 종교 관계 (즉 하나님과 인간의 관계)에서 언제나 존재하는 것이기 때문에, 만약 그것이 행위 원리에 대한 합당한 반대 논거라면 그것은 창조 언약이 행위언약이 아니었다는 것을 증명할 뿐 아니라 행위언약의 존재 가능성 자체를 부정하는 것이다. 그러므로 실제로 행위언약이 있었음을 가르치는 성경의 증거들을 고려할 때 그 요소 (하나님의 자기 충족성)가 행위 원리의 운영을 부정하지 않고 또한 반대 원리인 은혜 원리의 존재를 증명하는 것도 아니라는 사실을 알 수 있다. 이것은 창조언약을 포함한 모든 언약 관계에 적용된다."(Ibid., 156-158.)

674) 게할더스 보스, **성경신학**, 원광연 역 (파주: CH북스, 2020), 197.

이며 인류가 최종적으로 안식을 누린다는 것이다. 그 안식을 위해 주어진 것이 행위언약이다. 행위언약은 인간이 안식의 상태로 창조된 존재가 아니라는 것을 말한다. 그뿐만 아니라 행위언약은 인간이 창조된 상태에서 종말론적인 안식을 향해 나아가야 하는 존재라는 것을 말해 준다.

클라인은 다음과 같이 말했다.

원형으로서의 신의 안식일 패턴이 인간이 땅 위에서 살아가는 실존 가운데서 되풀이되어야 할 것이 안식일 규례에서 분명하게 표현되었다(참조, 출 20:11). 하나님께서 인간을 만드실 때(창 2:3) 만들어진 이 규례는 인간을 위해 만들어진 것이었다. 인간이 안식일을 위해 만들어진 것이 아니었다(막 2:27, 28). 인간은 실제로 안식일을 존중해서 안식일을 지켜야 할 의무가 주어졌다. 그러나 안식일은 인간에게 있어서 복이며 특권인 것이었다. 안식일은 새로운 활력소의 원천이며 기쁨에 찬 소망의 원천으로 주어진 것이었다(사 58:13). 이러한 안식일 패턴을 인간의 날들 가운데 새겨놓음으로 하나님은 바로 자신의 형상을 띤 인간들로 하여금 자신의 제7일 왕적 안식에 참여하도록 이끄신다는 것을 약속하신 것이다. 안식일 규례는 더할 나위 없는 인간의 행복을 성취하시겠다는 신의 다짐을 전달해 준다. 안식일적으로 조직화되었다 함은 인간의 실존이 처음부터 언약적이며 동시에 종말론적이었음을 의미한다. 왜냐하면 그러한 신의 다짐은 안식일 규례를 세우는 가운데 주어진 것으로서 정확하게는 성경에서 우리가 "언약"이라는 용어로 번역해서 부르고 있는 신-인간 협정에서 결정적으로 중요한 부분을 형성한다. 하나님과의 언약은 신께서 비준하신 다짐들을 포함하고 있다. 몇몇 성경 언약의 예에서 이 비준의식은 인간의 다짐에 대해서 하나님께서 증인이 되시며 다짐의 내용을 강제 이행시키는 조치들을 포함한다. 다른 예에서는 비준의식이 마치 하나님의 처음 안식일 언약에서처럼 하나님 자신의 맹세적 약속이 들어있다. 그러므로 인간의 창조와 인간 세계의 창조가 안식일 주간의 형식으로 계시 된 사실은 이러한 창조 질서가 곧 언약 질서임을 가르쳐주기 위한 것 같아 보인다. 안식일 규례는 그 자체로 에덴에서 맺은 최초 언약의 보증이며 표지인 것이다.[675]

클라인에 의하면, 안식일은 의도적으로 조직화 된 날이다. 안식일이란 인간이라는 존재가 종말의 안식을 지향하는 존재라는 것을 가르친다. 안식일은 언약으로 비준된 것이다. 클라인은 안식일을 "언약의 표지"라고 말했다.[676]

675) 메리데스 G. 클라인, **하나님 나라의 도래**, 이수영 역 (서울: 개혁주의신학사, 2010), 96.
676) 메리데스 G. 클라인, **하나님 나라의 서막**, 김구원 역 (서울: 개혁주의신학사, 2007), 120: "에덴동산이 하나님의 거처인 온 우주의 공간적 모형이었던 것처럼 하나님의 창조 사역 패턴을 따라 안식일(종말적 완성(희망)을 약속하는 상징)을 그 주의 마지막에 두는 안식일 주(sabbatical week) 패턴은 인간의 문화 사명 즉 역사의 시간적 모형이었다. 안식일 규례는 언약 의무인 동시에 언약 특권이다. 안식은 언제나 하나님의 명령인 동시에 약속이었다. 따라서 언약 의무와 언약 축복은 안식일 규정에서 통합되었다. 하나님을 닮은 것은 단지 인간의 의무만은 아니었다. 그것은 인간의 행복 자체였다. 안식일을 언약 질서 완성에 대한 하나님의 약속으로 간주하든지, 언약의 주에 대한 인간의 충성 서약으로 간주하든지, 그것은 언제나 언약의 표지이다. 이 언약의 표지 안에 언약에 대한 종합적인 그림이 들어있다. 그 이유는 안식일은 언약의 본질, 즉 하나님과 인간과의 인격적 관계, 그리고 이 땅에서의 하나님 나라 실현이라는 목표를 드러내 주기 때문이다. 이스라엘에게 안식일은 언약의 최고 상징이었다(출 31:16-17). 안식일이 태초의 언약 공동체에게 규례로서 주어졌다는 것은 그것이 이 땅의 언약 공동체가 살아 역사를 이루어가는한 사라지지 않는 영원한 가치를 지닌다는 사실을 암시해 준다. 그러나 우리가 안식일과 언약의 이러한 본질적인 관계를 이해한다면, 다시 말해 안식일이 언제나 언약 의무인 동시에 언약적 약속이요 특

안식일을 지켜야 하는 의무를 부여한 것은 인간의 날들에 안식일 패턴을 새겨 놓음으로 구조적으로 언약 질서를 따라 존재하고 유지 발전되게 하셨다. 그런 까닭에, 창조질서는 언약질서다. 그뿐만 아니라 창조질서는 종말론적이다.

클라인은 '하르 마게돈'(여호와의 산)이 종말론적-안식일적 특징을 지닌 최초의 언약으로 보았으며, "그것이 전통적으로 행위언약으로 불리는 이유를 설명하는 관점이 특별히 중요하다"고 말했다.677) 클라인은 하나님께서 창조하신 것을 보고 "좋았더라"고 평가한 것은 "창세기가 저작될 당시 일반적이었던 국제 조약문서의 서언과 비슷한 역할을 한다"고 말했다.678)

클라인은 다음과 같이 말했다.

우리는 창세기 기록이 제시하는 바대로 창조 과정에 나타난 하나님의 행위 패턴으로 되돌아감으로써 이러한 관점을 파악할 수 있다. 하나님의 행위 패턴이란 곧 안식일 목표를 지향하고 있는 일련의 창조 업적의 패턴을 말한다. 더 나아가 이처럼 행위와 안식이라는 단순한 설계 안에서 한 가지 특색이 우리의 관심을 끈다. 하나님께서 창조하신 것을 보시고 "좋았더라"고 평가를 하신 것이 반복적으로 진술되고 있으며 결정적으로는 "매우 좋았더라"고 평가하셨다. 우주라는 집을 건설하신 설계자·건축가로서 신께서 자신이 하신 일을 평가하시고 만족하심을 기록하신 것이다. 만들어진 모든 것들이 자신의 건축술적인 계획과 완전하게 일치한다는 것이다. 잠언 8:22-31에서 창조 주간을 설명한 대로 신의 지혜가 매일 우주의 구조가 만들어지는 과정을 기뻐하는 것이다(30, 31절). 자신의 창조 업적을 정밀하게 조사해서 공식적인 승인을 선언하는 가운데 우리는 자신의 일을 심판하시는 하늘 보좌에 앉으신 하나님을 보는 것이다. 그러므로 원형적인 안식일 패턴은 '행위-심판-안식'이라는 패턴인 것이다. 인간의 존재를 조직화하는 안식일 패턴이 원형인 하나님의 안식일 형태를 묘사한 것이기에 인간도 역시 행위와 심판에 의해서만 약속된 완성에 다다를 수 있게 된다. 언약에 안식일 원칙이 요약되어 있는데 이러한 언약의 조건에 따르면, 인간이 궁극적으로 영광의 하늘 왕국으로 들어가기 위한 자격을 획득하기 위해서는 처음에 신께서

권임을 인식한다면 우리는 언약을 타락 이후의 온 세계에 주어진 보편적인 규례라고 생각하지는 않을 것이다. 안식일 규례는 언약 공동체에게만 주어졌다. 뿐만 아니라 안식일은 성화의 표지로, 그것으로 인친 자들은 하나님 나라의 종말적 완성에 대한 약속과 더불어 그들이 하나님 거룩한 나라에 속한 자들이라는 표지를 얻은 것이기 때문에 안식일은 구속사의 특정 시점에 있는 언약 백성의 거룩한 삶에서만 의미를 가지며 그것에만 적용될 것이다. 따라서 타락 이후에는 안식일이 세속 세상에서 선택된 거룩한 백성, 즉 언약 공동체에만 배타적으로 적용될 것이다. 또한 타락 후 언약 공동체에 있어서 안식일은 비-신정적인 상황에서 지켜질 것이다. 다시 말해 안식일은 하나님의 안식 보좌가 있는 하늘 의회의 연장인 언약 회중(에클레시아)으로 언약 백성이 모였을 때에만 적용된다. 안식일 성수는 언약 백성의 거룩한 예배 형위(일상의 문화 행위가 아니라)에만 관계할 것이다.

677) 메리데스 G. 클라인, **하나님 나라의 도래**, 이수영 역 (서울: 개혁주의신학사, 2010), 97.
678) 메리데스 G. 클라인, **하나님 나라의 서막**, 김구원 역 (서울: 개혁주의신학사, 2007), 48; "앞서 말한 것처럼, 옛 계약의 정경계시의 시작을 알리는 창조주에 대한 찬송은 창세기가 저작될 당시 일반적이었던 국제 조약문서의 서언과 비슷한 역할을 한다. 조약을 속국의 왕들에게 강제 부여하는 주권국 왕은 조약문서의 서언에서 자신의 이름을 자신에 관한 여러 가지 수식어와 함께 밝힌다. 이러한 서언의 목적은 조약 종주국 왕에 대한 두려움을 속국 왕들에게 불어넣기 위함이었다. 이와 비슷하게 이스라엘의 주 야훼는 언약의 말씀을 자신이 누구인지를 밝히는 것에서 시작한다. 그리고 이것은 철학적 사변가들의 지적인 호기심을 충족시키기 위한 것이 아니라 자신의 백성에게 그들의 창조주에 대한 경외심을 고취함으로써 그들에게 언약 생명이라는 비밀을 알려주기 위함이다."

특별히 규정하신 일을 성취해서 하나님의 사법적인 승인을 얻어야 했던 것이다.[679]

클라인에 의하면, 창조는 단순히 피조물을 존재케한 사건만이 아니라 창조의 순간마다 공식적인 승인을 함으로써 '행위-심판-안식'의 패턴을 보여준다. 이 창조가 인간이라는 존재를 조직화하는 안식일 패턴에 심겨지고, 그것이 안식일 원칙에 요약이 되어 인간이 하늘 왕국으로 입성하기 위해서는 하나님께서 규정하신 일을 성취하여 하나님의 사법적인 승인을 얻어야만 했다.

클라인은 인간의 행위에 대한 이런 사법적 승인, 곧 검증에 대해 다음과 같이 말했다.

이것을 검증하기 위해 조건이 마련되었는데, 이 검증 조건에 의하면 약속된 안식일 쉼은 순종이라는 공로에 의해 얻어지게 되어 있었다. 반면에 그러한 복은 불순종에 의해서 박탈당할 것이다. 신의 통치가 지닌 근본적인 원칙이 여기서 드러난다. 즉 완성 전에 주어지는 혜택과는 달리 완성된 복은 오직 검증을 성공적으로 통과해야만 얻어질 수 있는 것이다(참조, 롬 2:6-8). 영광의 영생은 창조주께 드려진 공적이 될 만한 섬김에 대한 보상인 것이다. 이러한 원칙이 사람에게만 아니라 천사적 존재에게도 적용된다. 그들이 하나님의 하늘에 거주할 수 있는 영원한 신분 보장은 결정적인 검증 단계를 통해서 얻을 수 있었다. 사단에게 그러한 검증 순간은 곧 변절의 경우에 해당하는 것이었다. 그래서 전 인류의 대표 자격인 아담과 맺은 하나님의 언약을 '행위언약(Covenant of works)'라는 관례적인 호칭으로 부르게 된 것은 아주 당연한 것이다. 여기서 '행위'라는 말은 영광의 왕국 상속은 검증 기간 동안 인간이 자신의 순종으로 얻을 수 있는 상급이라는 사실을 의미하는 것이다. 행위는 '은혜'의 반대이다. 이 은혜는 복음의 원리로서 그것에 의해 타락한 죄인들이 그리스도 안에서 선택되어, 첫 아담의 불순종을 통해 모든 복들을 상실했음에도 불구하고 값없는 선물로서 하늘을 상속받게 되는 것이다. 복음 아래에서 선택된 자들이 상속을 받는다는 사실의 법적인 근거는 제2 아담이신 그리스도께서 성취하신 공적에 있다. 그리스도께서 이룬 의로운 한 행위의 공적이 선택한 죄인들에게 전가되므로 죄인 입장에서는 오직 믿음으로만 그 의를 받을 수가 있다. 믿음으로 의를 받는다는 것은 곧 은혜로 의를 얻는다는 의미이다.[680]

679) 메르디스 G. 클라인, **하나님 나라의 도래**, 이수영 역 (서울: 개혁주의신학사, 2010), 97; 〈하나님의 안식일 패턴이 땅 위에 모사된 것도 마치 원형 자체처럼 심판이라는 특징을 포함하고 있지만, 한편 다음 두 경우에서 보여주는 것처럼 심판의 종류에 대해서는 차이점이 나타난다. 한 가지는 하나님께서 자신의 창조업적을 심판함에 있어서 도덕적 옳고 그름을 따지지 않았다는 것이다. 그것은 단순히 건축학적 과정을 평가하는 문제였다. 또한 어느 건축 계획이건 첫 번째 단계가 건물을 마지막으로 완성하는 데 필요한 것처럼, 하나님의 피조물들이 그의 안식일 쉼에 있어서 꼭 필요한 전주곡이었다. 마치 자신이 이루신 "선한" 행위로 말미암아 하나님께서는 기존에 소유하지 않았던 영광과 통치권에 대한 권리를 합법적으로 획득하셨다는 것이 아니다. 그러나 안식일적으로 형성된 에덴에서 인간과 맺은 언약의 경우에 하나님의 심판은 인간의 행위가 도덕적-종교적으로 의로운가 아니면 죄악스러운가, 순종적인가 아니면 반역적인가에 근거해서 평결을 내리는 것이었다. 그리고 선하건 악하건 간에 아담이 행한 것의 본질은 그것이 가져오는 것이 선한 결과이든지 악한 결과이든지 간에, 생명의 결과이든 죽음의 결과이든 간에 그 결과에 대한 법적인 근거가 된 것이었다.〉(Ibid., 97-98.)
680) 메르디스 G. 클라인, **하나님 나라의 도래**, 이수영 역 (서울: 개혁주의신학사, 2010), 98-99; 〈불행히도 요즘 이와 같은 전통적인 언약 신학의 교의에서 이탈하는 수정론자론들의 수가 적지 않게 많다. 그들은 하나님께서 아브라함에게 약속한 영원한 하늘 생명이라는 상급은 어떠한 피조물도 공로로 얻을 수 있는 것 이상이었다고 본다. 그러므로 언약에서 영향을 미치는 원리는 단순한 공의가 아니라 어떤 모양으로든지 '은혜'에 의해 적극하

클라인에 의하면, 하나님의 창조는 언약적 조직화였기 때문에 인간은 그 자신의 행위에 대한 검증이 필수적이었다. 인간은 순종이 공로가 되어서 성공적으로 통과되어야만 하나님의 복을 누릴 수 있었다. 영생은 언약 조항의 순종에 대한 보상이었다. 순종의 검증은 오직 하나님께서 하신다.

클라인은 다음과 같이 말했다.

> 안식일 성수는 야훼 하나님이 이스라엘 왕국의 언약주임을 선포하는 것이었다. 그리고 안식일 규례가 이스라엘 왕국에 대한 하나님의 언약적 주권을 나타내는 것이라면, 이것은 태초의 하나님의 안식이 모든 피조 세상에 대한 창조주의 언약적 주권을 나타내었기 때문이다. 이와같은 연결 관계는 안식일이 이스라엘에게 부과될 때 아주 분명해진다. 이때 이스라엘의 안식일 성수는 하나님의 창조 역사를 기념하는 행위로 묘사되었다 그분의 언약 왕국은 하나님의 창조 역사로 처음 성립되었고, 후에 하나님의 주권 아래에서 그분의 형상으로 새롭게 된 언약 백성의 구속적 성화를 통해 다시 성립된 것이다(출 20:8-11). 요약하면 에덴에서의 안식일 규정은 하나님과 인간 사이의 언약 관계가 이미 그때에 발효되었음을 보여주는 것이다. 창세기의 창조 이야기가 안식일의 관점에서 서술되었다는 사실 자체만 보더라도 우리는 우주의 창조 역사가 언약 체결의 한 과정이었음을 이해할 수 있는 것이다. 또한 구속 언약에 대한 성경구절들이 그 언약 사건들을 하나님의 재창조의 역사로 묘사한다는 친숙한 사실도 상기해 보자. 물론 이 사실이 말해 주는 바는 지금까지 우리가 안식일 규례의 언약적 성격에 대해 논의한 것과 다르지 않다. 그러나 그 사실은 또한 성경에 사용된 모든 창조 모티브를 사용하여 모세(옛 언약의 중보자)와 예수 그리스도(새 언약의 중보자)를 통한 하나님의 언약 행위를 설명하도록 우리의 관점을 넓혀주기도 한다. 이 언약들을 창조의 관점에서 해석하는 성경 저자들은 창조 역사의 언약적 성격을 이미 전제하는 것이다.[681]

게 인정된 공의라는 것이다. 이처럼 행위의 개념을 흐리게 하며 율법-복음의 대조를 부정하는 것은 필연적으로 복음을 유대교화 해서 파괴시키는 꼴이 되고 만다. 한편 하나님의 공의에 대한 비난이 언약 신학을 이처럼 급격하게 수정함으로써 생겨난다. 왜냐하면 검증 기간 동안 순종의 행위라는 공적을 도외시함으로 공의의 척도를 하나님과 하나님의 심판 위에 세우는 꼴이 되기 때문이다. 하나님의 언약 조항은 검증 기간 동안 요구된 사명을 수행한 것에 대해서 하늘의 상급을 약속하고 있다. 그런데 이러한 언약 조항들이 순수하고 온전한 공의라는 사실을 인정하지 않는 것은 하나님의 언약 말씀이 공의에서 결정적이라는 사실을 인정하지 않는 것과 다름없다. 그것은 온 세상을 심판하실 자의 이름이 '공의'(Just)라는 것을 부인하는 것이기도 하다. 불순종에 대한 형벌의 위협과 같은 언약의 형벌 규정과 관련해서 수정론자들이 하나님의 공의를 비난할 때, 그들의 입장에 오류가 있다는 사실이 더욱 분명해진다. 사실 그들의 관점은 불가피하게도 인간의 죄를 심판하시는 하나님에게 아주 심각한 불공평의 혐의가 있음을 암시하고 있다. 그들은 만약 아담의 존재론적 수준이 그가 행할 수 있는 어떠한 선행도 영생을 얻기에 합당하지 않은 것이었다면, 같은 이유로 그가 행할 수 있는 어떠한 악행도 지옥의 영원한 죽음을 가져오기에 합당치 않아야 된다고 주장한다. 바로 그렇다. 인간의 범죄 위에 하나님의 심판이 내려졌다. 그러나 선택된 자들의 경우에는 그 심판이 하나님의 아들 위에 내려진 것이다. 그러므로 아담과 맺은 창조주의 행위언약에서 축복 규정의 공의성을 부정하는 것은 결과적으로 그리스도의 십자가를 궁극적으로 하나의 사법적인 불법행위로 되돌리는 것과 다름없다. 그러한 것은 비록 고의는 아니라 할지라도 행위언약에 대한 전통적인 교리를 배제하는 잘못된 열매인 것이다.〉(Ibid., 99-100.)

681) 메리데스 G. 클라인, **하나님 나라의 서막**, 김구원 역 (서울: 개혁주의신학사, 2007), 43-44; "현재 우리의 논의를 위해 특히 중요한 사실은 모세의 언약에서 창조 때의 상황이 그대로 재현된다는 것이다(물론 여기에서 모세 당시의 구속사적 상황, 즉 타락 이후 상황 그리고 구속 역사의 시작이 단서 조건으로 작용하는 것은 말할 것도 없다). 예를 들어 모세 언약에는 거룩한 왕국으로서의 에덴의 성격과 언약 비준을 위한 시험으로서 행위언약

클라인에 의하면, 안식일 규정은 하나님과 인간 사이의 언약 관계가 발효되었다는 실제적인 증거다. 하나님의 우주 창조는 언약적 창조였다. 창조 역사는 언약의 순종을 요구하는 의도적인 조직화였다. 창조 역사가 언약적 성격을 가지고 있었기 때문에 그 창조에 포함된 인간은 순종에 대한 검증 과정을 거쳐야 했다. 클라인은 생명나무에 대해 다음과 같이 말했다.

에덴에 가시적으로 임재하는 영광-영의 또 하나의 모형(reproduction)-이것은 상징적 모형임을 하나님이 정원-성소의 나무들 한가운데 심어 놓으셨다(창 2:9). 그리고 그것은 언약이 보증하는 궁극적 축복에 대해 계시한다. 하나님이 만드신 신비스런 나무에서는 이 손으로 만져질 듯한 영광으로 변화한다. 그것은 보기에 기쁨이었고, 그것의 열매는 인간의 생명을 육양할 음식이 될 만하였다. 그리고 이 식물 세계의 주인들, 빛의 위엄 있는 변형들을 창조주 하나님은 하늘의 영광-빛에 대한 이 땅의 상징으로 삼으셨다. 임재 영광의 두 가지 측면은 심판관적 통치와 영생(immortality)의 빛이었다(롬 2:7; 딤전 1:17, 6:16; 딤후 1:10 참조, 이 두 측면은 그 영광의 모형(replication)인 인간에게서도 발견되는 것이다). 에덴 성소에 있던 그 두 특별나무는 인간이 그 두 측면에 있어 하나님의 영광에 참여할 것이라는 상징으로 기능하도록 되어 있었다. 하나님의 하늘 영광은 이 나무들을 통하여 이 세상의 모습을 입으셨다. 그 나무들은 자신의 영광을 인간도 누리고 사용할 수 있도록 만들기 위한 하나님의 의도의 표현이었다. 지식의 나무가 인간의 형상이 가지는 심판관적 측면과 어떻게 관계할 것인지는 다음에서 논의하겠다. 여기에서 우리의 초점은 생명나무에 있다. 그것은 영생의 영광에 인간도 참여하도록 하는 성례적인 상징이었다. 창세기 3:22에서 여호와께서 인간의 죄를 심판하실 때에 생명나무는 그 이름이 암시하는 것처럼 매우 특별한 의미를 가졌다. 여호와께서 그 나무에 (영생을) 약속하는 성격을 부여한 때가 인간이 그 나무가 상징하는 축복을 상실하고 난 후라고 생각하는 것은 옳지 않다. 또한 인간이 죄를 범한 후 인간에게 그 나무의 중요성을 처음으로 알리심으로써 여호와께서 인간을 놀리기 위한 것-보아라! 이런 보물이 여기에 있었는지 미처 몰랐지?-도 아니다. 타락 이전에 하나님이 아담과 하와에게 하신 말씀과 사탄이 유혹할 때 하와가 한 말 중에 이 나무에 대한 언급이 없는 것은 창세기 서술의 특징인 언어의 경제성으로 설명할 수 있다. 또한 그 이유를 시험 과정의 첫 단계에서 선악을 알게하는 나무가 차지하는 역할이 보다 직접적이었다는 사실에서도 찾을 수 있다. 창세기 3:22에 나오는 하나님의 심판 선고 이전에 아담이 생명의 나무를 먹지 않았다는 것이 바로 그 절에 암시되어 있다. 특히 "생명나무 열매로"라는 말에 유의하라. 그렇다면 생명나무의 상징적 의미에 대해 하나님이 인간에게 전에 알려주셨고 따라서 생명나무가 아닌 지식의 나무가 특별 시험에서 금기 열매로 구체적으로 지명되었지만, 인간은 생명나무에 참여하는 것이 자신의 미래와 목적으로 마련된 축복이었다는 사실도 알고 있었을 것이다.682)

이 포함된다. 이와 같이 모세 언약에 창조 때의 상황이 그대로 재현된다는 사실은 후자의 언약적 성격을 강하게 시사하는 것이다."

682) 메리데스 G. 클라인, **하나님 나라의 서막**, 김구원 역 (서울: 개혁주의신학사, 2007), 136-137; "생명나무가 상징하는 생명은 창조와 함께 인간에게 부여된 생명과 같은 종류가 아니다. 그것은 종말적 변화를 통해 완성된 생명이다. 이것은 그 나무가 영생하는 영광의 복제적 상징이라는 사실에서 암시된다. 또한 그것은 생명나무가 인간의 시험, 특히 그 시험의 결과와 가지는 관계를 통해 드러난다. 생명나무는 창세기 기사에서 동산 중앙에 위치하는 또 하나의 나무(이 나무가 아담의 시험과 직접 관계됨)와 함께 소개된다(창 2:9). 그것은 창세기 3:22에서 시험의 결과와 연관해 다시 한번 언급된다. 창세기 3:22에서 생명나무는 영생을 가져다주는 나무로 간주된다. 구속 역사의 후속 계시에서 생명나무는 하나님의 회복된 동산의 완성된 영광을 묘사하는 문맥에서 다시 등장한

클라인에 의하면, 생명나무는 "언약이 보증하는 궁극적 축복을 계시"하는 것이다. 이 생명나무는 인간으로 하여금 "영생의 영광"에 참여하도록 하는 "성례전적 상징"이었다. 하나님께서는 이 생명나무의 상징적 의미를 말씀해 주셨다. 인간은 이 생명나무에 참여하는 것이 자신의 미래와 목적이었다. 인간이 이 복에 참여하는 것은 자동적인 것이 아니라 시험의 결과에 따라 관계되는 것이었다. 인간이 하나님의 영원히 교제하는 영광을 누리는 영생의 관계로 들어가기 위해 언약의 규정에 순종해야만 했다. 언약의 복은 성례전적 연합을 통해 주어지는 복이기 때문이다.683)

20. 로버트 레이몬드와 행위언약

레이몬드(Robert Lewis Reymond, 1932-2013)는 행위언약을 말하기 위해 웨스트민스터 신앙고백서 7장 2항을 인용하면서 다음과 같이 말했다.

> "언약"을 가리키는 히브리어는 베리트이다. 이 단어가 구약에 약 285번 나온다. 하나님이 본래 아담과 맺은 언약은 신적으로 체결된 종주적인 협약이었다. 이 협약의 경우, 하나님 편에서는 하나님이 약속과 위협을 주셨다. 그리고 사람 편에서는 아담이 언약의 규정에 순종하여야 했다. 이 규정에는 순종에 대한 하나님의 축복의 약속과 불순종에 대한 제재의 위협이 첨부되어 있었다.684)

레이몬드는 클라인과 같이 하나님과 아담이 맺은 언약을 종주적인 협약이

다(계 2:7; 참조 겔 47:7, 12; 계 22:2). 언약에 약속된 축복의 표지인 생명나무가 상징하는 축복은 단지 끝없는 삶이 아니었다. 끝없는 삶은 축복의 특징이기도 하지만 동시에 저주의 특징이기도 하다. 불 호수에서 끝없는 삶을 살도록 다시 부활한 악인의 운명을 제2의 죽음이라고 부르는 것을 기억하라(계 20:13-15; 21:8). 생명나무가 상징하는 삶, 진정한 의미에서의 영생은 인간이 가진 하나님의 영광-형상 안에서 최종적으로 완성되고 확증된 삶, 다시 말해 하나님 그분과 교제하는 삶이다. 생명나무와 그 열매에 이르는 길은 영광-영이 임재하는 거룩한 장소에만 있다. 그 거룩한 곳에서 쫓겨나는 것은 곧 죽음의 심판 아래 놓이게 됨을 의미한다. 여기에서 생명나무가 이 땅에 있는 영원한 영광의 복제 상징이라는 사실을 기억하는 것이 유익할 것이다. 인간 생명과 하나님 형상의 완성은 (피조세계와 마찬가지로) 알파와 오메가이신 영광-영, 하나님께 속한 것이다."
683) 메리데스 G. 클라인, **하나님 나라의 서막**, 김구원 역 (서울: 개혁주의신학사, 2007), 139; "언약에 약속된 축복이 실제 주어지는 것은 오랜 역사 기간에 거쳐 일어난다. 이 과정은 영광의 완성에 앞서 존재할 상당한 기간의 준-완성적 단계도 포함한다. 지식의 나무와 관련한 명령에 순종했다면 인간은 로고스-생명의 초청을 따라 성례적 생명나무(즉 생명나무가 상징하는 생명)에 참여하였을 것이다 그 성례적 연합을 통해 그는 언약의 축복을 확보하였을 것이다. 다시 말해 영광된 삶의 약속이 그에게 인증(비준)되었을 것이다. 인간은 더 이상 자신을 증명할 필요가 없었기 때문에 참된 안식일적 안식을 누리게 되었을 것이다. 그는 하나님의 신을 통해 완벽한 의와 거룩함으로 세움을 얻고 더 이상 죄에 빠지거나 언약적 저주에 처하지 않게 되고 아마고 데이의 온전한 빛의 영광을 받은 자로 확증될 것이었다."
684) 로버트 L. 레이몬드, **최신조직신학**, 나용화·손주철·안명준·조영천 역 (서울: 기독교문서선교회, 2004), 548-549.

라 말했다. 이 종주적 협약은 "순종에 대한 하나님의 축복의 약속과 불순종에 대한 제재의 위협"이라는 규정이 주어진 것이었다. 개혁신학은 이것을 '행위언약'이라 한다. 레이몬드는 창 2장의 언약의 본질에 대해 다음과 같이 말했다.

> 하나님과 아담 사이의 이 언약의 성격을 어떻게 규정할 것인가? 오늘날 대체적으로 그것은 행위언약(웨스트민스터 신앙고백서 7장 2항과 10장 1항) 또는 생명언약(대요리문답 20문과 소요리문답 12문)으로 불리우고 있다. 전자의 경우는 하나님이 아담에게 공의로 행하실 것을 확증하는데 강조점이 있다. 즉, 아담이 하나님의 공의의 시험을 성공적으로 감당하여 순종하며 그의 순종을 인하여 상급을 당연히 받게 될 것을 강조하고 있다. 그러나 후자의 경우는 아담이 하나님께 순종할 때 그와 그의 후손들이 받게 될 상급의 성질을 특별히 강조하고 있는 것이다.[685]

레이몬드는 왜 하나님과 아담 사이에 언약을 맺었다고 말하며 하나님의 공의의 시험과 순종과 상급을 말하는가? 레이몬드는 다음과 같이 말했다.

1) 창세기 2장의 언약의 해석학적 근거
"언약"이라는 단어가 창세기 2장에 비록 나오지 아니하지만, 웨스트민스터 신앙고백서(7장 1-2항)가 가르치고 있는 대로, 하나님과 아담 사이에 맺어진 것을 언약으로 간주하는 데는 네 가지 이유가 있다.
① (베리트)라는 단어가 언약이 체결되는 때에 그 언약이 유효하기 위해서는 실제적으로 반드시 사용되어야 하는 것은 아니다. 이 같은 사실은 사무엘하 7장으로 미루어보아 분명하다. 그 본문에는 그 단어가 사용되어 있지 않지만, 시편 89편 19-37절에 따르면 하나님은 다윗에게 언약적으로 약속하시기를 그의 집이 이스라엘을 다스리게 될 것이라 하였다.
② 언약에 필요한 요소들(당사자, 규정, 약속과 위협)이 모두 갖추어져 있다.
③ 호세아 6장 7절의 "저희가 아담처럼 언약을 어기고"에서 보면, 아담의 죄가 "언약을 범하는 것"이었음이 분명하다. 어떤 주석가들은 "아담처럼"이라는 문구가 "사람들처럼"이라고 번역되어야 한다고 주장하지만, 이것은 어리석은 생각이 아닐 수 없다. 어떻게 호세아 시대의 사람들이 "사람들처럼" 범할 수 있다는 말인가? 말의 앞뒤가 맞지 않다. 다른 주석가들은 "아담처럼"을 "아담 안에서"(히브리어로는 "처럼"과 "안에서"가 모양이 비슷하게 생겼다 역자)로 수정하고자 했다. 그렇게 되면 그들은 여호수아 3장 16절에 언급되어 있는 이름의 도시에서 일어난 어떤 범죄에 대하여 말하는 것이 된다. 그러나 성경은 그러한 사건에 대하여 침묵하고 있다. 그러므로 그 문구의 가장 분명한 뜻을 취하는 것이 가장 좋은 것이다(B. B. Warfield, "Hosea vi: 7: Adam or Man?" in Selected Shorner Writings of B. B. Warfield, ed. J. E. Meeter(Nutley, N. J.: Presbyterian and Reformed, 1970), I.116-29.)
④ 아담과 그리스도 간에 있는 신약의 대조(롬 5:12-19 고전 15:22 45-49)로 미루어보아, 그 리스도가 새 언약의 언약적 대표인 것처럼(눅 22:20; 히 9:15), 아담 또한 언약 체결에 있어 언약적 대표로 행하였다.[686]

레이몬드가 언약의 조건을 말한 이유는 창 2장의 언약에 대한 해석 때문이

---

685) 로버트 L. 레이몬드, **최신조직신학**, 나용화·손주철·안명준·조영천 역 (서울: 기독교문서선교회, 2004), 550.
686) Ibid., 549.

다. 레이몬드는 창 2장에 나타나는 언약에 대해 네 가지로 말했다. 첫째는, 삼하 7장에 언약이라는 말이 없어도 언약을 맺은 것을 알 수 있듯이, 창세기 2장도 언약이라는 말이 명시적으로 없어도 언약을 맺은 것을 알 수 있다. 둘째는, 언약에 필요한 요소들이 창 2장에 등장하며, 셋째는, 호 6:7이 아담 언약을 반영하며, 넷째는 신약성경이 아담과 그리스도를 대조하며 그리스도를 새언약의 대표로 말하며 아담을 언약 체결의 대표로 말하기 때문이다.

레이몬든가 언급한 행위언약에 대해 말하는 웨스트민스터 신앙고백서 7장 1-3항은 다음과 같다.

7장 인간과 맺으신 하나님의 언약에 대하여(Of God's Covenant with Man)
1. 하나님과 피조물의 차이는 매우 현격해서, 이성적인 피조물들이 자기의 창조자이신 하나님께 순종할 의무가 있기는 하지만, 그들은 결코 그분에게 축복과 보상으로서 어떤 성과도 거둘 수 없다. 그러나 하나님으로서는 어느 정도 자발적인 비하에 의해서, 기꺼이 그것을 언약의 방식으로 나타내셨다.
2. 인간과 맺으신 첫 언약은 하나의 행위언약이었는데, 생명은 거기서 아담에게 약속되었고, 그의 안에서 그의 자손에게 약속되었다. 그 조건은 완전하고 개인적인 순종이었다.
3. 인간은 그의 타락으로 저 언약에 의해 주어진 생명에 대하여 스스로 자격을 잃어버렸으나, 주님은 기꺼이 두 번째 언약을 맺으셨는데, 그것은 일반적으로 은혜 언약이라고 한다. 그분은 거기서 예수 그리스도로 말미암은 생명과 구원을 죄인들에게 아낌없이 베푸신다. 예수 안에 있는 구원받을 만한 믿음을 그들에게 요구하시고, 영생하도록 작정 된 모든 자에게 기꺼이 믿게 하시고 또 믿을 수 있도록 그분의 성령을 주시기로 약속하셨다.

우리가 능동적 순종을 말할 때, 그 주된 핵심이 인간론에 있고 행위언약에 있다는 것을 놓치지 말아야 한다. 행위언약이 중요한 이유는 역사가 종말론적인 목적을 가지고 하나님의 용의주도한 계획을 따라 진행된다는 것을 보여주는 중요한 계기가 되기 때문이다. 하나님께서 시초에 행하신 일들이나 구속의 경륜 과정에서 행하신 일들은 그 자체로 중요한 의미가 있을 뿐만 아니라 종말론적인 목적에 지배를 받고 있다.

7
c·h·a·p·t·er
성경적 근거

Ⅶ. 성경적 근거

정이철 목사는 다음과 같이 말했다.

> 그리스도의 능동순종의 근거가 되는 성경의 말씀을 한 절이라도 찾아주십시오. 그러면 그동안 제가 범한 실수를 깨닫고 사죄하는 차원에서 속히 바른믿음의 문을 닫겠습니다.[687]

정이철 목사는 "그리스도의 능동순종의 근거가 되는 성경의 말씀을 한 절이라도 찾아주십시오"라고 말했다. 정이철 목사의 무기는 "성경에서 예수께서 율법을 지켜 하나님 백성의 권리와 자격(의)을 얻었다는 말씀을 하나도 찾을 수 없다"라는 전제다.[688] 정이철 목사는 이 전제에 기초하여 그리스도의 능동적 순종, 곧 그리스도께서 온전한 율법준수로 얻으신 의를 부정했다.

그렇다면 능동적 순종과 수동적 순종에 대한 성경적 근거는 무엇인가? IAOC를 반대하는 분들은 '그리스도의 능동적 순종의 전가 교리를 말하는 성경 구절이 하나도 없다'고 말한다. 레 18:5; 겔 18:9; 잠 3:33, 4:4, 20:7; 눅 10:28; 롬 2:13, 10:5; 갈 3:10, 3:12을 비롯하여 여러 성경 구절은 '율법을 완전히 행해야 하나님 앞에 의인이며 그 의인만이 영생을 얻는다'고 말한다. 성경은 면죄 상태가 의로운 상태라고 말하지 않는다.

1. 구약의 근거
1) 창 2:16-17

우리는 창세기로부터 시작해야 한다. 창세기로 시작한다는 것은 무엇을 뜻하는가? 그것은 '존재론'으로 시작한다는 것을 의미한다. 존재를 지배하는 것은 무엇인가? 실존이 아니라 본질이다. 사르트르(Jean Paul Sartre, 1905-1980)는 실존을 외치나 성경은 본질을 선포한다.[689] 실존이 앞서니 "반(反)공산주의자는 개다"(1952년)라고 외치고 공산주의 폭력과 살인이 정

---

687) http://www.good-faith.net/news/articleView.html?idxno=2636/ 정이철, '바른믿음 문 닫게 해 보실 분 또는 후원으로 힘이 되어 주실 분을 찾습니다.'(2022.6.18.)
688) http://www.good-faith.net/news/articleView.html?idxno=1440/ 정이철, '칼빈과 구원론이 다르면 칼빈주의라 말하지 않아야 예의,'(2019.3.22.) accessed 2019.3.22.; "(예수께서 율법을 준수하여 하나님 백성의 자격(의)을 얻으시고, 피 흘리셔서 죄 용서(구속)를 이루셨다는 초기 청교도 신학에서 유래한 구원론은 그리스도의 복음을 왜곡하는 그릇된 사상이다. 성경에서 예수께서 율법을 지켜 하나님 백성의 권리와 자격(의)을 얻었다는 말씀을 하나도 찾을 수 없다. 단 한 구절도 찾을 수 없다는 것은 인간의 무익한 사변의 산물임을 의미한다."
689) 장 폴 사르트르, **실존주의는 휴머니즘이다**, 방곤 역 (서울: ㈜문예출판사, 2017), 14-15; "무신론적 실존주의자로서 하이데거, 프랑스의 실존주의자들과 필자 자신을 손꼽을 수 있다. 양자의 공통되는 점은 다만 양자가 모두 존재는 본질에 앞선다고, 달리 말하면 주체성에서 출발해야 한다고 생각한다는 사실뿐이다."

당화되었다. 그러나 성경은 '하나님께서 존재를 창조하고 지배한다'고 말한다. 그런 까닭에, 인간이 주체가 아니다. 하나님께서 신적인 권위와 능력으로 인간과 피조물들을 창조하셨기 때문이다. 여호와는 만유의 주시다!!![690]

왜 아담으로부터 시작하는가? 아담은 역사 속에 실재했던 인물이기 때문이다. 칼 바르트의 신정통주의와 신신학에 오염된 자들은 창세기 1-3장, 심지어 11장까지도 역사적 사실이 아니라고 주장하며 부정한다. 칼 바르트는 나치 국가 사회주의에 대해서는 극렬히 비판했으나 공산주의에 대해서는 진지한 무신사상으로 받아들였다.[691] 바르트는 "현재의 상황에서 예수 그리스

---

690) 이는 만물이 주에게서 나오고 주로 말미암고 주에게로 돌아감이라 그에게 영광이 세세에 있을지어다 아멘 (롬 11:36)

691) 이용주, '사회민주주의에 대한 역사적-신학적 연구: 20세기 초 하르낙과 바르트를 중심으로,' **선교와신학** 42 (2017): 301-304(277-316); 바르트는 이처럼 상대적인 것을 넘어서는 절대자에 대한 신앙이 함축되어 있는 정치적 행위는 바로 사회민주주의라고 단언한다. 왜냐하면 사민주의는 "일상이 요구하는 모든 것들을 넘어서는" 것, 즉 "모든 계급과 민족의 온전한 인간 공동체"를 목표로 삼고 있기 때문이다. 사민주의는 현존하는 정치, 경제 질서를 넘어서서 새로운 질서를 수립하고자 한다는 점에서 "모든 잠정성에 대한 내적인 대립"을 그 방향으로 삼고 있으며, 이런 방식으로 "절대자, 혹은 하나님을 진지하게" 다룬다. 따라서 사민주의는 유한하고도 제한적인 영역 안에서 추구되는 다른 정치적 운동들, 즉 "자본주의, 민족주의, 군국주의와 내적인 평화를 구축하는 것이 불가능"하다. 정리하자면, 1차 세계대전이 발발하기 직전, 그리고 아직 스위스 사민당에 가입하기 전에 바르트는 사민주의를 당시 현존하는 정치 운동들보다 훨씬 하나님에 대한 신앙에 유사한 것으로 간주하고 있었다. 이는 이 세계현실과는 다른 '타자'(ein Anderes)로서의 하나님과, 현재의 정치질서를 넘어서는 '다른' 질서를 추구하는 사민주의가 서로 유사성을 공유하고 있기 때문이었다. 그러나 바르트의 기대와는 달리 독일 사민당은 기꺼이 자본주의, 민족주의, 군국주의와 손을 잡았다. 바르트의 서평 『도움』 1913'이 출판되기 바로 직전인 1914년 8월 1일 1차 세계대전이 발발했고, 독일 사민당은 만장일치로 전쟁국채 발행에 찬성했던 것이다. 제1차 세계대전의 발발과 독일 사민당의 전쟁 지지는 바르트가 당시 지니고 있던 사민주의에 대한 낙관적 기대에 상처를 준 것이 분명하다. 그러나 이것이 바르트로 하여금 사민주의 운동을 떠나도록 한 것은 아니었다. 오히려 그와는 정반대로 바르트는 1915년 1월 26일 스위스 사민당에 입당하면서 본격적으로 정당 활동을 시작한다. 바르트는 사민당의 지역 모임 등에서 활발한 강연 활동을 전개해 가는데, 사민당과 사회주의 운동에 대한 그의 이해를 파악하는 데 도움이 되는 대표적인 강연으로는 "전쟁, 사회주의, 기독교(I)"(1914), "전쟁, 사회주의, 기독교(II)"(1915)), "그리스도와 사회민주주의"(1915) 등이 있다. 이 강연들은 바르트가 기독교와 사민주의 모두가 전쟁을 저지하지 못했다는 사실에 대해 깊이 실망하고 있다는 것을 보여준다: "우리는 양자 모두 [기독교인들과 사민주의자들: 필자] 에 대하여 깊이 실망하였다 … 이들은 모두 전쟁을 저지할 만큼 강력하지 못했으며, 지금도 마찬가지이다!" 바르트에 의하면, 전쟁을 저지하는 데 실패한 것은, 기독교와 사민주의 모두 전쟁을 "필연적"인 것으로 여겼으며, 이와 더불어 각자 나름대로 전쟁을 하나의 "성전"으로 간주하였기 때문이었다. 바르트는 이와 같은 오류의 근본 원인은 기독교와 사민주의 모두 "현존하는 세계와의 내적 연관성"에만 천착했기 때문이라고 분석한다. 바르트의 진술은 일견 기독교와 사민주의의 한계가 전쟁지지를 통해 명백히 드러난 이상, 그리고 그러한 한계의 근본 원인이 이 세계의 현실과 과도하게 깊은 연관성을 맺고 있기 때문이라고 평가한 이상, 이제 이 두 요소로부터의 철저한 초월 내지 도피를 통하여 신적 세계로 피신할 것을 그 대안으로 제시하려 할 것처럼 보인다. 하지만, 바르트의 제안은 예상을 빗나간다. "우리는 무엇을 해야만 할 것인가? 더 이상 정치를 하지 말 것인가? 정당에서 탈당할 것인가?" 이에 대한 바르트의 대답은 명백하게 '아니오'이다. 전쟁을 지지했다는 명백한 오류에도 불구하고 기독교도, 사회주의도 결코 포기되어서는 안 된다. 오히려 바르트는 대담하게 제안한다. 우리는 그리스도인이자 동시에 사회주의자여야만 한다: "진정한 사회주의자는 그리스도인이어야만 한다. 그리고 진정한 그리스도인은 사회주의자여야만 한다." 1차 세계대전은 바르트로 하여금 기독교 신앙과 사회주의를 비판적으로 성찰하는 계기를 제공한 것이 분명하다. 하지만, 이는 바르트로 하여금 기독교와 사회주의를 '부정'하는 것이 아니라, 오히려 양자

도는 사회운동이고 사회운동은 예수이다"라고 규정했다.692) 바르트는 "교회
가 하나님의 나라를 추상적으로 파악하고 사회의 열악한 조건 속에서 당하고
있는 노동자들의 물질적 도덕적 고난에 책임적으로 대응하지 못한 것을 교회
의 타락이며, 예수 그리스도에게서 탈락이라고 비판"했다.693) 그러면서 자신
의 신학을 '하나님의 신학'이라 하니 변질되고 썩은 신학이다. 그런 칼 바르

의 '뿌리'(radix)로 다시 돌아가서 각각의 본래적 특징을 재검토하게 했다. 이는 바르트가 그리스도인이자 동시에
사회주의자여야 한다는 진술을 넘어서서, "급진적 기독교"(radikales Christentum)와 "급진적 사회주
의"(radikaler Sozialismus), 그리고 이 양자의 근본적 동일성을 주창하는 것을 통해 드러난다.〉
692) 오영석, '칼 바르트의 정치신학 연구,' **한신논문집** 13 (1996): 34-36(25-70); 〈2. 예수 그리스도와 사회운
동: 바르트는 1911.12.17일에 자팬빌의 노동조합 연맹에서 "예수 그리스도와 사회운동"이라는 강연을 했다. 이
강연에서 그는 "지금 예수는 사회운동이며, 사회는 예수"라고 예수와 노동자 운동과 이 운동의 의지와 동일시한
대목이 있다. 그러나 그는 하나님의 사회주의는 우리 인간들 이 사회주의에서 창조할 수 있는 것을 무한히 초월
한다는 것을 의식하고 있었다. 하나님의 사회주의는 지금 하나님에 반대되는 사회의 질서를 혁명적으로 전복하
여 하나님의 사회주의에 더 좋게 상응하게 되는 사회질서를 위한 투쟁을 배제하지 않고 포함하고 있다는 것을
바르트는 인식했다. 바르트는 로마서 2판에서 양자를 동일시한 것은 인간의 해방이 아니라 새로운 예속이라고 제
시하고 있다. 우리는 이 점을 주목하고서, 그의 적대자들이 종교적인 것을 인용한 선동연설이라고 비판한 그의
강연에서 나타난 신학과 정치의 문제를 살펴보자, 바르트는 그 자신이 노동자들과 사회주의자들에게 제시할 수
있는 가장 위대하고 최선의 것은 예수 그리스도이며 그의 인격에서부터 역사와 삶 속으로 침투한 능력이라고 말
한다. 바르트에 의하면 예수와 사회운동은 그것들이 두 가지 다른 것인 것처럼 나란히 맞세워선 안 된다. 왜냐하
면 양자는 하나이기 때문이다. 예수 인격의 본래적인 내용은 사회운동이다. 그러므로 그는 "현재의 상황에서 예
수 그리스도는 사회운동이고 사회운동은 예수이다"라고 규정한다(K. Barth, "Jesus und die soziale Bewegung,"
In : Der Freie Aargauer, 1911. 12. , S. 1.). 사회운동은 예수의 인격의 내용이며, 19세기와 20세기의 사회운동
은 예수와 함께 역사 속으로 들어간 영의 능력에 의하여 직접적으로 추진한 것이다. 그러나 바르트는 놀랍게도
부르조아 교회와 교인들이 이 사상과 운동에 정력적으로 반대하고 비판한다. 반대자들은 사회운동가들이 "예수
를 사회주의적인 시위자로 만들고", 구세주를 "빨갱이로 만들고", "예수를 어떤 정치적인 당파의 당원"으로 만든
다고 비난한다는 것이다. 예수는 어떤 당파에 속하지 않고 사회적인 투쟁에 초연한 비당파적이라는 것이다. 예수
는 사회민주당이 의미한 것처럼 시간적으로 제한되지 않고 영원하다는 것이다. 예수를 사회운동 속으로 끌어들
이는 것은 신성모독이다. 파업한 노동자들과 예수는 아무런 관계가 없으며, 자신을 정당화하는 폭력을 통해서 성
취하는 것은 예수 그리스도와 무관하다고, 반대하는 자들은 사회주의적인 운동에 대하여 분노하고 있다. 이러한
비난에 맞서 바르트는 그들의 시야가 편협하다는 것을 지적하고, 사회주의자들이 지금까지 만든 것과 사회운동
을 구별한다. 그는 반대자들에게 사회주의자들이 원하고 있는 것에 주목하라고 말하고, 그가 말하는 사회적 운동
이란 사회민주주의자들이 의도한 것이라고 지적한다. "우리 기독교인은 우리가 만들어낸 것에 의해서가 아니라
우리가 바라는 것에 의해서 하나님과 사람들에 의하여 판단되기를 바란다. 사람이 그의 말과 행동으로 무엇을 원
하고 있느냐가 중요하다. 우리는 사회주의자들의 전략과 태도와 독자적으로 예수를 독일의, 프랑스의, 아르가우
의 사회주의자로 만들지 않는다. 그것은 헛된 노름일 뿐이다. 우리는 오늘의 사회에서 역사적인 현상을 넘어서,
영원한 것과 지속적인 것과 예수 그리스도 안에서 성취한 하나님의 영원한 말씀 간의 내적인 연합을 제시하려
한다. 이 점에서 우리는 예수와 개혁을, 예수와 선교를 관련시킨다. 이와 같은 의미에서 우리는 예수를 사회운동
이라고 말한다." 이것은 바르트가 예수와 사회주의적인 운동 사이에 내적인 연관성이 있다는 것을 지적한 것이
다. 이로써 그는 교회에 의하여 무신론자로서, 다원주의자로서, 물질주의자로서 비판된 사회주의자들을 예수 그
리스도와 연결시켜서 그들이 그리스도의 참된 제자일 수 있다고 한 것이다. 교회는 예수가 아니고, 예수는 교회
가 아니며, 예수는 기독교적인 세계관이 아니고, 기독교적인 세계관이 예수는 아니다,라고 양자를 분리한다. 따라
서 사람들이 하나님, 세계와 인간의 구원에 관한 기독교적인 이념을 지녔을지라도 완전히 이교도일 수 있으며,
예수의 인격과 사회주의적인 확신 간의 연결을 인식하고, 그 연결에 합당한 생활을 한다면 그는 예수의 진정한
추종자와 제자일 수 있다고 천명한다.〉
693) Ibid., 39.

트의 책에 경도(傾倒)된 교수와 목회자들이 너무 많다.

역사적 사실이 아니면 무엇인가? 그들은 도덕적 원리나 윤리적 모범을 발견하면 된다고 말한다. 역사적 사실이 아닌 것은 무의미하다. 역사적 사실이 아니면 도덕적 원리도 윤리적 모범도 허상이기 때문이다. 역사가 허구이면 원리도 허구다. 그런 기초 위에서 무상(無像)이 유상(有像)이 되는 것은 판타지(fantasy)다. 그것은 종교적 도약이다.

로버트 레이몬드는 창세기 2장의 언약의 본질에 대해 말했다. 레이몬드는 하나님과 아담이 맺은 언약은 '행위언약'(웨스트민스터 신앙고백서 7장 2항과 10장 1항) 또는 생명언약(대교리문답 20문과 소교리문답 12문)으로 불린다면서 다음과 같이 말했다.

전자의 경우는 하나님이 아담에게 공의로 행하실 것을 확증하는데 강조점이 있다. 즉 아담이 하나님의 공의의 시험을 성공적으로 감당하여 순종하며 그의 순종을 인하여 상급을 당연히 받게 될 것을 강조하고 있다. 그러나 후자의 경우는 아담이 하나님께 순종할 때 그와 그의 후손들이 받게 될 상급의 성질을 특별히 강조하고 있는 것이다.694)

레이몬드에 의하면, 창세기 2장의 언약은 '행위언약' 혹은 '생명언약'으로 불리며 아담이 하나님의 공의의 시험을 감당하는 그 결과로 상급을 받는다는 것을 말한다. 성경은 무엇이라고 말하는가?

여호와 하나님께서는 아담에게 이렇게 말씀하셨다.

여호와 하나님이 그 사람에게 명하여 가라사대 동산 각종 나무의 실과는 네가 임의로 먹되 선악을 알게 하는 나무의 실과는 먹지 말라 네가 먹는 날에는 정녕 죽으리라 하시니라(창 2:16-17)

창세기는 2장 16절은 "하나님"으로 시작하지 않고, "여호와 하나님"으로 시작한다. 왜 그러한가? 왜 "여호와 하나님"인가? 그것은 하나님께서 에덴동산에서 아담과 언약하셨기 때문이다. 출 3:13-15에서 하나님께서는 모세에게 나타나실 때, '여호와'라고 소개하시고 조상들과 언약한 것을 이루시는 하나님이라고 말씀하셨다.695) 여호와 하나님은 언약하시는 하나님이시며 언약을 성취하시는 하나님이시다.

---

694) 로버트 L. 레이몬드, **최신조직신학**, 나용화·손주철·안명준·조영천 역 (서울: 기독교문서선교회, 2004), 550.
695) 하나님이 또 모세에게 이르시되 너는 이스라엘 자손에게 이같이 이르기를 나를 너희에게 보내신 이는 너희 조상의 하나님 곧 아브라함의 하나님, 이삭의 하나님, 야곱의 하나님 여호와라 하라 이는 나의 영원한 이름이요 대대로 기억할 나의 표호니라(출 3:15)

아담은 하나님의 도덕법 전체를 순종해야 하는 존재였다. 칼빈은 하나님께서 "인간이 복종하는 표로써 그에게 한 율법을 부과"시켰다고 말했으며, "한 그루의 금지된 나무는 순종을 시험하는 나무였다"라고 말했다.696) 아담은 하나님의 뜻에 모든 것을 의지하며 하나님의 명령을 순종하며 살아야 했다. 이것이 무슨 말인가? 아담이 오직 선악과만 먹지 않으면 다른 모든 죄를 지어도 영생을 얻을 수 있는 존재는 아니라는 뜻이다. 선악과만 안 먹으면 살인을 해도 용인되는 것이 아니다. 존재가 사명을 지배해야 하기 때문이다. 아담이라는 존재는 우연의 산물이 아니라 하나님의 창조 결과물이다. 아담은 하나님의 형상을 따라 창조된 존재이기 때문에 존재에 합당한 삶을 살아야만 한다.

브랜던 크로는 찰스 핫지(Charles Hodge, 1797-1878)의 글을 인용하며 다음과 같이 말했다.

> 아담은 참되고 온전하게 순종해야 했으며, 이 아담의 마음에 기록된 하나님의 도덕법에 대한 순종이었다. 이 말은 나중에 십계명으로 성문화될 것에 아담이 순종해야 했다는 의미다. 성경 역사의 특정한 순간에 이스라엘에게 주어진 것이기는 하지만, 십계명은 그 계명들만이 돌 판에 새겨졌다는 점에서 독특하다. 십계명은 하나님의 율법의 좀 더 의식적인 면이나 민사적인 면에 초점을 맞추지 않는다. 대신 십계명은 하나님의 영속적인 도덕법을 요약하고 있는데, 이는 변하지 않는 것이며 태초에 아담에게 이미 요구되었던 것을 반영한다.697)

크로에 의하면, 하나님께서는 아담의 마음에 하나님의 도덕법을 심으셨고 아담은 그 도덕법에 온전히 순종해야 했다. 아담에게 주어진 도덕법은 영속적인 도덕법이었다. 그렇다면 아담에게 선악과는 무슨 의미인가? '선악과를 먹느냐? 안 먹느냐?'는 '여호와 하나님을 주님으로 섬기고 예배하며 살 것인

---

696) 존 칼빈, **구약성서주석 1** (서울: 성서교재간행사, 1982), 107; "우리가 하나님의 일반적인 기획이라고 염두에 간직하고 있어야 될 것은 하나님께서는 인간이 그분의 권위에 복종하게 하시려고 그렇게 하였던 것이다. 그러므로 한 나무의 과일을 먹지 않고 절제하는 것은 순종하는 면에서 첫째 가는 교훈이었다."

697) 브랜던 크로, **그리스도의 능동적 순종과 수동적 순종**, 정광규 역 (서울: 부흥과개혁사, 2022), 56-57; 〈"아담은 하나님의 도덕법 전체를 순종해야 했다. 이 말은 아담이 하나님을 온전히 사랑해야 했음을 의미한다. 부분적인 순종과 불완전한 사랑은 충분하지 않았을 것이다. 그리고 성경은 사랑과 순종이 밀접한 관련이 있다고 분명히 밝힌다(예. 신 5:10; 6:5; 7:9; 요 14:15, 23). 아담이 설령 자기 자녀를 살해했다 해도, 선악을 알게 하는 나무의 열매를 먹지 않았다면 영생을 상속했을 것이라고 하는 것은 말이 되지 않는다. 아담이 에덴동산에서 부지런하게 섬기면서도 우상을 숭배했다면, 하나님의 요구를 충족시키지 못했을 것이다. 아담은 간음을 저지름으로 생육하고 번성해서는 안 되었다." "그러므로 아담에게 특정한 나무의 열매를 먹지 말라고 하신 특정한 명령은 아담이 순종해야 했던 유일한 명령이 아니었다. 그 명령을 외면적이고 가시적인 시험으로 주신 것은 단지 아담이 모든 일에서 하나님에게 기꺼이 순종하는지 아닌지를 판별하기 위해서였다" 찰스 핫지, **조직신학 3권** (1872-1873년; repr...,Peabody, MA: Hendrickson, 2008), 2:119.〉

가?' 아니면 '아담이 주체가 되느냐?'에 대한 핵심 검증이었다. 아담은 검증 시험에 실패하고 범죄하여 타락했다. 불순종의 결과는 무엇인가? 죽음이다. 아담이 불순종하여 죄를 범해 죽었다는 사실에서 그 반대로 순종하여 시험을 통과했다면 영생했을 것이라고 말할 수 있다.

그것을 증거 하는 말씀이 레 18:5이다.[698] 사도 바울이 신 27:26을 사용한 이유는,[699] "영생이 하나님의 율법에 완전하고 전체적인 충성을 요구한다"는 원칙을 증명하기 때문이다.[700] 물론 이런 말씀들이 하나님께서 아담에게 직접 대면하여 하신 말씀은 아니다. 그러나 '성경에서 말하는 순종과 생명의 원리가 무엇인가?'를 말해 준다. 이 원리와 관계가 왜 중요한가? 그것은 예수 그리스도의 완전한 순종이 영생을 주기 때문이다. 첫 아담은 실패했으나 마지막 아담이신 예수 그리스도께서는 온전히 순종하셨다.

2) 레 18:5

레 18:5에 대한 자료는 안상혁 교수의 「레위기 18장 5절에 대한 교회사적 고찰」을 참고할 수 있다.[701] 지금 우리는 IAOC 논쟁에서 다른 신학자들의 말은 별 의미가 없고 칼빈의 해석에 권위를 두고 판단을 하고 있기 때문에 안상혁 교수가 언급한 신학자 중 칼빈만 언급하려고 한다.

율법의 도덕적 측면은 구속력이 있다. 이 구속력이란 하나님의 계명에 완전히 순종해야 영생을 주신다는 것이다. 그 말씀은 레 18:5이다.

너희는 나의 규례와 법도를 지키라 사람이 이를 행하면 그로 인하여 살리라 나는 여호와니라(레 18:5)

사도 바울은 롬 10:5과 갈 3:10-14에서 이 말씀을 인용했다. 눅 10:28도 레위기를 암시한다. 여호와께서는 레 18장에서 자기 백성에게 하나님의 계명에 순종할 것을 명령한다. 뿐만 아니라 인간의 본성적 죄악을 아시고 속죄의 방식과 하나님과 교제하는 수단을 말한다. 크로가 말하듯이, 아담의 타락 이후에 나오는 두 혈통은 언약 준수자와 언약 파기자다.[702] 이것은 성경이 주

---

698) 너희는 나의 규례와 법도를 지키라 사람이 이를 행하면 그로 인하여 살리라 나는 여호와니라(레 18:5)
699) 이 율법의 모든 말씀을 실행치 아니하는 자는 저주를 받을 것이라 할 것이요 모든 백성은 아멘 할지니라(신 27:26)
700) 브랜던 크로, 그리스도의 능동적 순종과 수동적 순종, 정광규 역 (서울: 부흥과개혁사, 2022), 58.
701) 김병훈·박상봉·안상혁·이남규·이승구, 그리스도의 순종과 의의 전가 (수원: 합동신학대학원출판부, 2022), 403-431.
702) 브랜던 크로, 언약과 율법 성경신학, 정광규 역 (서울: 부흥과개혁사, 2022), 42.

도면밀하게 언약준수의 원리를 고수하고 있다는 것을 말해 준다.

신약성경은 왜 레 18:5을 인용했는가? 그것은 하나님의 율법을 완전히 순종할 때만 생명을 누린다는 것을 가르치기 위함이다.

칼빈은 다음과 같이 말했다.

> 그러나 성경이 인간의 행위에 의해서 의롭게 된다는 점을 부정하는 것은 율법 자체가 불완전하거나 그것이 완전한 의에 대한 교훈을 담고 있지 않아서라기보다는 이 약속이 우리의 타락과 죄로 말미암아 무효하게 되기 때문이다. 그러므로 바울은, 앞에서도 언급했지만, 우리는 믿음을 통해 그리스도의 은혜에서 의를 찾도록 해야 한다는 점을 가르치면서(롬 10:4) 아무도 율법의 명령하는 바를 성취하지 않고서 의롭게 되지 않는다는 논리로써 그의 말을 입증하고 있다. 그는 다른 곳에서는 칭의 문제에 있어 율법은 신앙과 일치하지 않는 것으로 주장하고 있는데 이것은 신앙은 우리에게 그리스도를 가리켜 보여주면서 우리로 하여금 율법의 저주에서 구원받도록 하지만 율법은 구원 얻을 조건으로 행위를 요청하고 있기 때문이다. 그러므로 어떤 사람이 율법을 성취할 경우 그는 의를 획득한다는 말을 터무니 없는 것으로 배척하는 사람들이 있는데 그들이야말로 어리석다. 결점은 율법의 교의 자체에 있는 것이 아니라 인간의 연약성에 있다는 점은 바울의 다른 곳에서의 증거에서 분명히 드러나 있다(롬 8:3). 하지만 율법의 계명이 모든 면에 있어서 충족되기 전에는 율법을 통해서 구원을 얻을 생각을 말아야 한다는 점을 우리는 주목해야 한다. 왜냐하면 생명은 이 계명이나 저 계명 한 가지를 지키는 사람에게 약속되어 있는 것이 아니라 복수로써 전체적인(full) 순종이 우리에게서 요구되고 있기 때문이다.703)

칼빈에 의하면, 성경은 인간의 행위에 의한 의를 부정하지 않는다. 원리(규범)가 무너지면 존재와 삶이 무너지기 때문이다. 문제는 율법이 아니라 인간의 타락과 죄에 있다. 율법은 구원을 얻을 조건으로 행위, 곧 율법의 성취를 요구한다.

레위기 18장은 누구에게 주어졌는가? 여호와께서 구원한 백성들에게 주셨다. 그러면 율법에 대한 완전한 순종은 새로운 조건인가? 그렇지 않다. 하나님께서는 하나님의 율법의 구속력, 곧 율법에 완전한 순종을 할 때 영생을 주신다는 것을 가르치기 위함이다. 그러나 어느 누구도 율법을 완전하게 지킬 수 없다. 첫 사람 아담의 범죄와 타락으로 인간은 죄악 된 본성을 가지고 태어난다. 그런 까닭에, 완전한 순종은 근본적으로 불가능하다. 영생은 율법이 아니라 그리스도께서 주신다. 오직 그리스도만이 완전한 순종을 이루시기 때문이다.704) 칼빈에게 그리스도의 율법준수는 그리스도의 성육신으로부터 십

---

703) 존 칼빈, **구약성서주석 5** (서울: 성서교재간행사, 1982), 193-194.
704) 브랜던 크로, **그리스도의 능동적 순종과 수동적 순종**, 정광규 역 (서울: 부흥과개혁사, 2022), 90-91; "한편으로 구속사의 경륜 가운데 모세를 통해 주어진 율법은 죄인인 언약 당사자들에게 주님과의 일상 교제에서 신실하게 행하라는 완전한 요구하지 않았다. 사실 그들은 아담 이후에 자연적으로 출생했으므로, 완전하게 순종하는 것이 불가능했다. 다른 한편으로 바울은 생명의 충만함은 반드시 완전한 순종과 뗄 수 없는 관계라는 원칙을

자가의 죽으심과 부활에 이르기까지 결코 분리되지 않으며 분리될 수도 없는 것이었다.705)

3) 이사야 53장

이사야 53장은 '고난 받는 종'에 대한 말씀이다. 칼빈은 사 53:11 주석에서 다음과 같이 말했다.

율법이 우리에게 의를 확보할 수 없는 것은 우리의 본성의 타락 때문이다. 마찬가지로 바울은 이 연약함은 율법이 아니라 우리의 '육신으로부터(롬 8:3)' 나오는 것으로 가르친다. 그 이유는 본성이 우리를 다른 방향으로 충동질하며 우리의 갖가지 정욕은 마치 성난 야수처럼 더욱더 흉악하게 하나님의 명령에 대적하기 때문이다. 그 결과 "율법"은 의가 아니라 '진노를 가져올(롬 4:15)' 뿐이다. 그러므로 율법은 모든 사람을 죄지은 자들로 주장하며 그들로 하여금 그들의 죄를 알게 한 후 완전히 변명할 수 없게 만든다. 그러므로 우리는 다른 방식의 의를 찾지 않으면 안 되는데 곧 이 목표로 제시하는 그리스도 안에서만 가능하다(롬 10:3). "율법의 의의 성격은 '이것을 실천하는 자만이 그것으로 말미암아 살리라는 것이다(레 18:5; 갈 3:12)." 그러나 그것을 실천한 사람은 지금까지 아무도 없었으며 그러므로 또 다른 의를 찾는 것이 필요하다. 바울이 모세의 말에서 인용하듯이 "말씀이 네게 심히 가까워서 네 입에 있으며 네 마음에 있은즉 네가 이를 행할 수 있느니라. 우리가 전파하는 믿음의 말씀이라(신 30:14; 롬 10:8)." 그러므로 우리를 의롭게 하는 것은 이 가르침뿐이다. 이것은 물론 그 가르침 자체가 그렇게 해 준다는 말이 아니라 거기에 그리스도의 죽음의 은혜가 드러나기 때문이다. 그리스도의 죽음으로 말미암아 우리의 죄가 속량되며 우리가 하나님께 화해되는 것이다(롬 5:10). 다시 말해서 우리가 믿음으로 이 은혜를 받아들여야 하나님 앞에서 의롭다고 인정받는다는 것이다.706)

모세 율법에서 발견했다. 따라서 은혜 언약의 일부로서(즉 하나님의 은혜로운 구원 계획의 일부로서), 모세 율법은 구속받은 백성에게 매일의 완전한 순종을 요구하거나 기대하지 않은 반면, 하나님의 도덕법은 더 근본적으로 구원을 상속하기 위한(따라서 칭의를 위한) 완전한 순종을 요구한다. 달리 말하면, 율법의 모세 경륜 아래서 신실한 이스라엘 사람들은 믿음으로 하나님을 기쁘시게 하고 순종할 수 있었지만, 그들이 영생을 상속하려면 궁극적으로 완전한 순종이 요구되었다. 신약시대 신자들의 칭의와 마찬가지로 그들의 칭의도 그리스도의 완전한 순종에 근거한다."

705) 김병훈·박상봉·안상혁·이남규·이승구, **그리스도의 순종과 의의 전가** (수원: 합동신학대학원출판부, 2022), 419-420; 〈칼빈의 성경해석에서 우리는 두 가지 중요한 강조점을 발견한다. 첫째, 타락한 인류 가운데 그 누구도 "율법의 행위로 말미암아"(ex operibus legis) 의롭다 함을 받지 못한다(갈 2:21). 그러나 이는 죄로 인해 율법을 온전히 준수할 수 없는 사람에게 원인이 있는 것이지, 그 자체로서 거룩하고 완전한 율법에 결함이 있기 때문이 아니다. 또한 갈라디아서 2장 11절은 그리스도께서 우리를 위해 (혹은 우리를 대신하여) 율법준수의 요구를 친히 담당하신 사실을 결코 배제하지 않는다. 오히려 그리스도의 죽음이 헛되지 않음을 논증하기 위해 칼빈은 예수 그리스도께서 율법 아래 태어나 율법을 온전히 성취하시고 이를 통해 우리를 위해 획득하신 의를 우리의 공로(행위) 없이 우리에게 전가시켜 주셨다고 말한다. 둘째, 칼빈에게 있어 그리스도의 율법준수는 그분의 성육신(율법 아래 나심)과 십자가 그리고 부활 등의 사역과 결코 분리되지 않으며 또한 분리될 수도 없다. 이와 마찬가지로 율법의 모든 부분도 그리스도로부터 분리되지 않는다. 오히려 율법은 결국 하나님의 백성을 그리스도의 의로 인도한다는 의미에서 "율법이 무엇을 가르치든, 무엇을 명령하든, 무엇을 약속하든 모든 것이 그리스도를 목적으로 삼고 있으며, 따라서 율법의 모든 부분은 그리스도에게 연결되어 있다."〉
706) 존 칼빈, **구약성서주석 15** (서울: 성서교재간행사, 1983), 135.

칼빈에 의하면, 인간 본성의 타락으로 말미암아 율법으로는 의를 확보할 수 없다. 레 18:5이나 갈 3:12은 율법의 의의 성격을 말해 준다. 율법의 의는 "사람이 이를 행하면 그로 인하여 살리라"이다. 그러나 아무도 실천할 수 없었다. 그런 까닭에, 우리에게는 다른 의가 주어졌다. 그것은 예수 그리스도께서 고난을 받고 죽으심으로 주어지는 의다. 이어지는 주석에서 칼빈은 "나의 의로운 종"을 설명하면서 다음과 같이 말했다.

> 여기에서 선지자는 그리스도께서 하나님이시기 때문만이 아니고 사람이기 때문에도 우리를 의롭게 한다는 점을 보여주는데, 그 까닭은 그리스도께서 육신을 입고서 우리를 위한 의를 초래하셨기 때문이다. 그는 '성자'가 아니라 '나의 종'이라는 표현을 써서 우리에게 그를 하나님으로만 볼 것이 아니라 그의 인성을 입고서 하나님께 순종했으며 그 순종으로 말미암아 우리가 하나님 앞에서 죄 사함을 받는다는 점을 생각하게 한다. 우리의 구원의 기초는 그가 자신을 제물로 바쳤다는 사실에 있으며, 마찬가지로 그리스도 자신도 "또 저희를 위하여 내가 나를 거룩하게 하오니 이는 저희도 진리로 거룩함을 얻게 하려 함이니이다(요 17:19)" 하는 점을 밝혀준다.707)

칼빈에 의하면, 그리스도께서 우리를 의롭게 하신 것은 하나님으로 주신 의가 있으며 인성을 입으시고 하나님께 순종하심으로 죄 사함을 주셨다. 그 것을 우리 주님께서는 요 17:19로 말씀하셨다. 칼빈은 그리스도께서 생애 전체의 순종으로 우리를 의롭게 하셨다는 것을 말했다.

존 머리는 다음과 같이 말했다.

> 성경은 그리스도의 사역을 하나의 순종(obedience)으로 여기고 이 용어는 물론 이 용어가 내포하는 개념을 자주 사용한다. 그리스도의 사역을 통합하고 하나로 아우르는 말이 순종이라고 할 수 있을 정도다. 구약성경에서 그리스도의 속죄의 모양을 보다 탁월하게 묘사하는 본문이 이사야 53장이라는 사실을 생각하면, 이런 결론이 뜻하는 바가 무엇인지 알고 무리 없이 받아들일 수 있을 것이다. 이사야 53장에 나오는 고난 당하는 인물은 종으로 묘사된다. "보라, 내 종이 형통하리니 받들어 높이 들려서 지극히 존귀하게 되리라"(사 52:13) 종의 자리에서 그는 의롭게 하는 열매를 거둔다. "나의 의로운 종이 자기 지식으로 많은 사람을 의롭게 하며"(사 53:11) 우리 주님은 이사야 53장의 이런 의미를 분명히 함의하는 말로 자신이 이 땅에 온 목적을 명시하시면서 이사야서의 그런 구조가 타당함을 분명히 하셨다. "내가 하늘에서 내려온 것은 네 뜻을 행하려 함이 아니요 나를 보내신 이의 뜻을 행하려 함이니라"(요 6:38) 심지어 구속의 성취에 있어서 핵심적인 사건인 자신의 죽음에 대해서도 이렇게 말씀하신다. "내가 내 목숨을 버리는 것은 그것을 내가 다시 얻기 위함이니 이로 말미암아 아버지께서 나를 사랑하시느니라. 이를 내게서 빼앗는 자가 있는 것이 아니라 내가 스스로 버리노라. 나는 버릴 권세도 있고 다시 얻을 권세도 있으니 이 계명은 내 아버지에게서 받았노라 하시니라"(요 10:17-18)708)

---

707) Ibid., 135-136.
708) 존 머레이, **구속**, 장호준 역 (서울: 복있는사람, 2013), 39-41.

머리에 의하면, 그리스도의 순종은 속죄를 포함하여 이 땅에 오셔서 고난 당하신 모든 것을 포함한다. 그리스도의 순종은 생애 전체의 순종이다. 그리스도의 순종은 하나님의 뜻을 행하시는 것이다. 십자가에 죽으심은 구속의 성취에 핵심적인 사건이다. 그런 까닭에, 순종은 그리스도의 사역을 포괄적으로 나타내는 말이다.

4) 겔 18:17

> 손을 금하여 가난한 자를 압제하지 아니하며 변이나 이식을 취하지 아니하여 내 규례를 지키며 내 율례를 행할진대 이 사람은 그 아비의 죄악으로 인하여 죽지 아니하고 정녕 살겠고(겔 18:17)

에스겔 18장은 공의를 행하거나 법도와 규례를 지키는 사람을 의롭다고 말하며 공의를 행하는 것과 법도와 규례 준수를 동일시한다. 그리하여 공의의 개념을 인간의 모든 삶의 영역에 적용하고 확대했다.

칼빈은 다음과 같이 말했다.

> 엄밀히 말해서 의란 율법에 대한 준수이기 때문이다. 그러므로 만일 누가 의란 무엇이냐고 묻는다면 그에 대한 정확한 정의는 바로 율법에 대한 준수다. … 바울은 '하나님 앞에서는 율법을 듣는 자가 의인이 아니요 오직 율법을 행하는 자라야 의롭다 하심을 얻으리나(롬 2:13)라고 말한다. 하나님의 율법에 순종하면서 일평생을 산 사람들만이 의인이라고 바울은 자명하게 말한다. 요한도 '의를 행하는 자가 의인이다(요일 3:7)라고 말한다. … 우리 중에서는 아무도 그것을 행할 수가 없으므로 율법을 성취한 그리스도만이 하나님 앞에서 의롭게 여김을 받고, 우리들은 그리스도의 의를 통하여 하나님 앞에서 의롭다고 인정받을 필요가 있게 된 것이다. 곧 그리스도의 의가 우리에게 돌려진 것이고, 여기에서 우리는 그의 의를 힘입어 하나님께 의로운 자로 용납된 것이다. 그러므로 믿음에 의한 의인은 본래의 행동으로 의롭다 함을 받는다는 뜻이 아니다. 우리에게는 참된 의가 없으므로 믿음을 통해 얻는 의에로 나아갈 필요가 있다. 이것은 우리에게 있어서 신성한 닻과 같은 것이다. 바울은 '율법에 의를 행한 자는 그 행위를 통해 살며, 즉 믿음에 의해 사는 자는 의롭게 될 것이다'라고 말한다. 사도 바울은 이중의 의를 말한다. 즉 율법의 의와 믿음에 의한 의인 것이다. 그는 율법의 의는 공로에 기인 된 것이라고 말하는데, 그것은 아무도 율법을 성취하지 못하면 의인으로 여김 받지 못하기 때문이다(롬 10:5-8). 그런데 모든 사람이 이 기준에서는 너무 동떨어지므로 그대신 다른 의가 추가된 것이다. 곧 우리가 믿음으로 그리스도의 의를 받아들여 우리의 외부에서 주어진 의로써 의롭게 되는 것이다.709)

칼빈에 의하면, 의는 율법준수로 얻는 것이다. 이것은 언약의 규범이다. 믿음은 우리 외부에서 주어지는 의로 나아가게 하는 것이다. 칼빈은 "엄밀하게 말해서 의란 율법에 대한 준수"라고 말했다.710) 칼빈은 그 증거 구절로 롬

---

709) 존 칼빈, **구약성서주석 23** (서울: 성서교재간행사, 1983), 271.
710) Ibid., 270; "왜냐하면 엄밀히 말해서 의란 율법에 대한 준수이기 때문이다. 그러므로 만일 누가 의란 무엇이냐고 묻는다면 그에 대한 정확한 정의는 바로 율법에 대한 준수다. 어째서 그런가? 율법은 내가 앞에서 설명했

2:13과 요일 3:7을 말했다. 그 율법준수를 우리 중 아무도 할 수 없으므로 그 율법을 성취하신 그리스도의 의를 우리에게 주심으로 우리가 의롭다 함을 얻었다. 이것을 믿음으로 받기 때문에 믿음으로 의롭게 되었다고 말한다. 칼빈은 사도 바울이 말하는 이중 의, 곧 율법의 의와 믿음의 의를 말했다. 우리는 믿음으로 그리스도께서 성취하신 그 의를 받아 의롭게 되었다.

5) 슥 3:4-5

김병훈 교수는 "스가랴 3:4에서 더러운 옷을 벗긴 다음에 벗은 몸으로 두지 않고 아름다운 옷을 입히시는 것은 또한 그리스도의 순종의 두 측면을 시사한다"고 말했다.711)

벌코프는 "칭의에는, 좀 더 구체적으로는 그리스도의 능동적 순종에 근거한 적극적인 요소가 있다"라고 말하면서, 여호와께서 이스라엘을 대표하여 하나님 앞에서 더러운 옷을 입고 있는 대제사장 여호수아에게 주신 말씀 "내가 네 죄과를 제하여 버렸으니"를 소극적 요소로, "네게 아름다운 옷을 입히리라"를 적극적 요소라고 말했다.712) 존 오웬은 더러운 옷을 벗기는 것은 허물을 제거하는 것으로, 옷을 갈아입는 것은 추가적인 은혜이며 호의라고 말했다.713) 오웬은 사법적 재판에서 용서를 받아 죄의 책임에서 벗어나는 것과 양자에 의해 하나님의 아들이 되고 하나님 나라의 상속자가 되는 것은 다른 것이라고 말했다.

듯이 의의 확고한 규범을 제시하기 때문이다. 누구든지 율법을 준수하는 자는 의롭다고 여겨질 것이다. 이런 관점에서 의롭다 함을 받는 것은 철저한 의미에서 공로에 속한다고 말할 수 있다."
711) http://repress.kr/25029/ 김병훈, '[특별기고] 그리스도의 순종과 의의 전가 _김병훈 교수,'(2021.5.20.)
712) 루이스 벌코프, **벌코프조직신학**, 이상원·권수경 역 (서울: 크리스챤다이제스트, 2020), 801; 〈물론 피스카토(Piscator)나 알미니우스주의자들과 같이 그리스도의 능동적 의가 죄인에게 전가된다는 것을 부인하는 사람들은 칭의의 적극적 요소 부인하게 된다. 이들에 의하면, 칭의란 인간 편에서 영생에 대해서는 아무런 주장도 하지 못하도록 하며, 인간을 단순히 타락 이전의 아담의 지위로 만드는 것에 불과하다. 또 알미니우스주의자들은 인간을 상이한 법 즉 복음적 순종의 법 아래 두고 인간이 신앙과 순종으로써 하나님께 열납되고 영생에 합당하게 된다고 주장한다. 하지만 칭의가 단순한 용서 이상이라는 것은 성경에서 명백히 알 수 있다. 이스라엘을 대표하여 하나님 앞에서 더러운 옷을 입고 있는 대제사장 여호수아에게 여호와는 "내가 네 죄과를 제하여 버렸으니(소극적 요소) 네게 아름다운 옷을 입히리라(적극적 요소)"(슥 3:4)고 말했다. 행 26:18에 의하면 우리는 신앙으로 "죄 사함과 거룩케 된 무리 가운데서 기업을 얻게 된다."〉
713) 존 오웬, **칭의론**, 박홍규 역 (서울: 처음과나중, 2020), 474.

2. 신약의 근거

1) 마 1:23

보라 처녀가 잉태하여 아들을 낳을 것이요 그 이름은 임마누엘이라 하리라 하셨으니 이를 번역한즉 하나님이 우리와 함께 계시다 함이라(마 1:23)

예수님의 능동적 순종은 성령님으로 잉태하시고 성육신하신 낮아짐으로 시작되었다. 복음서는 능동적 순종과 수동적 순종, 곧 예수님의 삶과 죽음의 순종을 하나로 말한다. 예수님의 순종은 메시아로서의 순종이다. 예수님의 능동적 순종의 대표적인 모습은 광야에서의 시험과 세례다(마 4:1-11; 막 1:12-13; 눅 4:1-13/ 마 3:13-17; 막 1:9-11; 눅 3:21-22).

그리스도의 순종과 우리의 구원에 대해 크로는 다음과 같이 말했다.

예수님이 세례와 시험 때에 순종하시는 것 외에도, 복음서는 예수님의 순종을 더 광범위하게 언급한다. 예수님은 평생 여러 방식으로 순종하시는데, 이 방식들은 예수님이 대표로서 행하신 순종을 들여다볼 추가적인 창을 제공한다. 다시 말하지만, 구원에 필요한 것은 그리스도의 죽음 이상이다. 다른 사람들의 구원을 위해서는 또한 예수님의 전체 순종이 필요하다는 의미다.[714]

예수님의 순종은 시험과 세례만이 아니다. 마태복음 1장부터 보면 예수님의 삶은 옛언약의 성취였다. 예수님께서는 성육신의 출생으로부터 성경의 예언을 이루는 삶이었다. 마태복음에는 열 개의 구약 성취 인용구가 있다. 마 1:22-23, 2:5-6, 15, 17-18, 23, 4:14-16, 8:17, 12:17-21, 13:35, 21:4-5, 27:9-10이다. 이런 성취는 예수님의 삶이 능동적 순종이라는 것을 증거 한다. 그리스도의 성취하심은 자기 백성을 구원하시는 성취였다. 이름을 짓는 것조차도 구원과 직결되어 있었다.[715]

그리스도의 동정녀 탄생은 우리를 구원할 자는 무죄해야 한다는 것을 말한다.[716] 그리스도는 참 하나님이시며 참 인간이시다.[717] 그리스도께서는 아담의 후손들이 짓는 원죄와 죄책과 무관하시다.

브랜던 크로는 다음과 같이 말했다.

---

714) 브랜던 크로, 그리스도의 능동적 순종과 수동적 순종, 정광규 역 (서울: 부흥과개혁사, 2022), 133.
715) 아들을 낳으리니 이름을 예수라 하라 이는 그가 자기 백성을 저희 죄에서 구원할 자이심이라 하니라(마 1:21)
716) 사망이 사람으로 말미암았으니 죽은 자의 부활도 사람으로 말미암는도다(고전 15:21) 하나님은 한 분이시요 또 하나님과 사람 사이에 중보도 한 분이시니 곧 사람이신 그리스도 예수라(딤전 2:5)
717) 천사가 대답하여 가로되 성령이 네게 임하시고 지극히 높으신 이의 능력이 너를 덮으시리니 이러므로 나실 바 거룩한 자는 하나님의 아들이라 일컬으리라(눅 1:35)

동정녀 탄생은 구원에 중요한 의미를 갖는다. 동정녀 탄생은 예수님의 무죄함을 설명하는 데 도움이 되며, 새로운 인류의 머리이신 예수님의 역할을 강조한다. 창조 때에 성령이 세상 위를 맴도셨듯이, 성령은 마리아를 덮으시고 마리아의 태에서 새 창조를 일으키신다. 그리고 인류의 새 창조를 말하는 것은 에덴동산을, 그리고 완전한 순종을 조건으로 아담 이전에 설정된 영생의 목표를 우리에게 상기시킨다. 완전한 순종의 가능성은 아담의 타락과 함께 사라진 것으로 보인다. 아담 이후에 태어나는 사람은 죄 때문에 누구도 완전한 순종의 요건을 충족시킬 수 없었다. 홍수 후에 새 창조의 시작점에 서 있었던 의의 선포자 노아도, 약속의 땅에 들어가는 것을 허락받지도 못한 모세도, 하나님의 마음에 맞는 사람이었지만 그의 실패가 잘 알려진 다윗도 그럴 수 없었다. 에녹이나 엘리야도, 둘 다 죽지 않았음에도, 영생에 필요한 기준을 충족시킬 수 없었다. 그리스도가 오시기 이전의 참 신자들에게 영생의 경험은 실체였음이 틀림없지만, 이는 누군가가 영생의 요구 기준을 개인적으로 충족시켰기 때문이 아니었다. 그렇기보다 영생은 하나님의 은혜로 주어지지만(구약 신자들에게도), 완전한 순종의 요건을 충족시키는 어떤 이에게 언제나 의존하고 있다.718)

크로에 의하면, 어느 누구도 완전한 순종의 가능성은 없었다. 오직 예수 그리스도만이 영생에 필요한 기준을 충족시켰다. 그리스도께서는 성령님의 능력으로 거룩하게 잉태하셨기 때문에 아담의 원죄와 죄책과 무관했다.

2) 마 3:15
예수님의 세례(마 3:13-17; 막 1:9-11; 눅 3:21-22)
예수님의 능동적 순종은 무엇이었는가? 그것은 예수님께서 세례 요한으로부터 세례를 받으실 때 하신 말씀에 나타난다.

예수께서 대답하여 가라사대 이제 허락하라 우리가 이와 같이 하여 모든 의를 이루는 것이 합당하니라 하신대 이에 요한이 허락하는지라(마 3:15)

예수님의 세례는 범죄한 죄인의 자리로 내려가셔서 순종하신 것이다. 죄와 무관하신 그리스도께서는 왜 세례를 받으셨는가? 그리스도께서 새언약의 대표로서 세례를 받으셨다. 그리스도께서는 죄 사함이 필요한 하나님의 백성과 동일시되는 대표로서 세례를 받으셨다. 그리스도께서 받으신 세례는 공사역을 위한 취임식이었다. 칼빈은 다음과 같이 말했다.

우리는 그리스도의 대답에서 왜 하나님의 아들이 세례를 받으려 했는가 하는 이유를 어느 정도 짐작할 수 있다. 첫 번째 이유는 독특한 것이다. 그가 우리와 함께 세례를 공유하신 것 (communem nobiscum baptismum)은 믿는 자들이 그리스도의 몸에 접붙여지고 세례를 통

---

718) 브랜던 크로, 그리스도의 능동적 순종과 수동적 순종, 정광규 역 (서울: 부흥과개혁사, 2022), 122-123.

해 그리스도와 함께 장사되며, 다시 새로운 생명으로 부활할 것이라는 점을 아들에게 더욱 확실하게 이해시키려는 의도에서이다. 그러나 보다 넓은 의의가 하나님의 말씀에 표현되어 있으니, 하나님께서 모든 의를 성취하는 것이 합당하다는 말씀이다. 이 '의'라는 단어는 성경에서 종종 율법(the Law) 준수의 의미와 동일하게 쓰이고 있다. 이렇게 볼 때 이 구절은 다음과 같이 해석할 수 있다. 그리스도께서는, 율법을 자발적으로 복종하는 가운데 율법을 낱낱이 지킬 필요가 있었다. 그러나 나는 이것을 더 간단한 의미로 취급해서 그리스도께서 이렇게 말씀하신 뜻으로 보고 싶다. 나의 합당 여부 같은 것은 이야기하지 말자. 중요한 것은 우리 중에 누가 더 뛰어났느냐 하는 문제가 아니라 하나님 아버지께서 우리에게 맡겨 주신 우리의 소명의 요구가 무엇인가를 생각해야 하는 것이기 때문이라는 것으로, 왜냐하면 그리스도께서 세례를 받으신 일반적인 이유는 그의 아버지에게 완전한 순종을 바치는 것이요, 독특한 이유는 그리스도 자신의 몸으로 세례를 성별해서, 그것이 그분과 우리 사이에 공동의 것이 되게 하려는 것이기 때문이다.[719]

칼빈에 의하면, 그리스도께서 '의'라고 말씀 것은 율법준수와 동일한 의미이며, 그리스도께서 율법에 자발적으로 복종하는 가운데 율법을 낱낱이 지킨 것이다. 칼빈이 말하는 의는 그리스도께서 세례를 받으심으로 자신을 성별하시고 그것을 우리에게 주시려는 것이다. 그리스도께서는 그렇게 세례를 받으심으로 율법준수 하셔서 아버지께 완전한 순종을 바쳐 의를 이루셨다.

서철원 교수는 "그(그리스도)의 삶은 다 율법준수의 삶이었다"고 말하면서, 다음과 같이 말했다.

또 세례 받음으로 주 예수는 율법 성취의 요구를 자신에게 지우셨다. 율법 수여자 자신이 율법 성취의 요구 곧 죗값을 갚으라는 요구를 성취하므로 율법을 다 이루었다. 그리하여 율법준수의 의무에서 사람들을 해방하셨다. 새인류의 대표로서 그렇게 하셨다.[720]

---

719) 존 칼빈, **신약성서주석 1 공관복음** (서울: 성서교재간행사, 1982), 200; 〈여기서 두 가지 질문이 생긴다. 그 첫째는 이전부터 성령이 그리스도에게 머물러 계신다고 했는데, 왜 그때 그에게 내려왔다고 하는가? 이 질문은 이사야 61장 1절의 구절로 쉽게 풀려진다. 물론 이 해석에 대해서는 다른 데서 취급하겠다. "주 여호와의 신이 내게 임하셨으니 이는 여호와께서 내게 기름을 부으사 가난한 자에게 아름다운 소식을 전하게 하려 하심이라" 성령의 독특한 은혜가 놀랍게도 그리스도에게 계속 넘치고 있었지만 그리스도께서는 아버지께서 공생애를 시작하라고 부르는 그 순간까지, 평범한 개인으로서 집에 머물러 계셨다. 그러다가 이제 때가 무르익자 구속자의 임무 수행에 대비하는 뜻에서 그는 성령의 새로운 능력을 부여 받게 된 것이다. 물론 이것도 자신을 위해서가 아니라 남들을 위해서였다. 이것은 분명히 믿는 자들이 그리스도의 신성한 능력을 경외하는 마음으로 받아들일 것이지 그리스도의 약한 육신을 보고 멸시해서는 안 된다는 것을 의도적으로 가르쳐 주기 위해서 실천에 옮겨졌다. 그리스도의 세례가 30세까지 연기되었던 것도 바로 이같은 이유에서이다. 세례는 복음을 보완하는 것으로서 복음 선포와 함께 시행되었다. 그리스도께서 복음 전파 준비를 다 마치셨을 때 그는 세례를 통해 자기의 사명의 첫발을 내디디셨으며, 동시에 성령의 지도를 받으셨다. 이처럼 요한은 성령께서 그리스도에게 내려오는 것을 보았는데 이것은 그리스도 그분 자체에는 육적인 것 또는 지상적인 것을 전혀 찾아볼 수 없으며, 오히려 성령의 왕적 능력 아래 하늘로부터 신적인 인간으로 내려오시는 분이라는 점을 우리에게 가르쳐 주려는 때문이다. 우리가 아는 대로 그리스도는 육신을 입고 나타난 하나님이지만 그의 신적인 능력이 종으로서의 그의 인격 곧 그의 인간적 본성 속에 역사하고 있다고 보아야 한다.〉(Ibid., 202.) 〈여기에 대한 또 다른 설명은 "내 기뻐하는 자라" 하는 구절에서 부언되고 있다. 왜냐하면 하나님의 사랑은 그리스도 안에서 완전한 만족을 보기 때문에 그를 통해서 이 사랑이 우리 모두에게 넘쳐흐른다는 뜻을 이 구절이 암시해 주고 있기 때문이다.〉(Ibid., 204.)
720) 서철원, **서철원 박사의 교의신학4 그리스도론** (서울: 쿰란출판사, 2018), 165-166.

능동적 순종을 부정하며 사변의 산물이라 주장하는 서철원 교수에 의하면, 그리스도께서 세례를 받으심으로 율법을 다 이루셨다. 그리스도께서 율법의 성취로 사람들을 율법준수의 의무에서 해방하셨다는 의미가 무엇인가? 그것은 그리스도께서 순종하심으로 의를 이루셨다는 것이다.

그럼에도 불구하고, 서철원 교수는 "전통적 신학에서 예수의 율법준수를 능동적 순종(oboedientia activa), 십자가에서의 죽음을 피동적 순종(oboedientia passiva)이라고 한 구분과 가르침은 전적으로 잘못되었다"고 말했다.[721] 서철원 교수는 왜 이렇게 말했는가? 십자가에서 피 흘려 죽으심으로 죗값을 치르고 죄 용서를 이루신 것을 의라고 여기기 때문이다. 서철원 교수는 그리스도께서 십자가에 죽으심으로 범죄자의 죗값을 지불하여 의를 이루시고 우리가 그 의를 받아 영생과 구원을 얻었다고 주장한다.

마 3:15에서 말하는 '의'는 무엇인가? 크로는 다음과 같이 말했다.

> 마태복음 전체에서 '의'(디카이오쉬네)가 하나님이 인류에게 요구하시는 것을 가리키는 데 사용된다는 점과 일치한다(마 5:6, 10, 20; 6:1, 33; 21:32). "모든 의를 이루는" 것은 하나님이 인류에게 요구하시는 것의 모든 측면을 예수님이 성취하심을 가리킬 가능성이 가장 크다.[722]

크로에 의하면, 마태복음 전체에서 '의'는 "하나님이 인류에게 요구하시는" '의'다. 중요한 것은 그 의를 그리스도께서 이루셨다는 것이다. 마태는 '성취하다'(플레로오)라는 단어를 사용했는데, 이것은 "마태는 자신의 복음서에서 그리스도가 구원을 성취하신 방법을 말하기 위해 이 용어를 즐겨 사용"했다.[723] 강대훈 교수는 다음과 같이 말했다.

> 셋째, 마태는 하나님의 아들이라는 칭호를 다른 칭호들과의 관계를 통해서 더욱 선명하게 밝힌다. 특히 위에서 언급한 것과 같이 하나님의 아들은 주의 종이라는 칭호 혹은 이미지와 긴밀하게 연결된다. 예수를 순종하는 아들로 묘사할 때 마태가 선호하는 칭호 혹은 주제는 이사야서에 등장하는 "고난받는 종" 혹은 "주의 종"이다. 예를 들어, 예수는 세례를 받고 나서 "내 기뻐하는 자라"는 음성을 듣는다. 이 말씀은 이사야 42:1에서 온 것이며, 42:1-4은 첫 번째 종의 노래에 해당한다. 하늘에서 들린 이 음성은 하늘의 뜻을 실현하기 위해 순종하는 종을 향한 것이다(사 44:3; 49:4; 사 42:1; 62:4). 세례 장면에서 특히 고난의 종(사 53)이 암시되고, 수난 예고(예, 17:22), 인자의 고난(20:26-28), 주의 만찬(26:26-28)에서 아들이면서 종인 그의 정

721) Ibid., 167; "그리스도가 율법준수로 의를 획득하여 우리에게 전가한 것이 아니고, 피 흘려 죗값을 다 치르시므로 죄 용서를 이루신 것이 의이다. 이 의를 우리가 받아 영생하게 되었다."
722) 브랜던 크로, 그리스도의 능동적 순종과 수동적 순종, 정광규 역 (서울: 부흥과개혁사, 2022), 134.
723) Ibid., 134.

체는 선명해진다. 특히 필자가 본 주석서에서 거듭해서 강조하는 것은 예수의 정체를 알려주는 출처가 하늘이라는 사실이다(세례 장면의 음성이 갖는 의미에 대해서는 3:17의 주석을 보라). 하늘 회의에서 주의 종은 하늘의 칙령 혹은 뜻을 땅에서 실행하도록 보냄 받는다(사 42:1, 3, 40). 하늘의 아버지는 모든 의를 이루기 위해 세례를 받은 아들을 기뻐하시는데, 그는 아들이면서 종이다. 하늘의 음성은 예수는 순종하는 아들로서 아버지의 뜻을 성취하려고 하늘에서 내려오셨다는 의미를 전달한다. 구원을 위한 하나님의 뜻은 하늘에서 준비됐고 이 뜻을 아들이 순종함으로 성취할 것을 행동으로 보였을 때 하늘에서는 그를 순종하는 종으로 선언한다. 자신을 죄인처럼 심판에 맡김으로써 죄인들을 구원하시며, 이런 사실은 인자의 대속적인 죽음에 대한 예고(20:28)에서 드러나고, 십자가에서 죽고 부활하심으로써 실현된다. 마태는 세례 장면에서 나타난 선언과 비슷한 내용을 12:18-21에서 언급한다. 예수는 하나님의 아들이면서 동시에 치유하는 종으로서 이사야 42:1-4에서 기대한 정의를 실현하는 역할을 수행한다. 하나님의 아들과 종의 모습은 예수의 변모 사건에도 등장한다(17:1-9). 마태는 세례, 안식일의 치유, 변모 사건을 해석하면서 예수를 하나님의 아들과 이사야가 예언한 주의 종으로 설명한다. 사실상 마태는 세례 장면에서부터 하나님의 아들이 고난받는 종으로서 백성의 죄를 대신해서 죽기까지 순종할 것을 예고했으며, 이런 정체는 십자가에서 죽고 성전의 휘장이 열리는 사건에 이어 백부장과 로마 군인들이 고백한 "하나님의 아들"이라는 표현으로 절정에 이른다(27:54)[724]

강대훈 교수에 의하면, 예수님께서는 요한에게 세례를 받는 것으로부터 십자가에 죽으시기까지 고난받는 종으로 순종하셨다. 십자가의 죽으심은 그 고난받는 종의 절정이었다.

3) 마 3:11; 막 1:7-8; 눅 3:16

예수님께서는 메시아로서 사역을 행하시면서 자신을 '강한 자'보다 '더 강한 자'라고 말씀하셨다. 예수님께서 행하신 가르침들과 기적들은 예수님께서 메시아이심을 나타내는 것이었다. 그로 인해 그리스도께서는 '강한 자'로서 마귀의 일을 멸하시고(요일 3:8) 마귀를 결박하셨다. 그리스도께서 강한 자를 결박하셨기 때문에 모든 죄를 용서받을 수 있다. 이것은 예수님의 완전한 순종, 곧 능동적 순종으로 죄 사함이 주어진다는 것을 말한다.[725]

---

724) 강대훈, **마태복음주석(상)** (서울: 부흥과개혁사, 2019), 101.
725) 브랜던 크로, **그리스도의 능동적 순종과 수동적 순종**, 정광규 역 (서울: 부흥과개혁사, 2022), 130; "예수님은 어떻게 강한 자를 결박하시는가? 대체로 예수님의 순종을 통해 그렇게 하신다. 이는 특히 마가복음에서 분명히 나타난다. 마가복음에서는 강한 자의 결박 비유(막 3:22-30)가 시험받을 때 행하신 예수님의 순종(1:12-13)과 함께 문학적 틀을 이룬다. 두 이야기 모두 예수님과 마귀와 성령이 주인공이며, 두 이야기 사이의 많은 내용과 함께 앞의 이야기가 뒤의 이야기를 설명해 준다. 마가복음 3장에서 예수님은 자신의 권위가 마귀에게서 말미암는다는 비난에 응답하신다(3:22, 30). 오히려 예수님은 자신의 사역에서 뚜렷하게 나타나는 왕국들의 싸움이 예수님이 마귀를 공격하고 계시며 마귀와 동맹하지 않으셨음을 보여준다고 설명하신다. 이 점은 공적 사역을 시작하실 때 예수님이 마귀를 대적하신 데서 이미 분명히 나타난다. 시험받을 때 행하신 예수님의 순종은 강한 자에 대한 결박의 시작임이 명백하다. 이 예수님은 아버지에게 순종하심으로 마귀를 결박하신다."

예수님의 시험

칼빈은 예수님의 시험에 대해 다음과 같이 말했다.

> 그리스도께서 인간의 구속을 위한 시련을 받고 계시다는 점을 몰랐다면, 어떻게 바로 이 순간에 그리스도를 향해 온 힘을 다해 맹렬한 공격을 가했을까? 그가 그리스도에게서 공격한 것은 우리의 구원이었으니 오늘날도 그와 마찬가지로 그는 그리스도께서 창시자이신 바로 그 구속의 사역자들을 무참하게 박해하고 있다.726)

칼빈에 의하면, 그리스도께서 시험을 받으신 것은 인간의 구속을 위한 시련이었다. 칼빈은 "그리스도께서 모든 믿는 자들의 대표자로서 시험을 받으셨다면"라고 말했다.727) 칼빈은 그리스도께서 시험에서 승리하신 것을 "완전한 아담의 상태"(the perfect Adam)를 생각하면서 말했다.728) 그렇다고 칼빈이 말한 "완전한 아담의 상태"가 서철원 교수가 말하는 영생과 완전한 의의 상태와 같은 것이 아니다.729)

김재성 교수는 다음과 같이 말했다.

> 예수님의 능동적 순종의 대표적인 모습은 광야에서 시험을 받을 때 드러났다(마 4:1-11; 막 1:12-13; 눅 4:1-13). 첫 사람 아담은 에덴동산에 있을 때에 시험을 당하여 실패하였다 둘째 아담인 예수 그리스도께서도 지독한 굶주림과 목마름과 배고픔에 놓여져 있었을 때, 그러한 광야의 상황 속에서, 사탄의 시험을 받았다. 그러나 예수 그리스도는 사탄의 제안을 거부하고, 아담과 이스라엘이 언약을 파기했던 자율주의에 빠지지 않았다. 족보상으로 보면, 예수 그리스도는 하나님의 아들, 아담으로부터 내려온 직접적인 후손이다(눅 3:38).730)

김재성 교수에 의하면, 광야의 시험은 예수 그리스도의 능동적 순종의 대

---

726) 존 칼빈, **신약성서주석 1 공관복음** (서울: 성서교재간행사, 1982), 207.
727) Ibid.; "그리스도께서 광야로 후퇴하신 데는 두 가지 동기가 있었다. 그 첫째는 40일 금식 이후에 그분께서 새로운, 아니 하늘의 사람으로서 자신의 사명을 시작하기 위해서요, 둘째는 시험의 단련을 통해서, 곧 자신의 예비적 훈련을 통해서만 그렇게 힘들고 탁월한 사명을 위한 무장을 갖출 수 있었기 때문이다.")(Ibid., 205.)
728) Ibid., 208.
729) 존 칼빈, **구약성서주석 1** (서울: 성서교재간행사, 1982), 85-86; "사도 바울도 그리스도에 의해 신실한 자들에게 주어진 소생의 영과 이 같은 생기 사이에 하나의 대조를 제시한다(고전 15:45). 그는 인간의 상태가 아담의 인격 안에서는 완전하지 못했지만, 우리가 거듭나서 하늘나라의 생명을 얻을 수 있도록 고유한 은혜가 그리스도에 의해서 주어졌다는 사실을 가르치기 위해 언급한 것뿐이다. 아담의 타락 이전에는 인간의 생명이 단지 '세상적인' 것으로서 확고하고 안정된 일관성이 없는 것에 지나지 않았다.";: "말하자면 우리는 인간이 어떤 유의 생명을 받았는지를 먼저 기억해야 한다는 것이다. 인간은 모든 면에서 행복했다. 그러므로 그의 생명은 육체와 정신에 연관된 유사성에 있다. 그의 영혼에는 올바른 판단력과 감정을 다스리는 고유한 통제력이 자리잡았으므로 거기에는 생명도 위세를 떨쳤다. 한편 그의 신체에도 전혀 결함이 없었으므로 죽음을 완전히 벗어났다. 그의 지상생활은 정말로 일시적인 것일 수도 있었으며, 죽지도 상처를 받지도 않고 하늘로 올라갈 수 있었을지도 모른다."(Ibid., 99.)
730) 김재성, **그리스도의 능동적 순종** (고양: 언약, 2021), 100.

표적인 모습이며, 둘째 아담이신 예수님께서는 시험을 받으셨을 때 사탄의 제안을 거부하고 자율주의에 빠지지 않았다.

브랜던 크로는 다음과 같이 말했다.

마귀에게 시험받을 때 예수님이 구현하신 순종은 죄인인 우리가 드릴 수 없는 순종이다. 이것은 예수님의 순종이 이스라엘이 광야 방랑 때 행했던 불순종을 독자에게 상기시킨다는 점에서 입증된다. 이스라엘은 하나님의 아들로서 광야에서 실패했다. 이와 대조적으로 예수님은 하나님의 아들로서 광야에서 성공적으로 순종하신다. 세 가지 시험 가운데 두 시험에서 마귀는 노골적으로 예수님의 아들 신분을 시험한다. 마귀가 돌들이 떡이 되게 하라고 요구하자, 예수님은 신명기 8장 3절로 응답하신다. 이 구절은 이스라엘에게 고난 가운데서도 하나님의 아들로서 순종하라고 요구하시는 말씀이다(참고 8:5-6). 이스라엘은 이 과업에 실패했고, 예수님은 순종하셨다. 이 아들 신분에 맞춰진 초점과 광야에서 먹는 것에 대한 시험은 또한 동산에서 금지된 열매를 먹은 아담의 첫 범죄와 그 죄로 말미암은 비참을 떠올리게 한다. 아담은 자신의 과업에 실패했고, 예수님은 순종하셨다. 예수님의 시험은 예수님 마음에 있는 것을 드러나게 했다(참고. 신 8:2, 16). 예수님은 당당히 합격하셨다. 광야 시험에서 보이신 예수님의 순종은 이스라엘과 아담의 불순종을 극복하시는 하나님의 아들의 순종이다.[731]

크로에 의하면, 예수님의 순종은 아담의 실패와 이스라엘의 실패를 극복하신 순종이다. 예수님의 순종은 완전한 순종이었다. 그리스도의 순종은 죄인인 인간으로서는 이룰 수 없는 순종이었다. 인간은 과업에 실패했으나 그리스도께서는 합격하셨다. 칼빈은 "그는 우리의 육신뿐 아니라 우리의 고난까지도 담당하신다는 조건으로 인간이 되셨다"고 말했다.[732] 주님께서는 아담과 이스라엘의 불순종을 담당하심으로 하나님의 아들로서 순종을 이루셨다.

강대훈 교수는 다음과 같이 말했다.

둘째, 마태는 예수를 순종하는 아들로 묘사하는 데 큰 관심을 둔다. 예수를 순종하는 아들로 묘사하는 마태의 의도는 내러티브가 전개되면서 시작되고 전개되고 발전하고 절정에 이른다. 모형론의 관점에서, 예수는 새 이스라엘이다. 구약에서 이스라엘은 하나님의 아들로 불렸으나 하나님의 뜻을 실행하는 점에서 실패한 반면, 하나님의 아들인 예수는 이스라엘의 대표로서 순종하며 그의 백성을 구원의 길로 인도하는 데 승리할 것이다(2:15). 광야 시험(4:1-11)에서 하나님의 아들은 광야에서 실패했던 이스라엘(=하나님의 아들)의 실패와 반대로 아버지의 뜻에 순종하는 것을 최우선 과제로 삼는다. 다시 말해서, 하나님의 아들이 (홍해를 건넌 사건을 떠올리는) 물에서 나와(3:13-17) 광야에서 굶주린 상태에서 시험을 받은 장면과 사탄의 시험을 신명기를 인용해서 물리치신 부분(마 4:4=신 8:3; 4:7=신 6:16; 4:10=신 6:13)은 순종을 통한 새 출애굽 모티프를 의도하고 있다. 그리고 두 번째 시험에서 "네가 만일 하나님의 아들이어든 뛰어내리라"(4:6)고 말한 것은 예수의 수난에서 다시 등장한다. 십자가에 달린 예수를 향해 무리는 "성전을 헐고 사흘에 짓는 자여 네가 만일 하나님의 아들이어든 자기를 구원하고 십자가에

731) 브랜던 크로, 그리스도의 능동적 순종과 수동적 순종, 정광규 역 (서울: 부흥과개혁사, 2022), 127-128.
732) 존 칼빈, 신약성서주석 1 공관복음 (서울: 성서교재간행사, 1982), 208.

서 내려오라"(47:40)고 시험한다. 4:6과 27:40에는 공통적으로 "만일 네가 하나님의 아들이라면"이라는 표현이 사용된다. 사탄은 예수로 하여금 고난받는 종으로서의 길을 가지 못하도록 막는다. 그리하여 구원의 길을 성취하지 못하게 만든다. 그러나 예수는 죽음의 순간에서도 순종하는 아들로서 십자가의 길에서 물러서지 않으신다. 예수는 하나님의 아들로서 자신에게 주어진 길을 순종을 통해 성취하신다.[733]

강대훈 교수에 의하면, 예수님의 순종은 하나님의 아들로 불린 이스라엘의 실패를 성취하는 순종이었다. 예수님께서 하나님의 아들로 시험을 받으신 것은 고난의 종으로서 자기 백성의 구원을 위해 십자가를 지는 것까지 연결되는 순종이었다.

4) 마 5:17

내가 율법이나 선지자나 폐하러 온 줄로 생각지 말라 폐하러 온 것이 아니요 완전케 하려 함이로다(마 5:17)

칼빈은 17절 주석에서 "하나님의 공의는 그분께서 맨 처음에 율법에 포함시킨 그대로 항구불변하기 때문이다"라고 말했으며,[734] 18절 주석에서는 "율법에는 결코 모순되는 점이 없으며 아무렇게나 쓰여진 것도 전혀 없으므로 거기에서 한 글자라도 뺄 수 없다"고 말했다.[735] 이것은 하나님께서 율법에 나타내신 하나님의 공의는 항구불변하며 예수님께서 그 율법을 성취하셨다는 것을 말한다.[736] 칼빈은 로마서 주석에서, "주님께서는 그가 율법에 의와 구원의 길을 규정해 놓으셨다는 것을 율법으로 확증하신다"고 말했다.[737] 문병호 교수는 다음과 같이 말했다.

언약의 백성에게 전가되는 그리스도의 의는 그의 당하신 순종과 행하신 순종으로 말미암는다. 행하신 순종은 율법에 계시 된 하나님의 뜻에 대한 순종-수법(守法)-으로 논의된다. 주님이 이 땅에 오신 것은. "율법이나 선지자를 … 폐하러 온 것이 아니요 완전하게 하려 함이라"(마 5:17)이다. 칼빈에 따르면, 이는 주님이 불완전한 율법을 완전하게 하시겠다거나 새로운 율법을 주시겠다는 말씀이 아니라 "율법 아래에" 나셔서(갈 4:4) 모든 율법에 순종하신 자신의 의를 전가해 주심으로써 "율법 아래에 있는 자들을 속량하시고" 그들이 "아들의 명분을" 얻어(갈 4:5) 율법에 "종 노릇" 하지 않고(갈 4:9), "속사람"이 거듭나 그것을 거룩하고, 의롭고, 선하고, 신령한 "하나님의 법"으로 여기고 "즐거워하는" 자리에(롬 7:12, 14, 22) 서도록 하시겠다

---

733) 강대훈, **마태복음주석(상)** (서울: 부흥과개혁사, 2019), 100-101.
734) 존 칼빈, **신약성서주석 1 공관복음** (서울: 성서교재간행사, 1982), 260.
735) Ibid., 261.
736) Ibid., 260; "사실 그리스도께서는 사문화된 문자를 자기의 성령으로 소생시키고, 지금까지 부유적으로만 상징되던 것을 마침내 사실로 드러내 보여 주시는 가운데서 그것을 성취하셨다."
737) 존 칼빈, **신약성서주석 7** (서울: 성서교재간행사, 1982), 127.

는 말씀이다. "그리스도는 모든 믿는 자에게 의를 이루기 위하여 율법의 마침이 되시니라"는 말씀(롬 10:4) 역시 같은 맥락에서 이해된다. 여기에서 "마침"은, 끝으로서의 끝이 아니라 '완성으로서의 끝'을 의미한다.[738]

문병호 교수에 의하면, 주님께서는 새로운 율법을 주신 것이 아니라 율법 아래 나셔서 모든 율법에 순종하셔서 이루신 의를 우리에게 전가해 주셔서 의롭게 하심으로 율법의 마침이 되셨다. 칼빈도 17절 주석에서 렘 31:33-34을 인용하면서 "이 내용은 이전 계약과 전혀 다르지 않고 새 계약이 오더라도 그것은 계속해서 효력을 가질 것이라는 뜻이다"라고 말했다.[739] 그리스도께서는 하나님께서 계시하신 율법이 계속해서 효력을 가지기 때문에 그 율법이 요구하는 의를 이루셨다.

5) 마 13:35

마 13:35은 그리스도의 순종을 이해하는 데 매우 중요한 구절이다.

마 13:35은 시 78:2의 인용이다.

이는 선지자로 말씀하신 바 내가 입을 열어 비유로 말하고 창세부터 감추인 것들을 드러내리라 함을 이루려 하심이니라(마 13:35)
내가 입을 열고 비유를 베풀어서 옛 비밀한 말을 발표하리니(시 78:2)

시 78편은 지난 역사 동안에 행한 이스라엘의 불순종을 말한다. 특히 시 78:6-8은 미래 세대가 완고하고 반역했던 이전 세대를 닮아서는 안 된다고 말한다.

6 이는 저희로 후대 곧 후생 자손에게 이를 알게 하고 그들은 일어나 그 자손에게 일러서 7 저희로 그 소망을 하나님께 두며 하나님의 행사를 잊지 아니하고 오직 그 계명을 지켜서 8 그 열조 곧 완고하고 패역하여 그 마음이 정직하지 못하며 그 심령은 하나님께 충성치 아니한 세대와 같지 않게 하려 하심이로다(시 78:6-8)

시 78편은 여호와 하나님께서 이스라엘을 위해 놀라운 일들을 행하셨으나 계속해서 언약에 성실하지 않고 반항했다고 말한다.

브랜던 크로는 다음과 같이 말했다.

---

738) 문병호, **기독론** (서울: 생명의말씀사, 2016), 838.
739) 존 칼빈, **신약성서주석 1 공관복음** (서울: 성서교재간행사, 1982), 260.

이 시편이 설명하는 교훈(78:2)은 마태복음 13장 35절에서 예수님이 비유를 통해 가르치심에서 성취된다. 마태는 이전에는 감추어져 있었지만 이제는 드러난 하나님 나라 비밀의 위대함을 강조한다(참고. 13:16-17, 52). 이전에는 감추어졌던 것은 전에는 이해할 수 없었던 구약 구절들의 완전히 새로운 의미를 가리키는 것이 아니다. 반대로 마태는 그리스도에 대한 구약의 가르침이 내내 있었음을 지적하고, 어떻게 구약에 있는 다양한 메시아 소망이 그리스도의 인격과 행위에 모두 모이고 합쳐지는가 하는 세부 사항에 주목한다. 그러므로 마태복음 13장은 시편 78편이 말하는 이스라엘의 불순종을 극복하며 대비되는 그리스도의 순종을 암시하는 것으로 보인다. 예수님은 비유를 통해 긍정적인 결과와 부정적인 결과를 가르치고 낳으실 뿐 아니라(마 13:11-17; 참고. 사 6:9-10), 예수님 자신의 순종에 주의를 기울이게 하신다. 마태복음의 성취 인용구는 예수님이 자기 백성의 대표로서 백성의 죄를 극복하시며, 그렇게 하심으로 선지자들이 마지막 날에 임할 것이라고 기대했던 복들을 가져오신다는 것을 우리가 알게 해 준다. 이 구원의 복들은 예수님의 완전한 순종 덕분에 임한다. 자기 백성을 그들의 죄에서 구원하시며(마 1:21) 모든 의를 이루셔야 하는(3:15) 분으로서, 예수님은 성경을 성취하시고 자기 백성이 역사를 통해 지은 죄를 극복하신다. 예수님은 광범위한 순종을 통해 죽음을 극복하시고, 메시아가 통치하시는 구속사의 새 시대를 가져오신다. 마태복음의 성취 인용구는 예수님이 자기 백성을 그들의 죄에서 구원하셔야 할 필요성과, 예수님이 그 일을 완전하게 해내신 영광스러운 현실을 우리에게 보여준다.[740]

크로에 의하면, 마 13장에서 시 78편을 인용한 이유는 이스라엘은 불순종하고 실패했으나 그리스도께서는 완전하게 순종했다는 것을 가르치기 위함이다. 무엇보다 마태의 성취 인용구는 그리스도께서 자기 백성을 죄에서 구원하고 모든 의를 이루기 위해 완전한 순종을 이루신 분이라는 것을 증거한다. 특히, 크로는 복음서에서 '하여야 한다'(데이)라는 용어는 "구원의 성취를 위해 반드시 해야 하는 일이 무엇인지 강조하는" 것이라고 말했다.[741]
예수 그리스도께서는 왜 이렇게 말씀하셨을까?

예수께서 이르시되 오늘 구원이 이 집에 이르렀으니 이 사람도 아브라함의 자손임이로다(눅 19:9)

---

740) 브랜던 크로, 그리스도의 능동적 순종과 수동적 순종, 정광규 역 (서울: 부흥과개혁사, 2022), 135-136.
741) Ibid., 137; 〈이 진술들은 예수님이 구원을 성취하시기 위해 하셔야 했던 일들의 범위를 보여 준다. 예수님은 죽으시고 다시 살아나셔야 했을 뿐 아니라(참고. 눅 9:22; 13:33; 17:25; 22:37; 24:7, 26, 44-47), 또한 열두 살 때 아버지의 일에 관여하셔야 했다(2:49; ESV). 예수님은 사탄에게 매인 여인을 풀어주어야 하셨으며(13:16), "제 삼일에" 자기 길을 마치기 전에 "오늘과 내일" 자기 일을 끝내셔야 했다(13:32-33). 예수님은 삭개오를 추적하셔야 했는데(19:5), 이는 인자가 잃어버린 자를 찾아 구원하기 위해 오셨기 때문이다(19:10). 누가는 예수님이 십자가에서 행하신 순종과 예수님이 삶과 사역 전체에 걸쳐 더 광범위하게 행하신 순종 사이에 엄밀한 구분이 없음을 알고 있다. 예수님의 전체 순종이 구원을 위해 필요하다. 요한복음도 예수님의 순종의 필요성을 강조한다. 예수님은 십자가 위에서, 그리고 부활을 통해 들림을 받으셔야 한다('데이'; 요 3:14; 12:34; 20:9). 그러나 또한 예수님은 (그리고 제자들은) 적기일 동안 하나님의 일을 하셔야 했다(9:4). 예수님은 자신이 사마리아를 통과해야 할 필요성이 있다고 말씀하셨는데(4:4), 이는 단순히 최선의 경로를 가리키신 것이 아니라, 예수님이 전하신 메시지(참고. 4:24)를 포함하여 사마리아에서 하셔야 했던 일을 가리키신 말씀일 것이다. 누가복음과 마찬가지로 요한복음에서도 구원을 위해서는 십자가 이상으로 예수님의 순종이 필요했다.〉

예수님께서는 십자가에 피 흘려 죽으시기 전에 "오늘 구원이 이 집에 이르렀으니"라고 말씀하셨다. 예수님께서는 '내가 십자가에 죽고 나면 이 집에 구원이 주어질 것이다'라고 말씀하지 않으셨을까?

칼빈은 다음과 같이 말했다.

> 그리스도께서는 삭개오가 어떤 것도 거짓되게 말하지 않았음을 증거하고 계신다. 그러나 주님은 그가 구원을 얻게 된 이유를 삭개오의 선행에 근거한 것으로 말씀하지 아니하시고 그의 개종은 그가 하나님의 아들이 되었다는 사실에 대한 확실한 보증이었으므로 주님은 그의 가정이 구원을 얻을 것이라고 단정하셨다. 주님께서 하신 말씀의 의미는 바로 이것이었다. 삭개오가 아브라함의 후손이었으므로 그의 가정이 구원을 받게 되었다고 주님은 말씀하셨다. 그러나 아브라함의 후손으로 인정을 받고자 하는 자는 누구나 그의 믿음을 본받지 않으면 안 된다. … 그가 받은 구원의 근원은 그가 하나님의 값없이 주시는 자비와 하나님께서 사람을 자기에게 화목하게 하심과 교회의 구속에 관한 그리스도의 교훈을 듣고 그의 교훈을 믿음으로 받아들인 것이었다.[742]

칼빈에 의하면, 삭개오가 구원을 얻게 된 것은 삭개오의 선행이 아니라 예수님의 구속의 말씀을 듣고 그 가르침을 믿음으로 받아들였기 때문이다. 물론 삭개오는 언약의 중첩기에 살았던 사람이다.[743] 삭개오는 아브라함의 후손으로 아브라함의 믿음을 본받고 있었다.[744] 삭개오는 "교회의 구속에 관한 그리스도의 교훈"을 듣고 믿음으로 받아들였기 때문에 구원을 받았다. 이것은 그리스도께서 옛언약을 성취하시는 메시아시며 하나님의 아들이시라는 것을 의미한다.

6) 마 9:13, 12:7

마태복음은 그리스도의 능동적 순종과 수동적 순종의 일치를 말한다. 마 9:13과 12:7은 호 6:6의 인용이다.

> 너희는 가서 내가 긍휼을 원하고 제사를 원치 아니하노라 하신 뜻이 무엇인지 배우라 내가 의인을 부르러 온 것이 아니요 죄인을 부르러 왔노라 하시니라(마 9:13)
> 나는 자비를 원하고 제사를 원치 아니하노라 하신 뜻을 너희가 알았더면 무죄한 자를 죄로 정치 아니하였으리라(마 12:7)
> 나는 인애를 원하고 제사를 원치 아니하며 번제보다 하나님을 아는 것을 원하노라(호 6:6)

---

742) 존 칼빈, **신약성서주석 2 공관복음** (서울: 성서교재간행사, 1982), 224-225.
743) 요한 칼빈, **공관복음**, 박문재 역 (파주: 크리스찬다이제스트, 2015), 894.
744) Ibid. 〈어떤 사람이 "아브라함의 자손"으로 여김을 받기 위해서는, 그는 아브라함의 믿음을 본받아야 한다.〉

예수님께서는 왜 이렇게 말씀하셨는가? 바리새인들이 입술로는 하나님을 공경했으나 마음은 하나님으로부터 멀어졌기 때문이다. 자기 의로 가득한 바리새인들에게는 하나님께서 원하시는 인애가 없었다. 반면에, 그리스도께서는 하나님 사랑과 이웃 사랑이라는 두 큰 계명을 완전히 성취하셨다. 칼빈은 "하나님께서 자기 백성을 율법의 원칙 안에서 활동하도록 하심에 있어서 궁핍에 처한 자들을 굶어 죽도록 하시는 것이 그의 목적은 아니기 때문이다"라고 말했다.745) 하나님께서는 율법에 순종하도록 명령하셨으나 긍휼을 베풀어 궁핍한 자들이 굶어 죽지 않도록 하셨다. 바리새인들이 율법을 왜곡한 것이 문제이지 율법을 순종하고 사는 것은 하나님께서 정하신 원칙이다. 그러나 아무도 율법에 순종할 수 없고 "율법이 참혹한 노역"이기 때문에 오직 주님만이 이 노력으로부터 자유케 하여 양자의 영을 주신다.746)

7) 마 19:16-22

마태복음 19:16-22의 평행본문은 막 10:17-22, 눅 18:18-23이다. 젊은 부자 청년 사건은 영생에 관한 것이다. 청년은 "선생님이여 내가 무슨 선한 일을 하여야 영생을 얻으리이까"(16절)라고 질문했다. 예수님께서는 무엇이라고 대답하셨는가? 예수님께서는 "어찌하여 선한 일을 내게 묻느냐 선한 이는 오직 한 분이시니라 네가 생명에 들어가려면 계명들을 지키라"(17절)고 말씀하셨다.

다시 청년은 "어느 계명이오니이까?"라고 질문했고, 예수님께서는 "살인하지 말라, 간음하지 말라, 도적질하지 말라, 거짓 증거 하지 말라, 네 부모를 공경하라, 네 이웃을 네 몸과 같이 사랑하라 하신 것이니라"(18-19절)고 말씀하셨다. 놀랍게도 청년은 " 이 모든 것을 내가 지키었사오니 아직도 무엇이 부족하니이까?"(20절)라고 당당하게 말했다. 예수님께서는 "네가 온전하고자 할진대 가서 네 소유를 팔아 가난한 자들을 주라 그리하면 하늘에서 보화가 네게 있으리라 그리고 와서 나를 좇으라"(21절)라고 말씀하셨다. 마태는 "그 청년이 재물이 많으므로 이 말씀을 듣고 근심하며 가니라"(22절)라고 기록했다.

---

745) Ibid., 462.
746) Ibid., 463.

예수님의 말씀에 대한 청년의 반응은 결국 율법을 온전히 지키지 못했다는 것을 말한다. 마태는 인간으로서는 완전하게 율법을 지킬 수 없는 인간의 비참함을 말했다. 영생의 상속은 반드시 완전한 순종이 있어야만 한다. 그러나 인간은 결코 그렇게 할 수 없다. 브랜던 크로는 다음과 같이 말했다.

> 모세 율법이 증언하는 원칙은 영생이 완전한 순종을 조건으로 한다는 것이다. 모세 율법은 구원을 위해 완전한 순종이 필요하다는 원칙을 가르치는가? 바울과 예수님에 따르면, 대답은 그렇다는 것이다. 우리는 또한 모세 율법을 아담에게 주어진 율법과 관련지어야 하며, 인류가 타락하기 이전의 상태에서만 완전한 순종이 가능했음을 인식해야 한다. 아담이 모든 인류를 대표했으므로, 아담 이후의 자연인은 누구도 완전함을 이룰 수 없다. 아담이 대표하지 않았으며 오히려 새로운 인류의 머리이신 예수님을 제외하고, 모든 사람은 죄인으로 태어난다. 예수님만이 영생을 위해 필요한 완전한 순종을 실현하신다.[747]

칼빈은 병행구절인 마 19:16 주석에서 "그리스도께서는 분명히 생명의 길이 되는 율법의 준수를 그에게 명하고 계신다"라고 말했다(마 19:16-22; 막 10:17-22; 눅 18:18-28).[748] 칼빈은 마 19:17 주석에서 다음과 같이 말했다.

> 몇 사람의 교부들은 본 성구를 좋지 않게 해석했으며 교황과 그의 추종자들이 이들의 해석에 따르고 있다. 그들은 율법을 지키는 것이 영생을 얻게 해 주는 것이라고 그리스도께서 가르치고 계셨음을 주장한다. 그러나 그리스도께서는 인간의 능력에는 무관하시다. 그리고 "행위의 의란 무엇입니까?"라는 율법이 규정하는 바를 묻는 질문에 답하고 계신다. 분명히 하나님은 자기의 율법 안에 거룩하고 의로운 생활의 방법을 함축하고 계시며 그 율법 안에 의가 있음을 우리는 주장하지 않으면 안 된다. 왜냐하면 "사람이 이를 행하면 그로 인하여 살리라"(레 18:5)는 모세의 말은 공연한 말이 아니며 "내가 오늘날 천지를 불러 너희에게 증거를 삼노라. 내가 생명 … 네 앞에 두었은즉"(신 30:19)이란 말씀 역시 마찬가지다. 그러므로 율법을 지키는 것이 의가 되며 율법을 온전히 지키는 자는 이 의로 말미암아 자기의 생명을 얻게 된다는 사실을 우리는 부인해서는 안 된다. 그러나 우리 모두는 하나님의 영광에 이르지 못하고 있으므로 율법 안에는 저주만 발견되고 있다. 이제 우리는 값없이 주시는 의의 선물을 향하여 달려갈 도리 밖에 우리를 위해 남겨진 다른 방법은 없다. 그러므로 바울은 두 가지 의인 율법과 믿음의 의를 규정하고 있다. 율법의 의는 행위에 의하며 믿음의 의는 그리스도의 순전한 은혜에 의한다고 바울은 말하고 있다. 이런 점을 고려할 때 그리스도의 답변은 '법적안 것이었음을 알 수가 있다. 이 법적인 내용 안에서 주님은 행위의 의에 관하여 묻고 있는 이 청년에게(불가능 법이었던) 율법이 요구하는 것을 만족스럽게 이행하는 자를 제외하고 하나님 앞에서 의로운 자로 인정될 자는 아무도 없다는 사실을 우선 가르치실 필요가 있으셨던 것이다. 이렇게 하심으로써 그가 자신의 연약함을 깨닫고 믿음에 의한 도움을 붙잡게 하시려는 것이었다. 그러므로 하나님께서 자기의 율법을 지키는 자들에게 영생의 보상을 약속하셨기 때문에, 우리 육신의 약점만 없다면 이 율법의 준행이 영생을 얻기 위한 바른 방법이었으리는 생각에 나는 동의한다. 그러나 성경은 우

747) 브랜던 크로, 그리스도의 능동적 순종과 수동적 순종, 정광규 역 (서울: 부흥과개혁사, 2022), 118.
748) 존 칼빈, 신약성서주석 2 공관복음 (서울: 성서교재간행사, 1982), 186.

리가 우리의 죄 때문에 우리의 공적으로는 영생을 얻지 못한다고 가르치고 있다. 그러나 우리는 영생을 얻어야 한다. 율법 안에 있는 의를 얻을 수 있는 자는 아무도 없기 때문에 이 율법의 의가 우리 앞에 놓여 있는 것은 무익한 것이라고 주장하는 자가 있다면 나는 이렇게 답하고 싶다. 이 율법의 의는 우리가 의를 얻기 위해 구하도록(ad precariam justitiam) 인도되기 위한 초보적 수단이 되고 있기 때문에 어떤 불필요한 것은 아니다. 그러므로 율법을 행하는 자들이 의롭게 될 것이라고 바울이 말하고 있을 때 그는 율법의 의를 얻을 자는 아무도 없음을 말하고 있었던 것이다. 그리하여 본문 말씀은 교황과 그의 추종자들이 의를 얻는다고 꾸며낸 온갖 사항들을 무너뜨리고 있다. 왜냐하면 그들은 하나님께서 선행에 대하여 책임감을 가지시게 하며 이 선행자들에게 구원을 주시되, 하나님께서 빚을 갚으시는 형식으로 주시도록 요망함으로써 스스로를 속이고 있기 때문이다. 그리고 선행에 관하여 그들은 율법의 교훈을 망각하고 이른바 그들이 헌신이라고 칭하는 그들 스스로가 세운 제도에 각별히 관심을 갖는다. 그들은 하나님의 율법을 공공연하게 거부할 뿐만 아니라 인간이 세운 전통을 매우 중시하고 있다. 그러나 그리스도께서는 무엇을 말씀하고 계시는가? 하나님께서 인정하시는 행위는 자신이 친히 명하신 것을 이행하는 것이라고 말씀하셨으며 그러므로 순종이 제사보다 낫다고 말씀하셨다. 그러므로 그리스도께 순종하기 위하여 자기의 생활을 절제하고자 하는 자는 율법의 명령들을 지키는 데 대한 연구를 철저히 해야 한다. 이에 반하여 교황과 그의 추종자들은 자기들의 어리석은 유전을 지키기에 분망하다.749)

칼빈에 의하면, "사람이 이를 행하면 그로 인하여 살리라"(레 18:5) '율법의 의'는 명백하다. 하나님께서는 율법을 지키는 자들에게 영생의 보상을 약속하셨다. 율법을 행하는 자들이 의롭게 된다. 그러나 우리는 의를 만족스럽게 행할 수 없는 죄인이다. 우리는 오직 예수 그리스도를 믿음으로 의를 전가받는다. 그리스도의 의는 무엇인가? 율법의 준행과 십자가의 죽으심으로 획득하신 것이다.750)

칼빈은 "율법 아래 나게 하신 것은"이라는 말씀을 다음과 같이 말했다.

문자적으로 직역하면 '율법 아래 지음 받은'이다. 그러나 나는 그 의미를 알기 쉽게 풀어서 표현하고자 한다. 결국 이치적으로 말하면, 모든 존속 관계에서 완전히 해방된 하나님의 아들 그리스도가 율법에 존속되었다는 말이다. 왜? 우리에게 자유를 얻게 하려고 그가 우리를 대신하였기 때문이다. 어떤 자유로운 신분의 사람이 어떤 포로를 속량하려면 자기를 보증인으로 세우고 실제로 쇠사슬로 자기를 결박함으로써 타인을 결박에서 풀어줄 수 있는 것이다. 그와 마찬가지

---

749) 존 칼빈, 신약성서주석 2 공관복음 (서울: 성서교재간행사, 1982), 187-188; "만일 그리스도께서 율법이 명하는 이외의 어떤 것을 요구하고 계시다면 그의 말씀은 앞뒤가 맞지 않게 될 것이기 때문이다. 주님은 온전한 의가 율법의 계명들 속에 포함되어 있음을 말씀하고 계실 뿐이다. 율법에 어떤 것이 빠져있다고 비난하면 하나님의 말씀은 어떻게 일치되겠는가?"(Ibid., 189.)

750) 존 칼빈, 갈라디아서 강해(하), 김동민 역 (서울: 서로사랑, 2013), 77-78; "그러므로 예수님은 하늘과 땅의 주님이셨지만 우리를 해방해 주기 위해서 종의 직분을 감당하셨다는 사실을 알아둡시다. 우리가 아는 대로 예수님께서는 할례를 받으셨으며 성인이 돼서는 모세 율법이 명령한 것들을 모두 철저하게 지키셨습니다. 예수님께서 그렇게 하신 것은 그렇게 해야만 했기 때문이 아니고 노예와도 같은 우리 상태를 폐하시기 위해서였습니다. 따라서 바울이 여기서 한 것처럼 성경 말씀이 우리 자유를 언급할 때마다 우리는 예수님 자발 순종은 헛되지 않았다는 것을 깨닫고 주 예수 그리스도께 초점을 맞춰야 합니다."

로 그리스도께서 우리에게 해방을 주시려고 친히 율법준수의 책임을 지신 것이다. 그렇지 않으면 그가 율법의 멍에에 순복한 것은 헛된 것이다. 왜냐하면 자기 자신을 위해서 그렇게 하지 않았다는 사실이 확실하기 때문이다.[751]

칼빈에 의하면, 우리 주 예수 그리스도께서는 분명히 "우리에게 해방을 주시려고 친히 율법준수의 책임을" 지셨다. 무슨 증거가 더 필요하단 말인가? 막 10:34 역시 그리스도의 고난과 부활을 말한다.[752] 칼빈이 율법을 지켜 구원을 받지 못한다고 겨냥한 대상은 로마 가톨릭이다. 칼빈은 우리가 본성상 죄인이므로 율법을 지켜 구원을 얻지 못한다면서 "믿음의 의"를 말했다. 그렇다고 칼빈이 '율법의 의' 자체를 파괴하지 않았다. 율법의 의를 얻는 주체가 우리가 아니라는 것이다. 또한 율법의 의를 얻는 방식도 우리 편의 조작이 아니라는 것이다.

8) 마 13:35

이는 선지자로 말씀하신 바 내가 입을 열어 비유로 말하고 창세부터 감추인 것들을 드러내리라 함을 이루려 하심이니라(마 13:35)

칼빈은 다음과 같이 말했다.

마태는 자신이 인용하고 있는 시편의 말씀이 그리스도에 관한 특별한 예언이라기보다는 성령의 위엄이 선지자의 말씀 속에 빛나고 있는 것 같이 그리스도의 권세가 그의 말씀 안에 표명되고 있음을 의미하고 있다. 시편에서 선지자는 아브라함의 씨를 택하심에 있어서 하나님의 언약과 그 백성을 향하신 하나님의 지속적인 은혜와 교회의 전반적 처리에 관하여 말하고 있다.[753]

칼빈에 의하면, 시편에는 성령님의 위엄이 빛나고 있으며, 뿐만 아니라 그리스도의 권세가 그 말씀 안에 주어져 있다. 시편은 그렇게 하나님의 언약과 구원을 말하며 그리스도께서는 그것을 성취하기 위하여 성육신하셨다. 그리스도께서는 시편에 기록된 말씀을 성취하셨다.[754]

9) 눅 10:25-37

눅 10:25-37은 선한 사마리인의 비유다. 예수님께서는 이 비유를 통해 율

---

751) 존 칼빈, **신약성서주석 8** (서울: 성서교간행사, 1982), 593.
752) 그들은 능욕하며 침 뱉으며 채찍질하고 죽일 것이나 그는 삼 일 만에 살아나리라 하시니라(막 10:34)
753) 존 칼빈, **신약성서주석 2** 공관복음 (서울: 성서교간행사, 1982), 526.
754) Ibid.

법에 대한 완전한 순종을 말씀하셨다. 예수님께서 십계명을 하나님 사랑과 이웃 사랑으로 말씀하셨다. 한 율법사가 일어나 예수님께 질문했다. "선생님 내가 무엇을 하여야 영생을 얻으리이까"(눅 10:25) 예수님께서는 율법사가 율법을 어떻게 이해하는지 반문하셨다. 율법사는 두 가지 큰 계명으로 말했다. 예수님께서는 율법사의 대답을 듣고 무엇이라고 말씀하셨는가?

> 예수께서 이르시되 네 대답이 옳도다 이를 행하라 그러면 살리라 하시니(눅 10:28)

예수님의 말씀은 레 18:5의 인용이다. 예수님께서는 왜 이렇게 말씀하셨는가? 예수님께서는 영생과 계명의 준수가 직결된다고 말씀하셨다. 그러면 문제는 무엇인가? 율법사의 대답은 문제가 없다. 문제는 율법사는 자신이 두 가지 큰 계명을 지킬 수 있다고 생각했다는 것이다. 예수님께서는 사마리아인의 비유를 통해 '율법준수의 철저한 요구가 무엇인가?'를 말씀하셨다. 예수님의 가르침은 무엇인가? 어느 누구도 율법준수의 요구를 완전히 충족하지 못한다는 것이다. 칼빈은 다음과 같이 말했다.

하나님과 이웃에 대한 완전한 사랑은 전체적으로 완전한 의이기 때문에 그리스도께서는 모세의 율법에서 내려오는 그대로의 경건하고 정직한 생활법칙 이외에 다른 법칙을 제시하지 않으셨다. 더구나 그리스도께서는 여기서 질문받은 대로 구원을 얻는 방법을 말씀하고 있다는 점을 우리는 주목해야겠다. 사람이 영생을 얻기 위해 따라야 할 방법에 대해서 그리스도께서는 다른 데서처럼 분명하게 말씀하고 있지 않지만, 하나님 보시기에 올바른 인정을 받으려면 어떻게 살아야 하는가를 가르쳐 주고 있다. 물론 율법에는 인간이 하나님 앞에 구원을 얻기 위해 자신들의 생활을 정돈하는 데 따라야 할 방법이 담겨있다. 율법은 저주에 불과하며 그러기에 죽음의 가르침이라고 불리어지고 있으며, 바울이 말하는 대로(롬 7:13) 범죄만을 가중시킬 뿐이라는 사실은 그 교훈 자체에 어떤 잘못이 있어서가 아니라 우리가 그 계명을 성취한다는 것이 불가능하기 때문이다. 따라서 아무도 율법에 의해서는 옳다고 인정을 받지 못하지만 율법 그 자체에는 모든 의가 담겨 있다고 말할 수 있는 것은, 누구든지 그 명령을 다 지킬 수만 있다면 율법은 그런 사람을 속이지 않고 구원을 약속하고 있기 때문이다. 또한 우리는 여기서 하나님께서 먼저 행위에 의한 칭의를 요구하신 다음에 행위와 무관한 칭의를 제공하시는 것을 이상하게 생각하지 말아야 한다. 인간은 자신들의 정당한 정죄를 확신하고서야 하나님의 자비에서 피난처를 찾으려 들기 때문이다. 마찬가지로 바울(롬 10:5)은 이 양자를 비교하면서 하나님의 우리에 대한 값없는 칭의는 우리 자신의 의의 실패 때문이라는 점을 밝혀주고 있다. 그리스도께서는 율법사의 질문을 참작하시어 그에게 맞는 대답을 주시고 있다. 그는 구원의 근원에 대해서 물은 것이 아니고 그것을 얻을 수 있는 행위에 대해서 물어 왔다.[755]
나는 바로 앞에서 어떻게 이 약속이 믿음의 값없는 칭의와 일치하는가 하는 점을 설명한 바 있다. 하나님께서 우리를 거저 의롭다고 해 주시는 것은 율법이 우리에게 완전한 칭의를 제시하고 있지 않기 때문이 아니라 우리 모두가 그것을 준수하지 못하고 있기 때문이다. 더우기 그리

---

755) Ibid., 280-281.

스도께서는 우리 육신의 연약성 때문에 그것으로는 생명을 얻을 수 없다는 점을 밝히고 있다. 두 전제는 서로 융화된다. 율법은 어떻게 인간이 행위로 의롭게 될 수 있는가 하는 점을 가르쳐 주고 있지만 어느 누구도 행위로 의롭다 함을 받는 사람은 없다. 왜냐하면 여기서 잘못은 율법의 가르침이 아니라 사람 편에 있기 때문이다.[756]

칼빈에 의하면, 율법은 완전한 칭의를 제시하며 구원을 약속한다. 하나님께서는 율법준수를 명령하심으로 의를 이루어 구원에 이르는 원리를 말씀하셨으나 서철원 교수가 우려하는 존재의 양양을 말씀하지 않으셨다. 문제는 우리 모두가 율법을 준수하지 못한다는 것이다. 그런 까닭에, 어느 누구도 행위로 의롭다 함을 받을 수 없다. 인간은 율법준수를 통한 의에 실패했으나 그리스도의 율법준수로 의를 이루시어 값없는 칭의를 우리에게 주셨다.

복음서에 나타난 그리스도의 순종에 대해 크로는 다음과 같이 말했다.

> 복음서는 어떻게 예수님이 자기 백성을 그들의 죄에서 구원하기 위해 오셨는지 보여 준다(마 1:21). 예수님은 죄를 위해 죽으실 뿐 아니라, 완전한 순종의 삶을 사심으로 이 일을 행하신다. 예수님은 대표로서 순종하셨는데, 이는 예수님의 순종이 다른 사람들을 위한 대리적인 것으로 여겨질 수 있음을 의미한다. 예수님의 완전한 순종은 예수님이 완전한 희생 제물 역할을 하실 자격을 부여할 뿐 아니라, 또한 아담이 실패한 일을 실현한다.[757]

크로에 의하면, 예수님의 순종은 대표로서의 순종이며, 대리적인 순종이었다. 예수님의 순종은 십자가의 죽으심으로 희생의 제사를 드리기에 합당하도록 완전한 희생제물이 되셨다. 예수님의 순종은 아담의 실패를 실현하는 것이었다.

10) 사도행전

그리스도의 순종과 관련된 사도행전의 주제는 부활이다. 그리스도의 부활은 그리스도의 무죄를 입증한다. 그리스도께서 자기 백성의 죄를 대신하여 십자가에 피 흘려 죽으셨으나 하나님의 거룩하신 아들이시다. 그리스도께서 부활하심으로 그리스도의 무죄와 거룩한 신성이 드러났다. 부활은 그리스도의 완전한 순종을 확증한다.

게할더스 보스는 다음과 같이 말했다.

---

756) Ibid., 283-284.
757) 브랜던 크로, 그리스도의 능동적 순종과 수동적 순종, 정광규 역 (서울: 부흥과개혁사, 2022), 144.

그리스도의 고난[즉 그리스도의 수동적 순종]에 뭔가 부족함이 있었다면, 죽음의 폭력을 한순간도 멈출 수 없었을 것이다. 중보자의 능동적 순종에 뭔가 부족함이 있었다면, 그분의 영혼과 몸에 전혀 생기가 일어날 수 없었을 것이다. 부활은 두 측면 모두에서 그리스도가 행하신 일이 완전함을 하나님이 사실상 선언하신 것으로 봐야 한다.[758]

사도 베드로는 오순절 예루살렘에 모인 사람들에게 성령님의 부어주심을 설교했다. 그 설교의 초점은 무엇인가? 그것은 십자가에 못 박혀 죽었다가 부활하신 예수 그리스도였다. 더 위대한 다윗이신 예수 그리스도께서는 썩음을 당하지 않으시고 부활하셨다. 그리스도의 부활은 그리스도의 온전한 헌신과 직결되어 있다(행 13장). 사도는 완전히 순종하고 부활한 그리스도를 믿어야 구원을 받는다고 말했다.

베드로는 행 3장에서 그리스도의 완전한 순종을 말했다. 베드로는 예수님을 생명의 '아르케고스'(창시자, 창조자, 통치자)라고 말했다.[759] 히 2:10에서도 사용된 '아르케고스'는 다른 신약의 용례와 마찬가지고 그리스도의 부활을 가리킨다.[760] 베드로는 그 '아르케고스'를 거룩하고 의로우신 분이시며 하나님께서 죽은 자 가운데서 살리셨다고 말했다. 그런 까닭에, 부활하신 '아르케고스'를 믿을 때 구원을 받는다.

행 5장에서도 그리스도의 부활과 생명, 그리고 구원과의 관계가 나타난다. 살벌한 산헤드린 공회 앞에서 사도들은 무엇을 말했는가? 사도는 다시 예수님의 부활을 증언하면서 예수님께서 '아르케고스'이시며 구주라고 말했다. 그리스도께서는 생명의 주이시며 구원의 주시다. 부활하신 '아르케고스'가 죄 사함과 생명을 주는 것은 부당하게 정죄를 당하시고 십자가에 피 흘려 죽으셨으나 부활하셨기 때문이다.

행 13장에서 사도 바울은 그리스도의 부활과 구원을 연관하여 말했다. 사도는 그리스도와 부활은 그리스도께서 하나님의 뜻에 온전히 헌신하셨다는 증거라고 말했다. 사도는 비시디아 안디옥 교회의 첫 번째 설교에서 다윗에게 주어진 약속이 예수 그리스도께 성취되었다고 증거 했다. 다윗은 범죄하

---

758) 게르할더스 보스, *Reformed Dogmatics*, 리처드 개핀 주니어 편집 및 번역, 5권(Bellingham, WA: Lexham, 2012-2016), 3-221; 브랜던 크로, **그리스도의 능동적 순종과 수동적 순종**, 정광규 역 (서울: 부흥과개혁사, 2022), 176에서 재인용.

759) 생명의 주를 죽였도다 그러나 하나님이 죽은 자 가운데서 살리셨으니 우리가 이 일에 증인이로라(행 3:15) 이스라엘로 회개케 하사 죄 사함을 얻게 하시려고 그를 오른손으로 높이사 임금과 구주를 삼으셨느니라(행 5:31)

760) 그러므로 만물이 그를 위하고 또한 그로 말미암은 이가 많은 아들들을 이끌어 영광에 들어가게 하시는 일에 그들의 구원의 창시자를 고난을 통하여 온전하게 하심이 합당하도다(히 2:10)

여 실패했으나 그리스도께서는 하나님의 뜻을 완전히 이루셨다. 다윗은 조상들과 함께 썩임을 당했으나 그리스도께서는 하나님의 거룩한 자로서 하나님의 뜻을 완전히 순종하셨기 때문에 썩임을 당하지 않고 부활하셨다. 그런 까닭에, 부활하신 그리스도께서는 죄 사함과 영생을 주신다(행 13:38-39). 이로써 영생과 죄 사함은 그리스도의 완전한 순종을 필요로 한다는 것을 확인할 수 있다.

사도 바울은 아테네에서 전도하다가 이방신을 전한다는 죄로 기소되어 아레오바고 앞에 출두했다. 사도는 무엇이라고 말했는가? 하나님의 창조로 인간이 존재하게 되었기 때문에 우상을 섬길 것이 아니라 다 회개하고 하나님을 섬겨야 한다고 말했다. 사도는 무엇보다 죽은 자 가운데 살아나신 분을 믿으라고 말했다. 사도가 우상이 아니라 부활하신 주님을 믿어야 한다고 말한 것은 사람들이 하나님 앞에 지켜야 할 의무가 있음을 말한 것이다. 사람의 기원이 첫 사람 아담에게 있듯이, 아담에게 부여된 의무가 모든 사람에게 있다.

브랜던 크로는 다음과 같이 말했다.

> 사도행전에서 예수님의 부활은 예수님의 완전한 의를 전제하며 죄 사함과 영생을 위해 필요하다. 예수님이 하나님의 거룩한 자로서 모든 죄에서 자유로우시므로, 예수님의 몸은 썩음을 당하지 않으셨다. 예수님의 부활은 예수님의 완전한 순종을 전제하며, 예수님의 부당한 죽음을 공개적으로 변호한다. 부활은 예수님이 영생의 조건을 충족시키는 데 필요한 모든 일을 하셨다는 것, 즉 예수님이 완전히 순종하셨다는 것을 증명한다. 그리스도의 순종은 죄 사함과 영생의 권리를 낳는데, 이는 우리가 보았듯이 칭의의 두 가지 유익이다. 사도행전은 주인공들의 설교에 특히 초점을 맞추면서 이야기 형식으로 예수님의 부활에 광범위한 관심을 기울인다는 점이 독특하다. 예수님은 죽음이 사로잡고 있을 수 없었던 생명의 '아르케고스'이시다. 예수님은 완전히 거룩하고 의로우신 분이며(3:14), 죽음을 이기신 만민의 구주이시다(5:31; 13:23, 30, 17:30-31). 예수님은 영원한 나라를 다스리시며 죄 사함을 주신다(예. 2:30-36; 13:38-39).[761]

사도행전은 그리스도의 부활을 강력하게 증거 한다. 그것은 그 시대를 장악한 사두개파의 멘탈리티(mentality)와는 정면으로 충돌했다. 사도는 사두개파와 달리 보이지 않는 실제를 증거 했다. 그리스도의 부활은 그 보이지 않는 실제를 증거 하는 충격적인 증거였다. 그리스도의 부활은 그리스도의 완전한 순종을 전제한다. 그리스도의 완전한 순종은 '영생의 조건을 충족하는데 필요한 모든 것을 그리스도께서 다 행하셨다'는 것을 증거 한다.

---

761) 브랜던 크로, 그리스도의 능동적 순종과 수동적 순종, 정광규 역 (서울: 부흥과개혁사, 2022), 176.

11) 롬 3:31

그런즉 우리가 믿음으로 말미암아 율법을 폐하느뇨 그럴 수 없느니라 도리어 율법을 굳게 세우느니라(롬 3:31)

칼빈은 다음과 같이 말했다.

율법과 믿음을 대비해서 이야기하면, 사람들은 즉시 둘 사이에 양립할 수 없는 어떤 요소가 존재하는 것으로 의심한다. 그 둘이 서로 반대되기라도 하는 것처럼 의심한다. 이런 오해는 율법에 대한 잘못된 견해에 물들어 있는 사람들과 약속의 말씀을 무시한 채 율법에서 행위의 의만 추구하는 사람들 사이에 특별히 만연해 있다. 이런 이유 때문에 유대인들은 바울뿐만 아니라 우리 주님까지도 심하게 공격했다. 마치 그분이 율법의 폐기를 겨냥해서 말씀을 전하시기라도 한 것과 같다. 그래서 그분은 이렇게 항변하셨다. "내가 율법이나 선지자를 폐하러 온 것이 아니요 완전하게 하려 함이라"(마 5:17). 주님께서 율법을 폐하러 오신 것이 아닌가 하는 의심은 의식법 뿐만 아니라 도덕법에까지 확대되었다. 이는 복음이 모세의 의식들을 폐하고 있어서, 복음의 의도가 모세의 사역을 멸하는 것처럼 생각되기 때문이다. 또한 행위에서 나오는 모든 의를 제거하기에, 복음은 율법의 모든 증거들을 반대하는 것으로 생각된다. 그러나 주님께서는 자신이 의와 구원의 방도를 율법에 정해놓으셨다고 분명하게 말씀하신다. 그러므로 나는 이 구절에 나타난 바울의 변호가 의식법이나 도덕적 교훈이라고 불리는 것에만 적용되는 것이 아니라 율법 전체에 보편적으로 해당되는 것이라고 받아들인다. 도덕법은 그리스도에 대한 믿음을 통해서 참으로 확증되고 입증된다. 이는 인간에게 그들의 부정함을 가르치고 그들을 그리스도께 인도하기 위해서 도덕법이 주어졌기 때문이다. 그리스도가 없이는 율법이 완전해지지 않는다. 율법이 옳은 것을 선포하는 것도 아무 소용이 없는 일이다. 율법은 과도한 욕망을 강화시키는 것밖에 할 수 없으며, 결국 인간으로 하여금 더 심한 정죄를 당하게 한다. 그러나 우리가 그리스도께 나아올 때, 첫째로 우리는 그분에게서 율법의 완전한 의를 보게 된다. 그리고 그 의는 우리에게 전가됨으로써 또한 우리의 의가 된다. 둘째로, 우리는 그분 안에서 성화를 보게 된다. 그 성화로 말미암아 우리의 마음은 율법을 지킬 준비를 갖춘다. 우리가 율법을 완전하게 지키지 못한다는 것은 사실이다. 그러나 적어도 우리는 그것을 목표로 삼고 나아간다. 의식들의 경우에 대해서도 동일한 논증을 펼 수 있다. 그리스도께서 오실 때, 이 의식들은 중단되고 사라지지만 그분으로 말미암아 진정으로 확증된다. 의식들은 본래 실체가 없는 그림자 같은 형상이다. 의식들을 그 목적과 관련시킬 때, 즉 그것들이 어떤 목적을 위해 제정되었는지 고려할 때만 우리는 그것들이 실체를 가지고 있음을 알게 될 것이다. 그러므로 의식들이 그리스도 안에서 목적을 이루었을 때, 그때 그것들은 가장 잘 확증되는 것이다. 그러므로 우리의 가르치는 방식을 통해 율법이 확증되도록 그렇게 복음을 전해야 함을 기억하자. 그러나 우리가 복음을 전할 때 그 토대가 되는 것은 오직 그리스도를 믿는 믿음이 되도록 하자.762)

칼빈은 "그리스도 없이는 율법이 성취될 수 없"다고 말했다. 그리스도 안에만 율법의 온전한 의가 있고 그 의를 우리에게 전가시켜 주고 성화를 통해 우리 마음에 율법을 지켜갈 수 있도록 준비한다. 우리가 그리스도를 볼 때 그리스도께서 이루신 율법의 완전한 의를 본다. 우리가 믿음을 말한다고 해서 율법을 폐기하지 않는다. 그리스도께서는 의와 구원의 방도를 율법에 정해놓

---

762) 존 칼빈, 로마서, 민소란 역 (서울: 규장, 2013), 137-139.

으셨다. 그러나 아무도 인간으로서는 순종할 수 없었다. 그리스도 없이는 율법이 완전해지지 않는다.

12) 롬 5:12

능동적 사역에 대한 근거는 롬 5:12이다. 예수 그리스도의 순종에 대해 논할 때 가장 중요한 본문 중 하나가 롬 5:12-21이다.

> 이러므로 한 사람으로 말미암아 죄가 세상에 들어오고 죄로 말미암아 사망이 왔나니 이와 같이 모든 사람이 죄를 지었으므로 사망이 모든 사람에게 이르렀느니라(롬 5:12)

인간의 불행은 아담의 범죄와 실패에 기인한다.[763] 12절은 한 사람의 죄, 곧 아담의 죄로 말미암아 모든 사람이 죽음과 정죄에 이르렀다는 사실을 말한다.[764] 메르디스 G. 클라인은 아담의 시험은 "단회적 시험"이었으며, 그 시험의 목적은 "인간의 축복을 빼앗기 위함이 아니라 인간을 축복의 완성으로 나아가도록 하기 위함이었다"라고 말했다.[765]

---

763) 김재성, **그리스도의 능동적 순종** (고양: 언약, 2021), 53; "모든 인간의 부조리와 불행한 죄악의 참상은 아담과 이브에게서 시작되었고, 인류사회에 계승되고 있으며, 문화와 문명을 담아나가는 세계사의 적나라한 실재가 되고 말았다. 기독교의 기본 진리는 아담의 실패와 그 후손들의 죄악이 참담함에도 불구하고, 그리스도가 하나님 아버지의 뜻대로 구속 사역을 성공적으로 성취하시고 성령을 보내어서 복음을 받게 하여 새 언약을 맺는 것이다. 모든 인간의 대표가 되는 아담의 죄악과는 달리, 예수 그리스도는 생명의 시작을 보여주셨다. 아담과 그리스도의 대조를 통해 기독교의 기본 진리가 밝혀졌다."

764) 브랜던 크로, **그리스도의 능동적 순종과 수동적 순종**, 정las규 역 (서울: 부흥과개혁사, 2022), 60.

765) 메리데스 G. 클라인, **하나님 나라의 서막**, 김구원 역 (서울: 개혁주의신학사, 2007), 148-149; 〈창조사역을 통해 만들어진 언약 질서는 처음부터 이미 축복의 질서였다. 그러나 앞서 지적한 바처럼 이 언약에는 언약 종이자 아들인 인간이 그의 언약주에게 충성(순종)하면 그에게 주어질 특별 선물도 포함되어 있었다. 다시 말해 언약에는 인간의 순종을 조건으로 한 왕국 영광의 완성적 진행에 대한 약속이 포함되어 있었다. 언약의 주가 그 축복에 대한 약속을 이행하려면, 또한 인간이 약속된 안식일에 들어가는 것이 영원히 지연되지 않으려면, 인간 순종에 대한 시험을 한없이 미룰 수만은 없었다. 인간 순종을 조건으로 한 언약 축복의 완성이 한없이 지연될 수 없었다. 순종 시험은 분명한 시간적 범위를 가진 것이었다. 다시 말해 그것은 단회적 시험(probation)이었다. 그것의 합당한 목적은 인간의 축복을 빼앗기 위함이 아니라 인간을 축복의 완성으로 나아가도록 하기 위함이었다. 인간의 검증 기간이 비교적 짧을 수밖에 없었던 이유가 하나님의 언약 원리 가운데 있었다. 그것은 연합대표라는 언약운영 원리이다. 인류는 첫 번째 아담을 대표로 하는 공동체 연합으로 시험을 받게 된다. 창세기의 시험은 아담 개인의 시험이 아니었다. 따라서 그 아담이 대표로 그 시험을 통과하기 전에 언약의 종들의 변식이 이루어진다면 연합대표라는 원리가 작동할 수 없게 된다. 그러므로 여호와는 인류 변식이 이루어지기 전에 그 시험 문제가 마무리되도록 하셨다. 하나님은 아담의 순종을 시험하시기 위해 아담을 위기의 순간으로 몰아가 아담이 그것에 신속하고 결정적으로 반응하지 않을 수 없게 만드셨다. 그 시험이 모든 인류에게 가지는 중대한 결과를 고려할 때 인간의 언약적 충성이 매우 철저하게 검증되는 것은 절대적으로 필요하였다. 검증 과정의 집중도를 높이기 위하여 여호와 하나님이 도입한 조치는 두 가지였다. 그중 하나가 언약의 일반 의무들에 한 가지 특별 금지 조항을 더하는 것이었다(창 2:16-17). 이 금지 조항을 시험 규정이라고 부를 때 그것은 인간의 언약 의무들과 시험 과정이 이 한 가지 요구로 환원된다는 것이 아니다(다시 말해 선악과를 먹지 말라는 규정을 지킨다고 해서 다른 언약 의무들을 지키지 않아도 된다든가 시험이 반드시 선악과 시험으로만 이루어져야 한다는 의미는 아니다). 그

칼빈은 사도 바울이 "죄의 벌을 받는 모든 사람들에게 죄가 이미 만연해 있었다"고 단언한 것이라고 말했다.[766] 사도는 생득적이고 유전적인 부패를 말했다. '죄의 결과로 우리가 파멸에 이르렀으며 모든 사람이 죽음의 지배 하에 있다'는 것이다. 우리 모두가 죄를 범하는 이유는 우리 존재가 생래적으로 부패해 있기 때문이다. 칼빈은 "죄가 아담으로부터 온 인류에게 물려진 것은 모방에 의한 것"이라고 말하는 펠라기우스파의 시도는 "천박한 사기"라고 말했다.

존 머리는 롬 5:12-19에 대한 분석에서 다음과 같이 말했다.

것이 의미하는 바는 이 규정이 검증 과정에 집중도를 높여 인간의 결정적인 응답을 이끌어내도록 역할을 한다는 것이다. 두 번째 조치는 인간을 사탄의 직접적인 유혹에 두시는 것이었다. 이 두 조치는 서로 연결되어 있었다. 시험 나무의 의미와 이 시험에서의 사탄의 역할, 그리고 그 시험의 성격을 제대로 이해하기 위서는 그 두 조치 사이의 관계를 먼저 이해하고 있어야 한다. 시험을 위한 특별 명령은 그 형식과 내용에 있어 언약 법들 가운데 예외에 속한다. 다른 언약 규례들은 긍정문의 형식을 취하고 문화적-제의적 사명으로 인간을 세우는 내용이었던 반면 시험을 위한 특별 규례는 부정문의 형식으로 인간이 범해서는 안 되는 한계를 정한다. 그 금지 조항은 하나님이 세상과 그곳에서의 인간의 위치를 해석할 때 사용하신 성별의 원리에 예외를 도입하는 것이었다. 모든 땅의 것들이 인간의 유익을 위해 쓰임 받도록 규정하는 인간의 통치 주권이 그 금지 조항으로 제한되었다. 특히 시험 규례는 하나님 자신이 인간의 권세 아래 두시고 인간에게 "음식"으로 정하신(창 1:29-30; 2:16) 모든 식물계로부터 한 나무를 분리하는 것이었다. 그리고 그 나무에 정반대의 의미를 부여한다. "선악을 알게 하는 나무의 열매는 먹지 말라"(창 2:17). 금지 조항을 통해 하나님은 그 나무 열매 먹는 행위를 선한 것과 합법적인 범주에서 제하고, 주권적으로 그 행위를 불법적인 것으로 재분류하셨다. 그 시험 나무를 통해 인간은 하나님의 절대 주권과 대면하게 되었다. 그 시험 명령은 인간의 왕적 권위와 특권을 제한함으로써 그의 왕권이 종속적 왕권이고 그는 세계를 청지기로서 다스리고 있다는 사실을 인정하게 만들었다. 그 시험 명령은 명명-해석의 사역에서 즉 인간 왕권에 부속하는 역할인 지혜자로서의 인간 역할에서 그는 반드시 로고스 창조주의 지시를 따라야 한다는 것을 요구했다. 하나님이 인간에게 일반계시에 위배되는 매우 자의적인 명령을 주셨을 때도 인간은 그의 주인께 대해 독립적이고 비판적인 자세를 견지해서는 안 되었다. 즉 인간은 하나님 말씀의 기준 가운데 보다 중요한 기준이라고 생각하는 것을 스스로 결정해서는 안 되었다. 그는 매 순간 주시는 하나님의 말씀을 인정하고, 끌어안고 자신의 생각과 삶을 하나님이 말씀하시는 모든 것에 복종해야 할 책임이 있었다. 이 시험을 위한 특별 금지 규정의 효과는 인간으로 하여금 하나님의 절대 주권과 단독으로 대면하게 함으로써 그의 주권자 되신 여호와를 분명하게 인정하지 않을 수 없게 만드는 것이었다. 이렇게 하여 인간의 언약적 충성에 대한 시험은 위기-절정의 순간에 이르게 되었다. 시험 나무의 의미를 찾는 것은 그것의 이름인 "선악을 알게 하는 나무"(창 2:17)에서 시작하는 것이 자연스러울 것이다. 이 나무의 이름에 나오는 선과 악은 선택의 두 극단을 나타낸다. 고대 근동 문학에서 종종 나타나는 것처럼 전체를 표시하기 위해 양 극단을 사용하는 수사법이 아니다. 성경에 반복해서 선과 악은 사물을 분간하는 능력을 지칭하는 문맥에 등장한다. 특히 법적-재판관적 분별을 행사하는 문맥에 자주 등장한다(미 3:1-2 참조). 즉 판결을 내리는 문맥에 자주 등장한다. 또한 "선"과 "악"은 심판을 선고하는 문맥에서 법률 용어로 사용되기도 한다(사 5:20, 23; 말 2:17 참조). 시험 나무를 분명하게 가리키시면서 하나님은 선악을 아는 인간의 능력을 인간이 닮은 하나님과 천사의 형상으로 해석하신다(창 3:22). 똑같은 관계가 사탄의 왜곡된 주장에서도 확인된다(창 3:5). 방금 살핀 것처럼 선과 악을 분별하는 것이 성경의 다른 곳에서 하나님과 천사의 형상을 나타내는 표지로 언급되고 또한 하나님 같은 지혜를 나타내는 표지로 언급되는 것을 고려할 때 선과 악의 분별이 지칭하는 바가 심판관적 판결을 내리는 왕의 능력이었음을 유추할 수 있다(삼하 14:17; 왕상 3:9, 28). 시험 나무는 심판(판결) 나무(Tree of Judgement)였다.〉

766) 존 칼빈, **신약성서주석 7** (서울: 성서교재간행사, 1982), 170.

그 관계는 "한 사람"(아담)과 "모든 사람"(인류) 간에 존재하는 일종의 연대를 포함하고 있음이 분명하다. 그 결과로 여기서 논하여지고 있는 죄가 "한 사람"의 죄 또는 "모든 사람"의 죄로 동시에 똑같이 간주될 수가 있다.767)

레이몬드는 머리의 글을 인용하며 아담의 죄와 인류의 죄의 정죄에 대한 관련성을 말하면서, "그리스도와 의롭다 함을 받은 자들 간의 관계가 대리적 대표의 성격을 가지고 있는 것이 분명하기 때문에, 아담과 그의 후손들 간의 관계도 그의 한 (첫 번째) 죄가 전가된 것에 기초해 볼 때 대리적 대표의 관계로 보아 마땅하다"고 말하면서, "이것이 … 언약적 견해의 핵심적 주장이다"라고 말했다.768) 그만큼 아담 언약을 행위언약으로 보는 것이 중요하고 언약적 견해의 사활이 걸려 있다.

브랜던 크로는 다음과 같이 말했다.

여기서 우리는 완전한 순종을 조건으로 영생을 약속받았던 아담을 고려해야 한다. 아담은 실패했다. 그러나 우리는 아담의 실패로 영생을 위한 완전한 순종의 요구가 마치 손사래를 치듯이 완전히 사라졌다고 생각하지 말아야 한다. 그렇기보다 완전한 순종은 영생의 유업을 얻을 요건으로 계속 남아 있다. 분명히 말하지만 이 순종은 완전한 순종이어야 하며, 성화에 있어 신자의 순종이 아니다.769)

크로가 무엇을 말하는가? 능동적 순종과 수동적 순종의 논쟁은 결국 인간론의 문제라는 것이다. 아담은 영생을 이미 받은 자가 아니라 완전한 순종으로 영생의 유업을 받아야 하는 자였다. 아담은 영생이 주어져서 영광스러운 상태로 존재하지 않았다. 아담에게 영생이 주어졌다면 무슨 문제가 발생하는가? 하나님께서 아담에게 영생을 이미 주셔놓고 다시 시험을 하여 영생을 빼앗아 가시는 불의한 하나님이 된다. 그럴 수는 없다! 왜냐하면 하나님께서는 아무도 시험하지 아니하시는 분이시기 때문이다.770) 또한 성경을 해석할 때 새언약에서 옛언약으로, 에스카톨로지에서 프로톨로지로 해석해야 한다. 크로는 "종말론은 율법과 언약을 이해하는 데 있어서 아주 중요한데, 언약은 최종 목표를 염두에 두기 때문이다"라고 말했다.771)

---

767) John Murray, *The imputation of Adam's Sin* (GrandRapids: Eerdmans, 1959), 21; 로버트 L. 레이몬드, **최신조직신학**, 나용화·손주철·안명준·조영천 역 (서울: 기독교문서선교회, 2004), 551에서 재인용.
768) 로버트 L. 레이몬드, **최신조직신학**, 나용화·손주철·안명준·조영천 역 (서울: 기독교문서선교회, 2004), 555.
769) 브랜던 크로, **그리스도의 능동적 순종과 수동적 순종**, 정광규 역 (서울: 부흥과개혁사, 2022), 43.
770) 사람이 시험을 받을 때에 내가 하나님께 시험을 받는다 하지 말지니 하나님은 악에게 시험을 받지도 아니하시고 친히 아무도 시험하지 아니하시느니라(약 1:13)
771) 브랜던 크로, **언약과 율법 성경신학**, 정광규 역 (서울: 부흥과개혁사, 2022), 38-39.

아담은 언약의 조항에 순종할 때 종말론적 영생을 기업으로 받을 수 있었다. 사도 바울은 아담과 그리스도와의 관계를 설명하면서 한 사람 아담의 범죄가 모든 사람을 죽음에 이르게 했다고 말했다. 아담의 범죄로 모든 사람이 죄를 지었기 때문이다. 이것이 인간의 비참함이다. 아담이 죄를 지어 사망에 이르렀다는 것은 아담이라는 존재가 영생의 영광을 누리는 영화로운 상태가 아니었다는 뜻이다.

영생은 어떻게 주어지는가? 사도는 은혜가 우리를 지배하여 예수 그리스도로 말미암아 영생을 주신다고 말했다.[772] 예수 그리스도께서 주시는 의로 영생을 얻는다. 이것이 아담의 죄에 대한 하나님의 해결책이다! 하나님의 해결책은 예수 그리스도의 순종이다. 우리 존재의 변화가 우리의 수양이 아니라 하나님의 은혜로 예수 그리스도를 믿음으로 이루어진다. 성경이 말하는 존재의 변화는 무엇인가? 아담이 불순종하고 죄를 지어 인간이 죄인 되었다는 것이고, 예수 그리스도께서 순종하여 의를 이루어 죄인을 의인 되게 하셨다는 것이다. 그런 까닭에, 크로는 "세상 역사에서 정죄 및 칭의와 관련한 두 핵심 인물은 죽음의 원조 아담과 생명의 원조 그리스도다"라고 말했다.[773]

13) 롬 5:18-19

사도 바울은 롬 5:18-19에서 죄와 죽음, 의와 생명에 대해 말했다. 사도는 이 주제에 대해 '예수님의 완전하고 통합된 순종(능동적 순종과 수동적 순종)과 어떤 관계가 있는가?'를 말했다.

> 18 그런즉 한 범죄로 많은 사람이 정죄에 이른 것 같이 의의 한 행동으로 말미암아 많은 사람이 의롭다 하심을 받아 생명에 이르렀느니라 19 한 사람의 순종치 아니함으로 많은 사람이 죄인 된 것 같이 한 사람의 순종하심으로 많은 사람이 의인이 되리라(롬 5:18-19)

사도는 예수님의 순종을 아담과 대비하여 말했다.
칼빈은 다음과 같이 말했다.

> 그리스도의 순종하심으로 말미암아 의롭게 되었다고 선언하고 있기 때문에, 우리는 그리스도께서 아버지 하나님을 흡족하게 해 드리심으로써 우리를 위한 의를 확보하신 것임을 알게 된다. 이것으로부터 우리가 알 수 있는 것은 의의 실체는 그리스도 안에 있고, 오직 그리스도에게만

---

772) 이는 죄가 사망 안에서 왕노릇한 것 같이 은혜도 또한 의로 말미암아 왕노릇하여 우리 주 예수 그리스도로 말미암아 영생에 이르게 하려 함이니라(롬 5:21)
773) 브랜던 크로, 그리스도의 능동적 순종과 수동적 순종, 정광규 역 (서울: 부흥과개혁사, 2022), 61.

속한 의가 우리에게 전가되는 것뿐이라는 것이다. 아울러 사도는 이 의로움을 "순종하심"이라고 부름으로써, 이 의로움이 어떤 종류의 의로움인가를 보여준다. 여기에서 우리가 특히 주목해야 할 것은 하나님 앞에 설 수 있기 위해서 행위로 의롭다 하심을 받고자 한다면, 율법의 일부에 순종하는 것이 아니라, 율법 전체를 순종해야만 한다는 것이다.[774]

칼빈에 의하면, 그리스도의 순종으로 의가 확보되었다. 그리스도께서는 하나님을 흡족하게 해 드림으로써 우리를 위한 의를 확보하셨다. 무엇보다 중요한 것은 그리스도의 의로움이 순종하심이라고 할 때, 칼빈이 '율법 전체를 순종해야 행위로 의롭다 함을 받는다'고 말했다는 것이다. 이것은 칼빈에게 있어서 그리스도의 순종은 율법 전체를 순종하셨다는 것을 의미한다. 김재성 교수는 칼빈 이후로, 개혁주의 신학자들은 예수님께서 전 생애 동안에 하나님의 율법을 준수하신 것을 '능동적 순종'이라고 구별하여 표기했다고 말했다.[775] 브랜던 크로는 다음과 같이 말했다.

> 이 구절들은 예수님의 순종과 관련된 적어도 세 가지 쟁점에 대해 말한다. 첫째. 영생에 이르게 하는 예수님의 순종은 독립된 행위가 아니라 예수님의 전체 순종이다. 둘째. 바울의 논의는 영생을 위해서는 완전한 순종이 필요하다는 점을 요구한다. 셋째, 예수님은 대표 역할을 하는 마지막 아담이시며, 예수님의 온전한 순종은 아담의 죄보다 더 좋은 결과를 낳는다.[776]

크로에 의하면, 예수님의 순종은 십자가의 죽으심을 말하는 수동적 순종만이 아니라 전체 순종을 말한다. 사도는 18절에서 아담의 범죄와 그리스도의 의로운 행위를 평행구도로 말했다. 논란이 되는 것은 무엇인가? 18절의 의로운 행위와 19절의 그리스도의 순종이 '단수'라는 것이다. 단수이기 때문에 그리스도의 순종은 수동적 순종이라고 주장한다.

우리의 시선을 롬 5:10로 돌리면, 사도는 그리스도의 죽음으로 말미암은 화목을 말하면서 그리스도의 부활로 말미암은 구원도 말한다는 것을 볼 수 있다. 그것을 롬 8:33-34에서도 확인할 수 있다.[777] 롬 4:25에서는 "예수는

---

774) Calvin's Commentary on Romans 5:19; "And then, as he declares that we are made righteous through the obedience of Christ, we hence conclude that Christ, in satisfying the Father, has provided a righteousness for us. It then follows, that righteousness is in Christ, and that it is to be received by us as what peculiarly belongs to him. He at the same time shows what sort of righteousness it is, by calling it obedience. And here let us especially observe what we must bring into God's presence, if we seek to be justified by works, even obedience to the law, not to this or to that part, but in every respect perfect."; 김재성, 그리스도의 능동적 순종 (고양: 언약, 2021), 98에서 재인용.
775) 김재성, 그리스도의 능동적 순종 (고양: 언약, 2021), 99.
776) 브랜던 크로, 그리스도의 능동적 순종과 수동적 순종, 정광규 역 (서울: 부흥과개혁사, 2022), 62.
777) 33 누가 능히 하나님의 택하신 자들을 송사하리요 의롭다 하신 이는 하나님이시니 34 누가 정죄하리요 죽

우리 범죄함을 위하여 내어줌이 되고 또한 우리를 의롭다 하심을 위하여 살아나셨느니라"고 말했다. 사도는 그리스도의 죽으심만 말한 것이 아니라 그리스도의 부활하심도 말했다. 사도는 그리스도의 수동적 순종, 곧 십자가에 죽으심만으로 의롭게 된다고 말하지 않는다. 그러면 사도가 잘못 말한 것인가? 결코 그렇지 않다. 그리스도의 순종이 분리되어 개별적인 효력을 발생하는 것이 아니다. 그리스도의 성육신으로부터 그리스도의 승천에 이르기까지 그리스도의 사역은 분리되지 않는다. 사도는 그리스도의 죽음을 주로 말하고 있다. 전체 문맥은 그리스도의 전체적이고 완전한 순종을 말한다.

칼빈은 『로마서 주석』에서도 다음과 같이 말했다.

> 본문의 이 말씀은 같은 말을 쓸데없이 반복한 것이 아니고, 앞 구절에 대한 꼭 필요한 설명이다. 바울은 앞에서 우리가 정죄를 받았다고 말했으나, 어떤 사람이든 무죄하다고 주장하지 못하게 하기 위해서, 모든 사람이 정죄 받는 것은 그가 죄인이기 때문이라는 점을 덧붙이고 싶어 했다. 그가 뒤이어서 그리스도의 순종으로 말미암아 우리가 의롭게 되었다고 진술한 경우, 우리는 이로부터 그리스도께서 아버지를 만족시켜 드림으로 해서 우리를 위하여 의를 획득하셨다는 것을 추론할 수 있는 것은 의가 그리스도 안에 하나의 속성으로 존재한다는 것과, 그러나 그리스도에게만 고유하게 속해 있는 것이 우리에게 전가된다는 사실이다. 동시에 바울은 그리스도의 의를 순종이라고 일컬음으로써 그것의 성격을 설명하고 있다. 우리가 만일 행위로 의롭다 하심을 얻고자 한다면, 하나님 존전에 무엇을 가져오도록 우리에게 요구되는가를 여기서 주목해야 한다. 부분적인 순종이 아니라, 모든 면에서 절대적인 순종인 율법에의 순종이 요구되는 것이다. 만일 의로운 사람이 타락할 것 같으면, '그의 이전의 의는 아무것도 기억되지 않는다. 우리는 이것으로부터 인간들이 하나님의 공의를 만족시킬 목적으로 하나님께 억지로 갖다 내민 자기 본위의 계획들의 허위성을 알 수가 있다. 하나님께서 우리에게 명하여 행하라고 하신 것을 오직 그의 말씀에 순종하는 것이 된다. 그러므로 행위의 의를 대담하게 주장하는 자들과는 교제하지 말자. 그런데 행위의 의는 율법을 온전히 완전하게 지킬 때에만 있을 수 있으나, 이러한 율법에 대한 완전한 순종이란 아무 데도 없음이 확실하다. 이와 마찬가지로, 자기 자신이 만들어낸 행위-하나님께서는 이런 행위를 배설물만도 못하게 여기신다를 하나님 앞에서 자랑하는 사람들은 정신 빠진 자들이라는 것을 추론할 수가 있다. 왜냐하면 순종이 제사보다 낫기 때문이다.778)

칼빈에 의하면, 하나님 앞에 의로워지기 위해서는 "모든 면에서 절대적인 순종인 율법에의 순종이 요구"된다. 어느 누구도 그런 의를 만들 수 없고 오직 예수 그리스도만 그 의를 이루실 수 있다. 이것은 그리스도의 완전한 순종만이 우리에게 칭의를 준다는 것을 말한다. 칭의는 그리스도의 순종이 우리의 순종으로 간주되는 것이지 우리의 순종이 되는 것은 아니다. 우리의 의로 여겨지는 것이다. 그래서 '의의 전가'라고 한다.

으실 뿐 아니라 다시 살아나신 이는 그리스도 예수시니 그는 하나님 우편에 계신 자요 우리를 위하여 간구하 시는 자시니라(롬 8:33-34)
778) 존 칼빈, 신약성서주석 7 로마서 빌립보서 (서울: 성서교재간행사, 1982), 179-180.

튜레틴은 그리스도의 중보자 직분과 그리스도의 속상(satisfaction)의 성격을 말하면서 중보자의 순종은 능동적 차원과 수동적 차원을 다 포함한다고 말했다.[779] 크로는 이것을 다섯 가지로 다음과 같이 정리했다.

> 투레타누스는 로마서 5장 19절에서 이 변론을 시작하는데, 투레타누스의 주장은 몇 가지 단계를 특징으로 한다. 첫째, 이 구절에서 바울은 그리스도의 전체 제한 없이 다루는데, 이는 그리스도의 순종이 삶의 처음부터 끝까지를 가리켜야 하며, 어떤 식으로든 불충분하거나 불완전하지 말아야 한다는 것을 의미한다. 둘째, 로마서 5장 19절의 순종은 형벌에 대한 순종뿐 아니라, 주로 율법 계명의 준수를 고려하고 있다. 셋째, 바울이 여기서 말하는 의의 선물은 그리스도의 고난에 대해 말하는 것일 수 없다. 넷째, 바울은 아담의 순종과 반대되는 순종을 고려하고 있다. 아담에게 전체 율법에 대한 순종이 요구되었으므로, 여기서 고려하는 순종은 전체 율법에 대한 순종이어야 한다. 다섯째, 바울은 여기서 '형벌과 계명 모두와 관련하여 우리가 마땅히 지불해야 할 것을 다룬다. 다시 말해 로마서 5장 19절이 고려하는 의는 한 의로운 행위만이 아니라, 온전한 순종에서 나오는 의로움이어야만 한다. 투레타누스는 이렇게 결론짓는다. "한 범죄로 말미암아 모든 사람에게 죄책이 임했다면, 의는 한 행위에서 비롯되어 모든 사람에게 전달되지 않는다. 왜냐하면 악은 어떤 결함에서나 비롯되지만 선은 완전한 대의를 요구하기 때문이다." 투레타누스는 뒤에서 그리스도의 의가 나뉘지 않는다고 덧붙인다. 따라서 성경이 구속을 예수님의 피와 죽음에 돌린다 해도, 이것이 예수님의 낮아지신 삶의 순종을 배제하는 것이 될 수는 없다.[780]

튜레틴의 논지는 무엇인가? 그것은 '그리스도의 순종은 십자가의 죽으심과 지상 사역에서의 순종이 배제되지 않는다'는 것이다. 그 이유는 무엇인가? 아담에게 요구된 율법에 대한 순종은 전체 율법에 대한 순종이었기 때문이다. 아담에게 요구된 것은 그리스도에게도 요구되었다. 첫 사람 아담에게 요구된 것은 마지막 아담에게도 요구되었다. 그리스도가 본성적으로 부족해서가 아니라 하나님께서 원하시는 의를 이루기 위함이었다.

그리스도의 십자가 피 흘림은 단지 십자가에 죽으심만을 의미하는 것이 아니라 지금까지의 사역을 포괄하는 것이다. 그리스도의 죽으심이 없으면 그 이전의 순종은 의미가 없다. 튜레틴의 말대로, "십자가는 낮아짐의 마지막 단

---

779) 'satisfaction'이란 '만족'이라 번역하나, 원래 그 의미는 '값을 치루어서 만족시키다'라는 뜻이다. 곧 변제의 의무를 이행하는 것이다. '속상'(贖償)이란 '제물이 죄인을 대신해 벌을 받음으로 죄인의 죄책과 죄의 형벌을 보상하고, 하나님의 공의를 만족시킨다'는 뜻이다. 그런 까닭에, '만족'이 아니라 '배상'이라고 번역해야 한다.
780) 브랜던 크로, **그리스도의 능동적 순종과 수동적 순종**, 정광규 역 (서울: 부흥과개혁사, 2022), 80–81; 〈투레타누스는 이렇게 말한다. "우리의 구원과 구속을 그리스도의 피와 죽음에 돌린다 해도, 이것이 예수님의 삶의 순종을 배제하는 것은 아니다. 어느 곳에서도 그런 제한을 발견할 수 없다. 다른 곳에서는 … 원과 구속이 그리스도의 전체 순종과 의로 확대된다. 그것은 오히려 더 좋은 부분으로 전체를 나타내는 제유법으로 이해해야 한다. 왜냐하면 그리스도의 죽음은 낮아지심의 마지막 단계이고, 그리스도의 순종의 왕관이며 완성이었기 때문이다(그리스도의 죽음은 다른 모든 부분을 전제하며, 그리스도의 죽음이 없다면 다른 모든 부분은 소용이 없을 것이다)." 따라서 영생을 위해서는 예수님의 전체 순종이 필요하며, 그러기에 로마서 5장은 예수님의 전체 순종을 고려하고 있음이 틀림없다.〉

계이며, 그리스도의 순종의 왕관이며 완성"이다.

그리스도의 전체적이고 완전한 순종에 대한 반론은 세 가지로 나타난다.

반론 1: 그리스도의 죽음은 한 순종행위다

이 반론은 사도가 아담과 그리스도를 대비시킨 것은 각 사람의 한 행위에 국한한다는 주장이다. 아담이 선악과를 먹은 것과 그리스도께서 십자가에 죽으신 것만이 순종에 해당한다는 것이다. 역사적으로는 2세기 교부인 이레니우스(Irenaeus)가 주장했다. 이레니우스는 "그러므로 나무에 달려 죽기까지 순종하신 순종을 통해 그리스도는 나무에서 말미암은 옛 불순종을 되돌리셨다"(Irenaeus, *Epid.* 34)고 말했다.[781] 그러나 크로는 이레니우스가 "아담의 죄를 극복하려면 예수님의 평생의 순종이 필요하다는 훨씬 더 포괄적인 도식, 즉 개요를 갖고 있다"고 말했다. 이레니우스가 수동적 순종만 말한 것이 아니라 능동적 순종까지 포함하는 전체 순종을 말했다는 뜻이다.

정이철 목사는 "구원을 받는 것과 율법 지키는 것이 0.1이라도 관련이 있다고 믿으면 율법주의 이단입니다."라고 말했다.[782] 정이철 목사는 "그리스도의 십자가 고난에서 죄용서(지옥구원)가 나왔고, 그리스도의 율법준수에서 칭의(천국영생)가 나왔다는 능동 순종의 핵심적 교리"이며, "능동 순종교리는 구원이 율법준수에서 나온다는 이단사상입니다. 율법을 완전하게 지키는 자에게 영생이 주어진다는 율법주의 이단사상을 진리로 전제하고 그리스도까지 거기에다 엮는 사악한 교리"라고 말했다.[783]

브랜던 크로는 순종을 그리스도의 죽음만으로 보는 견해에 대해 다음과 같이 말했다.

바울이 로마서 5장 18절에서 "한 범죄"('헤노스 파라프토마토스')와 "한 의로운 행위"('헤노스 디카이오마토스')를 말하고 있다면, 이 접근법은 특히 적절할 것이다. 이런 주장을 지지하는 요

---

781) 브랜던 크로, **그리스도의 능동적 순종과 수동적 순종**, 정광규 역 (서울: 부흥과개혁사, 2022), 67.
782) http://www.good-faith.net/news/articleView.html?idxno=2638/ 정이철, '총신 신대원장님으로서 책임 있는 행동을 보여주시기를 기대합니다,'(2022.6.22.); "구원을 얻는 것과 율법 조항들을 지키는 것은 아무런 상관이 없습니다. 구원은 오직 하나님의 부르심과 믿게 하시는 은혜로 얻습니다. 율법은 구원받고 하나님의 은혜를 누리는 사람이 지킬 수 있는 것이지 하나님을 모르는 사람이 지키는 것이 아닙니다. 하나님은 자기 백성들이 율법의 정신을 완전하게 성취할 수 있도록 십자가 대속으로 구원하시고 성령을 부어 새사람이 되게 하셨습니다. 구원을 받는 것과 율법 지키는 것이 0.1이라도 관련이 있다고 믿으면 율법주의 이단입니다."
783) 같은 사이트에서,

점들에도 불구하고, 몇 가지 이유에서 이 반론은 결정적이지 않다. 우선 로마서 5장 18절의 "한"('헤노스')이 "범죄"('파라프토마토스')와 "의로운 행위"('디카이오마토스')를 가리킨다는 것이 구문상 완전히 명확하지 않다. 물론 그럴 가능성이 크지만, 바울이 이 단락 전체에서 두 핵심 인물, 즉 아담과 그리스도에게 초점을 맞추고 있는 것을 고려하면, 5장 18절에서 "한"('헤노스')은 각 경우의 한 사람을 가리키는 것으로 보는 것이 더 낫다. 이는 아담과 그리스도 각 사람의 대표 역할을 강조하는 "한 사람의 범죄"와 "한 사람의 의로운 행위"라는 번역을 낳을 것이다. 이 선택지는 헤노스("한")가 일관되게 한 사람을 가리키는 문맥에 더 잘 맞는다(5:12, 15-17, 19). 따라서 이 단락 전체의 강조점은 각 사람의 특정한 행위를 식별하는 데 있지 않고, 각 사람의 대표 역할에 있다. 더욱이 바울이 5장 18-19절에서 주로 그리스도의 죽음을 고려하고 있다 해도 (그럴 가능성이 크다), 예수님의 의로운 행위가 칭의를 낳는다는 바울의 논리는 오로지 그리스도의 죽음만을 고려하는 것 이상을 필요로 한다. 칭의는 온전한 의로움을 요구하며, 하나의 행위로는 얻을 수 없다. 이런 점에서, 5장 18절의 "한"('헤노스')이 형용사로서 한 범죄와 한 의로운 행위를 가리킨다고 보더라도, 이 한 의로운 행위는 예수님의 전체 순종(단일한!)이라고 해석할 수 있다. 예수님의 순종이 나뉠 수 없으므로, 한 의로운 행위라고 요약하여 말하는 것이 적절할 것이다.[784]

크로의 이런 말이 너무 과도한 해석은 아닐까? 능동적 순종을 옳다고 말하기 위해 너무 의미 부여를 많이 하는 것은 아닌가? 크로의 해석은 그런 과도함이라 볼 수 없다. 크로에 의하면, 한 사람이란 대표성, 곧 언약의 두 대표자로서의 역할을 말한다. 한 범죄와 한 행위를 의미한다고 할지라도 그리스도의 의로운 행위는 십자가 죽으심만이 아니라 그리스도의 전체 순종을 의미한다.

크로에 의하면 "예수님의 순종이 나뉠 수 없"기 때문이다. 크로는 그리스도의 순종이 아담의 불순종보다 낫다고 말한다. 그 이유는 무엇인가? 그리스도의 순종은 단순히 하나의 독립된 순종행위가 아니라 "죄의 저주를 극복한 평생의 순종"이었기 때문이다.[785] 크로의 관점에서 보면, 아담의 불순종은 단 하나의 행위이고, 그리스도의 순종은 그리스도께서 평생에 행하신 전체 순종이다.

---

784) 브랜던 크로, **그리스도의 능동적 순종과 수동적 순종**, 정광규 역 (서울: 부흥과개혁사, 2022), 67-68.
785) Ibid., 68-69; 크로가 "반드시 짚어 줄 요점이 하나 더 있다"면서 "설령 로마서 5장의 그리스도의 죽음에 한정한다 해도, 이는 로마서 5장이 오로지 그리스도의 수동적 순종을 고려하고 있다는 말과 같지 않을 것이다. 왜냐하면 그리스도의 수동적 순종은 그리스도의 평생 순종을 말하기 때문이다. 마찬가지로 그리스도의 능동적 순종도 그리스도의 평생에 걸친 것이며 죽음에서 절정에 이른다. 그러므로 로마서 5장에서 바울이 그리스도의 죽음에 초점을 맞추고 있다 해도, 필연적으로 바울의 초점은 그리스도의 수동적 순종과 능동적 순종 둘 다에 있을 것이다. 수동적 순종과 능동적 순종은 그리스도의 통합된 순종과 관련된 논리적 구분이지 시간적 구분이 아니다. 분명히 말하면, 그리스도의 십자가 죽음은 그리스도의 능동적 순종의 필수 부분이다(예. 마 26:39; 막 14:36; 눅 22:42; 요 4:34)"라고 말한 것은 우리가 지금 '능동적 순종'과 '수동적 순종' 논쟁에 관한 의미에 대해 혼란을 초래한다. 크로의 의도는 충분히 이해할 수 있다. 크로가 의도하는 것은 그리스도께서 행하신 순종은 그리스도의 자발적인 순종이라는 의미다. 그러나 우리의 논쟁에서는 지금 그런 의도가 아니라 '수동적 순종으로 그리스도의 십자가 고난에서 죄 용서를 받고, 그리스도의 능동적 순종으로 율법에 순종함으로 칭의를 얻느냐?'라는 것이다.

정이철 목사는 다음과 같이 말했다.

그리스도의 능동적 순종과 수동적 순종이 개구리의 뒷다리처럼 찢어지고 구별되어 있는 것이 아니라는 점에 대해서는 저도 동의합니다. 제가 끝까지 반대하는 것은 그리스도의 십자가 고난에서 죄용서(지옥구원)가 나왔고, 그리스도의 율법준수에서 칭의(천국영생)가 나왔다는 능동순종의 핵심적 교리입니다.)786)

이어서 정이철 목사는 "능동순종교리는 구원이 율법준수에서 나온다는 이단사상입니다"라고 말했다. 정이철 목사는 율법을 준수한 결과로 영생을 얻는다는 것을 용납하지 않는다. 정이철 목사는 "능동순종교리는 아담이 영생의 공덕을 만들지 못하였으므로 그리스도가 대신 그 공덕을 만들었다고 가르치는 율법주의 이단사상입니다. 그것이 능동순종교리의 핵심입니다."라고 말함으로써 그리스도의 율법준수로 영생을 얻는다는 것은 이단사상이라고 강력하게 말한다.

그러나, 칼빈은 『기독교강요』에서 우리 구원을 위해 그리스도의 전체적인 순종이 필요하다고 말했다.787) 칼빈은 그리스도의 세례 받으심을 통해, "의의 한 부분을 성취하셨다"고 말했다.788) 그리스도께서는 친히 "예수께서 대답하여 가라사대 이제 허락하라 우리가 이와 같이 하여 모든 의를 이루는 것이 합당하니라"(마 3:15)고 말씀하셨다. 이것은 그리스도께서 순종의 전체 과정을 통해 의를 성취하셨다는 것을 증거 한다.

반론 2: 율법은 완전한 순종을 요구하지 않는다

칭의가 그리스도의 전체 순종의 결과라는 것에 대한 두 번째 반론은 '바울이 영생을 위해 완전한 순종이 필요하다고 말하지 않았다'는 것이다. 이렇게 말하는 이유는 무엇인가? 모세의 율법이 요구하는 순종을 언약의 경륜으로 가정하기 때문이다. 그러나 언약의 경륜은 아담으로부터 시작해야 한다. 사

---

786) http://www.good-faith.net/news/articleView.html?idxno=2638/ 정이철, '총신 신대원장님으로서 책임있는 행동을 보여주시기를 기대합니다.'(2022.6.22.)
787) 존 칼빈, **기독교강요2**, 문병호 역 (서울: 생명의말씀사, 2020), 462-463; 〈그런데 어떤 사람은 묻기를, 어떻게 그리스도가 죄를 물리치신 후에 우리와 하나님 사이의 반목을 걷어 내셨는지, 그리고 어떻게 의를 획득하셔서 하나님을 우리에게 호의를 베푸시고 자비로우신 분이 되게 하셨느냐고 한다. 이에 대해 우리는 그가 자신의 순종의 역정(歷程)을 통해 우리를 위하여 이 일을 성취하셨다는 일반적인 대답을 할 수 있다. 이것은 바울의 증언에 의해서 확정된다. "한 사람이 순종하지 아니함으로 많은 사람이 죄인 된 것 같이 한 사람이 순종하심으로 많은 사람이 의인이 되리라"(롬 5:19); **기독교강요** 2.16.5.
788) Ibid., 463; **기독교강요** 2.16.5.

도 바울이 율법(노모스)을 말할 때 모세의 율법을 의미한다. 그러면서도 바울은 모세의 율법에만 한정된 것으로 말하지 않는다. 사도가 레 18:5을 인용한 것은 모세의 율법을 초월한다는 것을 보여 준다. 크로는 다음과 같이 말했다.

> 바울이 아담의 불순종과 대조하여 그리스도의 순종을 논하는 때는 이 광범위한 율법 신학을 반드시 염두에 두어야 한다. 율법이 아담의 범죄 후에 왔다면 아담이 불순종한 것은 무엇인가(5:20)? 모세 율법은 아닐 것이다. 그것은 하나님의 도덕법이 틀림없다. 마찬가지로, 물론 모세 율법을 순종하셨지만, 둘째이자 마지막 아담으로서 예수님은 본래 아담의 마음에 기록되었던 하나님의 도덕법을 모두 완전하게 순종하셨다.789)

크로에 의하면, 아담에게 요구된 순종은 하나님의 도덕법이다. 그리스도께서는 모세의 율법을 순종하셨을 뿐만 아니라 하나님의 도덕법도 완전히 순종하셨다. 무엇보다 중요한 사실은 사도 바울이 로마서 5장에서 모세와 예수 그리스도를 대비한 것이 아니라 아담과 예수 그리스도를 대비했다는 것이다. 하나님의 언약적 요구는 완전한 순종의 결과로 영생이 주어지는 것이다. 완전한 순종은 의를 만들고 그 의로 영생을 받는다. 그러나 성경은 "기록한 바 의인은 없나니 하나도 없으며"(롬 3:10)라고 말한다. 자연 출생적으로 태어난 인간은 아무도 율법을 완전히 지켜 의에 이를 수 없다. 놀랍게도 첫 사람 아담부터 실패했다. 무죄의 상태에 있었던 아담이 언약에 실패했다. 서철원 교수나 정이철 목사의 주장대로 아담이 영생의 상태로 창조된 존재가 아니었기 때문이다.

율법에 대한 완전한 순종을 부정하는 자들은 아브라함이나 이스라엘로 시작하여 모세의 율법에 초점을 맞춘다. 이런 시도는 창 1-3장에서 말하는 하나님의 언약적 요구를 간과하는 것이다. 완전한 순종은 첫 사람 아담에게부터 있었다. 아담이 타락한 후에도 이 언약의 원리는 유효했으며 지금도 유효하다. 이 유효성의 원리를 따라 예수 그리스도께서는 완전하고 전체적인 순종을 이루셨다.

반론 3: 아담은 예시이며 역사적 인물이 아니다

세 번째 반론은 롬 5:12-21에서 말하는 아담이 역사적 인물이 아니라는 것이다. 이 반론은 아담이라는 인물은 사도 바울이 진리를 설명하기 위해 예를 든 인물에 불과하며 실제 인물은 아니라는 것이다. 굳이 아담이 첫 번째

---

789) 브랜던 크로, 그리스도의 능동적 순종과 수동적 순종, 정광규 역 (서울: 부흥과개혁사, 2022), 71.

사람이어야 하는 당위성이 없다는 것이다. 이들은 아담의 불순종과 그리스도의 순종을 역사적 사실로 연관해서는 안 된다고 주장한다.

크로는 다음과 같이 말했다.

> 바울은 단순히 자신의 요점을 설명하기 위해 아담을 불러내지 않는다. 바울에게 아담은 예시 이상이다. 로마서 5장에서 아담은 모든 사람에게 영향을 미치는 죄와 죽음의 기원과 보편성을 아담 자신의 과거 행위가 설명해 주는 역사적 인물로 이해된다. 아담의 실제 행위는 그리스도의 실제 행위로만 극복될 수 있다. 따라서 바울의 주장은 당연히 아담이 실제로 첫 번째 사람이었다는 것을 필요로 한다. 반대로 아담이 역사적 인물이 아니었다고 결론짓는 것은 바울의 전체 주장을 흔들거리게 한다. 로마서 5장에서만 아니라 고린도전서 15장에서도 바울의 주장은 아담이 실제 인물이었다는 것을 필요로 한다. 실제로 그리스도의 구원 사역을 설명하는 두 주요 본문(롬 5장, 고전 15장)에서 바울은 아담의 실재성과 연관하여 그리스도의 행위의 실재성을 설명한다. 아담이 인류의 조상이 아니라면, 모든 인류에게 있는 죄의 통일성과 죽음의 보편성에 대한 바울의 설명은 틀린 것이다. 마찬가지로 아담이 첫 번째 사람이 아니라면, 새로운 인류의 머리이신 그리스도의 행위의 성격에 대한 바울의 설명은 성립하지 않는다. 첫 번째 사람으로서 아담의 실제 존재는 복음에 대한 바울의 설명을 고수하는 사람들에게는 타협할 수 없는 것임이 틀림없다.[790]

크로에 의하면, 사도 바울은 단지 자신의 신학적 입장을 설명하기 위해 아담을 호출한 것이 아니다. 로마서 5장은 '죄와 죽음의 보편성이 어떤 역사적 사실로부터 기원했는가?'를 말한다. 아담이 에덴이라는 시공간에서 행한 역사적 사실로 인해 죄와 죽음이 인류에게 주어졌다.

고린도전서 15장도 아담이 역사의 실제 인물이라는 사실이 반드시 필요하다. 아담의 실재성이 없으면 그리스도의 실재성이 필요 없다. 아담의 실재성은 아담의 불순종과 타락을 말하고 그리스도의 실재성은 그리스도의 완전하고 전체적인 순종과 구원을 말한다. 역사적 타락이 없으면 역사적 구속도 필요 없다. 아담의 실재성은 존재의 문제이며 그리스도의 실재성은 그 존재의 문제를 해결한 것이다.

성경은 아담의 실제에 대해 매우 중요하게 말한다(창 1-3장; 5:1-3; 대상 1:1; 호 6:7; 마 19:4; 막 10:6; 눅 3:38; 유 1:14 등). 누가복음의 족보는 강력하게 아담의 실제를 말한다. 누가는 "그 이상은 에노스요 그 이상은 셋이요 그 이상은 아담이요 그 이상은 하나님이시니라"고 말했다. 아담은 하나님께서 하나님의 형상대로 창조한 최초의 인간이다. 누가는 하나님께서 아담의 아버지라고 말하며, 예수 그리스도께서 아담의 후손, 곧 여자의 후손으로 오

---

790) 브랜던 크로, 그리스도의 능동적 순종과 수동적 순종, 정광규 역 (서울: 부흥과개혁사, 2022), 72-73.

신 메시아요 '한 사람'이었다는 것을 말했다.

성경의 영감과 충분성과 명백성을 인정하고 고수하는 사람들은 아담의 실재성을 믿는다. 그러나 칼 바르트의 신정통주의와 현대신학의 영향을 입은 자들은 아담의 실재성을 부정하고 하나의 규범이나 원리를 도출해 내기 위한 '설화'로만 여긴다. 그러나 성경은 아담은 시공간에 존재했던 인물이며, 예수님을 새로운 아담이라고 말하면서 첫 아담이 불순종하여 실패한 것을 새로운 아담인 예수 그리스도께서 완전히 순종하여 의와 생명을 주셨다고 말하며, 『디오그네투스에게 보내는 편지』에서는 이것을 '복된 교환'(sweet exchange)이라고 말했다.791) 이 복된 교환은 "스스로는 영생을 얻을 수 없는 불의한 죄인들 대신 주어진 아들의 삶 전체를 가리킨다"(9.1.3-4).

크로는 다음과 같이 말했다.

인류가 하나님 나라와 생명과 의롭다 함을 얻을 수 있게 해 주는 것은 아들의 의다(9.1.4). 아들의 행위 전체이며, 의의 긍정적인 성취와 죽음을 통해 속죄 제물 되심을 모두 포함한다고 보는 것이 가장 좋다. 더욱이 『디오그네투스』 9장의 이 논지는 바울 서신, 특히 로마서 5장 18-19절의 말을 반영하는 것으로 보인다. 가장 주목할 만한 것은 한 사람과 많은 사람, 불순종과 의의 대조다. 『디오그네투스』 9장 5b절에서는 한 사람의 의가 인류의 불법을 극복하는데, 이 의는 아들의 구속의 삶 전체 범위를 포함한다. 이는 로마서 5장 18-19절에 나오는 예수님의 "의로운 행위"와 "순종"이 예수님의 전체적이고 단일하며 통합된 순종을 가리킨다고 보는 것으로 생각된다. 요약하면, 『디오그네투스』는 바울의 언어와 개념을 반영하여 예수님의 광범위한 순종이 신자에게 영생 얻을 자격을 부여한다는 것을 전달한다. 이는 특별히 "교환"이라는 용어를 통해 전달된다.792)

크로에 의하면, 『디오그네투스』 의 논지는 예수님의 광범위한 순종을 통해 성도에게 영생 얻을 자격을 부여한다는 것이다. 『디오그네투스』 는 이것을 '교환'이라고 말했다. 만일 아담의 실재성이 없으면 교환은 의미가 없다. 역사적 실재가 아니면 역사적 교환도 없기 때문이다.

혹자는 설령 아담이 실제 인물이라 할지라도 굳이 '첫 번째 사람'은 아니라고 이의를 제기한다. 과연 그러한가? 롬 5:12-21, 고전 15:21-28, 44-49이 말하는 바울의 의도는 언약의 대표자로서의 순종이다. 아담이라는 대표자와 그리스도라는 대표자 외에는 없다. 크로는 이것을 '선택지'라고 말했다. 우리

---

791) 브랜던 크로, 그리스도의 능동적 순종과 수동적 순종, 정광규 역 (서울: 부흥과개혁사, 2022), 76; 〈"오 복된 교환이여, 오 헤아릴 수 없는 하나님의 역사여, 오 예기치 않은 은혜여, 많은 사람의 죄가 한 의로운 사람 안에 감춰지고, 한 사람의 의가 많은 죄인을 의롭게 하도다"(9.53)!〉
792) Ibid., 76-77.

에게는 '아담에게 속했느냐?' 아니면, '그리스도에게 속했느냐?'라는 이 두 가지 선택지 외에는 없다. 그 선택지란 무엇인가? '아담 안에 존재하느냐?' 아니면, '그리스도 안에 존재하느냐?'이다. 사도 바울은 왜 이렇게 말해야 했는가? 첫째로, 아담의 죽음은 자연적인 죽음이 아니라 하나님의 계명을 어긴 불순종의 결과이기 때문이다. 둘째로, 그리스도의 완전한 순종의 결과로 우리가 칭의와 영생을 얻었기 때문이다. 아담에게 요구된 순종이 완전하고 전체적인 순종이었듯이 그리스도에게 요구된 순종도 완전하고 전체적인 순종이었다. 그리스도의 순종은 능동적 순종과 수동적 순종을 다 포함한다. 그것이 언약의 조건이기 때문이다.

능동적 순종을 부정하는 분들은 "예수님이 율법을 순종함으로써 의를 전가한다는 내용은 진술은커녕 암시조차 하지 않는다"고 말한다.[793] 그러나, 칼빈은 19절을 주석하면서, 능동적 순종과 수동적 순종이라는 표현을 명시적으로 하지 않았으나, 이 두 가지를 정확하게 말했다.

칼빈은 다음과 같이 말했다.

> 나중에 그는 우리가 그리스도의 순종으로 말미암아 의롭게 된다고 진술한다. 여기서 우리는 그리스도께서 아버지 하나님의 뜻을 충족시키는 과정에서 우리에게 의를 제공하셨다는 것을 추론할 수 있다. 그렇게 되면 의가 그리스도 안에 하나의 속성으로 존재하며, 본래 그리스도께 속한 의가 우리에게 전가된다는 결론이 나온다. 동시에 그는 그리스도의 의를 '순종'이라고 부름으로써 그 의의 특성을 설명한다. 우리가 행위로 말미암아, 즉 율법을 순종함으로 말미암아 의롭다 함을 얻고자 한다면 하나님의 존전에 무엇을 가지고 나아가야 하는지 여기서 주목해 보자. 부분적인 순종이 아니라 모든 면에서 절대적으로 율법을 순종해야 한다. 만일 의인이 타락하면, 이전에 그가 의로웠던 것은 아무것도 기억되지 않는다. 하나님의 공의를 만족시키기 위하여 인간이 주제넘게 그분께 내미는 '자기 기준에서 세운 계획이 참으로 당치 않은 것임을, 우리는 여기서 또한 배우게 된다. 하나님께서 우리에게 행하라고 명하신 바를 따를 때, 오직 그때만 우리는 그분을 진정으로 예배하는 것이고 그분의 말씀을 순종하는 것이다. 그러므로 행위로 말미암은 의를 자신 있게 주장하는 이들을 상관하지 말자. 율법을 전부 완벽하게 순종할 때만 행위로 말미암은 의가 존재하는데, 그런 경우는 존재하지 않는 것이 확실하다. 또한 자기들 스스로 고안해낸 행위를 들고 나와서 하나님 앞에 자랑하는 사람들은 제정신이 아님을 우리는 여기서 알 수 있다. 하나님께서는 그런 행위를 배설물보다 못하게 여기신다. 왜냐하면 순종이 제사보다 낫기 때문이다.[794]

칼빈에 의하면, 우리는 그리스도의 순종으로 말미암아 의롭게 된다. 의는 율법에 완벽하게 순종할 때 의가 주어진다. 하나님께서는 우리에게 요구하신

---

793) http://www.good-faith.net/news/articleView.html?idxno=2305/ 이창모, '김병훈 교수의 능동순종 주장은 무지인가, 경거망동인가?'(2021.05.29.) accessed 2021.10.9.
794) 존 칼빈, **로마서**, 민소란 역 (서울: 규장, 2013), 203-204.

율법준수의 의를 그리스도에게서 얻으셨다. 칼빈은 18절 주석에도 "한 사람의 범죄로 말미암아 우리가 죄인이 된 것처럼, 그리스도의 의는 우리를 의롭게 하는 효력이 있다"고 말하면서,[795] "그분이 우리를 받으시려면 우리는 의로워야 한다. 그러므로 생명은 칭의에서 나오는 것이다"라고 말했다.[796]

존 머리는 '행위의 율법'을 말하면서 롬 5:19을 통해 다음과 같이 말했다.

> 행위의 율법(The law of works): 그리스도께서는 하나님 앞에서 의롭게 되고 용납되기 위한 조건, 곧 율법을 지켜야 할 필요에서 우리를 구속하셨다. 이런 구속이 없었다면 칭의와 구원은 없었을 것이다. 그리스도께서 친히 이루신 순종으로 이런 해방을 얻었다. 그분의 순종으로 많은 사람들이 의롭게 드러날 것이다(롬 5:19). 그리스도의 적극적이고 소극적인 순종이 이런 구속을 위한 속전이 되었다. 여기서 적극적이고 소극적인 순종이라 함은, 그분이 율법 아래 들어오셔서 정의가 요구하는 모든 형벌을 받으시고 의의 모든 요구를 충족시킨 것을 말한다.[797]

행위언약을 반대하는 머리가 "행위의 율법"(The law of works)이라고 말하면서 이렇게 말한 것은 놀라운 것이다. 머리에 의하면, 그리스도의 적극적이고 소극적인 순종은 그리스도께서 율법 아래 오셔서 율법의 정의가 요구하는 모든 형벌을 받고 의를 충족시킨 것이다. 왜 그래야만 하는가? 우리가 하나님 앞에 존재하기 위해서는 의로워져야 하기 때문이다. 그 의로움은 우리의 순종으로 이루어진 것이 아니라 그리스도께서 친히 순종하심으로 이룬 것이다. 그 의가 우리에게 전가되었기 때문에, 곧 칭의로 효력이 발생했다.

14) 롬 5:21

이는 죄가 사망 안에서 왕 노릇 한 것 같이 은혜도 또한 의로 말미암아 왕 노릇 하여 우리 주 예수 그리스도로 말미암아 영생에 이르게 하려 함이니라(롬 5:21)

이 말씀에서 사도는 완전한 의가 영생을 위해 필요하다는 것을 말했다. 예수 그리스도의 순종은 칭의와 영생을 주는 완전한 순종이다. 그 순종은 언약적 요구가 충족되어야만 한다는 것을 의미한다. 아담에게 제시된 두 가지 길은 순종과 불순종이다. 순종으로 영생의 복을 누리고 불순종으로 죽음의 저주를 받는다. 사도는 아담을 통해서 오는 죄와 정죄와 죽음을, 그리스도를 통해서 오는 의와 칭의, 그리고 영생을 연결하여 강조했다. 칼빈은 사도 바울이

---

795) Ibid., 202.
796) Ibid., 203.
797) 존 머레이, **구속**, 장호준 역 (서울: 복있는사람, 2013), 72-73.

죄와 의를 비교하지 않고 죄와 은혜를 비교했다고 말하면서, 그 이유는 "우리의 모든 의가 우리 자신의 공로에서 나오는 것이 아니라 하나님의 선하심에서 나오는 것이라는 진리를 우리 기억 속에 더욱 깊이 새기도록 하기 위함이다"라고 말했다.[798] 칼빈이 로마서 주석을 통해 말하는 의는 그리스도께서 순종하심으로 이룬 의를 말한다.[799]

매튜 바렛(Matthew Barrett)은 다음과 같이 말했다.

구속사의 문맥에서, 그리스도는 두 번째이자 마지막 아담으로 오셨고 아담이 불순종했던 일에 순종하셨다. 율법에 완벽하게 순종하셨고, 의롭다 하심을 받기 위해 우리에게 반드시 필요한 의를 우리 대신 이루셨다. 로마서 5장 19절에서 바울은 "한 사람이 순종하지 아니함으로 많은 사람이 죄인 된 것같이 한 사람이 순종하심으로 많은 사람이 의인이 되리라"고 말한다. 우리가 죄인이 된 것은 아담의 불순종을 통해서였다. 그러나 완벽한 순종의 삶을 사신 그리스도로 인해, 아담의 후손인 우리는 이제 의로운 사람으로 간주된다. 더 이상 아담 안에서 유죄 상태에 있지 않으며, 그리스도 안에서 의롭다 하심을 받고 의롭다고 선언된다. 어떤 이들은 로마서 5장 19절을 십자가에 국한해야 하며 그리스도의 보다 넓은 순종에 적용해서는 안 된다고 반박할 것이다. 그러나 데이비드 반드루넨은 왜 그런 제한이 너무 편협한 것이며, 그리스도의 순종 전체를 배제해서는 안 되는지 통찰력 있게 설명한다.

반대자들의 해석은 받아들이기 힘든 것이다. 십자가 고난이 그리스도의 하나의 행동이었을까? 사실상 그리스도의 십자가 고난은 단일한 행동이기보다는 일련의 행동이었다. 이 구절에서 수동적인 순종의 전가를 가르친다는 입장을 취하기 원한다면, 그 사람은 그리스도의 능동적인 순종이 단일한 행동이 아니듯 수동적인 순종도 단일한 행동이 아님을 인정해야 한다. 그리스도는 삶 전반에 걸쳐 고난을 당하며 순종을 배우고서 완벽한 대제사장이 되셨기 때문이다(참조, 히 2:10, 17-18, 5:7-10). 로마서 5장 19절에서 그리스도의 수동적인 순종의 전반적인 측면(또는 십자가 고난이라는 구체적인 측면)을 파악하기가 힘들지 않듯이, 능동적인 순종을 파악하기도 힘들지 않다. 바울이 단일한 별도의 사건을 언급하지 않고 그리스도의 의로운 행동들이 하나임을 강조한 데는 분명히 어떤 이유가 있을 것이다.

계속해서 반드루넨은 "그 하나의 행동을 그리스도의 순종 전체로, 꽉 찬 단일체로 보아야 한다"고 하는 존 머레이의 의견을 따르는 것이 훨씬 더 그럴듯한 이유를, 로마서 5장을 통해 문맥적으로 설명한다. 특히 결론이 논의하고자 하는 내용과 관련된다. 5장 19절을 "그리스도의 지상 사역 생애 전체에 걸친 그리고 율법의 모든 면을 완성하신 사실을 포함하는 순종 과정의 절정으로서의 십자가"를 묘사하는 것으로 보는 것이 최선이다. 이 결론은 복음서 기사들의 초점이나 진행에 부합한다. 예를 들면, 누가복음에서 십자가는 "예수님의 긴 순종 과정의 최종 목표"다(눅 9:51; 참조, 사 50:7). 바울도 이 점을 분명히 밝힌다. "사람의 모양으로 나타나사 자기를 낮추시고 죽기까지 복종하셨으니 곧 십자가에 죽으심이라"(빌 2:3). "그리스도께서 사람으로 존재하기 시작하셨을 때 그의 순종이 시작되었으며, 그의 죽음은 순종의 극적 완성에 해당했다." 또 빌립보서 2장 9-11절에서, 바울은 그리스도가 높임을 받은 것이 그 순종에 의존한 것으로 설명한다. 그리스도께서 다시 사셔서 정복하는 왕으로 높여질 수 있는 이유가 바로 순종 때문이라는 것이다.[800]

---

798) 존 칼빈, **로마서**, 민소란 역 (서울: 규장, 2013), 206.
799) Ibid., 203-204; 존 칼빈, **기독교강요(중)**, 원광연 역 (고양: 크리스챤다이제스트, 2003), 262; **기독교강요** 3.11.9.
800) 매튜 바렛, **구원에 관한 40가지 질문**, 김태곤 역 (서울: 아가페출판사, 2020), 278-280.

356 VII.2. 신약의 근거 14) 롬 5:21

바렛에 의하면, 능동적 순종과 수동적 순종을 분리해서는 안 된다. 왜냐하면, 그리스도께서는 삶 전체에서 고난을 당하고 순종을 배워 완벽한 대제사장이 되셨기 때문이다. 그런 까닭에, 반드루넨(David M. VanDrunen, 1971-)은 그리스도의 순종을 전체로, 곧 "꽉 찬 단일체"로 보아야 한다고 말했다. 그리스도의 순종은 지상에 오심으로부터 시작되었고 십자가에 죽으심은 극적 완성이었다.

물론 머리는 행위언약을 거부했다. 앞서 말했듯이, 머리는 '공로개념'을 반대했기 때문이다. 머리는 다음과 같이 말했다.

> 그리스도의 순종은 많은 사람을 의인으로 만드는 순종이다. 신자들을 대표한 그리스도의 사역에 적용된 순종의 개념은 그 어느 것보다 더 포괄적이다. 여기서 순종이라는 말이 사용된 것은 의미심장하다. 이는 하나님의 칭의 행위의 기초를 구성하는 그리스도의 성취를 바라보는 넓은 관점을 가리킨다. 이 순종이 절정에 달한 것은 그리스도의 십자가와 그의 피 흘리심이 틀림없지만, 순종은 그리스도에 의해 성취된 하나님의 모든 뜻을 포괄하는 개념이다. 바로 이것이 "한 사람이 예수 그리스도의 은혜"(15절), "한 분 예수 그리스도를 통하여"(17절) "한 의로운 행위로 말미암아"(18절)라는 표현에 내포된 의미를 가장 명료하게 밝혀준다.[801]

머리에 의하면, 그리스도의 순종은 그리스도의 모든 사역에 해당하며 십자가에 죽으시고 피 흘리신 것은 그 순종의 절정에 해당한다.[802] 머리는 "그리

---

801) 존 머리, **로마서 주석** (서울: 아바서원, 2017), 252-253.
802) 존 머레이, **구속**, 장호준 역 (서울: 복있는사람, 2013), 41-42; 〈그리스도의 이런 순종은 이른바 적극적인 순종과 소극적인 순종으로 설명되어 왔다. 이 말의 의미를 제대로 알고 사용하면, 그리스도의 순종사역이 갖는 두 가지 측면을 이해하는 데 큰 도움이 된다. 하지만 그렇지 못한 경우가 많기 때문에 논의에 들어가기에 앞서 이 말을 잘못 이해하고 오용하는 사례를 먼저 배제하려고 한다. 우선, "소극적 순종"은 그리스도는 원치 않았지만 자기에게 부과된 순종의 의무 때문에 어쩔 수 없이 순종했다는 말이 아니다. 이런 개념은 전혀 순종이라는 말에 부합하지 않는다. 그렇기 때문에 우리 주님이 자신이 당한 고난과 죽음마저 할 수 없기 때문에 어쩔 수 없이 받아들인 것이 아니라는 사실을 끈질기게 주장해야 한다. 우리 주님은 고난 당하는 일에서 경악을 금치 못할 정도로 능동적이셨고, 그분에게 찾아온 죽음 자체도 다른 사람들을 삼킨 죽음과는 그 성격이 달랐다. "이를 내게서 빼앗는 자가 있는 것이 아니라 내가 스스로 버리노라"(요 10:18) 이것은 주님 자신의 말씀이었다. 바울은 그리스도께서 죽기까지 순종하셨다고 말한다. 순종하다 보니 죽음에까지 이르게 되었다는 말이 아니다. 죽음의 순간조차 자신의 영혼을 아버지께 내맡기고 스스로 생명을 내어줄 정도로 순종하셨다는 말이다. 자의적이고 주권적인 의지로 모든 일을 이루고, 이제 이 일을 온전히 성취할 순간이 온 것을 아신 그리스도는, 자신의 몸과 영혼이 분리되도록 기꺼이 내어주시고 영혼을 성부께 맡겼다. 자기 영혼을 아버지의 손에 맡기고 생명을 내어놓았다. 어떤 식으로든 "소극적"이라는 말을 그분의 순종의 모습에 비춰진 단순한 수동성으로 이해해서는 안 된다. 저주받은 나무에 달려 죽음으로 절정에 이른 그분이 감내한 고난은 그분이 이루신 순종의 핵심이었고, 이런 고난은 하나같이 자신이 이루어야 할 사명을 추구하는 가운데 감내해야 했던 것이다. 두 번째로, 이 땅을 살아간 예수님의 삶 가운데 특정한 시기나 행위를 가리켜. 어떤 것은 적극적인 순종으로 어떤 것은 소극적인 순종으로 구분하고 나눌 수 있을 것이라고 생각해서는 안 된다. 적극적인 순종과 소극적인 순종은 시기로 구분될 만한 성격의 것이 아니다. 적극적이고 소극적 순종으로 각각 묘사되는 모든 시기와 모든 행위들이 다 우리 주님의 전체 순종의 삶이었

스도의 적극적 순종과 소극적 순종을 말할 때는 하나님의 율법의 이런 이중적인 요구를 염두하고 그렇게 하는 것이다"라고 말했다.[803] 머리는 조직신학 2권 5항에서 '아담에 대한 경륜'을 다룬다. 머리는 다음과 같이 말했다.

아담과 그리스도와의 유비가 추론된다. 그들은 인류에 대하여 유일무이한 관계를 맺고 있다. … 우리는 또한 그리스도 안에 대표의 관계가 있다는 것과, 완전하게 이루어진 순종이 그가 대표하는 모두에게 의로움과 칭의와 생명이라는 결과를 가져왔다는 것을 안다(고전 15:22). 따라서 아담에 의해 성공적으로 완수된 순종의 결말은 그에 의해 대표된 모두에게 영원한 생명을 가져왔을 것이다. 그러므로 아담에 대한 경륜은 사람이 조건부의 지위로부터 확정되고 완벽한 거룩함과 복된 지위로 옮겨질 수 있는, 즉 범죄할 수 있는(Posse Peccare) 그리고 범죄하지 않을 수 있는(Posse Non Peccare) 상태로부터 범죄할 수 없는(Non Posse Peccare) 상태로 옮겨질 수 있는 규정을 하나님이 특별한 섭리의 행위에 의해 사람을 위해 제정했던 경륜으로 해석된다. 실시된 방식은 '집중되고 집중된 시험의 방식이었는데, 순종 또는 불순종의 결과에 따르는 두 종의 결말이 있었다. 이 경륜은 흔히 '행위언약(The Covenant Of Works)'으로 지칭되어 왔다. 두 가지 고찰이 가능하다. (1) 경륜 속에 내포된 은총의 요소가 '행위'라는 용어에 의해 적절히 표현되고 있지 못하기 때문에 그 용어는 알맞지 않다. (2) 이 경륜은 성경에서 언약으로 지칭되지 않는다. 호세아 6:7은 달리 해석될 수 있으며, 아담의 경륜에 언약으로 지칭되지 않는다. 호세아 6:7은 달리 해석될 수 있으며, 아담의 경륜에 있어서 그러한 구성을 위한 근거를 제공하지 않는다.
게다가 성경은 항상 구속 또는 구속의 계획과 밀접히 연관된 규정과 관련된 하나님의 사람들에 대한 경륜에 대해서 언약이라는 용어를 사용한다. 성경에서 언약은 맹세와 결부된 약속의 확정을 의미하며, 아담에 대한 경륜에 결여되어 있는 보증을 수반한다. 그 경륜이 언약으로 불리든 아니 불리든, 그 유일 무이성과 일회성은 인식되어야 한다. 그것은 성경이 옛 언약 또는 첫 언약이라 부르는 것과 결코 혼동되어서는 안 된다(참고 렘 31:31-34; 고후 3:14; 히 8:7, 13). 첫 언약 또는 옛 언약은 시내산 언약이다. 지시 대상에 있어서의 이러한 혼동을 피해야 할 뿐만 아니라, 모세 언약을 아담의 제도와 관련하여 해석하려는 어떠한 시도도 피해야 한다. 후자의 경우에는 오직 순수의 상태, 대표하는 머리로서의 아담에게만 적용될 수 있었다. 모세 언약에는 소위 행위언약의 반복이 있었다는 계약신학자들 사이에 유행하는 견해는 심각한 오해이며, 모세 언약의 잘못된 구성을 포함하고 있을 뿐만 아니라, 아담에 대한 경륜의 유일무이성을 인식하지 못하고 있다. 모세 언약은 성격에 있어서 명확하게 구속적이었으며, 아브라함 언약의

다. 그러므로 적극적인 순종은 그분의 공생애에 해당하고, 소극적 순종은 마지막에 당하신 고난과 죽음을 가리킨다고 임의로 생각해서는 안 된다.〉

803) Ibid., 42-43; "적극적인 순종이나 소극적인 순종과 같은 말을 사용하는 목적은, 우리를 대신한 주님의 순종이 갖는 두 가지 고유한 측면을 강조하기 위한 것이다. 이런 구분에 담긴 진의를 알기 위해서는 하나님의 율법이 가진 두 가지 측면, 곧 율법의 요구와 처벌을 알아야 한다. 율법은 그 안에 있는 모든 요구를 온전히 충족시킬 것을 요구할 뿐 아니라, 그런 요구를 거스르는 모든 거역과 그 요구에 미치지 못하는 것에 대한 처벌을 명한다. 그리스도의 적극적 순종과 소극적 순종을 말할 때는 하나님의 율법의 이런 이중적인 요구를 염두하고 그렇게 하는 것이다. 자기 백성의 대리자로서 그리스도는 그들의 죄로 인한 율법의 저주와 정죄를 담당하셨고, 율법의 모든 적극적인 요구를 성취하셨다. 죄책을 짊어지고 의의 요구를 온전히 성취하신 것이다. 하나님의 율법이 부과하는 형벌을 다 담당하고 하나님의 율법의 모든 요구를 완전히 이루셨다. 소극적 순종은 전자를, 적극적 순종은 후자를 가리킨다. 그리스도의 순종은 죄에 대한 하나님의 모든 심판을 짊어졌다는 점에서 대속적이고, 의의 모든 요구를 온전히 이루었다는 측면에서 또한 대리적이다. 그분의 이런 순종은 우리의 사죄와 실제적인 칭의의 토대가 된다. 하지만 이런 순종을 인위적이고 기계적인 것으로 이해해서는 안 된다. 그리스도의 순종을 마치 하나님의 계명에 대한 형식적인 성취인 양 생각해서는 안 된다는 말이다."

해 갖고 있는 개념이 순종의 개념에 의해 지배될 때에만 성경적으로 방향이 정해진다는 것을 보여준다. 개혁파 신학의 대부인 존 칼빈의 통찰력은 이런 맥락에서 상기되어야 한다. "그러면 누군가가 묻기를, 하나님으로 하여금 우리에 대하여 호의를 갖게 하고 인자하게 할 만큼 그리스도께서 어떻게 우리 죄를 철폐하고 우리와 하나님의 분리를 소멸시키고 의로움을 얻었는가라고 할 것이다. 우리는 일반적으로 이에 대해 그는 완전한 순종에 의해 이것을 얻었다고 할 수 있다(존 칼빈)." 그리고 우리는 그 후 개혁파 신학에서 속죄의 교리를 신조화할 때 그리스도의 능동적이며 수동적인 순종의 강조를 상기할 필요는 없다. 우리는 네 항목으로 나누어 순종이라는 범주를 설명해 나갈 것이다.806)

존 머리 박사는 이처럼 능동적 순종과 수동적 순종에 대해 반대하면서 개혁파 선배들의 순종 구분에 대해서 호의적이지 않은 자신의 입장을 분명히 밝혔다. 그러면서도 칼빈의 통찰력을 높이 사며, 그리스도의 완전한 순종으로 의로움을 얻었다고 말했다. 머리는 다음과 같이 말했다.

칭의의 근거 : 칭의의 본질에 관한 연구에서 우리는 칭의가 법정적이며, 의롭다 여기심을 받은 사람은 법과 정의와 관련해서 무죄이며 책임 없다고 선언되고, 법에 대하여 비난할 수 없는 관계에 서는 것으로 간주된다는 취지의 사법적 심판과 관련 되어 있다는 것을 발견했다. 이것이 구원론적 칭의에 적용될 때 그것은 하나님이 불경건한 자를 정죄로부터 면제한다는 것과 하나님 앞에서 법과 정의의 요구 조건에 대하여 올바른 관계에 서 있는 것으로 간주한다는 것을 선언하는 것을 의미한다. 하나님이 불경건한 자들 즉 정죄의 선언 아래 있는 자들을 의롭다 하기 때문에 칭의에 있어서 하나님의 선언적 행위는 그의 법과 그의 의에 대하여 새롭고 올바른 관계를 형성하는 하나님 편에서의 형성적 행위를 전제로 한다.807)

머리에 의하면, 칭의의 근거는 법정적 의로움에 있다. 칭의는 하나님께서 요구하시는 법과 그 법에 대한 의가 형성되는 것이다. 머리는 그리스도의 대속 사역으로 의로워졌다는 것을 강조하면서 다음과 같이 말했다.

7. 그것은 그리스도의 의이며 순종이다: 로마서 5:17, 18, 19. 이번에 고찰하는 것은 한편으로 칭의를 가져오고 믿음을 통해 우리에게 매개되는 의가 어떻게 하나님의 의일 수 있는가 하는 것과, 또 한편으로 어떻게 하나님의 의가 수여 또는 전가에 의해 우리의 것이 될 수 있는가 하는 것을 설명해 준다. 비록 인성 안에서 드려진 순종으로 이루어지지만 그럼에도 불구하고 육체로

---

806) Ibid., 163.
807) Ibid., 221; 〈우리는 "의인이 되리라"(롬 5:19), "의로 여기다"(롬 4장)와 같은 구절들에서 성경이 이러한 형성적 행위를 명백하게 가리킨다는 것을 알게 되었다. 그래서 의의 전가는 칭의의 특별한 성격이거나 칭의의 필연적인 전제라고 말할 수 있다(하나님의 심판이 진리를 따라 된다면 이것은 반드시 요구된다. 하나님이 법과 ? 의의 요구 조건이 충족된 것으로 간주한다고 선언한다면, 이것은 의롭다 하심을 받은 자의 근거로 간주되는 으? 포함해야 한다). 그리고 문제는 이것이다: 어떠한 의인가? 그러한 심판의 근거가 될 의는 완전한 의일 것임이 림없다. 칭의는 완전하고 취소할 수 없는 행위이다. 그것은 점진적이며 상대적인 심판이 아니다. 따라서 그것 럽혀지지 않고 더럽혀질 수 없는 의와 관계되어 있음에 틀림없다. 우리는 다음과 같이 묻는다: 이 의는 가?〉

360 VII.2. 신약의 근거 14) 롬 5:21

연장선상에 있었다. 아담에 대한 구속 경륜은 구속적 규정을 갖고 있지 않았으며, 그 약속의 요소는 구속이 필연적으로 된 상황에서는 아무런 적절성도 갖고 있지 않았다.[804]

머리가 행위언약을 반대하면서 모세 언약은 행위언약의 반복이라는 것도 반대했다. 머리는 아담에게는 아담만의 경륜의 유일무이성이 있다고 보았기 때문이다. 그러면서도, 머리는 아담에 대한 경륜의 적극적 측면 3번 항목에서 다음과 같이 말했다.

3. 그리스도가 행한 순종은 아담이 실패한 순종을 성취했다. 하지만 그리스도의 순종이 내용과 요구에 있어서 동일했다고 말하는 것은 옳지 않다. 그리스도는 근본적으로 다른 상황에서 순종하도록 요구받았고, 근본적으로 다른 요구 사항을 성취하도록 요청되었다. 그리스도는 죄를 담당하신 분이었으며, 그가 받은 요구의 절정은 죽는 것이었다. 이것은 아담에게는 해당되지 않았다. 그리스도는 구속하러 오셨으나 아담은 그렇지 않았다. 따라서 그리스도는 전적으로 다른 조건들과 비교할 수 없을 정도로 더 중대한 요구 사항 하에서, 아담이 실패한 바 있는, 온 마음을 다한 전적인 순종을 드리셨다. 아담에 대한 경륜은, 우리의 상황과 실제적인 이해관계와 무관하게 그리고 거의 또는 아무런 관계도 없을 만큼 우리로부터 동떨어진 채 추상적으로 이해되기 쉽다. 그와 같이 생각하는 경향이 있다면, 그것은 우리가 성경적으로 형성된 사고방식을 갖고 있지 않기 때문이다. 만약 우리의 사고가 성경의 계시에 의해 규제된다면, 아담의 제도는 강력하게 우리의 문제로 다가온다. 우리는 죄인이며, 죄인으로서 세상에 왔다. 이 상황은 설명을 요구한다. 그것은 경험적 사실로서, 그저 유효할 수는 없다. 그것은 의문을 요구한다. 왜 또는 어떻게? 인류적 연대성에 대한 모든 것을 내포한 아담에 대한 경륜만이 그 대답을 제공한다. 이것이 죄와 죽음의 보편성에 대한 성경적 대답이다. 우리는 구원을 필요로 한다. 구원은 우리의 필요에 어떻게 관계되는가? 아담 안에서의 인류적 연대는 구원이 계획되고 적용되는 방식이다. 아담에 의한 죄-정죄, 그리스도에 의한 의로움-칭의-생명, 우리를 아담과의 연대성에서 멀어지게 만드는 사고방식은, 우리를 구원이 오는 방식인 연대성에 부적응하게 만든다. 따라서 아담에 대한 경륜은 인간의 상황에서 한편으로 가장 기본적인 것과 관련되어 있으며, 또 한편으로 가장 필수적인 것과 관련되어 있다.[805]

머리는 "그리스도가 행한 순종은 아담이 실패한 순종을 성취했다"고 말했다. 물론 그리스도의 순종 내용과 요구는 첫 아담과 달랐지만, 그리스도의 의로움이 우리에게 전가되어야 한다는 것은 인간의 죄와 죽음에 대한 성경적 대답이다. 머리는 다음과 같이 말했다.

그리스도의 순종은 성경이 그리스도의 속죄 사역을 규정하는 범주들 중 하나다. 그것은 범주들의 특정한 성격을 규정하지 않는다. 그러나 그것은 그리스도가 속죄 사역의 모든 국면을 수행한 자격을 가리킨다. … 구속 사업의 중추적 사건들-죽음과 부활을 그는 메시아적인의 행사에서 성부의 명령을 좇아 성취했다. 사도 바울의 가르침은 비슷한 방식으로 그리스도의 순종을 핵심에 놓고 있다(롬 5:19; 빌 2:7-8; 히 5:8-9; 10:9-10). 증거들은 우리가 속죄

804) 존 머레이, 존 머레이 조직신학 II, 박문재 역 (고양: 크리스챤다이제스트, 2008), 60-61.
805) Ibid., 69.

나타난 하나님의 아들의 순종이기 때문에, 그것은 하나님의 본질과 특질과 특성을 가진 하나님의 의이다. 본질은 신인이라는 그의 인격적 정체성 안에서만 이러한 의가 그에게 속하기 때문에 이 의는 우리의 것이 될 수 있다. 오직 그 자격으로서만 이 의는 필요하고 의미가 있었다.[808]

머리에 의하면, 의의 전가는 성육신하신 하나님의 아들의 순종 때문에 우리의 것이 되었다. 머리는 첫 언약을 아담과 맺은 언약이 아닌 시내산 언약으로 정의하며, 그리스도의 순종을 나누는 것에 반대한다. 머리는 성도의 칭의의 근거는 그리스도의 십자가에서 흘리신 피라는 사실을 강조하면서도, "구원론의 칭의는 존재하도록 선언된 사법적 관계의 형성인데, 그것은 그리스도의 의와 순종이 우리에게로의 전가에 의해서이다"라고 분명하게 말했다.[809]

15) 로마서 8:4

육신을 좇지 않고 그 영을 좇아 행하는 우리에게 율법의 요구를 이루어지게 하려 하심이니라(롬 8:4)

칼빈은 다음과 같이 말했다.

어떤 주석가들은 그리스도의 영에 의하여 거듭난 사람들의 경우 율법을 그들이 이루고 있는 것으로 이해하고 있는데, 그 주석가들은 바울이 의미하고 있는 것과는 전혀 다른 그릇된 해석을 보여 주고 있는 것이다. 신자들은 그들이 이 세상에서 나그네로 사는 동안에는, 율법의 의가 자기들에게서 완성될 만큼 믿음의 진보를 할 수가 없다. 그러므로 우리는 이 구절의 말씀을 죄 용서에 적용하여 이해해야 하는 것이다. 왜냐하면 그리스도의 순종이 우리에게 전가됨으로써 율법이 충족되고, 그리하여 우리가 의롭다고 여김을 받게 되기 때문이다. 율법이 요구하는 완전(perfection)이 이로 말미암아 육체에 나타났으며, 그래서 율법의 엄격한 요구가 더 이상 우리를 정죄할 힘을 갖지 못하게 되는 것이다. 그러나 그리스도께서는 그의 의를 그가 그의 영의 매는 줄로 자신에게 연합되게 한 사람들에게만 전가시켜 주기 때문에, 그리스도께서 죄의 사역자

---

808) Ibid., 224; ⟨ἵνα ἡμεῖς γινώμεθα δικαιοσύνη θεοῦ ἐν αὐτῷ "우리로 하여금 저의 안에서(ἐν αὐτῷ) 하나님의 의가 되게 하려 하심이라." ἐν αὐτῷ(엔 아우토, 저의 안에서)'의 의미는 바로 앞 구절인 "하나님이 죄를 알지도 못하신 자로 우리를 대신하여 죄를 삼으신 것은"에 의하여 명확히 확정된다. 물론 이 사람은 20절에 나와 있는 그리스도다. 그가 죄인으로 취급된 것은 우리를 대신해서였다. 그가 의를 수행하신 것은 우리를 대신하여서였다. 그러나 21절에서 가장 중요한 것은 우리가 그와 연합하여 이러한 의가 된다는 사실이다. 우리는 이 의의 수혜자일 뿐만 아니라 이 의의 참여자가 되고 실제적으로 이 의에 의하여 판단된다. 우리의 정체성이 이 의에 의하여 규정된다는 의미에서 이 의는 우리의 것이다. 그리스도가 우리의 죄와 동일시되어 죄를 알지도 못하면서 죄인으로 취급받았듯이, 전적으로 불경건하고 의를 알지도 못하는 우리가 그리스도의 의와 동일시되어 하나님의 의가 된다. 실제로 그 개념은 전가 개념보다 더 풍부하다. 그것은 우리의 것으로 간주 될 뿐 아니라 우리에게 계산되며, 우리는 하나님의 의와 동일시된다. 그리스도는 우리의 것이므로 그의 모든 것은 그와 연합되어 있는 우리의 것이다. 우리는 그의 백성과의 연합과 친교를 제외하고 대속적 자격을 가진 그리스도, 이 자격 안에서 그가 가진 모든 것을 상상할 수 없다. 고린도후서 5:21은 사도 바울이 칭의를 로마서 5:17-19에서 의의 선물을 받는 것, 그리스도의 의의 한 행동으로 의롭다 하심을 받아 생명에 이르는 것, 한 사람의 순종하심으로 의인이 되는 것을 말했던 모든 것을 완전히 표현한다.⟩(Ibid., 224-225.)
809) Ibid., 226.

로 오해 받지 않도록 하기 위해서, 바울은 중생을 거듭 언급하고 있다. 하나님의 부성적인 면죄 교리를 악용하여 육신의 정욕에 빠지는 것이 일반적인 경향이다. 한편 다른 이들은 그 교리가 의로운 삶을 추구하려는 마음에 찬물을 끼얹기라도 한 것처럼, 이 교리를 악의를 가지고 비방한다.[810]

칼빈에 의하면, 그리스도께서는 그리스도의 의를 그리스도와 연합한 자들에게만 나눠주신다. 그리스도께서 모든 생애에서 이루신(성취하신) 의는 율법이 요구하는 완전을 이루신 의다. 그리스도의 순종이 우리에게 전가되어 율법이 충족되고 그로 인해 우리가 의롭다고 여김을 받는다.

튜레틴은 그리스도께서 죄 있는 육신의 모양이 되신 것은 그리스도께서 우리 안에서 율법의 의가 이루어지도록 율법의 요구가 성취된 것이라고 말했다. 튜레틴은 율법의 의는 '생명에 대한 권리'이며 능동적 순종과 수동적 순종 두 가지를 다 요구한다고 말했다. 튜레틴은 그리스도의 만족은 율법이 우리에게 요구하는 모든 것을 대신해야 하기 때문에 단순히 형벌 받음으로 끝나는 것이 아니라(*Inst.* 14.13.19.), 순종을 요구한다고 말했다.[811]

16) 롬 10:4-5

4 그리스도는 모든 믿는 자에게 의를 이루기 위하여 율법의 마침이 되시니라 5 모세가 기록하되 율법으로 말미암는 의를 행하는 사람은 그 의로 살리라 하였거니와(롬 10:4-5)

사도 바울이 무엇이라고 말하는가? 4절에서 "그리스도는 모든 믿는 자에게 의를 이루기 위하여 율법의 마침이 되시니라"고 말하고 그 근거로 5절에서 "모세가 기록하되 율법으로 말미암는 의를 행하는 사람은 그 의로 살리라 하였거니와"라고 말했다. 사도 바울이 왜 이렇게 말했을까? 사도는 유대인들이 하나님의 의를 알지 못했던 것은 유대인들이 율법의 참된 마침(혹은 목적)이신 그리스도를 알지 못했기 때문이라는 것이다. 율법의 마침(목표)은 그리스도시다. 오직 그리스도를 통해서만 의가 주어진다.

칼빈은 다음과 같이 말했다.

---

810) 존 칼빈, **신약성서주석 7** (서울: 성서교재간행사, 1982), 238.
811) 김병훈·박상봉·안상혁·이남규·이승구, **그리스도의 순종과 의의 전가** (수원: 합동신학대학원출판부, 2022), 226-227; "과연 그리스도께서는 하나님께서 모든 피조물에게 부과하신 율법을 파괴하신 것이 아니라 성취하신 것이다."

그러므로 율법은 그리스도 안에 있는 새로운 의를 대신해 온 것이다. 그리스도 안에 있는 의는 우리 행위의 공로로 말미암아 얻는 것이 아니라, 거저 주어지는 것이기에 믿음으로 말미암아 얻는 것이다. 이와 같이 믿음에서 난 의는 (우리가 1장에서 본 것처럼) 율법에 의해 입증된다. 이 주목할만한 구절은 율법의 모든 부분이 그리스도를 가리킨다고 선언한다. 그러므로 율법을 대할 때 그리스도라는 목표에 이르려고 계속적으로 노력하지 않는 사람은 어느 누구도 율법을 바르게 이해할 수 없을 것이다.[812]

칼빈에 의하면, 율법, 곧 율법이 요구한 의는 그리스도 안에 있는 새로운 의를 대신해 왔다. "믿음에서 난 의는 율법에 의해 입증된다"는 것은 우리에게 믿음을 수단으로 주어진 의가 율법이 요구하는 그 의를 말하기 때문이다. 율법이 요구하는 의는 그리스도께서 율법준수를 통해 이루신 의다.[813]

칼빈에 지극히 충실한 매튜 풀은 다음과 같이 말했다.

그는 율법의 모든 의식들이 예표했던 실체로서 의식법을 완성하셨다. 율법의 모든 의식들은 그와 관련되며, 그는 그 모든 것의 완성이며 마침이다. 그는 또한 도덕법을 완성하셨다. 부분적으로 그것의 모든 의를 이루는 능동적인 순종과 부분적으로 마땅히 우리가 받아야 할 율법의 모든 저주와 형벌을 담당하는 수동적인 순종을 통해 말이다. 그는 우리를 대신하여 율법이 요구하는 모든 것을 완성하셨다.[814]

매튜 풀에 의하면, 그리스도께서는 율법의 모든 의식이 예표했던 의식법을 완성하셨으며 도덕법도 완성하셨다. 능동적 순종으로 의를 이루시고 수동적 순종으로 우리가 받아야 할 율법의 저주와 형벌을 담당하심으로 율법의 요구를 완성하셨다. 그리스도께서 능동적 순종과 수동적 순종으로 의를 이루시고 그 의를 전가하신 것은 '행위언약'이 기초가 되어 있다.

김재성 교수는 다음과 같이 말했다.

"율법의 마침"이란 예수 그리스도가 율법을 종결짓는 분이라는 의미가 아니라. 사랑으로 도덕적인 율법을 온전히 지키셨고 계명에 따라서 "율법의 목적"을 이뤘다는 의미이다. "율법의 마침"이라는 구절은 더 이상 율법이 소용없어졌다거나, 종결되었다는 의미는 아니다. 죠엘 비키 교수는 예수 그리스도가 율법을 종결하였다고 하더라도. 성도들이 거룩한 삶을 위해서 율법에 담긴 도덕적 교훈들의 권위가 종결된 것이 아니라고 하였다. 존 머레이 교수는 그리스도가 "율법의 마침"이라는 것은 성도들이 각자 율법과 관련해서 의로움을 획득하려는 방식으로 살았던 것이 예수 그리스도로 인해서 종결되어졌음을 의미한다고 하였다. 로마서 전체를 통해서 바울 사

---

812) 존 칼빈, **로마서**, 민소란 역 (서울: 규장, 2013), 381-382.
813) Ibid., 276; "왜냐하면 그리스도의 순종이 우리에게 전가될 때, 율법의 요구는 채워지고 결과적으로 우리는 의롭다고 여겨지기 때문이다. 율법이 요구하는 완벽함은 이렇게 그리스도의 순종이 우리에게 전가됨으로 말미암아 우리의 육신에 나타나게 되었다."; 롬 10:4 주석.
814) 매튜 풀, **청교도 성경주석 17**, 정충하 역 (파주: 크리스챤다이제스트, 2015), 471-472.

도가 말하고자 하는 "의로움"이라는 것은 율법에 대해서 순종하여만 얻어지는 것이다(롬 1:1-2, 3:21, 4:1—22, 9:4, 33, 10:6-8, 11, 13, 15, 11:27, 15:8-12, 16:25-26. 그리스도께서는 순종하심으로 율법을 성취하셨다. 결국 그리스도는 율법의 마침이다. 왜냐하면 그의 중보적인 사역에 의해서 모든 성도들에게 의롭다 함을 얻게 하고자 율법의 목표가 마침내 최종적으로 성취되어졌기 때문이다. 그리스도는 율법의 목표를 성취하셨고, 그의 의로움으로 인하여 오직 그리스도를 믿는 자들도 의롭다는 인정을 받을 수 있게 하셨다. 모든 믿는 자들에게 그의 의로움을 하사하신다. 이러한 것들을 종합하여, 개혁주의 신학자들은 의로움의 전가 교리를 은혜언약과 연결하여 풀이했다. 또한 개혁주의 전통에서는 전가교리를 정립하기 위해서 그 기초로 그리스도의 능동적 순종과 수동적 순종을 강조하였다.[815]

김재성 교수에 의하면, 그리스도께서 율법의 마침이 되셨다는 것은 그리스도께서 율법을 온전히 지키시고 율법의 목적을 이루셨다는 뜻이다. 이 말이 무슨 뜻인가? 능동적 순종을 거부하고 오로지 수동적 순종만 주장하는 자들이 말하는 십자가로 율법의 요구를 끝냈다는 것이 아니라는 것이다. 그리스도께서는 우리에게 의를 주기 위해 순종하심으로 율법을 성취하셨다.

17) 롬 10:5

사도는 믿음으로 말미암는 의와 율법으로 말미암는 의를 대비했다. 롬 10:5-13에서 사도는 율법으로 의를 얻을 수 없는 인간의 무능과 비참함과 믿음으로 말미암는 의를 대비시켰다. 의를 말한다는 것은 무엇을 말하는가? 그것은 하나님 앞에서의 존재다움을 말한다. 율법으로 의를 얻으려는 것은 그 존재다움을 인간이 스스로 만들어내려는 것이다. 믿음으로 의를 얻으려는 것은 그 존재다움을 그리스도께서 만드신 것을 은혜의 선물로 받는 것이다. 사도는 롬 10:5에서 레 18:5절을 인용했다.

> 모세가 기록하되 율법으로 말미암는 의를 행하는 사람은 그 의로 살리라 하였거니와(롬 10:5) 너희는 나의 규례와 법도를 지키라 사람이 이를 행하면 그로 인하여 살리라 나는 여호와니라(레 18:5)

칼빈은 "거기서 주님께서는 그분의 법도를 지킨 자들에게 영원한 생명을 약속하신다."라고 말했다.[816] 바울이 말한 이 영생은 '일시적인 생명'이 아니라 "주님이 말씀하신 것과 동일한 영생"이다.[817]

칼빈은 사도가 레위기를 인용한 이유에 대해 다음과 같이 말했다.

---

815) 김재성, 그리스도의 능동적 순종 (고양: 언약, 2021), 91-93.
816) 존 칼빈, 로마서, 민소란 역 (서울: 규장, 2013), 384.
817) Ibid.

율법이 모든 부분을 정확하게 실행하지 않고서는 어느 누구도 율법에 규정된 의를 얻을 수 없다. 그리고 모든 인간은 항상 이 완전함에 한참을 못 미쳤다. 그러므로 누구든지 이런 방식으로 구원을 얻으려고 애쓰는 것은 무익한 것이다. 그러므로 이스라엘이 율법의 의를 얻을 수 있기를 바라는 것은 크게 잘못된 것이었다. 왜냐하면 우리 모두 이 의를 얻을 가능성이 없기 때문이다.818)

칼빈에 의하면, 사도는 우리가 율법을 지켜 의를 이룰 수 없다는 것을 논증했다. 어느 누구도 율법이 요구한 의를 이룰 수 없었고 이스라엘도 그 의를 이루지 못했다. 하나님께서는 이스라엘로 하여금 율법을 범한 것을 의식함으로써 죽음의 공포에 압도당하여 그리스도를 피난처로 삼을 수밖에 없도록 하셨다.819) 믿음의 의는 완전한 순종을 이루신 그리스도의 의로 우리 존재의 정당성을 제공한다. 롬 10:5에 대해 브랜던 크로는 다음과 같이 말했다.

> 칭의는 죄 문제를 다룬다. 죄는 작위든지 부작위든지 하나님의 율법을 범하는 것이다. 바울이 로마서 앞부분에서 말하듯이, 모든 사람이 죄를 범했을 뿐 아니라(3:12-18, 23), 의롭거나 선을 행하거나 하나님을 찾는 사람이 하나도 없고(3:10), 뒤에서 바울은 죄의 삯은 죽음이라고 말하지만(6:23), 또한 로마서 10장 5절에서 레위기 18장 5절의 "사람이 이를 [계명들을] 행하면 그로 말미암아 살리라"는 말씀을 인용함으로 긍정적인 측면, 즉 명령 통해 생명이 임한다는 원리에 주목한다. 칭의는 죄의 두 측면, 즉 작위의 죄와 무작위의 죄를 모두 해결해야 한다. 그러므로 아담의 죄와 정죄와 죽음에 대한 해결책을 제공하는 그리스도의 순종은 전체적이고 완전하며 통합된 순종이다. 완전한 순종이 아니면 칭의와 영생을 낳지 못할 것이다.820)

크로에 의하면, 사도 바울은 하나님의 계명들을 준수함으로써 생명이 임한다는 원리를 말하고 있다. 그런 계명의 준수가 그리스도의 순종에 있어야 한다면 십자가에 죽으심만 있어야 하는가? 오히려 그리스도의 순종은 전체적이고 완전하며 통합적인 순종이어야 한다. 그런 순종이라야 칭의와 영생을 줄 수 있다. 그리스도께서 계명과 무관하거나 계명을 어기고 삶을 살다가 어느 날 갑자기 십자가에 피 흘려 죽으심으로 칭의와 영생을 주신 것이 아니다. 우리에게 주어진 칭의와 영생은 그리스도의 전체적이고 완전하며 통합적인 순종에 근거한다.

---

818) Ibid.
819) Ibid., 385.
820) 브랜던 크로, 그리스도의 능동적 순종과 수동적 순종, 정광규 역 (서울: 부흥과개혁사, 2022), 65.

18) 고전 1:30

너희는 하나님께로부터 나서 그리스도 예수 안에 있고 예수는 하나님께로서 나와서 우리에게 지혜와 의로움과 거룩함과 구속함이 되셨으니(고전 1:30)

칼빈은 다음과 같이 말했다.

둘째로, 바울은 그리스도께서 우리를 의롭게 하셨다고 말하고 있다. 이것에 의해 사도 바울은 우리가 그리스도 이름으로 하나님께 열납되고 그리스도 죽음으로 우리 죄가 사함을 받으며 그리스도 순종이 우리를 의롭게 하셨다고 말했다. 그러므로 믿음의 칭의는 우리 죄를 용서하시고 값없이 하나님께서 우리를 용납하시는데, 이 모든 것은 그리스도를 통해 이뤄지는 것이다.[821]

칼빈에 의하면, 그리스도께서 우리의 의가 되시는 것은 그리스도의 죽으심으로 우리 죄가 사함을 받고, 그리스도의 순종으로 우리가 의롭게 되었기 때문이다. 이 두 가지는 결합되어 있기 때문에 분리할 수 없다. 튜레틴은 그리스도께서 성부 하나님의 뜻을 모두 성취함으로 모든 의를 이루었다고 말하면서, 고후 5:21 해석에서, "마치 율법을 범한 우리의 죄들이 그리스도에게 전가되었듯이, 그리스도께서 우리를 위해 성취하신 의로운 행위들이 우리에게 전가된다"고 말했다(*Inst.* 14.13.21.) 그레고리 비일(Gregory K. Beale)은 "그리스도의 능동적 순종을 가장 강력하게 확증하는 구절은 고전 1:30이다"라고 말하면서, "고전 1:30절은 믿는 자는 그리스도의 완전한 의로 대표되고 위치적으로는 그분과 같이 완전히 의롭다는 생각을 지지한다"고 말했다.[822]

정이철 목사는 고전 1:30을 인용하면서, "우리가 그리스도를 믿으면 영생을 얻은 이유는 하나님의 인격을 가진 사람으로 성육신하신 그리스도 그분이 우리의 구원, 우리의 의이기 때문입니다"라고 주장했다. 이런 주장은 그리스

---

821) 존 칼빈, **신약성서주석 8** (서울: 성서교재간행사, 1982), 78-81; "셋째, 바울은 그리스도를 우리의 거룩함이라고 부른다. 바울은 우리 곧 본성이 불의한 우리가 그분 성령으로 거룩하게 거듭나서 하나님을 섬길 수 있게 됐다고 말하고 있다. 여기에서 우리는 또한 만일 우리가 동시에 거룩한 생활을 하지 않으면 믿음만으로 우리는 의롭다 하심을 받지 못한다는 사실을 추론할 수 있다. 이런 은혜의 선물은 분리할 수 없는 끈으로 결합돼 있어서 만일 어떤 사람이 그것을 분리한다면, 그 사람은 어느 의미에서 그리스도를 조각조각 찢는 사람이라고 할 수 있다. 따라서 어떤 사람이 그리스도를 통해 하나님의 값없는 은혜로 거룩하다는 칭호를 얻으려 한다면, 이 사실을 명심하도록 하자. 곧 만일 동시에 그 사람이 그리스도를 거룩하신 분으로 붙들지 않으면 이것은 불가능하다는 사실을 다른 말로 표현하면, 그 사람은 그분 성령을 통해 부끄러울 것이 없는 순결한 생활로 거듭나야 한다는 것이다. 믿음으로 값없이 의롭다 인정하심을 받는다는 설교 속에서 사람들이 우리에게 결점을 발견하기 때문에 하나님의 부르심을 받은 사람들이 선행과는 아무런 상관없는 것처럼 보인다. 그러나 이 구절은, 믿음은 그리스도 안에서 죄의 용서와 마찬가지로 중생해야 한다는 사실을 보여줌으로써 그들을 분명히 논박해 주고 있다."

822) https://tabletalkmagazine.com/article/2019/04/twofold-obedience-christ/ Gregory K. Beale, 'The Twofold Obedience of Christ,'

도께서 능동적 순종을 이루신 내용은 없고 그저 그리스도의 신성한 인격을 말하기 때문에, 그리스도의 신성한 본질적 의를 전가 받는 것처럼 오해받을 여지가 다분하다.

19) 고전 15장

고전 15장은 첫 사람 아담과 그리스도의 부활을 말한다. 고전 15장은 롬 5장이 말하는 것처럼 그리스도의 인격과 행위를 아담의 인격과 행위와 대비한다. 이런 대비의 논점이 무엇인가? 그것은 그리스도의 부활은 칭의를 위해 그리스도의 전체 순종이 있어야만 한다는 것이다. 그리스도의 부활은 존재의 문제에 대한 궁극적인 해결책이다.

칼빈은 성경이 그리스도의 죽음을 언급할 때, "우리는 그런 실례들에서 그의 부활이 그의 죽음에 내포되어 있다는 사실을 깨달아야 한다"고 말했다. 그리고 그리스도의 죽음과 부활이 따로 언급될 때는, "우리 구원의 시작이 … 그의 죽음에 있으며, 그 완성이 그의 부활에 있음을 안다"고 말했다.[823]

칼빈은 다음과 같이 말했다.

바울은 그리스도께서 첫 열매가 되셨다는 사실을 증거 할 필요가 있으며, 다른 한편, 그리스도께서 다만 독립적인 존재로서 죽은 자 가운데서 부활하신 것이 아님을 또한 증거 할 필요가 있다. 바울은 대조를 통하여 이 사실을 증명하고 있는데 그 이유는 죽음이 뭔가 생래적(生來的)인 것이 아니고, 인간의 죄의 대가로 온 것이기 때문이다. 그러므로 아담이 그 자신 혼자만 죽은 것이 아니라 우리 모두를 함께 죽게 한 것과 같이, 모범이 되신 그리스도께서 단순히 그리스도 자신을 위하여 부활하신 것이 아니라는 결론이 나온다. 주님은 이담 안에서 멸망 당하였던 모든 것을 회복하시려고 오셨기 때문이다. 그러나 그의 이 논증의 본질에 우리는 주의하여야 하는데, 그 이유는 그가 논쟁점을 말의 상징의 효용이나 실례(實例)의 사용법과 결합시키지 않기 때문이다. 그러나 그는 반대적인 효과를 증명하기 위해서 반대 원인에 의뢰하고 있다. 죽음의 원인은 아담에게 있으며, 또 우리가 아담 안에서 죽었다. 그러므로 우리가 아담 안에서 잃은 것을 회복하는 것이 그의 직무인 그리스도는 우리의 생명의 원인이 되고 있으며, 또한 그의 부활은 우리의 부활의 기초와 보증이 되고 있다. 또한 아담이 죽음의 원조가 되고 있는 것처럼, 그리스도께서는 생명의 기원이 되고 있다. 로마서 제5장에서 그는 같은 대조를 하고 있는데, 그러나 이런 차이성을 가지고 있다. 즉 로마서에서는 영적 생명과 영적 죽음을 취급하고 있고, 여기서의 논쟁점은 영적 생명의 상(賞)인 육체의 부활을 다루고 있다.[824]

칼빈에 의하면, 사도가 그리스도를 첫 열매라고 말한 것은 그리스도께서 독립적인 존재로 부활하신 것이 아니라 우리 모두와 함께 죽고 함께 부활하

---

823) 존 칼빈, **신약성서주석 8** (서울: 성서교재간행사, 1982), 426.
824) Ibid., 438.

셨다는 것을 말하기 위함이다. 죽음의 원인은 아담에게 있으나 아담이 잃은 것을 회복하는 것은 그리스도의 직무에 있다. 그리스도의 직무라 함은 왕, 선지자, 제사장의 3중 직무다. 이 세 직무는 생애 전체에 감당하신 직무다. 그리스도의 부활은 그리스도께서 이 직무를 다 담당하셔서 승리하시고 우리에게 의와 생명을 주셨다는 승리의 확증이다. 그리스도의 부활하심으로 우리 존재의 영원한 안전성과 자유가 보장되어 있다는 것이다.

한 사람의 죄로 인류에게 죽음이 왔으나 한 사람의 순종으로 생명이 온다. 사도는 그것을 "기록된 바 첫 사람 아담은 산 영이 되었다 함과 같이 마지막 아담은 살려 주는 영이 되었나니"(고전 15:45)라고 말했다. 사도는 그리스도께서 온전히 순종한 아담으로서 부활하셨다고 말했다. 부활은 죽음의 승리만이 아니라 예수님의 완전하고 전체적인 순종을 입증하는 것이다. 그리스도의 부활은 그리스도의 완전한 순종과 직결되어 있다. 사도는 시 8, 110편을 인용하여, 아담이 반드시 이루어야 할 완전한 순종을 그리스도께서 완전하게 순종하셨다는 것을 말했다. 크로는 "마지막 아담이신 그리스도가 순종하셨을 때. 그리스도는 부활을 통해 죽음을 이기셨다"고 말했다.[825]

825) 브랜던 크로, **그리스도의 능동적 순종과 수동적 순종**, 정광규 역 (서울: 부흥과개혁사, 2022), 179; 〈고린도전서 15장(그리고 로마서 5장)에 따르면, 바울의 두 아담 패러다임은 예수님의 순종 및 구원과 여러 가지로 연관이 있다. 그 가운데 두 가지가 특히 두드러진다. 첫째, 그리스도의 부활은 그리스도의 완전한 순종(수동적이고 능동적인)을 입증하는 것, 또는 참으로 정당화하는 것(justification, 칭의)이다. 리처드 개핀이 강력하게 주장하듯이 "[그리스도의] 부활을 통한 죽음의 근절은 유죄 판결의 취소이자 그리스도의 (아담적) 의로우심에 대한 효력 있는 확언과 다름없다." 개핀은 계속 이렇게 말한다. "그리스도의 살아나심은 아들이라는 메시아 신분, 즉 그분이 아들로 받아들여짐과 관련해서 … 뿐만 아니라 또한 그리스도의 (아담적인) 의로운 신분과 관련한 사법적인 선언이다. 부활의 구조적이며 변화시키는 역사는 성격상 특히 법정적이다. 그것은 그리스도의 칭의다. 부활이 예수님의 완전한 순종의 징표라는 것은 고린도전서 15장의 바울의 주장(참고 15:17)에서뿐 아니라, 또한 로마서 1장 3-4절에서도 분명하게 나타나는데, 거기에서 바울은 예수님이 능력으로 하나님의 아들로 선포되신 수단이 부활이라고 말한다. 여기서 다시 부활은 예수님과 예수님의 행위에 대한 하나님의 승인을 두드러지게 한다. 부활은 예수님이 아버지를 온전히 기쁘시게 하는 아들이셨음을 보여 준다(참고. 행 13:33의 시 2:7). 다른 곳에서 바울은 성령이 예수님을 의롭다 하셨다고 말하는데('에디카이오데 엔 프뉴마티' 딤전 3:16), 이는 예수님에게 내려진 사형 선고가 부당함을 입증한 것을 가리킨다. 예수님이 부활하시려면 전적으로 죄가 없어야 한다. 둘째, 그리스도의 부활은 그리스도를 믿는 자들의 칭의의 근거다. 로마서 4장 25절에서 바울은 그리스도가 우리의 칭의를 위해 살아나셨다고 설명한다("에게르데 디아 텐 디카이오신 헤몬'). 여기서 바울은 그리스도가 살아나셨기 때문에 우리가 의롭다 함을 받았다고 말한다. 예수님은 자신의 죄 때문이 아니라 자기 백성의 죄 때문에 넘겨지셨다. 예수님의 완전한 순종은 부활을 통해 죄와 죽음에 대한 승리를 낳았으며, 우리가 하나님 앞에 받아들여지는 근거다. 그리스도의 순종은 로마서 4장에서 전제되어 있지만, 바울은 로마서 5장에서 그것을 더 자세하게 설명한다. 로마서 4-5장의 바울의 주장은 고린도전서 15장의 주장과 일치한다. 그리스도는 죽음을 통해, 그리고 삶 전체에 걸쳐 대리자로서 우리의 죄를 지셨다. 마지막 아담이신 그리스도는 대표로서 행동하셨으며, 죽은 자 가운데서 부활하심에서 분명하게 나타난 그리스도의 순종은 신자들에게 유익을 준다. 죄는 죽음을 가져오는 반면, 죽음의 해결책은 믿음으로 부활하신 그리스도와 연합함을 통해 오며, 그리스도의 부활은 더 풍성한 부활 추수의 첫 열매다 (고전 15:20). 그리스도의 부활은 그리스도의 죽음 못지않게 신자들에게 유익을 준다(참고. 15:17). 그리스도의

20) 갈 2:19-20

19 내가 율법으로 말미암아 율법을 향하여 죽었나니 이는 하나님을 향하여 살려 함이니라 20 내가 그리스도와 함께 십자가에 못 박혔나니 그런즉 이제는 내가 산 것이 아니요 오직 내 안에 그리스도께서 사신 것이라 이제 내가 육체 가운데 사는 것은 나를 사랑하사 나를 위하여 자기 몸을 버리신 하나님의 아들을 믿는 믿음 안에서 사는 것이라(갈 2:19-20)

칼빈은 "그리스도가 율법의 의를 폐기해야 할 필요가 없는 것이다"라고 말했다.[826] 율법은 우리가 율법을 향하여 죽도록 만든다. "죄는 율법에서 생기는 것이지 그리스도에게서 생기는 것이 아니다"[827] 행위계약으로 인해 율법 그 자체는 우리에게 사망을 안겨다 준다. 그렇다고 그 사망이 우리에게 자유와 생명을 주지 않는다. 우리에게는 의가 필요하다. 그리스도께서 십자가에 피 흘려 죽으심으로 우리를 의롭다 하신 것을 믿음으로 영생을 얻게 되었다.[828]

갈라디아서에서 예수 그리스도의 십자가가 분명히 중요하다(2:19-20, 3:10-14). 사도는 십자가에서 더 나아가 그리스도의 더 철저한 순종을 고려하고 있다(3:22-45).[829] 사도가 말하는 의미에 대해, 칼빈은 "만일 우리가 우리 자신의 공덕으로 말미암아 의를 얻는다고 하면 그리스도는 무익하게 헛되이 고난 받았다'고 할 수 있지 않느냐?"는 것이다.[830] 이런 문제가 발생한 것은 거짓 선생들이 그리스도의 은혜와 인간의 행위를 결합하려고 했기 때문이다.

칼빈은 "너희는 복음이 우리가 율법으로 말미암아 얻는 의를 무(無)로 돌리고 있는 것처럼 말하면서 복음을 미워하도록 선동하고 있다. 그러나 실은 율법을 향하여 죽도록 강조하고 있는 것은 율법 자체인 것이다. 율법은 영원한 멸망으로써 우리를 위협하기 때문에 그로 인해 율법은 우리로 하여금 율법을 신뢰하지 못하게 하고 있다."고 말했다.[831] 사도 바울은 그리스도의 은혜와 인간의 행위를 결합해서는 안 된다는 것이다. 우리 자신의 공덕으로 의

부활은 그리스도의 순종이 완전했다는 사법적 판결이다. 이는 그리스도가 죽은 자 가운데서 부활하신 것 만큼이나 신자의 칭의가 확실하다는 것을 의미한다.〉

826) 존 칼빈, **신약성서주석 8** (서울: 성서교재간행사, 1982), 551.
827) Ibid., 547.
828) 매튜 풀, **청교도 성경주석 18**, 박문재 역 (파주: 크리스챤다이제스트, 2015), 500-501.
829) 브랜던 크로, **그리스도의 능동적 순종과 수동적 순종**, 정광규 역 (서울: 부흥과개혁사, 2022), 82.
830) 존 칼빈, **신약성서주석 8** (서울: 성서교재간행사, 1982), 551.
831) Ibid., 546.

를 얻는다고 말하면 그리스도께서 받으신 고난이 무익하게 되기 때문이다.

그러나, 율법준수의 의가 사라진 것이 아니다. 영생을 위해 언약 계명을 완전히 순종해야 한다는 완전한 순종이 아담에게 요구되었다. 생명을 얻기 위해서는 율법을 완전히 순종해야 한다. 율법에 대한 순종은 모세의 율법에서 시작할 것이 아니라 아담으로부터 시작해야 한다. 만일 율법의 순종을 모세로부터 시작한다면, 로마서 5장에서 사도 바울이 아담과 그리스도를 대비한 것은 의미가 없다. 모세의 율법으로부터 순종의 의무를 말한다면 로마서 5장에서 사도는 아담과 그리스도를 대비할 것이 아니라 모세와 그리스도를 대비해야 옳다.

21) 갈 3:10-14

갈라디아서는 칭의, 곧 하나님과의 관계적 관점을 회복하기 위한 존재의 변화를 말한다. 교리는 그것을 '칭의'라고 말한다. 칭의는 그리스도의 완전한 순종을 요구한다. 사도는 먼저 3:1-9에서 아브라함을 믿음으로 의롭다 함을 받은 의의 모범으로 말했다.[832] 그러면 믿음이면 전부가 아닌가? 왜 완전한 순종인가? 갈 3:1-9은 갈 3:10-14을 이해하는 데 필요한 근거를 말한다. 사도는 10절에서 저주의 대상을 말했다. 10절 앞에 '그러면 누가 저주를 받는가?'라는 질문을 넣으면, '누구든지 율법 책에 기록된 대로 온갖 일을 항상 행하지 아니하는 자는 저주 아래 있는 자이다'라는 대답이 주어진다. 칼빈은 "율법을 만족하게 성취하는 사람이 한 사람이라도 있는지 어떤지 보기로 하자. 그러한 사람은 지금까지 한 사람도 없었고 앞으로도 결코 없을 것이 분명하다"고 말했다.[833] 인간으로서는 율법준수의 능력이 아무도 없기 때문이다.

10절은 하나님 앞에 있는 존재의 상태를 말한다. 존재의 상태를 규정하는 것은 무엇인가? 존재의 의식이다. '존재의 의식이 어디에 기반하느냐?'가 존재의 상태를 결정한다. 자기 수양으로 하나님 앞에 자기 존재의 의식을 가지고 있으면 저주에 처한다. 왜 그런가? 아무도 율법으로는 의롭게 되지 못하기 때문이다. 아무도 율법으로 의롭게 되지 못하는 존재가 인간이다. 그런데 수양으로 자기의식을 정당화한 존재는 자기 존재의 비참과 한계를 부정하는 자이다.

---

832) 아브라함이 하나님을 믿으매 이것을 그에게 의로 정하셨다 함과 같으니라(갈 3:6) 아브람이 여호와를 믿으니 여호와께서 이를 그의 의로 여기시고(창 15:6)
833) 존 칼빈, **신약성서주석 8** (서울: 성서교재간행사, 1982), 563.

하나님 앞에서의 자기의식은 법적 지위다. 이 법적 지위는 자기 안에 심겨진 도덕법을 지켜낼 것을 요구한다. 도덕법은 존재의 행위를 규정하며, 존재의 간격을 인정하고 복종하게 만든다. 존재의 간격이란 자기를 창조한 하나님과 피조물인 인간이라는 존재의 구분을 인정하는 것이다. 그 도덕법이 언약의 법으로 주어졌기 때문에 율법준수를 통해 의를 확보해야만 한다.

그와 같은 율법에 대한 완전한 순종의 요구에도 불구하고 율법을 완전히 지켜 낼 인간은 아무도 없다. 칼빈은 다음과 같이 말했다.

> 같은 한샘에서 더운물과 찬물을 낼 수 없는 것과 같이 율법에서 복 받고자 하는 것은 모순된 논법이다. 왜냐하면 율법은 모든 사람을 저주 아래 가두어 놓기 때문이다. 그러므로 율법으로부터 복 받기를 기대하는 것은 헛된 일이다. 바울은 율법의 행위에 구원의 신뢰를 두는 자들을 일컬어 '율법 행위에 속한 자들'이라고 했다. 이러한 표현법은 언제나 문제의 양상에 따라 이해해야 한다. 그런데 여기서 문제가 된 논점은 분명히 의의 근거이다. 그렇기 때문에 바울은 여기서 율법의 행위에 의하여 의롭다 함을 얻고자 하는 자는 누구든지 저주를 면할 수 없다고 선언하고 있다. 그러나 이것을 어떻게 증명할 것이냐? 율법의 선고는 율법의 어느 부분이든지 범하는 사람은 누구든지 저주를 받도록 되었기 때문이다. 그러면 율법을 만족하게 성취하는 사람이 한 사람이라도 있는지 어떤지 보기로 하자. 그러한 사람은 지금까지 한 사람도 없었고 앞으로도 결코 없을 것이 분명하다. 그래서 최후 한 사람에 이르기까지 사람은 모두 유죄를 선고받고 있다. 이 논의에는 결론과 소명제라고 할 수 있는 둘째 명제가 빠졌다. 왜냐하면 완전한 삼단논법은 다음과 같이 해야 하기 때문이다. 율법의 어느 부분이라도 범하는 자는 누구든지 저주를 받는다. 이 판결에 의하면 모든 사람은 유죄이다. 그러므로 모든 사람은 저주를 받는다.834)

칼빈에 의하면, 율법을 지켜 의롭다 함을 받고자 하는 자는 누구든지 저주를 면할 수 없으며, 율법의 어느 한 부분이라도 범하면 저주를 받는다. 이로써 우리는 '모든 사람이 저주 아래 있다'고 추론할 수 있다. 어떤 사람들은 갈 3:10의 대상은 유대인들에게 한정된다고 말한다. 이들의 주장을 '공동체적 추방의 관점'이라 부른다. 이들은 신 27장의 문맥에 따라 유대인들이 불순종했기 때문에 추방되었다고 주장한다.

여기에 대해 브랜던 크로는 갈 3:10과 신 27:26이 "하나님 앞에 서기 위해 행위를 의지하는 모든 사람을 가리킨다"면서 그 이유를 세 가지로 말했다.

> 첫째, 바울은 이 본문에서 믿음과 행위를 대비시키며, 갈라디아서 3장 6-9절에서 아브라함은 믿음의 모범 역할을 한다. 이런 점에서 바울이 3장 10절에서 저주라는 용어를 사용해 추방의 저주를 겪은 하나님 백성 가운데 참 신자들(즉 아브라함의 참 자손)을 가리킬 가능성은 낮다. 오히려 이 저주는 믿음과 대비되는 행위가 특징인 사람들에게 적용된다. 3장 10절의 저주가 모세 율법이 규정하는 유대인에게만 해당되는 것이었다면, 이는 바울이 아브라함의 참 자손을

---

834) Ibid.

행위의 사람들로 특징짓는다는 의미일 것이다. 그러나 바울은 바로 앞에서 아브라함의 참 자손은 아브라함과 마찬가지로(3:6-9) 믿음의 사람들이라고 분명히 말한다(3:7). … 둘째, 바울이 갈라디아서 3장 10절에서 누구도 율법을 완전하게 순종하지 못한다고 명시적으로 말하지 않는다는 것은 '함축된 전제' 입장에 문제가 되지 않는다. 이 요점은 함축되어 있을 뿐이지만, 갈라디아서 전체에서 바울이 하는 주장과 일치한다. 갈라디아서에서 바울은 종종 자신의 논리를 진술하지 않은 채 남겨 두고 독자가 그 공백을 메울 것을 요구한다. 사실 '함축된 전제' 입장만 바울의 논리의 공백을 메워야 하는 것은 아니다. 갈라디아서 3장 10절의 저주가 공동체 추방의 저주라는 '공동체 추방' 관점으로 이해할 경우에도, 바울의 논리에서 감지되는 공백을 메워야 한다. 바울이 추방을 명시적으로 언급하지 않기 때문이다. … 셋째, 어떤 죄인도 율법을 완전하게 지키지 못한다고 가정하는 '함축된 전제' 입장은 오래되고 무게 있는 해석 전통을 따르고 있다. 이 입장은 루터와 칼빈만의 견해가 아니다. 일찍이 2세기 교부인 순교자 유스티누스 때에도 명백히 나타난다(*Dial.* 95).835)

크로에 의하면, 갈 3:10은 유대인에게만 한정된 것이 아니라 아브라함의 믿음과 동일하게 자기 존재의 상태를 생각하지 않는 사람, 곧 하나님 앞에서 믿음으로 의롭다 함을 받지 못하는 모든 유대인이나 이방인을 다 포함한다. 사도의 논리는 율법준수에 근거하여 하나님 앞에 자기 존재의 정당성을 받으려는 사람은 율법에 대한 완전한 순종을 필요로 한다는 것을 요구한다. 사도는 믿음과 행위의 대비를 통해 아브라함의 참 자손이 믿음의 사람이라고 말하며 믿음의 사람들과 율법의 행위(율법주의)를 근거로 자기의식을 가지고 있는 사람을 대비시켰다. 사도는 롬 2:12-16, 6:14-15에서도 모든 인간이 율법 아래 있으며 모든 인간이 죄인이며 그로 인해 죽음과 하나님의 진노를 당한다고 말했다(롬 3:5, 9, 23, 5:12-13; 갈 3:22). 이것이 사도 바울의 일관된 논지다. 갈 3:10이라고 그 논지에서 예외 구절이라고 말할 여지가 없다. 오히려 더 확실하게 지지한다. 신 27:26을 인용함으로써 영생을 얻기 위해서는 완전한 율법준수가 있어야 한다는 원칙을 강력하게 증거 한다.

갈 3:11은 믿음으로 말미암는 칭의를 구체적으로 말한다.836) 또한 그리스도의 순종과 관련하여 사도는 율법에 대한 완전한 순종을 칭의에 필수라고 말하는 것을 확인할 수 있다. 사도는 합 2:4을 인용했다.837) 그 이유는 무엇인가? 아무도 율법으로 의롭다 함을 받지 못하기 때문이며 의인은 믿음으로 살아야 하기 때문이다. 사도는 행위와 믿음을 대조했다. 사도는 갈 2:16에서

---

835) 브랜던 크로, 그리스도의 능동적 순종과 수동적 순종, 정광규 역 (서울: 부흥과개혁사, 2022), 95-98.
836) 또 하나님 앞에서 아무나 율법으로 말미암아 의롭게 되지 못할 것이 분명하니 이는 의인이 믿음으로 살리라 하였음이니라(갈 3:11)
837) 보라 그의 마음은 교만하며 그의 속에서 정직하지 못하나 그러나 의인은 믿음으로 말미암아 살리라(합 2:4)

말하는 율법의 행위가 아닌 믿음으로 말미암는 칭의를 반영했다. 사도 바울이 갈 2-3장에서 말하려는 핵심은 예수 그리스도에 대한 우리의 믿음이다.

갈 3:12은 믿음과 대비되는 율법의 행위로는 의롭다 함을 받지 못한다는 것을 강조한다.[838] 사도는 레 18:5을 인용했다.[839] 그런데 왜 사도는 율법이 믿음에서 난 것이 아니라고 말하는가? 믿음을 말하는 합 2:4과 율법의 완전한 순종을 말하는 레 18:5은 서로 대립되지 않는가? 사도는 원칙을 버리지 않았다. 레 18:5은 모세 율법의 원칙이다. 의롭다 함은 전체적이고 완전한 율법준수의 결과다. 사도는 갈 3:12에서 믿음과 행함의 대조를 다룬다. 갈 3:11에서 믿음의 길을 말하고 갈 3:12은 율법주의자들의 율법의 행위를 말한다. 영생은 완전한 순종을 요구하기 때문이다. 그 근거가 레 18:5이다.

그러면 믿음이란 무엇인가? 우리는 죄인이기 때문에 율법에 대한 완전한 순종은 불가하다는 것을 인정하고 그리스도께서 우리의 죄책을 지시고 우리 대신 저주의 형벌을 받으신 분이라는 것을 신뢰하며 그리스도께서 율법을 완전히 순종하신 분임을 믿는 것이다.[840] 이것은 '어느 누구도 율법준수로 칭의를 얻을 수 없다'는 것을 강력하게 말하는 것이다. 이로써 사도는 인간의 무능과 비참함을 말하며 인간은 결코 율법의 요구를 완전하게 충족할 수 없다고 말했다.

22) 갈 3:13-14

13 그리스도께서 우리를 위하여 저주를 받은 바 되사 율법의 저주에서 우리를 속량하셨으니 기록된 바 나무에 달린 자마다 저주 아래 있는 자라 하였음이라 14 이는 그리스도 예수 안에서 아브라함의 복이 이방인에게 미치게 하고 또 우리로 하여금 믿음으로 말미암아 성령의 약속을 받게 하려 함이니라(갈 3:13-14)

사도는 그리스도께서 우리를 위해 저주를 받아 율법의 저주에서 구속하셨다고 말했다. 사도가 이렇게 명시적으로 말함으로써 그리스도께서 십자가에 피 흘려 죽으심으로써 그리스도의 순종이 완결되었음을 말했다. 그리스도께서는 우리의 대리자로서 우리가 받을 저주를 감당하셨다.[841] 사도는 갈

---

838) 율법은 믿음에서 난 것이 아니라 이를 행하는 자는 그 가운데서 살리라 하였느니라(갈 3:12)
839) 너희는 나의 규례와 법도를 지키라 사람이 이를 행하면 그로 인하여 살리라 나는 여호와니라(레 18:5)
840) 그리스도께서 우리를 위하여 저주를 받은 바 되사 율법의 저주에서 우리를 속량하셨으니 기록된 바 나무에 달린 자마다 저주 아래 있는 자라 하였음이라(갈 3:13) 4 때가 차매 하나님이 그 아들을 보내사 여자에게서 나게 하시고 율법 아래 나게 하신 것은 5 율법 아래 있는 자들을 속량하시고 우리로 아들의 명분을 얻게 하려 하심이라(갈 4:4-5)
841) 브랜던 크로, 그리스도의 능동적 순종과 수동적 순종, 정광규 역 (서울: 부흥과개혁사, 2022), 106-107;

3:13-14에서 칭의는 인간의 수양(행위)이 아니라 믿음으로 주어진다고 말한다. 우리가 받은 칭의는 그리스도의 완전한 순종으로 획득한 그 의를 받은 것이다. 이것을 사도는 갈 3:22-4:5까지 다루었다. 칼빈은 "그리스도께서 우리에게 해방을 주시려고 친히 율법준수의 책임을 지신 것이다. 그렇지 않으면 그가 율법의 멍에에 순복한 것은 헛된 것이다. 왜냐하면 자기 자신을 위해서 그렇게 하지 않았다는 사실이 확실하기 때문이다."라고 말했다.842) 율법준수의 의와 복음의 의를 혼란케 한 것은 거짓 선생들 때문이다.

23) 엡 2:8-9

8 너희가 그 은혜를 인하여 믿음으로 말미암아 구원을 얻었나니 이것이 너희에게서 난 것이 아니요 하나님의 선물이라 9 행위에서 난 것이 아니니 이는 누구든지 자랑치 못하게 함이니라(엡 2:8-9)

바울의 아담 기독론은 '그리스도의 행위만이 구원한다'는 바울의 구원신학과 직결되어 있다.843) 크로만이 아니라 칼빈도 다음과 같이 말했다.

그래서 자유의지나 선한 의도, 그리고 인간이 고안한 여러 가지 준비라든가 또 공덕이나 보상에 관해서는 전혀 입벌리지 말아야 한다. 왜냐하면 이런 것들 중에는 어느 하나도 인간의 구원에 대하여 한 몫 자랑할 만한 것은 전혀 없고, 오히려 하나님의 은혜를 결코 찬양하지 못하도록 하기 때문이다. 한편, 바울은 인간의 측면에서 볼 때 다만 믿음으로 구원받는 방법을 확언함으로써 지금까지 인간이 의뢰해 온 다른 모든 방법을 배격하고 있는 것이다. 그래서 믿음은 인간이 그리스도의 축복을 받도록 하기 위하여 인간을 빈 상태로 하나님께 데리고 간다. 그래서 바울은 "이것이 너희에게서 난 것이 아니요"라는 말을 첨가하고 있다. 그것은 구원에 대하여 인간 자신들은 아무것도 주장하지 못하며, 다만 그들의 구원의 주로서 하나님만을 알도록 하기 위해서이다. 바울은 앞에서 그들의 구원이 은혜로 말미암은 것이라고 말한 것을 이번에는 "하나님의 선물이라"고 말하며, 앞에서 "너희에게서 난 것이 아니요"라고 말한 대신 이번에는 "행위에서 난 것이 아니니"라고 확언하고 있다. 그래서 우리는 인간이 구원을 받음에 있어서 인간 편의 것은 아무것도 개입되지 않았다는 바울의 주장을 알 수 있다. 왜냐하면 바울이 로마서와 갈라디아서; 그리고 본서에서 길게 논하고 있는 요지, 즉 의가 우리에게 있게 된 것은 오직 하나님의 긍휼에 의해서이며, 또 의가 그리스도 안에서와 복음에 의하여 우리에게 제공되었으며, 어떠한 인간의 공덕으로도 말미암지 않고 다만 믿음으로 말미암아 우리가 구원에 참여할 수 있게 되었다는 것이 이 세 구절 안에 내포되어 있기 때문이다. 이제 우리는 이 구절로부터 교황파 사람들이 일부러 논의하기를 회피하려고 말하는 헛된 궤변, 즉 바울이 우리에게 행함 없이 의롭다 함을 받는다는 것을 말했는데, 그것은 의식에 관하여 말한 것이라고 해석하는 그들의 주장

"부활은 예수님의 부당한 죽음에 대한 해답이었는데, 사도행전 13장 29절에서 바울은 신명기 21장 23절(갈 3:13에서 인용한 구절)을 암시한다. 부활하신 만유의 주로서 예수님은 영원한 나라를 다스리시는데, 바로 이 사람으로 말미암아 바울은 죄 사함과 의롭다 함을 전파한다(행 13:37-39). 갈라디아서 3장과 사도행전 13장을 함께 읽는 것은 죄 사함과 칭의가 부활이 입증하는 예수님의 완전한 순종에 근거한다는 견해를 더욱 뒷받침한다."
842) 존 칼빈, **신약성서주석 8** (서울: 성서교재간행사, 1982), 593.
843) 브랜던 크로, **그리스도의 능동적 순종과 수동적 순종**, 정광규 역 (서울: 부흥과개혁사, 2022), 82.

을 쉽게 배격할 수 있게 되었다. 왜냐하면 여기서 문제가 된 것은 다만, 어떤 종류의 행위가 아니고 행위로 말미암아 이루어진다는 인간의 모든 의, 즉 인간 전체나 인간 스스로 소유하고 있는 모든 것을 바울이 배척하고 있는 사실이 너무도 명백하기 때문이다. 그래서 우리는 하나님과 인간 사이의 대조, 그리고 은혜와 행위와의 대조를 볼 줄 알아야 한다. 만일 의식에 관해서만 이의(異議)가 있다면, 무엇 때문에 하나님이 인간과 대조되어야 했을 것인가?[844]

칼빈에 의하면, 인간의 자유의지나 그 어떤 것으로도 구원에 기여할 수 없다. 인간의 요소가 기여한다면 하나님의 은혜를 결코 찬양할 수 없다. 사도 바울이 로마서와 갈라디아서, 그리고 에베소서에서 말하는 요지는 인간의 공로가 아니라 오직 하나님의 긍휼로, 그리스도 안에서와 복음에 의해서 우리에게 의가 주어졌다는 것이다. 사도는 하나님과 인간의 대조를 통해 의는 결코 인간에게서 만들어질 수 없다는 것을 말했다. 사도는 그리스도의 의가 우리에게 전가되어 우리가 의롭게 되었으며 구원을 받았다고 말했다.

24) 빌 2:5-11

그리스도의 순종과 관련된 빌 2:5-11은 롬 5장과 고전 15장에 비하면 그 명료성이 약하지만 그리스도의 행위를 아담적인 용어로 말한다. 브랜던 크로는 그 이유를 네 가지로 말한다.[845] 첫째로, 빌 2장이 그리스도의 죽음과 부활 승천도 언급하기 때문이다. 그리스도의 부활은 그리스도의 삶 전체에 행한 완전한 순종에 대한 사법적 선언이다. 부활은 그리스도의 부당한 정죄와 죽음에 대한 승리이며 지상 사역 동안에 일어난 완전한 순종을 증거 한다. 사도는 그런 그리스도의 순종을 "죽기까지 복종"하셨다고 말했다.

둘째로, 빌 2:8은 그리스도의 순종을 넓게 생각하게 한다. 빌 2:5-11의 기독론적 권면은 2:1-4의 권면, 곧 그리스도 안에서 사랑과 겸손으로 서로를 대해야 한다는 근거가 된다. 그리스도께서 비하 상태에서 행한 겸손처럼 빌립보 교회 성도들도 행해야 한다. 빌립보 교회 성도들은 그리스도의 완전한

---

844) 존 칼빈, **신약성서주석 9** (서울: 성서교재간행사, 1982), 288-289.
845) 브랜던 크로, **그리스도의 능동적 순종과 수동적 순종**, 정광규 역 (서울: 부흥과개혁사, 2022), 183-187; "바울은 그리스도의 부활이 갖는 구원의 의미를 다른 어떤 신약 저자보다 더 자세히 탐구한다. 예수님은 부활하심으로 의롭다 인정되셨으며, 신자들의 칭의는 그리스도의 부활에 근거한다. 그리스도의 부활은 또한 칭의의 종말론적 성격을 강조한다. 즉 칭의는 마지막 심판 이전에 신자들이 현세대에서 믿음으로 의롭다고 선언을 받는 종말론적인 현실이다. 그리스도에게 해당되었던 사실, 즉 죄와 죽음에서의 자유 및 새 생명의 약속은 믿음으로 그리스도와 연합하는 이들에게도 사실이다. 그리스도의 부활에 대한 바울의 강조는 예수님의 전체 순종을 필요로 한다. 예수님이 온전히 순종하지 않으셨다면 죽은 자 가운데서 살아나지 못하셨을 것이기 때문이다. 따라서 구원을 위해서는 부활이 필요하므로, 예수님의 완전한 순종도 구원을 위해 필요하다."

순종을 본으로 삼아 자신들도 행해야 한다.

셋째로, 빌 2:8에서 말하는 "죽기까지"('메크리 다나투') 순종하심은 그리스도의 죽으심만이 아니라 그리스도의 평생 순종까지 포함한다. 단서는 '메크리'의 뜻이다. '메크리'는 배타적 용법이 아니라 포괄적 용법으로 사용되었다고 보아야 한다. 사도는 빌 3:20에서 에바브로디도가 죽기까지 사역을 하겠다는 의지의 표현으로 '메크리 다나투'로 표현했다.846) 이런 표현은 에바브로디도가 죽음으로써만 사역을 했다는 의미가 아니라 에바브로디도의 사역 전체를 의미한다. 그런 까닭에, 빌 2:8이 말하는 '메크리 다나투'도 그리스도의 죽음만이 아니라 그리스도의 생애 전체의 사역과 순종을 포함한다.

넷째로, 빌 3:9은 빌 2장이 말하는 그리스도의 전체 순종을 염두에 두고 있다. 그리스도의 전체 순종이 우리의 칭의를 위한 그리스도의 의다. 사도는 불완전한 자신의 의와 믿음으로 말미암는 그리스도의 구원의 의를 대비하여 오직 그리스도의 전체 순종의 의만이 칭의에 충분하다는 것을 말한다. 사도가 빌 3:11-12에서 부활을 말하는 것도 평생 온전한 순종을 이룬 그리스도의 순종 맥락에서 말한다. 10절에서 사도는 고난에 참여함을 말했다.

칼빈은 그리스도의 낮아지심과 높아지심을 말하면서, 다음과 같이 말했다.

> 하나님께서 그리스도 자신에게 요구하신 모든 것은 이사야가 말한 대로 그리스도 안에 수반되어 있었다. 그러므로 하나님의 영광과 위엄은 그리스도에게 속한 독특한 요소이기 때문에 다른 사람에게 빼앗길 수 없는 것이요, 인생들을 위해서 이룩하신 사역의 보상이 되어지는 것이다.847)

칼빈에 의하면, 그리스도의 낮아지심과 높아지심은 이사야가 예언한 그대로 성취된 것이다. 그리스도께서 생애 전체에 이루신 사역의 결과로 우리가 구원을 받았다. 튜레틴 역시 그리스도의 수난을 십자가만으로 이해할 것이 아니라 그리스도께서 당하신 모든 고난으로 이해해야 한다고 말했다.848)

---

846) 저가 그리스도의 일을 위하여 죽기에 이르러도 자기 목숨을 돌아보지 아니한 것은 나를 섬기는 너희의 일에 부족함을 채우려 함이니라(빌 2:30)

847) 존 칼빈, **신약성서주석 7** (서울: 성서교재간행사, 1982), 500.

848) 김병훈·박상봉·안상혁·이남규·이승구, **그리스도의 순종과 의의 전가** (수원: 합동신학대학원출판부, 2022), 225-226; 〈그리스도께서는 "죽기까지" 복종하셨다. 이는 순종의 질적인 측면만을 말하는 것이 아니다. 양적인 측면, 곧 순종의 삶이 지속된 시간까지 포함해야 한다. 우리는 그리스도의 만족을 구성하는 그리스도의 수난을 시간적으로 십자가에 달리신 시간으로만 제한하지 않고 그분이 당하신 모든 고난으로 이해해야 한다고 튜레틴은 강조한다. 그리스도의 순종은 그리스도께서 자기를 비우신 것(빌 2:7)과 낮추신 것(빌 2:8) 모두에 해당한다. 이는 그리스도의 전체 삶에 관련되어 있다(*Inst.* 14.13.18.). 이처럼 성경은 그리스도의 수난을 특별히 십자가에 달리신 몇 시간으로만 제한하지 않고 보다 넓은 의미로 말한다(사 53:4-5; 벧전 2:21, 3:18; 마 16:21; 히 5:7,

김재성 교수는 다음과 같이 말했다.

그리스도의 순종의 면면들과 모습들은 빌립보서 2장 5-11절에서 탁월하게 제시되었다. 사도 바울은 그리스도의 겸손을 품으라고 촉구하였는데, 윌리엄 베랜드는 "능동적인 순종"으로 풀이한다. 예수님의 적극적이고 능동적인 순종은 하나님과 인간 사이에서 중보자로서 맡겨진 사역과 직분을 수행하신 것이다(딤전 2:5). 이러한 직무를 감당하는 그리스도가 히브리서 9:15과 12:24에서는 "새 언약의 중보자"라고 하였다.[849]
칼빈은 그리스도의 순종과 죽으심의 효과를 설명하면서 빌립보서 2장 7-8절에 대해서 주목하기를 촉구했고, 상세히 풀이하였다. 비록 이 세상에 낮고 천한 모습으로 오셨으나, 예수 그리스도의 의로우신 신분에 대해서는 수많은 성경 구절들이 증거하고 있다. 특히 하나님의 의로움을 이루시고자 온전한 순종을 하신 것에 대해 증거 하는 빌립보서 2장은 예수 그리스도가 사람의 몸을 입고 오신 것을 다섯 가지 특징들로 풀이하였다. 바울 사도가 예수 그리스도에 대해서 강조한 다섯 가지 내용들을 간추리자면, 1) 자기 비움, 2) 사람의 모습, 3) 종의 형태, 4) 겸손함 5) 죽음의 순종이다.[850]

김재성 교수에 의하면, 빌 2장이 말하는 그리스도의 낮아지심은 적극적이고 능동적인 순종이었다. 왜냐하면, 그리스도의 생애는 단순히 한 인간으로서의 삶이 아니라 중보자로서 맡겨진 사역과 직분을 행하신 삶이었기 때문이다. 그리스도께서는 낮아지심 속에서 하나님의 의를 이루시고자 온전히 순종하셨다.

놀랍게도 피스카토르는 빌 2:9 주해에서 "그리스도께서 우리를 위해서 뿐만 아니라 자신을 위해서도 또한 영생과 하늘의 지복을 얻을 공로를 세우셨다"는 "교회의 옛박사들"의 주장에 동의한다고 말했으며 그 공로가 우리를 위한 것이라고도 말했다. 그렇다고 피스카토르가 IAOC를 말한 것이 아니다.[851]

10:8-9). 일례로 그리스도께서 겟세마네 동산에서 고민하여 죽게 되신 것(마 26:38)도 우리를 위하여 그리스도께서 고난 받으신 것으로 묘사된다(*Inst.* 14.13.7.). "그리스도의 몸을 단번에 드리심으로 말미암아"(히 10:10)라는 말씀은 십자가에 달리시기 이전의 수난을 부정하는 의미가 아니라 십자가에서 완성된 만족을 가리키는 의미로 해석되어야 한다고 튜레틴은 말한다(*Inst.* 14.13.7-8.). 그리스도께서는 "주의 법이 나의 심중에 있나이다"(시 40:8)라고 말씀하시며 하나님의 뜻을 행하셨다. 요컨대 그리스도께서는 그분의 전 생애를 통해 한결같이 순종하셨다(*Inst.* 14.13.18.).〉
849) 김재성, **그리스도의 능동적 순종** (고양: 언약, 2021), 105.
850) Ibid., 107.
851) 김병훈·박상봉·안상혁·이남규·이승구, **그리스도의 순종과 의의 전가** (수원: 합동신학대학원출판부, 2022), 32-33; "그리스도께서는 죄가 없으시고, 또한 수태되셨을 때에 성령에 의해 기름부음을 받으셨기 때문이다. 그럼에도 매우 흥미롭게 하늘의 복과 영광을 위하여서는 성부 하나님께 '모든 순종'을 드림으로 공로를 획득하셨다고 주장한다."

25) 빌 3:9

그 안에서 발견되려 함이니 내가 가진 의는 율법에서 난 것이 아니요 오직 그리스도를 믿음으로 말미암은 것이니 곧 믿음으로 하나님께로서 난 의라(빌 3:9)

사도 바울은 율법으로 말미암은 의와 그리스도를 믿음으로 말미암는 의를 대비했다. 사도는 육체의 행위를 신뢰했던 이전의 삶을 말하면서(3:4), "율법의 의로는 흠이 없는 자"(3:6)라고 말했다. 사도는 그런 육체의 자랑은 그리스도를 아는 지식에 비하며 아무것도 아니며 그리스도를 아는 지식이 가장 고상하다고 말했다(3:8). 칼빈은 다음과 같이 말했다.

믿음으로 얻은 의에 대한 좋은 설명을 원한다면 그리고 그 진정한 성질을 알기 원한다면 이 구절을 주의해서 보아야 할 것이다. 바울은 여기서 두 가지 의를 비교하고 있다. 하나는 인간에 속했다고 하는데 바울은 이것을 율법에서 난 의라고 부른다. 다른 하나는 하나님께로서 난 것으로 믿음으로 얻어진 것이요, 그리스도 신앙 안에 있는 것이라고 바울은 가르친다. 바울은 이 둘이 서로 대립하고 있어서 함께 있을 수가 없다고 한다. 그러므로 여기서 이 두 의를 살펴보고자 한다. 믿음으로 말미암는 의를 얻기 위해서는 율법에서 난 의를 포기하고 버려야만 한다. 둘째로 믿음으로 말미암는 의는 하나님께로부터 오는 것이요 사람에게 속한 것이 아니다. 오늘날 이 두 경우에 있어서 우리는 교황주의자들과 크게 대립하고 있다. 왜냐하면 그들은 믿음으로 말미암은 의가 전적으로 하나님께로서 오는 것이 아니라 부분적으로는 사람에게서 온다고 말하기 때문이다. 또 한편으로는 이 둘은 서로 혼합해서 서로 구분이 없는 것으로 보기도 한다. 그러므로 우리는 바울이 말한 각 의에 대한 충분한 의미를 주의 깊게 살펴보지 않으면 안 된다. 바울은 믿는 자들에게는 자기의 의가 없다고 말한다. 그러나 어떤 행함으로 인한 의가 있다면 그것이 바로 우리들의 의임을 부인할 수 없다. 그런데 바울은 행함으로 인한 의에 대한 어떠한 경우의 여지도 남겨놓지 않는다. 바울은 행함으로 얻은 의는 '율법의 의'라고 로마서 10장 5절에서 말하고 있다. "율법으로 말미암는 의를 행하는 사람은 그 의로 살리라." 그러므로 율법은 행함을 통해서 사람을 의롭다고 선언한다. 이 모든 것들은 의식을 제한하게 될 수밖에 없다고 하는 교황주의자들의 말에서는 어떤 진실성도 찾아볼 수 없다. 왜냐하면 첫째로 바울이 오직 의식을 행함으로 의롭게 되었다고 하는 것은 답변할 필요도 없는 넌센스이기 때문이요, 둘째로 이러한 방법으로 바울은 두 가지의 의 중 하나는 사람에게, 다른 하나는 하나님께 속한 것으로 대조시키고 있기 때문이다. 따라서 하나는 행함의 보상이요, 다른 하나는 하나님의 거저 주시는 선물이라고 바울은 설명한다. 이처럼 바울은 일반적으로 인간의 공로는 하나님의 은혜와 대립하고 있는 것으로 보았다. 왜냐하면 율법은 행함을 구속하고 있는 반면에 믿음은 사람들로 하여금 하나님 앞에서 모든 것을 벌거벗게 하여 그리스도의 의로서 옷을 입도록 하여주기 때문이다. 그러므로 바울이 믿음으로 말미암은 의는 하나님께로서 나온다고 말할 때 그 이유가 믿음은 하나님의 선물이라는 것 때문만이 아니라, 하나님이 자기의 선하심을 따라 우리를 의롭게 하시기 때문이요, 또한 우리는 하나님의 우리에게 베풀어 주시는 의를 믿음으로 받아들이기 때문이라는 것을 말하고 있는 것이다.[852]

칼빈에 의하면, 사도 바울은 율법에서 난 의와 믿음으로 난 의를 비교하면

---

852) 존 칼빈, **신약성서주석 7** (서울: 성서교재간행사, 1982), 531-532.

서 인간의 행함으로 얻는 의에 대해서는 어떤 여지도 주지 않았다. 그러면서도 칼빈은 "율법으로 말미암는 의를 행하는 사람은 그 의로 살리라"는 말씀을 통해 '의는 율법을 행함으로 주어진다'고 말했다. 하나님께서는 율법을 통해 하나님 앞에 우리의 비참함을 보게 하며 믿음을 통해 그리스도의 의로 덧입혀 주신다. 우리는 믿음으로 하나님께서 주시는 의를 받는다. 하나님께서 주시는 의는 그리스도께서 완전한 순종으로 이루신 의다. 그 의만이 우리 존재를 하나님 앞에 존재다움으로 만든다.

26) 히 2:6-9

그리스도의 순종과 관련하여 히브리서의 주제는 그리스도의 대제사장직이다. 히브리서는 그 무엇보다 그리스도의 대제사장직을 강조한다. 그 증거는 히 8:1에 있다.

> 이제 하는 말의 중요한 것은 이러한 대제사장이 우리에게 있는 것이라 그가 하늘에서 위엄의 보좌 우편에 앉으셨으니(히 8:1)

칼빈은 "모세가 율법 아래서 제정한 제사장 직분은 땅에 속했기 때문에 그리스도께서 오심으로 말미암아 소멸되어 버렸다"고 말했다.[853] 8장은 새언약의 대제사장이신 그리스도에 대해 말한다. 그리스도의 부활과 승천은 그리스도의 대속적 제사를 하나님께서 열납하셨다는 증거다.

히브리서는 그리스도의 대제사장직의 탁월성에 대해 말한다. 그리스도께서는 우리를 위해 낮아지시고 고난을 받으시고 십자가에 피 흘려 죽으신 순종의 삶을 사셨다. 하나님께서는 그리스도의 고난과 순종으로 우리를 받으셨다. 히브리서 1장은 먼저 그리스도의 신적 속성을 말한다(히 1:1-4:13). 먼저는 하나님의 완전한 계시인 그리스도(1:1-3)에 대해 말하며, 이어서 천사와 모세보다 뛰어난 그리스도(1:4-3:6)에 대해 말한다. 그리스도의 신적 속성은 영광스런 하나님의 아들이신 그리스도의 고난과 죽음의 효력에 대한 근거다. 그리스도의 인격이 그리스도의 사역 토대다. 그리스도의 순종으로, 곧 성육신과 고난과 죽으심으로 하나님의 구속 경륜을 실현한다. 그리스도께서는 죄를 정결케 하시고 하나님 우편에 앉으신 하늘의 대제사장이시다. 하늘 대제사장직은 그리스도의 죽음과 부활로 주어진 것이며 하나님의 아들로서

---

853) 존 칼빈, **신약성서주석** 10 (서울: 성서교재간행사, 1982), 173.

완전한 순종을 이루었기 때문에 부여된 것이다.

히브리서 1장에서 아들의 영광을 강조하며 아들의 영광을 천사의 영광과 대조했다면, 이제 2장에서 구원의 창시자이신 그리스도를 말한다. 왜 구원의 창시자(아르케고스)인 그리스도를 말하는가? 장차 올 세상은 천사들이 다스리지 않고 하나님의 백성들이 다스릴 것이지만, 지금 이 현실에서는 왜 다스릴 수 없는가? 그것은 여전히 죄와 혼돈과 반역이 있기 때문이다. 그리스도께서는 고난과 죽음을 당하신 후에 부활 승천하심으로 인간의 소명과 목표를 이루셨다(히 2:6-9).

아담은 사탄의 미혹에 범죄하여 실패했다. 그리스도께서는 사탄의 시험을 하나님의 말씀으로 이기심으로 완전한 승리를 쟁취하셨다. 예수님께서 영광과 존귀로 관을 쓰신 이유는 무엇인가? 죽기까지 고난을 당하시고 순종하셨기 때문이다. 히 2:10-18은 그리스도의 죽기까지 순종하심에 대해 더 상세하게 말한다. 그리스도께서 고난을 받으시고 부활 승천하심으로 자기 백성을 영생으로 인도할 수 있게 되었다. 그리스도께서 구원의 창시자가 되시는 것을 10절에서, "고난을 통하여 온전하게 하심이 합당하도다"라고 말했다. 칼빈은 "저자가 지적하고 있는 내용은 그리스도가 우리를 위하여 죽으시고, 우리의 일생을 책임지시고, 우리를 저주의 죽음에서 구원해 주셨다는 것이다"라고 말했다.854)

'그리스도의 부활은 고난에 대한 순종을 필요로 했다'는 것에 우리는 주목해야 한다. 14-15절은 그 이유에 대해 말한다. 죽음에 매여 두려워하는 자들을 놓아주고 죽음의 세력을 잡은 마귀를 멸하기 위함이다. 이 두 가지는 동시에 발생한다. 이 문맥에서 말하는 그리스도의 완전하심은 그리스도의 존재적 관점이 아니라 그리스도의 사명적 관점이다. 그리스도께서는 고난과 순종하심으로 완전하게 되셨다.

칼빈은 "만약 의가 율법준수에 있다면, 그리스도가 친히 그 짐을 지심으로 하나님의 호의를 취하셔서 마치 우리가 율법의 준수자라도 되었던 양 하나님과 화목하게 하셨다는 사실을 부인할 것인가?"라고 말했다.855)

히브리서는 예수님을 생명의 '아르케고스'라고 말했다.856) '아르케고스'는

---

854) 존 칼빈, **신약성서주석 10** (서울: 성서교재간행사, 1982), 64.

855) 존 칼빈, **기독교강요2**, 문병호 역 (서울: 생명의말씀사, 2020), 506; **기독교강요** 2.17.5.

856) 만물이 인하고 만물이 말미암은 자에게는 많은 아들을 이끌어 영광에 들어가게 하시는 일에 저희 구원의 주를 고난으로 말미암아 온전케 하심이 합당하도다(히 2:10)

예수님의 부활을 가리킨다. '아르케고스'는 '생명의 창시자'라는 뜻이다.[857] 신약성경에서 '아르케고스'는 언제나 예수 그리스도의 부활을 언급하기 위해 사용되었다(행 3:15, 5:31; 히 2:10, 12:2). 뿐만 아니라 그리스도와 그의 백성들의 연대를 강조한다. 크로는 다음과 같이 말했다.

> 고난에 대한 예수님의 승리, 특히 부활과 죽음을 물리치심을 통한 승리는 예수님이 자기 백성을 영생으로 인도하실 수 있게 한다. 히브리서가 여기서 예수님이 자기 백성의 고난에 연대하심을 강조하기는 하지만, 예수님의 부활은 예수님의 전체 삶의 순종을 전제한다. 예수님은 육체의 고난을 이겨 내셨으며, 따라서 고난당하는 자들을 도우실 수 있다.[858]

크로에 의하면, 그리스도의 부활은 그리스도의 전체 삶의 순종과 연결되어 있다. 십자가와 부활이 분리될 수 없듯이, 그리스도께서 행하신 생애 전체의 순종과 부활은 분리될 수 없다.

27) 히 4:15, 5:7-10

> 우리에게 있는 대제사장은 우리 연약함을 체휼하지 아니하는 자가 아니요 모든 일에 우리와 한결 같이 시험을 받은 자로되 죄는 없으시니라(히 4:15)
> 7 그는 육체에 계실 때에 자기를 죽음에서 능히 구원하실 이에게 심한 통곡과 눈물로 간구와 소원을 올렸고 그의 경외하심을 인하여 들으심을 얻었느니라 8 그가 아들이시라도 받으신 고난으로 순종함을 배워서 9 온전하게 되었은즉 자기를 순종하는 모든 자에게 영원한 구원의 근원이 되시고 10 하나님께 멜기세덱의 반차를 좇은 대제사장이라 칭하심을 받았느니라(히 5:7-10)

히 4:15은 그리스도께서 인성을 취하시고 시험을 받으셨으나 죄가 없으신 중보자이심을 말한다. 그런 까닭에, 칼빈은 "우리는 엉뚱하게 먼 곳에서 중보자를 구할 필요가 없고, 또 그는 우리의 형제이므로 우리는 그의 위엄을 두려워할 아무런 이유가 없다"고 말했다.[859] 히 5:7-10은 그리스도께서는 자기 백성을 위한 완전하고 최종적인 대제사장이셨다는 것을 말하며 2:10-18을 확증한다. 히브리서는 그리스도의 지상 사역으로 받은 고난을 육체적 희생과 직접 관련시킨다. 존 머리는 다음과 같이 말했다.

> 예수님의 사역과 성취를 구원의 근원으로 규정하는 것은 고난을 통해 배우고, 고난을 통해 완전해지고, 십자가상의 죽음의 고난에서 절정에 이른 순종이다. 예수님은 순종으로 우리의 구원을 확보하셨는데, 이는 예수님이 우리의 구원을 확보하신 그 일을 순종으로 행하셨기 때문이다.[860]

---

857) 브랜던 크로, 그리스도의 능동적 순종과 수동적 순종, 정광규 역 (서울: 부흥과개혁사, 2022), 173.
858) Ibid., 153.
859) 존 칼빈, **신약성서주석 10** (서울: 성서교재간행사, 1982), 107.

머리에 의하면, 그리스도께서 주시는 구원은 십자가의 죽으심만이 아니라 일평생의 고난과 순종을 통해서도 주어졌다. 그리스도의 천상 사역은 그리스도의 지상 사역, 곧 고난과 죽으심의 전체 순종을 통한 것이다.

28) 히 10:9

그 후에 말씀하시기를 보시옵소서 내가 하나님의 뜻을 행하러 왔나이다 하셨으니 그 첫 것을 폐하심은 둘째 것을 세우려 하심이니라(히 10:9)

히 10장은 그리스도의 순종과 최종적인 제사와의 관계를 말한다. 히 10장은 '하나님의 아들이시며 대제사장이신 그리스도께서 드린 새 언약의 제사 성격이 무엇인가?'를 다룬다. 그리스도께서 드린 제사는 더 좋은 언약의 시작이며(8-9장), 단번에 영원히 완성되었다(10:1-4, 10-14). 어떻게 그것이 가능한가? 그리스도께서 철저하게 순종하셨기 때문이다. 그것을 히 10:5-7이 말한다.[861] 히 10:5-7은 시 40:6-8을 인용했다. 다윗은 무엇을 말했는가? 그것은 하나님께서 기뻐하시는 것은 외적인 제사와 예물이 아니라 주께 헌신된 마음이다. 순종이 없는 제사는 하나님을 기쁘시게 못 한다. 사무엘은 사울에게 순종이 제사보다 낫다고 말했다(삼상 15:22-23). 제사와 순종은 개별적이지 않다. 이것이 여호와 신앙의 특별함이다. 삶이 없는 제사는 공허하다. 순종이 없는 삶은 맹목적이다.

이사야는 삶이 없는 헛된 제물은 여호와께서 원하지 않으신다고 말했다(사 1:13). 예레미야는 신앙의 이분화를 말하면서 새언약을 예고했다. 새언약은 이전과 달리 여호와께서 자기 백성의 마음에 하나님의 법을 기록한다(렘 31:31-34). 이 새언약을 그리스도께서 이루시고 제정하셨다. 그리스도께서는 완전히 순종하심으로 자신을 최종적인 제물로 단번에 드리셨다. 그리스도께서 흠 없고 완전한 제물이 되기 위해 모든 면에서 완전히 헌신 되어야 했다.[862] 그리스도께서 고난에 동참하시고 완전히 순종하심으로 자비로운 대제사장의 자격을 갖추었다(히 4:14-16). 칼빈은 다음과 같이 말했다.

---

860) Murray, *Redemption Accomplished and Applied*, 24; 브랜던 크로, 그리스도의 능동적 순종과 수동적 순종, 정광규 역 (서울: 부흥과개혁사, 2022), 156에서 재인용.
861) 5 그러므로 세상에 임하실 때에 가라사대 하나님이 제사와 예물을 원치 아니하시고 오직 나를 위하여 한 몸을 예비하셨도다 6 전체로 번제함과 속죄제는 기뻐하지 아니하시나니 7 이에 내가 말하기를 하나님이여 보시옵소서 두루마리 책에 나를 가리켜 기록한 것과 같이 하나님의 뜻을 행하러 왔나이다 하시니라(히 10:5-7)
862) 이 뜻을 좇아 예수 그리스도의 몸을 단번에 드리심으로 말미암아 우리가 거룩함을 얻었노라(히 10:10)

그리스도는 완전한 순종의 본보기로 그의 백성이 열심히 그의 모범에 따르기를 노력하여 "보시 옵소서 … 내가 왔나이다"라는 말을 가지고 하나님의 부르심에 함께 응답하며, 또 그들의 전 생애를 통해 그들의 부르심을 견고케 하기 위함이다.[863]

칼빈에 의하면, 그리스도께서는 완전한 순종의 본보기가 되셨다. 그런 까닭에, 그리스도의 순종은 수동적 순종만이 아니라 능동적 순종까지 다 포함된 전체적인 순종이다. 크로는 "예수님의 최종적인 제사는 예수님이 몸으로 드리신 전체 순종을 전제한다."라고 말했다.[864] 다윗이 시 40편에서 말한 구원은 그리스도의 최종적이고 완전한 제사를 통해 성취된다.

존 머리는 다음과 같이 말했다.

예수님이 "받으신 고난으로 순종함을 배워서"라고 말하고 있는 히브리서 2:10-18과 5:8-10만큼 그리스도의 순종이 그리스도 자신과 어떤 관계가 있었는지를 잘 표현하는 곳도 드물 것이다. 그분은 고난으로 온전하게 되셨을 뿐 아니라, 그렇게 온전하게 되셔서 "자기에게 순종하는 모든 자에게 영원한 구원의 근원"이 되셨다. 이 본문들을 연구할수록 다음과 같은 교훈이 명백해진다. 첫째, 그리스도께서 우리의 구원을 이루시고 구속을 성취한 것은 단순히 성육신 때문만이 아니다. 둘째, 그분의 죽음만으로 구원이 성취된 것도 아니다. 셋째, 예수님이 구원의 주인이 된 것은 그분이 십자가에서 죽으셨기 때문만도 아니다. 넷째. 구속을 위한 요구의 정점인 십자가상에서의 죽음은 그분의 순종의 삶이 절정에 이른 행위였다. 저항할 수 없기 때문에 속절없이 맞이한 죽음이 아니라, 털 깎는 자 앞에 잠잠한 양과 같이 유순하게 기꺼이 십자가에서 죽으신 것이다.[865]

863) 존 칼빈, **신약성서주석 10** (서울: 성서교재간행사, 1982), 216.
864) 브랜던 크로, **그리스도의 능동적 순종과 수동적 순종**, 정광규 역 (서울: 부흥과개혁사, 2022), 159.
865) 존 머레이, **구속**, 장호준 역 (서울: 복있는사람, 2013), 43-45; "순종이란 단지 겉으로 드러나는 순종의 행위만을 가리키는 것이 아니라, 순종의 이면에 있으면서 순종의 행위를 통해 드러나는 내면의 경향성과 의지와 결심과 결단도 포함한다. 십자가에서의 죽음을 순종 행위의 절정으로 이야기하는 것도, 저주받은 나무 위의 겉으로 드러난 모습만이 아닌, 그런 순종을 뒷받침하는 내면의 경향성과 의지와 결연한 선택을 염두하고 그렇게 말하는 것이다. 또한 우리는 다음과 같이 물어야 한다. 자기희생과 순종의 탁월한 행위로써 자기 생명을 내려놓기로 한 우리 주님의 거룩한 결단과 의지는 어디로부터 온 것인가? 이렇게 묻지 않을 수 없는 것이 온전한 인간으로서 그렇게 하셨기 때문이다. 더구나 히브리서의 이 본문들은 이런 질문이 타당할 뿐 아니라 필요하다는 것을 보여준다. 이 본문들은 그리스도께서 순종을 배우셨고, 그것도 고난을 통해서 배우셨다는 사실을 분명히 말한다. 그분은 고난을 통해 완전해지고, 그 완전을 통해 구원의 주가 되셔야 했다. 물론 여기서 말하는 완전은 죄에서 거룩으로 나아가는 성화와 관련된 완전은 아니다. 그분은 항상 완전했고, 악의가 없고, 순전하셨고, 죄인들과 달랐다. 하지만 순종에 있어서만큼은 완전에 이르는 여정을 지나셔야 했다. 순종을 배워야 했던 것이다. 우리 주님의 생각과 마음과 뜻은 시험과 고난이라는 혹독한 용광로에서 주조되어야—연마된다는 표현을 써도 되지 않을까—했다. 오류가 없는 지혜와 영원한 사랑으로 예비 된 정점에서 죽기까지 복종하되, 십자가에 달려 죽기까지 그렇게 하실 수 있었던 것은 바로 이런 시험과 고난을 통해 순종을 배우셨기 때문이다. 기꺼이 저주받은 나무에 달려 죽기까지 자원하여 자신의 생명을 내어줄 정도로 그분의 마음과 생각과 의지가 온전하게 빚어진 것은, 성부의 뜻을 한 치의 어긋남도 없이 준행하는 죄 없는 삶을 통해 순종을 배우셨기 때문이다. 이런 순종과 그것을 배우는 삶의 여정을 통해 구원자로서 완전하게 구비되었다. 완전한 구원자로 넉넉히 준비되신 것이다. 모든 고난과 유혹과 고통을 통해 이룬 준비였고, 이는 그리스도께서 맡으신 일을 이루는 데 없어서는 안 될 극적인 요구를 충족시킬 방편

머리에 의하면, 그리스도께서 우리의 구원이 되신 것은 성육신과 죽으심만이 아니다. 그리스도께서 십자가에 죽으심은 그리스도의 순종의 삶의 절정이었다. 크로는 다음과 같이 말했다.

> 히브리서 저자는 시편 40편을 분명히 기독론적으로, 읽으며(참고. 10:5, 예수님의 성육신과 관련하여 보면 시 40:6-8은 그리스도가 하시는 말이다), 다윗 자신이 실현한 것보다 더 철저한 순종을 염두에 두고 있다. 시편 40편에 근거할 때, 하나님의 뜻에 대한 예수님의 헌신은 예수님의 죽음이라는 완전한 제사를 가리킬 뿐 아니라, 하나님의 율법(신 17장을 포함하여)에 대한 예수님의 온전한 순종도 가리킨다. 예수님 안에서만 완전한 순종과 완전한 제사가 통합된다. 그리고 이것이 최종적인 구원을 낳는다. 히브리서 10장이 그리스도가 자신의 삶에서 하나님 뜻을 온전히 순종하셨음을 강조한다고 이해하는 것은 그리스도의 죽음의 제사를 결코 훼손하지 않는다. 오히려 이 접근법은 예수님의 죽음에서 절정에 이른 순종과 제사의 통합성을 이해하며, 그리스도의 순종이 능동적 차원과 수동적 차원을 둘 다 갖고 있다고 이해할 추가 근거를 제공한다.[866]

크로에 의하면, 그리스도의 헌신은 예수님의 죽으심(수동적 순종)만이 아니라 완전한 순종(능동적 순종)도 포함한다. 그 이유는 무엇인가? 히브리서가 시 40편을 인용한 것은 여호와의 기름부음을 받은 자로서 여호와의 율법을 순종해야 한다는 것을 말하기 때문이다. 다윗의 관점에서 '책'은 신 17:14-20에 있는 왕에 대한 율법이다. 이 율법을 지키지 않는 왕은 기름부음을 거역하는 것이다. 이것은 순종과 제사는 분리되지 않고 통합되어 있다는 것을 확증한다. 그것이 언약의 원칙이기 때문이다. 그 언약의 원칙을 지킬 때 여호와의 임재가 있으며 여호와 백성, 곧 존재가 관계의 지지를 받으며 생명을 공급받는다. 히브리서는 그리스도의 최종 제사가 그리스도의 순종과 연

이 되었다. 그리스도를 전혀 부족함 없는 완전한 구원자로 구비시킨 것은, 십자가에서 정점에 이른 이와 같은 순종이었다. 굴욕으로 점철된 온 삶의 여정을 통해 배우고 나타난 순종이, 그분을 구원의 대장으로 완전하게 구비시켰다는 말이다. 그분이 고난을 통해 배우고 고난을 통해 온전해지고 십자가상의 죽음이라는 고난을 통해 정점에 이른 순종이야말로. 구원의 주인 되신 그분의 사역과 성취를 정의할 수 있는 말이다. 그리스도께서는 자신의 순종으로 우리의 구원을 이루셨다. 순종으로 우리의 구원에 필요한 모든 일들을 이루셨기 때문이다. 그러므로 순종을 인위적이나 추상적으로 이해해서는 안 된다. 그분의 완전한 인성이 가진 모든 자원을 동원해서 이룬 순종이요, 그분의 고유한 온 인격으로 힘써 이룬 순종이요, 일생을 통해 온전히 구현해 낸 순종이기 때문이다. 또한 그분에게 있는 영원한 가치와 효력을 드러낸 순종이다. 그분과의 연합으로 우리는 이 순종에 참여하고, 그로 인한 모든 은택을 누린다. 이런 순종을 통해 모든 구원론의 중심 진리인 그리스도와의 친교와 연합의 중요성이 극명히 드러난다."

866) 브랜던 크로, **그리스도의 능동적 순종과 수동적 순종**, 정광규 역 (서울: 부흥과개혁사, 2022), 160-161; "그러므로 시편 40편의 미래 구원의 필요성 또한 불완전한 순종의 문제와 결부되어 있음을 알기란 어려운 일이 아니다. 다윗이 예기한 더 위대한 구원은 예수님의 더 위대한 순종으로 말미암아 온다. 다윗은 죄인이었으므로 자신을 위한 제사를 필요로 했다(참고. 51:15-16). 예수님은 다윗보다 더 위대하시다. 예수님은 자신을 위한 제사도 필요 없으시고, 자신의 죄악으로 말미암은 문제에 직면한 적도 없으셨기 때문이다."

합되어 있다는 것을 말한다. 그리스도께서 드린 제사는 그리스도의 순종의 절정이다. 부활은 그리스도의 완전한 순종의 증거다. 성육신으로부터 부활 승천까지 그리스도의 순종은 개별적이지 않고 연합되어 있다.

이로 보건대, 신·구약성경의 구절들은 IAOC를 증거하며 지지한다. 브랜던 크로는 바울 서신에 나타난 그리스도의 순종에 대해 다음과 같이 말했다.

> 모세 율법에 대한 바울의 진술에 나타나는 긴장을 이해하는 가장 좋은 방법은 두 개의 렌즈를 통해 율법을 이해하는 것이다. 첫째. 율법은 믿음의 길을 제시하는 은혜 언약의 긍정적이며 구속적인 경륜이다. 이는 로마서 10장 8절에서 "말씀이 네게 가까워 네 입에 있으며 네 마음에 있다"는 신명기 30장 14절을 사용하는 것을 포함하여, 바울이 율법에 대해 말하는 많은 부분에서 명백히 알 수 있다. 신명기의 같은 문맥에서 모세는 말씀이 이스라엘이 행하기에 너무 어려운 것이 아니라고 말한다(신 30:11). 바울은 분명히 모세 율법을 긍정적으로 이해한다. 그러므로 율법이 믿음에서 난 것이 아니라고 말할 때, 바울은 율법의 진정한 의도를 인정하지 않는 관점에서 율법에 대해 말하고 있는 것이 틀림없다. 율법은 우리에게 그리스도와 믿음으로 말미암은 의를 가리켜 보여야 한다. 율법준수에 근거한 의의 추구는 율법을 완전하게 지킬 것을 요구한다. 그러나 이것은 아담의 범죄 이후 불가능한 일이다. 우리의 믿음을 그리스도에게 두는 것은 아담의 죄를 극복하시고 하나님의 율법을 완전하게 지키신 분에게 우리의 믿음을 두는 것이다. 우리의 믿음은 하늘에서 내려오시고 죽은 자 가운데서 부활하신 예수님에게 두어야만 한다. 우리의 행위가 아무리 진실하다 해도, 우리 자신의 불완전한 행위가 아니라 예수님 안에 생명이 있다.867)

크로에 의하면, 율법준수의 의는 완전한 순종을 요구한다. 그 요구를 아담은 실패하여 범죄했으나 그리스도께서는 순종하고 성취하셔서 의를 이루시고 그 의를 우리에게 전가하셨다.

---

867) 브랜던 크로, 그리스도의 능동적 순종과 수동적 순종, 정광규 역 (서울: 부흥과개혁사, 2022), 112-113.

8
c·h·a·p·t·e·r
교리사적 고찰

VIII. 교리사적 고찰

1. 죽고 사는 칭의론

우리가 지금 고민하는 능동적 순종교리는 칭의론이다. 칭의론은 초대교회부터 쟁점이었다. 로마서와 갈라디아서는 이신칭의의 문제가 주된 핵심이었다. 이교 사회에서 이신칭의는 핵폭탄이었다. 이신칭의는 존재의 변화에 대한 완전히 새로운 선언이었기 때문이다. 이 칭의론으로 기독교 신앙은 죽고 살았다. 칭의론은 교리를 위한 교리가 아니다. 칭의론은 허물과 죄로 죽은 우리 존재의 변화에 대한 하나님의 완전히 새로운 선언이다.

시대가 흘러 '자유의지' 문제가 교회를 강타했다. 5세기의 펠라기우스는 인간의 행위로 구원을 얻을 수 있다는 구원론을 퍼뜨렸다. 지금도 '인간은 아무것도 선택할 수 없나?', '인간은 로봇인가?'라고 말하는 사람들이 있다. 자신들이 하는 말이 펠라기우스가 원조라는 것을 알고나 있을까? 어거스틴은 바울의 구원론으로 직격탄을 날렸다. 어거스틴은 죄인을 구원하는 최종적인 칭의는 오직 하나님의 은혜에 근거한다고 말했다. 어거스틴이라고 완벽하지 않았다. 어거스틴은 칭의는 법정적 선언이며, 성화의 도덕적 과정과 구분된다는 것을 분명하게 규정하지 못했다. 어거스틴의 영향력은 중세를 지나 16세기 종교개혁자들에게까지 연결되었다.

박상봉 교수는 다음과 같이 말했다.

> 어거스틴은 안타깝게도 칭의는 법정적인 선언이며 성화의 도덕적 과정과 구분된다는 점은 규정하지 못했다. 칭의는 인간의 본성 안에서 이루어지는 중생과 갱신의 과정이며, 그 과정은 죄인의 외적 신분과 내적 성질에 변화를 일으킨다고 주장했기 때문이다. 칼빈이 지적한 것처럼, 어거스틴이 구원을 전적으로 하나님의 은혜에 돌린 점은 훌륭했지만, 칭의를 성령을 통해 중생되어 삶의 새로움에 이르는 성화와 연결해서 이해한 것은 심각한 문제였다. 어거스틴은 하나님께서 죄인을 의롭다고 선언하실 뿐 아니라 의롭게 만드신다고 주장하면서 칭의의 객관적 면보다는 주관적 면을 더 강조했다. 그래서 구원을 묘사할 때 칭의라는 용어보다는 소생(Vivicatio), 갱신(Renovatio), 성화(Sanctificatio) 등의 용어를 선호한 것이다.[868]

박상봉 교수에 의하면, 어거스틴이 칭의를 중생과 성화와 연결한 것은 심각한 문제였다. 이런 어거스틴의 칭의론은 중세의 스콜라 신학자들에게 큰 영향을 주었고 더 확대되었다. 중세 로마 가톨릭의 칭의론은 죄인의 죄용서와 은혜의 주입으로 인한 인간 내면의 성화와 갱신이었다. 말이 그런 것이지

---

868) 박상봉, '그리스도의 능동적 순종과 의의 전가에 대한 종교개혁자들의 견해: 루터, 츠빙글리, 칼빈을 중심으로,' 신학정론 39(2) (2021): 112-113(105-164).

'하나님의 은혜+인간의 공로'였다. 그것은 근본적으로 아리스토텔레스의 존재론에 근거해 있기 때문이다. 아리스토텔레스의 신성한 내면아이는 '인간 안에 신성한 불꽃이 있다'는 것이었다.[869] 토마스는 그것을 체계화했고, 그것을 확고히 한 것은 트리엔트 종교회의였다.[870] 종교개혁은 이 구도를 깨는 작업이었다. 종교개혁자들에게 하나님의 의는 죄인 안에 있는 것이 아니라 죄인 밖에 있는 의였다. 칭의와 성화를 구분하여, 오직 예수 그리스도의 외적인 의만 인간에게 전가된다고 말했다. '인간의 기여는 1도 없다'고 말했다. 종교개혁자들은 "점진적인 칭의 개념을 거부하고 칭의는 순간적이고 완전하며, 완성을 위해 죄에 대한 어떠한 추가적 보속 행위에도 의존하지 않는다"고 주장했다.[871]

개혁신학의 근간을 좌우하는 것은 구원론이다. 그 핵심에 칭의론이 있다. 구원론은 인간론이 지배한다. '인간에 관한 존재적 관점이 무엇인가?'를 아는 것이 그 무엇보다 중요하다. 왜 개혁교회인가? 왜 프로테스탄트인가? 저 로마 가톨릭과 다르기 때문이다. 인간의 존재와 변화에 대해 다르기 때문이다. 개혁신학은 로마 가톨릭과 여러 면에서 다르지만, 구원론에 있어서 현격한 차이가 있다. 김재성 교수는 "칭의와 그리스도의 의로움의 전가를 통한 구원의 복음만이 기독교의 핵심 진리이자, 가장 보편적 교리이며, 참된 교회의 공통분모에 해당하는 것"이라고 말했다.[872] 개혁신학의 구원론은 칭의론과 전

---

869) 앤서니 후크마, **개혁주의 인간론**, 이용중 역 (서울: 부흥과개혁사, 2012), 64; "토마스는 하나님의 형상을 오로지 인간의 지성적 본성에서만 찾는다. 이런 견해는 성경이 아닌 헬라사상에 그 뿌리를 두고 있다. 플라톤과 아리스토텔레스는 모두 인간의 이성을 신적 지성이라고 불렀다. 그것은 인간 안에 있는 신성의 불꽃이다."

870) 루이스 벌코프, **벌코프조직신학**, 이상원·권수경 역 (서울: 크리스챤다이제스트, 2020), 797; 〈일부 스콜라주의자들은 칭의를 하나님의 순간적 행동이라고 이해한 반면, 어떤 사람들은 이를 과정으로 이해한다. 트렌트 공의회 신조 16장 9조에서 우리는 다음과 같은 선언을 발견한다. "누구든지 칭의의 은혜를 획득하기 위해서 어떤 것도 협력할 수없다는 방식으로 신앙으로만 불경한 자가 칭의된다고 하거나 자신의 의지의 운동에 의해(칭의를) 예비하거나 원할 필요가 전혀 없다고 말하는 자는 저주받으리라." 그리고 26조는 칭의의 증가를 언급하며, 따라서 칭의를 과정으로 이해한다. "누구든지 수여된 의가 선행을 통해 하나님 앞에서 보존되거나 증대되지 않고 선행이 단지 획득된 칭의의 열매와 표지일뿐 이의 증가의 요인이 될 수 없다고 말한다면 저주를 받으리라."〉

871) Ibid., 798; "종교개혁자들은 소지니주의자들에 의해 반대를 받았다. 소지니주의자들은 죄인들이 하나님의 자비를 통해 자신의 회개와 갱신을 근거로 용서를 받고 하나님께 열납된다고 주장했다 알미니우스주의자들은 이 주제에 대해서는 의견이 분분하지만 대체로 칭의의 영역을 협소화시켜 그리스도에 대한 수동적 복종을 기초로 받는 죄의 용서만을 포함시키고, 죄인이 그리스도의 전가된 의로 인해 하나님의 은혜로 양자 된다는 요소를 제외시키고 있다고 말할 수 있다. 죄인은 자신의 신앙, 즉 순종의 삶에 의해서만 의롭다고 간주된다. 영국의 신율법준수론자들은 이 점에 있어서는 알미니우스주의자들과 일치한다. 슬라이에르마허와 리cmf에 있어서는 칭의란 죄인이 하나님께서 자신에게 분노하고 있다는 인식이 잘못이라는 것을 의식하는 것에 불과하다. 그리고 현대 자유주의 신학에 있어서 우리는 다시, 하나님께서 죄인의 삶의 도덕적인 개선을 통해 죄인을 의롭다고 하신다는 사상과 대면하게 된다. 이러한 개념은, 예를 들면 부쉬넬의 「대속적 희생」(*vicarious sacrifice*), 매킨토쉬의 「경험과학으로서의 신학」(*Theooology as on Empirical Science*) 등의 저서에서 발견된다."

가교리가 핵심이다. 개혁신학의 칭의론과 전가교리는 그리스도의 능동적 순종과 수동적 순종으로 말한다.

김재성 교수는 다음과 같이 말했다.

> 1570년대 이후로, 칭의론과 전가교리에 대한 논쟁이 후기 종교개혁자들의 사이에 발생하였다. 극히 소수이지만 능동적 순종을 반대하는 사람들이 있어서, 개혁주의 정통신학자들은 그냥 넘어갈 수 없었다. 그들의 주장이 확산되면, 결국에는 로마 가톨릭이나, 잉글랜드 국가교회의 혼합주의가 평범한 성도들에게 혼란을 초래하게 되고 말기 때문이었다. 독일에서 활동한 개혁파 신학자 피스카토르(Johannes Piscator, 1546-1625), 독일 하이델베르크에서 수학한 후 노이쉬타트 근교에 개혁파 교수로 활동한 파레우스(David Pareus, 1548-1622), 프랑스 개혁신학자 모이즈 아미로(Moïse Amyraut, 1596-1664), 그를 따르는 자들(Amyraldians), 이탈리아에서 건너온 소시니안들(Socians), 루버르투스, 영국에서는 존 굳윈과 리챠드 백스터 등이 능동적 순종의 교리에 대해서 거부하였다. 이들 여러 분파들과 특히 알미니안주의자들(Remonstrants)은 그리스도께서 우리를 위해서 율법을 완전히 순종하셨다면, 그의 죽으심은 인간의 신앙적 참여의 의미를 제거하는 것이라고 비판하면서, 그리스도의 완전하신 순종을 표현하는 능동적 순종의 교리를 거부했다. 오늘날에는 개신교회 내에서도 신학적인 차이가 큰 교단과 교파들이 있지만, 당시 이런 신학 사상들에 대해서는 돌트 총회와 웨스트민스터 총회에서 이단들로 정죄를 당했음에 유의해야 한다.[873]

김재성 교수에 의하면, 능동적 순종을 반대하는 사람들이 우려한 것은 그리스도께서 우리를 위해 율법을 완전히 순종하셨다면 인간 편에서의 신앙적 참여의 의미를 제거하는 것이었다. 결국, '우리는 뭐야?'라는 항변이었다. 그 항변 속에는 '우리는 그렇게 형편없는 존재가 아니다'라는 의미가 있다.

2. 17세기 개혁신학과 세 가지 칭의론의 본질

칭의론과 전가교리는 종교개혁자들의 몫만이 아니었다. 종교개혁 이후로 17세기 개혁주의 정통신학자들 역시 칭의론과 전가교리를 고수하기 위해 치열한 전투를 벌여야 했다. 비성경적인 사상이 칭의론과 전가교리를 파괴시키려고 했기 때문이다. 칭의론과 전가교리는 기독교 신앙의 근간이다. 이 두 가지가 무너지면 기독교 신앙과 전체 구조가 무너진다. 그런 치열한 싸움 속에서 능동적 순종과 수동적 순종은 그리스도의 의의 전가교리를 더 강화하고 확고하게 세우기 위함이었다.

칼빈과 초기의 종교개혁자들은 속죄의 범위에 대해 논쟁하지 않았다. 속죄의 범위에 대한 격론은 아르미니우스주의자들과의 논쟁에서 일어났다. 도르

---

872) 김재성, 그리스도의 능동적 순종 (고양: 언약, 2021), 15.
873) Ibid., 170-171.

트 신경을 작성하면서 베자는 예정교리를 강조했다. 그로티우스와 데카르트의 등장으로 회의론과 의심이 증폭되었으며 교회는 심각한 위기에 직면했다. 이런 위기의 시대에 베자와 퍼킨스의 이중예정론(선택과 유기)이 나왔다.

칭의 논쟁이 일어나는 이유는 근본적으로 '인간론'이 다르기 때문이다. 칭의론 논쟁은 로마 가톨릭이 근본적으로 아리스토텔레스의 철학으로 개별자의 가능성을 말하기 때문에 발생했다. 그것이 타락의 범위, 속죄의 범위 논쟁으로 퍼졌다. 논쟁의 근저에는 인간론이 자리 잡고 있다. '신본주의냐?', '인본주의냐?'를 결정하는 것은 '존재론이 무엇이냐?', '인간론이 무엇이냐?'에 달려 있다.

인간의 죄와 부패를 말하면 인간의 칭의는 오직 인간 밖에서 와야 한다. 그런 까닭에, "개혁주의 칭의론의 근거는 오직 예수 그리스도의 선하심과 그의 순종이다."[874] 인간 안에 신성한 내면아이를 두면 구원은 신인협력으로 간다. 반드시 '인간 안에 신성이 있다'라고 말하지 않아도 인간의 가능성을 말하면 그것이 신성한 내면아이다. 그런 자들은 인간의 전적타락에 대해 인정하지 않거나 회피한다.

김재성 교수는 그런 부류를 다음과 같이 세 가지로 말했다.

첫째, 로마 가톨릭의 칭의론은 그리스도의 공로와 함께 성도가 사랑을 통해서 역사하는 믿음의 선행을 근거로 하고 있다. 트렌트 선언문에 담긴 이러한 "신인협력설"은 아직도 여전히 로마 교회 안에서 불변의 공식으로 강조되고 있다. 성경에 담긴 가르침들을 아무리 외쳐보아도, 전혀 교리의 오류를 수정할 줄 모르는 공룡과 같은 집단이다.

둘째, 오시안더는 전가교리를 거부하고, 그리스도의 본질적 의로움이라는 개념을 내세웠다. 그는 성도들 속에 내주하는 신적인 본성의 의로움을 갖고 있어야 한다고 주장했다. 오시안더는 그리스도의 신성을 우리 성도들 속에 주입한다는 식으로 그리스도와의 연합을 주장하였기에 혼란과 충돌을 피할 수 없었다.

셋째, 알미니우스는 믿음에 기초를 두는 칭의를 말하면서도, 하나님께서는 신자의 믿음이 마치 의로운 것처럼 살펴보신다고 주장한다. 알미니안주의의 문제점이 바로 신본주의 신학이 아니라, 인본주의로 전락하는 구조적 변질이었음을 분별해야만 한다.

루터와 칼빈 등 초기 종교개혁자들은 "우리들 밖으로부터" 오는 그리스도의 의로움을 성도에게 전가해 주신다는 교리를 정립하였다. 그 배경은 로마 가톨릭이 외부로부터 오는 그리스도의 의로움을 믿음으로 전가 받는다는 것을 거부하였기 때문이다. 루터파 신학자 오시안더(Andres Osiander, 1498-1552)가 믿음으로만 얻는 칭의를 거부하고, 대단히 혼란스러운 개념을 내놓았다. 그는 성도들 내부 속에, 인격적인 내주의 덕에 의해서, 그리스도의 신적인 본성의 본질적 의로움을 공유하므로써 의롭다 함을 얻는다고 주장했다. 오시안더는 하나님의 본질과 속성이 우리 안에 주입됨으로써 우리가 하나님 안에서 본질적으로 의롭다고 주장했다. 그는 그리스도의 신성이 우리와의 연합을 통한 의로움이라고 주장한 것이다.

---

874) 김재성, 그리스도의 능동적 순종 (고양: 언약, 2021), 139.

로마 가톨릭이 아리스토텔레스의 철학에 기반했다면 루터파 신학자인 오시안더(Andreas Osiander; 1498–1552)는 '신성의 주입'으로 말했다. 오시안더는 그리스도의 본질의 의(신성의 의)와 그 의의 전가를 주장했다. 벌코프는 오시안더의 견해를 로마 가톨릭의 칭의 개념이 부흥되는 경향을 보인다고 말했다.[875] 칼빈은 오시안더의 전가사상을 비판하면서 칭의는 그리스도의 인성의 사역이라고 반박했다. 칼빈은 다음과 같이 말했다.

9. 칭의는 그리스도의 인성의 사역임

만일 오시안더가 그리스도의 이 사역이 너무도 탁월하여 인간적인 본질을 뛰어넘으며, 그렇기 때문에 오직 신성에 속하는 것으로 볼 수밖에 없다고 반론을 제기한다면, 앞부분의 논지는 인정할 수 있으나, 뒷부분의 논지는 그가 크게 속고 있는 것이라고 대답할 것이다. 그리스도께서 참 하나님이 아니셨다면 그의 피로써 우리의 영혼을 깨끗이 씻거나, 그의 희생으로 아버지의 노여움을 푸시거나, 죄의 책임에서 우리를 사하시거나, 한 마디로 제사장의 직무를 다하지 못하셨을 것은 물론이다. 왜냐하면 그런 큰 임무는 사람의 능력으로는 절대로 감당할 수 없는 것들이기 때문이다. 그러나 또한 분명한 것은 그가 이 모든 임무들을 그의 인성(人性)에 따라서 수행하셨다는 사실이다. 우리가 어떻게 의롭다 하심을 받았느냐고 물으면, 바울은 "그리스도의 순종하심으로"라고 대답한다(롬 5:19). 그러나 그가 스스로 종의 형체를 가지셔서 순종하신 것 말고(빌 2:7), 하나님께 순종하실 다른 방법이 과연 그에게 있었는가? 이로써 우리는 그의 육체 안에서 의(義)가 우리에게 나타난 것이라고 결론짓게 되는 것이다.[876]

그렇다고 그리스도께서 "자신의 영생(칭의)을 위해서도 율법준수를 하셨다"고 말할 수 있을까? 능동적 순종 문제는 여기서 논란이 발생한다. 예장합동 총회(106회, 2021.9.13.)가 이것을 문제시 삼았다.

칼빈은 계속해서 다음과 같이 말했다.

그리스도께서 우리를 위하여 속죄의 희생이 되셔서 우리가 그리스도 안에서 의롭다 하심을 얻는다는 우리의 견해에 오시안더가 동의한다면, 용어는 크게 중요하지 않다. 그런 일은 그리스도의 신성으로 이루어지는 것이 아니다. 그러므로, 그리스도께서는 그가 우리에게 베푸신 의와 구원을 인치고자 하실 때에 자기의 육체로 그것을 확실히 보증하시는 것이다. 그리스도께서는 자신을 가리켜 "생명의 떡"이라 칭하시고(요 6:48), 이어서 어떻게 해서 그렇게 되는지를 설명하시기 위하여 뒤에 "내 살은 참된 양식이요 내 피는 참된 음료로다"(요 6:55)라고 덧붙이시는 것이다. 성례에서도 동일한 가르침이 분명히 나타나고 있다. 성례는 우리의 믿음을 절반뿐인

875) 루이스 벌코프, **벌코프조직신학**, 이상원·권수경 역 (서울: 크리스챤다이제스트, 2020), 811; "오시안더는 루터 교회 안에 비록 현저한 차이가 있지만 로마 가톨릭의 칭의 개념의 본질들이 부흥되는 경향을 보여준다. 그는 칭의란 그리스도의 대리적 의가 죄인에게 전가되는 것이라기보다는 새 생명의 원소가 주입되는 것이라고 주장했다. 그에 의하면, 우리가 칭의 받는 의는 성부 하나님의 영원한 의로서 성자 예수 그리스도에 의해 우리에게 이식되거나 주입된다."
876) 존 칼빈, **기독교강요(중)**, 원광연 역 (고양: 크리스챤다이제스트, 2003), 262; **기독교강요** 3.11.9.

그리스도가 아닌 온전한 그리스도에게로 향하게 하지만, 그럼에도 불구하고 의와 구원의 문제가 동시에 그의 육체 안에 거하고 있다는 사실을 가르치는 것이다. 그가 그저 사람으로서 그 스스로 의롭게 하거나 생명을 주신다는 뜻이 아니라, 하나님께서는 감추어져 있어서 이해가 불가능한 자신의 본성을 중보자 안에서 드러내기를 기뻐하셨다는 뜻이다.

그러므로, 자주 반복해서 하는 말이지만, 그리스도께서는, 이를테면, 우리에게 열려 있는 하나의 샘이 되신다. 그리하여 우리는 그 깊고 은밀한 샘 속에 무익하게 감추어져 있을 것을 그 샘에서 길어내며, 그 깊은 하나님의 신성이 중보자 안에서 우리에게 전해지는 것이다. 그러나 그렇다고 해서 - 또한 그런 의미에서 - 그리스도께서 신인(神人: God and man)으로서 우리를 의롭다 하신다는 것이나, 또한 의롭다 하시는 역사가 아버지와 성령의 공동의 임무이기도 하다는 사실이나, 마지막으로 그리스도께서 우리로 하여금 자기와 함께 누리게 하시는 그 의가 영원하신 하나님의 영원한 의라는 사실을 내가 부인하는 것이 아니다. 단, 내가 제시한 그 확고하고도 분명한 이유들을 오시안더가 받아들인다면 말이다.[877]

칼빈에 의하면, 그리스도께서는 우리에게 열려 있는 하나님의 샘이며, 중보자 안에서 우리에게 전해진다. 칼빈이 이렇게 말한 이유는 오시안더가 그리스도의 사역을 신성으로만 보고 인성에 따라 수행하신 것을 부정하기 때문이다. 왜 그런가? 오시안더는 법정적(신분적) 칭의가 아니라 하나님의 '본질적인 의'가 우리 안에 주입되어 본질 자체가 의롭게 된다고 주장했기 때문이다. 뮐렌은 오시안더가 유대 신비주의 카발라의 영향을 받았다고 말했다.[878] 권호덕 교수는 오시안더가 범신론적 사상에 근거하여 칭의를 말했다고 분석했다.[879]

---

877) 존 칼빈, **기독교강요(중)**, 원광연 역 (고양: 크리스챤다이제스트, 2003), 263-264; **기독교강요** 3.11.9.
878) https://www.good-faith.net/news/articleView.html?idxno=1519/ 고경태, '고경태 목사, 칭의론에서의 뜨거운 감자 '내재적 의','(2019.5.16.); "뮐렌은 오시안더가 유대 신비주의인 카발라의 영향을 받았다고 제시했다(뮐렌: 2003, 278.). 오시안더는 하나님의 본질적인 의(iustitia dei essentialis)가 사람 안에 거하는 것이 칭의라고 규정했다(뮐렌: 2003, 279.). 즉 그리스도의 신적 본성에 참여할 자리를 얻는 것이다. 오시안더는 단순하게 의롭게 됨, 의의 전가에서, 그리스도의 거하심의 본질을 주장했다. 오시안더는 칭의의 죄용서와 신적 본성에 참여하는 본질을 분명하게 구분했다. 뮐렌은 루터에게는 죄용서가 칭의의 전부라고 제시했다(뮐렌: 2003, 279.)."
879) 권호덕, '칼빈의 범신론적 대적(對敵), 안드레 오시안더,' 갱신과부흥 6 (2010): 36-37(17-37); "5. 결론: 1) 하나님과 인간 사이의 관계를 중심으로 하나님 형상을 설명하는 칼빈은 오시안더의 존재론적인 하나님 형상론을 잘 이해하고 그 문제점을 정확하게 파악했다. 2) 칼빈은 하나님 형상과 연관하여 성육신을 구원과 아무런 관계없이 설명한 오시안더의 잘못된 예수 이해를 지적하고, 예수 그리스도의 대속(代贖) 사역의 무기로 해서 매우 적절하게 비판했다고 본다. 3) 칼빈은 오시안더의 범신론적 '본질적 의' 개념을 잘 파악했고 그것이 야기시킨 문제를 정확하게 보았다. 그리고 본질적 의 개념은 본질의 혼합 개념으로 나아가는 것을 보았고 칭의 개념은 물론 성화 개념도 본질의 혼합으로 이루어짐을 간파했다. 4) 칼빈은 교회역사 속에서 일어난 수많은 범신론 이단들과 오시안더의 범신론적 사상에 유가점을 감지했다. 그런데 범신론적이라는 공통분모를 중심으로 비판할 수 없었다. 이는 그 당시에는 이런 용어가 만들어지지 않았기 때문이다. 이에 비해 이 용어를 알고 있던 19세기 개혁파 신학자인 에드와드 뷜이 오시안더 신학을 비판한 내용은 칼빈보다는 구체적으로 비판했다고 볼 수 있다. 칼빈은 오시안더의 신학이 범신론적이라는 용어를 사용하지 못했을 뿐, 이 신학에 대한 이해에서는 뷜과 일치한다고 볼 수 있다. 5) 칼빈이 오시안더를 비판한 내용보다는 에드와드 뷜이 오시안더를 비판한 내용이 한국의 범신론적인 이단들 이를테면 통일교를 분석하고 비판하는데 더 구체적인 도움을 준다고 판단된다. 말하자면 우리는 칼빈의 후예인 에드와드 뷜을 징검다리로 삼아 칼빈이 비판한 오시안더의 신학체계를 도구로 삼아 우리 시대의

칼빈은 이어서 "그리스도와의 연합의 본질"을 말했다. 오시안더는 '주입'으로 말하나 칼빈은 '연합'으로 말했다. 그리스도의 의의 전가는 그리스도와의 연합을 전제로 한다. 이것이 성찬의 문제와 직결된다. '전가의 방식이 무엇이냐?'에 따라 달라지기 때문이다. 오시안더는 "값없는 전가를 통해 의롭다 하심을 받는다"는 사실을 경멸했다.[880]

오시안더는 루터의 동역자인 멜랑히톤과 칭의론 논쟁에서 동방교회와 비슷한 입장을 취하며 이신칭의를 말하는 멜랑히톤에 반대했다. 오시안더는 '본질적 의가 주입되어 믿는 자의 본질을 구성한다'고 말했다.[881] 오시안더의 칭의론에 대한 반응은 무엇이었을까? 김재성 교수는 다음과 같이 말했다.

> 루터파와 개혁주의 양 진영에서 모두 나서서 오시안더의 칭의론을 배척했다. 필립 멜랑히톤이 비판했고, 칼빈도 앞장서서 배척했다. 칼빈은 성도가 의로움을 얻기 위해서는, 사람의 행위에서 벗어나서 오직 그리스도 안에서 나타난 하나님의 긍휼하심을 바라보아야 한다고 강변했다. 오시안더의 본질적 칭의론이란 일종의 혼합물을 상정하는 것인데, 신성이 우리 안에 채워져서 주입된 의로서 하나님과 함께 의로운 자가 되는 것이라고 주장했다. 칼빈은 칭의의 방식을 설명하면서, 전가에 의해서 믿음으로 그리스도의 의로움을 소유하는 것을 제외한다면, 실제로는 의롭지 않다고 설명하였다. 칼빈은 그리스도의 종이 되기까지 순종하신 일로 말미암아 우리가 하나님 앞에서 우리가 의롭다고 받아들여지게 되며, 그와 연합하여 신비한 영적 교통을 누린다는 것을 강조한다.[882]

이런 반응은 인간론으로 살펴보아야 한다. 김재성 교수는 이 문제를 '신비한 연합의 문제'라고 말했지만, 사실상 존재론의 문제, 인간론의 문제다. 오시안더가 말하는 신성의 주입은 인간의 신성화. 존재론적 신성화다. 결국, 인간론의 문제다. 인간 안에 신성한 내면아이를 부여하면 신인합일로 가며 도약을 감행한다.

그렇다면 칼빈이 말한 칭의란 무엇인가? 칼빈이 말하고 개혁신학이 믿고 고백하는 칭의는 존재론적 신성화가 아니라 그리스도와 연합이다. 이 연합을 '신비적 연합'이라 하는 이유는 성령님께서 그리스도와 우리를 연합하시기 때문이다. 그것을 칼빈은 다음과 같이 말했다.

이단들을 효과적으로 분석할 수 있다. 6) 오시안더의 신학체계는 통일교의 사상 체계와 너무나 유사하다는 점에서 주목할만하다. 통일교를 비판할 때는 단순히 윤리적인 측면에서 시도하는 일은 피상적으로 보인다. 이들의 사상 구조의 위험성을 알림을 통해 더 효과적인 비판이 될 수 있을 것이다."

880) 존 칼빈, 기독교강요(중), 원광연 역 (고양: 크리스챤다이제스트, 2003), 266; 기독교강요 3.11.10.
881) http://www.igoodnews.net/news/articleView.html?idxno=56333/ 주도홍, '주도홍 교수의 팩트 종교개혁사 ㉓: 루터와 오시안더(1545년),'(2018.4.16.)
882) 김재성, 그리스도의 능동적 순종 (고양: 언약, 2021), 141-142.

간단히 말해서, 그 신비한 연합의 문제가 우리에게 최고로 중요한 것이다. 그리스도께서 우리의 것이 되시면, 그가 받으신 선물들을 그 연합을 통해서 우리와 함께 나누시는 것이다. 그러므로 우리는 그를 우리 바깥에 계시는 분으로 멀리서 바라보면서 그의 의가 우리에게 전가되기를 바라는 것이 아니다. 오히려 우리가 그리스도로 옷 입고 있으며, 그의 몸에 접붙인 바 되었으며, 간단히 말해서 황송하게도 그가 우리를 자기와 하나로 만드셨으므로, 우리는 그와 함께 의로움의 교제를 갖고 있다는 사실을 귀하게 여기고 자랑하는 것이다. 이렇게 해서 우리가 믿음으로 말미암는 의로워짐을 비웃는 오시안더의 비방을 반박하는 것이다(기독교강요. 3.6.10.).

칼빈에 의하면, 그리스도와 우리는 유리된 관계가 아니다. 우리는 그리스도로 옷 입고 있으며 그리스도의 몸에 접붙여졌다. 그로 인해 우리는 그리스도와 의로운 교제를 하고 있다. 칼빈은 다음과 같이 설명했다.

그러므로 우리가 그리스도에게 접붙여지면 하나님이 보시기에 우리는 의로운 존재들이다. 왜냐하면, 우리의 범죄들이 그리스도의 무죄하심으로 가리어져서 우리의 행위들이 의로운 것들이 되며, 그렇게 인정을 받기 때문이다. 우리의 행위에 온갖 허물들이 있더라도, 그리스도의 순결하심 속에 묻혀지며, 그리하여 그 허물들에 대하여 책임을 묻지 않으시는 것이다(기독교강요, 3.17.10.).

'왜 칭의론이 중요한가?'를 유심히 보아야 한다. 칼빈이 말하는 칭의는 "하나님이 보시기에"이다. 우리의 온갖 허물과 죄악에 대해 책임을 묻지 않고 의롭다고 '인정을 받는 것'이다. 우리 존재의 가능성으로 된 것이 아니라는 것이다. 칭의가 법정적 선언(judicial declaration)이라고 말하는 이유가 여기에 있다. 칼빈의 칭의, 개혁신학의 칭의는 우리 존재가 신성화되는 것이 아니다. 아르미니우스주의자들이 자유의지를 말하면서 예지예정으로 간 것은 인간의 전적타락을 부정하고 인간의 가능성을 말한 것이다. 로마 가톨릭, 오시안더, 아르미니우스주의, 이런 세 가지 부류는 세상 철학과 영성이 교회를 장악한 결과다. 그 핵심에는 인간론이 있다. 지금의 IAOC 논쟁도 '인간론'의 관점으로 보아야 제대로 파악되며, 근본적인 해결책이 있다.

개혁신학의 칭의론은 우리 존재의 신성화가 아니기 때문에 17세기 개혁주의 신학자들이 능동적 순종과 수동적 순종으로 전가교리를 체계화했다. 서철원 교수는 개혁신학의 칭의론을 근본적으로 잘못 이해했다. 로마 가톨릭의 성례론, 곧 화체설이 문제가 되는 이유가 무엇인가? 존재론적으로 변화되는 것이기 때문이다. 칭의는 의의 주입으로 존재가 변화되는 것이 아니다. 로마 가톨릭은 의의 주입을 말하나 칼빈을 비롯한 개혁신학은 의의 전가를 말한다. 칭의는 하나님의 법정에서 의롭지 못한 죄인을 그리스도의 대속으로 의롭다고 인정하는 것이다. 오시안더나, 아르미니우스주의나 결국 인간의 변화에 인간의 기여가 있다는 것을 말하는 것이다. 빗나간 칭의는 빗나간 존재론에 근거한다.

개혁신학이 능동적 순종과 수동적 순종으로 전가교리를 말한 근본적 이유는 기독교 신앙이 존재의 신성화나 인간의 가능성을 말하는 것이 아니기 때문이다. 기독교 신앙은 존재의 고양이 아니다. 칭의론과 전가교리의 핵심은 바로 여기에 있다. 이것을 모르고 '능동적 순종이 사변이냐?', '아니냐?'를 논하는 것은 사실상 의미가 없다. 우리 존재의 의라는 것은 물리적 변화가 아니다. 성경이 말하는 연합은 언약적 연합이다. 성경이 말하는 의는 하나님의 율법을 순종하는 것이다. 인간은 범죄하여 실패했고 타락했다.

그러면 그리스도는 무엇인가? 그런 첫 사람 아담의 범죄와 실패는 우리에게 의가 아니라 죄의 오염과 부패만 남겨주었으나, 예수 그리스도께서는 출생으로부터 십자가에 죽으심에 이르기까지 하나님의 율법에 순종하심으로 하나님의 의를 이루시고 그 의를 우리에게 주셨다는 것이다.

이것을 능동적 순종과 수동적 순종으로 말한 것이 개혁주의 전가교리다. 개혁주의 전가교리는 우리 존재의 신성화가 아니라 그리스도께서 이루신 의를 우리에게 전가시켜 주심으로 하나님의 법정에서 의롭다 함을 받는 것이다. 우리는 존재의 신성화가 아니라 중생으로 시작하여 성화를 지나 영화에 이르는 황금사슬이다. 요한계시록을 보면 알 수 있듯이, 삼위 하나님과 우리는 존재의 구별이 있다. 천국에서도 우리 존재의 신성화가 아니라 우리 존재의 영화다.

3. 교부 신학자들
1) 이레니우스

2세기 교부이자 리옹의 감독인 이레니우스(Irenaeus, 약 140-202)는 '총괄갱신설'(recapitulation theory)을 말했다. '총괄갱신'이란 헬라어 '아포카타스타시스'($\alpha\pi o\kappa\alpha\tau\alpha\sigma\tau\alpha\sigma\iota\varsigma$)의 대역어이며 이레니우스의 핵심 신학사상이다. '총괄갱신'은 한철하 박사가 고안하여 자신의 저서 『고대 기독교사상』에서 처음 사용했다.[883] '총괄'(總括)이란 '여러 가지 개념을 한데 모아서 한

---

883) 위키백과에서; 〈recapitulation(총괄갱신) 개념을 가장 먼저 사용한 기독교 문서는 에베소서 1장 10절로 헬라어로는 $\dot{\alpha}\nu\alpha\kappa\epsilon\varphi\alpha\lambda\alpha\dot{\iota}\omega\sigma\iota\varsigma$($\dot{\alpha}\nu\alpha\kappa\epsilon\varphi\alpha\lambda\alpha\dot{\iota}\omega\sigma\alpha\theta\alpha\iota$)에서 오는 말이며, 개역성경에는 '통일'이란 말로 옮겨져 있다. 라틴어로는 recapitulatio라고 하는 recapitulation은 2세기 교부 이레니우스(Irenaeus)의 신학사상의

제목 아래 둔다'는 뜻이다. 그리스도께서 인류를 자신 안에 총괄하신다는 것은, 곧 인류를 회복하는 것이며 인류를 갱생하는 것을 의미한다. 총괄갱신설은 첫 사람 아담이 잃은 것을 둘째 아담이신 그리스도께서 회복하신다는 이론이다.

이레니우스는 '아담이 범죄하여 온 인류에게 저주가 임했으나, 둘째 아담인 그리스도가 순종하여 온 인류가 총괄적으로 갱신하게 되었다'고 말했다. 아담 이전에 에덴동산이 있었듯이 둘째 아담이 총괄되고 난 후에는 지상 천년왕국이 있다. 이레니우스의 총괄갱신은 '예수님께서 온 인류의 죄를 다 속죄하셨다'는 다소간 애매한 주장이었다. 이레니우스가 이렇게 주장한 것은 '아담 안에 모든 아담의 후손을 담고 있었듯이, 그리스도 역시 모든 인류를 자기 안에 포함하고 있다'고 보았기 때문이다. 또한 이레니우스는 '그리스도의 죽음이 하나님의 공의를 만족시켰고, 사람을 해방시켰다'고도 말했다. 이레니우스의 총괄갱신설이 명확하지 않은 까닭에, '비교적(秘敎的, Esoteric) 속죄설'이라 한다.[884]

이런 이레니우스의 총괄갱신론은 능동적 순종을 옹호하는 입장에서 보면 그리스도의 전 생애가 우리의 구속을 위해 필수적인 것으로 이해할 수 있다. 이레니우스는 『이단논박』에서 그리스도께서 율법을 확장하고 성취하신 분이시며, 성취하신 율법의 의를 우리에게 심으신 분이시라고 주장했다.[885]

2) 아타나시우스

4세기 교부 아타나시우스(Athanasius, 299-373)는 '로고스께서 성육신 하신 목적이 율법을 해결하기 위해서였다'고 가르쳤다. 아타나시우스의 신학은

핵심으로 그리스도가 성육신함으로써 인류를 자신 안에 총괄하여 인류를 회복하며 갱신한다는 것을 표현하는데 쓰여졌으며, 우리말로 "총괄갱신"이라고 번역한 것은 한철하 박사이다.〉

884) https://m.blog.naver.com/ktyhbgj/220953220428/ 고경태, '속죄론'(2017.3.8.)

885) 우병훈, '교회사 속에 나타난 그리스도의 능동적 순종교리: 초대교회부터 종교개혁기까지 주요 신학자들을 중심으로,' **갱신과부흥**, 29 (2022): 16-17; 〈특히 『이단논박』 4.13.1.은 율법의 성취자로서의 그리스도에 대해 명확한 가르침을 준다. 그는 이렇게 적는다. "그리고 주님께서는 율법의 자연적인 것(계명)들을 폐하지 않으시는데, 인간은 그 율법을 통하여 의롭게 된다. 그것은 율법이 주어지기 전에 자연적인 계명들을 지켰던 자들도 마찬가지인데, 그들은 믿음으로 의롭게 되었던 자들이며, 하나님을 기쁘시게 했다. 그리스도께서는 이것(계명)들을 확장하시며 성취하신다. … 이 모든 것은 마르키온으로부터 나온 자들이 크게 소리 지르는 것처럼 과거의 것(계명)들의 반대나 전복을 포함하는 것이 아니다. 오히려 이것은 율법의 성취와 확장인데, 그리스도 자신이 말씀하신 것과 같다. '너희 의가 서기관과 바리새인보다 더 낫지 못하면 결코 천국에 들어가지 못하리라(마 5:20)' 그리스도는 이러한 것들을 율법에 반대되도록 가르치신 것이 아니라. 도리어 율법을 성취하시고(adimplens) 율법의 의들을 우리에게 심으시면서(infigens) 가르치셨다."〉

갑바도기아의 세 신학자에게 지대한 영향을 미쳤다. 아타나시우스는 '로고스는 율법을 완성하기 위해 오셨고, 또한 인간을 대신하여 죽으심으로써, 율법을 해결하기 위해 오신 분'이라고 말했다.886) 아타나시우스는 『성육신론』(De incarnatione verbi Dei)에서 로고스가 성육신한 동기를 열 가지로 말했다. 능동적 순종과 관련지을 수 있는 넷째 부분에서 로고스는 율법을 해결하기 위해 성육신하셨다고 말했다.

아타나시우스는 하나님께서 아담과 하와에게 율법을 주셨으며, 그들이 율법을 잘 지켰다면 불멸을 누렸겠지만, 아담과 하와는 율법을 어겼다고 말했다. 이제 인간은 율법의 정죄를 받아 죽을 존재가 되었다. 인간은 죄로 인해 율법에서 벗어날 수 없으며, 하나님께서 율법을 제정하셨기 때문에 율법 또한 사라지지 않는다. 인간이 율법의 정죄와 죽음에서 벗어날 수 있는 해결책은 무엇인가?

아타나시우스는 두 가지로 말했다. 첫째는, 그리스도께서 율법을 완성하시는 것이며, 둘째는 그리스도께서 우리 대신 죽으시는 것이다.887) 아타나시우스는 율법의 문제를 해결하기 위해 로고스가 성육신했다고 주장했다. 그 이유는 무엇인가? 율법이 완성되어야 인간이 해방되기 때문이다. 그렇지 않으면 "불합리한 것"이라고 말했다. 아타나시우스는 그리스도의 죽음도 율법을 해결하기 위한 것이라고 말했다.888) 아타나시우스에게 중요한 키워드는 '동일시'다. 그 '동일시'란 그리스도께서는 율법의 정죄 아래 있는 인간과 동일한 인간이 되셔서 자신의 죽음 안에서 모든 인간이 죽은 것처럼 되게 하셨다는 것이다. 아타나시우스의 주장을 능동적 순종의 관점에서 보면 율법으로부터의 해방을, 수동적 순종의 관점에서 보면 율법의 해결로 말할 수 있다.

---

886) http://www.chptp.org/news/articleView.html?idxno=321 우병훈, [한국장로교신학회 학술발표회(요약)] ① 우병훈 교수 '교회사 속에 나타난 능동적 순종교리'(2021.4.3.)

887) 우병훈, '교회사 속에 나타난 그리스도의 능동적 순종교리: 초대교회부터 종교개혁기까지 주요 신학자들을 중심으로,' 갱신과부흥, 29 (2022): 18; 〈아타나시우스, 성육신론. 82; "그리고 그(로고스)는 로고스적인 종족이 파괴된 것과 죽음이 그들 위에 부패로써 왕노릇하고 있음을 아시기 때문에(성육신하셨다): 또한 그는 타락의 위협이 우리 위에서 부패를 붙들고 있음을 보시기 때문에 (성육신하셨다). 이것은 율법이 완성되기 전에 (인간이) 해방되는 것은 불합리했기 때문이다. 그런데 그는 또한 발생한 일 안에서 부적당함을 보셨는데, 왜냐하면 그 자신이 창조주가 되시는 그것들이 사라졌기 때문이다."〉

888) Ibid. "그리하여 한편으로 모든 자들이 자기 안에서 죽은 것처럼 되어서. 인간들의 부패와 관련한 (정죄하는) 율법이 해결되도록 하셨다. (마치 주님께 속한 몸 안에서 [정죄하는 율법의] 권세가 다 소진된 것처럼. 그리고 동일한 인간들을 대적하는 영역을 더 이상 지니지 않은 것처럼 말이다.)"(아타나시우스, 성육신론. 84.)

3) 어거스틴

어거스틴은 갈 4:4-5을 근거로, '그리스도께서 율법 아래 갇힌 자들을 구원하시려고 율법 아래 들어오셨고 율법과 함께 계시면서 율법의 성취자가 되셨다'고 주장했다. 능동적 순종과 관련하여 어거스틴에게 중요한 것은 '전체 그리스도'(totus Christus) 사상이다. '전체 그리스도' 사상은 어거스틴의 『시편 강해』(Enarrationes in Psalmos)에서 볼 수 있다. 어거스틴은 '그리스도께서 행하신 일이 신자들이 행한 일이 되기에, 율법을 완성하신 그리스도를 통하여 성도들도 역시 율법을 완성할 수 있게 됐다'고 말했다.889) 어거스틴은 율법을 이중적으로 말한다. 첫째로, 모든 인간은 하나님께서 주신 율법을 지키면서 살아야 한다. 둘째로, 인간은 율법을 지키는 것으로는 구원을 얻을 수 없다. 그러면, 해결책은 무엇인가? 구원은 오직 그리스도를 통해서만 주어진다. 그리스도께서 주시는 구원이란 무엇인가? 하나님께서는 그 아들을 죄 있는 육신의 모양으로 보내시고 그 육신에 죄를 정하셔서 율법의 의가 우리 안에 성취되는 것이다. 어거스틴은 그리스도께서 율법을 성취하심으로 구원을 주신다고 말했다.

어거스틴의 동일시는 '율법 아래'(sub lege)와 '율법과 함께'(cum lege)에서도 나타났다.890) 인간은 범죄로 '율법 아래' 처해졌으나 그리스도는 인간을 구원하기 위해 '율법 아래'로 들어오셨다. 이로써 율법의 수여자이신 그리스도께서 율법을 완성하셨다. 그리스도께서는 율법 성취자가 되심으로 '율법과 함께' 계신 분이시며 그로 인해 우리는 율법 아래에 살지 않고 은혜 아래에

---

889) http://www.chptp.org/news/articleView.html?idxno=321 우병훈, [한국장로교신학회 학술발표회(요약)] ① 우병훈 교수 '교회사 속에 나타난 능동적 순종교리'(2021.4.3.)

890) 어거스틴 『요한복음 강해』(In Johannis evangelium tractatus), 3.2.(CCL. 36,20; 요 1:15-18dp 대한 강해; 406년 12월 23일 주일; 〈우리가 사도에게 물으면 그는 "너희가 법 아래에 있지 아니하고 은혜 아래에 있음이라(롬 6:14)"라고 우리에게 말합니다. "하나님이 그 아들을 보내사 여자에게서 나게 하시고 율법 아래에 나게 하신 것은 율법 아래에 있는 자들을 속량하시고 우리로 아들의 명분을 얻게 하려 하심이라(갈 4:4-5)." 보십시오. 그리스도께서는 율법 아래 있던 자들을 구속해 주시려고 여기까지 오셨습니다. 그리하여 이제 우리가 율법 아래에 있지 않고 은혜 아래에 있도록 하기 위해서입니다. 그런데 누가 율법을 주셨나요? 은혜 또한 주셨던 그분이 율법을 주셨습니다. 그러나 그분은 종을 통해 율법을 보내셨습니다. 하지만 그분 자신은 은혜와 함께 내려오셨습니다. 어떻게 인간들이 율법 아래에 놓이게 되었나요? 율법을 성취하지 못함으로 그렇게 됐습니다. 그런데 율법을 성취하시는 분은 율법 아래에 계시지 않고, 율법과 함께 계십니다. 하지만 율법 아래에 있는 자는 율법으로 들어 올려지지 않고, 도리어 율법으로 눌려집니다. 그리하여 모든 인간들이 율법 아래에서 정죄를 받습니다. … 율법을 지키고자 시도했던 사람들은 … 넘어겠습니다. 사실 그들은 율법과 함께 있지 않고 율법 아래에서 정죄를 당하게 되었습니다. 그들은 자기 힘으로 율법을 성취하지 못했기에, 율법 아래에서 정죄를 당하였고, 구원자의 도움을 구하였습니다.〉; 우병훈, '교회사 속에 나타난 그리스도의 능동적 순종교리: 초대교회부터 종교개혁기까지 주요 신학자들을 중심으로,' **갱신과부흥**, 29 (2022): 21에서 재인용.

살게 하셨다. 이런 동일시는 그리스도와의 연합 교리, 곧 '그리스도께서 인간의 구원을 위해 행한 일들이 모든 성도가 행한 것과 같은 것'이라는 '전체 그리스도' 사상을 형성했다. 그런 까닭에, 어거스틴은 그리스도께서 율법을 완성하신 것이 성도에게 그대로 전해진다고 말했다.[891] 또한 어거스틴의 『예비 성도를 위한 사도신경 해설』(*De symbolo ad catechumenos*)에서도 능동적 순종과 수동적 순종을 읽어낼 수 있다. 어거스틴은 "저분은 전능하신 아버지 하나님의 유일하신 아들이신데, 우리는 그분이 '우리를 위해 행하신 일'(quid fecit propter nos)과 '우리를 위해 당하신 일'(quid passus est propter nos)을 봅시다."라고 말했다.

이로 보건대, 이레니우스, 아타나시우스, 어거스틴은 그리스도의 순종을 능동적 순종과 수동적 순종 다 말했다. 우리는 이 교부들이 '그리스도께서 율법에 순종하신 것이 우리를 위한 것이다'라고 말한 것을 유의해서 보아야 한다.

이레니우스	그리스도께서 율법을 성취하시고 그것을 우리에게 심으셨다
아타나시우스	그리스도께서 삶 가운데 율법을 순종하심으로 우리가 율법으로부터 해방되었다
어거스틴	그리스도께서 율법을 완성하신 것이 성도에게 그대로 전해진다

---

891) 어거스틴, **시편 강해**, 54.1. (CCL. 39,655); 〈그리스도는 모든 믿는 자에게 의를 이루시면서, 율법의 마침이 되십니다(롬 10:4). 따라서 우리의 의도는 그 마침을 향해야만, 그리스도를 향해야만 합니다. 왜 그분은 "마침"이라고 불립니까? 우리가 무엇을 행하든지 그분께 가져가기 때문이며(referimus) 우리가 그분께 도달할 때에 우리는 더는 찾을 것이 없기 때문입니다. 우리는 원가가 다 소진되었을 때 "마침"이라고 말합니다. 하지만 원가가 완성될 때에도 역시 "마침"이라고 말합니다. "우리가 음식이 다 되었다."라고 말할 때와 "튜니카를 짜는 것이 다 되었다"라고 말할 때는 아주 다릅니다. 두 경우 모두 우리는 뭔가 마쳤거나 끝난 것을 말하지만. 한 경우에는 음식이 이제는 없다는 것을 뜻하며. 다른 경우에는 옷이 완성되었다는 것을 뜻합니다. 우리의 경우에 우리의 마침은 우리의 완성을 뜻하는데. 우리의 완성은 그리스도이십니다. 우리는 그분 안에서 완전하게 되는데, 그분이 우리의 머리시며, 우리는 그분의 지체들이기 때문입니다. 그분은 율법의 마침이 되시는데 그분이 없으면 아무도 율법을 온전하게 지킬 수 없기 때문입니다. 시편의 머리말에 "마침을 위하여"라는 표현이 나오는 것을 들으면, 여러분들은 뭔가 끝났다는 것이 아니라. 완성되었다는 것을 생각해야 합니다.〉; 우병훈, '교회사 속에 나타난 그리스도의 능동적 순종교리: 초대교회부터 종교개혁기까지 주요 신학자들을 중심으로,' **갱신과부흥**, 29 (2022): 23-24.

4. 중세 신학자들

1) 안셀무스

안셀무스(Anselmus Cantuariensis, 1033-1109)는 『왜 신-인이 있는 가?』(Cur Deus Homo)에서 그리스도의 순종이 십자가의 고난만이 아니라 전 생애적이어야 한다고 말했다. 그렇다고 능동적 순종과 수동적 순종 전체를 말한 것이 아니라 수동적 순종만이 죄인의 구원을 위한 기초라고 말했다. 안셀무스는 롬 5장의 아담과 그리스도의 대비를 따라 그리스도의 전 생애적 순종으로 죄인이 회복할 수 있다고 보았으며, 그런 전 생애적 순종은 신인이 되신 성육신에서부터 시작되었다고 말했다.[892]

안셀무스는 그리스도의 전 생애 동안 진리와 정의를 행하는 것이며 구원에 필요한 일이라고 말하지만, 그와 같은 전 생애적 순종이 구원을 위한 '공로적 가치'가 있다고 생각하지 않았다. 그 이유는 무엇인가? 모든 이성적 피조물은 당연히 순종의 빚을 지고 있기 때문이다.[893] 그러나 그리스도의 죽음은 자발적 순종으로 보고 죄가 없으신 그리스도께서 의를 붙드는 순종의 죽음을 겪으셨기 때문에 그리스도의 죽음만이 구원의 공로가 된다고 여겼다.[894]

2) 클레르보의 버나드

버나드(Bernard de Clairvaux, 1090-1153)는 17세기에 능동적 순종교리를 말했던 신학자들이 버나드를 근거로 말했기 때문에 의미가 있지만, 중세

---

892) Anselm, *Way God became Man*, 276(1.9.); "나는 하나님께서 이것 (진리와 정의)을 모든 이성적 피조물에게 요구하신다고 생각하네. 그리하여 모든 피조물은 이것을 일종의 순종으로서 하나님께 빚지고 있는 생이지. … 따라서 저 특별한 사람 곧 그리스도는 이 순종을 그의 아버지이신 하나님께 빚지고 있지. 그의 인성은 그의 신성에 이것을 빚지고 있는 거야. 아버지께서 이것을 그에게 요구하고 계셨기 때문이지."; 우병훈, '교회사 속에 나타난 그리스도의 능동적 순종교리: 초대교회부터 종교개혁기까지 주요 신학자들을 중심으로,' **갱신과부흥**, 29 (2022): 25-26에서 재인용.
893) Ibid., 330(1.9.); "우리가 만일 그(그리스도)가 자신을 하나님께 대한 순종의 행위로 드러내실 것이라고. 즉 그가 인내와 함께 의를 견지함으로써 자신을 하나님의 뜻에 자신을 복종시키실 것이라고 말한다면, 그것은 빚을 갚기 위해 하나님께서 그로부터 요구하신 뭔가를 구성한다고 보는 것은 아닐 걸세. 왜냐하면 모든 이성적 피조물은 이러한 순종을 하나님께 빚지고 있기 때문이지."; 우병훈, '교회사 속에 나타난 그리스도의 능동적 순종교리: 초대교회부터 종교개혁까지 주요 신학자들을 중심으로,' **갱신과부흥**, 29 (2022): 26.
894) Ibid., 277(1.9.); "따라서 하나님은 그리스도가 죽도록 강요하지는 않으셨네. 그리스도 안에는 죄가 없었기 때문이지. 오히려 그리스도는 자발적으로 죽음을 겪으셨네. 자신의 삶을 포기하는 순종 가운데 서가 아니라. 의를 그토록 용감하고 끈질기게 붙드는 순종 가운데 그렇게 하신 것이지. 그 결과 죽음이 발생했던 거야."; 우병훈, '교회사 속에 나타난 그리스도의 능동적 순종교리: 초대교회부터 종교개혁기까지 주요 신학자들을 중심으로,' **갱신과부흥**, 29 (2022): 27에서 재인용.

의 신비주의 영성가이기 때문에 주의가 필요하다. 버나드는 12세기에 시토 수도회를 이끌었으며, 「하나님의 사랑에 관하여」(On the Love of God)라는 글에서 하나님과의 관계에서 성도가 추구하는 사랑을 네 단계로 설명했다.

버나드는 소위 '사랑의 신비주의'로 유명하며, 인간이 하나님을 진심으로 사랑하기 위해서는 네 단계의 과정을 거친다고 말하면서, 하나님과 하나가 되는 체험을 할 수 있다고 확신했다. 버나드의 이런 글들은 근본적으로 관상기도를 근간으로 한다. 버나드가 주도한 시토 수도회의 개혁 수도회인 트라피스트 수도사였던 20세기의 토마스 머튼(Thomas Merton, 1915-1968)은 "하나님의 임재 가운데 머무는 침묵기도(관상기도)는 성화를 위한 가장 강력한 수단이다"라고 말했다.[895] 류기종 박사는 머튼이 1967년에 『신비가와 선의 대가들』(*Mystics and Zen Masters*)이란 저술을 발표하였으며, "머튼은 선불교 즉 불교의 선(Zen)의 방법에 매혹된 기독교 명상 수도자로서, 영성주의 혹은 신비주의의 측면에서, 기독교와 불교와의 깊은 대화의 길을 모색한 사람이란 사실은 부인할 수 없겠다."라고 말했다.[896]

그럼에도 불구하고 16세기 종교개혁자들이 버나드를 언급한 이유는 이신 칭의를 말하며 타락한 교회와 수도원의 개혁을 위해 최선을 다했기 때문이다. 그러나 종교개혁자들은 버나드의 신비주의 명상(관상기도)과 신인합일 사상은 거부했다.

버나드는 『*Sermones de Tempore*』에서 그리스도께서 "지상에서 구원을 이뤄내시면서, 삶 가운데 수동적 행위를 가지셨고, 죽음 가운데서 능동적 수난을 견뎌내셨다고"고 말했다.[897] 이 문구는 능동적 순종과 수동적 순종을 알 수 있는 버나드의 유명한 말이 되었다. 버나드는 첫 아담과 둘째 아담을 비교하며, 둘째 아담이신 그리스도께서는 첫 아담의 죄로 발생한 '행위의 의무'와 '고통의 결과'를 해결해야 하며, 그리스도께서 행한 수동적 행위와 능동적 수난이 그 두 가지를 해결한다고 말했다. 버나드는 그리스도의 출생이

---

895) http://www.kmcnews.kr/news/articleView.html?idxno=4631 '중세 사랑신비주의 영성신학자 끌레르보의 베르나르의 사랑의 네 단계,'(2017.3.29.)

896) http://www.dangdangnews.com/news/articleView.html?idxno=15084/ 류기종, '기독교와 불교의 만남(6)-토마스 머튼,'(2010.6.6.)

897) Bernardi, *Sermones de Tempore*, in *PL*, 183, col. 268D-269A; ; 우병훈, '교회사 속에 나타난 그리스도의 능동적 순종교리: 초대교회부터 종교개혁기까지 주요 신학자들을 중심으로,' **갱신과부흥**, 29 (2022): 28에서 재인용.

우리를 정화한다고 말함으로써 우리 구원에 기여한다고 보았으나 그것은 다만 '교훈'이 될 뿐이라고 말했다.[898] 버나드가 이후 세대에 끼친 영향에 대해 우병훈 교수는 다음과 같이 말했다.

> 그럼에도 불구하고 그리스도께서 출생 시부터 우리를 위한 공로를 획득하셨다는 사상은 베르나르두스뿐 아니라, 둔스 스코투스(Duns Scotus. 약 1266-1308)나 가브리엘 비엘(Gabriel Biel, 약 1425-1495) 등도 제시했던 것으로서, 이후에 개혁파 신학자들에게도 영향을 미쳤을 수 있다는 점을 염두에 두어야 한다. 이후에 개혁파 신학자들이 그리스도께서 자기 자신을 위해서는 전혀 공로를 획득할 필요가 없었으며, 그의 모든 순종은 우리의 구원을 위한 것이었다고 말할 때에 이러한 사상적 전통을 따랐을 가능성이 있기 때문이다.[899]

우병훈 교수에 의하면, 버나드, 스코투스, 그리고 비엘을 비롯한 중세의 신학자들은 그리스도의 출생으로부터 우리를 위한 공로를 획득했다는 사상을 말했으며, 이것이 개혁파 신학자들에게도 영향을 주었을 가능성이 있다. 그렇다고 개혁파 신학의 그리스도의 순종에 대한 교리가 중세 신학의 아류라고 말하는 것은 지나친 편견이다. 그랬더라면 토마스를 따라갔을 것이다. 그러나 개혁신학은 오직 성경에 근거하여 신학을 펼쳤다.

3) 토마스

아퀴나스의 토마스(Thomas Aquinas, 1224-1274)는 『신학대전』(*Summa Theologiae*)에서 그리스도께서 율법에 순종한 것을 구속적인 성격으로 논했다. 토마스는 "그리스도는 율법 아래 나기를 원하셨는데, 율법 아래에 있는 자들을 구속하시기 위해서였다(갈 4:4-5). 또한 '율법의 칭의'(justificatio legis)가 그의 지체들에게 영적으로 성취되기 위해서였다"(*STh*. q.37.)라고 말했다.

토마스는 그리스도의 율법 순종에 대해 다음과 같이 말했다.

> 그리고 그리스도는 사실상 율법에 일치하여 살기를 원하셨다. 확실히 첫째로, 구약 율법을 승인하시기 위해서였다. 둘째로, 율법을 지킴으로써. 그 자신 안에서 그것을 성취하고, 끝내기 위

---

898) Bernard, *Liber Sententiarum*, in *PL* 184, col. 1141D-1142A; "그(그리스도)는 참으로 태어나시고, 사시고, 죽으셨다. 그리고 그의 출생은 우리의 출생을 정화시키며, 그의 죽음은 우리의 죽음을 파괴하며, 그의 생애는 우리의 생애에 교훈이 된다."; 우병훈, '교회사 속에 나타난 그리스도의 능동적 순종교리: 초대교회부터 종교개혁기까지 주요 신학자들을 중심으로,' 갱신과부흥, 29 (2022): 29에서 재인용.
899) 우병훈, '교회사 속에 나타난 그리스도의 능동적 순종교리: 초대교회부터 종교개혁기까지 주요 신학자들을 중심으로,' 갱신과부흥, 29 (2022): 29-30.

해서였다. 그리하여 율법이 자신을 향해 규정되어 있음을 보여주시고자 하셨다. 셋째로, 자신을 질책한 유대인들이 변명하지 못하도록 그러셨다. 넷째로. 율법에 종노릇 하는 인간들을 해방하고자 하심이었다. 그에 대해서 갈 4:4-5이 가르친다. "하나님께서 자기 아들을 율법 아래에 나게 하신 것은 율법 아래에 있는 자들을 구속하려 하심이다."[900]

　　토마스의 관점에서 보면, 그리스도께서 율법을 지킴으로 구약을 승인 (approval)하시고 율법을 완성하고 성취하셨다. 토마스는 그리스도의 가난하게 되심도 우리를 위한 것이라고 말함으로써 그리스도의 행함이 우리를 위한 것임을 말했다. 토마스는 그리스도의 율법준수로 믿는 자들을 율법에서 놓임을 주신다고 말함으로써 능동적 순종을 시사했다. 이것을 근거로 잉글랜드 개혁파 신학자 앤드류 윌렛(Andrew Willet, 1526-1621)은 토마스의 롬 4:25의 해석을 근거로 그리스도의 능동적 순종교리를 옹호했다.[901] 그렇다고 토마스는 '그리스도의 순종에 의한 공로가 성도에게 전가되는가?'에 대해서는 말하지 않았다.[902] 이런 중세의 신학자들에게 나타나는 그리스도의 순종은 중세의 구원론이 가지는 공로주의와 무관하지 않다.[903]

5. 종교개혁의 신학자들

---

900) Ibid., 30에서 재인용.
901) Ibid., 31.
902) Ibid.,; "하지만 문제는 그리스도께서 율법에 순종하신 것이 신자들에게 전가되는지, 아니면 그것이 신자들에게 공로로 작용하는지에 대해 토마스가 침묵하고 있다는 사실이다. 그리스도의 율법 순종이 어떤 식으로 작용하기에 신자들이 율법에서 해방될 수 있는지에 대해 토마스는 설명하지 않는다. 다만 그는 주로 그리스도께서 우리에게 교훈을 주시는 관점에서 그리스도의 율법 순종에 대해 말한다. 가령 그는 그리스도께서 구약 율법을 성취하신 것은 행위와 가르침에서 모두 나타난다고 보았다. 행위적 측면에서 보자면. 그리스도는 실제로 할례를 비롯한 여러 율법들을 준수하심으로 율법을 취하셨다. 가르침이라는 측면에서 보자면. 그리스도는 율법 계명들을 세 가지로 성취하셨는데. 첫째로 율법의 참된 의미를 드러내심으로, 둘째로 율법을 지키는 가장 안전한 길을 알려주심으로. 셋째로 율법을 완전하게 하려고 계명들을 덧붙임으로 율법을 성취하셨다."
903) Ibid., 32: "이상에서 우리는 중세의 주요 신학자들인 안셀무스, 베르나르두스, 토마스가 그리스도의 생애의 중요성을 강조했으며. 그것이 그의 죽음과 구별되는 구원론적 의미를 가진다는 것까지 지적했음을 보았다. 그럼에도 불구하고 그들은 그리스도의 전체 생애가 신자들을 위한 대속적 의미를 지닌다거나, 공로가 된다거나. 그리스도의 능동적 순종이 신자에게 전가된다는 가르침까지는 제시하지 않았음을 알 수 있다. 그리스도께서 율법에 순종하신 것은 율법을 완성하기 위해서였고, 그것은 주로 신자들에게 교훈적 의미가 있다는 것으로 보았던 것이다. 이것은 중세의 구원론이 공로주의적 측면을 지닌 것과 무관하지 않다. 안셀무스를 따라서 중세 스콜라 신학자들은 그리스도의 율법 순종은 그가 대속사역을 하기 위해서 필요했으며. 그것이 신자들에게 공로가 된다고 보지는 않았다. 그리하여 죄인이 받아야 할 죄과는 그리스도의 십자가 죽음으로 해결이 되지만, 형벌(poena)은 사제에게 행하는 고해성사를 통해서만 일시적으로 피할 수 있다고 가르쳤다. 중세의 사제주의적이며 공로주의적인 구원론이 그리스도의 순종에 대한 이해를 왜곡시켰다고 추측해 볼 수 있다."

1) 루터

루터(Martin Luther, 1483-1546)에게 칭의론이란 하나님과 사람의 관계를 예수 그리스도에 대한 믿음으로 새롭게 규정한 것이다. 루터의 질문은 '죄와 형벌 아래 있는 인간이 어떻게 하나님 앞에 다시 설 수 있는가?'였다. 루터는 죄인이 의롭게 되기 위해 필요한 모든 것을 하나님께서 은혜로 주시며, 예수 그리스도에 대한 믿음을 통해 하나님의 의가 죄인에게 전가되어 의롭게 된다고 말했다.[904] 이것은 루터의 인간론과 직결된다. 루터의 인간론은 로마 가톨릭의 인간론과 달랐다. 루터에게 의는 인간과 전혀 상관없는 외부적인 의였다. 외부적인 의는 주님께서 주신 것이며 수동적인 의다. 루터는 이것을 『갈라디아서 강의』(1529)에서 말했다.[905]

루터는 보다 선명하게 능동적 순종과 수동적 순종을 말했다. 그리스도의 능동적 순종과 수동적 순종이라는 신학적 개념은 피스카토르의 논쟁과 관련하여 후대에 발생 된 것이다. 루터는 1483-1546년의 인물이며, 피스카토르는 1546-1625년의 사람이다.

루터는 칭의 교리를 가리켜 "교회가 서느냐 넘어지느냐를 좌우하는 교리"라고 말했다. 본질적 의의 주입을 말하는 오시안더와 달리, 루터는 그리스도의 온전한 의가 믿는 자에게 전가되어 칭의가 이루어진다고 말했다. 루터는 『갈라디아서 주석』(1535)에서 두 종류의 의를 논했다. 첫 번째 의는, 정치적 의, 의식적(儀式的) 의, 율법적 의, 행위의 의이며, 이것을 '능동적 의'라고 말했다. 두 번째 의는, 행위의 개입이 없는 의로써, 하나님께서 그리스도를 통해 우리에게 주신 의이며, 우리가 받기만 하는 것이기 때문에 이것을 '수동적 의'라고 말했다. 이로써 루터는 우리가 받는 의는 오직 그리스도께로부터 전가받는 의라고 말했다. 루터는 인간의 공로적 개입을 사전에 차단하고 중세 신학자들과 달리 그리스도의 의를 성도가 덧입음으로 하나님 앞에서 법적으로 의롭게 선언된다고 말했다.[906]

---

904) 박상봉, '그리스도의 능동적 순종과 의의 전가에 대한 종교개혁자들의 견해: 루터, 츠빙글리, 칼빈을 중심으로,' **신학정론** 39(2) (2021): 122(105-164); "하나님이 선물로 주신 믿음이 신자와 하나님의 의를 연결시켜 주고, 이 기초 위에서 신자는 의롭게 되는 것이다. 특별히, 루터가 말하는 하나님의 의는 하나님의 신성에 근거한 의를 의미하지 않는다. 하나님의 의는 본질적으로 예수 그리스도의 대속 사역에 근거한 의로서 '그리스도의 의'와 동일어인데, 이 의는 하나님께로부터 온 선물로서의 의이고, 인간과 전혀 상관없는 외부적인 의이다. 죄인이 의롭게 되기 위해 하는 일은 하나님이 제공하신 이 의를 받는 것뿐이다."
905) Ibid., 123(105-164); "그러므로 나는 내가 가졌고, 행하며 또 취할 수 있고, 내가 얻거나 행할 수 있을 것으로 알았던 능동적 의를 추구하지 않을 것이다. 나는 이 능동적 의 안에서 은혜, 죄의 용서, 성령과 그리스도의 자비를 소유할 수 없는데, 이 자비는 우리가 행하거나 고통을 받은 것처럼 주님이 주신 것이다."

루터에게 율법의 성취와 관련된 능동적 순종에 대한 이해는 루터의 저술들에서 일관되게 확인된다. 루터는 종교개혁 이전인 1515년 11월부터 1516년 9월에까지 비텐베르크 대학교에서 가르친 『로마서 강의』에서 그리스도께서 우리를 위해 율법을 성취하셨으며, 우리를 위해 하나님의 진노와 죽음을 감내하시고, 마귀를 이기셨다는 전제 아래서 이와 관계된 그리스도의 공로에 근거한 의가 우리의 의가 되며, 이 의가 우리에게 전가된다는 것을 분명히 밝혔다. 루터는 '놀라운 교환'(wonderful exchange)으로 전가교리를 말했다.

루터는 다음과 같이 말했다.

> 주 예수여, 나의 죄가 당신의 죄가 되듯이, 당신께서 나의 의가 되십니다. 당신은 스스로 나의 것을 취하셨고, 당신의 것을 내게 주셨습니다. 당신은 당신이 아니셨던 것을 취하셨고, 내게 내가 아니었던 것을 주셨습니다.[907]
> 이것은 죄인에게 풍성히 부어주시는 하나님의 은혜의 신비입니다. 이 위대한 교환을 통해, 우리의 죄는 더 이상 우리의 것이 아니라 그리스도의 것이 되었고, 그리스도의 의는 더 이상 그리스도의 것이 아니라 우리의 것이 되었습니다. 그리스도는 자신의 의를 비우고 종의 형체로 낮추어 우리의 옷을 입으셨습니다. 그리고 우리를 자신의 의로 가득 채워 주셨습니다. 또한 그리스도는 우리를 그 악으로부터 구원하시기 위해 우리의 악을 친히 담당하셨습니다. 그러므로 이제 그리스도의 의는 객관적으로뿐만 아니라 공식적으로도 우리의 것이 되었습니다.[908]

루터에 의하면, 위대한 교환을 통해 그리스도의 의가 우리의 의가 되었다. 우리의 죄가 그리스도의 죄가 되었고, 그리스도의 의가 우리의 의가 되었다. 여기서 주목할 것은 루터가 "그리스도는 자신의 의를 비우고 종의 형체로 낮추어 우리의 옷을 입으셨습니다"라고 말함으로써 성육신으로부터 십자가에 이르기까지 행하신 순종으로 우리에게 의를 주셨다고 말했다. 그리하여 그리스도께서는 객관적이고 공식적으로 우리에게 의를 주셨다. 이것이 루터의 전가교리다.

루터는 『이중적인 의에 대한 설교』(1519)에서 그리스도의 구속 사역과 관련하여 우리의 죄사함은 그분의 인격과 사역 전체와 관련되어 있다고 말했다. 루터는 우리를 사랑으로 도우시기 위해 그리스도는 자신의 전체 삶(sein gatzes Leben)과 죽음을 통하여 하나님께 온전히 순종하셨다고 말했다. 루터

---

906) 우병훈, '교회사 속에 나타난 그리스도의 능동적 순종교리: 초대교회부터 종교개혁기까지 주요 신학자들을 중심으로,' 갱신과부흥, 29 (2022): 33.
907) Martin Luther, *Luter's Works.*, Vol. 48, Letter I (Fortress Press, 1963), 12f; 신호섭, **개혁주의 전가교리** (서울: 지평서원, 2016), 60에서 재인용.
908) Martin Luther, *Luter's Works.*, Vol. 5, 시편주석으로부터(1519-1521); 신호섭, **개혁주의 전가교리** (서울: 지평서원, 2016), 60에서 재인용.

는 『그리스도인의 자유』(1520년 11월)에서 삶의 모범으로서 그리스도를 강조하기 위해 빌 2:5-8의 해석과 관련하여 그리스도께서 사람과 같이 되셔서 이 땅에서 행하신 모든 것이 우리의 구원을 위한 것이라고 말했다.[909] 『그리스도인의 자유』의 마 17:27 주해에서 주님의 모든 사역은 우리의 의와 구원을 이루기 위한 것이라고 말했다. 루터는 그리스도인의 자유를 언급하면서 그리스도께서 우릴 위해 스스로 율법 아래에 들어가셨다고 말했다.[910] 루터는 그리스도의 낮아지심을 하나님 앞에 행해진 순종으로 이해했다. 루터는 그리스도의 전체 사역의 관점으로 보았다. 비록 루터가 명시적으로 말하지 아니하였으나 능동적 순종교리를 함의하고 있었다.

루터는 율법의 순종과 관련하여 『성찬에 대한 권고』에서 오직 그리스도의 고난과 죽음을 통해서만 죄로부터 해방되고 의롭게 된다고 주장했다. 신 3:21 강의에서 그리스도께서는 율법 아래 나시고 우리를 위해 율법을 수행하시고 성취하심으로 복음 사역을 설립하셨다고 말했다. 요 1:6 설교에서, 루터는 "그리스도는 율법 아래 있던 우리를 구속하시기 위해 율법에 복종하셨습니다(갈 4:5). 그래요, 그분은 율법의 저주로부터 우리를 구원하시기 위해서 저주가 되었습니다(갈 3:13)"라고 말했다.[911]

루터의 『갈라디아서 주석』은 능동적 순종을 보다 강하게 말한다. 갈 3:27 주석에서, "그리스도로 옷 입는다"를 해석하며, "그리스도로 옷 입는다는 것은 의, 진리, 모든 은총, 모든 율법의 성취를 입는 것이다"라고 말했다 (*WA. 2, 529.*).

루터에게 율법의 성취는 세 가지다. 첫째로, 그리스도께서는 율법을 폐하

---

909) *WA.* 7. 65; "비록 그리스도는 하나님의 형상으로 충만하시고 또 모든 선한 것으로 부요하시며, 그분이 의롭게 되시거나 구원받기 위해 어떤 행위나 어떤 고난도 필요 없으심에도 불구하고, (그분은 태초부터 이 모든 것을 가지고 계시기 때문에), 이로 인하여 그분은 교만하지 않으셨고, 우리보다 더 높아지지 않으셨으며, 우리 위에 군림하는 것도 원치 않으셨다. 비록 그리스도는 정당하게 그렇게 하실 수 있었음에도 불구하고, 오히려 그분은 수고하셨고, 일하셨으며, 고난받으셨고, 죽으셨다. 즉, 그리스도는 사람과 똑같이 되셔서 외형과 행동에 있어서 사람과 전혀 차이가 없으셨다. 그분은 모든 것이 곤궁한 자처럼 또 하나님의 형상을 지니지 않은 자처럼 되셨다. 하지만 그리스도는 우리를 섬기시려고 이 모든 것을 우리를 위해 행하셨으며, 또한 그분이 종의 형상대로 행하신 모든 것이 우리의 것이 되게 하셨다."; 박상봉, '그리스도의 능동적 순종과 의의 전가에 대한 종교개혁자들의 견해: 루터, 츠빙글리, 칼빈을 중심으로,' **신학정론** 39(2) (2021): 126-127(105-164)에서 재인용.

910) *WA.* 7. 68; "비록 그리스도는 그분 자신을 위해 아무것도 필요한 것이 없지만, 나를 위해 훨씬 더 많은 일을 행하시고 고난을 받으셨다. 그리고 그분은 율법의 지배 아래 계시지 않았으나, 나를 위해 율법 아래 들어가셨다."; 박상봉, '그리스도의 능동적 순종과 의의 전가에 대한 종교개혁자들의 견해: 루터, 츠빙글리, 칼빈을 중심으로,' **신학정론** 39(2) (2021): 128(105-164)에서 재인용.

911) 우병훈, '교회사 속에 나타난 그리스도의 능동적 순종교리: 초대교회부터 종교개혁기까지 주요 신학자들을 중심으로,' **갱신과부흥**, 29 (2022): 35.

셨다. 루터는 "이 중보자가 예수 그리스도이시다. 그분은 모세처럼 율법의 외침을 수건으로 가리지 않으시고, 우리를 율법의 시야에서 벗어나도록 이끌지 않으신다. 그리스도는 율법의 진노에 맞서 율법을 폐하시고, 자신의 육체로 율법을 만족시키셨다."고 말했다(*WA.* 41, 503.). 그것은 중보자로서 무죄하신 그리스도가 우리의 죄를 대신 담당하심으로 율법의 정죄가 더 이상 효력을 발휘할 수 없도록 했다는 뜻이다.

둘째로, 그리스도께서 율법의 저주를 담당하신 것이다. 그리스도께서 우리를 위해 율법의 저주를 담당하여 우리를 구원하시고, 자비와 은혜를 베풀어 주셨다. 셋째로, 그리스도께서 육체로 율법에 순종하신 것이다. 그리스도께서는 우리의 구원을 위해 성육신으로부터 십자가에서 죽기까지 모든 과정을 겪으시고 모든 율법의 요구에 순종하셨다. 루터가 주목한 구절은 갈 4:4 "율법 아래 나게 하신 것"이다. 루터는 신인이신 그리스도께서 율법의 힘을 직접 느끼고 겪으며 율법에 온전히 순종하셨으며, 십자가에 죽으심으로 율법의 정죄를 담당하시고 율법 아래 있는 우리를 구속하셨다고 말했다.[912] 루터는 그리스도께서 율법 아래 나시고 율법 아래 있는 우리를 구속하심으로 우리가 양자의 권리를 받았으며 하나님을 "아빠 아버지"라고 부르게 하시는 성령님도 받았다고 말했다(*WA.* 40, 571.).

루터는 5절과 6절 주석에서 다음과 같이 말했다.

무슨 공로로 우리가 이러한 의와 아들 됨, 영생의 상속을 받았습니까? 아무 공로 없습니다. 정말이지 죄에 속박되고, 율법의 저주에 종속되었으며, 영원한 죽음의 저주를 받은 인간에게 무엇이 공로로 얻어질 수 있겠습니까? 따라서 우리는 이 모든 것을 자격이 없이 그저 받았는데, 그렇다고 공로가 없는 것은 아닙니다. 그렇다면 그것은 어떤 공로입니까? 우리의 공로는 아닙니다. 오히려 하나님의 아들 예수 그리스도의 공로입니다. 그분은 자신을 위해서가 아니라 우리를 위하여 율법 아래에서 나셨습니다(바울이 앞 '갈 3:13'에서 그리스도께서 우리를 위하여 저주를 받으셨다고 말한 것처럼 말입니다.). 그분은 율법 아래에 있었던 우리를 구속하셨습니다. 따라서 우리는 이러한 아들 됨을 오직 하나님의 아들이신 그리스도의 구속을 통해 받았습니다. 그분은 재량공로(裁量功勞)든 적정공로(適正功勞)든 우리의 가장 풍성하고 영원한 공로

---

912) *WA.* 40, 567; 〈따라서 "율법 아래 나게 하신 것"이라는 구절은 매우 중요하므로 주의 깊게 살펴야 한다: 하나님의 아들이 율법 아래서 태어났으며 … 그분이 율법의 온갖 학정을 다 겪으셨다는 것이다. … 그래서 땅 위에 사는 어느 누구도 느끼지 못한 고난을 몸소 느끼셨다. 이 고난은 그분이 땀을 핏방울처럼 흘리고, 천사의 위로를 받으시고, 동산에서 간절히 기도하시고, 십자가에서 "나의 하나님, 나의 하나님, 어찌하여 나를 버리셨나이까?"(마 27:46)라고 외치신 것으로 증명된다. 그러나 그분은 율법 아래 있는 자들, 즉 우리를 짓누르고 있는 죄를 짊어지고 있는 슬프고, 비참하며, 절망하는 자들을 구속하기 위해 이 고난을 참으셨다.〉; 박상봉, '그리스도의 능동적 순종과 의의 전가에 대한 종교개혁자들의 견해: 루터, 츠빙글리, 칼빈을 중심으로,' **신학정론** 39(2) (2021): 132(105-164)에서 재인용.

가 되십니다. 더욱이 아들 됨의 선물과 함께, 우리는 성령도 받았습니다. 하나님은 성령을 말씀과 함께 우리 마음 가운데 보내시는데, 아래에서 보듯이 … "아빠 아버지"라고 외치도록 그렇게 하십니다.913)

(율법과 죄와 사탄과 같은) 이러한 우리들의 대적들이 자신들의 외침으로써 우리를 고발하고 괴롭히면서 우리를 더욱 심하게 위협할수록, 우리는 탄식하면서도 그리스도를 더욱 붙든다. 우리는 마음과 입으로 그를 부르며, 그에게 붙어있으며, 그가 우리를 율법의 저주에서 속량하시고 죄와 사망을 폐하시려고 우리를 위하여 율법 아래에서 나셨음을 믿는다. 우리가 이런 식으로 믿음으로 그리스도를 붙들면서, 우리는 그를 통하여 "아빠! 아버지"라고 부르짖는다. 그리고 우리의 이러한 외침은 사탄의 외침을 훨씬 능가한다.914)

루터의 주석에 의하면 그리스도의 능동적 순종, 곧 율법 아래서 행한 그리스도의 공로가 우리의 공로가 되며, 수동적 순종, 곧 그리스도가 저주를 받으심으로 율법 아래 있던 우리를 구속하셨다. 루터가 명시적으로 능동적 순종과 수동적 순종을 말하지 않았으나 그 의미상으로는 분명하게 말했다.

김재성 교수에 의하면 능동적 순종과 수동적 순종이라는 신학 용어의 출처로 마틴 루터라고 말했다. 물론 루터의 능동적 수동적 순종은 지금 우리가 다루는 능동적 순종과 수동적 순종과는 개념이 다르다.915) 도르너(A. Dorner), 쾨스틀린(Julius Kostlin), 제베르크(Reinhold Seeberg), 파울 알트하우스 (Paul Althaus), 스캇 클락(R. Scott Clark) 등은 루터에게서 그리스도의 능동적 순종교리가 발견된다고 주장했다.916) 루터는 '하나님 앞에서 어떻게 의

---

913) 루터, 대(大) 갈라디아서 주석, 갈 4:5 주석; 우병훈, '교회사 속에 나타난 그리스도의 능동적 순종교리: 초대교회부터 종교개혁기까지 주요 신학자들을 중심으로,' 갱신과부흥, 29 (2022): 35에서 재인용.

914) Ibid.

915) 김재성, 그리스도의 능동적 순종 (고양: 언약, 2021), 155-156; 〈다시 1531년에 루터는 인간이 가지고 있는 두 가지 의로움이라는 개념을 보다 정교하게 다듬어서, 자신의 신학과 연결시켰다. 하나는 믿음으로 얻는 의로움, 위로부터 오는 의로움, 하나님께서 우리에게 그리스도를 통하여 행위가 없어도 주시는 '단순한 수동적 의로움'이다. 루터는 여기에 우리의 행위가 전혀 개입되지 않는다고 했다. 우리는 단지 내려주시는 대로 받아들이는 것뿐이다. 루터는 다른 하나를 "능동적 의로움"이라고 규정했는데, 도덕성이 개입하는 의로움으로써, 행위로 이웃을 사랑한다거나, 자기를 죽이는 의로움이다. 따라서 루터는 이 두 가지 의로움 중에서, 다음과 같이 "수동적 의로움"만을 강조한다: "나는 능동적 의로움을 추구하지 않는다. 나는 그것을 마땅히 가져야 하고, 실천해야 한다. 그러나 나는 그것을 가졌으며, 실행에 옮겼다고 하더라도, 나는 그것을 절대로 신뢰하지 않으며, 그것에 기초해서 하나님의 심판대 앞에서 설 수 없다. 그리하여 나는 모든 능동적 의로움을 넘어서서, 내가 가진 모든 의로움이나 하나님의 율법에서 나오는 의로움을 벗어나서, 오직 수동적 의로움을 갖고 있는데, 이것은 은혜 자비, 죄의 용서가 담긴 의로움이다." 이러한 루터의 칭의에 대한 개념과 대조는 그 이전의 중세 말기 신학에서는 찾아볼 수 없는 수사학적 대조법이자 새로운 구별법이었다. 곧, "하나님의 의"에 대한 루터의 새로운 발견은 로마서 1장 16-17절의 주석에 나오면서 깨닫게 된 것이다. 이로부터 종교개혁의 칭의론은 중세 말기의 로마 가톨릭과 완전히 결별 하고, 새로운 신학의 법칙을 견고하게 세우게 되었다. 이미 1515년에 로마서 강의를 하면서, 루터는 칭의가 인간이 성취하는 것이 아니라, 하나님이 수여하시는 것이라고 강조했다. 그는 인간이 내부에서 공로와 선행으로 쌓아가는 것이 아니라, 외부로부터 주어지는 칭의를 성경적으로 명쾌하게 이해하게 되었다.〉

916) 우병훈, '교회사 속에 나타난 그리스도의 능동적 순종교리: 초대교회부터 종교개혁기까지 주요 신학자들을 중심으로,' 갱신과부흥, 29 (2022): 37.

로움을 성취할 수 있느냐?'로 고민했다. 루터는 바울 서신을 읽으면서 '수동적 의로움'을 발견했다.[917]

루터는 1518년에 「두 종류의 의로움」(Two Kinds of Righteousness)라는 설교에서 처음으로 능동적 의로움과 수동적 의로움을 말했다.[918] 루터는 율법이 아니라 복음을 믿음으로 하나님의 용서를 받는 것을 알게 되었고, 능동적 의로움과의 대조를 통해 수동적 의로움을 발견했다. 이로 인해 루터는 로마 가톨릭의 공로주의를 버렸다. 김재성 교수는 "루터 연구에 일생을 바친 로버트 콜버그 박사는 이것을 '정체성의 의로움'이라고 재해석했는데, 왜냐하면 이 의로움이 하나님의 자녀로서 사람의 정체성을 회복시키기 때문이다."라고 말했는데, 이것은 '콜버그 박사가 얼마나 존재적 관점으로 칭의론을 이해했는가?'를 알 수 있는 대목이다.

2) 츠빙글리

종교개혁이 취리히까지 밀려오기 전까지 츠빙글리(Ulrich Zwingli, 1484-1531)는 윤리적 개혁에 관심을 두었다. 취리히는 아직 성경 인문주의 영향 아래 있었고 츠빙글리의 칭의론은 윤리적이었다. 이것은 어거스틴의 영향이었다. 츠빙글리는 '바른 믿음을 가진 사람은 자신을 기꺼이 율법에 복종

---

917) 김재성, **그리스도의 능동적 순종** (고양: 언약, 2021), 151-152; 〈루터는 언어를 능숙하게 활용하여, 매우 정교하고도 상세하게 이 두 용어의 차이를 설명했다. 사람에게는 두 종류의 차원이 있는데, 다른 말로 하면 인간 본성을 규정하는 두 가지 관계성이 있다고 보았다. 첫 번째 차원은 사람과 하나님 사이의 관계성이요, 다른 하나는 이웃들과 피조 세계와의 관계성이다. 1518년에 루터는 "두 종류의 의로움"이라는 설교를 하였고, 그다음 해에 출판하였다. 이 설교에서 루터는 처음으로 "능동적" 의로움과 "수동적" 의로움을 대조시켰다. 첫 번째 종류의 의로움은 하나님의 임재 앞에서, 하나님의 눈으로 보는 의로움이다. 종교개혁자들은 이러한 종류의 의로움을 수동적 의로움, 믿음의 의로움, 복음의 의로움, 외부적인 의로움, 그리스도인의 의로움이라고 불렀다. 이 첫 번째 의로움은 우리가 가지고 있는 것이 아니라고 루터는 주장했다. 따라서 외부로부터 오는 것을 믿음을 통해서 수동적으로 받아들이는 의로움이 필요하다. 그래서 그는 "수동적 의로움"이라는 용어를 사용해서, 성도들이 갖는 칭의를 설명했다. 이 설교에서 루터는 "수동적 의로움"이 외부에서 오는 것임을 강조하기 위해서 결혼 비유를 들었다. 한 남자와 여자가 결혼하면, 그 두 사람은 모든 것들을 공유한다. "이와 같이 그리스도 안에서 믿음을 통해 그리스도와 결합한다. 그러면, 그리스도의 의로움이 우리의 의로움이 된다. 그리스도가 가진 모든 것은 우리의 것이 된다. 그리스도 자신이 우리의 것이 된다." 루터 연구에 일생을 바친 로버트 콜버그 박사는 이것을 "정체성의 의로움"이라고 재해석했는데, 왜냐하면 이 의로움이 하나님의 자녀로서 사람의 정체성을 회복시키기 때문이다.〉
918) Martin Luther, 'Two Kinds of Righteousness/ in *Martin Luther: Selections from His Writings*, ed. John Dil- lenberger (New York: Anchor, 1961), 86-87; 〈그러므로 인간은 그리스도 안에서 담대하게 확신하면서 다음과 같이 말할 수 있습니다. "그리스도의 삶과 행하심, 말씀하심, 고난받으심과 죽으심은 모두 나의 것입니다. 그리스도가 그렇게 하신 것이 마치 내가 그렇게 살고 행하고 말하고 고난받고 죽은 것처럼 나의 것이 된 것입니다." 이것은 마치 신부의 소유물 전부가 신랑의 것이며, 신랑의 소유물 전부가 신부의 것이라는 사실과 동일한 이치입니다. 왜냐하면 이 둘이 한 몸이 되어 모든 것을 함께 소유하기 때문입니다. 그러기에 그리스도와 교회 역시 한영이 되는 것입니다.〉; 신호섭, **개혁주의 전가교리** (서울: 지평서원, 2016), 61에서 재인용.

시키며 경건하게 사는 것에 관심을 갖는다'고 강조했다. 성경에서 청사진을 발견한 츠빙글리는 교회가 규정해 놓은 본문들(evangelica dominica)을 무시하고, 6년 내내 '연속 강해'(lectio continua)를 했다.919)

츠빙글리의 변화는 1519년 1월 1일부터 취리히 교회의 국민 사제로서 사역을 하면서 일어난 인식의 변화였다. 흑사병에서 살아난 츠빙글리는 종교개혁에 헌신하는 것을 자신의 소명으로 여겼다. 츠빙글리는 모든 복음서에 대한 주해와 집중적인 성경 연구를 통해 로마 가톨릭교회의 전통과 완전히 결별하고 스스로를 가리켜 바울을 충실히 따르는 '바울주의자'(Paulischen)라고 밝혔다.

츠빙글리의 사상은 성만찬만 빼고 루터와 다르지 않았다. 츠빙글리의 사상은 그리스도 중심적으로 쓴 『67개 논제에 대한 해설』(1523)에 있다. 2조항에서 예수 그리스도의 대속 사역을 하나님의 은혜로 값없이 얻은 칭의의 근거로 이해했다. 츠빙글리는 칭의의 근원적 원인에 대해 '하나님의 영원한 선택에 근거한 믿음을 통해 사람이 의롭게 된다'고 말했다. 이것을 구체적으로 말한 것이 『섭리』(1530)다. 츠빙글리는 하나님의 영원한 예정 속에 있는 사람을 성령님께서 감동시키고 하나님께서는 그렇게 부른 자를 의롭다 하시고 죄로부터 구원하신다고 말했다.920)

능동적 순종교리와 관련하여 우리의 관심을 끄는 것은, 츠빙글리가 그리스도의 구속사역의 성취가 율법이 담고 있는 모든 계명과 금지 명령을 지키셨기 때문이라고 본 것이다. 츠빙글리는 롬 8:1-5에 기초하여 믿음이 있는 곳에 하나님의 영과 자유가 있다고 말하면서 '그리스도께서 믿는 사람을 위해 율법을 폐지하시고, 그 율법의 마침이 되셨기 때문에 그 율법에서 해방되었다'고 강조했다.921)

츠빙글리는 범죄한 사람을 하나님의 진노 아래 가둔 율법의 해결 없이는

---

919) 강경림, '츠빙글리의 종교개혁 사상의 특징,' 신학과교회 6 (2016): 107(91-122).
920) Huldrych Zwingli, Die Vorsehung 1530; 박상봉, '그리스도의 능동적 순종과 의의 전가에 대한 종교개혁자들의 견해: 루터, 츠빙글리, 칼빈을 중심으로,' 신학정론 39(2) (2021): 139(105-164)에서 재인용.
921) Zwingli, Auslegung und Begründung der Thesen oder Artikel 1523, 95; "이러한 전제 속에서 사람은 그리스도를 통해 가장 먼저 율법으로 자유롭게 된다. 사람이 그리스도를 믿는다면, 그리스도는 자신의 이성, 결정의 주체, 의로움, 죄용서, 핵심적으로 완전한 구원이 되신다. 그리고 그리스도께서 그 사람 안에 계신다. 그러므로 그에게는 율법이 필요 없는데, 그리스도께서 그의 율법이 되시기 때문이다. 그는 오직 그리스도만 의지한다. 그리스도께서 그에게 길을 보여주시고, 어느 다른 인도자가 더 이상 필요하지 않을 정도로 그를 인도하신다. 그리스도는 율법의 마침이 되시기 때문이다."; 박상봉, '그리스도의 능동적 순종과 의의 전가에 대한 종교개혁자들의 견해: 루터, 츠빙글리, 칼빈을 중심으로,' 신학정론 39(2) (2021): 140(105-164)에서 재인용.

구원이 없다면서 우리를 대신하여 율법을 지킨 존재가 죄 없이 하나님의 뜻을 온전히 순종한 예수 그리스도라고 말했다.[922] 츠빙글리가 이해한 예수 그리스도는 율법을 온전히 지켜 하나님과 사람을 화해시킨 중보자였다.[923]

중보자에 대한 츠빙글리의 이해는 아우그스부르크 제국회의(1530) 때 칼 5세(Karl V)에게 제출한 『믿음의 고백』에서도 확인된다. 츠빙글리는 『참된 종교와 거짓된 종교에 대한 주해』(1525)에서 그리스도께서 우리를 율법에서 해방시킨 것에 대해 두 가지로 서술했다.[924] 츠빙글리는 우리를 구원하기 위해 죄가 없으신 그리스도께서 율법을 지키실 때 "배고픔, 목마름, 추위, 더위, 결핍, 두려움, 걱정과 같은 죄를 위한 형벌과 아담의 범죄 때문에 우리에게 책임 지워진 동일한 죄의 형벌"과 관련된 모든 것을 스스로 짊어지시고 십자가에서 죽으셨다고 밝혔다.[925]

츠빙글리에게 중요한 것은 그리스도께서 중보자로서 우리의 의가 되신다는 것이며, 이 의를 그리스도의 대속사역과 연결시켰다는 것이었다.[926] 츠빙

---

922) Ibid., 276; "이렇게 우리가 무기력과 절망 가운데 있을 때 하나님은 우리에게 자신의 은혜를 보여주셨는데, 즉 하나님이 우리의 자리에서 율법을 실천할 수 있는 한 분을 우리에게 보내주셨다. 그분은 의롭고, 죄가 없으신 예수 그리스도이며, 죄에 종속된 분이 아니다. 그분은 우리처럼 죄에 종속되거나 죄 아래 팔리지도 않았기 때문에, 우리를 죄로부터 해방시키기 위해 우리의 죗값을 치르실 수 있었다. 하나님의 뜻이 한 번도 죄를 짓지 않은 유일한 분을 통해 성취된 것이다."; 박상봉, '그리스도의 능동적 순종과 의의 전가에 대한 종교개혁자들의 견해: 루터, 츠빙글리, 칼빈을 중심으로,' **신학정론** 39(2) (2021): 140(105-164)에서 재인용.
923) Ibid., 191; "이 중보자는 하나님이심으로 하나님의 뜻[율법]을 지킬 수 있습니다. 아니, 지키는 것 이상의 것을 할 수 있습니다. 왜냐하면 하나님의 뜻은 다름이 아니라 자신의 고유한 의지이기 때문입니다. 이 중보자가 사람이 되심으로 불쌍한 죄인인 우리를 위해 하나님의 의를 만족시킬 수 있는 희생 제물이 되실 수 있습니다. 왜냐하면 그분의 인간적인 본성은 모든 죄로부터 전혀 더럽혀지지 않았기 때문입니다. 오! 신적인 지혜여, 당신은 얼마나 진실하고, 이해가 깊으며 그리고 신실하게 우리의 구원을 생각하셨는지요."; 박상봉, '그리스도의 능동적 순종과 의의 전가에 대한 종교개혁자들의 견해: 루터, 츠빙글리, 칼빈을 중심으로,' **신학정론** 39(2) (2021): 141(105-164)에서 재인용.
924) 박상봉, '그리스도의 능동적 순종과 의의 전가에 대한 종교개혁자들의 견해: 루터, 츠빙글리, 칼빈을 중심으로,' **신학정론** 39(2) (2021): 142(105-164); "한편으로, 그리스도께서 우리를 위해 십자가에서 죽으심으로 율법의 저주에서 우리를 해방시켰다는 것이다. 왜냐하면 그리스도께서 율법의 진노를 깨뜨렸기 때문이다. 그분은 십자가의 죽음을 통해 우리를 향해 진노를 발하게 하는 하나님의 의로움을 누그러뜨리시고 우리를 자유롭게 했다는 것이다. 그리스도께서 우리의 죄로 인해 우리가 받아야 할 심판에 대한 값을 그분의 고난으로 치르셨음을 말한다. 다른 한편으로, 예수 그리스도께서 우리를 대신해서 율법을 순종하심으로 우리가 율법에서 해방되었다고 주장한다."
925) M Zwingli, *Kommentar über die wahre und falsche Religion*, 1525, 166; 박상봉, '그리스도의 능동적 순종과 의의 전가에 대한 종교개혁자들의 견해: 루터, 츠빙글리, 칼빈을 중심으로,' **신학정론** 39(2) (2021): 143(105-164)에서 재인용.
926) Zwingli, *Auslegung und Begründung der Thesen oder Artikel*, 1523, 279-280; "우리는 육체의 연약함으로 인하여 지금까지도 율법의 행위를 통해 구원을 받을 수 없었기 때문에, 하나님께서 죄의 질병(Sündenkranheit)은 없지만 우리 육체적 연약함을 가진 육체를 취하신 그분 자신의 아들을 보내셨다. 이 병은 매일 우리 안에서 수없이 많은 죄를 불러일으키기 때문에, 하나님은 이 병을 정죄하신다. 그 아들은 자신의 육체를 통해 이 병을 정죄했는데, 즉 그분은 인간적인 연약함 안에서 우리를 위해 죽음을 겪으셨다. 그분은 어느 누구도

글리는 그리스도의 의를 『믿음의 해설』(1531)에서 하나님께서 우리를 위해 율법의 의를 이루시고 십자가에서 죽으신 그리스도를 통해 제공하신 죄의 배상과 속죄의 은혜로 간주했다. 이와 같은 자료를 보면, 성자 하나님께서는 인간의 육체를 취하시고 성육신한 신인(Gott-Mensch)으로서 중보자이신 그리스도의 사역을 감당하셨다. 이로써 우리는 츠빙글리에게서 능동적 순종과 수동적 순종을 확인할 수 있다.

3) 메니우스

루터의 용어를 더 발전시킨 사람은 루터파 신학자 유스투스 메니우스(Justus Menius, 1499-1558)다. 메니우스는 능동적 순종과 수동적 순종을 정확하게 구별하여 제시했다. 메니우스는 『의로움』(1952)에서 그리스도의 의로움은 우리 안에 신적 의로움이 내재하는 것이 아니라 그리스도의 인성이 관여하여 성취된 능동적 순종과 수동적 순종의 결과로 얻은 것이라고 말했다. '메니우스가 얼마나 존재적 관점으로 칭의를 말했는가?'를 알 수 있다. '능동적 순종, 수동적 순종을 왜 말했느냐?'를 못 보면 논쟁의 언저리에서 헤매다가 분열한다. 메니우스는 능동적 순종, 수동적 순종을 말함으로써 로마 가톨릭의 존재론적 칭의론을 버린 것이다.

라은성 교수는 다음과 같이 말했다.

로마 가톨릭인들의 구원을 평하는 것은 쉽지 않겠지만 로마 가톨릭주의의 구원관은 그들이 주장하는 교회법과 법령을 통해 평할 수 있다. 로마 가톨릭의 구원관은 칭의관에서 가장 두드러지게 나타난다. 종교개혁 후, 그들은 트렌트 종교회의(1545-1563)를 개최하여 종교개혁자들을 정죄하고 자신들의 법령과 교회법을 제정하였다. 그때 제정한 것은 지금까지도 변함없는 로마 가톨릭의 신앙이 되고 있다. 두 차례 바티칸 종교회의가 열렸지만, 트렌트의 신조는 그대로 고수되고 있다. 특히 트렌트에서 결정한 6번째 회기 법령인 칭의론을 보면, 칭의는 전적으로 하나님의 은혜라고 표명한다. 하지만 누구든 은혜가 무엇이며, 은혜가 어떻게 행하심을 먼저 이해하지 못하면 은혜만으로 사람은 결코 의롭게 될 수 없다고 한다.
개혁신학은 은혜를 전적인 하나님의 속성으로 보지만, 로마 가톨릭은 은혜를 초자연적 도움으로 정의내리고 있다. 로마 가톨릭은 하나님께서 사람들을 성화시키고 강화시키기 위해 그들의 영혼 속에 유입시키는 존재론적인 어떤 영과 같은 존재라고 한다. 그래서 하나님의 은혜는 우리의 협력과 동의를 요구한다고 한다. 그래서 은혜를 받을 준비가 된 것은 은혜의 사역이 이미

완수할 수 없는 율법의 의로움을 우리 안에서 그분 자신의 행위로 성취하신 것이다. 왜냐하면 그리스도께서 행하시고 짊어지신 율법은, 그분이 우리를 위해 담당하신 것이기 때문이다. 그러므로 우리가 육체대로 살지 않고, 영으로 살기 때문에 그리스도의 의가 우리의 의가 된 것이다.": 박상봉, '그리스도의 능동적 순종과 의의 전가에 대한 종교개혁자들의 견해: 루터, 츠빙글리, 칼빈을 중심으로,' **신학정론** 39(2) (2021): 141(105-164)에서 재인용.

시작된 것이라고 한다. 은혜의 사역은 믿음으로 말미암아 칭의 안에서 그리고 자선으로 말미암아 성화 속에서 우리의 협력을 반드시 일으킨다고 한다. 펠라기우스의 입장을 거부한다고 밝히고 있지만 로마 가톨릭의 은혜관은 철저하게 세마펠라기우스적이거나 펠라기우스적이다. 세미-펠라기우스의 입장은 529년 오렌지 종교회의에서 정죄 받았음에도 불구하고 그들은 그것을 그대로 수용·실천하고 있는 것이다.

또 로마 가톨릭이 말하는 칭의는 첫 아담의 자녀로 태어난 사람의 상태가 둘째 아담 예수 그리스도 우리 구세주로 말미암아 하나님의 양자의 상태와 은혜의 상태로의 '변환(translation)'이라고 한다. 이런 변환을 안겨다 주는 칭의는 죄의 사면만 아니라 사람의 내적 성화와 갱생까지도 포함하고 있다고 한다. 칭의를 통해 하나님은 자신의 사랑을 우리들의 마음에 부어주셔서 우리를 '변환'(transforming)시키셔서 존재론적으로 우리를 의롭게 만드신다. 첫 번째 칭의, 즉 이런 변환은 세례적 중생에서 일어난다고 한다. 세례를 통해 원죄의 죄책이 경감되고, 죄의 속성이 사라진다고 주장한다. 그들은 세례를 매우 중요하게 다룬다. 그리하여 우리는 신의 성품에 참여하는 자가 되고 새로운 피조물이 된다고 한다. 선행을 얻을만하게 되어 두 번째 칭의를 받게 된다. 두 번째 칭의는 성찬과 고해와 연관을 맺게 된다. 살아가면서 성찬에 참여하고 받듯이 고해해야 한다고 주장한다. 그 이유는 성찬으로 인해 초자연적 삶이 조장되고, 고해성사로 인해 죄의 병으로부터 치유되기 때문이다.[927]

라은성 교수의 지적대로, 로마 가톨릭의 칭의론은 '존재론적 변환'이다. 로마 가톨릭의 신학 체계는 존재론적 변환을 추구하는 '존재의 상승'이다. 그것이 '자연신학'(Natural theology)이다. 자연신학이란 '인간의 이성이나 일반적으로 자연 속에서 얻어진 경험에 기초하여 하느님의 존재를 논증하는 신학의 한 분야'라고 정의한다. 어떻게 그것이 가능한가? 아리스토텔레스의 철학에 근거하여 인간 안에 잠재력이 있다고 믿기 때문이다.[928] 이것이 로마 가톨릭의 신성한 내면이다.

메니우스의 능동적 순종, 수동적 순종 개념이 가장 정확하게 표현된 문서

---

927) http://www.kidok.com/news/articleView.html?idxno=41150/ 라은성, '로마가톨릭 바로 알기(2) 구원관,'(2005.5.2.). accessed 2021.10.7.

928) 위키피디아; 〈은총은 자연을 파괴하지 않고 완성한다(Gratia non tollit naturam, sed perficit). 문자적으로 번역하면 은총은 자연을 파괴하지 않고 오히려 그것을 완성한다. 또는 은총은 자연을 파괴하지 않고 오히려 성취한다라는 의미이다. 이 구절은 아리스토텔레스의 형상과 질료의 개념에서 영향을 받은 토마스 아퀴나스(Thomas Aquinas, 1224-1274)의 철학을 대표하는 말이다. 아퀴나스는 그의 신학대전에서 아리스토텔레스의 4 원인론을 이용하여 하나님의 의지가 만물을 주관한다는 교리를 설명할 때 아리스토텔레스의 철학을 사용한다. 방해받지 않은 모든 원인은 그 원인의 결과를 필연적으로 만들어 낸다는 사상을 응용한다. 따라서 그는 은총은 자연을 파괴하지는 않지만 그 잠재력을 충족시킨다고 보았다(*Summa Theologiae*, I, I, 8 ad 2). 그러므로 은혜는 자연을 파멸시키지 않고 오히려 완성 시키므로, 의지가 자연적으로 온전하지 않는 사람은 사랑을 위해 봉사해야 하는 것처럼 당연하게 자연이성은 신앙을 위해 봉사해야 한다고 보았다(Thomas Aquinas, *Summa Theologica*, Part 1, Question 1, Article 8, Response to Objection 2). 은총은 자연과 충돌하지 않는다고 한다. 하나님의 창조물은 인간의 죄로 완전히 타락할 수 없다고 한다. 은총은 하나님의 불완전한 자연적 사상을 치료한다고 한다. 토마스 아퀴나스는 은혜를 두 가지로 설명하는데 하나는 개인을 성화시키는 은혜(gratia gratum faciens)와 다른 하나는 거져 주시는 은혜(gratia gratis data)로 보았다(I-II. III,1c). 로마 가톨릭교회의 화체설 사상에 이 원리가 직접적으로 영향을 주었다.〉

는 루터파 신학총론인 『일치신조』(1577)다. 『일치신조』는 루터 사후에 발생한 신학적 갈등을 해소하기 위해 12항목으로 루터파 신학을 총정리한 것이다. 이 문서에서 메니우스의 순종 개념이 반영된 것은 제3항목 '하나님 앞에서 믿음의 의로움'으로 칭의를 설명한 부분이다.[929] 메니우스는 하나님의 말씀에 계시 된 하나님의 계명들을 그리스도께서 완전히 지킨 것을 능동적 순종이라 말했으며, 우리 죄를 위해 고난을 당하시고 죽임을 당하시는 데까지 복종하신 것을 수동적 순종이라고 말했다.

4) 게오르크 카르크

16세기 루터파 내부에서 게오르크 카르크(Georg Karg, 1512-1576)가 그리스도의 능동적 순종이 지닌 공로적 성격을 부인함으로써 논쟁이 시작되었다. 카르크는 그리스도의 능동적 순종에 의한 의의 전가를 부정하면서, 1) 순종의 전가가 발견되지 않는다고 말하면서, 또한, 성경에서는 2. 죄 사함의 충만함, 3. "이중부채"의 논리적 오류, 4. 대리 복종의 불가능, 5. 율법주의의 위험성을 말했다. 우병훈 교수는 다음과 같이 말했다.

> 파르지모니우스(Parsimonius)라고도 알려져 있는 카르크는 그리스도께서 우리를 위해 형벌을 대신 받으신 것은 맞지만, 그가 율법에 순종하신 것은 자신을 하나님께 무죄한 제사로 바치기 위해서였으며, 이러한 그리스도의 능동적 순종은 우리를 위한 공로가 되지는 않는다고 보았다. 그의 주장에 대해서 픽토린 슈트리겔(Victorin Strigel, 1524-1569), 페터 크레츠만(Peter Ketzmann, 1521-1570), 틸레만 헤스후지우스(TilemanHesshusius, 1527-1588) 등이 반대하였다. 결국 1570년, 비텐베르크 신학자들과의 대화를 통해서 카르크는 자신의 견해를 철회하였다. 1560년대에 있었던 이러한 논쟁은 루터파 내부에서 큰 논쟁으로 발전하지는 않았지만, 그리스도께서 우리를 대신하여 율법에 순종하셨다는 견해를 보다 정교화하도록 했다.[930]

---

929) *Formual of Concord, Art,* Ⅲ, 14, 15; in *The Book of Concord,* trans. & ed. T.G. Tappert, (Philadelphia: Fortress Press, 1959), 541; 김재성, **그리스도의 능동적 순종** (고양: 언약, 2021), 149-150에서 재인용; "따라서, 은혜로 얻는 의로움이란 믿음에 대해서 인정하는 것이고, 또는 그리스도가 우리를 위해서 율법을 만족시키고, 우리의 죄에 대해서 죗값을 지불했을 때에 그리스도의 부활과 열심과 순종이 믿는 자들의 것으로 인정된다. 그리스도는 사람일 뿐만이 아니라, 하나님이자 인간으로서 하나의 분리되지 않는 한 인격 가운데 계셨다. 그가 율법의 주인이지만, 사람이었을 때에는 율법 아래서 약한 자였고, 그의 인격에 대하여 고난을 당하고 죽어야 하는 의무를 감당하였다. 따라서, 그의 순종은 그의 고난과 죽음 가운데서 만이 아니라, 우리를 대신하여 완전한 형태로 율법을 지키고, 기꺼이 율법에 복종하신 것으로 구성된다. 그것으로 인해서, 우리가 의롭다고 인정을 받고, 하나님께서는 우리들의 죄를 용서하시며, 우리를 거룩하고 의로운 자로 간주하시고, 이러한 전체 순종으로 인하여, 우리를 영원토록 구원하시는데, 그리스도는 삶과 죽음 가운데서 행하신 것과, 고난 당하심에 의해서, 우리가 그의 하늘에 계신 아버지에게 인정을 받도록 하신다."
930) 우병훈, '교회사 속에 나타난 능동적 순종교리: 교부시대부터 종교개혁기까지 주요 인물들을 중심으로,' **갱신과부흥 29** (2022): 10.

우병훈 교수에 의하면, 카르크는 능동적 순종을 부인했다. 그러나 1570년, 비텐베르크 신학자들과의 대화를 통해서 카르크는 자신의 견해를 철회했다.[931]

5) 오시안더

오시안더는 루터가 죽은 직후인 1550년에 칭의에 관한 논고에서, 그리스도의 의의 근거인 법정적 행위로 간주하는 칭의를 부인함으로써, 개신교주의 원리에 두드러지게 공격했다.[932] 이중칭의를 '먼저 칭의'와 '나중 칭의'로 구분하는 방식에서(레겐스부르크 회의), '수동 칭의'와 '능동 칭의'로 구분하는 방식으로 전환시켰다.[933]

6) 멜랑히톤

멜랑히톤(Philipp Melanchthon, 1497-1560)은 오시안더가 주장한 그리스도의 순종을 넘어 그리스도의 내주에 대해서 반대했다. 오시안더는 본질적인 의의 주입을 말했기 때문이다. 그리고 멜랑히톤은 오직 그리스도께서 인류를 위한 십자가의 고통 받으심으로 아버지에게 전적으로 순종하심에 대해서만 말했다. 멜랑히톤은 일관되게 그리스도의 순종 혹은 수동적 순종의 유익을 주장했다. 이중채무, 이중칭의에 대해서는 언급하지 않았다. 그리스도의 순종이 우리의 죄를 위한 죽음으로 집중시키며 완전한 제물이 된 것이다. 멜랑히톤의 개념은 메니우스나 플라키우스보다 훨씬 더 변증적 언어에 가깝다. 멜랑히톤이 오시안더를 혹독하게 비판한 한 가지는 오시안더가 의와 죄 용서를 동일하게 놓는 것을 거부한 것이다.[934]

멜랑히톤은 인간에게는 자유의지가 없다고 말했으며, 칭의 선언적 측면을 강조하면서도, 새로운 순종(선행, 회개)이 그 열매로 뒤따른다고 말했다(율법의 제3용도). 멜랑히톤은 아우구스부르그 신앙고백서 4항에 "만약 우리가 그

---

931) http://www.chptp.org/news/articleView.html?idxno=321 우병훈, [한국장로교신학회 학술발표회(요약)] ① 우병훈 교수 '교회사 속에 나타난 능동적 순종교리'(2021.4.3.)

932) https://m.blog.naver.com/ktyhbgj/221757102813/ 고경태, 'Christ's twofold work of active and passive obedience,'(2020.1.2.)

933) 같은 사이트에서.,

934) https://www.academia.edu/38975012/Conflicts_on_Righteousness_and_Imputation_in_Early_Lutheranism_The_Case_of_Georg_Karg_1512_1576_;

https://m.blog.naver.com/ktyhbgj/221757102813/ 고경태, 'Christ's twofold work of active and passive obedience,'(2020.1.2.)에서 재인용.

리스도께서 우리를 위해 고난받았고 그 때문에 죄를 용서하시고 의와 영생을 주신다는 것을 믿는다면, 우리는 죄용서와 하나님 앞에서 의롭게 되는 것이 우리의 공로와 행위와 충족을 통해서 할 수 없으며, 우리는 그리스도 때문에 은혜로 신앙을 통해서 죄 용서를 받고 하나님 앞에서 의로워질 수 있다(롬 3장, 4장)"고 고백했다.935) 멜랑히톤의 언약 신학은 우르시누스와 올레비아누스에게 영향을 주었다.

7) 칼빈

교리사에서 어느 누구의 지지보다 칼빈(John Calvin, 1509-1564)의 지지가 중요하다고 여기기 때문에, '칼빈이 능동적 순종을 지지했느냐?'에 대한 논의는 여전히 계속되고 있다. 노먼 쉐퍼드와 알란 클리포드(Alan Clifford)는 칼빈이 능동적 순종교리를 가르치지 않았다고 보며, 존 페스코(John Fesko)와 스캇 클락(R. Scott Clark)은 능동적 순종과 수동적 순종을 통해 칭의가 주어졌다고 주장했다. 클락은 칼빈이 17세기의 신학자들처럼 정교하게 능동적 순종교리를 말하지 않았을지라도 칼빈안에 씨앗의 형태로 나타난다고 주장했다.936)

칼빈에게 있어서 능동적 순종은 칼빈 주석과 『기독교강요』에서 말할 수 있다. 칼빈 주석에 능동적 순종에 대해 명백하게 말한 곳은 두 곳이다. 칼빈은 로마서 주석 롬 3:22과 3:31에서 다음과 같이 말했다.

> 바울은 이 칭의가 어떤 것과 같은 것인가를 간략하게 밝히고 있다. 즉, 이 칭의는 그리스도 안에서 발견되어야 하고 그리고 믿음으로 말미암아 파악되어야 한다는 것이다. … 이는 마치 그 의가 하나님에게서만 흘러나오고, 즉 그것의 기원이 하늘에 있으되, 그러나 그 의가 그리스도 안에서 우리에게 나타나 보여진 것으로 말한 것과도 같다. 첫째로, 우리의 칭의의 원인을 인간들의 판단에 돌려서는 안 되고 하나님의 법정에로 돌려야 한다. 하나님 앞에서는 오직 율법에 대한 완전하고 절대적인 순종만이 의로 간주된다. 이는 율법의 약속들과 경고들에 분명하게 드러나 있다. 만일 이처럼 완전무결한 성결에 이른 사람이 아무도 없다고 한다면, 모든 사람들은 그들 자신들에게는 의가 없다는 결론이 나온다. 둘째로, 그리스도께서 우리를 도우러 오실 필요가 있다. 이는 의로우신 그분만이 우리에게 그 자신의 의를 전가시켜 주심으로써 우리를 의

---

935) 김진국, '필립 멜랑히톤(Philipp Melanchthon)의 신학,' 갱신과부흥 19 (2017): 21(1-31).
936) 우병훈, '교회사 속에 나타난 그리스도의 능동적 순종교리: 초대교회부터 종교개혁기까지 주요 신학자들을 중심으로,' 갱신과부흥, 29 (2022): 38; "유창형이 잘 지적한 것처럼, 칼빈이 칭의를 말할 때 주로 그리스도의 능동적 순종과 수동적 순종을 함께 엮어서 말한 것은 사실이지만. 칼빈의 작품 중에 적어도 그리스도의 능동적 순종의 전가 사상이 나타나는 부분들이 있다. 이 문제를 자세히 탐구한 더 캄포스(De Campos)도 역시 칼빈을 피스카토르나 그의 반대편 어느 한쪽에 넣을 수는 없다고 말하는 조심성을 보이면서도, 결코 칼빈이 피스카토르의 선구자라고는 볼 수 없다고 주장한다."(Ibid., 38-39.)

롭게 해 줄 수가 있기 때문이다.937)

칼빈은 21절 주석에서, "하나님께서 율법을 주신 것은 사람들의 행위로 말미암아 자력(自力)으로 의를 얻는 방법을 가르치기 위함이 아니었다는 것이 분명하다"라고 말했다. 그러면 인간이 의로워질 수 있는 해결책은 무엇인가? 칼빈은 그 수단은 "복된 씨"(the blessed seed)라고 말했다. 칼빈이 말한 것은 창 3:15의 '원시복음'이다. 이것은 칼빈이 22절 주석에서 그리스도의 칭의를 말하기 위한 전제로 인간의 존재적 관점을 말한 것이다. 칭의는 존재의 변화를 위한 하나님의 해결책을 말한 것이다. 여기서 칼빈은 그리스도께서 율법을 완전하고 절대적으로 순종하셨기 때문에 의가 되고 그 의가 우리에게 전가된다고 말했다. 이것은 칼빈이 능동적 순종을 말한 것이다.

칼빈은 롬 3:31에서 다음과 같이 말했다.

> 도덕법은 그리스도를 믿는 믿음으로 말미암아 참되게 확증되고 확립된다. 왜냐하면 율법은 인간에게 그의 죄에 대하여 가르쳐 주고, 그리고 그를 그리스도에게로 인도할 목적으로 주어졌기 때문이다. 그런데 그리스도가 없는 율법은 성취되지 않는다. 율법이 옳은 것을 선포하나 그것은 헛되다. 율법은 무절제한 정욕을 증가시키는 것 외에는 아무것도 성취하는 것이 없다. 그리하여 마침내는 인간이 더 큰 정죄를 받게 만들어버린다. 그러나 우리가 그리스도에게로 오게 되면, 먼저 그 안에서 율법의 정확한 의(the exact righteousness of the law)를 발견한다. 그러나 이 의는 우리에게 전가(imputation)됨으로써 우리의 것이 된다. 둘째로 우리는 그 안에서 성화를 발견한다. 이 성화로 말미암아 우리는 율법을 지킬 수 있는 마음가짐을 발견한다. 이 성화로 말미암아 우리는 율법을 지킬 수 있는 마음가짐을 갖게 된다. 사실 우리는 율법을 완전하게 지키지는 못한다. 그렇지만 적어도 우리는 율법을 지키려고 노력한다.938)

칼빈은, 율법은 인간의 죄를 가르쳐주고 그리스도께로 인도한다고 말하면서, 우리는 율법을 완전히 지키지 못하나 그리스도께서 완전히 지키심으로 그 의가 우리에게 전가된다고 말했다. 그리스도 안에 있는 "율법의 정확한 의"가 우리에게 전가된다는 것은 그리스도의 능동적 순종을 말한다. 롬 3:31에 대한 칼빈의 주석은 다니엘 피틀리(Daniel Featley, 1582-1645)가 웨스트민스터 회의의 다섯 번째 연설에서 그리스도의 능동적 순종을 지지하기 위해

---

937) 존 칼빈, **신약성서주석 7** (서울: 성서교재간행사, 1982), 116-117.
938) Ibid., 128; "의식들의 경우도 이와 마찬가지이다. 그리스도께서 오실 때 이 의식들은 중단되고 사라진다. 그러나 그것들은 그로 말미암아 참되게 확증되는 것이다. 그 의식들은 그것들 자체로서는 헛되고 공허한 표상들에 지나지 않는다. 그것들은 보다 나은 목적과 관련하여서만 실재를 갖게 되는 것이다. 그러므로 그것들의 최상의 확증은 그것들이 그리스도 안에서 그것들의 진리를 성취하였다는 사실에 있다. 그러므로 우리가 꼭 기억할 것은, 복음을 전파할 때 우리가 율법을 우리의 교훈으로 삼아 확증하는 방향으로 해야 한다. 그러나 우리가 전파하는 것에 대한 유일한 근거는 그리스도를 믿는 믿음 그것이어야 한다."

인용한 구절로 유명하다.[939]

칼빈은 『기독교강요』에서 능동적 순종에 대해 무엇이라고 말했을까? 칼빈에게서 능동적 순종은 칼빈의 칭의론에서부터 말할 수 있다. 칼빈의 칭의론은 '죄의 용서'와 그리스도의 '의로움을 전가 받는 것'이다. 칼빈의 칭의론은 그리스도의 완전한 순종에 근거한다. 칼빈은 다음과 같이 말했다.

> 우리가 하나님과 화목하기 위한 두 번째 요건은 이것이었다. 곧, 사람이 불순종으로 인하여 잃어버린 상태가 되었으므로 순종으로 그것을 시정하고, 하나님의 심판을 만족시키고, 죄에 대하여 형벌을 치러야 한다는 것이 그것이었다. 그리하여 우리 주님이 참 사람으로 오셔서 아담의 인격과 이름을 취하셔서 아담을 대신하여 아버지께 순종을 이루시며, 우리의 육체를 대표하셔서 하나님의 의로우신 심판을 만족시키시는 값으로 내어놓으시고, 그 육체로써 우리가 치러야 할 형벌을 값으로 치르신 것이다. 요컨대, 하나님만으로는 죽음을 느끼실 수가 없고, 사람만으로는 죽음을 이기실 수가 없었으므로, 그는 신성과 인성을 동시에 취하셔서, 속죄를 위하여 자신의 인성의 연약함을 죽음에 굴복시키고 또한 신성의 권능으로 죽음과 싸우셔서 우리를 위하여 승리를 얻고자 하신 것이다. 그러므로 그리스도의 신성이나 인성 가운데 어느 하나라도 탈취해 버리는 사람들이 있다면, 그들은 그의 위엄과 영광을 약화시키며, 그의 선하심을 흐리게 만드는 자들인 것이다. 뿐만 아니라 그들은 사람들의 믿음도 약하게 만들고 뒤집어엎어서 그들에게 굉장한 해악을 끼치게 된다. 이러한 토대 위에 서 있지 않으면, 그 믿음이 올바로 설 수가 없기 때문이다. 게다가, 오랫동안 사람들이 기다려온 그 구속자는 하나님께서 율법과 선지자들의 글에서 과거에 약속하신 그 아브라함과 다윗의 자손이셔야 했다. 이 사실에서 경건한 사람들은 또 한 가지 유익을 얻는다. 그가 아브라함과 다윗의 후손이라는 것을 근거로, 그가 그렇게 많은 말씀들을 통해서 높이 칭송을 받은 바로 그 메시야(기름 부음을 받은 자)시라는 것을 더욱 분명하게 알게 되기 때문이다. 그러나 무엇보다도 우리는 특히 바로 앞에서 설명한 사실에 주의를 기울여야 할 것이다. 즉, 우리가 그리스도와 공통의 본성을 지니고 있다는 것이 우리와 하나님의 아들의 교제의 보증이며, 그가 우리의 육체로 옷 입으시고 죽음과 죄를 함께 정복하셔서 우리가 승리와 개선을 누리게 되었다는 사실이다. 그는 우리에게서 받으신 그 육체를 희생제물로 드리셨고, 그리하여 그의 대속(代贖)의 행위로 말미암아 우리의 죄책(罪責)을 씻으셨고, 아버지의 의로우신 진노를 진정시키신 것이다.[940]

칼빈에 의하면, 우리가 하나님과 화목하기 위해서는 인간이 불순종하여 잃어버린 상태를 회복해야 한다. 그 회복을 위해 그리스도께서 아담을 대신하여 순종하시고 또한 그 육체로 형벌을 받으셔야 했다. 칼빈은 그리스도의 대속을 다시 강조했으나 아담의 인격과 이름으로 아버지께 순종을 이루셨다고 말한 것은 능동적 순종을 의미한다.

칼빈은 다음과 같이 말했다.

---

939) 우병훈, '교회사 속에 나타난 그리스도의 능동적 순종교리: 초대교회부터 종교개혁기까지 주요 신학자들을 중심으로,' **갱신과부흥**, 29 (2022): 40.

940) 존 칼빈, **기독교강요(상)**, 원광연 역 (고양: 크리스챤다이제스트, 2003), 572-573; **기독교강요** 2.12.3.

그런데 어떤 사람은 묻기를, 그리스도께서는 과연 어떻게 해서 죄를 제거하셨고, 우리와 하나님 사이의 분리된 상태를 없애셨으며, 또한 의를 얻어서 하나님으로 하여금 우리를 향하여 자비와 친절을 베푸시게 만드셨느냐고 한다. 이에 대한 우리의 일반적인 답변은 곧, 그의 복종의 전 과정을 통해서 우리를 위해 의를 이루셨다는 것이다. 이것은 바울의 증언으로 증명된다: "한 사람이 순종하지 아니함으로 많은 사람이 죄인 된 것 같이 한 사람이 순종하심으로 많은 사람이 의인이 되리라"(롬 5:19). 다른 구절에서 바울은 율법의 저주에서 우리를 자유케 한 그 용서의 근거를 그리스도의 전 생애에까지 확대시키고 있다: "때가 차매 하나님이 그 아들을 보내사 여자에게서 나게 하시고 율법 아래에 나게 하신 것은 율법 아래에 있는 자들을 속량하시 … 려 하심이라"(갈 4:4-5). 그리하여 그리스도께서는 그의 세례 시에도 자신이 아버지의 명령을 순종으로 시행함으로써 의의 한 부분을 이루셨다고 단언하셨다(마 3:15). 요컨대, 종의 형체를 취하신 때로부터, 그는 우리를 구속하시기 위하여 해방의 대가를 치르기 시작하신 것이다. 그러나 구원의 길을 좀 더 정확하게 규명하기 위해서, 성경은 그것이 특별히 그리스도의 죽으심으로 말미암아 이루어졌음을 말씀하고 있다. … 그렇기 때문에, 이른바 "사도신경"이 그리스도의 탄생에서부터 그의 죽으심과 부활에 이르기까지를 -완전한 구원의 모든 것이 거기에 있다-단번에 가장 적절한 순서대로 다루고 있다 하겠다. 그러나 물론 그가 그의 생애에서 드러내 보이신 순종의 나머지 부분도 간과해서는 안 될 것이다. … 우리가 굳게 붙들어야 할 사실은 이것이다. 곧, 그리스도께서 자기 자신의 감정을 무시하시고 전적으로 아버지의 뜻에 자기 자신을 굴복시키시고 복종하시지 않았다면, 하나님께 할당한 희생제물이 드려질 수가 없었을 것이라는 것이다.[941]

칼빈에 의하면, 그리스도께서는 복종의 전 과정을 통해 우리의 의를 이루셨다. 칼빈은 롬 5:19을 인용하면서, 율법의 저주에서 우리가 자유케 된 그 용서의 근거를 "그리스도의 전 생애에까지"라고 말했다. 그 예로써 그리스도의 세례 받으신 사건을 말했다. 더 나아가 "종의 형체를 취하신 때로부터", 곧 성육신으로부터 구속의 대가를 치른 것이라고 말한 것은 그리스도의 능동적 순종을 의미한다. 칼빈은 예수 그리스도의 대속사역을 그분의 전체 삶과 관련시켜 이해했다. 칼빈은 "그리스도의 전체 삶"(tota Christi vita)이 하나님 앞에서 "그분의 순종의 전체 과정"(totus obedientiae suae cursus)이었다. 칼빈은 칭의의 근거가 되는 그리스도의 의는 그분의 완전한 순종의 개념 속에서 이해되어야 한다고 보았다.[942]

---

941) Ibid., 622-623; **기독교강요** 2.16.5. 그리스도께서 죽기까지 순종하심으로 우리를 구속하셨음.

942) 박상봉, '그리스도의 능동적 순종과 의의 전가에 대한 종교개혁자들의 견해: 루터, 츠빙글리, 칼빈을 중심으로,' **신학정론** 39(2) (2021): 149(105-164); 〈물론, 칼빈은 그리스도로 말미암은 구원의 길을 더욱 명확히 밝히기 위해 성경은 그리스도의 죽음에 고유한 강조점을 두었다고 말한다. 하지만 칼빈은 사도신경에서 구원의 완전한 요약(perfectae salutis summa)으로서 그리스도의 탄생에서부터 죽음과 부활에 이르는 내용이 대속 사역의 순서대로 고백되어 있다고 해도, 이와 함께 그리스도가 일생 동안 보이신 나머지 순종도 제외하면 안 된다고 강조했다. 즉, 그리스도께서 성육신하신 순간부터 십자가에서 죽으실 때까지 그분의 삶은 율법의 요구가 전제된 하나님의 뜻을 이루는 순종의 삶이었다는 사실이다. 그래서 칼빈은 갈라디아서 4장 4-7절을 해석하면서 예수님이 할례를 받았다는 것과 함께 "모세의 율법이 명령한 것을 모두 철저하게 지켰다"고 명확히 밝혔다. 그리스도의 삶은 일생 동안 순종의 삶이었으며, 십자가 죽음도 그 순종의 결과이다. 그리스도께서 자신을 기꺼이 바치는 희생을 통해 의를 이루신 것이다. 그리스도는 무서운 공포와 싸우며, 잔인한 고통 중에서도 자신에 대한 생각을 일체 버

칼빈은 전적인 복종이 없으면 희생제물로 드려질 수도 없었을 것이라고 말했다. 이로써 칼빈은 '그리스도의 전 생애의 순종으로 의를 이루셨다'는 것을 확실하게 말했다. 그리스도께서는 하나님의 진노에서 우리를 자유케 하시려고 육체의 비천함 속에서 자기를 비워 종의 형체를 가지신 동안에(빌 2:7) 아버지께 온전히 순종하셨다.[943]

물론, 칼빈은 『기독교강요』 2.17.5.에서 그리스도의 십자가의 죽으심으로 우리가 의롭게 되었다고 말한다.[944] 이어서 칼빈은 그리스도의 율법 순종에 대해 말했다.[945] 칼빈이 칭의의 원인으로서 말하는 의의 전가는 오직 그리스도의 순종을 통해 획득된 의다.

박상봉 교수는 다음과 같이 말했다.

리고, 사람의 구원을 위해 죽는 순간까지도 순종하셨다.〉(Ibid., 149-150.)

943) Ibid., 151(105-164).

944) 존 칼빈, **기독교강요(상)**, 원광연 역 (고양: 크리스챤다이제스트, 2003), 652-653; 〈사도들은 그리스도께서 값을 지불하심으로 우리를 죽음의 형벌에서 구속하셨음을 분명히 진술하고 있다: "그리스도 예수 안에 있는 속량으로 말미암아 하나님의 은혜로 값없이 의롭다 하심을 얻은 자 되었느니라 이 예수를 하나님 이 그의 피로써 믿음으로 말미암는 화목제물로 세우셨으니"(롬 3:24-25), 바울은 하나님께서 그리스도의 죽음으로 구속의 값을 주셨다는 점에서(롬 3:24) 그의 은혜를 높이 기리며, 그리고 나서 그리스도의 피를 피난처로 삼으라고 우리에게 명한다. 의를 얻었으므로 우리가 하나님의 심판대 앞에 안전하게 서게 되었다는 것이다(롬 3:25). 베드로의 진술도 같은 뜻이다: "너희가 … 대속함을 받은 것은 은이나 금 같이 없어질 것으로 된 것이 아니요 오직 흠 없고 점 없는 어린양 같은 그리스도의 보배로운 피로 된 것이니라"(벧전 1:18-19), 우리의 죄에 대하여 보상이 이루어지지 않았다면, 이러한 비교는 성립되지 않을 것이다. 그렇기 때문에 바울은 우리가 "값으로 산 것이 되었으니"(고전 6:20)라고 말하는 것이다. 만일 우리가 받아야 할 형벌이 그리스도께 지워지지 않았다면, 바울의 다른 진술 역시 성립되지 않을 것이다: "중보자도 한 분이시니 … 그가 모든 사람을 위하여 자기를 대속물로 주셨으니"(딤전 2:5-6). 그렇기 때문에 사도는 그리스도의 피로 말미암은 구속을 "죄사함"으로 정의하고 있다(골 1:14). 그의 말은, "그 피가 우리에 대한 보상이 되기 때문에 우리가 하나님 앞에서 의롭다 하심, 혹은 사하심을 얻는 것이다"라는 뜻과도 같은 것이다. 또 다른 구절도 이와 일치한다: "우리를 거스르고 불리하게 하는 법조문으로 쓴 증서를 지우시고 제하여 버리사 십자가에 못 박으시고"(골 2:14). 거기서 그는 우리의 죄책을 사면시켜 주는 대가나 보상을 염두에 두고 있는 것이다.〉; **기독교강요** 2.17.5.

945) Ibid., 653; 〈그리고 바울의 다음과 같은 말씀도 매우 중요하다: "만일 의롭게 되는 것이 율법으로 말미암으면 그리스도께서 헛되이 죽으셨느니라"(갈 2:21). 이를 근거로 우리는, 누구든지 율법을 지키는 자에게 주어질 그것을 그리스도께 구해야 한다고, 혹은 - 결국 같은 것이지만 - 하나님께서 우리의 행위에 대하여 율법에서 약속하신 바를 - "사람이 이를 행하면 그로 말미암아 살리라"(레 18:5) - 우리가 그리스도의 은혜를 통하여 얻는다고 생각하게 되는 것이다. 또한 안디옥에서 행한 설교에서도 이 사실이 분명하게 확증되고 있다. 그리스도를 믿음으로 말미암아 "모세의 율법으로 … 얻지 못하던 모든 일에도 … 의롭다 하심을 얻"다는 것이다(행 13:39). 만일 의가 율법을 지키는 것에 있다면, 그리스도께서 친히 그 짐을 지시고 우리를 하나님과 화목시켜서 마치 우리가 율법을 지킨 것처럼 만드셨으니, 그리스도께서 그의 공로로 우리를 위하여 자비를 얻으셨다는 것을 과연 누가 부인하겠는가? 갈라디아서에서 가르치는 내용도 같은 목적을 지닌다: "하나님이 그 아들을 보내사 … 율법 아래에 나게 하신 것은 율법 아래에 있는 자들을 속량하시…려 하심이라…"(갈 4:4-5). 우리가 지불할 수 없는 것을 친히 지불하셔서 우리를 위하여 의를 얻으시기 위함이 아니라면, 그리스도께서 율법 아래에 계신 목적이 과연 무엇이었단 말인가? 그리하여 행위로 말미암지 않는 의의 전가에 대한 논의가 이어지는 것이다(롬 4장). 그리스도 안에 있는 의가 우리의 것으로 간주되기 때문이다.〉; **기독교강요** 2.17.5.

칼빈은 사람의 행위가 없는 오직 그리스도를 통해 획득된 의를 강조한 것이다. 이렇게 볼 때, 칼빈은 그리스도의 순종을 율법의 순종과 관련된 능동적 순종과 십자가의 죽음과 관련된 수동적 순종으로 이해했음을 분명하게 알 수 있다. 그리스도가 하나님께 온전히 순종하심으로써 그분의 의가 우리에게 전가된 것이다. 이렇게 볼 때, 우리는 성육신하셔서 율법의 순종을 통해 의를 이루시고 또 십자가의 죽음을 통해 의를 이루신 그리스도로 말미암아서 구원을 얻는다. 즉, 그리스도의 순종에 근거한 의가 사람에게 전가되어 그 사람이 의롭게 된다. 사람이 스스로 의로운 것이 아니라, 그리스도의 의의 중보로 말미암아서 그 의가 사람에게 전달되어 의롭게 된다는 것이다. 그래서 우리의 의는 우리에게 속한 것이 아니고, 오직 그리스도에게 속한 것이며, 우리가 이 그리스도의 의에 참여하여 의롭게 된 것이다.946)

박상봉 교수에 의하면, 칼빈이 말하는 의는 사람의 행위가 기여할 수 없는 오직 그리스도의 순종을 통해 획득된 의다. 여기서도 칼빈이 강조하는 것은 그리스도를 의의 중보로 말한다는 것이다. 의는 그리스도의 순종으로 우리에게 '전달'되어 의롭게 된다. 칼빈은 다음과 같이 말했다.

분명히 드러나는 사실이지만 사도 바울의 다음과 같은 진술도 이와 똑같은 것을 의미한다: "한 사람이 순종하지 아니함으로 많은 사람이 죄인 된 것 같이 한 사람이 순종하심으로 많은 사람이 의인이 되리라"(롬 5:19). 오직 그리스도로 말미암아 우리가 의인으로 인정된다고 선언하는 것은, 바로 우리의 의를 그리스도의 순종에 두는 것이 아니고 무엇이겠는가? 그리스도의 순종이 마치 우리 자신의 순종처럼 우리의 것으로 돌려지기 때문이다. … 이것은 과연 사실이다. 우리가 하나님 존전에 나타나 구원을 얻기 위해서는 그리스도의 향기로운 냄새가 우리에게서 나야 하고, 그의 완전하심으로 말미암아 우리의 악행들이 덮어지고 파묻혀져야 하는 것이다.947)

칼빈에 의하면, 우리가 의롭게 되는 것은 오직 그리스도의 의가 우리에게 전가되는 것뿐이다. 칼빈은 롬 5:19을 인용하면서 우리가 의인으로 인정되는 것은 우리의 의가 그리스도의 순종에 근거하기 때문이라고 말했다. 칼빈은 그것을 "그리스도 안에 참여하는" 것이라고 말했다.

칼빈의 로마서 주석을 보면 더 명확하다. 칼빈은 다음과 같이 말했다.

---

946) 박상봉, '그리스도의 능동적 순종과 의의 전가에 대한 종교개혁자들의 견해: 루터, 츠빙글리, 칼빈을 중심으로,' 신학정론 39(2) (2021): 155(105-164).
947) 존 칼빈, 기독교강요(중), 원광연 역 (고양: 크리스챤다이제스트, 2003), 285; 〈그렇기 때문에, 내가 보건대 암브로시우스는 야곱의 축복에서 이러한 의의 실례를 멋지게 간파하고 있는 것 같다. 야곱은 스스로 장자의 권리에 합당한 자격이 없었으므로 그 형의 의복에 몸을 숨기고 형의 냄새가 나는 겉옷을 걸치고 아버지에게 나아가 (창 27:27) 자신이 형인 체하여 아버지에게서 축복을 받았다. 이와 마찬가지로 우리도 우리의 맏형이신 그리스도의 귀하신 순결 아래 몸을 숨기며, 그리하여 하나님 보시기에 의로운 자들로 드러나도록 하는 것이다. 암브로시우스는 다음과 같이 말하고 있다: "이삭이 의복의 냄새를 맡은 사실은 어쩌면 우리가 행위로 말미암아서가 아니라 믿음으로 말미암아 의롭다 하심을 얻는다는 것을 의미할 것이다. 육신의 연약함이 행위를 가로막는 장애가 되지만, 죄 사함을 얻게 하는 믿음의 찬란함이 행위의 그릇된 것들을 덮어 주기 때문이다."〉; 기독교강요 3.11.23.

바울은 앞에서 우리가 정죄를 받았다고 말했으나, 어떤 사람이든 무죄하다고 주장하지 못하게 하기 위해서, 모든 사람이 정죄받는 것은 그가 죄인이기 때문이라는 점을 덧붙이고 싶어했다. 그가 뒤이어서 그리스도의 순종으로 말미암아 우리가 의롭게 되었다고 진술한 경우, 우리는 이로부터 그리스도께서 아버지를 만족시켜 드림으로 해서 우리를 위하여 의를 획득하셨다는 것을 추론할 수 있는 것은 의가 그리스도 안에 하나의 속성으로 존재한다는 것과, 그러나 그리스도에게만 고유하게 속해 있는 것이 우리에게 전가된다는 사실이다. 동시에 바울은 그리스도의 의를 순종이라고 일컬음으로써 그것의 성격을 설명하고 있다. 우리가 만일 행위로 의롭다 하심을 얻고자 한다면, 하나님 존전에 무엇을 가져오도록 우리에게 요구되는가를 여기서 주목해야 한다. 부분적인 순종이 아니라 모든 면에서 절대적인 순종인 율법에의 순종이 요구된다는 것이다. 만일 의로운 사람이 타락할 것 같으면, 그의 이전의 의는 아무것도 기억되지 않는다.948)

칼빈에 의하면, 하나님 앞에 의는 부분적 순종이 아니라 "모든 면에서 절대적인 순종인 율법에의 순종이 요구된다." 이것은 칼빈이 3.11.23.에서 롬 5:19을 인용하며 말하는 그 의는 그리스도께서 모든 면에서 절대적인 순종, 율법에의 순종을 완전히 이루신 의를 말한다. 이것은 칼빈이 능동적 순종을 그리스도의 전 생애적 순종에 포함하여 말하는 것이다.

칼빈은 다음과 같이 말했다.

하나님의 보좌에서 의로 인정받기에 합당할 만큼 삶이 순결하고 거룩한 사람이 있다면, 혹은 하나님의 공의를 만족시킬 수 있을 만큼 행위가 완전한 사람이 있다면, 그 사람은 "행위로 말미암아 의롭다 하심을 받는다"고 말할 수 있을 것이다. 그러나 이와 반대로 행위로는 의가 없으나 믿음으로 말미암아 그리스도의 의를 붙잡고 그 의로 옷 입어서 하나님 보시기에 죄인이 아니라 의인으로 나타나는 사람은 "믿음으로 말미암아 의롭다 하심을 받는 것"이다. 그러므로, 칭의란 한마디로 말해서, 하나님께서 우리를 의인으로 인정하사 그의 사랑 속으로 받아들이시는 것이라고 말할 수 있다. 또한 칭의는 죄를 씻는 일(the remission of sins)과 그리스도의 의를 우리에게 전가(轉嫁)시키는 일(the imputation of Christ's righteousness)에 있다고 말할 수 있다.949)

칼빈에 의하면, 믿음으로 말미암는 칭의는 오직 하나님의 긍휼하심으로 값없이 의를 얻는 것이다. 칼빈은 칭의를 설명하면서, 칭의는 "죄를 씻는 일"과 "그리스도의 의를 우리에게 전가시키는 일"에 있다고 구분하여 말했다. 전자가 수동적 순종이라면 후자는 능동적 순종이다.

박상봉 교수는 다음과 같이 말했다.

칼빈은 우리 죄인을 구원하시기 위해 이 땅에 성육신하신 그리스도의 대속사역을 부분적으로만 이해하지 않고 전체적으로 이해했다. 쉽게 말하면, 그는 예수 그리스도의 공생애 동안 율법에 순종하신 것과 십자가에서의 죽음을 분리해서 이해하지 않았다. 칼빈은 그리스도께서 의가 되신 이유와 우리가 의롭게 된 이유를 그리스도의 신성에 의해서라고 주장했던 오시안더의 입장

948) 존 칼빈, **신약성서주석 7** (서울: 성서교재간행사, 1982), 179.
949) 존 칼빈, **기독교강요(중)**, 원광연 역 (고양: 크리스챤다이제스트, 2003), 251-252; **기독교강요** 3.11.2.

을 반박하여 이렇게 밝혔다: "그러므로 첫째로 그리스도께서 의가 되신 것은 그분이 "종의 형체를 가지신" 때이며(빌 2:7), 둘째로, 그리스도께서 우리를 의롭게 하시는 것은 그분 스스로 아버지에게 복종하셨기 때문이다."(빌 2:8). 우리가 의롭게 된 이유가 그리스도의 순종과 관련되었다고 할 때, 이미 앞서 언급된 것처럼, 칼빈은 그리스도가 성육신하신 때부터 십자가에서 죽기까지 하나님께 스스로 순종한 것을 염두에 두고 이렇게 표현한 것이다.[950]

박상봉 교수에 의하면, 칼빈이 말하는 그리스도의 의가 우리의 의가 된 것은 공생애 동안 율법에 순종하신 것과 십자가에 죽으심을 포함하는 생애 전체의 순종이다. 오시안더는 칭의의 이유는 그리스도의 신성, 곧 본질적 의의 주입으로 보았으나, 칼빈은 그리스도의 성육신으로부터 십자가에 죽으시기까지 하나님의 뜻에 전적으로 순종하심으로 우리가 의롭게 되었다고 말했다.

8) 테오도르 베자

베자(Theodore Beza, 1519-1605)는 1519년 6월 24일 프랑스 부르고뉴 지방에 있는 베즐레에서 태어나 1605년 10월 13일 제네바에서 죽었으며, 칼빈의 뒤를 이어 제네바 대학교를 이끌었다. 데이비드 슈타인메츠(David Steinmetz)는 베자가 루터파 신학자인 플라시우스(Flasious)의 저작에서 능동적 순종과 수동적 순종이라는 용어를 발견하고 가져왔다고 말했다.[951]

베자는 능동적 순종을 명시적으로 말했다. 베자는 그리스도의 능동적 순종과 수동적 순종을 명확하게 구분하며 그리스도의 이 두 가지 순종이 성도에게 전가된다고 가르치며, 이 관점으로 성경을 해석했다. 베자의 능동적 순종에 대한 자료는 베자의 신약주석과 교리해설서 저술들에서 확인할 수 있다. 이 자료는 이남규 교수의 논문을 요약했다.

① 신약주석

베자는 로잔에서 1549년부터 헬라어 교수로서 가르치면서 1556년 『신약

---

950) 박상봉, '그리스도의 능동적 순종과 의의 전가에 대한 종교개혁자들의 견해: 루터, 츠빙글리, 칼빈을 중심으로,' 신학정론 39(2) (2021): 152(105-164).

951) David, C. Steinmetz, *Reformers in the Wings*, 118; "칼빈은 비록 죄 용서를 더욱 강조했지만, 칭의를 그리스도로 인한 죄의 용서와 전가로 간주했다. 그러나 베자는 루터파 신학자인 플라시우스의 저작에서 그리스도의 능동적 순종과 수동적 순종을 구별하는 개념을 가져왔다 그리스도의 능동적 순종은 그의 아버지의 집에서 순종적인 아들로서 하나님의 뜻을 선택하고 실행하는 그리스도의 모든 생애적 삶을 지칭한다. 반면 그리스도의 수동적 순종은 십자가에서 죽기까지 죄인을 위해 행한 그리스도의 자원적인 순종을 지칭한다. 칭의는 그리스도의 수동적 순종에 기초한 죄의 용서이며, 동시에 그리스도의 능동적 순종에 기초한 의의 전가를 의미한다. 칭의가 그리스도의 이중적 순종과 관련되어 있다는 것은, 이어지는 세기의 개혁주의 신학자들이 일반적으로 취하는 입장이 되었다."; 신호섭, **개혁주의 전가교리** (서울: 지평서원, 2016), 73에서 재인용.

주석』을 출판했다. 베자는 롬 5:18 주석에서 그리스도의 수동적 순종과 능동적 순종의 전가를 지지했다. 베자는 '의로운 행위'와 '의롭다 하심을 받음'을 말하면서 우리가 의롭게 되는 두 가지 근거를 말했다. 첫째는, 그리스도의 형벌에 의해 우리의 죄책이 없음으로 인해 의롭게 되는 것이며, 둘째는, 우리의 영생을 위해 그리스도께서 율법 조항을 성취하신 것으로 의롭게 되는 것이다. 베자는 롬 5:18 주석 마지막에서 다음과 같이 말했다.

> 죄의 용서에 의해서, 즉 전가된 그리스도의 만족에 의해서 우리가 의롭게 되었다고 말해진다. 즉, 그를 통해 지불 된 형벌에 의해 죄책 없는 자로서 해방되는 것이다. 그런데 또한 전가된 그리스도의 순종에 의해 우리가 의롭게 되었다고 말해진다. 우리가 율법의 조항으로부터 영생을 청구할 수 있도록 하기 위함이다. 우리가 믿음으로 그리스도를 가졌는데, 이 그리스도께서 우리를 위해 모든 의를 성취하셨기 때문이다.952)

베자의 주석에 의하면, 지불 된 형벌로서 전가된 그리스도의 만족은 우리 죄의 용서와 연결되며, 전가 된 그리스도의 순종으로 우리가 의로워진 것은 우리의 영생과 연결된다. 베자가 "우리가 믿음으로 그리스도를 가졌는데"라고 말한 것은 '우리가 받은 의의 실체가 무엇인가?'를 말하며, 믿음이라는 수단으로 받은 내용이 그리스도의 수동적 순종과 능동적 순종이라는 것을 의미한다. 베자는 단순한 죄 용서만으로는 불충분하며 죄 용서 이상의 적극적인 의가 필요하다고 말했다. 그 의는 그리스도의 생애 전체를 통해 율법을 준수함으로 의를 이룬 능동적 순종과 죽음을 통해 이룬 수동적 순종이 성도에게 전가되어 의를 형성한다고 주장했다.

베자는 로마서 8장에서 우리가 하나님 앞에서 의롭고 순결하게 발견되는 의의 세 부분을 죄의 용서, 율법의 성취, 전가된 성화로서 우리 본성의 순결로 말하며, 이 모든 것이 믿음을 통해 우리에게 전가된다고 말했다.953) 이 대

---

952) Theodore Beza, *Novum D.N. Iesu Christi Testamentum: Latine Iam Olim a Veteri Interprete, Nunc Denuo a Theodoro Beza Versum ...* (Geneva: Oliva Robertus Stephanus, 1556), 184; 이남규, '그리스도의 능동적 순종에 관한 테오도르 베자와 요하네스 피스카토르의 논쟁,' **신학정론** 39(1) (2021): 276(273-303)에서 재인용.

953) 이남규, '그리스도의 능동적 순종에 관한 테오도르 베자와 요하네스 피스카토르의 논쟁,' **신학정론** 39(1)(2021): 276-277(273-303); "로마서 8장에서 이 둘 외에 전가된 의의 다른 부분으로서 '우리 본성의 순결'(naturae nostrae integritas)을 언급하기 때문이다. 로마서 8장 3절 해설에서 밝히는 우리 본성의 순결은 바로 믿음을 통해 우리에게 전가된 성화다. 우리의 본성까지 덧붙인 것은 우리에게 남아 있는 원죄에도 불구하고 우리 본성과 관련하여서도 하나님 앞에서 완전히 거룩한 모습으로 받아들여진다는 사실을 말하기 위함이었다. 베자는 우리 안에서 '시작된 중생'(regeneratio inchoata)과 '전가된 성화'(sanctificatio imputata)를 분명히 구분한다. 베자는 '시작된 중생' 즉 진행되고 있는 성화를 우리의 해방(롬 8:2)의 증거(testis)로 보며 원인(causa)으로 보지 않는다. 전가 받은 의를 구성하는 성화란 우리의 생애 동안 있는 시작되어 진행 중인 성화가 아니라, 우리가 그리스

목에서 중요한 것은 베자가 이 세 부분을 '율법의 요구'와 연결했다는 것이다.

베자는 롬 8:4의 '율법의 요구'가 이루어지는 것에 관해, '$τò\ δικαίωμα\ τοῦ\ νόμου$'(율법의 요구; 당대 알려진 불가타 역)와 '율법의 정당화'(에라스무스 역, iustificatio Legis)와 달리 '율법의 권리'(ius Legis)로 번역했다. 베자는 왜 굳이 '율법의 권리'로 번역했는가? 그 이유는 율법의 요구를 분명히 함으로써 의에 대한 올바른 규정을 내리기 위함이었다. 베자는 율법의 요구가 율법의 본성이며, 그 본성이란 하나님 앞에서 의로우며 순결한 자로 발견되도록 요구하는 것이라고 말했다.[954]

베자의 의도는 '율법의 요구가 그리스도의 전가된 의에 의하여 어떻게 우리에게 이루어지는가?'를 밝히는 것이다. 율법의 요구에 대한 해결책은 무엇인가? 그것은 로마 가톨릭처럼 인간 안에 있는 의가 아니라 그리스도께서 전가한 의이며 우리는 그것을 믿음을 통해 소유하게 되었다. 베자는 죄인이 생명을 얻기 위해서는 그리스도 안에서 율법의 모든 의를 이루어야 한다고 말했다.[955]

② 교리해설서

도 안에서 전가 받은 완전 성화다. 즉, 우리에게 정죄가 없는 것은 우리 안에 시작된 의 때문이 아니라 우리가 그리스도 안에 있고 그 안에서 완전히 거룩하게 되었기 때문이다. 우리 안에 죽음의 법이 없다고 선언된 것은 우리에게 그리스도의 거룩이 전가되었기 때문에 즉, 그리스도 안에서 그의 지체된 우리에게 전가된 완전한 거룩 때문이다. 이 거룩도 죄의 용서와 율법의 성취처럼 믿음을 통해 전가된다고 밝힘으로써 죄의 용서(peccatorum remissio)와 율법의 성취(legisimpletio)란 분명한 구분에 덧붙이고 있다."

954). Novum D.N. Iesu Christi Testamentum (1556), 189; "사실 나는 $τò\ δικαίωμα$[율법의 권리]가 다음도 선언한다고 생각하는데, 곧 하나님의 율법의 본성 그 자체, 즉 율법이 하나님 앞에서 우리가 의로우며 순결하게 발견될 수 있기를 요구하는 것을 말한다. 왜냐하면, 죄의 용서와 의의 성취에 이어서 이 세 번째, 즉 우리 본성의 순결(이것을 우리는 온전히 은혜로 믿음으로 얻은 그리스도를 통해 소유한다)이 추가되어서 모든 면에서 사탄을 물러나게 하고, 우리는 하나님 앞에서 의로운 것으로 여겨지니, 우리는 가장 절대적인 율법의 조항에 의해서도 의롭다. 이것은 사도가 3장 31에서 말한 것처럼 율법이 파괴되지 않고 세워지기 때문이다."; 이남규, '그리스도의 능동적 순종에 관한 테오도르 베자와 요하네스 피스카토르의 논쟁,' 신학정론 39(1) (2021): 278(273-303)에서 재인용.

955) 김병훈·박상봉·안상혁·이남규·이승구, 그리스도의 순종과 의의 전가 (수원: 합동신학대학원출판부, 2022), 40; "피스카토르는 베자가 올레비아누스에게 보낸 서신에서 그리스도 안에서 죄인으로 간주되지 않는 사람은 누구든지 죽음을 피할 수 있게 될 것이지만, 이후에 어떤 권리에 호소하여 생명을 얻고자 할 수 있는가를 물으면서 답했던 것을 비판하였다. 베자의 답은 바로 그 동일한 그리스도 안에서 율법의 모든 의를 이루어야 한다는 것이었다. 피스카토르는 베자의 진술은 그리스도께서 율법의 의를 성취하여 생명을 주셨다는 것인데 이는 잘못이라고 주장한다. 피스카토르는 하나님께서 생명을 주시는 것은 율법의 의 때문이 아니라고 주장하면서, 그리스도의 피로 획득된 죄 사함인 복음의 의를 제시한다. 피스카토르의 판단은 우리가 하나님께 생명을 구할 때, 율법의 성취나 율법에 대해 행한 순종으로가 아니라, 그리스도께서 자신의 죽음으로 얻어진 복음을 통해서 우리를 위해 획득하신 양자 됨의 권리(jure adoptionis)로 인하여 구한다는 것이다."

교리해설서에 나타나는 베자의 능동적 순종 관점은 『신앙고백서』(*Confessio christianae fidei*, 1559/1560)와 『질문과 답』(*Quaestiones et responsiones*, 1570/76)에서 확인할 수 있다. 먼저, 『신앙고백서』는 우리에게 전가된 의의 구분을 말하면서, 우리 양심을 향한 사탄의 고소에 대한 치료책을 말했다. 사탄의 고소 중 하나는 '우리가 구원에 필요한 모든 것을 그리스도 안에서 발견할 수 있는가'이다. 이 고소는 세 가지 공격을 포함한다.

첫째, 우리에게 셀 수 없이 많은 죄가 있다는 것이다. 여기에 대한 치료책은 하나님이시고 사람이신 예수 그리스도께서 자신의 무한한 순종으로 하나님의 무한한 위엄을 충족시키셨다는 사실이다. 나의 죄악이 그리스도의 피로 완전히 지워지고 씻겨졌기 때문에 나의 영혼을 괴롭히지 못한다. "그리스도가 나를 위해 저주가 되었기 때문이다. 둘째, 하나님이 우리에게 요구하시는 그 의가 우리에게 없다는 것이다. 즉, "죄를 짓지 않은 것이나 다른 이를 통해 자기 죄가 충족되어진 것으로는 충분하지 않다. 오히려 율법의 완전한 순종이 요구되니, 즉 우리가 하나님과 이웃을 완전히 사랑하는 것이 요구된다." 이 순종을 예수 그리스도 안에서만 발견할 수 있다. 이 완전한 순종이 요구될 때, 예수 그리스도를 제외하고 성취한 어떤 사람도 없다. 베자는 여기서 이 의를 믿음을 통해 우리에게 적용하는 그리스도의 '또 다른 보화'로서 칭한다. 앞선 보화와 구분되는 보화로서 보인다. 의의 성취는 단순히 생애 동안의 순종이 아니라 죽음의 순종을 포함한다. 하나님과 이웃에 대한 완전한 사랑이 율법의 요구인데, 그리스도는 아버지를 완전히 사랑하셨고, "자신의 원수를 완전히 사랑하셨으니 이는 그들을 위해 저주가 되심을 감당하셨기 때문이니 즉 하나님의 진노를 감당하신 것이다." 이 절대적인 완전한 의가 믿음을 통해 우리에게 전가되어 우리는 그리스도의 형제요 공동 상속자로서 하나님께 받아들여진다는 것이다. 셋째, 우리는 본성이 부패하여 하나님께 미움이 되었다는 것이다. 그리스도 안에서 죄에 대한 형벌이 만족되었고 의로 옷 입혀졌어도 본성이 아직 부패한 채로 있다고 사탄은 공격한다. 여기에 대한 치료책도 그리스도 안에서 발견된다. 믿음으로 우리가 예수 그리스도 안에 연합되었고 한 몸이 되었으며 뿌리박았고 접붙여져 있기 때문이다. 그리스도 안에 있는 인성의 성화가 믿음을 통해 우리에게 전가되며, 이로 인해 중생한 우리 안에 머무는 부패의 찌꺼기가 하나님 앞에서 발견되지 않게 되기 때문이다.956)

베자는 사탄의 각 공격에 대한 치료책에서 전가된 의의 구분을 말했다. 베자는 그리스도의 능동적 순종에 의한 의의 전가를 명시적으로 말했으며, 그 근거까지 말했다. 베자는 그리스도의 능동적 순종을 말하면서도 수동적 순종과 분리하지 않고 하나로 묶여있다고 말했다.

베자는 『질문과 답』에서 수동적 순종의 전가와 능동적 순종의 전가의 구분을 명확히 말했다. 베자는 능동적 순종과 수동적 순종을 율법 아래로 오신 일에 연결하면서, 이 두 종류에 순종이라는 이름을 붙인다. 이렇게 말한다. "율법 아래로 오셔서 모든 의를 성취하시고 우리의 죄에 대한 마땅한 형벌을

---

956) 이남규, '그리스도의 능동적 순종에 관한 테오도르 베자와 요하네스 피스카토르의 논쟁,' 신학정론 39(1) (2021): 280-281(273-303).

지불하셨다. 사도는 이 둘을 순종이라는 이름으로 이해했다." 그래서 "당신은 무엇을 전가라고 부르는가?"란 질문에 대해 "하나님 아버지의 은택인데, 이 것으로 저 그리스도의 순종을 우리 것으로 여겨주시는 것이다. 마치 우리 자신이 율법을 성취하고 우리 죄를 위해 충족시킨 것과 같다"라고 대답했다.[957]

베자는 '그리스도의 순종이 인성을 따라 그리스도 자신을 위한 것이었는가? 아니면 우리를 위해서였는가?'라는 질문을 다루었다. 베자는 '그리스도의 능동적 순종이 우리를 위해서가 아니라 그리스도 자신을 위한 것이었다'는 주장을 소개하고 반대했다.

> 그러나 그리스도가 인간이 되었다는 면에서 율법의 의를 완수하는 것에 즉, 하나님과 이웃을 완전히 사랑하는 것에 본성으로 매여 있게 된 것으로 보인다. 왜냐하면, 이 율법이 인간 본성 자체에 놓여져 있기 때문이다. 그러므로 그는 우리를 위해서가 아니라 자신을 위해서 즉 자신에게 생명을 얻으시기 위해 율법을 성취하신 것으로 보인다. 그에 의해 우리 죄에 대한 형벌이 지불되어짐에 관하여 말해질 수 없다.[958]

베자는 이런 주장에 대해 다음과 같이 반대했다.

> 그리스도가 육신을 따라서 그가 매인 율법의 성취에 의해 자신을 위해 영생을 얻으셨다고 우리가 말할 때도, 이 공로의 능력이 그렇게 커서 또한 신자들에게로 효력이 흐른다고 말하는 것이 이상하지 않다. 그러나 이것이 충분히 옳게 말한 것이라고 할 수 없다. 이 인성이 위격적 연합에 의해 연합되었기에, 또 그 자체로 가장 거룩한 것과 같기에 … 말하자면 어느 누가 취해진 이 인성에 어떤 부족함이 있어 이 연합의 첫 순간부터 이미 영생의 복을 누릴 최고의 가치가 없다고 생각하겠는가? 그래서 율법을 완수하는 육신의 이 의무는 단순히 그리스도가 인간이시기 때문이 아니라 우리를 위해 인간이 되셨기 때문에 그의 본성이 아니라 의지에 속한다고 해야 적절하다. 그 조건을 감당하시고 율법을 성취하신 것은, 이미 가장 합당하게 가장 복되시기 때문에 자신을 위해서가 아니라, 우리를 위해서이니, 그는 우리를 위하여 율법 아래로 오시길 원하시사 율법 아래 있는 자들을 구원하려고 하셨다.[959]

베자는 그리스도의 율법 성취는 자신을 위해서가 아니라 우리를 위해서라고 강력하게 말했으며, 율법 아래 있는 자들을 구원하기 위해 그리스도께서 율법 아래로 오셨다고 말함으로써 율법의 역할을 중요하게 말했다.

---

957) Ibid., 282(273-303).

958) Beza, *Volumen tractationum theologicarum*, 670; 이남규, '그리스도의 능동적 순종에 관한 테오도르 베자와 요하네스 피스카토르의 논쟁,' **신학정론** 39(1) (2021): 282-283(273-303)에서 재인용.

959) Ibid., 670-671; 이남규, '그리스도의 능동적 순종에 관한 테오도르 베자와 요하네스 피스카토르의 논쟁,' **신학정론** 39(1) (2021): 283(273-303)에서 재인용.

베자에게 중요한 것은 '율법의 요구가 무엇이며, 그 요구를 누가 이루었는가?'이다. 베자는 "율법은 영원한 죽음으로 경고하면서 하지 말 것을 금지할 뿐 아니라, 하나님과 이웃에 대한 완전한 사랑을 명령한다. 그러므로 누군가 하나님 앞에서 의롭기 위해서는 두 가지가 필수적으로 요구되는데, 즉 모든 죄가 없어야 하는 것과 율법을 따른 모든 의의 성취이다."라고 말했다. 율법의 요구는 하나님 앞에서 의롭게 되는 것이며 죄가 없어야 하며 율법을 지켜 의를 이루어야 한다. 그렇다면, 율법의 요구를 누가 이루었는가? 베자는 율법의 요구를 이루신 이는 "죄를 결코 범하지 아니하시고 모든 율법을 완전히 성취하신 그리스도밖에는 없다"고 말했다. 베자는 "그러므로 고난을 당하심으로써 행하시면서 또한 우리를 위하여 자신을 제물로 드리면서, 우리를 위해 율법을 성취하시고 우리 죄를 위해 충족시키셨다."라고 말함으로써 능동적 순종과 수동적 순종을 말했다.

베자는 칭의를 마무리하면서 능동적 순종의 전가와 수동적 순종의 전가를 선명하게 말했다.

> 그러므로 당신은 말하기를, 우리가 하나님 앞에서 의롭게 된 것이, 즉 의로운 자로 인정되고 선언된 이유가 그리스도의 순종이 우리에게 전가되었기 때문인데, 이 순종이 두 부분으로 구성되어 있으니, 즉 우리 죄에 대한 만족과 모든 율법 의에 대한 완전한 완수로 구성되어 있다는 것이다. 답: 그렇다.960)

베자는 우리가 하나님 앞에서 의로운 자로 인정된 이유를 그리스도의 순종이 전가되었기 때문이라고 말했다. 베자는 우리에게 전가된 그리스도의 순종이 죄에 대한 만족(수동적 순종)과 율법 의에 대한 완전한 완수(능동적 순종) 두 부분으로 구성되어 있다고 명확하게 말했다.

6. 17세기 개혁주의 신학자

1) 피스카토르

개혁파 내부의 능동적 순종의 논쟁은 요한네스 피스카토르(Johannes Piscator, 1546-1625)가 제기한 논쟁이 유명하다. 피스카토르는 1546년 3월

---

960) Ibid., 671; 이남규, '그리스도의 능동적 순종에 관한 테오도르 베자와 요한네스 피스카토르의 논쟁,' 신학정론 39(1) (2021): 285(273-303)에서 재인용.

27일 스트라스부르에 태어나서, 독일 튀빙겐 대학을 졸업하고, 1571년에 스트라스부르의 신학 교수가 되었다. 우르시누스의 제자였던 피스카토르는 하이델베르크 대학에서 올레비아누스와 함께 교수로 재직하면서 개혁주의 신학을 견지했다. 피스카토르는 그리스도의 능동적 순종교리를 부인하고 타락 전 선택설을 주장했으며, 결국엔 아르미니우스주의자가 되었다.

피스카토르는 튀빙겐에서 칼빈의 『기독교강요』을 읽었다. 피스카토르는 『기독교강요』를 읽으면서 루터주의에 대한 비판적 시각이 열렸다. 1571년 피스카토르는 스트라스부르로 돌아와서 교수로서 가르치기 시작했을 때, 루터주의자 마르바흐는 개혁주의자 슈투엄과 갈등 속에 있었다. 그런 시기에 피스카토르는 주요한 쟁점이었던 성만찬론과 예정론에 관해서 마르바흐의 기대와 다르게 칼빈적으로 가르쳤다. 이로 인해 피스카토르는 1573년 스트라스부르의 교수직을 그만두게 되었다.[961] 피스카토르는 순수한 루터파 신학과 성찬론을 주장하는 선제후 프레데릭 3세의 압박에 굴하여 교수직을 사임했다. 이때부터 피스카토르는 개혁신학자가 되었다. 피스카토르는 사임 후에 여러 학교를 거쳐 1584년부터 생을 마치는 날까지 헤르보른(Hernborn)에 세워진 새로운 대학에서 교수로 재직했다.

피스카토르의 질문은 "칭의의 원인으로서 그리스도의 의의 근거가 되는 그리스도의 순종이 어떻게 이해되어야 하는가?"라는 문제에 대해 종교개혁자들과 다른 새로운 입장을 말하면서 시작되었다. 피스카토르는 죄인을 의롭게 하는 그리스도의 순종에 대해 십자가 죽음이라는 수동적 순종은 옳으나, 율법의 순종이라는 능동적 순종은 잘못된 것이라고 주장했다. 그리스도의 삶이 사람을 의롭게 만든다면 십자가는 필요가 없다고 보았다.[962]

---

961) 이남규, '그리스도의 능동적 순종에 관한 테오도르 베자와 요하네스 피스카토르의 논쟁,' **신학정론** 39(1) (2021): 286(273-303); "하이델베르크로 갔으며 여기서 올레비아누스를 알고 친밀한 관계를 갖게 되었고 올레비아누스의 조카와 결혼을 했다. 선제 후 프리드리히 3세가 죽고 뒤를 이은 아들 루드비히가 루터주의를 들여오자 다른 개혁신학자들과 함께 피스카토르도 하이델베르크를 떠나야만 했다. 루드비히의 동생 카시미르가 노이슈타트에 새로운 학교를 세우자 여기서 피스카토르는 교수사역을 시작했다. 그런데 1584년 올레비아누스를 중심으로 헤르보른에 학교가 세워지면서 피스카토르는 청빙을 받았다. 이 부름에 응답하여 피스카토르는 헤르보른으로 가서 그곳에서 생애 마지막까지 교수로서 봉사했으며 많은 저술을 남겼다. 개혁주의를 지향했기 때문에 헤르보른 호헤슐레(Herborn Hoheschule)는 박사학위 수여권을 제국으로부터 받을 수 없었으나, 네 개의 학부로 구성되어 있었고 높은 수준의 대학과정 교육을 제공했다. 올레비아누스와 피스카토르가 이 학교에서 가르치면서 유럽 전역에서 명성을 얻었으며 유럽 여러 곳에서 학생들이 이 학교로 왔다."(Ibid., 286-287.)

962) Heber Carlos de Jr, Campos, 'Johannes Piscator (1546-1625) and the consequent development of the doctrine of the imputation of Christ's active obedience,' Calvin Theological Journal, 47(2) (2012): 369; "Piscator understood that justification consisted in its entirety of the remission of sins imputed to the believer. Justification, then, was a *simplex actio Dei*, the imputation of a one-part righteousness. He found

피스카토르의 이 기록은 자신도 모르는 사이에 하이델베르크의 토사누스(Daniel Towanus)에게 전달되었고, 다시 바젤의 그리네우스(Johan Jakop Grineaus)에게 전달되었다. 그리네우스는 헤르브스트(Herbst)에서 그리스도의 순종에 대한 논쟁을 시작했다. 또한 이 내용을 공개적으로 알리기 위해 그와 관련된 글을 출판했다.963)

피스카토르의 주장에 대해 개혁신학 진영은 일제히 반대했다.964) 피스카토르는 만만치 않은 실력자였다. 라뮈즘(Ramism)을 사용했으며 성경을 독일어로 번역했고 신구약 모두 주석을 저술하였다. 그러나 피스카토르는 칭의에 대하여 단순히 죄를 용서하는 것이라고 단정 지었다.965)

1570년 2월에 쓰여진 베자의 편지가 1582년에 출판되어 알려지자, 1586년 4월 피스카토르는 능동적 순종을 의미하는 내용에 반대했다. 피스카토르는 베자에게 보낸 편지에서, 복음의 의는 율법의 의와 다르다면서, 우리가 하나님 앞에 의로워지는 것은 "우리가 율법을 성취하거나 그리스도가 우리를 위해서 율법을 성취해서"가 아니라 그리스도의 피에 의한 죄용서가 우리의 의라고 말했다. 이 편지로 인해 개혁교회 안에는 능동적 순종 논쟁이 시작되었다.966) 이 논쟁은 독일, 스위스, 네덜란드, 프랑스, 영국, 스코틀랜드로 확

---

basis for this understanding in the several passages of Scripture that tied justification to the blood or to the cross. For him, Scripture never indicated Christ's life of obedience to the law being imputed to the believer. Moreover, he believed that the imputation of Christ's active obedience raised contradictions within theology. If Christ's life makes one righteous, then there is no need for the cross. If Christ's obedience makes us right with the law, then God's punishment upon Christ to satisfy the law is an unjust requirement of a double payment. If Christ obeyed in our behalf, then we are freed from the obligation to obey God's moral law."

963) Johann Jakop Grnaeus, *Theorem de perfecta totius obedientiae Domini nostri jesu Christi imputatione*, (Basel, 1588).

964) https://www.christiandaily.co.kr/news/103527/ 김재성, '개혁주의 칭의론과 의로움의 전가 교리 (7),'(2021.5.10.) accessed 2021.10.8.; "피스카토르(Johannes Piscator, 1546-1625)가 능동적 순종의 전가교리를 반대하자, 프랑스 가프 총회에서 그의 견해를 거부했고, 제네바의 정통신학자 프랑소와 뛰르땡이 이를 철저히 반박하는 글을 발표했다. 청교도들도 역시 마찬가지로 일제히 반대했는데, 제임스 어셔 감독이 주도한 아일랜드 신앙고백서에서도 피스카토르의 견해를 배격했다.", "17세기 초반에 등장한 알미니안주의자들과 쏘씨니언들과 아미랄디언들은 행위언약의 개념과 그리스도의 능동적 순종의 전가 교리를 전면적으로 거부한다. 그들은 타락 이전의 아담의 자리에서 각자 사람의 자유의지를 발동해서 결단할 수 있다고 주장한다."

965) Fesko, J. V., 1970, *The theology of the Westminster standards : historical context and theological insights*. Wheaton, Illinois. 212. ISBN 978-1-4335-3311-2; "이것은 그가 그리스도의 능동적 순종이 의의 전가가 된다는 것을 부인하는 논리였다. 그는 만일 그리스도의 율법에 대한 순종이 의의전가가 되어 칭의가 된다면, 그리스도인들은 율법을 지킬 필요가 없다고 주장하였다. 칭의에 대하여 그리스도의 의가 사람에게 전가되는데, 그 사람은 그리스도의 죽음으로 살기 때문에 그는 죄인으로 보여지지 않는다고 주장했다. 이 주장은 단순히 그리스도의 죽음만으로 율법의 완전한 순종을 의미하므로 의의 전가가 충분하다는 뜻으로 해석되었다. 찰스 핫지는 그의 조직신학에서 피스카토르가 개혁주의 안에서 처음으로 칭의교리를 벗어난 자라고 주장하였다."; 위키피디아서 재인용.

산되어 17세기 중후반까지 지속되었다. 특별히, 테오도르 베자(Theodor Beza)와 피스카토르 사이에 문서상으로 이루어진 논쟁이 중요하다.

피스카토르는 1580년대에 여러 통을 베자에게 보내 베자의 칭의관이 복잡하다고 의문을 제기했다. 피스카토르는 자신의 논의가 공개적인 문제로 발전되기를 원하지 않았다.967) 그리스도의 순종에 대한 논쟁은 1588년 봄, 독일 나싸우-딜렌부루크(Nassau-Dillenburg)의 요한 6세(Johann VI.)의 궁정에서 행해진 결혼식에서 크렐리우스(Crellius)가 설교를 했는데, 이 설교에 베자의 칭의론이 포함된 것을 피스카토르가 알게 되었고 피스카토르는 크렐리우스에게 자신의 생각을 13개 논제로 정리해서 보냈다.

피스카토르나 베자나 이신칭의를 믿고 고백하며 공로사상을 거부한다는 점에서는 동일하다. 다만 '그리스도의 고난과 순종이 믿는 자에게 전가되는 의인가?', 아니면 '그리스도의 전체 순종이 믿는 자에게 전가되는 의인가?' 이것이 차이가 난다. 피스카토르는 전자만 전가되는 의라고 생각했다.968) 피스카토르의 기본적인 생각은 칭의론이 여러 부분으로 구성되어서는 안 된다는 것이었다. 피스카토르가 보기에 베자의 칭의론은 복잡하다고 생각하고, 베자가 말하는 세 부분을 죄 문제로 보며 베자의 칭의론(롬 8:2 주해)을 비판했다.969)

---

966) 이남규, '그리스도의 능동적 순종 전가 부인에 대한 개혁신학자들의 견해와 교회의 결정,' **신학정론** 39(2) (2021): 181-182(165-226).

967) 이남규, '그리스도의 능동적 순종에 관한 테오도르 베자와 요하네스 피스카토르의 논쟁,' **신학정론** 39(1) (2021): 287-288(273-303); "그리스도의 순종 전체의 전가를 믿는다는 이유로 베자와 그리네우스와 토사누스가 고소당했을 때, 1596년 베자에게 보낸 편지에서 피스카토르는 이 고소가 자신의 의지나 설득 없이 되어진 것이며 고소한 인물과는 해당 주제로는 어떤 토론도 하지 않겠다고 했다."

968) F. L. Bos, *Johann Piscator*, 242-44.; "1) 복음의 교사들이 동의하는 바는, 사람은 그리스도를 믿음으로 의롭게 된다는 것이다. (이것은 하나님에 의해 의롭게 여겨진다는 것을 의미하며 죄가 지워졌다는 것을 의미한다). 즉, 믿음을 통해 그에게 선물로 주어지고 전가된 그리스도의 의 때문이다. 더 분명히 말하자면, 믿음을 통해 의를 위하여 사람에게 전가된 그리스도의 순종 때문이다. 2) 그들은 이점에서 생각이 다른데, 곧 어떤 이들은 의를 위하여 신자들에게 전가되는 그리스도의 순종이 그리스도의 고난과 죽음의 순종이 적절하다고 생각하는 반면, 다른 이들은 그리스도의 전체 순종이 의를 위하여 신자들에게 전가된다고 생각하는데, 그래서 그리스도의 거룩한 생애의 순종, 나아가 그리스도의 성육신과 거룩한 잉태의 순종도 생각한다. 3) 저들의 첫 번째 생각이 참되고, 단순하고, 성경에 일치한다고 나는 판단하며, 후자에 반대한다."; 이남규, '그리스도의 능동적 순종에 관한 테오도르 베자와 요하네스 피스카토르의 논쟁,' **신학정론** 39(1) (2021): 289(273-303)에서 재인용.

969) Ibid., 242.; "5) 따라서 하나님 앞에서 우리가 의지하는 의를 그리스도의 유일한 제사에서 찾지 않는 자들은, 다양한 종류의 질병에 다양한 종류의 치료제가 적용되어야 하는 것처럼 다양한 종류의 죄에 다양한 종류의 그리스도의 의가 놓여져야 한다고 생각한다. 즉, 원죄에 대하여는 잉태할 때 그에게 주어진 그리스도의 인성의 거룩이, 행하지 않은 죄에 대하여는 하나님이 자기 율법에서 명하신 것마다 성취하신 그리스도의 거룩한 생애가, 범한 죄에 대하여는 그들의 형벌을 갚은 그리스도의 고난과 죽음이 놓여져야 한다고 생각한다."; 이남규, '그리스도의 능동적 순종에 관한 테오도르 베자와 요하네스 피스카토르의 논쟁,' **신학정론** 39(1) (2021): 290(273-303)에서 재인용.

피스카토르는 베자의 칭의론 이해 방식을 말하면서 비판했으며, 그리스도의 인성의 거룩, 생애의 거룩, 형벌을 위한 그리스도의 고난과 죽음이 세 종류의 죄, 즉 각각 원죄, 행하지 않은 죄, 범한 죄의 해결책이라고 말했다. 피스카토르는 그리스도의 피로 된 죄 용서만을 칭의로 보았다.970) 피스카토르는 모든 죄는 그리스도의 피가 해결하며, 그리스도의 피는 그리스도의 죽음의 순종을 의미하며, '생애의 순종'을 의미하는 것은 아니라고 말했다. 결론적으로, 피스카토르는 생애의 순종에 포함되는 그리스도의 생애 순종이나 의와 거룩은 우리에게 전가되는 의가 아니라고 말했다.

이와 같은 피스카토르의 주장에 대해 이남규 교수는 다음과 같이 말했다.

우리는 지금까지 피스카토르가 베자의 칭의론을 어떻게 이해하고 어떤 논증으로 비판했는지 살펴보았다. 주의할 것은 피스카토르의 죄용서에 대한 강조 때문에, 베자가 칭의 죄용서의 의미와 중요성을 상처입혔다고 오해해선 안 된다. 그리스도의 의가 전가되어서 신자가 구원을 얻게 됨에 동의하며, 그리스도께서 우리를 대신하여 형벌을 받으심으로써 우리가 죄 용서를 얻었음을 두 신학자 모두 고백한다. 다만, 능동적 순종의 전가를 배제해야 한다는 것이 피스카토르의 주장이다. 여기서 피스카토르가 베자의 이해를 정확히 표현한 것은 아니다.
첫째, 피스카토르는 베자가 사용한 그리스도의 순종에 관한 용어를 변경했다. 베자는 그리스도의 순종을 때로 능동적 순종을 지칭할 때 사용하기도 하고, 수동적 순종과 능동적 순종 둘 다를 지칭할 때 사용하기도 했으며, 우리 죄를 위한 그리스도의 만족과 율법에 대한 그리스도의 완수 등의 용어로 불렀다. 그러나 베자가 이 둘을 피스카토르가 지칭하는 방식대로 죽음의 순종과 생애의 순종으로 구분하여 부르진 않았다. 이렇게 부르는 것은 베자의 생각을 드러내지 못한다. 왜냐하면, 그리스도가 율법에 대한 완전한 순종을 통해 의를 성취할 때에, 율법 요구(하나님과 이웃에 대한 완전한 사랑)에 대한 완수는 바로 원수까지 사랑하여 그들을 위하여 하나님의 진노를 받은 그리스도의 고난과 죽음에서 나타나기 때문이다. 예수 그리스도는 그의 죽으심을 통해 이 율법의 요구를 완수하셨으므로, 그리스도의 생애의 순종과 그리스도의 죽음의 순종을 분리하여 율법 조항의 성취를 생애의 순종으로 분리해내는 것은 베자의 생각이 아니다. 그리스도의 수동적 순종과 능동적 순종을 특정 행위나 시간으로 분리하는 것이 얼마나 부적당한지를 이미 베자가 보여준 것이다. 그리스도의 십자가는 수동적 순종과 능동적 순종을 다 포함한다. 피스카토르가 초기에 사용한 생애의 순종과 죽음의 순종의 구분은 베자의 이해에 적합하지 않다.
둘째, 피스카토르는 베자가 율법 조항의 성취라 부른 것을 행하지 않은 죄라 불렀다. 이런 방식을 통해 그는 율법의 성취에 의한 의에 관한 주제를 죄 문제와 죄 용서에 관한 주제로 환원시켰

---

970) Piscator, "Theses XIII de Justificatione Hominis coram Deo,"; in Bos, Johann Piscator, 242.; "6) 그리고 (그들에게 죄송한 말씀이지만) 그들은 우아하게 보이는 논증이나 대비를 가지고 성경의 진리와 단순성으로부터 벗어났다. 왜냐하면, 요한이 증거하듯이 그리스도의 피가 우리를 모든 죄로부터 깨끗하게 한다. 따라서 범한 죄로부터만, 즉 율법이 금한 것을 우리가 행한 죄로부터만 우리를 깨끗하게 하신 것이 아니라 또한 행하지 않은 죄로부터, 즉 하나님이 율법에서 행하라고 명하신 것을 우리가 행하지 않은 죄로부터도 우리를 깨끗하게 하셨다. 또한 다른 모든 죄의 원천인 원죄로부터도 우리를 깨끗하게 하셨다. 바울도 히브리서에서 증거하듯이 피 흘림이 없이는 어떤 죄의 용서도 없다. 따라서 원죄든 자범죄든, 저 범한 죄든 행하지 않은 죄든 다 그러하다. 결론적으로 예수 그리스도의 피가 마치 우리 모든 질병을 치료하기 위한 만병통치약과 같다."; 이남규, '그리스도의 능동적 순종에 관한 테오도르 베자와 요하네스 피스카토르의 논쟁,' **신학정론** 39(1) (2021): 291-292(273-303)에서 재인용.

다. 베자의 칭의 이해에서 중요했던 율법 성취에 따른 상급으로서 영생은 피스카토르에게 없다. 즉, 피스카토르에게 율법에 대한 순종과 그에 따른 약속이 사라졌거나 약화되었다.[971]

이남규 교수에 의하면, 피스카토르는 베자의 칭의론을 정확히 표현하지 못했다. 피스카토르는 베자가 말하는 능동적 순종과 수동적 순종을 오해하여 두 순종을 분리된 것으로 생각했으며, 율법 조항의 성취에 대한 순종과 그에 대한 약속이 사라졌거나 약화되었다. 그렇다고 피스카토르가 그리스도의 생애 순종 자체를 부인한 것은 아니다. 피스카토르는 그리스도께서 거룩하게 사셨음을 인정했으며 생애의 거룩이 칭의와 연결되어 있다고 말했다.[972] 다만 죄를 대응하는 부분들로서 생애의 거룩을 인정하지 않았다. 생애의 거룩이 전가된 의는 아니라는 것이다.

전가된 의가 아니면 무엇인가? 그것은 하나의 원인이라고 말했다. 왜 원인인가? 그리스도의 생애의 거룩이 없이는 그리스도의 고난과 죽음의 전가가 불가능하기 때문이다. 그와 동일한 논리 안에서 신성의 거룩까지도 포함했다.[973] 그렇다고 전가된 의에 신성의 거룩을 포함시키지 않았다. 그랬더라면 로마 가톨릭의 칭의와 같았을 것이다. 피스카토르는 인성의 거룩의 필요성을 존재적 관점으로 보았다. 하나님께 나아갈 수 있는 대제사장으로서의 자격이 되려면 그런 인성의 거룩이 필요하다는 것이다.

피스카토르가 생애의 본성과 거룩의 필요성을 선명하게 구분한 것은 아니다. 그리스도의 거룩을 대제사장에, 생애의 순종은 제사장과 제물에 연결하

---

971) 이남규, '그리스도의 능동적 순종에 관한 테오도르 베자와 요하네스 피스카토르의 논쟁,' **신학정론** 39(1) (2021): 293-294(273-303).

972) Piscator, "Theses XIII de Justificatione Hominis coram Deo,", 243; 〈8〉 그러면 무엇인가? 어떤 이가 말한다. "그러므로 당신은 그리스도의 본성의 거룩과 그리스도의 생애의 거룩을 우리의 칭의에서 배제하는가?" 나는 답한다: (말했듯이) 특정 종류의 죄를 대응하는 부분으로서 배제한다. 그런데 나는 그것들을 원인들로써는 배제하지 않는데, 즉 그것들 없이는 그리스도의 고난과 죽음이 의를 위하여 우리에게 전가될 수 없었다. 더 정확히 말한다면, 이 원인들 너머 훨씬 깊이 들어갈 수 있는데, 곧 그리스도의 신적 본성의 거룩함까지 말할 수 있다.〉; 이남규, '그리스도의 능동적 순종에 관한 테오도르 베자와 요하네스 피스카토르의 논쟁,' **신학정론** 39(1) (2021): 294-295(273-303)에서 재인용.

973) Ibid., 243; "9) 왜냐하면, 그리스도의 피가 충분히 가치 있도록 그것이 하나님의 아들의 피가 되어야만 했기 때문이다. 이것은 하나님이 자기 피로 교회를 사셨다는 사도행전 20장의 바울의 말에서 이해될 수 있는 것과 같다. 또 희생은 거룩하고 하나님께서 기쁘게 받으실만하기 위해서 그리스도의 인간 본성은 거룩하여야만 했다. 이것은 우리가 흠 없고 점 없는 어린양 같은 그리스도의 보배로운 피로 대속 받았다는 베드로전서 1:18-19의 베드로의 말로 이해될 수 있는 것과 같다. 그 외에 우리 대제사장이 하나님께 나아가서 기쁘게 받으심직하기 위하여 그의 생애가 거룩해야만 했다. 왜냐하면, 바울이 히브리인들에게 증거하듯이 이러한 대제사장이 우리에게 합당하기 때문이다(히 7:26).", 이남규, '그리스도의 능동적 순종에 관한 테오도르 베자와 요하네스 피스카토르의 논쟁,' **신학정론** 39(1) (2021): 295-296(273-303)에서 재인용.

거나, 본성의 거룩과 생애의 거룩의 필요성을 합당한 제사장의 자격에 연결했기 때문이다.974) 그러나 이런 피스카토르의 의도는 존재의 자격에 관한 것이다. 개혁교회가 이런 내용을 가르치지 않은 것이 아니다. 늘 말해 왔던 내용이다. 다만 피스카토르는 수동적 순종만을 전가된 의라고 말한 것이다. 능동적 순종으로 의가 전가되는 것은 아니라고 보았다.975) 피스카토르는 그리스도의 율법준수로 의가 전가된다면 우리가 의로운 존재가 되고 율법의 저주 아래 있지 않게 되니 그리스도의 피로 율법의 저주에서 구속받을 필요가 없다고 생각했다.976)

어떤 일이든지 그 배후에는 영향력을 끼치는 인물이 있다. 피스카토르의 논쟁에 영향을 끼친 인물은 그리스도의 능동적 순종의 교리를 거부하면서 논쟁했던 독일 루터파, 마르바흐(Johannes Marbach, 1521-1581)가 있었다. 피스카토르는 십대 중반에 스트라스부르 아카데미의 개혁신학자 잔키우스(Girolamo Zanchius, 1516-1590)와 순수루터파 마르바흐 사이에 있던 몇 년간의 논쟁을 경험했다.977)

---

974) Piscator, Apologia Disputationis De Causa meritoria justijicationis hominis coram Deo, (Herborn : 1618), 49-50.; "바울이 그리스도의 능동적 의나 순종을 우리 칭의의 전체 행위로부터 배제했다고 나는 가르치지 않았다. 그러나 그가 칭의의 공로적 원인으로부터 배제했다고 가르쳤다. 그때 나는 저 순종 [능동적 순종]이 이것을 위해 필요하다고, 곧 그리스도의 수동적 순종이 의를 위하여 우리에게 전가될 수 있기 위해 필요하다고 전했다. 그리고 이런 면에서 나는 우리 칭의의 전체 행위에서 저것[능동적 순종]을 배제하지 않는다."; 이남규, '그리스도의 능동적 순종에 관한 테오도르 베자와 요하네스 피스카토르의 논쟁,' **신학정론** 39(1) (2021): 297(273-303)에서 재인용.

975) Piscator, "Examen sententiae Domini Theodori Bezae, De justificatione Hominis coram Deo, quae habetur in annotatione ad Rom. 8, v. 2.,; "편지 35에서 '율법을 성취하지 않은 사람이 의롭다고 여겨지는 것보다 무엇이 더 헛될까?'라고 합니다. 그런데 나는 복음의 의가 지혜롭게 율법의 의와 구별되어야만 한다고 말합니다. 우리가 하나님에 의해 의롭게 판단되고 나아가 의롭다고 하시거나 사함받았다는 그 의는 율법의 의가 아닙니다. 왜냐하면, 하나님께서 우리를 의롭다고 하신 것은 우리 스스로 율법을 완수하거나 그리스도께서 우리를 위해 완수하셨기 때문이 아닙니다. 그러나 복음의 의입니다. 즉, 하나님께서 복음을 통해 우리에게 주신 것이니 그리스도의 피로 얻어진 죄용서입니다."; 이남규, '그리스도의 능동적 순종에 관한 테오도르 베자와 요하네스 피스카토르의 논쟁,' **신학정론** 39(1) (2021): 299(273-303)에서 재인용.

976) 김병훈·박상봉·안상혁·이남규·이승구, **그리스도의 순종과 의의 전가** (수원: 합동신학대학원출판부, 2022), 34; 피스카토르는 이렇게 말했다. "만일 그리스도의 삶의 순종이 의를 위하여 우리에게 전가된다면, 그리스도께서 우리를 위하여 죽으실 이유가 없었을 것이다. 왜냐하면 그가 죽는 것은 불의한 위를 위하여 필요한 것이기 때문이다. 벧전 3:18. 그러므로 만일 우리가 그의 삶을 통해 의롭게 된다면, 우리를 위하여 죽으실 어떤 이유도 남아 있지 않게 될 것이다. … 그러므로 우리는 그리스도의 거룩한 삶으로 의롭게 되는 것이 아니다. 마찬가지로 그리스도가 죽으신 것은 그가 우리를 위하여 하나님의 의를 획득하려 하심이다. 고후 5장. 그러므로 죽기 전에, 곧 거룩하게 삶을 사시는 것으로써, 의를 획득하지 못했을 것이다."

977) 이남규, '그리스도의 능동적 순종에 관한 테오도르 베자와 요하네스 피스카토르의 논쟁,' **신학정론** 39(1) (2021): 286(273-303); "두 사람 사이에 있던 긴장이 공적인 논쟁이 된 것은 1561년이었고 1563년 마르바흐의 견해에 기울어진 합의를 했으나 찬키우스는 견디지 못하고 그곳을 떠났다. 이때 피스카토르는 아직 마르바흐의 영향 아래 있었으며 비텐베르크로 가려고 했으나 당시에 그곳에 '숨은 칼빈주의자'(Crypto-Calvinist)들이 있었

마르바흐는 스트라스부르가 찰스 5세의 군대에 제압을 당한 후, 목회자들에게 압박을 가해 '아우구스부르크 신앙고백서에 서명하라'고 말했다. 그런 과정에서 마틴 부써는 로마 가톨릭과의 타협을 거부하고, 영국 케임브리지 대학의 교수로 떠났다. 우리가 주목해야 하는 것은 스트라스부르에서 개혁주의 신학 사상이 군주로부터 압박을 당하고 있을 무렵이라는 것이다.

마르바흐는 요한네스 브렌즈, 제콥 안드래아 등의 후원하에 스트라스부르의 개혁신학교 교수로 있던 스트룸(J. Strum, 1507-1589)과 잔키우스에게도 압박을 가했다. 이런 압박은 칼빈과 베자의 예정교리, 성만찬 해석, 성도의 견인교리 등을 받아들였던 스트라스부르 교수들과 심각한 대립구조를 형성할 수밖에 없었다. 마르바흐는 정치력을 사용하여 개혁신학 사상을 몰아내고 루터파 신학을 세우려고 했다.

피스카토르는 1580년대에 '그리스도의 능동적 순종이 전가되지 않고 다만 수동적 순종만으로 전가된다'고 주장했다. 피스카토르의 주장은 논쟁의 방아쇠를 당겼다. 피스카토르가 근거한 성경 구절은 롬 5:19이었다. 피스카토르는 19절을 주석하면서, 칭의는 "죄의 용서를 받는 것뿐이다"라고 주장했으며, 그리스도가 율법을 온전히 지킴으로 주어지는 의의 전가를 거부했다. 또한 행 13:38-39을 근거로 사도 바울은 다만 "죄의 용서"만을 선포했으며, 그 외의 다른 것을 덧붙일 수 없다고 강력하게 주장했다. 피스카토르는 능동적 순종을 통한 의의 전가를 부정하고 구원이란 죄로부터의 용서일뿐이라고 말했다. 벌코프는 이런 피스카토르의 견해에 대해, "이 견해는 알미니우스주의자들의 견해와 유사하고, 중세 시대의 안셀름의 견해와 동일선상에 있다"고 말했다.[978)

피스카토르는 칼빈의 『기독교강요』를 자의로 해석하여 그리스도가 율법을 완벽하게 지킨 것은 중보자로서의 자격을 갖추기 위한 것이라고 말했다. 피스카토르는 '중보자는 죄가 있으면 하나님께 기쁨을 드릴 수 없으며 택자

기 때문에 튀빙겐으로 가서 공부했다. 이렇게 초기 생애는 루터주의의 영향 아래 있었다."

978) 루이스 벌코프, **벌코프조직신학**, 이상원·권수경 역 (서울: 크리스챤다이제스트, 2020), 811; "피스카토는 그리스도의 수동적 순종만이 칭의시 죄인에게 전가되어 죄의 용서로 이끈다고 가르쳤다. 또 그는 그리스도의 능동적인 순종은 죄인에게 전가될 수 없으므로 죄인은 양자 됨과 영원한 기업에 이르지 못하는데, 이는 인간 그리스도 예수가 이 점에 있어서는 하나님에게 의존한다는 데 기인하는 것이라고 가르쳤다. 더욱이 그리스도가 우리를 위해 율법을 성취하셨다면 우리는 율법을 준수할 책임을 가지지 않는다. 피스카토는 죄의 형벌과 율법의 준수가 서로 배제하는 양자택일이라고 이해한다. 그는 죄인 자신의 개인적 순종이 장래의 희망에 대한 유일한 근거라고 이해할 수 있는 여지를 남겨두었다. 이 견해는 알미니우스주의자들의 견해와 유사하고, 중세시대의 안셀름의 견해와 동일선상에 있다."

들의 의를 위한 근거가 될 수 없다'는 관점으로만 계속해서 주장했다. 칼빈은 『기독교강요』에서 수동적 순종만을 말하지 않았다. 그러나 피스카토르는 자기가 의도하는 대로 말하기 위해 칭의는 오직 면죄뿐이라면서 능동적 순종을 부정했다.

존 페스코는 다음과 같이 말했다.

피스카토르는 존 칼빈(1509-1664)의 『기독교강요』에서 의도적으로 발췌한 기독교 교리와 관련된 경구들을 모아 놓은 자신의 저작에서 칭의는 오직 면죄(remission of sins)일 뿐이라고 주장했다. 그리스도는 순종을 통해서 자신의 죽음과 십자가 처형을 통해 믿는 자들을 대신해서 율법의 형벌을 받았고, 그의 수난은 오직 믿음으로 말미암아 신자들에게 전가된다는 것이다. 피스카토르는 로마서 5장 19절에 대한 자신의 주석에서 그리스도는 율법에 대한 자신의 순종을 통해서가 아니라 자신의 피, 즉 자신의 수난을 통해서 칭의를 가져왔다고 주장하면서, "그러므로 우리는 그리스도의 거룩한 삶으로 말미암아 의롭게 되는 것이 아니다"라고 간결하게 말한다. 로마서 4장에 대한 주석에서는 바울은 전가에 대해 쓰면서 하나님이 그리스도의 의(또는 순종)을 전가한다고 말하는 것이 아니라 죄를 전가하지 않는다고 말하기 때문에, 칭의는 오직 면죄일 뿐이라고 주장했다. 또한 이 독일의 개혁주의 신학자는 만일 그리스도의 대속과 순종이 죄인들에게 전가되는 것이라면, 그리스도가 이미 그들 대신에 율법에 대한 순종을 다한 것이 되기 때문에, 그들은 율법에 순종할 필요가 없게 될 것이라고 믿었다. 피스카토르의 견해는 핵심적인 성경 본문에 대한 일반적인 해석과만 어긋난 것이 아니라, 그리스도는 "단지 내가 믿는 마음으로 그러한 은총을 받아들이기만 하면 자신의 의와 거룩함"을 전가해서, "마치 내가 단 하나의 죄도 전혀 범하지 않았거나 죄악 된 적이 없었고, 그리스도께서 나를 위해 행하신 모든 순종을 내 자신이 행한 것처럼"(제60문) 여긴다고 한 하이델베르크 교리문답의 요지에도 어긋났기 때문에 문제가 되었다.[979]

페스코에 의하면, 피스카토르가 '칭의는 오직 면죄뿐이다'라고 주장한 이유는 그리스도의 순종이 죄인에게 전가되면 신자들이 율법에 순종할 필요가 없게 될 것이라고 믿었기 때문이다. 피스카토르는 성경해석과 하이델베르크 교리문답의 요지에도 어긋났다.

1580년대에 피스카토르와 베자(Theodore Beza, 1519-1605)가 서로 서신을 교환하면서 논쟁의 불길이 피어올랐다. 피스카토르와의 논쟁은 유럽으로 번져가면서 국제적인 화두가 되었고 여러 총회에서 피스카토르의 주장을 다루었다. 어느 논쟁이나 그러하듯이, 피스카토르의 지지자들도 있었으나 대다수의 개혁파 신학자들은 피스카토르의 주장을 반대했다. 대표적으로 프랑스의 프리바 총회(Synod of Privas, 1612), 토냉 총회(Synod of Tonneins, 1614), 그리고 네덜란드의 도르트 회의(Synod of Dort, 1618-19)는 피스카

979) 존 페스코, 역사적 신학적 맥락으로 읽는 웨스트민스터 신앙고백서, 신윤수 역 (서울: 부흥과개혁사, 2018), 265-266.

토르의 견해를 반대했다. 웨스트민스터 회의도 '그리스도의 능동적 순종' 교리를 긍정했다.[980]

　김재성 교수는 다음과 같이 말했다.

> 여기에다가 피스카토르는 다른 논지를 덧붙였다. 만일 하나님께서 그리스도에게 아담의 범죄에 대한 대가를 치르도록 요구하면서, 능동적 순종과 수동적 순종을 모두 요구하신다면, 그것은 두 차례 형벌을 가하시는 것이 된다는 주장이다. 더구나 그리스도가 우리를 위해서 율법을 완전히 성취하시는 것이라고 한다면, 그의 죽음이 의미가 없게 된다고 주장했다. 그는 그리스도가 동정녀에게서 탄생했으므로, 오직 택함 받은 자들을 위한 능동적 순종을 성취했다고 말하는 것도 잘못 된 것이라 비판했다. 피스카토르는 『하이델베르크 교리문답』 60문항에서 용어의 사용에 이의를 제기했다.[981]

　피스카토르의 이런 주장은 그 당시 독일 개혁신학자들의 가르침과 정면으로 충돌하는 것이었다. 그 당시 독일 개혁주의 신학자 가운데 우르시누스, 무스쿨루스, 잔키우스, 스쿨테투스 등은 그리스도의 능동적 순종과 수동적 순종을 통해서 하나님께서 요구하신 중보자로서의 사역을 성취하셨다고 가르쳤다. 독일 개혁신학자들은 아담 안에서 상실한 의를 그리스도가 율법을 준수하여 우리를 위해 하나님께 희생을 담당한 것이라고 말했다.[982]

　피스카토르는 자신의 입장 변화를 테오도르 베자와의 서신 교환에서 밝혔다. 피스카토르의 신학 입장이 변화되었다는 것이 알려지자, 대륙의 개혁주의 신학자들이 반론의 공세를 가했다. 1586년 4월 3일, 피스카토르는 베자의 롬 8:2 주석에 대한 반대 입장을 편지로 보냈다. 베자는 자신이 썼던 논문들과 주석 작품(*Annotationes minores*)을 피스카토르에게 보냈다. 두 사람은 서로 존중하면서 의견을 교환했다. 그러나 요한네스 알텐호비우스(Johannes Altenhovius, 1616)가 피스카토르의 주장을 강력하게 지지하자 예상치 않게 확대되었다. 알텐호비우스는 '베자와 요한 그리나이우스(Johann Jakob Grynaeus, 1540-1617)와 다니엘 토사누스(Daniel Tossanus, 1541-1602)가 그리스도의 전체 순종이 우리에게 전가된다는 이단 사상을 유포한다'면서 이 사람들을 시의회에 이단으로 고발했다. 피스카토르의 입장에서는 알텐호비우스와 거리를 두려고 했으나 논쟁의 불길을 잠재울 수가 없었다. 이 불길에 새

---

980) https://www.christiantoday.co.kr/news/338884/ "출생부터 수난까지, 죄없이 순종하신 예수,"(2021.3.21.)
981) 김재성, 『그리스도의 능동적 순종』 (고양: 언약, 2021), 174-175.
982) Ibid., 175; "반면에 피스카토르가 처음에 가졌던 자신의 견해를 바꿨다고 주장하면서, 능동적 순종이란 인간으로서 그리스도가 순전히 자기 자신을 위하여 성취한 것이라고 하면서, 전가의 근거가 아니라고 가르쳤다."

로운 사람들이 뛰어들었다. 대표적으로 그리나이우스, 토사누스(Daniel Tossanus, 1541-1602), 아만두스 폴라누스(Amandus Polanus, 1561-1610), 루도비쿠스 루키우스(Ludovicus Lucius, 1577-1642), 요한네스 볼레비우스(Johannes Wollebius, 1586-1629)의 개입으로 논쟁은 더 거세졌다.[983] 국교회 개혁자 휴 라티머와 토마스 크랜머도 그리스도의 실제적이고 적극적인 의의 전가를 주장했다.

김재성 교수는 다음과 같이 말했다.

> 스위스 바젤과 제네바, 독일의 여러 개혁신학자들이 일제히 비판했다. 바젤에서 종교개혁을 주도 한 외콜람파디우스(1482-1531) 이후로 요한 제콥 그리네우스(Johann Jacob Grynaeus, 1540-1617)와 그의 사위 아만두스 폴라누스(Amandus Polanus, 1561-1610)의 영향이 지대했었다. 그리네우스가 1588년 피스카토르에게 반대하는 글을 발표하였고, 전체 개혁주의 진영에서 동조를 확고하게 얻어냈다. 바젤의 신학자 루키우스(Ludovicus Lucius, 1577-1642)도 생애의 말미에 이 논쟁에서 피스카토르의 견해를 배척했다. 또한 그리네우스의 제자, 요한 볼레비우스(Johannes Wollebius, 1589-1629)가 지속적으로 정통 개혁신학을 세워나갔으며, 웨스트민스터 신앙고백서 작성에도 영향을 끼쳤다.[984]

이렇게 그리스도의 능동적 순종을 고수하는 논쟁에서 특히, 바젤의 개혁신학자들의 영향이 지대했다. 특히, 볼레비우스는 능동적 순종과 수동적 순종에 대해 다음과 같이 말했다.

> 그리스도의 수난이 속죄를 위해 필요한 것처럼, 그의 능동적 순종과 의로움도 영생을 얻는 데 필요하다.
> (1) 율법이 우리에게 형벌과 순종을 요구하기 때문이다. 형벌은 그것이 모든 율법의 행위를 완수하지 못하는 사람에게 저주를 선포하기 때문이며(신 27:26), 순종은 그것이 오로지 모든 것을 준수하는 사람에게만 생명을 약속하기 때문이다(레 18:5; 눅 10:28; 이를 행하라 그러면 살리라). 그리스도의 복음이 율법이 요구하는 동일한 의로움을 드러내고 있다면, 의로움을 율법적인 것과 복음적인 것으로 나누어도 무방하다.
> (2) 이러한 이중적 만족이 우리의 이중적 비참함, 즉 죄책과 정죄와 믿음을 통한 의로움의 결여에 상응하기 때문이다(롬 3:22).
> (3) 참되고 정당한 의미에서의 의로움이란 실제적인 순종에 있기 때문이다(신 6:25, 우리가 그 명하신 대로 이 모든 명령을 우리 하나님 여호와 앞에서 삼가 지키면, 그것이 곧 우리의 의로움이라 할지니라).
> (4) 그가 자신을 위하여, 혹은 우리 대신에 능동적 순종을 제공하였기 때문이다. 그런데 사실은 자기 자신을 위한 것이 아니며, 따라서 우리 대신에 그렇게 한 것이다. 그러한 가정이 그리스도와 우리의 관계를 보면 명백하다. 그가 모든 순종의 과정에서 행동하였고 존재하였던 모든 것

---

983) 우병훈, '교회사 속에 나타난 그리스도의 능동적 순종교리 : 초대교회부터 종교개혁기까지 주요 신학자들을 중심으로,' **갱신과부흥**, 29 (2022):11-12.
984) 김재성, **그리스도의 능동적 순종** (고양: 언약, 2021), 175-176.

은 그가 우리 대신에 그리하신 것이다.985)

볼레비우스는 피스카토르의 주장을 논박하면서 그리스도의 이중적 만족이 우리의 이중적 비참을 제거하기 위한 것이라고 말함으로써 능동적 순종을 강력하게 변호했다. 볼레비우스의 저서는 독일 신학자들과 프랑스 개혁주의 교회에도 큰 영향력을 주었다. 볼레비우스는 능동적 순종을 반대하는 자들에게 다음과 같이 반론을 제시했다.

> 여기서, 단지 수동적 순종만을 만족과 공로로 인정하는 사람들은 능동적 순종이 실로 우리의 구속과 구원을 위한 것이라는 사실에 반대하고, 그것을 단지 필수적이고 요구적인 원인으로만 생각한다. 그것은 우리에게 두 가지 이유로 요구된다. 첫째는 창조의 권리로, 둘째는 그의 희생제사가 하나님을 기쁘게 하며 그가 거룩한 제사장이 되기 위한 것이다. 그러나 그 견해의 첫 부분은 오류이다. 왜냐하면 이 부분에서 예수를 다른 인간과 비교할 수 없기 때문이다. 하나님의 아들이 자기가 아니라 우리를 위해 인간과 피조물이 되었으므로, 그가 율법에 복속하는 것도 자신을 위해서가 아니라, 우리들 때문이다. 둘째도 거룩과 무죄를 순종 또는 실제적 의로움과 혼동을 하는 데, 그것은 결여와 습성의 차이보다 더 다르다. 실로 무죄성이 그리스도의 희생제사에 요구되지만, 실제적 순종은 제사장으로서의 그리스도에게 요구될 뿐만 아니라, 만족과 공로의 일부이기도 하다. 만일 아담의 실제적 불순종이 정죄의 공로적 원인이라면, 어떻게 둘째 아담의 실제적 순종이 구원의 공로적 원인이 아니겠는가?986)

볼레비우스는 그리스도의 중보자 사역을 말하면서, 그리스도의 능동적 순종과 수동적 순종이 우리를 영원한 사망에서 구원하고 의를 회복하는 유일하고 완전한 방법이라고 강조했다.

2) 카스파르 올레비아누스

올레비아누스(Caspar Olevianus, 1536-1587)는 '언약신학의 설립자'로 불리며, 능동적 순종을 부정한 피스카토르와 아주 가까운 인물이었다. 피스카토르는 올레비아누스의 조카사위였으며, '헤르보른 호헤슐레'(Herborn Hoheschule)가 올레비아누스의 주도로 시작할 때 피스카토르와 함께 헤르보른의 전성기를 주도했던 사람이다. 피스카토르는 1587년 3월 15일 올레비아

---

985) Ibid., 177.
986) Ibid., 178-179; 〈볼레비우스는 피스카토르의 견해를 철저히 반박하면서, 능동적 순종과 수동적 순종을 구별하는 가장 본질적인 관심은 두 가지의 전가교리를 정립하고자 함에 있음을 강조했다. "단지 공로의 성격을 가지는 그리스도의 수동적 순종만을 원하는 사람들은 그리스도의 순종이 오로지 그가 우리를 위해 죽어야 한다는 성부의 특별한 명령에만 제한된다고 주장한다. 이것은 특별한 것이 아니라, 부분적 명령이다. 그리스도의 순종은 율법이 요구하는 만큼 널리 연장된다. 그러므로 율법이 우리에게 형벌과 순종을 요구하기 때문에, 그는 그 요구 조건을 둘 다 만족시켰다."

누스가 임종을 맞이할 때 옆에 있었다. 무엇보다도, 올레비아누스는 베자와 친밀했으며 제네바와 긴밀한 관계를 가지고 있었다. 법학박사 학위를 받은 후 신학을 공부하기 위해 스위스로 갔을 때 베자와 교제했으며, 팔츠의 교회법을 만들 때 제네바 교회법으로부터 많은 도움을 받았다. 올레비아누스가 하이델베르크에서 장로회 정치를 도입하던 초기에 귀족들과 갈등할 때 누구보다도 베자로부터 큰 위로를 받았다.[987]

올레비아누스에게 주된 관심은 '하나님의 원수 된 인간이 어떻게 하나님과 화목할 수 있는가?'였다. 그 화목은 예수 그리스도의 십자가 희생제사로 가능하다. '이 희생제사가 어떤 의미가 있는가?'를 말해주는 것이 올레비아누스의 언약관이다. 올레비아누스에게 언약이 필요한 이유는 "하나님과 우리 사이의 변함없는 영원한 평화와 우호가 그 아들의 제사를 통해서 이루어짐을 우리가 확신하기 위해서"였다.[988] 그 화목을 말하기 위해, 올레비아누스는 율법으로부터 시작하면서, 하나님께서는 의로우시기 때문에 우리가 하나님과 이웃을 완전히 사랑하여 율법을 만족시키든지 영원히 벌을 받아야만 한다. 그러나 타락한 인간은 하나님과 이웃을 사랑하는 것이 아니라 미워하며 죄책의 상태에 있는 까닭에 예수 그리스도를 구해야만 한다. 이때 올레비아누스는 그리스도를 중보자로 내세운다. 그리스도는 중보자로서 하나님과 인간을 하나되게 하는 화목과 연합을 순종과 중보로 실행하신 우리 구원의 원천이며 근원이시다. 그리스도는 중보자로서 하나님과 우리의 화목을 위해 우리의 죄책을 짊어지고 순종하셨다.

능동적 순종과 관련하여 중요한 것은 올레비아누스가 율법에 대한 완전한 순종과 영생이 연결되어 있다고 보는 것이다.[989] 올레비아누스는 영생의 조건으로 '율법에 대한 완전한 순종'을 말했다. 이것은 율법과 복음에 대한 설명에서 확인할 수 있다. 올레비아누스는 다음과 같이 말했다.

---

987) 이남규, '그리스도의 능동적 순종 전가 부인에 대한 개혁신학자들의 견해와 교회의 결정,' **신학정론** 39(2) (2021): 176(165-226).

988) Caspar Olevnianus, *Der Gnadenbund Gottes* (Herborn, 1590). 4; 이남규, '그리스도의 능동적 순종 전가 부인에 대한 개혁신학자들의 견해와 교회의 결정,' **신학정론** 39(2) (2021): 177(165-226)에서 재인용.

989) Olevnianus, *Der Gnadenbund Gottes*, 8-9; 〈율법은 하나님께서 본성에 심으시고 그의 계명 안에서 반복하시고 새롭게 하셨던 그 가르침이다. 그 안에서 우리가 행할 의무가 무엇인지를 육필로 우리 앞에 놓으셨으니, 곧 내적으로 외적으로 완전한 순종이다. 그리고 우리가 그것을 평생 지킨다는 조건과 함께 영생을 약속하셨다. 반대로 우리가 평생 모든 부분을 지키지 않고, 한 개 또는 여러 개를 범하는 것에는 영원한 저주를 약속하셨으니, 하나님이 말씀하신 것과 같다. "이 율법의 모든 말씀을 실행치 아니하는 자는 저주를 받을 것이라 할 것이요"(신 27:26; 갈 3:10); 이남규, '그리스도의 능동적 순종 전가 부인에 대한 개혁신학자들의 견해와 교회의 결정,' **신학정론** 39(2) (2021): 177(165-226)에서 재인용.

거기서 하나님은 율법이 우리에게 요구했던 의를 우리에게 요구하지 않고 오히려 우리에게 그 의를 전달하고 주시는데, 곧 예수 그리스도의 고난과 죽음의 완전한 순종이다. 이것을 통해 율법이 우리에게 제시했던 모든 죄와 저주가 우리에게서 사라지고 제거된다(롬 5; 갈 3).[990]

올레비아누스에 의하면, 율법이 요구한 의는 그리스도의 고난과 죽음의 완전한 순종으로 의를 전달한다. 그로 인해 죄와 저주가 사라지고 제거된다. 올레비아누스에게 능동적 순종이 명시적으로 나타나지 않으나, 예수 그리스도의 순종으로 죄책이 제거되고 의를 전달한다고 말한 것은 능동적 순종을 함의한다. 올레비아누스는 종교개혁자들의 견해와 같은 맥락에서 그리스도의 생애의 순종과 율법 성취를 의의 전가의 개념으로 보았다.[991]

올레비아누스는 결론적으로 다음과 같이 말했다.

요약하면, 율법은 하나님과 이웃에 대한 완전한 사랑을 요구한다. 그리스도는 십자가의 죽음에서 자신을 드리면서 율법이 요구하는 것을 형제들을 위하여 성취하셨고 수행하셨다. 즉 우리의 저주를 자신에게 전달받은 아들의 순종은 우리가 행해야만 하는 율법을 완전히 지키는 일에 상당한 것이다. 왜냐하면, 우리가 그것을 성취하지 못했기 때문이요 그것은 우리가 영원히 감수해야 했을 모든 고통과 형벌에 상당한 것이다.[992]

올레비아누스에 의하면, 그리스도께서는 율법이 요구하는 하나님과 이웃을 완전히 사랑하는 요구를 성취하고 수행하심으로 율법을 완전히 지키셨다. 이로써 올레비아누스에게 능동적 순종을 볼 수 있다. 이런 관점은 베자와 유사하다. 올레비아누스는 베자의 능동적 순종을 잘 알고 있었다. 1570년 2월에 쓰여진 편지에 의하면, 올레비아누스가 칭의에 대해 베자에게 물었을 때, 베자는 다음과 같이 답변했다.

왜냐하면, 율법을 성취하지 않은 사람이 의롭다고 여겨지는 것보다 무엇이 더 헛될까? 율법이 금지한 것을 행하는 것을 죽음으로 위협하면서 막는다. 뿐만 아니라 명령한 것에 생명의 약속을 더하여서 지시한다. 따라서 그리스도 안에서 죄인으로 생각될 수 없는 자는 죽음에서 벗어났다. 그런데 만일 동일한 예수 그리스도 안에서 율법 전체의 의를 성취하지 않았다면 무슨 권

---

991) Olevianus, *Expositio Symboli Apostolici* (Frankfurt, 1576), 17; "하나님의 아들에게 육체와 영혼이 형성되고 적용되었으니 이는 이것들 안에서 행해진 것들이 각 신자들의 이름으로 행해지도록 하기 위함이다. 그리하여 그의 인격 안에서 아버지께 드려진 순종이 아버지의 계획과 주심에 의하여 참으로 그대의 것이 되어 그대의 육체와 영혼 안에서 드려진 것과 같다."; 이남규, '그리스도의 능동적 순종 전가 부인에 대한 개혁신학자들의 견해와 교회의 결정,' **신학정론** 39(2) (2021): 180(165-226)에서 재인용.
992) Ibid.

리로 생명까지도 간청드릴까?[993]

베자는 율법의 성취로 의로워진다는 것을 강력하게 말했으며, 그 의는 예수 그리스도께서 율법 전체의 의를 성취하셨다고 말함으로써 능동적 순종을 나타냈다. 베자의 편지에 대해 1586년 4월에 피스카토르가 반발하자 개혁교회 진영에서 능동적 순종교리에 대해 논쟁이 시작되었다. 안타깝게도 그해 겨울에 올레비아누스는 심방 가는 길에 쓰러져 그다음 해 3월 하늘나라로 갔다. 올레비아누스가 그 어간에 일어난 논쟁에 관해 어느 정도 인지하고 있었을 것이지만, 본격적인 논쟁의 시기가 아니었기 때문에 학자들은 올레비아누스가 능동적 순종교리에 대해 명확하게 말했다고 여기지 않는다.

올레비아누스에게 능동적 순종은 언약관에 근거한다. 언약관은 하나님과 인간의 화목이 핵심이며, 죄책을 제거하는 그리스도의 십자가를 최우선으로 말한다. 이것은 올레비아누스의 수동적 순종 견해다. 올레비아누스가 그 수동적 순종과 더불어 그리스도의 생애 순종을 말하면서 그 순종을 성도의 행위로 돌린 것은 능동적 순종의 견해다. 우르시누스나 올레비아누스가 개혁진영 안에 점화된 능동적 순종교리 논쟁의 전선에서 싸우지 않았으나 그리스도의 율법성취와 전 생애의 순종을 우리의 의로 전가한다는 견해는 분명하다. 이 두 사람이 전개한 본성언약과 은혜언약은 이후 언약신학에 중요하게 기여했다.

3) 다니엘 토사누스

우리는 여기서 우르시누스와 올레비아누스 이후 신학자인 다니엘 토사누스(Daniel Tossanus, 1541-1602)와 다비드 파레우스(Davind Pareus, 1548-1622)에 대해 살펴볼 필요가 있다. 토사누스는 능동적 순종에 찬성자였고 파레우스는 반대자였다. 파레우스가 능동적 순종에 반대하지만, '피스카토르와 무엇이 다른가?'를 알아야 한다. 토사누스와 파레우스는 하이델베르크에서 신약을 가르쳤다. 전임자는 야콥 그리네우스였으나 1586년 바젤로 떠나자 토사누스가 1601년까지 가르쳤으며, 토사누스 사후로 1602년부터 파레우스가 가르쳤다.

---

993) Caspari Oleviano, *Heidelbergensis in Theodori Bezae Vezelli, Voiumen tertium Tractationum Theoiogicarum* (Geneva:1582), 248; 이남규, '그리스도의 능동적 순종 전가 부인에 대한 개혁신학자들의 견해와 교회의 결정,' **신학정론** 39(2) (2021): 182165-226)에서 재인용.

파레우스가 능동적 순종에 대한 견해를 상세하게 말하기 전 단계인 논쟁 초기였던 1589년 9월 토사누스는 갈라디아서 강의를 시작했다. 토사누스는 갈 4:4과 관련하여 다음과 같이 질문했다.

질문: 사도는 그리스도의 수동적인 의 또는 죽음의 의에 대해 어떤 언급도 하지 않으나 그가 율법에 복속되었기에 능동적인 의에 대하여만 말한다. 따라서 이 능동적인 의에 의해서만 우리가 구속되는가?[994]

토사누스의 질문은 이례적이었다. 왜냐하면, 통상적으로 질문은 수동적 순종으로만 구원을 받는 것이었기 때문이다. 반면에 토사누스는 '우리가 능동적 순종으로 구속되는가?'라고 물었다. 토사누스는 무엇이라고 답했을까? 토사누스는 두 가지가 다 연결되어야 한다면서 다음과 같이 말했다.

대답: 둘 다 함께 연결되어야만 한다. 왜냐하면 여기서 율법에 복속하게 되었다는 것이 단지 율법을 성취하는 순종만이 아니라 그가 감당한 저주도 의미하는 것이기 때문이니, 마치 그는 가증스런 죄인처럼 십자가에서 죽으시며 우리를 위해 하나님의 진노를 감당했기 때문이다. 그래서 우리가 그리스도의 죽으심으로 구속함을 받았다고 말하는 곳에서 제유법이 있으니, 왜냐하면 사도가 빌립보서 2장에서 말하듯이 십자가의 죽으심에 이르기까지의 전체 순종의 여정이 포함되기 때문이다. 그러므로 핵심 명제를 견지해야 하니, 곧 그리스도께서 자신을 위해서가 아니라 우리를 위해서 율법에 복속하셨으니, 그리스도의 전체 순종이 우리의 것이고 우리에게 전가되었으며, 또한 우리가 그리스도의 전체 순종을 즉 능동적 순종과 수동적 순종을 소유한다는 것이다.[995]

토사누스의 논지는 두 가지다. 율법에 복속하게 된 것은, 첫째로, 율법을 성취하는 순종이며, 둘째로, 율법의 저주를 감당하는 것이다. 이것을 빌 2장에서 그리스도의 전체 순종의 여정으로 말하며, 이 전체 순종이 우리에게 전가 되었기 때문에, 토사누스는 명시적으로 "능동적 순종"과 "수동적 순종"을 말했다. 이어서 토사누스는 자신이 이렇게 말하는 이유를 세 가지로 말했다.

1. 왜냐하면, 우리는 아담 안에서 죄책이 있을 뿐 아니라 능동적 불순종으로 죄인이 되었기 때문이다.

---

994) Daniel Tossanus, *D. Danielis Tossani Operum theologicorum* (Hanoviae: 1604) 2:115; 이남규, '그리스도의 능동적 순종 전가 부인에 대한 개혁신학자들의 견해와 교회의 결정,' **신학정론** 39(2) (2021): 184(165–226)에서 재인용.

995) Daniel Tossanus, *D. Danielis Tossani Operum theologicorum* (Hanoviae: 1604) 2:115; 이남규, '그리스도의 능동적 순종 전가 부인에 대한 개혁신학자들의 견해와 교회의 결정,' **신학정론** 39(2) (2021): 185(165–226)에서 재인용.

2. 왜냐하면, 한편 수동적인 순종이 죄사함을 위해서 필요했고, 또 한편 의와 전체 율법의 성취의 전가를 위해서 능동적인 순종이 필요했기 때문이다.
3. 왜냐하면, 이 두 순종이 분리될 수도 없고 분리되어서도 안 되기 때문이다. 저 수동적 의 그 자체 안에서 능동적 순종이 함께 하니, 곧 이로 인해 자원하여 자신을 희생제물로 드렸으니 아버지의 뜻에 순종하기 위해서였다. 그리스도의 절반의 순종이 아니라 완전하며 전체적인 순종으로 말미암아 우리가 죽음과 율법의 저주로부터 구원받고 구속함을 받았다.[996]

토사누스의 세 가지 논거를 보면, 성경이 말하는 인간론을 정확히 말하고 있기 때문에 그리스도의 전체적 순종을 말할 수 있었다. 언제나 존재론이 삶을 지배한다. 우리에게 필요한 것은 타락 이전의 무죄가 아니라 하나님께서 원하시는 의의 상태다. 그 의는 율법의 순종으로 이루어진다. 성경이 말하는 우리의 구원은 타락 이전의 무죄 상태가 아니라 그리스도의 율법 성취, 곧 그리스도께서 율법에 순종함으로 얻은 그 의가 우리의 의가 되는 것이다. 토사누스는 첫 번째와 두 번째 이유에서 이것을 말했다. 토사누스는 세 번째 이유에서 우리 존재의 변화가 전적으로 우리 외부에서 주어졌다는 것을 말했다. 우리 존재의 변화는 그리스도께서 희생제물로 드려진 수동적 순종과 아버지의 뜻에 순종한 능동적 순종이 완전한 전체적인 순종이 되어 일어난 것이다.

4) 파레우스

파레우스(David Pareus, 1548-1622)는 독일 노이쉬타트 근교에 있던 카씨미리아눔에서 개혁주의 신학자이자 성경 교수로 활약했던 사람이다. 파레우스는 독일에 살던 개혁주의 신학자였으나, 베자에 반대하여 그리스도의 능동적 순종으로 주어지는 의의 전가를 반대하자 개혁신학자들은 논쟁에 돌입했다.

일반적으로 파레우스는 능동적 순종의 반대자로 알려져 있으며, 우르시누스의 『하이델베르크 요리문답 해설』의 초기 버전에서 파레우스 버전으로 출판되는 과정에서 파레우스의 관점이 반영되었다고 말한다. 또한 파레우스가 피스카토르의 관점을 그대로 계승했다고 말하기도 한다.

놀랍게도 파레우스는 자카리아스 우르시누스의 제자였고 후에는 하이델베

---

996) Tsssanus, *Operum theologicorum*, 2:115; 이남규, '그리스도의 능동적 순종 전가 부인에 대한 개혁신학자들의 견해와 교회의 결정,' **신학정론** 39(2) (2021): 186(165-226)에서 재인용; ⟨능동적 순종의 전가의 논쟁 속에서 '그리스도의 전체 순종'(tota obedientia Christi)이란 개념은 토사누스에게 중요한 용어였다. 그가 비트겐슈타인의 루드비히 공에게 서신을 보내어 자기 입장을 보내야만 했을 때도 이 용어를 사용하여 답한다. 토사누스는 유럽 교회 대부분이 받아들인 생각과 앞선 신학 선생님들의 생각을 "그리스도의 전체 순종이 우리에게 선사되었고 전가되었다"는 것으로 표현한다.⟩(Ibid., 187.)

르크 대학의 교수가 되었던 사람이다. 그런데도 의의 전가 교리 부분에서 그리스도의 수동적 순종만이 우리의 의가 된다고 주장했으며, 칭의의 전부는 죄의 사면일 뿐이라고 주장했다.[997]

파레우스의 주장은 비트겐슈타인의 루드비히 공의 요청으로 자신의 견해를 전달한 서신에 잘 나타나 있다. 파레우스는 피스카토르와의 두 견해를 말하면서 공통점을 다섯 가지로 말했다. 이남규 교수는 다음과 같이 정리했다.

첫째, '의롭다함'(justificare)의 의미가 법정적 의미에서 '죄를 사하고 의롭다고 간주함'(a reatu absolvere & iustum reputare)이라는 것이다. 둘째, 죄인들이 하나님 앞에서 의롭게 함을 받는 것이 율법적으로가 아니라 복음적으로 된다는 면에서 공통적이다. 복음적이라는 말에 따르는 설명은, 공로가 아니라 믿음에 의해서란 말이며 우리 자신의 의가 아니라 다른 이의 의에 의해서란 말이다. 셋째, 다른 이의 의가 주입되지 않고 전가된다고 공통적으로 주장한다. 넷째, 전가된 의의 적용이 오직 믿음으로 되어진다는 생각에도 공통적이다. 믿음으로 의롭다 함을 받음은, 다른 이의 의가 전가되되 이 의가 믿음을 통하여 적용된다는 말이다. 다섯째, "마지막으로 이 다른 이의 의는 우리를 위한 그리스도의 공로와 만족이며 또는 우리에게 전가된 그리스도의 의다."[998]

파레우스는 두 견해가 다 복음적, 곧 공로가 아니라 믿음으로 의롭게 되는 것을 말하며, 의의 주입이 아니라 전가를 말하며 이 의가 그리스도의 공로와 만족으로 이루어진 그리스도의 의라는 것을 말했다.

두 견해의 차이점은 무엇인가? 그 차이는 그리스도의 공로 혹은 의에 대한 설명이다. 그 차이는 '그리스도께서 우리를 위해 얻으신 공로와 믿음으로 우리에게 주어진 의는 무엇인가?'에 대한 설명이다. 파레우스는 사중적 의를 소개했다. 첫째는, 그리스도의 본질적인 신성의 의이며, 둘째는, 그리스도의 인성의 형상적인 또는 원래의 의이며, 셋째는, 율법에 대한 능동적 성취이며, 넷째는, 수동적 순종이다.[999]

파레우스의 이런 견해에 대해 이남규 교수는 다음과 같이 말했다.

쟁점은 우리가 의롭다 함을 받는 것이 이 모든 의가 전가되는지, 아니면 일부만 전가되는지, 아니면 마지막 의(즉, 수동적 순종)만 전가되는지에 대한 것이다. 그런데 파레우스가 언급하는 이 네 종류의 의 모두가 전가되는 것은 베자의 견해라고 보기 어렵다. 왜냐하면, 베자는 신성의 의

997) https://www.christiandaily.co.kr/news/103527/ 김재성, '개혁주의 칭의론과 의로움의 전가 교리 (7),'(2021.5.10.) accessed 2021.10.8.
998) Pareus, *Epistola de iustitia Christi activa & passiva* 173; 이남규, '그리스도의 능동적 순종 전가 부인에 대한 개혁신학자들의 견해와 교회의 결정,' **신학정론** 39(2) (2021): 188-189(165-226)에서 재인용.
999) Ibid., 174; 이남규, '그리스도의 능동적 순종 전가 부인에 대한 개혁신학자들의 견해와 교회의 결정,' **신학정론** 39(2) (2021): 189(165-226)에서 재인용.

의 전가를 제외한 세 가지 의의 전가를 주장했기 때문이다. 파레우스에 의하면, 사중적 의 모두가 전가된다고 주장하는 이들의 주된 근거는 신인이신 전체 그리스도가 우리의 주요 왕이요 제사장이시기 때문에, 또 그리스도의 공로의 가치는 신성이신 그의 위격의 위엄에 의존하기 때문이다. 그러나 공로의 위엄이 위격의 위엄으로부터, 즉 중보자의 신성으로부터 올지라도 신성이 공로가 된다는 말은 아니다. 신성이나 신성의 의가 우리에게 전가되지 않으며, 또는 오시안더의 오류처럼 본질적으로 우리 안에 머물거나 우리의 의가 되는 것이 아니다. 신성의 의는 공로와 다르다. 그런데 파레우스가 소개하는 신성의 의가 전가된다는 견해를 가진 신학자들이 당시에 얼마나 많이 존재했는지는 의문이다. 이미 오시안더 논쟁을 겪었고 칼빈 이후 개혁신학자들은 이와 유사한 주장을 받아들이지 않았기 때문이다. 베자의 경우도 이 주장은 하지 않았다.[1000]

이남규 교수에 의하면, 사중적 의의 전가는 결국 신성이나 신성의 의가 전가 되는 것이기 때문에 베자의 전가 사상과는 다르다. 베자는 파레우스가 소개하는 그런 중보자의 신성이 우리에게 공로가 된다고 말하지 않았기 때문이다. 신성의 의가 전가된다는 주장은 존재론적 문제를 야기하며 이교의 의화사상이 될 수 있다. 능동적 순종교리를 존재론의 관점으로 파악해야 하는 이유를 여기에서도 발견할 수 있다.

파레우스가 말한 신성의 의를 제외한 나머지 세 가지 의의 전가를 주장하는 사람들은, 우리가 불의하지 않기 위해, 곧 죄 용서를 위해 수동적 순종이 필요하며, 우리가 의롭기 위해 능동적 순종이 필요하며, 우리가 거룩하다고 판단받기 위해, 곧 완전한 거룩에 이르기 위해 형상의 또는 상태의 거룩이 필요하다고 주장했다. 그러나, 파레우스는 '우리 의의 질료적 원인과 그것을 위해 있어야만 하는 원인을 함께 섞었다'고 지적했으며, '율법을 성취하는 것과 죄가 없는 것은 사실 다른 것이 아닌데 구분했다'고 지적한다. 무엇보다도 '성경이 수동적 순종을 통해서 우리가 의롭게 되었다'고 말하는 것을 지적했다.[1001]

파레우스는 사중적 의의 전가 가운데 네 번째만을 인정하는 사람들이 있으며, 이것이 자신의 견해와 맞다고 말했다. 수동적 순종의 의의 전가를 인정하는 사람들은 그리스도의 수동적 순종만이 우리의 의가 되며, 오직 죄 용서로서의 칭의를 말했다. 파레우스는 우리의 칭의는 오직 죄 용서에 있다고 결론을 내렸다.

또한, 파레우스는 롬 5:19 주석에도 능동적 순종을 비판했다. 그러나, 롬 5:19 주석에서 순종에 대해, "그리스도는 아버지의 뜻에 순종하기를 또한 세

1000) 이남규, '그리스도의 능동적 순종 전가 부인에 대한 개혁신학자들의 견해와 교회의 결정,' **신학정론** 39(2) (2021): 189-190(165-226).
1001) Ibid., 190.

상의 구원을 완수하기를 가장 큰 열망으로 원하셨기에, 자발적으로 우리를 위해 죽음을 마주했다"라고 말했다.1002)

파레우스와 피스카토르의 주장이 서로 일치하지 않는다는 것은 분명하다. 파레우스가 능동적 순종을 비판하면서 수동적 순종만을 의의 전가로 말했다고 해서 피스카토르와 같은 편이라고 무리하게 단정지어서는 안 된다.

첫 번째로, 파레우스는 양 진영 간의 화해를 요청하면서 통합된 교리를 제안했다. 파레우스가 능동적 순종에 대한 의향이 없었다면 이런 제안은 불가했을 것이다. 그런 제안을 위해 파레우스는 각각의 주장이 가지는 약점을 말했다. 수동적 순종만 인정하는 피스카토르 측은 의가 나누어지는 것을 불쾌하게 여겼으며 성경과 어긋나고 부적절하다고 말했다. 능동적 순종만 인정하는 측은 그리스도의 죽음만을 의로 인정하는 것을 불쾌하게 생각했다. 이런 주장들을 감안하여, 파레우스는 그리스도의 공로가 나누어져서는 안 되며, 의가 죽음과 분리되거나 칭의와 죄 사함이 분리되어서는 안 된다고 말했으며, 동시에 그리스도의 생애 전체와 죽음 앞에 있었던 그리스도의 순종을 배제해선 안 된다고 주장했다.1003)

두 번째로, 파레우스는 그리스도의 능동적 순종에 대한 분명한 입장을 밝혔다. 이남규 교수는 다음과 같이 말했다.

> 파레우스에 의하면 성경에 나오는 그리스도의 피, 죽음이란 용어들은 제유법으로 해석되어야 하며, 그래서 그리스도의 비하 전체로 이해되어야 한다. 비록 논쟁하는 이들의 화해를 위한 제안이라는 조건이 있을지라도 파레우스는 이렇게 말한다. "비하 아래에 율법에 대한 자발적 순종도, 그리하여 그들이 부르는 능동적 순종도 포함되어야 한다. 그래서 어떤 점에서 공로가 된다. 즉, 자발적인 복종으로서 하나님의 아들에 의해 우리 때문에 수행하시고 성취하신 것으로 고려되는 한 그렇다." 나아가 파레우스는 그리스도 자신을 위한 순종과 우리를 위한 순종으로 구분하여서 우리를 위한 순종이기 때문에 공로로 인정되어야 한다고 말한다. 파레우스는 이 순

1002) 이남규, '그리스도의 능동적 순종 전가 부인에 대한 개혁신학자들의 견해와 교회의 결정,' **신학정론** 39(2) (2021): 191-192(165-226); 〈파레우스는 어떤 자들이 "그리스도의 능동적 또 수동적 순종에 관한 헛된 논쟁을 일으킨다"라고 지적한다. 그래서 능동적/수동적 순종이란 용어 사용을 피하면서 일반/특별이란 용어를 사용한다. 파레우스에 의하면 그리스도는 일반적 뜻과 특별한 뜻의 두 가지 순종을 죽음으로 성취하셨다. "일반적 율법을 우리를 위하여 죽으심으로 최고의 사랑으로 성취하셨다. … 사랑은 율법의 성취이다." 그리스도의 같은 죽음으로 특별법도 성취하셨다. "왜냐하면, 그는 이것을 위하여 오셔서 아버지의 뜻을 행하시고 많은 사람을 위하여 자기 목숨을 대속물로 주셨기 때문이다." 파레우스는 그리스도의 죽으심의 순종이 최고의 사랑으로서 일반법의 성취임과 동시에 대속물로 주시는 특별법의 성취임을 인정한다. 그런데 오신 목적에는 특별법만 연결하여 수동적 순종의 전가만 지지하는 듯이 보이지만, 이 로마서 5:19의 순종에 대해 "그리스도는 아버지의 뜻에 순종하기를 또한 세상의 구원을 완수하기를 가장 큰 열망으로 원하셨기에, 자발적으로 우리를 위해 죽음을 마주했다."라고 말하기 때문에 그가 능동적 순종의 함의를 전적으로 배제한다고 보기는 어렵다.〉
1003) Ibid., 193.

종을 두 가지 방식으로 고려한다. 첫째 율법에 대한 일치로서 이것은 중보자의 위격적 의이다. "둘째 율법에 대한 복속으로서 이것은 그리스도께서 우리 때문에 자신을 율법에 매이게 하신 것이다. 그래서 이것은 공로가 된다." 그리스도는 하나님의 아들로서 율법의 의무에 묶이지 않으셨음에도 "율법에 자신을 자발적으로 복속시키셨다. 그렇게 우리 때문에 율법 전체의 종이 되셨으니 이는 우리를 율법의 종되는 것과 억압과 저주에서 구원하시기 위함이셨다."

파레우스는 베자의 설명 방식에 분명히 동의하지 않는다. 즉, 그는 의가 두 부분이나 세 부분으로 나뉘는 것을 찬성하지 않았다. 또한 형벌을 받는 것만으로도 율법의 성취로 충분하다고 말한다. 성경의 용어 사용을 따라 수동적으로 표현되길 원했다. 그렇다고 해서 그리스도의 능동적 순종이 우리 칭의의 공로에서 배제되어야 한다고 생각하지 않았다. 이 점은 피스카토르가 그리스도께서 율법에 순종하신 내용이 우리 칭의의 공로에 포함될 수 없다라고 주장한 사실과 비교하면 분명히 다른 점이다. 파레우스는 피스카토르에게 서신을 보내 그리스도의 죽음으로만 우리 의의 질료를 제한하는 것에 대해 신중하라고 권고했었다. "수동적인 것은 오직 그리스도의 죽으심으로만 이해되고 능동적인 것은 오직 그전에 행한 생애로 이해된다고 내가 듣는다. 의의 질료가 오직 죽으심으로만 말해진다면, 그 앞서 있던 비하와 종의 형체를 취하심과 율법에 복속하신 것은 무슨 목적이란 말인가?" 이렇게 파레우스는 단순히 그리스도의 생애의 순종만이 아니라 율법에 대한 성취도 공로에 포함되어야 한다고 말한다.[1004]

이남규 교수에 의하면, 파레우스는 그리스도의 순종이 나누어지는 것을 원칙적으로 반대했다. 파레우스는 피스카토르와는 달리 능동적 순종과 수동적 순종을 생애의 순종으로 여겼다. 파레우스는 그리스도의 그런 순종을 "중보자의 위격적 의미"로 보았다. 이것은 그리스도의 존재적 관점과 사명적 관점에서 그리스도의 순종을 파악한 것이다. 우리 입장에서 보면, 지금 우리가 살피고 있는 이 능동적 순종교리 문제를 그리스도의 존재와 사명으로 이해하면 전체 생애의 순종으로 이해가 가능하다는 것을 보여주는 선례가 된다.

세 번째로, 파레우스는 『로마서 주석』(1608년)에서 롬 3:31에 대해, 믿음으로 율법을 세 가지 방식으로 세운다고 말했다. 첫째는 "먹는 날에는 반드시 죽으리라"는 그리스도께서 우리를 위해 성취하신 형벌로, 둘째는, 율법을 행하는 자는 그 가운데서 살리라"는 그리스도 안의 율법성취로, 셋째는 하나님을 사랑하고 이웃 사랑에 대한 것이라고 말하면서 성령으로 말미암아 우리가 새로운 순종을 시작함으로써 우리는 믿음으로 율법을 세운다고 말했다. 파레우스의 이 세 가지 방식에서, 첫째와 둘째는 수동적 순종과 능동적 순종을 함의한다. 특히 이 둘째 부분에서 파레우스는 능동적 순종을 더 명확히 말했다.[1005]

1004) Ibid., 194-195.
1005) David Pareus, *In Divinam ad Romanos S. Pauli Apostoli Epistolam Commentarius* (Frankfurt: 1608), 311-12; "우리가 믿음으로 이것을 세우는데, 왜냐하면 우리가 율법을 성취함 없이도 값없이 의롭게 되었음을 믿기 때문인데, 우리로서는 율법의 성취가 없으나 그리스도로서는 있기 때문이다. 그는 우리를 위해 만족시키기 위하여 완전한 순종으로 율법을 완수하셔야만 했다. 따라서 두 번째로 우리는 믿음으로 율법을 세우니, 왜냐하면

이런 내용들은 일반적으로 알려진 일, 곧 '파레우스는 능동적 순종 반대자다'라는 것과 많은 면에서 다르다. 파레우스의 주장을 살펴보면, 파레우스는 그리스도의 순종을 생애 전체의 순종으로 말하면서도, 그 순종이 수동적 순종으로 표현되는 것이 합당하다고 생각했다. 그 이유는 무엇인가? 그리스도의 구원 사역은 비하의 사역이기 때문이다.

김재성 교수는 다음과 같이 말했다.

> 그는 피스카토르의 입장과 비판자들, 양쪽의 신학자들이 많은 부분에서 공통적으로 동의하는 내용들에 대해서 지적했다. 칭의에 대한 정의를 의롭다 하심이라고 한다든지. 믿음으로만 의롭다함을 얻는다는 것이라든지, 그리스도의 의로움이 죄인에게 주입되는 것이 아니라든지, 오직 그리스도의 공로만을 외부로부터 받아서 칭의를 얻는다는 것 등등이다. 그러나 그는 구체적으로 들어가서, 그리스도의 공로의 내용이 무엇인가를 놓고서 네 가지 다른 입장들이 전가 교리에 담겨있다고 주장했다. 첫째는 오시안더가 주장하는 본질적 의로움 혹은 신적 의로움, 둘째는 인간으로서의 근원적인 의로움, 셋째는 능동적으로 율법을 지켰다는 것, 넷째는 수동적 의로움이다. 파레우스는 칭의는 그리스도의 수동적 순종, 즉 죄의 용서라는 것 이외에는 강조하지 않았다. 『하이델베르크 교리문답서』에서는 그리스도의 의로움이 전가된다는 것을 분명히 하고 있기에, 파레우스는 그리스도의 의로움의 전가에 관한 부분에 대해서도 죄의 용서를 의미한다고 보았다. 그는 오히려 능동적 순종과 수동적 순종이라는 용어를 전혀 사용하지 않았던 칼빈, 멜랑히톤, 『프랑스 신앙고백서』(1559) 등 초기 종교개혁자들의 저술에 호소했다.[1006]

유럽의 개혁교회들은 피스카토르와 파레우스의 저서들을 맹렬히 비판했다. 그 시작은 프랑스 개혁교회가 소집한 제17차 전국대회 「가프의 총회」(the Synod of Gap, 1603년 10월)가 피스카토르의 주장을 거부하면서부터다. 총회는 "젊은 목회자들의 마음속에 사악한 가르침을 더 이상 집어넣지 말라"고 경고했으며, 잉글랜드, 스코틀랜드, 라이덴, 제네바, 하이델베르크, 바젤, 헤르보른의 대학교들에게 '더 이상 혼란스러운 주장에 현혹되지 말라'고 통보했다. 총회는 피스카토르가 "하나님 앞에서 의롭게 되고 구원을 받는 것이 오직 그리스도의 믿음과 수동적 순종에 의해서만 된다"고 주장하며, 동시에

그리스도 안에서 우리가 율법에 대한 완전한 순종을 완수했기 때문이다."; 이남규, '그리스도의 능동적 순종 전가 부인에 대한 개혁신학자들의 견해와 교회의 결정,' **신학정론** 39(2) (2021): 195-196(165-226)에서 재인용; 〈율법을 행하는 자가 살리라는 율법의 외침을 그리스도께서 우리를 위하여 완전한 순종을 완수하셨을 뿐 아니라, 이제 그리스도 안에서 우리가 율법에 대한 완전한 순종을 완수했다고 설명한다. 이 설명은 파레우스가 "행하라 그리하면 살리라"의 공로가 그리스도를 믿는 자들에게 전가되었음을 인정했다는 근거다. 피스카토르는 율법의 두 번째 성취부분이 우리에게 전가되었음은 부인하였다는 점에서 파레우스는 피스카토르와 다르다는 점을 확인할 수 있다. 따라서 얼마 후 파레우스의 로마서 3장 31절의 주석이 율법언약이 그리스도 안에서 성취되었음에 대한 증거, 즉 파레우스가 피스카토르의 반대편에 있음을 보여주는 증거라는 의견이 제시되었고, 피스카토르는 이 부분에서 파레우스의 주해가 누구의 편에 있지 않다고 반론을 펴다.〉(Ibid., 196.)
1006) 김재성, **그리스도의 능동적 순종** (고양: 언약, 2021), 180-181.

"동정녀의 태에서 잉태될 때부터 생애의 마지막 호흡 때까지 그분 자신과 우리의 아버지에게 성취하여 드린 그리스도의 모든 순종을 고려하지 않고 배제하는" 것은 잘못이라고 지적했다.[1007]

그 당시 프랑스 상황은 심각한 종교전쟁 중이었다. 프랑스 개혁교회와 위그노들은 1562년부터 1598년에 "낭트칙령"이 발효되기까지 국왕과의 "종교전쟁" 상태에 있었으며, 거의 3백만 명이 죽었다. 그토록 잔혹한 핍박을 겪으면서도 전체 프랑스 인구 가운데 10%가 프랑스 개혁교회에 가입했다. 그것은 '개혁신앙을 고수하려는 노력이 얼마나 치열했는가?'를 알 수 있다. 그렇게 개혁신앙을 확고하게 하려는 노력이 칭의론과 전가교리를 성경적으로 확립하는 일이었다. 칭의론과 전가교리는 '프랑스 개혁교회가 죽느냐? 사느냐?'의 문제였다. 이 일은 계속 진행되었다.

또한, 제18차 전국대회, 로셸 3차 총회(The Synod of Rochel, 1607)에서는 피스카토르의 오류를 지적하면서 프랑스 전국의 목사들에게 다음과 같이 가르치도록 명령했다. "완전한 죄 사함과 영원한 생명으로 받아들여짐을 위하여 그리스도의 삶과 죽음의 둘 모두 안에 있는 모든 순종이 우리에게 전가되는 것이며, 요컨대 이 하나이며 동일한 순종이 우리의 전적이며 완전한 의롭게 함이다." 총회는 몽토방 아카데미의 신학자 베르나르드 소니스(Bernard Sonis)가 피스카토르에게 직접 비판적인 논문을 보내도록 했다. 1612년 프리바 총회에서도 삐에르 뮬랭(Pierre de Moulin, 1568-1633)이 "그리스도의 생애 동안에서의 순종과 죽으심의 순종이 모든 그리스도의 순종이며, 이 전체를 통해서 우리의 죄가 사면 되고 영생으로 받아들여진다. 이는 하나이요, 동일한 순종이며, 우리의 전체이자 완전한 칭의다"고 발표하자 감사로 받아들였다.[1008] 제20차 전국대회, 프리바 총회(the Synod of Privas, 1612)에서는 드 몰랭(Pierr du Moulen, 1568-1658)이 피스카토르와 같은 주장을 펼친 틸레누스(Daniel Tilenus, 1563-1633)에 대해 반대 의견을 진술한 책을 대회에 제공한 것을 감사했다. 제21차 전국대회, 톤낭 총회(the Synod of Tonneins, 1614)에서는 프리바 대회에서 결정한 사항을 준수하는 문제를 다루면서, 인간은 우리의 구주이신 예수 그리스도에 의하지 않고는 의롭다 함을 받을 수 없다(회의록 6장)고 말하면서 그리스도의 순종에 대한 교리에 대

1007) 김병훈·박상봉·안상혁·이남규·이승구, 그리스도의 순종과 의의 전가 (수원: 합동신학대학원출판부, 2022), 18.
1008) 김재성, 그리스도의 능동적 순종 (고양: 언약, 2021), 182.

해 모든 목사가 서명하며 순종할 것을 요구했다.[1009]

　드디어, 도르트 총회에서 "그리스도의 능동적 순종"이라는 주제로 1619년 5월 총회의 마지막 모임에서 다루어졌다. 도르트 총회는 『벨직신앙고백서』 22항, "믿음을 통한 의로움"을 재검토하고 채택했다. 총회는 이것을 피스카토르와 소시니안들에게 반대하는 내용을 담아서 다음과 같이 표명했다.

> 그러므로 우리는 사도 바울이 고백한 대로 오직 믿음으로만 의롭게 되었다는, 또는 행위로서가 아니라 믿음으로만 의롭게 된다는 말을 마땅히 하는 바이다. 그러나 좀 더 분명히 말해서, 믿음이란 그 자체가 우리를 의롭게 한다는 것은 아니다. 왜냐하면, 믿음이란 단지 하나의 방편일 뿐이요, 이 방편이 되는 믿음으로 우리는 그리스도를 우리의 의로움으로 받아들이게 되는 것이기 때문이다. 하지만 예수 그리스도는 그의 모든 공로를 우리에게 전가시켜 주셨으므로 그가 우리를 위해 행하신 모든 거룩한 사역들이 우리의 의로움이 되는 것이다. 따라서 믿음이란 그의 모든 공로 안에서 우리를 그와 교통하도록 해 주는 도구인데 우리가 이 모든 공로를 받아들일 때에 이것은 우리를 모든 죄악에서 멀리해 주는 그 이상의 것이 될 수 있는 것이다.[1010]

　의장 요한네스 보거만(Johannes Bogerman, 1576-1637)은 "그가 우리를 위해 행하신 모든 거룩한 사역들"이라는 문장에서 "그리스도의 순종"으로 대체할 것을 제안했다. 독일 헤세에서 온 대표단들(Georgius Cruciger, Paulus Steinius, Daniel Angelocrator, Rudolphus Goclenus)과 팔라틴 지역의 대표들(Abraham Scultetus, Paulus Tossanus, Henricus Altingius)은 '개혁진영의 평화를 위해서 피스카토르의 견해를 포용하자'라고 주장하면서 일단의 참석자들이 개정에 반대했다. 그와 같은 포용안에 대하여, 독일 루터파 하인리히 에크하르트(Heinrich Eckhart, 1580-1624)가 '피스카토르의 칭의론은 칼빈과 그를 따르는 개혁주의 신학을 이탈한 것'이라고 주장했다. 발타사르 멘처(Balthsar Mentzer, 1565-1627), 라벤스네르거서(Hermann Ravensperger, 1586-1625), 라파엘 에글리누(Raphel Eglinus, 1559-1622) 등이 피스카토르에게 반대했다. 이런 논의 끝에, 도르트 총회는 능동적 순종을 부정하고 수동적 순종만 주장하는 피스카토르의 견해에 반대하는 결의를 하고 폐회했다.[1011]

1009) 김병훈·박상봉·안상혁·이남규·이승구, 그리스도의 순종과 의의 전가 (수원: 합동신학대학원출판부, 2022), 18-21.

1010) 김재성, 그리스도의 능동적 순종 (고양: 언약, 2021), 183.

1011) Ibid.,, 183-184; 〈미국 프린스턴 대학의 찰스 핫지는 피스카토르의 문제점을 정확히 지적하였다. 피스카토르가 주장한 것은 결코 성경적인 이해가 아니며, 예수 그리스도의 능동적 순종의 전가를 받아들이는 전통적 개혁주의 신학자들의 사상을 거부하는 것이라고 비판했다. "종교개혁의 신학에서 가장 돋보이는 요소들을 하나도 남겨놓지 않고 모두 다 지나쳐 버렸다"고 피스카토르를 평가했다. 프랑스와 스위스 종교개혁자들만이 아니라, 독

5) 아만두스 폴라누스

스위스의 신학자들은 능동적 순종 논쟁 초기인 1580년대 후반부터 피스카토르의 주장에 반대하며 논쟁을 펼쳤다. 그 대표적인 바젤 신학자가 요한 야콥 그리네우스(Johann Jakob Grynaeus, 1540-1617)였다. 그리네우스는 『우리 주 예수 그리스도의 순종 전체의 완전한 전가에 대한 정리』(1588)라는 제목으로 피스카토르의 주장에 제동을 걸었다. 그리네우스는 "예수 그리스도께서 우리 때문에 아버지 앞에 성취하신 능동적 순종과 수동적 순종이 의롭다 하시는 분이신 하나님 아버지에 의해서 그를 믿는 우리에게 전가된다는 것을 보여주는 것"을 목적으로 삼았다. 그리네우스는 '아들이 우리 때문에 성취하려고 하신 모든 것을 아버지께서 우리에게 전가하지 않는 것은 이상하다고 생각한다. 우리의 구원을 위하여 그리스도의 능동적 순종도 전가되어야 한다'고 결론을 내림으로써 능동적 순종을 강력하게 말했다.[1012]

이어서 우리가 주목하는 신학자는 아만두스 폴라누스(Amandus Polanus, 1561-1610)다. 폴라누스는 자신의 조직신학 교과서 『신학해설』(*Partitiones Theologicae*, 1590)을 통해 기독론에서 능동적 순종에 대해 말했다. 1590년은 능동적 순종 논쟁 초기였다.

폴라누스는 그리스도의 비하는 성육신과 순종으로 이루어져 있으며, 그리스도의 순종은 그리스도의 의라고도 불리며, 그리스도는 모든 부분에서 아버지께 순종하셨다고 말했다. 이런 의는 율법관에 지배를 받고 있다.[1013] 폴라누스는 그리스도의 순종을 두 부분으로 보고, '율법에 대한 완수'와 '우리 죄를 위해 형벌을 치루심'이라고 말했다. 전자는 전 생애로 하나님의 율법에 대한 완전한 순종을 성취하심으로, 그리스도의 거룩한 생애의 순종이라 불렀으며(능동적 순종), 후자는 우리가 마땅히 져야 할 형벌을 그리스도께서 우리를

일 루터파에서 마저도 정죄를 당했던 피스카토르의 견해는 결코 어느 곳에서도 인정을 받지 못했다. 그와같이 주장하는 자들은 결국 칭의론을 성경적으로 정립할 수 없다.〉

1012) Jakob Grynaeus, *Theorema de perfecta totius obedientiae Domini nostri Iesu Christi imputations* (Basel, 1588), B2; 이남규, '그리스도의 능동적 순종 전가 부인에 대한 개혁신학자들의 견해와 교회의 결정,' **신학정론** 39(2) (2021): 198(165-226)에서 재인용.

1013) Amandus Polanus, *Partitiones Theologicae* (Basel: Conrad Waldkirche, 1590). 167; "하나님의 율법은 우리가 행해야 하고 하지 않을 것을 명령하신 교리인데, 하나님께 대하여 내적으로나 외적으로나 완전한 순종을 요구하고, 이것을 행하는 자들에게 영생을 약속하나 한 부분이라도 그것을 깨는 자들에게는 영벌을 경고한다."; 이남규, '그리스도의 능동적 순종 전가 부인에 대한 개혁신학자들의 견해와 교회의 결정,' **신학정론** 39(2) (2021): 205(165-226)에서 재인용.

위해 감당하신 것으로, 고난과 죽음의 순종(수동적 순종)이라 불렀다.[1014]

폴라누스는 칭의론에서 칭의는 두 부분이며 죄의 용서와 그리스도의 의의 전가가 있다고 말했다. 죄 용서에서는 죄책과 영원한 형벌이 사해지며 그리스도께서는 이 둘을 만족시켰다. 그리스도의 의의 전가는 그리스도의 순종을 우리의 것으로 여겨주시는 것이라고 말하며 능동적 순종을 말했다.

능동적 순종에 대한 논쟁이 더 치열해지면서 폴라누스는 「"하나님 앞에서 값이 없는 우리 칭의의 부분들에 대하여」(1598)라는 논제에 설명을 추가했다. 200쪽이 추가된 『신학해설』(1599)년 개정판은 더욱 신학적 일관성을 가지고 능동적 순종을 말했으며 칭의론을 30쪽에 걸쳐 할애하면서 능동적 순종을 가장 많이 변증했다. 폴라누스는 그리스도의 비하를 율법과 연결했는데, 비하를 성육신과 율법에 대한 성취로 구분했다. 율법에 대한 성취는 '율법의 명령에 대한 완전한 준수'와 '율법의 경고로 인한 우리 죄에 마땅한 형벌을 받음'으로 구분했다. 폴라누스는 칭의가 죄의 용서만이 아니라 그리스도의 율법준수로 우리의 의로 전가되었다고 말했다.

이남규 교수는 다음과 같이 말했다.

> 폴라누스는 이 의가 율법의 성취라고 말한다. 복음에서 우리 자신에 의해서가 아니라 그리스도에 의해 율법이 성취된다. 그리스도께서 율법을 우리에게 전가하셨고, 바로 이런 의미에서 율법의 마침이 되신다. 복음을 통해 율법이 폐하여지지 않고 오히려 세워진다. 전가된 이 의는 하나밖에 없는데, 두 부분으로 구성된다. '율법의 명령에 대한 가장 완전한 순종'(perfectissima mandatorum Legis obedientia)과 '우리 불순종 때문에 자원하여 형벌을 받음'(voluntaria poena propter nostram inobedientiam persolutio)이 있다. 즉, 율법 명령에 대한 그리스도의 완전한 순종이 우리에게 전가된 의의 첫 번째 부분이다. 폴라누스는 여기에 율법에 나타난 하나님의 뜻과 일치하는 그리스도의 인성과 행위를 언급한다. 우리 불순종 때문에 자원하여 형벌을 받으심은 우리에게 전가된 의의 두 번째 부분으로서 그리스도의 잉태되심부터 시작하여 비하의 모든 기간에 행하신 것으로 말한다. 폴라누스는 베자의 삼중적 의에서 인성의 거룩과 능동적 순종을 함께 율법 계명에 대한 순종으로 묶음으로써 베자의 의견을 받아들이되 세 부분이 아니라 두 부분의 구성을 만들었다. 수동적 순종의 시기에 관하여 이전 판에서 그리스도의 나심부터 말했다면 여기서 잉태되심부터 말하여 그 시기의 표현에 엄밀성을 추가했다. 이런 부분들이 당시의 논쟁과 신학적 사색의 깊이를 보여준다.[1015]

1014) Amandus Polanus, *Partitiones Theologicae* (Basel: Conrad Waldkirche, 1590). 62-63; "율법에 대한 완수는 그리스도의 순종의 첫 번째 부분인데, 이것으로 우리 때문에 전 생애로 하나님의 율법에 대한 완전한 순종을 성취하였다. 또한 이것은 그리스도의 의로 불리거나 그리스도의 거룩한 생애의 순종이라 불린다. 우리의 죄를 위한 형벌을 치루심은 그리스도의 순종의 다른 부분이다. 우리에게 마땅했던 형벌을 우리를 위해 감당하신 것이다. 우리를 위해 하나님의 가장 엄하신 의를 만족시키시기 위하여, 그렇게 우리는 더 이상 그 형벌을 감당해야 할 의무가 없게 되었다. 그리스도께서 우리를 대신해 그 값을 치루셨기 때문이다. 이것은 그리스도의 수동적 의라 불린다. 또는 고난과 죽음의 순종이라 불린다."; 이남규, '그리스도의 능동적 순종 전가 부인에 대한 개혁신학자들의 견해와 교회의 결정,' 신학정론 39(2) (2021): 199-200(165-226)에서 재인용.

이남규 교수에 의하면, 폴라누스가 말하는 율법의 의는 그리스도께서 자원하여 형벌을 받으심만이 아니라 완전히 율법을 순종하신 것이다. 그 순종은 잉태로부터 시작하여 생애의 모든 기간에 해당한다. 이런 폴라누스의 견해는 베자의 삼중적 의를 받아들이되 두 부분으로 구성된 것이었다.

폴라누스는 자원하여 형벌 받으심만이 아니라 그리스도의 율법성취 전체가 우리에게 전가되는 14가지 근거를 말했다. 그중 열 번째 논증은 아담과 그리스도를 비교하면서 능동적 순종을 말했다. 폴라누스는 아담은 율법이 요구한 것을 성취하지 못하였으나 그리스도는 완전한 율법 순종으로 의를 전가시켰다고 말했다. 폴라누스는 형벌의 만족만으로는 의의 상태가 될 수 없고 율법 계명에 대한 그리스도의 완전한 일치가 우리에게 전가되어야 의를 소유한다고 말했다. 폴라누스는 죄의 용서만이 아니라 그리스도의 의의 전가도 포함되어야 하는 13가지 이유를 말했다. 특히, 두 번째 논증에서 타락 전 아담과 비교하면서 칭의를 영생의 권리로 말했다.[1016]

능동적 순종 논쟁과 관련하여 우리의 주목을 끄는 것은 폴라누스가 행위언약과 은혜언약의 구도 속에서 아담과 그리스도를 두 언약의 대표자로 세워 언약신학의 구도에서 능동적 순종의 당위성을 논했다는 것이다. 이 부분에 대하여 이남규 교수는 다음과 같이 말했다.

1015) 이남규, '그리스도의 능동적 순종 전가 부인에 대한 개혁신학자들의 견해와 교회의 결정,' **신학정론** 39(2) (2021): 201-202(165-226); 〈자원하여 형벌을 받으심이 아니라 그리스도의 율법 성취 전체가 우리에게 전가됨에 대하여 여러 쪽에 걸쳐 14가지의 근거를 제시한다. 이 근거들은 주로 율법에 그 초점을 맞춘다. 여기서 주요 논증만을 간략하게 살펴본다. 첫째, 로마서 5장 19절을 인용하면서 그리스도의 순종을 통해 우리가 의롭게 되었음을 근거로 삼는다. 폴라누스는 그리스도의 순종의 일부분을 통해서 우리가 의롭게 된 것이 아니라 그리스도의 순종 전체를 통해서 의롭게 되었기 때문에 그리스도 순종에서 일부를 제외할 수 없다고 말한다. 두 번째, 그리스도가 율법의 마침이 되셨는데, 율법의 일부분의 마침이 되신 것이 아니라 전체의 마침이 되었다. 그리스도가 율법 전체를 완전히 성취하셨기 때문에 그를 믿는 자마다 그 자신이 완전히 율법 전체를 성취한 것처럼 그리스도의 의가 전가된다. 세 번째, 우리를 구원하시기 위해 율법 전체에 복속하셨다. "그리스도가 우리 대신 율법에 복속하셨는데 단지 율법의 한 부분에만 복속하셨다고 누가 말하겠는가?" 네 번째, 그리스도는 율법이 타락 이후 우리에게 요구하는 책임의 일부분만을 갚으신 것이 아니라 전체를 갚으신 것이다. 타락 이후 율법은 우리에게 이중 책임을 요구하여 우리는 불순종에 대한 형벌의 책임만이 아니라 율법 전체에 대한 순종의 책임이 있는데, 그리스도는 이 모두에서 우리를 풀어주신다.〉(Ibid., 203.)

1016) Polanus, *Partitiones Theologicae* (Basel: Conrad Waldkirche, 1599), 167; "칭의를 통해 우리는 영생의 권리도 얻어야 한다. … 죄로부터 해방에 더하여 율법이 요구하는 불변하며 영원한 의를 갖지 못한 자는 영생의 권리를 갖지 못한다. 마치 타락 전 아담은 확실히 죄가 없었고 아직 죄도 짓지 않았고 나아가 죄인이 아니었던 것과 같다. 그런데 영생을 위한 권리를 갖지 못하였으니 율법이 약속한 생명을 위한 의를 갖지 못했기 때문이다. 그래서 죄의 용서가 우리에게 주어질 뿐 아니라 그리스도의 영원하고 불변하는 의가 우리에게 전가되고 선물로 주어지는 것이 필요하다."; 이남규, '그리스도의 능동적 순종 전가 부인에 대한 개혁신학자들의 견해와 교회의 결정,' **신학정론** 39(2) (2021): 205(165-226)에서 재인용.

나아가 폴라누스의 독특성은 행위언약과 은혜언약에 영생의 약속을 연결시켰다는 데에 있다. 폴라누스는 은혜언약만이 아니라 행위언약도 영원한 언약이라 칭한다. "행위언약은 영생에 관하여 하나님이 인간과 맺으신 계약인데, 여기에 인간에 의해 성취되는 완전한 순종의 조건이 연결되어 있고, 완전한 순종을 성취하지 못했을 때 영원한 죽음의 경고가 연결되어 있다." 폴라누스는 행위언약이 반복해서 인간에게 주어졌다고 한다. 하나님께서 행위언약을 반복해서 인간에게 주신 이유는 인간들로 하여금 순종하게 하시고, 그들이 순종하지 못하기 때문에 온 세상이 하나님의 심판 아래 있게 하시고, 죄와 악함을 보여주시고, 우리가 은혜 언약 안에서 회복되기를 구하게 하려 하심이다. 그리하여 택함 받은 이들은 은혜언약을 통해서 약속을 받는다. "은혜 언약은 유일하신 중보자의 죽음을 통해 택함 받은 이들이 하나님과 화목하는 것이다." 이렇게 행위언약 안에 약속된 생명이 은혜언약 안에서 성취된다. 그러나 아직 후대의 방식대로 행위언약과 은혜언약의 구도 속에서 능동적 순종의 자리가 뚜렷하게 드러나지 않는다. 그럼에도 이 책의 다른 곳에서 율법이 약속한 생명이 예수 그리스도의 능동적 순종을 통해서 성취됨에 대하여 말하고 있는 것을 볼 때에 후대의 언약신학 구도의 분명한 선구자였다.[1017]

이남규 교수에 의하면, 폴라누스의 독특성은 행위언약과 은혜언약을 '영생의 약속'과 연결했다는 것이다. 오늘날 능동적 순종을 반대하는 분들은 행위언약을 원천적으로 거부한다. 폴라누스는 행위언약을 "영생에 관하여 하나님이 인간과 맺으신 계약"이라고 말함으로써 그리스도의 능동적 순종에 대한 근거를 견고하게 했다. 행위언약은 아담에게만 주어진 단회적인 언약이 아니라 영원한 언약이다. 행위언약에 약속된 생명은 은혜언약으로 성취되었다.

6) 윌리엄 부카누스

능동적 순종 논쟁이 가열되어지는 가는 1600년에 스위스 개혁교회가 이미 능동적 순종을 개혁교회의 정통교리로 가르쳐지고 있는 것을 확인해 주는 사람이 로잔의 신학자 윌리엄 부카누스(Guilaume De Buq William Bucanus, ?-1603)다. 부카누스는 자신의 조직신학 교과서 『신학강요』(1602)에서 능동적 순종을 말했다.

부카누스는 그리스도의 순종을 능동적 순종과 수동적 순종이 있다고 말하면서, 수동적 순종은 우리의 죄책을 지고 죽임을 당하시고 사망의 결박을 끊으신 것으로 우리를 위한 대속물이 되신 것이며, "능동적 순종은 하나님의 율법에 대한 완전한 성취이며, 이것을 그리스도께서 온전하고 완전히 실행하시사 온 마음으로 하나님을 사랑하고 이웃을 자신보다 더 사랑하사 율법의 가

1017) 이남규, '그리스도의 능동적 순종 전가 부인에 대한 개혁신학자들의 견해와 교회의 결정,' **신학정론** 39(2) (2021): 206-207(165-226)

장 높은 곳까지 만족시키셨다"고 말했다. 그 근거로 마 3:15, 5:17, 요 8:29, 빌 2:8을 말했다.

부카누스는 그리스도의 수동적 순종만이 아니라 능동적 순종이 전가되는 다섯 가지 이유를 말했다. 이남규 교수는 다음과 같이 정리했다.

> 첫째, 아담의 불순종으로 우리가 죄인이 되었고 반대로 그리스도의 순종으로 우리가 의인이 되기 때문이다(롬 5:19, 10). 둘째, 죽음을 없애기 위해 죗값을 치르는 것만이 아니라 '이것을 행하라 그리하면 살리라'는 율법의 계명과 요구에 따라 영생을 얻기 위하여 의가 주어지는 것도 우리에게 필요했기 때문이다. 그래서 그리스도는 우리의 구속의 대속물일뿐 아니라 율법의 마침이시다(롬 10:4). 셋째, 그리스도께서 우리를 위해 죽음에 자신을 주었을 뿐 아니라, 우리를 위해 자신을 거룩하게 하시사 우리로 진리로 말미암아 거룩하게 하시려고 하셨기 때문이다(요 17:19; 고전 1:30). 넷째, 그리스도의 수동적 순종은 그저 순전히 수동적이지 않으며, 수동적 순종 안에서 능동적 순종이 정당하게 먼저 요구되기 때문이다(시 40:8-9; 사 53:7). 그리스도가 원하셨기 때문에 드려진 제사이다. 여기서 부카누스는 히브리서 10장 7절, 10절, 14절을 인용하면서, 그리스도의 수동적 순종에 그리스도의 능동적 순종이 함께 있음을 말한다. 다섯째, 그의 은택과 함께 그리스도 전체가 우리에게 주어지기 때문이다. 만일 수동적 순종만이 전가된다면 그리스도의 절반만 우리에게 전가되는 것이다. 수동적으로 당하시되 능동적으로 아버지를 기쁘시게 하지 않으시고, 죄와 사망을 제거하시되 의를 가져오지 않으시게 된다.[1018]

이남규 교수에 의하면, 부카누스는 우리가 의인이 되기 위해서는 그리스도의 죽음으로 죗값을 치르는 것만이 아니라 율법의 요구대로 영생을 얻기 위한 의가 주어져야 하기 때문에 그리스도의 능동적 순종도 함께 있어야만 한다. 수동적 순종만 말하면 그것은 그리스도의 절반만 말하고 절반만 주어지는 것이다. 우리에게는 죄와 사망을 제거하는 것도 필요하고 그에 더하여 의가 있어야만 한다. 부카누스는 그리스도의 수동적 순종과 더불어 능동적 순종이 필요한 근거를 말했다.

7) 윌리엄 퍼킨스

퍼킨스의 언약신학

안상혁 교수에 의하면, 16세기 말부터 영국 청교도 사이에 언약신학은 가

1018) Guilielmus Bucanus, *Institutiones Theologicae* (Bern: Ioannes le Preux, 1602), 308-309; "칭의를 통해 우리는 영생의 권리도 얻어야 한다. … 죄로부터 해방에 더하여 율법이 요구하는 불변하며 영원한 의를 갖지 못한 자는 영생의 권리를 갖지 못한다. 마치 타락 전 아담은 확실히 죄가 없었고 아직 죄도 짓지 않았고 나아가 죄인이 아니었던 것과 같다. 그런데 영생을 위한 권리를 갖지 못하였으니 율법이 약속한 생명을 위한 의를 갖지 못했기 때문이다. 그래서 죄의 용서가 우리에게 주어질 뿐 아니라 그리스도의 영원하고 불변하는 의가 우리에게 전가되고 선물로 주어지는 것이 필요하다."; 이남규, '그리스도의 능동적 순종 전가 부인에 대한 개혁신학자들의 견해와 교회의 결정,' **신학정론** 39(2) (2021): 208-209(165-226)에서 재인용.

장 주목받는 주제였으며, 윌리엄 퍼킨스(William Perkins, 1558-1602)를 비롯하여 윌리엄 에임스, 존 볼, 그리고 존 프레스톤 등과 같은 청교도 지도자들이 언약신학에 대한 저서들을 출판했다.1019) 퍼킨스의 언약신학과 선택 교리의 심장부를 차지하는 것은 구원의 확신 교리다. 퍼킨스는 『황금사슬』(*Golden Chain*, 1590)에서 개혁파 기본교리들을 구원의 확신 문제와 연결했다.1020) 클리포드는 오웬이 최초로 능동적 순종과 수동적 순종을 뚜렷하게 구별했다고 추정했으나,1021) 퍼킨스 이전에도 이미 이런 구별이 있었다.

퍼킨스는 칭의를 언약적 맥락으로 말하며, 그 언약은 행위언약과 은혜언약이다. 퍼킨스의 언약은 쌍무계약적인 형태였다.1022) 퍼킨스는 "행위언약은 완전 순종의 조건으로 만들어진 하나님의 언약이고, 이 조건은 도덕법으로 표현된다"고 말했다.1023) 퍼킨스가 말하는 행위언약이란 다음과 같다.

> 행위언약이란 완전한 순종을 조건으로 맺어진 도덕법에 표현된 하나님의 언약이다. 도덕법이란 자신의 행위뿐만 아니라 본성과 관련해서도 사람에게 완전한 순종을 명령하신 하나님의 말씀의 일부이다. 그리고 그 도덕법과 반대되는 행위를 금하는 법이다 … 율법에는 두 부분이 있다. 즉, 순종을 명령하는 법령과 그 순종의 행위가 따르는 조건이다. 율법을 모두 성취하는 자에게는 영원한 생명이 주어진다. 그러나 그것을 위반하여 범죄하는 자에게는 영원한 사망이 주어진다.1024)

1019) 안상혁, **언약신학 쟁점으로 읽는다** (수원: 영음사, 2016), 108.

1020) Ibid., 114.

1021) Clifford, *Justification and Atonement*, 12; 신호섭, **개혁주의 전가교리** (서울: 지평서원, 2016), 89에서 재인용.

1022) William Perkins, "a Golden Chain: or the Description of Theologie : Containing the Order of the Causes of Salutation and Damnation, according to Gods" *The Works*, Vol. I, 32; 원종천, **청교도 언약사상: 개혁운동의 힘** (서울: 대한기독교서회, 2002), 47에서 재인용; "하나님의 언약은 어떤 조건 하에 영생을 얻는 것에 관한 인간과의 계약이다. 이 언약은 두 부분으로 이루어져 있는데 하나님의 인간을 향한 약속과 인간의 하나님을 향한 약속이다. 하나님께서 인간에게 하시는 약속은 인간이 어떤 조건을 이행하면 당신은 그의 하나님이 되시겠다고 맹세하시는 것이다. 인간이 하나님에게 하는 약속은 그가 하나님에게 충성을 서약하고 그들 사이의 조건을 이행하겠다고 맹세하는 것이다."

1023) William Perkins, *Workes* I:32. 문정식, **개혁주의 언약사상** (서울: 교회와 성경, 2015), 229-230에서 재인용; "행위언약은 완전 순종의 조건으로 만들어진 하나님의 언약이고, 이 조건은 도덕법으로 표현된다. 도덕법은 인간에게 그의 본질과 행동에서 완전한 순종을 명령하는 하나님 말씀의 부분이고, 그 이외에는 어떤 것도 금한다. 로마서 10:5, 디모데전서 1:5, 로마서 7:14. 율법은 두 부분으로 되어 있다. 그것은 순종을 요구하는 법과 순종과 결합되어 있는 조건이다. 그 조건은 율법을 완성하는 자들에게는 영생이고, 율법을 범하는 자들에게는 영원한 죽음이다. 십계명은 모든 율법의 축소판이요 행위언약이다. 출애굽기 34:27, 열왕기상 8:9, 마태복음 22:40."

1024) William Perkins, *The Works of William Perkins* (London : John Legatt, 1626), 1:32; 신호섭, **개혁주의 전가교리** (서울: 지평서원, 2016), 90에서 재인용; 〈퍼킨스는 "칭의의 형태는 교환적 전가 또는 상호적인 전가를 통해, 마치 신자의 죄가 그리스도에게로, 그리고 그리스도의 의가 신자에게로 평행 이동하는 것과 같다"라고 말한다. 퍼킨스에 따르면, 그리스도의 순종은 "하나님 안에 있다는 의미에서가 아니라 하나님에게 속했다는 의미에서, 하나님의 의 또는 그리스도의 의라고 불린다.〉(Ibid., 91.)

퍼킨스에 의하면, 행위언약은 완전한 순종을 조건으로 맺어진 도덕법이며, 율법을 성취하면 영생이 주어지고, 율법을 위반하고 범죄하면 영원한 사망이 주어진다. 그리스도께서는 첫 사람 아담이 율법을 위반하고 범죄한 행위언약을 성취하셨다. 그리스도께서 율법준수로 이룬 의를 우리에게 주시는 것을 '교환적 전가', '상호적 전가'로 말했다.[1025] 퍼킨스는 그리스도의 수동적 순종에도 율법성취의 순종이 있다고 강조했다.[1026]

퍼킨스는 칭의에 대해 다음과 같이 두 부분으로 말했다.

> 칭의는 두 가지 안에 존재한다. 첫째는 그리스도의 죽음을 통한 공로로 말미암는 죄의 사면이고, 둘째는 그리스도의 의의 전가이다. 그리스도의 의의 전가는 하나님의 또 다른 의의 행위이다. 이를 통해 하나님은 그리스도 안에 있는 의를 그분을 믿는 신자에게 전가하시고, 그것을 그의 것으로 인정해 주신다.[1027]

퍼킨스에 의하면, 칭의는 죄의 사면과 의의 전가다. 퍼킨스가 이렇게 칭의를 두 가지로 말하는 이유는 사람이 하나님의 생명을 얻어 하나님 앞에 올바르게 서게 하기 위함이다. 칭의는 죄로부터 자유로워지는 것만이 아니라 언약의 백성으로 의미와 통일성을 누려가야 하기 때문에 필요하다. 물에 빠진 사람을 건져내는 것만으로 전부가 아니라 삶을 살아내야 한다. 성도는 반율법주의를 거부하고 언약의 트랙을 달려야 하는 존재다.

정이철 목사는 퍼킨스가 행위언약으로 국민들의 신앙을 각성시키고, "퍼킨스가 꿈꾸었던 새로운 방향의 개인들의 헌신과 경건을 촉구하는 새로운 방향의 개혁운동을 위한 신학적 동력원"이라고 말했다.[1028] 정이철 목사는 퍼킨

1025) Ibid., 1:81; "칭의의 형태는 교환적 전가 또는 상호적인 전가를 통해, 마치 신자의 죄가 그리스도에게로, 그리고 그리스도의 의가 신자에게로 평행 이동하는 것과 같다." 신호섭, **개혁주의 전가교리** (서울: 지평서원, 2016), 91에서 재인용.
1026) Ibid., 186; "그리스도와 그분의 의에 대해 우리는 두 가지를 이해해야만 한다. 첫째는 그리스도의 수난과 죽음에 나타난 그분의 고난이다. 둘째는 율법을 성취하시는 데서 드러난 그분의 순종이다. 이 둘은 함께 간다. 그리스도는 고난을 통해 순종하셨고, 순종을 통해 고난받으셨다. 따라서 우리의 구원을 향한 그리스도의 순전한 피흘리심은 단순히 수동적으로, 즉 고난당하심으로만 간주되어서는 안 된다. 즉, 그것은 능동적인 것, 즉 하나님 아버지와 우리를 향한 그리스도의 지극한 사랑을 나타내심으로써 우리를 위해 율법을 성취하신 순종이기도 하다."; 신호섭, **개혁주의 전가교리** (서울: 지평서원, 2016), 93에서 재인용.
1027) Ibid., 81; 신호섭, **개혁주의 전가교리** (서울: 지평서원, 2016), 92에서 재인용.
1028) 정이철, **한눈에 들어오는 청교도 개혁운동** (서울: 다움, 2021), 102; "퍼킨스는 칼빈의 신학으로는 잉글랜드 국민들이 자기 구원의 확신을 중시하고 구원을 위해 적극적인 자세로 노력하고 경건하게 살고자 힘쓰는 신앙 자세를 가지게 만들기 어렵다고 보았다. 왜냐하면 자신이 보기에 하나님의 선택과 주권과 은혜를 시종일관 하는 칼빈의 신학으로는 국교회주의 신앙에 포로되어 있는 국민들에게 새로운 자극을 주기 어렵다고 생각되었기 때문

스의 쌍무적 언약개념을 비판하며 '거짓 행위언약', '기독교 소설'이라고 말했다. 정이철 목사는 퍼킨스가 펠라기우스주의, 루터교회 그리고 로마교회의 오류에 대항하여 『황금사슬』을 썼다는 사실을 먼저 알아야 한다. 안상혁 교수는 물론 퍼킨스가 쌍무적 언약을 말했지만 언약의 일방성과 양방성 모두를 통합시키려고 노력했으며, "울지(A. A. Woolsey)가 잘 지적한 대로, 퍼킨스의 언약개념을 일방적 언약이나 쌍방적 언약 가운데 어느 한편으로만 정의하는 것은 옳지 못하다"고 말했다.1029)

퍼킨스의 행위언약은 '아담언약'과 구분될 필요가 있다. 일반적으로 알고 있는 '아담언약'에서의 행위언약을 퍼킨스의 행위언약과 동일시하기 때문에 오류가 발생한다. '아담언약'은 행위를 조건으로 하는 언약이며 구원과 직결된 언약이었으나, 퍼킨스의 행위언약은 성도들의 윤리와 경건을 촉구하여 이 행위언약을 통해 깨달아 은혜 언약 안에 들어갈 수 있도록 하며, 이미 은혜언약 안에 있는 자에게는 행위언약의 율법으로 자신의 경건과 윤리를 더 온전하게 하는 것이었다.1030)

행위언약은 예정과 구원의 확신과 연결된 것이었다. 칼빈의 예정론의 부작용인 수동성과 운명론으로 인한 무기력증을 해결하기 위해 언약사상으로 인간의 책임과 의무를 강조하면서 하나님 앞에 윤리와 경건을 촉구했다.1031) 퍼킨스는 "교회 개혁을 정치나 예식의 차원에서 접근하거나, 또는 신학적 차

이다. 퍼킨스는 하나님의 은혜와 주권에 기초하는 칼빈의 언약 신학에서 벗어나 구원이 사람과 하나님 쌍방의 의무와 역할로 이루어지는 언약 개념을 취하였다. 사람이 구원을 위해 하나님의 구원 계획에 능동적으로 참여하고 반응함으로 구원이 얻어진다는 언약 개념을 통해 태어나면서 자동적으로 국교회 신자가 되었고 실질적으로 예배에 출석하지도 않으며 살고 있는 국민들의 신앙을 각성시켜야 한다고 보았다. 퍼킨스가 공식적으로 본격적으로 청교도 개혁운동 속으로 도입한 행위언약 개념은 단지 하나의 신학이 아니고 퍼킨스가 꿈꾸었던 새로운 방향의 개인들의 헌신과 경건을 촉구하는 새로운 방향의 개혁운동을 위한 신학적 동력원이었던 것이다."(Ibid., 101-102.)

1029) 안상혁, **언약신학 쟁점으로 읽는다** (수원: 영음사, 2016), 46.

1030) 원종천, "16세기 영국 청교도 언약사상 형성의 역사적 배경" **ACTS神學과宣教** 2 (1998): 138-139(109-143); "영적 개혁과 경건에의 도전을 추구하고 있는 청교도들에게 십계명을 통하여 대표적으로 나타나는 '행위언약'은 중요한 역할을 하기 시작했다. '은혜언약'은 거듭난 자들과만의 관계를 위한 것이고, 이 사람들은 구약의 이스라엘에서 보듯이 항상 소수다. 영국교회에도 모든 사람들이 들어와 있지만 그 중 거듭난 자들은 소수고, 이 사람들만이 하나님과의 언약관계인 '은혜언약'에 속하는 것으로 보았다. 그러나 지금 벌어지고 있는 청교도 개혁 운동은 소수만을 대상으로 할 수는 없었다. 이것은 영국 국민 모두를 포함하는 영적 대각성운동이고 개혁운동이 되어야 했다. 여기서 행위언약은 중요한 역할을 했다. 행위언약은 영국 국민 전체를 대상으로 적용될 수 있었고, 이것은 영국 전체를 하나님과의 언약 관계로 끌어드리는 것이었다. 은혜언약에 속하지 않는 사람들은 '행위언약'을 통하여 깨닫고 회개하여 은혜언약으로 가도록 도전을 받고 각성하는 것이었고, 은혜 언약에 속한 사람은 행위언약의 율법을 통하여 자신의 경건과 윤리를 더욱 온전케 하여 은혜언약에 속한 사실을 확신할 수 있었던 것이다."

1031) 원종천, **청교도 언약사상: 개혁운동의 힘** (서울: 대한기독교서회, 2002), 56.

원에서 멈추지 않고, '마음의 개혁'을 통한 실천적 경건을 추구했던" 2세대 청교도의 대표적이고 핵심적인 인물이었다.[1032]

안상혁 교수는 예정과 확신에 대한 퍼킨스의 견해에 대해 다음과 같이 말했다.

> 예정교리는 그린햄과 퍼킨스의 실천 신학 안에서 구원의 확신을 [위협하기 보다는] 오히려 강화하는 수단으로서 적극 활용된다. 물론 두 사람 모두 예정론이 교구민들의 마음속에 의심을 불러일으킬 수 있다는 사실 또한 간과하지 않았다. 그래서 퍼킨스는 예정 교리의 바른 사용법을 다음과 같이 가르친다. 즉 그 누구라도 예정 교리를 이용하여 결국 자신이 유기되었다는 결론을 도출하는 것은 절대적으로 잘못된 것이라고 못 박는다. "그 어느 누구도 현재 자신은 유기된 자라고 결코 결론 내릴 수 없다. 또한 그 누구도 자기 자신 혹은 다른 사람이 유기된 자라고 함부로 규정해서는 안 된다." 그렇다면 어떻게 예정 교리를 사용해야 하는가? 퍼킨스는 택자로 하여금 구원의 확신을 누릴 수 있도록 하기 위해 주어진 것이 예정론의 의도라고 확신했다. 예정 교리는 사람의 구원과 관련하여 선택과 구원의 영원한 기초가 하나님의 거저 베푸시는 은혜-사람의 공로가 아님을 확실히 보여준다. … 같은 맥락에서 퍼킨스는 예정론이 "우리의 구원을 의심하고 확신하지 못하는 모든 것에 대항하여" 싸우는 일에 반드시 활용되어야 한다고 주장한다. "왜냐하면 그것[구원]은 우리의 행위나 믿음에 근거하지 않고 오히려 결단코 변하지 않는 하나님의 작정에 근거하기 때문이다." 흥미로운 것은 믿음에 대한 퍼킨스의 설명이다. 그에 따르면 성도의 믿음은 어느 때고 약해지거나 흔들릴 수 있다. 따라서 소망의 닻을 내릴 만한 더욱 확실한 토대는 결코 흔들리지도 영원히 변하지도 않는 하나님의 선한 의지와 그의 진리 말씀이다.[1033]

안상혁 교수에 의하면, 퍼킨스의 예정 교리는 구원의 확신을 위협하는 것이 아니라 강화하는 수단으로 적극 활용되었다. 원종천 교수는 반체제 운동에서 개인경건 운동으로의 전환으로 가면서 퍼킨스가 자기 점검을 촉구했다고 말했다.[1034] 그럴지라도 퍼킨스는 행위언약과 예정교리로 사람들을 위협하지 않았다. 김홍만 교수는 퍼킨스의 "예정 교리가 우리에게 가르치는 것으로서 선택이 우리의 행위에 근거하지 않고 오직 하나님의 은혜이며, 따라서 우리가 겸손해야 하며, 오직 하나님께 영광을 돌려야 하며 인내함으로 십자가를 지고, 선한 행위를 도모해야 한다고 하였다"고 말했다.[1035]

정이철 목사는 "대체 퍼킨스는 왜 이런 그릇된 언약개념을 청교도 개혁운동의 신학적 원리로 도입했을까?"라고 말했으나,[1036] 원종천 교수는 다음과

1032) 곽인섭, '윌리엄 퍼킨스의 "마음의 개혁'에 관한 이해, **역사신학논총** 30 (2017): 89(57-100).
1033) 안상혁, **언약신학 쟁점으로 읽는다** (수원: 영음사, 2016), 115-116.
1034) 원종천, **청교도 언약사상: 개혁운동의 힘** (서울: 대한기독교서회, 2002), 45-56.
1035) 김진하 외, **칼빈 이후의 개혁신학자들** (부산: 개혁주의학술원, 2013); 김홍만, '윌리암 퍼킨스의 칼빈 신학의 계승과 적용,' 76-77.
1036) 정이철, **한눈에 들어오는 청교도 개혁운동** (서울: 다음, 2021), 100.

같이 말했다.

교회정치 제도를 개혁하기 위한 반체제 운동은 가능성이 희박해 보이고 이에 필요한 것은 영적이고 내면적이며 윤리적이고 개인적인 경건추구의 개혁운동이었다. 이것을 위하여 행위언약의 활용은 매우 중요한 역할을 했다. 행위언약을 통하여 실지로 하나님의 자녀가 되지 않은 다수를 포함한 전체 영국 국민들을 하나님과의 언약관계에 넣어서 이미 은혜언약에 있는 하나님의 사람들과 함께 경건을 추구하는 매우 성경적이면서도 당시의 상황에 필요한 신학적 작업을 했던 것이다.1037)

원종천 교수에 의하면, 퍼킨스의 행위언약은 "매우 성경적"이며 그 시대 상황에 "필요한 신학적 작업"이었다. 김홍만 교수는 "퍼킨스의 구원의 서정은 논리적이기도 하지만 실천적이며, 체험적이다"라고 말했다.1038) 원종천 교수는 "퍼킨스의 행위언약 사상은 칼빈에게서 찾아볼 수 없는 것이었다"고 말했으나,1039) 김홍만 교수는 "영국 알미니안주의가 일어나는 상황 속에서 퍼킨스는 칼빈주의를 변호하고 그것에 대해 설명해야 할 필요성을 가지고 있었던 것이다"라고 말했으며,1040) "칼빈은 또한 예정교리가 거룩한 삶에 있어서 인간의 책임을 제거하는 것이 아니라고" 말했다.1041)

김영익 교수는 다음과 같이 말했다.

퍼킨스의 종말론에 대한 분석과 조직은 놀랄만하며 특별히 택함 받은 성도들의 죽음에 대한 그리스도의 사역 관계를 명백히 하였다. 그는 믿음이란 죄인들의 자유의사에서 생기는 것이 아니

1037) 원종천, **청교도 언약사상: 개혁운동의 힘** (서울: 대한기독교서회, 2002), 56.

1038) 김진하 외, **칼빈 이후의 개혁신학자들** (부산: 개혁주의학술원, 2013); 김홍만, '윌리엄 퍼킨스의 칼빈 신학의 계승과 적용,' 79-83.

1039) 원종천, **청교도 언약사상: 개혁운동의 힘** (서울: 대한기독교서회, 2002), 52.

1040) 김진하 외, **칼빈 이후의 개혁신학자들** (부산: 개혁주의학술원, 2013); 김홍만, '윌리엄 퍼킨스의 칼빈 신학의 계승과 적용,' 67.

1041) Ibid., 77; 〈퍼킨스의 예정 교리에 대한 변호와 논증은 칼빈의 신학에 근거를 두고 있었다. 그가 서술한 구원의 서정과 구원의 확신의 내용도 칼빈의 신학을 계승한 것이다. 다만 퍼킨스는 그것을 보다 체계적으로 조직화를 시킨 것이다. 이렇게 체계화시킨 목적도 사변적 논증을 위해서가 아니라 보다 실제적이며, 실천적인 이유인 목회적 적용을 위한 것이었다. 개인을 위해서는 자기 점검을 하게 하고 목회자에게는 회중을 영적으로 분별하여 교회에 위선자들이 많이 일어나지 않게 하기 위한 것이었다. 교회가 경건의 능력을 얻게 하기 위한 것이었다. 퍼킨스가 이러한 방법을 택한 것은 황금사슬의 제1장에서부터 언급하고 있는 그의 신학의 정의로부터 확인할 수 있다. "신학이란 영원한 복된 삶의 학문이다." 퍼킨스의 신학 이해는 단지 사변적인 것이 아니라 삶이었다. 신학이 직접 삶에 영향을 주는 것이며, 또한 그것을 위한 것이기 때문에 칼빈의 신학을 계승하면서, 교회에 적용하였던 것이다. 퍼킨스의 신학은 청교도들의 신학의 방향을 설정하여 주었으며, 심지어 18세기의 조나단 에드워즈에게까지 영향을 미쳤다. 퍼킨스의 신학은 오늘날 우리에게도 도전을 주기에 충분하다. 퍼킨스의 예정에 대한 서술들은 오늘날 목회 사역은 물론이거니와 심지어 전도에도 적용될 수 있는 것이다. 퍼킨스의 신학은 오늘날 교회 속에서 구원의 은혜에 대한 잘못된 신학들과 그로 인한 은혜의 남용과 오용이 유행하고 있는 상황에서, 여전히 적용 가능한 것이라 할 수 있다.〉(Ibid., 90-91.)

고, 하나님께서 찾아오심에 대한 결과라고 가르쳤다. 그리고 진정한 회개는 성화(聖化)의 결과이며 완전한 순종에 이르게 한다고 가르쳤다. 금시슬 이론의 흥미 있는 관점은 종교적인 열광자들의 참회는 단지 일시적이며 영원성이 없다고 하였다. 퍼킨스는 구원은 세례나, 신앙고백, 교회의식에서 얻어지는 것이 아니고 하나님의 선물이라고 설교하였다. 그리고 성도들의 진정한 인내와 순종과 선행은 구원의 결과라고 하였다. 퍼킨스는 청중들에게 잘못된 구원의 확신을 주지 않기 위해서 매우 조심하였다.[1042]

김영익 교수에 의하면, 퍼킨스가 말하는 믿음은 죄인들의 자유의사가 아니라 하나님의 찾아오심의 결과다. 퍼킨스는 로마 가톨릭이나 펠라기우스주의자들과 달리 구원은 오직 하나님의 선물이라고 말했다. 퍼킨스는 "믿음은 인간의 자유의지의 결과라기 보다는 오히려 하나님의 효과적인 부르심의 결과이다"라고 말했다.

우리는 누구를 반대하기 위해 논쟁하는 것이 아니다. 그 학자의 책을 읽고 객관적으로 판단해야 올바르고 유효한 논증이 되며 유익한 논쟁이 된다. 원종천 교수의 진술을 보면, 퍼킨스의 행위언약으로 인해 영국민들에게 어떤 긴장이나 위협이 없다. 오히려 성도들의 불안을 제거했다.

안상혁 교수에 의하면, 퍼킨스는 선택과 예정으로 고뇌하는 행위와 상태 자체를 성화의 효과들 혹은 선택의 지표 가운데 하나로 포함시켰다. 퍼킨스는 하나님의 말씀을 가장 확실한 위로와 확신의 근거로 가르쳤다. 퍼킨스는 자신이 나열한 지표를 가지지 못한 사람이라도 하나님의 말씀과 성례의 도움을 구해야 한다고 말했다. 그 이유는 무엇인가? 하나님의 말씀과 성례를 통해 "그리스도의 능력이 자신을 이끌어 그리스도의 수난과 죽음에 의한 구원을 확신토록 만든다는 사실을 내적으로 자각할 수 있기 때문"이다.[1043]

퍼킨스는 믿음과 회개의 두 요소를 언약적 의무라고 말하면서, 언약의 조건을 성취하는 궁극적인 주체는 성령님이라고 말했으며, 그리스도와 그의 공로만이 구원의 확신에 대한 유일하면서도 진정한 토대가 된다고 강조했

1042) 김영익, '청교도 운동의 주역들,'; "금 사슬 이론의 흥미 있는 관점은 종교적인 열광자들의 참회는 단지 일시적이며 영원성이 없다고 하였다. 퍼킨스는 구원은 세례나, 신앙고백, 교회의식에서 얻어지는 것이 아니고 하나님의 선물이라고 설교하였다. 그리고 성도들의 진정한 인내와 순종과 선행은 구원의 결과라고 하였다. 퍼킨스는 청중들에게 잘못된 구원의 확신을 주지 않기 위해서 매우 조심하였다. 퍼킨스가 케임브리지 대학에서 행한 구원론에 대한 설교는 청교도 운동이 17세기에 발전하는데 결정적인 영향을 끼쳤다. 위대한 신학자로서 퍼킨스는 케임브리지의 그리스도 대학의 연구원이자 성 앤드류 대학의 교수로서 명성을 떨쳤다. 그의 설교는 명확하고 실제적이며, 강한 영적 힘이 있었다. 율법과 하나님에 대한 두려움이 많이 포함된 설교였지만, 그의 설교의 가장 뚜렷한 특징 중의 하나가 불안한 인간의 양심을 다루는 것이었다. 이에 대해서 사자성 같은 웅변을 토하였던 퍼킨스는 영국에서도 특이한 청교도주의 자였다."
1043) Perkins, *Works I*. 113; 안상혁, **언약신학 쟁점으로 읽는다** (수원: 영음사, 2016), 119에서 재인용.

다.[1044] 퍼킨스는 성도가 누리는 구원 확신의 토대를 그리스도와의 연합으로 설명했다. 언약 당사자로서 회개와 믿음이라는 언약적 의무가 있으며, 성령님께서는 그리스도와 연합을 이루신다고 말했다.

안상혁 교수는 퍼킨스의 언약신학의 특징을 네 가지로 말하면서 다음과 같이 결론을 내렸다.

> 퍼킨스에게 있어 언약신학은 분명 구원의 확신을 위한 교리로 활용되었다. 그러나 그는 인간의 행위에 그 어떠한 공로적 가치도 부여하지 않았으며, 더구나 그것을 확신의 근거로서 활용하려는 생각은 이에 시도조차 하지 않았다. 신자들로 하여금 자신의 선택을 확인할 수 있는 가장 중요한 근거로서 그리스도와 그의 구속사역을 바라보도록 독려하는 데 있어 퍼킨스는 그린햄과 더불어 동일한 입장을 취했다. 이러한 사실은, 개혁주의 전통 안에 공존하는 작정 신학과 언약 신학을 서로 대척점에 두고 후자를 전자의 대안으로 자리매김하려는 일체의 시도가 역사적 사실과는 무관하다는 점을 시사해준다.[1045]

안상혁 교수에 의하면, 퍼킨스의 언약신학은 인간의 행위에 어떤 공로적 가치를 부여하지 않았다. 퍼킨스는 성도들이 그리스도와 그리스도의 구속사역 안에서 구원의 확신을 가지도록 독려했다.

『황금사슬』과 행위언약

퍼킨스가 『황금사슬』을 쓴 이유는 칼빈의 학생이었던 피터 바로(Peter Baro)가 영국에 와서 캠브리지 대학의 교수가 되었는데, 1579년에 요나서 강의를 하면서 칼빈의 신학 전제에 대해 의문을 제기했다. 이에 대해 채덜톤(Chaderton)과 휘태커(Whitaker), 풀크(Fulke)가 격렬히 반대했으며, 1584년에는 사무엘 하스네트(Samuel Harsnet)가 유기 교리에 대한 반대로 가세했다. 이렇게 1580년대에 캠브리지에는 칼빈의 예정론에 대한 회의와 반대가 일어났기 때문에 퍼킨스는 『황금사슬』을 출판했다.[1046]

퍼킨스는 『황금사슬』의 구조를 신론, 인간론, 기독론, 성령의 유효한 역사, 예정의 적용으로 만들었다. 『황금사슬』의 이런 구조는 칼빈의 『기독교강요』 1559년 판의 구조와 같다. 『기독교강요』 1권은 신론, 2권은 인간론과 기독론, 3권은 성령의 유효한 역사와 예정론을 다루었다. 이런 구조에서

1044) 안상혁, **언약신학 쟁점으로 읽는다** (수원: 영음사, 2016), 124.
1045) Ibid., 132.
1046) 김진하 외, **칼빈 이후의 개혁신학자들** (부산: 개혁주의학술원, 2013); 김홍만, '윌리엄 퍼킨스의 칼빈 신학의 계승과 적용,' 60.

도 퍼킨스가 칼빈의 신학 구조를 따랐다는 것을 보여주며, 이것은 퍼킨스가 신학적 지식을 얻는 방식이 칼빈이 신학적 지식을 얻는 방식과 같다는 것을 말한다.[1047]

퍼킨스는 59장으로 구성된 『황금사슬』에서 피스카토르의 주장을 반대하면서 그리스도의 능동적 순종의 전가를 옹호했다. 퍼킨스는 서문에서 펠라기우스주의, 루터교회, 그리고 로마교회의 오류에 대항하여 예정론을 수호하기 위하여 이 책을 쓴다고 저술목적에 대해 말했다.[1048] 퍼킨스는 예정을 설명하기 위해 신론, 기독교, 성령의 유효한 역사를 말했다.[1049]

초판은 1590년에 발행되었다. 이때는 능동적 순종 논쟁 초기였다. 퍼킨스는 능동적 순종의 전가를 그리스도의 삼중직 중 제사장직과 칭의를 설명할 때 논했다. 퍼킨스는 그리스도의 삼중직을 제사상, 선지자, 왕의 순서로 다루면서 제사장직은 만족시키심과 중보하심으로 구분했다. 이 만족은 다시 고난을 당하심과 율법을 성취하심으로 구분하면서, "고난을 당하심은 이로 인해 신자들의 죄에 대한 하나님의 진노를 만족시키신 것이다.""율법을 성취하심은 이로 인해 그리스도께서 율법의 요구 전체를 성취하심에서 하나님의 의를 만족시키신 것이다."라고 말했다. 전자는 수동적 순종을 후자는 능동적 순종을 말한다.

퍼킨스가 능동적 순종을 말할 때 특이한 점은 '인성의 거룩'과 '율법을 따른 행위의 순종'으로 율법을 성취하셨다고 말한 것이다. 이것은 폴라누스와 부카누스의 경우와 유사하게 제사장직의 만족시키심에 대한 배자의 세 가지의 의를 인정한 것이다. 다만 퍼킨스는 삼중구분이 아니라 이중구분으로 말하면서 인성의 거룩을 율법 요구에 대한 성취에 포함시켰다.[1050]

퍼킨스에게 의미 있는 중요한 변화는 1591년 제2판에서 율법과 행위언약

1047) Ibid., 71.
1048) 윌리엄 퍼킨스, **황금사슬: 신학의 개요**, 김지훈 역 (서울: 킹덤북스, 2016), 13-15.
1049) 김진하 외, **칼빈 이후의 개혁신학자들** (부산: 개혁주의학술원, 2013); 김홍만, '윌리엄 퍼킨스의 칼빈 신학의 계승과 적용,' 70.
1050) 이남규, '그리스도의 능동적 순종 전가 부인에 대한 개혁신학자들의 견해와 교회의 결정,' **신학정론** 39(2) (2021): 210(165-226); "칭의는 신자들이 그리스도의 순종을 통해서 하나님 앞에 의롭게 받아들여지는 것으로 정의된다. 퍼킨스는 칭의에는 죄의 용서와 의의 전가, 이렇게 두 부분이 있다고 말한다. 죄의 용서란 죄책과 형벌이 그리스도의 고난을 통해 신자들에게서 사라지는 것을 말한다. 의의 전가란 그리스도의 의를 통해서 신자들에게 죄과가 가리워지고 의로운 자로 여겨지는 것을 말한다. 이 외에 퍼킨스는 칭의의 형식을 설명하는데, 이때 배자의 삼중적 의의 개념이 드러난다. 칭의의 형식은 전가를 통해 신자들의 죄가 그리스도에게 옮겨지고 다시 그리스도의 의가 신자들에게 옮겨지는 것이다. 퍼킨스가 소개하는 그림을 보면, 그리스도의 고난, 순종, 거룩이 각각 구원받는 죄인들의 죄책, 불순종, 부패에 대응하여 상호전된다."(Ibid., 210-211.)

을 교호적으로 다루었다는 것이다. 이남규 교수는 다음과 같이 말했다.

> 초판에서 아직 행위언약과 은혜언약이란 용어를 사용하지 않고 율법과 복음의 구도만 설명한다. 율법과 복음은 하나님의 말씀의 두 부분이며, 율법이 성취될 때 영생이고 그렇지 않을 때 저주가 있다고 초판에서 말했다. 1591년 판에서는 율법을 행위언약과 교호적 용어로서 취급해서, 율법 해설을 마친 후에 행위언약에 대해서 다루었다고 말한다. 1591년 판은 단순히 내용이 증보된 것 외에 언약의 구도를 사용했다는 면에서 초판과 뚜렷한 차이를 보인다. 1591년 판부터 퍼킨스는 언약에는 두 종류가 있다고 말하며 행위언약과 은혜언약이 있다고 말한다. 퍼킨스의 설명에 따르면, 행위언약은 완전한 순종의 조건 위에 세워진 하나님의 언약으로 도덕법에 표현되었다. 율법은 순종을 요구하며 율법이 성취될 때 영생이 있다. 은혜언약은 하나님이 그리스도와 그의 은택을 약속하신 것이다. 그리스도의 능동적 순종의 전가가 언약의 구도의 설명 안에서 아직 명백하게 드러나지는 않아도, 복음의 목적과 사용의 첫 번째는 그리스도 안에 있는 의를 가리키는 것으로서 이로 인하여 "율법이 완전히 만족되었으며" 구원이 얻어졌다고 말한다. "율법이 완전히 만족되었다"는 진술은 초판에서 복음을 설명할 때 없던 표현이다. 그러므로 제2판에 이르러서 그리스도의 능동적 순종과 관련해서 말한다면, 행위언약과 은혜언약의 구도를 사용한다는 점, 그리고 복음이 율법의 성취와 연결된다는 점에서 변화가 있다.

이남규 교수에 의하면, 퍼킨스는 1591년 제2판부터 언약의 구도에서 행위언약과 은혜언약의 개념으로 능동적 순종을 말했다. 아직 명백하게 드러나지는 않았으나 "율법이 완전히 만족되었다"고 표현한 것은 능동적 순종에 대한 더 확실한 표현이었다. 더 나은 변증은 제3판(1592)에 나타났다. 퍼킨스는 능동적 순종의 전가에 대한 세 가지 반대를 소개하고 논박했다. 첫 번째 반대는 '그리스도가 율법에 순종하신 이유는 인간으로서 자기 자신을 위해서였다'는 것이다. 이에 대해 퍼킨스는 '그리스도는 인간이실 뿐 아니라 하나님이시기 때문에 위격적 연합을 고려할 때 율법에 대한 순종은 필요 없으며 자신에게 공로가 되지 않는다. 그리스도가 본성상 율법에 대한 순종 의무가 없었던 것으로 보인다'고 대답했다.

두 번째 반대는 '만일 그리스도께서 우리를 위해 율법을 성취하셨다면, 우리가 우리 죄로 인한 형벌에 매여있지 않듯이 더 이상 율법 순종의 의무에 있지 않다'는 것이다. 퍼킨스는 '신자가 율법의 의무에 있는 것은 믿음의 증명, 하나님께 감사의 증거, 이웃의 건덕을 위해서다'라고 대답했다. 세 번째 반대는 '하나님의 율법과 공의가 동시에 순종과 형벌을 요구하지 않는다'는 것인데, 이 반대는 순종을 요구하거나 아니면 형벌을 요구하는 것이어야 하며, 그 두 가지를 동시에 둘을 요구할 수 없다는 주장이었다. 그러나, 퍼킨스는 '인간이 온전한 상태에 있었을 때는 순종을 요구했으나, 타락 이후에는 순종과 형벌 둘 다를 요구한다'고 논박했다.[1051]

퍼킨스의 이런 논증의 변화를 보면, 능동적 순종에 관한 논쟁이 치열해질수록 그리스도의 형벌 받으심과 율법의 완전한 순종이 확실하게 구분이 되었다는 것을 알 수 있다. 그 이유는 무엇인가? 형벌을 받는 것만으로는 율법의 성취로 영생을 얻는 하나님의 원리를 만족시킬 수 없기 때문이다. 이것은 인간이라는 존재에 주어진 도덕법이 행위언약으로 주어졌고 그 행위언약은 오고 오는 세대에 영원히 요구되기 때문에 존재가 온전해지기 위해서는 필수적으로 율법의 완전한 순종이 있어야만 했다. 인간으로는 온전히 율법을 준수하지 못하는 그것을 그리스도의 능동적 순종으로 확보하여 우리에게 전가함으로 영생을 주셨다.

8) 리차드 백스터

백스터(Richard Baxter, 1615–1691)는 온건한 중립적인 비국교도의 신분을 유지하길 원했던 사람이다. 백스터의 칭의론은 백스터의 속죄론과 맞물려 있다. 백스터의 보편 속죄론 사상은 토마스(Thomas Aquinas, 1225-1274), 스코투스(Johannes Duns Scotus, 1266-1308), 옥캄(William of Ockham, 1300-1360), 리차드 십스(Richard Sibbes), 어셔(James Ussher)로부터 상당한 영향을 받아 형성되었다. 무엇보다 어셔를 통해 신학의 극단성을 피하고 신학의 다양성과 연합 및 일치의 중요성을 강조하였다. 이런 성향이 과연 개혁신학적이라고 할 수 있을까?

백스터는 도르트 신경과 웨스트민스터 표준문서를 극찬했으나, 자신을 칼빈주의로 불리기보다는 '온건한 중립적인 비국교도'(Non-aligned Moderate Noncoformist)의 신분을 유지하기를 원했다. 특히 십스를 통해 구원은 선택의 확신에서 비롯되는 것이 아니라 그리스도 안에서 믿음을 통해 조건적으로 얻어진다고 확신했다.

백스터의 '보편 속죄론'은 흐로티우스(Hugo Grotius, 1583-1645)와 스코틀랜드 출신의 카메론(John Cameron, 1579-1623)과 프랑스 소뮈르 학파(French School of Saumur)의 직접적인 영향 아래 놓여있었다. 백스터는 소뮈르 학파의 가르침을 따라 칼빈주의 이중 예정론과 제한 속죄론을 거부했다. 백스터는 '예수 그리스도께서 모든 만민을 위해 십자가에서 실질적으로

1051) 이남규, '그리스도의 능동적 순종 전가 부인에 대한 개혁신학자들의 견해와 교회의 결정,' **신학정론** 39(2) (2021): 212-213(165-226).

죽게 되었다'라는 '가설적 보편주의'(Hypothetical Universalism)를 주장했다. 백스터는 「Universal Redemption」을 통해 '보편 속죄론'을 제시하였다.[1052] 결국 백스터는 인간의 선행이 칭의에서 결정적으로 중요하다고 강조했다.

백스터는 죄를 세 가지로 말하고 죄의 유형도 세 가지로 말했다. 윤종훈 교수는 다음과 같이 말했다.

> 박스터는 아담과 선조들의 죄악뿐만 아니라 우리 자신들의 죄악을 지적하였다. 죄악이 온 세계에 널리 퍼졌기 때문에 온 나라와 모든 세대에 속한 자들은 그리스도를 제외하고 하나님 앞에서 사법적으로 모두 죄인들이다. 이들의 죄는 세 가지로 볼 수 있다. 첫째로, 죄를 범한 사실에 대한 죄책감으로서, 혈통적으로 아담의 죄에 참여한 죄 또는 개인적으로 실제로 범한 죄를 의미한다. 둘째로, 죄의 실책에 의한 죄책감으로서, 개인적으로 엄밀히 죄의 사실로 드러난 결과에 대하여 비난하거나 책망을 받을 만한 것을 의미한다. 세 번째 죄악은 형벌에 대한 의무로서, 죄의 실책의 결과로 하나님으로부터 분리되어 지옥 형벌을 받는 죽음에 도달하는 것을 의미한다. 또한 박스터는 죄의 세 가지 면을 나눌 뿐만 아니라 세 가지 죄의 유형을 구분하였다. 첫째 유형은 우리 자신의 실제적인 죄의 유형으로서, 이는 우리 자신이 의식적이든 무의식적이든 간에 죄인의 본질에 근거하여 실제적인 범죄한 것을 말한다. 둘째 유형은 우리 선조들의 죄악에 혈통적으로 참여한 죄악의 유형으로서, 우리가 혈통적으로 선조들이 저지른 죄악에 함께 동참함으로써 이들의 죄악이 바로 우리의 죄악이 되는 것을 말한다. 셋째 유형은 우리가 속한 사회의 죄악에 연합 또는 참여함으로써 빚어진 죄악이다. 즉, 내가 속한 공동체의 죄악이 곧 내 죄악이라는 주장이다.[1053]

백스터의 죄에 대한 세 가지 구분법과 유형론은 성경이 가르치는 것과 다르기 때문에 문제점이 있다. 둘째 유형에서, 조상들의 죄악이 곧 나의 죄악으로 동일시하는 것은 겔 18:2, 20에 비추어 보면 비성경적이다. 자신의 죄악은 자신이 담당하며 부모나 조상들의 죄악을 담당하지 않는다. 셋째 유형인 "공동체 죄성"도 죄의 관계적인 면을 강조한 것이라고 여길 수도 있으나 직접적인 적용의 범위를 말하면 논란이 일 수밖에 없다.

알란 클리포드(Allan C. Clifford, 1941-)에 의하면, 백스터는 "'그리스도의 전가된 의'가 매우 의심스러운 구절이라고" 말했다.[1054] 그리스도의 전가된 의에 관해 다음과 같이 말했다.

1052) 윤종훈, '리차드 박스터(Richard Baxter,1615-1691)의 "보편속죄론(Universal Atonement)"에 관한 고찰,' **개혁논총** 3 (2014): 127(123-157); 〈박스터는 1675년 자신의 작품인 "Richard Baxter's Catholic Theology"을 통하여 알미니안주의와 칼빈주의가 서로 화해해야 함을 역설하였는데, 그의 입장에서 본 양자 간의 신학적 특징은 성경적 진리에 대한 본질적인 차이라기보다는 용어의 용도에 대한 다른 견해 차이 때문이라고 하였다.〉(Ibid., 128.).

1053) 윤종훈, '리차드 박스터의 "보편 속죄론"에 관한 고찰,' **개혁논총** 31 (2014): 137-138(123-157).

1054) 유창형, '그리스도의 능동적 순종의 전가에 대한 논쟁,' **칼빈論壇** (2019): 368(365-412).

그러나 만약 그 의미가(전가된 그리스도의 의에 의한 칭의) 완전한 거룩과 순종과 고난에 의한 그리스도의 공로와 배상이 … 그리스도 안에서 우리에 의해 행해진 것으로, 혹은 자연적 법적인 의미로 우리가 그런 모든 일을 행했다는 의미로 … 완전하고 즉각적으로 우리의 것으로 가정되거나 간주된다는 의미라면, 이 모든 것은 거짓이다. 만약 그리스도의 의의 전가가 옳다면, 신자는 용서가 필요하지 않다. 왜냐하면, 율법을 성취함으로써 무죄하다고 간주된 사람은 결코 죄를 범했다고 간주되지 않기 때문이다. … 그러므로 그리스도의 의의 전가는 그리스도의 배상(satisfaction)을 무효로 혹은 헛되게 만들거나, 확실히 우리에게 전가될 수도 없고 우리에게 유용하지도 않다.[1055]

백스터는 그리스도의 완전한 거룩과 순종과 고난으로 이룬 의가 우리의 의로 전가되는 것이 옳다면 신자는 용서가 필요하지 않다고 주장했다. 이미 그리스도께서 율법을 다 성취하셨으니 어느 누구도 죄를 범했다고 말하지 않을 것이기 때문이다. 이런 방식으로 백스터는 그리스도의 의의 전가 교리를 부인한다.[1056]

백스터가 이렇게 주장한 이유는 그리스도의 의의 전가 교리가 율법폐기주의로 가기 때문이다. 그런 우려 때문에 백스터는 신율주의를 주장했다. 백스터의 신율주의는 '모세의 율법을 준수하여 최종적으로 칭의된다'는 것이 아니라, "그리스도의 의의 전가가 율법의 교훈을 폐지하지 않는다"는 것이다.[1057] 백스터는 '칭의된 자라 할지라도 복음의 명령을 순종하며 살아야 한

1055) Richard Baxter, *Richard Baxter's Catholic Theologie*, 59; 유창형, '그리스도의 능동적 순종의 전가에 대한 논쟁,' 칼빈論壇 (2019): 368(365-412)에서 재인용.
1056) 유창형, '그리스도의 능동적 순종의 전가에 대한 논쟁,' 칼빈論壇 (2019): 369-370(365-412); 〈마이클 브라운은 그리스도의 의의 전가에 대한 백스터의 가르침 의 핵심을 다음과 같이 네 가지로 요약했다. 첫째, 백스터는 약 10년 동안 단지 "그리스도의 수동적 순종만이 전가된다"는 관점을 선호하여 그리스도의 능동적 순종과 수동적 순종이 신자에게 전가된다는 "개혁파 정통주의에 의해 통상적으로 주장되는 신앙을 거절"했다. 둘째, 백스터는 인간의 실제적인 죄들이 그리스도에게 전가되고 십자가에서 객관적으로 처벌받았다면, 이후에 태어난 신자들은 믿기도 전에 무죄한 죄가 됨으로 모순이라고 하였다. 또한, 그리스도의 율법에 대한 순종이 신자들에게 전가되었다면, 신자들은 더 이상 선을 행할 필요가 없다고 하였다. 이런 백스터의 입장은 영원한 칭의 를 주장하는 율법폐기론자들에 대한 주의를 환기시키기 위한 것이었다. 백스터는 두 가지 의를 주장했다. 하나는 율법의 의인데 그리스도는 죄인의 위치에서 벌을 받음으로 구약의 엄격한 율법의 의를 만족시켰다. 둘째는 복음적 의로서 신자의 믿음이다. 백스터는 "사람의 칭의의 근거와 조건이 그리스도의 능동적 순종과 수동적 순종보다 신자의 믿음이라고" 믿었다. 이런 관점은 믿음이 의가 아니라 도구라는 개혁파의 주장과 상반된 것이다. 셋째, 백스터는 신자의 믿음이 칭의의 주된 근거 혹은 조건이고 복종은 이차적인 근거 혹은 조건이라고 본다. 그는 이것을 소작농이 주인에게 주는 '마른 후추'로 비유했다. 첫 임대 계약은 주인의 아들인 그리스도가 완전히 지불했다. 그리고 둘째 계약인 복음적인 계약을 맺었는데 이것은 한 페니와 같은 지극히 작은 복종하는 믿음으로 아들과 한 계약이라는 것이다. 그러나 사무엘 페토는 그리스도께서 보증인으로서 완전히 지불했기 때문에 한 페니도 신자가 칭의를 위해 지불할 것은 남아 있지 않다고 하였다. 넷째, 백스터는 우리의 처음 믿음은 그리스도를 우리의 신랑으로 맞이하게 했는데, 그 결혼이 유지되는 조건은 우리의 신실함이며, 만약 간음하면 결혼 계약은 깨지게 된다고 하였다. 최후의 심판에서 우리는 "믿음, 회개, 사랑, 감사, 신실한 순종, 끝까지 견인함"으로 칭의되고 영원한 영광을 얻는다고 하였다.〉

다'고 말했다. 백스터는 '그리스도의 수동적 순종만이 전가된다'고 주장했다. 유창형 교수는 백스터의 칭의론이 웨슬리의 관점과 유사하며 톰 라이트의 유보적 칭의론과 유사하다고 말했으며, 반면에 '한번 칭의는 최종적 칭의라고 말한 서철원과는 정반대라고 할 수 있다'고 말했다.[1058]

정이철 목사는 다음과 같이 말했다.

백스터, 웨슬리, 서철원, 정이철을 함께 묶는 묘함
리차드 백스터와 존 웨슬리는 그리스도를 믿음으로 얻는 완전한 의를 부정하고, 이후 사람의 행위에 의해 구원이 완성되기도 하고 다시 와해되기도 한다는 주장을 했던 사람입니다. 그리스도의 율법준수이건 십자가이건, 그리스도를 믿음으로 완전한 의를 얻는 것을 부정했던 고약한 사람들입니다. 특히 백스터는 청교도 구원론 이단으로 거론되는 사람입니다. 서 박사님과 정이철은 그리스도를 믿음으로 구원이 영원히 완성된다는 주장을 강하게 합니다. 다만 우리의 구원의 의가 그리스도의 율법의 선행에서 비롯된 것이 아니고, 의로우신 그리스도의 평생의 순종과 십자가의 죽음으로 인한 죄 용서에서 비롯되었다고 주장하는 사람들입니다. 서 박사님과 저를 백스터와 웨슬리에게 묶어 두는 것은 상당한 꼼수입니다. 개혁주의자가 아니라는 인상을 주려는 것 같습니다. 마치 여성안수에 대해 연구할 때, 여성안수를 지지하는 일반 목회자들을 여성안수를 지지하는 동성애지지들, 차별금지법 찬성자들과 섞어서 나열하는 것과 같습니다. 여성안수를 지지하는 유창형 교수를 그들과 함께 나열하면, 독자들은 유창형 교수와 동성애자들과 차별금지법 지지자들이 유사하다고 여기게 될 것입니다. 능동순종에 관한 논의는 그리스도를 믿음으로 얻는 영원한 칭의를 기본적으로 확신하는 개혁신학자들끼리의 비교하는 선에서 논의해야 정당합니다. 개혁주의자들 가운데 그리스도의 능동순종을 지지하는 사람들과 서 박사님과 저를 비교해야 마땅합니다. 그래야만 정당한 학문의 방식인데, 정도에서 벗어났습니다.[1059]

정이철 목사는 백스터(Richard Baxter, 1615-1691)나 웨슬리와는 엮이고 싶지 않은 모양새다. 윤종훈 교수는 다음과 같이 말했다.

박스터는 당대 사회경제적 분위기와 신학적 성향에 걸맞게 하나님의 은혜와 일방적으로 주어지는 구원의 능력을 수용함과 동시에 당시 횡행하던 "율법폐기론"(Antinomianism)에 맞서 싸우면서 값싼 은총론(Cheap Grace)의 부당함과 범사회적 적폐를 도려내기 위한 신학적 작업을 구축하고자 노력하였다. 이러한 정황 속에서 박스터는 당대 청교도 신학을 대표하였던 존 오웬과 칭의론 논쟁을 통하여 오웬을 율법폐기론자로 규정하고 매우 심도 있는 논쟁을 가속화 하였다. 특히 그는 오웬의 『*The Death of Death in the Death of Christ*』(1647) 작품에 대한 반박서로서 『*Aphorisms of Justification*』(1649)을 출간함으로 양자의 칭의론 및 속죄론에 대한

1057) Allan C. Clifford, *Atonement and Justification*, 194.; http://www.reformednews.co.kr/9441/ 유창형, '그리스도의 능동적 순종의 전가에 대한 논쟁,' 칼빈論壇 (2019): 369(365-412).

1058) 유창형, '그리스도의 능동적 순종의 전가에 대한 논쟁,' 칼빈論壇 (2019): 370-371(365-412); "이런 백스터의 관점은 최초칭의는 오직 믿음으로 되지만 최종칭의는 믿음과 회개로 된다는 웨슬리의 관점과 매우 유사하다. 그리고 유보적 칭의론을 주장하는 N. T. 라이트와 유사한 것이다. 반면에 한번 칭의는 최종적인 칭의라고 한 서철원과는 정반대라고 할 수 있다."

1059) http://www.good-faith.net/news/articleView.html?idxno=2057/ 정이철, '유창형 교수 능동순종 논하다 스스로 이단시비 만드는 상황,'(2020.9.24.). accessed 2021.10.9.

논쟁에 불이 붙게 되었다. 두 인물의 논쟁에 핵심적인 배경에는 박스터의 보편 속죄론과 오웬의 제한 속죄론에 대한 갈등이 놓여있었다. 비록 칼빈주의 신학을 존중하는 박스터였지만, 속죄론의 배경과 요지 및 범위에 나타난 그의 신학적 입장은 오웬을 위시한 당대 청교도 운동의 핵심 세력과 상당한 차이점을 지니고 있었다.[1060]

윤종훈 교수에 의하면, 후기 청교도 신학의 두 축을 형성하였던 백스터와 오웬은 갈등의 최정점이었던 칭의론을 두고 논쟁을 했다. 그 논쟁의 핵심에는 백스터의 '보편 속죄론'과 오웬의 '제한 속죄론'에 대한 갈등이 놓여 있었다.[1061]

9) 요하네스 코케이우스

우리가 코케이우스(Johannes Cocceius, 1603-1669)를 말할 때는 코케이우스에 대한 두 가지 기본적인 이해가 있어야만 한다. 첫째로, 코케이우스는 개혁파 진영에서 언약에 대한 비판을 받는 사람이다. 그 이유는 신구약 성경에서 말하는 칭의의 원리가 내용과 본질에 있어서 동일하지 않다고 보기 때문이다. 교회사에서 예정과 언약에 관한 큰 논쟁이 네 번 있었는데, 그중에서 두 번째로 푸치우스(Gisbertus Voetius, 1589–1676)와 코케이우스 논쟁이 있었다. 신원균 교수는 다음과 같이 말했다.

> 17세기에 요한 코케이우스(Johannes Cocceius, 1603-1669)는 신적작정과 섭리보다는 신구약 전체를 역사 중심으로 해석하는 '구속샤'를 극단적으로 강조했고, 이때 사용한 원리가 '언약'입니다. 즉 신구약 전체는 인간의 구원을 위한 언약의 '발전적인 역사'라고 본 것입니다. 그는 신구약은 '언약'이란 형태로 '하나'의 구원원리를 갖고 있지만 칭의원리가 내용과 본질면에서 '동일'한 것으로 보지 않았습니다. 왜냐하면 구약은 초기 미흡한 언약의 모습이기에 '간과(看過)'(pass by 지나감)의 형식으로 용서하시고 신약은 더욱 발전된 언약의 시대이기에 죄의 완전한 '제거', '용서'로 칭의의 질적 수준이 차이난다고 주장했습니다. 이 때문에 코케이우스는 개혁파 권에서 엄청난 비판을 받았습니다. 특히 푸치우스(영어발음:보에티우스)는 신구약의 언약이 본질면에서 동일하다고 강조하면서 코케이우스를 강하게 비판했고, 이처럼 칭의의 질적차이를 주장하는 다양한 분파들 때문에 웨스트민스터 신앙고백은 칭의와 언약은 모두 내용과 본질에서

1060) 윤종훈, '리차드 박스터의 "보편 속죄론"에 관한 고찰,' **개혁논총** 31 (2014): 123-124(123-157).
1061) Ibid., 148-149; "이처럼 박스터는 그리스도의 전적 희생은 전 인류의 죄악을 보편적으로 속량하셨으며 모든 인류는 믿음이라는 조건을 충족시킴으로서 그리스도가 이루어놓은 구원을 얻을 수 있게 되었다고 주장하였다. 인간 편에서의 어떠한 요구나 행동을 수행하기 이전에 이미 성부 하나님과 중보자 그리스도를 통하여 은혜의 법이 제정되었고 모든 사람들에게 보편적으로 선포되었으며, 오직 신실하게 믿음을 가지고 이 제의를 받아들이는 자들에게 적용되었다. 이러한 은혜의 법에 의해 그리스도의 죽음을 통하여 모든 만민은 예외 없이 '믿음이라는 조건'을 통하여 죄용서와 칭의와 하나님과 회복을 이룰 수 있게 되었다. 그러나 비록 믿음을 소유하였을지라도 마지막에 주님에 대한 믿음을 거부하고 그리스도와 은혜의 법을 배척하는 자들은 은혜의 법을 버린 것에 대한 무한한 죄책과 형벌을 겪게 될 것이다."

하나이면서도 질적인 면에서까지도 동일함을 강조했습니다.[1062]

신원균 교수에 의하면, 푸치우스는 신구약의 언약이 본질에서 동일하다고 말했으나, 코케이우스는 신약은 더욱 발전된 언약의 시대이므로 칭의의 질적 수준이 차이 난다고 주장했다. 이런 코케이우스의 주장은 개혁파의 큰 비판을 받았다.

둘째로, 코케이우스는 데카르트주의를 채택한 대표적인 신학자였다. 근본적으로 아리스토텔레스의 세계관에 기초한 스콜라 신학은 토마스의 도식에서도 나타나듯이 자연과 은총이 실질적으로 연결되어 있다고 보았으나, 근대에 이르러 중력이 발견되자 스콜라 신학은 새로운 판을 짜야 했다. 신으로부터 자아로 중심이 옮겨진 데카르트주의는 아리스토텔레스주의와 경험주의 모두에 반대되며, 감각적 경험을 세계의 모든 지식의 원천으로 강조했으며 발전의 개념으로 역사를 이해했다. 이것을 코케이우스가 차용하여 칭의와 언약 이해에 대한 발판으로 삼았다. 코케이우스는 언약신학을 성경-신학적, 구속-역사적 관점으로 말하면서 세 가지 시대, 곧 아담과 맺어진 행위언약 시대, 모세를 통해 맺어진 은혜언약, 그리스도와 맺어진 새언약으로 이해했다.[1063] 코케이우스의 이런 언약 이해는 발전사관의 관점을 내포하고 있다.

현대신학의 문제는 무엇인가? 자기 동일성으로 세계를 확보하니 나치즘과 같은 전체주의라는 문제를 불러왔기 때문에 타자를 중심으로 삼는 것이다. 하나님을 절대 타자로 보며 그런 절대 타자이신 하나님을 인식하는 것을 참된 세계관이라고 여기는 것이다. 말만 기독교이고 개혁신학이지 실제로는 종

1062) https://band.us/band/69305006/post/1136/ 신원균, '언약론 이야기1,'; 〈① 칼빈과 불링거 논쟁: 칼빈은 언약이 쌍무적 형식을 가지고 있어도 그 본질은 절대적 은혜에 기초함을 강조했지만 불링거는 쌍무적인 성격을 강조했습니다. 후에 칼빈의 입장을 따라 본질은 일방적 은혜적 성격이며, 집행형식은 쌍무적으로 정리됩니다. … ③ A. 카이퍼와 K. 스킬더 논쟁: 카이퍼는 타락전 선택설을 지나치게 강조하여 영원 칭의, 가정 중생적 입장을 드러냈습니다. 이 과정에서 예정과 언약은 동일하다를 지나치게 강조하여 구원의 서정을 소홀히 하였습니다. 이 때문에 스킬더는 예정과 언약은 다르다고 강조하면서 카이퍼의 일반은총과 영원 칭의 입장을 비판했고, 급기야 1944년 '해방파'(31조파)라는 교단을 분리하여 설립하기도 했습니다. ④ 해방파와 노만 쉐퍼드 목사의 논쟁: 해방파 신학자들은 언약강조가 자신들의 교단설립과 관련하여 매우 중요한 주제였기 때문에 예정과 언약은 다르다고 말하며 구원의 서정을 강조했습니다. 이 차이성을 새롭게 파고든 분파가 "페더럴 비전"(언약관점: Federal Vision)입니다. 특히 노만 쉐퍼드 목사가 중심이 되어 예정과 언약은 본질과 형식 전체가 차이가 있고, 따라서 취소 가능하며, 은혜언약의 취소는 곧 예정과 칭의의 취소도 가능하다고 제시했습니다. 해방파 목회자들은 예정과 언약이 비록 차이가 있어도 은혜언약의 취소까지는 언급하지 않았지만 결국 이 차이성 강조는 이 방향으로 나아 갔습니다. 그리고 이 논쟁은 21세기에 계속되고 있습니다. 노만 쉐퍼드는 웨스트민스터 대요리문답 31문의 은혜 언약 대상은 예수님, 택자 외에 불택자(유기자)까지 포함한다고까지 주장했습니다.〉
1063) 피터 골딩, **현대인을 위한 언약신학**, 박동근 역 (김포: 그나라, 2015), 88; 피터 골딩은 코케이우스에 대해 호의적이다.

교다원주의로 직행하는 것이다.

코케이우스는 『하이델베르크 요리문답』 제60항 주해에서 우리의 칭의를 위해 죄의 사면과 능동적 순종이 우리에게 전가되어야 한다고 말했다. 코케이우스는 이 주제에 대해서 『하나님의 언약과 유언에 관한 교리 대전』(*Summa Doctrinae de Foedere et Testamineto Dei*, 1648)에서 더 상세하고 체계적으로 다루었다. 코케이우스는 "그리스도께서 행하시고 마지막까지 감당해 내신 모든 것을 가리켜 순종이라 부른다"고 말했으며, 그리스도의 순종은 의로운 요구에 대한 완전한 완성이라고 말했다.[1064] 이 순종은 그리스도와의 연합으로 우리의 것이 된다. 그리스도의 순종은 능동적인 것과 수동적인 것으로 구분되지 않고 두 가지 모두가 우리에게 제공된다.[1065]

그렇다면 그리스도의 능동적 순종과 수동적 순종, 두 가지 다 전가되어야 하는 이유는 무엇인가? 코케이우스는 다음과 같이 말했다.

> 죄인을 구원함에 있어 이들이 받을 형벌에 대한 배상, 곧 오직 죄책을 제거하기에 넉넉한 배상만으로는 충분하지 않다. 죄책과 저주가 존재하지 않는다는 것과 정의롭게 보상을 요구할 권리를 소유한다는 것은 구분되어야 한다. 보상을 요구하는 의 혹은 권리는 완전한 순종을 전제한다. 우리는 이러한 완전한 순종을 제시하거나 할 수도 없다. 따라서 우리의 보증인과 수장이신 분의 외래적인 의가 우리에게 주어져야만 한다. 그리하여 우리는 그 안에서 의롭다고 간주되고, 생명을 요구할 권리를 소유하게 된다. 물론 이 생명은 우리에게 마땅히 지불되어야 할 보상이 아니라 우리가 우리의 형제이신 그리스도[히 2:11]와 그리스도 안에서 우리의 아버지이신 하나님으로부터 유업으로 전달받는 것이다. 이는 그리스도의 공로로 말미암아, 그분과의 의로운 교환의 결과로 우리에게 주어졌다.[1066]

코케이우스에 의하면, 죄인이 구원을 받으려면 형벌에 대한 배상만으로 부족하며, 정의롭게 보상을 요구할 권리를 소유해야 하며, 그러기 위해서는 완전한 순종이 있어야만 한다. 코케이우스는 그리스도께서 죄인을 구원하기 위해 수동적 순종으로 죄인의 죄책과 형벌을 제거하시고 능동적 순종으로 생명

1064) Johannes Cocceius, *The Doctrine of the Covenant and Testament of God*, translated by Casey Carmichael (Grand Rapids: Reformation Heritage Books, 2016). 91; 김병훈·박상봉·안상혁·이남규·이승구, 그리스도의 순종과 의의 전가 (수원: 합동신학대학원출판부, 2022), 204에서 재인용.

1065) Ibid., 92; "그러므로 그리스도의 능동적이며 수동적인 의를 구분하여 마치 그리스도께서 하나는 그분 자신을 위해 취하시고 다른 하나는 우리에게 주신 것으로 말하는 것은 결코 필요하지 않다. 율법 아래에 나신 그리스도께서는 두 가지 모두를 우리에게 제공하시도록 요구되었다. 이는 마치 첫째 아담이 자신과 자기의 후손 모두를 위해 순종할 것을 요구받은 것과 같다.…참으로 하나님의 언약 안에서 그분은 두 가지 모두를 우리에게 확실하게 전가하신다(롬 5:16, 8).; 김병훈·박상봉·안상혁·이남규·이승구, 그리스도의 순종과 의의 전가 (수원: 합동신학대학원출판부, 2022), 205에서 재인용.

1066) Ibid., 240; 김병훈·박상봉·안상혁·이남규·이승구, 그리스도의 순종과 의의 전가 (수원: 합동신학대학원출판부, 2022), 205-206에서 재인용.

에 대한 권리를 부여하셨다고 말했다. 코케이우스는 그리스도의 순종 성격을 1) 율법에 대한 온전한 순종, 2) 두 번째 아담으로서의 순종, 3) 공로적 순종으로 본다. 그리스도께서는 율법 아래 나서서 율법이 요구하는 보증인의 역할을 수행하시어 율법의 의를 성취하셨다는 것이다. 첫 아담의 불순종이 그 후손을 정죄와 심판에 이르게 했으나 두 번째 아담의 율법에 온전히 순종함으로써 많은 사람에게 칭의와 생명을 가져왔다. 또한, 코케이우스는 율법을 성취한 그리스도의 순종은 공로적 성격을 가지고 있다고 말했다.[1067]

10) 프란시스 튜레틴

칼빈과 베자와 볼레비우스 시대가 지나고 프란시스 튜레틴(Francis Turretin, 1623-1687)은 그리스도께서 율법에 순종한 능동적 순종은 자연적 복종, 연합적 복종, 형벌적 복종이라는 세 가지 의미가 있다고 말했다. 튜레틴은 『변증신학 강요』의 열한 번째 주제(하나님의 율법) 스물두 번째 질문(율법의 사용)에서 카르기우스(Cargius)의 견해에 대해 말하면서 다음과 같이 말했다.[1068]

> 자연적 복종은 거룩의 규칙인 율법 자체에서 발생하며, 피조물에게 피조물 자격으로 적합하다. 그것은 영원하고 폐기 불가능하다. 연합적 복종은 천상적 축복을 획득하는 조건을 규정한 율법에 의존하며, 하나님이 그와 언약을 맺어 생명이 확약 된 피조물에게 적용되며, 보상과 형벌의 약속하에 그에게 준 직무를 규정하고 있다. 형벌적 복종은 범죄하고 죄책이 부과된 피조물에게 속한다.[1069]

튜레틴에 의하면, 그리스도께서 율법에 적용한 자연적 복종은 율법 자체에

1067) Ibid., 101; 〈그리스도의 순종이 공로임은 그리스도의 피가 '보배로운(가치 있는)' 피, 값, '속량' 등으로 불리는 것에서 입증된다(벧전 1:19; 고전 6:20; 마 20:28; 딤전 2:6). 성경은 우리가 값으로 사신바 되었다고 말한다(고전 6:20; 계 5:9). 또한 이사야 53장 10절에서 그리스도의 죽음을 가리켜 '속건제물'이라고 기록한 것과 고린도후서 5장 21절("우리를 대신하여 죄로 삼으신 것"), 그리고 갈라디아 3장 13절("그리스도께서 우리를 위하여 저주를 받은바 되사") 역시 이와 같은 맥락으로 이해될 수 있다.〉; 김병훈·박상봉·안상혁·이남규·이승구, **그리스도의 순종과 의의 전가** (수원: 합동신학대학원출판부, 2022), 210에서 재인용.
1068) Francisco Turrettino, *Institutio Theologiae Elencticae* (Geneva: Apud Samuelem de Toumes, 1679-1685).; "과연 율법에 대한 의무가 순종과 형벌 두 가지 모두에 대해 동시적으로 구속력을 행사하는지의 여부와 관련한 문제가 여기에 속한다. 이 질문은 카르기우스(Cargius)의 견해, 곧 우리에게 전가되는 것은 그리스도의 능동적 순종이 아니라 오로지 그리스도의 수동적 순종이라는 견해로부터 제기되었다. 율법은 죄인을 순종이 아니라 형벌에 대해서만 속박하기 때문에 우리의 자리를 대신하시는 그리스도께서도 참으로 순종이 아니라 우리를 위한 형벌에 대해서만 책임을 지신다는 것이다."; 김병훈·박상봉·안상혁·이남규·이승구, **그리스도의 순종과 의의 전가** (수원: 합동신학대학원출판부, 2022), 216에서 재인용.
1069) Francis Turretin, *Institutes of Elenctic Theology*, 14.8.15.; 김재성, **그리스도의 능동적 순종** (고양: 언약, 2021), 199에서 재인용.

서, 연합적 복종은 언약 안에서 천상적 축복을 획득하는 조건으로써, 형벌적 복종은 범죄와 죄책을 지닌 피조물에게 속한다. 결국 언약의 율법을 준수함으로써 언약의 의를 이룰 수 있다. 이와 같은 튜레틴의 세 가지 내용에 대해 김재성 교수는 다음과 같이 말했다.

> 위의 설명에서, 뛰르땡은 세 가지 내용으로 그리스도의 순종을 설명한 것이다. 첫째는 그리스도가 우리를 위해서 자연적 복종 혹은 공통적인 복종을 감당했는데, 그가 율법 아래서 순종하였다는 것이다. 이것은 그리스도가 한 사람의 인간으로 태어나면서부터 능동적 순종을 시작했음을 의미한다. 둘째로는 그리스도가 연합적이고, 경륜적인 순종을 감당했음을 강조하는 부분이다. 그리스도와의 인격적 연합을 하는 성도들에게는 그 효력이 주어지도록, 그의 행동을 통해서 생명의 공로를 얻고자 율법에 복종했음을 강조한다. 셋째로는 그리스도의 수동적 순종의 영역을 말하였다. 중보자로서 성부와 맺은 협약이 효력을 발휘하도록, 자발적으로 십자가에서 피를 흘리셨고, 그 모든 것을 우리를 위해서 감당하셨다.[1070]

김재성 교수에 의하면, 그리스도께서는 능동적 순종과 수동적 순종을 담당하심으로 율법을 준수하고 십자가에 피 흘려 죽으심으로 온전한 순종을 이루셨다. 튜레틴은 그리스도의 능동적 순종에 대한 성경적 근거로 롬 1:17, 3:21, 5:18, 5:19, 8:3-4; 빌 2:8 등으로 말했다. 김병훈 교수는 튜레틴 (Francis Turretin, *Institutes of Elenctic Theology*, vol. 2)의 세 가지 지적을 다음과 같이 말했다.

> 첫째로, '디아세케(διαθήκη)의 유언적 의미와 관련하여, 유언자의 죽음이 선행됨으로써 유언의 약속이 실행이 되는 것과 같은 유언적 성격이 하나님의 언약에 반영이 되어 있다는 사실입니다. 둘째로, 유언이 유언자의 유익을 위한 것이 아니라 상속자만을 위한 것이듯이, 하나님의 언약도 하나님을 위한 것이 아니라 언약의 백성인 우리들을 위한 것이라는 사실입니다. 셋째로, 끝으로 언약의 조건이 비록 쌍방적인 것 같지만, 실상은 하나님의 능력과 신실함에 근거하여 언약이 이루어지는 것이, 마치 상속자가 누리는 유업이 상속자의 공로가 아니라 유언자의 은혜로 인한 것과 같다는 사실입니다.[1071]

유언은 죽는 자신을 위한 것이 아니라 그 상속자를 유익하게 하듯이 하나님의 언약도 하나님을 위한 것이 아니라 그리스도의 피로 값 주고 사신 우리를 위한 것이다. 우리는 하나님과 동등한 지위에서 언약한 자들이 결코 아니다. 오직 하나님의 은혜로 구원을 받고 그 은혜를 주시려고 허락하신 은혜가 언약이기에 유언이라는 이름으로 진술되어졌다.

1070) 김재성, **그리스도의 능동적 순종** (고양: 언약, 2021), 199-200.
1071) http.//repress.kr/archives/1814/ 김병훈, '웨신해설 48, 언약과 유언,'(2015.1.13.)

튜레틴 『변증신학 강요』 열네 번째 주제(그리스도의 중보직) 열세 번째 질문에서 그리스도의 만족과 관련하여 그리스도의 능동적 순종을 말했다. 튜레틴은 카르기우스와 피스카토르와 그 추종자들의 견해를 논박하며 다음과 같이 말했다.

과연 그리스도의 만족은 그분께서 우리를 위해 받으신 수난과 형벌로만 제한되는가? 혹은 그분의 전 생애에서 율법을 온전하게 성취하신 능동적 순종으로 확장되는가? 우리는 전자를 거절하고 후자를 승인한다.[1072]
하나님의 본질적인 속성으로서의 이 의는 우리가 신이 되는 일이 없이는 우리에게 주관적으로, 그리고 형식적으로 전달될 수 없다. 그리고 성경의 모든 곳에서 말하는 바 우리에게 전가되는 의로서의 그리스도의 의는, 율법의 요구를 만족시키고 율법을 완전히 성취한 그리스도의 삶의 순종과 죽음의 고난을 지칭한다. 우리에게는 가치와 공로의 측면에서 본질적으로 무한하고도 막대한 의가 필요했다. 만일 그리스도께서 '여호와 우리의 의가 되시고, 하나님 아버지에 의해 우리에게 의가 되신다면, 그것은 그리스도의 본질적인 의를 지칭하는 것이 아니라 의를 위해 우리에게 전가되는 순종을 지칭하는 것이다. 우리는 이것을 하나님의 의라고 부른다. 왜냐하면 그것이 신적인 분께 속했으며, 따라서 그 가치가 무한하고 하나님을 한없이 기쁘시게 하며 하나님이 받으실 만한 만족스러운 의가 되기 때문이다. 그렇다면 우리가 이해하는 이 의는 그리스도의 죽음뿐만 아니라 그분의 삶을 통해 나타난, 그리고 수동적일 뿐만 아니라 능동적인, 그리스도의 온전하고도 완전한 순종인 것이다.[1073]

튜레틴에 의하면, 그리스도의 순종은 만족과 공로라는 두 가지 효력이 있다. 타락은 생명의 상실과 죽음의 죄책이라는 두 가지 결과를 초래했기 때문에 구속도 이에 상응하는 두 가지 혜택, 곧 죽음으로부터의 해방과 생명에 대한 권리를 획득해야 한다면서 그리스도의 순종이 속죄와 공로의 이중적 능력을 가진다고 주장했다.[1074] 또한, 튜레틴은 능동적 순종과 수동적 순종이 "서로 불가분리적으로 연결되어 있다"고 말했다.[1075]

1072) Francisco Turrettino, *Institutio Theologiae Elencticae* (Geneva: Apud Samuelem de Toumes, 1679-1685), 14:13; 김병훈·박상봉·안상혁·이남규·이승구, 그리스도의 순종과 의의 전가 (수원: 합동신학대학원 출판부, 2022), 218-219에서 재인용.
1073) Francis Tiirretin, *Institutes of Elenctic Theology*, Vol 2, ed. James T. Dennison Jr, trans. George Musgrave Giger (Phillipsburg: Presbyterian & Reformed Publishing, 1994), 650-651; 신호섭, 개혁주의 전가 교리 (서울: 지평서원, 2016), 78에서 재인용.
1074) 김병훈·박상봉·안상혁·이남규·이승구, 그리스도의 순종과 의의 전가 (수원: 합동신학대학원출판부, 2022), 219: "전자로 말미암아 우리는 죄가 초래한 형벌로부터 해방된다. 후자로 말미암아 우리를 위한 영원한 생명에 대한 권리가 획득되었다."
1075) 신호섭, 개혁주의 전가교리 (서울: 지평서원, 2016), 182: "영원한 생명을 얻지 않고서는 그 누구도 죄의 사면을 확보할 수 없도록, 그리스도의 순종으로부터 흘러나오는 이 두 가지 유익이 은혜 언약을 통해서 서로 불가분리적으로 연결되어 있다 하더라도 그런 이유로 마치 이것들이 서로 하나이며 동일한 것인 양 혼합되는 것은 아니다. 오히려 이것들은 서로 구별되어야만 한다. 왜냐하면, 사망으로부터 도망치는 것과 생명으로 들어가는 것은 서로 별개의 것이기 때문이다."

476 Ⅷ.6. 17세기 개혁주의 신학자 10) 프란시스 튜레틴

튜레틴의 전가교리에는 소시니안주의자들에 대한 비판과 반대가 전제되어 있다. 튜레틴은 그리스도의 만족을 그리스도의 고난과 형벌만이 아니라 생애 전체의 율법준수를 통해 율법을 성취하신 그리스도의 능동적 순종까지 확대해야 한다고 강조했다. 튜레틴은 구속 언약 안에서 그리스도께서는 중보자의 직분으로 부름을 받고 임명되셨으며, 율법 아래 나시고 언약의 내용을 성취하였다고 말했다.[1076]

로이크로프트는 다음과 같이 말했다.

여기서 튜레틴(Turretin)은 다시 한번 우리에게 도움이 된다: "일반적 의견과 우리 교회에서 수용된 의견은 하나님 앞에서의 의를 위한 우리에게 전가된 그리스도의 속죄는 단지 그의 생애 혹은 죽음에서 견디었던 고난만 포함하는 것이 아니라 우리 대신에 율법의 요구를 완전하게 성취하였던 그의 생애 전체의 순종, 혹은 의롭고 거룩한 행동들도 포함한다는 것이다." 따라서 여기서 그리스도의 능동적 순종은 그의 의로움이 우리에게 전가된 것이 무엇을 의미하는지에 대한 우리의 개념을 풍성하게 한다. 이것은 그가 단지 율법의 형벌을 견디어 낸 것 가운데 표현된 의로움일 뿐만 아니라 그가 율법을 따라 완벽하게 살았던 삶 가운데 구현되고, 실행되고, 실현된 의로움이기도 하다. 그리스도의 이 긍정적 의로움, 첫 번째 아담이 불순종했던 율법에 대한 이 능동적(pro-active) 성취는 이 전가된 의로움이 우리에게 얼마나 깊고, 얼마나 넓고, 얼마나 놀라운 것인지 보여주는 엄청난 확신의 원천이다. 그것은 또한 우리의 구원이 단지 율법의 형벌로부터의 탈출이 아니라 우리를 위한 영생의 보증임을 우리에게 확신시켜준다. 게르할더스 보스(Geerhardus Vos)는 '그리스도께서는 고난을 통해 단지 훼손된 그 장엄한 정의를 회복할 뿐만 아니라 또한 순종함으로 자기에게 속한 자들을 위한 영생의 모든 유익을 획득하기도 한다'고 언급한다.

획득된 권리로서의 성화: 우리를 위한 그리스도의 율법준수, 그의 능동적 순종이 구현한 바로 그 의로움의 전가는 거룩한 삶에 대한 억제라기보다는 오히려 장려책이다. 왜냐하면, 그것은 거룩에 대한 우리의 추구가 하나님과 바른 관계에 이르기 위한 수단이 아니라 그 결과라는 것을 우리에게 보여주기 때문이다. 그리스도의 생애는 모범적이지만 그 이상이다. 그리스도의 생애는 구속적으로 하나님의 율법을 따라 살도록 우리를 자유케 하는데, 그 율법을 이미 완벽하게 준수한 자들을 위한 것처럼 자유케 한다. 튜레틴(Turretin)에게 있어서 이것은 '우리가 살기 위해 순종하는 것이 아니라 우리가 살아 있기 때문에 순종하며, 우리가 생명에 대한 권리를 얻기 위한 것이 아니라 획득된 생명을 소유하기 위해 들어간다'는 것을 의미한다. 이것은 성화가 무엇인지 그리고 성화가 어떻게 이루어지는지 대한 놀랍고 생생한 견해이다. 그리스도의 능동적 순종은 왜 우리가 율법을 순종해야 하는지에 대한 우리의 이해를 도와주고, 율법에 대한 우리의 순종을 활성화시킨다. 이제 우리가 흠 없는 그리스도와 더불어 즐기는 연합, 우리에게 대한 그의 의로움의 전가는 우리를 해방시켜 매우 힘든 멍에 아래서가 아니라 우리를 위해 온전하게 성취된 완전한 율법의 길에서 하나님을 따르도록 한다. 그것은 우리가 매일 살아가는 방식을 변혁시키는 진리이다.[1077]

1076) Ibid., 222-223.
1077) 앤드류 로이크로프트, 그리스도의 능동적 순종, 박태현 역(진리의 깃발 161호); "결론: 그리스도의 능동적 순종에 대한 적절한 이해는 부차적인 문제이거나 개혁파 스콜라주의의 신비적 요소가 아니다. 이것은 너무도 쉽게 무시되는 우리의 구원이 지닌 차원들을 보여주는 교리이며, 무한히 완전한 영광 가운데 있는 그리스도 예수를 떠받치는 교리이며, 우리로 하여금 그가 우리를 위해 준수한 율법의 빛 가운데 살아가도록 촉구하는 교리이다. 그레이셤 메이천(J. Gresham Machen)은 임종 시에 그의 친구이자 동료였던 존 머레이(John Murray) 교수에게

로이크로프트에 의하면, 튜레틴은 그리스도의 속죄로 우리에게 전가된 의
는 죽음을 견딘 고난과 율법의 요구를 완전히 성취한 생애 전체의 순종을 포
함한다는 것을 말했다. 이것은 우리의 구원은 다만 율법의 형벌로부터의 탈
출만이 아니라, 영생의 보증이다. 능동적 순종으로 의가 전가됨으로 우리는
거룩한 삶을 살아갈 수 있다.

아르미니우스주의자들은 로마 가톨릭 신학자 토마스(1224-1274)의 입장
과 유사한 피스카토르의 입장을 말했다. 로마 가톨릭의 구원론이란 '그리스
도께서는 은혜를 베푸셔서 모든 사람에게 구원을 가능하도록 열어놓았고, 누
구라고 특정하지 않았으며, 반응하고 협력하는 자에게 적용된다'는 것이다.
이것은 아르미니우스주의자들의 구원론과 유사하다.1078) 아르미니우스주의
자들은 신자의 신앙, 곧 복음적 순종을 신자의 의로 간주다.1079) 반면에 도

우리도 반복하게 될 말로 전보를 보냈다: '나는 그리스도의 능동적 순종에 대해 매우 감사하다네. 그것 없이는
희망이 없다네.'"

1078) 김재성, **그리스도의 능동적 순종** (고양: 언약, 2021), 205.

1079) 루이스 벌코프, **벌코프조직신학**, 이상원·권수경 역 (서울: 크리스챤다이제스트, 2020), 812; "1. 칭의의 다
양한 견해. 1. **로마 가톨릭의 견해:** 로마 가톨릭의 견해는 칭의와 성화를 혼동한다. 이는 칭의에 있어서 다음 요
소들, 즉 (a) 내주하는 죄의 추방, (b) 하나님 은혜의 주입, (c) 죄의 용서를 포함한다. 죄인은 자기 편에서의 어떠
한 공로 없이 선행적 은혜에 의해 칭의를 예비한다. 이러한 선행적 은총은 죄인을 지적 승인, 죄 의식, 회개, 그리
스도 안에 있는 하나님의 은혜에 대한 확고한 신뢰, 새로운 생활의 시작, 세례를 받고자 하는 욕망으로 인도한다.
칭의는 죄의 부패가 세례시 제거된 후 새로운 덕목들의 주입에 있다. 내주하는 죄가 축출된 이후 죄의 용서 혹은
죄책의 제거가 필연적으로 수반된다. 그 이후 기독교인은 덕에서 덕으로 나아가 공로적인 행위를 수행할 수 있
고, 그 보상으로 보다 많은 양의 은혜와 보다 완전한 칭의를 받는다. 칭의의 은혜는 상실될 수 있지만 고해 사에
의해 다시 회복될 수 있다.

2. **피스카토르의 견해:** 피스카토르는 그리스도의 수동적 순종만이 칭의시 죄인에게 전가되어 죄의 용서로 이끈
다고 가르쳤다. 또 그는 그리스도의 능동적인 순종은 죄인에게 전가될 수 없으므로 죄인은 양자 됨과 영원한 기
업에 이르지 못하는데, 이는 인간 그리스도 예수가 이 점에 있어서는 하나님에게 의존한다는 데 기인하는 것이라
고 가르쳤다. 더욱이 그리스도가 우리를 위해 율법을 성취하셨다면 우리는 율법을 준수할 책임을 가지지 않는다.
피스카토르는 죄의 형벌과 율법의 준수가 서로 배재하는 양자택일이라고 이해한다. 그는 죄인 자신의 개인적 순
종이 장래의 희망에 대한 유일한 근거라고 이해할 수 있는 여지를 남겨두었다. 이 견해는 알미니우스주의자들의
견해와 유사하고, 중세시대의 안셀름의 견해와 동일 선상에 있다.

3. **오시안더의 견해:** 오시안더는 루터 교회 안에 비록 현저한 차이가 있지만 로마 가톨릭의 칭의 개념의 본질들
이 부흥되는 경향을 보여준다. 그는 칭의란 그리스도의 대리적 의가 죄인에게 전가되는 것이라기보다는 새 생명
의 원소가 주입되는 것이라고 주장했다. 그에 의하면, 우리가 칭의 받는 의는 성부 하나님의 영원한 의로서 성자
예수 그리스도에 의해 우리에게 이식되거나 주입된다.

4. **알미니우스주의 견해:** 알미니우스주의자들은, 그리스도가 하나님의 정의를 엄격하게 만족시키지는 못했지
만 죄에 대한 실제적인 화목제물(propitiation)을 드렸는데, 하나님은 이를 은혜롭게 받아들이고 죄를 용서하고
죄인을 칭의하는 데 있어서 만족할 만한 것으로 판결하셨다. 이는 단지 과거를 청산할 뿐이지만 하나님은 또한
장래를 예비하신다. 하나님은 신자의 신앙, 즉 신자의 모든 종교적 신앙을 포괄하는 신앙, 복음적 순종을 그의 의
로 간주한다. 이러한 견해에서는 신앙은 칭의의 적극적 요소에 대한 단순한 도구가 아니라 칭의가 기초 된 은혜
롭게 인정된 근거이다. 따라서 칭의란 하나님의 법적인 행동이 아니라 주권적인 행동이다.

르트 총회는 "하나님께서는 믿음의 순종 가운데서 그리고 믿음을 유지하는 자들에게 구원을 주시기를 원하신다"는 주장을 거부했다.[1080] 아르미니우스 주의자들은 그리스도께서 율법준수로 얻으신 의는 인정했으나 그 의의 전가를 부정했다. 김재성 교수는 다음과 같이 말했다.

> 대표적인 알미니안주의자 휴고 그로티우스(Hugo Grotius, 1583-1645)는 "도덕적 통치설"(moral government theory)이라는 가설적인 속죄론을 제기했다. 즉, 그리스도가 단지 하나의 가설적인 희생을 드려서 복수적 공의를 만족하였고, 실제로가 아니라는 것이다. 그로티우스의 입장은 개혁주의자들의 형벌 대속설과 소시니안들의 "도덕적 감화설"의 중간 정도에 해당한다고 볼 수 있다. 그로티우스는 단지 하나님이 수용하려는 열망에서 이 만족을 허용하였으며, 따라서 그리스도가 우리를 대신하여 완전하게 우리를 대속한 것이 아니라고 주장했다. 성부가 실제로 모든 인간을 다루는 방식을 보여주기 위해서, 모든 것에 상응하는 그리스도가 하나의 모형이 되어서, 단일한 희생만을 드렸다는 것이다.[1081]

그로티우스의 주장에 대한 튜레틴의 반론은 무엇인가?

> 따라서, 이 대속이 단순히 자기 주인에게서 해방된 노예와 같은 석방이나, 적의 손으로부터 포로를 탈취하는 용기와 힘이나, 흔히 전쟁에서 발생하는 고환에 의한 것이 아니라, 후원자가 채무자를 위해 빚을 갚아주는 공정한 만족에 의한 것이 분명하다. 비록 우리와 관련해서는 은혜의 구원이 일어나고, 악마에 관해서는 한 힘에 의한 구조가 존재하며, 그리스도에 관해서는 하나의 교환이 사실이지만, 심판자인 하나님에 관해서는 공정한 만족이 있어야 한다. 다음 구절들은 그리스도가 단지 우리의 편이나 유익을 위해서가 아니라, 우리를 대신하여, 엄격한 의미의 대체됨을 통해서, 우리를 위해서 죽으셨다는 언급이다: 롬 5:6-7 우리가 아직 연약할 때에 기약대로 그리스도께서 경건치 않은 자를 위해서 죽으셨도다. 의인을 위하여 죽는 자가 쉽지 않고 선인을 위하여 용감히 죽는 자가 혹 있거니와.[1082]

튜레틴에 의하면, 그리스도의 대속은 단지 하나님의 만족을 위한 속죄가

---

5. **바르트의 견해**: 바르트는 칭의를, 순간적인 행위 혹은 단번에 성취되어 그 이후에는 성화가 수반되는 행위로 이해하지 않는다. 그에 의하면 칭의와 성화는 항상 동행한다. 파욱(Pauck)은, 바르트에 의하면 칭의는 성장 혹은 윤리적인 발전이 아니라고 말한다. 칭의는 항상 인간이 자신의 삶을 건설했던 신념과 가치에 대해 전적으로 절망하는 시점에 이를 때마다 새롭게 일어난다. 투르나이젠 역시 칭의가 단번에 일어난다는 견해를 거부하고, 이러한 견해를 경건주의적 견해라고 부르며, 이는 종교개혁의 교리에 치명적인 해를 준다고 주장한다."(Ibid., 811-812.)

1080) 김재성, **그리스도의 능동적 순종** (고양: 언약, 2021), 205.

1081) Ibid.

1082) Francis Turretin, *Institutes of Elenctic Theology*, 14.11.8; 김재성, **그리스도의 능동적 순종** (고양: 언약, 2021), 206에서 재인용; 〈또한 뛰르땡은 "플라카에우스와의 논쟁"에서도 정통신학을 지키려는 노력을 했다. 프랑스 소무르 아카데미(the Academy of Saumur)의 신학자 플라카에우스(Joshua Placaeus, 1596-1655)가 샤렌톤 총회(1644- 1645)에서 아담이 지은 죄의 전가 교리를 거부하면서 논쟁이 일어났다. 총회는 즉각 이단적인 가르침이라고 판정했다. 이 문제에 관하여 머레이 교수가 새롭게 정리해서 우리의 안목을 열어주었다/ 프랑스 출신으로 네덜란드 브레다 오렌지 대학에서 가르쳤던 개혁주의 신학자 앙드레 리베(Andre Rivet, 1572-1651)가 앞장서서 플라카에우스의 주장을 반박했다. 리베의 저서들은 미국 프린스턴 신학교의 아치발드 알렉산더가 자신의 저서 『신앙체험에 대한 사색』(*Thoughts on Religious Experience*)에서 크게 활용했다.〉

아니라 우리가 받을 형벌을 대신한 것이었다. 튜레틴은 그리스도의 능동적 순종에 대한 반론을 요약적으로 제시하고 답하면서 성경에서 그리스도의 수동적 순종만 언급되는 구절들은 제유법(사물의 한 부분으로 그 사물의 전체를 나타내는 수사법)으로 이해되어야 한다고 말했다.1083) 그리스도의 순종은 최고의 사랑에서 기원한 최고의 순종이며 율법의 완성이었다(*Inst.*1.13.12.) 튜레틴은 그리스도의 전체 순종을 받는 것이 그리스도의 영광을 더욱 높이며 우리에게 더욱 풍성한 위로가 된다고 말했다.1084)

11) 존 오웬
능동적 순종을 반대하는 자들

오웬(John Owen, 1616-1683)은 "칭의에 관한 글이 없어질 때, 모든 기독교의 가르침이 동시에 없어지는 것이다"라고 말했다.1085) 오웬은 로마 가톨릭, 아르미니우스주의, 소시니안주의, 신율법주의, 율법폐기론자들과 맞서 성경적인 교리를 세우기 위해 노력했다.1086) 오웬은 '이중적 전가'(double imputation)을 말했다. 이중적 전가란 '죄의 무전가'와 '그리스도의 의의 전가'다. '죄의 무전가'는 그리스도께서 우리를 대신하여 죄의 형벌을 대신하신 것이며, '그리스도의 의의 전가'는 모든 율법과 계명에 순종하여 우리에게 의를 주신 것이다.1087)

1083) Francisco Turrettino, *Institutio Theologiae Elencticae* (Geneva: Apud Samuelem de Toumes, 1679-1685), 14:13.23; "우리의 구속과 구원이 그리스도의 죽음과 피로 돌려지는 경우, 이는 삶의 순종을 배제하는 것이 아니다. 이러한 제한은 [성경의] 어느 곳에서도 지정되지 않았기 때문이다. 오히려 다른 구절들에서는 우리의 구속과 구원이 그리스도의 전체 순종과 의로 돌려지는 것으로 보인다. 그러나 [전자의 경우] 이는 제유법(synecrdochen)으로 이해되어야 한다. 곧 부분으로 전체를 나타내는 것이다. 그 이유는 그리스도의 죽음은 자기를 비우심의 가장 낮은 자리에 있는 것이며 순종의 왕관과 완성에 해당하기 때문이다. 이는 [그리스도의 죽음] 다른 모든 부분들을 전제하며 그리스도의 죽음 없다면 나머지 부분들은 아무 소용이 없었을 것이다. 참으로 의(jistitia)는 마지막 숨까지 지속되지 않는 한 아무것도 공로로 획득하지 못할 것이고, 장부에서 [부채상환의 표시로] 줄이 그어질 때까지는 완전한 채무변제가 이루어질 수 없는 것이다."; 김병훈·박상봉·안상혁·이남규·이승구, **그리스도의 순종과 의의 전가** (수원: 합동신학대학원출판부, 2022), 228-229에서 재인용.
1084) 김병훈·박상봉·안상혁·이남규·이승구, **그리스도의 순종과 의의 전가** (수원: 합동신학대학원출판부, 2022), 229.
1085) John Owen, *The Works of John Owen*, ed. W. H. Gould (Edinburgh: The Banner of Thruth Trust, 1977), V. 57; K. 스코트 올리핀트, **그리스도의 칭의론**, 조영천 역 (서울: 기독교문서선교회, 2017), 184에서 재인용.
1086) Erroll Hulse, *Who are the Puritans? and What Do They Teach?*, 125; "로마교회가 정의하는 첫째 칭의는 원죄가 소멸되고 모든 죄의 습관들이 내쫓김을 당하는, 은혜의 주입으로서의 세례(baptism)이다. 둘째 칭의는 의인들이 영원한 생명에 공헌하는, 선한 행위로서의 의이다. 이러한 칭의의 두 번째 단계는, '고해성사'와 죽음 이후 연옥의 불에서 정화되는 것을 포함하여 인간의 전 생애에 걸쳐 계속되는 과정으로 여겨진다."; 신호섭, **개혁주의 전가교리** (서울: 지평서원, 2016), 140-141에서 재인용.

오웬은 추기경 벨라마인(Cardinal Bellamine, 1542-1621)이 말하는 주입된 의를 거부하며 벨라마인의 이름을 언급하면서 로마 가톨릭의 비성경적인 칭의교리를 비판했으며, 로마 가톨릭의 칭의에 대해 "그들은 두 가지 칭의뿐만 아니라 내가 아는 한 스무 가지 칭의를 만들어내는 셈이다."라고 말했다.1088) 오웬은 벨라마인이 '습관적인 의의 의롭다하심을 받았다'고 주장했으나 성경적 근거를 한 구절도 제시하지 못했다고 말했다.1089) 오웬은 이런 '습관적 의'는 '내적인 의'이며 '우리의 의'라고 말했다.

오웬은 다음과 같이 말했다.

> 완전히 의로운 그리스도는 그의 (율법에 대한) 적극적인 순종이 없어도 죄를 위한 희생제물과 화목제물이 되기에 충분했다. 그러므로 그가 적극적인 순종의 삶을 산 데는 다른 이유가 있었다 … 그의 (율법에 대한) 순종은 순수한 순종의 행위로서 우리의 칭의의 원인이 아니라는 것이다. 그것은 잘못된 생각이다 … 그리스도께서 우리를 위하여 행하신 그 (율법에 대한 적극적) 순종이 우리에게 전가되지 않는다면, 그가 그토록 오랫동안 이 세상에 살면서 하나님의 모든 법에 순종을 할 이유가 없었다. 그가 훨씬 일찍 죽었어도 우리의 죄를 대속하는 데 충분했다.1090)

오웬에 의하면, 그리스도께서 행하신 율법의 순종이 우리에게 전가되지 않는다면 그렇게 오랫동안 지상에 살면서 율법을 순종할 필요가 없었다. 그리스도께서는 "언약의 보증인으로서, 하나님과 인간 사이의 중보자로서 순종하였다"1091) 중보자로서의 순종은 자신을 위한 사인(私人)으로서의 순종이 아니라 다른 사람을 위한 공인(公人)으로서의 순종이었다.

오웬은 『믿음에 의한 칭의론』에서 12장 전체에 걸쳐 소키누스의 주장을 반박했다.1092) 오웬은 그리스도의 수동적 순종이 아담의 범죄로 말미암은 인류의 모든 범죄에 대한 형벌을 처리하기 위해 필수적인 것과 같이, "율법에

1087) Owen, 5:39; "이것은 만유 가운데 그의 아버지의 뜻을 성취하신 그리스도의 의이며 순종이다. 한편, 우리의 불의는 우리의 불순종이자 하나님의 계명을 위반한 우리의 범죄이다. 그러나 우리의 의가 그리스도의 순종 안에 있기 때문에, 그것으로 인해 우리는 그리스도와 하나가 된다. 그리스도의 순종이 마치 우리의 소유인 것처럼 우리에게 전가된 것이다. 그로 말미암아 우리는 의로운 자들로 간주된다."; 신호섭, **개혁주의 전가교리** (서울: 지평서원, 2016), 86에서 재인용.

1088) John Owen, 5:138; 신호섭, **개혁주의 전가교리** (서울: 지평서원, 2016), 140-141에서 재인용.

1089) 존 오웬, **칭의론**, 박홍규 역 (서울: 처음과나중, 2020), 271; 〈그는 단지 다음과 같은 터무니 없는 논증으로 그것을 증명하려고 시도했다. 곧 그는 "우리는 우리 안에서 실질적이지는 않지만 습관적으로 의를 행하는 성례전들을 통해 의롭다 하심을 받는다"고 주장한다.〉

1090) 존 오웬, **성도와 하나님과의 교제**, 151; http://www.good-faith.net/news/articleView.html?idxno=1730

1091) 존 오웬, **칭의론**, 박홍규 역 (서울: 처음과나중, 2020), 462.

1092) John Owen, *The Doctrine of Justification by Faith*, 437-38.

의해 모두의 지고한 통치자요 제정자인 하나님의 영광과 명예를 위하여", 그리고 신자의 영생을 위하여 율법에 대한 그리스도의 순종이 필수적이며, 이 두 가지가 함께 우리의 칭의를 구성한다고 말했다.[1093]

김재성 교수는 다음과 같이 말했다.

청교도 최고의 신학자, 존 오웬이 직면했던 반율법주의와 신율법주의, 그리고 소시니안주의 등은 칭의 교리를 위험에 빠트리는 위험한 신학사상들이었다. 오웬은 믿음으로만 구원을 얻는다는 칭의 교리를 부정하는 리차드 백스터의 신율법주의를 배격했는데, 또한 예수회 벨라르만(Robert Bellarmine, 1542-1621), 그로티우스(Hugo Grotius, 1583-1645)와 같은 알미니안주의자들, 소시니안파 쉬리흐틴 기우스(Jonas Schlichtingius, 1592-1661) 등을 비판하였다. 1642년에 나온 존 굳윈(John Goodwin)의 책『믿음의 전가』에 대해서, 오웬은『성도의 견인교리의 설명과 확증』(1654)을 출간했다. 여기에서 오웬은 믿음과 소망과 인내 가운데서 살아가도록 성령으로 함께 하시고, 믿음의 원리를 따를 수 있게 그리스도의 능동적 의로움을 전가시켰다고 주장했다.[1094]

오웬은 그리스도의 죄 용서만이 아니라 그리스도의 적극적인 의의 전가가 있어야 죄인을 의롭게 하고 거룩하게 한다고 말했다.

오웬은 다음과 같이 말했다.

우리의 죄책을 제거하는 것, 또는 우리의 더러운 넝마를 제거하는 것, 이것은 그리스도의 죽음을 통해 이루어진다. 따라서 죄의 사면은 그리스도의 죽음에 합당한 열매이다. 그러나 그 이상의 것 즉 영원한 생명을 얻을 권리에 상응하는 의가 요구된다. 이것은 "의복의 교환"이라고 불린다. 성경은 이사야 61장 10절에서 이것을 가리켜 "구원의 옷"과 "의의 옷"이라고 칭한다. 그런데 죄의 사면이 그리스도의 죽음을 통해 이루어지듯이, 이 옷은 오직 그리스도의 순종으로만 우리의 것이 된다.[1095]

오웬에 의하면, 죄인이 의롭게 되기 위해서는 죄책을 제거하는 것만이 아니라 영원한 생명을 얻을 권리를 주는 의가 있어야만 한다. 오웬은 이것을 '의복의 교환'이라고 말했다. 죄의 사면은 '구원의 옷'이며, 율법준수는 '의의 옷'이다. 그리스도께서는 왜 율법에 순종하셨는가? 오웬은 "율법이 우리에게 요구하는 바 순종의 의무를 성취하기 위함이다"(Owen, 2:160)라고 말했다. 그렇다고 해서, 오웬이 능동적 순종과 수동적 순종을 분리하지 않았다. 오히려 그 받으신 고난과 죽으심을 완전한 순종의 연합으로 보았다.[1096] 다만 그

1093) ibid., 436.
1094) 김재성, 그리스도의 능동적 순종 (고양: 언약, 2021), 193-194.
1095) Owen, 2:164; 신호섭, 개혁주의 전가교리 (서울: 지평서원, 2016), 87에서 재인용.
1096) Owen, 2:253-254; 〈왜냐하면 그리스도께서 영원한 하나님의 영의 도우심을 통해 그분 자신을 하나님께

시대의 이단과 비성경적인 교리에 대응하고 올바른 교리를 세우기 위해 능동적 순종교리를 강조했다.

무엇보다도, 오웬은 토마스 굿윈(Thomas Goodwin, 1600-1680)과 함께 웨스트민스터 신앙고백서를 수정하여 1658년 「사보이 선언」에서 그리스도의 능동적 순종과 수동적 순종을 명시적으로 밝혔다. 이 부분을 정이철 목사는 극렬하게 비판했다.[1097] 정이철 목사는 양신혜 교수의 책 『베자, 교회를 위해 길 위에 서다』를 통해, "1562년 프랑스 개혁교회에 의해 이단 판정을 받았고, 관련된 서적들과 추종자들을 추방했었다"고 말했으며, 배현주 목사의 기사자료를 인용하여, "회중교회주의는 여하한 경우에도 사도 신조가 증거 하는 거룩한 보편 교회가 아니다. 교회의 통일성과 보편성을 잃어버렸기 때문이다."라고 말했다.[1098] 정이철 목사의 말은 사실일까?

우리는 먼저 「사보이 선언」의 사본을 리차드 크롬웰에게 제출할 때 (1658년 10월 14일) 옥스퍼드 막달렌 대학(Magdalen College)의 학장 토마스 굿윈 박사가 행한 연설을 주목해 보자.

우리가 제일 먼저 우리에게서 제거하고 싶었던 추문은 고국뿐 아니라 외국의 어떤 사람들이 우리에게 낙인찍고 있는 것으로 소위 독립주의(Independentism)가 모든 이단들과 분열들의 소굴이라는 것입니다. 그래서 우리는 우리의 일관된 신앙과 직제를 세상에 널리 알리기로 결정했습니다. 또 본국과 외국의 가장 정통적인 교리들과 우리의 일치를 보여주기 위해 우리는 가장 최근의 그리고 최선의 신앙고백 … 즉 웨스트민스터 총회의 자문을 얻은 후 상하원에 의해 승인되고 통과된 신앙 조항들에 대한 우리의 동의를 표현했습니다. 그 신앙고백의 내용에 대해 우리는 만장일치로, 그리고 그리스도의 은혜로, 최소한의 반대도 없이 동의하고 동조했습니다.[1099]

굿윈이 언급한 "신앙 조항들"은 「웨스트민스터 소교리문답」이었으며, 굿윈은 인간에 대한 하나님의 은혜 교리를 비롯한 근본적인 사안에 있어서 「사보이 선언」과 「웨스트민스터 소교리문답」이 온전한 일치를 이룬다고 생각했다. 이것은 크라이스트 처치 학장 존 오웬과 「사보이 선언」의 초안

드릴 때, 그 고난을 통해 최상의 능동적 순종을 나타내셨기 때문이다. 그리고 그리스도의 인격을 고찰할 때 그분의 모든 순종은 그분의 비하와 수치의 한 부분으로서의 고난과 섞여 있다 히브리서 기자는 "그가 아들이시라도 받으신 고난으로 순종을 배워서"라고 기록한다.); 신호섭, **개혁주의 전가교리** (서울: 지평서원, 2016), 89에서 재인용.

1097) http://www.good-faith.net/news/articleView.html?idxno=1949/ 정이철, '장로교와 회중교(청교도) 관계는 개와 고양이,'(2020.5.30.) accessed 2021.10.8.

1098) http://repress.kr/1623/ 배현주, '사보이 선언과 회중교회주의자,'(2014.12.16.)

1099) *Mecurius Politicus* (No. 438, 1658년 10월); 피터 툰, 청교도와 칼빈주의, 양낙홍 역 (서울: 기독교문서선교회, 2019), 126에서 재인용.

자들인 오웬의 동료들도 동일한 생각이었다.

피터 툰(Peter Toon)은 다음과 같이 말했다.

(여러 다른 것들 중에) 1658년 회중교회의 법적 위치가 얼마나 아슬아슬한 것이었는가를 우리
는 서문에서 발견하게 되는데 거기에 보면 웨스트민스터와 사보이 신학자들 사이에는 본질적인
것에 있어서는 완전한 일치가 이루어져 있는 것으로 간주된다.[1100]

툰은 굿윈과 오웬을 비롯한 「사보이 선언」 관련자들이 웨스트민스터 신
학자들과 일치하고 있다는 것을 언급했다. 그러나 툰은 「사보이 선언」에
대해 신랄하게 비판했다. 툰은 다음과 같이 말했다.

5절에서 회중교회 신학자들은 "회개에 관한 계속적인 설교가 필요하다"고 주장하지만 그것은
은혜 언약 안에 있는 신자들에 관한 문맥 속에 나온다. 그리하여 그들의 장은 "하나님은 모든
곳의 사람들이 회개하라고 명하신다"(행 17:30)는 사도 바울의 강조점이나, 16세기 개혁자들
의 원래 강조점들과 일치하는 것을 거의 가지고 있지 않다. 그러므로 『선언』의 저자들은 잘못된
곳에 강조점을 둔 것처럼 보인다. 하나님의 주권적 은혜를 견지하기 위한 열렬함으로 인해 그
들은 동일하게 중요한바 하나님에 대한 인간의 책임을 적절하게 강조하는데 실패했던 것이
다.[1101]
『선언』에 나타난 하나님의 주권에 대한 큰 강조는, 또한 비록 덜 분명하지만, 제14장 "구원 얻
는 믿음에 관하여"와 제18장 "은혜의 확신에 관하여"에서도 발견된다. 거기서는 『조항들』에서
이루어진 수정들이 이 방향으로 향한다.[1102]

툰의 이런 비판은 「사보이 선언」이 작성될 당시에 문제 되었던 반율법주
의에 대한 대응과 아르미니우스주의, 소시니안주의, 로마 가톨릭의 칭의론에
대한 싸움들과 교회의 자율성을 확보하려는 회중파의 열망에 대한 설명이 없
다.

중보자의 인격과 사역
오웬은 굿윈과 함께 「사보이 선언」을 작성한 주도적인 신학자였다. 굿윈
역시 그리스도의 능동적 순종과 수동적 순종의 개념을 저술하여 지지했다.
다음에 인용하는 「사보이 선언」 일부 내용을 보면, 「웨스트민스터 신앙고
백서」(1647) 11장 1항에 나오는 칭의론과 전가교리를 더욱 자세하게 풀이
했다는 것을 알 수 있다.

1100) 피터 툰, 청교도와 칼빈주의, 양낙홍 역 (서울: 기독교문서선교회, 2019), 127.
1101) Ibid., 131.
1102) Ibid., 133.

하나님께서 효과적으로 부르신 자들을 하나님은 또한 값없이 의롭다 하셨다. 그 의롭게 하심은 그들 안으로 주입하는 방법으로 한 것이 아니라 그들의 죄를 용서하는 방법으로 이루셨다. 그리고 그들의 인격을 의롭다고 여겨주시고 받아들이시는 방법으로써 이루셨다. 이것은 그들 안에 이루어진 어떠한 일 때문이 아니고, 그들이 이룬 일들 때문도 아니며, 오직 그리스도 자신으로 말미암아 이루어진 것이다. 믿음 그 자체의 전가나 믿는 행위로 인한 것이 아니고, 그들의 의로서 복음적인 순종으로 인함도 아니다. 그것은 오직 전체 율법에 대한 그리스도의 능동적 순종과 그들의 완전하고 유일한 의를 위한 그리스도의 죽음을 통한 수동적 순종을 그들에게 전가하심으로 인해, 그리고 그분과 그분의 의를 믿음으로 받아들이고 그분에게 머물러 있음을 통해서 이뤄졌다. 그 믿음조차 그들 자신의 것이 아니라, 하나님의 선물이다.[1103]

오웬은 '능동적 의로움과 수동적 의로움 모두가 전가 된다'는 주장을 거부하는 자들에 맞서 『그리스도의 의의 전가를 통한 이신칭의 교리』(1677)를 출판했다. 서론에서 오웬은 능동적 순종과 수동적 순종의 구별에 대해 길게 다루고 싶지 않다면서도 이 입장에 반대하는 주장을 세 부류로, 곧 ① 그것은 불가능하다, ② 그것은 쓸모없다, ③ 그것을 믿는 것은 치명적이다, 로 나누었다.[1104] 오웬은 '그리스도의 순종이 우리에게 전가되는 것은 불가능하다'는 소시누스의 주장을 반격하며, 중보자의 인격과 사역으로부터 논의를 시작하여 능동적 순종과 수동적 순종의 의가 다 전가되어야 한다고 말했다.[1105] 오웬은 다음과 같이 말했다.

우리가 주장하는 것은 주 그리스도가 우리를 위해 전체 율법을 성취하셨다는 것이다. 그는 우리의 죄 때문에 율법의 형벌을 받으셨을 뿐 아니라 율법이 요구하는 완벽한 순종을 하셨다. 그리고 바로 여기에서 나는 그리스도의 능동적이며 수동적인 순종 사이의 구분에 대한 논쟁에 나 자신을 섞지 않을 것이다. 그는 영원한 성령을 통해 하나님께 자신을 드리셨을 때 자신의 고난으로 가장 높은 능동적인 순종을 하셨기 때문이다. 그리고 그의 모든 순종은 그의 인격을 생각

1103) *A Declaration of the Faith and Order Owned and Practised in the Congregational churches in England Agreed Upon and Consented Unto by Their Elders and Messengers in Their Meeting at the Savoy, October 12, 1658* (London: 1658), 20-21; 김재성, **그리스도의 능동적 순종** (고양: 언약, 2021), 195에서 재인용.

1104) 존 오웬, **칭의론**, 박홍규 역 (서울: 처음과나중, 2020), 447; 〈I. 그것은 "율법에 대한 그리스도의 순종은 율법 아래 있는 사람이 그리해야 하는 것처럼 자신 때문에 그가 마땅히 해야 하는 것이었으며, 자신을 위해 그가 해야 하는 것이었다"는 오직 한 가지 이유로 불가능하다고 주장되었다. 그런데 자신에게 필요하고 자신을 위해 행한 것은 우리를 위해 행한 것이라고 말할 수 없으며, 따라서 우리에게 전가될 수 없다. II. "우리가 하지 않았거나 범함으로써 지은 모든 죄는 그리스도의 죽음과 충족 때문에 용서받고 우리가 의롭다 하심을 받았기 때문에 우리는 이로 말미암아 완전히 의롭게 되었다. 따라서 그리스도의 순종이 우리에게 전가되는 것은 조금도 필요없거나 쓸모없다." 그러므로 그것은 쓸모없는 것으로 주장된다. III. 그들은 그것은 "우리 자신의 개인적인 순종의 필요성을 제거하고 반율법주의와 방종과 온갖 악을 가져오기" 때문에 치명적인 것이라고 말한다.〉

1105) Ibid., 190; "오웬은 구속언약이라는 개념 하에서 그리스도를 중보자로 세우며, 그리스도께서 자신의 두 본성에 따라 그리고 자신의 인간 됨의 비위격적 본성에 따라 중보적을 갖는다고 생각한다."(Ibid., 191.)

할 때 고난과 자기 비하(卑下)의 일부분으로서 고난과 섞였다. 그러므로 "비록 그가 아들이시라도 그가 고난을 받으신 것들을 통해 순종을 배우셨다"고 언급된다. 그리고 행위와 고난이 아무리 다양한 범주가 있더라도, 성경의 증거들은 철학적인 계략들과 용어들로 규정되지 말아야 한다. 그리고 그리스도의 고난은 순전히 형벌적인 것으로 불완전하게 그의 수동적인 순종이라고 불리지 말아야 하는데, 이는 모든 의가 습관적이거나 행위적인데 고난은 이 둘 다에 속하지 않으며, 어떤 사람도 고난을 받은 것으로 의롭게 되거나 의롭다고 평가되지 않기 때문이다. 그리고 그것은 오직 순종을 요구하는 율법의 명령에 충족을 주지 않는다. 그리고 바로 여기에서 우리가 하나님 앞에서 의롭다 하심을 받으려면, 단지 그리스도의 고난 이상의 것이 필요하며 어떤 의가 필요하다는 결론이 나온다. 하지만 내가 의도하는 것의 전체는 그리스도가 율법의 명령에 순종하심으로써 율법을 성취하신 것은 그가 율법의 형벌을 받으신 것처럼 우리의 칭의를 위해 우리에게 전가되어야 한다는 것이다.[1106]

오웬은 로마 가톨릭이나 소시니안주의자들을 겨냥하여 말했다. 오웬은 우리가 의롭게 되기 위해서는 그리스도께서 고난을 받으시는 것 이상의 것이 필요한데, 그것은 그리스도께서 우리의 칭의를 위해 율법의 명령에 순종하심으로 율법을 성취하신 것이다.

오웬은 중보자의 본성들이 아니라, 전인격을 우선적으로 강조하면서 논증했다.[1107] 오웬은 구속 언약 하에서 그리스도를 중보자로 세우며, 그리스도의 두 본성과 자신의 인간 됨의 비위격적 본성에 따라 중보직을 갖는다고 말했다. 그리스도께서는 성육신 안에서 두 본성이 연합된 결과로 중보자로 활동하셨다. 그리스도께서 행하신 모든 사역은 자신의 존재를 위해 필요했던 것이 아니라 구원의 경륜 가운데 스스로 낮아지심이었다. 그런 까닭에, 그리스도께서 행하신 모든 사역의 가치와 의미는 성육신의 기초가 되는 언약(영원한 구속언약)에 의해 결정된 것이다.[1108] 오웬이 강조하는 것은 죄인의 사면과 양자는 다르다는 것이다. 죄의 용서는 기소된 범죄에 대한 책임을 벗어나는 것이지만 양자가 되는 것은 권리와 자격이 주어져야 한다.

오웬은 슥 3:4-5을 말하면서 더러운 곳이 제거되는 것으로는 부족하고 추

1106) 존 오웬, 칭의론, 박홍규 역 (서울: 처음과나중, 2020), 450.
1107) Ibid., 457-458; 〈"이 순종은 그가 우리를 위한 중보자가 되시기 위해 필요한 그의 위격의 자질로서 필요했던 것이므로 자신을 위한 것이었다"는 언급이 있다. 그것은 그의 중보 사역과 관련된 그의 위격의 필수적인 구성에 속한다. 그러나 나는 이것을 적극적으로 부인한다. 주 그리스도는 위엄과 명예와 가치에 있어서 어떤 것이나 모든 것보다 더 높임을 받으신 인성과 신성의 형언할 수 없는 연합으로 말미암아 모든 면에서 중보의 전체 사역을 하시기에 적합하셨다. 이로 말미암아 그는 그의 전체의 위격에서 모든 신적인 예배와 명예의 대상이 되셨기 때문이다. "그가 첫 아들을 세상에 데려오실 때 그는 '하나님의 모든 천사들이여 그를 경배하라'고 말씀하셨기" 때문이다. 또한 중보자의 위격의 효과인 것은 그 구성에 필요한 자질이 아니다. 곧 그가 중보자로서 행하신 것은 그를 중보자가 되실 수 있도록 만드는 것이 아니다. 그러나 그가 율법에 행하신 모든 순종은 이런 본성에 속하는 것이었다. "그는 그 자체로 모든 의를 성취하시기에 적합하시기" 때문이다.〉
1108) Ibid., 192-193.

가적인 은혜와 호의가 필요하다고 말했다.1109) 오웬은 사 61:10과 빌 3:9, 그리고 겔 16:6-12을 통해, "더러운 것을 제거하는 것과 우리에게 옷을 입히는 것, 혹은 죄 사함과 의의 옷은 구분된다. 전자에 의해 우리는 정죄에서 자유로워지며, 후자에 의해 우리는 구원에 대한 권리를 얻는다"고 말했다.1110) 오웬에 의하면 수동적 순종으로 정죄로부터의 자유를 얻고, 능동적 순종으로 구원에 대한 권리를 얻는다. 전자는 형벌에 대한 용서로 죄의 책임에서 벗어나는 것이며, 후자는 양자가 되고 아들이 되어 하나님 나라의 상속자가 되는 것이다. 오웬은 이렇게 되는 것이 "하나님이 지혜와 의와 은혜로 정하신 것이다"라고 말했다.1111)

리처드 백스터와의 논쟁

청교도 신학자 중에서 피스카토르의 견해를 지지하던 리처드 백스터는 '그리스도의 의를 믿음으로 전가받는다'는 종교개혁자들의 칭의론을 반대했다. 여기에 반격을 가한 사람이 존 오웬이다. 오웬은 그리스도의 의의 전가에 대한 여러 가지 반대에 관하여 다음과 같이 말했다.

1. 만약 그리스도의 수동적 순종이 그의 죽음과 고난이 우리에게 전가된다면, 그의 능동적 의, 혹은 그의 생애의 순종은 우리에게 전가될 필요도 없고 전가될 수도 없다. 그리고 그 반대도 마찬가지인데, 왜냐하면 둘 다 함께 비논리적(inconsistent)이기 때문이다. 2. 만약 모든 죄가 용서된다면, 의는 필요가 없다. 그 반대도 마찬가지인데, 만약 그리스도의 의가 우리에게 전가된다면 죄 사함을 위한 여지가 필요 없다. 3. 만약 우리 죄가 용서받았음을 믿는다면, 우리의 죄는 믿기 전에 용서받았거나 혹은 그것이 그렇지 않다고 믿어야 한다. 4. 만약 그리스도의 의가 우리에게 전가된다면, 우리가 전혀 행하지도 않고 고난받지도 않은 것이 행하고 고난받은 것처럼 간주되어야 한다. 만약 우리 스스로 그것을 행했다고 생각한다면 전가는 타도되어야 한다는 것이 참되다. 5. 만약 그리스도의 의가 우리에게 전가된다면, 우리는 그리스도 자신처럼 의롭다. 6. 만약 우리의 죄가 그리스도에게 전가된다면 그는 범죄한 것처럼 생각되고 주관적으로 죄인이다. 7. 만약 하나님 앞에 우리의 칭의에서 선행이 아무런 관심없이 배제된다면, 선행은 우리 구원에 아무 쓸모가 없다. 8. 죄가 없는 곳에 획득해야 할 모든 의가 없다고 생각하는 것은 우스꽝스럽다. 9. 전가된 의는 추정적이고 상상적인 의다. 등등.1112)

오웬은 '그리스도의 능동적 순종에 의한 의의 전가를 반대하고 수동적 순

1109) Ibid., 474-475.
1110) Ibid., 475.
1111) Ibid., 478-479; "그리스도의 전체적인 의와 순종이 그의 은혜로 말미암아 우리에게 전가되어 하나님 앞에서 우리의 완성된 의로 받아들여지고, 믿음으로 말미암아 우리에게, 결과적으로 믿는 모두에게 적용되거나 우리의 것이 되게 하는 것은 하나님이 지혜와 의와 은혜로 정하신 것이다."
1112) John Owen, *The Doctrine of Justification by Faith*, 81-82; http://www.reformednews.co.kr/9480/ 유창형, '[신학연재5] 그리스도의 능동적 순종의 전가에 대한 논쟁(5),'(2021.3.15.)에서 재인용.

종의 의만 전가된다'고 주장하는 자들을 겨냥하여 말했다. 오웬의 반대자들은 그리스도의 능동적 순종으로 의가 전가되는 것을 강력하게 반대했다.

윤종훈 교수는 다음과 같이 말했다.

> 이처럼 박스터는 믿음 없는 은혜의 법에 의해 죄용서 받거나 구원받을 자가 전혀 없으며, 이들에게 믿음을 가져다주는 그분의 특별한 은혜 없이 자연적 자유의지(Natural Free-Will)의 능력으로 이러한 조건을 수행할 수 있을 자가 전혀 없을 것임을 강조하였다. 또한 박스터는 성경에 "그리스도의 의가 우리에게 전가되었다는 성경 단어를 발견할 수 없고 단지 성경은 "그들을 의로 여기게 되었다"(Being Reckoned) 또는 "우리의 믿음의 결과로 의로 여겨졌다"(롬 4:11, 22, 6)라고 기록하고 있다고 주장하였다. 신자는 그리스도의 의로 인하여 의롭게 여겨지는 것이며, 신자들의 의로움은 그리스도 자신의 개인적 의가 아니라 하나님 자신이 만드신 것에 근거한다고 주장하였다. 즉, 그리스도의 의의 전가가 아니라 그리스도의 의에 근거하여 의롭게 여겨지는 것이며 이러한 의의 조성자는 그리스도가 아니라 하나님이라는 주장이다. 이처럼 오웬은 "그리스도의 의의 전가(Imputation)로서의 속죄론"을 강조하였다면, 박스터는 "믿음을 조건적으로 의로 여겨짐(Reckoned, Considered)의 속죄론"을 부각시켰다. 박스터는 그리스도의 속죄의 만족으로 인하여 모든 만민이 보편적으로 그리고 일반적으로(Universally, Generally) 그리고 조건적으로(Conditionally) 구원을 받게 되었는데, 이들 가운데 신실하게 믿음을 가진 자들만이 실제적으로(Actually) 구원에 도달하게 된다고 주장하였다. 이처럼 박스터의 속죄론의 주요한 효과는 은혜의 새로운 법(The New Law of Grace)의 조건을 만족시키는 믿음의 유무에 달려 있음을 강조하였다.[1113]

윤종훈 교수에 의하면, 백스터는 그리스도의 의가 전가되었다는 것을 부정하고 '우리의 믿음의 결과가 의로 여겨졌다'고 말했다. 백스터가 보편 속죄론을 완성하기 위해 도입한 것은 인간의 책임 부분이다. 백스터는 그리스도의 속죄가 충분하지만 이 충분성을 충족하기 위한 수단으로 인간의 회개와 믿음을 조건으로 제시했다.

당연히 리처드 백스터가 오웬의 속죄와 칭의 교리에 반격을 가했다. 백스터는 왜 그렇게 오웬의 주장에 반대했을까? 그것은 급진적 분파주의가 득세하고, 도덕적 혼란이 지속되는 상황에서 반율법주의와 현학적인 교리 논쟁을 모두 부정적으로 바라보았기 때문이다. 그런 의도를 가진 백스터는 '만일 전가에 의한 칭의 교리를 인정하면, 영원한 칭의로 치우칠 수 있다'고 비판했다. 새뮤얼 러더포드(Samuel Ruthford)는 반율법주의자 토비아스 크리슙

1113) 윤종훈, '리차드 박스터의 "보편 속죄론"에 관한 고찰,' **개혁논총** 31 (2014): 149-150(123-157); 〈박스터는 은혜의 법에 대한 '믿음의 조건'을 다음과 같이 제시하였다: "이 법의 취지는 누구든지 감사함과 진심으로 예수 그리스도를 자신의 구세주, 교사, 왕, 머리로 받아들이고 주님을 구원자로 믿으며 그분과 그분 안에서 모든 일에 하나님을 사랑하고 죽기까지 신실하게 그분에게 순종하는 자들은 그분의 첫 용납하심 가운데 칭의와 양자됨을 가지게 될 것이며 그분의 견인하심 가운데 심판 시에 정당화될 것이며 지옥으로부터 구원받고 영화롭게 될 것이다."〉

(Tobias Crisp)의 설교가 웨스트민스터 총회가 끝난 후에 출판되었을 때 격렬하게 비판했다.

오웬도 그냥 있지 않았다. 오웬은 백스터의 책을 비판하기 위해 『그리스도의 죽음』을 출판했다. 오웬은 무엇을 말했을까?

> 하나님께서 정하신 바, 그리스도의 만족(satisfaction)이 우리에게 전가되는 데에는 직접적인 기초가 있도록 하셨다. 이로 인해, 우리는 그분 안에서 행동했고, 고난을 당했다고 말할 것이다. 또한, 그분께서 우리를 대신하여 행하시고 고난 당하신 것은 우리에게 전가된다고 불릴 수 있을 것이다. 혹은 우리가 그것에 대해 관심을 가지며, 그 결과 그것이 우리의 소유가 되었다고 말할 수 있을 것이다. 이 모든 일들을 우리가 주장하는 것이다. 우리가 믿음으로 그분과 신비로운 하나의 몸으로 연합하는 것이 우리의 실제적인 주장이다.[1114]

이 글에 의하면, 오웬의 기본 전제는 언약개념에 기초한 전가개념이다. 그러기 위해서는 그리스도와의 연합이 필수적이다. 오웬은 언약신학을 통해 그리스도의 사역을 설명했다. 언약신학으로 의의 전가를 말한다는 것은 로마가톨릭과 구별되는 신비적인 연합이다. 존재론적 변환이 아니라 언약적 연합이다.[1115] '언약적 연합이라는 의미가 우리 존재에 주어지는 변화가 어떤 것인가?'로 연결되지 않으면 능동적 순종은 배제되고 오직 수동적 순종만 강조된다. 이런 오웬의 언약개념과 그리스도와의 신비적 연합으로 칭의교리를 말했을 때, 백스터는 반율법주의적이며, 영원한 칭의교리와 유사하다고 비판했다.

12) 존 번연

번연은 루터의 『갈라디아서 강해』에서 하나님의 구원하시는 은혜를 강조하는 내용을 읽고 회심했으며, 베드포드에서 평신도 설교자로서 사역을 시작했다. 번연은 낮에는 냄비와 팬을 수선하는 일을 했으며, 밤과 주말에는 영혼을 구원하는 일을 했다. 1660년에 허가(license) 없이 설교했다는 죄목으로 체포되었으며, 1672년까지 감옥에 갇혀 있었으며, 1665년에 잠시 자유의 몸이 되었으나 다시 투옥되었고, 폐렴으로 투병생활을 했으며, 1688년 죽음을

1114) Owen, *The Works of John Owen, V*, 217-8; 김재성, **그리스도의 능동적 순종** (고양: 언약, 2021), 196에서 재인용.
1115) 존 오웬, **칭의론**, 박홍규 역 (서울: 처음과나중, 2020), 309-310; "이것의 주된 기초는 그리스도와 교회가 하나님의 신비로운 위격이라는 것이다. 그리고 그들은 성령의 연합시키는 효력을 통해 실제로 합쳐져 그런 상태가 된다."

맞이할 때까지 설교를 중단하지 않았다. 그런 중에도 60여 권의 책을 썼으며, 『천로역정』(*Pilgrim's Progress*)이 가장 유명하다.

존 번연(John Bunyon, 1628-1688)은 사후에 『전가된 의로움에 의한 칭의』를 출판하여 목회적으로 칭의와 전가교리를 풀이했다. 번연은 "칭의에 대한 문제점에 대해서는, 당신은 아무것도 모르며, 아무것도 볼 수 없으며, 아무것도 들을 수 없다. 단지 당신 자신의 죄악들과 그리스도의 의로움뿐이다."라고 말하면서 번연은 '그리스도의 능동적 순종과 수동적 순종이 칭의에서 어떻게 가장 중요한 본질인가?'를 평이하게 풀이했다.[1116]

번연은 1672년에 파울러(Fowler)에 대한 답변으로 『전가된 의로 말미암는 칭의』(*Justification By An Imputed Righteousness*)를 출판했다. 파울러는 "구세주의 고난은 무죄 상태의 아담이 처했던 것과 유사한 입장에 있는 인간을 대치하기 위해, 그리고 적절하게 사용하기만 하면 스스로 자신을 구원할 수 있는 능력을 인간에게 제공하기 위해 의도되었다"라고 주장했다. 존 번연은 이와 같은 파울러의 주장을 거부하고 칭의는 '그리스도의 행하심과 고난받으심'으로 구성되어 있으며, 그리스도께서는 완전한 순종으로 율법의 마침이 되셨다고 말했다.[1117]

또한, 『죄인 괴수에게 넘치는 은혜』(*Grace Abounding To The Chief of Sinner*)에서 "나의 의는 그리스도이시기 때문입니다"라고 말했으며,[1118] 그리스도의 행하심과 고난받으심에 대해, "나는 그리스도 안에서 그분의 행하심과 고난 당하심을 통해 의가 성취된 것을 보았다. 율법의 모든 명령을 성취하신 그분의 행하심과 죄의 형벌에 대한 해결책으로서의 고난 당하심을 통해 모든 의가 성취되었다"라고 말했다.[1119] 번연은 행하심과 고난 받으심으로

1116) John Bunyan, *Justification by an Imputed Righteousness, in Works*, 1:327; Joel R, Beeke, *Puritan Reformed Theology* (Grand Rapids: Reformation Heritage Books, 2020), 167-187; 김재성, **그리스도의 능동적 순종** (고양: 언약, 2021), 197-198에서 재인용.

1117) John Bunyan, *The Works of John Bunyan*, ed. George Offor (Glasgow : W. G. Bladae and Son, 1854. reprint. Edinburgh: The Banner of Truth Trust, 1991), 2.278-334; 〈그러므로 이것은 오직 그리스도의 행하심과 고난받으심에 놓여있다. 왜냐하면 "그의 순종으로 많은 이들이 의롭게 되었기 때문이다." 따라서 그리스도는 바로 그 순종 안에서 율법의 마침이 되시며, 우리의 칭의를 위해 우리에게 충분한 의가 되신다. 그러므로 우리는 마침내 그리스도의 순종으로 말미암아 의롭게 된다고 말할 수 있다.〉; 신호섭, **개혁주의 전가교리** (서울: 지평서원, 2016), 105에서 재인용.

1118) John Bunyan, *Grace Abounding to the Chief of Sinners* (Hertfordshire: Evangelical Press, 1978), 59; 신호섭, **개혁주의 전가교리** (서울: 지평서원, 2016), 106에서 재인용.

1119) John Bunyan, *The Works of John Bunyan*, 1:323.; 신호섭, **개혁주의 전가교리** (서울: 지평서원, 2016), 106에서 재인용.

이루신 그리스도의 의는 로마 가톨릭처럼 주입이 아니라 오직 전가로 주어진다고 말했다.

번연은 그리스도의 의를 의복 혹은 의상으로 말했으며,1120) 그리스도와의 연합을 통해 그리스도의 의가 우리에게 전가된다고 말했다.1121) 이로 보건대, 번연은 그리스도의 능동적 순종과 수동적 순종을 명시적으로 말하지 않았으나 번연의 저술에는 이 두 가지가 함의되어 있다는 것을 알 수 있다.1122)

13) 그 외의 청교도들

그 외에도 많은 청교도가 그리스도의 능동적 순종과 수동적 순종을 말했다. 토마스 왓슨과 크로스비 홀(Crosby Hall) 교회에서 공동목사로 사역한 스테판 차녹(Stephen Charnock, 1628-1680)은 '율법에 대한 그리스도의 온전한 순종이 죄인들이 영생을 요구할 수 있는 근거가 된다'고 말했다. 암브로즈(Isaac Ambrose, 1604-1664)는 '그리스도의 능동적 순종과 수동적 순종을 분리시키지 않아야 한다'고 말했다.1123)

데이비드 클락슨(David Clarkson, 1622-1686)은 다음과 같이 말했다.

나는 그리스도의 능동적 순종의 공로를 부정하는 개신교 신학자들이 있다는 사실에 유감을 금할 수 없다. 왜냐하면 그들이 이렇게 그리스도의 능동적 순종을 부인한다면, 그리스도의 순종이 가진 공로적인 탁월함을 잃어버리고 말 것이기 때문이다. 그리스도의 순종에 아무런 공로가

1120) Ibid., 2:440; "하나님은 아담과 하와를 위해 외투를 지으시고, 그들에게 그것을 입히셨다. 하나님의 면전에서 죄인을 저주로부터 자유케 하며 의롭게 서게 하는 의는 하나님께서 공급하시는 의이다. 그렇기 때문에 하나님께서 이 의를 입혀 주시는 것이다. 어느 누구든 하나님의 전가라는 방법이 아닌 그 어떤 방법으로도 그리스도의 의를 옷 입을 수 없다."; 신호섭, **개혁주의 전가교리** (서울: 지평서원, 2016), 106에서 재인용.
1121) Ibid., 36; "더 나아가 주님은 나를 하나님의 아들과의 연합이라는 깊은 신비로 이끄셨다. 이 연합 안에서 내가 그분과 하나가 되고, 그분의 살 중의 살이요 뼈 중의 뼈가 되었다. 내게 "우리는 그 몸의 지체임이라"(엡 5:30)라는 달콤한 말씀이 들려왔다. 바로 이 연합을 통해 나의 믿음과 나의 의가 더욱 확증되었다. 만일 그리스도와 내가 하나가 되었다면, 그리스도의 의는 나의 것이며, 그분의 공로도 나의 것이고, 그리스도의 승리도 나의 것이 된다."; 신호섭, **개혁주의 전가교리** (서울: 지평서원, 2016), 106에서 재인용.
1122) Ibid., 2:246; "이 의는 다름 아닌 그리스도의 순종이다. 이것은 그분이 육체로 계실 때 수행하신 의로서, 다른 사람의 의가 아니라 그리스도의 의라고 불린다. 그 어떤 인간의 능력으로도 완수하지 못한 일을 그리스도께서 완성하셨다. 그래서 성경은 "한사람이 순종하심으로 많은 사람이 의인이 되리라"(롬 5:19)라고 말하는 것이다. 이것은 한 분의 순종, 즉 한 사람 예수 그리스도의 순종이다. 그리고 15절에 잘 기록되었듯이, 그리스도께서 바로 이 순전한 목적 때문에 이 세상에 오신 것이다."; 신호섭, **개혁주의 전가교리** (서울: 지평서원, 2016), 106에서 재인용.
1123) Stephen Charnock, "Cleansing Virtue of Chrisfs Blood," in Works, 3:519; Isaac Ambrose, *Looking unto Jesus: A View of the Everlasting Gospel* (London: 1658); reprint edition; Harrisonburg: Springke Publications, 1986), 385;김재성, **그리스도의 능동적 순종** (고양: 언약, 2021), 197.

없다면, 그분의 고난에도 아무런 공로가 없어진다. 소위 모든 사람들이 고백하는 형벌적 고난과 같은 순종의 행위가 아무런 공로가 되지 못하는 것이다. 그러므로 만일 그리스도의 순종이 공로적인 것이 아니라면 그분의 고난에도 공로가 없을 것이며, 결과적으로 그리스도의 모든 사역과 순종에도 아무런 공로가 없어질 것이다.1124)

클락슨에 의하면, 그리스도의 능동적 순종의 공로가 부정되면 그리스도의 고난에도 공로가 없다. 결국 그리스도의 모든 사역과 순종은 아무런 공로가 없게 된다. 그리스도의 순종의 목적과 의도가 무엇인가? 그것은 "우리를 위한 생명, 즉 하나님 나라에 들어가게 하는 권리를 획득하게 하기 위함"이다 (Clarkson. 1:202). 클락슨은 그리스도의 순종은 전가를 통해 우리의 것이 된다고 말했다. 클락슨은 이 전가에 대해 "우리를 위해 우리를 대신하여 수행된 것으로서 우리의 것으로 받아들여진다는 말과 다를 바 없다"고 말했다.1125) 클락슨이 강조하려는 것은 그리스도의 삶과 죽음을 통한 완전한 순종과 고난으로 죄인이 의롭게 된다는 것이다.

토마스 왓슨(Thomas Watson, 1620-1686)이 말하는 칭의는 '용서'와 '받아들임'이다. 왓슨은 "그분은 사람이셨기 때문에 고난을 받으시고, 하나님이셨기 때문에 대속을 이루었다. 그리스도의 죽음과 공로를 통해 하나님의 공의는 우리가 영원히 지옥의 고통을 받는 것 이상으로 아주 충분하게 만족되었다. … 우리의 칭의의 방법은 그리스도의 의가 우리에게 전가되는데 있다"고 말했다.1126)

왓슨은 칭의의 근거를 그리스도의 공로적 속죄에서 찾았다. 왓슨은 그리스도의 제사장직을 말하면서 그리스도의 속죄는 그리스도의 능동적 순종과 수동적 순종에 있다고 주장하면서 다음과 같이 말했다.

그리스도는 능동적 순종으로 '모든 의를 성취하셨다'(마 3:15 참고). 그리스도는 율법이 요구하는 모든 것을 성취하셨다, 그분의 거룩하신 삶은 하나님의 율법에 대한 완전한 해설이 아닐 수

1124) Clarkson, 1:291; 신호섭, **개혁주의 전가교리** (서울: 지평서원, 2016), 94에서 재인용.
1125) Ibid., 293; "그러므로 그리스도의 능동적 순종이 우리에게 전가된다는 결론이 따라온다. 전자가 당연하듯, 이것 역시 결코 부정되거나 반박될 수 없다. 만일 그리스도께서 우리를 위하여 그러한 순종을 행하셨으며 그것이 우리의 것으로 받아들여져야 한다면, 그것은 반드시 전가를 통해 그렇게 되어야만 한다. 우리에게 전가된다는 말은, 우리를 위해 우리를 대신하여 수행된 것으로서 우리의 것으로 받아들여진다는 말과 다를 바 없다. 그러므로 그리스도께서 우리를 대신하여 이 순종을 행하셨다는 사실과 그것이 우리를 위해 우리의 것으로 받아들여진다는 사실을 부인할 수 없다면, 그것이 우리에게 전가된다는 것도 반드시 인정해야만 한다. 그렇지 않으면, 전제를 인정하면서도 결과나 결론은 부정하는 형국이니, 비합리적인 주장이 될 수밖에 없다."; 신호섭, **개혁주의 전가교리** (서울: 지평서원, 2016), 95에서 재인용.
1126) 토마스 왓슨, **신학의 체계**, 이영훈 역 (고양: 크리스챤다이제스트, 2012), 408-409.

없다. 그리고 그리스도는 바로 우리를 위해 그 율법에 순종하셨다. 또한 그리스도의 수동적 순종으로 말미암아 우리의 죄책이 그리스도에게로 옮겨 가고 전가되었다. 그리스도는 우리가 마땅히 받아야 할 형벌을 대신 받으셨다. 그분은 자신을 희생 제사로 드림으로 말미암아 죄를 없이 하려고 이 세상에 오신 것이다. 유월절에 도살당한 어린양은 바로 우리를 위해 자신을 드린 그리스도를 예표했다. 죄는 피 흘림이 없이는 사해질 수 없는 것이다.[1127]

왓슨에 의하면, 그리스도께서는 능동적 순종, 곧 율법에 순종하셔서 '모든 의'를 성취하시고, 수동적 순종으로 죄의 형벌을 우리 대신에 받으심으로 죄를 사하셨다. 왓슨은 그리스도의 의의 전가에 대해 능동적 순종과 수동적 순종을 분명하게 말했다. 왓슨은 이것을 그리스도의 제사장 직분으로 말했는데, 그 직분은 속죄와 중보로 구성되어 있고, 그 속죄가 능동적 순종과 수동적 순종으로 주어진다고 말했다. 이것은 그리스도의 제사장 직분이 단지 죄를 사하는 것만이 아니라 언약의 의를 이루며 살도록 하는 것임을 말한다. 그리스도의 직분을 말한다는 것 자체가 생애 전체의 순종을 말하는 것이 된다.

리처드 십스(Richard Shibbes, 1577-1635)의 칭의 핵심은 전가교리이며, 루터와 마찬가지로 '상호전가'를 말했다.[1128] 십스에게 특이한 점은 능동적 순종을 성도의 순종과 연결한다는 것이다. 십스는 다음과 같이 말했다.

수동적 순종은 능동적 순종만큼이나 맹렬하고 힘듭니다. 능동적 순종을 통해, 우리는 우리가 하는 일이 하나님을 기쁘시게 하리라 믿고 일합니다. 한편 수동적 순종을 통해, 우리는 하나님이 우리를 통해 하시는 일이 우리를 기쁘게 하는 일이라 믿고 힘써 일합니다. 그러므로 우리는 하나님의 거룩한 뜻에 맞게 순종할 수 있도록 하나님께 간구해야 합니다. 당신은 이 두 가지가 잘 조화되고 일치된 순종을 소유하고 싶습니까? 우리가 영광 가운데 하나님 앞에 서기를 원한다면, 순종할 때 반드시 본받아야 하는 우리의 거룩한 구주를 바라보십시오, "보시옵소서. 내가 하나님의 뜻을 행하러 왔나이다"(히 10:9). 그리스도의 전 생애가 하나님의 뜻을 행하심과 고난받으심이 아니고 무엇이라는 말입니까![1129]

1127) Thomas Watson, *A Body of Divinity*, 172; 신호섭, **개혁주의 전가교리** (서울: 지평서원, 2016), 98에서 재인용.

1128) Richard Sibbes, *The Works of Richard Sibbes* (1862-1864; Edinburgh: The Banner of Truth Trust, 1983), 1:8.; "무엇보다도 그리스도 안에는 인간의 육신, 비하의 육신, 그리고 영광스러운 육신이 있었습니다. 비하는 그리스도에게 가장 먼저 필요한 것이었습니다. 왜냐하면 그리스도가 종의 상태를 떠맡지 않고서는 종의 직분을 수행할 수 없었기 때문입니다. 그리스도는 가장 먼저 비하의 상태를 취하고 나서 영광스러운 상태를 취하셔야 했습니다. 그리스도의 모든 유익이 우리의 것이 되기 전에 우리의 모든 죄악이 그리스도의 것이 되어야만 합니다. 그리스도께서 비하의 상태에 처하시는 것 외에 다른 무슨 방법으로 그분이 우리의 죄와 악과 비참과 저주를 경험하실 수 있겠습니까? 우리의 죄가 반드시 그리스도에게로 전가되고 나서 그리스도의 의와 그 유익이 모두 우리의 것이 되는 것입니다." Sibbes, 1:395; "이 의는 무엇을 뜻합니까? 그것은 사람이 경험하는 복음적 의를 의미합니다. 여기 '의로운'이라는 말은 우리가 듣고 소유한 복음이 진술하는 복음적 의를 의미합니다. 말하자면, 그것은 우리에게 전가된 그리스도의 의입니다. 왜냐하면 그리스도 자신이 우리의 것이 되고, 그리스도의 순종과 그분이 가진 모든 것이 우리의 것이 되기 때문입니다."; 신호섭, **개혁주의 전가교리** (서울: 지평서원, 2016), 99에서 재인용.

십스에 의하면, 그리스도의 능동적 순종은 우리가 하는 일들이 하나님을 기쁘시게 할 것이라고 믿고 일하게 하는 근거다. 십스는 성도의 사명적 관점을 말했다. 십스는 '성도가 삶을 살아가는 정당성과 근거가 어디에서 만들어지는가?'를 말해주었다. 성도가 영광 가운데 하나님 앞에 서기를 원한다면 그리스도께서 하나님의 뜻을 행하고 고난을 받으신 것을 기억하고 본받아야만 한다. 십스에 의하면, 성도의 영광은 하나님의 뜻을 행함으로 고난을 받는 것이다.

토마스 브룩스(Thomas Brooks, 1608-1680)의 전가교리에는 '언약의 중보자' 되심이 있다. 브룩스는 다음과 같이 말했다.

> 그리스도는 죄인의 의를 확보하시기 위해 한편으로는 이 의무를 수행하심으로 행하셨고, 다른 한편으로는 죽으심으로 행하셨다. 이 이중적 의무가 그분 자신 때문에 그분이 수행해야만 할 일이 된 것이 아니라 오직 그리스도의 중보적 사역 때문에 그리스도께서 자원적(voluntarily)으로 새롭고도 더 나은 언약의 중보자가 되심으로써 그분이 수행해야 할 일이 되었음에 주목하라.[1130]

브룩스에 의하면, 그리스도께서는 죄인의 의를 확보하시려고 중보자로서 사역하셨다. 그리스도의 중보사역은 의무를 수행하심과 죽으심이며, 그 두 가지를 자원하여 수행하셨다. 그리스도의 중보사역으로 이루는 내용이 무엇인가? 브룩스는 다음과 같이 말했다.

> 예수 그리스도께서 구속 받은 자기 백성을 위해 수행하신 위대한 일은 두 가지이다. 그중 하나는 그들의 모든 죄를 위해 하나님의 공의를 완전히 만족시키고 속죄를 이룬 것이다. 그리스도는 자신의 보혈과 죽음을 통해 이 일을 이루셨다. 그리고 다른 하나는 그 본성과 삶을 하나님의 율법에 절대적으로 일치시키는 것이다. 그리스도는 전자를 통해 구속 받은 자기 모든 백성들을 지옥으로부터 자유롭게 하셨고, 후자를 통해 구속 받은 모든 백성이 천국을 얻게 해 주셨다.[1131] 우리의 의와 영원한 생명을 향한 권리와 자격은, 절대적으로 그리스도의 능동적 순종이 우리에게 전가되는 데 달려 있다. 여기에서 생명에 대한 조건으로서, 죄인 자신에 의해서든 그의 보증자에 의해서든 율법이 완전히 준행될 것이 요구된다. 그러지 않으면 생명은 주어지지 않는다. 결국 이것은 우리를 위한 그리스도의 능동적 순종이 절대적으로 필요하다는 사실을 웅변적으로 증언한다.[1132]

1129) Ibid., 2:262; 신호섭, **개혁주의 전가교리** (서울: 지평서원, 2016), 100에서 재인용.
1130) Thomas Brooks, *The Works of Thomas Brooks* (1861-1867; Edinburgh: The Banner of Truth Trust, 1980), 5:73; 신호섭, **개혁주의 전가교리** (서울: 지평서원, 2016), 102에서 재인용.
1131) Ibid., 75.
1132) Ibid., 76; 신호섭, **개혁주의 전가교리** (서울: 지평서원, 2016), 103에서 재인용.

브룩스에 의하면, 그리스도께서 행하신 두 가지 일은 자기 백성의 죄를 위해 하나님의 공의를 완전히 만족시키고 속죄를 이루신 것이다. 브룩스는 '그리스도의 능동적 순종과 수동적 순종으로 우리 존재가 무엇을 얻는가?'를 말했다. 브룩스가 말하는 그리스도의 죽으심으로 주어진 지옥으로부터의 자유와 율법에 일치시킨 것으로 천국을 얻게 된 것은 우리 존재의 불안이 완전히 제거된 것과 우리 존재의 영원한 안정성과 영광을 말한다. 브룩스가 그리스도의 능동적 순종의 전가로 "우리의 의와 영원한 생명을 향한 권리와 자격"을 말한다는 것은 놀라운 것이다. 이것은 그리스도의 능동적 순종으로 우리 존재의 정당성이 확보되어 하나님의 백성으로 살아가도록 법적인 정당성이 부여되는 것이다.

토마스 굿윈(Thomas Goodwin, 1600-1676)은 그리스도께서 성육신하지 않으시고 하나님으로만 계셨다면 율법에 준행하여 우리를 위한 공로를 쌓지 못하셨을 것이라고 말했다.[1133] 오바댜 그류(Obadiah Grew, 1607-1689)는 칭의가 외부에서 주어지며 공적이고 대표로 오신 아담의 의가 전가됨으로 우리가 의롭게 된다고 말했다.[1134] 로버트 트레일(Robert Trail, 1642-1716)은 교황주의자들, 리처드 백스터의 신율법주의, 토비아스 크리습의 율법폐기론주의를 배격하고 개혁신학이 말하는 그리스도의 능동적 순종과 수동적 순종을 잘 정립했다.[1135] 랄프 로빈슨(Ralph Robinson, 1614-1655)은 「그리

1133) Thomas Goodwin, The Works of Thomas Goodwin (James Nichol, 1863; reprint, Edinburgh: The Baneer of Truth, 1985), 4:50; "만일 그리스도께서 사람이 되지 않으셨다면, 그분은 결코 율법의 지배를 받지 못하셨을 것이다. 그렇기 때문에 그리스도께서 여자의 몸에서 태어나시고 율법 아래 처하게 되신 것이다(갈 4:4 참고) … 그리고 만일 그리스도가 하나님으로만 남아 계셨다면, 그분은 율법을 준행하심으로써 우리를 위한 공로를 쌓지 못하셨을 것이다. 그분이 사람이 되셨기에 율법이 그분에게 미쳐 그분이 율법이 요구하는 바를 행하고 응당 치러야 할 바를 지불하실 수 있었던 것이다.";신호섭, **개혁주의 전가교리** (서울: 지평서원, 2016), 111에서 재인용.

1134) Obadiah Grew, The Lord Our Righteousness: The Old Perspective on Paul (1669; reprint. Ligonier: Soli Deo Gloria, 2005), vi. 47; "그렇다면 죄인이 의롭다 함을 받는 그 의는 자신의 외부에서 오는 의이다. 그것은 다른 사람의 의이다. 그런데도 하나님의 은혜와 은총으로 말미암아 그것이 죄인 자신의 것으로 간주되고 인정되었다. 따라서 이제 사람이 의롭게 되는 것은 밖에 있는 의로 말미암는다. 그 의가 그를 의롭게 할 때, 그것이 그 자신의 의가 되는 것이다. 그런데 어떻게 그렇게 될 수 있다는 말인가? 그것은 선천적인 의인 인격적 의로서가 아니라 공적인 의 또는 대표적인 분의 의, 즉 또 다른 아담의 의가 전가됨으로 말미암는다.";신호섭, **개혁주의 전가교리** (서울: 지평서원, 2016), 113에서 재인용.

1135) Robert Trail, Justification Vindicated, new and rev. ed. (Edinburgh: The Banner of Truth Trust, 2002), 11-12; "개신교 신학자들은, 그리스도의 능동적 순종과 수동적 순종에 나타난 그리스도의 의가 우리의 칭의에 대한 초래적 원인 또는 공로적 원인이 될 뿐만 아니라, 그 순종의 전가가 우리의 칭의를 위한 형식적 원

스도 의, 그리스도인의 의복」라는 설교에서 죄인이 믿음으로 그리스도와 그리스도의 의를 적용시킬 때 그리스도로 옷 입는다고 말했다(Christ All and In All, 48).

RPTMINISTRIES
http://www.esesang91.com

인이 된다고 주장했다. 이것은 교황주의자들조차도 인정하는 바이다. 그러나 우리의 논리적 용어는 하나님의 신적인 신비를 담아내기에 한없이 부족할 뿐이다. 그렇지만 이러한 학문적 용어가 적절하든 부적절하든 간에, 이 논점에 대한 일반적인 개신교 교리는 자신이 죄인임을 깨닫고 의를 추구하는 죄인이 반드시 오직 하나님께서 명령하시는 그리스도의 의 이외에 다른 의를 추구해서는 안 된다는 것이다. 하나님은 죄인을 의롭다 하시기 위하여 죄인에게 전가하시는 그 의 안에서만 그를 의롭다고 받아주신다.";신호섭, **개혁주의 전가교리** (서울: 지평서원, 2016), 115에서 재인용.

9

c·h·a·p·t·e·r

신앙고백서와
전 가 교 리

IX. 신앙고백서와 전가교리

1. 신앙고백서와 전가교리

개혁신학의 신앙고백서에는 칭의론과 전가 교리가 필수적으로 들어가 있다. 초기에는 기본적인 칭의론이었으나 로마 가톨릭의 트렌트 종교회의 이후로 전가 교리가 더 구체적으로 전개되었다.

마틴 부써와 볼프강 카피토가 작성한 『테스트라폴리탄 신앙고백서』 (1530) 3조항 '칭의와 믿음'에서 '오직 그리스도의 공로에 의해서 주어지는 칭의'를 강조했다. 『바젤의 제1고백서』(1534)는 "우리의 의로움이신, 그리스도 안에서 우리에게 모든 것들이 주어진다"라고 말했다. 『제네바 신앙고백서』(1536)는 "하나님께서는 그리스도의 중보를 통해서 의롭다하시는 바, 그의 의로우심과 순결하심에 의해서 우리의 죄가 용서를 받고, 그의 보혈의 뿌리심에 의해서 모든 우리들의 더러움이 정화되고 깨끗하게 된다"고 말했다. 칼빈이 다시 제네바로 돌아온 후 발행한 개정판 「제네바 신앙고백서」 (1541/2)에서도 동일하게 강조했다.[1136]

스코틀랜드 신앙고백서(1560년)는 하나님의 율법을 두고 "가장 완전하게 지키도록 명령된 것"이라고 고백한다.[1137] 하나님의 율법을 "완전하게 지"킨

1136) 김재성, 그리스도의 능동적 순종 (고양: 언약, 2021), 163-164.

1137) 제14조 어떠한 행위가 하나님 앞에 선한 것으로 인정되는가?: 우리는 하나님이 거룩한 율법을 사람에게 주셔서 그것으로 하나님의 신성한 존엄에 반역하는 모든 행위를 금지하실뿐더러 하나님이 기뻐하시며 보답하여 주시기로 약속하신 모든 일을 행하도록 명령하셨라고 고백한다. 또 그러한 행위는 두 가지로 분류된다. 하나는 하나님의 영광을 위하여 하는 일, 다른 하나는 이웃 삶을 위하여 행하는 일이다. 그리고 이 둘을 하나님의 계시하신 뜻에 따라 확신하는 바이다. 유일하신 하나님을 소유하고 유일하신 하나님을 예배하고 유일하신 하나님께 영광을 돌리는 일, 우리의 모든 고통 속에서도 하나님을 찾아 부르며 하나님의 이름을 높이며 성례전을 통한 교제를 가지는 일은 십계명의 첫째 부분에 기록되어 있는 행위이다. 부모, 왕후, 지배자, 위에 있는 권위를 존경하는 일, 그들을 사랑하고 도우며, 또 하나님의 명령에 어긋남이 없이 그들의 명령에 복종하며, 죄 없는 생명을 도우며, 억압자를 진압하며, 압박하는 자를 막으며, 우리의 몸을 정결하게 가지며 진실과 절제로써 생활하며, 모든 사람과 더불어 말과 행위에 있어서 올바르게 행하는 일, 그리고 마지막으로 모든 이웃 사람을 해치려는 욕망을 억제하는 일, 이러한 것은 십계명 둘째 부분에 기록된 선한 행위일뿐더러 그런 일은 그들이 스스로 행해야 할 일로써 명령된 것으로서 하나님을 기쁘게 하는 행위들이다. …

제15조 율법의 완전과 인간의 불완전에 관하여: 우리는 하나님의 율법이 가장 올바르고 가장 신성하고 가장 공정하고 가장 완전하며 또 가장 완전하게 지켜지도록 명령된 것이며 생명과 영원한 행복을 인간에게 줄 수 있는 것으로 고백하고 인정한다. 그러나 우리의 성질은 타락하여 극히 약하고 불완전하여 우리는 결코 완전하게 율법의 행위를 완수할 수 없다. 만일 우리가 중생한 후에도 죄를 갖지 않는다고 말한다면 우리는 스스로를 속이며 하나님의 진리가 우리 안에 있지 않는 것이다. 그러므로 우리는 하나님의 의가 되며 속죄의 주가 되는 예수 그리스도를 알아야 한다. 그는 율법의 마지막이며 완성이시다. 그의 공로로 우리에게 자유가 주어졌고 모든 점에 있어서 우리는 율법의 요구를 충족시킬 수 없지만은 하나님의 저주는 우리 위에 내리지 않는다. 아버지 되시는 하나님의 아들 예수 그리스도의 몸에 비춰서 우리를 보시며 우리의 불완전한 복종을 완전한 것으로 간주하시고 받아들이시고 성자의 의를 가지고 많은 허물을 가진 우리의 행위를 가리워주신다. 그러나 이것은 우리가 자유를 얻었다고 해서 율법에 복종할 의무가 없음을 의미하지 않고 오직 인간은 그리스도에게 있어서만이 율법이 요구하는

분은 누구신가? 사도 요한은 요일 3:4-5에서 "죄는 불법이라"고 말하고 "그에게는 죄가 없느니라"고 말했다. 그리스도께서는 죄 없으신 흠 없는 어린 양이셨다. 우리와 한결같이 시험을 받으셨으나 불법을 저지른 적이 단 한 번도 없으셨다. 율법 전체를 온전히 지키셨다. 바리새인들이 그리스도에게 흠 찾아내어 죄를 책하려고 했으나 그 어떤 흠도 잡아낼 수 없었다.

스위스 개혁주의 정통신학자, 아만두스 폴라누스(Amandus Polanus von Polansdorf, 1561-1610)와 요한네스 볼레비우스(Johannes Wollebius, 1589- 629)가 강력하게 칭의론과 전가교리를 다뤘다. 청교도들은 볼레비우스의 영향을 크게 받았다. 청교도들은 칭의론과 전가교리를 말하면서 그리스도의 능동적 순종과 수동적 순종이라는 개념을 명시적으로 제시했다. 「사보이 선언문」(1658)과 「제2차 런던침례교 고백서」(1689)가 그 대표적인 사례다. 「사보이 선언문」11장 2항은 하나님께서 성도들을 의롭다고 간주하시는 근거를 설명했다.[1138] 「제2 헬베틱 고백서」(1566)도 그리스도의 의로움을 믿는 자들의 것으로 전가해 주신다고 말한다.

1607년 라 로쉘(La Rochelle) 총회는 피스카토르가 능동적 순종을 부인하는 것은 개혁주의고백서 밖에 떨어진다고 결론을 내렸으며, 1612년 총회에서 모든 목사가 서명한 문서는 "우리 주 예수 그리스도께서, 우리의 유익을 위해서 뿐 아니라, 우리의 위치에서 대신하여서, 도덕법과 의식법에 순종하셨으며 그분께서 행하신 모든 순종이 우리에게 전가된다, 그리고 우리의 칭의는 죄 사함뿐만 아니라 그리스도의 능동적 의로움의 전가로도 이루어진다.(John Quick, *Synodicon in Gallia Reformata, volume 1* (London: T. Parkhurst and J. Robinson, 1692), 348. 총회 결정은 265를 보라)"고 말했다.

2. 스위스 일치신조(1675년)

1584년 스위스 개혁교회는 베른 총회에서 칭의와 성화에 대하여 신학적인 내용을 정리하고 칭의에 관한 10개의 조항을 만들었다. 능동적 순종과 관련된 조항은 다섯 번째 조항이다. 다섯 번째 조항은 그리스도의 능동적 순종으

율법에 대한 복종이 요청되는 것이며 또 지금도, 또 장래에도 요청 될 것이다(율법 제3용법). 그러나 우리가 모든 것을 행했을 때 겸손하게 무익한 종임을 고백해야 한다. 그러므로 자기 자신의 행위의 공적을 자랑하거나 자기의 공적을 신뢰하는 사람은 누구든지 헛된 것을 자랑하며 저주받을 우상숭배에 신뢰하는 것이다.

1138) 김재성, **그리스도의 능동적 순종** (고양: 언약, 2021), 167-168; "그들의 총체적이며 유일한 의로움을 위하여, 모든 율법에 대한 그리스도의 능동적 순종과 그의 죽으심 안에서 수동적인 순종을 전가시켰다."

로 전가 된 의를 세 부분으로 다음과 같이 말했다.

> 이 의는 세 부분이 있다. 정의될 수 있는 하나로 그리스도의 인성이 가장 완전히 그리고 한량 없이 (요한이 말한 대로) 가장 순결하고 모든 거룩함으로 충만하였던 저 성질을 말한다. 두 번째 부분으로, 그리스도께서 우리 죄를 위하여 양태하신 때부터 십자가에서 죽기까지 우리를 위하여 저주를 받아 육신을 따라 견디신 그 모든 당하심을 말한다. 마지막으로 이 의의 세 번째 부분은 가장 완전한 순종이라고 불리는 데, 바로 그 당하심에서 십자가에서 죽으시기까지 아버지께 순종하사 율법의 첫째 돌판을 가장 풍성히 성취하시고, 나아가 또한 자기 원수들을 화목 시키시려고 자기 생명을 친히 바쳐 율법이 요구하는 두 번째 돌판을 성취하신 것이다.[1139]

이 조항은 베자의 칭의론을 거의 그대로 받고 있다. 이 결정문의 목적은 능동적 순종에 대한 쟁점을 해결하려는 것이 아니라 칭의와 성화에 관한 이해를 돕기 위한 결정문이었다. 그럼에도 불구하고 이 조항의 내용은 능동적 순종의 전가를 명백하게 했다. 이리하여 스위스 개혁교회는 16세기 말에 그리스도의 능동적 순종의 전가를 인정하고 학교에서 능동적 순종교리를 가르쳤다.

안타깝게도, 17세기 중반에 이르자 현대 이성주의의 영향 아래서 성경의 영감과 권위가 무너지고, 아담의 원죄 교리를 설명하던 직접전가설이 간접전가설의 도전을 받고, 아미로의 가정적 보편주의 영향으로 하나님의 선택에 관한 도르트 총회의 결정이 심각하게 파괴되어 가는 상황에 더 추가적으로 능동적 순종교리를 부정하려는 시도가 일어났다. 우리는 능동적 순종교리의 부정이 시대마다 일어날 때, 칭의론이 위기에 처하게 되는 것을 본다. 그리고 그 이면에는 아담의 원죄교리, 곧 존재론이 무너지고, 그보다 앞에서 성경의 영감론과 권위가 무너진다는 것을 확인한다.

이런 상황 속에서 스위스 개혁교회는 이 모든 시도에 대항하여서 1675년 「스위스 일치신조」를 작성했다. 이 신조의 15항은 '행하심으로써'(agendo)란 표현으로 능동적 순종을, '당하심으로써'(patiendo, 수동적으로)란 표현으로 수동적 순종을 포함하는 '모든 순종'이 대리적 의와 순종에 포함되어야 한다고 고백했다.[1140] 일치신조는 그리스도께서는 죽으심의 순종에 행하심으

1139) Polanus, *De Partibus Gratutitae Iustificationis nostrae coram Deo* (Basel: 1598); 이남규, '그리스도의 능동적 순종 전가 부인에 대한 개혁신학자들의 견해와 교회의 결정,' **신학정론** 39(2) (2021): 220(165-226)에서 재인용.

1140) J. J. Heidegger, *Formula Consensus* (Zurich: 1675), 7-8; "나아가 그리스도께서 택함받은 자들을 대신하여 자신의 죽으심의 순종으로 하나님 아버지를 만족시키셨으니 저 의로운 종으로서 행하심으로써(agendo, 능동적으로), 당하심으로써(patiendo, 수동적으로) 자신의 전체 생애의 여정에서 율법을 따라 성취하신 모든 순종

로써 또 당하심으로써 성취하신 순종으로 아버지를 만족케 하셨으며, 그리스도의 전체 생애로 하나님의 율법과 의를 만족케 하셨다고 고백했다. 일치신조는 성경이 그리스도의 피와 죽음을 말할 때, 그리스도의 사역과 생애를 분리하는 방식으로 말하지 않는다고 말했다. 그런 까닭에, 일치신조 16항은 그리스도의 능동적 순종의 전가를 부인하는 자들을 향해, "그리스도의 능동적이고 수동적인 의를 이렇게 분리하는" 자들로 규정했으며, 그리스도의 능동적 의의 전가를 부인하는 주장은 "분명한 성경과 그리스도의 영광과 싸운다"고 고백했다. 일치신조는 이성주의의 거대한 도전 앞에 스위스 개혁교회가 교회와 성도들을 지키기 위한 노력이었다. 그럼에도 불구하고 이성주의의 거센 흐름을 막아내지 못했다.

이남규 교수는 다음과 같이 말했다.

『스위스 일치신조』(1675년)는 현대 이성주의의 영향을 받아 정통 개혁신학과 다른 입장에 있었던 소뮈르의 세 교수(카펠, 플레이스, 아미로)의 신학사상의 문제점을 다룬다. 이 신조는 성경의 영감과 권위를 훼손했던 카펠에 맞서 성경의 축자 영감과 권위를 고백한다(1-3항). 하나님이 믿음을 조건으로 모든 사람들을 구원하시려고 의도했었다는 아미로에 반대하여 본래부터 그리스도가 택함받은 자들의 구원을 의도해서 죽으셨다고 고백한다(4-6항, 13-14항). 아미로에 반대하여 완전한 순종을 조건으로 영생이 약속된 행위언약이 있었다고 고백한다(7-9항). 플레이스가 아담의 원죄의 직접전가를 거절하고 간접전가를 주장한 것에 맞서, 직접전가설을 고백한다(10-12항). 아미로에 반대하여 그리스도의 능동적 순종의 전가를 고백한다(15-16항). 아미로에 반대하여 성령의 부르심이 선택받은 자에게만 있으며 인간은 무능하다는 사실을 고백한다(17-22항). 아미로에 반대하여 언약의 통일성을 고백한다(23-24항). 스위스 신앙고백서와 도르트 신경을 인정한다(25항).1141)

이남규 교수는 『스위스 일치신조』는 7-9항까지 행위언약에 관한 내용과 함께 그리스도의 능동적 순종에 관한 내용이 언급되며, 15항-16항에서 능동적 순종의 전가에 관한 내용을 상세히 고백한다고 말했다.

이 그의 대리적인 의와 순종에 포함되어야 한다. 왜냐하면, 사도의 증언(빌 2:8 외)에 따르면 그리스도의 생애란 가장 낮은 단계까지 곧 십자가에서 죽으시기까지 점진적으로 나아가며 계속해서 자기를 비우시고 낮아지시며 복종하시는 것 외에 다른 것이 아니다. 하나님의 성령께서도 그리스도가 지극히 거룩한 생애로 우리를 위하여 하나님의 율법과 의를 만족시키셨다고 분명히 말씀하시며, 하나님께서 우리를 구속하실 때 치르신 그 값이 고난만이 아니라 율법에 합한 그의 전체 생애라고 한다. 그럼에도 그리스도의 죽음이나 피에 우리의 구속을 돌리는 것은 그가 고난을 통해 온전하게 되셨다는 것 외에 다른 의미는 아니다. 이 마지막 행하심이 없이는 우리의 구원이 있을 수 없으며 이 행하심은 모든 능력의 가장 밝은 거울인데, 앞서 있던 삶을 죽음으로부터 분리하지 않으면서, 이 가장 마지막의 지극히 고귀한 행하심으로부터 그렇게 부르는 것이다."; 이남규, '그리스도의 능동적 순종 전가 부인에 대한 개혁신학자들의 견해와 교회의 결정,' **신학정론** 39(2) (2021): 221-222(165-226)에서 재인용.
1141) http://repress.kr/26315/ [신학논단] 『스위스 일치신조』에 나타난 행위언약과 그리스도의 능동적 순종_이남규 교수(2022.3.23.)

3. 도르트 신경

도르트 총회 이전에 프랑스 개혁교회 안에 일어난 일들에 대해 살펴보는 것이 능동적 순종교리를 이해하는 데 유익하다. 유럽의 개혁교회들이 피스카토르와 파레우스의 저서들을 맹렬히 비판한 시점은 프랑스 개혁교회가 소집한 「가프의 총회」(the Synod of Gap, 1603년 10월)가 피스카토르의 주장을 거부하면서부터다. 문제가 발생한 것은 피스카토르가 가르치던 헤르보른에서 공부하던 학생들이 그 영향을 받아 돌아오면서부터였다.

가프(Gap, 1603년)에서 모인 총회는 피스카토르의 주장을 다루었다. 가프 총회는 그리스도의 능동적 순종의 전가를 부인하는 피스카토르의 주장을 매우 강력하게 반대했다.[1142] 가프 총회의 이런 결정은 프랑스 개혁교회가 능동적 순종의 전가 교리를 전폭적으로 지지한다는 것을 말한다. 무엇보다 능동적 순종을 가르치지 않는 목사를 면직해야 한다는 회의록은 개혁교회가 능동적 순종교리와 칭의에 대한 분명한 기준을 세워야 한다는 것을 시대적 사명으로 여긴 것이다.

능동적 순종교리 문제는 1607년 라로셀(La Rochelle) 총회에서 재논의되었다. 1603년 총회 결과에 피스카토르는 이의를 제기하고 자신을 변호하는 긴 서신을 프랑스 개혁교회 앞으로 보내었으며 총회는 피스카토르 문제를 다루었으며 능동적 순종교리와 함께 전체 순종교리를 고수해야 한다고 결정했다.[1143] 베르나르 소니스(Bernard Sonis)는 총회의 위임을 받아 피스카토르

1142) John Quick, *Synodicon in Gallia Reformata: or, The Acts, Decisions, Decrees, and Canons of those Famous National Councils of the Reformed Churches in France* (London: Printed for T. Parkhurst and J. Robinson, 1692), 1:227; "총회는 신앙고백서를 읽고 고백서 중 하나님 앞에서 우리 칭의에 관한 18, 20, 22항을 설명하면서 근래에 등장한 반대하는 오류, 특히 (주님께서 전체 율법을 가장 완전히 성취하신) 그리스도의 능동적 그리고 수동적 순종의 전가를 부인하는 오류에 대한 혐오를 표현한다. 그러므로 노회, 시찰회, 그리고 치리회는 목사이든 개인 기독교인이든 이 오류에 오염된 사람들을 주의 깊게 관찰해야 하며 이 총회의 권위에 의해 그들을 잠잠하게 할 것이다. 그들이 오류에서 고의적으로 완고한 고집을 부리는 경우 만일 그들이 교회에서 목회적 책임을 가지고 있다면 그 직무에서 면직시켜야 한다. 또한 피스카토르가 새로 만든 이 견해가 교회를 괴롭히지 않도록 간청하기 위해서 그에게 편지를 써야 한다. 또한 이 총회에서 잉글랜드, 스코틀랜드, 레이든, 제네바, 하이델베르크, 바젤, 그리고 헤르 보른(피스카토르가 여기 교수이다)에 편지를 써서 이 견책에 이들이 우리와 함께 하도록 요청해야 한다. 언급한 피스카토르가 자기 견해를 끈질기게 고수할 경우, 소니 교수와 페리 교수가 피스카토르의 책에 대한 답을 준비하되 다음 총회까지 준비해야 한다. 이 결정 항목은 노회에서 낭독되어야 하고 모든 점에서 가장 정확하게 지켜져야 한다."; 이남규, '그리스도의 능동적 순종 전가 부인에 대한 개혁신학자들의 견해와 교회의 결정,' **신학정론** 39(2) (2021): 214(165-226)에서 재인용.

1143) Quick, *Synodicon in Gallia Reformata* 1:265; Aymon, Actes ecclesiastiques 1:301-2; "헤르보른 대학의 교수 요하네스 피스카토르 박사는 파르바 총회에서 그에게 보낸 것에 대한 답장을 통해 그리스도의 생애와 능동적 순종이 아니라 오직 그리스도의 죽음과 고난에 의해서만 전가된 칭의에 관한 그의 교리에 대한 근거들을

의 주장에 답하는 책을 썼으나 양측의 평화를 위해 출판되지 않았다.

논쟁의 바람은 잔잔해지지 않았다. 1612년 프리바(Privas) 총회에서 다시 이 문제를 다루었다. 프랑스 개혁교회 안에 칭의에 관한 논쟁은 계속되었다. 능동적 순종의 전가를 부인하는 사람들이 늘어나자 총회는 모든 목사와 후보자들에게 다음과 같이 서명을 요구하기로 결정했다.

교리의 일치가 우리 사이에서 보존되어야 하고 어떤 오류도 우리 교회에 스며들지 않도록 해야 한다. 사역 중에 있는 모든 목사와 사역에 받아들여질 모든 후보자는 다음 조항에 서명해야 한다. 여기에 이름이 적힌 나는 이 왕국의 개혁교회 신앙고백서의 내용을 받아 승인하며 죽을 때까지 이것을 지키고 믿으며 가르칠 것을 약속합니다. 그리고 어떤 이들이 우리의 칭의를 다루는 18항의 의미에 대해 논쟁하지만, 나는 하나님의 말씀에 일치하여 우리 교회에서 받아들여지고 우리 총회에서 승인된 의미에서 이해한다고 하나님 앞에서 선언하며 고백합니다. 곧, 우리 주 예수 그리스도는 도덕법과 예식법에 순종하였으니 우리를 위해서만이 아니라 우리를 대신해서 순종하셨고, 그가 행하신 전체 순종이 우리에게 전가되었으며 우리의 칭의가 죄 용서만이 아니라 능동적 의의 전가에도 있다는 것입니다.[1144]

총회가 이런 서명을 요구한 계기 중 하나는 세당의 교수였던 다니엘 틸레누스(Daniel Tilenus, 1563-1633)가 피스카토르 편에 돌아섰기 때문이다. 피에르 뒤 물랭(Pierre du Moulin, 1568-1658)은 틸레누스에 반대하는 책을 썼으며 총회는 교회를 견고하게 하려는 물랭의 노력에 감사를 표했다. 한편으로 총회는 인내하면서 교회의 연합을 고려해서 다음 총회까지 책을 출판하지 않기를 권고했다. 1614년 토냉스(Tonneins)에서 열린 총회는 틸레누스와 피스카토르의 주장에 반대하며 그리스도의 능동적 순종교리를 재확인했다.[1145]

말했다. 이에 대해 이 총회는 하나님의 은혜의 이 위대한 효과 안에 매우 밀접하게 결합 된 원인들을 분리하는 것을 결코 승인하지 않으며, 서신에서 사용되는 근거와 인용들이 그가 증명한다고 주장하는 것에 결정적이지 않다고 판단하고, 이 나라의 교회들의 모든 목사들이 온전히 성경에 일치하여 지금까지 교회에서 가르쳐 온 대로 동일한 교리의 형식을 고수할 것을 명한다. 곧 그리스도의 생애와 죽음에서 있었던 그리스도의 전체 순종이 우리 모든 죄 용서와 우리가 영생에 받아들여지도록 우리에게 전가되니 곧 단 하나의 동일한 순종이 우리의 완전한 전체 칭의이다." 이남규, '그리스도의 능동적 순종 전가 부인에 대한 개혁신학자들의 견해와 교회의 결정,' **신학정론** 39(2) (2021): 215(165-226)에서 재인용.

1144) Quick, *Synodicon in Gallia Reformata* 1:348; Aymon, Actes ecclesiastiques 1:400; 이남규, '그리스도의 능동적 순종 전가 부인에 대한 개혁신학자들의 견해와 교회의 결정,' **신학정론** 39(2) (2021): 216(165-226)에서 재인용.

1145) Quick, *Synodicon in Gallia Reformata* 1:348; Aymon, Actes ecclesiastiques 2:13-14; "이 총회는 이 지점에서 이 나라의 교회에서 받아들여져 가르쳐져야 하는 교리의 형식을 성경을 따라 다음과 같이 선언한다. 사람은 유효한 소명 이전이나 이후나 하나님의 심판대 앞에서 유효한 자신의 어떤 의도 자신 안에 가지지 못했으며, 우리 구주 예수 그리스도 없이는 의롭다 함을 얻을 수 없다. 그는 성육신하셔서 태어난 첫 순간부터 십자가에서 치욕스런 죽음을 죽으시는 마지막까지 아버지께 순종하셔서 그의 생애와 죽음에서, 인간에게 주어진 모든 율

외국 총대들이 다 돌아간 후 네덜란드 총대들은 계속 진행한 회의에서 그리스도의 능동적 순종교리 문제를 다루었다. 172차 회의(1619년 5월 23일)에서 벨직 신앙고백서를 낭독한 후 의장 보거만이 팔츠 총대들과 헤센 총대들이 돌아가기 전에 네덜란드 교회 앞에 남긴 서신을 낭독했다. 팔츠 총대들은 도르트 총회의 중요 주제였던 예정론에 관해 말하면서, 그 마지막에 칭의와 그리스도의 순종에 관하여 "우리가 네덜란드의 형제들에게 부탁하건대 그것들 때문에 어떤 충돌을 일으키거나 연합을 분열시키지 않기를 바랍니다."라고 권했다. 이어서 요리문답서와 성경의 표현으로 만족하면 좋을 것 같다고 말하면서 학교의 교수들이 건전한 평화와 사랑으로 판단할 것을 권했다. 헤센의 총대들도 말의 차이에 관용을 부탁하며 그리스도의 순종에 관한 성경의 용어 사용을 열거했다.

보거만 의장은 이와 같은 서신들을 말하면서 신앙고백서 22조의 "그리고 그가 우리를 위하여 행하신 많은 거룩한 일들"을 "그리스도의 순종"이란 단어로 대체하기를 제안했으나 보거만의 요구는 지나친 감이 있어 보였다. 국외 총대들의 권고는 연합에 마음을 두고 있었기 때문에 보거만 의장이 말한 대로 신앙고백서를 수정하려고는 의도하지 않았다. 결국 보거만 의장의 제안은 총대들의 강한 반대에 부딪혔고 다음 모임에서 논의를 이어가기로 했다. 다음날 모인 173차 모임에서 보거만 의장의 제안은 물러나고 기존의 신앙고백서대로 따를 것을 만장일치로 결정했다. 이후에 "우리를 위하여"(pro nobis)를 더 분명하게 설명하기 위해서 '그리고 우리 대신에'(nostroque loco)를 추가해야 한다는 제안이 있었고 승인되었다. 그런 논의의 결과로, 22조는 "그가 우리를 위하여 그리고 우리를 대신하여 행하신 많은 거룩한 일들"이라고 고백했다. 나아가 총회는 이 개정 된 신앙고백서가 향후 네덜란드 개혁교회의 권위 있는 신앙고백서이며 총회의 결정대로 인쇄하도록 결정했다. 이런 회의의 노력을 통하여 도르트 총회 이후 네덜란드 개혁교회는 그리

법과 아버지께서 그에게 주신 고난과 그의 생명을 많은 사람을 위하여 대속물로 주는 특별한 계명을 가장 완전하게 성취하셨다. 이 가장 완전한 순종으로 우리가 의롭다하심을 받았으니, 이 순종이 하나님의 은혜로 말미암아 우리의 것으로 여겨졌고 그가 우리에게 주신 믿음으로 소유되었기 때문이다. 그러므로 우리는 이 전체 순종의 공로를 통해 우리가 우리 모든 죄의 사함을 받고 영생에 합당하게 되어짐을 확신한다. 모든 목사들, 신학교수들, 그리고 다른 교회의 회원들이 이 교리를 즐거이 고수하며 이것을 결코 떠나선 안 된다. 또한 직접적으로나 간접적으로 이것과 어긋나는 어떤 것을 구두로나 글로써 공적으로나 사적으로 가르치거나 설교하는 것은 금지된다.": 이남규, '그리스도의 능동적 순종 전가 부인에 대한 개혁신학자들의 견해와 교회의 결정,' **신학정론** 39(2) (2021): 217-218(165-226)에서 재인용.

스도의 능동적 순종의 전가의 의미를 더 분명하게 한 신앙고백서를 고백하게 되었다.1146)

이남규 교수는 다음과 같이 말했다.

지난 합동측 총회와 고신측 총회는 그리스도의 능동적 순종에 대한 연구를 해당 상비부에 위임하고 돌아오는 총회에서 다루기로 결정한 줄로 안다. 이렇게 된 이유는 최근 일부에서 그리스도의 능동적 순종의 전가를 부인하는 주장이 있기 때문이다. 사실 그리스도의 능동적 순종의 전가 문제는 이미 개혁교회 여러 총회들에서 다루었다. 프랑스 개혁교회는 1603년 총회에서 능동적 순종의 전가를 부인하는 자들을 정죄했고, 스위스 개혁교회는 이미 1588년 총회에서 그리스도의 능동적 순종의 전가를 가르쳤으며, 네덜란드 개혁교회 신앙고백서(22항)와 웨스트민스터 표준문서도 그리스도의 능동적 순종의 전가를 지지하고 고백한다. 그러므로 그리스도의 능동적 순종의 전가를 부인하는 일은 개혁교회의 고백에서 벗어나는 일이다.1147)

도르트 신경 22항은 다음과 같이 말한다.

제22항 그리스도를 믿음으로 말미암는 우리의 칭의
우리는 이 큰 신비에 대한 참 지식을 얻도록 성령께서 우리 마음 가운데 참 믿음의 불을 붙이신다는 것을 믿습니다.[1] 참 믿음은 예수 그리스도와 그분의 모든 공로를 받아들이고, 그분을 우리의 소유로 삼으며, 그분 외에 다른 것을 찾지 않습니다.[2] 왜냐하면 우리의 구원에 필요한 모든 것이 예수 그리스도 안에 있지 않든지, 아니면 그것이 그분 안에 모두 있어서 믿음으로 말미암아 예수 그리스도를 소유한 사람이 완전한 구원을 소유하게 되든지 둘 중의 하나가 반드시 일어나야 하기 때문입니다.[3] 그러므로 그리스도로는 충분하지 못하고 그분 외에 다른 무엇이 필요하다는 주장은 터무니없는 신성 모독죄입니다. 왜냐하면 이렇게 말하는 것은 그리스도께서 단지 절반만 구주가 되신다는 결론이 되기 때문입니다.
그러므로 우리는 바울과 같이 "사람이 의롭다 하심을 얻는 것은 율법의 행위에 있지 않고 믿음으로 된다."(롬 3:28)[4]라고 정당하게 말할 수 있습니다. 엄밀히 말하면 믿음 그 자체가 우리를 의롭게 한다는 뜻이 아닙니다.[5] 왜냐하면 믿음은 단지 우리의 의가 되시는 그리스도를 붙잡는 방편에 지나지 않기 때문입니다. 그리스도께서는 그분의 모든 공로와 그분께서 우리를 위하여, 그리고 우리를 대신하여 행하신 많은 거룩한 사역들을 우리에게 돌리십니다.[6] 그러므로 예수 그리스도는 우리의 의(義)이시며, 믿음은 우리가 그분의 은덕 안에서 그분과 교통하는 방편입니다. 그 은덕들이 우리 소유가 되었을 때, 그것들은 우리의 죄를 면죄하기에 충분합니다.[1] 요 16:14; 고전 2:12; 엡 1:17,18. [2] 요 14:6; 행 4:12; 갈 2:21. [3] 시 32:1; 마 1:21; 눅 1:77; 행 13:38, 39; 롬 8:1. [4] 롬 3:19-4:8; 롬 10:4-11; 갈 2:16; 빌 3:9; 딛 3:5. [5] 고전 4:7. [6] 렘 23:6; 마 20:28; 롬 8:33; 고전 1:30, 31; 고후 5:21; 요일 4:10.

도르트 신경에는 '순종'이라는 단어가 없다. 그러나 그리스도의 공로를 말한다. 그 공로는 그리스도께서 우리를 위하여, 그리고 우리를 대신하여 행하

1146) 이남규, '그리스도의 능동적 순종 전가 부인에 대한 개혁신학자들의 견해와 교회의 결정,' 신학정론 39(2)(2021):218-219(165-226).
1147) http://repress.kr/26315/ [신학논단] 『스위스 일치신조』에 나타난 행위언약과 그리스도의 능동적 순종_이남규 교수(2022.3.23.)

신 많은 거룩한 사역들이라고 말한다. 김재성 교수는 다음과 같이 말했다.

돌트 총회에서도 알미니안주의자들이 능동적 순종에 대해서 거부하는 논쟁을 벌였다. 이들 두 가지 개념에 대해서 다소 이견들이 제기되었기 때문에, 우리는 보다 정확한 이해가 필요하다. "능동적 순종"이라는 용어와 개념에 대해서 받아들일 수 있느냐는 이의제기가 있었다. 그러나 개혁주의 신학자들은 "능동적 순종"이란 결국 그리스도의 순종이 그의 전 생애 기간에 걸쳐서 한결같이 자원하는 심정으로 수행되었음을 드러내고자 사용한 것이며, 총체적으로 구원론적인 목적을 가지고 성취되었음을 강조했다.

17세기 초반에 등장한 알미니안주의자들과 쏘씨니언들과 아미랄디언들은 행위언약의 개념과 그리스도의 능동적 순종의 전가 교리를 전면적으로 거부한다. 그들은 타락 이전의 아담의 자리에서 각자 사람의 자유의지를 발동해서 결단할 수 있다고 주장한다. "수동적 순종"에 대한 거부자들은 주로 현대 신학자들의 대속교리에 대한 곡해에 기인하고 있다. 순종의 본질은 그리스도의 속죄 사역으로서, 자기 백성들을 위한 대속적 형벌 당하심이라고 개혁주의 신학자들은 풀이했다. 십자가에서 고난을 당하시고, 처참하게 제물로 바쳐진 대속적 형벌의 교리(penal, substitutionary atonement)도 역시 다른 속죄론들의 도전을 받았다. 수동적 순종은 십자가에서 피 흘리사 죄 없으신 어린 양이 죽으심으로서 하나님의 정의를 충족시켰다는 개념이다. 그리스도의 구속 사역은 죄인을 대신하여서 그리스도가 형벌을 받으심을 의미한다고 개혁주의 교회는 고백한다. 그러나 신학사에서 속죄론에 관련된 교리들의 논쟁을 살펴보면, 이미 수많은 변질과 오류가 있었다. 이레니우스와 동방교회의 재현설, 오리겐의 속전설, 안셈의 만족설, 아벨라르의 도덕적 감화설, 그로티우스의 도덕적 통치설 등이 혼란스러울 정도로 많은 해석들이 있다. 이들은 심지어 보편속죄론을 주장하면서, 그리스도의 피로 온 인류의 죄를 덮었다고 해석한다. 이러한 왜곡들로 인해서 능동적 순종과 수동적 순종이 속죄의 본질을 구성하고 있음을 거부하게 되었다.

알미니안주의에 맞서서, 청교도 신학자들은 웨스트민스터 신앙고백서에서 행위언약에 대해서는 분명하게 밝히면서도, 그 내용에 해당하는 그리스도의 능동적 순종의 개념을 명쾌하게 표현하지 못했다. 단지 수동적 순종만을 삽입하려던 주장을 투표로 거부하는 선에서 마무리했어야만 했다. 웨스트민스터 신앙고백서를 작성할 때에, 능동적 순종의 전가교리를 명시적으로 구체화하지 못했던 이유는 반율법주의자들에게 빌미를 제공하지 않도록 세심하게 처리해야 할 상황이 벌어졌기 때문이다. 그에 대한 상세한 설명은 이 연구의 마지막 장에서 제시하고자 한다. 특히 필자는 탁월한 청교도 신학자들의 저술들에서 능동적 순종의 교리에 대한 확고한 설명들을 확인할 수 있었다.[1148]

김재성 교수에 의하면, 개혁신학이 말하는 능동적 순종은 그리스도의 전 생애 기간에 수행된 것으로 구원론적 목적을 가지고 있다. 17세기에 등장한 아르미니우스주의, 소시니안주의, 아미랄디즘은 인간의 자유의지로 결단이 가능하다고 말함으로써 구원에 대한 인간의 기여가 가능하다고 주장했다. 그리스도의 형벌 받음이 강조되니 보편속죄론이 등장하고, 능동적 순종을 말하니 반율법주의자들의 반대에 부딪혔다. 이로 인해, 도르트 신경이나 웨스트민스터 신앙고백서에도 능동적 순종교리를 명시적으로 표현하지 않았다. 그

1148) https://www.christiandaily.co.kr/news/103527/ 김재성, '개혁주의 칭의론과 의로움의 전가 교리 (7),'(2021.5.10.) accessed 2021.10.8.

러나 내용적으로는 분명히 기록되었다.

코르넬리스 프롱크(Cornelis Pronk)는 3/4장 5-6항을 설명하면서 다음과 같이 말했다.

율법은 우리에게 무엇을 해야 하는지를 말해 주지만 그 무엇을 할 수 있는 방법은 말해 주지 않습니다. 율법은 조건적인 구원을 약속합니다. 오직 율법에 완벽히 순종할 때에만 우리는 영생을 얻습니다. 이것은 아담이 행위언약 안에서 창조되었기 때문입니다. 하나님께서는 아담에게 하나님께 순종하면 영생을 얻을 것이라고 약속하셨습니다.1149)

프롱크는 율법과 복음이 내용 면에서 다르다는 것을 말하며 이 말을 했다. 율법은 '우리가 무엇을 해야 하는가?'를 말해주며, 그 행함이란 하나님 앞에 공의를 요구하는 것이다. 그러나 인간은 율법을 완전히 순종할 수 없고 저주 아래 머물러 있다. 그러나 복음은 '하나님께서 죄인들을 위해 그리스도께서 무엇을 행하셨는가?'를 말하며 예수 그리스도를 믿는 자에게 영생을 약속한다. 아르미니우스주의자들은 타락 이후에는 하나님께서 기준을 낮추셔서 율법에 대한 완벽한 순종 대신에 인간에게 예수 그리스도에 대한 믿음을 요구하실 뿐이라고 주장했다.1150) 아르미니우스주의자들은 "하나님의 은혜가 결정적이지 않고 그 은혜를 받아들이거나 받아들이지 않는 사람의 의지가 결정적"이라고 여겼다.1151) 도르트 신경은 율법의 요구는 유효하며 그 요구를 그리스도께서 다 이루셨다고 말한다.

그렇다면 그리스도께서 무엇을 행하셨는가? 프롱크는 다음과 같이 말했다.

인류의 미래가 아담의 행위에 달려 있듯이, 택함 받은 자의 운명은 둘째 아담의 행위에 달려 있습니다. 한 사람의 죄가 우리가 모두 정죄받는 근거이듯이, 다른 한 사람의 의가 은혜로 말미암아 주 예수 그리스도를 믿을 모든 사람의 구원과 의롭다 하심의 근거입니다. 우리는 이것을 분명히 이해하는 것이 가장 중요합니다. 아담은 우리를 정죄와 사망으로 데려갔습니다. 그리스도는 우리를 의롭다 하심과 영생으로 데려가십니다. 하나님께서는 결코 행위언약을 버리지 않으셨습니다. 아담이 행위언약을 깨뜨렸을 때, 하나님께서 "흠, 이 방법을 시도해 보았지만 실패했노라. 이건 잊어버릴 것이라."고 말씀하지 않으셨습니다. 행위언약은 결코 폐지되거나, 취소되거나, 포기되지 않았습니다. 그리스도께서는 아담에게서 이어받으셨습니다. 그리고 이 언약의 요구들을 짊어지셨고 둘째 아담으로서 이 언약의 모든 조건을 지키셨습니다. 그리스도께서는

1149) 코르넬리스 프롱크, **도르트신조 강해**, 황준호 역 (서울: 그책의사람들, 2013), 259; "율법은 여전히 우리를 하나님의 공의의 요구 앞에 세웁니다. 우리는 하나님의 율법을 반드시 지켜야 합니다. 우리가 하나님의 율법을 완전히 지키면 상을 받을 것입니다. 그러나 아무도 하나님의 율법을 행할 능력이 없습니다! 타락한 상태에 있는 사람은 아무도 하나님의 계명을 완전히 지킬 수 없습니다. 우리가 율법에 완전히 순종할 수 없는 한 우리는 바울이 말한 바와 같이 저주 아래 있습니다(갈 3:10).
1150) 코르넬리스 프롱크, **도르트 종교회의**, 마르투스 역 (서울: 마르투스, 2017), 129.
1151) 이남규 등, **도르트신경 은혜의 신학 그리고 목회** (수원, 합동신학대학원출판부, 2019), 153.

택함 받은 자의 대표로서 행위언약의 요구와 조건들을 행하셨습니다. 행위언약을 지키심으로 하나님께서 죄인들을 다른 언약, 즉 은혜 언약으로 구원하시는 것을 가능하도록 하셨습니다. 이것은 우리가 다시는 우리의 행위로 구원받지 않으며 다른 분, 즉 주 예수 그리스도의 행위로 구원받음을 의미합니다. 하나님의 백성이 주 예수님을 믿을 때, 예수님의 순종을 마치 자신들이 공로로 얻어 낸 것처럼 받습니다. 죄인은 자기 자신과 자신의 행위에서 눈을 돌려 그리스도께서 다 이루신 사역을 바라볼 때 의롭다 하심을 얻습니다. 성부 하나님께서는 모든 죄책에서 죄인을 깨끗이 하시고 죄인에게 영생의 권리를 주십니다. 이것은 하나님께서 만족하셨으며 하나님께서 죄인들에게 요구하시는 모든 것을 예수님께서 행하셨기 때문입니다. 죄인은 자신의 대표자이신 그리스도 안에서 하나님의 율법에 완전히 순종했습니다. 그리스도의 의가 그 죄인에게 전가됩니다. 그리스도께서 이루신 사역을 믿는 믿음이 있습니까? 아담에게 연결된 모든 사람은 아담에게서 정죄와 사망을 받습니다. 정죄와 사망은 우리가 태어날 때 가지고 나오는 유산입니다. 하지만 우리가 믿음으로 그리스도 안에 있으면, 우리는 그리스도께로부터 의롭다 하심과 영생을 받습니다! 이것은 하나님의 백성에게 얼마나 이루 다 말할 수 없는 복입니까! 주님께서는 하나님의 백성에게 아담의 죄나 하나님의 백성 자신의 자범죄에 대해 절대 책임을 묻지 않으십니다. 하나님의 백성은 더는 깨진 율법의 저주 아래 있지 않습니다. 이 특권과 복에 대해 우리가 얼마나 무지한지요! 이 특권에 완전히 들어가지 않으면 완전한 기쁨을 누릴 수 없습니다.1152)
그리스도께서는 자기 백성을 위한 모든 계명에 완전히 순종하셨습니다. 이것이 복음입니다. 이 복음은 자신의 죄의 짐을 느끼는 죄인들에게 기쁜 소식입니다. 이 일은 우리에게 우리 자신의 참된 모습인 죄인 됨을 드러내시고 우리를 그리스도께로 보내시는 성령님께서 행하십니다.1153)

프롱크에 의하면, 그리스도께서는 행위언약의 요구와 조건들을 다 지켜 행하시고 그리스도의 의를 죄인에게 전가하셨다. 우리는 우리의 행위로 구원을 받는 것이 아니라 그리스도의 행위로 구원을 받는다. 성부 하나님께서는 그리스도의 행위를 통해 우리를 죄책에서 깨끗하게 하시고 영생의 권리를 주신다. 아담에게 연결된 모든 사람은 정죄와 사망을 받으나, 그리스도와 연결된 택자들은 의롭다 하심과 영생을 받는다. 이것은 우리의 자유의지의 선택과 결단으로 되는 것이 아니라 성령 하나님의 역사로 이루어진다.

4. 웨스트민스터 신앙고백서

개혁신학이라 하면서도 청교도와 웨스트민스터 신앙고백서에 대해 부정적인 사람들이 있다. 수용하더라도 자신들의 견해와 맞지 않는 것들에 대해 수정해야 한다고 비판을 가한다. 물론 완벽한 신앙고백서는 없다.

서철원 교수는 다음과 같이 말했다.

1152) 코르넬리스 프롱크, 도르트신조 강해, 황준호 역 (서울: 그책의사람들, 2013), 235-236.
1153) Ibid., 268.

웨스트민스터 신앙고백 등에서 가르치는 개혁신학의 행위언약은 하나님이 아담을 창조하시고 그와 맺은 언약이다. 언약을 맺은 아담이 선악과 계명을 잘 지켰으면 영생에 이르고 온전해진다. 그런데 아담이 이 계명을 준수하지 못하였으므로 범죄하고 타락하게 되었다. 그리고 하나님이 그리스도와 은혜언약을 맺었고 그리스도로 율법의 계명들을 대신 지키게 하였고, 그리스도의 계명 지킴을 통하여 의가 이루어져서 그 의를 백성들에게 전가함으로 백성들이 영생에 이르게 되었다는 주장이다. 이와 같은 주장은 로마교회의 인간 구성과 유사하다. 인간이 처음 창조될 때 완전하게 창조된 것이 아니라 잠정적이고 임시적이고 파편적으로 창조되었다. 이렇게 불완전하게 창조된 인간을 하나님이 그리스도를 원형으로 하여 다시 완전하게 지으신다. 이런 주장을 카알 발트가 현대적으로 재해석하였다. 발트의 전개에 의하면, 하나님은 인간을 완전하게 다시 지으시는 것이 아니라 예수 그리스도를 통하여 신 존재에 동참하게 하시므로 완전한 인간을 지으신다. 예수 그리스도 안에서 신과 인간의 융합이 이루어진다. 예수 그리스도 안에서 이루어진 신인 융합에 인간이 동참하므로 인간이 신의 존재에 동참한다. 그렇게 해서 완전한 인간이 된다는 것이다. 발트의 이 가르침에 따르면 종말에 인류가 다 신의 존재에 동참하여 신들이 된다.[1154]

서철원 교수에 의하면, 웨스트민스터 신앙고백서의 행위언약은 로마교회의 인간 구성과 유사하고 칼 바르트의 신인 융합과 같다. 과연 그럴까? 서철원 교수는 근본적으로 인간론에 문제가 있다. 서철원 교수가 행위언약, 곧 율법준수로 의를 얻어 영생을 얻는다는 것을 "로마교회의 인간 구성과 유사하다"고 말하는 것은 '왜 개혁신학이 행위언약을 말하게 되었는가?'를 간과하는 것이다. 벌코프는 로마 가톨릭의 인간론에 대해 다음과 같이 말했다.

1154) http://www.good-faith.net/news/articleView.html?idxno=2456/ '우리는 기필코 행위언약 사상과 율법준수 구원론을 물리쳐야 한다'(2021.11.28.) accessed 2021.11.29.: "루터교회의 신학에 의하면 하나님이 처음부터 사람이 적극적 의와 선과 거룩의 상태로 창조되었다. 곧 완전하게 창조되었다. 그러므로 루터교회에는 그리스도가 율법을 완성하여 사람으로 영생에 이르게 한다는 내용이 없다. 개혁신학의 인간관이 성경적이지 않다. 하나님이 처음 인간을 창조하셨을 때 완전하게 지으셨다. 그러나 유혹을 받아 범죄하여 하나님 섬김을 거부하므로 멸망에 이르게 되었다. 그런데도 하나님이 범죄한 백성을 다시 돌이켜 자기의 백성으로 삼으신다. 범죄한 백성을 돌이키실 때 하나님이 인간을 대신해서 죗값을 갚으신다. 이 목적으로 그리스도가 성육신하여 사람이 되시고 십자가에서 고난받아 죗값을 갚으셨다. 사람이 이 복음을 믿으면 죄용서 받는다. 그리스도의 구속사역을 믿음으로 죄용서 받는 것이 의이다. 이 의는 하나님이 마련하셨다. 죄용서 받아 의롭게 되었으므로 그 표로 성령을 받았고 영생을 얻는다. 율법을 다 지켜 그리스도가 의를 획득한다는 주장은 성경에 없다. 율법준수로 영생을 얻게 한다는 신학은 그리스도의 구속사역을 무효화시키는 작업이다. 결국 행함으로 구원 얻는다는 해괴한 주장이 된다. 사람은 결코 자기를 구원할 수 없다. 하나님만이 사람을 구원하신다. 그것도 대신 속죄로 그리스도의 대신 속죄를 믿으면 죄용서 받고 영생을 얻는다. 웨스트민스터 신앙고백이 가르치는 행위언약 속의 사람이 완전한 율법준수로 구원 얻는다는 주장은 그리스도의 대신 속죄를 완전히 무효로 돌리는 것이다. 율법준수를 그리스도가 다 이루므로 구원 얻는다는 주장은 로마교회의 가르침대로 행위구원에 이르고 유대교의 율법준수로 구원 얻는 것에 이른다. 이 일을 새관점학파가 잘 개진하였다. 이피 샌더스가 옥스포드에서 미국 듀크 대학으로 가서 이 주장을 널리 퍼뜨리고, 톰 라이트가 옥스퍼드 대학에서 이 주장을 하여 율법준수를 구원에 필수적이게 만들었다. 율법을 잘 지키면 하나님이 이스라엘과 맺은 언약으로 들어가는 것이고, 그로써 아브라함의 가족이 되는 것이다. 우리는 기필코 웨스트민스터 신앙고백 등이 가르치는 행위언약 사상과 율법준수로 구원 얻는다는 주장을 물리쳐야 하고 신약의 가르침 대로 예수 그리스도의 대신 속죄를 믿음으로 구원 얻는다는 진리에 굳게 서야 한다. 율법준수를 주장하는 자들은 자기들을 그리스도의 구원에서 제외시키고 있다."

로마교회도 하나님의 형상에 관한 사상에 있어서 완전한 의견의 일치를 보지 못하고 있다. 여기서는 다만 로마교회에서 통용되는 진술만을 말하고자 한다. 그들의 주장에 따르면, 하나님이 창조 시에 인간에게 영혼의 영성, 의지의 자유, 육체의 불멸과 같은 천부적인 은사들을 주셨다고 한다. 영성, 자유, 불멸성 등은 천부적으로 부여된 것으로서, 그 자체가 이미 하나님의 자연적인 형상을 구성한다. 뿐만 아니라 하나님은 인간의 자연적인 능력을 서로 적응시켜서 하등한 능력이 고등한 능력에 순복하도록 만드신다. 이렇게 해서 이룩된 조화를 의(justitia) 곧 자연적 의라고 부른다. 그러나 이 경우에 있어서도 인간 안에는 하등한 탐욕과 정욕이 이성과 양심이라는 고등한 능력에 반역하는 자연적인 경향이 남아 있는 것이다. 육욕이라고 불리는 이 경향은 그 자체가 죄는 아니다. 그러나 그것이 의지의 동의를 얻어 자발적인 행위로 바뀌면 죄가 된다. 인간이 하급 욕망을 절제할 수 있도록 하기 위해서 하나님은 자연적인 은사(dona naturalia)에다 초자연적 은사(dona supernaturalia)를 첨가했다. 이 초자연적인 은사들에는 원의라는 첨가된 은사(dona superadditum)가 포함되는데, 이것은 원래의 인간의 구성으로 볼 때는 낯선 의라고 할 수 있는 것으로서, 창조된 직후 즉각 또는 창조 이후 어느 때인가 자연적인 재능을 적절히 사용할 때에 후천적으로 주어지는 것이다. 원의라는 첨가된 은사를 포함하는 이 초자연적인 은사들은 죄로 인하여 상실되었으나, 그렇다고 해서 인간의 본질적 특성이 파괴된 것은 아니다.[1155]

아담의 후손들의 죄악성은 일종의 부정적인 상태로서, 원래부터 있어야 할 것 곧 원의의 결핍을 말하는 것으로, 이는 인간의 본성에 속한 것은 아니다. 어떤 본질적인 것의 결여는, 일부 학자들이 주장하는 것처럼, 자연적 의가 상실될 때뿐이다. 이 견해에 대해서는 펠라기우스의 이론에 대하여 제기된 반론들이 그대로 적용될 수 있을 것이다. 그 반론들을 다시 한번 되새겨 보는 것만으로 충분하다. 죄가 의지의 의도적인 선택과 외적 행위에 있다고 주장한다는 점에서 볼 때, 펠라기우스주의에 대해 제기되었던 반론을 그대로 적용할 수 있을 것이다. 원의가 인간의 자연적 본성에 첨가된 것이요 원의의 상실이 인간의 본성의 훼손을 의미하는 것은 아니라는 말은, 인간 안에 나타난 하나님의 형상에 관하여 논의할 때 이미 지적된 것처럼, 비성경적인 개념이다. 성경에 따르면, 정욕은 사실적인 죄요, 많은 죄악 된 행위들의 뿌리이다. 성경적인 죄관을 고찰할 때 이미 이 점은 충분히 다루었다.[1156]

벌코프에 의하면, 로마 가톨릭의 인간론은 자연적 은사에 초자연적 은사가 더해진 것이다. 로마 가톨릭이 말하는 죄는 원의 상실이다. 로마 가톨릭의 칭의는 은혜의 주입이다. 은혜의 주입으로 "인간이 의롭게 되며, 부분적으로는 이러한 주입된 은혜의 의에 그의 죄가 용서된다."[1157] 이런 로마 가톨릭의 칭의론에 반대하여 개혁신학은 행위언약을 말했다. 개혁신학은 칼 바르트처럼 존재의 앙양을 말하지 않는다. 서철원 교수는 새관점 학파를 말했으나 새관점 학파는 행위언약을 반대한다.

김재성 교수는 다음과 같이 말했다.

웨스트민스터 신앙고백서의 전체 구조는 "아일랜드 신조들"(Irish Articles of Religion, 1615)에 나오는 20제목과 104개 항목에서 크게 영향을 받았고, 발전된 것으로 간주된다. 아일랜드

1155) 루이스 벌코프, **벌코프조직신학**, 이상원·권수경 역 (서울: 크리스챤다이제스트, 2020), 443-444.
1156) Ibid., 443.
1157) Ibid., 797.

더블린 어셔 감독(James usser, 1580-1656)의 주도로 작성된 "아일랜드 신조들"이 웨스트민스터 신앙고백서와 요리문답 작성에 크게 참고자료가 되었던 것이다. 아일랜드 신조 21장 37항목에서 "아담에게 주어진 율법의 언약"이 강조되어 있고, 어셔의 『신학의 체계』에도 하나님께서 아담과 맺은 관계에는 언약적인 구조가 담겨있다고 되어 있다. 미첼은 웨스트민스터 신앙고백서의 역사를 검토하면서, 어셔에게 직접적으로 영향을 준 스코틀랜드 신학자들(J. Fullerton, J. Hamilton)이 칼빈주의자 멜빌에게서 감화를 입은 바 있음을 상기시키면서, 동시에 고백서의 언약 사상들은 잉글랜드의 카트라일, 퍼킨스, 에임즈, 프레스톤(Preston), 볼 등이 남긴 저술들과 매우 유사하고, 스코틀랜드의 롤록과 하위의 저술과도 본질적으로 동일하다고 평가하였다.[1158]

웨스트민스터 총회 회기 중인 1643년 9월 5-19일까지 13번 회의를 통해 칭의와 관련된 모든 주제를 논의했다. 1643년 9월 5일 제47차 웨스트민스터 총회는 칭의에 대한 부분에서 능동순종을 제기한 것 때문에, 1643년 9월 6일(수) 47차 회기부터 1643년 9월 12일(화) 제52차 회기까지 총대들의 논의가 계속되었다. 가장 핵심이 된 문제는 예수 그리스도의 순종과 관련된 능동적 순종과 수동적 순종에 관한 것이었다. 웨스트민스터 총회의 총대들은 121명이었으며, 그중 39명이 능동적 순종과 수동적 순종에 대해 찬성하는 입장을 취했으며, 오직 8명만 수동적 순종을 주장했다. 대략 2주간의 토론 가운데 275번 논의를 통해 제1장 "칭의론"이 최종적으로 고백되었다.

페스코는 원래의 39개 신조와 개정된 것을 대조하여 그 차이를 보여준다.[1159]

1158) 김재성, '하이델베르크 요리문답과 웨스트민스터 고백서의 언약사상,' 한국개혁신학 40 (2013): 69-70(40-82).
1159) 존 페스코, 역사적 신학적 맥락으로 읽는 웨스트민스터 신앙고백서, 신윤수 역 (서울: 부흥과개혁사, 2018), 274; 참고자료; 로버트 래담, 웨스트민스터 총회의 역사, 권태경·채천석 역 (서울: 개혁주의신학사, 2014), 426-427.

원래의 제11조	개정된 제11조
우리는 우리 자신의 행위나 공덕에 의해서가 아니라, 믿음으로 말미암아, 오직 우리의 주님이시며 구원자이신 예수 그리스도의 공로에 의해서 하나님 앞에서 의롭게 되었다. 그러므로 우리가 오직 믿음으로 말미암아 의롭게 된다는 것은 대단히 건전한 교리이며 지극히 넘치는 위로가 된다. 더 상세한 것은 칭의에 관한 교리서에 표명되어 있다.	우리는 의롭게 된다. 즉 우리는 하나님 앞에서 의롭다고 여겨지는데, 죄 사함을 얻는 것은 우리 자신의 행위나 공덕에 대해서도 아니고, 그러한 것들에 의해서도 아니라 값없이 오직 그의 은혜로 말미암아, 오직 우리의 주님이시며 구주이신 예수 그리스도를 위하여, 그분의 온전한 순종과 만족이 하나님에 의해서 우리에게 전가되고, 자신의 의와 함께 하시는 그리스도께서 오직 믿음으로 이해되고 의지된다는 것이다. 오직 믿음으로 말미암은 칭의 교리는 건전한 교리이며 지극히 넘치는 위로가 된다. 그럼에도 불구하고 하나님은 회개하지 않고, 여전히 계속해서 자신들의 죄악을 행하고 있는 자들을 용서하지 않으신다.

원래의 제11조	개정된 제11조
우리는 우리 자신의 행위나 공로에 의해서가 아니라, 오직 우리 주이자 구주이신 예수 그리스도의 공로에 의해서 믿음으로 말미암아 하나님 앞에서 의롭다 여김을 받는다. 그러므로 우리가 오직 믿음으로 말미암아 의롭다 함을 받는다는 것은, 칭의론 해설에 좀 더 자세하게 표현되어 있듯이, 지극히 건전하고 유익하며 위로가 가득한 교리다.	우리는 우리 자신의 행위나 공로에 의해서가 아니라, 오직 우리 주이자 구주이신 예수 그리스도로 인해서 그의 은혜로 말미암아 값없이 의롭다 하심을 받고, 즉 하나님 앞에서 의로운 것으로 여김을 받고, 그의 모든 순종과 대속은 하나님에 의해 우리와 그리스도에게 그의 의로 전가되며, 오직 믿음으로 말미암아 깨달아지고 머물게 된다. 이신칭의 교리는 건전하고 유익하며 위로가 가득한 교리다. 그럼에도 불구하고 하나님은 회개하지 않고 계속해서 자신의 죄악을 행하는 자들을 사하지 않으신다.

11장 1항은 로마 가톨릭처럼 의의 주입이 아니라 그리스도께서 성취하신 것, 곧 그리스도의 순종과 보속을 전가한다고 말한다. 이탈리아의 예수회원이자 로마 가톨릭의 추기경인 벨라마인(Cardinal Bellamine, 1542-1621)은 인간이 받는 의는 주입된 의이며 유전적인 의라고 말하면서 로마 가톨릭의 칭의 교리를 주장하며 변호했다. 벨라마인은 16세기에 반종교개혁 운동을 주도한 사람 중 가장 뛰어난 인물 중 한 사람이었다. 로마 가톨릭은 의가 주입되어 체질적으로 변화되고 의의 상태에 거한다고 말한다. 그것을 가장 잘 대변하는 것이 화체설이다. 위클리프는 "그들은 축성된 성체가 그들의 하나님이라고 하는 이교도들보다 더 나쁜 것을 받는다"고 말했다.[1160] 화체설이 이단보다 더 나쁜 것이라는 뜻이다.

성찬식에서 신부의 축도로 포도주가 그리스도의 피로 바뀌듯이 의가 주입된 사람은 거룩한 존재로 변화된다고 주장한다. 의가 주입되려면 선행을 비롯한 준비가 필요한데 그것이 공로다. 로마 가톨릭은 인간의 공로를 말하나, 개혁신학은 하나님으로부터의 전가를 말한다.

존 페스코(John Valero Fesko)는 11장 1항이 "누구를 겨냥한 것인지 명시적으로 밝히고 있지는 않지만, 실제로는 로마 가톨릭의 칭의관을 겨냥한 것이다"라고 말했다. 웨스트민스터 총회의 신학자들은 전가된(imputed) 의를 말하는 종교개혁의 칭의론과 주입된 의(impused)를 말하는 로마 가톨릭의 칭의론을 구분하고 올바르게 정립해야만 했다. 웨스트민스터 총회의 신학자들은 로마 가톨릭의 주입된 의를 거부하고, 믿는 행위 혹은 믿음이 의로 돌려

1160) 라인홀드 제베르그, **기독교 교리사**, 김영배 역 (서울: 엠마오, 1992), 285; 〈이제 우리는 칭의의 개념을 고찰하게 되겠는데 당대의 사상 속에서 이 개념은 다음과 같은 논점을 내포하고 있다; "악인의 칭의를 위해서는 네 가지 것들이 요구된다. 즉 은총의 주입, 신앙을 통하여 하나님을 향하게 되는 자유의지의 운동, 또 죄를 향한 자유의지의 운동, 그리고 범죄의 용서 등이 요구된다"(Thom. q. 113, a.6: df. Bonav. brevil, 5.3; 은총의 주입, 죄의 추방, 통회, 그리고 자유의지의 운동).〉(Ibid., 172.)

지지 않는다고 말함으로써 항론파의 주장도 거부했다.[1161]

11장 3항을 보면 "그리스도의 순종과 죽으심으로 말미암아서 그분은 이렇게 의롭게 된 모든 사람의 빚을 완전히 갚으셨고, 그들을 위해 성부의 공의를 적합하고, 실제적이며 그리고 완벽하게 만족시켰다."라고 기록되어 있다.

그리스도의 능동적 순종과 수동적 순종에 대한 논의 끝에, "온전한 순종"(whole obedience)라고 표현했다.[1162] 첨예한 논쟁 이후에 토마스 가태커(Thomas Gataker)를 비롯하여 서너 명이 반대를 표명했으나 웨스트민스터 총회는 "온전한 순종"이라는 말을 의결함으로써 능동적 순종에 대해 만족해야 했다. 웨스트민스터 신앙고백서에는 "능동적 순종과 수동적 순종"이라는 표현은 기록되지 않았다. 웨스트민스터 총회의 주된 입장은 그리스도의 능동적 순종과 수동적 순종이 전제된 의가 전가되어 죄인이 의롭게 된다는 것이었다.[1163]

1161) 존 페스코, *역사적 신학적 맥락으로 읽는 웨스트민스터 신앙고백서*, 신윤수 역 (서울: 부흥과개혁사, 2018), 275-276; "엄밀히 말하면, 아르미니우스에게 있어서 사람은 전가된 그리스도의 의에 의롭게 함을 얻는 것이 아니다. 도리어 하나님은 죄인의 믿음을 의로 여긴다. 하나님이 그렇게 하는 근거는 그리스도의 순종이다."
1162) 이은선, '신앙고백서의 구원론-구원의 서정을 중심으로,' *한국개혁신학* 40 (2013): 135-137(113-144); 〈이때에 "온전한 순종과 만족"이란 표현은 1645년에 WCF의 칭의 항목에 대한 토론이 이루어지고 최종적인 결정이 이루어졌을 때 다시 "온전한"이란 용어가 삭제되었다. 최종안에서 "온전한"이란 용어가 삭제되고 능동적 순종이나 수동적 순종이란 용어는 더 이상 사용되지 않았다. 그렇지만 WCF의 8장 5절에 그리스도의 "완전한(perfect) 순종과 희생", 19장 6절의 그리스도의 "순종의 완전함"이란 표현이 사용되고 있고 대요리문답 70문에서 "그리스도의 완전한 순종과 충분한 만족(perfect obedience and full satisfaction)"의 전가를 말하는데 충분한 만족이 십자가의 고난을 가리키기 때문에 완전한 순종이 능동적 순종을 의미한다고 해석할 수도 있다. 웨스트민스터표준문서에서 능동적이란 용어는 신중하게 사용되지 않았고 다른 용어들이 사용되었다. 주에(Jue)는 웨스트민스터 표준문서에서 두 아담 기독론이 실질적으로 그리스도의 능동적 순종을 포함하는 칭의 교리를 지원한다고 분석했다. 신학자들은 그러한 신학적 구조를 제시하지만 능동적 순종의 전가가 명시되지는 않았다. 스트레인지는 WCF가 능동적이란 용어를 포함하지는 않았지만 능동적 순종을 포함하고 있다고 해석하며, 네 가지 근거를 제시하였다. 첫째 1643년 9월의 수정 논의의 최종 투표에서 "온전한 순종"이라고 표현하기로 결정하였다. 논의 과정에서 이 표현이 능동적 순종을 포함하고 있다고 해석되어 논쟁이 벌어졌는데, 소수의 반대가 있었지만 그 표현이 사용되었다. 둘째 가타커와 바인즈 등은 1645-46년경의 후기 칭의론 논의에 참여하지 못해서, 이 시기에 칭의론에 대한 논의가 거의 이루어지지 않았다. 셋째로 최종 고백서에서 "온전한"이란 용어는 빠졌지만 "완전한"이란 용어가 들어가서 궁극적으로 능동적 순종의 전가를 인정하고 있다. 넷째로 회중파들이 WCF의 기본적인 신학을 수용하며 회중주의 정치체제를 인정하는 고백인 사보이 선언(1658)에서 좀 더 구체적으로 능동적 순종의 전가를 구체화하고 있다. 만약에 WCF의 신학과 사보이 선언의 신학이 달랐더라면 새로운 내용이 추가되었을 것이다. 이 선언이 WCF의 신학을 그대로 수용하면서, 좀 더 분명하게 한 것인데, 여기서는 능동적 순종의 의의 전가를 명백하게 설명하고 있다. 여기서 내릴 수 있는 결론은 당시 능동적 순종과 수동적 순종이란 용어가 격렬한 논쟁을 일으켰고, 그 결과 그 용어들은 사용되지 않았다. 이것은 반대파들을 배려하여 신중하게 표현한 것이었지만 완전한 순종이란 표현을 통해서 능동적 순종의 전가 개념을 포함시켰다고 볼 수 있다.〉
1163) 박상봉, '그리스도의 능동적 순종과 의의 전가에 대한 종교개혁자들의 견해: 루터, 츠빙글리, 칼빈을 중심으로,' *신학정론* 39(2) (2021): 162-163(105-164).

휘트니 G. 갬블(Whitney G. Gamble)의 『웨스트민스터 총회의 반율법주의 논쟁: 그리스도와 율법』은 능동적 순종교리에 관한 웨스트민스터 총회의 상황과 결정에 대한 유익한 자료를 제공한다. 제2부는 '웨스트민스터 총회에 끼친 반율법주의의 신학적 영향'을 다루며, 그중 '제4장 그리스도의 인격과 사역에 관한 논쟁'은 능동적 순종교리에 관한 진행 과정을 말해준다. 제4장을 열면, 조지 워커(George Walker)의 "당신은 그리스도의 행하신 순종과 당하신 순종을 분리할 수 없다"는 말이 문지기처럼 지키고 있다.

갬블은 반율법주의가 심각하게 잘못되어 있음을 알고 의회가 반율법주의를 진압하고 개입해야 한다고 결론지었으며, 그에 따라 총회는 39개 신조가 반율법주의의 오류를 전달하고 답하는데 신경을 기울였다고 말했다. 그 실제적인 조항이 '제11조 사람의 칭의에 관하여'다. 반율법주의에 대한 염려로 인해, 1643년 9월에 수일 동안 격렬한 토론이 지속되었다. 총회는 두 파로 갈라졌다. 갬블은 그 이유를 다음과 같이 말했다.

> 총회는 두 파로 갈라졌다. 한편에서는 그리스도의 행하신 순종의 전가를 거부했는데, 이는 그 신학자들이 행하신 순종의 전가를 고수하는 것은 반율법주의에 문을 열어 주게 될 것이라고 믿었기 때문이다. 만일 그리스도가 신자를 "대신하여" 율법을 지켰다면, 신자들은 도덕법을 지키도록 요구받지 않게 될 것이다. 다른 편에서는 그리스도의 행하신 순종의 전가를 고수하는 것이 반율법주의를 필연적으로 수반하는 것은 아니라고 재빨리 지적했다. 하나님의 율법을 지킬 의무는 하나님과의 언약 관계 속에서 창조된 인간 됨에 마땅한 필수적인 요소였다. 그들은 그리스도가 율법을 완벽하게 지키셨지만 그가 그렇게 한 것은 칭의를 위한 의의 요구들을 충족시키기 위함이었음을 인정했다. 그리스도는 신자의 성화를 위해 율법을 성취하신 것이 아니며, 따라서 신자 속에 있는 여죄는 거룩을 위한 규범과 인도에 대한 지속적인 필요성이 있다는 점을 가리켰다. 그 규범은 은혜 언약의 일환으로 하나님의 백성을 거룩함으로 교훈하기 위해 주어진 율법이었다.[1164]

갬블에 의하면, 능동적 순종을 거부한 근본적 이유는 '능동적 순종을 고수하면 반율법주의에 문을 열어준다'는 것이다. 그만큼 그 시대적 정황은 반율법주의에 대한 반감이 컸다는 것을 알 수 있다.

1164) 휘트니 G. 갬블, 웨스트민스터 총회의 반율법주의 논쟁: 그리스도와 율법, 류길선 역 (서울: 개혁주의신학사, 2021), 145-146; 〈회의록들은 분열된 총회의 모습을 드러낸다. 회원들은 그들의 칭의 이해에 있어서 특별히, 그리스도의 행하시고 당하신 순종 둘 모두 칭의의 필수요소인지, 신자에게 전가되는지에 관해서 통일성과는 거리가 멀었다. 그리스도의 "행하신" 의는 "그의 하나님의 율법준수"를 가리킨다. 그의 "당하신" 순종은 율법의 저주의 형벌을 십자가 위에서의 피 흘림으로 당하신 그의 고통을 말한다. 그리스도의 "모든 순종"은 하나님과 사람 사이의 중보자로서의 순종, 즉 행하시고 당하신 순종 모두를 포함한다.〉

갬블은 그리스도의 순종교리를 이해하기 위해 총회 30년 전에 일어난 조지 워커(George Walker)와 토마스 가태커(Thomas Gataker)의 격론의 상황을 보여준다. 이 논쟁은 1611년에 시작되었는데, 워커가 아르미니우스주의자 리처드 몬테규(Richard Montagu)와 싸우기 위해 유명한 비국교도인 앤서니 와튼(Anthony Wotton)의 칭의론과 만나면서 시작되었다. 열망이 컸던 워커는 싸움거리를 찾고 있었고, 소위 '이단 사냥꾼의 망토'를 걸치고 논쟁가로서 집요하게 활약했다. 워커는 와튼의 소논문에서 소시누스, 아르미니우스, 세르베투스의 이단사상의 흔적이 있다고 생각했다. 와튼과 워커 사이에 서신들이 오갔으나 차이점들을 중재하는 데 실패했다.

그 후에 워커는 설교 단상에서 와튼을 비판하면서 와튼이 가태커를 포함한 여덟 명의 다른 목회자 앞에 나타날 것을 요구했다. 와튼과 가태커는 친구 사이였기 때문에 가태커는 워커에 대항하는 와튼의 변호를 맡았다. 워커의 러닝 메이트는 윌리엄 구지(Willaim Gouge)였다. 논쟁이 발생했으나 와튼은 이단 혐의를 벗었다. 그런 세월 이후, 30년 동안 총회가 모이기 꼭 2년 전에, 워커는 와튼을 반대하는 책들을 출판했다. 워커는 와튼의 가르침이 새로운 논적들에 의해 되살아나고 있다고 말했다. 갬벌은 그 새로운 논적이 가태커라고 생각했다. 워커와 가태커 사이에 한 차례의 논문이 오갔으며 총회에 호출되기 전에 마지막으로 출판되었다. 그들 사이에 일어난 사안은 다음과 같은 질문이었다.

> 하나님은 그리스도 자신이 삶 속에서 하나님의 법에 완전하게 순종하심과 십자가에서 그의 피를 흘리심으로 율법의 저주의 형벌을 당하심 모두에서 의롭게 되셨던 방식으로 죄인을 의롭다고 간주하시는가? 그리스도의 순종의 두 국면들이 죄인에게 모두 전가되어, 그리스도가 고통을 당하고 순종했던 것처럼 그도 고통당하고 순종했다고 말해질 수도 있는가?[1165]

1165) 휘트니 G. 갬블, 웨스트민스터 총회의 반율법주의 논쟁: 그리스도와 율법, 류길선 역 (서울: 개혁주의신학사, 2021), 149; 〈와튼의 주된 구원론적 요점은 칭의가 죄 사함, 또는 죄의 비전가(nonimputation)에 있다는 것이다. 와튼은 사도 바울의 글에서 그리스도의 의로운 율법 수행이 칭의 안에서 죄인에게 전가된다는 가르침의 어떤 흔적도 찾을 수 없다고 주장했다. 사실상 와튼은 바울이 로마서에서 하나님은 의를 위해 죄인의 믿음을 전가하신다고 분명히 언명했다고 주장했다. 와튼은 만일 그리스도의 의가 죄인에게 전가된다면, 그는 그리스도의 공로 수혜자가 아닐 것이라고 의문을 제기했다. 만일 그렇다면, 어떻게 죄인이 그 자신의 구원자가 아닐 수 있는가? 만일 그리스도가 도덕법에 대한 완전한 순종을 제공했다면, 그것은 행위의 "법적" 언약으로 칭의를 초래한 것이 아닌가? 또한, 와튼은 아담의 죄책이 그리스도의 의가 전가되도록 요구한다는 이유로 그의 죄책이 모든 사람들에게 전가되었다는 개념은 어리석은 것이라며 거부했다. … 구약에서 하나님은 죄를 제거하고 칭의를 얻기 위해 희생이 요구하시나 이는 "그리스도를 믿는" 것만으로 요구하는 새언약의 도래와 더불어 바뀌었다. 와튼은 새언약에서 칭의가 발생하기 위해 그리스도에 대한 신뢰와 믿음이 율법의 의 대신에 요구되었다고 주장했다. 믿음은 의를 위한 것으로 "여겨"지거나 "받아들여"졌다. 와튼에게 새언약이 그리스도 의해서든지 혹은 그리스도의

워커는 열렬히 '그렇다'고 대답했으며, 와튼은 열정적으로 '아니다'라고 대답했다. 워커와 와튼이 누르고 있는 단추는 너무 강력하게 누르고 있어서 손가락을 놓아도 떨어지지 않았다. 와튼은 칭의는 오로지 그리스도에 대한 신뢰와 믿음으로 주어지며 율법 명령을 이행함으로써는 전가되지 않고 아담의 죄책이 모든 사람에게 전가되지도 않는다고 주장했다. 와튼의 의도는 무엇인가? 우리 구원은 전적으로 하나님의 선물이며 인간 편에서의 어떤 내재적인 공로가 없다는 것이다. 워커의 입장에서 보면 와튼은 '반율법주의자'였다. 이것은 그 당시에 발생한 능동적 순종교리가 반율법주의의 범주 아래 일어난 논쟁이었다는 것을 말한다.

와튼은 자신이 교황주의로 간주 된 것이 불쾌했다. 와튼은 어떤 경우라도 공로에 기초한 칭의는 불가하다고 생각했다. 그리스도의 의가 전가되어 신자의 의라고 주장하게 되면 신자들은 자신의 공로에 기초하여 칭의를 받게 되는 것은 불가하다는 입장이었다. 와튼을 변호한 가태커는 와튼의 요점이 '칭의는 순전히 죄 사함에 있다'는 것이었다. 율법을 성취한 그리스도의 의는 신자에게 전가되지 않고 믿음은 다만 의롭다 함을 받는 것이었다. 가태커에게 "칭의는 법적 문제이며, 죄 사함은 바뀐 법적 신분에 의거한 은혜의 행위였다."[1166]

IAOC를 반대하는 발언을 가장 많이 한 가태커(25회 발언)는 워커에 대한 마지막 대답을 수동적 순종만을 칭의로 여기는 데이비드 파레우스의 말을 인용함으로 마무리했다.[1167] 반면에, 워커는 율법의 의로운 요구에 대한 그리

백성에 의해서든지 율법을 완벽하게 지키도록 요구한다는 것은 교화주의적인 개념이었다. 왜냐하면 이는 칭의의 본질적인 성격들 중 하나로 율법이란 치의의 영역 내에 설 자리가 없기 때문이다. 신자는 율법의 명령을 이행함으로써 스스로를 칭의하지 못하며, 그들을 대신하는 다른 이의 율법 성취의 의로 칭의되지도 않는다.〉(Ibid., 149-150.)

1166) 로버트 레담, **웨스트민스터 총회의 역사: 웨스트민스터 총회**, 권태경·채천석 역 (서울: 개혁주의신학사, 2014), 428; 〈그때 가테이커는 죄 사함은 칭의 다음에 오며, 따라서 그것은 칭의로부터 분리될 수 있다고 주장했다. 그는 다음과 같이 말한다. "나는 죄 사함은 칭의와는 별개의 것으로 받아들입니다. 나는 그 조항의 원형에는 지극히 참된 것이 있음을 인정합니다. 우리의 죄는 그리스도의 공로로 사함을 받으며, 이 공로는 항상 칭의를 동반하지만, 이 공로는 칭의의 일부가 아니며 칭의와는 별개의 것입니다." 이러한 방식의 주장은 프랑스 신앙고백과 벨기에 신앙고백과 같은 고전적인 개혁파 신앙고백들에서 벗어나는 것이다. 양 신앙고백은 칭의와 죄 사함을 동일시한다. 가테이커에게는, 칭의는 법적 문제이며, 죄 사함은 바뀐 법적 신분에 의거한 은혜의 행위였다.〉

1167) Gataker, *True Relation*, 136. Gataker, *Answer to Mr George Walker's Vindication*.; 〈파레우스는 "죄인의 칭의를 위해 그리스도의 당하신 순종뿐 아니라 행하신 순종의 전가를 요구하는 것은 그리스도의 죽으심을 무시하고, 그래서 우리의 죄를 위한 죽으심으로 이룬 그의 십자가와 대속을 쓸데없으며 불필요한 것"으로 만든다고 주장했다.〉; 휘트니 G. 갬블, **웨스트민스터 총회의 반율법주의 논쟁: 그리스도와 율법**, 류길선 역 (서울: 개혁

스도의 대속과 의의 전가는 칭의 교리의 본질이라고 주장했다. 서로가 정통이라고 말했다.

논쟁은 1610년대에 끝나지 않았고, 1643년 웨스트민스터 총회는 이 문제로 분열되었다. 제11조, "사람의 칭의에 관하여"의 개정을 맡은 위원회는 1643년 9월 6일에 제안된 개정본과 함께 총회에 제출했다. 원래 제목은 "사람의 칭의에 관하여"이며 내용은 다음과 같았다.

> 우리는 오직 우리 주와 구원자이신 예수 그리스도의 공로에 대해 우리 자신의 행위나 가치가 아닌 믿음으로 하나님 앞에 의롭다 함을 얻는다. 그런 이유로, 우리가 믿음으로만 칭의를 받는다는 것은 가장 건전하며 위로 가득한 교리이다.1168)

이에 대한 개정안은 "하나님의 시각에서 본 사람의 칭의에 관하여"라는 제목이었고 그 내용은 다음과 같았다.

> 우리는 칭의된다. 즉 우리 자신의 행위나 가치에 대해서가 아니라 우리 주와 구원자이신 예수 그리스도, 즉 하나님이 우리에게 전가하시고 믿음으로만 파악되는 그의 완전한 순종과 대속에 의한 무조건적 은혜로만 우리는 하나님 앞에서 의롭다 함을 얻고 죄 사함을 받는다.1169)

이 개정안으로 인한 반응에 대해 갬블은 다음과 같이 말했다.

> 그 조항에 대해 제안된 대안들 중 두 개는 원내를 경악시켰다. 첫 번째는 칭의 된 사람이 칭의로 하나님 앞에서 "의롭다 하심을 받는다"라는 문구였다. 두 번째는 그리스도의 "전(全) 순종-그분의 행하시고 당하신 순종이 신자에게 전가되며 의의 "형식적" 원인이라는 점이었다. 신학자들이 "전체 순종"이라는 문구를 행하시고 당하신 순종 모두를 아우르는 것으로 이해했다는 것은 뒤이은 토론을 통해 분명해진다.1170)

반발의 핵심은 그리스도의 행하신 순종이 신자에게 의로 전가된다는 것이었다. 가태커는 재빨리 반대했고, 라자러스 시만은 동의했다. 조항 개정 책임 위원회 회원인 찰스 헐(Charles Herle)이 개입하여 위원회의 용어 채택을 옹호했다. 가태커는 무엇보다 '전체 순종'이라는 말에 그리스도의 당하신 순종과 행하신 순종이 다 포함된다는 것을 반대했다. 가태커는 그리스도의 당하

주의신학사, 2021), 153에서 재인용.
1168) 휘트니 G. 갬블, **웨스트민스터 총회의 반율법주의 논쟁: 그리스도와 율법**, 류길선 역 (서울: 개혁주의신학사, 2021), 154-155.
1169) Ibid., 155.
1170) Ibid., 155.

신 순종이 의로 전가된다고 말했다. 가태커가 그렇게 말한 이유는 무엇인가? 그것은, 첫째로, 그리스도의 당하신 순종에 대속의 충분한 질료가 있다고 믿었기 때문이다. 둘째로, 반율법주의에 대한 강력한 반대였다. 가태커는 그리스도께서 인간으로서 율법을 지켜야 할 의무가 있으며 창조주 하나님께 순종해야 했으나 그리스도의 그 순종이 의로 전가되어야 할 필요는 없다고 주장했다.1171) 가태커에게 칭의는 "온전한 대속이 개입된" 죄 사함(또는 무죄선고)이었다.1172) 가태커는 '만일 그리스도의 능동적 순종의 전가를 인정하면, 율법폐기론이 따라온다'고 보았기 때문이다.1173)

1171) Ibid., 161; 〈가태커는 아담이 에덴동산에 있을 때 행위언약 아래에 있었다고 주장했다. 아담은 "이것을 행하면 살게 될" 것이었다. 그리고 그리스도는 자신의 순종의 삶으로 그 언약에 답하셨다. 하지만 가태커는 단순히 언약을 성취하는 것은 천국으로의 접근을 수락하지 않는다고 했다. 아담이 완벽하게 그 언약을 지켰다고 하더라도, 그는 여전히 "천국으로 옮겨"지지 않았다. 가태커는 그게 아니라 천국으로의 진입을 수락하기 위해 양자됨이 발생할 필요가 있다고 주장했다. 그는 칭의에서 "우리가 타락 이전의 아담보다 더 뛰어난 상태로 높여지는 것이 아니라고" 했다. 그런 상태가 천국에 대한 자격을 부여하는 것이 아니었다.〉

1172) 존 페스코, 역사적 신학적 맥락으로 읽는 웨스트민스터 신앙고백서, 신윤수 역 (서울: 부흥과개혁사, 2018), 267-268; 〈가태커는 이 회의 후에 간행된 그의 한 저작에서 자기가 트리엔트공의회의 오류인 두 가지 그릇된 입장이라고 믿은 것,즉 한편으로는 칭의와 성화를 혼동하는 것, 다른 한편으로는 칭의가 오직 면죄일 뿐이라고 본 피스카토르의 견해를 거부함으로써 자신의 입장을 분명하게 보여준다. 가태커는 피스카토르와 반대로 죄 사함(pardon)은 면죄(remission)와 달라서, 전자는 죄책을 제거하는 것인 반면에, 후자는 죄만을 제거하는 것이라고 믿었다. 가태커는 자신의 논증에서 사도행전 13장 38-39절을 인용한 칼빈을 근거로 제시하고, "면죄 이후에 이 칭의가 언급된다"고 결론을 내린다. 칼빈도 그 동일한 맥락에서 칭의는 "고소된 자에 대한 죄책으로부터의 무죄선고에 다름 아니다"라고 말한다. 따라서 가태커에게 칭의는 "온전한 대속이 개입된" 죄 사함(또는 무죄선고)이다. 가태커는 이렇게 쓴다. "의롭다고 하는 것은 의심을 받은 자에 대해 죄책으로부터의 무죄를 선고하여 무죄 또는 죄책이 없음을 인정하는 것에 다름 아니고, 이것은 단지 용서하는 것과 다른 문제이다. 이 차이는 사소한 문제도 아니고 가벼운 문제도 아니며 주목할 가치가 없는 문제도 아니다. 왜냐하면 소키누스는 정통신학자들 사이의 논쟁에 대해 평하면서, 자신의 『신학강의』 제15장에서 그 자신과 자신의 추종자들의 견해를 이렇게 밝히고 있기 때문이다 … 문제는 그리스도에 의한 우리의 칭의에서 우리의 죄가 어떤 보속 또는 대속에 의해 제거되는 것이냐, 아니면 용서에 의해 제거되는 것이냐 하는 것이다. 대부분의 신학자들은 이것이 대속의 개입에 의해 이루어진다고 말하지만, 우리는 단순한 용서에 의해 이루어진다고 말한다. 그리고 전자는 칼빈이 명시적으로 택한 길이고, 이것은 칼빈이 무엇을 생각하고 있었는지 좀 더 분명하게 보여준다."〉

1173) 이은선, '신앙고백서의 구원론-구원의 서정을 중심으로,' 한국개혁신학 40 (2013): 133-134(113-144); 〈의회는 1643년 9월 12일에 총회에 이러한 율법폐기론의 문제에 대해 검토하도록 지시하였다. 토론 과정에서 웨스트민스터 신학자들은 전체적인 율법폐기론의 입장에 대해 강력하게 공격하기 시작했다. 신학자들 가운데는 지지자가 없었으나, 국회의원들 가운데 일부가 "잘못된 믿음을 취급하는 성경의 방식이 영적인 설득을 하는 것이다"라는 믿음 때문에 관용적이어야 한다는 압력을 느꼈던 것 같다. 그러므로 WCF를 작성할 때 총회는 율법폐기론을 깊이 의식하면서 문서를 작성해야만 했으며, 시민혁명 당시의 율법폐기론의 문제를 면밀하게 검토하고 성화의 필요성과 도덕법 준수의 영속적인 의무를 강조하였다. 이렇게 율법폐기론이 등장하여 세력을 형성하고 있었으므로, 신학자들은 율법폐기론의 위험을 극복하는 것이 중요한 과제였다. 그러한 상황에서 프란시스 테일러는 가태커를 지지하면서, 그리스도가 우리를 위하여 완전하게 율법을 순종했다면, 우리가 스스로 율법을 준수할 필요가 없으며, 그래서 율법폐기론도 결국 정당할 것이라 주장했다. 이에 대해 라이트푸트(Lightfoot)는 우리의 구속이 타락을 극복해야 하는데 우리가 율법을 깨뜨렸기 때문에 그리스도는 율법을 준수해야만 한다고 반복하여 반박하였다. 굳윈(Goodwin)도 이 견해에 동의하면서 인간의 타락에서 이중적인 빚이 발생하여 만족의 요구뿐만 아니라 순종의 요구도 생겨났다고 하였다. 이들은 그리스도의 능동적 순종은 우리의 완전한 구원을 위해서 필요

가태커의 주장에 리처드 바인스(Richard Vines)와 프랜시스 우드콕(Francis Woodcock)이 지지했다. 로버트 레담은 다음과 같이 말했다.

긴 휴식 뒤에, 총회가 1643년 9월 11일 월요일 제50차 회기에서 재개되었을 때, 우드콕은 그리스도의 능동적 순종을 칭의에 결합시키는 것은 반율법주의를 초래할 거라는 자신의 우려를 재주장했다. 만약 그렇다면, 의롭게 된 사람은 죄가 없는 것으로 간주될 것이다. 만약 공로가 그리스도의 의에 속하고, 그것이 나에게 전가된다면, 나한테도 공로가 있는 것이다. 그렇다면 하나님은 내 안에 있는 죄를 보지 않으실 것이다. 이것이 구원론적 반율법주의자들의 중요한 주제였다. 한 차례 반박들이 뒤따랐다. 워커는 그 같은 주장은 수동적인 순종의 전가에도 사용될 수 있다고 말했다. 배서스트는 전가된 의는 우리 안에 있는 생득적인 죄를 수반한다고 지적했다. 거지(Gouge)는 하나님은 우리들 자신에 의해서가 아니라 보증에 의해서 율법을 성취한 것으로 여기신다는 것을 명백히 했다. 토마스 케이스(Thomas Case)는 하나님은 칭의라는 견지에서 우리 안에 있는 죄를 보지 않으시지만, 성화의 견지에서는 우리의 죄를 보신다고 주장했다. 바인즈 자신은 전가는 내가 그리스도께서 행하신 것을 행했다는 것을 함축하는 게 아니라, 그리스도께서 행하신 것이 나의 것임을 함축한다고 주장함으로써 우드콕의 우려에 반대했다. 헐은 그리스도의 공로가 우리에게 전가되는 것에 관해 얘기하는 것에 대해서 경고했다. 왜냐하면 "율법은 나에게 공로를 요구한 게 아니라, 순종을 요구했으며, 그러므로 순종은 나의 것이지만, 공로는 그리스도의 것"이기 때문이다. 그때 레이노(Raynor)는 능동적인 순종이 칭의 안에서 전가된다는 개념에 대한 충분한 성경적 근거가 있는지를 의문시함으로써 논쟁에 합류했다. 그가 알 수 있는 한, 의는 성경에서 그리스도께서 죽으시고나서야 비로소 그분께 속하는 것으로 생각된다. 더욱이 사람

한 것이므로, 그리스도의 율법에 대한 완전한 순종이 우리의 율법에 대한 순종의 필요성을 없애는 것이 아니라고 주장하였다. 이에 대해 가태커는 아타나시우스, 칼빈, 유니우스, 고마루스로부터 아리스토텔레스까지 인용하면서 "온전한 순종"에서 "온전한"이란 말을 공격하였다. 그에 따르면 제기되는 문제점은 그리스도의 습관적인 거룩, 그의 자연법과 도덕법에 대한 순종이 우리 죄책의 해결을 위해 지불된 그 값 속에 들어간다면, 그리스도의 능동적 순종이 우리가 구원받는 그 값 혹은 보속금이라고 불리는 성경의 어떤 구절이 있느냐? 하는 것이었다. 그리스도의 능동적 순종이 우리의 구속을 위한 보속금이 아닌데, 그리스도의 능동적 순종의 전가를 인정하면, 율법폐기론이 따라 온다는 것이다. 그러나 이들의 율법폐기론의 주장은 그리스도의 능동적 순종의 전가가 칭의와 관련되어 우리의 완전한 구원을 위한 근거임에도 불구하고, 성화에 적용하여 우리의 율법 순종의 의무를 제거한다는 잘못된 이해에서 기인한 것이었다. 가우지(Gouge)는 하나님의 의의 전가 교리는 고대부터 있었고, 지속적이며, 보편적이고, 영국, 스코틀랜드, 프랑스, 팔라티네이트, 네덜란드, 스위스, 그리고 보헤미아 교회들에 의해 명백하게 수용된다고 주장하였다. 그러나 그는 총회의 오히려 아리송한 용어를 이해하는데 도움을 줄 수 있는 설득력 있는 서술을 하였다. 그는 "온전한 순종"이란 구절이 능동적 순종과 수동적 순종을 구별하지 않기 때문에 이 구절이 논쟁의 토대가 아니라고 주장하였다. 이 후에도 많은 뜨거운 토론 후에, 표결이 이루어졌는데 3-4명만이 반대한 가운데 "그의 온전한 순종과 만족이 하나님에 의해 우리에게 전가되어야 한다"고 표현되어야 한다는 결정이 이루어졌다. "온전한 순종과 만족"이란 표현에 대해 능동적 순종과 수동적 순종을 포함하려고 의도된 것으로 해석되기도 하지만, 능동적 순종을 분명하게 표현하는데서 의견의 일치를 보지 못하였다. 스트레인지(Alan Strange)는 이 때 소수의 반대자들 밖에 없었는데, 이렇게 오래 논의가 진행된 것은 총회의 성격에서 기인한다고 주장한다. 총회가 의회의 자문기구로서 아무런 결정권이나 징계권이 없었고 의견 수렴과정이었기 때문에, 의견이 강한 소수가 자신들의 견해를 마음껏 표현하여 오랜 토론이 이루어졌다는 것이다. 이러한 표현의 성격에 대해 딕스호온은 능동적 순종과 수동적 순종을 언급하는지 혹은 수동적 순종만을 의미하는지 불분명하며 "총회가 신앙고백서 혹은 어떤 요리문답에서 그리스도의 능동적 순종의 언어를 사용하지 않기로 결정한 것은 미묘한 결정이었던 것으로 나타난다"고 해석하였다. 레담은 총회가 용어에 대하여 가졌던 깊은 관심은 모든 구성원들이 그 서술을 받아들이도록 유도하려는 소망을 나타내는 것으로 보았다. 노리스는 1643년의 칭의 항목의 수정에 대해 참여한 사람들의 개혁주의 입장이 폭이 넓었고 대륙 개혁교회들에 대한 독립성을 나타내며, 다수와 의견이 다른 사람들을 목회에서 배제하지 않으려는 목회적인 배려도 있었다고 하였다.〉

이 하나님께 지고 있는 빚은 순종이지만, "죄 사함으로 순종 위에 있는 이 빚을 그리스도인은 진실로 성화로 갚는다." 게다가 가테이커처럼, 레이노도 입양이 우리에게 천국에 대한 권리를 부여한다고 주장했다. 애로우스미스와 콜맨 두 사람이 모두 그에게 응수했다.[1174]

바인스는 그리스도의 당하신 순종만 칭의를 공급한다고 주장했다.[1175] 바인스는 롬 5:9-10, 8:1-4에서 "우리에게 율법의 요구가 이루어지게 하기 위하여"는 우리의 칭의를 위해 전가된 그리스도의 본성의 거룩함이 아니라 성화의 과정이라고 말했다. 또한 히 10:10은 그리스도의 순종의 삶이 아니라 "그의 몸을 단번에 드리심"이라고 말했다. 이에 대해 윌리엄 레이너(William Rayner), 우드콕이 지지했다. 우드콕은 그리스도의 전체 순종이 신자의 칭의에 영향을 끼치지만 "나는 칭의의 방식에 있어서는 완전히 만족하지 못한다"라고 말했다. 가태커, 바인스, 우드콕이 말하는 칭의는 그리스도의 피 흘림으로 획득된 법적 무죄 선언이었다. 이들이 지지한 이유는 반율법주의자들이 옳게 여겨지는 것을 우려했기 때문이다. 또한 만일 그리스도의 행하신 의가 전가되면 신자에게 죄 사함이 들어설 자리가 없게 된다고 생각했다. 반율법주의자들은 그리스도의 완전한 의가 신자들의 것이라면, 하나님께서 택자 속에 있는 죄를 볼 수 없다고 주장했다.[1176]

가태커는 자신이 피스카토르와 소시니안과는 다르다는 것을 나타냄으로써 자신을 정당화하려고 했다. 페스코는 다음과 같이 말했다.

1174) 로버트 레담, **웨스트민스터 총회의 역사: 웨스트민스터 총회**, 권태경·채천석 역 (서울: 개혁주의신학사, 2014), 440-442.
1175) 이은선, '신앙고백서의 구원론-구원의 서정을 중심으로,' **한국개혁신학** 40 (2013): 130(113-144); "반면에 능동적 순종의 전가를 주장하는 사람들은 그리스도의 능동적 순종이 우리의 구원을 위해 필수적이라고 주장하였다. 논쟁의 핵심은 그리스도의 수동적 순종이 그 자체로 칭의를 위해 충분한지 여부였다. 이에 대해 가타커와 바인즈는 그리스도는 인간이기 때문에 자신이 완전한 희생제물이 되기 위해 율법을 성취하는 것이 필요하지 우리의 구원을 위해 필요하지 않다고 주장하였다. 반면에 헐(Herle)은 그리스도가 율법을 완성시키는 마침인데, 이것은 그의 수동적 순종이 아닌 능동적 순종에 의해 성취되는 마침이고, 율법폐기론자들만이 능동적 순종의 전가를 문제 삼을 것이라고 강조하였다. 호일(Hoyle)은 그리스도가 인성을 가지고 있어 하나님께 순종해야 한다는 가타커의 견해는 이단에 가깝다고 공격하면서 로마서 5장 12-19절로부터 그리스도의 능동적 순종이 그의 수동적 순종과 결합되어야만 하며 그렇지 않으면 후자는 전혀 순종일 수 없다고 주장하였다. 또한 호일, 월커(Walker), 그리고 바서스트(Bathurst) 등은 칭의가 그리스도의 보혈과 더욱 관련되는 반면에, 성경은 칭의를 그의 순종과도 연결시키는데, 이 순종은 로마서 5장을 근거로 율법에 대한 그의 능동적 순종을 포함해야만 한다고 대답하였다. 능동적 순종을 주장하는 사람들은 율법은 사람들에게 주어진 것이라고 주장하였다. 그리스도는 인성을 가지고 있지만, 인간의 인격을 가지고 있지 않다. 그러므로 신인이신 그리스도는 자신을 위해서는 율법을 지킬 필요가 없었고, 인간들을 위해서 지킬 필요가 있었다. 그래서 로마서 5장 12-19절에서 그리스도의 능동적 순종을 생명의 의(18절)라고 말하였다."
1176) 휘트니 G. 갬블, **웨스트민스터 총회의 반율법주의 논쟁: 그리스도와 율법**, 류길선 역 (서울: 개혁주의신학사, 2021), 161-164.

가태커는 피스카토르만이 아니라 당시에 이미 이단이라는 평판을 듣고 있던 파우스투스 소키누스(1539-1604)로부터도 거리를 두고자 했다. 가태커가 전자와 거리를 둔 것은 피스카트로의 의심스러운 견해보다는 칼빈의 견해를 수용하고자 하는 시도였을 것이다(가태커와 피스카토르는 둘 다 칼빈을 근거로 제시하면서 자신의 견해를 뒷받침했지만). 그리고 가태커는 소키누스주의의 오류를 드러냄으로써 자신의 정통성을 나타내 보이고자 했다. 가태커가 특별히 그렇게 할 필요가 있었던 것은 비판자들이 IAOC를 부정하는 자들을 소키누스주의로 규정하고 비난했기 때문이다. 한편으로는 피스카토르와 소키누스 사이의 인지된 차이들, 다른 한편으로는 소키누스 자신의 견해와 반대로, 가태커는 칭의가 죄 사함이고 따라서 면죄를 낳는다고 믿었다. 가태커는 이렇게 말한다. "면죄는 그 자체로만 본다면 단지 긍휼 또는 은총의 역사인 반면에, 칭의는 엄격하게 말하자면 공의의 역사다(신 25:1)." 따라서 "면죄는 칭의와 동일하지 않지만, 드려져서 받아들여지고 행해지고 용납된 대속을 토대로 한 효과적인 칭의의 필연적인 결과다."[1177]

페스코에 의하면, 가태커는 이단이라 평판이 난 피스카토르와도 선을 긋고, 비판자들이 IAOC를 부정하는 자들을 소시니안주의로 규정하고 비난했기 때문에 소시니안주의자와 달리 "칭의가 죄 사함이고 따라서 면죄를 낳는다"라고 말했다. 가태커가 말한 요점은 그리스도께서 우리를 대신하여 율법에 순종하셨다면 우리 편에서 무엇을 행할 의무가 없다는 것이다.[1178]

가태커, 바인스, 우드콕의 칭의론은 거센 토론을 일으켰으며, 최종적으로 토마스 굿윈, 다니엘 피틀리, 조지 워커, 찰스 헐, 죠수아 호일이 주도하는 대다수에 의해 부결되었다. 갬블은 다음과 같이 말했다.

이들 그룹은 그리스도의 행하시고 당하신 순종이 신자에게 전가되는 것이 필수적임을 증명하기 위해 아담의 예를 들었다. 그들은 그리스도의 순종은 아담의 불순종에 답해야 했다고 주장했다. 아담은 하나님과 언약 관계 속에 창조되었는데, 이 언약은 완벽한 순종을 요구했다. 그 관계가 깨어지자 하나님은 세상에 있는 죄의 실재에 답하기 위한 완벽한 희생을 요구했고, 또한 그의 공의를 만족시키기 위한 완벽한 순종을 요구했다. 그러므로 칭의는 이중적이어야 한다. 의로운 행동을 유발할 뿐만 아니라 또한 죄를 제거해야 한다. 둘째 아담이 되심으로써 그리스도가 완전한 희생과 완전한 순종의 중보자가 되셔서 아담의 타락에 답하는 것은 필수적인 일이었다. 하지만 그 신학자들은 그리스도의 완전한 율법수행이 반율법주의를 수반하지는 않는다고 주장

1177) 존 페스코, 역사적 신학적 맥락으로 읽는 웨스트민스터 신앙고백서, 신윤수 역 (서울: 부흥과개혁사, 2018), 268-269.
1178) 로버트 레담, 웨스트민스터 총회의 역사: 웨스트민스터 총회, 권태경·채천석 역 (서울: 개혁주의신학사, 2014), 442-443; 〈그가 강조한 신학적 요점은 어떤 사람이 우리를 대신해서 행하는 것에 대해서는 무엇이든지 우리 스스로는 그 무엇을 행할 의무가 없다는 것이었다. 그러므로 만약 그리스도께서 우리를 대신해서 율법에 순종하셨다면, 우리는 율법을 따를 의무가 없다. 따라서 반율법주의는 칭의 안에서의 그리스도의 능동적 순종의 전가를 받아들이는 데서 비롯할 것이다. 게다가 가테이커는 지적하기를 오직 제2 스위스 신앙고백에서만 그리스도의 능동적 순종의 전가에 관한 명확한 언급이 있다고 했다. 그는 이 총회의 대다수의 입장과 의견을 달리하는 것이 좋은지의 여부, 즉 "일반적으로 허용되고 다수의 학자가 일체를 보지 못하는 조항에 있어서 그들의 사역의 활동의 제한과는 무관하게 그 사안을 결정할지의 여부"에 대한 동의를 촉구했다.〉

했다. 신학자들은 아담이 창조되었을 때, 그는 행위언약을 맺었다고 설명했다. 아담은 하나님의 명령에 대해 완전하고 자발적인 순종을 해야 할 완벽한 존재였다. 만일 아담이 하나님의 법을 온전히 따름에 있어서 성공했더라면, 하나님은 "이것을 행하라 그리하면 살리라"는 말씀 안에 요약된 것처럼 생명의 요약을 주셨을 것이다.[1179]

행위언약과 언약에 대한 완벽한 순종에 대한 견해가 대다수의 입장이었으나 소수의 회원이 못마땅해했다. 구지는 그리스도의 의의 전가교리는 "예부터 내려오는 변치 않고 보편적이고, 잉글랜드, 스코틀랜드, 프랑스, 신성로마제국의 선제후령, 네덜란드, 스위스, 보헤미아의 교회들에 의해서 명백히 받아들여져 있다"고 주장했다. 구지는 논쟁이 일어나는 이유가 "온전한 순종"이라는 문구가 아닌데, "그것은 능동적 순종과 수동적 순종을 구별하지 않기" 때문이라고 말했다. 존 레이(John Ley)는 이 문제를 표결에 부칠 것을 주장했다. 레이는 "수동적 순종은 단지 지옥에서 구해낼 뿐이다. 우리에게 천국에 대해 관심을 갖게 하는 것은 능동적인 순종이다"라고 말했다.[1180]

IAOC 지지 발언을 한 사람 중 다니엘 피틀리(1582-1645)는 다섯 번 발언했는데도 회의록에 모두 기록되었다. 피틀리의 발언은 IAOC 논쟁에 대한 중요한 견해를 말해준다. 피틀리는 자신이 행한 발언 중 두 번째 발언에서 IAOC 반대 발언에 대해 다섯 가지 대답을 했다.

페스코는 다음과 같이 정리했다.

피틀리가 자신의 발언에서 부각시키려고 애썼던 것은 그가 "그리스도의 이중적 순종"이라고 표현했던 것이었다. 피틀리는 어떤 이들이 능동적 순종과 수동적 순종이라 불러왔던 것을 자기는 일반적 순종과 특별한 순종이라고 부른다고 말했다. 피틀리는 이 둘이 칭의를 위해 필수적이었고, 피스카토르와 항론파 신학인 다니엘 틸레니우스(1563-1633)는 이것을 부정하고 오직 그리스도의 수동적 순종의 전가만을 주장했다고 말했다. 피틀리는 웨스트민스터 총회에서 행한 자신의 두 번째 발언에서 IAOC를 반대하는 다섯 가지 핵심적인 반론에 대한 대답을 제시했다. 첫 번째 반론은 인간으로서 그리스도는 흠 없는 제사장이 되기 위해서 스스로 율법을 성취해야 했기 때문에, 그의 순종은 스스로 제사장으로서의 자격을 갖추고, 죄인들을 위해 자신을 희생 제물로 드림에 있어서 제물로서의 자신의 적격성과 순전함을 갖추기 위해 필요했다는 것이다. 피틀리는 그리스도는 자신의 두 본성의 위격적 연합으로 말미암아, 자신이 율법을 성취해야 했던 것은 단지 자기 자신만을 위한 것이 아니라 자신이 대표했던 사람들을 위한 것이기도 했다고 반박했다. 그리스도는 "공인"이었다. 두 번째 반론은 성경은 구속과 화해를 그리스도의 순종이 아니라 피에 돌리고 있다는 것이었다. 피틀리는 성경이 그리스도의 피라고 말할 때 그것은 그의 순종 전체를 가리키는 환유법적 표현이라고 주장했다. 세 번째 반론은 부작위에 의한 죄

1179) 휘트니 G. 갬블, 웨스트민스터 총회의 반율법주의 논쟁: 그리스도와 율법, 류길선 역 (서울: 개혁주의신학사, 2021), 165.
1180) 로버트 레담, 웨스트민스터 총회의 역사: 웨스트민스터 총회, 권태경·채천석 역 (서울: 개혁주의신학사, 2014), 443-444.

든 작위에 의한 죄든 죄책으로부터 자유롭게 된 자는 마치 그가 율법을 성취한 것처럼 간주 된다는 것이었다. 그러나 피틀리는 죄책으로부터 자유롭게 된 자는 의롭게 된 것이 아니라 단지 무죄가 된 것이라고 믿었다. 무죄한 자는 분명히 형벌로부터 자유롭게 되지만, 그는 자신의 전 생애에 걸쳐 능동적으로 율법을 성취한 것은 아니기 때문에 영생을 얻을 자격은 없다. 피틀리는 이것과 관련해서 레위기 18장 5절을 인용한다. "이를 행하면 살리라." 네 번째 반론은 그리스도의 능동적 순종이 죄인들에게 전가된다면, 율법 전체를 성취한 자에게는 죄 사함이 요구되지 않기 때문에 죄 사함의 필요성이 존재하지 않는다는 것이었다. 피틀리는 그것에 반대해서 그리스도의 능동적 순종은 어떤 사람의 죄가 먼저 사함 받기 이전에 전가될 수 없다고 주장했다. "자기 자신에 의해서든 다른 이에 의해서든 자신의 죄를 속하지 않은 자를 의롭다고 여기는 것은 하나님에게 있어서 불의한 일이다. 포로 된 자가 존귀함으로 나아가기 위해서는 먼저 자유롭게 되어야 한다." 다섯 번째이자 마지막 반론은 믿는 자들은 그리스도의 수동적 순종의 전가에 의해 영원한 사망으로부터 자유롭게 되고, 따라서 영생을 얻는다는 것이었다. 피틀리는 "우리 구원의 원인들은 서로 연결되어 있어서" "영원한 사망으로부터 자유롭게 된 자는 영생 안에 있게 된다"는 것을 인정하지만, 그럼에도 불구하고 각각의 원인은 동일하지 않다고 반박했다. 그는 다음과 같은 방식으로 이 점을 예증했다. 창문의 덧문을 열면 통상적으로 햇빛이 방에 들어오지만, 창문이 열려 있다는 사실은 햇빛이 자동적으로 방에 들어온다는 것을 의미하지는 않는다.[1181]

페스코에 의하면, 피틀리는 1) 그리스도가 공인으로서 순종하여 제물의 적격성과 순전함을 갖추었으며, 2) 그리스도의 피라는 말은 그리스도의 순종 전체를 가리키며, 3) 죄책의 자유는 의롭게 된 것이 아니라 무죄가 된 것이며

1181) 존 페스코, **역사적 신학적 맥락으로 읽는 웨스트민스터 신앙고백서**, 신윤수 역 (서울: 부흥과개혁사, 2018), 270-272; 〈피틀리는 공통된 반론에 대한 이 다섯 가지 대답 외에도 IAOC를 지지하는 다섯 가지 적극적인 이유를 제시했다. 첫째로, 그는 칭의는 구속 및 대속과 구별되기 때문에 그리스도의 수동적 순종의 전가로는 칭의를 위해 충분하지 않다고 주장했다(단 9:24; 고전 1:30). 둘째로, 성경은 단순한 수동적 순종이 아니라 의('디카이오마'. 롬 5장)가 전가된다고 말한다. 셋째로, 피틀리는 의식법을 성취하는 것은 그리스도의 수동적 순종과 다르다고 주장한다. 의식법의 요소들은 법적 행위이자 "일종의 신앙고백"으로서 믿는 자들에게 주어졌다. 넷째로, 피틀리는 IAOC의 반대자들이 그리스도의 능동적 순종의 부분적 전가를 주장하는 아이러니를 지적했다. 대부분의 개혁주의 신학자들에 의하면, 십자가 위에서 그리스도의 수난은 수동적 순종임과 동시에 능동적 순종이었다. 그렇다면 IAOC의 반대자들이 이렇게 그리스도의 능동적 순종의 일부가 믿는 자들에게 전가되는 것을 기꺼이 인정하고자 한다면, 그 전부의 전가를 왜 반대하는 것인가? 다섯째이자 마지막으로, 믿는 자들이 IAOC를 수여받지 않는다면 영생으로부터 차단될 수밖에 없다. 그것이 율법의 본성이기 때문이다. "이를 행하면 그로 말미암아 살리라"(레 18:15), "네가 생명에 들어가려면 계명들을 지키라"(마 19:17). 피틀리는 교황주의자들, 아르미니우스주의자들, 도덕률 폐기론자들, 소키누스주의자들 같은 "이단들"의 오류를 반박하는 것 외에도 그들의 그밖의 다른 반론에도 관심을 가졌다. 예컨대, 도덕률 폐기론자들은 통상적으로 그리스도가 믿는 자들을 대신해서 율법을 성취한 것이라면 믿는 자들이 반드시 거룩한 삶을 살 필요는 없지 않느냐고 주장했다. 피틀리는 그리스도의 능동적 순종이 믿는 자들에게 전가되기 때문에 믿는 자들은 "하나님 앞에서 의롭다 함을 얻기 위해서나 천국에 들어갈 자격을 확보하기 위해서" 율법을 성취해야 할 필요는 없다고 인정했다. 도리어 그들의 율법 성취는 다른 목적이 있는데, 그것은 하나님께 영광을 돌리고, 행위를 통해 자신들의 믿음을 증명해 보이며, 자신의 부르심과 택하심을 확실하게 하고, 거룩한 행실을 통해서 자신의 신앙고백을 장식하며, 추문을 피하고, 하나님의 심판을 피하기 위한 것이다. 교황주의자들의 반론은 그리스도의 의가 전가된다면 믿는 자들은 그 모든 것을 받을 것임에 틀림없고, 이것은 그들이 그리스도만큼 의롭다는 것을 의미한다는 것이었다. 피틀리는 루터를 근거로 제시했다. "루터의 말에 의하면, 모든 믿는 자들은 능동적 의가 아니라 수동적 의와 관련해서 내재적으로 의롭게 되는 것이 아니라 전가된 의로 말미암아 똑같이 의로운 것으로 여겨지는 것이다." 달리 말하면, 그리스도의 의는 내재적인 것이었던 반면에, 우리의 의는 전가에 의한 것이다.〉(Ibid., 272-273.)

영생의 자격은 없으며, 4) 그리스도의 능동적 순종은 죄 사함 받기 전에는 전가될 수 없으며, 5) 수동적 순종만으로는 영생을 얻는 것은 아니라고 말했다. 그러나 '온전한 순종'이라는 표현이 웨스트민스터 표준문서에 사용되지는 않았"다.1182) 그 이유에 대해, 권경철 교수는 "그러한 생략이 반대파에 대한 배려 차원에서 이루어졌을 가능성도 있을 뿐 아니라, 동시에 17세기 유럽 개혁파 정통주의 신학논쟁에서 피스카토르 등에 의하여 사용된 '온전한 순종'이라는 표현에 대한 거부감에서 기인한 일일 가능성 역시도 높다"고 말했다.1183)

우리는 총회 논쟁의 마지막 부분을 봄으로써 능동적 순종교리가 어떻게 신앙고백서에 기록되었는지 알 수 있다. 갬블은 다음과 같이 말했다.

가타커는 창조된 그리스도의 인성은 그의 창조주이신 하나님께 대해 의무를 진다고 주장했다. 굿윈은 인간으로서만의 그리스도의 순종은 죄인을 의롭게 할 수 없다고 했다. 그는 그리스도께서 인성을 입으시기 전, 그분은 하나님과 동등하고, 인성을 입으실 필요도 없으셨으나, 꼭 그분이 죄인들을 구원하고 칭의할 목적을 위해 언약으로 자유롭게 인성을 입으셨다고 설명했다. 그는 "단순히 출생으로만 아니라 율법의 주, 은혜의 주, 영광의 주로 선언되셨다"는 사실에 의해 "율법 아래" 놓이셨다. 총회의 다른 회원들은 가타커의 입장이 너무 멀리 나아갔다고 생각했다. 워커는 가타커의 입장이 "소시니안주의의 작은 구원자 역할을 한다"고 주장했고, 헐은 비록 그리스도의 인성이 창조되었다 할지라도 그리스도를 피조물로 부르는 것은 "너무 이단에 가까운 것"이라고 말했다. 다음 날 가타커는 비록 자신의 입장이 모든 "고대 교부들"이 가르쳤던 것만큼이나 "비정상적이거나 위험한 표현이 아니었다"고 했으나, 지금 위험한 표현으로써 삐걱거렸

1182) 권경철, '웨스트민스터 표준문서와 그리스도의 "온전한 순종" 문제: 안토니 버지스(Anthony Burgess, 1600-1664)의 『참된 칭의 교리』로부터 단초 찾기, 갱신과부흥 28 (2021): 147-148(143-172); 〈이처럼 웨스트민스터 표준문서가 그리스도의 능동적 순종에 대해서 긍정하고 있다는 것에서는 학자들 간의 이견이 거의 없지만, 이와 대조적으로 "온전한 순종"이라는 말이 왜 웨스트민스터 신앙고백서 11장 1절에 생략되고, 그 대신 "완전한 순종"이라는 표현이 대요리문답 70문과 웨스트민스터 신앙고백서 8장 5절 및 19장 6절에 들어갔는지에 대해서 대답하는 것은 여전히 학계의 난제로 남아있다. 피스코에 따르면, "온전한 순종"이나 "완벽한 순종"이라는 표현은, 당대의 저명한 신학자들인 존 도우네임(John Downame, 1571-1652), 조지 워커(George Walker, 1581-1651), 그리고 제임스 어셔(James Ussher, 1581-1656)등에 의하여 그리스도의 능동적이고 수동적인 순종을 총칭하는 데에 이미 사용된 바 있으나, 다만 피틀리(Daniel Featley, 1582-1645)와 같은 신학자들은 온전한 순종 혹은 능동적 순종과 수동적 순종이라는 표현이 아담의 죄와 대비되는 그리스도의 의로운 순종을 나타내기에 충분치 않다고 생각했기 때문에 온전한 순종이라는 표현이 웨스트민스터 표준문서에 사용되지는 않았던 것이다. 한편 스트레인지는, 비록 1645년과 1646년에 웨스트민스터 신앙고백서를 작성할 때 "온전한 순종"이라는 언급이 생략되었어도, 그것은 그들의 입장 변화 혹은 타협을 암시하는 것이 전혀 아니며, 단지 그들이 초창기에 했던 39신조 개정 작업처럼 "온전한"이라는 한 단어에만 집중하지 않고 전체 신앙고백서 작성에 더 큰 관심을 보였기 때문이었다고 생각한다. 주(Jeffery Jue)는, "온전한"이라는 단어가 왜 생략되었는지에 대해서는 알 수 없으나, 적어도 첫째 아담과 마지막 아담을 대비시키는 신앙고백서의 구조는 그 자체로 웨스트민스터 신앙고백서가 그리스도의 능동적 순종교리를 긍정한다는 증거가 된다고만 언급하였다. 이은선의 경우, 웨스트민스터 신앙고백서는 완벽한 순종이라는 문구를 통해 능동적 순종 개념을 담아내면서도, "온전한"이라는 단어를 사용하지 않음으로써 반대파들의 입장을 배려하였다고 주장한다.〉
1183) Ibid., 148.

던 것에 대해 사과했다. 그런 다음 가타커는 터툴리안, 키릴, 고마루스, "프랑스 총회"를 인용했다. 논쟁이 벌어진 그 날은 헐이 이단에 대한 고소를 철회함으로 끝을 맺었다.

저는 형제 목사(가타커)에게 혐의를 씌울 의도는 없었습니다. 그 일에 대해 매우 미안하게 생각합니다. 그는 제가 가장 존경하는 사람입니다.

워커는 가타커에 반대하는 일변의 주장을 마치고, 지연된 논증에서 "보여진 상당한 양의 배움"에 대해 빈정대듯이 그에게 감사를 표했다. 의장 트위써(Twisse)는 사안의 "어려움"으로 인해 점점 지쳐, "다수의 유명한 교회들이 이 문제에 대해 의견이 다르다"고 지적했다 이 문제는 피에르 두 물린(1568-1658)과 다니엘 틸레누스(1563-1633)사이에서 "대단히 뜨겁게" 토론되었다. 제임스 1세는 프리바스 총회(1612)에 편지를 보내어 두 물린의 작품인 『틸레누스의 교리에 관한 조사』(Examen de la Docrine de Tilenus)에 대한 압력을 요청했는데, 이 책은 출판에 앞서 승인을 위해 총회에 보내졌었다. 총회는 왕의 요구를 고려하여 그 작품을 결코 출판하지 않았다. 두 물린과 틸레누스는 결국 화해하였으나, 이후 틸레누스는 "우리 교회들의 연합을 버리고 아르미니우스주의자로 죽었다." 의장은 제임스 1세가 그리스도의 행하시고 당하신 순종에 관한 논쟁을 알게 되었을 때, 그것이 교부들 사이에서 결코 답해질 수 없는 것이었기 때문에 그의 행동이란 그 질문을 제쳐두는 것이었다고 진술했다. 그런데도 트위써는 사람들에게 그 신조의 개정을 고려함에 있어서 성급하게 투표하지 말 것을 요청했다. 시만 역시 그 문제의 "어려움"에 좌절감을 표하고서 행하신 또는 당하신 순종이 전가되는지에 관한 논쟁이 우선 다루어져야 한다고 언명했다. 이 논의에 함축된 난해한 부분은 신학자들이 "여러 유명한 교회가" 사실상 그 주제에 관해 의견이 달랐는지에 대해 서로 일치하지 않았다는 점이다.
가타커는 자신의 논증 과정에서 바젤에 있는 자신의 교수로부터 칭의시 그리스도의 능동적 의 전가를 확증하는 성경 본문을 찾을 것을 제의받았다. 관찰 결과 가타커는 단 하나의 개혁주의 고백서도 "스위스 교회의 신앙고백서만을 제외하고, 칭의에 요구되는 것으로 명백히 언급된 그리스도의 순종"을 수록하고 있지 않다는 사실을 알아냈다. 그는 아일랜드 신조가 그리스도의 의를 칭의의 필수 요소이긴 하지만 우리가 그 조항들에 완전히 동의할 필요는 없다는 규정이 만들어져 있음을 진술한다고 인정했다. 그는 총회가 "전체 순종"이라는 문구에 대한 투표에 반대할 것을 허락하도록 촉구하고서 그러한 반대가 자신의 사역을 방해하지 않을 것이라고 언급했다. 구지는 그들이 개정해야 할 의문의 조항, 즉 제11조는 당하신 것과 행하신 것 사이의 구별 없이 단순히 "전체 순종"이라고 진술하여, "이 논쟁의 근거가 그 조항으로부터가 아님"을 지적함으로써 답변했다.
논쟁 3일째, 윌슨은 그리스도의 행하시고 당하신 순종 사이의 구별은 실제(rei)가 아니라 이성(rationis), 즉 실제적인 것이 아니라 이론적인 것이라고 항의했다. 실제로, 이 둘은 "서로 잘 연결되어" 있어서 개별적으로 여기지 말아야 한다. 하지만 그는 결론에서 가타커에 반대하여 "이 교리는 고대의 교리이고 지속적이고 보편적인 교리다"라고 진술했다. 그는 이 교리가 "구원에 관한 설교", 스코틀랜드 신앙고백서, 아일랜드 신조, 하이델베르크 요리문답, 벨직 신앙고백서, 보헤미안 신앙고백서에서 가르쳐졌다고 단언했다. 그는 계속해서 이 교리가 성경, 특히 로마서 5:19과 고린도후서 5:21로부터 분명히 증명되었다고 했는데, 여기에서 아담의 순종은 그리스도의 순종과 평행을 이루고, 전가된 아담의 죄과는 전가된 그리스도의 순종과 평행을 이루었다. 레이는 구지에 동의하여 자신은 가타커의 주장이 "더 악한" 것으로 승인했음을 은근슬쩍 진술했는데, 이는 자신의 편이 특별한 지지와 신앙고백서들의 지지뿐만 아니라 칼빈의 지지도 받았던 반면 가타커의 편은 지지자들이 틸레누스와 소시누스였기 때문이다.
라이풋은 '전가된'이라는 단어에 관해 또 다른 커다란 망설임이 시작되었는데, 이 단어는 다른 논쟁들과 훨씬 열띤 논쟁에 이어 합류될 것으로, "하나님에 의해 우리에게 전가된 그의 전체 순종과 대속"이라는 말들로 의결되었다. 그 문제는 반대하는 단 서너 명에게만 보류되었다. 회의

록은 반대지들을 수록하지 않지만, "가타커 경"은 반대자들에 대한 선고 이후에 회의록에서 삭제되었는데, 이는 가타커가 반대표를 던졌다가 철회했다는 것을 가리킨다. 총회가 그리스도의 행하시고 당하신 순종 모두 칭의에 필수적이라는 것 바로 그 같은 일이 칭의하는 믿음, 회심, 선행의 본질과 역할과 관련하여 총회에서 발생한 그다음 논쟁에서도 일어났다.[1184]

갬블에 의하면, 전체 순종에 반대한 사람은 불과 서너 명에 불과했다. 가태커가 반대표를 던졌다가 철회했다는 것은 놀라운 일이다. 갬블에 의하면, 웨스트민스터 총회원 대부분은 그리스도의 능동적 순종에 대해 지지를 보내고 있었다. 로버트 레담도 "단지 서너 명만이 의견을 달리했다"고 말했다.[1185] 그 반대자 중 한 사람이 영원한 칭의 교리를 주장한 고-칼빈주의자(High Calvinist) 트위써(William Twisse)다.[1186]

잉글랜드 청교도와 「웨스트민스터 신앙고백서」의 칭의론과 전가교리는 개혁신학의 전통을 세우는데 크게 기여했다. 그 핵심에는 칭의론과 전가교리를 확고하게 주장한 더들리 페너(Dudley Fenner, 1558-87), 윌리엄 퍼킨스(William Perkins, 1558—1602), 로버트 롤록(Robert Rollock, 1555-99) 등이 있다. 김재성 교수는 다음과 같이 말했다.

1184) 휘트니 G. 갬블, **웨스트민스터 총회의 반율법주의 논쟁: 그리스도와 율법**, 류길선 역 (서울: 개혁주의신학사, 2021), 173-177; 〈피틀러는 "전체 순종"이라는 문구에 반대를 표명하며, 그것이 장황하고, 부족하고, 새로운 것이라고 주장했다.〉

1185) 로버트 레담, **웨스트민스터 총회의 역사: 웨스트민스터 총회**, 권태경·채천석 역 (서울: 개혁주의신학사, 2014), 445-446: 1643년 9월 11일 월요일 제51차 회기에서, 그날 오후의 보다 많은 논의 후에 그 문제는 그다음 날 열린 1643년 9월 12일 화요일 제52차 회기에서 마침내 표결에 부쳐졌다. 놀랄 만하지 않은 것은, 이 표결도 더욱더 많은 토론 끝에 왔다는 것이다. 호일은 이 총회에 완전한 그리스도의 '분리의 오류'에 반대해야 한다고 주장했다. 이 주장 외에도, 그와 동일한 주장들이 이전에 연습한 대로 제시됐다. 문제는 "그의 온전한 순종과 만족"이라는 말이 통과되어야 하느냐 였다. 열띤 토론 끝에, 그 표현은 "그의 온전한 순종과 만족이 하나님에 의해서 우리에게 전가됨"이 되어야 한다고 결의됐다. 단지 서너 명만이 의견을 달리했다. 성경해석이 이러한 토론들에서 중심적이었다. 토론 시간의 많은 부분이 로마서 5:12-19에 관한 논의에 쓰였으며, 논거들도 여기서 나왔지만, 해석의 기초가 되는 것은 더 깊은 신학적 질문들이었다. 반 딕스훈이 제안하는 대로, 이 총회에서는 그리스도의 순종을 능동적 차원과 수동적 차원 양쪽을 갖는 것으로 받아들일 수 있다고 인정하는 사람이 얼마간 있었다. 이 사람들 가운데 일부는 양쪽 요소들이 칭의 안에서 전가된다고 생각했다. 가테이커와 같은 다른 사람들은 전가를 수동적인 순종으로 제한했다. 그렇지만 이 총회 에서는 그리스도의 순종의 이중 분류를 뒷받침하는 성경적 증거가 있다는 것을 고수하지 않는 사람들도 있었다. 어떤 사람들은 분리되지 않은 온전한 순종이 전가된다고 생각했으며, 바인즈와 같이 또 어떤 사람은 이것은 필연적으로, 능동적인 순종이 전가에 관한 담론을 배제한다고 주장했다.〉

1186) 신호섭, **개혁주의 전가교리** (서울: 지평서원, 2016), 42; "그리스도의 능동적 순종의 전가를 배격하는 알미니안주의자들이 이 개념을 사용하자, 알미니안주의자에 매우 강력하게 반대했던 윌리엄 트위세(William Twisse) 같은 학자가 이 용어에 반대하기도 했다. 왜냐하면 트위세는 하나님께서 만족 또는 보속이 없어도 죄인을 구원하실 수 있는 분이라고 믿었기 때문이다. 고-칼빈주의자(High Calvinist)인 트위세는 영원한 칭의 교리(Eternal Justification)을 주장했다."

롤록은 스코틀랜드 에든버러 대학교에서 교수로 활동하면서 칼빈과 베자의 신학을 가장 충실하게 소개하였고, 따라서 동시대에 활동한 퍼킨스의 저서들과 유사한 점이 많다. 롤록은 신자들이 은혜 언약 안에서 그리스도의 의로움을 전가 받음으로써 영생을 취득한다고 가르쳤다. 그의 기초적인 관점은 우르시누스의 하이델베르크 교리문답과 해설집에 근거하였다. 롤록은 그리스도가 율법을 지켰다는 능동적 순종과 고난을 당하셨다는 수동적인 측면을 구별하면서도, 성도가 이 두 가지로 구성된 그리스도의 의로움을 믿으면 칭의를 얻는다고 가르쳤다.[1187]

김재성 교수에 의하면, 롤록은 칼빈과 베자의 신학에 충실했으며, 능동적 순종과 수동적 순종으로 구성된 그리스도의 의를 믿으면 칭의를 얻는다고 말했다. 이것은 '웨스트민스터 신앙고백서가 말하는 칭의가 어떤 것인가?'를 분명하게 알게 한다. 『웨스트민스터 신앙고백서』(1647)에서 칭의론은 11장 1항에서 다룬다.

하나님께서는 유효하게 부르신 자들을 또한 값없이 의롭다고 칭하신다. 의로움을 그들에게 주입함으로써가 아니라, 그들의 죄를 용서해 주시고, 그들의 인격을 의로운 것으로 간주하여 용납해 주심으로써 이루어진다. 즉 그들 안에서 이루어진 어떤 것이나 또는 그들이 행한 어떤 것을 위해서가 아니라, 오직 그리스도께서 성취하신 것에만 의존할 뿐이다. 또한 믿음 자체를 인정한다거나, 믿는 행위, 혹은 어떤 다른 복음적인 순종을 그들의 의로움으로 간주하는 것이 아니라, 그리스도의 순종과 보속을 그들에게 전가함으로써 주어진다. 이것은 하나님의 선물이다.

정이철 목사는 웨스트민스터 신앙고백서가 능동적 순종을 명시적으로 말하지 않았다고 강력하게 주장하며 IAOC를 이단이라고 말한다. 그러나 웨스트민스터 신앙고백서를 보면, "그의 모든 순종과 대속"이라는 진술을 보면, 수동적 순종만을 의미하지 않는다. 만일 수동적 순종만을 의미했더라면, "그의 모든 순종과 대속"이 아니라 "그의 대속"이라고 기록했어야 했다. 페스코는 다음과 같이 말했다.

도덕률 폐기론에 일격을 가하는 것으로 보이는 회개하지 않는 자들에 대한 경고 같은 몇몇 눈에 띄는 차이들이 존재한다. 그러나 웨스트민스터 표준문서를 이해하는 데 중요한 단서를 제공하는 것은 "그의 모든 순종과 대속은 하나님에 의해 우리와 그리스도에게 그의 의로 전가되며"라는 구절이다. 여기에서 "모든 순종"이라는 어구는 그리스도의 능동적 순종과 수동적 순종 둘 다의 전가를 나타내기 위한 것이었다. IAOC의 지지자들은 이 어구를 포함시킬 것인지를 놓고 벌인 논쟁에서 승리한 것으로 보인다. 그런데 정작 웨스트민스터 신앙고백에는 이 어구와 "능동적 또는 수동적 순종"에 대한 그 어떤 언급도 빠져있는 것에 주목해서, 어떤 이들은 이 회의가 나중에 가태커, 트위스 등과 같은 IAOC의 반대자들의 소수 의견을 받아들였다는 결론을 내렸다. 이 회의의 신학자들이 IAOC의 반대자들의 견해를 받아들였느냐 하는 문제는 "표준문서에 따른 칭약를 검토하는 다음 절에서 다뤄질 것이지만, 간단히 말해서 표준문서는 소수의 입

1187) 김재성, 그리스도의 능동적 순종 (고양: 언약, 2021), 185.

장을 받아들이지 않았고 IAOC를 단언한다.[1188]

페스코에 의하면, 어떤 이들이 "IAOC의 반대자들의 소수 의견을 받아들였다는 결론"을 내렸지만, IAOC의 반대자들이 완전히 승리했다면 "모든 순종"이라는 어구를 기록할 이유가 없다. 왜냐하면, "모든 순종"이라는 어구는 그리스도의 능동적 순종과 수동적 순종 둘 다의 전가를 나타내기 위한 것이었기 때문이다. 여기에 대해 김병훈 교수는 다음과 같이 말했다.

> 그리고 "모든 순종"(the whole obedience)의 용어는 능동적 순종에 의한 의의 전가를 반영하는 핵심적인 개념이었지만, 능동적 순종의 지지자들은 기술적 학문용어라는 점과 또 율법폐기론(antinomianism)를 함의한다는 수동적 순종의 지지자들의 항변을 고려하여 웨스트민스터 신앙고백서에 반영하지 않았다. 화평 가운데 신학의 방향을 정립해 나가는 선한 결과를 이룬 것이다. 칭의론과 관련한 그리스도의 순종에 대한 토론은 계속될 수 있다. 신앙의 표준문서도 성경의 교훈에 일치하도록 계속 개혁되어야 하기 때문이다.[1189]

김병훈 교수에 의하면, 총회는 두 가지 이유, 곧, 능동적 순종이 기술적 학문용어라는 것과 율법폐기론(antinomianism)를 함의한다는 수동적 순종의 지지자들의 항변을 고려하여 '모든 순종'이라는 용어를 채택했다. 그리고 신앙의 표준서는 계속 개혁되어야 하기 때문에 토론을 이어나가려는 신사적인 열심과 존중을 나타냈다.

페스코의 이어지는 설명은 '왜 웨스트민스터 총회의 신학자들이 IAOC를 말해야만 했는가?'를 알 수 있다.

> 그 밖에도 토머스 에드워즈(1599~1647) 같은 이단 전문가들도 아르미니우스의 믿음 이해에 대해 비슷한 판단을 내렸다. 마찬가지로, 프랜시스 로버츠(1609-1675)도 아르미니우스의 입장을 거부했다. 웨스트민스터 총회의 신학자들이 믿음을 토대로 한 칭의를 거부한 것(믿음과 순종을 뒤섞어 놓았다는 이유에서든, 믿음 자체를 의로 여긴다는 이유에서든)은 로마 가톨릭, 항론파, 소키누스주의자들의 견해를 배제한 것이다. 소키누스주의자들의 라코우 교리문답(1609)은 믿음을 가진다는 것은 "그리스도를 신뢰함과 동시에 하나님을 신뢰하는" 것을 의미하지만, 거기에는 순종이 포함된다고 설명한다. 믿음은 "모세에 의해 전해진 율법에 명령되고 그리스도에 의해 폐기되지 않은 것들에서만이 아니라, 그리스도가 율법 이외에 추가로 전한 모든 것들에서 하나님께 순종하는" 것이다. 라코우 교리문답의 견해는 행위 없는 믿음은 죽은 것이라고 말하는 야고보서 2장 26절과 "아브라함이 하나님을 믿으니 이것을 의로 여기셨다"고 말하는 야고보서 2장 23절을 토대로 한다. 따라서 "유일하게 진정으로 구원이 돌려지는 믿음,

1188) 존 페스코, 역사적 신학적 맥락으로 읽는 웨스트민스터 신앙고백서, 신윤수 역 (서울: 부흥과개혁사, 2018), 274.
1189) 김병훈·박상봉·안상혁·이남규·이승구, 그리스도의 순종과 의의 전가 (수원: 합동신학대학원출판부, 2022), 43.

또는 필연적으로 구원이 뒤따르는 유일한 믿음은 순종을 반드시 포함해야 한다." 그렇다면 웨스트민스터 총회의 신학자들은 이러한 견해를 거부한 대신에 어떤 대안을 제시했는가? 이 신학자들은 하나님이 "그리스도의 순종과 대속이 그들에게 전가되어 그들이 믿음으로 말미암아 그와 그의 의를 받고 의지함"으로써 죄인들을 의롭다고 한다고 말한다. 먼저 바울이 갈라디아서 5장 6절에서 설명하듯이 믿음이 사랑으로 말미암아 역사한다는 것은 지극히 확실하다는 점에서, 믿음은 수동적인 방식으로 규정된다는 것을 주목하라. 이 신학자들은 "구원하는 믿음"이라는 장에서 이 사실을 인정한다. 거기에서 믿음은 하나님의 명령에 대한 순종을 낳고, 율법의 경고 앞에서 두려워 떨며, 현세의 삶과 내세의 영원한 삶에서 하나님의 약속을 붙잡는다고 말한다. 하지만 칭의와 관련해서는 믿음은 수동적이다. "그러나 구원하는 믿음의 주된 행위는 은혜언약으로 말미암아 칭의와 성화와 영생을 위해 오직 그리스도만을 영접하고 받으며 의지하는 것이다"(14.2). 달리 말하면, 믿음은 결코 한 사람의 칭의를 위한 토대가 아니다. 이것을 다른 식으로 말하면, 믿는 자들은 믿음을 토대로 해서 의롭다 함을 얻는 것이 아니다. 믿음은 순전히 도구일 뿐이다. 이 회의의 신학자들은 이렇게 쓴다. "이렇게 그리스도와 그의 의를 받아 의지하는 믿음은 칭의의 유일한 도구다"(11.2). 하지만 믿음이 죄인인 그들에게 전가되는 "그리스도의 순종과 만족"을 붙잡는 도구적인 수단이라면, 이 어구는 그리스도의 수동적 순종과 능동적 순종을 나타내는가? 제11조의 개정을 둘러싼 이전의 논쟁에 비추어 보았을 때, 이 신학자들은 IAOC의 필요성을 지지했는가? 웨스트민스터 총회의 신학자들은 그들에게 처음에 주어졌던 제11조를 개정하는 작업을 행하면서, 그리스도의 능동적 순종과 수동적 순종이 둘 다 칭의에서 죄인에게 전가된다는 것을 보여주기 위해, "그리스도의 순종"이라는 어구에 "모든"이라는 단어를 추가했다. 하지만 웨스트민스터 신앙고백 제11장 1항에서는 단지 "그리스도의 순종과 만족"이라고만 말한다. 여러 해설자들이 이것을 이 신학자들이 IAOC를 명시할 것을 요구했던 자신들의 원래 결정에서 물러난 것을 보여주는 증거라고 주장해 왔다. 달리 말하면, 이 신학자들의 다수는 소수 견해를 수용했거나, IAOC의 문제를 정통신앙의 시금석이 아니라 내부에서 얼마든지 논의될 수 있는 문제로 보았다는 것이다.[1190]

페스코에 의하면, 웨스트민스터 총회 신학자들이 IAOC를 말한 것은 "로마 가톨릭, 항론파, 소키누스주의자들의 견해를 배제한 것이다." IAOC 반대자들이 말하는 주된 핵심은 "믿음을 토대로 한 칭의"이며, 웨스트민스터 총회 신학자들의 "믿음은 순전히 도구일 뿐이다." IAOC 반대자들이 말하는 "믿음을 토대로 한 칭의"는 결국 자유의지가 동원되고 주도권이 인간에게 넘어간다.

그러면, '믿음으로 무엇이 전가되는가?'라고 물을 때, '그것은 그리스도의 능동적 순종과 수동적 순종이다'라고 대답해야 한다. 믿는 자의 믿음을 토대로 의롭게 되는 것이 아니라 그리스도의 전체 순종의 의가 믿는 자에게 전가된다. 사람들은 웨스트민스터 신앙고백서가 능동적 순종을 명시적으로 기록하지 않았기 때문에 다수가 소수의 견해를 수용했기 때문이라고 말한다. 페스코는 그 증거로 회중교회 성직자요 웨스트민스터 총회 신학자였던 토마스

1190) 존 페스코, 역사적 신학적 맥락으로 읽는 **웨스트민스터 신앙고백서**, 신윤수 역 (서울: 부흥과개혁사, 2018), 282-283.

529 IX. 4. 웨스트민스터 신앙고백서

굿윈과 존 오웬의 지도 아래 「사보이 선언」(1658년)이 웨스트민스터 신앙 고백을 개정했을 때, 바로 이 대목에서 수정했다고 말한다.

· 웨스트민스터 신앙고백 : "그리스도의 순종과 만족을 그들에게 전기함으로써"
· 사보이 선언 : "율법 전체에 대한 그리스도의 능동적 순종과 죽음을 통한 수동적 순종을 전가함으로써"

이와 같이 「사보이 선언」이 능동적 순종과 수동적 순종이라는 말을 명시적으로 추가했다고 해서 웨스트민스터 총회 신학자들이 소수의 의견을 수용하여 신앙고백서에 능동적 순종을 명시적으로 진술하지 않았을까? 페스코의 주장은 다르다. 페스코는 그 이유를 네 가지로 말했다.

첫 번째는 다음과 같다.

하지만 다른 사람들은 이런 논증이 설득력이 없다고 본다. 여러 역사가들은 웨스트민스터 표준문서(신앙고백, 대교리문답, 소교리문답)를 전체적으로 읽어 보면, 이 총회의 신학자들은 IAOC의 필요성을 단언하고 있음을 알 수 있다고 믿었고, 그들의 그런 판단은 여러 가지 근거에서 옳다. 첫째로, 제11장에서 다음 단락은 "그리스도께서는 자신의 순종, 그리고 죽으심을 통해서 그런 식으로 의롭다 함을 얻은 모든 이들의 죄의 빚을 온전히 갚아주셨고, 그들을 대신해서 아버지의 공의를 온전하고 참되고 충분하게 대속하셨다"(11.3)고 말한다. 얼핏 보면 이것은 그렇게 중요해 보이지 않을 수 있지만, 이 신앙고백의 이후 판본들이 이 원본에서 결정적으로 중요한 문법 표시를 제거함으로써, 이 신학자들이 언급한 핵심을 모호하게 해 버린 것과 비교해 보면, 그 중요성이 드러난다. 커라더스(S. W. Carruthers)가 만든 원래의 비평 본문의 재판으로 추정되는 웨스트민스터 표준문서의 스코틀랜드 자유장로 교회 판본에서는 쉼표가 제거되었다.
· 스코틀랜드 자유장로교회 커라더스 판본: "그리스도께서는 자신의 순종과 죽으심(obedience and death)을 통해서 그런 식으로 의롭다 함을 얻은 모든 이들의 죄의 빚을 온전히 갚아주셨다."
· 1647년의 원본: "그리스도께서는 자신의 순종, 그리고 죽으심(obedience. and death)을 통해서 그런 식으로 의롭다 함을 얻은 모든 이들의 죄의 빚을 온전히 갚아주셨다."
이런 차이는 찾아내기도 힘들 정도로 미미해 보이지만, 그 의미는 중요하다. 그리스도의 사역의 두 가지 서로 분리되어 있는 측면이 원본에서는 쉼표에 의해 구별되어 있는 반면에, 후대의 판본들에서는 제거되었기 때문이다. 그러한 판본들은 원본에서 그리스도의 수동적 순종과 능동적 순종을 반영해서 서로 분리해 놓은 것을 결합시킨다. 또한 과거의 역사가들이 IAOC의 지지자이든 반대자이든 이전에 이 점을 지적하지 않았다는 사실은 역사적 연구에서는 그 내용만을 다시 활자화해서 펴낸 판본들이 아니라 원본 문서 자체를 사용해야 한다는 것을 보여준다.[1191]

페스코에 의하면, 1647년 원본과 달리 이후의 판본들은 '쉼표'에 의해 분리된 것을 결합시켜 놓았다. 보기에는 사소한 것처럼 보이는 이 사안은 "원본에서 그리스도의 수동적 순종과 능동적 순종을 반영해서 서로 분리해 놓은

1191) 존 페스코, 역사적 신학적 맥락으로 읽는 웨스트민스터 신앙고백서, 신윤수 역 (서울: 부흥과개혁사, 2018), 284-285.

것을 결합"시키는 결과를 초래했다.

두 번째 이유는 다음과 같다.

둘째로, 웨스트민스터 표준문서 전체의 좀 더 넓은 맥락 속에서 보면, 그리스도의 낮아지심에 관한 대교리문답의 일련의 질문들(제46-50문)은 그리스도가 율법을 완벽하게 성취했고(제48문), 이것이 그의 죽음과 구별된다는(제49-50문)을 설명해 준다. 칭의에 관한 제70-71문을 제46-50문과 함께 보았을 때, 그 질문들은 전체적으로 독자들에게 그리스도의 능동적 순종이 반드시 필요했다는 인상을 준다. 이것은 행위언약과 은혜 언약의 이중 언약 구조가 존재하고, 피틀리가 IAOC를 지지하는 발언에서 레위기 18장 5절을 근거로 해서 지적했듯이, 율법은 영생을 얻기 위해 순종을 요구한다는 사실에 비추어 보았을 때에 특히 그러하다. 레위기 18장 5절은 행위언약을 보여주는 일반적인 증거 본문이었다.[1192]

페스코가 말하는 두 번째 이유는 웨스트민스터 표준문서 전체의 맥락에서 보면 그리스도께서 율법을 완벽하게 성취하셨다고 말한다. 이것은 분명히 그리스도의 죽음과는 구별되게 고백하는 것이다.

세 번째 이유는 다음과 같다.

셋째로, IAOC를 지지하는 피틀리의 발언 속에는 해설자들이 거의 고려하지 않는 몇 가지 단서들이 존재한다. 웨스트민스터 총회가 처음에 "39개 신조"와 칭의에 대한 그것의 진술을 개정하고자 했을 때, 피틀리는 세 가지 이유, 즉 "사족, 부적절함, 새로움"을 이유로 "모든 순종"(whole obediennce)이라는 어구가 두 가지 결점을 지닌다고 보았다. 그는 "모든"이라는 단어는 사족으로서, 믿는 자들과 아무 상관이 없는 의식법에 대한 그리스도의 순종까지 포함하는 의미로 해석되기 쉽다고 믿었다. 그는 순종이라는 단어가 믿는 자들에게 무엇이 전가되는지를 정확히 전달해 주지 않는다는 점에서 부적절하다고 생각했다. 피틀리의 생각으로는, 능동적 순종과 수동적 순종이라는 용어조차도 정확한 것이 아니었다. 그는 죄인의 질병과 그에 따른 치료책이 삼중적이라고 믿었다.

질병	치료책
원죄	그리스도의 원의
부작위의 죄	그리스도의 능동적 순종
작위의 죄	그리스도의 수동적 순종

따라서 피틀리는 "모든 순종"이라는 어구의 약점을 알고 있었다. 이것은 상황적인 증거이긴 하지만, 이 약점은 이 어구가 나중에 웨스트민스터 신앙고백과 교리문답을 작성할 때 사용되지 않은 이유를 보여준다. 하지만 우리는 일부 개혁주의 신학자들이 그리스도의 능동적 순종과 수동적 순종을 지칭하기 위해 "모든 순종"이라는 어구를 사용한다는 것을 주목해야 한다. 예를 들어, 존 대버넌트(1572-1641)는 이렇게 설명한다. "용어에 대한 설명과 관련해서 우리는 그리스도의 죽으심에 대해 말할 때 그리스도의 모든 순종, 즉 능동적 순종과 수동적 순종 둘 다를 그의 죽으심으로 포괄하는데, 이것은 그의 순종은 그 마지막 행위였던 그의 죽으심에서 완성되었기 때문이다. 이런 이유에서 신학자들은 제유법을 사용해서 그리스도의 죽으심이라고 말함

1192) Ibid., 285-286.

로써 그의 순종 전체를 가리키는 것이 보통이다."[1193]

페스코의 설명에 의하면, "모든 순종"이라는 표현은 의식법에 대한 순종까지 포함하는 것처럼 해석될 수도 있기 때문에 IAOC 지지자인 피틀리는 반대했다. 또한 존 대버넌트는 용어를 설명할 때, 그리스도의 죽이심이란 "그리스도의 모든 순종, 즉 능동적 순종과 수동적 순종 둘 다를 그의 죽으심으로 포괄"한다고 말했다. 이것은 제유법이다. 제유법이란 수사법의 한 가지로 사물의 한 부분으로써 그 사물 전체를 의미하는 방법이다.

네 번째 이유는 다음과 같다.

넷째로, 지금까지 아무도 살펴보지 않은 한 가지 요소는 "순종과 대속"이라는 어구가 당시 문헌에서 어떤 식으로 사용되었는가 하는 것이다. 웨스트민스터 신앙고백과 IAOC에 관한 분석은 대체로 이 총회의 논쟁, 39개 신조의 개정, 신앙고백 제11장, "모든 순종"에서 "모든"이라는 단어가 빠진 것에 집중되어 왔다. 내가 알기로는, "순종과 만족"이라는 어구가 그리스도의 능동적 순종과 수동적 순종 이외의 다른 것을 의미하는 것인지의 여부를 물은 사람은 아무도 없었다. 존 다우네임의 『그리스도인의 전쟁』(Christianwafare, 1634)같은 이 회의 이전에 나온 저작들에서 이 어구는 그리스도의 능동적 순종과 수동적 순종을 나타내는 데 사용된다. "우리는 우리의 행위나 내재적 의, 또는 우리 자신 안에 있는 어떤 덕목에 의해서가 아니라, 오직 그리스도의 공로와 순종과 완전한 만족에 의해서 우리의 죄 사함을 얻었다." 여기서 "그리스도의 공로와 순종과 완전한 만족"은 문맥상으로 웨스트민스터 신앙고백의 "그리스도의 순종과 만족"을 가리킨다. 이 어구는 칭의론을 옹호하는 조지 워커의 글에도 등장하는데, 워커는 IAOC를 지지하는 발언을 조슈아 호일(25회) 다음으로 많이 한 인물이기 때문에(24회), 이것은 중요하다. 또한 이 어구는 제임스 어셔의 『신학의 체계』(Body of Divinitie)에도 나온다. 여기서 어셔는 "그렇다면 그리스도의 순종과 만족의 부분들은 무엇인가"라고 묻고 이렇게 대답한다.
"그의 고난과 그의 의(빌 2:5, 6, 7, 8; 벧전 2:23). 이것은 그가 먼저 무한한 가치의 속전을 통해(딤전 2:6) 우리의 모든 죄의 빚을 갚고 하나님의 공의를 만족시키는 것이 필수 불가결했기 때문이다(사 53:5. 6; 욥 33:24). 둘째, 우리를 위해 가장 절대적이고 완전한 순종(롬 5:19)을 통해 하나님의 은총(엡 1:6)과 나라를 사야 했기 때문이다. 그의 고난을 통해 그는 우리에게 우리 죄의 사함을 가져다주었고, 율법을 성취함으로써 우리에게 의를 가져다주었다. 이 둘은 우리의 칭의를 위해 반드시 요구된다."
어셔의 이 저작은 웨스트민스터 총회에서 칭의와 양자 됨에 관한 신앙고백 제11장과 제12장에 대한 토론이 시작된 제678회기가 개최된 1646년 7월 이전인 1645년에 출간되었다. 따라서 총회 이전과 총회 기간 동안에 사용된 "순종과 대속"이라는 어구는 그리스도의 능동적 순종과 수동적 순종을 둘 다 나타내는 것이었음을 보여준다. 웨스트민스터 신앙고백이 출간된 후에 이 어구를 사용한 저작들이나, 표준문서에서 사용된 이 어구를 해석하는 저작들도 이것을 보여준다. 따라서 이 네 가지 근거(1648년 원본의 문법, 표준문서 전체의 좀 더 넓은 맥락, "모든 순종"이라는 용어의 부적절함에 대한 인식, 총회 이전과 총회 기간 동안과 그 이후에서 "순종과 만족"의 의미)는 웨스트민스터 총회의신학자들이 가태커, 트위스 등의 소수 견해를 수용하지 않았음을 보여준다. 이런 증거들을 감안했을 때, 표준문서가 IAOC를 단언하고 있다고 결론을 내리는 데는 전혀 무리가 없다.[1194]

1193) Ibid., 286-288.

페스코의 설명에 의하면, 그 당시에 "순종과 대속"이라는 어구는 그리스도의 능동적 순종과 수동적 순종을 의미했다. 그것을 존 다우넴이 말해주며, 제임스 어셔도 말한다. 또한 제678회기 총회 기간에 사용된 "순종과 대속"이라는 어구는 그리스도의 능동적 순종과 수동적 순종 둘 다를 나타내는 것이었음을 보여준다. 이것은 IAOC를 지금 우리 시대의 관점으로 볼 것이 아니라 그 시대의 관점으로 보고 이해해야 한다는 것을 말해 준다.

11장 3항은 이렇게 말한다.

> 그리스도께서는, 그가 순종하시고 죽으심으로써, 이같이 의롭다 함을 받는 모든 사람들의 빚을 완전하게 갚아 주셨고, 그들을 위하여 자기 아버지의 공의에 대해 합당하고, 참되고 충분한 속상을 드렸다. 그렇지만, 그들을 위하여 그리스도께서 아버지로 말미암아 보냄을 받으셨고, 그들 대신으로 그의 순종과 속상이 받아들여졌으며, 또한 이 모든 것이 그들 안에 있는 어떤 것 때문이 아니라, 값없이 되어진 것이기 때문에, 그들의 칭의는 오직 값없는 은혜로 되어진 것이다. 이로써 하나님의 엄정한 공의와 그의 풍성한 은혜가 죄인들을 의롭다 하시는 가운데서 나타나도록 하셨다.

11장 3항도 그리스도의 순종과 죽으심으로 의롭다 함을 받는다고 말한다. 11장 4항은 칭의를 역사 속에 이루어지는 행위라고 단언하며, 영원으로부터의 칭의를 배척했다.[1195] 우리가 「웨스트민스터 신앙고백서」를 보면 능동

1194) Ibid., 288-290.
1195) Ibid., 293; "그런데 웨스트민스터 총회의 신학자들이 IAOC를 단언하는 데 관심을 갖고 있었다면, 그리스도인들은 자신의 칭의를 통해 도덕법의 요구로부터 자유로워졌기 때문에 도덕법을 지킬 의무가 없다는 가르침인 도덕률폐기론에도 관심을 갖고 있었을 것임에 틀림없다. 도덕률 폐기론과 관련된 논쟁은 성화에 관한 다음 장에서 다룰 것이기 때문에, 지금으로서는 도덕률 폐기론의 신조 중 하나가 영원으로부터의 칭의론(justification from eternity)이었다는 것을 아는 것만으로 충분할 것이다. 일부 개혁주의 신학자들이 칭의의 순수성을 지켜서 선행과 같은 인간적인 노력이 거기에 혼합되는 것을 막으려고 애쓰는 과정에서, 리처드 백스터(1615-1691)는 칭의가 영원으로부터 이루어졌다고 주장했다. 즉 칭의는 역사와 시간 속에서 이루어지는 행위가 아니라 삼위일체의 내재적 행위라는 것이다. 그런데 이것은 도덕률 폐기론의 주요한 기둥으로 작용했다. 영원으로부터의 칭의를 말하는 일반적인 논리는 다음과 같다. 하나님은 영원 속에서 칭의를 작정할 뿐 아니라 택한 자들을 의롭다고 한다. 따라서 어떤 사람이 믿음에 이르게 될 때 그가 그렇게 깨어난 순간에 그가 의롭다 함을 받는 것이 아니라, 영원 속에서 이미 의롭다 함을 받은 자신의 신분을 발견하는 것이다. 도덕률 폐기론을 주장하는 유명한 신학자들은 하나님의 법정에서(in foro Dei)의 칭의와 양심의 법정에서(in foro conscientiae)의 칭의를 구별했다. 웨스트민스터 총회의 첫 번째 의장이었던 윌리엄 트위스가 이 가르침을 고수했다는 점에서, 영원으로부터의 칭의는 현실적인 문제였다. 트위스는 칭의가 죄인을 벌하지 않고자 하는 하나님의 영원한 뜻이기 때문에, 영원으로부터의 하나님의 내재적 행위(actus immanens in Deo. fuit ab aeterno)라고 믿었다. 트위스에게 있어서 하나님은 영원부터 그리스도의 사역으로 말미암아 죄인들을 의롭다 하기로 작정했기 때문에, 믿음으로 말미암는 칭의는 어떤 사람이 믿음을 행사할 때 비로소 의롭다 함을 얻는다는 것이 아니라, 그가 그리스도로 인하여 의롭다 함을 얻는다는 것을 의미하는 것이다. 트위스는 이 모든 것이 이치에 부합한다는 것을 설명하기 위해서 하나님의 법정에서의 칭의와 양심의 법정에서의 칭의를 구별한다. … 트위스에게 있어서 죄인의 칭의는 이미 과거에 영원 안에서 일어났

적 순종과 수동적 순종이 명시적으로 기술되어 있지 않음을 확인한다. 여기에는 이유가 있었다. 김재성 교수는 다음과 같이 말했다.

> 웨스트민스터 총회에서 이 용어의 사용을 놓고서, 1643년 9월에 잉글랜드 국가교회 39개 조항을 개정하는 문제로 논의가 격렬했었다. 토마스 가택커(Thomas Gataker)와 리챠드 바인스(Richard Vines)는 그리스도의 고난과 수동적 순종만을 주장하였다. 반면에 다니 엘 휘틀리(Daniel Featley)는 율법에 대한 능동적 순종과 수동적 순종 모두 성도들에게 전가된다고 강조했고, 이것이 전체적인 합의에 도달할 사항이었다. 『아일랜드 신앙고백서』에서 대주교 제임스 어셔가 이미 두 단어를 사용했기 때문이다. 그러나 찬성과 반대가 지속되자, 양측이 타협한 가운데, "전적인 순종"(whole obedience)이라는 용어로 대체하는 선에서 결의되었다. 참석자들은 성경의 언어에 보다 더 충실하고자 하는 마음이었기에. 일반적인 칼빈주의 사상을 내포하는 단어로 수렴하였다. 또한 수동적인 의로움만을 고집하던 참석자들도 전적인 순종이라는 개념에 대해서는 반대하지 않았다. 이러한 작성과정의 논쟁에 대해서 십 년 동안 연구한 밴 딕스훈 교수는 능동적 순종은 웨스트민스터 총회에서는 전적인 순종과 같은 개념으로 사용되었다고 보았다. 왜냐하면, 능동적 순종의 개념을 주장하는 사람들은 수동적 순종과 합하여 그리스도의 전적인 순종을 이룬다고 생각했던 것이다.[1196]

총회 안에는 수동적 순종만 강조하는 사람들이 있었고, 능동적 순종과 수동적 순종을 다 강조하는 사람들이 있었다. 「아일랜드 신앙고백서」에서 대주교 제임스 어셔가 이미 두 단어를 사용했기 때문에 난항이 계속되었다. 결국 타협안으로 '전적인 순종'이라는 용어로 결론 났다. 같은 용어를 사용해도 의미는 달랐다. 그러나 전적인 순종이라는 표현은 능동적 순종을 지지하는 의미였다.

사실 「웨스트민스터 신앙고백서」 작성에 참석했던 신학자들이 가장 염려했던 것은 반율법주의자들의 사상이었다. 신앙고백서 작성에 대한 기록은 반율법주의자들에 대한 언급이 엄청난 분량을 차지하고 있음을 보여준다. 교

고, 죄인이 믿음에 이르게 되었을 때 마침내 드러나게 된다. 따라서 죄인의 칭의는 이미 이루어진 것이지만, 그는 이미 의롭게 된 자신의 신분을 나중에야 믿음을 통해서 알게 된다."(Ibid., 290-293.)

1196) 김재성, **그리스도의 능동적 순종** (고양: 언약, 2021), 187-188; "가택커가 능동적 순종이라는 용어 사용에 주저했던 것은 반 율법주의자들과의 논쟁에 대항하고자 함이었다. 엘리자베스여 왕이 서거한, 왕조가 바뀌면서 제임스 1세의 말기에 이르게 되면, 당시 권세를 잡은 로드 대주교와 국가교회 내부가 알미니안주의자들로 채워졌는데, 반율법주의가 범람하는 상황이 되었다. 칼빈주의자들과 로드의 국가교회는 반율법주의를 반대하였다. 만일 그리스도께서 율법에 대해 완벽하게 순종하신 것이 성도들에게 전가됨으로써 영원한 기업이 보장되었다고 주장할 경우 성도들은 더 이상 도덕법을 준수하지 않아도 된다는 빌미를 줄 수 있다고 우려했던 것이다. 그리스도께서 나를 위해서 율법을 성취하셨다는 점이 인정된다면, 나는 더 이상 율법에 얽매여 살아갈 필요가 없다는 식으로 해석될 것이다. 웨스트민스터 총회에서 능동적 순종을 강력하게 주장한 신학자들은 의장으로 활약했던 고그(William Gouge)를 비롯해서, 윌킨슨(Wilkenson), 씨먼(Lazarus Seamen), 워커(George Walker), 스미스(Peter Smith), 굳윈(Thomas Goodwin), 윌슨(Thomas Wklson) 등이다. 최종적으로 1643년 9월 12일 투표를 통해서, "전적인 순종"이라는 표현을 지지하는 입장, 즉 능동적 순종을 지지하는 입장이 압도적으로 많았다. 반대자는 가택커를 포함하여 3명이었다."(Ibid., 217-218.)

리나 신앙고백서가 그 시대적 상황을 반영하기 때문에 '신앙고백서가 작성되는 상황에 무슨 일이 일어났는가?'를 아는 것은 중요한 일이다. 개혁신학자들은 반율법주의자들이 정통신앙과 교리를 가장 심각하게 벗어난 자들이라고 판단했다. 그로 인해, 혹여라도 능동적 순종이라는 단어를 칭의에 포함하면 여지없이 반율법주의로 이어질 수 있었다.

데이비드 딕슨(David Dickson, 1583-1663)은 다음과 같이 말했다.

> 질문 V. "주 예수님께서 영원한 영을 통하여 단번에 하나님께 드림이 되는 그의 완전한 순종과 그 자신의 희생으로 말미암은 것은 그의 아버지의 공의에 충분한 만족이 되었는가?" 그렇다. 그렇다면 그리스도의 속죄의 일부가 되는 그리스도의 능동적 순종은 우리의 환경 가운데 이행되었다는 것을 부정하는 일부의 다른 정통주의자(otherwise orthodox)는 오류를 범한 것 아닌가? 그렇다.
> 어떤 이유들로 그들이 논박되는가? 첫 번째 이유는, 첫 아담의 능동적인 불순종은 우리를 모두 죄인들이 되도록 만들었기 때문이다. 그러므로 우리는 두 번째 아담의 능동적 순종에 의해서 의롭게 되어야만 하기 때문이다(롬 5:19). 두 번째 이유는, 그리스도는 그 자신을 죽음에 드리셨을 뿐만 아니라 그들을 위해서도 주신 것이기 때문에 그것은 택자들의 유익을 위해, 그가 그 자신을 희생하신 것이다. 그것은 그가 마치 거룩한 희생으로서 그 자신을 포기하신 것이었기 때문이다(요 17:19). 세 번째 이유는, 그것은 모든 의를 성취하도록 그리스도께서 행하셨기 때문이다(마 3:15). 네 번째 이유는, 우리는 '이것을 행하라. 그러면 살 것이다'라는 율법의 가르침과 요구에 따라서, 영원한 사망으로부터 우리를 구원하기 위한 죄의 속죄에 대한 것뿐만 아니라, 마찬가지로 영원한 생명을 얻기 위한 의의 선물에 대한 필요 가운데 서 있었기 때문이다. 그러므로 그리스도는 우리의 속전이라 불리는 것뿐만 아니라 믿는 모든 자들에게 율법의 목적과 완성이시기도 하기 때문이다(롬 10:4). 그것은 모세에 의해서 주어진 율법의 목적인 것이다. 거기로부터 사람들의 죄의 지식을 가져다주는 상태에 있다는 것은 마치 그리스도가 우리를 위해 완전하게 율법을 성취하셨던 것처럼 그와 그의 의의 피난처로 향하도록 날아갈 수 있기 때문이다. 다섯 번째 이유는, 그리스도의 수동적 순종은 단순하고 순수한 수동적인 그 자체에 있는 것이 아니라, 그의 능동적 순종이 그것 안에서 주요하고 원리적인 부분으로 요구되기 때문이다(시 40:7). 그는 하나님의 헌납 물로 죄를 위한 희생을 그 자신을 바쳐 드리셨다. 그는 거룩하게 드림으로 되는 그것들을 영원토록 완전하게 하셨다(히 10:14). 여섯 번째 이유는, 전 그리스도는 그의 모든 은택들을 가지고 우리에게 내어주신바 되셨다. 만약 그렇지 않고 그의 수동적 순종이 다만 우리에게 전가 되었다면, 그것은 단지 그리스도를 반쪽만 내어주셨다는 것을 의미하기 때문이다. 즉, 그리스도의 고난은 아버지를 기쁘시게 하는 것들을 그리스도가 행하신 것이 아니다. 그것은 우리의 죄를 제거하고 단지 사망으로부터 구원하는 것이지, 의를 가져다주는 것은 아니기 때문이다. 그러나 그리스도는 그 자신을 위해 주신 바 되셨고 태어나신 것이 아니라, 우리를 위해서 주신 바 되시고 태어나셨던 것이다. 그는 그 자신을 우리가 행할 수 없는 것을 우리를 위해 행하심으로, 그리고 우리가 견딜 수 없는 것을 우리를 위해 고난 받으심으로, 전적으로 우리 위에 부여하셔야만 했다.[1197)

「웨스트민스터 대교리문답서」 제70문에는 칭의를 다음과 같이 말한다.

_____

1197) 데이비드 딕슨, 오류를 극복한 진리의 승리 데이비드 딕슨의 웨스트민스터 신앙고백 주석, 민성기 역 (서울: 제네바 아카데미, 2009). 72-75.

문 70 : 의롭다 하심(칭의)이란 무엇인가?
답 : 칭의란 하나님께서 죄인들에게 값없이 주시는 은혜의 행위인데, 하나님께서 그들의 모든
죄를 사하시고 자기 목전에서 그들을 의로운 자들로 받아들이시고 인정하시는 것이다. 이는 그
들 안에서 일어난 어떤 것 때문도 아니고, 그들이 행한 어떤 것 때문도 아니며, 오직 그리스도
의 완벽한 순종과 완전한 보속(the perfect obedience and full satisfaction) 때문이다. 하나
님께서는 이것을 죄인들에게 전가시키며, 그들은 오직 믿음으로 이것을 받는다(롬 3:22, 24,
25, 3:22, 24, 25, 27, 28, 5:17-19; 고후 5:19, 21; 딛 3:5, 7; 엡 1:7; 행 10:43; 갈 2:16;
빌 3:9).

이 대교리 문답에서 '완벽한 순종'이란 능동적 순종을, '완전한 보속'은 수
동적 순종을 대체한 단어다. 대교리문답 92문과 93문도 다음과 같이 말한다.

문 92 : 하나님께서 사람에게 그의 순종의 법칙으로 처음 계시하신 것은 무엇이었는가?
답 : 선악을 알게 하는 나무의 실과를 먹지 말라는 특별한 명령 외에 무죄 상태에 있는 아담과
그가 대표하는 전 인류에게 계시하신 순종의 규칙은 도덕법 곧 신앙생활의 법칙이다(창 1:26,
27, 2:17; 롬 2:14, 15, 10:5).
문 93 : 도덕법은 무엇인가?
답 : 도덕법은 인류에게 선포된 하나님의 의지이다. 모든 사람이 개별적으로 온전하게 영원토
록 이 법을 지켜 순종하되 마음을 다하고 성품을 다하고 힘을 다하여 하나님과 사람에게 마땅
히 해야 할 모든 의무를 성결과 의로 행하도록 지시하고 요구한다. 이 도덕법을 지키는 자에게
는 생명을 약속하고 이것을 위반하는 자에게는 죽음을 경고한다(시 5:1-3, 31, 33; 눅 10:26,
27; 갈 3:10, 12; 살전 5:23; 눅 1:75; 행 24:16; 롬 10:55).

아담에게 요구된 것은 순종, 곧 도덕법에 대한 순종이었다. 93문은 "이 도
덕법을 지키는 자에게는 생명을 약속하고 이것을 위반하는 자에게는 죽음을
경고한다." 아담은 죄를 짓고 실제로 죽었다. 그리스도의 능동적 순종은 아담
의 범죄와 실패와 대조된다. 그것을 사도 바울이 롬 5:12-14에서 말했
다.[1198] 「웨스트민스터 신앙고백서」 8장 4항이 무엇이라고 말하는가?

4. 이 직분을 주 예수께서는 아주 기꺼이 맡으셨으며(시 40:7-8; 히 10:5-10; 요 10:18; 빌
2:8), 이 직분을 이행하기 위하여, 그는 율법 아래 태어나셨고(갈 4:4), 율법을 온전히 성취하
셨으며(마 3:15; 5:17), 자신의 영혼이 가장 극심한 고뇌들을 직접 겪으셨으며 마 26:37-38;
눅 22:44; 마 27:46), 그의 몸으로는 가장 아픈 고통들을 당하셨고(마 26:27), 십자가에 못
박혀 죽으시고(빌 2:8), 장사되어 사망의 권세 아래 있었으나 결코 썩지 않으셨다(행 2:23-24,
27; 행 13:37; 롬 6:9). 사흘 만에 그는 죽은 자 가운데서 다시 살아나셨으되(고전 15:3-5),

---

1198) 12 이러므로 한 사람으로 말미암아 죄가 세상에 들어오고 죄로 말미암아 사망이 왔나니 이와 같이 모든
사람이 죄를 지었으므로 사망이 모든 사람에게 이르렀느니라 13 죄가 율법 있기 전에도 세상에 있었으나 율법이
없을 때에는 죄를 죄로 여기지 아니하느니라 14 그러나 아담으로부터 모세까지 아담의 범죄와 같은 죄를 짓지
아니한 자들 위에도 사망이 왕 노릇 하였나니 아담은 오실 자의 표상이라(롬 5:12-14)

그가 고통당하셨던 바로 그 몸을 가지고(요 20:25, 27) 또한 하늘에 오르셨으며, 거기서 그의 아버지의 우편에 앉으셔서(막 16:19) 간구하시고(롬 8:34; 히 9:24; 7:25) 세상 끝날에 사람들과 천사들을 심판하기 위하여 다시 오실 것이다(롬 14:9-10; 행 1:11; 10:42; 마 13:40-42; 유 6; 벧후 2:4).

그리스도께서는 중보자의 직분을 행하시려고 "율법 아래 태어나셨고, 율법을 온전히 성취하셨"다. 그리스도께서는 율법을 완전하게 순종하시어 아담이 실패한 것을 온전히 성취하셨다.

「웨스트민스터 신앙고백서」 8장 5항이 무엇이라고 말하는가?

5. 주 예수는 완전하게 순종하시고, 그가 영원하신 성령을 통하여 하나님께 단번에 자신을 제물로 드림으로써, 그의 아버지의 공의를 충분하게 만족시키셨으며(롬 5:19; 히 9:14, 16; 10:14 엡 5:2; 롬 3:25-26), 성부께서 그에게 주신 모든 자들을 위하여 화목뿐만 아니라, 하늘나라에서 얻을 영원한 기업을 값 주고 사시었다(단 9:24, 26; 골 1:19-20; 엡 1:11,14; 요 17:2; 히 9:12, 15).

5항은 더욱 명백하게 "완전하게 순종하시고"라고 말함으로써 능동적 순종을 말하고, "자신을 제물로 드림으로써"라고 말함으로써 수동적 순종을 말했다. 이런 표현들은 '언약과 중보자의 사역이 무엇인가?'를 말하면서 '그리스도께서 무엇을 이루셨는가?'를 말하는 것이다.

그러나, 여기서 잠깐! 우리는 '『웨스트민스터 신앙고백서』 8장 7항이 무엇이라고 말하는가?'를 눈여겨보아야 하지 않을까? 7항은 이렇게 말한다.

7. 그리스도께서는 중보 사역에 있어서 그의 두 본성, 곧 신성과 인성을 따라서 행하시되 각 본성은 그 본성 자체에 본래 속한 것을 행하신다(히 9:14; 벧전 3:18). 그러나 그리스도의 인격의 통일성으로 인하여, 한 본성에 본래 속해 있는 것이 성경에서 때로는 다른 본성으로 호칭되어 있는 인격에 돌려져 있음을 볼 수 있다(행 20:28; 요 3:13; 요일 3:16).

나는 앞에서 구원론은 존재론이고 인간론이라고 말해왔다. 구원론이 삶을 지배하고 존재론이 삶을 지배한다. 그러면 왜 7항을 주의 깊게 보아야만 하는가? 신성과 인성을 가지신 그리스도께서는 자신의 본성에 속한 것을 행하셨다는 것이다. 그리스도께서는 왜 수동적 순종만 행하지 않으셨는가? 구속의 어느 정점에 번개처럼 나타나셔서 십자가에 죽으심으로 구속을 완성하여 자기 백성들을 지상의 고통에서 해방하여 곧장 천국으로 데려가지 않으셨는가? G.I. 윌리암슨은 다음과 같이 말했다.

"내가 죄를 가졌다. 나는 유죄하다. 누군가 나의 형벌을 대신해 주지 않는 한 나는 구원을 받을 수 없고, 나를 위해 마련된 구원도 얻을 수 없다. 나를 구원하기 위해서는 그리스도께서 능동적이고 또한 동시에 수동적인 순종을 하셔야 한다. 능동적인 순종에 있어서는 그리스도는 하나님의 모든 계명을 나를 대신하여 완전히 지키셔야 하며, 수동적인 순종에 있어서는 그는 나를 대신하여 내대신 형벌을 당하셔야 한다. 그리고 분명히 나를 위하여 그분이 실제로 이렇게 하셨을 때 나는 확신하길 하나님께서 그분의 존전에서 그분 때문에 결코 나를 쫓아내지 않으신다는 점이다." 이것이 복음이 가르치는 특별 구속론의 심장이다.[1199]

새로운 번역판을 보면, "이것이 복음에 반영된 특별(제한) 속죄론의 심장이다"라고 되어 있다.[1200]

비록 하나님이신 우리 주 예수 그리스도께서 율법의 제공자였을지라도, 혹은 자신이 제정하여 주셨던 그 율법 위에 계신 분이었을 지라도, 그가 인간이 되었을 때, 스스로 그 율법의 종이 되셨다. 그가 인간이 되었을 때, 율법을 지키는 것이 다른 모든 인간의 의무였던 것처럼, 그도 율법을 완전하게 지켜야 할 의무 아래 있었다. 또한 그 역시 인간인 우리가 직면한 모든 점에서 유혹을 받았다. 그 역시 유혹이 가득한 세상에서 살았다. 이상하게 보일런지 몰라도, 그가 하나님의 모든 율법을 지속적으로 준수하는 것이 정말 힘겨운 일이었다.[1201]

윌리암슨에 의하면, 웨스트민스터 신앙고백서가 말하는 칭의는 능동적 순종과 수동적 순종으로 우리의 구원이 이루어졌다는 것을 분명하게 말한다. 신성하신 그리스도께서 왜 인성을 취하셨는가? 그리스도께서는 우리를 대신하여 형벌을 당하셨을 뿐만 아니라 "인간인 우리가 직면한 모든 점에서 유혹을 받았"으나 하나님의 모든 율법을 우리를 대신하여 완전히 지키셨다.

5. 하이델베르크 교리문답

정이철 목사는 자카리아스 우르시누스가 『하이델베르크 교리문답』을 작성하기 1년 전에 만든 『숨마 테오올로기아』(*Summa Theologia*, 1562)에 '창조언약'('자연언약') 개념을 진술했으며, 그것이 퍼킨스의 행위언약 개념과 유사하다고 피터 릴백의 글을 근거로 주장했다(Lillback 1981, 247-288; 릴백 2009, 424).

정이철 목사는 우르시누스의 '창조언약'에 대해, "하나님이 인간에게 완전한 순종을 요구하였고, 인간이 완전하게 순종하면 영생을 주고 그렇지 못하

1199) G.I. 윌리암슨, 소교리문답강해, 최덕성 역 (서울: 개혁주의신행협회, 1990), 106-107.
1200) G.I. 윌리암슨, 웨스트민스터소교리문답강해, 유태화 역 (고양, 크리스찬다이제스트, 2011), 136.
1201) Ibid., 146-1478.

면 영벌을 내리신다고 경고했다고 했다. 그리고 그리스도의 복음을 은혜언약이라고 하였다."라고 주장했다. 정이철 목사는 릴백의 글을 다시 인용했다.

> 율법은 자연언약을 담고 있다. 그것은 창조 시 하나님께서 인간과 맺으신 것이고 자연을 통해 인간에 의해 알려진다. 그리고 그것은 우리에게 하나님을 향한 완전한 순종을 요구한다. 그리고 그것을 행할 경우 영생을 약속한다. 그것을 행하지 않으면 영원한 영벌로 위협한다. 그러나 실로 복음은 은혜언약을 담고 있다.(Lang 1907, 156; 릴백 2009, 424)

정이철 목사는, "울시누스의 말은 아담이 율법을 지키면 하나님께서 그에게 영생을 주시고 아담이 율법을 지키지 않으면 영원히 벌하신다고 태초에 경고했다는 것이다. 성경에서 근거를 찾을 수 없는 이런 내용을 울시누스 같은 탁월한 종교개혁자가 어디서 배웠는지 알 수가 없다."고 말했다.

정이철 목사는 종교개혁자들이 로마교회의 행위구원 신앙에서 벗어나 그리스도를 믿음으로 얻어지는 이신칭의를 발견하고 선포한 것은 매우 귀한 일이지만 "그러나 왜 인간이 불행하게 되었는지에 대해서는 바르게 신학을 구성하지 못했던 모양이다. 아마 로마교회의 가르침의 흔적에서 완전히 벗어나지 못했기 때문으로 생각된다."라고 말했다. 과연 종교개혁자들이 인간의 불행의 원인을 모르고 로마 가톨릭의 흔적에서 완전히 벗어나지 못했을까?

정이철 목사는 우르시누스의 자연언약(창조언약) 개념을 독일의 개혁자 필리프 멜랑히톤(Philipp Melanchthon, 1497-1560)의 영향을 받았다고 말했다. 멜랑히톤도 유사한 내용의 '자연법'을 말하였기 때문이다. 한편 정이철 목사는 우르시누스에게 더 많은 영향을 미친 종교개혁자 칼빈에게서는 모호한 '자연법' 또는 '자연언약' 개념이 나타나지 않았다고 말했다. 정이철 목사는 결론적으로 "울시누스가 말한 자연언약(창조언약) 개념은 멜란히톤의 영향으로 그에게 형성된 것으로 볼 수 있다(릴백 2009, 425-426)."고 말했다.

정이철 목사는 다음과 같이 말했다.

> 중요한 사실은 1562년에 울시누스가 말한 창조언약 개념에 대해 주목하였던 다른 개혁자들이 없었다는 것이다. 울시누스의 요리문답 〈숨마 이데올로기에〉에 말한 자연언약 개념에 대해 관심을 보이는 사람은 이후 20년 동안 나타나지 않았다. 그러므로 웨스트민스터 신앙고백 7장 2항의 비성경적인 행위언약과 울시누스가 직접 관련되었다고 할 수가 없다. 무엇보다 울시누스가 말한 언약의 명칭은 자연언약(창조언약)이었고 웨신서에 나오는 언약의 명칭은 행위언약이다. 1580년대 들어 잉글랜드의 청교도 가운데 행위언약이라는 용어를 사용한 사람이 처음으로 나타났다. 더들리 패너(Dudley Fenner, 1558-1587)라는 잉글랜드의 청교도가 행위언약이라는 용어를 최초로 사용했다(Beeke & Jones 2012, 218). 페너는 행위언약이라는 용어를 유럽

에서 20년 이상 망명생활하면서 유럽의 개혁자들의 사상을 일찍 접한 자신의 스승 토마스 카트라이트(Thomas Cartwright, 1535-1603)에게서 배운 것으로 짐작된다(218). 그러나 페너의 행위언약 개념은 퍼킨스의 행위언약 개념과 달랐다. 그리고 웨스트민스터 신앙고백 7.2항에 수록된 행위언약 개념과도 맞지 않았다. 페너는 웨신서처럼 태초의 아담과 하나님 사이의 언약을 행위언약이라고 말하지 않았다. 그는 훗날의 이스라엘 백성들과 하나님 사이에 맺어진 언약을 행위언약이라고 말했다(원종천 2018, 33). 그러므로 웨신서 7.2항에 기술되어 있는 매우 비성경적인 행위언약 개념은 퍼킨스가 최초로 조직화하여 도입한 행위언약 개념에서 유래했다고 결론 내릴 수 있다. 한국에 번역되어 소개된 퍼킨스의 책 〈황금사슬〉은 1591년도 라틴어판을 영어로 번역한 것을 다시 한국어로 번역한 것인데, 필자가 유심히 보았으나 그 속에는 행위언약 개념을 찾을 수 없었다. 필자는 퍼킨스의 행위언약 개념을 원종천 박사의 책 〈청교도 언약사상: 개혁운동의 힘〉에서 접했다. 원종천 박사의 사용한 원자료는 퍼킨스가 1592년에 라틴어로 출판한 〈황금사슬〉의 영역본이다. 독자들이 이 점을 주지하기 바란다.

퍼킨스 이전부터 유사한 내용의 언약에 대해 말하는 사람들이 없지 않았으나 웨스트민스터 신앙고백에 삽입되어 있는 행위언약 개념과 동일하게 말한 사람은 없었다. 웨스트민스터 신앙고백의 행위언약과 일치하는 내용을 처음으로 도입한 사람은 칼빈주의와 다른 청교도주의의 아버지 윌리엄 퍼킨스이다. 퍼킨스는 1580년대 말 더 이상 장로교회를 추구하는 개혁을 주장할 수 없는 상황을 직시하고 국교회의 제도와 체제에 대한 개혁을 포기하였다. 그리고 국교회 감독들의 저항과 반발을 부르지 않을 일들, 즉 신자들 개인의 신앙 자세를 개혁하는 방향의 새로운 개혁운동으로 전환하였다(원종천 2018, 34). 퍼킨스는 각 사람이 자기의 구원을 위해 고민하면서 하나님께 헌신하고, 구원을 위해 하나님이 제시하신 조건과 의무 사항들을 이행하려는 적극적 신앙 자세를 가지게 만드는 새로운 방향의 청교도 개혁운동을 시작했다. 그것을 위한 신학적 패러다임으로 도입한 행위언약은 새로운 방향의 청교도들의 개혁운동을 위한 추진력을 넉넉하게 제공했다. 퍼킨스에 의해 도입된 청교도 개혁운동의 언약개념으로 인해 사람들은 자기의 구원을 위해 하나님께 협력하고 헌신하고 순종하는 신앙 자세를 가져야 한다는 사상으로 무장되었다. 개인들의 신앙의 자세가 달라지니 서서히 전체 사회의 분위기에도 변화가 일어나기 시작했다. 퍼킨스가 최초로 도입한 청교도 신학의 언약사상은 국교회의 제도와 체제를 직접적으로 개혁하려는 이전의 개혁운동보다 더 큰 효과를 불러왔다(원종천 2018, 11). 잉글랜드의 청교도들이 국교회를 타도하고 국교회의 후원자인 국왕을 처형함으로 끝나는 잉글랜드 내전이 진행되고 있을 때 작성된 웨스트민스터 신앙고백에 퍼킨스의 행위언약 개념이 진술되어 있는 것은 당연한 일이었다고 볼 수 있다.[1202]

정이철 목사에 의하면, 더들리 페너가 망명생활에서 토마스 카트라이트에게서 배워 잉글랜드 청교도에 행위언약이라는 말을 최초로 사용했으나, 퍼킨스의 행위언약 개념과는 달랐다. 페너가 말하는 행위언약은 창세기 3장이 아니라 시내산에서 하나님과 이스라엘 백성이 맺은 것이기 때문이라는 것이다. 정이철 목사는 퍼킨스의 행위언약 개념은 비성경적이고 청교도 개혁운동을 새롭게 진행하기 위해 도입한 언약개념이라고 말했다.

개혁신학에서 그리스도의 의의 전가를 능동적 순종, 수동적 순종으로 말한

1202) http://www.good-faith.net/news/articleView.html?idxno=2418/ 정이철, '웨신서의 거짓 행위언약 개념, 퍼킨스가 최초로 조직화하여 도입,'(2021.10.6.)

것은 1570년대 무렵으로 본다. 클락 교수는 『하이델베르크 교리문답』을 작성한 신학자들이라고 설명했다. 『하이델베르크 교리문답』의 저자는 카스파르 올레비아누스(Caspar Olevian, 1536-1587)와 자카리아스 우르시누스(Zacharias Ursinus, 1534-1583)다. 『하이델베르크 교리문답』 연구에서 세계적인 권위자인 라일 비얼마(Lyle Bierma)는 하이델베르크 교리문답 작성 과정은 여러 사람이 함께 작성한 일종의 팀 프로젝트였으나, 그들 중 가장 큰 영향을 끼친 사람은 우르시누스였으며, 최종 편집단계도 우르시누스를 통해 이루어졌다고 주장한다.[1203]

'우르시누스가 능동적 순종에 대해 어떤 견해를 가졌는가?'를 정확하게 말하는 것은 쉽지 않다. 우르시누스가 능동적 순종 논쟁이 본격적으로 시작되기 전인 1583년에 하늘나라로 갔기 때문이다.[1204] 그러나 우르시누스의 저작을 통해 능동적 순종을 말한 근거를 발견할 수 있다. 먼저 1562년에 작성한 대요리문답서라 불리는 『신학요목문답』에는 능동적 순종의 전가를 엿볼 수 있다. 우르시누스는 '창조할 때 맺은 언약'과 은혜언약을 구분했다. 우르시누스는 '창조할 때 맺은 언약'을 '본성 언약'이라 불렀다. '창조할 때 맺은 언약'은 17세기 개혁신학의 '행위언약'과 동일한 개념은 아니었지만, 하나님께서 인간과 맺은 첫 번째 언약이며 율법과 밀접한 관계를 맺기 때문에 행위언약과 근본적으로는 일치한다고 볼 수 있다. 우르시누스는 하나님께서 창조할 때 율법이 본성적으로 알려졌으며, 그 율법을 완전히 순종한 자에게 영생을 약속했다고 말했다. 그러나 복음은 본성적으로 주어지지 않고 율법이 그리스도에게 성취되어 그리스도를 믿는 자들이 영생을 받는다고 말했다.[1205]

1203) 우병훈, '교회사 속에 나타난 그리스도의 능동적 순종교리: 초대교회부터 종교개혁기까지 주요 신학자들을 중심으로,' **갱신과부흥**, 29 (2022): 45.

1204) 이남규, '그리스도의 능동적 순종 전가 부인에 대한 개혁신학자들의 견해와 교회의 결정,' **신학정론** 39(2) (2021): 167(165-226).

1205) August Lang. *Der Heidelberger Katechismus und vier verewandte Katechismen* (Leipzig: A. Deichert, 1907) 156; "율법은 창조할 때 하나님이 인간들과 맺었던 본성언약을 포함한다. 즉, 인간들에게 본성적으로 알려진다. 그리고 우리에게 하나님에 대한 완전한 순종을 요구하고, 지킨 자들에게 영원한 생명을 약속하나 지키지 않은 자들에게는 영원한 벌을 경고한다. 반면 복음은 은혜언약을 포함한다. 곧 이것은 존재하지만 본성적으로 알려지지 않는다. 복음은 율법이 요구하는 의가 그리스도 안에서 성취된다는 것, 그리고 그리스도의 영을 통해 우리 안에서 회복된다는 것을 우리에게 보여준다. 그리고 그리스도 때문에 그리스도를 믿는 자들에게 영원한 생명을 값없이 약속한다."; 이남규, '그리스도의 능동적 순종 전가 부인에 대한 개혁신학자들의 견해와 교회의 결정,' **신학정론** 39(2) (2021): 168(165-226)에서 재인용.

우르시누스는 '왜 그리스도가 필요한가?'에 대해, '창조 때의 언약', 곧 본성언약에서 주어진 율법의 순종 요구가 사라지지 않고 지속되기 때문이라고 말했다. 우르시누스는 "우리가 하나님 앞에서 의롭기 위해서는 왜 그리스도의 만족과 의가 전가되는 것이 필요한가?"라는 질문에 다음과 같이 대답했다.

> 왜냐하면, 변함없이 의롭고 참되신 하나님이 이러한 방식 안에서 은혜 언약 안으로 우리를 받기를 원하시기 때문인데, 즉 하나님은 창조 때에 시작된 언약을 거슬러서 행하실 수 없으시기에, 우리 자신에 의해서나, (이것이 일어날 수 없기에) 우리 대신 다른 사람을 통해서나, 그의 율법이 온전히 만족되지 않으면 우리를 의롭다고 인정하실 수 없고 영원한 생명을 주실 수 없기 때문이다.1206)

우르시누스에 의하면, 하나님의 속성으로 인해 하나님께서는 창조 때에 시작된 언약을 거슬러 행하실 수 없으시다. 36문에서는 본성언약이 율법에 포함되어 있으며, 율법은 완전한 순종을 요구하며 그에 따라 영생과 영벌이 주어진다. 하나님께서는 불변성과 의라는 하나님의 속성으로 인해 율법의 완전한 만족을 포기하지 않으신다. 그로 인해, 하나님께서는 본성언약을 포기하고 우리를 은혜언약 안으로 받지 않으신다.

이남규는 다음과 같이 말했다.

> 우르시누스의 대요리문답에 나타난 언약의 구도 안에서, 첫 번째 언약인 본성언약에서 율법은 완전한 순종의 조건 아래서 영생을 약속한다. 은혜언약에서 율법의 요구는 폐기되지 않고 그리스도 안에서 성취되어 그를 믿는 자들에게 영생이 주어진다. 우르시누스에게 그리스도의 능동적 순종이란 단어나 분명한 개념이 등장하지 않고 능동적 순종으로서 율법에 대한 성취와 수동적 순종으로서 율법에 대한 만족의 구분이 없을지라도, 하나님과 인간 사이의 첫 번째 언약인 본성언약 안에 있던 영생의 조건으로서 율법의 요구가 폐기되지 않고 오히려 그리스도 안에서 성취된다는 점은 그리스도의 능동적 순종의 전가에 대한 함의로 볼 수 있다.1207)

이남규에 의하면, 우르시누스에게 능동적 순종에 대한 명시적인 언급은 없으나, 하나님과 맺은 첫 번째 언약인 본성언약이 완전한 순종을 조건으로 영생이 주어진다고 말하기 때문에 능동적 순종을 내포하고 있다.

1206) Lang, *Der Heidelberger Katechismus und vier verewandte Katechismen*, 171; 이남규, '그리스도의 능동적 순종 전가 부인에 대한 개혁신학자들의 견해와 교회의 결정,' **신학정론** 39(2) (2021): 169(165-226)에서 재인용.
1207) 이남규, '그리스도의 능동적 순종 전가 부인에 대한 개혁신학자들의 견해와 교회의 결정,' **신학정론** 39(2) (2021): 170(165-226).

우르시누스의 초기관점을 보여주는 1562년에 시작한 교의학 강의에서, '하나님의 율법'(*de lege divina*)에 대해 강의했는데, 그중에서 '그리스도의 율법 성취'에 대한 네 가지 관점은 능동적 순종과 수동적 순종을 반영한다.[1208]

『하이델베르크 요리문답 해설서』는 우르시누스의 후기관점을 보여준다. 우르시누스는 '비참-구원-감사'라는 구도에서 '비참으로부터의 해방'이라는 구원에 집중했다. 먼저 12문에서는 수동적 순종을 보여준다.[1209] 우리에게 중요한 것은 '우르시누스가 능동적 순종을 말하고 있는가?'이다. 우르시누스가 '그리스도의 온전한 복종을 통해 성취한 의를 전가받는다'고 말함으로써 능동적 순종을 말했다는 것을 확인할 수 있다.

우르시누스는 16문을 다음과 같이 해설했다.[1210]

사람이신 그리스도께서 다음의 네 가지 점에서 완전히 의로우셨고, 율법을 이루셨다. 1. 그 스스로 의로우셨으므로. 그리스도께서만이 홀로 율법이 요구하는 대로 완전한 순종을 이행하셨다. 2. 우리의 죄를 대신하기에 충족한 형벌을 당하셨으므로. 율법의 이중적인 성취가 반드시 그리스도께 있어야 했다. 그의 의가 충만하고 완전하지 않았다면, 다른 이들의 죄를 보상할 수가 없었을 것이며, 또한 앞에서 설명한 그런 형벌을 당하지 않으셨다면, 그로써 우리를 영원한 형벌에서 구원하실 수가 없었을 것이다. 전자를 가리켜 순종을 통하여 율법을 이루신 것이라 부르며, 후자를 가리켜 형벌을 통하여 율법을 이루신 것이라 부른다. 그가 우리를 위하여 고난을 당하심으로써 우리가 영원한 정죄 아래 있지 않도록 하신 것이다. 3. 그리스도께서는 그의 성령으로 말미암아 우리 속에서 율법을 성취하신다. 곧, 그가 그 동일한 성령으로 말미암아 우리를 중생시키시며 율법으로 말미암아 우리에게 요구되는 그 순종에로 우리를 인도하시는데, 이 순종은 외형적인 동시에 내면적이며, 또한 금생에서 시작되고 내생에서 완전하게 완성될 것이다. 4. 그리스도께서는 율법을 가르치심으로써 율법을 성취시키시며, 율법의 참된 의미를 회복시키심으로써 온갖 오류로부터 해방시키신다. "내가 율법이나 선지자를 폐하러 온 줄로 생각하지 말라. 폐하러 온 것이 아니요 완전하게 하려 함이라"(마 5:17).

1208) Ibid., 170-172; "첫째, 그리스도 자신의 의로서 성취하셨다. "왜냐하면, 오직 그리스도만 율법이 요구하는 그런 순종을 완전히 성취하셨는데, 왜냐하면 하나님의 아들이 성령에 의해 잉태되었기 때문이요, 자신이 죄에 대한 어떤 더러움도 없어야 우리를 위해 만족시킬 수 있기 때문이다. 두 번째 율법의 성취는 우리 죄를 위한 충분한 형벌을 갚으신 것이다. 세 번째는 그리스도께서 그의 영으로 우리 안에서 율법을 성취하시는 것이며, 네 번째는 그리스도께서 율법을 가르치심으로 성취하시는 것이다. 율법의 성취 첫 번째와 두 번째가 각각 능동적 순종과 수동적 순종을 보여주는데, 능동적 순종은 수동적 순종을 위한 조건으로 진술되었다. 이 부분에서 능동적 순종의 전가에 대한 지지는 분명하지 않다."
1209) 12문: 하나님의 의로운 심판에 의해 우리는 이 세상에서 그리고 영원히 형벌을 받아 마땅한데, 어떻게 이 형벌을 피하고 다시 하나님의 은혜를 입을 수 있겠습니까? 답: 하나님께서는 자신의 의(義)가 만족되기를 원하십니다. 따라서 우리는 우리 스스로든 아니면 다른 이에 의해서든 죗값을 완전히 치러야 합니다.
1210) 제6주일 16문: 중보자는 왜 참 인간이고 의로운 분이셔야 합니까? 답: 하나님의 의는 죄지은 인간이 죗값 치르기를 요구하나, 누구든지 죄인인 사람으로서는 다른 사람을 위해 값을 치를 수 없기 때문입니다.

우르시누스에 의하면, 그리스도께서는 율법이 요구하는 대로 완전한 순종을 행하셨다. 그리스도께서는 죄를 대속하기 위해 형벌을 당하셨다. 우르시누스는 전자는 "순종을 통하여 율법을 이루신 것"이라 말하고, 후자는 "형벌을 통하여 율법을 이루신 것"이라고 말했다. 전자는 능동적 순종을, 후자는 수동적 순종을 의미한다. 우르시누스는 19문 해설에서 다음과 같이 말했다.

2. 각자에게 고유한 교리나 주제에서: 율법은 우리가 해야 할 바와 하나님께서 우리에게 요구하시는 바를 가르치지만, 그것이 우리에게 그것을 행할 능력을 주지도 않을뿐더러, 그 금하는 바를 피할 수 있는 길을 지시해 주지도 않는다. 그러나 복음은 우리가 어떻게 해서 율법이 요구하는 그런 자들이 될 수 있는지를 가르쳐 준다. 왜냐하면 복음은, 믿음으로 말미암아 그리스도의 의를 우리에게 전가시키고 그리하여 그 의를 마치 우리의 것처럼 만들며, 그리하여 그리스도의 의의 전가로 말미암아 우리가 하나님 앞에서 의롭다고 가르치는 것이다. 율법은 "빚을 갚으라"(마 18:28), "이를 행하라 그러면 살리라"(눅 10:28)고 말한다. 그러나 복음은, "믿기만 하라"(막 5:36)고 말한다.
3. 그 약속들에서: 율법은 그 스스로 의로운 자들에게나 혹은 의와 완전한 순종의 조건을 충족시키는 자들에게 생명을 약속한다. "너희는 내 규례와 법도를 지키라 사람이 이를 행하면 그로 말미암아 살리라"(레 18:5), "네가 생명에 들어가려면 계명들을 지키라"(마 19:17). 그러나 복음은 그리스도 안에서 믿음으로 말미암아 의롭다 하심을 받는 자들에게, 혹은 믿음으로 말미암아 우리에게 적용되는 그리스도의 의를 조건으로 하여, 생명을 약속한다. 그러나 이런 점들에서 율법과 복음은 서로 대립되는 것이 아니다. 율법이 우리에게 생명에 들어가려면 계명들을 지키라고 요구하지만, 그러면서도 다른 분이 우리를 위하여 이것들을 지킬 경우 우리를 생명에서 배제시키지는 않기 때문이다. 사실 율법은 우리 자신들을 통하는 보상의 길을 제시하지만, 그럼에도 불구하고 위에서 본 바와 같은 다른 길을 금지하지는 않는 것이다.[1211]

우르시누스에 의하면, 율법은 누구에게나 완전한 순종의 조건을 충족해야 영생을 약속한다. 복음은 다른 분, 곧 그리스도께서 믿음으로 그리스도의 의를 적용하여 생명을 약속한다. 그리스도의 의는 그리스도께서 우리를 대신하여 율법을 지켜 이루신 의다. 이와 같은 19문 해설은 그리스도의 능동적 순종을 보여준다. 우르시누스는 59-60문 해석에서, 이것을 우리의 의가 되는 것을 "그리스도의 의의 전가"라고 말했다.[1212]

1211) 자카리아스 우르시누스, **하이델베르크 요리문답해설**, 원광연 역 (고양: 크리스챤다이제스트, 2006), 196-197.
1212) Ibid., 536; "60문: 당신은 어떻게 하나님 앞에서 의롭다 함을 얻습니까? 답: 오직 예수 그리스도에 대한 참된 신앙에 의해서입니다. 비록 나의 양심이 모든 하나님의 계명에 반해서 심각하게 죄를 지었음과 그 어느 하나도 결코 온전하게 지키지 못했음에 대해서 나에게 가책을 주고 또한 지금도 나에게 모든 악으로 향하는 성향이 있어도, 그럼에도 불구하고 내가 받을 만하지도 않지만 순전한 은혜로써 하나님께서는 마치 내가 죄를 한 번도 짓지 않은 것처럼 또 죄인이 아니었던 것처럼, 또한 그리스도께서 나를 대신해서 온전히 복종하신 것처럼 내가 온전히 복종한 듯이 하나님께서는 그리스도의 온전한 만족, 의, 거룩하심을 내게 허락하시고 내 것으로 여겨 주십니다. 내가 해야만 하는 것이라고는 이 하나님의 선물을 믿는 마음으로 받아들이는 것입니다."

우르시누스는 다음과 같이 말했다.

율법적인 의는 율법에 대한 순종으로나 형벌을 통해서 이행된다. 율법이 그것에 대한 순종이나 형벌 중 어느 하나를 요구하는 것이다. 순종으로 이행되는 의는 보편적이거나 특수하거나 둘 중의 하나다. 보편적인 의는 우리와 관련되는 모든 율법들을 다 준수하는 것이다. 혹은 그것은 우리에게 관계되는 모든 율법들에 복종하는 것이다. 이 의는 다시 두 종류로 나뉘는데, 완전한 의와 불완전한 의가 그것이다. 완전한 의는 우리와 관계되는 모든 율법들에 대한 내적인 순종과 외적인 순종으로 되어 있다. 혹은 그것은 율법을 완전히 준수하는 것으로 되어 있다(신 27:26).

4. 하나님 앞에서의 우리의 의는 무엇인가? 우리를 이 땅에서 하나님 앞에 의롭다 하심을 얻게 해 주는 그 의는 율법에 일치하는 것도, 우리의 선행도, 우리의 믿음도 아니다. 그것은 그리스도께서 우리를 대신하여 이루신 보상이요, 혹은 그가 우리를 대신하여 당하신 형벌이다. 그러므로, 인성을 입으심, 율법에 굴복하심, 가난, 수욕, 연약함, 고난, 죽으심 등 그가 기꺼이 행하신 모든 일들을 포함하여 - 그렇다, 그가 하나님의 의로우신 아들로서 결코 당해야 할 의무가 없으면서도 기꺼이 행하시고 당하신 모든 일들을 포함하여 -그의 잉태의 순간에서부터 그가 영광을 입으시기까지의 그리스도의 낮아지심 전체가, 그가 우리를 위해서 이루신 보상에, 또한 하나님께서 은혜로 우리와 모든 신자들에게 전가하시는 바 의에 포함되는 것이다. 이러한 보상은 율법을 성취한 것과 동등한 것이요, 죄에 대한 영원한 형벌을 당하는 것과 동등한 것이다. 율법은 모든 사람에게 이 둘 중의 하나를 요구하는데, 그리스도께서 이를 이루신 것이다.

그리스도께서는 그의 인성의 거룩하심으로써, 또한 십자가에서 죽기까지 하신 그의 순종으로써 율법을 성취하셨다. 그의 인성의 거룩하심은 그의 순종에 필수적이었다. 우리의 중보자께서 그 스스로 거룩하시고 의로우신 것이 합당하며, 그래야만 우리를 위해 순종을 행하시고 보상을 이루실 수가 있게 되는 것이다. 그런데 이제 이 순종이 우리의 의가 되며, 바로 이것을 근거로 하나님께서 우리를 기뻐 받으신다. 또한 그리스도의 피가, 하나님께서 우리를 향하여 사랑을 베푸시는 근거가 되는 보상이 되는 것이다. 그리하여 "그 아들 예수의 피가 우리를 모든 죄에서"-작위(作爲)의 죄와 부작위(不作爲)의 죄[1213]를 다 포함하여 "깨끗하게 하신다"고 말씀하는 것이

1213) http//ockam.kr/120/ 작위의 죄, 부작위의 죄(2012.07.02.). I. 작위범과 부작위범. 일을 잘못하여 벌을 받는 경우도 있고, 마땅히 해야 될 일을 하지 않으므로 벌을 받는 경우도 있다. 형법 총론에서는 전자를 작위범과 후자를 부작위범으로 나누고 있다. 작위범과 부작위범을 상식적으로 풀어보자. 작위범은 법적으로 악한 행위를 하므로 죄인이 되는 것이고, 부작위범은 아무 행위도 하지 않으므로 인하여 죄인이 되는 것이다. 작위(作爲)란 일정한 행위를 한다는 것이다. 실정법에서 통상적으로 해서는 안 되는 특정 행위를 하면 그 행위가 형벌 대상이 된다. 대부분의 범죄가 작위범에 해당된다. 대부분의 범죄는 작위 형태로 실현된다. 이는 적극적인 신체동작을 통하여 이루어진다. 예를 들어, 사람을 살해한 자에게는 사형, 무기징역 또는 5년 이상의 유기징역에 처한다는 것을 들 수 있다. 이에 대하여 부작위(不作爲)라는 것은 작위와는 반대로 일정한 행위를 하지 않는 것이다. 부작위범에는 크게 2가지, 남의 집에 들어갔다가 주인으로부터 나가라는 말을 들었는데 안 나가고 버티고 있는 퇴거불응 행위(진정부작위범)가 있고, 보호자와 보증인이 되는 엄마가 아이에게 수유를 하지 않아 아이가 죽게 된 경우 같은 (부진정부작위범) 경우가 있다. 그러나 어린애가 물에 빠져 허우적거리고 있을 때 보증이나 보호의 의무가 없는 행인이 쉽게 아이를 구할 수도 있었는데 불구하고 그냥 지나가므로 그 아이가 죽은 경우는 도덕적으로는 비난 대상이 되겠지만 처벌할 수는 없다. 보증인지위란 일정한 결과가 발생하는 것을 막아야 할 법상 또는 계약상 의무가 있는 사람이다. 보증인지위는 가족 관계, 또는 계약상의 관계(수영강사 등), 법령에 의한 관계(경찰, 의사 등)로 형성된다. 법은 최소한도의 도덕이라는 법언(法諺)이 있다. 실정법에서 작위범과 부작위범을 처벌 대상으로 삼고 있는 것은 최소한도에 그치고 있다. 그러나 성경이 말하는 작위범와 부작위범의 범주와 폭은 훨씬 넓다. Ⅱ. 작위와 부작위를 포괄하는 죄에 관한 정의 1. 죄는 불법이다(요일 3:4). 외적 행위가 죄가 되는 불법적 작위를 죄로 보고 있지만, 외적 작위만 보고서 판단하는 것이 아니다. 작위적 외적 행위가 그 뿌리이며 지반인

다. 그의 피 흘리심이 그의 보상의 일부요, 그렇기 때문에 그것을 우리의 의라 부르는 것이다.

우르시누스에 의하면, 하나님 앞에서의 우리의 의는 그리스도께서 우리를 대신하여 이루신 보상이요, 혹은 그가 우리를 대신하여 당하신 형벌이다. 제60문에 대해, 우병훈 교수는 다음과 같이 말했다.

> 스캇 클락은 하이델베르크 교리문답 제60문답이 그리스도의 능동적 순종교리를 아주 분명하게 가르치는 구절이라고 주장한다. 하지만 주성규는 제60문답이 베자의 구도에 따라서 그리스도의 능동적 순종교리를 가르친 것은 아니라고 논증한다. 이유는 세 가지이다. 첫째로, 칼빈은 그리스도의 능동적 순종과 수동적 순종을 구분하지 않았기 때문이다. 둘째로, 올레비아누스가 비록 그리스도의 능동적 순종교리를 반대하지는 않았지만, 그는 칭의가 그리스도의 능동적 순종보다는 그리스도의 고난과 죽음에 근거하여 이뤄진다고 보기를 선호했기 때문이다. 셋째로, 우르시누스도 역시 베자의 이분 구도에 따라서 전가를 설명하기보다는 죄의 용서가 우리의 의가 된다고 보았기 때문이다. 그럼에도 불구하고 주성규는 하이델베르크 교리문답이 그리스도의 능동적 순종 개념을 전적으로 거부하는 것은 아니라고 본다. 오히려 언약 신학의 관점에서 볼 때에 하이델베르크 교리문답에는 그리스도의 능동적 순종교리의 핵심들이 들어있다는 것이다. 이상의 의견들을 종합한다면, 하이델베르크 교리문답 제60문답이 그리스도의 능동적 순종교리를 베자의 방식으로 가르치고 있지는 않더라도, 그것을 암시적인 방식으로 가르치고 있다고 결론 내릴 수 있다.[1214]

우르시누스의 『하이델베르크 요리문답 해설』에서 능동적 순종이 명확하지 않은 이유는 우르시누스가 용어를 명확하게 구분하지 않았기 때문이다. 『하이델베르크 교리문답』 13문을 보면, 우리는 율법을 형벌로나 순종으로

내적 심령의 상태까지 연계시키고 있는 것이 성경이 말하는 불법이라는 작위범에 관한 이해가 된다. "우리가 성경에서 찾아볼 수 있는 죄에 대한 유일한 정의(定義)는 "죄는 불법이라"(요일 3:4)는 말씀이다. 하나님의 말씀은 "모든 사람이 죄를 범하였으매 하나님의 영광에 이르지 못하더니"(롬 3:23) "선을 행하는 자는 없나니 하나도 없도다"(롬 3:12)라고 선언하였다. 많은 사람들은 저희 심령의 상태에 관하여 속고 있다. 저들은 육신에 속한 마음이 만물보다도 거짓되며 몹시 악하다는 사실을 깨닫지 못하고 있다. 저들은 저희 자신의 의로 스스로 감싸고 있으며 저들 자신의 인간적인 품성의 표준에 도달하는 것으로 만족하고 있다. 그러나 저들이 거룩한 표준에 이르지 못하고 저들 자신의 힘으로 하나님의 요구들을 감당하지 못하게 될 때에 저들의 절망이 얼마나 처절할 것인가!"(1SM 320). "죄=불법"이라는 도식으로 죄의 정의를 내리고 있지만 불법을 외적인 행위에만 국한시키고 있지 않다. 위 인용문을 이끄는 대전제에 다음 말씀이 선행되어 있음에 유의하여야 한다. 하나님의 계명들은 그 내용이 포괄적(包括的)이며 그 뜻이 심원하다. 몇 자 안 되는 간단한 표현으로 인간의 전체적인 의무를 밝혀주고 있는 이유가 여기에 있다. 2. 죄는 불신이다(롬 14:23; 요 16:9). 죄는 관계를 깨트리는 것이다. 인간의 믿지 않는 부작위가 죄가 된다는 것이다. 3. 죄는 불의이다(요일 5:17). "모든 불의가 죄"(요일 5:17)가 된다. 여기에는 불의라는 작위범뿐만 아니라, 내적인 불의한 상태, 곧 내적으로 talfud 안에서의 작위가 비틀어진 상태가 죄가 되는 것이다. 불의 역시 작위와 부작위를 포괄하는 개념이다. 4. 죄는 불선이다(약 4:17). "이러므로 사람이 선을 행할 줄 알고도 행치 아니하면 죄니라"(약 4:17). 적극적으로 선한 일을 하지 않는 결핍이 죄가 된다는 것이다. 즉, 선한 행위라는 작위의 결핍이 죄가 된다.

1214) 우병훈, '교회사 속에 나타난 그리스도의 능동적 순종교리: 초대교회부터 종교개혁기까지 주요 신학자들을 중심으로,' **갱신과부흥**, 29 (2022): 48.

나 만족시킬 수 없으나, 그리스도께서는 "순종과 형벌로 율법을 만족시키셨다"면서, 우리가 그리스도 안에서 충분한 형벌을 받을 수 있고, 그것을 통해서 만족이 이루어진다고 말했다. 이것은 능동적 순종을 의미한다.

우병훈 교수는 다음과 같이 말했다.

> 더 캄포스는 위의 인용문에 있는 숫자를 넣어서 우르시누스가 여기에서 베자의 삼분 구도를 분명히 의식하고 있음을 보여주었다. 그 삼분 구도란 [1] 그리스도의 인성의 거룩, [2] 그리스도의 능동적 순종, [3] 그리스도의 수동적 순종이 모두 신자에게 전가되는 의가 된다는 것이다. 위의 인용문에서 우르시누스는 베자처럼 명확하게 말하고 있지는 않다. 또한 우르시누스가 일차적으로 강조하는 것은 그리스도의 수동적 순종에 따른 의이다. 하지만 분명한 사실은 우르시누스도 역시 그리스도의 순종이 우리의 의가 된다고 말하고 있다는 점이다. 따라서 제60문답의 해설에서 우리는 우르시누스가 그리스도의 능동적 순종교리를 제시하고 있다고 결론 내릴 수 있다. 이러한 결론은 우르시누스의 하이델베르크 교리문답 해설의 초기 버전을 보면 더욱 분명하다. 지금 널리 알려진 버전은 파레우스(Pareus)가 편집한 것이다. 학자들은 파레우스의 버전이 가장 신뢰할 만하다고 하지만, 때로는 미심쩍은 부분도 있다. 파레우스는 그리스도의 능동적 순종교리를 반대하는 입장이었기에 우르시누스의 해설에서 그 부분을 고쳤을 가능성이 농후하다. 이 제60문답의 초기 버전에는 사실상 "율법의 저 앞선 성취는 우리에게 전가된다. 그것은 곧 그리스도의 인성의 겸비와 의를 말한다. 그리하여 우리는 하나님 앞에서 의로운 자들로 받아들여진다. 실로 이러한 그리스도의 의는 우리들에게 그 자신의 순종 즉 만족 때문에 전가된다."라고 적고 있다. 더 캄포스가 잘 지적한 바와 같이 "율법의 저 앞선 성취"가 그리스도의 출생과 관련되든, 아니면 그의 생애와 관련되든 간에, 분명한 것은 그리스도의 수동적 순종에 따른 만족 외에도 또 다른 율법의 성취가 신자에게 전가된다고 우르시누스가 말했다는 사실이다. 더 캄포스는 한 가지 더 지적하는데, 초기 버전에서는 "그리스도의 피가 이미 지어진 죄이든 미래에 있을 죄이든 모두 다 깨끗하게 한다."라고 말하고 있는 데 반해, 파레우스의 버전에서는 "예수 그리스도의 피가 작든 부작든 모든 죄로부터 우리를 깨끗하게 하신다."고 수정되었다는 사실이다. 이러한 수정은 그리스도의 능동적 순종교리를 거부하는 이들이 더 선호할 만한 것이라고 더 캄포스는 설명한다. 이상의 사항들을 종합하면, 우르시누스가 제60문답을 해설하면서 그리스도의 능동적 순종교리를 가르쳤다고 보는 것은 역사적으로 상당히 신빙성이 있어 보인다.[1215]

우병훈 교수의 주장과 달리, 이남규 교수는 "우르시누스의 제자 로이터(Reuter)가 편집한 1612년 판부터 동일한 변경이 나타나기에 파레우스를 의심할 필요가 없다는 설명도 있다"라고 말했으며, "초기 편집본이 능동적 순

1215) 우병훈, '교회사 속에 나타난 그리스도의 능동적 순종교리: 초대교회부터 종교개혁기까지 주요 신학자들을 중심으로,' **갱신과부흥**, 29 (2022): 52-53; 〈마지막으로, 1596년 1월에 다니엘 토사누스(Daniel Tossanus)가 피스카토르에게 보낸 편지에 나오는 말을 덧붙일 수 있다. 그 편지에서 토사누스는 1582년에 우르시누스가 자신에게 말하기를, 베자의 엄밀한 구분을 따르기보다는 차라리 카르크(Karg)의 주장을 받아들이고 싶지만, "그렇게 많은 위대한 사람들의 합의로부터(a consensu tot magnorum virorum) 떠나고 싶지는 않다고 했다는 것이다. 따라서 우르시누스는 그가 남긴 작품 면에서 보나, 역사적 정황으로 보나, 비록 베자처럼 엄격하게 그리스도의 능동적 순종교리를 구성하고 싶어하지는 않았다 해도, 그 교리를 결코 부인하지는 않았고, 오히려 자신의 방식대로 가르쳤다고 볼 수 있다.〉

종의 전가에 대한 지지를 보여주고, 후기 편집본은 반대를 함의하게 된 것은 능동적 순종에 대한 당시 토론의 열기를 반영한다"고 말했다.1216)

한편, 토사누스의 회고록이 논란이 된다. 우르시누스가 능동적 순종교리를 반대한 루터파 신학자 카르그(Karg)의 칭의관에 대해 우르시누스가 긍정적인 표현을 했다고 보고 했기 때문이다. 그러나, 토사누스는 이렇게 말한 후에 곧 바로 우르시누스가 스승들의 견해를 떠나지 않았다고 말했으며, 토사누스는 피스카토르에게 우르시누스를 포함한 스승들의 견해를 떠났다고 비판한 적이 있기 때문에 우르시누스가 능동 순종교리를 반대했다고 말할 수 없다.1217)

우르시누스는 '그리스도의 보상이 우리 외부의 것인데, 그것이 어떻게 우리의 의가 되는가?'를 다음과 같이 말했다.

5. 그리스도의 보상이 우리 외부의 것인데, 그것이 어떻게 우리의 의가 되는가?
언뜻 보면, 우리가 우리 외부의 것으로나 다른 이에게 속한 것으로 의롭다 하심을 받는다는 것이 터무니없는 것처럼 여겨진다. 그러므로 그리스도의 보상 혹은 순종이 어떻게 해서 우리의 것이 되는지를 더 상세하게 설명할 필요가 있을 것이다. 그것이 우리의 것이 되고 우리에게 적용되지 않는다면, 우리가 그것으로 의롭다 함을 받을 수가 없기 때문이다. 이는 흰 페인트를 벽에다 바르지 않으면 벽이 흰 색깔이 될 수가 없는 것과 같은 이치다 그리스도의 보상이 우리의 것이 되는 방식은 두 가지가 있다. 1. 하나님께서 친히 그 보상을 우리에게 적용시키시는 것이다. 즉, 그리스도의 의를 우리의 것으로 만드시고, 마치 그 의가 우리의 것인 것처럼 그것을 근거로 우리를 의로운 자로 받아들이시는 것이다. 2. 우리가 믿음으로 그리스도의 의를 받아들여서 그 의를 우리 자신에게 적용시키는 것이다. 즉, 하나님께서 우리에게 그리스도의 의를 주시며 그것을 근거로 우리를 의롭다고 인정해주시며 우리를 모든 죄책에서 해방시키시리라는 것을 우리가 확신하는 것이다. 전자는 그리스도의 의의 전가(imputation)인데, 하나님께서 그리스도께서 이루신 그 의를 받아들이시고 우리를 대신하여 소용이 되도록 하시며, 그것을 근거로 마치 우리가 전혀 죄를 범하지 않은 것처럼, 혹은 최소한 우리의 죄가 완전히 보상된 것처럼 우리

1216) 이남규, '그리스도의 능동적 순종 전가 부인에 대한 개혁신학자들의 견해와 교회의 결정,' **신학정론** 39(2) (2021): 174-175(165-226); 〈나아가 우르시누스의 하이델베르크 요리문답 해설의 편집본에 변화 가 있었다는 점이 중요하다. 초기 편집본에서 우르시누스는 그리스도께서 우리를 위해 율법을 완전히 성취하시는 두 방식을 소개하는데, 첫째, "인간 본성의 거룩함에 의해서"(Sancttitate humanae naturae)이다. 이것을 우르시누스는 '율법에 대한 앞선 성취'(prior impletio legis)라고 부른다. 인성을 취하셔서 성육하신 그 순종을 포함할 뿐 아니라 인성의 거룩하심을 드러내신 모든 순종을 함의할 수 있다. 둘째, "순종에 의해서"이다. 이 순종은 십자가에서 죽으시기까지 순종하신 그 순종이다. 그리스도의 율법 성취를 이렇게 두 부분으로 구분하는 것은 초기 편집본이나 후기 편집본에서 차이가 없다. 나아가 '율법에 대한 앞선 성취'가 죽기까지 순종하심을 위해 요구된다는 것에도 차이가 없다. 그런데 '율법에 대한 앞선 성취'가 전가된다고 진술하는가에 있어서 차이가 난다. 초기판에서 '율법의 앞선 성취가, 곧 그리스도 인간 본성의 비하와 의가 우리에게 전가되어 우리가 하나님 앞에서 거룩하게 여겨지게 된다"라고 되어 있다. 이 설명은 분명히 능동적 순종의 전가를 말한다. 그러나 후기 편집본(1612년판 이후)에서 이 부분이 사라졌다. 뿐만 아니라 피스카토르가 선호했던 진술, 즉 예수의 피로 모든 죄 곧 범함(admissionis)의 죄와 행치 않는(omissionis) 죄가 사해진다는 진술이 추가되었다. 이런 변화는 그리스도의 능동적 순종의 전가를 반대했다고 알려진 파레우스의 의도로 보는 시각도 있다〉
1217) 이남규, '그리스도의 능동적 순종 전가 부인에 대한 개혁신학자들의 견해와 교회의 결정,' **신학정론** 39(2) (2021): 175(165-226).

를 의로운 자로 간주하시는 것이다. 우리와 관계되는 이 다른 쪽의 적용은 믿는 행위 그 자체인데, 우리는 이 믿는 행위로써 그리스도의 의가 우리에게 전가되고 주어진다는 것을 확신하게 되는 것이다. 우리의 칭의에서 이 적용의 양면이 함께 일치하여야 한다. 하나님께서는 우리가 믿음으로 그리스도의 의를 우리에게 적용시킨다는 것을 조건으로 하여 그 의를 우리에게 적용시키시는 것이기 때문이다. 어떤 사람이 다른 사람에게 유익을 베풀고자 하여도, 받는 사람 편에서 그것을 받아들이지 않으면, 그 유익이 그에게 적용되지 않으며 따라서 그의 것이 되지 않기 때문이다. 그러므로 이 후자의 적용이 없으면 전자는 아무 소용이 없는 것이다. 그런데 그리스도의 의를 우리 편에서 적용시키는 일은 하나님으로부터 말미암는 것이다. 왜냐하면 그가 먼저 그 의를 우리에게 전가시키시고 그다음에 우리 속에 믿음을 일으키사 우리가 그 전가된 의를 그 믿음을 통하여 우리 자신에게 적용하게 되기 때문이다. 이로 보건대, 하나님의 적용하심이 믿음을 통한 우리의 적용보다 선행하며 그 원인이 된다 할 것이다. 그리스도께서 하신 말씀처럼 "너희가 나를 택한 것이 아니요 내가 너희를 택하여 세웠다"(요 15:16)[1218]

우르시누스에 의하면, 그리스도의 순종이 우리의 것이 되는 것은 "흰 페인트를 벽에다 바르지 않으면 벽이 흰 색깔이 될 수가 없는 것과 같은 이치"라고 말했다. 성경이 말하는 의롭다 하심이란 불의한 자를 의로운 자로 간주하는 것이다. 다른 분의 보상으로 인해 죄책의 사면으로 형벌이 사라진 것이다. 그것은 그리스도의 의가 우리에게 전가 되었기 때문에 일어난 일이다.

1218) 자카리아스 우르시누스, **하이델베르크 요리문답해설**, 원광연 역 (고양: 크리스챤다이제스트, 2006), 535-538; 〈그리스도의 의의 적용 문제에 관하여 지금까지 논의한 바에 근거하면 다음과 같은 점들이 나타난다. 첫째로, 우리가 다른 분의 의로 말미암아 의롭다 하심을 받는다는 말이 터무니없는 것이 아니라는 것. 믿음으로 말미암아 우리에게 적용되고 그로 말미암아 우리가 의롭다고 인정받는 그 의는 단순히 다른 분의 의가 아니고, 적용을 통해서 우리의 것이 되었기 때문이다. 이 의가 발견되는 주체는 과연 그리스도다. 그러나 그것이 우리에게 전가되므로 그것이 우리에게서도 발견되는 것이다. 둘째로, "전가"라는 용어는 의미상 "적용"만큼 포괄적이지 못하다는 것. "전가"는 오직 하나님께만 관계되어 사용되며, "적용"은 우리와 관계해서도 사용되기 때문이다. 셋째로, 하나님께서 그리스도의 의를 우리에게 적용시키시는 방식과 우리가 그 의를 우리에게 적용하는 방법이 서로 다르다는 것. 하나님께서는 "전가"를 통해서 적용시키시고, 우리는 믿음을 통해서, 혹은 그것을 받아들임으로써 적용시키는 것이다. 넷째로, 교회가 사용하는 의미로는, 의롭다 하심이란 율법적인 의미가 아니다. 곧, 불의한 사람에게 의의 특질들을 주입시킴으로써 그 사람을 의롭게 만드는 것이 아니라는 뜻이다. 오히려 의롭다 하심이란 복음적인 의미를 지닌다. 곧, 불의한 자를 의로운 자로 간주하며 그를 죄책에서 사면시키고, 그에게 형벌을 주지 않는 것인데, 이 모든 것은 그에게 전가된 다른 분의 보상 때문에 이루어지는 것이다. 성경은 이 용어를 이런 의미로 사용한다. 거의 모든 언어에서도 이런 의미로 사용된다. 히브리어에서는 죄책을 진 자를 사면하거나 그를 무죄하다고 선포한다는 뜻을 지닌다(출 23:7; 잠 17:15). 헬라어 디카이오는 한 사람을 의로운 자로 간주하거나 선포하다라는 뜻을 지니며, 또한 수이다스(Suidas)가 관찰하는 것처럼, 적절한 심문을 통해서 원인이 알려질 때에 형벌을 가하는 것을 의미하기도 한다(마 12:37). 전자의 의미로는 성경에서 두 가지로 사용된다. 심문을 한 후에 정죄하지 않고 사면하는 것을 의미할 수도 있다(눅 18:14). 아니면 한 사람을 의롭다고 인정하고 선언하는 것을 의미할 수도 있다(눅 7:35; 시 51:4). 그러나 이 두 가지 의미는 결국 같은 것이다. 라틴어를 사용하는 사람들은 "의롭다 하다"라는 용어를 한 번도 사용하지 않으며, 특히 라틴 교부들은 거룩하게 만든다거나 의를 주입시킨다는 의미로는 사용하지 않는다. 그리고 다음의 본문들이 분명히 입증하듯이, 성경에서는 다른 의미로 사용되는 것이 분명하다. 그러므로, 죄인을 사면하는 것과 죄인을 값없이 받아들이는 것 이외에는 다른 의미로 이해할 수가 없는 것이다(눅 18:14). 즉, 그가 죄책을 벗고 하나님께서 인정하신 바가 되었다는 뜻이다(행 13:39). 이 마지막 구절에 나타나는 "의롭다 하심"은 사면 받는 것, 혹은 죄 용서함을 받는 것을 뜻하는 것이 분명하다(롬 3:24, 26, 28; 4:5; 5:9).〉

우르시누스는 '그리스도의 보상이 왜 우리의 것이 되는가?'라는 질문에 대해, "우리가 의롭다 하심을 받는 것이 하나님의 은혜로 말미암는다는 것과, 그리스도의 공로로 말미암는다는 것과, 믿음으로 말미암는다는 것은 각기 다른 의미라는 것을 주지해야 한다."고 말했다.[1219] 우리가 의롭다 함을 받는 것은 "오직 예수 그리스도에 대한 참된 신앙에 의해서이다."[1220] 하이델베르

[1219] 자카리아스 우르시누스, 하이델베르크 요리문답해설, 원광연 역 (고양: 크리스챤다이제스트, 2006), 538-540; 〈6. 그리스도의 보상이 왜 우리의 것이 되는가: 혹은 하나님께서는 무엇 자문에 그 보상을 우리에게 의로 전가시키시는가? 하나님께서는 순전히 그의 긍휼과 은혜로 그리스도의 의를 우리에게 전가시키시고 적용시키시는 데, 이는 우리를 이 은혜에 이르도록 영원 전부터 예정하셨고 우리를 그리스도 안에서 값없이 택하사 그의 정하신 때에 이 의를 -바울의 말씀처럼 "그 기쁘신 뜻대로"- 우리에게 적용시키고자 하신 것이요, 그가 우리 속에서 어떤 선이나 거룩함을 미리 예견하셨기 때문에 그렇게 하신 것이 결코 아니다. 그가 이렇게 하신 이유는, 하나님께서 먼저 심어주시지 않는 이상 우리 속에 선(善)이 있을 수가 없다는 사실에서 비롯된다. 그러므로 우리에게 공로가 있다는 모든 생각은 하나님의 은혜와 모순되며 또한 그 은혜를 부인하는 것이므로 완전히 제거되어야 마땅하다. 하나님의 긍휼과 은혜는 그리스도의 의를 적용시키는 모든 사실의 유일한 원인인 것이다. 하나님은 그의 무한하신 선하심으로 그리스도의 공로를 우리에게 적용시키사 우리로 하여금 그 공로를 우리 자신에게 적용시키게 하신다. 그러므로 이 적용이 이루어지는 원인은 오직 하나님께만 있으며 결코 우리에게 있는 것이 아니다. 우리에게 혹 선한 것이 있다 할지라도 그것은 모두 그리스도의 공로를 적용시킨 결과에 속하는 것이다(고전 4:7; 엡 2:8). 그리스도께서는 우리의 의롭다 하심을 위하여 갖가지 방식으로 자기 자신을 드러내신다. 1. 우리의 의의 주체요 근거로서. 2. 근원적인 원인으로서. 그가 그 의를 취득하시기 때문이다. 3. 주된 유효적 원인으로서. 그가 성부와 함께 우리를 의롭다 하시며 우리에게 믿음을 주사 우리로 하여금 그것을 믿고 받아들이게 하시기 때문이다. 하나님의 긍휼하심이 하나님에 관한 한 우리의 칭의의 근원적인 원인이다. 그리스도의 보상이 형식적 원인(formal cause)이며, 우리의 믿음이 그리스도의 의를 우리 자신에게 적용시키는 수단적 원인이다. 그러므로 우리가 의롭다 하심을 받는 것이 하나님의 은혜로 말미암는다는 것과, 그리스도의 공로로 말미암는다는 것과, 믿음으로 말미암는다는 것은 각기 다른 의미라는 것을 주지해야 한다. 첫 번째는 근원적 원인으로 이해해야 하고, 두 번째는 그리스도께 있는 형상적 원인으로 이해해야 하고, 세 번째는 우리에게 있는 수단적 원인으로 이해해야 하는 것이다. 우리는 주요 근원적 원인이 되는바 하나님의 긍휼하심 혹은 은혜로 말미암아 의롭다 하심을 얻는다. 하나님께서는 이 근원적 원인에 의하여 우리를 의롭다 하시고 구원하시도록 이끌림을 받으신 것이다. 우리는 그리스도의 공로로 말미암아 의롭다 하심을 받는데, 이는 부분적으로는 우리의 칭의의 형식적 원인이요 - 하나님께서 우리에게 적용되는 그리스도의 순종을 보시고 우리를 받아들이시고, 마치 옷을 입은 것처럼 그 순종이 우리를 덮고 있는 것을 보시고 우리를 의로운 자로 인정해 주시기 때문에 - 부분적으로는 우리의 칭의의 근원적이며 공로가 되는 원인이 되는데, 이는 하나님께서 이를 근거로 우리를 율법의 정죄로부터 사면하시고 해방시키시기 때문이다. 우리는 믿음으로 말미암아 의롭다 하심을 받는데, 이는 수단적 원인이다. 우리가 우리에게 전가되는바 그리스도의 의를 믿음을 통해서 깨닫기 때문이다. 흔히 우리가 믿음으로 말미암아 의롭다 하심을 받는 것이 상호관계적인 의미라는 말을 하는데, 이는 우리가 의롭다 하심을 받는 것이 믿음의 내용이 되는 그것 혹은 그 믿음이 깨닫는 그것으로 말미암아, 즉 그리스도의 공로로 말미암는다는 의미이다. 믿음과 그리스도의 보상은 서로 관계가 있기 때문이다. 믿음으로 그리스도의 공로를 받는 것이며, 그리스도의 공로는 믿음으로 말미암아 받아들여지는 그것이다. 이런 식의 어법은 올바른 것이다. 왜냐하면 믿음이란 우리의 칭의의 형식적 원인을 의미하는 것이며, 또한 그리스도의 공로가 우리를 의롭다 하심을 받게 하는 것이지, 믿음 그 자체가 그렇게 하는 것이 아니기 때문이다. 혹은 우리가 의롭다 하심을 받는 것은 우리가 믿음으로 받아들이는 그것으로 말미암는 것이지, 그것을 받아들이는 수단 그 자체로 말미암는 것이 아닌 것이다. 그러나 동시에 아무런 단서를 붙이지 않고 칭의를 믿음에 기인하는 것으로, 즉 칭의의 수단적 원인으로 말할 수도 있다. 우리가 믿음이라는 수단을 통해서 의롭다 하심을 받는다고 보는 것도 옳기 때문이다. 그러나 "그의 믿음을 의로 여기시나니"(롬 4:5) 등의 표현을 쓸 때에는, 반드시 상호관계적인 의미로 이해해야 한다. 왜냐하면 믿음이란 우리가 그리스도의 의를 깨닫는 수단이고, 혹은 그리스도의 의를 받기 위해 내미는 우리의 손이기 때문이다.〉

[1220] 자카리아스 우르시누스, 하이델베르크 요리문답해설, 원광연 역 (고양: 크리스챤다이제스트, 2006), 539;

크 교리문답은 능동적 순종교리로 오류가 일어나지 않도록 제87문에서 행위를 강조한다.

제87문: 그렇다면 감사하지 않고 회개하지 않는 삶을 계속해서 살면서 하나님에게 돌이키지 않는 사람들도 구원받을 수 있습니까?
답: 결코 구원을 받을 수 없습니다. 성경은 음란한 자, 우상숭배하는 자, 간음하는 자, 도둑질하는 자, 탐욕을 부리는 자, 술 취하는 자, 욕하는 자, 강도질하는 자나 그와 같은 죄인들은 하나님 나라를 유업으로 받지 못한다고 말씀합니다.

87문에 대한 답은 "결코 구원을 받을 수 없습니다"라고 매우 분명하게 말했다. 이것은 믿음을 가지고 행동하는 자만이 구원을 받는다는 것을 말한다. 매우 좁은 구원으로 말하고 있다. 그러면 왜 선한 일을 해야 합니까?
86문은 이렇게 말한다.

86문: 우리의 공로가 전혀 없이, 그리스도로 말미암아, 오직 은혜로 우리의 죄와 비참함에서 구원을 받았는데, 우리는 왜 또한 선행을 행해야 합니까?
답: 그것은 그리스도께서 그의 보혈로 우리를 구속하셨을 뿐 아니라, 자기의 형상을 본받도록 우리를 자신의 영으로 새롭게 하셨기 때문입니다. 그래서 우리가 하나님이 우리에게 베푸신 은혜에 대해 우리의 삶 전체로 감사하고, 하나님께서 우리를 통하여 찬양을 받으시게 하기 위하여 선행을 행합니다. 또한 우리는 그 열매를 통해 자신의 믿음에 확신을 얻고, 경건한 삶으로써

〈그러므로 우리가 의롭다 하심을 받는 것이 하나님의 은혜로 말미암는다는 것과, 그리스도의 공로로 말미암는다는 것과, 믿음으로 말미암는다는 것은 각기 다른 의미라는 것을 주지해야 한다. 첫 번째는 근원적 원인으로 이해해야 하고, 두 번째는 그리스도께 있는 형상적 원인으로 이해해야 하고, 세 번째는 우리에게 있는 수단적 원인으로 이해해야 하는 것이다. 우리는 주요 근원적 원인이 되는바 하나님의 긍휼하심 혹은 은혜로 말미암아 의롭다 하심을 얻는다. 하나님께서는 이 근원적 원인에 의하여 우리를 의롭다 하시고 구원하시도록 이끌림을 받으신 것이다. 우리는 그리스도의 공로로 말미암아 의롭다 하심을 받는데, 이는 부분적으로는 우리의 칭의의 형식적 원인이요 - 하나님께서 우리에게 적용되는 그리스도의 순종을 보시고 우리를 받아들이시고, 마치 옷을 입은 것처럼 그 순종이 우리를 덮고 있는 것을 보시고 우리를 의로운 자로 인정해 주시기 때문에 - 부분적으로는 우리의 칭의의 근원적이며 공로가 되는 원인이 되는데, 이는 하나님께서 이를 근거로 우리를 율법의 정죄로부터 사면하시고 해방시키시기 때문이다. 우리는 믿음으로 말미암아 의롭다 하심을 받는데, 이는 수단적 원인이다. 우리가 우리에게 전가되는바 그리스도의 의를 믿음을 통해서 깨닫기 때문이다. 흔히 우리가 믿음으로 말미암아 의롭다 하심을 받는 것이 상호관계적인 의미라는 말을 하는데, 이는 우리가 의롭다 하심을 받는 것이 믿음의 내용이 되는 그것 혹은 그 믿음이 깨닫는 그것으로 말미암아, 즉 그리스도의 공로로 말미암는다는 의미이다. 믿음과 그리스도의 보상은 서로 관계가 있기 때문이다. 믿음으로 그리스도의 공로를 받는 것이며, 그리스도의 공로는 믿음으로 말미암아 받아들여지는 그것이다. 이런 식의 어법은 올바른 것이다. 왜냐하면 믿음이란 우리의 의의 형식적 원인을 의미하는 것이며, 또한 그리스도의 공로가 우리를 의롭다 하심을 받게 하는 것이지, 믿음 그 자체가 그렇게 하는 것이 아니기 때문이다. 혹은 우리가 의롭다 하심을 받는 것은 우리가 믿음으로 받아들이는 그것으로 말미암는 것이지, 그것을 받아들이는 수단 그 자체로 말미암는 것이 아닌 것이다. 그러나 동시에 아무런 단서를 붙이지 않고 칭의를 믿음에 기인하는 것으로, 즉 칭의의 수단적 원인으로 말할 수도 있다. 우리가 믿음이라는 수단을 통해서 의롭다 하심을 받는다고 보는 것도 옳기 때문이다. 그러나 "그의 믿음을 의로 여기시나니"(롬 4:5) 등의 표현을 쓸 때에는, 반드시 상호관계적인 의미로 이해해야 한다. 왜냐하면 믿음이란 우리가 그리스도의 의를 깨닫는 수단이고, 혹은 그리스도의 의를 받기 위해 내미는 우리의 손이기 때문이다.〉(Ibid., 539-540.)

다른 사람들을 그리스도에게 인도합니다.

우리가 선행을 행해야 하는 이유는 우리의 믿음이 행위로 드러날 때 하나님께 감사하게 되기 때문이다. 우리가 하나님께 감사하게 될 때 다른 사람들이 하나님께 감사하게 된다. 우리가 선을 행함으로 우리 자신의 믿음에 확신을 갖게 되며, 그로 인해 다른 사람들이 '나도 예수님을 믿겠다'고 그리스도께 나아오게 된다. 사람들이 그리스도를 말이 아니라 행위로 알게 된다는 뜻이다. 우리가 믿음으로 선한 행위를 할 때 믿음이 강화(confirmation)되고 성장한다.

우르시누스의 대요리문답서와 『하이델베르크 요리문답 해설』은 본성언약과 은혜 언약의 구도, 그리스도를 통한 율법 성취와 그에 따른 영생의 상급을 말한다. 우르시누스가 '능동적 순종'이라고 명시적으로 말하지 않았으나, 능동적 순종을 함의하고 있다. 『하이델베르크 요리문답 해설』에 수동적 순종에 의한 의의 전가가 전면에 등장하는 이유는 『하이델베르크 요리문답 해설』이 '비참-구원-감사'의 구도를 가지고 있기 때문이다.

결론적으로, IAOC에 대한 하이델베르크 교리문답에 대해 박재은 교수는 다음과 같이 핵심적으로 말했다.

> 『하이델베르크 교리문답』이 가르치듯이, 죄인이 의인이 된 이유는 그리스도가 "완전한" 순종(율법과 십자가에 대한 순종)을 하셨고, 하나님이 그리스도의 순종을 마치 죄인이 직접 순종한 것처럼 여기셨기 때문입니다. 만약 그리스도의 능동적 순종(율법준수)이 거부된다면 우리의 의는 완전하지 못할 것입니다. 왜냐하면 완전한 의를 소유하기 위해서는 모든 율법에 온전히 순종해야 하며(능동적 순종), 죄에 대한 형벌을 아낌없이 받아야 하기 때문입니다(수동적 순종).[1221]

박재은 교수에 의하면, 죄인이 의인이 된 이유는 그리스도께서 "완전한" 순종, 곧 율법준수와 십자가의 죽으심을 완전히 행하셨기 때문이다. 우리에게 주어진 의는 그리스도의 능동적 순종(율법준수)과 죄에 대한 형벌을 담당하신 수동적 순종이 완전하게 이루어졌기 때문이다. 능동적 순종과 수동적 순종을 말하는 것은 어떤 특정인과 지역과 나라에 국한된 것이 아니라 개혁신학의 칭의론을 지켜가는 핵심이었다.

1221) 박재은, **칭의 균형있게 이해하기** (서울: 부흥과개혁사, 2016), 67-68.

10
chapter
결　　론

X. 결론

나는 근래에 일어난 IAOC 문제의 핵심으로 두 가지를 말했다. 첫째는 존재적 관점에 대한 문제이며, 둘째는, 존재의 앙양에 관한 문제다. 전자는 인간이 영생의 상태로 창조되었다고 보기 때문에 발생한 것이다. 그러나 성경에는 명시적으로 '하나님께서 인간을 영생의 상태로 창조하셨다'고 말하는 구절이 없다. 성경에 없는 구절로 IAOC 문제를 양산했다.

후자는 서철원 교수가 칼 바르트의 신학에 나타난 존재의 앙양에 대한 과도한 우려 때문에 발생한 것이다. 서철원 교수는 '매개신학', 특히 칼 바르트 신학의 존재의 앙양을 말하고 거부하면서 그런 문제가 행위언약에도 있다고 보고 행위언약은 존재의 앙양으로 간다고 판단했다. 그러나 개혁신학은 언약에 대한 순종을 가르치나 그 순종이 존재의 앙양을 의미하지 않는다.

능동적 순종은 성경적 근거를 가지고 있으며, 지나간 교회 역사에서 개혁신학자들과 신앙고백서를 통해 입증되었다. 수동적 순종만 말했던 사람들은 인간의 공로가 개입될까 우려하기도 했으나, 논쟁의 핵심이 된 사람들은 정통교리에서 벗어난 사람들이었다. 피스카토르는 그리스도의 능동적 순종교리를 부인하고 타락전 선택설을 주장했으며, 결국 아르미니우스주의자가 되었다. 피스카토르는 베자의 칭의론을 제대로 이해하지 못했다. 도르트 회의나 새관점 학파가 보여주듯이, IAOC를 부정하는 자들은 인간의 구원이 인간의 의지에 달려 있다고 주장한다. 이것은 우리 존재의 변화가 우리의 의지로 일어난다는 것이며, 인간의 존재에 관한 근본적인 관점이 성경적이지 않다는 것을 말한다.

그렇다면, 우리는 왜 수동적 순종만을 말하지 않는가? '우리 존재의 변화가 어떻게 이루어졌는가?'를 성경적으로 알아야 하기 때문이다. 성경은 예수 그리스도의 구속으로 우리가 죄책을 면하게 되고 의로운 상태가 되었다고 말한다. 죄책으로부터의 자유는 무죄 상태가 된 것이다. 우리가 의로운 상태가 되려면 그리스도 의가 우리에게 전가되어야만 한다. 우리의 존재가 무죄 상태가 되고 의로운 상태가 되도록 그리스도께서 행하는 일은 능동적 순종과 수동적 순종이다.

우리는 오늘날의 IAOC 논쟁을 통해 '그리스도를 분리할 수 없듯이 그리스도의 능동적 순종과 수동적 순종을 분리할 수 없다'는 것을 확인할 수 있다. 왜냐하면 존재와 사명은 분리될 수 없기 때문이다. 피틀리가 말했듯이,

'인간으로서 그리스도는 흠 없는 제사장이 되기 위해서 스스로 율법을 성취해야 했기 때문에, 그의 순종은 스스로 제사장으로서의 자격을 갖추고, 죄인들을 위해 자신을 희생제물로 드림에 있어서 제물로서의 자신의 적격성과 순전함을 갖추기 위해 필요했다'1222)

이남규 교수는 다음과 같이 말했다.

> 단어의 의미 자체로만 본다면 순종은 행하는 일(능동적)이지 당하는 일(수동적)이 아니다. 그리스도의 사역은 그 독특성 때문에 이 둘이 분리할 수 없도록 묶여 있다. 그리스도의 피와 죽음이란 용어는 비하 전체를 의미하되 비하의 절정으로 그리스도의 순종의 의미를 말하는 단어이지 그리스도의 순종에서 어떤 부분을 배제하기 위한 단어가 아니다(파레우스). 십자가는 우리의 저주를 대신 받으시는 수동적 순종의 절정일뿐 아니라, 하나님과 이웃에 대한 사랑으로 요약되는 율법의 완수(올레비아누스)로서 능동적 순종의 절정이다, 그리스도의 당하심(수동적)은 아버지의 뜻을 따라 스스로 원하셔서 행하시는 (능동적) 순종이었다. "내가 하나님의 뜻을 행하러 왔나이다 … 이 뜻을 따라 예수 그리스도의 몸을 단번에 드리심으로 말미암아 우리가 거룩함을 얻었노라"(히 10:9-10) "이를 내게서 빼앗는 자가 있는 것이 아니라 내가 스스로 버리노라 나는 버릴 권세도 있고 다시 얻을 권세도 있으니 이 계명은 내 아버지에게서 받았노라 하시니라"(요 10:18). 그리스도의 순종은 당하심으로(수동적) 행하시는(능동적) 순종이며, 행하심으로(능동적) 당하시는(수동적) 순종이다. 그러므로 분리될 수 없는 그리스도의 순종을 분리하여 신자가 수동적 순종만 전가 받고 능동적 순종은 받지 않는다는 주장은 비성경적이다. 그리스도의 절반의 순종이 아니라 전체 순종이 하나님 앞에서 우리의 의다.1223)

이남규 교수에 의하면, 십자가는 그리스도께서 행하신 순종의 절정이다. 피틀리는 그리스도의 피는 그리스도의 순종 전체를 가리키는 환유법적 표현이라고 말했다. 그리스도의 능동적 순종과 수동적 순종은 분리될 수 없으며 전체 순종으로 우리에게 의를 주었다.

IAOC 문제의 핵심 중 하나는 하나님의 정의의 문제다. 이 정의가 '죽느냐? 사느냐?'를 좌우하기 때문이다. 관계가 존재를 지배하고 규범이 존재를 지배한다. 하나님의 규범은 하나님의 언약으로 나타났다. 그런 까닭에, 하나님의 정의는 언약의 정의다. 언약의 정의는 "이를 행하면 살리라"(레 18:5)로 확인되고 인정을 받는다. 오늘날 노만 쉐퍼드(Norman Shepherd)와 그의 영적 후손인 페더럴 비전(FV)주의자들은 그리스도의 적극적 순종 전가를 부인한다.

1222) 존 페스코, 역사적 신학적 맥락으로 읽는 웨스트민스터 신앙고백서, 신윤수 역 (서울: 부흥과개혁사, 2018), 270-272.
1223) 이남규, '그리스도의 능동적 순종 전가 부인에 대한 개혁신학자들의 견해와 교회의 결정,' 신학정론 39(2) (2021): 225-226(165-226).

메르디스 G. 클라인은 행위언약을 부정하는 관점을 논하면서 다음과 같이 말했다.

그 공로-보상의 불균형관점이 하나님의 정의(justice)와 관련해 실패했던 이유는 그들의 정의에 대한 개념이 잘못되었기 때문이다. 먼저 바른 정의 개념을 설명해보자. 하나님은 정의롭다. 그의 정의는 그의 모든 행위를 통해 표현된다. 특히 그 정의는 그가 세운 언약을 통해 드러났다. 언약의 규례(어떤 공로에 대해 정해진 보상)들은 하나님 정의에 대한 계시이다. 하나님의 정의를 계시하는 언약의 규례들은 정의가 무엇인지를 정의한다. 이 정의(definition)에 따르면 아담의 순종은 영생의 보상에 대한 공로가 된다. 여기에서는 일 그램의 은혜도 개입되지 않았다. 하나님의 언약 말씀을 정의의 기준으로 받아들이지 않은 공로-보상 불균형 관점은 자신들이 생각하는 정의의 개념을 하나님의 말씀보다 더 높게 생각하는 것이다. 그 관점에 따라 아담의 순종과 하나님의 보상에 각각 존재론적으로 다른 가치를 부여하고 (그들이 정의하는) 정의의 천칭 저울에 달면 균형이 심하게 어긋나는 것은 당연하다. 실제로 이런 결론은 그 부정의의 원인을 언약의 하나님에게 돌리는 것이다. 이런 신성 모독적 결론을 온 땅의 주재되신 하나님의 위엄을 운운하며 감추는 것은 아담이 자신의 부끄러움을 가리기 위해 나뭇잎으로 옷을 만든 것과 같다(그들은 자신이 마치 하나님인양 아담의 행위와 그에 대한 적절한 하나님의 보상의 관계를 평가한다). 공로-보상 불균형 관점은 개혁주의 신학에 반대하는 그들의 뿌리가 로마 가톨릭 신학에 있음을 보여줄 뿐이다.[1224]

클라인에 의하면, 행위언약을 부정하는 사람들은 하나님의 정의에 대한 개념이 잘못되어 있기 때문이다. 이들은 언약의 규례와 아담의 순종과의 관계를 잘못 이해했다. 공로-보상에 대한 원칙은 언약의 원리다. 칭의 교리에서 공로와 믿음의 관계가 무너지면 언약의 의가 무너진다. 사도 바울이 아담과 그리스도를 대조하여 말하듯이, 언약의 연합대표 원리로 성취된 의가 많은 사람에게 전가된다.

클라인은 다음과 같이 말했다.

1224) 메리데스 G. 클라인, **하나님 나라의 서막**, 김구원 역 (서울: 개혁주의신학사, 2007), 162-163; 〈행위언약 교리(그러므로 고전적 복음-율법 대조 교리)에 대한 또 하나의 공격은 다음과 같다. 아담의 순종이 어떤 공로적 의미가 있다 해도 그 공로 행위의 가치와 제공된 축복의 가치 사이에 불균형은 공평이나 정의를 말하기에는 너무 큰 것이다. 이 주장이 전제하는 것은 아담의 존재론적인 위치가 가지는 한계는 아담 행위의 가치와 무게도 제한한다는 주장이다. 좀 더 구체적으로 말하면 아담의 순종은 영원한 가치나 의미를 지니지 못할 것이라는 주장이다. 그들은 계속해서 다음과 같이 주장한다. 아담의 순종은 온전한 영생을 보답으로 획득할 수 없었다. 따라서 영생의 선물에 관해서 우리는 타락 이전의 언약에서도 "은혜"의 요소를 인정해야 한다. 그러나 이 주장이 거짓임을 증명하는 것은 만약 아담의 순종이 영원의 의미를 지닐 수 없었다면 아담의 불순종의 행위도 영원의 의미를 지닐 수 없었을 것이라는 사실이다. 그렇다면 아담의 불순종의 행위도 영원한 죽음을 형벌로 받기에 합당하지 않았을 것이다. 논리의 일관성을 유지하면 하나님이 불순종한 아담에게 영원한 죽음을 형벌로 부여한다면 하나님도 정의롭지 못한 것일 것이다. 나아가 하나님이 아들 예수를 죄인들 대신 지옥의 형벌로 벌하셨을 때 그것이 정의로운 행위인가가 문제시 될 수 있다. 십자가는 부정의한 행위의 궁극적 표현이었을 것이다. 이것은 공로와 보상 사이의 불균형을 운운하며 행위-은혜의 구분을 모호하게 한데에서 온 신학적으로 재앙적인 결과이다.〉(Ibid., 161-162.)

시험과 의의 전가에 대한 이 표준 교리는 행위언약을 부정하는 입장과 상충한다. 그 입장에 따르면 아담의 혹은 그리스도의 성공적 시험의 결과 발생하는 칭의의 선포와 종말론적 축복의 수여는 은혜의 결과이지 정의의 결과가 아니다. 그러나 공로적 성취가 불가능하다면 전가 구조의 근거는 매우 약해지거나 전가 개념 자체가 사라지게 될 것이다. 복음의 경우에 그리스도의 적극적인 순종으로 공로적 성취가 발생하지 않았다면 그리고 그 공로가 선택된 자들에게 전가되지 않았다면 구원적 칭의라는 역사적 정통 기독교의 핵심 교리는 파기되어야 한다.

따라서 우리의 결론은 다음과 같다. 아담을 통한 인류와 하나님의 언약 아래에서 종말론적 왕국과 안식일을 성취하는 것은 행위 원리에 의한다. 인류의 대표인 아담은 시험 과제를 성공적으로 수행할 사명을 받았다. 그는 "한 의로운 행위"를 성취해야 한다. 이 행위는 전쟁 승리의 성격을 가질 것이었다. 사탄과의 대면은 첫 번째 아담과 두 번째 아담에게 있어 시험 위기의 중요한 측면이었다. 이 하나님의 대적과 싸워 하나님의 이름으로 그를 무찌르는 것은 언약주의 종에 의해 성취되어야만 하는 언약적 과제였다(그렇게 성취된 공로는 롬 5:18이 말하는 "한 의로운 행위"이다). 그리고 이 한 사람의 의로운 승리는 많은 사람에게 그들의 의로 전가되어 언약이 약속한 종말론적 왕국을 이어받을 권리를 제공한다. 따라서 에덴에 있던 하나님의 최초 왕국에 대한 전통적인 언약 신학은 성경적으로 매우 건전하다. 또한 구속언약 질서도 은혜 언약 아래에 행위언약을 하나의 기초 원리로 가지고 있다. 구속언약이 은혜언약인 것은 공로 없는 인간들에게 하나님의 나라를 언약 축복으로 제공하는 면을 가리킨다. 구속언약이 동시에 행위언약인 것은 성부와 성자 사이의 언약에 따라 아들 하나님을 두 번째 아담으로서 시험적 순종을 통과하게 하셨음을 의미한다.[1225]

클라인에 의하면, 전가 개념은 공로적 성취를 전제로 한다. 한 의로운 행위가 전가되는 것이 구속언약의 두 번째 측면이다. 그런 까닭에, 그리스도의 공로적 성취가 없으면 전가도 없다. 언약의 과제는 첫 아담에게나 두 번째 아담에게나 동일하게 요구되었다. 첫 아담은 실패했으나 두 번째 아담은 완전히 순종했다. 하나님께서는 그 완전한 순종으로 이룬 의를 우리에게 전가하심으로 우리를 의롭다 하시고 하나님의 자녀로 삼으셨다.

그리스도의 순종은 어떤 순종인가? 브랜던 크로는 다음과 같이 말했다.

예수님의 순종은 아담의 불순종을 극복할 뿐 아니라, 인간의 죄에 대한 하나님의 진노를 푸는 해결책을 제공한다. 따라서 예수님의 순종은 예수님의 인성에 초점이 있지만, 또한 예수님의 신성과 관련해 이해해야 한다. 예수님의 순종은 사사로운 개인의 순종이 아니며 단순한 사람의 순종도 아니다. 예수님의 순종은 메시아적 대표이신 마지막 아담의 완전한 순종이다. 그러나 예수님은 또한 완전한 하나님이신데, 이는 예수님의 순종이 질적으로 유일하다는 것을 의미한다.[1226]

크로에 의하면, 신성하신 예수님의 순종은 메시아적 대표이며 마지막 아담으로서 이룬 완전한 순종이었다. 그런 까닭에, 예수님의 순종은 완전하신 하

1225) 메리데스 G. 클라인, **하나님 나라의 서막**, 김구원 역 (서울: 개혁주의신학사, 2007), 164-165.
1226) 브랜던 크로, **그리스도의 능동적 순종과 수동적 순종**, 정광규 역 (서울: 부흥과개혁사, 2022), 167-168.

나님으로 이루신 순종이며 질적으로 유일한 순종이었다.

김재성 교수는 개혁신학자들이 말하는 칭의론에 대해 다음과 같이 말했다.

앞에서 언급한 속죄론과 관련해서 개혁주의 신학자들은 그리스도의 수동적 순종은 우리에게 죄의 용서를 가져다주고, 그리스도의 능동적 순종은 하나님께서 우리를 긍정적으로 의인이라고 선언하는 근거가 된다고 보았다. 왜냐하면, 하나님께서는 믿음으로 그리스도와 연합된 자들을 그리스도의 의로움과 동일하게 인정하기 때문이다. 이것이 바로 그리스도의 의의 전가이다. 그리스도의 능동적 순종과 수동적 순종은 성도의 칭의에서 결코 없어서는 안 될 중요한 근거이다. 아브라함이 하나님을 믿으매 의롭다고 여기신 것과 같은 맥락이다. 십자가의 순종이 하나님의 모든 법을 지키는 최종적인 완성이요, 동시에 그리스도께서는 전 생애 동안에 율법이 정한 기준을 모두 다 충족시켰다는 것이다. 예수 그리스도의 온전한 순종과 완벽한 생애는 칭의의 필수적인 요소가 된다.[1227]

김재성 교수에 의하면, 개혁신학자들이 말하는 그리스도의 수동적 순종은 우리에게 죄의 용서를 주며, 그리스도의 능동적 순종은 하나님께서 우리를 긍정적으로 의인이라고 선언하는 근거다. 그 이유는 그리스도와 우리가 연합되었기 때문에, 연합된 자로서 그리스도의 의와 동일하게 인정해 주시기 때문이다.

변종길 교수는 율법과 예수님의 관계를 '폐함의 관계'가 아니라 '완전케함'의 관계이며, 율법과 복음의 관계도 '대립'이나 '폐지'의 관계가 아니라 '완성'의 관계라고 말했다. 그렇다면 '율법의 완성'이란 무슨 뜻인가? 변종길 교수는 율법의 완성은 기계적 실행 혹은 프로그램의 실행이 아니라 "예수님은 율법의 주체가 되셔서 능동적으로, 주체적으로 율법을 이루셨다"고 말했다.[1228]

예수님께서는 율법을 어떻게 이루셨는가?

변종길 교수는 다음과 같이 말했다.

예수님은 먼저 율법에서 자신에 대해 기록된 것들을 이루셨다. 예수님의 태어나심과 애굽으로 피난 가심과 십자가에서 죽으심 등이 다 "주께서 선지자들로 하신 말씀을 이루려 하심"이었다 (마 1:22, 2:15, 4:14, 8:17, 12:17-21, 13:35, 21:4 등). 이처럼 예수님은 성경에 자기에 대해 기록된 대로 다 이루셨다. 또한 예수님은 율법의 계명들을 다 지켜 행하심으로 율법의 요구들을 다 이루셨다. 즉, 율법에 대한 완전한 순종의 삶을 사심으로 하나님의 의를 충족시켜 드렸다. 뿐만 아니라 그는 죄 없으신 하나님의 아들로서 우리의 죄를 대신 짊어지시고 십자가에서 정죄를 당하셨다. 그 이유는 율법의 요구가 우리 안에 이루어지도록 하기 위함이었다(롬 8:3). 곧 우리 인간이 육신의 연약함으로 인하여 율법의 요구를 다 이루지 못하고 늘 정죄 아래 있으

1227) 김재성, 그리스도의 능동적 순종 (고양: 언약, 2021), 168-169.
1228) 변종길, '예수 그리스도로 완성된 율법,' 교회와 교육 146(11월호) (1998): 22-26.

며 고통과 저주 가운데 있었으나, 하나님께서 자기 아들을 이 땅에 보내셔서 율법의 정죄를 대신 당하게 하심으로 율법의 요구를 대신 이루어 주신 것이다. 그래서 예수님께서는 십자가에서 "다 이루었다"고 말씀하신 것이다(요 19:30). 이것은 곧 우리가 더 이상 율법을 통하여 구원받으려 할 필요가 없으며, 예수 그리스도를 믿음으로 말미암아 구원받는 길이 열린 것을 의미한다. 이런 의미에서 "그리스도는 모든 믿는 자에게 의를 이루기 위하여 율법의 마침이 되"셨다(롬 10:4). 여기서 율법의 '마침(telos)'이란 율법의 폐지를 뜻하는 것이 아니라, 유대인들처럼 자기 의를 세우려고 율법의 계명들을 지킴으로 의롭다 함을 받으려는 모든 노력에 종지부를 찍었다는 뜻이다.1229)

1229) Ibid.; 〈나아가서 예수님은 율법의 원래 의미를 충만히 드러내신다. 그리스도께서 오셔서 우리의 의가 되어 주심으로 말미암아 우리를 정죄하며 저주하는 기능으로서의 율법의 역할은 끝이 났지만, 이로써 율법의 모든 기능이 다 없어진 것은 아니다. 우리가 그리스도를 믿고 난 후에도 율법은 여전히 우리의 삶을 인도하는 표준이 된다. 이것을 사도 바울은 믿음으로 말미암아 율법을 폐하는 것이 아니라 도리어 '굳게 세운다'고 말하였다(롬 3:31). 우리가 믿은 후에도 계속 남아서 우리의 삶을 인도하는 율법은 더 이상 우리를 '정죄하는 율법'이 아니라, 그리스도 안에서 우리의 '생활의 표준이 되는 율법'을 말한다. 이것을 신학적으로는 '율법의 제 3 효용'이라고 부르는데, 개혁교회에서 강조하는 기능이다. 율법이란 말의 히브리어는 '토라'로서 그것은 원래 '가르침, 교훈'을 뜻하였다. 이 사실에서도 알 수 있는 바와 같이 율법은 원래 우리의 생활의 안내자가 되고 길잡이가 되기 위해 주어진 선한 것이었다(롬 7:12). 문제는 우리가 죄에 빠져 이 율법을 다 지킬 수 없었다는 데 있었다. 그래서 우리는 도리어 율법의 정죄를 받아 저주와 멸망에 이르게 되었다. 그러나 예수 그리스도의 은혜로 말미암아 율법의 정죄에서 해방된 우리에게는 율법이 다시금 원래의 선한 기능을 회복한다. 그래서 거듭난 신자의 생활을 인도하며 지도하는 역할을 한다. 이것을 〈하이델베르크 요리문답〉에서는 '감사의 규칙'이라고 불렀다. 곧 이제는 우리가 더 이상 노예처럼 두려워하며 굴종함으로 율법을 지키는 것이 아니라, 구원받은 은혜에 감사하여 기쁨으로 율법을 지키는 것이다. 루터파 교회와 오늘날 한국 교회의 상당수가 정죄하는 율법의 기능, 곧 몽학선생적 기능(율법의 제 2 효용)만 강조하고 생활의 표준으로서의 율법의 기능은 등한시함으로 말미암아 신자의 생활이 소홀히 되고 윤리가 약해지는 경향이 많은데, 이는 율법에 대한 치우친 이해로 말미암은 것이다.

V. 그리스도 안에서 이해된 율법: 그러나 그렇다고 해서 구약의 모든 계명들이 문자 그대로 오늘날 우리들에게 시행되어야 한다는 것은 아니다. 이런 것은 유대교나 안식교에서 주장하는 것으로 사실상 그리스도를 부인하고 율법으로 다시 돌아가는 것이 되고 만다. 바울은 이러한 유대주의자들의 미혹을 강력하게 반대하였다. "너희가 날과 달과 절기와 해를 삼가 지키니 내가 너희를 위하여 수고한 것이 헛될까 두려워하노라"고 하였다(갈 4:10,11). 나아가서 이러한 유대주의적 노력은 하나님의 은혜를 폐하는 것이며 그리스도의 죽음을 헛되게 만드는 것이라고 말하고 있다(갈 2:21). 따라서 우리는 구약의 모든 계명들을 '그리스도 안에서' 이해해야 한다. 예를 들어 안식일 계명도 '그리스도 안에서' 이해해야 한다. 안식일의 주인은 그리스도이시며, 우리의 모든 삶을 그리스도를 위해 온전히 헌신하는 신앙의 표현으로 안식일(주일)을 보내어야 한다. 두려움과 금지의 소극적인 안식일 개념에서 기쁨과 선행의 적극적인 안식일 개념으로 바뀌어야 한다. 물론 이러한 신약적 안식일 개념에는 일상적인 상거래나 자기를 위한 시간 사용이나 세상 쾌락은 당연히 배제된다. 왜냐하면 이러한 것은 온전한 헌신을 요구하고 있는 신약적 수준에 미치지 못할 뿐 아니라, 최소한의 의무를 규정하고 있는 구약적 수준에도 미치지 못하기 때문이다. 부활하신 주님을 믿으며 성령의 인도하심을 받으며 살아가는 신약 시대의 그리스도인들은 최소한 구약 시대의 수준을 능가해야 한다. 이런 점에서 복음은 율법을 능가하며 율법을 참으로 율법 되게 한다. 전에는 억지로, 두려움에서 율법을 지키려고 하였으나 이제는 기쁨으로, 자원함으로 율법을 이루려고 노력한다. 그리고 전에는 단지 율법의 '문자'에만 얽매여 외적 순종만으로 만족하려고 하였으나 이제는 율법의 '원래 의미'를 생각하고 그것을 그리스도 안에서 이루려고 노력한다. 예를 들어 전에는 "살인하지 말라"는 계명에 대해 그저 사람을 죽이지만 않으면 된다는 소극적인 생각을 가졌지만, 이제는 '형제를 미워하는 것'이 마음의 살인임을 생각하고 적극적으로 형제를 사랑하는 삶을 살려고 노력한다(마 5:21-26). 또한 "간음하지 말라"는 계명에 대해서도 단지 외적 간음뿐만 아니라 '마음에 음욕을 품는 것'까지도 죄가 됨을 생각하고 무엇보다도 마음의 성결을 위해 노력한다. 이는 곧 '그리스도 안에서' 율법을 이해하는 것이며, '복음의 빛 아래서' 율법을 바라보는 것이다.

VI. 그리스도의 법: 이러한 것은 곧 율법의 근본정신인 '사랑'의 관점에서 율법을 이해하는 것을 말한다. 예수님께서는 온 율법과 선지자의 강령은 '하나님 사랑'과 '이웃 사랑'이라고 말씀하셨다(마 22:37-40). 이는 곧 온 율법과 선지자의 말씀은 '하나님 사랑'과 '이웃 사랑'으로 요약될 수 있다는 말이다. 이것을 사도 바울은 다음과 같변종길 교수에 의하면, 예수님께서는 율법에서 자신에 대해 기록된 것을 이루심으로 예수님께서 메시아 되심을 나타내셨으며, 성육신으로부터 십자가에 죽으심까지 율법에 대한 완전한 순종의 삶을 사심으로 하나님의 의를 충족시켜 드리셨다. 또한 예수님께서 십자가에 죽으셔서 율법의 정죄를 당하심으로 율법의 요구가 우리 안에 이루어졌다. 그런 까닭에, 예수님께서는 십자가에서 "다 이루었다"고 말씀하셨다. 예수님께서는 유대인들처럼 율법을 지켜 의로워지려는 율법주의에 종지부를 찍으시고, 예수 그리스도를 믿음으로 말미암아 구원받는 길을 주셨다. 이것이 바로 롬 10:4이 말하는 "율법의 마침"이다.1230)

그리스도께서는 율법준수의 순종(능동적 순종)과 고난 받음의 순종(수동적 순종)으로 의를 이루시고 우리에게 의를 전가해 주셨다. 그리스도께서는 성육신으로부터 십자가의 수난에 이르기까지 죄 없이 하나님의 율법에 순종하셨으며(능동적 순종), 그리스도께서 수난 가운데 그 어떤 저항도 없이 고통과 십자가를 감내하심으로 죗값을 치르셨다(수동적 순종). 그리스도의 수동적 순종은 그리스도께서 전 생애 동안 율법을 지킨 최종적 완성이며 율법의 요구를 다 충족시킨 것이다. 그리스도의 십자가 고난은 능동 순종(율법준수)의 극치다. 그런 까닭에, 예수 그리스도의 완전한 순종으로 우리가 의롭게 되었다.

이 말하였다. "사랑은 이웃에게 악을 행치 아니하나니, 그러므로 사랑은 율법의 완성이니라."(롬 13:10) 곧 우리가 율법을 지켜 행하는 것은 곧 이웃에게 사랑을 행하는 것이라는 뜻이다. 즉, '사랑'은 각각의 계명들 전체를 포함하는 포괄적 개념이며, '각 계명들'은 그 사랑의 구체적 표현이다. 따라서 율법과 사랑은 서로 대립되는 것이 아니라 동일한 것을 다른 관점에서 표현한 것에 불과하다. 따라서 신약 시대에 사는 우리가 율법을 대할 때에 그 핵심과 근본정신은 사랑임을 잊지 말아야 한다. 그리고 이 사랑의 구체적 실천은 율법을 통하여 이루어진다는 것을 생각하고 그 율법의 각 계명들에 주목하여야 한다. 그러나 한 가지 주의해야 할 것은 앞에서도 말한 바와 같이 우리는 이 모든 것을 '그리스도 안에서' 이해해야 한다는 것이다. 그리스도의 오심으로 말미암아 우리는 더 이상 짐승을 잡아 제사 드리지 아니하며, 이스라엘 국가의 멸망으로 말미암아 신정국가와 관계된 시민법들은 이제 더 이상 시행될 수 없게 되었다. 뿐만 아니라 십계명을 중심으로 한 도덕법도 '주 안에서' 순종해야 한다(엡 6:1). 그리스도 안에서 바라본 율법의 핵심은 사랑이다. 이런 점에서 "네 이웃 사랑하기를 네 몸과 같이 하라"고 하신 계명을 야고보는 '최고한 법'이라고 불렀으며(약 2:8), "내가 너희를 사랑한 것 같이 너희도 서로 사랑하라"는 그리스도의 계명을 사도 바울은 '그리스도의 법'이라고 불렀다(갈 6:2).〉
1230) 그리스도는 모든 믿는 자에게 의를 이루기 위하여 율법의 마침이 되시니라(롬 10:4)

능동적 순종교리
이단인가?

지은이 정태홍
발행일 2022년 10월 17일
펴낸곳 RPTMINISTRIES
주소 경남 거창군 가조면 마상3길 22
전화 Tel. 010-4934-0675
등록번호 제455-2011-000001호
홈페이지 http://www.esesang91.com
저작권ⓒ정태홍, 2022
ISBN 9791189889265